BRIGHTWOOD BRANCH
SPRINGFIELD, (MA) CITY LIBRARY

JUL 2 1 2004

DICCIONARIO
ESPASA

DICCIONARIO ESPASA RELIGIONES Y CREENCIAS

PRÓLOGO DE
ENRIQUE MIRET MAGDALENA

ESPASA

Director Editorial
Juan Ignacio Alonso

Directora de Diccionarios
Marisol Palés Castro

Editora
Celia Villar Rodríguez

Ilustración
Toribio Pintos

Diseño
Joaquín Gallego

Título original
Dictionary of Beliefs and Religions
W & R Chambers Ltd, 1992

Coordinadora de la edición original
Rosemary Goring

Traducción y adaptación
José María Martínez Manero

© W & R Chambers Ltd, 1992
© De todas las ediciones en castellano: Espasa Calpe, S. A., Madrid, 1997
© De la traducción: José María Martínez Manero

Segunda edición: julio 1999

Depósito legal: M. 27.647-1999
ISBN: 84-239-9243-8

Reservados todos los derechos. No se permite reproducir, almacenar en sistemas de recuperación de la información ni transmitir alguna parte de esta publicación, cualquiera que sea el medio empleado –electrónico, mecánico, fotocopia, grabación, etc.–, sin el permiso previo de los titulares de los derechos de la propiedad intelectual.

Espasa, en su deseo de mejorar sus publicaciones, agradecerá cualquier sugerencia que los lectores hagan al departamento editorial por correo electrónico: sugerencias@espasa.es

Impreso en España / Printed in Spain
Impresión: Unigraf, S. L.

Editorial Espasa Calpe, S. A.
Carretera de Irún, km. 12,200.
28049 Madrid

SUMARIO

Agradecimientos	IX
Colaboradores	X
Prólogo	XI
Introducción	XV
Diccionario	1
Índice temático	875

AGRADECIMIENTOS

Nos gustaría dar las gracias por su colaboración, ayuda y consejos a: Kim Baxter, Colegio Lancaster de Educación Superior; Nigel Billen, *Scotland on Sunday;* Wendy Dossett, Colegio Universitario St. David, Universidad de Gales, Lampeter; Nila Joshi, Departamento de Servicios Étnicos, Biblioteca de la calle McDonald, Edimburgo; Simon Smith, Universidad de Leeds; Bruce Wallace, Centro de Educación Decano, Edimburgo; Catedrático P. M. Warren, Universidad de Bristol; Dr. James D. White, Instituto de Estudios Soviéticos y Europeos del Este, Universidad de Glasgow.

COLABORADORES

- Dr. Jonathan G. Campbell
  Profesor de Estudios Judíos
  Colegio Universitario St. David
  Universidad de Gales, Lampeter

- Dr. Gavin D. Flood
  Profesor de Religiones Indias
  Colegio Universitario St. David
  Universidad de Gales, Lampeter

- Dr. G. B. Hall
  Profesor Adjunto
  Departamento de Estudios
    de Teología
  Universidad de St. Andrews

- Dr. Philip Hillyer
  Autor y editor de temas teológicos

- Valérie Huet
  Miembro (de la junta de gobierno)
    del Moses and Mary Finley
  Colegio Mayor Darwin, Cambridge

- Dr. Philip G. Kreyenbroek
  Especialista de Estudios Iraníes
  Escuela de Estudios Orientales y
    Africanos
  Universidad de Londres

- Dr. David Law
  Becario investigador de Gifford
  Universidad de St. Andrews

- Andrew Mein
  Estudiante investigador
  Universidad de Edimburgo

- Dr. Peter McEnroe
  Pastor
  Iglesia de Anderston Kelvingrove
  Glasgow

- Robert Parker
  Profesor de Lengua y Literatura
    griega y latina
  Colegio universitario Oriel, Oxford

- Dr. Ronald A. Piper
  Profesor de Lengua y Literatura del
    Nuevo Testamento
  Universidad de St. Andrews

- D. W. D. Shaw
  Catedrático de Estudios
    de Teología y Director
    del Colegio universitario
    Santa María
  Universidad de St. Andrews

- Elizabeth Templeton
  Teóloga, editora del boletín *Trust* y
    coordinadora del Centro de
    Asesoramiento teológico inicial,
    Edimburgo

- Andrew Finlay Walls
  Director del Centro para el Cristianismo
    en el Mundo no Occidental
  Universidad de Edimburgo

- Dr. Frank Whaling
  Director del Centro de Estudios
    Religiosos y Profesor Adjunto
    del Departamento de Teología
    y Estudios Religiosos
  Universidad de Edimburgo

PRÓLOGO

Hoy es imprescindible un buen *Diccionario de religiones* en un mundo en el que la cultura religiosa es muy baja y, sin embargo, cada vez es más frecuente leer u oír nombres e ideas religiosas o espirituales que desconocemos. Los medios de comunicación nos ponen en contacto con las más alejadas ideas y culturas, y además estas entran constantemente en nuestro mundo, y no sabemos bien qué pretenden ni qué significan.

Por otro lado, después de un período de apartamiento religioso surge el interés por antiguas espiritualidades venidas de alejados países y especialmente de Oriente. Y no sabemos dónde ubicarlas, ni en sus ideas ni en sus pretensiones. Incluso con gran ignorancia muchos se inclinan hacia ellas sin conocer su esencia ni sus características fundamentales.

En Francia, y poco a poco se introducen también en España, estas nuevas corrientes no siempre son claras ni beneficiosas, por ignorancia de quienes se sienten atraídos por ellas. Los pretendidos gurúes, que están influidos por el mundo estadounidense del dinero, o por la ligereza de nuestro mundo de la prisa, con su cultura superficial, han caído en muchos defectos y es necesario saber bien la realidad de estas corrientes que se presentan siempre con una aureola muy atractiva, para poder conocer y saber valorar lo que se nos dice.

En el país vecino los libros religiosos se convierten fácilmente en *best-sellers,* y lo mismo ocurre en Estados Unidos. Esta

PRÓLOGO

es una ola espiritual que ha empezado a introducirse en España, pero que a veces se encuentra mezclada con mercancía confusa. Por eso es necesario adquirir una información mayor y fiable sobre lo que todos los días sale a relucir en la radio, la televisión o la prensa. No tenemos más que recordar lo ocurrido con el joven asesino del «rol», que se ha declarado taoísta, y casi nadie sabía lo que esta espiritualidad significaba, ni menos valorarla.

Esta ignorancia hace que también surja el atractivo por las nuevas supersticiones, más o menos esotéricas y poco científicas; y es preciso saber lo que son, para no confundirlas con estos movimientos espirituales que pueden ser beneficiosos en algunos aspectos, pero que muchas veces son ambiguos por desconocimiento de su realidad.

Tenemos algunos diccionarios técnicos para intentar obtener esa información, pero su contenido no está a la altura del lector medio, por lo que se hace necesario un diccionario extenso que abarque casi todo lo que circula por los medios de comunicación social y que, por no disponer de él, no sabemos discernir. Este que publica actualmente Espasa, en una labor divulgativa oportuna, viene a cumplir ese cometido imprescindible en nuestra nación.

Yo he podido repasar con cuidado sus numerosos temas, y puedo decir de ellos que, sin demérito de su competencia y seriedad, el presente *Diccionario de religiones y creencias* cumple esta finalidad de modo casi exhaustivo. Pocas veces he visto aunar esas tres difíciles cualidades: la concisión en la explicación, la cantidad de asuntos tratados y la claridad sin menoscabo de la seguridad en las exposiciones, con arreglo a los últimos estudios hechos por grandes especialistas de lo que se ha llamado la ciencia de la Historia de las Religiones.

La precisión, al abordar temas tan delicados, y normalmente no bien expuestos ni explicados, como el del mal, me ha sorprendido gratamente; e igual podría decir de otros muchos en los que siempre he estado interesado, pero que en pocas ocasiones me ha satisfecho su explicación y exposición. Este diccionario ha acertado plenamente en los asuntos que trata, y lo hace con imparcialidad, buen conocimiento y claridad.

Yo me encuentro de lleno dentro de la tradición cristiana, pero al mismo tiempo, y sin demérito de la misma, he sacado mucho provecho en mi vida con las espiritualidades que vienen de Oriente: yoga, tao y zen, sobre todo, y sufro al ver el mal conocimiento que, por lo general, hay sobre estas corrientes del espíritu, que tanta influencia tienen también sobre el cuerpo y la salud, si se siguen correctamente.

Disponer de una obra como esta será útil para la generalidad de los españoles.

Enrique Miret Magdalena
Teólogo seglar

INTRODUCCIÓN

Creer en algo, ya sea en una diosa de la tierra o un horóscopo mensual, resultará extraño o casi incomprensible para aquellos que no tienen las mismas ideas. Sin embargo, aunque es fácil rechazar las creencias de los demás por irracionales o equivocadas, es raro no sostener absolutamente ninguna opinión personal acerca de lo que subyace a nuestra existencia. La variedad de teorías y divinidades a las que se atribuye el enigma de la vida es interminable, y ha suscitado algunos de los conflictos más candentes de la historia. Pero en algún aspecto existe una semejanza entre, por ejemplo, una monja carmelita rezando ante un crucifijo, un algonquino arrodillado en el bosque y comunicándose con Kitshi Manitú, el Gran Espíritu, y un musulmán que se orienta hacia La Meca al oír el canto convocante del almuédano. Cada uno de estos creyentes, obviamente, vería grandes y posiblemente insuperables diferencias en sus respectivos cultos; para empezar, ninguno de ellos se pone en contacto con el mismo espíritu. Pero, aunque las diversas naturalezas de sus deidades no pueden rechazarse a la ligera, y mucho menos teniendo en cuenta que la esencia de sus dioses dicta el carácter de su religión, los tres son testimonio de lo que algunos antropólogos consideran como religiosidad natural de la humanidad: la necesidad de mantenerse en contacto con una fuerza superior cuya presencia puede ser invocada, aplacada o desafiada, y que, si las respuestas humanas son apropiadas, puede influir en las vidas de los creyentes.

INTRODUCCIÓN

Para algunos, especialmente en los últimos tiempos, la fe en lo sobrenatural se considera primitiva y, en el mejor de los casos, un poco patética. Paul Radin, por ejemplo, considera que la fe religiosa nace de la neurosis y la inseguridad, mientras que filósofos como Feuerbach han intentado demostrar que la creencia en lo divino es sencillamente una proyección de la necesidad humana de creer en la existencia de algún plan u orden deliberado —aunque oscuro— detrás de un universo que, por otra parte inexplicablemente, sufre. Argumentos igualmente persuasivos, sin embargo, pueden ser esgrimidos por aquellos cuya experiencia de su dios, o contacto con el mundo espiritual, les convencen por encima de cualquier duda o escepticismo sobre la realidad de su fe.

Cualesquiera que sean las convicciones personales de un individuo, no se puede dudar de la influencia que en él ejercen las numerosas creencias, tanto actuales como pasadas. El objetivo de este diccionario es trazar un perfil fundamental y de conjunto de las religiones e ideologías modernas más extendidas. Hemos examinado, además, grandes credos históricos, como las religiones del Próximo Oriente Antiguo, de Grecia o de Roma, cuya influencia es aún evidente en restos artísticos, arquitectónicos o literarios, o cuyos conceptos han servido de base a estructuras religiosas posteriores.

El objetivo que subyace a nuestra selección del material ha sido triple. Primero, ofrecer una visión detallada de las diversas corrientes de pensamiento y creencia que se han unido para configurar un credo determinado. Así, dentro del budismo tratamos (entre otros muchos temas) el concepto del Buda original, primordial (Adibuda), describimos el contenido de las principales escrituras sagradas budistas (por ejemplo, abhidharma, agama, Sutra del Corazón, Sutra del Loto, Sutra del Diamante Cortante) y examinamos varias técnicas de meditación (por ejemplo, jhana, samatha). Nuestro segundo objetivo ha sido subrayar no sólo las diferencias sino también los puntos de semejanza entre los credos. De esta forma, por ejemplo, se constata una preocupación común por los socialmente pobres en muchas de las grandes religiones, y un énfasis en la iniciación, la devoción y la adhesión a códigos morales claramente definidos. En tercer lugar, esperamos que explicando las razones que subyacen a ciertos rituales, costumbres o creencias se elimine, en cierta medida, el recelo que suele tenerse hacia otras culturas u opiniones, y se propicie una mayor tolerancia hacia los puntos de vista de los demás, por incompatibles que estos puedan ser con la teología propia de cada uno.

En un plano más práctico, y con vistas a una mayor claridad del texto, hemos omitido todos los signos diacríticos excepto cuando una palabra tiene su propia entrada en el diccionario, en cuyo caso se da la ortografía completa y correcta entre paréntesis a continuación de la entrada. La mayoría de las entradas se completan con una serie de remisiones a otros artículos relacionados con el contenido de dicha entrada. Para formarse una idea completa de todo el material disponible sobre un determinado credo recomendamos la consulta del índice final, en el que se pueden encontrar fácilmente los artículos agrupados bajo cada tema.

Finalmente, aunque hemos intentado ofrecer un panorama de información tan amplio y objetivo como ha sido posible, comprendemos que pueden muy bien existir omisiones involuntarias, y acogeríamos con agrado sugerencias para nuevos artículos.

Rosemary Goring

Aarón (siglos XIII-XV a. C.) Patriarca bíblico, hermano mayor de Moisés, primer sumo sacerdote de los israelitas, del que se piensa que es el fundador del sacerdocio. Fue el portavoz de Moisés ante el faraón egipcio en sus intentos por sacar a su pueblo de Egipto, y realizó varios milagros con su vara. Después cedió a las demandas de los israelitas rebeldes en el desierto y organizó la fundición de un becerro de oro para el culto idólatra. Él y sus hijos fueron ordenados sacerdotes después de la construcción del Arca de la Alianza y del Tabernáculo, y Aarón fue confirmado como sumo sacerdote hereditario por el milagro de su vara transformada inesperadamente en un almendro (de ahí las diversas plantas denominadas «vara de Aarón»). Se dice que murió a la edad de 123 años. ⇨ Arca de la Alianza; becerro de oro; faraón; Moisés; Tabernáculo.

abadía Edificio o grupo de edificios utilizados por una orden religiosa para el culto y como residencia. Aloja a una comunidad bajo la dirección de un abad o abadesa, que se elige para un determinado número de años o para toda la vida. Las abadías fueron centros de saber en la Edad Media. ⇨ monacato.

Abdías, Libro de Uno de los doce escritos proféticos denominados «menores» de la Biblia hebrea/Antiguo Testamento, y el libro más breve de la Biblia hebrea, que deriva su título del, por otra parte desconocido, profeta cuyo nombre significa «Siervo de Dios». La obra puede haberse originado poco después de la caída de Jerusalén en el 587-586 a. C., pero no siempre se considera como una composición unificada que proceda de una sola época. Profetiza la caída de Edom en justo castigo por tomar partido contra Jerusalén, y predice el juicio de las naciones y la restauración de Israel en el día final del Señor. ⇨ Antiguo Testamento; edomitas; profeta.

Abel ⇨ **Caín.**

Abelardo, Pedro (1079-1142) El teólogo más audaz del siglo XII, nacido cerca de Nantes, Francia. Siendo profesor en Notre-Dame, se enamoró de Eloísa, la sobrina de 17 años del canónigo Fulberto. Cuando se descubrió su idilio, Fulberto

abhidharma

expulsó a Abelardo de casa. Los amantes huyeron juntos a Bretaña, donde Eloísa dio a luz un hijo, Astrolabio, y volvieron a París, donde se casaron en secreto. Los parientes de Eloísa, furiosos, se vengaron de Abelardo irrumpiendo en su dormitorio una noche y castrándolo. Abelardo huyó lleno de vergüenza a la abadía de Saint-Denis para hacerse monje y Eloísa tomó el velo de monja en Argenteuil. Tras ser condenada como herética la doctrina de Abelardo sobre la Trinidad, se retiró a una ermita que después se convirtió en una escuela monástica conocida como el Paráclito. Más tarde llegó a ser abad de Saint-Gildas-de-Rhuys, y el Paráclito fue donado a Eloísa y a una fraternidad femenina. Después, en Cluny, vivió una rigurosa vida ascética, estudiando teología sin descanso, y se retractó de algunas de las doctrinas que más habían escandalizado. De nuevo, sin embargo, sus adversarios, encabezados por Bernardo de Claraval, le acusaron de herejía, y un concilio en Sens le declaró culpable. De camino a Roma, adonde se dirigía para defenderse, murió en el priorato de Saint Marcel, cerca de Chalon. Sus restos fueron enterrados por Eloísa en el Paráclito, y los de ella colocados junto a los suyos en 1164. ⇨ ascética; Bernardo de Claraval, San; herejía; monacato; teología; Trinidad.

abhidharma (en pali: Abhidhamma) Parte tercera de las escrituras budistas, la primera es el *vinaya* o disciplina monástica de la tradición budista y la segunda los *suttas* o discursos de Buda. Las tres partes juntas se denominan *tipitaka*, o los tres cestos, y también se conocen como canon pali. El abhidharma subraya la estructura temática y el desarrollo lógico de las enseñanzas budistas. Es abstracto, técnico e impersonal, en contraste con los discursos de Buda de la segunda parte, que es personal y entretenida. Analiza una serie completa de términos y doctrinas budistas, y pone un énfasis especial en el conocimiento. Se describen varios estados de conocimiento y se analizan sus elementos constituyentes o *dharmas*. Estos elementos constituyentes son interdependientes y están interrelacionados. Aunque invitan al estudio, la aplicación y la memoria, el propósito fundamental del abhidharma era, en el fondo, no teórico sino de meditación, y perseguía liberar a los seres humanos del deseo y del sufrimiento dándoles una nueva percepción de lo perecedero *(anicca)* de las cosas y de la irrealidad del yo *(anatman)*. Aunque originado en la India, Budagosa amplió en Ceilán el abhidharma en forma de sistema más profundo alrededor del 430 d. C., y Anuruddha escribió una introducción oficial en el siglo XI. ⇨ anatman; Budagosa; sutta-pitaka; tipitaka; vinaya-pitaka.

abluciones islámicas El propósito religioso de las abluciones islámicas es preparar al musulmán para una actividad ritual válida lavando las impurezas de cuerpo y alma. Las abluciones son de tres tipos. La ablución mayor *(ghusl)* exige lavar todo el cuerpo con agua. Es necesaria para una ceremonia de conversión al islam, para una ceremonia de preparación para la peregrinación, para entrar en una mezquita y antes de tocar un Corán en árabe. La ablución menor *(wudu)* requiere un ligero lavado con agua de los pies, manos y cara, y normalmente tiene lugar antes de las cinco series de oraciones diarias. Donde no haya agua disponible, o exista un verdadero problema relacionado con el uso de agua, se puede realizar una tercera ablución *(tayammum)* que supone el uso de un sustitutivo del agua como tierra o arena, o piedra no labrada. Al tiempo que preparan para un ritual eficaz, las abluciones islámicas implican una serie elaborada de lavados que constituyen un ritual por derecho propio. Además de purificación, simbolizan la interconexión entre cuerpo, mente e intención. ⇨ Corán; mezquita; oración; peregrinación.

Abraham (c. 2000 - 1650) Venerado en el Antiguo Testamento como el padre del pueblo hebreo. Según el Génesis vino de la ciudad sumeria de Ur («Ur de los caldeos») al moderno Irak, y emigró con su familia y rebaños, vía Harán (la antigua ciudad de Mari en el Éufrates), hacia la «Tierra prometida» de Canaán, donde se estableció en Siquén (la moderna Nablus). Tras una estancia en Egipto, vivió hasta los 175 años, y fue enterrado con su primera esposa, Sara, en la cueva de Macpela, en Hebrón. Con Sara fue padre de Isaac (al que se dispuso a sacrificar por orden del Señor) y abuelo de Jacob («Israel»); con su segunda esposa, Agar (criada egipcia de Sara), fue padre de Ismael, antepasado de doce clanes; con su tercera esposa, Ketura, tuvo seis hijos que se convirtieron en los antecesores de las tribus árabes. Era también tío de Lot. Abraham es considerado tradicionalmente como el padre de las tres grandes religiones monoteístas: judaísmo, cristianismo e islam. ⇨ Agar; Antiguo Testamento; cristianismo; Génesis, Libro del; islam; Ismael; Jacob; judaísmo; Lot.

Abraham en el islam Conocido como Ibrahim en árabe, Abraham es considerado por los musulmanes como un patriarca del islam, un antecesor de Mahoma (a través de su hijo Ismael), y el que, junto con Ismael, reconstruyó la Kaaba en La Meca. Es venerado no como un simple profeta *(nabí)* sino como un mensajero *(rasul)* de excepcional importancia, que estableció el monoteísmo primordial, y es este monoteísmo primordial de Abraham el que el islam considera que hay que restaurar y cumplir tras la distorsión llevada a cabo por judíos y cristianos. Abraham es, por ello, un personaje eminente dentro de la línea de mensajeros especiales que incluye a Noé, Moisés, Jesús y Mahoma, y que culmina en este último, considerado como el profeta de los profetas. ⇨ Adán y Eva; Jesucristo en el islam; La Meca; Moisés; Mahoma; nabí; Noé; profetas en el islam.

Abram ⇨ **Abraham.**

absolución Declaración de perdón de los pecados. En el culto cristiano se entiende como obra de la gracia de Dios en Jesucristo, pronunciada por un sacerdote o ministro, bien en privado después de la confesión, o como parte de la liturgia en el culto público. ⇨ confesión; cristianismo; liturgia; pecado; sacerdote.

Ácimos, Fiesta de los ⇨ **Pascua judía.**

actitudes teológicas Existen básicamente siete actitudes teológicas que una tradición religiosa puede adoptar con respecto a otras tradiciones. Van desde el exclusivismo, por uno de los extremos del espectro, al relativismo, por el otro. Aunque se han elaborado con más detalle en el cristianismo, que se ha tomado la teología como una disciplina con más seriedad que otras confesiones, están intrínsecamente presentes en todas las religiones. El exclusivismo afirma que la postura propia es la única correcta y que la posición de los demás está totalmente equivocada. Puede hacer hincapié en el papel de las creencias como la piedra angular de la verdad exclusiva, o el papel de una comunidad privilegiada como la única guardiana de la verdad, como en la frase «fuera de la Iglesia no hay salvación». La teología de la discontinuidad afirma (como en el pensamiento de Karl Barth dentro del cristianismo) que existe una discontinuidad entre «revelación», que es la autorrevelación de Dios a los humanos, y «religión», que es la búsqueda humana de Dios. La teología de la secularización y la teología de la espiritualización sostienen, respectivamente, que lo que se necesita es mayor secularización o más espiritualización, y que las religiones que las proporcionan gozan de ventaja. La teología del cumplimiento es una postura favorita en muchas religiones: la noción de que todas las religiones poseen verdad, bondad y espiritualidad, pero que la propia las posee en una medida más plena. Se sigue, por tanto, que la verdad parcial, presente en todas las religiones, se cumplirá finalmente en la plenitud de la verdad. Esta posición ha sido posteriormente refinada en la reciente teología de pensadores católicos como Raimundo Panikkar y Karl Rahner, y pensadores de otras tendencias, en la teología de la universalización, por la que la posición propia se universaliza para incluir a todas las demás. La teología del diálogo se centra en la comprensión entre las religiones, pero ha desarrollado una postura teológica propia. El relativismo sostiene que las religiones son relativas con respecto a la cultura, la verdad (Cristo es la verdad para una persona, Krishna para otra, Buda para otra, etc.) y la finalidad (son senderos independientes pero iguales orientados hacia una misma meta última). Las actitudes teológicas, incluso las pacíficas, asumen una posición dentro de una religión desde la que se ve el punto de vista de las otras tradiciones. Nuevos rumbos dentro de la teología de la religión están intentado conceptualizar una teología mundial que sea universal en vez de particular. ⇨ Barth, Karl; Buda; Jesucristo; Krishna; Rahner, Karl; teología de la religión.

Adán y Eva Personajes bíblicos descritos en el Libro del Génesis como el primer hombre y la primera mujer creados por Dios. Adán fue formado del polvo de la tierra y del aliento o espíritu de Dios (Génesis 2, 7); Eva fue creada de una costilla de Adán. Las tradiciones describen su vida en el jardín del Edén, su desobediencia y destierro, y el nacimiento de sus hijos Caín, Abel y Set. Su caída en el pecado se describe como una tentación de la serpiente (Satán) para desobedecer la orden de Dios de no comer el fruto del árbol de la ciencia del bien y del mal (Génesis 3). ⇨ Biblia; Caín; Génesis, Libro del; Satán.

Pecado de Adán y Eva. Códice de la Biblia de Alba

Adi Granth (Ādi Granth) Uno de los nombres dados al principal texto sagrado sij. Después de la sucesión de gurús humanos finalizada en el 1708, el *Adi Granth* les sucedió como gurú de la tradición sij y llegó a ser más comúnmente conocido como el *Gurú Granth Sahib*. Fue compilado por el quinto gurú, Gurú Arjan, en 1603 y 1604, e incluye obras de los cinco primeros gurús sij, junto a obras devocionales de Kabir y otros miembros de la tradición Sant de esa época. La palabra «Adi» significa primigenio u original. El *Adi Granth* es primigenio en dos sentidos: primero porque es lo original y más importante de las escrituras sij —el *Dasam Granth*, completado en 1734, es secundario—, y segundo porque revela la verdad sobre Dios, el Ser primigenio, que ha sido verdadero desde toda la eternidad. Es simbólico por el hecho de que el sijismo real precedió a su aparición histórica. El actual *Adi Granth* incluye obras del décimo gurú añadidas después a la versión original de Gurú Arjan; está escrito en gurúmukhi, una escritura moderna punjabí, y se trata con un profundo respeto físico, como si fuera el Gurú encarnado de la tradición sij. ⇨ Dasam Granth; Gurú Granth Sahib; Sant, tradición; sij, gurú.

Adibuda (Ādibuda) Noción del buda primordial u original hallado especialmente en el budismo tántrico de Nepal y el Tíbet. La tradición budista más primitiva había pensado más en términos de una sucesión histórica de budas, mientras que el budismo tántrico pensó en términos de cinco budas, que podían considerarse como formas diferentes, aunque coexistentes, de un buda primordial, existente en sí mismo. Esto no hacía del Adibuda un Dios creador, ni siquiera un Dios de ningún tipo. Es concebido, no como el creador de los cinco budas, sino como su principio constituyente y como el principio central de la budidad. La evidencia más antigua para el concepto de Adibuda se remonta al siglo VII d. C., pero tiene una prehistoria en las primitivas enseñanzas budistas sobre Buda, de quien se dice haber pasado, al morir, a un estado indefinible, pero que no era la nada. Más tarde, los budistas mahayana hablaron de tres cuerpos de Buda: su cuerpo terreno, su cuerpo bienaventurado y su cuerpo verdadero. Su cuerpo verdadero *(dharmakaya)* era la unidad que hay detrás de todos los aspectos de Buda. El Adibuda es una elaboración ligeramente más personal de este concepto del cuerpo verdadero en las circunstancias tibetanas; en Japón, la noción del Adibuda se adaptó bajo el nombre de Maha Vairocana. ➪ budismo mahayana; budismo tántrico; dharmakaya; nirvana; trikaya; Vairocana.

adivinación Método utilizado para conseguir información sobre gente, fenómenos o el futuro por medios no susceptibles a la investigación normal. Está presente en todas las culturas, a veces en conflicto implícito con la religión, como en gran parte de la tradición cristiana, en otras épocas como parte de la religión popular, como en el Oráculo de Delfos en la antigua Grecia, el *I Ching* en China, y los oráculos del budismo tibetano. Puede tomar una forma ascética, en cuyo caso el adivino entra en trance o estado de posesión y entonces ofrece consejo, o forma no extática, en cuyo caso el adivino interpreta, a través de la penetración intuitiva, los, a veces, datos poco usuales que se le presentan. La adivinación es normalmente religiosa, bien porque ofrece distancia espiritual en situaciones de gran tensión interna, mediando entre las fuerzas que contestan por referencia a un poder más alto, o porque da sentido a acontecimientos en las vidas personales por referencia a preocupaciones trascendentes. Puede tener grandes consecuencias, como en la adivinación de la visión de Constantino, que llevó al cristianismo a convertirse en la religión reconocida del Imperio Romano. Aunque rechazada en círculos racionales, continúa siendo un poderoso elemento en las religiones primitivas en todo el mundo, y su importancia está creciendo en Occidente, donde la astrología y otros métodos de adivinación gozan de popularidad creciente. ➪ astrología; Constantino I; Delfos, Oráculo de; I Ching; mántica.

adivinación africana En las sociedades primitivas es menos importante saber qué ha causado un problema y cómo, que descubrir quién lo ha causado y por qué. No es suficiente buscar las causas en el reino de la naturaleza (aunque se reconoce que esta es una posible fuente). Más bien se debe buscar en la esfera de las relaciones personales, en las de los vecinos de uno, los antepasados o el mundo espiritual. El infortunio puede deberse a la maldad o negligencia de uno mismo o de sus parientes, o a la malicia de otros, que se puede expresar en la brujería o hechicería. Conocer la causa permite emprender la acción correcta, como la confesión, reparación o autoprotección. El adivino que ayuda al diagnóstico desempeña un papel vital. Ayuda también a la gente a pacificar sus mentes cuando se enfrentan a decisiones que causan perplejidad. Existen dos métodos principales de adivinación, y muchos pueblos utilizan ambos. La adivinación a través de un médium ofrece acceso directo al mundo espiritual por medio del adivino, que entra en trance; en la adivinación instrumental, el adivino utiliza materiales, quizá arena, huesos, o una bandeja o cesta que contiene objetos significativos. Cualquier forma puede apoyarse en una serie de preguntas por parte del adivino, cuyas respuestas proporcionan un mapa psicológico de las relaciones y preocupaciones de la persona afligida. Otro modo de clasificar sistemas de adivinación es mirar la fuente de la revelación. Así, la adivinación de «agencia», sea a través de un médium espiritual, de huesos o de cesta, está en contraste con la adivinación de «sabiduría», que requiere un extenso cuerpo de conocimiento, normalmente expresado en el mito. La primera deriva de espíritus o divinidades menores, porque el ser supremo no habla a través de médiums (Mwari es una de las raras excepciones). La adivinación de sabiduría, sin embargo, deriva de Dios mismo. Así, el oráculo Ifa yoruba utiliza 16 conchas de cauri para representar los 16 sectores en los que está dividido el mundo. En uno de estos sectores se perfila y responde el problema del solicitante, pues todo el conocimiento está oculto dentro de este mapa cósmico, y expresado en los mitos asociados a cada signo que forman los cauris (los grandes adivinos pueden conocer cientos de versos para cada uno de los 256 signos). La adivinación de sabiduría marca las directrices generales de los acontecimientos, y así capacita al que pregunta para llegar a una decisión. Sin embargo, las bandejas del oráculo de sabiduría algunas veces portan la figura de la divinidad embustera, lo que indica que las cosas no siempre salen tal como están planeadas. ↪ antepasados africanos; brujería y hechicería africanas; Mwari; seres supremos.

adivinación en el Próximo Oriente antiguo Practicada por todo el Próximo Oriente antiguo, la adivinación revistió una amplia variedad de formas. Los mejores testimonios proceden de Babilonia y Asiria, donde miles de presagios individuales eran recogidos y catalogados en tablillas de arcilla por los adivinos, que realizaban una función vital en la sociedad, puesto que se exigía un presagio favorable antes casi de que pudiera tener lugar cualquier actividad pública o privada. La

adivinación romana

más importante forma de adivinación en Mesopotamia era la aruspicina: el examen de las entrañas, especialmente del hígado, de una oveja sacrificada por tener manchas o deformidades, sobre lo cual se hacían predicciones de futuros acontecimientos. En contraste con la aruspicina, provocada por el adivino, otros presagios podían tomarse a partir de signos no provocados, tales como los movimientos de animales o pájaros —el caso de nacimientos anormales— y fenómenos celestes, que eran todos recogidos en textos de presagios. Una interesante serie de presagios describe síntomas y pronósticos médicos para que los utilizaran los galenos. En el primer milenio antes de Cristo llegaron a ser muy importantes los presagios astrológicos, especialmente para los reyes asirios. Las formas babilónicas de adivinación influyeron mucho fuera de Mesopotamia, llegando hasta los pueblos siropalestinos y a los hititas de Asia Menor. Entre los hititas las prácticas adivinatorias autóctonas comprendían una ciencia muy desarrollada de los movimientos de las aves y una oscura actividad que implicaba a entidades con nombres simbólicos; era el mundo de las hechiceras de los pueblos, llamadas sencillamente «viejas». ⇨ asiria, religión; astrología; babilónica, religión; hitita, religión; magia en el Próximo Oriente antiguo, la; Próximo Oriente antiguo, religiones del.

adivinación romana Dentro de la civilización romana la adivinación se desarrolló porque los romanos creían que las divinidades podían comunicarse con ellos inscribiendo en la naturaleza un mensaje para ser descifrado *(auspicium)* o, cuando estaban furiosos, enviando *prodigia*. Los signos podían enviarse a una persona directamente (por ejemplo, profecías, sueños, aparición de espíritus de los muertos) o indirectamente (a través de la lectura de suertes, en la interpretación de la conducta de animales, o de actos humanos involuntarios —como estornudar— en la lectura de las entrañas y órganos internos de animales sacrificados, o en el estudio de signos atmosféricos y astrología). Las dificultades, por tanto, consistían en determinar la presencia de signos e interpretarlos. La adivinación desempeñaba un papel central en la sociedad, la política y la religión romanas, porque las actividades y decisiones públicas más importantes no se podían tomar sin pedir antes consejo y requerir determinadas señales de las divinidades. Las demandas y la interpretación las hacían los sacerdotes (magistrados) pertenecientes al colegio de augures. Otro colegio de sacerdotes *(quindecemviri sacris faciundis)* tenía a su cargo consultar los *libri Sibyllini* (libros de profecías) para identificar los prodigios y ordenar la expiación apropiada. ⇨ auspicios; prodigios; romana, religión; sibilinos, Libros.

adopcionismo Comprensión de Jesús como un ser humano, de vida libre de pecado, adoptado por Dios como hijo; normalmente se cree que tuvo lugar al ser bautizado por

Juan en el río Jordán. Esta doctrina se declaró herética, por cuanto implicaba que Jesús pudiera no haber tenido una naturaleza divina plena. Asociado al arrianismo, figuró entre las controversias del siglo IV sobre la persona de Cristo, en España en el siglo VIII, y en cierta teología escolástica (p. ej. Abelardo, Lombardo). ➪ Abelardo, Pedro; Arrio; Jesucristo; Juan (Bautista), San; Lombardo, Pedro.

Advaita Vedanta (Advaita Vedānta) Una de las más influyentes escuelas ortodoxas de filosofía hindú; representa la filosofía monista de que las distinciones son ilusorias y la realidad es no-dual *(advaita)* en su esencia. Esto significa que el yo individual, aunque percibido como ser distinto, es en última instancia, idéntico al absoluto *(Brahman)*. Este absoluto está por encima de todos los predicados y más allá de las cualidades, aunque se hace referencia a él como ser *(sat)*, conciencia *(cit)* y bienaventuranza *(ananda)*. Los seguidores del advaita mantenían que sólo el conocimiento de este absoluto no-dual podía liberar a los seres del ciclo de la transmigración *(samsara)*, en contraste con la escuela Mimamsa que afirmaba que sólo la acción ritual era eficaz para purificar el alma. Para los seguidores del advaita la siempre presente realidad de Brahman debe conocerse directamente por experiencia, del mismo modo que, por ejemplo, lo que parece plata a simple vista en una playa, al examinarlo resulta ser una concha. Este conocimiento directo del absoluto otorga la liberación en vida *(jivanmukti)* erradicando la ignorancia *(avidya)* o ilusión *(maya)*, que es también la erradicación del karma acumulado durante innumerables vidas anteriores. El filósofo más famoso de esta escuela fue Sankara (788-820), que aceptó que la devoción a un Señor personal (Ishvara) era útil pero era un nivel de verdad inferior al conocimiento del Brahman absoluto, impersonal. Quizá el máximo exponente del advaita, después de Sankara, fuera Shri Harsha (1125-1180), que se sirvió de la lógica, especialmente de los argumentos de *reductio ad absurdum*, para derrotar a las escuelas contrarias como la Nyaya-Vaisheshika. Otras formas de Advaita Vedanta incluyen la Shuddhadvaita de Vallabha y la Vishishtadvaita de Ramanuja. ➪ Ishvara; jivanmukti; Mimamsa; Nyaya; Vaisheshika.

adventistas Aquellos cristianos cuya creencia más importante es la inminente y literal segunda venida de Cristo. Presentes en la mayoría de los períodos de la historia, comenzó en EE. UU. un movimiento aparte con William Miller (1781-1849), que predijo el retorno de Cristo (y el fin del mundo) en 1843-1844, y cuyos seguidores finalmente crearon una confesión llamada Adventistas del Séptimo Día. Creen que la segunda venida de Cristo se ha retrasado sólo por un fracaso en la observancia del sábado (de la tarde del viernes a la tarde del sábado), que, junto con las leyes dietéticas del Antiguo Testamento, se sigue rigurosamente.

Adventistas del Séptimo Día

⇨ Adventistas del Séptimo Día; Jesucristo; milenarismo.

Adventistas del Séptimo Día Sección del movimiento adventista americano de 1831 que surgió de la predicación de William Miller (1782-1849). Cuando las profecías de Miller de que Cristo volvería a la Tierra en 1843 o 1844 decepcionaron, muchos abandonaron el movimiento. Algunos, estando de acuerdo con Ellen G. White (1827-1915) en que el cambio espiritual había tenido lugar en los cielos en 1844, aceptaron también la visión que ella había recibido acerca de la importancia del cuarto de los Diez Mandamientos (sobre honrar el sábado), y fundó los Adventistas del Séptimo Día. Este grupo, oficialmente fundado en 1863, tiene en gran consideración otras muchas visiones y profecías de Ellen G. White, y observa otras exigencias del Antiguo Testamento. Practica el bautismo de adultos por inmersión total y enseña la abstinencia del alcohol y del tabaco. Tiene sus propias casas editoriales, escuelas y colegios, y un programa misionero por todo el mundo. ⇨ adventistas.

Adviento En la iglesia cristiana, las cuatro semanas antes de la Navidad, que comienzan el domingo más próximo al 30 de noviembre (domingo de Adviento); tiempo de penitencia y preparación para la celebración de la primera venida de Cristo en Navidad, y de su segunda venida prometida para juzgar al mundo. ⇨ año cristiano; Jesucristo; Navidad.

africanas, iglesias independientes ⇨ **iglesias independientes africanas.**

africanas, religiones En este contexto, el término se refiere a los sistemas religiosos tradicionales de los pueblos africanos al sur del Sahara, y representa aquellos aspectos de la creencia y costumbres ancestrales que tienen que ver con el mundo trascendente. Muchos de estos pueblos africanos son ahora total o parcialmente cristianos o musulmanes, pero las religiones tradicionales y estos credos universales siguen influyéndose mutuamente, y la forma en que los creyentes tradicionales articulan su fe se ve a menudo afectada por esta interacción. Existe una amplia variedad de sistemas religiosos tradicionales por toda África. En la mayoría de ellos, la comprensión del mundo espiritual incluye cuatro componentes significativos: Dios —el ser supremo, normalmente con nombre personal—, divinidades —que son los soberanos espirituales de localidades, de actividades específicas o aspectos de la vida—, espíritus ancestrales, y poder, bien concebido de manera impersonal, como el *mana* melanesio, o bien manifestado en lugares u objetos. (Puede haber otros habitantes del mundo espiritual que no reciben atención, si no es una ofrenda propiciatoria para mantenerlos alejados. Estos son espíritus con los que no se espera ni se desea ninguna relación.)

Una manera de clasificar los sistemas religiosos es según la relativa importancia en la vida normal de los cuatro componentes: existen así sistemas dominados por Dios, dominados por la divinidad y dominados por el antepasado. A veces uno u otro componente ha desaparecido. Así para los gikuyu (kikuyu) de Kenia, Dios *(Ngai)* es el único que recibe culto, y no hay lugar para divinidades, mientras que los acholi no muestran un claro reconocimiento de ningún ser supremo o divinidades. La importancia relativa de un componente no está determinada por la afinidad étnica o lingüística. Por ejemplo, aunque las religiones de los pueblos de habla bantú están a menudo dominadas por el antepasado, hay importantes excepciones, y los pueblos nilóticos van desde los nuer, de religión dominada por Dios, a los acholi, que parecen no tener lugar para Dios en absoluto. Frecuentemente el ser supremo es reconocido como creador y soberano moral del mundo, mientras que la religión activa está orientada más a la divinidad o a los antepasados. A veces, de hecho, las divinidades son consideradas como prolongaciones, reflejos o representantes accesibles del ser supremo, que es reconocido sin necesidad de templos, sacerdocio o culto regular (aunque en una emergencia puede ser invocado). Como otras religiones, las africanas se desarrollan y cambian, tanto bajo influencias externas (guerra, conquista, matrimonio entre personas de distinta raza, epidemia) como por influencias internas (profetas, reformadores, compendiadores). Los préstamos (p. ej., cultos o santuarios) de los vecinos son también comunes. Su orientación fundamentalmente práctica hace normalmente de la adivinación algo importante; el mal y el infortunio tienen sus causas en los reinos de lo personal, social y espiritual, por eso el diagnóstico debe hacerse por medios espirituales, y la brujería, aunque quizá no es en sí misma un fenómeno religioso, sólo puede combatirse de manera efectiva por medios espirituales. La dimensión ritual de las religiones tradicionales es manifiesta, tanto en actividades rituales comunitarias (muy perceptibles en pueblos agrícolas, por ejemplo en la época de la siembra y la recolección) y en las crisis de la vida personal y familiar (tales como las ceremonias de nacimiento, pubertad o muerte). ⇨ adivinación africana; antepasados africanos; brujería y hechicería africanas; dinka, religión; Modimo; Mulungu; Mwari; nuer, religión; seres supremos; shilluk, religión.

afro-brasileñas, religiones

Brasil es un país único en América Latina en cuanto a la variedad y profundidad de la interacción de sus influencias raciales, culturales y religiosas. Ningún otro ha recibido tanta gente de África, ni tiene tal variedad de elementos amerindios indígenas. Desde los días de la esclavitud, ciertos rasgos de las religiones africanas llegaron a fusionarse con el catolicismo popular. En el siglo XX, con la urbanización y la industrialización, ha aparecido una síntesis que produce, en realidad, sistemas religiosos

agama

Máscara de la macumba

totalmente nuevos. Divinidades africanas se han fundido con Cristo y los santos en la devoción, el ritual y la demanda de curación y adivinación. La sesión de espiritismo y el trance de posesión son tan acusados que estas religiones afro-brasileñas son a menudo colectivamente denominadas espiritismo. A pesar de la oposición de las autoridades eclesiales del país con la población católica más numerosa del mundo, la mayoría de los participantes se llamarían también ellos mismos católicos. El movimiento más numeroso, el Umbanda, es urbano y multirracial, con un importante elemento de clase media. Su número de miembros se estima entre 30 y 40 millones, y su estructura descentralizada conduce a grandes variaciones locales. En el movimiento Candomblé, prominente en Bolivia, se han preservado importantes elementos de la religión yoruba de Nigeria; el Xangu y el Batuque presentan formulaciones similares por todas partes. La macumba, más característica de Río de Janeiro, muestra influencias bantúes, especialmente congo del Zaire, así como elementos amerindios. ⇨ africanas, religiones; cristianismo en América Latina.

agama (āgama) Término sánscrito utilizado en el budismo mahayana para una colección de los discursos de Buda. Existen cuatro de estos agamas, y se parecen a las cuatro secciones de los discursos de Buda en el *tipitaka* theravada o canon pali. Como en el *tipitaka*, estos cuatro agamas forman un tercio de los «tres cestos» de la escritura. Este «cesto» concreto se centra en discursos que se dice han sido pronunciados por Buda en momentos y lugares determinados, y sobre temas específicos. El estilo es popular y se adapta al propósito de la apologética y de la enseñanza. Incluye alegorías, ejemplos, parábolas, historias populares y símiles. Cada escuela principal de budismo cuenta con sus propios agamas. El término se usa también en otras tradiciones religiosas indias. En la tradición jainita designa los textos de la Escritura jainita. En la tradición hindú se refiere a Escrituras sánscritas posvédicas tardías que ponen un énfasis principalmente ritualista y se cree que han sido reveladas por cada una de las tres principales deidades personales, Siva, Visnú y la diosa Devi. ➪ budismo mahayana; budismo theravada; escrituras sagradas; jainismo; Siva; tipitaka; Visnú.

Agar Personaje bíblico, sirvienta de Sara (la esposa de Abraham). Debido a la esterilidad de Sara, Abraham tuvo un hijo con Agar (Génesis 16), pero Agar y su hijo fueron más tarde expulsados al desierto por Abraham tras el nacimiento de Isaac (Génesis 21). ➪ Abraham; Biblia; Isaac; Ismael; Sara.

Ageo, Libro de Uno de los doce libros proféticos denominados «menores» de la Biblia hebrea /Antiguo Testamento, atribuido al profeta Ageo, contemporáneo de Zacarías. Ambos apoyaron la reconstrucción del Templo de Jerusalén en el 520 a. C. tras la vuelta del exilio. Está compuesto de exhortaciones al gobernador y sumo sacerdote de Judea para proseguir la reconstrucción del Templo, y para purificar el culto del Templo como preparación para el nuevo reino de Dios. ➪ Antiguo Testamento; Templo de Jerusalén; Zacarías, Libro de.

aggadá ➪ **haggadá.**

aggiornamento Proceso de hacer eficaz la vida, doctrina y culto de la Iglesia católica en el mundo moderno. Fue iniciado por el papa Juan XXIII en el Concilio Vaticano II. ➪ catolicismo; Juan XXIII; Vaticanos, Concilios.

Agitados Nombre popular dado a los miembros de la Sociedad Unida para Creyentes en la Segunda Aparición de Cristo, fundada en Inglaterra bajo el liderazgo de Ann Lee (1736-1784), una visionaria psíquica que los condujo a América en 1774. Creen que Cristo se apareció a Ann Lee. Son comunitarios y pacifistas, y su danzar extático dio origen a su nombre popular. La aceptación del celibato estricto los ha llevado a su virtual desaparición. ➪ cristianismo; milenarismo.

Agni Fuego y el dios del fuego en el hinduismo. En los Vedas, Agni es un dios que habita el reino de la tierra (junto con la planta alucinógena soma con la que a veces se identifica) y es el lazo de unión entre el cielo y la tierra, entre los dioses y los humanos. Agni transporta ofrendas en el fuego al otro mundo y trae el calor del otro mundo a los hogares de los hombres. Ciertamente Agni devora también los cuerpos de los muertos en la pira funeraria y los traslada al reino de los espíritus *(preta-loka)* desde donde se unirán al mundo de los antepasados *(pitri-loka)*. En el hogar brahmán Agni es el centro del ritual diario *agnihotra*, en el que se le hacen ofrendas de mantequilla purificada. Agni se identifica con el Sol y con otras fuerzas que implican «calor», como el fuego de la digestión y el fuego de la pasión. ➪ Veda.

agnosticismo Opinión de que no se puede conocer la existencia de Dios porque no se puede demostrar. Se sitúa entre el teísmo y el ateísmo; mientras que el teísta afirma que Dios existe, y el ateo niega su existencia,

Águila Blanca

el agnóstico afirma la ignorancia. T. H. Huxley fue el primero en utilizar el término en el contexto del escepticismo religioso (1869), y actualmente puede tener varios significados además del primero. Se puede usar para designar bien un estilo de vida no religioso o una postura emotiva anticristiana; o puede simplemente utilizarse como sinónimo de ateísmo. ⇨ ateísmo; teísmo.

Águila Blanca, Casa del

Centro de un nuevo movimiento religioso de Gran Bretaña que hace accesibles las enseñanzas de un indio americano llamado Águila Blanca. Estas enseñanzas se canalizan a través de Grace Cooke y, en este punto, encajan en el modelo de canalización que forma a veces parte de la religión «nueva era». Se centran en la noción de comunión con Dios por medio de la espiritualidad interior e incluyen elementos de astrología, ecología, curación, holismo y renacimiento. Abogan por vivir de acuerdo con los ritmos de la naturaleza y los ritmos de la vida, y son así un intento de adaptar algunos de los trazos de la religión india americana al contexto occidental. ⇨ astrología; «nueva era», religión; nuevos movimientos religiosos en Occidente; renacimiento.

Agustín, San, Aurelius Augustinus, conocido también como **Agustín de Hipona, San**

(354-430) El más grande de los Padres de la Iglesia Latina, nacido en Tagaste, en Numidia (actual Túnez). Su padre era pagano, pero fue educado como cristiano por su piadosa madre, Mónica. Fue a Cartago a estudiar y tuvo allí un hijo, Adeonato, de una amante. Cartago era un centro metropolitano, por lo que allí se vio expuesto a muchas modas e influencias intelectuales nuevas. Llegó a estar profundamente comprometido con el maniqueísmo, que parecía ofrecer una solución al problema del mal, un tema que le iba a preocupar durante toda su vida. En el 383 se fue a enseñar a Roma, después a Milán, donde recibió la influencia del escepticismo, y más tarde del neoplatonismo. Tras las dramáticas crisis espirituales descritas en su autobiografía, finalmente se convirtió al cristianismo y fue bautizado (junto con su hijo) por San Ambrosio en el 386. Volvió al norte de África y en el 396 se convirtió en obispo de Hipona, donde fue un implacable antagonista de las escuelas heréticas de donatistas, pelagianos y maniqueos, y un adalid de la ortodoxia. Permaneció en Hipona hasta su muerte en el 430, cuando los vándalos estaban sitiando las puertas de la ciudad. Fue un prolífico escritor fuera de lo común y gran parte de su obra lleva el sello de su personal lucha espiritual. Las *Confesiones* (400) es un clásico de la literatura universal y una biografía espiritual, así como una original obra de filosofía (con una famosa discusión sobre la naturaleza del tiempo). *La Ciudad de Dios* (412-427) es una obra monumental de 22 libros, que presenta la historia humana en términos del conflicto entre lo espiritual y lo temporal, que acabará en el triunfo de la Ciudad de Dios, cuya manifestación en la tierra es la Iglesia. Su

San Agustín en su celda, por Botticelli. Galería de los Uffizi (Florencia)

fiesta se celebra el 28 de agosto. ⇨ Ambrosio, San; donatistas; maniqueísmo; pelagianismo.

Agustín de Canterbury, San (m. 604) Clérigo italiano, primer arzobispo de Canterbury. Era prior del monasterio benedictino de San Andrés en Roma, cuando, en el 596, fue enviado, con otros cuarenta monjes, por el papa Gregorio Magno, a convertir a los anglosajones al cristianismo y establecer la autoridad de la sede romana en Britania. Al desembarcar en el Thanet, los misioneros fueron hospitalariamente recibidos por Etelberto, rey de Kent, cuya mujer, Berta, hija de un rey franco, era cristiana. Se les facilitó una residencia en Canterbury, donde se dedicaron a las tareas monásticas y a la predicación. La conversión y bautismo del rey contribuyeron mucho al éxito de los esfuerzos misioneros entre sus súbditos, y consta que, en un día, Agustín bautizó a mil personas en el río Swale. En el 597 marchó a Arlés y allí fue consagrado obispo de los ingleses. Sus esfuerzos para extender su autoridad a la iglesia británica nativa (galesa), con cuyos obispos celebró una conferencia en el 603 en Aust sobre el Severn, tuvieron menos éxito. Murió en el 604 y en el 612 su cuerpo fue trasladado a la abadía de los santos Pedro y Pablo. Su fiesta se celebra el 27 de mayo. ⇨ benedictinos; Gregorio Magno, San; misiones cristianas.

agustinos Orden religiosa unificada en 1255 siguiendo la enseñanza monástica y la «regla» de San Agustín (de Hipona); conocidos también como frailes agustinos; el nombre completo es Orden de los Frailes Ermitaños de San Agustín (OSA). Fundaron misiones y monasterios por todo el mundo y tomaron sobre sí la responsabilidad de fundar muchos famosos hospitales. Hay también monjas agustinas de las órdenes segunda y tercera («terciarias»). ⇨ Agustín de Hipona, San; monacato; sagradas órdenes.

ahimsa (ahiṃsâ) Principio de respeto a toda vida y práctica de no herir a los seres vivos, hallado en ciertas sectas hindúes, en el budismo y especialmente en el jainismo. Se basa en la creencia de que la violencia ejerce efectos nocivos en aquellos

Ahrimán

que la cometen, incluyendo una desfavorable reencarnación futura. El principio de la no violencia fue aplicado por el Mahatma Gandhi a la esfera política durante la lucha de la India por la independencia. ⇨ budismo; Gandhi, Mohandas Karamchand; hinduismo; jainismo; karma.

Ahrimán ⇨ **Angra Mainyu.**

ahura La palabra del iranio antiguo *ahura* significaba «señor», siendo *asura* el equivalente en el indio antiguo. En tiempos prezoroástricos la palabra pudo ser utilizada probablemente para referirse a los grandes dioses, y también para jefes temporales. En el zoroastrismo la palabra ahura y los adjetivos derivados de ella se utilizan para aludir a los seres divinos benéficos, a diferencia de *daeva*, «demonio» o «ser sobrenatural malo». Aparte del propio Ahura Mazda («Señor Sabiduría»), el título ahura se aplica a Mitra, y a la divinidad del agua Apam Napat; el plural, ahuras, puede significar seres divinos benéficos en general. ⇨ Ahura Mazda; daevas; zoroastrismo.

Ahura Mazda (Ahurā Mazdā) («Señor sabio») Nombre de Dios utilizado por Zoroastro y sus seguidores. El mundo es el campo de batalla entre Ahura Mazda y Angra Mainyu, el espíritu del mal; una lucha en la que Ahura Mazda prevalecerá finalmente y llegará a ser todo omnipotente. ⇨ Angra Mainyu; luz y tinieblas; zoroastrismo.

Ainu Históricamente, pueblo de Japón físicamente distinto, aunque relacionado matrimonialmente ahora con otros japoneses y asimilado culturalmente; su lengua y religión propias han desaparecido en su mayor parte. Tradicionalmente cazadores y pescadores, en la actualidad muchos son obreros en fábricas y peones. ⇨ japonesa, religión.

Airyanam Vaejah Literalmente «patria de los arios», término usado en la tradición zoroástrica para designar la patria original ideal de los iranios. Según el Vendidad, un texto que forma parte del Avesta, Ahura Mazda creó Airyanam Vaejah como el mejor lugar de la Tierra. Ha habido alguna especulación académica sobre dónde se creía que pudiera estar este mítico país ideal, pero la creencia de que en realidad existió era probablemente más importante para los seguidores de Zoroastro que su localización exacta. ⇨ Ahura Mazda; zoroastrismo.

Ajab o **Acab** (siglo IX a. C.) Rey de Israel c. 869-850 a. C. e hijo de Omrí (muerto c. 875 a. C.). Fue un rey guerrero y un constructor a gran escala, ensanchó la ciudad de Samaria y fortificó Megiddó y Hazor. Luchó en la alianza que resistió a los sirios en la batalla de Karkar (853). Para extender sus alianzas en el norte se casó con Jezabel, hija del rey de Tiro y Sidón, que introdujo el estilo y la elegancia fenicias en la corte de Ajab, y el culto del dios fenicio, Baal, en el templo de Samaria. Esto desató la furiosa hostilidad del profeta Elías. Ajab fue muerto en la batalla de Ramot de Galaad contra los sirios. ⇨ Baal; Elías.

Cuevas excavadas de Ajanta

Ajanta Antiguo lugar budista a unos 80 km de Aurangabad, en Maharashtra, en la India, en el que hay 30 cuevas-morada monásticas y lugares de culto excavados en las rocas. Redescubierto en 1819 tras mil años de abandono, es importante para la historia del arte y la investigación del budismo. Contiene dos fases de la evolución budista: la fase hinayana, aproximadamente desde el siglo II a. C. al siglo II d. C., y una fase mahayana, desde aproximadamente los siglos V al VII. La primera fase muestra menos disposición a representar a Buda solo y pone mayor énfasis en los stupas, presentes en algunas habitaciones de los santuarios. En la segunda fase existe una proliferación de pinturas y esculturas de Budas y bodhisattvas de varios tipos, así como representaciones de animales, pájaros, flores y seres humanos. Los principales episodios de la vida de Buda están ampliamente representados en Ajanta: su rápida confrontación con el sufrimiento en forma de enfermedad, vejez y muerte, y sus tentaciones por obra de Mara. También cerca de Aurangabad se hallan las cuevas de Ellora, que contienen importantes santuarios excavados en la ladera para los devotos de las tradiciones budista, hindú y jainita, aunque datan de un poco más tarde que la mayoría de los hallazgos de Ajanta, que van desde el siglo V al IX. ⇨ bodhisattva; Buda; budismo hinayana; budismo mahayana; Mara (budista); stupa.

ajivika (ājīvika) Escuela de los que renuncian al mundo *(shramanas)* en la época de Buda (siglo V a. C.). Los ajivikas, cuyo dirigente era Gosala, creían que la vida estaba gobernada por el destino *(niyati)* y que cada alma pasaba por un proceso de reencarnación, experimentando toda posible forma de vida hasta que alcanzaba la perfección y la liberación final. Este proceso duraba miles de millones de años, siendo su punto culminante la ascética ajivika que, después de la muerte, lograría la paz definitiva.

Akal Purukh (Akāl Purukh) Término sij aplicado a Dios, que significa el «Eterno». Es probablemente el principal nombre de Dios en el lenguaje teológico sij, pero a un nivel más popular se prefiere el término *Vahigurú*, Dios en cuanto Gurú Eterno. Aunque implícitamente niega la noción hindú del avatara —la idea de que Dios baja a la Tierra—, así como la noción hindú de que Dios puede ser venerado en forma de imagen, su resonancia y significado son positivos más que negativos. Dios es inmutable, nunca ha nacido y nunca muere, está más allá del tiempo y del espacio, es trascendente e inmanente, y está presente en todas partes. Como creador es a la vez un ser personal y un ser compasivo; «Él» es padre y madre, en otras palabras, no está atado a metáforas sexuales. El Akal Purukh es digno de confianza, conocible interiormente, ofrece liberación de la rueda de reencarnaciones y sustento en esta vida. Otros nombres de Dios, como Vahigurú, *Satnam* (el Verdadero Nombre), *Sat Gurú* (el Verdadero Gurú) y *Nirankar* (el Informe) han tendido a fundirse con Akal Purukh en la forma sij de concebir la Divinidad. ⇨ Akali Dal; Dios; Mul Mantra; Nam; Nirankar; Sat Gurú.

Akali Dal (Akālī Dāl) Akali es un sij dedicado a Dios, que es conocido como *Akal Purukh*, el Eterno. El nombre fue usado primero para designar a los guerrilleros sij que resistieron a la opresión de los emperadores mongoles a finales del siglo XVII, y que defendieron los derechos sij frente a autoridades posteriores. El Akali Dal, que significa ejército de akalis, se formó en 1920 a propósito del intento por parte de los sij de arrebatar el control de sus templos, los gurdwaras, de manos de propietarios privados. El Akali Dal es ahora un partido político con centro en el Punjab, que defiende los intereses sij en los ámbitos del estado local y nacional. Ejerce también una gran influencia en el comité que administra los gurdwaras en los estados de la India de Haryana, Himachal Pradesh y el Punjab, conservando de esta forma cierta significación, tanto religiosa como política. ⇨ Akal Purukh; gurdwara; nihangs; Punjab.

Akenatón, también **Amenhotep (Amenofis) IV** (siglo XIV a. C.) Rey de Egipto, de la XVIII dinastía, que renunció a los antiguos dioses e introdujo un culto solar purificado y universalizado. Una de sus mujeres fue Nefertiti. ⇨ faraón; egipcia antigua, religión.

akhand, sendero (sendero akhaṇḍ) Lectura continua de las escrituras sij, el *Gurú Granth Sahib*, de principio a fin. Un grupo de lectores toma parte en este acontecimiento, que dura unas 48 horas. La lectura debe ser clara, bien pronunciada y sin prisa. Es distinto de un *sendero* ordinario, una lectura de parte de las escrituras, y de un *sendero saptahik*, en el que la lectura de los textos sagrados completos puede durar siete días. La práctica se remonta probablemente al siglo XVIII, pero se hizo más popular en el siglo XIX cuando las escrituras impresas se hicieron más ampliamente accesibles. Un sendero akhand puede realizarse en acontecimientos familiares especiales, como bodas, muertes o mudanzas, y en algunos grandes templos sij puede ser un rasgo más permanente del culto. A menudo concluye con una ceremonia bhog que incluye la distribución de comida especialmente bendecida. ⇨ Gurú Granth Sahib; Karah Prasad.

Akhira Idea islámica del más allá. Dependía este del Juicio Final, según el cual los justos alcanzarían el paraíso y los malos serían sepultados en el infierno. El paraíso podía considerarse bien en términos físicos, como un hermoso jardín lleno de atractivos y estéticos materiales, o en términos espirituales, la alegría y felicidad de conocer a Alá personalmente. El infierno se tiene por un lugar físico de fuego y de tormento con variedad de sitios acordes con la naturaleza de las transgresiones cometidas por sus ocupantes. Al igual que la noción cristiana del purgatorio, se consideraría como lugar de morada temporal más que permanente. ⇨ cielo; infierno; más allá; Paraíso; pecado; purgatorio.

akhlaq (akhlāq) Uno de los términos islámicos para referirse a la ética, otro es *ihsan*. La tradición islámica heredó varias tendencias éticas antiguas, especialmente de Grecia y de Persia, y las integró en la visión coránica del mundo que reside en el corazón del islam. En algunos círculos neofundamentalistas del islam contemporáneo ha habido una vuelta a la moralidad original del Corán, tal como se encontraba antes de la síntesis medieval que había incorporado elementos de Persia y Grecia. ⇨ Corán; modernismo islámico; sufismo; sunnah.

Akitu Fiesta del Año Nuevo en la antigua Babilonia durante el primer milenio a. C., que tenía lugar sobre los 11 primeros días de Nisán, mes de la primavera. La festividad más importante del calendario babilónico, celebraba la actividad creadora del dios nacional Marduk y su elevación a la soberanía sobre los dioses con una lectura del poema épico de la creación *Enuma Elish*. Parte del ritual implicaba la humillación ritual y reinvestidura del rey babilonio como acto de expiación, tanto por el rey como por la ciudad, y como renovación simbólica de su dignidad regia. Como en las fiestas sumerias del Año Nuevo, seguía la determinación de destinos y probablemente una celebración de matrimonio sagrado. El nombre Akitu se aplica también al *bit akitu* (la casa de Akitu), un edificio a las afueras de la ciudad en el que se desarrollaba parte de la celebración. ⇨ Año Nuevo del Próximo Oriente antiguo, fiestas del; Asur; cosmogonía del Próximo Oriente antiguo; Marduk; monarquía en el Próximo Oriente antiguo, la.

al- Nombre principal.

Alá (Allāh) Nombre musulmán de Dios. En la Arabia preislámica, Alá había sido una deidad suprema, pero no la única. En el Corán se describe a Alá como el solo, único Dios, tal como se expresa en la afirmación musulmana básica de la fe: «Alá es Alá y Mahoma es su profeta.» Se acentúa su unidad *(tauhid)* durante la última desviación del politeísmo *(shirk)*. Alá es omnipotente y dominador pero también compasivo. Es el Señor trascendente, creador y sustentador del mundo y dispensador de sus dones. Es también el juez que recompensará a los creyentes y a los justos, y castigará a los infieles e injustos. Más tarde, los teólogos distinguieron los atributos de Alá que pertenecen a su esencia, es decir, Vida, Conocimiento, Poder, Voluntad, Oído, Vista y Habla, de otros atributos como Creador y Sustentador que pertenecen a su acción. Existe también una lista clásica de los 99 nombres de Alá, conocidos como los «Más Hermosos Nombres», que pueden utilizarse en la oración y el culto. Los pensadores musulmanes debatieron después la relación de la omnipotencia de Alá con la posibili-

Rosetón característico de los versos del Corán con el nombre de Alá. Mezquita de Santa Sofía (Estambul)

dad del libre albedrío humano, y la relación de la justicia de Alá con su misericordia. Discutieron también la ética de filosofar sobre Alá en vez de aceptar su revelación incondicionalmente, y cuestionaron la relación entre su misteriosa presencia y su cualidad de ser un otro trascendente. El debate continúa. ⇨ Corán; Dios; Mahoma; shirk; sufismo.

aladura Palabra yoruba (Nigeria) que significa «el que reza». Se aplica **1** a un movimiento de revitalización religiosa en la Nigeria occidental después de la Primera Guerra Mundial; **2** a un grupo de iglesias que surgieron del movimiento; **3** a las iglesias africanas independientes, del tipo de curación profética, en su conjunto, especialmente de África occidental. El movimiento de revitalización comenzó con un grupo de oración entre los anglicanos yoruba de Ijebu-Ode durante la epidemia de gripe de 1918. El grupo puso el acento en la oración y el ayuno, y tuvo experiencias de visiones y de curación. Creció en los años de la Depresión, especialmente por la predicación carismática de Joseph Babalola, conductor de una apisonadora, dando origen a un movimiento de aproximación al cristianismo en áreas antes casi intactas, así como a un fervor religioso y político ilusionante. En los primeros años de la década de 1930 se estableció un vínculo con el pentecostalismo británico, aunque para la mayoría de los movimientos fue una relación pasajera. Entre las iglesias que nacen del movimiento están el Tabernáculo de la Fe, la Iglesia Apostólica de Cristo, la Iglesia del Señor (Aladura) y las numerosas divisiones de los Querubines y Serafines. La expansión de estas iglesias fuera de la tierra yoruba y los rasgos paralelos de muchas iglesias africanas en todas partes han facilitado el uso más amplio del término. ⇨ iglesias independientes africanas; iglesias sionistas.

alaya-vijnana (ālayavijñāna) Uno de los ocho o nueve tipos de conciencia en el pensamiento y psicología budistas, elaborado principalmente por la escuela *Yogacara* del budismo mahayana. Alaya-vijnana es la «conciencia-almacén», el depósito de tendencias desarrollado durante los sucesivos nacimientos y muertes. Es en este depósito donde se forman las experiencias cotidianas. Aunque en flujo dinámico, en el que constantemente se almacena y del que constantemente se distribuye, es este almacén el que llega a modificarse para aparecer como el mundo mental y físico del vivir diario. La teoría es un intento de explicar cómo una persona puede renacer muchas veces y, sin embargo, no ser un «yo» permanente. El alaya-vijnana es el elemento persistente, o conciencia básica, de cada persona dentro del continuo ciclo de nacimientos y muertes, aunque no equivale a un «yo». Se requiere la meditación y la penetración mental para comprenderlo y transformarlo. La noción de alaya-vijnana fue propuesta en la India, en el siglo IV d. C., por Asanga y su hermano más joven Vasubandhu, y expuesta de modo más completo 200 años después por Dharmapala. La teoría adquirió importancia en China cuando Dharmapala fue traducido a su lengua. ⇨ anatman; bhavana; Vasubandhu; Yogacara.

Alberto Magno, San, conde de Bollstädt (c. 1200-1280) Filósofo alemán, obispo y Doctor de la Iglesia, llamado a menudo «Doctor Universalis» (Doctor Universal), nacido en Lauingen. Estudió en Padua e ingresó en la orden de Santo Domingo, llegando a ser profesor de teología. Su alumno más famoso fue Tomás de Aquino. En 1254 llegó a ser provincial de los dominicos de Alemania, y en 1260 fue nombrado obispo de Ratisbona. En 1262 se retiró a su convento de Colonia para dedicarse a actividades literarias y allí murió. Superó a todos sus contemporáneos en la amplitud de su erudición y ayudó a reconciliar la teología con el aristotelismo. Fue canonizado en 1932. Su fiesta se celebra el 15 de noviembre. ⇨ Aris-

albigenses

tóteles; dominicos; escolástica; teología; Tomás de Aquino, Santo.

albigenses Seguidores de un tipo de cristianismo que en los siglos XI y XII, especialmente, tenía sus principales efectivos en la ciudad de Albi, en el suroeste de Francia. Procedían de los seguidores del maestro religioso persa, Mani, del siglo III, cuyas ideas se extendieron poco a poco a través de las rutas comerciales a Europa, especialmente a Italia y Francia. Conocidos también como cátaros o bogomilos, creían que la vida en la Tierra era una lucha entre el bien (espíritu) y el mal (materia). En casos extremos eran rígidos ascetas, y condenaban totalmente el matrimonio, la comida y la procreación. Creían en la transmigración de las almas. Condenados por Roma y la Inquisición, fueron aniquilados en la cruzada de principios del siglo XIII contra ellos, que tronchó también la cultura característica de la Provenza en Francia. ⇨ cátaros; cristianismo; Inquisición; Mani.

Alcuino, originalmente **Ealhwine** o **Albinus** (c. 735-804) Escritor, teólogo y consejero del emperador Carlomagno, cargo que le permitió ejercer una gran influencia en el renacimiento carolingio de la cultura. Nació en York y se educó en la escuela monacal, de la que llegó a ser maestro en el 788. Invitado a la corte de Carlomagno (781), se dedicó a la educación de la familia real. Como resultado, la corte se convirtió en una escuela de cultura en vez del hasta entonces casi bárbaro Imperio Franco. En el 796 se estableció en Tours como abad; allí la escuela se convirtió pronto en la más importante del Imperio. Sus obras comprenden poemas, libros de gramática, retórica y dialéctica, tratados teológicos y éticos, vidas de varios santos, y más de 200 cartas.

Alejandría, cristianismo en Alejandría, fundada por Alejandro Magno en el 332 a. C., fue muy famosa por ser el centro intelectual del judaísmo helenístico que dio como fruto a Filón y *El libro de la Sabiduría*. Siguió siendo la capital de la administración romana de Egipto, tan importante como Roma y Antioquía (que también se convirtieron en centros del primitivo cristianismo). No se sabe nada concreto sobre los orígenes del cristianismo en Alejandría, pero una tradición posterior, no comprobada, relaciona la ciudad con la predicación de San Marcos. La escuela teológica alejandrina, el Didaskalion, dio eruditos como Clemente de Alejandría y su famoso discípulo Orígenes, seguidos más tarde por Arrio y Atanasio. Bajo la influencia del neoplatonismo, abogaba por el uso de la filosofía en teología (con un acento en la divinidad de Cristo tendente hacia los extremos del apolinarismo y monofisismo, y lejos de las herejías opuestas del adopcionismo y nestorianismo que surgieron del énfasis en la humanidad de Cristo de la escuela rival de Antioquía), y por la interpretación mística y alegórica de la Escritura. La Alejandría cristiana (como la Alejandría judía que alumbró la Septuaginta —traducción griega del siglo II a. C. del Antiguo Testamento—) se convirtió en la fuente de traducciones griegas de la Biblia, incluyendo probablemente los famosos Código Vaticano y Código Sinaítico del siglo IV, que a menudo se consideran los mejores manuscritos de todos los que se conservan. ⇨ adopcionismo; arrianismo; Atanasio, San; Clemente de Alejandría, San; Marcos, San; nestorianos; Orígenes; Septuaginta.

Alejandría, Escuela Catequética de Escuela de teología que floreció en Alejandría a partir del siglo II hasta el final del siglo IV d. C., y que influyó también en Cesarea y Roma. Fundada probablemente por Panteno, sus más insignes maestros fueron Clemente de Alejandría y Orígenes, que intentaron armonizar la filosofía clásica con la doctrina cristiana, poniendo énfasis en la unidad de lo divino y en una interpretación alegórica de la Escritura. Mostraron tendencias espiritualizantes y místicas, y se la pone generalmente en contraste con la coetánea Escuela de Antioquía. ⇨ Atanasio, San; Clemente de Alejandría, San; cristología; Orígenes.

algonquina, religión o **algonquino** La familia lingüística algonquina de los pueblos nativos americanos (que incluye, entre otros, el Arapaho, Pies Negros, Cheyenne, Cree, Lenape o Delaware y Ojibwa) cubre un área del centro y este de Norteamérica desde el subártico hasta el lejano sur de los Grandes Lagos. A pesar de esta variedad de hábitat y estilo de vida, y de tantas influencias culturales circundantes, existen muchos elementos comunes. El concepto religioso clave es manitú, «lo misterioso», «lo sobrenatural». La creencia en el Dios supremo *(Kitshi Manitú),* columna del universo (representado en la columna que ocupa el centro de la casa de culto), es anterior al contacto algonquino con el cristianismo. Bajo él están el Sol y la Luna, los dioses del trueno, la Madre Tierra, los señores de los animales (un señor para cada especie de quien depende la vida). La Gran Liebre (o deidad blanca) es el culto a un héroe, creador y benigno; su gemelo, Lobo, representa a las fuerzas más oscuras. Hay una figura embustera Wisaka (popularmente «Whiskey Jack») y un monstruo siniestro, *windigo.* En la búsqueda de la visión, quienes la persiguen pueden encontrarse con sus espíritus guardianes personales y recibir su propio lote de medicinas. La sociedad Midewiwin conserva un saber oculto, con la casa medicinal como centro ritual; se practica la curación chamanista y los algonquinos del norte conocen la tienda de la sacudida. ⇨ bolsa medicinal; búsqueda de la visión; casa medicinal; Manitú; tienda de la agitación; windigo.

Alí ('Ali ibn Abī Ṭālib) (m. 661) Primo y yerno de Mahoma, cuarto califa. Se convirtió al islam siendo todavía un niño, y más tarde se casó con Fátima, hija del profeta. Se apartó, o fue excluido, del gobierno durante los califatos de Abu-Bakr y Omar, y estuvo en desacuerdo con

Uthman en la interpretación del Corán y en la aplicación de la ley. Aunque no estaba implicado en la muerte de Uthman, fue elegido califa poco después, pero encontró una oposición considerable, dirigida por Muawiya, gobernador de Siria, que fue el principio de una gran división dentro del islam que ha durado hasta el día de hoy. El tema estaba aún sin resolver cuando fue asesinado en la mezquita de Kufa por un miembro de un tercer partido musulmán, los jariyíes. ⇨ chiísmo; Corán; jariyíes; Mahoma; Omar; sunnah.

alianza En las Escrituras hebreas, pacto entre Dios y su pueblo elegido, base de la religión judía. Se identifica especialmente con la entrega de la ley a Moisés en el Monte Sinaí, cuando Dios prometió guiar al pueblo judío de la cautividad, como esclavos en Egipto, a la tierra prometida. Este acuerdo fue precedido por pactos con Abraham y Noé. Algunos escritores del Nuevo Testamento describen la muerte de Jesús como una «nueva alianza», y muchos cristianos creen que este pacto sustituye a la «antigua» alianza judía. ⇨ Abraham; Diez Mandamientos; judaísmo; Moisés; Noé; Sinaí, Monte; Torá.

Alianza Evangélica Movimiento religioso fundado en 1846; expresión formal de una comunidad evangélica internacional que abarca una variedad de iglesias evangélicas conservadoras y sucursales independientes. Están unidas por el propósito común de ganar el mundo para Cristo. ⇨ Jesucristo.

alma Sede de la personalidad, fuerza de la vida que anima a los seres vivos, sinónimo de «yo» o «mente». El concepto deriva de Platón, para quien era una entidad metafísica, incorruptible y eterna en última instancia. En el pensamiento religioso, el alma es, a menudo, considerada como un elemento divino o inmortal aprisionado en el cuerpo humano. Con la muerte, el alma es liberada del cuerpo y sigue existiendo en forma desencarnada o se reencarna en un nuevo cuerpo. ⇨ inmortalidad; más allá; transmigración.

alma, visión cristiana del Los Padres cristianos primitivos asumían que el cuerpo y el alma estaban separados. La opinión de que el alma era preexistente e inmortal fue rechazada como una herejía platónica y gnóstica, ofreciendo una opción entre la teoría de que el alma se transmitía a través de la procreación (traducianismo, que concordaba con las opiniones agustiniana y reformada del pecado original) y la idea de que Dios creaba cada nueva alma humana de nuevo (creacionismo). Tomás de Aquino sostenía que el alma era formada para el cuerpo, pero podía existir temporalmente fuera de él, entre la muerte y la resurrección general. El habla religiosa de «cuerpo», «alma» y «espíritu» o de cuidado espiritual del «alma» sola no es un reflejo adecuado del lenguaje bíblico, que equipara «ser viviente» y «alma» y entiende la doctrina de la resurrección del cuerpo no como el volver a juntar la materia orgánica sino como la preservación de la identidad personal. En el lenguaje del apóstol Pablo (1 Corintios 15) habrá resurrección a un «cuerpo espiritual» que es tan apropiado para el más allá como el «cuerpo físico» lo es para esta. ⇨ humanidad, visión cristiana de la; más allá, concepto cristiano del; pecado original; resurrección; Tomás de Aquino, Santo.

alma, visión hindú del El alma (atman) es un concepto central en todas las ramas del hinduismo, excepto quizá para la escuela heterodoxa Lokayata que lo criticó. Las definiciones acerca de su naturaleza y papel difieren de manera sorprendente entre las fuentes de las escrituras sagradas y también en las diferentes escuelas, enseñanzas y creencias individuales. El significado más antiguo de atman era «aliento», y de este se derivan las prácticas corrientes de yoga que implican el control de la respiración (prana), considerado como la fuerza de la vida (*jiva*) esencial, que infunde vida. Los antiguos rituales védicos de la muerte se basaban en la creencia en una persona transmaterial que al morir el cuerpo físico, renacería en uno de los *lokas* o vidas futuras. El *darshana* Samkhya también acentúa una dualidad entre materia (*prakriti*) y alma inmaterial o espíritu (*purusha*). El desarrollo del pensamiento upanisádico vio, hasta cierto punto, el abandono de este dualismo, aunque las distintas escrituras sagradas ponen diferentes énfasis, la tendencia general entre los ascetas habitantes del bosque que escribieron los Upanishads era hacia la creencia en un alma transpersonal, universal o *paramatman*, que es idéntica al atman individual, y de la que procede toda diferenciación, en la que se sumerge todo en última instancia, y que, a la vez que lo llena todo, es trascendente. A esta teoría se le dio forma como *nirguna Brahman*, o realidad absoluta impersonal sin cualidades, y era hacia una comprensión de esto a lo que se dirigía la práctica religiosa. Este tema se ha perpetuado a lo largo de la historia, alcanzando su punto culminante con los escritos del gran filósofo advaita vedanta, Shankara. También ha evolucionado posteriormente. Basándose en la idea de que Brahman lo invade todo, se cree que la multitud de dioses del panteón hindú no pueden ser aberraciones, sino representantes de Brahman (*saguna Brahman*, Brahman sin cualidades), puesto que no hay nada, incluyendo la materia, que no sea Brahman. Ello proporciona una razón fundamental a las ramas del hinduismo como el bhakti, en la que el alma es considerada como separada de Dios provisionalmente, pero en unión inminente con Él por medio del amor y la devoción. En la escatología hindú, el alma, siempre transmigrando, permanecerá en el limbo durante el período conocido como la noche de Brahma (cf. *yugas*) y aceptará de nuevo, una vez más, el yugo kármico al comienzo del siguiente ciclo del mundo. En un aspecto, esto es precisamente otra permutación de la doctrina del samsara, y es a partir de aquí desde donde

alma

el hindú busca liberar su alma, bien se interprete el alma de manera monista o de manera dualista. ⇨ Advaita Vedanta; bhakti; Brahma; Lokayata; nirguna Brahman; prakriti; prana; purusha; Samkhya; Shankara; Upanishads; yugas.

alma, visión islámica del

Existen dos palabras árabes para decir alma. La que se refiere a alma independiente es *nafs,* que equivale a la palabra griega *psyche*. A veces se considera referida al alma en un estado de no regeneración que requiere ser cambiado de modo que pueda, a través de la consciencia y la enmienda de vida, llegar a ser un alma en paz. La palabra para señalar el elemento no independiente del alma es *ruh,* traducido a veces como «espíritu», y que equivale al griego *nous*. Es el elemento que otorga a los seres humanos una dignidad espiritual profunda, elevándolos por encima de los animales y, hasta cierto punto, por encima de los ángeles. En los sentimientos de los místicos sufíes, el alma, en el sentido de ruh, es el centro del ser dentro de cada vida humana y está en línea de continuidad con el Ser en el sentido de Dios. El Corán, de hecho, aplica la frase «el espíritu de Dios» *(ruh Alá)* a Jesús. Así, las nociones de nafs y ruh combinan la cara inferior y superior, la humana y la divina, de lo que es conocido como el alma. ⇨ Corán; espíritu; ruh; sufismo.

alquibla

Dirección hacia la que miran los musulmanes cuando participan en sus oraciones diarias. Durante los dos primeros años de existencia de la comunidad musulmana en Medina (622-624), el templo de Jerusalén era la alquibla, pero fue reemplazado en el 624 por La Meca. Esto simbolizaba un deseo por parte del primitivo islam de enfatizar su propia identidad árabe y su independencia de la tradición judía. La Piedra Negra de la Kaaba, en La Meca, es la actual alquibla, y en todas las mezquitas hay un nicho de oración o guía orientadora (mihrab) que señala la dirección de la Kaaba a los fieles. Cuando es imposible saber dónde está La Meca, es útil el Corán 2, 115: «A Dios pertenece el Oriente y el Occidente, y a cualquier sitio que os dirijáis, allí está el rostro de Dios.» A pesar de esta verdad general, el centro de atención en la alquibla y la importancia de las oraciones diarias en el islam concentran la atención en la centralidad de La Meca como supremo lugar sagrado para los musulmanes. ⇨ Corán; La Meca; Medina; mihrab; Piedra Negra.

alquimia

Búsqueda de una sustancia llamada a veces «piedra filosofal», que convertiría los viles metales en oro y dotaría a los seres humanos de longevidad, inmortalidad o perfección espiritual. La alquimia es una sutil alianza de la química y la espiritualidad que, aunque cuestionada por la química científica, ha sido un importante factor en la investigación material y espiritual. Fue un elemento significativo en el taoísmo religioso de China entre los siglos V y IX, y varias obras sobre el tema fueron incluidas en el canon taoísta. Se centraban en la búsqueda de la longevidad y la inmortalidad, investigando a través de la alquimia las teorías del yin y el yang, los cinco elementos (tierra, fuego, metal, agua, madera) y los trigramas místicos del *I Ching*. La alquimia europea tenía sus orígenes en Alejandría y en el pensamiento gnóstico, por lo cual los metales base «representaban» a los seres humanos, la piedra filosofal se convirtió en el vehículo hacia la vida eterna y el cambio llegó a ser la evolución de la ignorancia hacia la perfección espiritual. La alquimia china y griega llegó al mundo árabe y de ahí a Europa, donde fue un importante factor espiritual y científico de los siglos XIV al XVII, interesando incluso a científicos como Isaac Newton (1643-1727). Tras la revolución científica del siglo XVII perdió toda importancia en Occidente pero recientemente se ha reavivado el interés gracias a la obra de Carl Jung y el pensamiento de la «nueva era»; en el sureste de Asia, en realidad, nunca desapareció. ⇨ gnosticismo; I Ching; «nueva era», religión; taoísmo; yin y yang.

alquimia china

Normalmente se ha asociado con tres objetivos: con la búsqueda de la inmortalidad, con la búsqueda de la perfección del espíritu y con la elevación a la jerarquía de los dioses. Los dos tipos principales de alquimia estaban preocupados, en primer lugar, por alcanzar la inmortalidad, la perfección del espíritu y un puesto en la jerarquía celeste a través del trabajo con metales y sustancias químicas, y en segundo lugar, por alcanzar estas metas interiormente a través de la meditación y el control de la respiración. La alquimia estaba asociada fundamentalmente con un tipo de misticismo. A menudo estaba también relacionada y existía junto al taoísmo religioso. El libro más antiguo que se conserva sobre alquimia, escrito por Wei Po Yeng en el siglo II d. C., cita conceptos del *Tao Te Ching*, del *I Ching*, y la teoría del yin/yang, y es una interesante combinación de alquimia, control de la respiración y meditación. De él se deduce que el cultivo del propio interior debe ser una preocupación más importante que el cultivo literal de oro a partir de metales base, aunque esto último tampoco dejaba de intentarse. ⇨ I Ching; inmortalidad; panteón chino; Tao Te Ching; yin y yang.

alternativas seculares a la religión

Durante la evolución del mundo occidental moderno han surgido varias alternativas seculares a la religión. Pueden ser sustitutos de las religiones tradicionales, rivales de ellas o complementos. Entre ellas se incluyen el nacionalismo, marxismo, positivismo científico, psicología profunda freudiana, utilitarismo y humanismo secular. El nacionalismo extremo en la forma de nazismo fue responsable de la Segunda Guerra Mundial, y sigue siendo una fuerza en cuanto que muchas nuevas naciones se han independizado y muchos grupos étnicos se esfuerzan por establecer su propia posición. Como la religión, el nacionalismo cuenta con su propia comunidad, rituales, ética, doctrinas, textos sagrados, estética e incluso espiritualidad. De igual modo actúan en mayor o menor grado otras alternativas seculares a la religión. El marxismo hasta hace poco ejercía una influencia en muchos países, los escritos de Marx y Mao eran tratados como textos sagrados, y la «fe» y la «conversión» formaban parte del comunismo. El positivismo científico tiene fe en la ciencia y en sus posibilidades para la mejora del mundo; el freudianismo, en el psicoanálisis; el humanismo profundo, derivado con frecuencia de la obra de Carl Jung, en el potencial humano; el utilitarismo, que para John Stuart Mill funcionaba como una secta, y el humanismo secular, visto en figuras como Bertrand Russell, que combinaba el compromiso social y la protesta radical con sus puntos de vista agnósticos; todos ellos han funcionado como alternativas a la religión. Sin embargo, aunque han lanzado con frecuencia un ataque contra la religión por estar contra el Estado, por ser «el opio del pueblo», intolerante y demás, en la práctica ha habido con frecuencia una fusión de elementos de una religión y una alternativa secular como en la teología de la liberación, el humanismo cristiano, la religión civil, etc. ➪ cientificismo; potencial humano, movimiento del; secularismo; secularización; teología de la liberación.

altjiranga o alcheringa

Concepto fundamental conservado en la religión australiana aborigen. Se refiere a una época conocida como «el Sueño» o «la Época ideal», el período que precede a la memoria viva (aunque quizá relativamente reciente) en la que sus heroicos antecesores vagaron por el mundo y lo crearon tal como lo conocen ahora. Estos antepasados configuraron el paisaje donándole partes de sí mismos, por ejemplo, sus ojos para pozos de agua, sus colas para árboles. También crearon los diferentes tipos de especies animales y de plantas, y dictaron leyes para vivir de acuerdo con ellas. ➪ australiana aborigen, religión; creación, mitos de la.

Alvar (Ālvār)

Nombre dado a santos hindúes de la tradición visnuita, particularmente fervientes y piadosos, eminentes entre los siglos II y X d. C., que viajaron por el sur de la India, componiendo y cantando poesía, la mayor parte de la cual se ha convertido posteriormente en texto sagrado. La palabra Alvar significa «buzo» y designa a quien se sumerge en la profundidad de la experiencia mística. Los Alvar están estrechamente asociados a los tamiles del sur de la India. ➪ hinduismo; Visnú.

Amaterasu

Diosa solar de Japón, supremo *kami* (poder sagrado) del panteón sintoísta. Es mencionada en las crónicas originales del sintoísmo, el *Kojiki* y *Nihongi*, como la diosa a través de cuyo nieto quedó establecida la familia imperial del Japón. Se justificaba así el origen divino del emperador, y esta teoría se mantuvo hasta el final de la Segunda Guerra Mundial. Quedó encerrada en Ise desde fecha temprana como figura sagrada y, como sintoísmo y budismo se unieron de forma más estrecha, se asoció con el buda solar Vairocana y ambos eran adorados juntos en los santuarios Ise. Su símbolo es el del Sol, un espejo, pero a pesar de su importancia no se representa en el arte. ⇨ Ise, santuarios; kami; Vairocana.

Ambrosio, San (c. 339-397) Sacerdote romano y uno de los cuatro Doctores Latinos de la Iglesia (con San Agustín, San Jerónimo y San Gregorio Magno). Nacido en Tréveris, hijo del prefecto de la Galia, ejerció el derecho en Roma y en el 369 fue nombrado prefecto consular de la Italia Superior, cuya capital, Milán, era entonces el centro de controversia entre católicos y «herejes» arrianos. Cuando el obispado quedó vacante en el 374, Ambrosio fue elegido obispo por aclamación popular, aun cuando era todavía sólo un catecúmeno que recibía instrucción. En seguida fue bautizado, y consagrado obispo ocho días más tarde. Luchó por la integridad de la Iglesia ante la corte imperial, se opuso a la emperatriz regente Justina sobre la introducción de iglesias arrianas, e incluso forzó al propio emperador Teodosio I *el Grande* a hacer penitencia pública por la masacre de Tesalónica en el 390. Introdujo el uso de himnos, y llevó a cabo mejoras en el culto, como el ritual ambrosiano y el canto ambrosiano. Su fiesta se celebra el 7 de diciembre. ⇨ Agustín de Hipona, San; Arrio; Gregorio Magno, San; herejía; Jerónimo, San.

americanas nativas, religiones «Americanas nativas» es la expresión usada actualmente por los pueblos indígenas de Norteamérica. Cubre una amplia gama de lenguas y orígenes étnicos, desde los inuit del Ártico, pasando por el continente hasta pueblos cuyas afinidades están con los de Mesoamérica. El hábitat es igualmente diverso: tundra, terrenos de caza subárticos con agricultura marginal, bosque, praderas abiertas, la fría costa húmeda noroeste del Pacífico, la franja de maíz del sur, las calurosas tierras que bordean el desierto. El cuadro es todavía más complicado por la migración sobre vastas distancias, con cambios consiguientes en el estilo de vida. Así, los navajos, antes probablemente parte de una cultura Athapasca de cazadores del noroeste, son ahora agricultores en el suroeste, mientras que los shoshoni del río Wind, pertenecientes al complejo uto-azteca de Mesoamérica, viven tan al norte como Wyoming. Estas migraciones frecuentemente implican cambios religiosos puesto que la religión está inevitablemente influida por el modo de vida de la comunidad. La rivalidad (generalmente traumática) de los pueblos nativos americanos con la expansiva población blanca condujo a unos nuevos desplazamientos y, con la extinción del búfalo de las praderas, un forzado cambio de estilo de vida. El impacto blanco estimuló unos cambios religiosos por reacción (por ejemplo, la Danza del Espíritu) y otros por interacción con el cristianismo. Los conceptos nativos americanos de Dios varían mucho. Los

Amesha Spentas

algonquinos subárticos reverencian al Gran Espíritu, Manitú; los sioux tienen una categoría más amplia de lo sagrado, *wakan*, que parece oscilar entre el ser supremo y otras manifestaciones de lo sagrado; los iroqueses tenían un dualismo completo de principios cósmicos opuestos, que el reformador Handsome Lake reinterpretó como la oposición de Dios y del diablo; mientras que en la elaborada mitología y ritual de los pueblos del grupo Pueblo el ser supremo desempeña sólo un papel lejano. La mayoría de los sistemas religiosos nativos americanos reconocen un héroe del cultivo que es responsable de establecer las condiciones de vida de la comunidad. Un rasgo común, como en las religiones melanesias, es que el héroe del cultivo tiene un gemelo, que refleja polaridad en la organización de la vida. La mayoría de los pueblos cazadores tienen una figura mítica que es el Maestro de los Animales, guardián del abastecimiento del que depende la vida de la comunidad. Los modelos rituales naturalmente varían muchísimo, especialmente entre los pueblos agrícolas y los cazadores, pero el rasgo que se repite es la construcción de una representación simbólica del universo en un sitio determinado, ya que los ritos ayudan a mantener el universo y conservan los procesos de sustento en buen estado. Los pueblos del norte también tenían la búsqueda de la visión, con su busca personal de poder y sus exigencias de pureza y disciplina, y la institución (posiblemente relacionada) de curación chamanística. El derrumbamiento y desmoralización de la sociedad nativa americana bajo el impacto blanco ha producido movimientos de protesta, renacimiento y reforma, volviendo a la costumbre ancestral, pero a menudo empleando temas del cristianismo (como hizo Handsome Lake) o nuevas instituciones (como ha hecho la Iglesia Nativa Americana con el peyote). Las afirmaciones recientes de identidad y dignidad nativas americanas han tendido a señalar la herencia religiosa nativa americana como un todo y la espiritualidad tradicional, más que a reconstruir los sistemas de creencias de pueblos concretos. ⇨ algonquina, religión; bolsa medicinal; búsqueda de la visión; calumet; casa medicinal; casa del sudor; chamanismo; cheyene, religión; Danza del Espíritu; Danza del Sol; hopi, religión; kachinas; Manitú; navajo, religión; peyote; Pueblo, religión; seres supremos; windigo.

Amesha Spentas Término avéstico que significa «Inmortales Benéficos». En la tradición zoroástrica el término se utiliza más a menudo para designar a los seis divinos ayudantes de Ahura Mazda, que forma con ellos un grupo de siete, y cada uno está a cargo de parte de su Creación, es decir, Vohu Manah, «Pensamiento Bueno» (a cargo de los animales benéficos), Asha Vahishta, «Rectitud Mejor» (del fuego), Khshathra Vairya, «la Soberanía que debe ser elegida» (de los metales), Spenta Armaiti, «Devoción Benéfica» (de la Tierra), Haurvatat, «Plenitud» (del agua), Ameretat,

«Inmortalidad» (de las plantas). En el primitivo zoroastrismo se creía probablemente que la divinidad Spenta Mainyu, «Espíritu Benéfico», formaba parte de este grupo, configurando un grupo de siete con los otros seis Amesha Spentas, pero este concepto perdió mucho de su peculiaridad con el curso del tiempo. En unos pocos textos posteriores, el término Amesha Spentas parece utilizarse de modo impreciso para designar a las divinidades en general. ⇨ Ahura Mazda; Avesta; zoroastrismo.

Amida, culto Culto de Amida Buda, en el budismo japonés Tierra Pura. En la India, Amida se conoce como el bodhisattva Amitabha, y el Sutra Tierra Pura original había sido indio, pero en China surgió una escuela Tierra Pura independiente que llegó a ser y sigue siendo fuerte; el budismo Tierra Pura fue introducido desde China en Japón por Ennin en el 847 d. C. dentro de la escuela Tendai. La primera gran escuela japonesa Tierra Pura *(Jodo)* fue fundada en 1175 por Honen (1130-1212), basada en tener fe en la gracia de Amida Buda mediante la repetición del nombre de Amida, que produce el renacimiento en la Tierra Pura de Amida o paraíso. Shinran (1173-1262) introdujo novedades acabando con el celibato sacerdotal y recalcando que la gracia de Amida era asequible a pesar del pecado permanente, basándose en que si una buena persona puede recibir la gracia de Amida, muchísimo más una persona mala. La escuela Verdadera Tierra Pura *(Jodo Shinshu),* que se convirtió en el grupo Tierra Pura más numeroso, surgió gracias a su trabajo. Tras el culto Amida subyacía la teoría de que había aparecido una tercera fase en la historia budista, debido a la «decadencia de la historia», en que el camino más duro hacia la salvación, basado en el propio esfuerzo, no era ya apropiado, y lo que se necesitaba era fe y confianza en «otro poder», la misericordia y la gracia de Amida Buda. Amida se sienta en un asiento de loto, tiene una enorme aureola y se dice que tiene 84.000 notas o virtudes; su Tierra Pura es un paraíso donde los seres pueden permanecer hasta alcanzar el nirvana. Repetir el *nembutsu,* «Pongo mi fe en Amida Buda», es un elemento importante en el culto Amida; si se dice con sinceridad, puede traer la salvación. ⇨ bodhisattva; Honen; Jodo; Jodo Shinshu; nembutsu; Tendai.

Amidah (hebreo: «de pie») Principal componente de las oraciones diarias del judaísmo talmúdico, recitadas mientras se permanece de pie y dichas en silencio excepto en el culto comunitario. Consta de 19 (originalmente 18) bendiciones, las primeras para alabar a Dios, las segundas para pedir su ayuda (peticiones), y las últimas para dar gracias. Los sábados y fiestas se recita también una forma modificada de la oración. ⇨ judaísmo; Shema; Talmud.

Amish Rama conservadora de los menonitas que aparecieron en Suiza alrededor de 1693 por iniciati-

Amón

va del anabaptista Jakob Amman (c. 1645-c. 1730). La emigración a EE. UU., especialmente en la década de 1870, condujo a la formación de grupos más liberales. Sólo la Antigua Orden Amish (fundada en 1720-1740) mantiene todavía las estrictas reglas de su fundador sobre el vestido, costumbres y la no cooperación con el Estado. ⇨ menonitas.

Amón (también **Amen, Amun**) Desde el Imperio Medio en adelante, deidad suprema de la religión del Antiguo Egipto. Aunque mencionado como un dios primitivo en la tradición de Hermópolis, Amón alcanzó preeminencia en cuanto dios local de Tebas. Cuando los príncipes de Tebas se convirtieron en reyes de Egipto, Amón se convirtió en supremo dios del estado, adorado en Egipto. Fue particularmente venerado durante el Imperio Nuevo (c. 1567-1085 a. C.), y por ser patrón real, se le otorgaron las cualidades del dios solar Ra, convirtiéndose en el dios Amón-Ra. Amón era adorado como un dios de la Tríada tebana junto con su consorte Mut y su hijo Khons. Los sacerdotes de Amón lograron un considerable poder político, y la persecución del dios por parte del faraón hereje Akenatón pudo haber sido en parte una reacción ante eso, pero Amón fue firmemente reestablecido por los sucesores de Akenatón. Era adorado por la gente ordinaria como protector de los necesitados, no precisamente como dios real. Amón fue asociado, en cuanto deidad creadora, con el carnero y el ánsar, y pintado a menudo como un hombre que viste una toca alta con plumas. ⇨ Akenatón; atonismo; Ra.

El dios Amón bendiciendo a su hijo

amor Concepto que ha sido y sigue siendo una de las fuerzas más potentes dentro de las tradiciones religiosas de la humanidad. El amor se ha descrito como la fuerza más poderosa del universo, que mantiene a todos los seres vivos unidos. En la tradición cristiana Dios mismo es definido como amor (1 Juan 4, 16). El amor es un fenómeno multidimensional, pero se puede categorizar bajo tres grandes apartados. En primer lugar, existe el amor erótico o sensual. Este tipo de amor desea su objeto principalmente para su propia gratificación y placer. En segundo lugar, está el amor fraterno o de amigo. Es el amor que se ofrece por afecto a otro ser humano, sin pensar en el propio provecho. Finalmente, está el amor divino. Este tipo de amor se caracteriza por una autodonación, que otorga lo divino al que lo recibe, gratuitamente. En las tradiciones judía y cristiana este tercer tipo de amor es fundamental. Es un amor de alianza *(hesed)* en el que Dios se liga a sí mismo en amor al pueblo de Israel y desea que le responda con amor. En el cristianismo este amor de alianza alcanza su cumplimiento en el envío de Cristo (Juan 3, 16). El carácter sacrificial *(agape)* del amor divino se revela en la disposición de Cristo a dar su vida por nosotros (Juan 15, 13). Este amor exige una respuesta de nosotros, es decir, que nosotros debemos amar a Dios y al prójimo, lo que se considera el sentido de la vida humana. El amor es, por tanto, a la vez un don de Dios y una tarea ante Dios. El concepto de un amor imparcial universal existe en muchas tradiciones distintas del cristianismo pero alcanza su expresión más clara en él (Marcos 12, 29-31). El amor en este sentido concede valor al individuo y es un factor esencial del carácter de capacitación y afirmación de las relaciones humanas. ⇨ alianza; sacrificio.

Amós (835-765 a. C.) Profeta del Antiguo Testamento, el profeta más antiguo de la Biblia que da su nombre a un libro. Pastor del pueblecito de Técoa, cerca de Belén de Judá, denunció las iniquidades del reino del norte, Israel. ⇨ Antiguo Testamento; profeta.

Amós, Libro de Uno de los denominados escritos proféticos «menores» de la Biblia hebrea/Antiguo Testamento; atribuido al profeta Amós, que actuó en el reino del norte, Israel, a mediados del siglo VIII a. C. Proclama el juicio sobre los vecinos de Israel por idolatría y sobre el propio Israel por las injusticias sociales y la inmoralidad ética. ⇨ Amós; Antiguo Testamento; Israel, tribus de; profeta.

amrit Tipo de bebida utilizada por los sij en su ritual y en ocasiones especiales. La palabra significa «néctar». Es una solución de cristales de azúcar disueltos en agua, que se remueven con una espada de doble filo mientras se están recitando las escrituras sij. Amrit es especialmente importante en relación con los rituales de poner el nombre y de la iniciación. Durante el *amrit sanskar*, la ceremonia de iniciación, es bebido en las manos, en forma de copa, por los candidatos a la iniciación, y asperjado en partes de su cabeza. Amrit también tiene significado alegórico y espiritual. Un bani amrit es un dicho inmortal, con la conclusión de que tal dicho de las escrituras sij es néctar. La noción de amrit se aplica también al Nombre *(Nam)* de Dios y a la Palabra *(Shabad)* de Dios. Así el amrit físico puede apuntar al néctar espiritual, y viceversa. ⇨ cinco K; Nam; Shabad.

Amritsar

Templo Dorado de los sij (Amritsar)

Amritsar Ciudad del Punjab, al noroeste de la India, centro de la religión sij. Fue fundada en 1577 por el Gurú Ram Das en torno a un estanque sagrado, conocido como estanque de la inmortalidad. El Templo Dorado, erigido en el centro del estanque, es especialmente sagrado para los sij; bajo su cúpula de oro y cobre se guarda el libro sagrado de los sij, el *Adi Granth*. La ciudad fue el centro del imperio sij en el siglo XIX, y del moderno nacionalismo sij. En tiempos recientes, el asalto del Templo Dorado por parte de soldados indios, durante su ocupación por radicales sij, fue una de las causas del asesinato, en 1984, de Indira Gandhi por sus guardaespaldas sij. ⇨ Adi Granth; Punjab; Ram Das, Gurú; sijismo.

anabaptistas Nombre colectivo dado a grupos de creyentes que proceden de elementos más radicales de la Reforma del siglo XVI; también conocidos como rebautizadores. Sólo creían en el bautismo de creyentes adultos y se negaban a reconocer el bautismo de niños. Ponían énfasis en la adhesión a la palabra de la Escritura, estricta disciplina eclesial, y la separación de la Iglesia y el Estado. Al estar prontos para criticar al Estado, sufrieron con frecuencia feroz persecución. Se asociaron con Tomás Münzer y los profetas zuinglianos en Wittenberg (1521); con los hermanos suizos en Zurich (1525), y con Jan Mattys (muerto en 1534) en Münster (1533-1534), donde los anabaptistas alcanzaron supremacía; se extendieron a Moravia, norte y oeste de Alemania, los Países Bajos (especialmente los menonitas en Holanda), y más tarde a EE. UU. Fueron los precursores de los baptistas, que son en muchos aspectos sus herederos espirituales. ⇨ baptistas; bautismo; menonitas; Münzer, Thomas; Reforma; Zuinglio, Ulrico.

anaconda La anaconda, gran serpiente de los bosques lluviosos, tiene un significado especial para algunos grupos cazadores de los Arawak, Caribe y Warrau de la Guayana y la franja caribeña de Sudamérica. Existen varias versiones del mito de la anaconda como señor de los animales, ya que su piel multicolor da a los pájaros, y a veces a todos los animales, sus colores. Esto hace que la anaconda sea valorada por los cazadores, que lucen cintas de piel de serpiente en la cabeza. Se cree que las plantas que otorgan poderes sobrenaturales al cazador han crecido a partir de las cenizas de la anaconda primordial.

anagamin (anāgāmin) Término usado en el budismo theravada para «el que no retorna», aquel que no renacerá en este mundo al final de su vida. Es una tercera etapa de la vida para una persona de espiritualidad avanzada. La primera es la de «entrar en la corriente», una entrada que culminará al final de todos los renacimientos. La segunda es la de «el que vuelve una vez», aquel que tiene sólo una vida más para vivir en la tierra después de esta. En la tercera etapa, el budista vence las cinco trabas restantes, que encadenan a los humanos al mundo sensual de nacimiento y muerte, es decir, creencia en un alma, duda, creencia en rituales, sensualidad y mala voluntad. Cuando muera, no retornará al mundo sino que vivirá en la esfera celeste. Allí se convertirá en un *arahat*, o santo. ⇨ arahat; bodhisattva; budismo theravada.

anagarika (anagārika) Término indio, principalmente budista, que significa alguien «que no es amo de una casa», alguien que ha dejado la casa y ha renunciado a sus comodidades para salir y buscar el sentido de la vida. Esta noción de dejar la posesión de la casa para convertirse en buscador ambulante, o persona santa, era común en la antigua India y todavía hoy se considera honrosa. Fue después de dejar su palacio y familia, para buscar la respuesta al problema del sufrimiento y alcanzar la iluminación, cuando Sakyamuni se convirtió en «Buda», el iluminado. Los primitivos seguidores de Buda también renunciaban a ser dueños de una casa, y contaban con los cabezas de familia para que les sustentaran en las necesidades de la vida. Las escrituras budistas describen varios motivos para convertirse en anagarika: «Estoy sujeto al nacimiento, decadencia, muerte, tristeza, lamentación, sufrimiento y abatimiento; estando así afligido, ¿cómo no encaminarme a buscar el fin de toda esta cantidad de sufrimiento? *(Majjhima Nikaya* I, 192). Dejando la condición de amo de casa, podrían salvarse los obstáculos de familia y

Anahita

la falta de oportunidad para implicarse en buenas acciones y vencer el sufrimiento, a pesar del posible descenso de beneficios materiales que se seguirían. ⇨ bodhi; Buda; tipitaka.

Anahita o **Anaitis** (Anã-hitã) Sobresaliente divinidad femenina conocida en la tradición zoroástrica como Ardvi Sura Anahita, «lo húmedo, muy puro». Este nombre compuesto fue probablemente el resultado de la identificación de una diosa fluvial de origen iranio oriental, Ardvi Sura Harahvaiti, con la diosa Anahiti/Anahita. El culto de esta última divinidad, inspirado quizá por el de la diosa Istar de la vecina Babilonia, parece haber sido muy popular en el Irán occidental durante la época en que el zoroastrismo empezó a ser allí relevante. El testimonio de los libros pahlavi sugiere que el sacerdocio zoroástrico seguía siendo consciente de las identidades originalmente distintas de Ardvi Sura y Anahita. La divinidad está particularmente asociada al agua, la prosperidad y los asuntos femeninos. ⇨ pahlevi; zoroastrismo.

analogía, argumento de Una de las teorías que postulan la existencia de Dios, popular en los siglos XVIII y XIX; sostenía que el universo es como un mecanismo; de ahí que si un mecanismo exige un artífice, también el universo. ⇨ Dios, argumentos de la existencia de.

Ananda (Ãnanda) (siglo V-VI a. C.) Primo y alumno favorito de Buda. Conocido por su devoción a Buda y hábil intérprete de sus enseñanzas, contribuyó eficazmente a la fundación de una orden para discípulas. ⇨ Buda; budismo.

Ananda Marga (Ãnanda Mãrg) Nuevo movimiento religioso fundado en la India en 1955 por Anandamurti. Significa literalmente «camino de la alegría». En comparación con algunos otros nuevos movimientos religiosos de origen indio, como el movimiento Raja Yoga y la Misión de la Luz Divina, tiene una fuerte motivación social y política, así como energía espiritual. Ananda Marga se extendió a Occidente después de 1970. Se basa en un estilo de vida que combina la pureza corporal, la dieta correcta, la postura apropiada y el servicio social, con un programa sistemático de meditación. Se recomienda el celibato, aunque no absoluto, a miembros seriamente comprometidos, y la procreación en el matrimonio es el único motivo por el que se permite la unión sexual. Ha habido un fuerte sentido de compromiso con el líder del movimiento, como se vio claramente en el hecho de que, cuando fue encarcelado por las autoridades indias, algunos seguidores se incineraron por apoyarle. Aunque presente en Occidente, tiende a ser tradicionalmente hindú en su orientación básica. ⇨ Brahma Kumaris o Raja Yoga, movimiento; Misión de la Luz Divina; nuevos movimientos religiosos en Occidente.

Anás (siglo I) Sumo sacerdote de Israel, nombrado el año 6 d. C. y depuesto el año 15 d. C. por los romanos, pero más tarde calificado aún con este título en el Nuevo Testamento. Según parece, interrogó a Jesús tras su arresto (Juan 18) y a Pedro después de su detención (Hechos 4). El resto de sus actividades se describen en las obras de Flavio Josefo. ⇨ Josefo, Flavio; Jesucristo; Nuevo Testamento; Pedro, San.

Anat Diosa cananea del amor y de la guerra, hermana y probablemente consorte de Baal. En los textos de Ras Shamra, Anat es a menudo descrita con el epíteto «virgen», y presentada como la violenta colaboradora de Baal en sus luchas. Cuando Baal es muerto por Mot, dios de la muerte y la esterilidad, hace duelo por él y le busca en el mundo inferior, donde le libera matando a su adversario Mot, acción descrita en términos que recuerdan la cosecha. Tras la invasión de los hicsos (siglo XVII a. C.) Anat llegó a ser conocida en Egipto como la consorte de Baal-Sutek, y fue elegida como patrona personal por el faraón Ramsés II (1304-1237 a. C.). En el período helenístico fue fusionada con la diosa Astarté y adorada como Astargatis, la «Diosa siria». ⇨ aramea, religión; Astarté; Baal; cananea, religión; Ras Shamra, textos de; Seth; Ugarit.

anatman (anātman; pali: anatta)   Idea budista del «no yo». Según la enseñanza budista theravada es una de las tres cualidades básicas de la existencia mundana. Está estrechamente aliada con la noción de *anicca* o impermanencia, porque si todo en el universo es impermanente y está en flujo no puede existir nada parecido a un yo permanente y duradero. Sólo existe una reunión temporal de elementos constituyentes *(skandhas)* sin motor central que los active o mantenga unidos. Hay actos corporales, sentimientos y pensamientos, pero no actor, persona que siente, o pensador. Y esos actos, sentimientos y pensamientos están ellos mismos en constante flujo: aparecen y después se desvanecen. Por tanto, la noción de una identidad personal permanente es una ilusión que produce apego a la naturaleza del propio yo personal, y el egoísmo resultante imposibilita alcanzar el nirvana. Es esencial vencer la ilusión engañosa del «yo», de modo que pueda tener lugar la liberación de la rueda de renacimientos. Varias disciplinas budistas de meditación estaban orientadas a construir la verdad del «no yo» en una persona. Filosóficamente hubo una oposición absoluta a la noción hindú del yo (atman) como entidad permanente. Dentro del budismo han surgido aproximaciones al concepto del yo en la noción de *pudgala* (persona bajo otro nombre), en la teoría mahayana del *alaya-vijnana* (conciencia-depósito), y en la idea de la naturaleza buda. Sin embargo, incluso ellos han evitado cualquier sentido de realidad del yo empírico. El yo parece que es real, pero en buena parte la salvación está en darse cuenta de que no es verdad. ⇨ alaya-vijnana; atman; budismo theravada; nirvana; renacimiento; skandhas.

anciano Alguien que por razón de edad o distinción es revestido de autoridad compartida y de liderazgo en la comunidad. **1** En el mundo bíblico antiguo, los ancianos de Israel desempeñaron a la vez un papel religioso y civil activo desde la época tribal en adelante, y los ancianos de la ciudad tenían un papel activo en el plano local. Las sinagogas judías eran también dirigidas por ancianos, pero el título se reserva para los eruditos del período misnaico. En el Nuevo Testamento, los ancianos eran cargos oficiales de la iglesia (griego: *presbuteroi*, «presbíteros») con una autoridad colectiva sobre la supervisión general de la comunidad y algunas veces son llamados incluso «obispos» (griego: *episkopoi*; Hechos 20, 28; Tito 1, 5-7), pero todavía no en un sentido monárquico. ⇨ judaísmo; obispo; sinagoga. **2** En las iglesias reformadas, dignatario ordenado para «regir» junto con el ministro (un anciano «que enseña»). Los ancianos se preocupan de la disciplina, y supervisan la vida de una comunidad y la de sus miembros individuales. ⇨ iglesias reformadas; presbiterianismo.

Andrés, San Uno de los doce apóstoles, hermano de Simón Pedro, pescador convertido por Juan Bautista. La tradición dice que predicó el Evangelio en Asia Menor y Escitia, y que fue crucificado en Acaya (Grecia) por orden del gobernador romano. La creencia de que su cruz tenía forma de X data sólo del siglo XIV. Patrón de Escocia y Rusia, su fiesta se celebra el 30 de noviembre. ⇨ apóstol; discípulos (en la Iglesia cristiana primitiva); Juan (Bautista), San.

Angakok Término utilizado por los pueblos del Ártico central para designar a un chamán o hechicero. Se aplica a una persona que tiene un «espíritu ayudante», y comprende una variedad de técnicas o prácticas de iniciación para ponerse en contacto con el poder básico del universo *(sila)* del que se obtienen poderes adivinatorios y curativos. ⇨ chamanismo.

ángeles Seres espirituales o celestes conocidos en la mayoría de las religiones. Normalmente los ángeles, en cuanto opuestos a los demonios, son benéficos para lo humano y terrestre, y frecuentemente se cree que actúan como agentes o mensajeros de los dioses o de Dios. Suelen estar organizados en jerarquías.

ángeles islámicos El Corán menciona con frecuencia a los ángeles, que son vistos como seres celestes que viven en un mundo sobrenatural. Aunque muchos en número, cuatro de ellos, que son arcángeles, tienen particular importancia: Gabriel, que ayudó a traer el Corán al mundo; Miguel; Israfil, que tocará la trompeta final al fin de los tiempos; e Israil, el ángel de la muerte. Otro arcángel, Iblis o Satán, cayó de esa posición por desobedecer el mandato de Dios de inclinarse ante Adán y Eva en el Jardín del Edén y sufre las consecuencias de tal suceso. Los ángeles normales son superiores a los seres humanos en general, pero inferiores a los profetas, y aunque están más cerca de Dios no pueden conocerle de verdad, mientras que los seres humanos fieles sí pueden. ⇨ Adán y Eva; Corán; Edén, Jardín del; Gabriel; Iblis; malaikah; Satán.

ángeles judíos Desde la época del Segundo Templo (c. 515 a. C.-70 d. C.), el judaísmo tradicional ha incluido la creencia en los ángeles que alaban a Dios, protegen a los fieles y cumplen los mandatos y misiones divinas; otros son malos, desterrados del cielo debido al orgullo o concupiscencia. Sin embargo, la prevalencia y papel concreto de los ángeles varía, incluso en la Biblia, donde a veces no es claro que el hebreo *malakh* («mensajero», humano o sobrehumano) signifique «ángel». Los ángeles son mencionados apenas en el material sacerdotal del Pentateuco o en la mayor parte del corpus profético, pero son relevantes en Ezequiel, Zacarías y Daniel. Igualmente, aunque ausentes de la Misná, otras partes de la literatura talmúdica de época posbíblica discuten la naturaleza y función de los ángeles. Así, formados en el segundo o quinto día de la creación, los ángeles pueden volar, hablar hebreo y predecir el futuro; aunque innumerables, hay cuatro arcángeles únicos: Gabriel, Miguel, Rafael y Uriel. Los textos místicos van incluso más allá, considerando a los ángeles como emanaciones de la luz divina, mientras que el filósofo judío medieval Maimónides los equiparaba a las inteligencias incorpóreas de Aristóteles. En la época moderna, el judaísmo conservador y el reformista tienden a considerar la angelología tradicional como el producto de una época pasada; debe ser descartado o interpretado simbólicamente. Sin embargo, el judaísmo ortodoxo todavía mantiene la creencia en los ángeles con una literalidad que varía. ⇨ ángeles; angelología bíblica; cábala; Maimónides.

angelología bíblica En el pensamiento bíblico los ángeles son mensajeros humanos o divinos de Dios, que se distinguen por su función (el griego *angelos* significa sencillamente «mensajero») más que por su aspecto exterior. Su papel es comunicar o llevar a cabo la voluntad de Dios para los individuos o las naciones. En el Antiguo Testamento Dios está también representado de manera especial por el «ángel de Yahvé», que a veces no se distingue de él. Los ángeles individuales a quienes se ha confiado la voluntad de Dios para la humanidad forman parte de la incontable «multitud celeste» de ángeles que continuamente le adoran y le alaban. En el Nuevo Testamento los ángeles están implicados en los anuncios del nacimiento y resurrección de Cristo, y vienen a fortalecerle en momentos de crisis como sus tentaciones en el desierto y la agonía de Getsemaní antes de la crucifixión. También se dice que existen ángeles de la guarda para los individuos (por ejemplo, dando mensajes a Pedro y Pablo en sueños) y para las iglesias. Toman parte en el juicio final de Dios al mundo (Apocalipsis 15-16), pero como seres creados se afirma que son inferiores a Cristo. Las alusiones del Nuevo Testamento a una jerarquía en los ángeles, con Miguel como arcángel jefe, están considerablemente desarrolladas en las especulaciones de la literatura posbíblica judía y cristiana, que también desarrolla la idea de los ángeles demoníacos o caídos mencionados en Génesis 6. ⇨ demonología bíblica.

anglicanismo ⇨ **Iglesia de Inglaterra.**

anglocatolicismo Movimiento dentro de la Iglesia de Inglaterra; el término aparece por primera vez en 1838. Acentúa los aspectos sacramentales y relativos al credo de la fe cristiana, y la continuidad y comunidad con la Iglesia católica más amplia, especialmente con el catolicismo romano. ⇨ catolicismo; Iglesia de Inglaterra.

Angra Mainyu Término avéstico que significa «espíritu malo»; el equivalente posterior (persa medio y nuevo) es Ahrimán. Según la doctrina zoroástrica, Angra Mainyu es el jefe y creador de las fuerzas del mal, el adversario maligno de Ahura Mazda. La oposición entre este y Angra Mainyu ocupa un lugar central en las enseñanzas del profeta Zoroastro, que hacía hincapié en la necesidad de la gente de elegir entre ellos, y la obligación moral de colaborar con las fuerzas de Ahura Mazda para vencer al mal, agitado por Ahrimán. Según textos zoroástricos posteriores, el mundo fue creado como un campo de batalla para que Ahura Mazda pueda vencer a Angra Mainyu en un lugar determinado y en un tiempo fijado. La historia del mundo tal como la conocemos acabará con la derrota de Angra Mainyu al final de los tiempos. ⇨ Ahura Mazda; Avesta; Bundehish; Frashokereti; mal; Zoroastro.

animales, culto a los En el Egipto predinástico los animales se veneraban como deidades tribales, y continuaron desempeñando un papel importante en la religión del período histórico. Entre los rasgos más característicos de los dioses egipcios están sus cabezas de animal o pájaro; se creía que un dios podía manifestarse en su especie sagrada de animal, exactamente igual a como podía habitar en una estatua de culto. En algunos casos se singularizaba sólo un individuo como objeto de culto, como el toro Apis, que estaba consagrado a Ptah. En otros casos eran venerados todos los miembros de una especie; por ejemplo, los ibis y mandriles estaban consagrados a Thoth, los gatos estaban consagrados a la diosa Bast. En el último período (de c. 800 a. C. en adelante) el culto a los animales se hizo extremadamente popular y se momificaron y enterraron muchos miles de animales sagrados en cementerios para animales, en lugares sagrados esparcidos por todo Egipto. ⇨ Apis; momificación; Ptah; Thoth.

animales, sacrificio judío de En el judaísmo existe un cuer-

Anselmo

Diosa Bast. Estatua en bronce del Museo Británico (Londres)

po claramente definido de normas conocido como *shehitah* (sacrificio), relativo al sacrificio de animales y aves para comida. Su objetivo es asegurar que la muerte sea para los animales lo más rápida e indolora posible y que se extraiga la mayor cantidad de sangre. Para ello se aplica un cuchillo muy afilado a la garganta, cortando la tráquea, el esófago y la yugular. Antes se recita una bendición y debe comprobarse que la hoja está limpia y suave. Sólo la carne de animales sacrificados de este modo es pura (kosher), y desde la época medieval sólo a un *shohet* (matarife) autorizado, entrenado en la teoría y la práctica de la shehitah, se le permite sacrificar animales para el consumo. Más tarde, dada la importancia religiosa concedida a la correcta shehitah, sólo aquellos a los que se consideraba suficientemente piadosos se les permitía prepararse para matarifes. Tradicionalmente, la comunidad judía o *kehillah* ha regulado su propia shehitah y la venta de carne kosher, dando origen a la tasa de la shehitah utilizada para pagar diversas necesidades de la comunidad, como la educación y la caridad. ⇨ halaká; kashrut; kehillah.

animismo Creencia en seres espirituales a los que se considera capaces de influir en los acontecimientos humanos, basada en la idea de que animales, plantas e, incluso, objetos inanimados tienen alma como los humanos. El antropólogo del siglo XIX Edward Tylor lo consideró como la forma de religión más primitiva, un punto de vista que no aceptan los antropólogos modernos.

ankh Cruz cuyo brazo vertical superior tiene forma de asa curva; en el antiguo Egipto, emblema de la vida. ⇨ egipcia antigua, religión.

Anselmo, San (1033-1109) Filósofo escolástico y prelado, arzobispo de Canterbury, nacido en Aosta, Piamonte. Abandonó Italia en 1056 y se estableció en la abadía benedictina de Bec, en Normandía, para estudiar con Lanfranco, prior y maestro de la famosa escuela. En 1063 él mismo se convirtió en prior al marchar Lanfranco para Caen, y después en abad tras la muerte de Herluin en 1078. Finalmente partió

antepasado

hacia Inglaterra para suceder a Lanfranco como arzobispo de Canterbury en 1093 y ocupó ese cargo hasta su muerte. Se distinguió como hombre de iglesia y como filósofo, pero sus firmes principios le trajeron conflictos con Guillermo II y Enrique I, y fue exiliado temporalmente por ambos reyes. Se reconcilió finalmente con Enrique y a su muerte fue enterrado junto a Lanfranco en Canterbury. Fue canonizado en 1494. Muy influido por Agustín, investigó las «razones necesarias» de las creencias religiosas: sus principales argumentos están expuestos en el *Monologion* (1076) y el *Proslogion* (1077-1078), el último contiene el famoso «argumento ontológico» para probar la existencia de Dios. Escribió también diálogos filosóficos e importantes obras sobre la Encarnación *(Cur Deus Homo)* y sobre lógica. Su fiesta se celebra el 21 de abril. ↪ Agustín de Hipona, San; Dios, argumentos de la existencia de; Encarnación; escolástica; Lanfranco; ontológico, argumento.

antepasado, reverencia china al La veneración al antepasado es un elemento que existe desde hace tiempo en la vida china. Se remonta a la antigua dinastía Shang, fundada en torno al 1500 a. C., y que ha persistido hasta hoy, sobreviviendo a los intentos por parte de la Revolución Cultural (1966-1976) de aniquilarla. Uno de los clásicos chinos, el *Clásico de los Ritos,* resume los diversos rasgos rituales que forman parte de la veneración al antepasado. Varios factores han ayudado a preservar la veneración de los antepasados en China. Los ritos funerarios confucianos se nutren de ella, mantiene la unidad y continuidad familiar, refuerza la piedad filial y, en términos religiosos, el antepasado beneficia a los vivos desde el mundo trascendente, mientras el alma del antepasado es ayudada por las ofrendas de los vivos en este mundo. Este sistema se aplica especialmente al alma *po* que vive normalmente en el cementerio y puede convertirse en maligna si no es apaciguada. Los antepasados suelen ejercer poder de tres a cinco generaciones y después son reemplazados por otros más cercanos a la memoria de los vivos. En la tradición confuciana la veneración al antepasado ante altares especiales en vestíbulos ancestrales es muy importante, mientras que la veneración más informal al antepasado se practica utilizando altares erigidos en el hogar. ↪ china en Taiwán y Hong Kong, religión (siglo XX); china en la China continental, religión.

antepasados africanos Para la mayoría de los pueblos africanos, los antepasados constituyen uno de los elementos más importantes (para algunos *el* más importante) del mundo espiritual. Sólo en una minoría de religiones africanas primitivas se ofrece a Dios directa y regularmente la oración o el culto; en muchas más los antepasados median entre Dios y la familia o comunidad, y la plegaria puede dirigirse a ellos o a través de ellos. El significado religioso de los antepasados es un reflejo de la importancia y la solidaridad de la familia en África. La muerte no destruye esta solidaridad; «los muertos vivientes», como John Mbiti los llama, como ancianos de la familia, mantienen su interés por la familia y tienen derecho a ser respetados y consultados sobre asuntos de familia, tal como lo hubieran hecho estando vivos. Ciertamente pueden imponer sanciones para exigir respeto; el olvido de los antepasados, o de sus deseos o pautas morales, posiblemente trae la enfermedad y la desgracia. La veneración de los antepasados significa que la condición ancestral no armoniza con los indignos (con el tipo de gente que está mejor olvidada). Ni tiene que ver normalmente con la gente «desgraciada» (los que mueren de forma violenta —a no ser que sea como honorables guerreros— o como consecuencia de enfermedades impuras). Ni pertenece, naturalmente, a los que mueren sin hijos, una razón por la que la infecundidad en África se considera una tragedia. Además de los antepasados genealógicos de una familia particular, pueden venerarse héroes tribales del pasado, los que son «padres de su pueblo». Y en algunas ocasiones se busca la ayuda de antepasados particulares; aquellos que en vida tuvieron una habilidad especial se invocan cuando se necesita esa destreza. En la práctica los antepasados genealógicos no suelen venerarse después de algunas generaciones. Igual que son necesarios ritos funerarios apropiados para un miembro de la familia recientemente fallecido, se harán también ofrendas conmemorativas en los aniversarios. Además pueden requerirse ofrendas para hacer propiciación por la negligencia o pecado (y retirar así la desgracia que se ha seguido), así como la acción de gracias por los beneficios obtenidos, para comunicarse con Dios o con alguna divinidad reinante.

Anticristo Noción hallada en la Biblia en las Cartas de Juan (1 Juan 2, 18-22; 4, 3; 2 Juan 7), en los Apócrifos y el Apocalipsis, refiriéndose a veces a un personaje único y otras veces a muchos, que son adversarios y seductores del pueblo de Dios. En siglos posteriores fue concebido como suprema figura maligna, identificada a menudo con los propios oponentes. En el islam el concepto de Anticristo *(Alchira; Qiyama)* tiene significación específica como figura cuya llegada señalará que el fin del mundo está próximo. ➪ Akhira; Apócrifos del Antiguo Testamento; Apócrifos del Nuevo Testamento; Juan, Cartas de; Qiyama; Satán.

anticulto, movimiento Movimiento preocupado por frenar el avance de cultos que han aparecido en el mundo occidental a partir de los años sesenta. Lo componen a menudo cristianos evangélicos, padres de jóvenes convertidos a los cultos, gente que ha abandonado un culto y reacciona contra él y, ocasionalmente, ciudadanos comprometidos y políticos. Sus objeciones son que las creencias de los cultos están equivocadas y que la conducta de sus miembros es antisocial. Se les han

Antiguo Testamento

imputado cargos como lavar el cerebro, amasar fortunas, socavar a las familias, conductas extrañas y actividades molestas para la mayor parte de la sociedad. Ha habido quejas acerca de muchos cultos, incluyendo la Iglesia de la Unificación, cienciología, Niños de Dios y Hare Krishna. El movimiento anticulto se ha dedicado al consejo psiquiátrico en profundidad, desprogramando e incluso secuestrando para contrarrestar la acción de los cultos entre la gente joven. Recientemente, algunos cristianos liberales y defensores de los derechos humanos han comenzado a cuestionar lo apropiado de los métodos utilizados por el movimiento anticulto y su tendencia a usar la palabra «culto» con una carga emotiva de manera indiscriminada. Tal como señalan, muchas de las grandes religiones, incluyendo el cristianismo, empezaron como «cultos» o nuevos movimientos religiosos.
⇨ cienciología; Hare Krishna, movimiento; Iglesia de la Unificación; Niños de Dios; nuevos movimientos religiosos en Occidente.

Antiguo Testamento Literatura sagrada del judaísmo, en la que el corpus de escritos es conocido sencillamente como las Escrituras judías o Biblia hebrea, o incluso a veces como Torá; fue también adoptada por los cristianos como parte de sus escritos sagrados, y empezaron a llamarla el «Antiguo Testamento» como algo distinto de los escritos cristianos que constituyen el «Nuevo Testamento». El canon de la comunidad religiosa judía, fijado hacia el año 100 d. C.,

Letra P del Libro de los Jueces.
Biblia románica del s. XII. Biblioteca provincial (Burgos)

fue ordenado en tres partes —la Ley, los Profetas y los Escritos—, aunque el orden preciso y las divisiones de los libros han variado a través de los siglos. La Ley consta de los cinco libros del Pentateuco (Génesis, Éxodo, Levítico, Números y Deuteronomio). Los Profetas se han dividido, desde aproximadamente el siglo VIII d. C., en profetas anteriores y posteriores: los profetas anteriores consisten en las narraciones (supuestamente escritas por profetas) halladas en Josué, Jueces, Samuel y Reyes, y los profetas posteriores los componen Isaías, Jeremías, Ezequiel y el Libro de los Doce Profetas (Oseas, Joel, Amós, Abdías, Jonás, Miqueas, Nahún, Habacuc, Sofonías, Ageo,

Zacarías y Malaquías). Los Escritos contienen todas las obras restantes: Salmos, Proverbios, Job, Cantar de los Cantares (también conocido como el Cantar de Salomón o Cánticos), Rut, Lamentaciones, Eclesiastés, Ester, Daniel, Esdras-Nehemías y Crónicas. Todos los libros de la Biblia hebrea aparecen en las versiones del Antiguo Testamento usadas por las Iglesias protestantes en la actualidad, pero se han dividido hasta contar 39 en total. Las versiones católicas del Antiguo Testamento, sin embargo, aceptan 46 obras, las adiciones no aparecen en la Biblia hebrea pero se hallan en las versiones griegas y la Vulgata latina. Los protestantes consideran estas obras extra como parte de los Apócrifos del Antiguo Testamento. ⇨ Abdías / Ageo / Amós / Crónicas / Daniel / Deuteronomio / Eclesiastés / Ester / Esdras / Éxodo / Génesis / Habacuc / Isaías / Jeremías / Job / Joel / Jonás / Josué / Jueces / Levítico / Malaquías / Miqueas / Nahún / Nehemías / Números / Oseas / Proverbios / Reyes / Rut / Samuel / Salmos / Sofonías, Libro(s) de(l) (los); Apócrifos del Antiguo Testamento; Biblia; Cantar de los Cantares; cristianismo; judaísmo; Lamentaciones de Jeremías; Nuevo Testamento; Pentateuco; pseudoepígrafos; Torá.

antipapa En la Iglesia católica pretendiente al oficio de papa en oposición al elegido de modo regular y canónicamente. Existieron antipapas de forma especial en la época del Gran Cisma de la Iglesia de Occidente (1378-1417). Fueron Clemente VII y Benedicto XIII (en Aviñón, Francia), y Alejandro V y Juan XXIII (en Pisa, Italia). ⇨ Cisma, el Gran; papado.

antisemitismo Término de finales del siglo XIX que describe la hostilidad hacia los judíos y/o el judaísmo. Estrictamente hablando, todos los descendientes de Sem son semitas (ver Génesis 10, 1), pero el antisemitismo se asocia normalmente sólo con los judíos. Mientras los eruditos no se ponen de acuerdo sobre la conexión exacta entre el prejuicio contra los judíos como raza, un fenómeno en su mayor parte moderno, y el antijudaísmo por motivos religiosos, el primero indudablemente tiene raíces en el último. El período grecorromano produjo cierta literatura y actividad antijudía, pero sólo con el cristianismo apareció un firme antijudaísmo. Tiene este su origen en el Nuevo Testamento, que sutilmente traslada la culpa por la muerte de Jesús, de los gobernantes romanos y judíos, por motivos políticos, a los judíos en general como grupo específicamente religioso (por ejemplo, 1 Tesalonicenses 2, 14-16). Como la Iglesia se gentilizó e ignoró el judaísmo, este rasgo se intensificó en la época patrística y medieval. Por haber asesinado a Jesús, se creyó que los judíos habían perdido el derecho a la alianza; eran comparados a Esaú, que perdió su primogenitura, y a Caín, que mató a su hermano. En el arte los judíos se representaban como despiadados, impíos y la encarnación del mal; en el folclore estaban implicados en el asesinato ritual de cristianos, en la profanación de la Hostia Eucarística y en

Antonio

conjuras para derribar al cristianismo. Además, sus actividades comerciales y de préstamo de dinero fomentaron la comparación con Judas, que traicionó a Jesús por unas monedas de plata. En la Reforma Lutero esperaba que los judíos aceptarían su interpretación de las Escrituras hebreas. Al no hacerlo, se enfureció y en 1542 publicó un panfleto titulado *Von den Juden und ihren Lügen* («Sobre los judíos y sus mentiras»), exigiendo que se quemaran las sinagogas y se prohibiera el culto judío. Incluso después de la Ilustración, el prejuicio siguió incrustado en la cultura occidental y dio pábulo al moderno antisemitismo. En este el centro de interés cambió de lo religioso a lo racial, de modo que los judíos fueron considerados una amenaza social, responsables de los males de la sociedad. Esta cuestión culminó en la Solución Final de los nazis al denominado *Judenfrage* («problema judío»). Desde entonces ha habido importantes cambios. Los propios judíos han conseguido poder político para prevenir la repetición del holocausto nazi, a la vez que muchos cristianos han reconocido el papel de su tradición en esa tragedia. Por contraste, el antisemitismo ha crecido en el mundo islámico en tiempos recientes, con el conflicto árabe-israelí que fomenta la propaganda antisemita en varios países árabes y musulmanes. ⇨ alianza; Holocausto; Israel, Estado de; judaísmo reformista; Lutero, Martín.

Antonio, San llamado **el Grande** o **Antonio de Egipto** (c. 251-356) Eremita religioso, uno de los fundadores del monacato cristiano, nacido en Koman, alto Egipto. Habiendo vendido sus posesiones en favor de los pobres, permaneció veinte años en el desierto, donde resistió a una famosa serie de tentaciones, representadas con frecuencia en el arte posterior. En el 305 abandonó su retiro y fundó un monasterio cerca de Menfis y Arsinoe. En torno al 355, aunque tenía más de 100 años, hizo un viaje a Alejandría para tomar parte en la disputa con los arrianos; pero poco después se retiró a su casa en el desierto, donde murió. Su fiesta se celebra el 17 de enero. ⇨ Arrio; monacato.

antropomorfismo Aplicación a Dios o dioses de características humanas, tales como un cuerpo (en la mitología griega), o de características mentales, psicológicas o espirituales de los seres humanos. Se utiliza con frecuencia para señalar la insuficiente percepción de la trascendencia y del misterio de lo divino. ⇨ Dios; mitología; trascendencia e inmanencia.

antroposofía Moderno movimiento espiritual y cultural fundado por Rudolph Steiner. Reaccionó ante el materialismo buscando una percepción directa del mundo espiritual, y con la elaboración de sus teorías ha ejercido un pequeño pero creciente impacto sobre conceptos agrícolas, educativos, sociológicos y religiosos. Influido por Goethe y por ideas hindúes tomadas del movimiento teosófico, creía que el universo y los seres humanos (que son yoes inmortales sujetos a renacimiento) han descendido de estados de conciencia «astrales» o «etéreos» más elevados en los que están enredados. Por medio de la vida y obra de Jesucristo, el declive fue detenido y se inauguró un nuevo avance espiritual. Esta evolución supone la reintegración de la voluntad, pensamiento y sentimiento en los seres humanos, y la reintegración de la vida material, intelectual y espiritual en general, de modo que surgirá un mundo mejor. En la antroposofía, por medio de la concentración y la meditación, una persona es capaz de tener una conciencia intuitiva, por lo que el yo inferior es capaz de adquirir una clarividencia del yo superior y trabajar en esa dirección de una manera integral. La palabra *anthropos* (que significa «hombre») sugiere, acertadamente, que la antroposofía está más centrada en lo humano que en Dios. ⇨ Jesucristo; materialismo; renacimiento; Teosófica, Sociedad.

Anubis Antiguo dios egipcio asociado a la muerte. Anubis es representado como un hombre con cabeza de chacal o un chacal agazapado; es el dios responsable del embalsamamiento y de la protección de las tumbas. Su culto se extendió por todo Egipto y, como hijo de Neftis y Osiris, quedó asociado al dios supremo de los muertos. En las leyendas osirianas, Anubis, con Isis y Neftis, embalsamó el cuerpo de Osiris y realizó los ritos funerarios por él. En épocas posteriores el proceso de embalsamar era supervisado

El dios Anubis (chacal) prepara la momia de un difunto. Libro de la Muerte. Museo Británico (Londres)

por un sacerdote que llevaba una máscara de chacal para representar a Anubis. Importante en el juicio final, Anubis vigilaba el peso del corazón del difunto en la balanza frente a Maat, y pasaba el resultado a Thoth y a Osiris. ⇨ Isis; Maat; más allá; momificación; Neftis; Osiris; Thoth.

anukampa (anukampā) Término budista que significa «temblar» o «estremecerse de» *(anukampa),* en referencia a la empatía que surge en una persona al ver la desgracia de otros. Era la fuerza motivante en que se apoya la enseñanza de Buda y sus discípulos, y está ligada a las nociones de amistad y misericordia. Puede tratarse de un monje que muestra su empatía con los laicos que le apoyan

Anunciación

por diversos medios, incluyendo el recibir amablemente su comida y dones. Es similar a la noción de compasión *(karuna),* pero karuna desarrolló el significado técnico de ofrecer meditativamente compasión a todos los seres, y en el budismo mahayana posterior llegó a relacionarse con la sabiduría como una de las dos supremas virtudes budistas. Anukampa siguió siendo más prosaico y menos técnico, como empatía y amabilidad humanas. ⇨ bhikku; Buda; budismo mahayana; karuna; sabiduría.

Anunciación Predicción del ángel Gabriel a María del nacimiento de Jesús y de la promesa de su grandeza (Lucas 1, 26-38). Muchos de los rasgos de este relato son paralelos a los del anuncio del nacimiento de Juan Bautista (Lucas 1, 5-25). La fiesta se celebra el 25 de marzo. ⇨ Gabriel; Jesucristo; Juan (Bautista), San; María; Nuevo Testamento.

año cristiano Se configura a partir de la celebración semanal (domingo) y anual (Pascua) de la resurrección de Cristo en el primer día de la semana (Mateo 28, 1; Marcos 16, 2; Lucas 24, 1; Juan 20, 1). Los primeros cristianos se reunían para el culto en el primer día de la semana, en vez del séptimo (el Sabbat judío). La fecha de la Pascua está relacionada con la de la Pascua judía y la luna nueva, así (según el método romano de cálculo) puede caer en cualquier domingo entre el 21 de marzo y el 25 de abril. El año de la Iglesia occidental comienza con el tiempo de Adviento (que celebra la primera y segunda —futura— venida de Cristo), un período de cuatro semanas de preparación para el nacimiento en la Navidad (25 de diciembre). Esta se celebra en la Iglesia oriental en Epifanía (6 de enero), que Occidente une al bautismo de Jesús. El calendario litúrgico oriental celebra los diez domingos anteriores a la Pascua. En Occidente el período de 50 días anteriores a la Pascua, llamado Cuaresma, comienza con el Miércoles de Ceniza. Señala el período de las tentaciones de Cristo en el desierto (Mateo 4, 1-11; Marcos 1-13; Lucas 4, 1-13) y sirve de tiempo de autoexamen espiritual. Al Viernes Santo (que señala la crucifixión de Jesús) y la Pascua les siguen, 40 días después, el Día de la Ascensión (un jueves) y diez días más tarde Pentecostés. El domingo de la Trinidad, que celebra el misterio de la Trinidad, es el siguiente domingo. Durante la época medieval se añadieron al calendario litúrgico otras muchas fiestas relacionadas con la Virgen María y con los santos. Las iglesias protestantes abandonaron estas conmemoraciones en la Reforma y muchas todavía conservan solamente los domingos y la Pascua como días de celebración especial. Los calendarios litúrgicos de las iglesias de la Comunión Anglicana permiten, pero no necesariamente exigen, la conmemoración de los aniversarios de cristianos aclamados local o universalmente. ⇨ Ascensión, fiesta de la; crucifixión; Epifanía; Jesucristo; Navidad; Pascua cristiana; Pentecostés; santo, visión cristiana de; Trinidad.

Año Nuevo del Próximo Oriente antiguo, fiestas del

En algunas partes del Próximo Oriente antiguo, el Año Nuevo empezaba en primavera, al comienzo de la estación del crecimiento; en otros calendarios caía en el otoño cuando las lluvias acababan con la sequía del verano. La fiesta más importante del año mesopotámico es conocida desde el Sumer del tercer milenio hasta el período babilónico tardío (siglo VI a. C.). Las fiestas sumerias de Año Nuevo incluían procesiones y sacrificio, la celebración de un matrimonio sagrado y la determinación de la buena suerte del rey para el siguiente año. La fiesta de Año Nuevo en Babilonia, en el primer milenio, era conocida como la fiesta de Akitu y tenía lugar en la primavera. Las fiestas de Año Nuevo en Asiria y en cualquier parte seguían un modelo similar, aunque podían existir considerables diferencias locales. La fiesta *purulliyas* hitita de primavera puede haber sido una fiesta de Año Nuevo. Los testimonios de los textos de Ras Shamra sugieren que el Nuevo Año cananeo se celebraba en otoño, como en el antiguo Israel. ⇨ Akitu; fiestas del Próximo Oriente antiguo; matrimonio sagrado en el Próximo Oriente antiguo; Ras Shamra, textos de.

año religioso hindú

El año religioso hindú contiene muchas fiestas, algunas de las cuales son panindias, otras se celebran sólo en una determinada región. Estas fiestas están basadas en el calendario lunar en el que cada mes se divide en una quincena «luminosa» *(shukra)* y otra «oscura» *(krishna)*. Aunque existen variantes regionales, por ejemplo, sobre cuándo se celebra cada fiesta, generalmente el primer mes, Chaitra (abril), se señala por las celebraciones del año nuevo en que la gente se pone vestidos nuevos o limpios, o traza dibujos en un espacio limpio frente a sus puertas. Este mes contiene también fiestas por el nacimiento de Rama y Hanuman. La fiesta *Rathayatra*, durante la cual la gran imagen de la deidad Jagannatha se pasea por las calles de Puri en un «carro» o carreta, se celebra en Jaystha (junio). Durante shravan (julio/agosto) es la fiesta de *Raksha Bandan* en la que la gente intercambia buenos deseos simbolizados por pulseras. Un mes más tarde se celebra el nacimiento de Krishna *(Janamashtami)* y también una puja para Ganesha. El mes de Ashwin (octubre) está marcado por *Navaratri*, la fiesta de la «novena noche», durante la que tiene lugar Dusserah y la puja Durga. La fiesta hindú más importante celebrada en Kartik (octubre) es *Divali*, la fiesta de las luces, que dura cuatro o cinco días. Es sagrada especialmente para la gente de negocios, ya que la deidad principal es Lakshmi, diosa de la riqueza. Durante la quincena oscura de Magh (febrero) se celebra la fiesta consagrada a Siva, el Mahashivaratri. Los devotos de Siva tenían que ayunar durante este tiempo. En el siguiente mes de Phalgun (febrero/marzo) está la última y probablemente más famosa fiesta del hinduismo, es decir, Holi. Es una fiesta de primavera consagrada a Krishna

Apis

en la que se encienden hogueras para señalar el fin del año viejo, los papeles se cambian y la gente se arroja entre sí agua coloreada. ⇨ Divali o Deepavali; Durga; Dusserah; Ganesha; Hanuman; Krishna; Lakshmi; Raksha Bandan; Rama; Siva.

Apis Dios-toro egipcio que representa o encarna a Ptah de Menfis. Se seleccionaba un toro real de la torada, negro con una mancha triangular blanca en el testuz, y se guardaba en Menfis. A su muerte era momificado y colocado en una necrópolis especial, el Serapeum. ⇨ egipcia antigua, religión; momificación; Ptah.

apocalipsis (griego: «revelación del futuro») Género literario que puede hallarse en las épocas del judaísmo posbíblico y del primitivo cristianismo; comprende principalmente obras en lenguaje muy simbólico que pretende expresar revelaciones divinas de esferas celestes, el curso de la historia o el fin del mundo. El ejemplo más famoso es el Libro del Apocalipsis del Nuevo Testamento. ⇨ Apocalipsis, Libro del; Biblia; pseudoepígrafos.

Apocalipsis, Libro del o **Apocalipsis de Juan** Último libro del Nuevo Testamento, cuyo autor es llamado «Juan», un exiliado en la isla de Patmos (1, 9), aunque los investigadores no se ponen de acuerdo sobre su verdadera identidad; partes de la Iglesia oriental tardaron en aceptarlo como obra canónica. Los capítulos 1-3 son cartas de exhortación a siete iglesias del Asia Menor, pero los capítulos 4-22 consisten en visiones simbólicas sobre futuras tribulaciones y juicios que señalan el fin de los tiempos y el retorno de Cristo. Pueden haber sido un intento de ofrecer esperanza a una iglesia que afronta la persecución a principios de la década del 90. ⇨ apocalipsis; escatología; Nuevo Testamento.

Apocalipsis de Juan ⇨ **Apocalipsis, Libro del.**

Apócrifos del Antiguo Testamento (griego: «cosas ocultas») Normalmente colección de escritos judíos que se halla en la versión griega (los Setenta) de la Biblia hebrea, pero que no se encuentra en la propia Biblia hebrea; en un sentido más general cualquier literatura de tipo esotérico o falso. La mayoría de estos escritos estaban también en la versión latina de la Biblia cristiana aprobada en el Concilio de Trento (la Vulgata), por eso los católicos tienden a considerarlos como inspirados y autorizados, y los llaman deuterocanónicos, mientras que los protestantes y la mayoría de los demás les atribuyen menos autoridad, refiriéndose a ellos como apócrifos. Correspondiendo a esta división, las biblias no católicas tienden a colocar los apócrifos como colección aparte, entre los dos Testamentos o después del Nuevo Testamento, mientras que las biblias católicas tienden a colocar los escritos entre las mismas obras del Antiguo Testamento. No existe acuerdo completo sobre qué escritos deben incluirse en esta colección. Los estudios modernos tienden a limitar los apócrifos a 13 escritos hallados en la mayoría de los manuscritos de los Setenta, y a excluir obras adicionales halladas sólo en la Vulgata, que se atribuyen entonces a un cuerpo más amplio de escritos denominado los pseudoepígrafos del Antiguo Testamento. Los apócrifos incluirían así: 1 Esdras, Tobías, Judit, Adiciones al Libro de Ester, Sabiduría, Eclesiástico (o Ben Sirá), 1 Baruc, Carta de Jeremías, Oración de Azarías y Cántico de los Tres Jóvenes, Susana, Bel y el Dragón (estas tres últimas son Adiciones al Libro de Daniel), 1 y 2 Macabeos. Los católicos consideran que todos los de esta lista son deuterocanónicos excepto 1 Esdras. La mayor parte de los Apócrifos fueron compuestos en los dos últimos siglos a. C. ⇨ Antiguo Testamento; Azarías, oración de; Baruc; Bel y el Dragón; Biblia; Eclesiástico/Esdras/Ester/Judit/Macabeos/Tobías, Libro(s) de (los); Jeremías, Carta de; Manasés, Oración de; pseudoepígrafos; Sabiduría, Libro de la; Setenta, los; Susana, Historia de.

Apócrifos del Nuevo Testamento Documentos cristianos, en su mayoría de los primeros siglos cristianos, que se parecen en el título, forma o contenido a muchas obras del Nuevo Testamento; que se les llama evangelios, hechos, epístolas o apocalipsis, y a menudo son atribuidos a personajes del Nuevo Testamento, pero no aceptados generalmente como canónicos. Algunos proceden de círculos gnósticos o heréticos, pero otros son de naturaleza popular. ⇨ Apócrifos del Antiguo Testamento; gnosticismo; evangelios apócrifos; Nag Hammadi, textos de; Nuevo Testamento.

apolínea, religión Concepto utilizado por escritores modernos en una de dos formas interrelacionadas: **1** puesto que el famoso oráculo de Apolo en Delfos era la institución religiosa más prestigiosa de la Grecia clásica y tenía autoridad especial en asuntos de culto, se supone a veces que a través de él se expresaba una interpretación «apolínea» característica de la religión y moralidad griegas (tocante a cuestiones de delitos de sangre y purificación, por ejemplo); **2** Friedrich Nietzsche, en *El nacimiento de la tragedia* (1872), trazó un famoso contraste entre Apolo y Dionisios, en el que Apolo era tomado como símbolo de los aspectos racionales, controlados, lúcidos, de la cultura griega, Dionisios como símbolo de lo opuesto. Los antiguos habrían reconocido las características de Apolo sobre las que se basan estas modernas imágenes (aunque podrían haber resaltado también otras); pero jamás hablaron de religión «apolínea» más de lo que lo hicieran de la religión «artemisia» o «afrodisíaca». Apolo era simplemente un dios —particularmente importante, es verdad— de la impresionante serie de dioses que colectivamente eran objeto de culto. ⇨ dionisíaca, religión; griega, religión.

apologética (latín: *apologǐa*, «defensa») Rama de la teología que justifica la fe cristiana ante las

apóstol

críticas o acusaciones específicas. Surgió principalmente en el siglo II como respuesta a aquellos que consideraban el cristianismo inmoral o impío. Entre los primeros apologistas estaban Arístides, Taciano y Justino Mártir. Convertido del platonismo al cristianismo por el testimonio de los mártires cristianos, Justino escribió una prestigiosa *Apología* (c. 155) al emperador Antonino Pío. Entre los apologistas posteriores se cuentan Orígenes, Eusebio de Cesarea y Agustín de Hipona, cuya *Ciudad de Dios* es una de las más memorables apologías jamás escritas. ⇨ Agustín de Hipona, San; Eusebio de Cesarea; Justino, San; Orígenes; Taciano.

apóstol Misionero, enviado o agente, en su sentido más amplio; utilizado, más restringidamente a veces, en el Nuevo Testamento para referirse a los doce seguidores elegidos por Jesús (excepto Judas Iscariote, reemplazado por Matías según Hechos 1) que dieron testimonio de Jesús resucitado y se les encargó proclamar su evangelio. A veces el término incluía también a Pablo y a otros misioneros o predicadores itinerantes (Hechos 14, 14; Romanos 16, 7). ⇨ Hechos de los Apóstoles; Jesucristo; Pablo, San.

Apóstoles, Credo de los

Afirmación de fe cristiana muy utilizada en la Iglesia católica y en las protestantes, y reconocida en las iglesias ortodoxas. Acentúa la naturaleza trinitaria de Dios (como Padre, Hijo y Espíritu Santo) y la obra de Cristo. En su forma actual data del siglo VIII, pero sus orígenes se remontan al siglo III. ⇨ cristianismo; Trinidad.

apsaras Término utilizado en el pensamiento hindú y budista para referirse a ninfas celestiales. En la antigua mitología india se decía que residían en el cielo de Indra. Una escuela de pensamiento las considera personificaciones de las nubes y las nieblas saturadas de agua. Son hermosas, aparecen con frecuencia como serviciales consortes de hombres y dioses, y a veces se las ve como las enviadas para poner a prueba la motivación y valor de los aspirantes espirituales. Tal como se desarrolló el panteón budista fueron incorporadas a él con el papel de glorificar a Buda y regocijarse en su concepción y alumbramiento. Por ejemplo, ellas bañaron, dieron masaje y perfumaron el cuerpo de su madre encinta. Las apsaras han sido representadas en el arte y la escultura, así como en la literatura, y existen imágenes muy conocidas de ellas en muchos lugares, incluyendo las célebres cuevas de Lung Men, cerca de Loyang, en China. ⇨ Buda; Indra.

apu Palabra quechua, traducida normalmente por «Señor», con un amplio campo de significado. Antes de la conquista española podía utilizarse con el nombre de una divinidad (por ejemplo, Apu Inti, el dios solar inca), pero con mucha más frecuencia tenía un sentido más amplio. El famoso oráculo Apurímac puede traducirse como «el Señor que habla» o «el poderoso que habla». Igualmente apu podía referirse a un antepasado o al de las altas cimas, remoto, misterioso y sagrado. La palabra relacionaba así las ideas de autoridad, poder, ascendencia y altura. Los primeros misioneros, deseosos de evitar las asociaciones de las palabras quechua referidas a la divinidad, usaron apu como «Señor» en el sentido cristiano, ligándola también al préstamo español *Dios*. Para el quechua, sin embargo, este uso de *Apu Dios* no excluía por sí mismo los otros apus; podía, de hecho, implicarlos. La palabra, a la vez que amplió sus connotaciones, ha conservado así mucha de su ambivalencia de referencia. ⇨ cristianismo en América Latina; huaca; inca, religión.

Aqida (Aqīdah) Término islámico para credo. La declaración de fe islámica más básica se halla en la sencilla afirmación de que «Alá es Alá y Mahoma es su profeta», repetida diariamente por la mayoría de los musulmanes. Sin embargo, se hicieron necesarias afirmaciones de fe más elaboradas y sistemáticas para hacer frente a la herejía y exponer las posturas de escuelas musulmanas concretas. Un breve credo primitivo era el Fiqh Akbar atribuido a Abu Hanifah. Credos posteriores y más extensos surgieron de las escuelas asharí, safií y otras. Aunque nacieron credos tanto en la tradición sunnita como sufí dentro del islam, no existe un único credo musulmán definitivo aprobado por una corporación con autoridad. La creencia correcta no es tan importante en el islam como lo es, por ejemplo, en el cristianismo. ⇨ chiísmo; fiqh; sunnah.

Aquino, Santo Tomás de ⇨ **Tomás de Aquino, Santo.**

arahat (sánscrito: arhat) Término budista theravada de la raíz verbal *arh* que significa «ser digno». Designa a un santo, que es digno porque ha alcanzado la meta de la vida al formarse una idea de la naturaleza real de las cosas y al vencer la necesidad de nacer de nuevo en el mundo. Ha llegado al final del óctuple sendero, y ha logrado el estado más alto de realización conocido para el budismo theravada. Tal como el *Dharmapada 96* lo dice: «su hablar es sosegado, sosegada su conducta que, al conocer rectamente, está plenamente liberada, en perfecta paz y equilibrio». Liberado de los defectos negativos, el arahat tiene las cualidades positivas de conciencia, amable benevolencia y compasión. Conoce sus propios renacimientos pasados, los renacimientos de otros, y su propia exención de los renacimientos. Convertirse en un arahat es el último de cuatro estadios en la espiritualidad budista theravada, siendo los tres primeros «entrar en la corriente», ser uno «que vuelve una vez» y ser uno «que no vuelve». El propio Buda fue un explorador sobresaliente entre los arahat. Los budistas mahayana comparaban al arahat de los budistas theravada en forma desfavorable con su propio ideal bodhisattva de preocupación fundamental por los demás. En vez

aramea

de abandonar el renacimiento, como el arahat, cuando se presentaba la oportunidad, el bodhisattva estaría deseando renacer repetidamente por compasión hacia los seres que sufren, de modo que también ellos pudieran liberarse del renacimiento. ⇨ bodhisattva; Buda; budismo mahayana; budismo theravada; Dharmapada; santo; sendero óctuple.

aramea, religión Los arameos eran un pueblo semita occidental que hablaba una lengua distinta de la de Canaán y Fenicia. En los siglos XI y X a. C. se habían asentado en gran número de ciudades-estado de Siria, especialmente en torno a Damasco y el curso alto del Éufrates. Su religión era compleja y politeísta, con muchas variantes locales, y como los arameos controlaban las rutas de comercio entre Mesopotamia, Asia Menor y Canaán estaban abiertos a influencias desde todas las direcciones. El principal dios era Hadad, dios de la tormenta, que puede identificarse con el Adad mesopotámico y el cananeo Baal. Era el dios nacional del que los reyes arameos recibían su autoridad. Otras deidades adoradas testifican la influencia extranjera, como el fenicio Melqart y los mesopotámicos Shamash, Nergal y Marduk. La diosa lunar babilónica Sin era muy popular, especialmente en el norte de Siria. En el período helenístico la «diosa siria» Atargatis era muy adorada; era una diosa de la fertilidad, la consorte de Hadad, y probablemente una amalgama de Anat y Astarté. El material disponible para el estudio de la religión aramea no es importante, y se sabe poco de las creencias y prácticas personales. ⇨ Anat; Astarté; Baal; babilónica, religión; cananea, religión; Marduk; Nergal; Próximo Oriente antiguo, religiones del; Shamash.

arca ⇨ **Arca de la Alianza; Noé.**

Arca de la Alianza Cajón portátil de madera cubierto de oro, con un querubín de alas extendidas a cada lado de la tapa dorada (el «asiento de la misericordia»). En la Biblia hebrea/Antiguo Testamento se la describe con muchas funciones sucesivas: contiene las dos tablas del Decálogo, sirve como símbolo de la

Tienda del Arca de la Alianza. Biblia del s. XIII. Academia de la Historia (Madrid)

presencia divina que guía a Israel y actúa de protección en la guerra. Fue construida en tiempos de Moisés, llevada a la batalla en la época de David, alojada en el Templo con Salomón, pero actualmente está perdida. Los rollos de la Torá aún se guardan en cajas llamadas «arcas» en las sinagogas judías. ⇨ Antiguo Testamento; David; Diez Mandamientos; Moisés; Salomón; Torá.

archidiácono Clérigo de la Iglesia anglicana responsable de la administración de toda la diócesis o de la parte de la diócesis que el obispo autorice. El oficio antiguamente existía también en la Iglesia católica y en la ortodoxia oriental. ⇨ Comunión Anglicana.

Ardas (Ardās) Oración formal sij que cierra, y a veces abre, la mayoría de los rituales sij. Significa «petición», la petición de un criado a su amo y, en consecuencia, la petición de un devoto a Dios. Contiene tres fases. La primera trae a la memoria la obra de los diez gurús sij y otros acontecimientos importantes de la historia sij; después está la invocación a Dios para que bendiga a la comunidad sij y al mundo entero; finalmente hay oraciones de petición por las necesidades especiales de los fieles y la comunidad local. Pueden introducirse circunstancias particulares e intercesiones personales. El Ardas está escrito en el *Rahit Maryada,* el Código de Conducta sij de 1945, pero la versión escrita puede ser variada para acomodarla a la práctica local. ⇨ Rahit Maryada; sij gurú.

arios (ārios) Tribus de nómadas pastores indoeuropeos que entraron en la India desde el noroeste entre 1500 y 1000 a. C. Subyugaron lo que quedaba de la civilización del valle del Indo y se desplazaron lentamente hacia el este a través del norte de la India, asentándose finalmente en la llanura del Ganges que llegó a ser conocida como la «patria aria» *(aryavarta).* Los arios introdujeron en la India una estructura social tripartita que se convirtió en la base del sistema de castas hindú, de sacerdotes *(brahmanas),* guerreros o nobles *(kshatriyas)* y plebeyos *(vaishyas).* La población indígena de la India estaba situada en lo más bajo de la escala como siervos de la gleba *(shudras).* Sabemos de la religión aria por las escrituras hindúes más antiguas, el *Rig Veda,* que comprende himnos a las deidades *(devas)* de su panteón. Estos dioses, teóricamente 33 en número, aunque realmente más, estaban asociados a una cosmología jerárquica de cielo, atmósfera y tierra. Entre los dioses del cielo estaban Varuna, el dios del orden moral, la benevolente deidad Visnú y el padre celeste Dyaus, relacionado con el dios griego Zeus; entre los dioses atmosféricos están el guerrero Indra, el del viento Vayu y los dioses de la tormenta (Maruts), y entre los dioses terrestres se cuentan Agni, el dios del fuego, y Soma el dios-planta alucinógena. Estos dioses eran objeto de alabanza y sacrificio. El hinduismo se desarrolló a partir de esta religión

Aristóteles

aria, absorbiendo en su evolución ideas y prácticas religiosas no arias. ⇨ Veda.

Aristóteles (384-322 a. C.) Filósofo y científico griego, una de las figuras más importantes e influyentes en la historia del pensamiento occidental. Nació en Estagira, colonia griega en la península de Calcídica, hijo del médico de la corte del rey de Macedonia (que fue padre de Filipo II y abuelo de Alejandro Magno). En el 367 se dirigió a Atenas; fue primero alumno y más tarde profesor en la Academia de Platón, donde permaneció veinte años hasta la muerte de Platón en el 347. Espeusipo sucedió a Platón, como director de la Academia y Aristóteles abandonó Atenas por espacio de doce años. Pasó un tiempo en Atarneo de Asia Menor (donde se casó), en Mitilene, y hacia el 342 fue nombrado por Filipo de Macedonia para ejercer de tutor de su hijo Alejandro (que tenía entonces 13 años). Finalmente volvió a Atenas en el 335 para fundar su propia escuela (llamada Liceo por su proximidad al templo de Apolo Liceios), donde enseñó durante los siguientes doce años. Sus seguidores llegaron a conocerse como los «peripatéticos», supuestamente por su incansable hábito de pasear arriba y abajo mientras daban la clase. Alejandro Magno murió en el 323 y hubo una fuerte reacción antimacedonia en Atenas; Aristóteles fue acusado de impiedad y recordando quizá la suerte de Sócrates se refugió en Calcis de Eubea, donde murió al año siguiente. Los escritos de Aristóteles representan un volumen de producción enciclopédica enorme sobre prácticamente todos los campos del conocimiento: lógica, metafísica, ética, política, retórica, poesía, biología, zoología, física y psicología. La mayor parte de la obra que sobrevive actualmente consiste en material no publicado, en forma de notas de clase o libros de texto para alumnos, que fueron editados y publicados por Andrónico de Rodas a mediados del siglo I a. C. Incluso este corpus incompleto es extraordinario por su extensión, originalidad, sistematización y sofisticación, y su obra ejerció una enorme influencia en la filosofía medieval (especialmente a través de Santo Tomás de Aquino), en la filosofía islámica (principalmente a través de Averroes), y desde luego en toda la tradición intelectual y científica occidental. Entre las obras más leídas actualmente se cuentan la *Metafísica* (el libro escrito «después de la *Física»), Ética a Nicómaco, Política, Poética,* el *De Anima* y el *Organon* (tratados sobre lógica). ⇨ Platón; Sócrates; Tomás de Aquino, Santo.

ariya sacca Cuatro «nobles verdades» enseñadas por Buda que constituyen el corazón de la enseñanza budista theravada y de la enseñanza budista en general. Son nobles porque son verdaderas, fueron enseñadas por una persona noble (Buda) y porque producen un estado de nobleza. Las cuatro nobles verdades son: que todas las formas de existencia, y especialmente la humana, se caracterizan por el sufrimiento *(duhkha);* que el sufri-

Aristóteles. Palacio Spada (Roma)

Armageddón

miento lo causa el ansia y deseo vehemente *(tanha);* que el sufrimiento puede acabar eliminando el deseo, y que el cese del deseo se alcanza por medio del óctuple sendero. Duhkha se traduce normalmente como «sufrimiento», pero tiene un sentido más amplio que dolor o problemas, e incluye la insatisfacción e intranquilidad. Comprende así momentos de felicidad en los que incluso experiencias placenteras y satisfactorias, aunque reales, son efímeras y, por tanto, sujetas a «sufrimiento» y renacimiento. La búsqueda de Buda consistió en comprender y vencer el sufrimiento, habiendo alcanzado este punto se puso en camino para ayudar a otros a hacer lo mismo. En las cuatro nobles verdades, Buda desempeñaba el papel de médico espiritual que diagnosticaba el dilema básico de la vida (sufrimiento), identificaba su causa (deseo), lograba su curación (el cese del deseo) y aconsejaba el tratamiento que debía seguirse para efectuar la curación (el óctuple sendero). ⇨ Buda; budismo theravada; duhkha; origen dependiente; sendero óctuple; tanha.

Armageddón también **Harmageddón** Lugar mencionado en el Nuevo Testamento (Apocalipsis 16, 16) como escenario de la batalla cósmica final entre las fuerzas del bien y del mal en los últimos días del mundo. El nombre es posiblemente una corrupción de «las montañas de Megiddo», ciudad de Israel, al SO de Nazaret. ⇨ Apocalipsis, Libro del; escatología; Nuevo Testamento.

arminianismo Doctrina expuesta por Arminius. Presentaba cinco principios fundamentales: **1** la predestinación está abierta sólo a los creyentes; **2** Cristo murió para salvar a cada uno, pero sólo los creyentes se salvarán; **3** la gente sólo puede llegar a creer por medio de la gracia, sin la gracia de Dios la fe es imposible; **4** es posible resistirse a la gracia. **5** los creyentes podían aún perder su fe y el derecho a la salvación. Los seguidores del arminianismo explicaron estos conceptos en su *Protesta a los Estados Generales*, pidiendo cambios en el catecismo entonces aceptado en los Países Bajos. Sus creencias dieron lugar a una feroz controversia, conduciendo al exilio a quienes las predicaban. El arminianismo fue bien recibido por los teólogos ingleses, llegando a incorporarse con firmeza en la teología inglesa posterior. ⇨ Arminius, Jacobus; herejía.

Arminius, Jacobus, propiamente **Jakob Hermandszoon** (1560-1609) Teólogo holandés, nacido en Oudewater. Estudió en Utrecht, Leiden, Ginebra y Basilea, y se ordenó en 1588. A pesar de la temprana oposición a la doctrina de la predestinación, fue nombrado profesor de teología en Leiden en 1603. En 1604 su colega Gomar atacó sus doctrinas y desde esta época en adelante se enzarzó en agrias controversias. Arminius aseguraba que Dios concede el perdón y la vida eterna a todos los que se arrepienten de sus pecados y creen en Jesucristo; quiere que todos los hombres alcancen la salva-

ción, y sólo porque ha previsto desde la eternidad la creencia o increencia de los individuos ha determinado desde la eternidad el destino de cada uno, rechazando así la importante doctrina calvinista de la predestinación o elección absoluta. En 1608 Arminius suplicó a los Estados de Holanda convocar un sínodo para calmar la controversia; pero, agotado por la inquietud y la enfermedad, murió antes de que se celebrara. Arminius fue menos arminiano que sus seguidores, que continuaron la contienda durante muchos años e influyeron en la evolución del pensamiento religioso de toda Europa. En Inglaterra los seguidores de Laud y los latitudinarios eran de tendencia arminiana; los seguidores de Wesley, muchos baptistas y congregacionalistas son claramente anticalvinistas.
⇨ baptistas; calvinismo; congregacionalismo; elección; Jesucristo; predestinación; salvación; teología.

arrepentimiento En términos generales, intenso sentimiento de remordimiento de acciones pasadas o de no haber realizado buenas acciones, y la resolución de emprender una nueva vida en la que los fracasos del pasado se dan de lado y se inicia una renovación moral. En un contexto religioso, el arrepentimiento se entiende como una vuelta a Dios. El individuo se arrepiente de su vida anterior, de que ha olvidado a Dios, ignorado sus mandamientos, etc., y resuelve emprender una vida que esté centrada en Dios. El arrepentimiento también puede entenderse como la eliminación de aquellas barreras que impiden la relación de una persona con Dios, haciendo por tanto posible que la gracia y el perdón de Dios fluyan libremente hacia el pecador arrepentido. El arrepentimiento consta así de un movimiento doble: un movimiento de alejamiento del pecado y un movimiento de aproximación hacia Dios. El concepto de arrepentimiento desempeña un papel importante en la mayoría de las religiones. Así, en el Antiguo Testamento, los profetas instan al pueblo de Israel a «volver» a Yahvé. Igualmente, las palabras más antiguas recogidas de la misión de Cristo son para llamar al pueblo al arrepentimiento ante la inminente llegada del reino de Dios (Marcos 1, 15). El islam acentúa la naturaleza compasiva y misericordiosa de Dios y ofrece la posibilidad de perdón si el pecador se arrepiente, vuelve a la verdad y realiza buenas obras (Corán 6, 54; 12, 25-26). La mayoría de las religiones también hacen una distinción entre arrepentimiento interior y exterior. El arrepentimiento interior describe el remordimiento personal del pecador y su compromiso de mejorar. El arrepentimiento exterior se refiere a los diversos actos penitenciales prescritos por una religión como expresión externa del arrepentimiento de una persona. Tales actos penitenciales pueden ir desde vestirse de saco y ceniza, hasta la confesión de los pecados. ⇨ reino de Dios.

Arrianismo ⇨ Arrio.

Arrio, griego **Areios** (c. 250-336) Teólogo libio, fundador de la herejía conocida como «arrianismo». Formado en Antioquía, fue ordenado sacerdote en Alejandría. Allí, en torno al 319, sostuvo, en contra de su obispo, que el Hijo no era co-igual o co-eterno con el Padre, sino sólo el primero y el más elevado de todos los seres finitos, creado de la nada por un acto de la libre voluntad de Dios. Se aseguró la adhesión de clérigos y laicos en Egipto, Siria y Asia Menor, pero fue depuesto y excomulgado en el 321 por un sínodo de obispos en Alejandría. Eusebio de Nicomedia le absolvió, y en el 323 convocó otro sínodo en Bitinia, que se pronunció a su favor. En Nicomedia, Arrio escribió una obra teológica en verso y prosa, titulada *Thaleida*, de la que se conservan algunos fragmentos. La controversia se hizo violenta, y para calmarla el emperador Constantino I convocó el memorable Concilio de Nicea, en Bitinia (325). Estuvieron presentes 318 obispos, principalmente de Oriente, así como sacerdotes, diáconos y acólitos. Arrio expuso y defendió sus opiniones enérgicamente. Los argumentos de Atanasio fueron los que persuadieron al Concilio para que definiera la absoluta unidad de la esencia divina, y la absoluta igualdad de las tres personas. Todos los obispos lo suscribieron excepto dos, que fueron desterrados, con Arrio, al Ilírico. Arrio fue llamado otra vez en el 334, pero Atanasio rehusó admitirlo a la comunión eclesial, y la controversia continuó por todo Oriente. En el 336 Arrio fue a Constantinopla, donde el emperador ordenó al obispo admitirle al sacramento. Pero uno o dos días antes del domingo señalado al efecto, murió repentinamente, envenenado por los ortodoxos, dijeron sus amigos; según sus enemigos, por el juicio directo de Dios. Después de su muerte, la disensión se extendió mucho más ampliamente hacia fuera: la doctrina del homoousios (identidad de esencia del Padre y el Hijo) y la del homoiousios (semejanza de la esencia) parecían prevalecer de modo alternativo, y se celebraron sínodos y contrasínodos. Occidente era principalmente ortodoxo, Oriente, en su mayoría arriano o semiarriano. Hubo mucha persecución por ambas partes; pero Juliano «el Apóstata» (361-363) y sus sucesores ofrecieron plena tolerancia a ambos partidos. El arrianismo fue al fin virtualmente suprimido del Imperio Romano con Teodosio en Oriente (379-395) y con Valentiniano II en Occidente. Entre los pueblos germánicos, sin embargo, siguió extendiéndose gracias a los esfuerzos misioneros, siendo los lombardos los últimos en dejarse persuadir (en el 662). John Milton sostuvo puntos de vista arrianos o semiarrianos. La controversia arriana fue reavivada en Inglaterra por el filósofo Samuel Clarke y William Whiston, pero el arrianismo fue reemplazado por el unitarismo. ⇨ Atanasio, San; Constantino I; Nicea, Concilio de; obispo; unitarios.

arte floral en Japón Importante arte en Japón que no es solamente un asunto de belleza estética y de técnica sino que implica también una motivación espiritual más profunda. Con raíces en el budismo zen, tiene un simbolismo y significado subyacentes que están relacionados con una disciplina psicológica y espiritual. Disponer las flores con propiedad requiere cualidades de disciplina interior, adaptabilidad y abnegación que capacitan a uno para apartar la mirada de sí mismo y contemplar las leyes del cosmos, al mismo tiempo que para hacerse más consciente de las profundidades del propio ser. El arte floral empieza con el organizador que mira las flores y las coloca conscientemente, pero con la práctica y la transformación interior se hace más espontáneo, más creativo y más puro. La finalidad última es encarnar la verdad y el misterio último con naturalidad en la disposición de las flores. La realización real es secundaria para la actitud interior que la origina y es producida por ella. Subrayarlo es el «principio de tres»: cielo, tierra y mundo de los humanos, que están separados y, sin embargo, son uno. Los humanos están a medio camino entre cielo y tierra. Colocando las flores de la tierra canalizan la naturaleza espiritual del cielo y unifican los tres principios. ⇨ budismo zen.

arupa-loka (arāpa-loka) Término usado en la cosmología budista para designar el «mundo informe». Este es superior a los dos mundos inferiores, que son el mundo de los sentidos y el mundo de la forma, pero está aún dentro de la esfera del renacimiento. El mundo más bajo, el de los sentidos, incorpora cinco reinos de renacimiento: los reinos animal inferior, espectral e infernal, y los reinos humano superior y divino *(deva)*. Sin embargo, todos estos reinos se toman en serio los objetos sensoriales. El segundo mundo, el de la forma *(rupa-loka)*, es el reino de los dioses más refinados más allá de los sentidos del olfato, gusto y tacto. El tercer mundo, el mundo informe *(arupa-loka)*, es incluso más alto que este, más allá de toda figura y forma. Es en este reino donde se dan las cuatro formas más avanzadas de renacimiento puramente mental. Los seres renacen al mundo informe en virtud de la concentración, y cuanto más profunda es la concentración, más alto es el estado de informidad obtenido. Se dice que Buda rechazó la posibilidad de renacimiento incluso a este mundo elevado porque su meta final era el nirvana, que se encuentra más allá de la esfera del renacimiento. ⇨ Buda; nirvana; renacimiento.

Arya Samaj (Ārya Samāj) Movimiento de reforma hindú fundado en Bombay en 1875 por Dayananda Sarasvati. Los objetivos del Arya Samaj eran restaurar el hinduismo en lo que se consideraba su pureza original, fundado en los Vedas y despojado de añadidos posteriores como la adoración de imágenes, matrimonio de niños y poligamia. Entre los diez principios del Arya Samaj formulados por Dayananda están que Dios es inmutable, bienaventurado, inteligencia informe, que no puede ser representado en forma de ídolo; que los Vedas contienen todo conocimiento verdadero, y que cada persona debe ser sumamente moral y promover el bienestar de todos. El bienestar último es la liberación *(moksha),* en que el alma se emancipa aunque sigue conservando su identidad distinta separada de Dios. El Arya Samaj promovía una visión moral de bondad y buena voluntad hacia todos, aunque su actitud con respecto al sistema de castas permaneció ambiguo: Dayananda era partidario de las cuatro clases (varnas) por ser una sistematización de cualidades ganadas por mérito más que por nacimiento. De hecho, el Arya Samaj impulsó un rito de purificación *(shuddhi)* que permitía a las castas bajas o intocables, que habían abandonado el hinduismo por el islam o el cristianismo, reintegrarse en la tradición como hindúes de «casta alta». En 1893 hubo una división en el movimiento entre los conservadores que abogaban por la educación tradicional hindú y el vegetarianismo, y los liberales que abogaban por la educación «moderna» y la libertad de dieta, teniendo el primer grupo más influencia que el segundo. El Arya Samaj se hizo nacionalista y estuvo en conflicto con los musulmanes y los sij, especialmente en el Punjab durante la partición (1947). ⇨ casta; Veda.

arzobispo Obispo nombrado para ejercer jurisdicción sobre otros obispos; con frecuencia, cabeza de una provincia. El título se refiere a veces a un obispo que ejerce funciones especiales. En las iglesias orientales se reconoce una jerarquía de arzobispos. ⇨ obispo.

Asamblea General Instancia suprema en las iglesias del orden presbiteriano. Normalmente se reúne cada año y consta del mismo número de ministros que de ancianos, elegidos por los presbiterios en proporción a su número. Está presidida por un moderador, elegido anualmente. ⇨ anciano; presbiterianismo; presbiterio.

Asambleas de Dios Confesión pentecostal cristiana fundada en EE. UU. y Canadá a principios del siglo XX. Promueve la obra misionera por todo el mundo y cree en el bautismo por el Espíritu Santo, como lo demuestra el don de hablar en lenguas. ⇨ Espíritu Santo; glosolalia; pentecostalismo.

ascensión Subida de la esfera terrestre a la celeste. En ciertos mitos antiguos, el héroe alcanza el cielo y se libera de la existencia terrena por su propio esfuerzo. En el Antiguo Testamento determinados hombres santos, por ejemplo, el patriarca Enoc y el profeta Elías, se dice que son trasladados por Dios al cielo. En el Nuevo Testamento la referencia explícita a la ascensión de Jesús (Lucas 24, 51 y Hechos 1, 2-9) y la creencia en su exaltación dio lugar en la tradición cristiana a la inclusión (por ejemplo, en el Credo de los Apóstoles) de la creencia en Cristo que «subió a los cielos y está sentado a la derecha de Dios Padre Todopoderoso». Esta confesión no se refiere tanto a una elevación física del cuerpo de Cristo «hacia arriba», a un cielo físico, cuanto a un reconocimiento por parte de la Igle-

Ascensión. Página del Beato de Liébana. Museo Arqueológico (Madrid)

sia de la condición de Cristo resucitado de ser uno con Dios Padre. Teológicamente, indica su trascendencia sobre todas las limitaciones de tiempo y espacio, pero también la disponibilidad universal de Cristo, así como su señorío sobre toda la humanidad y toda la creación. Por esta razón, Cristo ascendido figura de manera prominente en la historia del arte e iconografía cristianas. En el calendario cristiano el día de la Ascensión era fiesta y se celebraba el sexto jueves (actualmente trasladado al siguiente domingo de dicho jueves) después de Pascua, es decir, 40 días, para que concordara con la cronología de Hechos 1, 3, aunque no en línea con otros relatos del Nuevo Testamento en los que la resurrección y ascensión de Jesús coinciden. ⇨ año cristiano; cielo; Jesucristo; Pascua cristiana; resurrección.

Ascensión, fiesta de la En el calendario cristiano el sexto jueves (que son 40 días, ver Hechos 1) después de la Pascua. Conmemora la última aparición de Jesús a sus discípulos, su ser «elevado» o «llevado» de su lado, antes de la confirmación de su posterior presencia ante ellos por medio del Espíritu Santo. Actualmente se celebra el siguiente domingo a dicho jueves. ⇨ Espíritu Santo; Jesucristo; Pascua cristiana.

ascética o **ascetismo** Diversas prácticas austeras que implican renuncia o negación de gratificaciones corporales o sensuales como medio de alcanzar mayor conciencia espiritual. Entre ellas se pueden incluir el ayuno, meditación, vida de soledad, renuncia a posesiones, denegación de gratificación sexual y, en último extremo, la mortificación de la carne por medios como llevar pesadas cadenas, autoflagelación, dormir en una cama con pinchos o automutilación. La ascética predomina más en religiones en las que se acentúa el conflicto entre bien y mal, alma y cuerpo, o Dios y el mundo.

Aser, tribu de Una de las doce tribus del antiguo Israel, que, según se dice, desciende del octavo hijo de Jacob, Aser (Génesis 30, 12ss). Su territorio abarcaba la estrecha llanura costera que va desde el Carmelo hasta las cercanías de

Sidón, y bordeado en el este por las colinas galileas. ⇨ Israel, tribus de.

Aserá Antigua diosa cananea, muy conocida en el Próximo Oriente antiguo. En los textos de Ras Shamra es descrita como consorte del dios supremo El, y madre de los dioses. Llamada Señora Athirat del Mar (aunque el significado de ese título no está claro), aparece también en textos procedentes de Mesopotamia, Egipto y sur de Arabia. Antes del descubrimiento de los textos de Ras Shamra, la mayor parte de la información sobre Aserá provenía de la Biblia hebrea donde su culto es condenado, en cuanto diosa cananea de la fertilidad asociada a Baal. La palabra aserá se utiliza también para referirse a un objeto o lugar de culto, que probablemente representa a la diosa. ⇨ Baal; cananea, religión; El; Ras Shamra, textos de; Ugarit.

Ases y **Vanes** Ases (plural de *as*, un dios) es el término colectivo utilizado en la literatura noruega para el panteón germánico (en número de 12, según Snorri Sturluson, aparte de las *Asyniur*, diosas). Más estrictamente representa a ese grupo mayoritario de entre los dioses que incluye a Odín, Thor, Balder, Tyr, Heimdall y Loki, que comparten un origen común. Viviendo con ellos en su ciudad, Asgard, hay algunas deidades Vanes, de origen diferente: Njord, con su hijo Frey y su bella hija Freya. Hay ecos en la literatura de una antigua guerra entre Ases y Vanes que concluyó en alianza e intercambio de rehenes. En general, los Ases demuestran destreza militar, muy necesaria contra los gigantes de la helada, los permanentes enemigos de Asgard. Los Vanes, por otra parte, son la fuente de la fertilidad y de la abundancia (aunque es claro que se invocaba a menudo la ayuda de Thor en relación con el tiempo atmosférico). Son las deidades de la presente era; perecerán en batalla en Ragnarok, que sellará la suerte de los dioses, y esa era dará paso a una nueva. El origen doble de las deidades ha sido interpretado de forma diversa. Sturluson creía que los Vanes eran originariamente del área del mar Negro, cerca de la desembocadura del Don, y los Ases, vecinos suyos; Odín y los otros representan héroes y jefes nómadas que fundaron los diversos reinos germánicos. Escritores posteriores han señalado la diferencia de función; Odín y Thor son los modelos naturales de un guerrero, Frey o su hermana, de un granjero. Algunos consideran que los relatos reflejan un cambio religioso, de ahí que los dioses originales, los Vanes, fueran en gran medida desplazados por los posteriores cultos de los Ases. Un pasaje del *Voluspa* sugiere lo contrario, la corrupción de los Ases por la riqueza, representada por los Vanes. Sabemos poco con certeza acerca de las interrelaciones de las deidades germánicas en épocas aún remotas; las fuentes prenórdicas son demasiado fragmentarias. ⇨ Balder; Freya; Odín; Ragnarok; Sturluson, Snorri; Thor; Tyr, Tiwaz, Tu; Voluspa.

Asesinos Nombre dado por los cruzados medievales a la rama nazarí, de la tradición ismailí, en el islam chiíta. Está tomado de la palabra árabe *hashashin*, que significa fumadores de cannabis, probablemente usado por los Asesinos para producir el éxtasis. El término ha llegado a utilizarse generalmente en relación con la práctica del asesinato, en la que los Asesinos estuvieron a veces implicados. Su fundador fue al-Hasán al-Sabbah, que fue a Egipto desde Persia en 1078 y apoyó sin éxito a Názar como sucesor en la jefatura ismailí (de ahí el nombre nazarí). Al-Hasán se apoderó del fuerte de Alamut (1090), que se convirtió en centro de las fuerzas asesinas en partes de Irak, Persia y Siria hasta que finalmente fue tomado por los mongoles en 1256. En 1164 otro sucesor, llamado también Hasán, afirmó ser el Imán ismailí y que una nueva era había comenzado para la tradición ismailí, pero esta pretensión fue rechazada por un sucesor posterior, Jalal ad-Din. Tras la caída de Alamut en 1256 sobrevivieron restos de la tradición nazarí o asesina y tuvieron lugar divisiones; su número principal se cuenta entre los khojas de la India. ⇨ chiísmo; imán; ismailíes.

ashram Comunidad religiosa india cuyos miembros llevan una vida de autodisciplina austera y de servicio entregado, de acuerdo con las enseñanzas y prácticas de su propia escuela. Un ashram muy famoso fue el del Mahatma Gandhi. ⇨ Gandhi, Mohandas Karamchand.

ashrama (āśrama) En la tradición hindú, cada una de las cuatro etapas de la vida: alumno, cabeza de familia, habitante del bosque y, cuando se han roto todos los lazos humanos, la renuncia total al mundo. Rara vez seguidas en la práctica, estas cuatro etapas representan el estilo de vida ideal. Cada etapa tiene sus propias reglas de conducta. ⇨ ashram; hinduismo.

Ashura ('Āshūrā) Día señalado para las dos principales ramas de musulmanes, sunnitas y chiítas, aunque por diferentes motivos. Es el séptimo día de *Muharram*, primer mes del año musulmán. Cuando Mahoma fue a Medina adoptó esta fecha de los judíos como día dedicado al ayuno, y todavía es observado como tal por gran número de musulmanes sunnitas. Históricamente fue reemplazado en importancia por el más largo y significativo ayuno del Ramadán. Entre los chiítas es el Día en el que se conmemora la muerte de Husayn en Karbala, en el 680, a manos de los soldados del califa Yazid. Está precedido por nueve días de duelo; en el día noveno se ayuna y en el décimo se representa una pasión. Algunos chiítas desfilan por las calles hiriéndose como símbolo de la tristeza que les produce el que sus antepasados abandonaran a Husayn. Así mismo, por las calles se llevan representaciones de la tumba de Husayn. Es un día de solemnidad, llanto, pavor y respeto para los musulmanes de todo el mundo, y especialmente de Irán. ⇨ chiísmo; Husayn; Mahoma; Medina; Ramadán; sunnitas.

asiria, religión Como parte de la tradición religiosa mesopotámica, la religión asiria compartía

muchos rasgos con la religión de los sumerios y especialmente de los babilonios, con los que compartían un lenguaje común. El panteón asirio era el mismo pero presidido por el dios nacional Asur; la diosa Istar era especialmente popular y se remarcaba su aspecto belicoso. El rey asirio era sumo sacerdote de Asur y tenía incluso un papel cultual más pronunciado que muchos monarcas del Próximo Oriente antiguo. La adivinación era tan popular como en Babilonia y la mejor fuente de textos mesopotamios sobre agüeros es la biblioteca reunida por el rey asirio Asurbanipal (siglo VII a. C.). La astrología era una forma de adivinación favorecida por los últimos reyes asirios, y en Asiria normalmente se ponía más énfasis en los fenómenos atmosféricos y astrales que en la religión babilónica.
↳ adivinación en el Próximo Oriente antiguo; astrología en el Próximo Oriente antiguo; Asur; babilónica, religión; Istar; Próximo Oriente antiguo, religiones del; sumeria, religión.

askenazis Judíos descendientes de Europa central u oriental, para distinguirlos de los judíos sefarditas, que son de descendencia española o portuguesa. Los términos aparecieron en la Edad Media cuando Europa y Asia occidental fueron divididas en países cristianos e islámicos. Aislados, los askenazis desarrollaron sus propias costumbres, tradiciones de interpretación del Talmud, música y lengua (yiddish). ↳ judaísmo; sefarditas.

asmoneos ↳ **macabeos**.

Astarté. Estatuilla de bronce (s. VII) de El Carambolo (Camas, Sevilla). Museo Arqueológico (Sevilla)

Astarté o **Astoret** Diosa semita occidental, adorada por todo el Oriente antiguo. Astarté se menciona en los textos de Ras Shamra y también en inscripciones de Fenicia, donde era muy importante. Su nombre equivale al de la babilonia Istar, cuyas características probablemente compartía. El culto de Astoret y Baal se condena en la Biblia hebrea como una intrusión del culto cananeo de la fertilidad. ↳ Baal; fenicia, religión; Istar; Ras Shamra, textos de.

astrología Sistema de conocimiento según el cual la naturaleza humana puede comprenderse en función de los cielos. Descansa sobre medidas precisas y un sistema de símbolos que ha venido a estar asociado a cada uno de los signos del zodíaco y los planetas (incluyendo el Sol y la Luna). Se basa en un principio de la filosofía antigua, especialmente en la idea de que la fuerza que moldea los cielos ordena igualmente la humanidad. Como sucede con la religión, es una fuente tanto de superstición trivial como de profunda intuición. Las etapas más significativas en la evolución de la astrología tuvieron lugar en el primer milenio a. C. en Mesopotamia y Grecia. De aquí se extendió por todo el mundo, desarrollando distintas ramas y gran variedad de métodos. Floreció más en aquellos períodos que representan cimas de realización cultural (Grecia clásica, Renacimiento en Europa y la Inglaterra isabelina). Actualmente crece mucho en varios países orientales, y en Occidente está experimentando un cierto renacimiento, aunque el énfasis moderno se pone en el autoconocimiento más que en predecir acontecimientos. ⇨ horóscopo.

astrología en el Próximo Oriente antiguo Antiquísima astrología desarrollada en Mesopotamia en el tercer y segundo milenios a. C., aunque probablemente esté mejor descrita como el estudio de vaticinios astrales. Se creía que los acontecimientos de los cielos tenían su correlación en la tierra, y la observación de los cuerpos celestes era una de las formas reconocidas de adivinación en Babilonia y Asiria. Los presagios eran recogidos sistemáticamente y agrupados en cuatro categorías, que comprenden la Luna, el Sol, los planetas y los fenómenos meteorológicos. Bajo los últimos reyes asirios (c. 700 a. C.) los presagios astrales se convirtieron en la forma más importante de adivinación estatal, y equipos de observadores enviaban informes regulares desde todos los rincones del reino. Se creía que los augurios eran significativos principalmente para los asuntos de estado, y a menudo tenían interpretaciones militares. La aproximación más individualista de la moderna astrología y la invención del zodíaco fueron evoluciones muy tardías, siendo el primer horóscopo conocido el hecho a un niño nacido el 29 de abril del 410 a. C. La astrología babilónica fue exportada al Egipto helenístico e influyó en el desarrollo de posteriores técnicas astrológicas grecorromanas. ⇨ adivinación; asiria, religión; horóscopo.

astrología tibetana La astrología es muy importante en la religión popular del Tíbet. La mayoría de los tibetanos consultarán a un astrólogo en varios momentos de su vida o incluso anualmente. Ciertamente, la salud y la prosperidad de una persona dependen de fuerzas astrológicas conocidas como el «caballo de viento» *(rlung-rita)*. Los astrólogos son lamas denominados *tsi-pa (rtsis-pa)* que elaboraban horóscopos para el nacimiento, matrimonio, muerte, para el año o para toda la vida de uno. La astrología tibetana se basa en el sistema chino más que en el indio (que se deriva de la astrología griega). En el sistema tibetano el tiempo astrológico se basa en ciclos de Júpiter de doce y sesenta años. Cada uno de los doce años de un ciclo está asociado, como en el sistema chino, a un animal (a saber: el ratón, el buey, el tigre, la liebre, el dragón, la serpiente, el caballo, la oveja, el mono, el pájaro, el perro y el cerdo). Durante el ciclo de sesenta años, estos animales son combinados con los cinco elementos: madera, fuego, tierra, hierro y agua. La elaboración del horóscopo es muy compleja, implicando el uso de una mesa de astrólogo y fichas de color, aunque el principio básico en el que se basa es la atracción o rechazo de fuerzas astrológicas. En la preparación de un horóscopo anual, por ejemplo, el año en el que una persona ha nacido se contrastará con el año del momento de la predicción, así si una persona ha nacido en el año agua-caballo y si el año de la predicción es el de la tierra-ratón, habrá conflicto porque el caballo y el ratón son antagonistas. Hay grados de afinidad y repulsa entre las fuerzas astrológicas que se modelan en las relaciones humanas ejemplificadas por los términos madre, hijo, amigo y enemigo. Por ejemplo, la madera es madre para el agua, por tanto existe una atracción entre ellas, mientras que el agua es el enemigo del fuego, por tanto, se rechazan mutuamente. ⇨ lama; tibetana, religión.

Asunción Afirmación de que, al morir, la Virgen María, madre de Jesucristo, fue ascendida, en cuerpo y alma al cielo. Esto era creído por algunos cristianos en la Iglesia antigua, generalmente aceptado después en la Iglesia católica y en la ortodoxa, y definido por el papa Pío XII como artículo de fe en 1950. La festividad se celebra el 15 de agosto; de ahí que en España sea popularmente conocida como «la Virgen de agosto». ⇨ María.

Asur (también **Assur**) Dios nacional de Asiria. Asur es el nombre del dios, de la nación y de la primera ciudad-capital asiria, y es difícil saber cuál de estos es el uso original. Intruso en el panteón tradicional mesopotámico, la evolución de Asur refleja el crecimiento de Asiria como poder imperial; a medida que Asur adquiría mayor importancia iba tomando elementos de Enlil, Marduk y otras deidades sumero-babilónicas en su modo de ser. Ocupó el lugar de Marduk en la versión asiria del *Enuma Elis*, poema épico babilonio de la creación que se recitaba en la fiesta de akitu. El rey asirio era sumo sacerdote de Asur, y estaba incluso más implicado en obligaciones cultuales que muchos monarcas del Próximo Oriente antiguo. A pesar de los intentos de los teólogos asirios de realzar su prestigio, Asur siguió siendo principalmente un dios nacional, sin llegar a tener nunca mucho significado fuera de Asiria. ⇨ Akitu; asiria, religión; babilónica, religión; Enlil; monarquía en el Próximo Oriente antiguo, la; Marduk; sumeria, religión.

asura En el pensamiento indio antiguo y más reciente, el término se aplica a una clase de seres no humanos, o antidioses, que están en guerra con los seres celestes, o dioses *(devas)*. El principal asura en el Veda hindú era Vritra, una serpiente cósmica que vivía en las aguas del caos; luchó contra Indra, que representaba el orden y el cosmos, y perdió. La noción de asura está relacionada con la noción irania de *ahura*. Sin embargo, en el pensamiento zoroástrico iranio ahura tiene un sentido positivo, y Ahura Mazda es el término zoroástrico dedicado a Dios. En el pensamiento hindú, el significado cambia completamente de modo que asura tiene una connotación negativa y mala. En el *tipitaka* o canon pali del budismo theravada asura es visto también negativamente, como una multitud de espíritus en guerra con los seres celestes. Los mismos asuras están sujetos a renacimiento, y para un ser humano reencarnarse como asura se considera que es un logro muy bajo y el infeliz resultado de varios delitos. ⇨ Ahura Mazda; budismo theravada; Indra; tipitaka; Veda; zoroastrismo.

atanasiano, credo Afirmación de fe cristiana, escrita en latín probablemente en el siglo V. Llamado *quicumque vult* por las palabras iniciales, sigue siendo una histórica afirmación de doctrina trinitaria, aún usada a veces en la liturgia. El texto griego es conocido en las iglesias orientales, pero con la omisión de la expresión *filioque*. ⇨ Atanasio, San; Filioque; Trinidad.

Atanasio, San (c. 296-373) Teólogo y prelado cristiano griego, nacido en Alejandría. En su juventud visitó con frecuencia al célebre eremita San Antonio, y él mismo abrazó durante un tiempo la vida de anacoreta. Era sólo diácono cuando se distinguió en el gran Concilio de Nicea en el 325. En el 326 fue elegido patriarca de Alejandría y primado de Egipto, y de nuevo estaba instalado en la sede cuando Arrio, desterrado con la condena de su doctrina en Nicea, fue llamado otra vez, y confesó su error. Atanasio rehusó obedecer la voluntad del emperador Constantino de que el hereje fuera readmitido a la comunión. Por eso, y por otros cargos formulados por los arrianos, fue convocado por el emperador para comparecer ante el sínodo de Tiro, en el 335, que le depuso. La sentencia fue confirmada por el sínodo de Jerusalén en el 336, cuando estaba desterrado en Tréveris. En el 338 fue restablecido; pero en el 341 fue de nuevo condenado por un concilio de 97 obispos (principalmente arrianos) en Antioquía. Los sínodos ortodoxos de Alejandría y Sárdica se declararon solemnemente en su favor, por lo que de nuevo fue repuesto en su cargo (349). Bajo el emperador arriano Constantino se vio otra vez condenado y expulsado a la fuerza, tras lo cual se retiró a un remoto desierto del alto Egipto. Con Juliano «el Apóstata» se proclamó la tolerancia para todas las religiones, y Atanasio, una vez más, se convirtió en patriarca de Alejandría (361). Su siguiente controversia tuvo lugar con los súbditos paganos de Juliano, que le obligaron de nuevo a huir de Alejandría, y se ocultó en el desierto tebano hasta el 363, en que Joviano subió al trono. Después de desempeñar el cargo durante un breve espacio de tiempo fue expulsado otra vez por los arrianos bajo el emperador Valente, quien, gracias a las súplicas de los ortodoxos alejandrinos, repuso en seguida al patriarca en su sede, en la que continuó hasta su muerte. Atanasio fue el gran líder durante el período más difícil de la historia de la Iglesia cristiana primitiva. Su diligencia, su sabiduría, su intrepidez, su imponente inteligencia, su actividad y su paciencia le señalan como una gloria de su tiempo. Sus escritos, polémicos, históricos y morales, son sencillos, sólidos y claros. Las obras polémicas tratan principalmente de la Trinidad, la Encarnación y la divinidad del Espíritu Santo. El llamado *credo atanasiano* (que representa las creencias de Atanasio) tuvo poco eco hasta el siglo VII. Su festividad es el 2 de mayo.

ateísmo Negación de la existencia de Dios o dioses. Incluye tanto el rechazo de cualquier creencia específica en Dios o dioses como la opinión de que la única aproximación racional a las afirmaciones acerca de la existencia divina es la del escepticismo. La justificación del ateísmo se hace a menudo basándose en que alguna rama de la ciencia o de la psicología ha convertido en superflua la creencia religiosa. Los teístas arguyen que tal justificación no ha demostrado tener fundamento lógico. ⇨ alternativas seculares a la religión; Dios; escepticismo; humanismo; teísmo.

Ateshgah Palabra persa que significa «lugar (o trono) del fuego». En la tradición zoroástrica posterior la palabra es utilizada principalmente para referirse a un templo del fuego de primer o segundo grado (es decir, un Atesh Bahram o un Atesh Adaran), y también para la cámara del fuego en el templo donde el fuego sagrado es «entronizado». ⇨ fuego; zoroastrismo.

Atharva Veda Sección cuarta de los Vedas, las escrituras reveladas *(shruti)* del hinduismo. Aunque contiene material que puede ser tan antiguo como el *Rig Veda,* la mayor parte del *Atharva Veda* es posterior a las otras partes Samhita de los Vedas (a saber, el *Rig,* el *Sama* y el *Yajur*). El *Atharva Veda* contiene himnos a los dioses del panteón védico, además de ensalmos y conjuros mágicos para curar la enfermedad, para la lluvia, para la prosperidad material y para someter a los enemigos. A diferencia de otros textos védicos, el *Atharva Veda* no está estrechamente relacionado con el culto del sacrificio y puede haber tenido su origen en contextos no arios. De hecho, su autenticidad ha sido cuestionada a veces dentro de la tradición. ⇨ arios; Veda.

atman (ātman) (sánscrito: «alma» o «yo») En el hinduismo, alma humana o yo esencial. En la enseñanza de los Upanishads se considera que forma una unidad con el absoluto, y es identificado con *Brahman.* ⇨ Advaita Vedanta; Brahman; hinduismo; Upanishads.

Atón (también **Tem, Tum**) Antiguo dios solar egipcio y dios original de la creación según la teología de Heliópolis. Atón surgió de las aguas de Nun y se dispuso él mismo a existir en la colina primigenia. Copulando consigo mismo, creó el primer par de dioses, Shu y Tefnut, y a través de ellos toda la enéada heliopolitana. Como creador del orden divino, Atón era llamado «Señor de las Dos Tierras» y muy comúnmente era representado como un hombre barbado, portando la doble corona del alto y bajo Egipto y llevando el cetro ankh. Por la V dinastía (c. 2494-2345 a. C.), Atón fue identificado con el dios solar supremo Ra como Ra-Atón. Después quedó específicamente identificado con Ra en su aspecto vespertino, el Sol del ocaso. ⇨ ankh; colina primigenia; creación, mitos de la; enéada; Heliópolis, teología de; Ra.

atonismo En el antiguo Egipto, sistema de monoteísmo solar adoptado por el faraón Akenatón (siglo XIV a. C.). Atón es la palabra egipcia para decir disco solar, representado como el redondo disco solar con rayos que terminan en manos, y originalmente considerado como un aspecto del dios solar Ra. Bajo sus dos predecesores, el disco había llegado a ser personalizado y adorado por derecho propio, pero el sistema innovador de Akenatón consideraba a Atón la única deidad digna de culto, y persiguió a otras deidades, especialmente al predominante Amón. El atonismo adoraba al Sol físico, concentrando la atención en la luz y el calor, que proporcionaba medios de vida a todo el mundo, así como en sus patentes bendiciones de vida, belleza y amor. El interés en el arte condujo a nuevos y más naturales estilos de pintura y escultura. El mismo Akenatón no perdió ninguna de sus prerrogativas tradicionales de faraón y era el único intermediario entre Atón y el mundo. La nueva religión afectó poco a las creencias del pueblo y entre las clases dirigentes fue muy subversiva e impopular. El atonismo se derrumbó poco después de la muerte de Akenatón y los viejos dioses fueron reinstalados en su puesto por los sucesores de este «faraón hereje». ⇨ Akenatón; Amón; egipcia antigua, religión; faraón; Ra.

atributos islámicos de Dios En el islam los atributos de Dios están hasta cierto punto ligados a los nombres de Dios. El Corán 112 proclama: «Él es Dios, Uno, Dios, Refugio Eterno, que no ha engendrado, y no ha sido engendrado y nadie es igual a Él.» La *shahadah* subraya la creencia de que «Alá es Alá y Mahoma es su profeta». En el Corán, Dios es creador, sustentador, redentor y juez; es el poderoso, el sabio, el que ve, oye y conoce; es el misericordioso (*rahman*), el primero, el último, el santo, el dador de paz. Más tarde los «noventa y nueve hermosos nombres de Dios» resumen los atributos de Alá. Fueron divididos en nombres de la esencia, nombres de las cualidades de Dios, en nombres de la majestad y nombres de la belleza de Dios. Movimientos islámicos posteriores seña-

laron ciertos atributos de Dios como la clave de su naturaleza, por ejemplo, los jariyíes resaltaban sus atributos de juez y los muriyíes, sus atributos de libertad. Los mutazilíes reconocían sólo los nombres de la esencia de Dios, asignando así un grado más bajo a otros nombres y atributos que parecían conferir a Dios atributos humanos. Sistematizadores como al-Ashari intentaron armonizar estos puntos de vista diferentes. Dentro del islam chiíta se ponía mayor énfasis que entre los sunnitas en la trascendencia, misterio, unidad e inefabilidad de Dios. Algunos filósofos modernos han intentado entender a Dios en términos de teoría científica; por ejemplo, Iqbal veía a Dios en los términos de la teoría de la evolución creativa. Algunos pensadores neofundamentalistas recientes han vuelto a la literalidad del Corán para entender la naturaleza de los atributos de Dios.
↔ Alá; Corán; mutazilíes; nombres divinos en el islam; shahadah.

atua Término genérico para referirse a los seres espirituales en Polinesia, incluyendo a los maoríes de Nueva Zelanda. Puede aplicarse al ser supremo (Tangeroa en Samoa, Tonga en Tahití, y quizá, aunque esto se discute, el arcaico Io en Nueva Zelanda), a las fuerzas de la naturaleza personificadas, y a los que gobiernan aspectos de la vida (guerra, agricultura, el mundo inferior). Sin embargo, se aplica igualmente a deidades locales inferiores, poco consideradas fuera de su propia área, y a multitud de otros seres (espíritus ancestrales, «familiares» de un médium, fantasmas, e incluso fenómenos que son excepcionales o inexplicables, como una enfermedad extraña). Los mitos mayores de los dioses superiores y de los atua departamentales constituían materia especial en la que la mayoría de la gente no se entrometía.

Augsburgo, Confesión de
↔ **Confesión de Augsburgo.**

auspicios En la religión romana, señales de los dioses inscritas en la naturaleza, que debían ser por tanto descifradas. Etimológicamente, el término significa observación *(spicere)* de aves *(aves),* pero de hecho los signos de las aves constituyen sólo una parte de las señales de auspicios. Hay catalogados cinco tipos de auspicios: **1** los que provienen del cielo, como el trueno y el relámpago. Estos se consideraban los más importantes; **2** los que vienen de ciertas aves, que se dividían en dos clases, las aves canoras —que ofrecen augurios cantando o hablando— y las aves que vuelan —que ofrecen augurios mediante su vuelo—, siendo ambas mensajeras de Júpiter; **3** los que se deducen del apetito o la inapetencia de los pollos sagrados, el primero indicio feliz y la segunda señal funesta. Estos auspicios se utilizaban principalmente para expediciones militares; se extendió tanto que, en la guerra, el *pullarius,* con sus aves sagradas, seguía a las legiones; **4** los de cuadrúpedos y reptiles, auspicios que nunca se tomaban en nombre del Estado; **5** cualquier tipo de auspicio que no pertenezca a las categorías anteriores. Los auspicios eran esencialmente prácticos y no pretendían informar sobre acontecimientos futuros, sino más bien obtener respuesta afirmativa o negativa para el curso de la acción propuesta. Los auspicios públicos eran tomados por augures o magistrados cualificados para actuar así en acontecimientos como las elecciones, o en el curso de las guerras, y tenían lugar en un área delimitada (el *templum),* el lugar sagrado al que quedaba restringida la toma de auspicios. ⇨ adivinación; romana, religión; templa.

australiana aborigen, religión En el momento del primer contacto europeo, la población aborigen de Australia se ha estimado en trescientos mil. Esta escasa población, diseminada por una vasta área, estaba (y está) marcada por una gran variedad étnica y lingüística. La transformación de Australia por parte de la población europea ha significado que los tradicionales estilos de vida aborigen sean posibles sólo en las áreas del norte, oeste y centro del subcontinente, y que las relaciones con la tierra ancestral y lugares sagrados se hayan perturbado con frecuencia. Fundamental para la religión australiana es el concepto de la Edad de ensueño. Todos los logros creativos del mundo tuvieron lugar en ese período. Surgieron varios seres de la tierra informe o del mar. Algunos tomaron forma humana, otros la figura de animales; algunos participaban de más de una esencia, y eran a la vez humanos y animales o, incluso, humanos y plantas. Cuando se pusieron manos a la obra formaron la Tierra y todas las figuras del entorno; sus pasos pueden verse actualmente en las señales que dejaron. Determinaron las divisiones de tierra y arte, rituales, canciones y mitos. Fijaron la organización social, las relaciones y la misma división del trabajo. Establecieron las actividades económicas, la caza, la plantación y la reunión. Hicieron los seres espirituales, proporcionaron los objetos sagrados y colocaron los cuerpos celestes en lo alto. La Edad de ensueño no era, sin embargo, simplemente un acontecimiento pasado; la gente y las cosas en la actualidad están orgánicamente relacionadas con los acontecimientos de la Edad de ensueño. Dicha Edad es, por tanto, hoy en día, un estatuto para las cosas, el establecimiento de normas que deben seguirse, un principio de orden. Ha habido controversia acerca de si la población aborigen reconocía un Dios supremo en el cielo por encima de todo; parece claro que varios pueblos australianos sí lo hacían, aunque el padre del cielo no era el centro de la actividad religiosa. Más a mano estaban los espíritus totémicos que mantenían a cada grupo unido, otorgándoles una relación especial con algunas otras especies de la creación. Los principales rituales se referían a las crisis de la vida (iniciación de muchachos en la pubertad, que exigen rigurosas pruebas físicas) y a ceremonias de crecimiento y cosecha para la comunidad. ⇨ altjiranga; wondjina.

auto de fe

Quema de herejes. Grabado alemán de 1634

auto de fe Quema pública en la hoguera de herejes y pecadores condenados por la Inquisición española. Fue llevado a cabo por última vez en España en 1781 y en México en 1815. ⇨ Inquisición.

autoridad cristiana Entre los cristianos surgieron pronto disputas de autoridad en relación con la controversia sobre fe y praxis. La apelación de Pablo (Gálatas 2) a la revelación directa de Cristo resucitado en relación con la circuncisión, evitó tanto justificaciones apostólicas precedentes como las de la Escritura existentes. Muchos argumentos ulteriores sobre doctrina o conducta han conllevado desacuerdos secundarios sobre si puede ser, y cómo, definitivamente reconocida la autorrevelación de Dios. Para la mayoría de las iglesias cristianas, la Escritura y los primeros concilios de la Iglesia indivisa (por ejemplo, Nicea y Calcedonia) han establecido, en principio, la norma, aunque la interpretación de ambos es a menudo problemática. El catolicismo ha ligado la autoridad en primer lugar a los pronunciamientos papales *ex cathedra* aunque a partir del Vaticano II estos se han situado en el contexto de la responsabilidad colegiada de los obispos y de la acogida de la Iglesia entera. Los comprometidos en la Reforma afirmaban que la autoridad reside sólo en la Escritura, aunque las divisiones subsiguientes dentro del protestantismo demostraron que esto no era en la práctica evidente por sí mismo. La voluntad de los tribunales de la Iglesia, la conciencia del individuo, distintos dones carismáticos, etc., han sido señalados por diferentes confesiones como la forma de determinar la interpretación correcta. En el siglo XX se ha vuelto a prestar atención al tema por parte del movimiento ecuménico, donde iglesias, largo tiempo divididas, intentan encontrar una voz común; por parte del feminismo, que desafía la mayoría de las consideraciones de autoridad anteriores como productos patriarcales, y por parte de la teología de la liberación, que cuestiona toda autoridad no basada en la lucha comprometida por la justicia y la paz. ⇨ Concilio de la Iglesia; ecumenismo; Pablo, San; teología de la liberación; teología feminista; Vaticanos, Concilios.

Avalokiteshvara (Avalokiteśvara) Nombre dado al más popular bodhisattva en la tradición budista mahayana, que es considerado como la encarnación de la compasión. Hizo el voto clásico del bodhisattva de que no se convertiría de manera inmediata en buda ni entraría en el nirvana, sino que seguiría siendo bodhisattva y continuaría renaciendo hasta que se salvaran todos los seres, en otras palabras, hasta el fin de los tiempos. Es capaz de ayudar a los seres humanos cuando le invocan en una gran necesidad, y se le ofrece devoción en un tipo de budismo de fe. Cuando el Avalokiteshvara indio fue llevado de la India a China, Corea y Japón se fue transformando gradualmente en una bodhisattva femenina llamada Kuan Yin en China y Kannon en Japón. Avalokiteshvara, en la forma masculina o femenina, ha sido generalmente representado en el arte y la escultura desde el siglo V en las cuevas de Ajanta, en la India. En particular Kuan Yin ha sido introducida no sólo en los templos budistas de China, Corea y Japón, sino también en los templos taoístas y en los que pertenecen a la religión popular china. Se considera que esta compasión del bodhisattva actúa en dos planos: mediante la intervención efectiva en los problemas de los seres humanos y despertando a las personas a su propia naturaleza buda que habita en su interior. ⇨ Ajanta; bodhisattva; Buda; buda, naturaleza; budismo mahayana; Kuan Yin; nirvana; taoísmo.

Avatamsaka Sutra ⇨ **Sutra de la Avatamsaka.**

avatara (avatāra) En el hinduismo, descenso a la tierra de una deidad en forma visible. La idea deriva de la tradición asociada a la deidad Visnú, que de vez en cuando aparece en la tierra en forma animal o humana para salvarla de la destrucción o de un peligro extraordinario. Entre las formas que Visnú ha tomado se cuentan el oso, cocodrilo y pez. Sus apariciones más famosas han sido como Rama y Krishna. Se espera que la deidad vuelva en el último de sus aspectos en el momento en que el mundo se degrade sin remedio, con el fin de destruir el mundo y recrearlo después. ⇨ hinduismo; Krishna; Rama; Visnú.

avemaría (latín: *Ave Maria*) Oración a la Virgen María, conocida también como salutación angélica, usada devocionalmente desde el siglo XI en la Iglesia católica, y finalmente reconocida oficialmente en 1568. Las dos primeras partes son citas de la Escritura (Lucas 1, 28-42), y la tercera parte fue añadida posteriormente. En su forma latina se canta con frecuencia en las ceremonias católicas y ha recibido muchas versiones musicales famosas. ⇨ liturgia; María; rosario.

Avesta Escrituras del zoroastrismo, escritas en avéstico, lenguaje de la rama oriental de la familia del indoeuropeo. Tradicionalmente se ha creído que habían sido reveladas a Zoroastro, pero sólo los *Gathas*, una serie de 17 himnos, pueden atribuírsele. Se conservan unos

avidya

pocos fragmentos del original. ⇨ zoroastrismo.

avidya (avidyā; pali: avijjā) Término usado por hindúes y budistas que significa básicamente ignorancia. En el primitivo hinduismo denotaba ignorancia del recto proceder religioso, pero desde la época de los Upanishads en el siglo VI a. C., y especialmente en el pensamiento Vedanta, desarrolló el significado de ignorancia espiritual básica sobre la verdadera naturaleza de las cosas, sobre todo, ignorancia acerca del propio yo de uno (atman) y su identidad con *Brahman,* la realidad absoluta que esconde el universo. Esta ignorancia implica una continua rueda de renacimientos hasta que, por la comprensión de la verdad, la persona obtiene la liberación *(moksha)* y no renace de nuevo. En el contexto budista avidya significaba, en términos concretos, ignorancia de las cuatro nobles verdades de Buda, aunque coincidía con el pensamiento hindú en cuanto que indicaba también incapacidad de captar la verdadera naturaleza de las cosas. La ignorancia era un eslabón clave entre los doce eslabones en la cadena budista de origen dependiente; venciendo la ignorancia se podía interrumpir el funcionamiento de la cadena, rendir la desilusión y avanzar por el sendero de la iluminación y el nirvana. ⇨ ariya sacca; atman; Brahman; Buda; iluminación; moksha; nirvana; origen dependiente; Upanishads; Vedanta.

ayatolá Título honorífico dado en Irán a prestigiosos líderes musulmanes chiítas; literalmente «signo de Alá». El título no apareció hasta el siglo XX, pero sus orígenes deben buscarse en la aparición, en el Irán del siglo XVIII, de la poderosa escuela Usuli de los Doce Imanes chiítas. Esta escuela ponía el acento en la autoridad de los juristas *Mujtahids*, quienes, por su eminencia y piedad, eran capaces de hacer juicios independientes sobre la ley islámica. Hacia finales del siglo XIX había cientos de tales juristas y a comienzos del XX el título de ayatolá fue introducido para distinguir a los juristas de alta calidad y con muchos seguidores. Se dice que un ayatolá dirigente participa de algo de la autoridad del imán oculto chiíta y sus fallos son asequibles para sus seguidores de todo el mundo. A los ayatolás dirigentes se les da a veces el título de Ayatolá al-Uzma —«el más grande signo de Alá»— para distinguirlos del rango de ayatolás inferiores. Desde la revolución iraní de 1979 ayatolás como Jomeini y sus sucesores han alcanzado tanto significación política como religiosa. ⇨ Alá; chiísmo; Doce, los; imán; Jomeini, ayatolá Ruhollah.

ayuno Práctica de abstenerse de comida o bebida con fines religiosos. Puede ser durante un tiempo largo o breve. Las distintas religiones prescriben diferentes tiempos fijos para el ayuno (por ejemplo, los cuarenta días de la Cuaresma en algunas confesiones del cristianismo; el Yom Kippur o Día de Expiación en el judaísmo; el Ramadán en el islam). El ayuno es con frecuencia prescrito como preparación para ceremonias, deberes o actividades especiales, o como penitencia. También se puede practicar como una forma de protesta política o de protesta social contra la condición de los prisioneros, por ejemplo, o la difícil situación de minorías oprimidas. ⇨ sawm.

ayunos judíos Existen seis días de ayuno en la tradición judía. Cuatro de ellos conmemoran etapas de la devastación babilónica, tres no aceptando sustento del alba al ocaso; en el cuarto se prohíbe todo el día. El quinto, que cae en Yom Kippur («Día de la Expiación») , es también un ayuno de veinticuatro horas, mientras que el Ayuno de Ester dura desde el alba al crepúsculo. El primer ayuno tiene lugar el 17 de Tammuz, señalando el derribo de las murallas de Jerusalén por los babilonios y romanos. El segundo se llama Tishah beAv (literalmente «9 de Av») y conmemora la destrucción del Templo por los babilonios en el 586 a. C. y por Roma en el 70 d. C. Un tercer ayuno en el 3 de Tishri, dos días después del Año Nuevo o Rosh Hashanah, conmemora el asesinato de Godolías, narrado en 2 Reyes 25, 22-25. Sin embargo, el ayuno más importante, de ocaso a ocaso, es el de Yom Kippur el 10 de Tishri, el día más santo del año judío. Es la culminación de diez días de arrepentimiento y reflexión que comienzan con el Rosh Hashanah. El quinto día de ayuno tiene lugar el 10 de Tevet, que señala el comienzo del asedio babilonio a Jerusalén en el 587 a. C. Finalmente, el Ayuno de Ester el trece de Adar está basado en Ester 4, 16. ⇨ calendario judío; hagim; Rosh Hashanah; Tishah beAv; Yom Kippur.

Ayur Veda Medicina o ciencia de la vida larga *(ayur)* en el hinduismo y en los textos *(shastras)* que tratan sobre esto, especialmente los de Caraka. La medicina orientada a promover una vida larga y saludable es una parte importante del hinduismo, por cuanto el cuidado de la mente y del cuerpo promueve el crecimiento espiritual. Entre los temas sobre los que versan los textos védicos Ayur se cuentan la etiología de la enfermedad y la embriología, tratada en el contexto de la reencarnación. Las causas de la enfermedad no sólo son físicas (los humores corporales: flema, bilis y viento), sino también mentales (las cualidades [*gunas*] de la pasión [*rajas*] y la oscuridad [*tamas*]). Las curas se basan en la teoría de que la medicina debería contener las cualidades opuestas a las de los humores que causan la enfermedad. Así, una enfermedad «caliente», como la fiebre, debería curarla una medicina «fría». ⇨ guna; shastras; Veda.

Azarías, oración de Una de las tres adiciones al Libro de Daniel en los Apócrifos del Antiguo Testamento o en la Biblia católica, normalmente ligada al Cántico de los Tres Jóvenes; conocida también como *Benedictus es* en fórmulas católicas de culto. Representa una lamentación de Azarías (Abdénago en Daniel 1, 6ss) por los pecados de Israel, uno de los arrojados al horno por su observancia de la religión de Israel. ⇨ Apócrifos del Antiguo Testamento; Daniel, Libro de.

azteca, religión Los aztecas, pueblo de habla náhuatl, llegaron al valle de México a principios del siglo XIV d. C., estableciendo su centro en Tenochtitlán, en la moderna Ciudad de México. Durante el siguiente siglo y medio se expandieron y, para cuando llegaron los españoles, dominaban extensas áreas de América Central. En religión conservaron en gran parte la herencia del período clásico maya y sus civilizaciones sucesivas, incluyendo el calendario y las tradiciones eruditas, rituales, artísticas y mágicas de los sacerdotes. Se conservó la orientación religiosa del culto; el soberano supremo, el *tlatoani*, representaba a Hitzilopochtli, el dios nacional, a la vez como gobernador y sacerdote. La influencia tolteca fue especialmente poderosa y el culto de Quetzalcóatl se promovió activamente. Los sacrificios humanos se llevaron a cabo de forma masiva, asociados a la expansión militar y no sólo como de ella. No es fácil obtener un cuadro claro de la religión azteca, a pesar de (o quizá a causa de) las fuentes monumentales y literarias extraordinariamente ricas. Por una parte, el panteón de dioses es enorme, como podía esperarse de un imperio tan vasto. Incluso entre las grandes divinidades hay muchos nombres, incluyendo a Huitzilopochtli, protector originario quizá del grupo étnico; el dios de la ciudad de Tenochtitlán, dios solar y dios de la guerra; las deidades toltecas rivales Quetzalcóalt y Tezcatlipoca, y Tlaloc el dios-lluvia de quien depende el suelo. Por otra parte, se puede observar una tendencia inequívoca hacia el monoteísmo, no sólo en una abstracción sacerdotal como Ometeotl, la fuente de la creación, sino en la forma de utilizar el lenguaje que evoca al ser supremo en relación con Huitzilopochtli, Quetzalcóatl, su hermano Xolotl y Tezcatlipoca, de modo que varias divinidades nombradas participan del ser supremo. El rey Texcoco Nezmacoyotl (m. 1472) estableció de modo efectivo el culto de un ser supremo invisible, sin imagen, Tloque Nahuaque. Igualmente existen muchas formas de diosa madre relacionadas con la Tierra o la Luna, alguna tan dramática como Coatlicue, la de la «falda de serpientes»; pero todas pueden ser consideradas como formas de Teteoinnan, madre de las diosas. Existe también una oscilación en figuras como Huitzilopochtli y Quetzalcóatl, entre el dios del cielo y el héroe nacional del cultivo, y un hábito dualista de la mente por el que se combinan los opuestos. (Quetzalóatl y Tezcatlipoca están en oposición, pero ambos son dioses del cielo y, al final, ambos son necesarios.) Se sabe poco de la religión popular al margen de la clase sacerdotal. Una práctica que asombró a los españoles fue el acento en la confesión y la purificación moral, así como ritual, antes del culto. ⇨ calendario mesoamericano; calmecac; culto a la diosa; maya, religión; Quetzalcóatl; sacerdocio mesoamericano; sacrificio humano mesoamericano; Templo Mayor; Tezcatlipoca; tolteca, religión.

B

Baal Dios cananeo de la tormenta y la fertilidad cuyo nombre significa «señor», «amo». Su culto estaba extendido en el antiguo Oriente, donde era también conocido por el nombre de Hadad. Baal figura de modo prominente en los textos ugaríticos de Ras Shamra. Hijo del dios Dagón, tenía su casa en el monte Safón, al norte de Ugarit; su hermana y consorte es la diosa Anat. Como dios de la tormenta se le representa portando un rayo y como dios de las lluvias es también un dios de vegetación y fertilidad, responsable del proceso agrícola. En los poemas épicos ugarítico Baal lucha con varios enemigos para alcanzar la supremacía sobre los dioses, siendo de estos los dos más importantes Yam, el mar, y Mot, el dios de la muerte y la esterilidad. En este conflicto con Mot la muerte y resurrección de Baal reflejan el proceso agrícola anual en el que la sequía del verano finalizaba con las lluvias de otoño. Antes del descubrimiento de los textos de Ras Shamra, la mayor parte de la información sobre Baal provenía de la Biblia hebrea, donde su culto de la fertilidad es consecuentemente condenado como una intrusión cananea ajena a la vida religiosa y política de Israel. Los profetas y la literatura deuteronómica presentan como uno de los pecados más constantes, tanto de los gobernantes como del pueblo, el volver la espalda para adorar a Baal o «los baales» en lugar de Yahvé. ⇨ Anat; cananea, religión; Dagón; Deuteronomio, Libro del; deuteronomista, historia; Ras Shamra, textos de; Ugarit; Yahvé.

Bab, el (el Bāb, Sayyid 'Alī Muḥammad Shirazi) (1819-1850) Título que significa la «Puerta», reclamado por Sayyid Alí Muhammad Shirazo en Irán en 1844 cuando proclamó que él era la «Puerta de Dios». Un grupo conocido como los Babis le siguió. Desde 1844 a 1848 se convirtieron en un movimiento no ortodoxo dentro del islam, unidos por los propios escritos de el Bab, pero cuando se separaron del islam (1848) se desencadenó la persecución y la división, y el Bab fue finalmente ejecutado por los gobernantes iraníes. Sus seguidores se dividieron en dos grupos. Uno, conocido como los Babis Azali, siguió a su sucesor designado Subhi Azal; el otro, un movimiento más numeroso y con

Babalola

más éxito, siguió al medio hermano de Subhi Azal, Bahaullah, quien, en el jardín Ridvan de Bagdad, en 1863, declaró que era la manifestación de Dios anunciada por el Bab, y se les conoció como los Bahais. El Bab escribió numerosas obras, siendo las dos principales el *Qayyumul-Asma* y el *Bayan* (1847). Estableció un código de leyes para los babis, pero aunque su tendencia hacia el legalismo, la militancia y el exclusivismo religioso quedó transformada por líneas más tolerantes, no violentas, él es todavía venerado dentro del movimiento bahai. ⇨ Babis; bahaísmo; Bahaullah; Ridvan, jardín.

Babalola, Joseph ⇨ aladura.

Babel, Torre de

Probablemente lugar de un importante santuario, templo en la antigua ciudad de Babilonia. En la Biblia (Génesis 11, 1-9) la leyenda narra cómo su construcción condujo a la confusión de lenguas, y la consiguiente dispersión de los pueblos, como castigo de Dios al orgullo humano. ⇨ Génesis, Libro del.

babilónica, religión

La religión de los babilonios formaba parte de la tradición mesopotámica común y estaba en gran medida en línea de continuidad con la de sus predecesores sumerios. Conservaron el sumerio como lengua para los asuntos religiosos hasta después de que dejara de hablarse, aunque fue gradualmente reemplazada por su propia lengua acádica. Asumieron el panteón sumerio, traduciendo a menudo los nombres de los dioses a formas acádicas. Entre las deidades importantes estaban Anu (An), Enlil, Ea (Enki), Sin (Nanna), Shamash (Utu), Istar (Inanna) y Tammuz (Dumuzi). El dios local de la ciudad de Babilonia era Marduk que, con el tiempo, se convirtió en la cabeza de todo el panteón; su ascensión al poder se conmemoraba en la fiesta anual de akitu y en el poema épico de la creación *Enuma Elish*. Los babilonios tenían gran interés por los vaticinios, y los videntes utilizaban varios métodos de adivinación para determinar el resultado de casi cualquier actividad importante. La magia era usada comúnmente por sacerdotes del conjuro para ahuyentar a los demonios, que eran muy temidos por el sufrimiento que podían causar. Debido a las victorias de los imperios babilónicos, las influencias de la reli-

La torre de Babel, por Brueghel el Joven. Museo del Prado (Madrid)

gión babilónica se pueden encontrar entre los asirios y otros pueblos de Mesopotamia y más lejanos. ⇨ adivinación; Akitu; asiria, religión; cosmogonía; Ea; Enlil; Istar; magia en el Próximo Oriente antiguo, la; Marduk; monarquía en el Próximo Oriente antiguo, la; Nergal; Próximo Oriente antiguo, religiones del; Shamash; sumeria, religión.

Babis (Bābīs) Los seguidores del Bab, una figura destacada en la historia primitiva de la tradición bahai. Desde 1844 a 1848, los primeros babis, aunque no ortodoxos, eran básicamente islámicos y estaban unidos por los escritos del Bab, señaladamente las versiones árabe y persa de su *Bayan*. En 1848 se separaron del islam, un paso que acabó en persecución y fragmentación. El Bab se consideraba a sí mismo como precursor de una futura manifestación de Dios que los bahais creen que es Bahaullah. Sin embargo, el medio hermano de Bahaullah, Subhi Azal, afirmaba que el Bab le había nombrado su sucesor, y sus seguidores se escindieron y llegaron a ser conocidos como los babis azali. En el jardín Ridvan, Bahaullah proclamó que era la manifestación de Dios, y la principal corriente de la tradición bahai le siguió. Los babis azali se quedaron en minoría y el futuro de la religión dependió de los que llegaron a ser conocidos como los bahais. ⇨ Bab, el; bahaísmo; Bahaullah; Ridvan, jardín.

Badarayana (Bādarāyaṇa) o **Sutra del Brahma** (entre los siglos I y VII) Autor del *Brahma* o *Sutra de Vedanta* que condensó las enseñanzas de los Upanishads en una serie de aforismos breves. El Sutra de Brahma constituye una de las tres bases escriturísticas de la tradición Vedanta, junto con el *Bhagavad Gita* y los Upanishads. Los teólogos Vedanta escribieron comentarios sobre el Sutra de Brahma, interpretándolo desde su propia perspectiva filosófica. El comentario de Shankara interpreta el Badarayana desde una perspectiva monista (advaita), diciendo que no existe diferencia entre el yo (atman) y el absoluto *(Brahman),* mientras que Ramanuja lo interpreta desde la perspectiva de «no dualismo cualificado» *(vishishtadvaita),* diciendo que existe alguna distinción. Para fundar formalmente una escuela filosófica, un maestro debía escribir un comentario sobre el Sutra de Brahma. ⇨ Advaita Vedanta; Bhagavad Gita; Shankara; Upanishads; Vedanta.

Badr, batalla de Decisiva batalla que tuvo lugar en el 623 en Badr, a 145 km al sur de Medina, en la que los musulmanes de Medina partidarios de Mahoma vencieron a las fuerzas de La Meca. Mahoma había huido de La Meca a Medina en la hégira del 622, y este fue el primer gran choque entre sus musulmanes de Medina y sus antiguos conciudadanos de La Meca. La fuerza musulmana, en número de 305, derrotó a un ejército de alrededor de mil hombres. Aunque pequeña, la batalla tuvo grandes consecuencias, dando credibilidad a los musulmanes por

bahaísmo

toda Arabia, y reforzando su creencia de que Alá estaba con ellos, dándoles así la oportunidad de luchar como grupo disciplinado. Haber luchado en Badr se convirtió para el musulmán en un distintivo honorífico. La Meca fue más tarde incorporada al islam, y cuando murió Mahoma (632) el islam dominaba Arabia y estaba en condiciones de extenderse, con los primeros califas, al Oriente Medio y norte de África. ⇨ hégira; La Meca; Mahoma; Medina.

bahaísmo (bahāīsmo) Movimiento religioso que surge de la secta islámica persa babi en la década de 1860, cuando Mirza Husayn Alí, conocido como Bahaullah, se declaró el profeta anunciado por el fundador del movimiento babi, Alí Mohamed Shirazi. El bahaísmo enseña la unicidad de Dios, la unidad de todos los credos, la unificación inevitable de la humanidad, la armonía de todos los pueblos, la educación universal y la obediencia al gobierno. Según Bahaullah, a Dios no se le puede conocer en sí mismo, aunque se reveló en varias manifestaciones, incluyendo a Abraham, Moisés, Zoroastro, Buda, Jesucristo, Mahoma y el Bab, que culminan en Bahaullah. Dios era el creador, y el sentido de la vida humana era conocer y adorar a Dios. Dios era también Uno, y fundamentalmente todas las religiones y la humanidad son una. Los prejuicios de cualquier género —incluyendo el trato desigual de hombres y mujeres— es inaceptable. A los individuos se les anima a buscar la verdad religiosa por sí mismos como parte de la verdad total, por ejemplo, los descubrimientos científicos no se consideran incompatibles con la fe. La diversidad cultural se saluda dentro de la búsqueda global de un gobierno mundial que eliminaría extremos de pobreza y de riqueza, y que se vería ayudada por una lengua auxiliar universal como el esperanto. Poniendo el énfasis en metas sociales tanto como en las verdades espirituales, la tradición bahai desempeña un papel importante en el intento de unificar la raza humana, así como en el desarrollo espiritual de los individuos. No existen rituales de iniciación, ministros o sacramentos en el bahaísmo. Sin embargo, determinadas prácticas incumben a sus seguidores. Entre ellas se incluyen orar todos los días; ayunar desde el amanecer hasta la puesta del Sol durante los 19 días del ayuno bahai; considerar el trabajo como parte del culto total; estar preparado para enseñar a otros «la causa de Dios»; evitar las drogas y el alcohol; adoptar el matrimonio bahai en monogamia y otras consideraciones; obedecer al gobierno ordinario y no meterse en política; evitar la murmuración y la puñalada por la espalda; asistir a la fiesta bahai que tiene lugar cada 19 días, y observar los días sagrados bahais, como el nacimiento de Bahaullah y el martirio del Bab. El culto bahai, que forma parte de la Fiesta Día 19, consta de plegarias y lectura de las escrituras. Se han erigido, o se están erigiendo, casas de oración en todos los continentes, en las que se concentran escuela, hospital, orfanato, etc. El supremo cuerpo gobernante de la tradición bahai consta de nueve miembros, elegidos democráticamente por delegados nacionales. Conocido como Casa Universal de Justicia, fue elegido por primera vez en 1963, y se ha reunido desde entonces cada cinco años. Tiene su sede en Haifa, Israel. ⇨ Abraham; Bab, el; bahaísmo, textos sagrados del; Bahaullah; Buda; calendario; Jesucristo; Mahoma; Moisés; Zoroastro.

bahaísmo, textos sagrados del No existe una sola escritura sagrada bahai, pero los bahais aceptan como textos sagrados propios todos los escritos de Bahaullah tal como son interpretados y ampliados por Abdul-Bahá, Shoghi Effendi y sus sucesores. Varios han sido traducidos del persa y árabe originales al inglés, incluyendo *El santísimo libro (al-Kitab al-Aqdas*, 1873), que compendian sus principales recomendaciones legales para la comunidad bahai; *El libro de la certeza (Kitab-i Iqan*, 1862), que ofrece una clara relación de sus principales enseñanzas sobre la naturaleza de Dios y la coincidencia parcial entre doctrina y ética; *Las palabras ocultas (Kalimat-i Maknunih*, sin fecha), colección de frases poéticas que contienen mandatos religiosos y éticos, y *Los siete valles (Haft Vadi)*, obra mística que describe las etapas del crecimiento espiritual. Su última gran obra, *Epístola al hijo del lobo*, contenía el resto de sus cartas, oraciones, exhortaciones y meditaciones. Los bahais consideran que las obras de Bahaullah están inspiradas, que contienen la revelación de Dios para la era presente. ⇨ bahaísmo; Bahaullah.

bahaísmo en el Tercer Mundo La tradición religiosa bahai comenzó en Irán a mediados del siglo XIX y tenía su principal número de miembros en ese país hasta comienzos del siglo XX. Durante la primera mitad del siglo XX se extendió hacia Occidente, y esto fue importante para su separación del islam chiíta iraní. A partir de la Segunda Guerra Mundial, y especialmente en años recientes, se ha expandido de forma significativa al Tercer Mundo, donde tiene ahora su fuerza principal, y por esta razón es justo decir que el bahaísmo es una religión mundial por derecho propio. Desde la década de 1870 había pequeños grupos de bahais en la India, el Lejano Oriente y América Latina, pero constaban bien de una pequeña minoría iraní o de un pequeño número de grupos, de clase media, con educación occidental. Después de la Segunda Guerra Mundial se ha hecho un intento de llevar el mensaje bahai a las masas del Tercer Mundo. Algunos amerindios se han hecho bahais en países como Bolivia, Ecuador y Panamá. En la India los resultados han sido todavía más impresionantes. En el área Malva de Madhya Pradesh, en la India central, desde 1961 los maestros bahais utilizaban medios audiovisuales, música, centros de formación local y redes sociales para propagar su doctrina, describiendo a Bahaullah como el décimo y defini-

bahaísmo en Irán

tivo avatara de Visnú. Se estima que desde entonces, siendo menos de mil los bahais en la India en 1961, hay actualmente más de dos millones, y para 1983 el 45% de las 25.014 Asambleas locales bahais del mundo estaban en la India. Este espectacular crecimiento en el Tercer Mundo y entre diferentes grupos sociales tiene profundas implicaciones para el futuro desarrollo de la tradición bahai, y se está adaptando al nuevo medio y a las fuerzas indígenas del Tercer Mundo. ➪ avatara; bahaísmo en Irán; bahaísmo en Occidente.

bahaísmo en Irán La tradición bahai comenzó en Irán cuando el Bab (1819-1850) se autoproclamó la «Puerta» en 1844, y más especialmente cuando Bahaullah (1817-1892) se proclamó a sí mismo el que había de venir, anunciado por el Bab, y dio un tono exclusivo y algo agresivo a la religión babi que él heredó con una orientación más tolerante y pacífica. Bahaullah fue al exilio en 1863, pero el movimiento bahai siguió creciendo en Irán. Principalmente los conversos mejor educados procedían de judíos iraníes, zoroastras y musulmanes chiítas, que se sentían atraídos por su modernidad y atractivo laico. Alcanzó su cénit en torno al cambio de siglo, y tras esto los bahais iraníes confiaron en el crecimiento natural más que en los conversos, y la principal expansión bahai tuvo lugar en otra parte. Entre los problemas de los bahais en Irán figuran la ascensión del fundamentalismo chiíta, su propia escasez de miembros, la imagen «política» que adquirieron, su apoyo a las ideas modernas y occidentales, incluyendo la emancipación de la mujer, y su opinión de que Bahaullah fue un nuevo profeta después de Mahoma, que para los musulmanes había sido el «sello» de los profetas. La persecución ha tenido lugar durante la mayor parte de la estancia bahai en Irán, y a veces ha ocurrido a gran escala, no menor durante el período de la República islámica después de 1979. Los bahais iraníes tienen una fuerte cohesión interna y la convicción de que son un movimiento religioso que no es ya un mero vástago del islam chiíta, sino una auténtica religión mundial por derecho propio. ➪ Bab, el; bahaísmo en el Tercer Mundo; bahaísmo en Occidente; Bahaullah; chiísmo; Mahoma.

bahaísmo en Occidente El crecimiento de la tradición religiosa bahai en Occidente ha sido importante por su aparición como religión mundial. La expansión en Occidente ha tenido lugar en cuatro etapas. Primero existió el atractivo para Occidente del universalismo bahai, con su acento en la paz y unidad mundial, los derechos de la mujer, la revelación progresiva, la tolerancia religiosa y el valor de la ciencia. En segundo lugar, a medida que los occidentales crecieron dentro del movimiento, se puso una mayor atención en la organización, y el sentido acrecentado de que los bahais representaban una religión revelada por derecho propio así como una perspectiva universal. En tercer lugar hubo un sentido en vías de desarrollo del significado de la buena administración y expansión planificada en las comunidades locales occidentales, que subrayaban las energías internas bahais así como los asuntos mundiales. Y finalmente, en tiempos recientes ha habido una expansión más rápida y una diversidad social más grande entre los conversos bahais de Occidente, por ejemplo, entre los negros americanos del campo o los blancos de la ciudad bien instruidos. En los años cincuenta los principios sociales bahais y el acento en la unidad y la paz mundial resultaban atrayentes, especialmente para algunos protestantes liberales occidentales. El mismo principio fue cierto durante los movimientos juveniles de los sesenta, aunque en época reciente el compañerismo de la comunidad bahai ha sido un importante factor para atraer y mantener a la gente en la tradición bahai. La expansión bahai en Occidente fue significativa por su ruptura con el mundo del chiísmo iraní, pero el foco de expansión se ha desplazado ahora de Occidente al Tercer Mundo, y lo mismo que los bahais se han adaptado a Occidente y han utilizado sus energías, es igualmente probable que se adapten y utilicen los valores del Tercer Mundo. ⇨ bahaísmo en Irán; bahaísmo en el Tercer Mundo; chiísmo.

Bahaullah (Bahā'u-llāh) (1817-1892) Nombre religioso que significa literalmente la «gloria de Dios», del fundador real de la tradición bahai, Mirza Husayn Alí Nuri, que nació en Teherán, Persia. Bahaullah era un antiguo seguidor del Bab, ejecutado en 1850, y él mismo sufrió persecución durante ese período. Estando en prisión en 1852, tuvo una experiencia mística que le proporcionó una premonición de su futuro papel, y en 1863, en el jardín Ridvan de Bagdad, declaró que era «Aquel a quien Dios manifestará», el que había de venir anunciado por el Bab. Aunque su autoridad fue discutida por una minoría que apoyaba las pretensiones de su hermano, Bahaullah se convirtió en el guía de la corriente principal de la comunidad bahai. Pasó breves períodos de exilio en Estambul y Adrianópolis, y después el resto de su vida en prolongado exilio en Bahji, cerca de Acre, en Palestina. Fue allí donde escribió la mayoría de sus obras, que han llegado a ser importantes para la tradición bahai, incluyendo *Kitab-i-Agdas* (el libro santísimo), que es un texto bahai fundamental. En la práctica, Bahaullah reorientó el movimiento bahai que había heredado. Había sido un movimiento musulmán chiíta disidente, conocido como babismo, que tenía una postura un tanto autoritaria. Bahaullah lo transformó en una religión universal, un nuevo designio divino, con acento en un Dios, una humanidad, la paz mundial, los derechos de la mujer, la unidad de todas las religiones, la educación universal y el valor de la ciencia. Durante su vida, la organización del movimiento se fortaleció y comenzó a extenderse al Oriente Medio, aunque su posterior propagación mundial iba a comenzar bajo la dirección de su hijo Abdul-Bahá y sus sucesores. Bahaullah es considerado la última de una

Baisakhi

sucesión de manifestaciones divinas que incluyen a Abraham, Krishna, Buda, Jesús, Mahoma y el Bab, y en la práctica la piedad bahai mira a Bahaullah como objeto de devoción. ⇨ Abraham; Bab, el; Babis; bahaísmo, textos sagrados del; Buda; Jesucristo; Krishna; Mahoma; Ridvan, jardín.

Baisakhi (Baisākhī) Fiesta sij (celebrada generalmente el 13 de abril) que conmemora la fundación en 1699 de la orden *Khalsa* de sijs bautizados por el décimo gurú del sijismo, Gurú Gobind Singh. ⇨ Khalsa; sijismo.

Balder, Baldur o Baldr

Dios nórdico, el más bello y gentil de los hijos de Odín y Friga; el nombre significa «brillante». Él enseñó a los seres humanos el uso de hierbas para curar. Friga hizo un hechizo de modo que nada que creciera de la tierra, o sobre ella, pudiera hacerle daño, pero Loki hizo que Hodur (hermano ciego de Balder) arrojara un dardo de muérdago contra él. Balder murió, pero volverá después de Ragnarok a la nueva tierra. ⇨ germánica, religión; Loki; Odín; Ragnarok.

Balthasar, Hans Urs von

(1905-1988) Teólogo católico suizo, nacido en Lucerna. Autor de unos sesenta libros de teología, filosofía y espiritualidad, fue notable por sacar una inspiración considerable para su teología de las experiencias religiosas de la mística Adrienne von Speyr (1902-1967), con quien fundó un instituto secular tras salir de los jesuitas. Su principal obra, *Herrlichkeit* (1961-1969), es una afirmación del siglo XX de una teología de lo bello, lo bueno y lo verdadero, que sostiene que en la Encarnación de Cristo, Dios transformó el significado de la cultura. ⇨ Encarnación; Jesucristo; jesuitas; mística; teología.

bantú, religión ⇨ **africanas, religiones; Modimo; Mulungu.**

baptistas Comunión mundial de cristianos, que creen sólo en el bautismo de creyentes preparados para hacer confesión personal de fe en Jesucristo. Tienen ciertos lazos con los anabaptistas del siglo XVI, pero principalmente derivan de la Inglaterra y Gales de comienzos del siglo XVII, donde las iglesias baptistas se extendieron rápidamente, y en EE. UU., donde tuvo lugar un rápido incremento a finales del siglo XIX. Profundamente bíblicos, el énfasis en el culto se pone en la Escritura y la predicación. Las comunidades individuales son autónomas, pero normalmente se unen en asociaciones o uniones. La Alianza Baptista Mundial se formó en 1905. ⇨ anabaptistas; bautismo.

Bar Kokhbah, o Cocheba

(arameo: «hijo de la estrella») Nombre popular de Simeón ben Koseba, que dirigió la segunda gran e infructuosa revuelta de judíos palestinos contra sus gobernantes romanos en el 132 d. C. Fue muerto en el 135 después de resistir en las colinas de Judea. La virtual dispersión de la población judía de Judea siguió a esta fallida revuelta. ⇨ diáspora; judaísmo.

Bar Mitzvah (expresión judía: «hijo [*bar*]/hija [*bat*] del mandamiento») Celebraciones judías asociadas con la llegada a la edad de la madurez y de la responsabilidad legal y religiosa, que para los chicos es trece años y un día. El niño lee un pasaje de la Torá o de los Profetas en la sinagoga, el shabbat, y desde entonces es considerado miembro de pleno derecho de la comunidad. Las sinagogas no ortodoxas celebran una ceremonia del Bat Mitzvah para las chicas cuando cumplen doce años y un día. ⇨ judaísmo; ritos de paso.

barco dragón, fiesta del Fiesta china, conocida como Tuan Yang Chien, que tiene lugar el día quinto del quinto mes lunar. Conmemora la muerte por ahogamiento de un famoso poeta y político Chu Yuan, que vivió alrededor del 343-279 a. C. Se deprimió por el estado de China durante el caótico período de los estados guerreros, por su destitución por parte del gobernador a causa de una calumnia injusta, y cometió un valeroso suicidio en favor de la causa de la reforma. Según la tradición, bolas de masa hervidas fueron arrojadas al mar en lugar de su cuerpo, y estas bolas de masa hervida se elaboran y comen como parte de la fiesta. Los barcos son un rasgo de las fiestas. La gente normal los alquila y los saca como lugares de reunión para comer, beber y poner música. En algunos lugares se fabrican barcos dragón largos y estrechos que tienen hasta treinta metros de longitud con una cabeza de dragón en la proa. Se utilizan para regatas entre tripulaciones de hombres que se sientan de dos en fondo. En Hong Kong hay una famosa competición internacional de barcos dragón entre tripulaciones de varios países. Después de las regatas, los barcos se usan de nuevo para hacer gala de farolillos de colores a la luz de la Luna y conducir la fiesta hacia un apacible fin. ⇨ fiestas chinas.

barco funerario Mucho antes de la era vikinga, y durante muchos siglos, los pueblos germánicos utilizaban barcos como lugares de entierro. Estos iban desde bajeles cargados de tesoros, como el que debe haber llevado al rey de la Anglia del Este a Sutton Hoo, hasta modestos botes de remo que contenían bienes muy elementales, encontrados en Islandia. El barco era a menudo colocado dentro de un túmulo funerario. Generalmente sólo han sobrevivido hasta hoy fragmentos y clavos, o la huella de la forma de un barco, aunque se han encontrado barcos completos en buen estado, especialmente en Noruega. A veces, los barcos eran quemados o los cuerpos incinerados eran colocados en barcos enterrados; aunque en el poema anglosajón del *Beowulf*, un barco que lleva a un rey muerto y sus tesoros es botado a la mar. La práctica sugiere la creencia en un viaje del alma al otro mundo (en una historia islandesa los «zapatos de la muerte» son atados a un cadáver, suponiendo un

bardo

viaje por tierra). Pero pueden existir además otros factores detrás de la costumbre, como quizás un vínculo con los Vanes, las deidades de la fertilidad y la abundancia. Frey poseía «los mejores barcos», y Njord, su padre, era dios de los barcos. ⇨ Ases y Vanes; Freya.

bardo (bar do) Estado intermedio entre muerte y renacimiento, en el budismo tibetano. Al morir, la conciencia de un individuo *(vijnana, rjam-shes)* entra en el bardo, que dura hasta 49 días, antes de renacer (según el karma) a uno de los estados de renacimiento humano o no humano. Las experiencias en el bardo, en un cuerpo sutil o bardo, dependen de la madurez espiritual de una persona. Así, en el momento de la muerte, una conciencia madura espiritualmente experimentará un rayo de luz, la clara luz del vacío, entrada que termina en la liberación (nirvana). Si la conciencia no puede permanecer fija en la pura luz, descenderá a reinos inferiores, tropezando con deidades pacíficas o airadas, hasta ser atraída por una pareja copulante. La conciencia entrará entonces en el vientre de la mujer y el proceso de nacimiento comenzará de nuevo. El *Libro tibetano de los muertos* o *Liberación a través del oído en el estado intermedio (Bardo-thos-grul)*, que se lee al moribundo o recién fallecido, dice que estas visiones bardo deben ser consideradas como manifestaciones de la propia mente de una persona. Las visiones de la luz clara y el bardo son importantes en los seis yogas de Naropa, o ejercicios espirituales que las cultivan, para facilitar la liberación en el momento de la muerte. También se dice que el bardo tiene lugar entre momentos de pensamiento; así una persona muere y renace con cada pensamiento. ⇨ karma; nirvana; renacimiento; tibetana, religión; vacío.

Barmen, Declaración de Manifiesto protestante alemán, redactado en el Sínodo de Barmen en mayo de 1934, en respuesta a lo que se percibía como la nazificación de la Iglesia cristiana alemana. Formulado en gran parte por Karl Barth, establecía una terminante declaración en la creencia de que Jesucristo, en cuanto única Palabra de Dios, era la *única* fuente de revelación, y que no se debían reverenciar imágenes en su lugar. ⇨ Barth, Karl; Jesucristo.

Barrabás (siglo I) Rebelde político y asesino (tal como se le describe en Marcos 15, Lucas 23) que fue arrestado, pero, según parece, liberado por aclamación popular en preferencia a la oferta de Pilatos de poner en libertad a Jesucristo. Posiblemente se llamaba también «Jesús Barrabás» (en algunos manuscritos de Mateo 27, 16-17). ⇨ Jesucristo.

Barth, Karl (1886-1968) Teólogo suizo, nacido en Basilea. Estudió en Berna, Berlín, Tubinga y Marburgo. Siendo pastor en Safenwil, Aargau, escribió un comentario a la epístola de San Pablo a los Romanos (1919) que creó su reputación teológica. Llegó a ser profesor en Gotinga (1921), Münster (1925) y Bonn (1930), no quiso prestar juramento incondicional a Hitler, fue destituido y se convirtió así en profesor en Basilea (1935-1962). Su teología comienza con la comprensión de la maldad humana, siendo el principal pecado la tentativa de los humanos de convertirse en lugar de Dios en el centro del mundo. Barth, por tanto, puso nuevo énfasis en la finitud de la humanidad e hizo de la gracia de Dios una vez más el eje central y meta de nuestra vida. La incuestionable autoridad y «diversidad» de Dios era la clave de su teología. Pero Barth fue criticado en cuanto que su propia exposición razonada de teología antifilosófica constituía ella misma una filosofía, y en cuanto que prescribía la creencia en una divinidad que no acertaba a explicar la naturaleza de la humanidad. Entre sus numerosas obras se encuentra su monumental *Dogmática eclesial* (1932) y *Conocimiento de Dios y el servicio de Dios* (1938). ➪ gracia; Pablo, San; teología.

Baruc (siglo VII-VI a. C.) Personaje bíblico, descrito como el compañero y secretario del profeta Jeremías (ver Jeremías 36), posiblemente de familia rica. Su nombre quedó ligado a varias obras judías de fecha mucho más tardía conocidas como 1 Baruc (el Libro de Baruc); 2 (el Apocalipsis siríaco de) Baruc, y 3 (el Apocalipsis griego de) Baruc. Existe también un Apocalipsis cristiano de Baruc en etiópico. ➪ Apócrifos del Antiguo Testamento; Jeremías, Libro de; pseudoepígrafos.

Basilea, Concilio de (1431-1449) Polémico concilio de la Iglesia. Se intentaba proseguir la obra del Concilio de Constanza, contra la herejía y la naciente reforma, pero desembocó en una disputa con el papa Eugenio IV por declarar la autoridad del Concilio sobre la del Papa. Cuando el Papa intentó disolverlo, el Concilio nombró a Félix V, el último de los antipapas. ➪ antipapa; Concilio de la Iglesia.

Basilio, San conocido como **el Grande** (c. 329-379) Uno de los más grandes Padres griegos, nacido en Cesarea, en Capadocia, hermano de Gregorio de Nisa. Estudió en Bizancio y Atenas, vivió durante un tiempo con ermitaños en el desierto, y en el 370 sucedió a Eusebio de Cesarea como obispo de su ciudad natal. Acérrimo adversario del arrianismo, perfeccionó las reglas monásticas y escribió muchas obras fundamentales. Su fiesta se celebra el 2 de enero. ➪ Arrio; Eusebio de Cesarea; Gregorio de Nisa, San; Padres de la Iglesia.

Basmalah, Bismillah Importante fórmula musulmana que significa: «En el Nombre de Dios, el Misericordioso, el Compasivo.» Es pronunciada con frecuencia por los musulmanes, en ocasiones muchas veces al día, y cualquier tarea importante se comienza con ella. El Basmalah se dice antes de las comidas de forma parecida a la acción de gracias cristiana antes de comer. Las comidas y demás actividades iniciadas con el Basmalah se concluyen a

Bat Mitzvah

menudo con el *Hamdalah:* «Alabanza a Dios»; estas expresiones tienden a ir juntas. El Basmalah es también importante desde un punto de vista estético como tema en la caligrafía, manuscritos y ornamentación arquitectónica. Se cree que es eficaz y se usa en talismanes y amuletos. Su énfasis en la misericordia de Alá forma un importante elemento en el credo musulmán que contrapesa el juicio de Alá con su misericordia. ⇨ Alá.

Bat Mitzvah ⇨ **Bar Mitzvah.**

bautismo Ceremonia ritual que simboliza la iniciación a la iglesia. La práctica de purificar por medio del agua era conocida en algunas religiones precristianas, donde representaba transformación, inmortalidad esperanzada o regeneración. En la tradición judía la gente era sumergida en el agua siete días después de la iniciación. Se cree que Juan Bautista compartió esta tradición. El bautismo de Jesús por Juan señaló el comienzo de su ministerio, pero el bautismo (mandado explícitamente, según Mateo 28, 19) no se convirtió en un rasgo esencial de iniciación para la Iglesia cristiana hasta cierto tiempo después de la muerte de Cristo. Al principio, el bautismo suponía la total inmersión en el agua y era sólo para adultos (que se convertían al cristianismo). El ritual incluía la confesión de fe, renuncia al diablo, unción con los óleos, imposición de manos y consagración del agua. El rito simbolizaba morir al pecado y resucitar a la vida en Cristo, y como tal, era necesario para la salvación. A causa de esto, y para borrar el «pecado original», el bautismo de niños se convirtió de forma creciente en la práctica oficial de la Iglesia. En las iglesias nacidas de la Reforma, el bautismo se conservó como iniciación cristiana oficial, simbolizando la iniciativa y la gracia de Dios inmerecida. Los anabaptistas, sin embargo, que creen que el bautismo debe ir precedido por la confesión de fe, restringen el rito a los creyentes adultos. ⇨ anabaptistas; Juan (Bautista), San; pecado original.

beatificación Proceso formal por el que el Papa concede el título de «beato» a católicos de fe y vida ejemplares, que son considerados dignos de veneración pública después de su muerte. Permite que tales personas sean honradas en una determinada parte o región de la Iglesia católica, y es un preliminar necesario para la canonización como santo reconocido universalmente. ⇨ canonización; santo, visión cristiana de.

becerro de oro Imagen idolátrica de culto, forjada por Aarón y los israelitas en el Sinaí (Éxodo 32), y destruida por Moisés. Dos de estas figuras fueron al parecer establecidas más tarde en tiempos de Jeroboán I, primer rey del Reino del Norte, Israel, para competir con el culto de Dios en Jerusalén (1 Reyes 12). ⇨ Aarón; Moisés; Sinaí, Monte.

Becket, Santo Tomás (1118-1170) Santo y mártir inglés, arzobispo de Canterbury, nacido en Londres, hijo de un rico mercader normando. Educado en el Priorato de Merton y en Londres, fue entrenado en las prácticas de la caballería en el castillo de Pevensey; estudió teología en París y se hizo notario. En torno a 1142 entró al servicio de Teobaldo, arzobispo de Canterbury, que le envió a estudiar derecho canónico en Bolonia y Auxerre. En la corte papal, en 1152, impidió el reconocimiento de Eustaquio, hijo del rey Esteban, como heredero al trono; en 1155, el año siguiente de la ascensión de Enrique II, se convirtió en canciller y en el primer inglés, desde la Conquista normanda, que había ocupado un alto cargo. Figura brillante en la corte, demostró su habilidad caballeresca en la campaña de Toulouse (1159) y era también un hábil diplomático y perfecto anfitrión. El cambio, pues, resultó de lo más drástico cuando en 1162 fue nombrado arzobispo de Canterbury. Renunció a la cancillería, se volvió un rígido asceta, mostró su liberalidad sólo en las obras de caridad, y se transformó en un servidor de la Iglesia tan celoso como jamás antes el rey o arzobispo lo habían visto. Pronto apareció como paladín de sus derechos frente al rey y excomulgó a varios nobles y laicos por enajenar la propiedad de la Iglesia. Enrique II que, como todos los reyes normandos, se esforzaba por mantener al clero subordinado al Estado, en 1164 convocó el Concilio de Clarendon, que adoptó las denominadas «Constituciones», o leyes relacionadas con los respectivos poderes de Iglesia y Estado. Becket al principio declaró que él jamás las daría su consentimiento; pero después fue persuadido a dar su aprobación de mala gana. Enrique empezó a percibir que las ideas de Becket y las suyas eran completamente antagonistas y mostró su hostilidad hacia Becket, que intentó abandonar el país. Por esta ofensa, Enrique confiscó sus bienes y se apropió de las rentas de su sede. Se le hizo una reclamación de 44.000 marcos, como balance que él debía a la Corona al cesar como canciller. Becket apeló al papa Alejandro III y escapó a Francia. Pasó dos años en la abadía cisterciense de Pontigny en la Burgundia, y después fue a Roma y se defendió personalmente ante el Papa, que le restituyó a su sede de Canterbury. Becket entonces volvió a Francia y escribió cartas llenas de indignación a los obispos ingleses, amenazándoles con la excomunión. Se llevaron a cabo varios esfuerzos infructuosos para reconciliarle con Enrique, pero en 1170 se alcanzó un acuerdo. El resultado fue que Becket volvió a Inglaterra, haciendo su entrada en Canterbury en medio del júbilo popular, que lo veía como un escudo frente a las opresiones de la nobleza. Pronto estallaron nuevas luchas y se renovaron las excomuniones. El deseo de Enrique, irreflexivamente proclamado, de quitar de en medio a «este revoltoso sacerdote» condujo al asesinato de Becket en la catedral de Canterbury en 1170 a manos de cuatro caballeros, Hugo de Merville, Guillermo de Tracy,

Reginald Fitzurse y Ricardo le Breton. El martirio de Becket forzó la confesión del rey. Fue canonizado en 1173 y Enrique II hizo penitencia pública en su tumba en 1174. En 1220 sus restos fueron trasladados a un altar de la capilla de la Trinidad, hasta que fue destruida durante la Reforma en 1538. Este es el popular centro de peregrinación que Chaucer describió en el prólogo a los *Cuentos de Canterbury*. Su fiesta se celebra el 29 de diciembre. ⇨ mártir; peregrinación.

Beda el Venerable, San

(c. 673-735) Erudito anglosajón, teólogo e historiador, nacido cerca de Monkwearmonth, Durham. A la edad de siete años fue dejado al cuidado de Benedicto Biscop en el monasterio de Wearmouth, y en el 682 se trasladó al nuevo monasterio de Jarrow en Northumberland, donde se ordenó sacerdote en el 703 y permaneció como monje el resto de su vida, estudiando y enseñando. Su devoción a la disciplina de la iglesia fue ejemplar y su laboriosidad, enorme. Además de latín y griego, literatura clásica y patrística, estudió hebreo, medicina, astronomía y prosodia. Escribió homilías, vidas de santos, vidas de abades *(Historia abbatum),* himnos, epigramas, obras de cronología *(De Temporum Ratione* y *De sex Aetatibus Mundi),* gramática y física *(De natura rerum),* y comentarios al Antiguo y Nuevo Testamentos, y tradujo el Evangelio de San Juan al anglosajón poco antes de su muerte. Su obra más grande es *Historia Ecclesiastica Gentis Anglorum* (Historia eclesiástica de los ingleses), en latín, que finalizó en el 731, la única y más valiosa fuente de la historia inglesa primitiva. Más tarde fue traducida al anglosajón por, o durante el reinado de, el rey Alfredo. Fue canonizado en 1899; su fiesta se celebra el 25 de mayo. ⇨ monacato.

Bektashi

(Bektashī) Orden derviche islámica hallada en Turquía. Su nombre se deriva de un derviche anatolio llamado Hadjdji Bektash que vivió en el siglo XII. Se convirtió en una orden sufí y finalmente quedó relacionada con los jenízaros. Asimilando algunas enseñanzas cristianas, se dedicaron al misticismo popular y creían en la transmigración de las almas. Escribían poesía lírica apasionada y permitían que las mujeres tomaran parte en sus cultos sin velo. Sus creencias eran sincretistas y radicales. Como las otras órdenes derviches de Turquía, fueron disueltos en 1925, pero aún existen en partes del antiguo Imperio otomano. Visten gorro blanco con cuatro o doce pliegues, los cuatro representan las cuatro puertas del islam, y los doce representan a los doce imanes. Dado su respeto a los doce imanes y su gran veneración a Alí, son chiítas por simpatía y por convicción. ⇨ Alí; chiísmo; derviche; imán; sincretismo; sufismo.

Bel y el Dragón

Adición al Libro de Daniel, parte de los Apócrifos del Antiguo Testamento, o capítulo 14 de Daniel en las versiones católicas de la Biblia. Contiene dos cuentos populares, probablemente del siglo II a. C.: uno de cómo Daniel desacreditó a Bel (dios protector de Babilonia) y a sus sacerdotes, y el otro de Daniel en el foso de los leones. ⇨ Apócrifos del Antiguo Testamento; Daniel, Libro de.

Belarmino, San Roberto Francisco Rómulo (1542-1621) Teólogo jesuita italiano, nacido en Montepulciano, cerca de Siena. Ingresó en la orden de los jesuitas en Roma en 1560, y estudió teología en Padua y Lovaina. En 1570 fue nombrado profesor de teología de Lovaina, pero volvió a Roma en 1576 para dar clases de teología apologética en el Colegio Romano. En 1592 se convirtió en rector del Colegio Romano, en 1599 fue nombrado cardenal contra su propio deseo y en 1602, arzobispo de Capua. A la muerte de Clemente VIII rehusó la silla papal, pero fue persuadido por Pablo V para ocupar un importante puesto en el Vaticano desde 1605 hasta su muerte. Belarmino, canonizado en 1930, fue el principal defensor de la Iglesia en el siglo XVI. Amigo y admirador de Galileo, se le pidió, no obstante, que le informara de la prohibición del Papa sobre su doctrina del sistema heliocéntrico, sin embargo, su saber y moderación conquistaron la alabanza incluso del filósofo protestante Pierre Bayle. En el siglo XVII los protestantes flamencos, para ridiculizarle, fabricaron jarras de cerveza de piedra con una caricatura de su imagen, llamadas belarminas. Su fiesta se celebra el 17 de septiembre. ⇨ jesuitas.

Belcebú (griego: Beelzebul) En los Evangelios del Nuevo Testamento, el «príncipe de los demonios», el equivalente de Satán. Está posiblemente ligado a la figura del Antiguo Testamento Baalzebub («señor de las moscas»), el dios de Ekron, o con el cananeo Baal-zebul («señor del lugar alto»). ⇨ Satán.

Benarés o **Vanarasi** La ciudad sagrada más importante del hinduismo, situada en las orillas del sagrado río Ganges. Benarés —también llamada Kashi, la ciudad de la luz— está consagrada a Siva. Es una ciudad antigua, tan vieja al menos como Buda, que predicó allí, llena de templos y santuarios entre sus tortuosas y estrechas calles. Peregrinos de toda la India visitan la ciudad para celebrar el culto en sus santuarios y

Abluciones en el Ganges a su paso por Benarés

bendición

templos, para consultar a los astrólogos y para bañarse en las purificadoras aguas del Ganges y expiar así el karma malo. Además de los *ghats* de baño —largas hileras de escalones que se introducen en el río, y que los peregrinos bajan para bañarse— están los ghats para la cremación donde se quema a los muertos. Morir en Benarés es asegurar la liberación *(moksha)* al morir, y muchos hindúes de edad emprenden el viaje o son llevados a la ciudad a morir. En efecto, mientras en otras ciudades indias los lugares de cremación están a las afueras de la ciudad en dirección sur, porque se considera que contaminan, en Benarés se encuentran en medio de la ciudad, porque morir allí es un acontecimiento de buen augurio. Benarés ha sido un gran centro de aprendizaje de sánscrito, muchos grandes maestros como Shankara han enseñado en ella, y todavía conserva una universidad sánscrita, así como la Universidad hindú de Benarés. La ciudad se menciona en muchos textos sánscritos, como los puranas, y es ensalzada en dos tratados dedicados a la ciudad. ⇨ Buda; Ganges; puranas; Siva.

bendición Manifestación de un deseo, petición u orden de que suceda un bien, pronunciada sobre una persona u objeto o beneficio que se sigue de tales manifestaciones. En las religiones primitivas estos pronunciamientos se creía que se hacían efectivos mediante la magia y que duraban hasta ser contrarrestados por un poder superior. En las religiones desarrolladas, el sujeto es Dios o lo divino y el agente o actor es con frecuencia, aunque no necesariamente siempre, una persona con autoridad espiritual. En las Escrituras judías y cristianas existen frecuentes ejemplos de bendiciones por parte de Dios a un pueblo, individuos u objetos sagrados; por parte de los patriarcas y hombres santos, y por parte de Jesús, a niños que le presentan, a panes y peces, pan y vino, y señaladamente en las «Bienaventuranzas» (Mateo 5, 3-12). Bendiciones en forma litúrgica como las aarónicas (Números 6, 24-26) desempeñan un papel importante en el culto judío y cristiano, que de forma regular termina con una «bendición». A menudo van acompañadas de gestos rituales como la elevación o imposición de manos, el signo de la cruz y la unción con óleo. La oración pronunciada antes de las comidas es frecuentemente denominada «bendición», pero es en realidad una expresión de alabanza y acción de gracias. En la Iglesia católica también se llama bendición a un acto litúrgico en el que la asamblea es «bendecida» con la hostia consagrada. ⇨ Bienaventuranzas.

benedictinos Orden religiosa que sigue la «regla» de San Benito de Nursia. Propiamente conocida como Orden de San Benito (OSB), sigue cuatro principios básicos, a saber: estudio y erudición; estabilidad (es decir, que los miembros de la orden permanecen en el mismo monasterio toda su vida); oración comunitaria y obediencia al abad. La orden la componen comunidades autónomas (masculinas y femeninas) y tiene una larga tradición de erudición y promoción del saber. ➪ Benito de Nursia, San.

Benedicto XV, originalmente **Giacomo della Chiesa** (1854-1922) Papa (1914-1922), nacido en Pegli, Cerdeña, Italia. Fue ordenado a los 24 años, y después de algunos años en el servicio diplomático del Papa llegó a ser arzobispo de Bolonia (1907) y cardenal (1914). Fue elegido para suceder a Pío X (1914), llevó a cabo denodados esfuerzos para que finalizara la Primera Guerra Mundial y organizó ayudas de guerra a gran escala.

Benito de Nursia, San (c. 480-c. 547) Religioso italiano, fundador del monacato occidental, nacido en Nursia, cerca de Spoleto. Educado en Roma, se llegó a convencer de que el único camino para escapar del mal del mundo era el retiro y la práctica religiosa; así, siendo un muchacho de catorce años se retiró a una cueva o gruta cerca de Subiaco, donde vivió tres años. La fama de su piedad le llevó a ser nombrado abad de un monasterio cercano a Vicovaro, que observaba teóricamente la regla oriental; pero lo abandonó pronto, ya que las pautas de conducta de los monjes medio agrestes no eran suficientemente austeras. Con todo, multitud de gente buscaba su dirección, y con los más fieles fundó doce pequeñas comunidades monásticas. Finalmente fundó un monasterio en Monte Casino, cerca de Nápoles, más tarde uno de los más ricos y famosos de Italia. En el 515 se dice que redactó su *Regula Monachorum*, que se convirtió en la regla común para todo el monacato occidental. Además de las prácticas religiosas acostumbradas, la regla manda que los monjes se empleen en labores manuales, que impartan instrucción a los jóvenes, que copien manuscritos para la biblioteca, etc. Fue declarado santo patrón de toda Europa por el papa Pablo VI en 1964. Su fiesta se celebra el 11 de julio. ➪ monacato.

Benjamín, tribu de Una de las doce tribus del antiguo Israel, que según se dice, desciende del hijo más joven de Jacob y Raquel (Génesis 35, 16-18.24). Sus antiguos territorios incluían la tierra entre la región de Efraín y las colinas de Judá. Saúl, primer rey de Israel, pertenecía a esta tribu. ➪ Israel, tribus de; Jacob; Jeremías, Libro de; Saúl.

Bernardo de Claraval, San (1090-1153) Teólogo y reformador francés, nacido de una noble familia en Fontaines, cerca de Dijon, Burgundia. En 1113 ingresó en el monasterio cisterciense de Citeaux, y en 1115 se convirtió en el primer abad del recién fundado monasterio de Claraval, en la Champaña. Fue canonizado en 1174. Su vida ascética, dedicada al estudio, y su conmovedora elocuencia, le convirtieron en el oráculo de la cristiandad; fundó más de setenta monasterios, y, conocido como el «Doctor Melifluo», es considerado por la Iglesia católica como el último de los Padres de la Iglesia. Redactó los estatutos de los Caballeros Templarios en 1128; ase-

bernardos

guró el reconocimiento del papa Inocencio II, y fue su encendida elocuencia en el Concilio de Vézelay, en 1146, la que avivó el entusiasmo de Francia para la Segunda Cruzada. La influencia de San Bernardo como maestro espiritual, a través de su ferviente piedad y viva comprensión de la doctrina cristiana, fue un saludable antídoto contra el seco y frío escolasticismo de la época. Sin embargo, mostró una áspera severidad hacia Abelardo y otros cuyos puntos de vista rechazaba. Sus escritos comprenden más de 400 cartas, 340 sermones, una Vida de San Malaquías y diversos tratados teológicos. Los monjes de su rama reformada de los cistercienses son llamados con frecuencia bernardos. Su fiesta se celebra el 20 de agosto. ⇨ Abelardo, Pedro; cistercienses; escolástica; monacato; Padres de la Iglesia.

bernardos ⇨ **Bernardo de Claraval, San.**

Beza o **Bèze, Teodoro de** (1519-1605) Reformador religioso francés, nacido de la noble familia de De Besze de Vézelay, Burgundia. Estudió griego y leyes en Orleans. Llegó a ser conocido como escritor de versos ingeniosos (aunque indecentes) en *Juvenilia* (1548), y se estableció con un brillante porvenir en París. Durante algún tiempo vivió alegre y disipado pero, tras una enfermedad, se tomó más en serio la forma de ver la vida y, casándose con su amante, en 1548 se fue con ella a Ginebra, donde se unió a Calvino. De 1549 a 1554, Beza fue profesor de griego en Lausana, y publicó un drama sobre *El sacrificio de Abraham*. En 1559, con Calvino, fundó la academia de Ginebra y se hizo profesor de teología y primer rector de ella. En una obra sobre el castigo a los herejes (1554) aprobó la quema de Servet. Durante la guerra civil en Francia fue capellán de Condé y más tarde de Coligny. En 1563 volvió una vez más a Ginebra, y a la muerte de Calvino (1564) el cuidado de la Iglesia ginebrina cayó sobre los hombros de Beza. Presidió los sínodos de los reformadores franceses celebrados en La Rochelle en 1571 y en Nimes en 1572. Su obra más conocida es el Nuevo Testamento latino. ⇨ Calvino, Juan; Servet, Miguel.

Bhagavad Gita (Bhagavad Gītā) (sánscrito: «El Hijo del Señor») Poema que forma parte de la epopeya hindú *Mahabharata*, que consta de un diálogo en vísperas de la batalla entre el príncipe guerrero Arjuna y el Señor Krishna (en la persona de su auriga). La mayoría de los hindúes consideran el poema —que enseña la existencia de muchos caminos válidos de salvación, y que no todos son universalmente apropiados—, como la expresión suprema de su religión. ⇨ hinduismo; Krishna; Mahabharata.

Bhagavata Purana (Bhāgavata Purāṇa) Texto sánscrito del siglo X, probablemente del sur de la India, que contiene historias de la infancia y juventud del dios Krishna en Vrindaban. El texto describe a Krishna como un niño travieso empeñado en robar la mantequilla y como un apuesto joven que juega con las *gopis*, las jóvenes vaqueras de Vrindaban. Las gopis suspiran constantemente por Krishna y el son de su flauta, que las hace abandonar a sus maridos e irse con él. En una historia, Krishna roba sus vestidos mientras las gopis se están bañando y se sube a un árbol. Para recobrarlos se ven forzadas a salir del agua desnudas, que, según se dice, es una imagen de la desnudez del alma ante Dios. En contraste con el majestuoso *(aishvarya)* Krishna del *Bhagavad Gita*, el Krishna del *Bhagavad Purana* es un dulce *(mathura)* y erótico joven que ama y es amado por las gopis. El *Bhagavad Purana* se convirtió en el texto central de las tradiciones *Visnuitas bhakti*, particularmente del visnuismo bengalí de Chaitanya y la secta de Vallabha. El Bhagavata Purana también inspiró la poesía cortesana sánscrita como el *Gitagovinda* de Jayadeva y la poesía de Candidas y Vidyapati. ⇨ Bhagavad Gita; Krishna; Vallabha.

bhakti   Amorosa devoción a Dios, recomendada como el más eficaz sendero hacia Dios en la mayoría de los textos religiosos del hinduismo popular. Los devotos son atraídos a una íntima relación personal con Dios y, sometiéndose a él, reciben la gracia, aunque su condición social sea humilde. ⇨ hinduismo.

Bhakti Yoga   Devoción *(bhakti)* a un Dios personal como medio de alcanzar la liberación *(moksha)* en el hinduismo. En el *Bhagavad Gita* Bhakti Yoga es un sendero más elevado que los yogas de acción *(karma)* o conocimiento *(jnana)*. El bhakti a una deidad personal que es un salvador, más que el conocimiento de un absoluto impersonal, ha resultado más atractivo en un plano popular del hinduismo y se refleja en los mitos, rituales y devoción de los textos sánscritos llamados puranas, particularmente el *Bhagavata Purana*. Mientras el bhakti en el *Bhagavad Gita* es reverencia a un Señor majestuoso, pues el devoto Arjuna tiembla ante su visión, que inspira temor, aproximadamente a partir del siglo VII se extendió un movimiento bhakti desde el sur de la India que fue incluso más profundamente emocional, realzando la plena autorrendición a Dios y el éxtasis. Estas tradiciones bhakti tendían a usar lenguas vernáculas en vez del sánscrito y a adorar formas locales de las deidades: los Alvars visnuitas y Nayanmars sivaítas escribían poesía devocional en tamil, mientras que los Virasivaítas escribían en kannada. El visnuismo ha producido algunos grandes teólogos bhakti como Ramanuja, que elaboró una teología en la que la meta espiritual de la vida no era la unión con un absoluto impersonal, como había dicho Shankara, sino la amorosa comunión con Dios. De él evolucionaron dos escuelas, la escuela bhakti «gato» que decía que las almas se salvaban enteramente por la gracia de Dios, del mismo modo que una madre gata coge a sus gatitos, y la escuela «mono» que sostenía que se necesitaba algún esfuerzo para lograr la salvación, como el

bhavana

monito que se cuelga de la espalda de su madre. El devoto visnuita Chaitanya, de quien evolucionó una rama de visnuismo bengalí, recomendaba bailar y cantar los nombres de Dios como medio de salvación. El bhakti sivaíta se desarrolló con el Siddhanta sivaíta y en el norte los Sants, como Kabir (siglo XV) y Nanak, de quien se desarrolló el sijismo, abogaban por la devoción a un Dios trascendente sin cualidades *(nirguna)*. ⇨ Bhagavad Gita; Bhagavata Purana; Chaitanya, movimiento; karma; moksha; Shankara; Siddhanta sivaíta; sijismo.

bhavana (bhāvanā) Término budista para referirse a meditación, que incluye varias formas de cultivo mental. El objetivo de la meditación es crear las condiciones que conduzcan a la madurez de la mente, de modo que una persona pueda ver las cosas como son. El fruto último es la penetración en la naturaleza de las cosas, que surge por sí misma cuando llega la hora. Hay dos tipos principales de meditación budista: la sosegada, basada en acallar la mente, y la introspectiva, basada en la penetración creciente. La relación entre ellas ha variado. A veces, la meditación sosegada se ha considerado como un preliminar para la meditación introspectiva; otras se le ha concedido a la meditación introspectiva mayor peso y dedicación. Para algunos, los dos tipos de meditación son distintos, aunque complementarios, y para otros, los dos necesitan armonizarse e integrarse. Se han escrito manuales de disciplina meditativa para budistas, especialmente el de Budagosa para el budismo theravada y el atribuido a Asanga para el budismo mahayana. Tradicionalmente se ha creído que el monacato es esencial para hacer meditación profunda dignamente, y los asuntos más prácticos como dedicarse a las buenas obras y acumular mérito se han dejado para los laicos. Sin embargo, el budismo mahayana ha puesto mayor énfasis en la capacidad meditativa de los laicos y en poner por obra la naturaleza buda en las situaciones prácticas de la vida. Modelos más flexibles y sencillos de meditación, orientados en parte al pueblo laico, son cada vez más comunes, por ejemplo, en las variedades del Zen y las nuevas formas de meditación introspectiva theravada. ⇨ Budagosa; budismo mahayana; budismo theravada; budismo zen; monacato.

bhikku (sánscrito: bhikṣu) Término para referirse a un monje budista ordenado. Antes de la época de Buda existían ya varios tipos de ascetas hindúes que habían abandonado su casa y renunciado a la vida del mundo como cabezas de familia. Los primeros budistas introdujeron innovaciones fundando monasterios permanentes y dando a la vida del monje un enfoque más colectivo. La sangha, la comunidad budista, es la única comunidad religiosa que tiene por centro a los monjes, y aunque algunas otras religiones tienen de hecho monjes, su papel se ha subrayado menos que en el budismo. Aun así se mantiene una estrecha relación

entre los monjes budistas y los laicos. En los textos sagrados se escribieron reglas para los monjes y la vida monástica como una de las tres partes del *tipitaka* o canon pali. Los dos rituales de «preparación» para la admisión en una orden monástica y de ordenación dentro de la orden siguen siendo importantes. El monje tiene tiempo y oportunidad de buscar la iluminación. Su papel —y el de las monjas— ha consistido también en actuar de modelo ejemplar para el pueblo laico, ejercer una función educativa, dedicarse al saber y ejercer una influencia moral en el gobierno de la comunidad más amplia.
⇨ bodhi; iluminación; rituales; sangha; tipitaka.

bhog Ceremonia practicada en religiones de la India, especialmente en la tradición sij. En la comunidad sij se utiliza al final del culto y después de ocasiones importantes en la vida de una asamblea sij. Significa literalmente «placer», y simboliza el placer sentido en la fiel ejecución del culto, lo que se materializa, a veces, en forma de comida especial. Los sij llevan a cabo el bhog al final de las lecturas ininterrumpidas, o parcialmente interrumpidas, del *Gurú Granth Sahib*, cuya lectura completa lleva 48 horas o más. Después de que se ha leído el último pasaje, se ofrece un tipo de plegaria Ardas especial, se hace una lectura elegida al azar, que se considera que es la voluntad de Dios, o *Hukam*, para despedir a la asamblea, y se distribuye una comida especial conocida como *Karah Prasad* a todos los presentes. Esta comida ha sido bendecida y consiste en porciones iguales de mantequilla aclarada, azúcar y harina integral.
⇨ akhand, sendero; Ardas; Gurú Granth Sahib; Hukam; Karah Prasad.

Biblia Tanto en la Escritura cristiana como en la judía, obra reconocida como conjunto de escritos sagrados y normativos por los respectivos credos. Las Escrituras cris-

Biblia sacra visigótica (año 920). Catedral de León

Biblia

tianas se dividen en dos testamentos: el Antiguo Testamento (que corresponde más o menos a las Escrituras judías) y el Nuevo Testamento. El Antiguo Testamento, o Biblia hebrea, es una colección de escritos compuestos originalmente en hebreo, excepto partes de Daniel y Esdras en arameo, que describen la religión israelita desde sus comienzos hasta aproximadamente el siglo II a. C. El Nuevo Testamento es denominado así en los círculos cristianos porque se cree que constituye un nuevo «testamento» o «alianza» en la historia de las relaciones de Dios con su pueblo, centrándose en el ministerio de Jesús y la primera evolución de las iglesias apostólicas. Los escritos del Nuevo Testamento están en griego. El proceso de determinar con precisión qué escritos debían ser aceptados en las Escrituras judías o cristianas se conoce como la formación del canon de la Escritura. El paso más antiguo hacia el establecimiento del canon de las Escrituras judías fue probablemente la fijación de la Ley, es decir, el Pentateuco (los Libros del Génesis, Éxodo, Levítico, Números y Deuteronomio), en torno a los siglos IV-III a. C. Además, un grupo de escritos conocido como los Profetas, parece haber sido reconocido por el nieto de Ben Sirá (c. 117 a. C.). A los restantes libros de la Biblia hebrea se les denomina *Escritos* (por ejemplo, los Libros de los Salmos, Proverbios, Job) y fueron, según parece, los últimos en fijarse. Sólo a fines de hacia el año 100 d. C. se completó la selección definitiva de las Escrituras judías normativas, siguiendo una decisión tomada por el concilio de Yabne. Las traducciones griegas de la Biblia hebrea (los Setenta) contenían algunos otros escritos que no fueron aceptados en Yabne. Los primeros cristianos admitieron en su mayor parte las Escrituras judías, pero con frecuencia, tenían acceso a una colección de escritos más amplia en los Setenta y algunas otras traducciones de la Biblia hebrea. Los debates sobre los límites precisos del Antiguo Testamento continuaron en el período de la Reforma, dando lugar finalmente a una diferencia entre las iglesias protestantes y la católica. En el Concilio de Trento (1546), los católicos aceptaron como deuterocanónicos varios libros que los protestantes calificaban de apócrifos y consideraban de un valor secundario. Las iglesias protestantes, en general, aceptaban sólo los escritos del canon hebreo en sus versiones del Antiguo Testamento. Los primeros cristianos, sin embargo, también comenzaron a reunir escritos específicamente «cristianos». En el siglo II Ireneo testifica el creciente reconocimiento de exactamente cuatro Evangelios, los Hechos y trece cartas paulinas, como escritos autorizados por la Iglesia. Pronto fue esta la base del «Nuevo Testamento», aunque cierto número de otras obras discutidas también se estaban considerando. El primer testimonio de una lista canónica, que coincide completamente con la aceptada generalmente para el Nuevo Testamento en la actualidad, fue el de la carta pascual número 39 de Atanasio (367), que enumera 27 libros del Nuevo Testamento junto al canon del Antiguo Testamento, aunque el debate continuó durante algunos años en Oriente en torno al Libro del Apocalipsis y en Occidente sobre la Carta a los Hebreos. Aunque los límites del canon se establecieron de modo efectivo en estos primeros siglos, la condición de Escritura ha sido un tema de discusión erudita en la Iglesia posterior. De forma creciente, las obras bíblicas han sido sometidas a crítica literaria e histórica en un esfuerzo por interpretar los textos con independencia de las influencias eclesiales y dogmáticas. Actualmente, en las iglesias liberales y fundamentalistas continúan aún expresándose diferentes puntos de vista sobre la autoridad e inspiración de la Biblia. Lo que no se puede negar, sin embargo, es la enorme influencia que las historias, poesía y reflexiones de los escritos bíblicos han ejercido, no sólo en las doctrinas y prácticas de dos importantes credos, sino también en la cultura occidental, su literatura, su arte y su música. ⇨ Antiguo Testamento; Apocrifos del Antiguo Testamento; Apócrifos del Nuevo Testamento; canon; cristianismo; judaísmo; Nuevo Testamento; pseudoepígrafos; Sociedad Bíblica; Versión Autorizada de la Biblia.

Biblia inglesa revisada
⇨ **Nueva Biblia inglesa.**

bidah (bid'ah)   Idea de innovación en el Islam. Se puede interpretar de manera creativa, en cuyo caso se refiere a una «innovación buena» *(bidah hasanah),* o de una no creativa, en cuyo caso se refiere a una «desviación» de la norma. En el último caso es el equivalente a lo que los cristianos entienden por herejía, con la diferencia de que en el islam es más probable que se refiera a la práctica más que al credo. Para algunos musulmanes puede referirse a cualquier práctica religiosa que no estuviera presente en el primitivo islam, es decir, en el Corán o en las tradiciones que surgen de los dichos de Mahoma. En la medida en que esto pudiera anular desarrollos posteriores como la construcción de minaretes, muchos musulmanes lo aplicarían sólo a innovaciones que contradicen el espíritu básico del islam. De otra manera, la posibilidad de innovación y evolución creativa se haría imposible, ya que la tradición islámica avanza dentro del flujo y proceso de cambio histórico. ⇨ Corán; Mahoma; sunnah.

Bien, el   En un plano, el concepto de Bien hace referencia a sistemas éticos y morales que han sido realzados por diferentes tradiciones religiosas, pero a un nivel más profundo se refiere a la noción del Bien, o como residiendo en Dios o como un elemento dado de la vida misma. Aunque no todas las nociones de Dios contemplan a Dios como bueno en sí mismo, el monoteísmo ético centrado en la tradición judeocristiana ha desarrollado la idea de que Dios es intrínsecamente bueno, se crea o no. Platón reflexionó sobre la idea del bien que es bien en sí mismo, así como en cuanto que es

Bienaventurada Virgen

bien para los seres humanos, y esta forma de pensar fue desarrollada posteriormente por pensadores cristianos como Agustín y Tomás de Aquino que consideraban el ser y la bondad como íntimamente relacionados. Así, el mal no tenía poder definitivo por sí mismo y podía verse sólo en términos negativos. Claramente, los sistemas religiosos y filosóficos que eran dualistas concedían menor trascendencia al Bien que los que no lo eran. Los sistemas más humanistas, como los de Hobbes, Hume y Russell, no querían centrar el Bien en Dios, ni podían estar de acuerdo en las cualidades comunes del Bien al margen de Dios. Quedó para Immanuel Kant unir la religión con la práctica de la moralidad y sostener que el Bien hace demandas que son incondicionales. ⇨ Agustín de Hipona, San; monoteísmo ético; Platón; Tomás de Aquino, Santo.

Bienaventurada Virgen (María) ⇨ María.

Bienaventuranzas Nombre común de las primeras frases de bendición sobre los pobres, los hambrientos y demás en el Sermón de la Montaña de Jesús, recogido en el evangelio de Mateo (nueve de ellas enumeradas en Mateo 5, 3-10) y el Sermón del Llano en el evangelio de Lucas (cuatro de ellas enumeradas en Lucas 6, 20-23). Se formulan: «Bienaventurados los pobres de espíritu, porque de ellos es el reino de los cielos. Bienaventurados los que lloran, porque ellos serán consolados», etc. ⇨ Jesucristo; Sermón de la Montaña.

blasfemia Toda palabra, gesto o acción que insulta intencionadamente la bondad de Dios o es ofensiva para Dios. Hasta la Ilustración, se castigaba con la muerte. La blasfemia se clasificaba como herética si afirmaba abiertamente algo contra la fe, y como no herética si comportaba descuido o discurso insultante sobre Dios. En muchos países cristianos es técnicamente un crimen y se amplía para incluir la negación o la ridiculización de Dios, Cristo o la Biblia, pero rara vez se invoca la Ley. También es un crimen en ciertos países no cristianos (por ejemplo, los islámicos). La relevancia actual y el alcance de aplicación de la ley de blasfemia se convirtió en tema peculiar en el Reino Unido, en 1979, con la persecución por difamación blasfema contra *Gay News* y su editor, por publicar en 1976 un poema ilustrado que trataba de una fantasía homosexual sobre Cristo crucificado. Desde entonces se han emprendido varios procesos contra diversas obras, siendo quizá el que más furor provocó, en 1989, el que siguió a la publicación del libro de Salman Rushdie, *Los versos satánicos* (1988). La comunidad musulmana consideró esta obra ofensiva para su religión y el imán Jomeini lanzó una amenaza oficial de muerte contra Rushdie por blasfemo. ⇨ herejía; Jomeini, ayatolá Ruhollah; versos satánicos.

blasfemia, visión islámica de la El punto de vista islámico de la blasfemia es más amplio que el de la mera burla de Dios. En la ley islámica se incluye la mofa de Mahoma, del Corán y de los ángeles; la blasfemia puede incluir también ciertas posturas teológicas y formulaciones místicas sospechosas. La blasfemia no puede ser cometida por un menor, un loco o alguien que actúa por compulsión. El castigo por blasfemia varía, pero la muerte es normalmente el último recurso y con frecuencia se tiene como significativo el arrepentimiento. En ciertas épocas de la historia islámica determinadas posturas teológicas (por ejemplo, las opiniones de Avicena de que el mundo es eterno, que no hay resurrección corporal y que Dios no tiene conocimiento de los detalles concretos) se consideraban blasfemas, y la sospecha se extendió también sobre afirmaciones místicas como las de al-Bistami, «¡Gloria a Mí!», y al-Hallaj, «Yo soy la Verdad». Aunque al-Hallaj fue crucificado en Bagdad en el 922, fue principalmente por razones políticas, y no existe consenso absoluto sobre los términos legales precisos acerca de lo que sea la blasfemia en la práctica. ⇨ Corán; Mahoma.

bo, árbol ⇨ **pipal** o **peepul.**

Bodhgaya (Budh Gayā) Lugar sagrado budista en Bihar, la India. Desde el siglo III a. C., diversos santuarios han señalado el sitio en el que Buda alcanzó la iluminación. ⇨ Buda.

bodhi Término indio usado especialmente en el budismo, que significa «iluminación» o «despertar», de la raíz sánscrita *budh,* despertar. Hay tres tipos de iluminación: la del discípulo que escucha a Buda y es iluminado; la de alguien que es iluminado independientemente y en aislamiento, y la de un buda universal que es iluminado independientemente pero después transmite la iluminación a otros. Para el budismo theravada era especialmente normativa la iluminación de Gautama Buda. La noche de aquel acontecimiento estaba sentado en profunda meditación y recordaba antes de nada todas sus vidas pasadas, después captó el significado básico del sufrimiento introducido en la vida del mundo y finalmente encontró la respuesta al problema del sufrimiento en las cuatro nobles verdades, que llegaron a ser centrales en el budismo. Su iluminación fue una experiencia con un contenido, pero el principal acento se ponía en la experiencia más que en la creencia doctrinal que subyace en ella, y este énfasis en la búsqueda y experimentación, más que en la creencia ortodoxa, ha sido típico del budismo. El árbol bajo el que Buda tuvo su experiencia fue llamado el árbol bodhi, el árbol de la iluminación, y el sitio donde ocurrió la experiencia fue llamado Bodhgaya, el lugar de la iluminación. ⇨ ariya sacca; budismo theravada; iluminación; sufrimiento.

Bodhidharma (siglo VI) Monje indio y fundador de la secta Chan (o Zen) del budismo. Nacido cerca de Madrás, viajó a China en el 520, donde tuvo una famosa

bodhisattva

audiencia con el emperador. Sostenía que el mérito que se aplica a la salvación no podía acumularse por medio de las buenas obras y enseñaba la meditación como el medio de volver a los preceptos espirituales de Buda. ⇨ Buda; budismo; budismo zen.

bodhisattva (literalmente: «existencia iluminada») En el budismo mahayana, el que ha alcanzado la iluminación de un buda pero elige no entrar en el nirvana, permaneciendo voluntariamente en el mundo para ayudar a seres inferiores a alcanzar la iluminación. Este ejemplo de compasión llevó al budismo mahayana a poner el énfasis en la caridad hacia los demás. ⇨ budismo; budismo mahayana; Dalai Lama; iluminación; nirvana.

Bodhisattva de Gandhara (ss. II-III d. C.). Museo Nacional (Nueva Delhi)

Boecio, Anicio Manlio Severino (c. 480-524) Filósofo y estadista romano, descrito a veces como «el último de los filósofos romanos, el primero de los teólogos escolásticos». Nacido en una familia patricia romana, estudió en Atenas y allí adquirió el conocimiento que después le permitió realizar las traducciones y comentarios a Aristóteles y Porfirio, que se convirtieron en los libros de texto clásicos sobre lógica en la Europa medieval. Llegó a ser cónsul en el 510 durante la ocupación de los godos de Roma y después primer ministro del rey Teodorico, pero en el 523 fue acusado de traición y tras unos años de prisión en Pavía fue ejecutado. Durante su encarcelamiento, escribió su famosa obra *De Consolatione Philosophiae*, en la que la filosofía personificada es solaz para el atribulado autor explicándole la mutabilidad de toda fortuna terrena y demostrándole que la felicidad sólo se puede alcanzar por medio de la virtud, es decir, siendo como Dios. *De Consolatione* fue, durante todo el siguiente milenio, probablemente el libro más leído después de la Biblia. ⇨ escolástica.

Boff, Leonardo (1938-) Teólogo de la liberación. Franciscano hasta su secularización en 1992, brasileño, nacido de una familia italiana en Concordia, Santa Catarina fue ordenado en Brasil en 1964, estudió en Wurzburgo, Lovaina, Oxford y Munich, y se hizo profesor de teología sistemática en Petrópolis, Río de Janeiro. Su obra más conocida, *Jesucristo liberador* (1972), ofrece esperanza y justicia a los oprimidos más que apoyo religioso al *statu quo* de la Iglesia y la sociedad. Ha escrito varios libros sobre la reforma de las estructuras eclesiales a partir de las «comunidades de base» populares, de los que destaca *Iglesia: carisma y poder* (1984), que provocó la censura eclesiástica oficial. Además de colaborar con su hermano Clodovis en introducciones a la teología de la liberación, ha escrito mucho sobre otros temas que incluyen *San Francisco: modelo de liberación humana* (1985) y *El rostro materno de Dios* (1988). ⇨ teología de la liberación.

bogomilos ⇨ **albigenses; cátaros.**

Böhme o **Boehme, Jakob** (1575-1624) Teosofista y místico alemán, nacido de padres pobres en Altseidengerg, cerca de Görlitz, en la alta Lusacia. De niño cuidó ganado, convirtiéndose más tarde en zapatero, pero en 1600 tuvo una experiencia mística y desde entonces dedicó gran parte de su tiempo a la meditación sobre cosas divinas. En torno a 1612 publicó *Aurora*. Contiene revelaciones y meditaciones sobre Dios, el Hombre y la Naturaleza; muestra un notable conocimiento de las Escrituras y de los escritos de los alquimistas. Fue condenado por las autoridades eclesiásticas de Görlitz y cruelmente perseguido, pero en 1623 publicó *De la encarnación de Cristo (Der Weg zu Christo)* y *Mysterium magnum*. Su propósito principal era explicar el origen de las cosas, especialmente la existencia del mal. Dios es el *Ungrund* o *Urgrund*, la unidad original e indistinta, a la vez todo y nada. Sin embargo, esta tiene en sí misma el principio de la separación, de donde todas las cosas llegan a la existencia. Es a través del principio de negación, que puede identificarse con el mal, como se explica la creación. La filosofía de Böhme es, de hecho, una aplicación del principio de contradicción para explicar los grandes problemas de filosofía y religión; pero las dificultades tan sólo son encubiertas, o desplazadas, en una nube de lenguaje místico, en el que una serie de tríadas, sugeridas por la doctrina cristiana de la Trinidad, tiene un lugar importante. Sus ideas rebasaron las fronteras de Alemania hasta Holanda e Inglaterra. Newton lo estudió; Henry More fue influido por él; a William Law podría considerársele discípulo suyo; John Pordage (1608-1698) y Jane Leade (1623-1704) fueron dirigentes de los filadelfianos, secta böhmista. En el siglo XIX, en Alemania, puntos de contacto con Spinoza, Fichte, Schelling y Hegel reavivaron el interés por sus especulaciones. ⇨ alquimia.

bolsa medicinal Pequeña bolsa o zurrón, normalmente de cuero, que contiene los objetos sagrados propios del espíritu guardián personal, recibidos en una búsqueda de visión, de los pueblos nativos americanos. Entre los pueblos que utilizan la casa medicinal de iniciación, la bolsa se les da en el marco de la casa. A la bolsa pertenece con fecuencia una determinada canción del espíritu, que debe cantarse al abrir la bolsa para establecer contacto con el espíritu guardián cuando se le necesita. De modo creciente, se desarrollaron situaciones en las que las bolsas medicinales, con las canciones, se transferían por herencia e incluso se vendían (o intercambiaban recíprocamente), una costumbre que, según se dice, fue estimulada en el norte por el comercio de pieles. Esto, a su vez, ha conducido a veces a la posesión comunal, o de clan, de lo que anteriormente fueron posesiones personales. ⇨ búsqueda de la visión; casa medicinal.

Bon, Bon po Una de las dos principales religiones del Tíbet, junto con el budismo. Bon ha sido considerada por algunos estudiosos, al igual que la tradición misma, como la religión prebudista indígena del Tíbet. La investigación más reciente, sin embargo, indica que, aunque basada en una tradición más antigua, probablemente surgió en el siglo XI. La tradición remonta su origen a Shenrab, de quien el histórico Buda Shakyamuni se dice que es una manifestación; Bon afirma que su país de origen era Tazig, al oeste del Tíbet, de donde entró en Zhang Zhung, de cuya lengua o dialecto se tradujeron sus textos al tibetano. Las escrituras Bon se dividen en dos grupos: el *Kanjur,* que contiene mitos, doctrinas y biografías de Shenrab, y *Katen,* que comprende material explicativo, ritual y textos iconográficos. El nombre bon se refiere a la «enseñanza» o «religión», y es afín a la palabra tibetana *chos* que traduce dharma. Bon contiene doctrinas que son virtualmente idénticas a las que sostiene el budismo tibetano sobre la budidad, el bodhisattva ideal y demás. Particularmente importantes son las doctrinas *dzogchen,* sostenidas en común con los Nyingmapas, que afirman que existe un estado inefable más allá de cualquier manifestación y de todos los budas. Bon también presta atención al exorcismo y la magia. Estos intereses están codificados en la doctrina de las nueve etapas de evolución, que van desde preocupaciones por la adivinación, hasta la práctica tántrica más elevada. El nombre «Tíbet» se deriva de Bon (Bod). ⇨ bodhisattva; Buda; budismo; dharma; Kanjur; Nyingmapa; tibetana, religión.

Bonhoeffer, Dietrich (1906-1945) Pastor y teólogo luterano alemán, adversario del nazismo, nacido en Breslau, hijo de un eminente psiquiatra. Se educó en Tubinga y Berlín, donde recibió la influencia de Karl Barth. Abandonó Alemania en 1933 en protesta contra la puesta en vigor nazi de la legislación antijudía y trabajó en parroquias alemanas de Londres hasta 1935, en que volvió a Alemania, para convertirse en director de un seminario pastoral de la Iglesia Confesante Alemana, hasta su clausura por los nazis en 1937. Llegó a comprometerse profundamente en el movimiento de resistencia alemán, y en 1943 fue arrestado y encarcelado hasta 1945, en que fue ahorcado en Flossenbürg. Entre sus controvertidos escritos, de creciente importancia en la teología moderna, están

Sanctorum Communio (1927) y *Acto y Ser* (1931), sobre la naturaleza de la Iglesia, y el más conocido e interpretado, *Ética* (1949) y *Resistencia y sumisión* (1951) sobre el lugar de la creencia cristiana y el concepto de Cristo en el mundo moderno. ⇨ Barth, Karl; Iglesia Confesante; luteranismo.

Bonifacio, originalmente **Wynfrith, San** (c. 680-c. 754) Misionero anglosajón, nacido en Wessex (probablemente en Crediton de Devon), y conocido como «el Apóstol de Alemania». Monje benedictino en Exeter desde su niñez, enseñaba en el monasterio de Nursling cerca de Romsey, donde fue elegido abad en el 717. Renunció a esta dignidad para difundir el cristianismo entre los frisones, pero una guerra puso fin a sus planes inmediatos. Volvió a Nursling pero partió otra vez en el 718 con una misión del papa Gregorio II a predicar el evangelio a todas la tribus de Alemania. Obtuvo un gran éxito en Turingia, Baviera, Frisia, Hesse y Sajonia, bautizando multitudes por doquier, y fue consagrado obispo (723), arzobispo y primado de Alemania (732). Fundó muchos obispados. La principal obra de su vida fue poner en consonancia todos los aspectos de la vida del reino franco con el orden católico romano y suprimir las irregularidades del cristianismo irlandés o columbano. En el 747 Mainz se convirtió en su sede primada, pero en el 754 renunció a su obispado, y había reemprendido su labor misionera entre los frisones cuando fue asesinado en Dokkum, cerca de Leeuwarden, por los «paganos». Su fiesta se celebra el 5 de junio. ⇨ benedictinos; catolicismo.

Booth, William (1829-1912) Líder religioso inglés, fundador y «general» del Ejército de Salvación, nacido en medio de la pobreza en Nottingham. En 1844 se convirtió y se hizo ministro de la Nueva Conexión Metodista en Tyneside. Allí creció su inquietud, contemplando los requerimientos del Señor, como soltar las cadenas de la injusticia, liberar a los cautivos y oprimidos, compartir techo y comida, vestir al desnudo y cumplir las responsabilidades familiares. Así en 1865 comenzó en el extremo este de Londres «La Misión cristiana», que en 1878 se transformó en el Ejército de Salvación. Aunque fue encarcelado a menudo por predicar al aire libre, sus hombres y mujeres prosiguieron la lucha, librando la guerra contra injusticias como el trabajo mal pagado y la prostitución infantil. El Ejército de Booth se extendió por el mundo con una nueva red completa de agencias sociales y regeneradoras. Gradualmente la opinión cambió: fue declarado ciudadano de honor de Londres, doctor honorario de Oxford, invitado a la coronación de Eduardo VII e inauguró el Senado de Estados Unidos con una oración. Su libro *En la Inglaterra más oscura y la salida* (1890) cuenta su filosofía y motivación. Su hijo mayor, William Branwell Booth (1856-1929), fue jefe del estado mayor desde 1880 y sucedió a su padre como general del Ejército

Borobudur

de Salvación (1912). Su segundo hijo, Ballington Booth (1857-1940), fue comandante del ejército en Australia (1883-1885) y en EE. UU. (1887-1896) pero dimitió por discrepancias con su padre y fundó una organización similar, Voluntarios de América. Una de las hijas de William Booth, Evangelina Cora Booth (1865-1950), se hizo ciudadana norteamericana y fue elegida generala en 1934. Una nieta, Catherine Branwell Booth (1884-1987), fue mandataria del Ejército. ⇨ Ejército de Salvación; metodismo.

Borobudur Santuario budista construido entre el 750 y 850 en Java, Indonesia. El monumento comprende ocho terrazas escalonadas excavadas en las laderas de un montículo natural y que culminan en un santuario central (stupa). Es famoso por la abundancia y lo intrincado de sus esculturas en relieve. ⇨ stupa.

Brahma (Brahmā) Dios creador personificado del hinduismo. Las deidades Visnú, Siva y Brahma forman el *Trimurti* del pensamiento clásico indio. Mientras Visnú y Siva representan fuerzas opuestas, Brahma representa el equilibrio entre ellos. Brahma es la deidad que lo engloba todo y está detrás de todos los dioses del hinduismo popular. ⇨ Brahman; brahmanismo; hinduismo; Siva; Trimurti; Visnú.

Brahma Kumaris o **Raja Yoga, movimiento** Nuevo movimiento religioso que surge de la tradición hindú; comenzó en la década de 1930 por medio de la vívida experiencia religiosa, en Hyderabad Sindh, de un mercader de diamantes, Dada Lekhraj. Conocido por el nuevo nombre de Brahma Prajapita, se convirtió en el instrumento inspirador y canal del movimiento y animó a que la dirección pasara a manos de diri-

Santuario budista de Borobudur (Java)

gentes femeninas, en las que todavía permanece. El Brahma Kumaris se desplazó, tras la persecución, de Hyderabad a Karachi, y finalmente, después de la Segunda Guerra Mundial, al Monte Abu en Rajastán, la India, donde está ahora su cuartel general. Recomendaban un estilo de vida global que incluía la dieta vegetariana, abstinencia del alcohol y de fumar, celibato y una calidad de vida esplendente, pero su énfasis fundamental recae en la meditación y conocimiento espiritual conseguido de Dios por medio de la universidad espiritual, en la que alcanzan la categoría de miembro cuando se unen a una rama local. En los últimos años han actuado en las Naciones Unidas, por ejemplo, en el Movimiento de Cooperación Global que ellos promovieron. Aunque separados del hinduismo y presentes en sesenta países con doscientos cincuenta mil miembros, las ideas del movimiento están influidas por un trasfondo hindú. Creen que estamos acercándonos al final de la actual era de declive *(kaliyuga);* que está próxima una edad de oro; que los humanos son almas más que cuerpos; que el alma es una chispa de luz que puede irradiar a Dios y a los demás; que la conciencia del alma se alcanza mediante la unión mental con Dios y que Dios está vitalmente activo en esta época. Este cuerpo de ideas circula por los mensajes o *murlis* que diariamente se dan en los centros Brahma Kumaris de todo el mundo, uniéndolos de esta forma. El movimiento es único en cuanto que es dirigido por mujeres y en cuanto que trabaja con ilusión en favor del mundo, aunque su fin se anticipe dentro de poco. ⇨ Edad de oro; nuevos movimientos religiosos en Occidente.

Brahma Sutra ⇨ Badarayana o Sutra de Brahma.

Brahman Principio absoluto, eterno, impersonal, en el hinduismo. Es la forma neutra de Brahma y se considera equivalente a la unidad cósmica. ⇨ atman; Brahma; brahmanismo; hinduismo.

Brahmanas y Aranyakas

(Brāhmanas y Āranyakas) Partes de los Vedas, escrituras reveladas *(sruti)* del hinduismo. Los Brahmanas y Aranyakas están clasificados después de los cuatro Samhitas *(Rig, Sama, Yajur, Atharva)* y antes de los Upanishads. Los Brahmanas son textos que se ocupan del sacrificio y la especulación acerca de su naturaleza mágica. Para que el sacrificio sea efectivo, se juzgaban necesarios procedimientos rituales correctos, aunque en algunos himnos el conocimiento de estos procedimientos se cree que es igualmente efectivo. Estas especulaciones prepararon el camino a los Aranyakas, que sostenían que la realización puramente mental del sacrificio es tan efectiva como su realización real. Los Aranyakas identificaban también al sacrificador con el sacrificio y especulaban que existe una esencia íntima o yo *(atman)* en el ser humano. Tales ideas son las precursoras de las de los Upanishads que se desarrollaron a partir de los Aranyakas. De hecho,

brahmanes

el término «Aranyaka» significa «tratado del bosque», que supone que estos textos fueron compuestos en los alrededores de bosques recluidos como lo fueron los Upanishads. ⇨ Atharva Veda; Upanishads; Veda.

brahmanes La más alta de las cuatro clases sociales hindúes. Clase sacerdotal, los brahmanes dominaron la sociedad india durante muchos siglos. Debido a los modernos cambios económicos y sociales, muchos de sus descendientes se emplearon en ocupaciones seculares. Recientemente han sufrido un ataque crítico de algunos movimientos de castas inferiores, particularmente en el sur de la India, donde su influencia ha sido más fuerte. Se creía que eran los únicos capaces de realizar determinados rituales religiosos, como los sacrificios; eran también los responsables de enseñar las escrituras de los Vedas, y alcanzaron la reputación de superioridad intelectual. Además de poseer gran poder religioso, a menudo eran consultados o empleados por los gobernantes. La calidad de miembro de la casta brahmana implicaba varias observancias, como evitar el trabajo con materiales innobles como cuero y, normalmente, seguir una dieta vegetariana. ⇨ brahmanismo; hinduismo; Veda.

brahmanismo Religión primitiva de la India (aunque no la más antigua), a la que, históricamente, los indios han considerado como la fuente de sus tradiciones religiosas. Alcanzó el predominio durante el período védico (c. 1200-500 a. C.) y era una religión de ritual y sacrificio. Otorgaba supremacía a la clase brahmana, que ejercía autoridad sacerdotal sobre todos los aspectos de la vida por medio de su responsabilidad en transmitir las tradiciones sagradas y la realización de rituales sacrificiales. ⇨ Brahmanas y Aranyakas; brahmanes; hinduismo; Veda.

Brahmo Samaj (Brahmo Samaj) (literalmente «Sociedad Divina») Movimiento teísta fundado por Rammohun Roy en 1828, que sostenía que la razón debía formar la verdadera base del hinduismo. Influido por el islam, el cristianismo y la ciencia moderna, buscaba una vuelta a la pureza del culto hindú subrayando el monoteísmo, el rechazo del culto a los ídolos y la reforma de las prácticas sociales hindúes. ⇨ hinduismo; monoteísmo; Rammohun Roy; teísmo.

Brandon, Samuel George Frederick (1907-1971) Estudioso inglés de la religión, nacido en Devonshire y educado en el College of the Resurrection, Mirfield, y en la Universidad de Leeds. Ordenado en 1932, trabajó en feligresías y como capellán castrense hasta 1951. Aunque conservó el interés en los estudios cristianos, y llegó a ser muy conocido por sus puntos de vista provocadores al aplicar perspectivas políticas a la vida de Cristo (*La Caída de Jerusalén y la Iglesia cristiana*, 1951, *Jesús y los celotes*, 1967, *El juicio de Jesús de Nazaret*, 1968), su nombramiento como profesor de Religión comparada en la Universidad de Manchester en 1951 centró su atención sobre esta rama del saber y, desde 1970 a 1972, fue secretario general de la Asociación Internacional para la Historia de las Religiones. La cuestión de la aproximación de diferentes religiones al tiempo y la historia le fascinó. Al desarrollar este tema en *Tiempo y humanidad* (1951), *El hombre y su destino en las grandes religiones* (1962) e *Historia, tiempo y deidad* (1965), preparó el terreno metodológicamente a posteriores estudiosos de las religiones comparadas, como Geoffrey Parrinder. ⇨ comparada, religión; estudio de la religión; historia de la religión.

breviario Libro de material litúrgico, por ejemplo, himnos, lecturas, oraciones, utilizado en el Oficio Divino, y que la Iglesia católica exige recitar a todos los sacerdotes y clérigos de órdenes mayores. Fue revisado por el papa Pablo VI en 1971, para incorporar las recomendaciones del Concilio Vaticano II. ⇨ catolicismo; liturgia; sagradas órdenes; Vaticanos, Concilios.

Browne, Robert (c. 1550- c. 1633) Clérigo inglés, fundador de los brownistas; nacido en Tolethorpe, Rutland. Después de graduarse por Cambridge en 1572 se hizo maestro en Londres y predicador al aire libre. En 1580 comenzó a atacar a la iglesia establecida, poco después fundó una iglesia independiente basada en principios congregacionalistas, en Norwich. Entregado a la custodia del alguacil, fue liberado por la influencia de su pariente William Cecil, Lord Burghley; pero en 1581 fue obligado a refugiarse con sus seguidores en Middelburg, Holanda. En 1584 volvió, vía Escocia, a Inglaterra y, reconciliándose con la Iglesia, en 1586 se convirtió en director del Instituto Stamford y en 1591 párroco de Achurch, Northamptonshire. De natural muy violento, fue enviado a la cárcel de Northampton a los 80 años de edad por asaltar a un guardia, y murió en la cárcel. Puede decirse que los brownistas han dado origen a los independientes o congregacionalistas. ⇨ congregacionalismo.

brujería Término que se puede usar en tres sentidos diferentes. En las sociedades primitivas se

Ofrenda al diablo. Frontispicio de la traducción francesa del *Tractatus contra sectam Valdeusium*, de Jean Tincton. Biblioteca Nacional (París)

brujería

considera que es un poder psíquico propio generalmente de mujeres, y que es usado con frecuencia (pero no siempre) de forma misteriosa para hacer mal a la gente. En las sociedades primitivas, y especialmente en las africanas, la brujería se usa a menudo para explicar la calamidad misteriosa y la muerte. El poder psíquico de un bruja es, con frecuencia, inconsciente, en contraposición al del hechicero, que es más premeditado y dañino. En la Europa medieval, desde el siglo XIV en adelante, la brujería se consideraba una religión satánica y herética que suponía un pacto con el diablo y fue condenada por una bula papal de 1484. Se propagaron acusaciones de que las brujas participaban en misas negras, volaban en palos de escoba, tenían diablos personales como «familiares» y demás; para 1700 se estima que más de 200.000 personas habían sido ejecutadas por brujería, y los brotes de caza de brujas, como el de Salem, Massachusetts, en 1692, se hicieron famosos. En el Occidente moderno la brujería en forma de neopaganismo ha surgido como nuevo movimiento religioso. Influido por las teorías antropológicas de Margaret Murray (1863-1963) y la obra de Gerald Gardner (1884-1964) se remonta a raíces del paganismo precristiano que implica rituales de fertilidad, religión de la naturaleza y el culto a una Diosa Madre. Cientos de aquelarres de brujas neopaganas se dice que se practican semisecretamente en diferentes partes del mundo occidental. ➪ neopaganismo; Satán.

brujería y **hechicería africanas** Siguiendo a E. E. Evans Pritchard en relación con el pueblo zande, es común distinguir brujería (un poder o deseo innato de herir a otros sin utilizar instrumentos o «medicina») de hechicería (el uso de medios para causar daño a otros sobrenaturalmente). En principio, cualquiera puede usar la hechicería (aunque existen especialistas en ella), mientras que las brujas están físicamente constituidas así, a menudo por herencia. La brujería, por ser la más maligna e impredecible, es la amenaza más peligrosa para una comunidad. La brujería se cree típicamente que tiene lugar dentro de una familia o entre vecinos, es decir, no entre enemigos naturales sino entre aquellos que deben ser amigos. Amenaza la confianza y la armonía; la sospecha a gran escala habla de una sociedad en peligro de descomposición. Tradicionalmente, las acusaciones de brujería exigían un proceso legal, y con frecuencia una ordalía mediante veneno u otro riesgo. Era cometido del «médico brujo» contribuir a la detección de la actividad bruja y a la identificación de los culpables. En épocas de gran tensión, generaban a veces movimientos de descubrimiento de brujas encaminados a detectar a los saboteadores ocultos de la comunidad. Los gobiernos coloniales, deseosos de proteger a víctimas inocentes, declararon fuera de la ley la ordalía y los movimientos de búsqueda de brujas, y los gobiernos africanos independientes han conservado esa legislación. Pero eliminar los medios legales de perse-

guir a las brujas no extirpó el miedo a la actividad bruja, y en algunos casos probablemente lo incrementó. Parte del significado de la curación profética de las iglesias africanas independientes es su confrontación con las creencias brujas. No sólo ofrecen esperanza de protección contra las brujas, sino también esperanza de limpieza de brujas, puesto que la gente confiesa la brujería y el deseo de quedar libres de ella. Los procedimientos de los nuevos movimientos religiosos sugieren que, en muchos casos, lo que se identifica como brujería puede interpretarse como odio y malicia objetivados.
⇨ iglesias independientes africanas.

Bruno, Giordano (1548-1600) Filósofo y científico italiano, nacido en Nola, cerca de Nápoles. Se hizo fraile dominico pero era demasiado poco ortodoxo para permanecer en la orden, y viajó mucho, dando conferencias y enseñando, en Francia, Alemania, Inglaterra e Italia. Proponía una filosofía panteísta extrema en la que Dios animaba el conjunto de la creación como «alma del mundo»; su entusiasta defensa de Copérnico y su astronomía le llevaron al conflicto con la Inquisición. Fue arrestado en 1592 en Venecia y, después de un juicio de siete años, quemado en la hoguera en Roma.
⇨ dominicos; Inquisición; panteísmo.

Buber, Martin (1878-1965) Teólogo y filósofo judío austríaco, nacido en Viena. Estudió filosofía en Viena, Berlín y Zurich. Más tarde se sintió atraído por el hasidismo, fundó y editó una revista mensual *El judío* (Der Jude, 1916-1933), enseñó religión comparada en Frankfurt (1923-1933), dirigió un programa de educación para judíos adultos hasta 1938 en que huyó a Palestina para escapar de los nazis, y se hizo profesor de Filosofía Social en Jerusalén. Publicó con profusión sobre problemas sociales y éticos; pero es más conocido por su filosofía religiosa, que expuso en su obra más célebre *Yo y tú* (Ich und Du, 1923), que pone en contraste las relaciones personales de alteridad y reciprocidad con las relaciones utilitarias u objetivas. ⇨ comparada, religión; hasidismo.

Buda (c. 563-c. 483 a. C.) Fundador del budismo, «el iluminado», nacido en Kapilavastu, hijo del rajá de la tribu sakya, al norte de Benarés. Su nombre personal era Siddharta; pero era también conocido por el nombre de su familia, Gautama. Cuando tenía alrededor de 30 años abandonó los lujos de la corte, a su bella esposa y todas las ambiciones terrenas por la vida de asceta; tras varios años de severas austeridades, vio en meditación y contemplación el camino hacia la iluminación. Enseñó durante unos 40 años, ganando muchos discípulos y seguidores, y murió en Kusinagara, en Oudh.
⇨ budismo; iluminación.

Buda, imagen de En la primitiva historia de la tradición budista, Buda no era representado en forma de imagen. Entre los símbolos primitivos utilizados por los budistas por motivos devocionales se in-

buda

cluían stupas, donde podían enterrarse las cenizas de Buda y otras reliquias y el árbol bodhi, bajo el que Buda había experimentado la iluminación. Otros símbolos budistas primitivos, que se usaban iconográficamente, eran la rueda, que simbolizaba la enseñanza de Buda, y su sombrilla real. Las primeras imágenes de Buda aparecieron en el imperio kushana indio de Kanishka, en torno al siglo II d. C. Fue este un reino budista mahayana, y el aumento de un sentimiento de devoción a Buda, alimentado por la nueva enseñanza mahayana, puede muy bien haber sido un factor que contribuyó a la aparición de la imágenes de Buda. Se hicieron dos tipos de imágenes de Buda: uno, de estilo más indio, al que pertenecen las figuras de Buda originarias de Mathura y otro, más helenístico otro, de Gandhara, al noroeste de la India. Los artesanos que hacían las imágenes de Buda se inspiraban en la tradición del Buda que tiene 32 características de «Gran hombre», rasgos típicos que incluyen un moño de pelo o cabeza con turbante, orejas alargadas y una señal en la frente. Eran también importantes los diferentes tipos de gestos manuales (*mudras*) hechos por Buda, que simbolizan acontecimientos de su vida y que, de modo inmediato, «narran una historia» al creyente budista. Las imágenes de Buda son comunes en todo el mundo budista y aparecen en diferentes tamaños, formas y estilos según la región. Por ejemplo, en las cuevas de Lung Men cerca de Loyang, en China, hay casi cien mil imágenes de Buda que varían desde 18 metros hasta unos pocos centímetros de tamaño. ⇨ bodhi; budismo mahayana; Gandhara; mudras; rueda de la ley budista.

buda, naturaleza Noción de un potencial interior que todos los seres vivos poseen. Generalmente, la gente ignora este tesoro y dignidad regia que habita en su interior, pero cuando despiertan y la descubren progresan espiritualmente. La naturaleza buda es una suerte de embrión espiritual que está presente dentro de todos los seres, y ofrece la promesa a todos de que pueden finalmente convertirse en budas porque todos tienen el potencial para alcanzar la budidad. Esta noción se desarrolló en el budismo mahayana y estaba ligada a la idea del *tathagatagarbha*, el potencial buda. Llegó a ser muy importante en el budismo zen. El propósito de la meditación zen era desarrollar la naturaleza buda interior, y la meta en la vida era actuar en el mundo de tal modo que se manifestara la naturaleza buda a los demás. Esto podía llevarse a cabo realizando tareas humildes como cocinar, cuidar el jardín y barrer, con serenidad interior y actuando siempre en la vida de modo espontáneo y natural. Aunque conceptualmente muy distinta de la noción cristiana de que todos los seres humanos son creados a imagen de Dios y de la noción hindú de que todos los seres humanos están investidos de un atman o yo, la noción de la naturaleza buda es, sin embargo, algo similar en cuanto que postula como principio una posibilidad y esperanza universales

Budagosa

Buda. Santuario de Borobudur (Java)

para todos los seres humanos. ⇨ atman; Buda; budismo zen; tathagata.

Buda Sasana (Buda Sā-sana) Término que significa «disciplina buda», que es usado con frecuencia en países asiáticos como sinónimo de «religión budista». Equivale a la noción de «la tradición religiosa budista» que comprende la comunidad, rituales, ética, compromiso social y espiritualidad que nace de Buda. Por ejemplo, agencias gubernamentales han celebrado congresos Buda Sasana en países como Birmania, Sri Lanka y Tailandia al estilo de los congresos relacionados con la religión budista. En el budismo theravada, tiene el significado más concreto de las nueve formas específicas en las que se halla la enseñanza de Buda, a saber: análisis, discurso, exégesis, prodigios, historias de nacimientos previos, proclamación, prosa, dichos y verso. ⇨ Buda; budismo theravada; religión.

Budagosa (siglo V) Pensador budista indio que se convirtió en el principal escritor y autoridad para el budismo theravada. En torno al 430 fue a estudiar a Anuradhapura en Ceilán, y fue en este país donde se forjó una formidable reputación como comentarista theravada del *tipitaka* o canon pali. Tradujo comentarios locales en lengua sinhala al pali, haciéndolos así más accesibles. Sus propios comentarios se hicieron normativos. En su principal obra, el *Visuddhimagga*, «El sendero de la purificación», condensó la teoría *abhidharma*, interpretó el canon pali, y recapituló la teoría y método de meditación budista. Estableció cuarenta objetos potenciales de «meditación serena», incluyendo objetos devocionales como las cualidades del propio Buda, y objetos más negativos como los detalles sangrientos del cuerpo para contrarrestar la lujuria. Recomendaba también el canto devocional como preludio a la meditación. Así, no sólo revitalizó el saber budista pali, en una época en que el sánscrito había crecido en importancia, sino que también desarrolló un sistema theravada coherente de filosofía e influyó en la naturaleza de la práctica meditativa budista. Al final de su vida volvió a la India y murió en Gaya, en Magadha. ⇨ abhidharma; bhavana; budismo theravada; meditación; tipitaka.

budismo Tradición de pensamiento y práctica que se originó en la India hace unos 2.500 años, y actualmente religión mundial, que deriva de la enseñanza de Buda (Siddharta Gautama), que es considerado como uno de una serie continua de seres iluminados. La enseñanza de Buda se resume en las cuatro nobles Verdades, la última de las cuales afirma la existencia de un sendero que conduce a la liberación de la experiencia humana universal del sufrimiento. Un dogma fundamental es la ley del karma, por la que los hechos buenos y malos acaban en una recompensa o castigo adecuados en esta vida o en una sucesión de renacimientos. A través de una correcta comprensión de esta condición y, por medio de la obediencia al sendero recto, los seres humanos pueden romper la cadena del karma. El sendero de Buda hacia la liberación pasa a través de la moralidad *(sila)*, meditación *(samadhi)* y sabiduría *(panna)*, tal como está dispuesto en el óctuple sendero. La meta es el nirvana, que significa «la extinción» de los fuegos de todos los deseos y la absorción del yo en el infinito. Todos los budas son muy reverenciados y se concede un lugar de especial importancia a Gautama. Existen dos tradiciones principales dentro del budismo, que datan de su historia más antigua. El budismo theravada se adhiere a las enseñanzas estrictas y severas de los escritos del budismo primitivo: la salvación es posible sólo para los pocos que aceptan la severa disciplina y el esfuerzo necesario para alcanzarla. El budismo mahayana es más liberal y hace concesiones a la piedad popular: enseña que la salvación es posible para todos e introduce la doctrina del bodhisattva (o salvador personal). Cuando el budismo se extendió, nacieron otras escuelas, entre las que están la Chan o Zen, el Lamaísmo, Tendai, Nichiren, Tierra Pura y Soka Gakkai. Recientemente el budismo ha provocado un creciente interés en Occidente. El único canon completo de escritos budistas es denominado *tipitaka* o canon pali. Establece la enseñanza básica del budismo theravada, pero otras escuelas tienen esencialmente el mismo canon escrito en sánscrito. Los budistas mahayana reconocen más textos como normativos. Subrayar la diversidad de la creencia y la práctica budistas un propósito predominante. El objetivo es crear las condiciones favorables para el desarrollo espiritual, que conduce a la liberación, o rescate, de la esclavitud del sufrimiento. Generalmente se considera que implica meditación, disciplina personal y ejercicios espirituales de diversos tipos. Este propósito común ha propiciado la flexibilidad del budismo para adaptar su organización, ceremonia y modelo de creencia a diferentes situaciones sociales y culturales. Es imposible conocer las cifras exactas, pero más de mil millones de personas viven en tierras en las que la influencia religiosa del budismo es significativa.
⇨ Ananda; ariya sacca; bodhisattva; Buda; budismo mahayana; budismo Nichiren; budismo theravada; budismo Tierra Pura; budismo zen; chan; Dalai Lama; karma; mandala; mantra; nirvana; samadhi; sangha; sáns-

budismo chino El budismo entró por primera vez en China desde la India en el siglo I d. C., a través de los oasis de Asia Central que hay a lo largo de la Ruta de la Seda, y, hacia el final de la dinastía Han (220 d. C.) había establecido una razonable presencia en China. Las dificultades para extender la tradición budista a China fueron formidables: era una religión extranjera, creía en la reencarnación, ponía poco acento en la familia y estaba centrada en los monjes. Aprovechando la desorganización que acompañó a la caída del imperio Han, armonizando sus ideas con las de los neotaoístas, mediante traducciones expertas de textos al chino, utilizando métodos misioneros graduales en el sur que estaba más asentado y empleando métodos misioneros más vigorosos en el norte cuando fue invadido por los bárbaros, los budistas ayudaron a su religión a echar raíces en China. Grandes traductores como Kumarajiva (344-413) realizaron una excelente tarea al traducir los *Sutras de Mahayana* al chino, y empezaron a surgir escuelas indígenas chinas que eran desconocidas en la India, incluyendo la escuela Chan (Zen), que según se dice fue introducida por Bodhidharma en el 520 d. C., y la Tierra Pura, desarrollada por Tan Luan (476-542). El budismo chino llegó a tener tal éxito que la dinastía Chang lo consideró como «un imperio dentro del imperio» y lo persiguió en el 845, tras lo cual sólo las escuelas Chan y Tierra Pura siguieron siendo fuertes. Se unieron más estrechamente y llegaron a armonizarse más. Hubo un intento por parte del gobierno marxista de Mao (de 1949 en adelante) de someter al budismo y otras religiones de China; sus tierras fueron nacionalizadas y sus monjes, obligados a desempeñar ocupaciones seculares. Desde 1978 el budismo y otras religiones se han reavivado en China. ⇨ budismo Tierra Pura; chan; Sutras de Mahayana.

budismo cingalés Según la tradición budista, el budismo se propagó de manera significativa a Ceilán como resultado de los esfuerzos misioneros fomentados por el emperador indio Asoka en el siglo III a. C. El *Dipavamsa* y el *Culavamsa* pretenden ofrecer la historia de la tradición budista en Ceilán desde la época de Buda al siglo IV d. C., y desde el siglo IV al XIX d. C. Aunque las fuentes históricas buenas son escasas, evidente que el budismo en

Phra-malai. Texto de predicación búdica cingalesa, en escritura camboyana, del s. XIX. Museo Británico (Londres)

budismo en el Asia Central

su forma theravada fue una fuerza significativa en la vida cingalesa, y que cuando Budagosa se dirigió a Ceilán desde la India alrededor del 430 d. C., se convirtió en la gran autoridad para el budismo theravada. Hubo una alianza entre la monarquía, la sangha budista y los laicos, que hizo del budismo theravada la religión nacional implícita de la isla. Durante la época medieval entraron en Ceilán hindúes de habla tamil, y durante la época del imperio británico entraron también cristianos y misioneros occidentales. Se pueden distinguir tres tendencias modernas principales. El budismo cingalés se vio influido tanto por los cultos deva locales y rituales tradicionales de modo que adquirió forma indígena, como por el cristianismo protestante, por movimientos occidentales como la teosofía y por la visión occidental del mundo. También fue la punta de lanza de la reacción nacionalista contra la dominación extranjera y el proselitismo cristiano. Hubo un intento de reformar el budismo de modo que se hiciera más racional, con más mentalidad histórica, más científico, más comprometido socialmente y más moderno. Sin embargo, en el ámbito de los poblados, el budismo siguió haciendo hincapié en las actividades con las que se consigue mérito más que en la razón o la liberación, y en el plano político se hizo inusitadamente agresivo en su confrontación con el separatismo tamil. ⇨ Budagosa; budismo en el sudeste de Asia; budismo theravada; Dipavamsa; sangha.

budismo en el Asia Central El budismo estaba presente en Asia Central antes del siglo II a. C. y siguió ejerciendo una poderosa influencia allí hasta el siglo XI d. C., en que la mayor parte de la región se desplazó en dirección al islam. Los mercaderes indios que eran budistas, comerciaban a lo largo de la Ruta de la Seda que les llevó del noroeste de la India a China. Algunas veces iban con ellos monjes ambulantes y se establecían centros budistas, extendiéndose desde el noroeste de la India y Afganistán hasta los oasis de lo que ahora es el Kazajstán y Sinkiang en China. El budismo llegó a China hacia el siglo I d. C. y hasta la mitad del siglo III el budismo del Asia Central, a través de sus misiones a lo largo de las rutas comerciales, tuvo una influencia importante en el budismo chino. También estuvieron presentes otras religiones en el Asia Central hasta el siglo XI, incluyendo el nestorianismo cristiano, el maniqueísmo, el zoroastrismo y el judaísmo, y hubo un fascinante intercambio de ideas religiosas en esta zona. La naturaleza del terreno local ha permitido recuperar documentos, pinturas e iconografía de esta región, que aportan una importante información sobre el budismo primitivo y otras religiones. Fue la forma mahayana del budismo la que tuvo una mayor presencia en Asia Central, aunque tampoco faltaban otras escuelas como la Mahasanghika y Sarvastivada. ⇨ budismo mahayana; Mahasanghika; maniqueísmo; Sarvastivada; zoroastrismo.

budismo en el sudeste de Asia El budismo theravada es una fuerza religiosa muy significativa en el sudeste de Asia, en los estados de Birmania, Camboya, Laos y Tailandia. Según la tradición, el budismo fue introducido en el área por las misiones del emperador indio Asoka en el siglo III a. C. El testimonio es escaso pero parece que en el siglo X d. C. estaban presentes en el sudeste de Asia varias ramas de la tradición hindú y budista, en partes dispersas. Desde el siglo XI al XV creció la influencia del budismo theravada y hubo significativos contactos con Ceilán, donde el movimiento era fuerte. Surgieron estados budistas en Birmania, Camboya, Laos, Java y Tailandia, incluyendo el estado Angkor, en Camboya, y el estado Pagan, en Birmania, y a pesar de que Indonesia y Malasia se inclinaban hacia el lado musulmán, la naturaleza theravada del resto del sudeste de Asia se fue haciendo clara. En la época moderna, con la excepción de Tailandia, que nunca fue colonizada, el budismo theravada debió enfrentarse a la ocupación imperial, a los misioneros cristianos y a la visión occidental del mundo. Ha respondido de tres modos un tanto opuestos a la crisis política en Birmania, Camboya y Laos, a la crisis psicológica en Tailandia, y, en general, al cambio en cualquier parte del mundo. En primer lugar, han surgido muchas asociaciones laicas activas, como la Asociación Mundial de Budistas, con centro en Bangkok, a la vez que aumentaba la veneración de los monjes, a algunos de los cuales se les han atribuido milagros. En segundo lugar, junto a una mejora significativa en seriedad meditativa entre los laicos y los monjes, se ha producido un incremento del compromiso social, como es el caso de los proyectos éticos activos del monje tailandés Budadasa. En tercer lugar, ha habido un incremento del sincretismo y prácticas cuasimágicas en el plano local, mientras que en el plano oficial y purista se ha producido una reafirmación de las enseñanzas clásicas, acentuando la liberación (nirvana) y la verdad del no yo *(anatman)*. ⇨ budismo cingalés; budismo theravada; islam en el sur de Asia, el; nirvana.

budismo en Occidente El interés occidental por el budismo comenzó en el siglo XIX como resultado de los contactos coloniales con países budistas y el comienzo de estudios académicos de la tradición budista. La Sociedad teosófica fundada por madame Blavatsky y el coronel Olcott, y continuada por Annie Besant, incluía elementos budistas en su pensamiento. Las visitas a Occidente de budistas como Anagarika Dharmapala, que habló al Parlamento mundial de las Religiones en Chicago, en 1893, aceleró el interés; empezó un pequeño movimiento budista en EE. UU. y en Europa a principios del siglo XX, tendiendo a enfatizar la naturaleza no teísta, práctica y lógica del budismo en sus aspectos theravada más que mahayana. Después de la Segunda Guerra Mundial estuvo en boga el budismo zen debido a la obra de Daisetz Teitaro Suzuki y de practicantes zen que establecieron grupos zen en EE. UU. El budismo tibetano llegó a Occidente tras la huida del Dalai Lama del Tíbet, y se fundaron centros de budismo tibetano —incluyendo Eskdalemuir en Escocia, donde se construyó el templo budista más grande de Europa— que atrajeron a seguidores occidentales. Grupos theravada, animados por instituciones como la Sociedad Mahabodhi, también empezaron a surgir en diferentes lugares del Occidente de habla inglesa. A pesar de que estas comunidades todavía están bajo el mando de budistas originarios de países budistas, cada vez es mayor el número de líderes budistas occidentales, formados por eruditos budistas en Asia o en Occidente y cada vez más eminentes, que se están haciendo cargo de ellas. En los últimos veinte años se han formado muchos más grupos que tienden a atraer a pensadores occidentales y a establecer algún tipo de alianza con el budismo theravada, zen o tibetano. Son más los occidentales que se sienten atraídos por la tradición budista que por las tradiciones hindú o musulmana, y aunque su número es todavía pequeño, su importancia cada vez es mayor. ⇨ budismo mahayana; budismo theravada; Dalai Lama; Mahabodhi, Sociedad; Teosófica, Sociedad; tibetana, religión.

budismo hinayana (budismo Hīnayāna) Término sánscrito aplicado por los budistas mahayana a las dieciocho escuelas budistas distintas de la suya. Como las otras diecisiete escuelas han desaparecido, desde entonces suele equipararse con la única que queda, la escuela theravada. De hecho, es un término peyorativo. *Yana* significa vehículo y, por tanto, mahayana es el «gran vehículo» e hinayana el «vehículo menor». El budismo mahayana considera que su tradición tiene una perspectiva más amplia y comprensiva, y que es una llamada más grande a más gente, especialmente a los laicos, que son sus rivales. Huelga decir que el budismo theravada no se considera inferior al mahayana. Además de que actualmente en todo el mundo budista se está produciendo una cierta inclinación hacia el ecumenismo. Sin embargo, a veces el theravada se ha descrito como hinayana, especialmente en Occidente, lo que parece más bien una interpretación desde el punto de vista mahayana más que un análisis correcto e imparcial. ⇨ budismo mahayana; budismo theravada.

budismo japonés El budismo entró en Japón desde Corea en el 538 o 552, pero realizó sustanciales avances a través de la obra del príncipe Shotoku. Erigió nuevos templos budistas, introdujo nuevos textos sagrados budistas *(sutras)*, y en la capital japonesa de Naro se crearon seis escuelas filosóficas budistas. El emperador Shomu convirtió virtualmente al budismo en la religión del Estado japonés en el 741. Su poder en Nara creció hasta el punto de que el emperador Kammu trasladó la capital a Kyoto en el 794 para contrarrestar el budismo de Nara, y, poco después, envió emisarios a China que volvieron a traer el budismo Tendai y Shingon a Japón. Estas nuevas escuelas eran sincretistas, y el budismo se hizo más popular cuando asimiló elementos sintoístas en la escuela sintoísta Ryobu y cuando se abandonaron nuevos movimientos como el budismo Tierra Pura, zen y nichiren. Tierra Pura señalaba la posibilidad de renacimiento en el paraíso o Tierra Pura de Amida Buda a través de la fe en él; el zen hacía hincapié en la posibilidad de iluminación gradual o súbita aquí y ahora y el nichiren era menos tolerante y más exclusivo por su énfasis en el *Sutra Loto*. El budismo también llegó a ocuparse de ritos funerarios en la esfera local, dentro del culto general. Desde la restauración Meiji y el renacimiento del sintoísmo, desde 1868 a 1945, la tradición budista ha tenido que enfrentarse a muchas dificultades, pero, a partir de la Segunda Guerra Mundial, se fragmentó y resurgió bajo las nuevas condiciones de libertad religiosa en Japón. ⇨ Amida, culto; budismo Nichiren; budismo Tierra Pura; budismo zen; Ryobu, sintoísmo; Shingon; Tendai.

budismo japonés, culto de budas y bodhisattvas Japón adoptó la tradición mahayana de Corea y China y, por tanto, incorporó los budas y bodhisattvas mahayana a la cultura japonesa. El Buda histórico, conocido como Shaka en Japón, existía en forma de imagen antes del 606, pero fue perdiendo importancia con posterioridad. La escuela Tendai ponía gran énfasis en el Yakushi como el buda que cura, y también sobre Amida, que después se convirtió en el buda clave del budismo Tierra Pura. La escuela hosso, en Nara, adoraba cuatro budas: Shaka, Yakushi, Amida y Miroku (Maitreya), el último de los cuales llegó a identificarse con el príncipe budista Shotoku. A pesar de ello, fue Amida quien floreció en Japón junto con el buda solar Vairocana, que en Japón era conocido como Dainichi. El buda solar estaba rodeado de mandalas shingon (círculos simbólicos) por otros budas y llegó a identificarse con el cuerpo cósmico de Buda, el *dharmakaya,* la realidad que está detrás de todas las cosas. Entre los bodhisattvas se hicieron populares Kannon, la diosa de la misericordia, forma japonesa de Kuan Yin, como la dispensadora de compasión y Jizo, considerado el santo que guía a los niños, madres encinta y viajantes. ⇨ Amida, culto; bodhisattva; Buda; budismo mahayana; dharmakaya; Kuan Yin; Maitreya; mandala; Shingon; Tendai.

budismo mahayana (Mahāyanā) (sánscrito: «gran vehículo») Forma de budismo comúnmente practicado en China, el Tíbet, Mongolia, Nepal, Corea y Japón. Data de en torno al siglo I d. C., cuando surgió como una tendencia más liberal dentro del budismo, en el norte de la India. Realzando varias formas de devoción popular, basadas en su teoría de los bodhisattvas, cree que la meta de la vida no es llegar a ser perfecto (un «santo perfecto»), sino posponer este estado para ayudar a los demás en el camino de la iluminación. En el budismo mahayana el sentimiento primordial es la compasión, equiparada en rango a la sabiduría como medio de alcanzar la iluminación. El objetivo de los seguidores es convertirse en bodhisattvas y finalmente en budas. Entre las diferentes escuelas mahayana están el budismo zen, budismo Nichiren y budismo Tierra Pura, cada una de las cuales hace hincapié en un método diferente de lograr la perfección espiritual. ⇨ bodhisattva; budismo.

budismo Nichiren Secta fundada por el reformador budista japonés Nichiren (1222-1282), a veces llamada secta Loto, a causa de su afirmación de que el *Sutra Loto* contenía la verdad última. Atacó otras formas de budismo y convocó a la nación a convertirse al verdadero budismo. En la actualidad existen más de 40 subsectas. ⇨ budismo; Soka Gakkai.

budismo tántrico Forma tardía de budismo que surge de tendencias dentro de la tradición budista mahayana y que desarrolla su propia forma y ritmo, especialmente en el Tíbet. Los tantras mismos son textos rituales que se decía habían sido comunicados originalmente por Buda y que habían sido transmitidos en secreto hasta los siglos V y VI d. C., en que aparecieron en la India y fueron desarrollados por 84 santos o siddhas tántricos, incluyendo figuras como Saraha y Naropa. Los tantras fomentaban la evocación de varios dioses, la búsqueda de poderes mágicos, el uso de cantos sagrados conocidos como mantras, el uso de gestos corporales conocidos como *mudras,* el uso de versos místicos conocidos como mandalas y varias formas de meditación y yoga. El papel del gurú (que generalmente se mantiene en una línea ininterrumpida de sucesión) es importante en el budismo tántrico. Él motiva y autoriza al seguidor a embarcarse en la meditación, transmite los textos relevantes, y enseña el método correcto de embeberse y practicar la enseñanza y doctrina importantes. Se hace más hincapié más en el presente y en el día a día que en el nirvana como meta futura. Ha habido una coincidencia parcial entre el tantrismo hindú y el budista, y ambos han incluido una forma ortodoxa «derecha» y una forma «izquierda» menos convencional que no tenía inconveniente en utilizar de forma ritual elementos prohibidos, tales como pescado, carne, afrodisíacos, licor y unión sexual. El budismo tántrico desapareció de la India, pero fue llevado al Tíbet, entre otros, por Padmasambhava, convirtiéndose allí en dominante, especialmente en su forma más ortodoxa. ⇨ Buda; gurú; mandala; mantra; mudras; nirvana; Padmasambhava; tibetana, religión.

budismo theravada (theravāda) Forma de budismo que se encuentra generalmente en el sur de Asia (Sri Lanka, Birmania, Tailandia, Camboya y Laos). Sus doctrinas permanecen esencialmente tal como eran en el siglo III a. C. Usando el *tipitaka* o canon pali como principal fuente de escritura sagrada, los theravada interpretan las enseñanzas de Buda de una manera conservadora y, mientras que sí adoran a Buda, no veneran a otras figuras. El budismo theravada se distingue generalmente del posterior budismo mahayana por su rechazo a la teoría de los bodhisattvas. La meta definitiva para un theravada es convertirse en un «santo perfecto» o *arahat*. No creen, sin embargo, que los creyentes laicos puedan alcanzar verdadera iluminación. Esta solamente es posible ingresando en las órdenes religiosas. Incluso entonces consideran casi imposible para cualquiera transformarse en buda. ⇨ arahat; bodhisattva; Buda; budismo; budismo mahayana; tipitaka.

budismo Tierra Pura Escuela de budismo fundada, se dice, por el monje chino Hui Yuan (334-417); una de las formas más comunes del budismo mahayana. Se caracteriza por la devoción al bodhisattva Amitabha, que reina en una «tierra pura». La meta de los consagrados a Amitabha y la Tierra Pura es renacer allí y lograr la iluminación. La escuela también se extendió a Japón, donde se separó de la secta principal y formó una escuela independiente. ⇨ bodhisattva; budismo; budismo mahayana.

budismo zen Escuela de meditación de budismo introducida en Japón por monjes que volvían de China en el siglo XII. Se originó en la India, y se propagó a China, donde incorporó elementos del taoísmo. El zen acentúa la experiencia personal de la iluminación basada en una vida sencilla, vivida en estrecha relación con la naturaleza y en métodos de meditación que evitan los rituales complicados y el pensamiento abstruso. En Japón existen dos grupos principales de zen: Rinzai, introducido por Eisai (1141-1214), y Soto, introducido por Dogen (1200-1253). El Rinzai busca la iluminación espontánea, mientras que el Soto enseña una forma de meditación en la que la iluminación es un proceso más gradual. ⇨ budismo; chan; meditación; taoísmo.

budistas, congresos Según la tradición budista ha habido muchos congresos importantes en la historia budista. La tradición coincide en los tres más antiguos, celebrados en Rajabaha en la estación del monzón que siguió a la muerte de Buda (c. 483 a. C.), en Vesali, unos cien años después, y en Pataliputra (Patna) en el reinado de Asoka (c. 250 a. C.). Existe también acuerdo sobre el último, celebrado en 1956 d. C. en Rangún, Birmania, para celebrar el 2.500 aniversario de la iluminación de Buda. Algunos países, por ejemplo, Birmania y Sri Lanka (anteriormente Ceilán), reconocen seis concilios como válidos, siendo los otros dos los de Ceilán hacia el 90 d. C. y 1865 d. C.; mientras Tailandia reconoce 10 congresos válidos, siendo los otros seis los celebrados en Ceilán hacia el 220 a. C., hacia el 27 a. C., hacia el 90 d. C., y el 1044 d. C., y en Tailandia en 1477 d. C. y

Buenaventura

1788 d. C. El primer congreso de Rajabaha fue importante porque estableció el texto de dos de las tres partes del *tipitaka* o canon pali, a saber, los discursos de Buda *(sutta-pitaka)* y la disciplina monástica *(vinaya-pitaka)*. El segundo, de Vesali, fue importante porque provocó serias disputas sobre la disciplina monástica. En el tercer congreso de Patna, asociado a Asoka, se restableció la armonía en la comunidad budista en vista de las disensiones originadas por la expansión del punto de vista Sarvastivada. El último congreso, celebrado en Rangún en 1956, fue un acontecimiento importante para la aceptación moderna del budismo como religión mundial ecuménica y, en su clausura los monjes reunidos recitaron el tipitaka pali completo, y después se publicó la edición revisada del texto. ⇨ bodhi; Buda; iluminación; Sarvastivada; sutta-pitaka; tipitaka; vinaya-pitaka.

Buenaventura, San originalmente **Giovanni di Fidanza** (1221-1274) Teólogo italiano, nacido cerca de Orvieto, Toscana, y conocido como el «Doctor Seráfico». En 1243 se hizo franciscano, en 1253 profesor de teología en París, en 1257 general de su orden y en 1273 cardenal obispo de Albano. Murió, de puro agotamiento ascético, durante el Concilio de Lyon. En 1482 fue canonizado por Sixto IV y en 1587 el papa Sixto V le declaró el sexto de los grandes Doctores de la Iglesia. Su mística atrajo a Lutero, aunque fomentaba la mariolatría, el celibato y una elevada consideración de la transubstanciación. Sus obras más importantes son el *Breviloquium* (de dogmática); el *Itinerarium Mentis in Deum; De Reductione Artium ad Theologiam* (comentario sobre Pedro Lombardo), y su *Biblia Pauperum* o «Biblia de los pobres». Su fiesta se celebra el 15 de julio. ⇨ franciscanos; Lombardo, Pedro; Lutero, Martin; mística.

Bultmann, Rudolf Karl (1884-1976) Teólogo protestante alemán, nacido en Wiefelstede, Oldenberg. Profesor de Nuevo Testamento en Marburgo (1921-1951), sostenía en aquel entonces que la crítica de las formas de los Evangelios mostraba que era casi imposible conocer nada sobre el Jesús histórico; la fe *en* Cristo, más que la creencia *sobre* él, era lo que importaba. El desafío existencial de los Evangelios se veía, sin embargo, amortiguado para el hombre moderno por las dificultades con los milagros y otros aspectos de la visión del mundo del Nuevo Testamento, que necesitaba, por tanto, ser «desmitificada». Estos puntos de vista polémicos provocaron una fuerte reacción: a la larga, hacia una mayor confianza en la historicidad de los Evangelios o hacia un existencialismo humanista despreocupado del tema. Entre sus libros están *La historia de la tradición sinóptica* (1921), *Jesús y la palabra* (1934), *Kerigma y mito* (1953), Conferencias Gifford sobre *Jesucristo y mitología* (1960), *Teología del Nuevo Testamento* (2 vols., 1952-1955), *Existencia y fe* (1964) y *El Evangelio de Juan* (1941). ⇨ crítica de las formas; desmitificación; existencialismo cristiano; Jesucristo; protestantismo.

Bundehish Obra en persa medio (pahlevi), cuyo título significa «Creación primigenia». La última reestructuración importante del texto escrito data probablemente de finales del siglo IX o del X, pero la obra se basa en una tradición oral mucho más antigua y preserva elementos de una descripción extremadamente arcaica del mundo. Los principales temas del Bundehish son la cosmogonía, la naturaleza de las creaciones y la historia de la mítica dinastía irania primitiva de los kayanianos. La obra se basaba en el *Zand*, la traducción y exégesis al persa medio del *Avesta*. Su relato de la cosmogonía es de fundamental importancia para nuestra comprensión del zoroastrismo: describe cómo, en el Principio, Ahura Mazda vivía en lo alto, en la luz, mientras Angra Mainyu estaba al acecho en los abismos, en las tinieblas. Ahura Mazda, siendo omnisciente, era consciente del antagonismo de Angra Mainyu, y de la necesidad de eliminar el mal del universo por medio de una lucha en un campo de batalla concreto, el mundo. Con este fin creó primero un prototipo ideal, intangible, luminoso, del mundo; Angra Mainyu intentó atacarlo, pero fue repelido. Los dos antagonistas entonces hicieron un pacto de luchar entre sí por un tiempo limitado. Después Ahura Mazda creó el mundo en forma física, pero todavía ideal, luminoso e inmóvil. Finalmente, Angra Mainyu atacó de nuevo, y penetró en el mundo, trayendo oscuridad, muerte, mal y corrupción, y originando la transición de un estado inmóvil a uno dinámico. Es este el mundo de la Mezcla *(gumezishn),* en el que ahora vivimos, y que acabará cuando los poderes del mal sean finalmente derrotados. ⇨ Ahura Mazda; Angra Mainyu; Avesta; cosmogonía; Frashokereti; pahlevi; zoroastrismo.

Bunyan, John (1628-1688) Escritor y predicador inglés, nacido en Elstow cerca de Bedford, hijo de un «hojalatero» o calderero. En 1644 fue llamado al servicio militar, en junio de 1645 volvió a Elstow y allí, en torno a 1649, se casó con una chica pobre que traía consigo dos libros que habían pertenecido a su padre: *Sendero llano del hombre hacia el cielo* y *Práctica de la piedad*. Por esta época Bunyan empezó a experimentar aquellas profundas experiencias religiosas que describió tan vívidamente en *Gracia desbordante* (1666). En 1653 se unió a una asociación cristiana organizada por un comandante monárquico convertido, y hacia el 1655 los hermanos le pidieron que les dirigiera. Esto le llevó a predicar por las aldeas de los alrededores de Bedford, y en 1656 se vio envuelto en polémicas con los seguidores de George Fox, de las que surgió su primer libro *Algunas verdades patentes del Evangelio* (1656), vigoroso ataque al cuaquerismo. Edward Burrough, cuáquero, replicó a esta obra; Bunyan le respondió en *Una reivindicación de las verdades*

bushido

patentes del Evangelio (1657). En noviembre de 1660 fue arrestado mientras predicaba en una alquería cerca de Ampthill. Durante los doce años de prisión en la cárcel del condado de Bedford que siguieron, Bunyan escribió *Meditaciones provechosas* (1661), *Rezaré con el Espíritu* (1663), *Conducta cristiana* (1663), *La ciudad santa* (1665), *La resurrección de los muertos* (1665), *Gracia desbordante* (1666) y algunas otras obras. Fue puesto en libertad tras la Declaración de Indulgencia de 1672, con la que se convirtió en predicador autorizado y pastor de la iglesia a la que pertenecía. En febrero de 1673, sin embargo, la Declaración de Indulgencia se canceló y el 4 de marzo, una orden judicial, firmada por trece magistrados, ordenaba su detención. Llevado a juicio bajo la Conventicle Act, Bunyan fue condenado a seis meses de prisión en la cárcel de la ciudad. Durante este último y más breve período en prisión fue cuando escribió la primera parte de *El progreso del peregrino*. Cuando lo publicó por primera vez en 1678, no contenía Señor Sabio Mundano, y muchos pasajes fueron añadidos en la segunda y tercera ediciones (1679). Es esencialmente una visión de la vida contada alegóricamente como la narración de un viaje. Siguieron la *Vida y muerte del señor Hombre malo* (1680), la *Guerra santa* (1682) y *El progreso del peregrino, segunda parte* (1684), que contiene la historia de Cristiana y sus hijos. Bunyan llegó a ser pastor en Bedford durante 16 años hasta su muerte, ocurrida después de una cabalgata bajo la lluvia que iba de Reading a Londres. Fue enterrado en Bunhill Fields, el *Campo Santo* de los disidentes. ⇨ disidentes; Fox, George; Sociedad de Amigos.

bushido Noción japonesa de «camino del guerrero», que surgió del budismo zen y se debía en parte al confucianismo y al sintoísmo. Código samurai hasta 1868, que enseñaba lealtad personal a un señor, la muerte antes que la captura/rendición e indiferencia estoica hacia los bienes materiales. Como los caballeros europeos, el samurai cabalgaba a la batalla con armadura. La tradición bushido aún se ve en los tiempos modernos; por ejemplo, los oficiales japoneses llevaban espadas en la Segunda Guerra Mundial. ⇨ samurai.

búsqueda de la visión Institución nativa americana extendida que se encuentra, con variaciones, entre los algonquinos y otros pueblos orientales, entre pueblos de las Praderas y de la Meseta occidental. Típicamente, era la experiencia de un joven puesta a prueba. Él se prepararía cuidadosamente mediante la autopurificación en la casa del sudor, el fumar sagrado y la oración intensa, la ordalía, incluyendo el ayuno y la sed, y mediante el arduo retiro en una montaña o bosque. A cambio recibiría una visión de su espíritu guardián personal (a menudo en forma de animal), conocería poderes especiales otorgados ahora a él, y las reglas y tabúes que necesita para mantenerlos intactos, y encontraría la naturaleza de su bolsa medicinal personal. Algunos aprenderían por este medio su vocación para ser hechicero o chamán; de hecho, se ha discutido si la búsqueda de la visión tenía su origen en un rito de paso en la pubertad o era fruto de la llamada en una visión del chamán. Entre los pueblos de las Praderas, algunos adultos buscaban y lograban visiones varias veces, como muestra la historia de Black Elk. Entre los pueblos de las costa oeste, el espíritu guardián se heredaba en vez de identificarse por separado. La búsqueda de la visión declinó con la desaparición de la cultura del guerrero y el fin de la vida tradicional; el uso del peyote se ha convertido con frecuencia en un sustituto funcional. ⇨ algonquina, religión; bolsa medicinal; calumet; casa del sudor; peyote; sioux, religión.

búsqueda del Jesús histórico Intento en el protestantismo liberal de escribir vidas de Jesús separando los «hechos» históricos imbricados en los Evangelios de las afirmaciones de fe de la Iglesia. El movimiento recibió el nombre de la traducción inglesa (1910) del famoso libro de Albert Schweitzer, *Von Reimarus zu Wrede* (1906), escrita de nuevo como *Geschichte der Leben-Jesu Forschung* (1913) y traducida al español como *El secreto histórico de la vida de Jesús*. Juzgaba el esfuerzo liberal un fracaso por no darse cuenta de que creaba un Jesús simpático a expensas de negar aspectos fundamentales de su mensaje escatológico. El título «Nueva búsqueda del Jesús histórico» se ha aplicado también a investigadores bíblicos como Günter Bornkamm (1905–), Ernst Käsemann (1906–) y James M. Robinson (1924–), que defienden un núcleo histórico más amplio para los Evangelios que el que admitiría la aproximación crítico-formal de Bultmann. ⇨ Bultmann, Rudolf Karl; crítica bíblica; Schweitzer, Albert.

Butler, Joseph (1692-1752) Filósofo y teólogo moralista inglés, nacido en Wantage, Berkshire. Desde muy pronto parecía destinado para ministro presbiteriano, pero en 1718 se graduó por el Oriel College, de Oxford, recibió las órdenes anglicanas y fue nombrado predicador de la Rolls Chapel, donde predicó los *Quince sermones* (publicados en 1726). Esta obra expone su sistema ético, que él intenta fundamentar firmemente sobre la complejidad empírica de la naturaleza humana y la peculiar facultad humana de la conciencia, y que sostiene la compatibilidad última del egoísmo y la benevolencia. Se convirtió, sucesivamente, en obispo de Bristol (1738), deán de San Pablo (1740) y obispo de Durham (1750). Su otra gran obra fue *La analogía de la religión* (1736), una defensa de la religión revelada contra los deístas. ⇨ Comunión Anglicana; deísmo.

C

cábala (hebreo: «tradición») Enseñanzas religiosas judías originalmente transmitidas por vía oral, predominantemente de naturaleza mística y, que aparentemente, constan de doctrinas secretas. Evolucionó en dos direcciones: la «práctica», que se centra en la oración, meditación y actos de piedad, y la «especulativa» o «teórica», que se centra en el descubrimiento de misterios ocultos en las Escrituras judías mediante métodos especiales de interpretación. ⇨ judaísmo; mística; Zohar.

cábala cristiana Período de la historia cristiana que va aproximadamente desde 1400 a 1700, en que la cábala judía fue interpretada en términos de pensamiento cristiano, y el cristianismo fue visto como el cumplimiento de la cábala. Pico della Mirandola (1463-1494) mostró cómo la cábala demostraba la divinidad de Cristo, cómo la sefirá judía triple confirmaba la doctrina de la Trinidad y cómo las intuiciones de la cábala coincidían con la mística cristiana que se encuentra en el neoplatonismo del Pseudo-Dionisio. Johannes Rechlin (1455-1522) abogaba por la importancia de la cábala y su interpretación mística de los números, palabras y geometría sagrada, ambas como una confirmación de la verdad de la teología cristiana, y como medio de convertir judíos al cristianismo; el siglo siguiente fue testigo de muchas conversiones de judíos al cristianismo, aunque por otras razones además de la persuasión de la cábala cristiana. A partir del siglo XVIII, su influencia declinó y su teoría de que la cábala judía está demostrada o cumplida por el cristianismo no se considera ya que sea relevante o viable. ⇨ cábala.

cabeza, culto (celta) a la Pueblos de varias partes del mundo han venerado la cabeza humana como fuente de poder; los antiguos celtas lo hacían en grado extraordinario. Los escritores clásicos y las inscripciones romanas describen a los guerreros celtas coleccionando y dedicando solemnemente las cabezas de los muertos en combate. Los santuarios celtas, como el de Roqueperteuse en Francia, no sólo contienen tallas de cabezas, sino que muestran calaveras en nichos. Se representan cabezas cercenadas en metal (como en el famoso cuenco Gundestrup de

Dinamarca), en piedra (como en los emplazamientos celtas a lo largo del Muro de Adriano, donde las cabezas parecen haber sido arrancadas de las estatuas) y en inscripciones por todas partes. El folclore irlandés y galés conserva tradiciones de cabezas que hablan después de la muerte, y el Mabinogion habla del «entretenimiento de la cabeza noble» del héroe Bendigheid Bran, que presidió las fiestas de sus seguidores durante ochenta felices años. Aunque el significado completo es ahora difícil de interpretar, la cabeza estaba claramente asociada a la fertilidad y la renovación; el culto a la cabeza y a las fuentes sagradas van unidos. La historia de Bran y otras fuentes señalan un lazo con la prosperidad, la seguridad, la profecía y la fuerza divina. ⇨ Mabinogion.

Cabrini, Santa Francisca Javiera (1850-1917) Monja americana de origen italiano, nacida en Sant' Angelo, Lodigliano, llamada María Francisca. Fundó las Hermanas Misioneras del Sagrado Corazón (1880), emigró a EE. UU. en 1889 y se hizo célebre como «Madre Cabrini» por su labor social y caritativa. Fundó 67 casas de la orden en EE. UU., Buenos Aires, París y Madrid. Canonizada en 1946, fue la primera santa norteamericana. Su fiesta se celebra el 13 de noviembre. ⇨ monacato.

cadí (qādi) Juez musulmán de un tribunal de la shariah (que administra la ley islámica tradicional). Deber ser varón (las mujeres no son elegibles) de buen carácter y de profundo saber. Debe estar también libre de cargos y compromisos que pudieran impedir su administración imparcial de justicia. En teoría el cadí era responsable tanto de la ley civil como de la criminal, pero en la práctica se limitó principalmente a la ley civil, que trata de la ley de la familia y la herencia, del matrimonio y el divorcio, de viudas y huérfanos, y de otras causas caritativas. Donde la shariah prescribía un castigo impuesto por Dios, el cadí era responsable de vigilar que tal castigo se aplicase. Aunque no había teóricamente apelación contra una decisión de un cadí, la mayoría de los estados musulmanes introdujeron un sistema de apelación. De hecho, el Estado ha asumido la administración de la justicia criminal en muchas zonas musulmanas, y, en países como Egipto, los tribunales de la shariah han sido abolidos. Se suponía que el cadí aplicaba sólo antecedentes pasados y no su propio juicio. En la práctica, sin embargo, los jueces introdujeron pequeñas modificaciones, y la shariah no permaneció completamente estática. Recientemente, el posible realce del papel de los tribunales de la shariah y el de los cadís ha sido mucho más discutido, pero la relación entre la ley de la shariah y la ley del Estado sigue siendo poco clara. ⇨ shariah.

caída, la Un tema común en los mitos, sagas y leyendas de muchos pueblos y de sus tradiciones religiosas, es el concepto de caída de un estado original paradisíaco. Este es descrito como una edad dorada, cercana al origen del tiempo en que hombres y dioses estaban en comunión. La caída de este estado tiene como resultado la degradación de la integridad original de la creación. El mal, el sufrimiento y la muerte entran en el universo, y el hombre pierde su inocencia y el don de la inmortalidad. Las razones dadas para la caída varían según las tradiciones. En algunos relatos, el paso del tiempo trae la decadencia de la edad de oro. En otros, la fuente de tensión y desorden se sitúa en disputas entre los propios dioses. Para la mayoría, con frecuencia, la caída es resultado de fracasos humanos. Este es el caso del relato bíblico en el que Adán y Eva son expulsados del jardín del Edén por desobedecer a Dios (Génesis 3). Como consecuencia, el pecado entra en el mundo y la fatiga y el dolor marcan la condición humana. En la evolución cristiana de este mito, el conjunto de la humanidad es incluida en solidaridad con la desobediencia de Adán. Esto explica la universalidad de la condición pecadora del hombre y reclama un segundo Adán (Cristo) para redimirle (Romanos 5, 12ss). La convicción que subyace en los relatos bíblicos de la caída es que un mundo pecador es una distorsión del propósito de Dios en la creación y que el mismo Dios está actuando para reparar la situación. La idea de una caída parece reflejar la necesidad del hombre de explicar lo negativo que encuentra en el corazón de la vida contrastándolo con una mítica era de perfección perdida. ⇨ Adán y Eva; edad de oro; Edén, Jardín del; pecado original.

Caín y Abel ofreciendo sacrificios. Biblia de San Luis de Francia. Catedral de Toledo

Caín Personaje bíblico, hijo mayor de Adán y Eva, hermano de Abel y Set. Es descrito (Génesis 4) como agricultor cuya ofrenda a Dios fue rechazada, a diferencia de la de su hermano Abel que era pastor. Esto le llevó al asesinato de Abel y al castigo de ser desterrado a una vida nómada. ⇨ Adán y Eva; Biblia; Enoc.

cakras ⇨ **chakras**.

Calcedonia, Concilio de (451) Concilio de la Iglesia que acordó que Jesucristo es verdaderamente Dios y verdaderamente hombre, dos naturalezas en una persona (la «definición de Calcedonia»). La

calendario

definición es generalmente aceptada por las Iglesias, aunque desde el principio existieron dificultades sobre su interpretación y recientemente ha estado bajo permanente crítica. ⇨ Concilio de la Iglesia; cristología.

calendario Sistema de señalar el paso del tiempo mediante la división en períodos regulares (por ejemplo, días, meses, años). El mes del calendario lunar se basa en ciclos de fases de la Luna, mientras que el calendario solar se basa en la rotación de la Tierra alrededor del Sol. Las conmemoraciones de días y estaciones particulares tienen un significado especial en muchas religiones (por ejemplo, el año litúrgico en el cristianismo) y ciertamente pueden ser la razón primera en el origen de los calendarios.

calendario cristiano ⇨ **año cristiano**.

calendario islámico El calendario islámico data de la emigración de Mahoma de La Meca a Medina, el 16 de junio del 622, y no de la época en que comenzó a recibir las revelaciones del Corán en el 610. El énfasis se ponía así en el origen del islam, como comunidad integrada y con éxito, en el 622, como la clave del comienzo del calendario. Incluye sólo meses lunares y, por tanto, un año en el calendario musulmán contiene 354 días, en vez de los 365 días del calendario solar gregoriano que utiliza el mundo occidental. Consecuentemente, el año 0 en el calendario musulmán equivale al año 622 d. C. del calendario occidental, y 100 años del calendario occidental equivalen a 103 años del calendario lunar musulmán. En la práctica internacional, los musulmanes tienden a usar el calendario gregoriano occidental para los asuntos generales y el calendario musulmán para los asuntos religiosos. ⇨ Corán; Hajj; La Meca; Medina.

calendario judío El calendario judío es solar-lunar, fijado en primer lugar según los ciclos de la Luna, pero con referencia al Sol para mantener la armonía de las estaciones. La literatura bíblica tardía y la del Segundo Templo (por ejemplo, los manuscritos del mar Muerto) muestran desacuerdo sobre si debe tener prioridad el Sol o la Luna, pero la Luna llega a ser más importante y así ha seguido siendo. Desde la época medieval, los años se han contado a partir de la creación del mundo, de tal modo que, por ejemplo, 1992 es el 5752. El ciclo anual tiene doce meses, cada uno comienza con la luna nueva, y tiene una duración de 29 o 30 días; el año tiene 354 o 355 días. Comenzando con Nisán, que cae en marzo/abril, los meses son: Nisán (o Aviv), Iyyar, Sivan, Tammuz, Av, Elul, Tishri, Cheshvan (o Marcheshvan), Kislev, Tevet, Shevet y Adar. Sin embargo, para armonizar el año solar y asegurar que las fiestas caigan oportunamente, se añade un 13º mes extra en el 3º, 6º, 8º, 11º, 17º y 19º año de cada ciclo de 19 años. Viene este después de Adar, rebautizado Adar Rishon («Primer Adar»), y se llama

Adar Sheni («Segundo Adar»). Mientras Nisán da comienzo al año religioso, la Biblia señala un nuevo año haciéndole la competencia en el otoño, que empieza el 1 de Tishri; la tradición posterior lo llama Rosh Hashanah («cabeza del año»). El judaísmo así, como otras culturas, comienza el año en diferentes momentos de acuerdo con propósitos distintos. ⇨ hagim; mar Muerto, manuscritos del; Misná; Rosh Hashanah.

calendario mesoamericano
La clase sacerdotal de las civilizaciones mesoamericanas desarrollaron un intrincado, y extraordinariamente preciso, sistema de calendario. Junto al año solar de 365 días discurre un año sacro de 260 días (20 semanas de 13 días, cada día con su color sagrado apropiado y símbolos asociados relacionándolo con el mundo de los dioses). El calendario sacro (Tonalpohualli) era importante tanto para fines públicos (días propicios y desfavorables para actividades estatales) como para fines privados (horóscopos, etc.) y ocupaba a muchos especialistas. Cada 52 años, el año nuevo de los calendarios solar y ritual coincidían, señalando un tiempo de renovación cósmica y, al menos en los últimos tiempos aztecas, se requería una ruptura simbólica con el pasado (rompiendo pucheros, apagando fuegos, barriendo) y un sacrificio especial (humano). La denominada piedra calendario azteca de Tenochtitlán no es en sentido estricto un calendario, aunque muestra signos de 20 días. Es un mapa de tiempo, de gran tamaño, que data de

Piedra del Sol o calendario azteca del período posclásico, 1300-1521. Museo de Antropología (México)

1500 d. C. Las cuatro edades pasadas o «soles» están representadas en su relación con la actual era azteca, el «sol de movimiento». En el centro está el dios Sol; un cuchillo sacrificial, en forma de lengua, cuelga de su boca. ⇨ azteca, religión; maya, religión; sacerdocio mesoamericano.

calendario sij ⇨ sij, calendario.

calmecac Literalmente «fila de casas», era la escuela sacerdotal azteca, situada en el área sagrada, donde los hijos de la nobleza acudían a prepararse para el sacerdocio *(teopixque)*, ley, gobierno o servicio militar, todas ellas funciones sagradas. El calmecac estaba bajo el patrocinio del mismo Quetzalcóatl. El entrenamiento era física y mentalmente riguroso, pues los sacerdotes necesitaban distinguirse por sí mismos en la guerra y los administradores debían estar sólidamente instruidos en los misterios sagrados. Los instructores eran conocidos como *tlamatinime* («conocedores de las cosas») y sus clases, cuando se consideraba formalmente que estaban transmitiendo oralmente la tradición sagrada, como *huehuetlatolli* («palabra antigua, antigua»). ⇨ azteca, religión; Quetzalcóatl; sacerdocio mesoamericano.

calumet Este término, originalmente una atribución local francesa, se aplica ahora a menudo a todas las pipas y materiales de fumar utilizados en el culto americano nativo. Fumar como medio de oración y de comunión está muy extendido por Norteamérica. Algunos lo han derivado de la pipa que aspira el chamán, que es la fuente, tanto de las inhalaciones que estimulan a la visión extática, como el medio de sacar sustancias ajenas peligrosas del cuerpo del que sufre. Los modelos indígenas de comprensión se reflejan en las historias de la pipa arquetípica. La más conocida, la de los sioux oglala, habla del regalo de la pipa por la Mujer Búfalo Blanca. La pipa, por su hornillo, tubo, grabados y plumas pegadas, representa a la tierra, la vegetación, animales y pájaros. Orar con la pipa, de acuerdo con esto, significa rezar con y por todo. Esta «pipa ternera» es custodiada, venerada y rara vez mostrada, en Green Grass, Dakota del Sur. La gran pipa plana de los arapahoes se guarda de manera parecida. Se cree que representa al mismo ser supremo; de ahí que, en circunstancias normales, no pueda ser contemplada. Las pipas, o partes de ellas, parecen ser un elemento frecuente de las bolsas medicinales. En los últimos años ha habido reinterpretaciones de la pipa sagrada en términos cristianos. ⇨ bolsa medicinal; chamanismo; sioux, religión.

Calvario (latín: *calvaria*, «calavera», traducción del semita *Golgotha*) Lugar donde fue crucificado Jesús, se cree que es un lugar de ejecución a las afueras de Jerusalén. El término aparece en la Biblia (Lucas 23, 33). ⇨ crucifixión; Jesucristo.

calvinismo Término con al menos tres aplicaciones. **1** Teología del reformador protestante del siglo XVI, Juan Calvino. **2** Principales doctrinas de los eruditos calvinistas del siglo XVII, incluyendo los «cinco puntos del calvinismo», afirmados por el Sínodo de Dort (1618-1619). **3** En sentido más amplio, las creencias de aquellas iglesias de la tradición reformada que surgieron bajo la influencia de Calvino, y el impacto que tuvieron en las sociedades y culturas en las que arraigaron. Históricamente, el calvinismo ha puesto el énfasis en la soberanía de Dios, la Biblia como la única regla de fe, la doctrina de la predestinación y la justificación sólo por la fe. Ha habido una renovación neocalvinista en el siglo XX bajo la influencia del teólogo Karl Barth. ⇨ Barth, Karl; Calvino, Juan; Iglesia de Escocia; iglesias reformadas; Knox, John; predestinación; presbiterianismo; protestantismo.

Calvino, Juan (1509-1564)
Teólogo y reformador francés, nacido en Noyon, en la Picardía, donde su padre, Gérard Caulvin o Cauvin, era *procureur-fiscal* y secretario de la diócesis. Estudió latín en París desde 1523, y más tarde como estudiante de derecho en Orleans, fue inspirado por las Escrituras. De Orleans fue a Bourges, donde aprendió griego, publicó una edición de *De clementia* de Séneca y comenzó a predicar las doctrinas reformadas. Después de una breve estancia en París (1533), ahora centro del «nuevo aprendizaje» y de entusiasmo religioso, visitó Noyon. Fue a Nerac, Saintonge, la residencia de la reina de Navarra, Angulema, y después a París otra vez. La persecución se desencadenó con tanta vehemencia que Calvino no estaba ya seguro en Francia; en Basilea, en 1536, publicó su *Christianae Religionis Institutio*, con el famoso prefacio dedicado a Francisco I. Tras una breve visita a Italia, a Renée, duquesa de Ferrara, volvió a visitar su ciudad natal, vendió sus propiedades paternas y partió para Estrasburgo, vía Ginebra, donde Guillaume Farel le persuadió para que se quedara y ayudara en la tarea de la reforma. Los ciudadanos habían declarado su independencia frente al duque de Saboya, y los magistrados y el pueblo se habían unido con ilusión a los reformadores. Se proclamó una confesión de fe y la severidad moral ocupó el lugar de la licencia. La tensión, sin embargo, fue demasiado súbita y extrema. Estalló un espíritu de rebelión con los «libertinos», y Calvino y Farel fueron expulsados de la ciudad (1538). Calvino, retirándose a Estrasburgo, se dedicó a tareas críticas sobre el Nuevo Testamento, y aquí, en 1539, se casó con la viuda de un anabaptista convertido. En 1541 los ginebrinos, cansados de la licencia de los libertinos, invitaron a Calvino a volver y después de alguna dilación accedió. A través de su Colegio de Pastores y Doctores, y su Corte Consistorial de Disciplina, fundó una teocracia, que servía virtualmente para dirigir todos los asuntos de la ciudad, y para controlar la vida social e individual de los ciudadanos. Su lucha con los libertinos duró 14 años, en que su autoridad se reafirmó en supremacía absoluta (1555). Durante esta larga lucha tuvieron también lugar controversias entre Calvino y Castellion, Bolsec y Servet. Servet, cuyas especulaciones sobre la Trinidad eran detestables para Calvino, fue detenido en Viena por las autoridades católicas (a las que Calvino envió documentos incriminadores), y fue sentenciado a la hoguera. Escapó y, en Ginebra, de camino a Italia, fue sometido a un nuevo juicio, condenado y quemado hasta morir (1553). La intolerancia de Calvino fue aprobada por la mayoría de los más conspicuos reformadores, incluyendo al apacible Melanchthon. A través de Beza dejó sentir su influencia en la gran lucha en Francia entre los Guisa y los protestantes. Nadie puede discutir la grandeza intelectual de Calvino o los brillantes servicios que prestó a la causa del protestantismo. De espíritu severo y voluntad indomable, nunca fue egoísta o frívolo en

sus motivos. Prestó un doble servicio al protestantismo: sistematizó su doctrina, y organizó su disciplina eclesiástica. Sus comentarios abarcan la mayor parte del Antiguo Testamento y todo el Nuevo Testamento excepto el Apocalipsis. En 1559 fundó una academia teológica en Ginebra que se convirtió en la universidad.
⇨ Beza, Teodoro de; calvinismo; Melanchthon, Felipe; protestantismo; Reforma; Servet, Miguel.

Cam Personaje bíblico, uno de los tres hijos de Noé, hermano de Sem y Jafet, y padre de Canaán. Se le describe ayudando a Noé a construir el arca, pero después del Diluvio su hijo Canaán es maldecido por Dios por el manifiesto pecado de Cam de haber visto «la desnudez de su padre» Noé (Génesis 9, 22). Esta maldición puede ser un intento de explicar la posterior subyugación de los cananeos a Israel como resultado de la perversión sexual cananea.
⇨ Biblia; Canaán; Diluvio, el; Noé.

Cámara, Helder Pessoa

(1909-) Teólogo y prelado católico brasileño, nacido en Fortaleza, estado de Ceará. Arzobispo de Olinda y Recife, noreste de Brasil, desde 1964 a 1984, ha sido un defensor de los pobres y del cambio social no violento en su Brasil natal, y en la Iglesia católica en general, a través de su influencia en el Concilio Vaticano II; recibió el reconocimiento internacional con el galardón del Premio de la Paz Martín Lutero King (1970) y el Premio de los Pueblos (1973). Sus escritos teológicos y devocionales han sido traducidos a muchas lenguas, especialmente *Carrera contra el tiempo* (1971), *Revolución a través de la paz* (1971) y *Esperando contra toda esperanza* (1984).
⇨ catolicismo; Vaticanos, Concilios.

Camino Internacional

Nuevo movimiento religioso dentro de la tradición cristiana. Fue fundado por un cristiano evangélico americano llamado Dr. Victor Paul Wierwille, y se ocupa de la enseñanza y la investigación en relación con la Biblia. Sin embargo, pone el acento en el Nuevo Testamento más que en el Antiguo, e interpreta el Nuevo Testamento a través de los ojos de Wierwille. Ofrece un curso llamado *Poder de la vida abundante*, que expone en términos generales las interpretaciones de Wierwille e instruye también en el don de hablar en lenguas. No acepta que el Antiguo Testamento en hebreo sea auténtico, y considera a Jesús como un hombre perfecto pero no como Dios, por lo que se convierte en sospechoso a los ojos de la ortodoxia cristiana. Ha logrado, sin embargo, algún éxito a causa del fervor y sencillez de su mensaje. ⇨ Antiguo Testamento; Jesucristo; Nuevo Testamento; nuevos movimientos religiosos en Occidente.

Canaán Tierra de los antiguos pueblos de habla semita (las áreas costeras de los actuales Israel y Siria), pero que quizá se extendía también tierra adentro hasta el río Jordán y el mar Muerto. Fue dividida en varias ciudades-estado durante los comienzos del segundo milenio a. C., pero en su mayor parte cayó bajo el control de los israelitas y otras potencias desde finales del siglo XIII a. C. El nombre puede remontarse a uno de los hijos de Cam (Génesis 9-10). ⇨ Cam.

cananea, religión Durante mucho tiempo el único testimonio de la religión cananea era la polémica religiosa de la Biblia hebrea y algunas fuentes fenicias tardías, pero los recientes descubrimientos arqueológicos han arrojado más luz sobre el tema. El más significativo de estos fue el de Ras Shamra en la costa siria, el lugar del antiguo Ugarit. La religión de los cananeos era politeísta, y adoraban a un numeroso panteón, del que los más importantes probablemente eran los dioses El y Baal, y las diosas Aserá, Anat y Astarté. El predominio del culto a la fertilidad refleja la importancia de las lluvias para la agricultura en el clima seco de Siria-Palestina, y puede verse en el mito de Baal y Mot. Los dioses eran adorados en santuarios al aire libre, los «lugares altos» de la Biblia hebrea, así como en templos. El culto era principalmente sacrificial, y los términos para designar los sacrificios en Ugarit son muy similares a los hallados en el antiguo Israel. El rey desempeñaba un papel importante en el ritual, siguiendo la pauta del Próximo Oriente antiguo. La idea de la vida después de la muerte era probablemente la misma visión pesimista hallada en Israel y Mesopotamia, aunque hay pruebas de que los reyes ugaríticos eran deificados cuando morían. La religión cananea proporcionó el modelo básico a la religión de los fenicios e influyó mucho en los filisteos. Los israelitas adoptaron algunos aspectos de la creencia y práctica cananeas, pero otras fueron denunciadas como intrusiones ajenas en el yahvismo puro. ⇨ Anat; Aserá; Astarté; Baal; Dagón; El; fenicia, religión; filistea, religión; más allá, concepto del Próximo Oriente antiguo del; Ras Shamra, textos de; Reshef; sacrificio israelita antiguo; Ugarit.

Candomblé ⇨ **afro-brasileñas, religiones.**

canon 1 En el cristianismo, lista de escritos inspirados que se considera comprenden la Sagrada Escritura. Los límites precisos del canon del Antiguo y Nuevo Testamento fueron debatidos en los primeros siglos del cristianismo, y los protestantes y católicos aún difieren en lo que respecta a la inclusión de algunas obras. A veces, el término se utiliza también para incluir las reglas relativas a la liturgia, la vida y disciplina de la Iglesia y otras decisiones de los Concilios. ⇨ Apócrifos del Antiguo Testamento/Nuevo Testamento; Biblia; Concilio de la Iglesia; Derecho Canónico; pseudoepígrafos. 2 La oración de consagración en la misa católica. ⇨ misa.

canon confuciano Colección de obras que han sido consideradas como fundamentales por la tradición confuciana. Los Cinco Clásicos originales fueron, según la tradición, aunque no de hecho, editados por el mismo Confucio. Son: *Clásico de las odas (Shih Ching)*, que es un libro de 305 poemas chinos primitivos; el *Clásico de los ritos (Li Ching)*, que contiene tres importantes libros del ritual; el *Clásico de la historia (Shu Ching)*, que contiene documentos de la historia china primitiva; los *Anales de primavera y otoño (Chun Chiu)*, que narra la historia de Lu, estado natal de Confucio, y el *Clásico de los cambios (I Ching)*, que es un libro de adivinación y filosofía. Se convirtió en la base de los exámenes del servicio civil chino desde la época de la última dinastía Han (206 a. C.-220 d. C.). El actual canon confuciano fue reorganizado por Chu Hsi (1130-1200) para centrarse en los Cuatro Libros: las *Analectas de Confucio*, el *Libro de Mencio*, el *Gran Saber* y la *Doctrina del medio* (siendo los dos últimos, capítulos del Clásico de los ritos). Desde 1313 a 1905, fueron la base de los exámenes para el servicio civil chino. Confucionistas posteriores como Tai Chen (1723-77) intentaron remontarse al estado anterior a los Cuatro Libros y dar prioridad a los Cinco Clásicos originales, pero sin éxito. ⇨ Mencio.

canónigo Título eclesiástico del clero que pertenece a las catedrales o ciertas iglesias dotadas; tanto secular como, si vive bajo regla semimonástica, regular (por ejemplo, agustinos). En la Iglesia de Inglaterra, canónigos residenciales son el personal asalariado de una catedral, responsables de la conservación del edificio; los canónigos no residenciales no son asalariados, pero tienen ciertos privilegios, que incluyen derechos con respecto a la elección de obispos. ⇨ catedral.

canonización Culminación de un largo proceso en la Iglesia católica por el que, después de un prolongado proceso de investigación, una persona ya fallecida es declarada santa, o con derecho a veneración pública. Tras el examen por parte de un grupo denominado Congregación para las Causas de los Santos (cuerpo nombrado por el Papa) —antigua Sagrada Congregación de Ritos—, una persona cuya causa se considera válida es primero beatificada y posteriormente, si se está de acuerdo, declarada santa. El proceso de conceder la santidad implica, entre otras cosas, reunir la necesaria evidencia de milagros alcanzados por la súplica al que es propuesto para santo, o al menos evidencia de la respuesta a oraciones hechas en su nombre. Confiere varios honores, tales como un día de fiesta, y la dedicación de iglesias a su memoria. En la Iglesia ortodoxa existe un procedimiento similar aunque menos formal. ⇨ beatificación; catolicismo; Iglesia Ortodoxa; santo.

Cantar de los Cantares, Cantar de Salomón o Cánticos Libro de la Biblia hebrea/Antiguo Testamento, probablemente una colección de cantares de amor, aunque a veces considerado un poema o drama único. La ausencia de contenido religioso explícito y la presencia de alusiones eróticas, dieron lugar a que algunos rabinos del siglo II cuestionaran su naturaleza canónica, pero la interpretación religiosa alegórica lo hizo aceptable en la mayoría de los círculos cristianos y judíos. Aunque los poemas pueden ser bastante antiguos, sobre bases lingüísticas, la colección se fecha generalmente en el siglo III a. C. ⇨ Antiguo Testamento; rabí; Salomón.

Cántico de los tres jóvenes

Parte de los Apócrifos del Antiguo Testamento o, en las versiones católicas, una adición al Libro de Daniel insertada entre lo que sería 3, 23 y 24 en otros textos. Es una de varias adiciones a Daniel que se encuentra en las versiones griega y latina, pero no en la hebrea. Habla de tres cautivos judíos en Babilonia —Sidrac, Misac y Abdénago— que fueron arrojados a un horno ardiente por no querer adorar a un ídolo, pero que salieron ilesos. Presenta un himno de acción de gracias y alabanza que se conoce actualmente como el *Benedicite* en la liturgia católica. Su fecha no es segura, pero a menudo se le sitúa hacia el siglo II-I a. C. ⇨ Apócrifos del Antiguo Testamento; Azarías, oración de; Daniel, Libro de.

canto hindú Parte del ritual hindú diario y ocasional. Los sacerdotes brahmanes cantarán versos o mantras, en sánscrito, de las escrituras sagradas del hinduismo, los Vedas, durante el ritual diario *(pujas)* a los dioses y durante rituales para la ocasión como bodas, investiduras del hilo sagrado y funerales. Cantar los Vedas ha sido una práctica importante para transmitir la tradición de maestro a alumno a través de generaciones, antes de que el texto fuera puesto por escrito. Hay una gran exactitud en el texto transmitido de esta forma. ⇨ Veda.

cantor o **hazzan** Desde la Edad Media, las sinagogas empleaban un cantor oficial para cantar la liturgia; hasta entonces cualquier miembro competente de la asamblea podía realizar esa tarea; como la liturgia creció en complejidad y el conocimiento generalizado del hebreo declinó, se requería un papel especializado. Con el tiempo, el oficio de hazzan adquirió gran prestigio y, en compensación a sus esfuerzos, el cantor podía a menudo recibir un buen salario y exenciones de impuestos; a cambio, el futuro hazzan tenía que poseer determinadas cualidades: buena voz, aspecto elegante, estar familiarizado con la liturgia y reputación honrada. No obstante, no era infrecuente que el doble papel del cantor, a la vez artista y modelo espiritual, creara problemas. Por ejemplo, había quienes preferían un hazzan de excelente voz puesto que la consideraban una cualidad primordial; mientras que otros favorecían a alguien que destacara por su piedad a expensas del talento musical. El siglo XIX trajo cambios considerables. Los cantores componían melodías bajo la influencia de la tradición musical occidental. Por contra, el primer judaísmo reformista optó por una lectura llana de la liturgia en vez del canto, con coro y órgano para piezas determina-

capilla

das. ▷ culto judío; judaísmo ortodoxo; judaísmo reformista.

capilla Originalmente, lugar para albergar reliquias sagradas; ahora generalmente una iglesia. En Inglaterra y Gales, el término se usa para los lugares de culto de los inconformistas; en Irlanda del Norte y Escocia, para las iglesias católicas. Puede ser también un lugar de culto que pertenece a un colegio o institución, y puede además referirse al coro y presbiterio de una iglesia o catedral, o parte de una catedral que contiene un altar particular. ▷ catolicismo; iglesia.

capuchinos (italiano: *capuche*, un tipo de capucha) Orden monástica nacida de los franciscanos; nombre completo, Orden de Frailes Menores Capuchinos de San Francisco; en abreviatura OFMCap o OSFC. Fue fundada en 1529 por Matteo di Bassi (c. 1495-1552), y observa una regla muy estricta, subrayando la importancia de la pobreza y la austeridad. ▷ franciscanos; monacato.

cardenal Nombre dado originalmente a uno de los párrocos, obispos o diáconos del distrito de Roma, aplicado más tarde a un dignatario mayor de la Iglesia católica, que es un sacerdote u obispo nombrado por el Papa para actuar como consejero. Sus deberes son, en gran medida, administrativos, como cabeza de una diócesis, un despacho curial, una comisión eclesiástica o una congregación romana. El oficio comporta distintivos especiales, como el característico birrete rojo (birreta). ▷ cardenales, Colegio de; Curia Romana.

cardenales, Colegio de Institución que consta de todos los cardenales de la Iglesia católica, técnicamente de estructura triple: obispos, sacerdotes y diáconos. Tiene su origen en las reformas del papa Urbano II (1088-1099). En 1585 su número quedó restringido a 70, pero este límite fue suprimido por el papa Juan XXIII en 1958. Es responsable del gobierno de la Iglesia durante una vacante en el papado, y desde 1179 ha sido responsable de la elección del Papa. ▷ cardenal; catolicismo.

carga Tema central de los movimientos religiosos melanesios del siglo XX. En 1920 surgió un movimiento en Vailala, en lo que es hoy Papúa-Nueva Guinea. Señalado por la glosolalia y la profecía, este movimiento proclamaba que estaba amaneciendo una nueva era; los antepasados estaban a punto de volver en barcos dejando ricos cargamentos de bienes de consumo occidentales, y los blancos serían expulsados. La gente debía prepararse mediante la reforma moral, rituales que incluían el desfile y la instrucción, y preparando grandes fiestas para los antepasados. Se trataba de un antiguo ejemplo de un modelo que se hizo tan común que el término «culto de carga» se aplicó de modo general a todos los nuevos movimientos religiosos melanesios. El concepto es engañoso puesto que «carga», que significa el suministro milagroso de bienes, es sólo uno de los rasgos, y no necesariamente el central, de los movimientos. Estos, que resurgieron con fuerza debido a los acontecimientos dramáticos y sin precedentes de la Segunda Guerra Mundial en el Pacífico, toman diferentes formas y contribuyen a ello varias fuentes. El mito melanesio tradicional de los dos hermanos (abierto a una nueva interpretación a la luz de la experiencia de las relaciones de negros y blancos) y la vuelta de los antepasados, se centra en la luz de la enseñanza cristiana sobre el reino de Dios y la venida de Cristo, y la moralidad cristiana se interpreta como una nueva ley. La experiencia contemporánea revelaba que llegaban nuevos bienes por barco o avión (los melanesios no veían nada de los procesos de manufactura), siempre controlados por los blancos. La carga representa que el bienestar indígena está a punto de realizarse. Las expectativas defraudadas no siempre destruyen los movimientos; la profecía es reinterpretada o la carga pospuesta. Aunque siguen surgiendo nuevos movimientos en Melanesia, el elemento carga no siempre está presente. ⇨ cristianismo en Australasia; glosolalia; melanesia, religión.

carismático, movimiento

Movimiento de renovación espiritual, que tiene sus raíces en la Iglesia Pentecostal. Tomando variedad de formas en la Iglesia católica, protestante, y en las iglesias ortodoxas orientales, subraya la realidad y la obra actual del Espíritu Santo en la vida de la Iglesia y del individuo. Va a veces acompañado por el habla de lenguas (glosolalia). ⇨ Espíritu Santo; glosolalia; pentecostalismo.

carmelitas Orden monástica católica creada en el siglo XII a partir de los Ermitaños del Monte Carmelo (Israel), que buscan el estilo de vida del profeta Elías; conocida propiamente como la Orden de los Hermanos de la Bienaventurada Virgen María del Monte Carmelo; en forma abreviada O.Carm. Florecieron como frailes mendicantes en Europa. Las monjas carmelitas fueron oficialmente reconocidas en 1452, y reformadas por Teresa de Jesús en España (1562) como carmelitas Descalzas (OCD) de estricta clausura. (El término «descalzas» se deriva de la práctica de vestir sandalias en vez de zapatos y medias.) La orden masculina fue reformada de un modo similar por San Juan de la Cruz, y en 1593 fue reconocida como orden distinta. La orden más antigua se especializó en la enseñanza y la predicación; los Descalzos, principalmente, en la tarea parroquial y las misiones extranjeras. ⇨ Elías; Juan de la Cruz, San; monacato; Teresa de Jesús, Santa.

cartujos Orden monástica católica fundada en 1084 por Bruno de Colonia en la Chartreuse, cerca de Grenoble, Francia; conocida propiamente como Orden de los cartujos; en forma abreviada O.Cart. Los monjes practican una abstinencia estricta y viven retirados; los herma-

casa del sudor

nos legos viven en comunidad. El número de miembros es pequeño, pero la orden tiene casas en muchas partes de Europa. En la casa madre, «La Grande Chartreuse», se destila un famoso licor, cuyos beneficios se distribuyen para remediar necesidades locales. ➪ monacato.

casa del sudor Medio de purificación empleado por una amplia gama de pueblos nativos americanos. Su acción básica implica derramar agua fría en piedras calientes dentro de una estructura cerrada construida con esa finalidad; los cuatro elementos de tierra, aire, fuego y agua actúan así todos en la purificación. Puede usarse como preparación para la oración personal u otra actividad religiosa. Antes de la Danza del Sol y otros grandes rituales se puede erigir una estructura sólida, siguiendo el modelo prescrito, y, como en la Danza del Sol, actuar como una representación del universo. Entre los navajos y otros pueblos del sur, el baño de sudor es una actividad habitual y recreativa (en su mayor parte masculina). No obstante la atmósfera, tal como se recoge en los cantos usados en el baño de sudor, sigue siendo ritual. ➪ Danza del Sol; navajo, religión.

casa medicinal Término aplicado propiamente a los edificios (y ceremonias asociadas) usados por sociedades secretas de medicina de pueblos nativos americanos. El ejemplo más conocido es la Midewiwin («sociedad de acontecimientos místicos») de los algonquinos ojibwa, que tiene cuatro categorías de miembros, el cuarto alcanzado por muy pocos. Colectivamente, la sociedad conserva la ciencia tradicional combinada del pueblo, incluyendo la farmacopea de hierbas, las técnicas de curación y el trasfondo de mito del que dependen tanto el ritual como la curación. El ingreso en cada grado exige unos honorarios y un período de instrucción —este puede durar años— por parte de un miembro de ese grado. La iniciación implica un ritual de muerte y renacimiento. Las bolsas medicinales de todos los miembros son usadas para efectuar el simbolismo del renacimiento; el nuevo graduado, a partir de entonces, recibe su propia bolsa medicinal y una canción de espíritu que la acompaña. El simbolismo de la casa representa él mismo el universo y el reconocimiento de Kitshi Manitú, el Gran Espíritu. ➪ algonquina, religión; bolsa medicinal.

Casiano, San Juan (¿360?-c. 435) Monje y teólogo de origen rumano. Pasó algunos años como asceta en los desiertos egipcios, antes de ser ordenado por San Juan Crisóstomo en Constantinopla en el 403. Fundó varios monasterios en el sur de Francia, incluyendo la abadía de San Víctor en Massilia (Marsella), que sirvió de modelo para muchas en la Galia e Hispania Casiano fue uno de los primeros «semipelagianos». Fue autor de las *Collationes* (sobre los Padres del Desierto), y de un libro sobre el monacato. Su fiesta se celebra el 13 de agosto. ➪ ascética; Crisóstomo, San Juan; monacato; pelagianismo.

Peregrinos brahmanes (casta superior) de Madrás

casta Grupo endógamo que es la base del sistema de estratificación social en el hinduismo. El concepto de casta es esencial en el hinduismo, se podría definir a un hindú como una persona nacida dentro de una casta determinada. Cuando los arios llegaron a la India, trajeron con ellos una estructura social de tres grados, sacerdotes *(brahmanas)*, guerreros *(kshtriyas)* y plebeyos *(vaishyas)*, a lo que añadieron los siervos *(shudras)*, la población indígena de la India que, asimismo estaba probablemente estructurada jerárquicamente. Este sistema de clases (varna) recibe la sanción del *Rig Veda* (10.90) que describe a cada una de las clases proviniendo del cuerpo de la persona primigenia sacrificada *(purusha)*. Los brahmanes o brahmines provenían de su cabeza, los pensadores de la sociedad; los guerreros provenían de sus brazos, la fuerza de la sociedad; los plebeyos provenían de sus muslos, soporte de la sociedad, y los siervos provenían de sus pies. Este sistema de clases y el sistema de castas que se deriva de él, es por tanto considerado como una estructura sagrada por los hindúes ortodoxos, en armonía con la ley natural o cósmica (dharma). El sistema de clases evolucionó hacia el sistema de castas *(jati)* que conocemos hoy. Hay miles de castas en la India basadas en la profesión heredada y en las ideas de pureza e impureza. Las castas superiores son consideradas ritualmente más puras que las inferiores, cuyas profesiones tratan con sustancias impuras, tales como los trabajadores del cuero en contacto con las pieles de los animales muertos, los barrenderos en contacto con la suciedad y efluentes corporales, y los barberos en contacto con el pelo, una sustancia impura una vez separado del cuerpo. Aunque la práctica está legalmente proscrita, algunas castas son tan contaminantes que son denominadas «intocables»; Gandhi las llamaba los «hijos de Dios» (Harijans). El matrimonio entre castas está estrictamente prohibido y los transgresores son severamente castigados. Con más propiedad, el matrimonio es endógamo dentro de una casta, pero exógamo en una subcasta: es decir, una persona se puede casar dentro de su casta general, pero fuera de la casta en su pueblo. En una aldea hindú las castas están estrictamente segregadas, con los intocables viviendo fuera de los límites del pueblo. Las castas consideradas como dentro de las tres cla-

Catalina de Siena

ses superiores son conocidas como los «nacidos dos veces» porque, en torno a los doce años, los niños se someten a una ceremonia de iniciación *(upanaya),* durante la cual son revestidos con un hilo sagrado, el símbolo de los hombres de la casta superior. ⇨ arios; Gandhi, Mohandas Karamchand; Veda.

Catalina de Siena, Santa, originalmente **Caterina Benincasa** (1347-1380) Mística italiana, hija de un tintorero de Siena; se hizo dominica a los 16 años, y por ello es la patrona de esta orden. Convirtió a pecadores endurecidos y persuadió al papa Gregorio XI para que volviera de Aviñón a Roma. Se dijo que habían quedado impresos en su cuerpo en 1375 los estigmas de Cristo. Escribió piezas devocionales, cartas y poemas; su *Diálogo* es una obra mística. Fue canonizada en 1461. Su fiesta se celebra el día 29 de abril. ⇨ dominicos; estigmas; mística.

cátaros (griego: *katharoi*, «puros») Originalmente, separatistas de la Iglesia del siglo III, puritanos y ascetas, que siguen la enseñanza del obispo romano del siglo III, Novaciano. En la Edad Media, como secta, eran conocidos en Bulgaria como bogomilos y en Francia como albigenses. Célibes, rechazaban los sacramentos y sostenían que el «bien» y el «mal» eran esferas separadas («dualismo»). Sobrevivieron hasta el siglo XIV, en que fueron finalmente exterminados por la Inquisición. ⇨ albigenses; celibato; dualismo; Inquisición; sacramento.

catecismo Manual de doctrina cristiana, en forma de preguntas y respuestas. Derivaba del período de instrucción de la Iglesia primitiva de los nuevos conversos, y fue más tarde aplicado a la instrucción de adultos bautizados en la infancia. Estos manuales se hicieron populares después de la Reforma, por ejemplo, el Pequeño Catecismo (1529) de Lutero y el Catecismo de Heidelberg (1563). Estaban destinados a la instrucción, a la preparación para la confirmación y a los propósitos confesionales. Algunos han evitado el formato de preguntas y respuestas, como el «Nuevo Catecismo» Católico Romano de 1966. La última edición del Catecismo de la Iglesia católica es la publicada en 1992. ⇨ cristianismo; Lutero, Martín; Reforma.

catedral (latín: *cathedra*, «silla») Iglesia principal de un obispo de una diócesis; originalmente, la iglesia que albergaba el trono del obispo, por tanto la iglesia madre de la diócesis. Las más famosas son las catedrales góticas de Europa occidental construidas en la Edad Media, como la de Reims, Francia (1211-90), Burgos, España, y la Abadía de Westminster, Londres (en su mayor parte 1245-1506). En muchas ciudades eran el centro en torno al cual se desarrollaba la vida social, cultural y religiosa. Coloquialmente, el término se usa con frecuencia ahora para referirse a cualquier iglesia de grandes dimensiones. ⇨ iglesia; obispo.

catolicismo (de *católico,* griego: *katolikós,* «universal») Doctrina, culto y vida de la Iglesia católica. Se afirma la existencia de una línea de sucesión directa desde las comunidades cristianas más antiguas, que se centra en la ciudad de Roma, donde San Pedro (considerado como el primer obispo de Roma) fue martirizado y Pablo dio testimonio. Después de la conversión del emperador Constantino, los obispos de Roma adquirieron algo de la autoridad y poder del emperador. Sobreviviendo a la caída de Roma en el siglo V, la Iglesia fue la única promotora efectiva de civilización en Europa, y tras el cisma del siglo XI con la Iglesia bizantina u oriental fue la fuerza dominante en el mundo occidental, el Sacro Imperio Romano. La Reforma protestante del siglo XVI inspiró el despertar religioso, y se reconoció la necesidad de reafirmar la doctrina de una forma clara y de purgar a la Iglesia y al clero de los abusos y de la corrupción. Las reformas más sorprendentes fueron realizadas por los dos Concilios Vaticanos de los siglos XIX y XX. El Concilio Vaticano II marcó una nueva era, con un nuevo espíritu ecuménico que invadió la Iglesia. Aunque las doctrinas de la fe permanecieron en su mayor parte intactas, hubo una nueva apertura a otras confesiones cristianas, de hecho, a otras religiones del mundo. Se puso gran énfasis en la Iglesia como «pueblo de Dios», concediéndose a los laicos una participación mucho más activa en la liturgia (por ejemplo, diciéndose la misa en la lengua vernácula en vez de en latín). La doctrina es declarada por el Papa, o por un concilio general con la aprobación del Papa, y está resumida en el credo de Nicea. La Escritura es la autoridad, y se interpreta de manera autorizada por el *magisterium* o función magisterial de la Iglesia. La tradición de la Iglesia es aceptada como autoridad, atribuyéndose especial importancia a los primeros Padres de la Iglesia y a los teólogos escolásticos medievales, principalmente a Santo Tomás de Aquino. Las principales doctrinas son similares a las de la corriente principal de las iglesias protestantes y ortodoxas —Dios, Trinidad, creación, redención, la persona y la obra de Jesucristo, y el lugar del Espíritu Santo— siendo las principales diferencias doctrinales el papel de la Iglesia en la salvación y su teología sacramental. Las modernas liturgias reflejan un perfil de herencia histórica, entorno cultural y factores sociales. Antiguas prácticas tradicionales como la veneración de la Virgen María y de los santos o las estaciones del vía crucis, todavía se consideran como valiosas ayudas para la devoción. En el extremo opuesto, los sacerdotes católicos de Suramérica, que predican la teología de la liberación, han asumido un papel político, por lo que han sido reprendidos por Roma. La jerarquía de la Iglesia incluye cardenales, obispos, sacerdotes y varias órdenes menores. Existen muchas órdenes religiosas, masculinas y femeninas, dentro de la Iglesia. La vasta y compleja organización de la Iglesia está controla-

Católicos Viejos

da por el Vaticano, Estado independiente en Roma que, bajo la dirección del Papa, lleva a cabo la política de la Iglesia y administra sus bienes y sus finanzas. En países predominantemente católicos la Iglesia mantiene cierto grado de influencia política y extiende la ley canónica al reino de la ley civil, especialmente en asuntos morales (por ejemplo, el control de la natalidad). ⇨ Biblia; cardenal; Concilio de la Iglesia; Constantino I; Contrarreforma; Dios; ecumenismo; Espíritu Santo; Jesucristo; liturgia; María; misa; niceno, credo; obispo; Pablo, San; papado; sacerdote; sacramento; salvación; teología; teología de la liberación; Tomás de Aquino, Santo; Trinidad; Vaticanos, Concilios; vía crucis.

Católicos Viejos Grupos de iglesias separadas en distintas épocas de la Iglesia católica, que incluyen la Iglesia de Utrecht (separada en 1724) y Católicos alemanes, austríacos y suizos que rehusaron aceptar la infalibilidad papal (1870); también incluye a algunos de los primeros polacos y croatas de Norteamérica. Están unidos por su adhesión a la Declaración de Utrecht (1889) y gozan de intercomunión con los anglicanos. ⇨ catolicismo; Comunión Anglicana; infalibilidad.

cautividad babilónica Nombre dado generalmente a la deportación de los judíos a Babilonia por Nabucodonosor. Se utiliza también metafóricamente para describir el exilio de los papas en Aviñón (1309-1377).

Cefas ⇨ **Pedro, San.**

celibato Compromiso por motivos religiosos de abstenerse de relaciones sexuales durante toda la vida. Testimonio de tales compromisos abundan en todas las grandes religiones, por ejemplo, sacerdotes de Cibeles, monjes budistas y vírgenes vestales, así como monjes, monjas y sacerdotes católicos en la tradición cristiana, y ocasionalmente entre sectas judías. La motivación para la necesidad y deseo del celibato es compleja: purificación; la separación grecorromana de cuerpo y alma, siendo el primero corruptible e impuro, de modo que el celibato era un medio de proteger el alma de la contaminación de los deseos sensuales del cuerpo; la meta de estar libre de la distracción del servicio religioso; la creencia de que en los últimos tiempos no existirá el casarse o darse en matrimonio. En la tradición cristiana estaba relacionado con la aparición de los ermitaños y los movimientos monásticos que datan del siglo IV d. C., siendo requerido el celibato de monjes y monjas en las órdenes religiosas como signo de compromiso total con Cristo o, en el caso de las monjas, del matrimonio con la Iglesia. Gradualmente (después del 385 d. C.,) se hizo obligatorio para el clero secular también, y sigue siendo obligatorio para los sacerdotes católicos, aunque no, en determinadas circunstancias, para los diáconos. Es considerado un don de Dios por aquellos que lo practican. En las iglesias ortodoxas, el celibato se exige a los obispos pero no a los sacerdotes. Desde la época de la Reforma, en que fue condenado, por ejemplo, por Martín Lutero como una muestra de la «justificación por las obras» en cuanto opuesto a la «fe», a los ministros protestantes no se les exige el celibato. Ciertas comunidades religiosas anglicanas, sin embargo, lo exigen, como lo hacen algunas comunidades ecuménicas, por ejemplo la de Taizé (Francia). ⇨ monacato; monja; renuncia; sacerdocio.

celta, Iglesia Iglesia original de las islas Británicas, que retiene su independencia administrativa y práctica de la Iglesia anglorromana hasta el Sínodo de Whitby (663-664). Se desarrollaron contactos con el cristianismo europeo en una época tan temprana como el siglo IV. La organización era principalmente monástica, funcionando bajo la autoridad de un abad más que bajo la de un obispo. El énfasis se ponía en la vida ascética, y en la erudición y el arte, así como en la misión. La Iglesia era vigorosa en Irlanda, Escocia, Gales e Inglaterra (por ejemplo, los santos Patricio, Niniano, Columbano), y en el siglo VI en la Europa continental. ⇨ Columba, San; Columbano, San; cristianismo; Patricio, San.

ceremonias del centro del mundo Ceremonias halladas en muchas culturas asociadas a lugares sagrados u objetos que simbolizan el «centro del mundo». El centro del mundo no es concebido, en este contexto, geográfica o geométricamente, sino más bien como el lugar o un lugar sobre el que se fundamenta el corazón sagrado de la realidad, que difiere en género de la realidad de cada día pero que da forma y sustancia a todo lo que es real. Debido a su naturaleza sagrada, no existe inconsecuencia en el reconocimiento de más de uno de tales centros. En diferentes culturas de China y la India, por ejemplo, se pueden reconocer gran número de «centros del mundo». Estos centros simbólicos toman muchas formas: ciudades sagradas enteras (por ejemplo, entre los incas y aztecas de Sudamérica), la montaña sagrada (como el monte Meru en el hinduismo y budismo; el monte Garizim, el «ombligo del mundo» para los hebreos; la Piedra Negra en el islam); el árbol cósmico; el puente o escala; también santuarios, templos y catedrales, incluso casas. En algunas tradiciones (como las escuelas tántricas), el centro puede estar situado dentro del cuerpo humano. El centro de la Tierra es el lugar donde lo humano y lo sobrenatural se unen y tiene lugar la comunicación entre lo humano y lo divino. Durante las ceremonias asociadas al centro, o como resultado de ellas, se puede generar y extender hacia afuera un poder sagrado. Su importancia está subrayada por la imagen del *axis mundi* en muchas tradiciones y en formas varias (fibras tejidas intrincadamente, tambores, la cuna de gato de los juegos infantiles). También se asocian con ello a menudo ciertos sonidos o música, para simbolizar el paso de un plano de la realidad a otro.

ceremonias mortuorias sij ⇨ sij, ceremonias mortuorias.

Cernunnos En los países celtas abundan las representaciones de una figura parecida a un hombre que porta cuernos o cornamentas. Una de ellas, en la Galia, es llamada «Cernunnos», y este nombre se utiliza por motivos prácticos para designar a todas las imágenes de dioses celtas con cuernos. Cernunnos es representado con frecuencia sentado, con un torque en el cuello y una serpiente con cabeza de carnero a su servicio. A veces está rodeado de animales, recordando una historia del Mabinogion de un maestro misterioso de los animales que recibe culto. Algunas representaciones son fálicas, o portan otros símbolos de la fertilidad; otras sugieren más bien una asociación con el arte de la guerra. En general, las deidades célticas conocidas tienen sólo significación local; solamente Cernunnos se encuentra por todos los reinos celtas. Las teorías de que el dios enastado es también el Dios Padre representado por el Dagda irlandés siguen siendo, sin embargo, especulativas. ⇨ Dagda; Mabinogion.

Cerulario, Miguel (m. 1058 o 1509) Patriarca de Constantinopla (desde 1043) en la época de la ruptura formal entre la Iglesia oriental (griega u ortodoxa) y la occidental (latina o católica) en 1054. Cuando las iglesias griegas de Italia fueron forzadas a adoptar prácticas latinas, Cerulario respondió ordenando que las iglesias latinas de Constantinopla adoptaran las costumbres griegas. Ellas se negaron, así que las cerró en 1052. Los tempestuosos choques con el cardenal obispo Humberto de Silva Candida (m. 1061, el principal representante de la delegación enviada a Constantinopla en 1054 por el papa León IX [1048-1054] para resolver el problema) condujeron a que Cerulario fuera excomulgado y a que los legados fueran anatematizados a su vez. La ruptura de 1054 llevó a unas tensiones capitales entre Oriente y Occidente que habían comenzado en el 858 con las luchas sobre la autoridad entre Focio, patriarca de Constantinopla y el papa Nicolás I (858-867), y continuaron con las disputas doctrinales sobre la cláusula *filioque* del credo nicenoconstantinopolitano (sobre si se debía decir que el Espíritu Santo procede «del Padre *y del Hijo*» o no). Los incidentes de 1054 pueden haber sido el punto de no retorno teológico e institucional, pero fue el saqueo de Constantinopla por los cruzados, en 1204, lo que selló la división entre las dos iglesias en la conciencia popular. ⇨ cristianos, credos; Focio; Iglesia ortodoxa; niceno, credo; papado.

Chaitanya, movimiento Secta del siglo XV del movimiento bhakti *Krishna*, precursora del movimiento Hare Krishna. Establecida en Bengala, realzaba la música, danza y trance extático en su culto. ⇨ bhakti; Hare Krishna, movimiento.

chakras En el hinduismo, «Ruedas» o centros de energía situa-

Cernunnos entre Apolo y Mercurio. Museo de Reims

chamanismo

dos dentro del cuerpo. Según la anatomía esotérica del tantra, el cuerpo está atravesado por un canal *(nadi)* desde la región del ano/base de la espina hasta la coronilla de la cabeza *(sushumna)*. A cada lado de este hay dos canales que corren desde los orificios de la nariz hasta la base del sushumna. Los chakras están situados a lo largo del eje del sushumna. El número y colocación de los chakras puede variar según los diferentes tantras, pero la versión del *Kubjikamata tantra* se hizo clásica. En este sistema los chakras están situados en la región del ano, en los órganos genitales, en el ombligo, el corazón, la garganta, entre los ojos y en el «loto de mil pétalos» en la coronilla de la cabeza. El poder *(shakti)* de Kundalini reside en el chakra base y una vez despertado, sube del loto de mil pétalos, atravesando los chakras a medida que asciende, donde se une con Siva y el yogui experimenta la felicidad de la unión con el absoluto. En el budismo tántrico hay sólo cuatro chakras, en el ombligo, el corazón, la garganta y entre los ojos/coronilla de la cabeza. En el Yoga Kundalini, cada chakra se visualiza y se pinta como loto, cada uno con un número específico de pétalos, un determinado, color, deidad y mantra. Por ejemplo, el chakra corazón, llamado el «no golpeado» *(anahata)*, tiene doce pétalos, cada uno con una letra del alfabeto sánscrito y con la «sílaba semilla» *yam* en su centro.
⇨ Kundalini; Shakti.

chamanismo La palabra chamán se usa con variedad de significados. De manera aproximada (y equivocadamente), se usa para referirse a cualquier hechicero, adivino o mago, o todo el que hace uso de la posesión o el éxtasis. Una definición más precisa deriva del uso original de la palabra por el pueblo Tungús de Siberia. El chamán tungus busca las almas de la gente enferma, y las cura (puesto que la enfermedad está causada por la «pérdida del alma»), lleva las almas de los animales sacrificados al cielo, conduciéndolas allí personalmente, y conduce las almas de aquellos que han muerto lejos del área del cadáver (donde pueden molestar o poner en peligro a los vivos). Estas proezas se hacen en éxtasis, condicionadas por el batir del tambor (que también desempeña un papel importante en las huidas del chamán al Otro Mundo). En éxtasis realiza proezas de fuerza, habla en lenguaje animal o de pájaro y es asistido por espíritus, reconocibles por las voces extrañas o por fenómenos extraordinarios (la tienda que se agita, una cuerda en el cielo, fuego de origen desconocido). Su vestidura tiene animales pintados en ella y una lleva una gorra y máscara. Los mismos rasgos o muy similares se encuentran en todos los pueblos siberianos, de cualquier grupo étnico, entre los lapones precristianos y entre los inuit (esquimales) desde Groenlandia hasta Alaska (donde el chamán es llamado *angakok)*, y entre los indios de las praderas de Norteamérica. Además de esta franja circunpolar de chamanismo, instituciones similares existen en la Tierra del Fuego y entre algunos pueblos aborígenes australianos; se encuentra también en Corea y, en un menor grado, en algunos de los pueblos del bosque del Sureste de Asia. Ecos de esta práctica se escuchan en cualquier parte del mundo incluyendo África, aunque su frecuencia es menos importante que en la religión siberiana, donde constituye el centro de la actividad religiosa. Ahí, y en otras regiones circumpolares, la ayuda del chamán es vital para la comunidad; en otras es simplemente un colaborador valioso, especialmente para la curación. El chamán es a menudo «llamado» a ejercer su vocación por los espíritus en la forma de una enfermedad que no se someterá hasta que obedezca. En el Tíbet, el chamanismo se ha fusionado con otras influencias en una síntesis única.

chan (ch'an) Término general para hablar de meditación en el budismo chino, refiriéndose a una escuela que data quizá del siglo VI. Combina las enseñanzas budistas mahayana con las del taoísmo para formar un punto de vista que acentúa la experiencia meditativa en cuanto opuesta a una aproximación intelectual. Es más conocida en Occidente por su nombre japonés Zen. ⇨ budismo; budismo mahayana; budismo zen; taoísmo.

Chan, patriarcas (Ch'an) La escuela Chan era una tradición en el budismo chino que derivaba su nombre de la palabra india sánscrita para decir meditación *(dhyana)* y más tarde llegó a conocerse en Japón como Zen. Buscaba una conciencia inmediata de la realidad despertando la naturaleza buda interior. Según los relatos tradicionales budistas, Bodhidharma trajo el chan desde la India a China en el 520 d. C. y se convirtió en su primer patriarca. Hubo una transmisión especial del patriarcado de Bodhidharma hasta el quinto patriarca Hung Jen (601-674). Después de eso hubo una división entre dos de los discípulos de Hung Jen que eran reconocidos ambos como el sexto patriarca por las escuelas que se formaron en torno a ellos. Shen Hsiu (c. 600-702) se convirtió en el líder de la escuela Chan del norte, que enseñaba la necesidad de vencer el pensamiento falso con el pensamiento puro, y la necesidad de evolucionar gradualmente hacia una conciencia de la realidad. Hui Neng (638-713) se convirtió en líder de la escuela Chan del sur, que recalcaba la posibilidad de alcanzar una súbita conciencia de la realidad más que de recibirla como la culminación de un proceso gradual de purificación y crecimiento. Tras la gran persecución de los budistas en el 845, Chan sobrevivió en dos escuelas principales que también llegaron a ser trasladadas a Japón; finalmente se formó una alianza con el budismo de la Tierra Pura y quedó armonizado con esta tradición en China. ⇨ Bodhidharma; buda, naturaleza; budismo Tierra Pura; budismo zen; dhyana; Hui Neng.

Chen Yen Nombre dado a la escuela de budismo tántrico en China. El término se deriva de la palabra mantra sánscrita india que significa «palabra mística». Chen Yen entró en China a través de la obra de Shubhakarasimha en el 716 d. C., y se expandió por obra de otras figuras como Amoghavajra (705-774), pero aunque durante un tiempo logró el favor imperial nunca llegó a estar profundamente arraigada. Se hizo mucho más popular en Japón gracias a la obra de Kukai, que fue a China en el 804 y volvió a Japón con algunos de los rituales, textos y enseñanzas de Chen Yen para fundar la escuela Shingon en su país natal. Especialmente importante para la escuela Shingon era el *Sutra de Mahavairocana,* que había sido traducido del sánscrito al chino por Shubhakarasimha. Hubo una inyección de vida en el budismo tántrico chino desde el Tíbet durante la dinastía Yuan (1279-1368), pero la escuela que sobrevivió era tan tibetana como china, y la vitalidad intrínseca de Chen Yen había declinado. ⇨ budismo tántrico; Kukai; mantra; Shingon; tibetana, religión.

cheyene, religión Los cheyenes eran una rama de la familia algonquina de las praderas, que vive ahora casi en el centro geográfico de EE. UU. pero asentados antes en Dakota del Norte. Los restos arqueológicos indican un cambio, a finales del siglo XVIII, de una cultura principalmente agrícola a una cultura de cazadores. Los cheyenes comparten muchos de los rasgos comunes de la religión algonquina, a la vez que comparten instituciones comunes entre los pueblos de las praderas, como la Danza del Sol, con su casa construida como modelo del universo. La historia cheyene de la creación supone un sombrero sagrado, cuatro flechas sagradas y una posesión comunal tenida en muy alta consideración. Se reconocen divinidades locales; las Colinas Negras son una tierra de espíritus. Los cheyenes se vieron influidos por el movimiento de la Danza del Espíritu en el siglo XIX y más recientemente por el movimiento peyote. ⇨ algonquina, religión; creación, mitos de la; Danza del Espíritu; Danza del Sol; peyote.

chiísmo (Chī'ismo) Una de las dos principales ramas dentro de la tradición musulmana, siendo la otra —mucho más numerosa— la comunidad sunnita. El chiísmo se remonta a Alí, el primo y yerno de Mahoma, como su héroe original; la palabra «chía» originalmente significaba los «partidarios» de Alí. La tradición chiíta contiene menos del 20% de la población islámica, y está presente principalmente en Irán, Irak y el subcontinente indio, aunque existen también bolsas en el este de África, este de Arabia, el Líbano, Siria y Turquía. Sin embargo, la revolución iraní inspirada por el ayatolá Jomeini en Irán le ha dado una relevancia que excede con mucho a su fuerza numérica. Acepta a Alí y sus descendientes como los verdaderos imanes dentro de la tradición musulmana; ha desarrollado su propio sistema legal y teológico; ha otorgado una autoridad más provisional a los gobiernos que los sunnitas (de ahí las grandes posibilidades de derrocamiento del sah de Irán en 1978-1979), y ha destacado el problema del sufrimiento como tema en el islam explayándose conmovedoramente en la muerte del hijo de

Alí, Husayn, en Karbala, en el 680. Se ha dividido en dos ramas diferentes, que incluyen a los duodecimanos, que reconocen a los 12 imanes, a los quintimanos que reconocen cinco imanes y a los ismailíes, cuyo líder es el Aga Khan. El chiísmo llegó a establecerse en Irán con la ascensión de la dinastía safavida en el siglo XVI, y su principal centro ha seguido estando allí. ⇨ Alí; ayatolá; duodecimanos; Husayn; imán; ismailíes; Mahoma; sunnitas.

Chilembwe, John ⇨ **Providence Industrial Mission.**

china en la China continental, religión (siglo XX)
Con el fin de la dinastía manchú, a comienzos de este siglo, el sistema de examen para el servicio civil basado en los clásicos confucianos, que había durado cerca de dos mil años, acabó en 1905, y los ritos imperiales confucianos acabaron en 1912. Las tradiciones religiosas populares taoístas, budistas y chinas continuaron, como también lo hizo una presencia confuciana menos formal; las tradiciones extranjeras del islam y cristianismo protestante y católico estaban también presentes. Tras la subida de un gobierno comunista en 1949, las grandes religiones fueron etiquetadas como «religión» y se toleraron de mala gana, mientras que a la religión popular china se la denominó «superstición» y fue perseguida. En la década de los cincuenta asociaciones ayudadas por el Gobierno tomaron parte en la continuación de las tradiciones budista, católica, cristiana (igual a protestante), musulmana y taoísta, pero todas ellas, especialmente los budistas, se vieron afectadas por la secularización de sus tierras y dirigentes religiosos. Durante la Revolución Cultural (1966-1976) la mayoría de los lugares de culto fueron cerrados, muchos líderes religiosos desterrados al campo, y se hizo un intento de prohibir todas las actividades religiosas, con la excepción de algunas musulmanas. Esto dio como resultado el que las tradiciones religiosas fueran conducidas a la clandestinidad. Desde 1978 todas las tradiciones religiosas han sido toleradas con más libertad y han comenzado a revivir en China. Administran sus propios asuntos, han abierto o reabierto muchos edificios y algunos seminarios, han nombrado nuevos dirigentes, están asistiendo multitudes a sus liturgias y rituales y se congregan nuevos partidarios en sus comunidades. Es más difícil asegurar si la religión popular ha revivido después de los intentos de sofocarla, pero parece que la reverencia al antepasado, los templos locales, fiestas populares, y la preocupación por los dioses familiares y locales han perdurado y van ahora en aumento. Se han abierto nuevos institutos confucianos y las iglesias cristianas han adquirido un carácter y perspectiva chinos. ⇨ china en Taiwan y Hong Kong, religión (siglo XX).

china en Taiwan y Hong Kong, religión (siglo XX)
Con la decadencia parcial de las formas religiosas tradicionales en la

China continental, ha habido un florecimiento de estas formas en Taiwan y Hong Kong, junto al crecimiento de la ciencia y la tecnología. Los tres caminos de confucianismo, taoísmo y budismo se han mezclado con la religión popular china. La tradición confuciana ha subrayado los valores de la familia y la ética comunitaria en los negocios y las relaciones familiares, especialmente en lo que respecta a la piedad filial; los sacerdotes taoístas han combinado su búsqueda de la inmortalidad con su papel ritual en el exorcismo, la curación y equilibrio de fuerzas del yin y yang, y los monjes budistas han oficiado cultos funerarios, abogado por el renacimiento en la Tierra Pura de Amitabha Buda, y establecido un vivir controlado en una sociedad febril. En el plano popular, el Año Nuevo y otra fiestas, la quema de dioses de papel, la reverencia al antepasado, los templos locales y rituales familiares han continuado. Con el difícil programa de construcción en estas islas, a poca distancia de la costa, el arte de la geomancia ha tenido una creciente demanda para asegurar un solar propicio. Deidades particulares como la diosa de la misericordia Kuan Yin, el emperador Jade (Yu-Huang), Amitabha Buda, el propio Buda y la Emperatriz Celeste han merecido adoración, y en sus días especiales sus fiestas atraen a multitudes. Otras tradiciones religiosas como el islam, cristianismo protestante y cristianismo católico han establecido también su presencia, junto con varios nuevos movimientos religiosos en el mercado de formas religiosas disponible en estas áreas orientadas al comercio. ⇨ antepasado, reverencia china al; Buda; budismo Tierra Pura; china en la China continental, religión (siglo XX); fiestas chinas; Kuan Yin; panteón chino; Yu-Huang.

Ching Ming (Ch'ing Ming) Fiesta china de la Claridad Pura que tiene lugar en torno al 5 de abril, en el día 106 después del solsticio de invierno. Es una fiesta que se centra en las visitas que hacen las familias a las tumbas de sus antepasados. Las tumbas se arreglan y barren, y se hacen sacrificios de comida y vino a los antepasados. Después de este ritual tiene lugar a menudo una merienda campestre donde los vivos, por así decir, comparten la fiesta con los muertos. Los emplazamientos de las tumbas se eligen cuidadosamente, de acuerdo con el arte de la geomancia y, cuando no es posible determinar de modo inmediato el lugar más propicio para la tumba, los restos del muerto se colocan en una tinaja sellada que se deposita en una ladera, adonde acude la familia durante Ching Ming. Cuando una persona no puede ir a casa por Ching Ming, puede ofrecer un sacrificio a distancia, basándose en el principio de que llegará a los antepasados de todos modos. Sin embargo, siempre que sea posible es una época para volver a casa, por lo que los chinos que viven en Occidente van a casa cada pocos años para una estancia prolongada que comprenda el período de las fiestas de Año Nuevo y

Ching Ming. ⇨ antepasado, reverencia china al; fiestas chinas; prácticas funerarias chinas; Yuan Tan.

Ching Tu Tsung (Ching T'u Tsung) (Tierra Pura)   Escuela Tierra Pura en el budismo chino. Los *Sutras de la Tierra Pura* originales fueron escritos en la India en sánscrito, y describían cómo el buda Amitabha llegó a dirigir un paraíso o «Tierra Pura» como fruto de su profundo servicio y devoción. Prometió solemnemente conceder la oportunidad a quienes pusieran su fe en él y en su Tierra Pura de renacer allí y caminar hacia la iluminación desde ella. También ilumina su Tierra Pura por medio de rayos de luz que emanan de su cuerpo. Un culto de Amitabha fue iniciado en China por Hui Yuan en el 402 d. C., y una escuela Tierra Pura activa fue fundada por Tan Huan (476-542) y consolidada por Tao Cho (562-645) y Shan Tao (613-681). Subrayaban la importancia de repetir la frase: «Pongo mi fe en Amitabha Buda», con sinceridad. Se afirmaba que era este un camino fácil para alcanzar el renacimiento en la Tierra Pura seguido de la iluminación en el momento de la degeneración que coincidía con el último de tres períodos decadentes de la historia budista. Además de repetir el nombre de Amitabha Buda con sinceridad, la práctica de la Tierra Pura incluía la meditación, la adoración ante una estatua de Buda, el canto de himnos y el canturreo de *sutras*. Después de la gran persecución de los budistas en el 845, la escuela Tierra Pura siguió siendo popular y comenzó a unirse con la escuela Chan, el otro elemento fuerte del budismo chino. Fue introducido desde China en Japón por Saicho, fundador de la secta Tendai que se convirtió en la piedra de toque de la escuela Tierra Pura en Japón. ⇨ Buda, imagen de; Chan; iluminación; renacimiento; Tendai.

Chinvat, Puente de (del avéstico: *Cinvat peretu*, «Puente del Separador»)   Puente que, según la enseñanza zoroástrica, las almas de los muertos deben cruzar en la cuarta mañana después de su muerte para alcanzar el paraíso o el infierno. El concepto puede tener origen prezoroástrico, refiriéndose a la «separación» entre este mundo y la otra vida. En los *Gathas* (canciones) de Zoroastro, el término «separador» también parece tener connotaciones de juicio, que separa a los buenos de los malos. El Puente de Chinvat se creía que descansaba sobre la montaña más alta del mundo, el Monte Hara. Existen varios relatos de lo que sucede en el puente cuando el alma lo cruza. Algunos describen un juicio formal allí; otros afirman que el alma será encontrada por su *daena*, su esencia espiritual, que tiene la forma de una bella muchacha si el difunto ha sido justo, y la de una bruja repulsiva si la persona ha sido un pecador. ⇨ Avesta; zoroastrismo.

chod (gCod)   Práctica en el budismo tibetano orientada a comprender el vacío y naturaleza ilusoria de todas las apariencias. Los practicantes se dirigen a un lugar solitario, no frecuentado, como un cementerio o montaña, y allí invocan a los poderes o seres airados y malévolos. En una forma del rito, los practicantes visualizan sus cuerpos como cadáveres que son desmembrados por una diosa airada, un aspecto de la sabiduría de Buda, que más tarde ofrece las partes desmembradas a una multitud de seres malévolos o demonios que las devoran. En otra forma, los practicantes se visualizan a sí mismos como la diosa, que despelleja su propio cuerpo, ofreciendo su piel y huesos a los demonios y animales salvajes. Al final del ritual, la diosa y los seres malévolos son absorbidos dentro de los practicantes, quienes entonces comprueban que estas feroces formas eran producidas por sus propias mentes que, en esencia, están vacías. De esta manera, comprenden la naturaleza idéntica de *samsara* y nirvana. La justificación filosófica del ritual se encuentra en los *Sutras de la Prajnaparamita*. Los ritos chod probablemente se originaron en las tradiciones del campo de la cremación en la India, aunque la tradición atribuye su origen a la yogui Macig (Ma-gcig, muerta c. 1150). ▷ nirvana; prajnaparamita; samsara; tibetana, religión.

Cholollan ▷ **Tollan.**

Chondogyo (Ch'ŏndogyo) (literalmente: Religión del Camino Celestial) Religión coreana indígena fundada en 1860 por Ch'oe Suun (1824-1864). Aunque influida por las tradiciones confuciana y taoísta fue una reacción contra las religiones tradicionales de Corea y contra el cristianismo, y un intento de apelar a la conciencia religiosa de las masas coreanas. Tras el martirio de Suun a manos del gobierno, sus sucesores Ch'oe Haewol (1827-1898) y Sohn Uiam (1861-1922) desarrollaron el movimiento hasta que se convirtió en una gran religión coreana. Las escrituras Chondogyo comprenden los escritos de los tres primeros fundadores, pero los escritos de Suun son especialmente importantes. Chondogyo jugó una parte significativa en la modernización de Corea después de 1894, en la oposición al imperialismo japonés después de 1919 y en el no sometimiento al comunismo en Corea del Norte después de 1945. Acentúa la inmanencia de Dios en el conjunto de la vida, y considera a los seres humanos «portadores de divinidad» y llamados a tratar a otros humanos «como Dios». Enfatiza la necesidad de un reino de Dios servicial sobre la tierra basado en la fe, la sinceridad, la firmeza y la sencillez. Se recomiendan cinco prácticas: una fórmula cantada cada mañana a las nueve en punto; el uso de agua como símbolo de pureza espiritual; un servicio litúrgico dominical; frecuentes ofrendas de arroz a la iglesia y oraciones de varios tipos, incluyendo el silencioso *simg* o trato cordial.

Chung Yuan (Chung Yüan) Festividad china de Todas las Almas o Espíritus Hambrientos, que es predominantemente budista y tiene lugar el decimoquinto día del séptimo mes lunar. Desde este día hasta el final de mes, a quienes han muerto sin estar preparados —los sin casa, los que no tienen descendientes y los sin tumba— se les hacen ofrendas para ayudarles en sus momentos de necesidad con el fin de impedirles que causen daño. Las ofrendas incluyen cosas como casas y dinero de papel, ropas y alimento, que se cree les servirá de ayuda en el mundo espiritual. Los objetos de papel son quemados en hogueras locales y, a veces, arrojados a los ríos para ayudar a las almas de los difuntos que se han ahogado o no tienen tumbas. En los templos budistas se celebra el culto en favor de las almas hambrientas, y se construyen a veces barcos de papel que son quemados el día de la fiesta, de modo que las almas de los difuntos que han muerto sin estar preparados puedan escapar de su apuro a otro renacimiento que les ayude a alcanzar la meta final del nirvana. ⇨ antepasado, reverencia china al; fiestas chinas; prácticas funerarias chinas.

Chung Yung Nombre chino de un librito confuciano titulado *La doctrina del medio*. Era originalmente un capítulo del *Li Chi* (Los archivos de ritual y protocolo) compilado durante el siglo II a. C., pero le concedió una especial relevancia el gran filósofo neoconfuciano Chu Hsi (1130-1200). Fue uno de los Cuatro Libros que añadió al canon confuciano, siendo los otros tres *Analectas de Confucio, Libro de Mencio* y *Gran Saber*. Se convirtieron en la base de los exámenes del servicio civil chino desde 1313 a 1905. El *Chung Yung* tradicionalmente se atribuye al nieto de Confucio, y abogaba por el Justo Medio o Camino Medio. Como señala *Analectas* 6, 27: «Qué excelente es el poder moral del Camino Medio»; el *Chung Yung* recomienda la moderación y el compromiso como filosofías provechosas en política y en las relaciones humanas. ⇨ canon confuciano.

cielo En general, lugar de morada de Dios y de los ángeles, y en el cristianismo tradicional, destino eterno último de los redimidos, para reinar allí con Cristo en la gloria. En la Biblia se concibe que está muy por encima de la tierra. En la teología moderna, se da más importancia a la calidad, la transformación o plenitud de vida, la presencia de Dios plenamente revelada y la perfección de la relación divino-humana, que a un lugar. ⇨ ángeles; Dios; escatología; más allá; paraíso.

cielo e infierno islámicos

El cielo islámico normalmente se simboliza como Paraíso, y este con frecuencia toma la forma de jardín (*al-jannah*) que contiene hermosos árboles, flores y frutos; está vallado y protegido, y repite y amplía el Jardín del Edén terreno. Sin embargo, a la vez se admite que es tan maravilloso que la imaginación humana no puede concebirlo plenamente. El infierno es un lugar de tormento, simbolizado con frecuencia como lugar de fuego abrasador. En el cielo y en el infierno se experimentan placer y sufrimiento físicos, respectivamente, pero el islam místico algunas veces los contempla como consecuencias espirituales del sometimiento o negación de Dios. Cielo e infierno se cree que duran «perpetuamente», pero no «eternamente», ya que la eternidad sólo pertenece a Dios. También son posibles estados intermedios y limbos después de la muerte, pero reciben mucho menos atención que el juicio más claramente definido entre cielo e infierno emitido por Dios en el último día. ⇨ Alá; jannah, al-; juicio final o de los muertos, visión islámica del; Paraíso.

cielo e infierno sij ⇨ sij, cielo e infierno.

Ciencia Cristiana Movimiento, fundado por Mary Baker Eddy en el siglo XIX, que intenta la vuelta al mensaje original cristiano de salvación de todo mal, incluyendo la enfermedad y el mal, así como el pecado. La primera Iglesia de Cristo, científica, fue fundada en 1879 en Boston, EE. UU., seguida en 1892 por la actual organización mundial, con su sede central en Boston. La Biblia y la obra de Eddy, *Science and Health with Key to the Scriptures* (1875), son los principales textos del movimiento. Dios, que es considerado maternal y paternal, se cree que es espíritu y el creador bueno; consecuentemente, el pecado, la enfermedad, la muerte y la materia misma sólo parecen reales a la creencia humana equivocada. La salud se restablece, no recurriendo al tratamiento médico, sino aplicando a todos los aspectos de la vida prácticas que estén de acuerdo con el principio de la armonía divina. Los miembros no deben volver a los que practican la medicina ortodoxa, sino que deben buscar la ayuda de curanderos especiales de la Ciencia Cristiana, cuya preparación se basa en la Biblia y en *Science and Health*. En los últimos años, principalmente por recurrir a la ayuda médica exterior, el número de seguidores ha descendido. El periódico internacionalmente conocido, *The Christian Science Monitor*, es publicado por la sociedad. ⇨ cristianismo.

ciencias sociales de la religión Antropología, psicología y sociología son las tres ciencias sociales implicadas en el estudio de la religión. Forman parte del estudio global de la religión en el campo de los estudios religiosos, pero a veces se dintinguen de la teología y de la filosofía de la religión por una parte, y de la *Religionswissenschaft* (centrada en la historia de la religión), la fenomenología de la religión y el estudio comparado de la religión por otra. La antropología de la religión se ha centrado en la religión de las sociedades primitivas, y en sus primeros días estaba dominada por la teoría de la evolución religiosa y la búsqueda del origen de la religión. Para Frazer el origen de la religión era la magia, para Tylor el animismo, para Marett era el preanimismo, para Schmidt el monoteísmo original, y para otros era el totemismo, fetichismo o politeísmo. La antropología ha abandonado recientemente las teorías radicales (excepto en las nociones binarias de Lévi Strauss) y se ha concentrado en los estudios de campo de tribus concretas, o el análisis del mito, ritual y símbolo. La psicología de la religión se centró en la experiencia religiosa de los individuos en la obra de eruditos como William James en su libro *Variedades de experiencia religiosa* (1902). La psicología profunda creó la teoría de la mente inconsciente en la obra de Freud, que consideraba la religión como ilusión y proyección, y en la obra de Jung, que consideraba los arquetipos y símbolos religiosos como «reales» y como parte del inconsciente colectivo de la raza humana. La sociología de la religión encontró sus principales exponentes en Durkheim, que acentuó las funciones sociales de la religión como elemento estabilizador en la sociedad, y Weber, que resaltó el potencial del elemento dinámico y profético de la religión para cambiar la sociedad, como en su clásico estudio de la religión y la aparición del capitalismo. Recientemente, los sociólogos han examinado el proceso de secularización, incluyendo el, al parecer, menor papel de la religión en la sociedad, la noción de religión civil y las diferencias entre grupos religiosos tales como iglesias, confesiones, sectas y cultos. Mientras los antropólogos se han centrado principalmente en sociedades primitivas a pequeña escala, los sociólogos lo han hecho en las modernas sociedades occidentales y los psicólogos en los individuos. Su trabajo puede considerarse como complementario, aunque en la medida en que su lealtad es a su propia disciplina, la pregunta que hay que responder es si están reduciendo la religión, en cuanto todo, a sus componentes de ciencia social. ⇨ historia de la religión; origen de la religión; psicología de la religión; secularización; sociología de la religión; teología de la religión.

cienciología Movimiento en los límites del cristianismo, desarrollado en EE. UU. por L. Ron Hubbard en la década de los cincuenta, que se esfuerza por abrir la mente de sus adeptos a todas las grandes verdades y a la autodeterminación. Jesús es uno de los diversos maestros importantes. Las afirmaciones científicas y religiosas de la Iglesia han dado lugar a una gran controversia, lo mismo que sus métodos de administración financiera, y en la década de los ochenta tuvo que defenderse en varios procesos judiciales en EE. UU. No obstante tiene muchos seguidores. ⇨ cristianismo; nuevos movimientos religiosos en Occidente.

cientificismo Término aplicado a la ciencia cuando tiende a convertirse en una ideología que lo abarca todo e intenta tratar áreas de la vida que están fuera de sus propios parámetros de medida, predicción y control. Cuando abarca temas que tienen que ver con el temor reverencial, la imaginación, la belleza, la bondad y la verdad, y se considera que tiene respuestas a los problemas de angustia, sufrimiento y mortalidad, se dice que la ciencia se ha deslizado hacia el cientificismo, sugiriéndose que ha sobrepasado sus propios asuntos y se ha convertido en una cuasirreligión. Nuevas tendencias en la filosofía de la ciencia han cuestionado algunos de los supuestos cientificistas del positivismo, a saber: que existe un mundo externo que puede ser plenamente explicado en lenguaje científico; que el lenguaje se mantiene en relación de correspondencia con los hechos; los hechos pueden ser plenamente descubiertos mediante observación y experimentación; la observación y experimentación científicas están basadas en lo que nuestros sentidos pueden revelar; las teorías científicas se elaboran mediante la acumulación de más datos; estas teorías son objetivas y no dependen de predilecciones personales, y el conocimiento científico resultante es conocimiento demostrado del mundo tal como es objetivamente. El reciente pensamiento científico sobre física subatómica, teoría de los sistemas, teoría del caos y demás, ha sugerido que la verdad científica es más compleja, sutil, multifacética e integral que eso, y que las antiguas certezas del cientificismo eran demasiado simplistas. El camino está abierto a que las intuiciones de la ciencia y de la religión sean consideradas como complementarias. ⇨ alternativas seculares a la religión.

cinco divinas presencias islámicas Noción metafísica islámica de los cinco grados diferentes de realidad. Según la principal versión de esta teoría, los cinco grados son: realidad absoluta, la realidad de un Dios personal, la realidad del mundo de los ángeles, la realidad del mundo sutil y la realidad del mundo humano. Fuertemente influida por el neoplatonismo, esta noción de las cinco presencias divinas llegó a ser importante en el pensamiento sufí, especialmente en la obra de Ibn Arabí y sus seguidores. Sostenían que esta noción no era un descubrimiento original propio suyo sino una verdad eterna que ellos habían desvelado, y que una enseñanza similar se podía encontrar en otras tradiciones religiosas, especialmente en las orientales. ⇨ ángeles; Dios; sufismo.

cinco K (Pāñj Kakke) Cinco símbolos sij que llevan los sij iniciados en la *Khalsa* (comunidad) fundada por el Gurú Gobind Singh en 1699. Los sij no iniciados en la Khalsa pueden también llevarlos por gusto como señales externas de ser sij. *Kes* es cabello sin cortar, que se refiere no sólo al pelo de la cabeza sino también al pelo del resto del cuerpo. *Kangha* es un peine que se lleva en el pelo para sujetar el moño. El turbante que cubre el peine y el moño, aunque no es una de las cinco K, se ha convertido en un emblema de identidad sij. *Kirpan* es una espada o daga ceremonial de hoja curva que se lleva como parte de la vestimenta requerida. *Kara* es una ajorca de acero que se lleva en la muñeca derecha que no es ornamental sino funcional y plana. *Kachh* es un pantalón corto que se lleva como prenda exterior o como prenda interior, como parte de la vestimenta occidental. Simbólicamente, las cinco K representan motivaciones para la disponibilidad inmediata en un tiempo de incertidumbre y peligro; funcionalmente son distintivos de la identidad sij. ▷ Khalsa; Rahit Maryada.

cinco pilares islámicos
Cinco fundamentos de la tradición musulmana. Son los siguientes: afirmar la *shahadah*, «Alá es Alá y Mahoma es su profeta»; recitar las cinco oraciones diarias *(salat);* dar limosnas *(zakat)* como una especie de contribución voluntaria para ayudar a los pobres; ayunar *(sawm)* en el mes de Ramadán e ir en peregrinación *(Hajj)* a La Meca, al menos una vez en la vida. Aunque a los musulmanes se les exigen los cinco pilares, recitar la shahadah y las cinco oraciones diarias son particularmente importantes, mientras que el ayuno de Ramadán y el llevar a cabo la peregrinación dan unidad a todo el mundo musulmán. La guerra santa *(jihad)* es en ocasiones llamada el sexto pilar del islam. Sin embargo, no está prescrita y es a menudo interiorizada para simbolizar la lucha interior por la victoria espiritual. La no realización de cuatro de los cinco pilares no significa renuncia al islam. Sin embargo, de todos los musulmanes se espera que sostengan la shahadah y no repudien los otros cuatro pilares. ▷ Alá; Hajj; Mahoma; Ramadán; salat; shahadah; zakat.

cinco relaciones confucianas Según la tradición confuciana, las cinco relaciones básicas y universales en la sociedad humana. Son las relaciones que se establecen entre soberano y ministro, padre e hijo, marido y mujer, hermano mayor y hermano menor, amigo y amigo. Se basan en una obligación moral mutua entre las dos partes. Sin embargo, excepto en la última relación entre amigos, son básicamente jerárquicas e implican la superioridad de una parte sobre la otra. Las cinco relaciones establecidas por Confucio fueron cuestionadas por Mo Tzu (c. 470-391 a. C.), que defendía que el amor universal, que podía ofrecerse a todo el mundo por igual, era preferible. Mencio (c. 371-289) defendió la posición de Confucio y escribió vigorosamente contra lo que él creía que era la irrealidad de la posición de Mo Tzu, en apoyo del amor graduado. Decía que era necesario empezar con cinco relaciones particulares para seguir intentando lograr un amor universal. La sociedad confuciana ha subrayado tradicionalmente la importancia de las cinco relaciones y la jerarquía establecida en ellas y, en un sentido modificado, actualmente esta sigue siendo la postura de un país como Japón. ▷ Confucio; Mencio.

cingalés, budismo ▷ **budismo cingalés.**

Cipriano, San, Tascio Cecilio Cipriano (c. 200-258) Mártir cristiano, nacido probablemente en Cartago, y uno de los grandes Padres de la Iglesia. Des-

círculos de piedras

pués de enseñar retórica en Cartago, se hizo cristiano en torno al 245. Fue consagrado obispo en el 248, cuando sus celosos esfuerzos por restaurar la estricta disciplina pronto le acarrearon una multitud de enemigos. En la persecución, en tiempos de Decio, tuvo que buscar la seguridad en la huida, y, tras su vuelta a Cartago en el 251, el resto de su vida fue una lucha constante por mantener el equilibrio entre la severidad y la indulgencia hacia los «lapsos» (es decir, aquellos que se habían acomodado durante un tiempo al paganismo). Excomulgado por el papa Esteban I por negar la validez del bautismo hereje, en un sínodo de Cartago, en el 256, Cipriano sostuvo que el obispo de Roma, a pesar de la primacía de San Pedro, no podía pretender tener autoridad judicial sobre otros obispos. Escribió un tratado sobre la unidad de la Iglesia, *De unitate ecclesiae*. Durante la persecución del reinado de Valeriano fue decapitado en Cartago. ⇨ Padres de la Iglesia; Pedro, San.

círculos de piedras Aros circulares o casi circulares de piedras prehistóricas verticales; se encuentran especialmente en Gran Bretaña e Irlanda y datan del Neolítico tardío o Edades del bronce antiguo. Sobreviven unos 900 ejemplares, algunos de hasta 400 m de diámetro. Lo más probable es que funcionaran como templos en los que se podían celebrar acontecimientos celestiales, el paso de las estaciones y la fertilidad de la tierra y de la gente. ⇨ prehistórica, religión.

Megalitos de Stonehenge

circuncisión En los hombres, extirpación de todo o parte del prepucio del pene; en las mujeres, eliminación de ciertas partes o de todos los genitales externos. En los hombres puede realizarse por razones de salud, pero la práctica tiene un origen antiguo como importante rito religioso de iniciación en tribus semitas, africanas y polinesias, pueblos de Suramérica e indios americanos. Su motivación es compleja: salud, alianza con los dioses, entrada en la madurez, en un grupo o clase particular, seguro de inmortalidad o contra la infertilidad. En el islam es obligatoria, normalmente realizada a chicos en edades comprendidas entre los siete y los trece años. En el judaísmo, los bebés varones son circuncidados al octavo día de su nacimiento, como signo externo de su entrada en la alianza del pueblo de Dios relacionada con Abraham (Génesis 17, 9-14). Tan importante es, que la palabra es a veces usada como sinómino de alianza. En el cristianismo, el requisito de la circuncisión fue pronto eliminado, siendo considerado el bautismo la verdadera circuncisión (Colosenses 2, 11-15). La circuncisión femenina, aunque no tan extendida, puede ser anterior a la masculina, y se practica aún en ciertas tribus de Asia, África y Suramérica y por ciertos musulmanes en la India y Asia occidental. ⇨ alianza.

Cirilo, San (827-869) Misionero cristiano, nacido en Tesalónica. Él y su hermano, San Metodio (826-885), fueron conocidos como los Apóstoles de los Eslavos. Cirilo, que es tradicionalmente considerado como el inventor del alfabeto cirílico, había sido discípulo de Focio, y era apellidado «el filósofo». Predicó el evangelio a los jázaros tártaros al noreste del mar Negro (c. 860), mientras que Metodio evangelizó a los búlgaros de Tracia y Mecia (c. 863). A petición del duque de Moravia, los hermanos prepararon una traducción eslava de las Escrituras y principales libros litúrgicos. Su uso de la lengua vernácula en la liturgia despertó la oposición de los misioneros romano-germanos, y los hermanos fueron llamados a Roma para explicar su conducta. Cirilo murió allí en el 869. Metodio, que en el mismo año fue consagrado en Roma obispo de los moravos, completó la evangelización de los eslavos. Llamado a Roma por segunda vez en el 879 para justificar su celebración de la misa en lengua nativa, logró la aprobación del papa Juan VIII, regresó a su diócesis en el 880 y probablemente murió en Hradistë de Moravia. Ambos hermanos fueron reconocidos como santos por la Iglesia católica, después de haber sido condenados como arrianos por varios papas. Su fiesta se celebra el 14 de febrero. ⇨ evangelista; Focio.

Cirilo de Alejandría, San (376-444) Teólogo, uno de los Padres de la Iglesia, nacido en Alejandría. Se convirtió en patriarca de Alejandría en el 412 y puso en marcha con vigor la enseñanza cristiana ortodoxa. Expulsó a los judíos de la ciudad (415) y persiguió implacablemente a Nestorio, cuya doctrina fue condena-

cisma

da en el Concilio de Éfeso (431). Su fiesta se celebra el 9 de junio (Oriente) o 27 de junio (Occidente). ⇨ nestorianos; Padres de la Iglesia; teología.

cisma (griego: *schisma,* «separación») Separación deliberada de la Iglesia cristiana en asuntos de orden o disciplina eclesial más que en doctrina, como el novacianismo del siglo III y el donatismo del siglo IV. Estos movimientos eran más estrictos que la Iglesia en general, rehusando readmitir a la amistad a creyentes que habían renegado de la fe en tiempos de persecución. La teología católica ha tratado tradicionalmente a la Iglesia ortodoxa y a las iglesias de la Reforma como cismáticas en el sentido de que están fuera de la comunión con el papado y fuera de la verdadera Iglesia. Aunque recientemente se interpreta más como un asunto de divisiones internas en la única Iglesia de Cristo, que como rupturas con ella. ⇨ Cisma, el Gran.

Cisma, el Gran (1378-1415) Período en el que había dos papas rivales, que comienza con la elección de Urbano VI y Clemente VII por facciones rivales de cardenales. En 1409 el Concilio de Pisa intentó acabar con el cisma y eligió a Alejandro V, pero la unidad sólo se logró finalmente con la elección de Martín V por el Concilio de Constanza en 1417. ⇨ Concilio de la Iglesia.

cistercienses Orden religiosa fundada por monjes benedictinos y dirigidos por San Roberto de Molesmes en Citeaux, Francia, en 1098, bajo una estricta regla, con énfasis en la soledad, la pobreza y la sencillez. La orden fue importante en la Edad Media, con líderes entre los que se cuenta Bernardo de Claraval. Para el siglo XIII tenían más de 500 casas en Europa, pero a partir de entonces declinó. En el siglo XVII se dividió en dos comunidades, de la Común Observancia (ahora abreviado SOCist) y de la Estricta Observancia (nombre completo, Orden de los Cistercienses Reformados de la Estricta Observancia, en forma abreviada OCSO). Los últimos fueron reavivados en Francia después de la Revolución por los trapenses (primeros miembros del monasterio de La Trapa). La Común Observancia es ahora relevante en EE. UU. y partes de Europa occidental, y cuenta con un abad general en Roma; la Estricta Observancia, con una casa madre en Citeaux y un abad en Roma, es vigorosa en Francia, Suiza, Inglaterra y Polonia. ⇨ benedictinos; Bernardo de Claraval, San; monacato; trapenses.

Clarisas ⇨ **franciscanos.**

Clemente de Alejandría, San (Tito Flavio Clemente) (c. 150-c. 215) Padre de la Iglesia, nacido probablemente en Atenas, pero residente principalmente en Alejandría. Llegó a ser director de la escuela catequética (c. 180-201) y, junto con su discípulo Orígenes, hizo de ella un célebre centro del saber, hasta que fue obligado a huir a Palestina durante las persecuciones del emperador Severo. De las obras suyas que se conservan las principales son *Quis dives salvetur?* («¿Qué rico se puede salvar?») y la trilogía que comprende *Protrepticus* («Exaltación de los griegos»), *Paedagogus* («El tutor») y *Stromateis* («Misceláneas»). Su fiesta se celebra el 5 de diciembre. ➪ Alejandría, Escuela catequética de; Orígenes; Padres de la Iglesia.

clero Ministros ordenados de la religión cristiana u otra, en cuanto detentadores de un oficio asignado, en contraposición al laicado (la palabra viene del latín *clericus,* clérigo, sacerdote). En las iglesias ortodoxa, católica y anglicana, el término incluye a los obispos, sacerdotes y diáconos, también a los miembros de órdenes religiosas. En las iglesias protestantes y no episcopales, incluye a ministros y pastores. Su nombramiento es mediante ordenación o consagración, que no es sólo un acto humano, sino el sello de una llamada o vocación divina. Los poderes del clero incluyen la administración de sacramentos, la predicación y el ejercicio de la dirección espiritual de una comunidad, de ahí su nombramiento divino. En las iglesias jerárquicas (es decir, ortodoxa, católica y anglicana), los poderes de los sacerdotes y diáconos son ejercidos con la autoridad del obispo. En las iglesias conciliares o no episcopales (por ejemplo, presbiterianas, congregacionalistas, baptistas) no existe oficio más alto que el de ministro de la Palabra y del Sacramento. En algunos países, el clero goza de ciertos derechos civiles (continuación de los introducidos en el Imperio Romano en los siglos IV y V d. C.), tales como el derecho de celebrar bodas, inmunidad del servicio del jurado e, incluso, el beneficio de ciertas cargas sobre la tierra (por ejemplo, «diezmos»). ➪ abadía; archidiácono; arzobispo; canon; cardenal; diácono; obispo; rector; sacerdote; sacramento; sagradas órdenes; vicario.

Codex Iuris Canonici (latín: «Código de Derecho Canónico») Código de ley canónica o eclesial que regula la Iglesia católica. La codificación, autorizada por el papa Pío X en 1904, fue completada en 1917, con revisiones recomendadas por una comisión establecida en 1963. La última edición revisada del nuevo Código de Derecho Canónico es de 1983. ➪ catolicismo.

colina primigenia En las antiguas cosmogonías egipcias, el primer acto de la creación era la aparición de una colina o isla de las aguas primordiales de Nun. Esta creencia se originó probablemente en Heliópolis, donde se creía que el primer dios Atón había nacido en esta colina y se decía, a veces, que era él mismo. Los sacerdotes de Heliópolis creían que su santuario estaba ubicado en este montículo primordial, que era el centro de la Tierra. Otros centros de culto, como Menfis y Hermópolis, pretendían igualmente ser el lugar de la colina primigenia y realzaban la actividad de sus propios dioses locales en la creación. ➪ Atón; cosmogonía; creación, mitos de la;

Colosenses

Heliópolis, teología de; menfita, teología; Nun; templos en el antiguo Egipto.

Colosenses, Carta a los

Escrito del Nuevo Testamento atribuido a Pablo mientras estaba en prisión. Guarda muchas semejanzas con la Carta a los Efesios, pero existe un debate muy corriente sobre si la obra es genuinamente de Pablo. Fue al parecer escrita para contestar a falsos maestros de Colosas, que pretendían tener un conocimiento espiritual más elevado asociado a un estilo de vida ascético y ritualista, y al culto a los ángeles (Colosenses 2, 8-23). ⇨ ascética; Efesios, Carta a los; Nuevo Testamento; Pablo, San; Paulinas, Cartas.

Columba, San, también conocido como **Colmcille** («Paloma de las Iglesias») (521-597) Apóstol irlandés del cristianismo en Escocia, nacido en la aristocracia guerrera real de Irlanda, en Gartan, en el Condado de Donegal. Según su biógrafo del siglo VII, Adomnán, estudió como alumno de San Finnian, en Clonard, con San Ciarán. En el 546 fundó el monasterio de Derry. En el 561, sin embargo, fue acusado de haber estado implicado en la sangrienta batalla de Cuildreimhne, por lo que fue excomulgado y condenado al exilio; fue quizá en esta batalla en la que recibió la herida que le dejó una cicatriz lívida en su costado. En el 563, a la avanzada edad de 42 años y acompañado por doce discípulos, se hizo a la vela para hacer penitencia como misionero, y tocó puerto en la isla hébrida de Iona, donde fundó un monasterio que se convirtió en la iglesia madre del cristianismo celta en Escocia. Desde Iona viajó a otras partes de Escocia, especialmente al norte, para evangelizar entre los pictos, y se ganó el respeto del rey pagano Brude (Bridei) en su fortaleza cerca de Inverness (posiblemente la colina fortificada de Craig Phadrig). Él y sus misioneros fundaron numerosas iglesias en las islas Hébridas (de ahí su nombre gaélico de Colmcille). Administrador extraordinariamente enérgico, organizó su monasterio de Iona como una escuela de misioneros y desempeñó un papel activo en la política del país. Aunque pasó los últimos 34 años de su vida en Escocia, en ocasiones visitó Irlanda y, hacia el final de su vida, fundó el monasterio de Durrow, en Irlanda. Fue célebre como hombre de letras; escribió himnos, y se le atribuye el haber transcrito trescientos libros a mano. Sin embargo, fue también venerado como santo guerrero e invocada con frecuencia su ayuda para la victoria en el combate. Murió en Iona y fue enterrado en la abadía. Su fiesta se celebra el 9 de junio. ⇨ Iglesia cristiana; misiones cristianas; monacato.

Columbano, San (543-615) Misionero irlandés, «el Columba más joven», nacido en Leinster. Estudió con San Comgall en Bangor del Down, y hacia el 585 se dirigió a la Galia con doce compañeros y fundó los monasterios de Anegray, Luxeuil y Fontaine en la región de los Vosgos. Por su adhesión a la Pascua celta se vio metido en controversias, y la energía con la que recriminó los vicios de la corte burgundia le condujo a su expulsión en el 610. Tras un año o dos de estancia en Bregenz, en el lago Constanza, se dirigió a la Lombardía y en el 612 fundó el monasterio de Bobbio, en los Apeninos, donde murió. Sus escritos, todos en latín, comprenden una regla monástica, seis poemas sobre la vanidad de la vida, diecisiete sermones y un comentario a los Salmos (1878). Su fiesta se celebra el 23 de noviembre. ⇨ misiones cristianas; monacato.

comentarios al Corán Estos comentarios musulmanes estaban basados en las tradiciones orales de Mahoma y sus compañeros, y especialmente en la obra conocida como el *Océano de conocimiento*, del sobrino de Mahoma, Iban al-Abbas. Los comentarios que ofrecen información sobre el trasfondo del Corán y algunas interpretaciones sencillas del texto eran conocidos como *tafsir;* los comentarios que ofrecían intuiciones alegóricas y místicas más profundas eran conocidos como *tawil*. Los musulmanes ortodoxos subrayaban que las interpretaciones alegóricas y místicas del Corán halladas en el tawil no deberían oponerse a las interpretaciones externas encontradas en el tafsir. Muchos comentarios islámicos sobre el Corán estaban influidos por los precedentes del *midrash* judío que utilizaban el método de la parábola y la exégesis para averiguar el significado e intención del texto. Entre los primeros comentarios influyentes se encuentran *La explicación completa de la exégesis coránica* de al-Tabari (m. 923) y *La luz de la revelación y los secretos de la interpretación* de al-Baydawi (m. 1282). Algunos comentarios posteriores eran de interpretación chiíta y otros, como el de Ibn Arabí, eran de inspiración sufí. ⇨ chiísmo; Corán; Mahoma; midrash; sufismo; tafsir.

comida y bebida Importantes en la religión en relación con la práctica del ayuno y para la observancia o ruptura de normas dietéticas. A veces determinadas plantas, vegetales o animales, y también el agua de ciertos pozos, adquieren propiedades que les conceden una significación religiosa especial. La ofrenda de la comida adecuada es también de importancia crucial en el sacrificio.

comida y bebida sij ⇨ **sij, comida y bebida.**

comparada, religión Investigación objetiva de las religiones del mundo mediante métodos científicos e históricos. Su aproximación es descriptiva y comparativa, y no se ocupa de las cuestiones acerca de la verdad o falsedad de las creencias que examina. Max Müller, a menudo llamado «el padre de la religión comparada», hizo mucho por atraer el interés del mundo de habla inglesa al conocimiento de las religiones del mundo. La disciplina ha contribuido en gran manera a nuestro conocimiento de las religiones, al identificar modelos de creencia y de prácti-

comunidades religiosas

ca que se repiten en religiones muy separadas por cultura y geografía, así como al señalar lo que es distintivo de cada religión. ⇨ religión.

comunidades religiosas

En cada tradición religiosa existe una noción de comunidad religiosa. En el cristianismo es la Iglesia con sus diversas ramas: ortodoxa, católica y protestante; en el islam es la ummah, con sus ramas sunnita y chiíta, que a menudo guardan una estrecha relación con una sociedad más amplia y la política; en el budismo es la sangha, son sus ramas theravada y mahayana, que ha subrayado históricamente el papel de los monjes; en el judaísmo existen las comunidades ortodoxa moderna, reformista y conservadora dentro de un todo más amplio que también hace hincapié en factores étnicos, y en el hinduismo, dentro del marco social original del sistema de castas, existen comunidades religiosas *(sampradayas)* centradas en las principales deidades Siva, Visnú, Rama, Krishna, la diosa Devi y así sucesivamente. Sin embargo, en un plano local, existen muchas formas particulares de comunidad religiosa. Algunas forman parte de manera natural de la sociedad: cultos religiosos basados en la familia, parentesco, asociaciones locales, raza y nación. Otras se fundan especialmente en comunidades religiosas como sociedades secretas, religiones místericas, círculos de discípulos que se reúnen en torno a un líder carismático, hermandades religiosas, asociaciones de tipo eclesiástico, grupos de protesta dentro de comunidades religiosas más amplias y sectas o cultos independientes. Otras se basan en la ocupación, rango o posición, como las religiones del guerrero, comerciante o campesino. Otras surgen de la obra de un líder religioso que es una autoridad: un fundador, reformador, profeta, vidente, mago, adivino, santo, sacerdote contemplativo o carismático. Las comunidades religiosas asumen que la religión tiene una dimensión social que exige de la gente el reunirse en vez de estar espiritualmente solos. Tienen también diferentes relaciones con el Estado, que van desde la identidad virtual en el Japón sitoísta, la Persia sasánida zoroástrica y el cristianismo bizantino, hasta la radical separación en las religiones secretas y místericas, con muchas gradaciones entre ellas. ⇨ budismo mahayana; budismo theravada; casta; catolicismo; chiísmo; judaísmo conservador; judaísmo ortodoxo; judaísmo reformista; Krishna; Iglesia ortodoxa; protestantismo; Rama; sangha; sintoísmo; Siva; sunnitas; ummah; Visnú.

Comunión, Sagrada ⇨ Eucaristía.

Comunión Anglicana Asociación de unas 26 iglesias provinciales o nacionales independientes, varias diócesis extraprovinciales e iglesias resultantes de uniones de anglicanos con otras iglesias, esparcidas por todo el mundo, pero que comparten una estrecha relación eclesial y doctrinal con la Iglesia de Inglaterra. La mayoría de estas iglesias se hallan en la Mancomunidad

Británica, y deben sus orígenes a las actividades misioneras de la Iglesia de Inglaterra en el siglo XIX; una notable excepción es la Iglesia episcopal de EE. UU., que fue desarrollada por la Iglesia episcopal escocesa. Iglesias de países que no pertenecen a la Mancomunidad Británica, como Brasil, China y Japón, también forman parte de la Comunión Anglicana. La Comunión se basa en la cooperación, ya que no existe autoridad mundial única, pero cada diez años el arzobispo de Canterbury invita a los obispos de toda la Comunión Anglicana a participar en la Conferencia de Lambeth, cuerpo consultivo que trata temas de interés común aunque no tiene autoridad última sobre la política a seguir. La Conferencia de Lambeth de 1968 creó también un Consejo Consultivo Anglicano para actuar durante los intervalos de diez años. ⇨ Iglesia de Inglaterra; Iglesia episcopal protestante.

conciencia Fenómeno común a todas las culturas, cualquiera que sea el nombre que reciba, que señala la conciencia de la naturaleza más íntima del ser humano. Originalmente, se aplicaba de forma general al conocimiento interior, pero gradualmente adquirió el sentido de facultad o principio para hacer juicios morales. Es en virtud de los juicios de conciencia como aparecen los sentimientos de justificación o culpa moral. La ley moral se reconoce a través de la conciencia, que es donde se mediatizan las exigencias de la ley moral. La existencia de la conciencia sirve para enfatizar la vida interior y la responsabilidad individual en contraste con las reglas y la autoridad externas. Religiosamente, ha sido equiparada con la voz de Dios, relacionando la vida moral del individuo con Dios, y sometiendo esta a juicio. Más recientemente, ha sido considerada no como algo que el ser humano tiene (es decir, una capacidad o facultad), sino más bien como algo que el ser humano es, que guía a los humanos hacia decisiones responsables y a la comprensión del valor. ⇨ alma; teología moral.

conciliarismo Teoría de que el Concilio General (formado por todos los obispos) tiene la suprema autoridad en la Iglesia. Ganó relevancia en las disputas concernientes a la autoridad del papado en la Iglesia occidental en la Edad Media, pero declinó después de 1460 en que el papa Pío II prohibió las apelaciones de un papa a un Concilio General. El interés se reavivó con el reconocimiento de una autoridad corporativa o colegial de obispos en el Concilio Vaticano II (1962-1966). ⇨ Concilio de la Iglesia; obispo; papado; Vaticanos, Concilios.

Concilio de la Iglesia En las Iglesias ortodoxa y católica, reunión de obispos de toda la Iglesia para regular la doctrina y la disciplina. El último Concilio Ecuménico (de la Iglesia no dividida) se sostiene que es el Segundo Concilio de Nicea (787). La Iglesia católica reconoce un Concilio si es convocado por el Papa, y sus decisiones, si

confesión

son aprobadas por él mismo como infalibles, con la asistencia garantizada del Espíritu Santo, obligan a la Iglesia entera. Las iglesias católicas no romanas reconocen al Consejo Mundial de las Iglesias (formado en 1948), pero no se reclama la infalibilidad. ⇨ Basilea/Calcedonia/Lateranenses o Lateranos/Nicea/Vaticano, Concilio(s) (de); catolicismo; conciliarismo; Iglesia ortodoxa; infalibilidad; obispo; papado.

confesión 1 Declaración o profesión de fe, originalmente de un mártir individual, después de un grupo o iglesia. Este tipo de documento se hizo frecuente después de la Reforma. ⇨ Confesión de Augsburgo; Confesión de fe de Westminster; mártir; Reforma. 2 Reconocimiento del pecado, hecho o bien comunitariamente en el curso del culto público, o privada e individualmente como confesión auricular, «al oído» de un sacerdote. ⇨ pecado; sacerdote.

Confesión de Augsburgo Declaración de fe compuesta por Lutero, Melanchthon y otros para la Dieta imperial de Augsburgo (1530), siendo escrito el texto oficial por Melanchthon en 1531. La más antigua de las confesiones protestantes, fue presentada a Carlos V por siete príncipes luteranos y dos ciudades, intentaban consignar sus creencias para defenderse de varias críticas dirigidas contra la teología luterana. Constaba de 28 artículos que cubrían todos los aspectos de la doctrina, y exponían las reformas de los llamados abusos que ellos consideraban habían empezado a corromper la Iglesia católica. La Confesión se hizo normativa para la Iglesia luterana, y su influencia se puede ver en los Treinta y nueve Artículos. ⇨ luteranismo; Lutero, Martín; Melanchthon, Felipe; Treinta y nueve Artículos.

Confesión de fe de Westminster Principal Confesión de fe presbiteriana, adoptada por la Asamblea de Westminster, Inglaterra, en 1643. Expone las principales doctrinas de la fe cristiana desde una perspectiva calvinista, y se convirtió en la principal influencia confesional entre las iglesias reformadas del mundo de habla inglesa. ⇨ calvinismo; confesión 1; iglesias reformadas.

confirmación Sacramento cristiano de iniciación, cuya naturaleza y teología han sido entendidas de diversas maneras en la historia cristiana. En la praxis primitiva era difícil distinguir el bautismo de la confirmación como actos de iniciación a la creencia cristiana, pero antes de la Edad Media hubo una tendencia en Occidente a separarlos, de modo que la confirmación se realizara sólo mediante la imposición de manos (o mediante la unción con aceite, o ambas) por un obispo. Los niños no son normalmente confirmados antes de alcanzar los siete años de edad, y muchas iglesias prefieren que lleguen a la adolescencia. En el anglicanismo es considerada a menudo como la asunción de responsabilidad personal por parte del joven de las primeras promesas bautismales. El Concilio Vaticano II ordenó que el rito se revisara de modo que se subrayara más claramente su carácter de iniciación. ⇨ bautismo; sacramento; Vaticanos, Concilios.

confucianismo La escuela más antigua de pensamiento chino. El confucianismo tiene dos tendencias éticas. Una, asociada a Confucio y Hsün Tzu (c. 298-238 a. C.), es convencional; debemos seguir códigos tradicionales de conducta por nuestro propio bien. La otra, asociada a Mencio y los neoconfucianos medievales, es intuitiva; debemos obrar como dictan nuestras naturalezas morales. ⇨ Confucio.

Confucio, K'ung Fu-tzu latinizado, **el Maestro K'ung** (551-479 a. C.) Filósofo chino, nacido de una familia aristocrática, aunque empobrecida, en el estado de Lu, parte de la actual provincia de Shantung. Cuando tenía tres años murió su padre, y él se casó a los diecinueve, convirtiéndose en funcionario del gobierno en Lu con un séquito de discípulos, la mayoría jóvenes de la nobleza a los que estaba preparando para el servicio gubernamental. Fue ascendido al rango de ministro y disfrutó de una carrera con éxito y muy popular, que finalmente atrajo la envidia y hostilidad, y condujo a una ruptura con el soberano. En el 487 abandonó Lu y durante más de diez años se hizo sabio itinerante, vagando de corte en corte en busca de un protector compasivo y acompañado por un cortejo de discí-

Confucio. Frontispicio de su obra, publicada en París en 1687. Biblioteca Nacional (París)

pulos. En torno al 485 regresó a Lu y pasó sus últimos años enseñando y posiblemente escribiendo. Después de su muerte, sus discípulos compilaron un volumen de acontecimientos memorables, las *Analectas*, que consignan los dichos y hechos del maestro, pero la mayoría de las otras obras atribuidas a él son compilaciones posteriores que, como la filosofía del «confucianismo» misma, están probablemente relacionadas sólo de manera aproximada con sus propias enseñanzas. Emerge como un gran maestro moral que intentó reemplazar las viejas observancias religiosas por valores morales como base del orden social y político. En su Camino (tao) realza las virtudes prácticas de la benevolencia *(jen)*, reciprocidad *(shu),* respeto y esfuerzo personal, que debían ser interpretadas pragmáticamente con respecto a las circunstancias y casos individuales más que como un sistema abstracto de imperativos. Las generaciones sucesivas le veneraron y el confucianismo se convirtió, y lo siguió siendo hasta hace poco, en la religión estatal de China, aunque su influencia declinó tras el fin de la monarquía (1911-1912) y, especialmente después de la Revolución Comunista de 1949. ⇨ confucianismo.

congregacionalismo Movimiento que considera la Iglesia cristiana esencialmente como una comunidad de cristianos reunida, en alianza con Dios, que guarda la ley de Dios y que vive bajo el Señorío de Cristo. Derivaba de los separatistas de la Reforma del siglo XVI en Inglaterra, de los que Robert Browne fue un líder de la primera época. La persecución llevó a los congregacionalistas a Holanda y EE. UU. (los Padres Peregrinos, 1620). Los asuntos de la Iglesia, incluyendo la llamada de un ministro y el nombramiento de diáconos para el servicio, son regulados por los miembros en la «Asamblea de Iglesia». Como confesión mundial, tiene una marcada tradición misionera. Una sección fundó el Consejo Congregacional Internacional en 1949, que se fundió con los presbiterianos, en 1970, bajo el nombre de Alianza Mundial de Iglesias Reformadas. Con una fuerte tradición de tolerancia y libertad de credo, su mayor contribución al ecumenismo ha sido su insistencia en la importancia de la iglesia local en el caso de unión con otras confesiones. ⇨ Browne, Robert; cristianismo; ecumenismo; misiones cristianas; Padres Peregrinos; presbiterianismo; Reforma.

conocimiento e ignorancia La mayoría de las tradiciones religiosas han señalado la importancia de obtener conocimiento y abandonar la ignorancia. Sin embargo, existen varios niveles de conocimiento e ignorancia. En un nivel, conocimiento es conocimiento de los conceptos de la revelación. El cristianismo, con su énfasis en la teología, ha destacado este tipo de conocimiento, y ha definido la herejía en términos de creer o no creer en ciertos conceptos cristianos fundamentales centrados en la Trinidad de Dios. Otras tradiciones religiosas han subrayado también la importancia de los conceptos, por ejemplo, las cuatro nobles verdades de Buda, pero más bien en un plano secundario. Para el islam y el judaísmo, la herejía ha sido básicamente práctica más que conceptual. A otro nivel, el conocimiento se refiere a conocimiento filosófico aplicado a la fe para explicarla, justificarla o defenderla. Los grandes filósofos hindúes como Shankara y Ramanuja fueron también los «teólogos» que encontraban natural aplicar la filosofía a la religión; lo mismo se aplica a los grandes pensadores budistas. Los cristianos incorporaron la filosofía griega a su teología y generalmente creían que la razón apoyaba a la fe, pero a veces, en el pensamiento de un Lutero o un Barth, han defendido que el razonamiento filosófico y la fe son autónomos, y que «Atenas no tiene nada que ver con Jerusalén». Este ha sido el principal punto de vista dentro del islam, cuyos grandes filósofos, Avicena y Averroes, fueron fundamentalmente ignorados. En otro plano, se ha considerado que el conocimiento es más profundo que los conceptos o la filosofía. En algunas tradiciones se ha considerado que es esotérico, como en el gnosticismo, que remontaba el origen del mundo a un acto de ignorancia, cuya eliminación, a través del conocimiento gnóstico, era la meta de la vida. Finalmente, en la mayoría de las religiones, el conocimiento religioso se ha considerado que es más que intelectual, aunque podía ser eso también. Tiene que ver con la verificación experimental de la verdad, como han señalado las tradiciones orientales; tiene que ver con el compromiso de toda la vida de uno con la verdad, como afirma la palabra *pistis* del Nuevo Testamento, y tiene que ver con la sumisión y la fe, como generalmente han atestiguado las religiones devocionales. ⇨ ariya sacca; Barth, Karl; gnosticismo; herejía; Lutero, Martín; Shankara; Trinidad.

consagración Investidura de determinadas personas, lugares u objetos con significación religiosa especial, de modo que adquieran condición sagrada. Algo de esta práctica es común a la mayoría de las religiones. La consagración depende del auxilio divino; sólo puede ser realizada por una o más personas ya consagradas y puede ser permanente o temporal, es decir, requiere ser renovada. **1** La consagración de personas, en la tradición cristiana, se realiza sólo una vez y es en beneficio de otros o de la comunidad (por ejemplo, celebrar la misa o administrar los sacramentos generalmente). El obispo o sacerdote católico es considerado como un agente, a través de la mediación y como representante de Jesucristo, de la gracia divina para el mundo. La eficacia de la acción no depende de la santidad o pureza de vida del ministro o sacerdote. En otras tradiciones, la consagración tiende a ser más en beneficio de quien la recibe, y se puede repetir regularmente de modo que la pureza de vida de los monjes budistas, por ejemplo, pueda conservarse. A veces, como en el hinduismo, el judaísmo y las órdenes monásticas cristianas, todas las acciones y la vida entera pueden considerarse como consagradas a Dios. **2** La consagración de lugares como iglesias, templos, pagodas y santuarios, se lleva a cabo mediante un ritual apropiado, realizado por agentes debidamente autorizados, cuyo objetivo es proporcionar lugares adecuados para la morada del ser divino, o para los vestigios de las reliquias de personas santas. **3** Puede llevarse a cabo la consagración de objetos, tales como vasos o comida usados en actos rituales, y en el hinduismo las imágenes, que sirven como mediación de la presencia divina, se guardan aparte como la manifestación del dios. ⇨ sacerdotes; sacramento.

Consejo Mundial de las Iglesias Consejo interconfesional de Iglesias, formado en Amsterdam en 1948. Con origen en el movimiento ecuménico de principios del siglo XX, su principal tarea es buscar la unidad de la Iglesia. Comprende a la mayoría de las confesiones cristianas de la línea principal, con la excepción de la Iglesia católica, con la que, sin embargo, guarda estrecho contacto. Su sede principal está en Ginebra y su cuerpo dirigente, una Asamblea representativa, se reúne cada seis o siete años. ⇨ cristianismo; ecumenismo.

Consejo Nacional de las Iglesias de Cristo en EE. UU. Asociación de iglesias protestantes, ortodoxas orientales y católicas nacionales, formada en 1950 en EE. UU. Afiliado al Consejo Mundial de las Iglesias, está comprometido con el principio de manifestar la unidad de la Iglesia de Cristo. ⇨ cristianismo; Consejo Mundial de las Iglesias.

Constantino I, llamado **el Grande,** propiamente **Flavio Valerio Aurelio Constantino** (c. 274-337) Emperador romano, nacido en Naissus, en la Alta Mesia. Era el hijo mayor de Constancio Cloro y Helena, y se distinguió primero como soldado en la expedición egipcia de Diocleciano (296), después, a las órdenes de Galerio, en la guerra persa. En el 305 los dos emperadores, Diocleciano y Maximiano, abdicaron y fueron sucedidos por Constancio Cloro y Galerio. Constantino se unió a su padre, que gobernó en Occidente, en Boulogne, en la expedición contra los pictos, y antes de que Constancio muriera (306) proclamó sucesor a su hijo. Galerio no se atrevió a luchar con Constantino, aunque le otorgó sólo el título de César, denegándole el de Augusto. Las complicaciones políticas crecieron entonces hasta que en el 308 coincidieron hasta seis emperadores: Galerio, Licinio y Maximiano en Oriente, y Maximiano, su hijo Majencio, y Constantino en Occidente. Majencio alejó a su padre de Roma, y tras algunas intrigas Maximiano se suicidó (309). Majencio amenazó a la Galia con un gran ejército. Constantino, cruzando los Alpes por el monte Cenis, derrotó tres veces a Majencio, que pereció ahogado tras la última gran victoria en el Puente Milvio cerca de Roma (312). La visión de una cruz brillante antes de la batalla, con la inscripción «Con este signo vencerás», se dice que fue la causa de la conversión de Constantino al cristianismo, y el edicto de Milán (313), promulgado conjuntamente con Licinio, concedía los derechos civiles y la tolerancia a los cristianos en todo el imperio. Constantino era ya el único emperador en Occidente, y a la muerte de Galerio en el 311 y de Maximiano en el 313, Licinio se convirtió en el único emperador de Oriente. Después de una guerra (314) entre los dos dirigentes, Licinio tuvo que ceder el Ilírico, Panonia y Grecia. Durante los siguientes nueve años, Constantino se dedicó en persona con vigor a corregir abusos, a fortalecer sus fronteras y a castigar a los bárbaros. Habiendo derrotado de nuevo en el 323 a Licinio, y dándole muerte, Constantino se convirtió entonces en el único gobernador del mundo romano. Eligió Bizancio como capital, y en el 330 la inauguró con el nombre de Constantinopla («Ciudad de Constantino»). El cristianismo se convirtió en la religión del Estado en el 324, aunque la disidencia no era perseguida. En el 325 se celebró el gran Concilio de Nicea de la Iglesia, en el que la corte tomó partido en contra de los arrianos y se adoptó el credo niceno. Sin embargo, fue muy poco antes de su muerte cuando Constantino recibió el bautismo. La historia de su bautismo en Roma por el papa Silvestre I en el 326 y de la denominada *Donación de Constantino,* considerada durante mucho tiempo como un argumento en favor del poder temporal del papado, no tienen nada de histórico. Sus últimos años fueron crueles, viendo la ejecución de su hijo mayor, Crispo (326), por traición y de su propia segunda esposa, Fausta (327), por una acusación similar. Propuso dividir el imperio entre sus tres hijos tenidos con Fausta: Constancio, Constantino II y Constante I; pero en el 340 Constantino II perdió su vida en guerra con Constante. ⇨ Arrio; Nicea, Concilio de; niceno, credo.

Constitución apostólica

Uno de los documentos más solemnes, emitido en nombre del Papa, relacionado con temas de doctrina y disciplina fundamentales para la Iglesia católica en general. ⇨ catolicismo.

consubstanciación Teoría atribuida a Lutero, que describe la presencia de Cristo en la Eucaristía «bajo o con los elementos de pan y vino». Para contraponerla a la doctrina católica de la transubstanciación. ⇨ Eucaristía; Lutero, Martín; transubstanciación.

contemplación Oración mental no discursiva en la que se dejan a un lado los intentos de razonar o decidir por un sencillo volverse hacia Dios en amor, como se enseña en el cristianismo en el clásico anónimo inglés del siglo XIV, *La nube del desconocer*. A menudo se hace una distinción entre contemplación activa o «natural», que se puede aprender, y contemplación pasiva o «infusa» de niveles más elevados, que es un don de Dios. Los diferentes grados o tipos de contemplación cristiana son exhaustivamente analizados en las obras de los místicos españoles del siglo XV Santa Teresa de Jesús y San Juan de la Cruz. ⇨ Juan de la Cruz, San; meditación discursiva; oración; Teresa de Jesús, Santa.

Contrarreforma Movimiento general de reforma y actividad misionera en la Iglesia católica a partir de la mitad del siglo XVI, estimulado en parte por la Reforma protestante. Incluyó el renacimiento del movimiento monástico (por ejemplo, capuchinos, 1528; Oratorianos, 1575), especialmente la funda-

conversión

ción de la Orden de los jesuitas. Preveía la puesta en vigor de medidas disciplinares por parte de la Inquisición romana; sus formulaciones doctrinales fueron hechas por el Concilio de Trento, y las reformas litúrgicas y morales fueron introducidas en toda la Iglesia. Hubo una fuerte influencia de los místicos (como Juan de la Cruz, Teresa de Jesús) y maestros devocionales (como Francisco de Sales). En un sentido secular, el término también se refiere al éxito de los poderes católicos en Europa a finales del siglo XVI y principios del XVII. ⇨ capuchinos; catolicismo; Francisco Javier, San; Inquisición; jesuitas; Juan de la Cruz, San; liturgia; monacato; Oratorianos; Reforma; Teresa de Jesús, Santa.

conversión Cambio en la afiliación de una religión a otra, o transición de la no implicación a la creencia en una religión. Designa también un cambio que supone una transformación y reorientación que afecta a cada aspecto de la vida de una persona, que puede suceder repentina o gradualmente. ⇨ religión.

conversión judía En la tradición judía la condición de judío se transmite a través de la madre. No obstante el judaísmo ha estado siempre abierto a los no judíos que desean convertirse. De acuerdo con ello, a lo largo de la historia ha habido individuos, y en ocasiones comunidades enteras, que se han pasado al judaísmo. Además de sinceridad, se requieren tres condiciones para la conversión: la ofrenda de un sacrificio apropiado, la circuncisión para los varones y la inmersión purificatoria en un miqveh. Desde la destrucción del Templo en el 70 d. C., la primera ya no es posible. Las actitudes generales hacia los prosélitos en los tiempos posbíblicos fueron positivas; pequeñas restricciones aparte, eran considerados plenamente judíos. No obstante, y a pesar de algunos casos célebres y bien documentados, los conversos al judaísmo bajo gobierno cristiano o musulmán eran relativamente pocos, ya que a los ojos de estas comunidades se consideraban apóstatas dignos de muerte. El proselitismo así se volvía impracticable aun cuando los futuros conversos que se acercaran a la comunidad judía fueran a ser en teoría bienvenidos. Sin embargo, la creencia de que los gentiles, que son monoteístas y se adhieren a una moralidad básica, participarán con Israel en el Olam haBa, permite que muchos toleren esta situación. Esta tendencia se ha visto confirmada en la actualidad, tanto en el cristianismo como en el islam, en las que se considera de manera más positiva que anteriormente. ⇨ gentiles; judaísmo reformista; miqveh; Olam haBa.

coptos Tradición cristiana principalmente presente en las tierras musulmanas de Egipto y Sudán. La Iglesia copta se separó de la Iglesia ortodoxa después del Concilio de Calcedonia, en el 451. Los coptos eran monofisitas: creían que Jesucristo tenía sólo una naturaleza divi-

na, en vez de una naturaleza humana y una divina, que era la creencia ortodoxa. Tenían vínculos con las otras iglesias monofisitas de Armenia, Etiopía y Siria, y han conservado su liturgia en la lengua egipcia copta. Desde que los musulmanes invadieron Egipto en el 642, los coptos han vivido dentro del mundo islámico, y han sufrido persecuciones ocasionales y conversión gradual pero incesante al islam. Para los asuntos generales, han adoptado el árabe, pero han conservado vivo el monacato cristiano egipcio, mantenido la liturgia copta, desarrollado un impresionante arte religioso copto y mantenido litúrgicamente el rico orden de culto de San Basilio. Están bien representados en la vida profesional egipcia dado el número de sus miembros, que es superior a tres millones, aunque pequeño en proporción a su entorno.
⇨ Basilio, San; Calcedonia, Concilio de; monofisitas.

Corán (Qur'ān) Libro sagrado del islam. Se sostiene que es la palabra directa de Dios, inscrita en los cielos y revelada por etapas al profeta Mahoma por el ángel Gabriel, durante un período de más de 20 años, como mensaje para toda la humanidad. Reemplazaba a las Escrituras judía y cristiana, más antiguas, que, a los ojos de los musulmanes, se habían vuelto imperfectas. La primera revelación comenzó en el 610 cuando Mahoma estaba meditando en la cueva de Hira, a las afueras de La Meca. En su forma actual data del califato de Uthman (644-656). El texto mismo es considerado sagrado y los musulmanes deben estar ritualmente puros antes de tocarlo. La imitación de su estilo literario es un sacrilegio. Como autoridad suprema en todos los asuntos legales y religiosos, sus opiniones suelen considerarse infalibles. Aproximadamente de la misma extensión que el Nuevo Testamento, está dividido en 114 capítulos (suras) desiguales, ordenados generalmente según la extensión. Para la lectura diaria que se hace durante el Ramadán, sin embargo, se divide en 30 secciones. Puesto en su mayor parte en boca de Dios, que habla como «nos», se preocupa menos de la fluidez narrativa que de ser instructivo. Las suras más antiguas se centran en Dios en cuanto creador, en la unidad

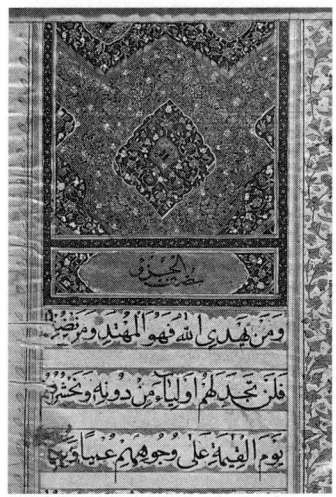

Texto del Corán (s. XVII). Colección privada (Bagdad, Irak)

Corazón Sutra

y grandeza de Dios, la necesidad de obedecerle y ayudarse mutuamente, el papel de Mahoma como el mensajero que advierte de la ira de Dios si no se le hace caso y la importancia del islam en la planificación de Dios de la historia. Las suras posteriores contienen más material comunal, legal y social relacionado con la familia, el matrimonio y otros asuntos sociales y éticos relativos a la comunidad en crecimiento. Estas prescripciones forman la base de la shariah o ley islámica. El Corán es poesía más que prosa, y se canta con fines devocionales y litúrgicos en formas reiterativas según las distintas convenciones. Aunque en el pasado los investigadores musulmanes dudaban de que pudiera traducirse manteniendo el sentido original, actualmente ha sido traducido a todas las grandes lenguas. Las escuelas islámicas en las que el texto se aprende de memoria todavía son comunes en varias partes del mundo musulmán. Principal fuente de doctrina y de ley en el islam, significa para un musulmán lo que la Torá para un judío, o la Biblia para un cristiano. ⇨ Alá; comentarios al Corán; Fatihah; islam; Mahoma; Ramadán; shariah.

Corazón Sutra ⇨ **Sutra del Corazón.**

Corintios, Cartas a los Dos escritos del Nuevo Testamento, generalmente aceptados como genuinos del apóstol Pablo a la Iglesia que fundó en Corinto. La primera describe sus esfuerzos para tratar la variedad de problemas éticos y doctrinales que dividían a la Iglesia de Corinto; la segunda es su respuesta a los últimos acontecimientos de esta Iglesia, a los esfuerzos de recoger fondos para la Iglesia de Jerusalén, y a los cargos aducidos contra él por sus oponentes. ⇨ Corinto, cristianismo primitivo en; Nuevo Testamento; Pablo, San; Paulinas, Cartas.

Corinto, cristianismo primitivo en Corinto era un gran puerto comercial en la ruta más corta del Adriático al Egeo, que une Europa y Asia. Después de la destrucción de la mayor parte de la antigua ciudad griega en el 146 a. C., Corinto fue reconstruida como colonia romana en el 46 a. C. Era bien conocida por su templo de Afrodita y como centro cosmopolita de placer y de vicio. Pablo permaneció en Corinto 18 meses en su segundo viaje misionero. Algunos judíos allí se hicieron cristianos, otros presentaron una demanda contra él ante el juez por enseñar una religión ilícita, pero el caso fue rechazado (Hechos 18). Pablo fundó (c. 50 d. C.) una iglesia principalmente gentil que, aunque activa y generosa, le causó muchas preocupaciones, como muestran sus dos epístolas a los Corintios, escritas pocos años después. Algunos conversos sentían tentaciones de volver a las prácticas paganas que acababan de dejar, otros encontraban sus nuevas libertades cristianas demasiado fuertes de soportar, o apoyaban a facciones divisorias dentro de la Iglesia. La primera epístola de Pablo, además de mostrar cómo abordaba los problemas de la Iglesia, da ideas del culto cristiano primitivo (incluyendo el relato más antiguo de la administración de la Cena del Señor o Eucaristía, 1 Corintios 11) y contiene el famoso «Himno al amor» (1 Corintios 13). ➪ Eucaristía.

Corpus Iuris Canonici (latín: «cuerpo de derecho canónico») Principal colección de derecho canónico o eclesial de la Iglesia católica y, hasta cierto punto, de las iglesias anglicanas. Incluye los decretos de papas y cánones, y normas formuladas por los concilios, por ejemplo, las Decretales de Gregorio IX. El derecho canónico ejerció una influencia considerable en el desarrollo del derecho civil e internacional. Al «Corpus» le sucedió en la Iglesia católica el Codex Iuris Canonici (1918). ➪ Codex Iuris Canonici; derecho canónico.

corroboree Término usado por los colonos del siglo XIX en Nueva Gales del Sur, Australia, para cualquier ceremonial aborigen o reunión festiva que incluía el canto y la danza. Más tarde pasó a ser de uso común entre los no aborígenes, pero no logra señalar la distinción entre ceremonias religiosas y la representación no religiosa practicada por los pueblos aborígenes. Cuando se utiliza en sentido religioso, el término se refiere a aquellas ceremonias en las que los aborígenes intentan volver a representar las actividades del altjiranga o Edad de oro. Estas funciones pueden ser una festividad comunal, en la que todos pueden ser espectadores, o puede consistir en rituales específicamente masculinos o femeninos, de los que los miembros del sexo opuesto son excluidos. La pintura del cuerpo y la señalización del lugar de la ceremonia son una parte importante de la representación. ➪ australiana aborigen, religión.

cosmogonía Relato del origen del cosmos, frecuentemente con implicaciones como las relativas a su composición y conducta evolutiva. La mayoría de las religiones y culturas reconocen como normativos determinados relatos de su origen, creación o emanación. Estos toman normalmente la forma de mitos o historias de los dioses, cuyas actividades (con frecuencia conflictos) dan como resultado que el cosmos llegue a ser. Son significativos para determinar la relación con Dios o los dioses del cosmos y criaturas que habitan el cosmos. ➪ Bundehish.

cosmogonía del Próximo Oriente antiguo No se ha conservado ningún relato sumerio completo de la creación, pero a partir de otros textos es posible ver que el mundo surgió del mar primigenio y que las cuatro deidades cósmicas An, Enlil, Enki y Ninhursag eran en gran parte responsables de su ordenamiento. Los mitos sumerios de los orígenes están más interesados en la institución del orden del mundo y de los orígenes de la sociedad. La cosmogonía del Próximo Oriente antiguo mejor conocida y conservada es la del *Enuma Elish*, poema épico babilonio de la creación, que vuelve a contar la ascensión de Marduk a dios supremo y que era recitado anualmente en la festividad de Akitu. Las primigenias aguas dulces y saladas, Apsu y Tiamat, engendraron a las generaciones de dioses, incluyendo a las cuatro deidades cósmicas. Entraron en conflicto y Apsu fue muerto por Ea (Enki), provocando que Tiamat vengara a su consorte. Sólo Marduk tuvo el valor de hacerla frente. Después de derrotarla y darle muerte, utilizó su cuerpo para formar las partes básicas del universo. Más tarde, para librar a los dioses de la necesidad de trabajar, creó a la humanidad de la sangre de su siervo Kingu. El servicio a los dioses es considerado constantemente en el Próximo Oriente antiguo como la única razón de la existencia humana. El motivo de conflicto con el mar tiene lugar en todas partes del Próximo Oriente antiguo, y en algunas partes de la Biblia hebrea la batalla entre Yahvé y el mar o los monstruos marinos está relacionada con la creación. ⇨ Akitu; creación, mitos de la; Ea; Enlil; Marduk; Tiamat; Yahvé.

cosmogonía judía En el judaísmo tradicional, las teorías sobre el origen del universo se basan en Génesis 1; en torno a su interpretación se desarrolló una rama de mística esotérica llamada maaseh bereshit, al igual que el maaseh merkavah sobre Ezequiel 1. Sin embargo, la excesiva especulación sobre tales asuntos fue desaprobada por la mayoría de los rabinos de la época talmúdica, cuyo principal interés era la halaká. No obstante, la principal corriente de opinión insistía en la creación de la nada, en cuanto opuesta a las ideas de la eternidad de la materia halladas en la filosofía griega. Así, en el primer día fueron formadas diez cosas: cielo y tierra, *tohu* y *vohu* (hebreo: «sin forma y vacío» en Génesis 1, 2, y entendidos como los dos elementos primigenios), luz y tinieblas, viento y agua, día y noche. Comparando a la Sabiduría personificada (Proverbios 8, 22) con la Torá, se afirmaba también que el mismo Dios consultó a la última como anteproyecto para el universo y los formó de acuerdo con ella. Además, todo lo creado por la Deidad debe ser perfecto, incluyendo la muerte, el *yetzer ra* («inclinación mala»), el sufrimiento y el infierno; al final cada uno de ellos contribuye al bienestar humano. En la época actual, la comprensión tradicional de Génesis 1 ha entrado en conflicto con el conocimiento científico. Sin embargo, muchos judíos interpretarían ahora el relato de la creación y sus elaboraciones posteriores simbólicamente. ⇨ creacionismo; halaká; humanidad, visión judía de la; Merkavah, mística; simbolismo.

cosmología Estudio del cosmos y su naturaleza. En religión asume formas autorizadas que establecen la relación del mundo natural, y de los seres humanos que hay en él, con lo divino. Estas formas son normalmente expresadas en mitos o historias de Dios, o de los dioses, cuyas actividades dan como resultado no sólo que el cosmos llegue a ser, sino que se conserve. La cosmología configura el marco dentro del cual se interpreta la realidad.

cosmología del Próximo Oriente antiguo

La cosmología sumeria sigue un modelo que se aplicaba también en otras partes del Próximo Oriente antiguo. El universo comprendía cielo y tierra, que estaban fijos e inamovibles en el mar primigenio del que habían emergido originalmente. Cielo y tierra estaban divididos por la atmósfera, de la cual fueron hechos los planetas y constelaciones. El cielo mismo era un firmamento fijo o bóveda que conservaba las aguas. Debajo de la tierra había otro espacio hueco, el reino de los muertos, gobernado por Nergal y Ereshkigal.

cosmología griega

El mundo representado por la mitología griega tradicional contenía, partiendo de lo alto, «cielo», en el que estaba la casa de los dioses, el Monte Olimpo; el aire (a menudo dividido en dos partes, una encima de otra, *aither* y *aer*); tierra, en torno a la cual flotaba el Océano, la fuente de todos los ríos; el mundo inferior, Hades, y todavía más abajo el Tártaro, una región a la que fueron expulsados los dioses rebeldes y vencidos. El desarrollo de la filosofía presocrática y de la geografía hizo que varios elementos de esta visión del mundo fueran modificados o desechados: el historiador Herodoto (c. 430 a. C.), por ejemplo, estuvo fuertemente influido por el pensamiento geográfico y negó que el «Océano» tradicional existiera. Más importante aún, surgió en el pensamiento presocrático la idea de que el universo es un *kosmos* ordenado *(kosmos* significa orden), regido por leyes naturales inflexibles. ⇨ religión y filosofía griegas.

cosmología hindú

Tiene una concepción jerárquica con mundos más elevados y sutiles situados por encima del universo inferior, material. Las especulaciones cosmológicas más antiguas están en el *Rig Veda*, donde los tres niveles de tierra, atmósfera y firmamento o cielo son delimitados por uno de los dioses (bien Indra, Varuna o Visnú). Cada uno de estos reinos es también la casa para una clase diferente de dioses: así, Soma y Agni habitan en el reino de la tierra, Indra y Vayu el viento en la atmósfera, y Varuna y Dyaus en el cielo. El *Rig Veda* contiene también un famoso himno de la creación (10.129) que plantea la

Visnú descansando entre dos ciclos del universo

cosmología jainita

cuestión sin respuesta de qué fue antes de la existencia y la no existencia. Uno de los rasgos de cosmologías hindúes posteriores es que el nivel del universo corresponde al estado mental de una persona o nivel de conciencia: el macrocosmos se corresponde con el microcosmos. De esta manera, un yogui con una conciencia purificada y concentrada puede acceder a niveles o mundos cosmológicos superiores. Esto es ilustrado por el *Mandukya Upanisad* en el que los tres niveles de conciencia: despertar, soñar y sueño profundo, son identificados con las tres partes del mantra AUM. Más allá de estos tres niveles está el «cuarto» estado trascendente *(turya),* identificado con el silencio que trasciende todo sonido y con el absoluto *(Brahman)*. La idea del cosmos como manifestación de sonido es una idea hindú muy importante, articulada en escuelas de gramática sánscrita *(vyakarana),* que consideraba el lenguaje como una tosca manifestación del sutil poder del habla *(vac)*. Esta idea fue elaborada en el tantra donde Siva, que es una «masa de sonido», manifiesta los mundos sonoros del universo como coagulaciones de su esencia. En la cosmología hindú el universo generalmente se manifiesta desde el absoluto durante ciclos cósmicos enormes y se contrae; un proceso representado por Visnú que yace dormido en el océano cósmico, que despierta y se manifiesta al universo desde un loto que crece de su ombligo. Cuando Visnú se vuelve a dormir, el universo se vuelve a contraer dentro de él. Durante estos inmensos períodos de tiempo, las civilizaciones surgen y caen, pasando por una serie de etapas moralmente degenerativas *(yugas)* hasta que, durante la última edad oscura *(kali yuga)* —en la que nos encontramos actualmente— Visnú aparecerá, encarnado en un caballo blanco, y reinstaurará una edad de oro.
⇨ Brahman; Indra; mantra; Siva; tántrico, hinduismo; Upanishads; Veda; Visnú; yugas.

cosmología jainita La tradición jainita es atea; no existe concepto de la creación del universo por Dios. Se considera que el cosmos es eterno e indestructible, y dentro de él existen componentes «vivientes» y «materiales» en flujo perpetuo. En el universo existen varios cielos e infiernos. En lo más alto del universo viven los *tirthankaras* y otras almas liberadas, y son superiores a los dioses que viven en los cielos debajo de ellos. En la parte del medio del universo, bajo los cielos, viven los humanos, animales y otros seres vivientes, sujetos a la ley del renacimiento y del karma. Cuando las almas son liberadas, ascienden del medio a lo más alto del universo donde moran eternamente en bienaventuranza. La parte del mundo medio que tiene que ver con los seres humanos pasa por ciclos de progreso y declive similares a los que se cree tienen lugar en otras religiones indias. Debajo de la parte media del universo hay varios infiernos. ⇨ jiva jainita; karma jainita; Mahavira.

cosmológico, argumento
Argumento de la existencia de Dios como causa primera de todas las cosas, defendido especialmente por Santo Tomás de Aquino. El argumento apela a las intuiciones de que la existencia del universo no puede ser explicada por las cosas que hay *en* el universo, y que tiene que existir sólo una primera causa. ⇨ Dios, argumentos de la existencia de Tomás de Aquino, Santo.

Covenanter Originalmente, signatario (y sus sucesores) de la Alianza Nacional (1638), y de la Liga y Alianza solemne (1643) en Escocia, que oponía resistencia a la teoría del «Derecho divino de los reyes» y la imposición de un sistema episcopal a la Iglesia Presbiteriana de Escocia. Cuando se les declaró rebeldes, recurrieron a la predicación al aire libre. Hasta que se restauró el presbiterianismo en 1690, fueron salvajemente perseguidos, con encarcelamiento, ejecución sin juicio y destierro (por ejemplo, a Holanda o EE. UU.). ⇨ episcopado; Iglesia de Escocia; presbiterianismo.

Cranmer, Thomas (1489-1556) Prelado inglés y arzobispo de Canterbury, nacido en Aslacton o Aslockton, Nottinghamshire. Fue enviado en 1503 por su madre, que había enviudado, al Jesus College, Cambridge, donde en 1510 obtuvo una beca. Perdió el derecho a ella por su matrimonio con «Black Joan», de la taberna Dolphin, pero la recuperó a su muerte antes de que expirara el plazo de un año, y tomó las sagradas órdenes en 1523. Durante una epidemia de peste abandonó Cambridge camino de Waltham, en 1529, con dos alumnos. Aquí se encontró con John Foxe y Stephen Gardiner y con ellos discutió el divorcio propuesto por Enrique VIII de Catalina de Aragón. Cranmer sugirió apelar a las universidades de la cristiandad, que complacieron a Enrique, y consiguientemente se convirtió en consejero en la demanda. Fue nombrado capellán real y archidiácono de Tauton; entró a formar parte de la casa del padre de Ana Bolena (que era a la sazón amante de Enrique), y fue enviado en dos embajadas, a Italia en 1530 y a Carlos V de Alemania en 1532. En Roma, el papa Clemente VII le hizo penitenciario mayor de Inglaterra. En Nuremberg se casó con una sobrina del reformador Osiander; poco después una citación real le requirió para que volviera como sucesor de Warham, en el cargo de arzobispo de Canterbury. Despidió a su mujer en secreto, y él mismo a continuación, fue consagrado en marzo. Prestó el juramento de alianza al Papa, con una protesta que asumió «por pura fórmula». En mayo Cranmer declaró el matrimonio de Catalina nulo e inválido *ab initio,* y el matrimonio privado con Ana Bolena, cuatro meses antes, válido; en septiembre fue padrino de la hija de Ana, Isabel. En 1536 anuló el matrimonio de Enrique con Ana Bolena, le divorció de Ana de Cleves (1540), le informó de las aventuras prematrimoniales de Catalina Howard, después se esforzó en conseguir de ella por medio de halagos que las confe-

creacionismo

sara (1541). Hizo lo que pudo para oponerse a los Seis Artículos de 1539, que intentaban imponer la uniformidad de dogma; uno de estos hacía que el matrimonio de los sacerdotes se castigara con la muerte, con lo cual envió a su mujer a Alemania y no la volvió a llamar hasta 1548. Era un hombre amable y humano por naturaleza, pero su episcopado contempló la quema de Frith y Lambert por negar la transubstanciación (1533-1538), del fraile Forest por defender la supremacía papal (1538), de dos anabaptistas (1538), de Joan Bocher por negar la humanidad de Cristo (1550), y la de un arriano holandés (1551). Promovió la traducción de la Biblia y un libro de culto, y acortó el número de días festivos. En 1547 murió Enrique, y Cranmer cantó misa de réquiem por su alma. Se había ido dejando llevar poco a poco hacia el protestantismo, pero ahora fue rápidamente arrastrado a grandes cambios religiosos. En 1548 compiló el Primer libro de oración de Eduardo VI (que transformaba la misa en comunión), compuso los 42 artículos de religión (1553), más tarde llamados los Treinta y nueve Artículos, y en 1552 volvió a redactar el Libro de oración. Durante este reinado, como durante el precedente, se entrometió poco en los asuntos de estado aunque era uno de los miembros del consejo de regencia. Lo que hizo no fue muy loable. En flagrante violación del derecho canónico firmó la orden de muerte de Thomas Seymour (1549); tomó parte fundamental en la deposición y encarcelamiento de los obispos Bonner, Gardiner y Day, y, vencido por las súplicas del rey-niño agonizante, suscribió de mala gana el instrumento que desviaba la sucesión de María a Lady Jane Grey (1553). Por esto fue culpable de perjurio consciente, sin embargo, cuando el reinado de doce días desapareció no intentó escapar. El 14 de septiembre fue enviado a la Torre, el 13 de noviembre fue acusado de traición, y, confesándose culpable, fue condenado a muerte. En marzo de 1554 fue a Oxford donde afrontó con valentía su juicio ante el comisionado papal, cuya jurisdicción no quiso reconocer. En octubre, desde la cárcel, fue testigo del martirio de Latimer y Ridley, y el 14 de febrero de 1556 fue formalmente degradado. En rápida sucesión firmó siete retractaciones cada vez más sumisas. La última la transcribió el 21 de marzo, y fue conducido inmediatamente a la Iglesia de Santa María, donde oyó que iba a ser quemado. Cuando le llegó la hora de leer su retractación, se retractó de todo lo que había escrito. Llevado a la hoguera, metió su mano derecha en la llama y la mantuvo allí, gritando: «¡Esta ha ofendido! ¡Oh esta mano indigna!» Entre los 42 escritos de Cranmer están sus Prefacios a la Biblia (1540) y el Primer libro de oración (1549), la *Reformatio Legum Ecclesiasticarum* (1571) y *Una defensa de la doctrina del sacramento* (1550). ⇨ Latimer, Hugh; protestantismo; Ridley, Nicholas; Treinta y nueve Artículos.

creacionismo Originalmente, y en la teología católica, creencia de que Dios crea un alma para cada

individuo humano en el momento de la concepción o del nacimiento. En la época medieval esto se creía que tenía lugar el día 40 después de la concepción para los varones, y para las mujeres 80 días después de la concepción. Agustín consideraba contradictorias las creencias del creacionismo y del pecado original, pero Tomás de Aquino defendía que no creer en este principio constituía herejía. El término se aplica ahora normalmente a la creencia de que el relato de la creación del Génesis en la Biblia describe exactamente los orígenes del mundo y de la humanidad. Se opone a la teoría de la evolución, y algunos cristianos evangélicos conservadores afirman que existe evidencia científica para apoyar el creacionismo, aunque esto no ha sido apoyado por otros científicos.
⇨ Agustín de Hipona, San; darwinismo; evangelismo; Génesis, Libro del; herejía; Tomás de Aquino, Santo.

creación, mitos de la Relatos en forma de historia de cómo llegó a existir el universo y sus habitantes. Tales mitos tienen una importancia decisiva en determinadas culturas para la comprensión de la relación del universo con lo divino, y de las responsabilidades del ser humano en él. ⇨ altjiranga; colina primigenia; Nun; teogonías griegas; wondjina.

creación, mitos griegos de la El Libro del Génesis comienza con un relato de la creación del universo, que culmina con la creación del hombre. Los relatos míticos griegos primitivos de los orígenes del universo, por contra, toman la forma de teogonías, narraciones del nacimiento de los dioses, y no conceden espacio para los orígenes de la humanidad; si bien aparece un mito misógino sobre la primera mujer, Pandora, en el poeta Hesíodo (siglo VII a. C.). En cambio, encontramos mitos sobre los orígenes de pueblos griegos particulares, que a menudo explicaban cómo surgieron del suelo del que era, por tanto, en el sentido más literal, su tierra nativa. Antes de finales del siglo V no está atestiguado el mito de que la raza humana fue formada del barro por Prometeo.
⇨ ctónica, religión; creación, mitos de la; Génesis, Libro del; griega, religión; teogonías griegas.

credo atanasiano ⇨ **atanasiano, credo.**

Credo de los Apóstoles ⇨ Apóstoles, Credo de los.

credos Afirmaciones concisas que resumen las creencias esenciales de una tradición religiosa. Son considerados normativos, utilizados a menudo en los rituales, y establecen la postura doctrinal de una comunidad religiosa en el mundo más amplio. Son especialmente importantes en el cristianismo, que ha valorado la teología y la ortodoxia doctrinal más que otras religiones, pero están presentes también en otras tradiciones. Los tres credos cristianos son el Credo de los Apóstoles, el credo niceno y el credo atanasiano;

el judaísmo valora el credo medieval de Maimónides y la fórmula de una sola línea del Shema: «Escucha, oh Israel: el Señor nuestro Dios es Uno»; en el islam la *shahadah* es una afirmación de fe breve: «Alá es Alá y Mahoma es su profeta»; los tres refugios del budismo equivalen a un credo budista: «Me refugio en Buda, Dharma y Shanga»; fórmulas similares se encuentran en el *Japji* sij y el *Avesta* zoroástrico, aunque no tan claramente en el hinduismo. A veces, lo equivalente a credos más largos se encuentra en forma de artículos o confesiones de fe. Las confesiones de fe de la Reforma tales como la Confesión de Augsburgo de la tradición luterana, de 1530, y la Confesión de Westminster de la tradición reformada, de 1646, exponían las peculiares posiciones protestantes. En el islam, las *aqidahs* de las escuelas legales sunnitas, y en el judaísmo los sumarios de fe de Filón y de Maimónides, realizan funciones similares, aunque no son utilizados en el culto y no son normativos para toda la comunidad. ➪ Apóstoles, Credo de los; Aqida; atanasiano, credo; Avesta; Confesión de Augsburgo; Confesión de fe de Westminster; niceno, credo; Filón Judío; Japji; Maimónides; shahadah; Shema.

credos cristianos ➪ **cristianos, credos.**

credos islámicos ➪ **islámicos, credos.**

cremación budista La cremación fue introducida en China y Japón bajo auspicios budistas. En China, la práctica de la veneración al antepasado había hecho del enterramiento de los cuerpos completos el procedimiento normal, pero cuando el budismo entró en China los monjes y monjas budistas practicaban la cremación y se hizo más común. En Japón se le concedió el beneplácito imperial cuando la emperatriz Jito fue incinerada en el 704, y desde entonces los budistas asumieron la responsabilidad de su realización. En la actualidad, los ritos funerarios y crematorios son una función primaria de la mayoría de los sacerdotes y templos budistas en Japón. ➪ prácticas funerarias.

Creyentes Viejos Tradicionalistas ortodoxos rusos que rechazaron las reformas instituidas en 1666. Aunque perseguidos, sobrevivieron y fueron reconocidos por el estado en 1881. ➪ Iglesia Ortodoxa Rusa.

Crisóstomo, San Juan (c. 347-407) Clérigo sirio y uno de los Doctores de la Iglesia, nacido en Antioquía, y llamado *Chrysostomos,* del griego, que significa «Boca de oro». Educado por su piadosa madre, Antusa, estudió oratoria para la carrera de abogado; pero, a los 23 años, se bautizó y se ordenó de *anagnóstés* o «Lector». Después de pasar seis años en las montañas como monje, la enfermedad le obligó a volver en el 380 a Antioquía, donde fue ordenado de diácono en el 381 y de sacerdote en el 386. La elocuencia y seriedad de su predicación le aseguraron la reputación de ser el orador más grande de la Iglesia, y en el 398 el emperador Arcadio le hizo arzobispo de Constantinopla. Crisóstomo dio la mayor parte de sus beneficios a los hospitales, intentó reformar la vida del clero y envió monjes como misioneros a Escitia, Persia y otras tierras. Su celosa reprensión de los vicios impelió a la emperatriz Eudoxia a que fuera depuesto y desterrado en el 403, primero a Nicea, más tarde a las montañas del Tauro y, finalmente, a Pityus en el mar Negro. Obligado a viajar allí a pie, con su cabeza descubierta expuesta al ardiente sol, el anciano murió de camino a Cumanos, en el Ponto. Su cuerpo fue llevado a Constantinopla y vuelto a enterrar con honor en el 438. Sus obras son numerosas, y consisten en *Homilías, Comentarios* sobre toda la Biblia, parte de los cuales han desaparecido, *Epístolas, Tratados* sobre la Providencia, el sacerdocio, etc., y *Liturgias*. Su fiesta se celebra el 13 de septiembre.

cristadelfos (griego: «hermanos en Cristo») Secta cristiana, fundada por John Thomas (1805-1871) en EE. UU., en 1848. Fueron originalmente llamados tomasitas hasta que, obligados a organizarse oficialmente para defender su pacifismo durante la guerra civil, adoptaron el nombre de cristadelfos. Enseñando una vuelta al primitivo cristianismo, afirmaban que Cristo volvería pronto otra vez para establecer una teocracia que duraría un milenio y con base en Jerusalén. Los cristadelfos tienen una organización congregacional y no tienen ministros ordenados. Creen en la plena exactitud de la Biblia, y afirman que sólo los verdaderos creyentes vivirán después de la muerte, siendo todos los demás condenados al olvido. Los seguidores adultos deben bautizarse para alcanzar la plena salvación; no practican el bautismo de niños. ➪ bautismo; milenarismo.

cristianismo (griego: *christós*, «ungido») Religión mundial centrada en la vida y obra de Jesús de Nazaret en Israel, y desarrollada a partir del judaísmo. Los más antiguos seguidores eran judíos que, después de la muerte y resurrección de Jesús, creyeron que él era el Mesías o Cristo, anunciado por los profetas en el Antiguo Testamento, y en relación única con Dios, cuyo Hijo o «Palabra» (Logos) se dijo que era. Durante su vida eligió a doce hombres como discípulos, que formaron el núcleo de la Iglesia como una sociedad o comunión de creyentes, convocados para adorar a Dios a través de Jesucristo, que vendría de nuevo a inaugurar el «reino de Dios». Los cristianos creen que Dios es uno, y es el creador. La humanidad, como creación suya, es esencialmente buena, pero en la práctica es pecadora. El único camino para la humanidad de alcanzar el verdadero bien es por medio de la gracia de Dios; Jesucristo, como Hijo de Dios, es el medio de la gracia. Se cree que es uno en esencia pero triple en persona, que comprende al Padre, al Hijo y al Espíritu Santo (conocido como el dogma de la Trinidad). Jesucristo, a

cristianismo

la vez que Hijo de Dios, es también plenamente humano por su nacimiento de María. El Espíritu Santo es el contacto o «aliento» de Dios que inspira a la gente a seguir la fe cristiana. Se cree que la Biblia ha sido escrita bajo influencia suya. En el corazón de la fe cristiana está la convicción de que, a través de la vida, muerte y resurrección de Jesús, Dios ha permitido a los humanos encontrar la salvación. La creencia en Jesús como Hijo de Dios trae el perdón de todos los pecados. Los cristianos creen que Jesús volverá al fin del mundo para juzgar a los buenos y a los malos, los buenos se unen a él en el cielo, o «reino de Dios», los malos son relegados al infierno. El Evangelio («Buena Noticia») de Jesús fue proclamado al principio de forma oral, pero hacia finales del siglo I fue puesto por escrito y llegó a ser aceptado como Escritura autorizada del Nuevo Testamento, entendida como cumplimiento de las Escrituras judías o Antiguo Testamento. A través del testimonio de los doce dirigentes (Apóstoles) más antiguos y sucesores suyos, la fe cristiana, a pesar de la persecución esporádica, se propagó rápidamente por el mundo griego y romano, y en el 315 fue declarada por el emperador Constantino religión oficial del Imperio Romano. Sobrevivió a la desintegración del Imperio y a la «Edad Media» mediante la vida y el testimonio de grupos de monjes en monasterios, y configuró la base de la civilización en la Edad Media en Europa. Las grandes ramas, separadas como resultado de diferencias de doctrina y praxis, son las Iglesias orientales u ortodoxas, la Iglesia católica, que reconoce al obispo de Roma (el Papa) como cabeza, y las Iglesias protestantes surgidas de la división de la Iglesia católica en la Reforma. Todos los cristianos reconocen la autoridad de la Biblia, leída en el culto público, que tiene lugar al menos cada domingo, el primer día de la semana, para celebrar la resurrección de Jesucristo. La mayoría de las Iglesias reconocen al menos dos sacramentos (bautismo y Eucaristía/misa/Comunión/Cena del Señor) como esenciales. El impulso para propagar el cristianismo al mundo no cristiano en movimientos misioneros, especialmente en los siglos XIX y XX, dio como resultado la creación de Iglesias numéricamente muy fuertes en los países en desarrollo de Asia, África y Suramérica. Un poderoso movimiento ecuménico en el siglo XX, promovido, entre otros, por el Consejo Mundial de las Iglesias, ha intentado recuperar la unidad entre los cristianos divididos. ⇨ adventistas; Anabaptistas; anglocatolicismo; Asambleas de Dios; baptistas; Biblia; calvinismo; catolicismo; cielo; Ciencia cristiana; congregacionalismo; Consejo Mundial de las Iglesias; Constantino I; coptos; cristadelfos; cristianismo secular; Cristianos de Santo Tomás; cristología; disidentes; ecumenismo; Ejército de Salvación; evangelismo; Hermanos (en Cristo); Iglesia Confesante; Iglesia de Escocia; Iglesia del norte de la India; Iglesia del sur de la India; Iglesia Episcopal Metodista Africana; Iglesia Episcopal Protestante; Iglesia ortodoxa; Iglesia Ortodoxa Griega; Iglesia Ortodoxa Rusa; Iglesia Reformada Holandesa; Iglesia Unida de Cristo; iglesias reformadas; infierno; Jesucristo; judaísmo; luteranismo; María; metodismo; milenarismo; mormones; pentecostalismo; presbiterianismo; protestantismo; sacramento; salvación; Sociedad de Amigos.

cristianismo, persecución del Los cristianos han sido perseguidos por el Estado en diversas épocas, desde Nerón y los emperadores romanos antes de Constantino, hasta los estados marxistas e islámicos del siglo XX. Estas pruebas han dado como resultado una comunidad cristiana más dinámica y comprometida, confirmando el célebre comentario de Tertuliano: «La sangre de los mártires es semilla de cristianos.» Es también cierto que durante los períodos en que la Iglesia y el Estado han trabajado juntos, las comunidades cristianas dominantes a menudo han perseguido u oprimido a grupos minoritarios cristianos (u otros, particularmente judíos). Las cruzadas, por ejemplo, fueron vividas como un ataque del cristianismo al islam y como una lucha entre la Iglesia occidental (latina) y la oriental (griega). Estas persecuciones se emprendieron tanto por razones políticas como religiosas: para mantener la estabilidad social y para castigar a los denominados herejes o cismáticos, por el bien de sus almas y como advertencia para los demás. Los períodos de la Reforma y Contrarreforma pueden proporcionar muchos ejemplos. El deseo de escapar de esta persecución o intromisión fue el principal motivo de la emigración del siglo XVII de Europa a Norteamérica, y subraya la separación constitucional entre Iglesia y Estado en EE.UU. El siglo XX ha contemplado severas persecuciones tanto de cristianos (las masacres armenias en Turquía y Rusia) como de judíos (el Holocausto en la Alemania nazi), pero la creencia en la libertad religiosa ha alcanzado un grado de aceptación internacional por medio de las Naciones Unidas. ⇨ antisemitismo; Constantino I; cristianismo en Armenia; cruzadas; Holocausto; Iglesia y Estado; Tertuliano; tolerancia.

cristianismo en África Los orígenes del cristianismo africano son desconocidos. El Nuevo Testamento atribuye a un hombre del norte de África (Lucas 23, 26) el haber llevado la cruz de Cristo, y describe la conversión de un funcionario del reino sudanés de Meroe (Hechos 8, 26-40), historias que se conservan muy vivas en la conciencia cristiana africana moderna. Egipto y el norte romano de África tuvieron comunidades cristianas florecientes hacia el siglo II d. C., y estas se desarrollaron como dos de los principales centros de la vida y el pensamiento cristiano primitivo. Un naufragio del siglo IV terminó con la fundación de una iglesia en el Cuerno de África, la semilla del cristianismo etíope. Hacia el 600 d. C., se había propagado por África casi hasta los límites físicos del mundo antiguo: el Sahara, las montañas del

cristianismo en África

Atlas, los rápidos del Alto Nilo. Después, sin embargo, con el ascenso del islam y la conquista árabe, las iglesias de Egipto y Sudán fueron erosionadas; una serie de acontecimientos extinguieron virtualmente el cristianismo del África romana; la Iglesia etíope fue aislada de las grandes comunidades cristianas. Un nuevo capítulo de implantación cristiana comenzó a finales del siglo XV ya que los misioneros católicos acompañaron la exploración, el comercio y el asentamiento portugués a lo largo de la costa oeste africana, el curso y alrededores del bajo río Zaire, hacia el sur, y en Mozambique. El desarrollo más sorprendente fue el reino africano totalmente cristiano del Congo. Sin embargo, hacia el siglo XVIII la presencia católica, fuera de Angola y Mozambique, se había difuminado. Un nuevo impulso vino, sin embargo, de las iglesias protestantes, especialmente de Europa. Los primeros esclavos africanos procedentes del Nuevo Mundo fundaron la primera iglesia moderna del África tropical en Sierra Leona en 1792; este país iba a desempeñar un papel fundamental en la expansión del cristianismo por todo el África occidental. Por la misma época estaba comenzando en Suráfrica la obra misionera, que no llegó al este de África hasta la década de 1840, y ya con poca fuerza; hasta la década de 1880, en Uganda, no se vio una respuesta significativa. Por esta época, la actividad católica se había vuelto a asumir a gran escala, ahora con Francia a la cabeza, y se fundaron nuevas congregaciones misioneras específicamente para el servicio africano. Las misiones estaban bien asentadas antes de que tuviera lugar la división de África entre las potencias europeas en la década de 1880. Un movimiento notable hacia el cristianismo tuvo lugar en África occidental durante y después de la Primera Guerra Mundial, debido en parte a figuras africanas carismáticas (de las que el profeta William Wadé Harris fue la más conocida). Las primeras generaciones de líderes nacionalistas y de la postindependencia estaban muy influidas por la educación de las misiones y por la experiencia eclesial. De los diez millones que se declaraban cristianos en el continente africano en 1990, se ha pasado, a comienzos de la década de los noventa a entre 200 y 300 millones, lo que convierte al África subsahariana en una de las áreas de cristianismo con más concentración del mundo. En el siglo XX el crecimiento numérico ha ido acompañado por formas en evolución de la Iglesia, que difieren del modelo occidental, y que son conocidas colectivamente como iglesias independientes africanas. En la mayoría de las áreas se utiliza un nombre autóctono para designar al Dios de la Biblia, enraizando así el cristianismo en las creencias locales. El cristianismo africano contemporáneo está ocupado en cuestiones como la relación de la fe cristiana con el pasado religioso tradicional; la curación (frente a un trasfondo de servicios médicos mínimos y una creencia profundamente arraigada en el origen espiritual de la enfermedad); el desarrollo de formas indígenas de culto; actitudes hacia los antepasados (en el marco de una forma de entender la familia en el que los antepasados desempeñan un papel vital). En Suráfrica se suma además la lucha por la liberación negra (política, económica, psicológica y teológica), y en algunos países existe el problema de las relaciones entre cristianismo e islam en una situación políticamente inestable. ⇨ iglesias etíopes; iglesias independientes africanas.

cristianismo en América Latina

Los primeros encuentros a gran escala de la Europa cristiana con la América Central y del Sur tuvieron lugar con los aztecas en México y los incas en Perú. Ambos imperios tenían sólo un siglo más o menos de antigüedad, cada uno tenía una religión estatal en todo el imperio con un sacerdocio oficial. La conquista española y la despoblación, a causa de la guerra y la enfermedad que siguió, trajeron consigo el derrumbamiento de los imperios y las religiones estatales, quedando la religión de la población rural ligada a los lugares sagrados locales y a los antepasados de la familia. Esta religión había sido siempre en gran medida independiente de las religiones estatales. Cuando los europeos se adentraron en otras partes del continente, encontraron pueblos con prácticas religiosas rurales parecidas y no otras antiguas o «grandes» civilizaciones. El primer esfuerzo misionero (franciscano y jesuita) intentó introducir el cristianismo según el modelo conocido en España. Esto implicaba la destrucción de santuarios precristianos y el ingreso masivo de los indígenas en la enseñanza cristiana. Los misioneros también intentaron contener la rapacidad y brutalidad de los aventureros y colonizadores españoles, causa del conflicto político, debiendo, a veces, separar las comunidades dirigidas y bajo protección de la Iglesia (por ejemplo, las «reducciones» de los jesuitas en Paraguay). Gradualmente surgió una nueva sociedad católica, especialmente sobre la base de mestizos y de manera notable con la aparición de sacerdotes nativos que habían hablado lenguas amerindias desde la niñez (los pueblos de áreas montañosas y de la selva interior quedaron a menudo olvidados). El cristianismo resultante no estaba, sin embargo, totalmente de acuerdo con el modelo español; la traducción al quechua, aimara y otras lenguas vernáculas introdujo nuevas dimensiones. A veces, la religión popular cambió poco en lo externo; las mismas fiestas y danzas tenían lugar junto a los ritos cristianos, y con los viejos dioses y diosas transformados en santos. Un nuevo factor fue la llegada a Brasil, Cuba y la franja caribeña de gran número de africanos para las plantaciones. Estos fueron rápidamente introducidos formalmente en la Iglesia, pero las creencias y prácticas africanas que llevaron aún influyen con fuerza en la religión. No había duda, sin embargo, de la fuerza de la devoción católica, y el reconocimiento por parte de la Iglesia de una visión india mexicana de la Virgen en 1531, una virgen por otra parte con rasgos oscuros, indios (Nuestra Señora de Guadalupe), era un reconocimiento de que las nuevas tierras cristianas no iban a ser gobernadas enteramente por las tradiciones de las viejas. La ruptura con España y la aparición de nuevas repúblicas a principios del siglo XIX tuvieron un pequeño efecto inmediato en la Iglesia, pero los nuevos países a menudo intentaron promover la inmigración y algunos, especialmente Argentina, recibieron importantes comunidades protestantes. Los cambios del siglo XX han sido sorprendentes. Centroamérica y algunos países de Suramérica han contemplado un rápido crecimiento del protestantismo, y el protestantismo latinoamericano ha tomado con frecuencia forma pentecostal. Dentro de la Iglesia católica ha habido tendencias como la teología de la liberación —crítica radical del cristianismo tradicional por su tolerancia de la opresión y la injusticia— y la aparición de «comunidades eclesiales de base», pequeños grupos cristianos socialmente comprometidos que expresan la teología de la liberación en la vida de la Iglesia. ⇨ afro-brasileñas, religiones; inca, religión; teología de la liberación.

cristianismo en Armenia

Armenia fue la primera nación en hacer del cristianismo la religión del Estado, después de que San Gregorio el Iluminador (c. 240-332) bautizara al rey Tiradates III en el 301. San Mesrob (c. 345-440) tradujo la Biblia al armenio en el siglo V. La Iglesia apostólica armenia rechazó las conclusiones del Concilio de Calcedonia (451) y así quedó clasificada como monofisita (sostenía que el Cristo encarnado tenía una naturaleza única, divina, que la diferenciaba tanto de los seres humanos que no podía salvarlos), resistiéndose a la reunificación con la Iglesia romana o la griega. Algunos armenios pertenecen a una iglesia uniata que está en comunión con Roma. Armenia fue dividida entre los imperios bizantino y romano en el 390, el comienzo de siglos de dominación extranjera por parte de persas, árabes, mongoles, turcos y rusos. Los cristianos armenios han soportado una gran persecución. Más de un millón fueron masacrados o deportados del Imperio Turco Otomano (ahora Turquía) entre 1915 y 1917, como parte de un proceso que consistía en reducir la población cristiana de Turquía del 20% a menos del 1% para 1970. En la Armenia soviética (fundada en 1920) la Iglesia sufrió la represión estatal, pero el renacimiento evangélico a partir de la década de los setenta ha dado como resultado que la mitad de la población asista actualmente a la iglesia. ⇨ Calcedonia, Concilio de; uniatas, iglesias.

cristianismo en Australasia

El primer encuentro importante del cristianismo con alguna parte de Australasia llegó con una misión católica a Guam en 1668. El esfuerzo misionero posterior se demoró hasta finales del siglo XVIII, con la Sociedad Misionera de Londres al frente, siguiendo el nuevo

cristianismo en Australasia

interés occidental por el Pacífico que había sido estimulado por los viajes de Cook y Baugainville. Antes de 1816, el cristianismo era la «confesión natural» en Tahití; los seguidores de Wesley más tarde vieron similar éxito en Tonga. En cada caso, la conversión tuvo lugar en tiempos turbulentos y con la ayuda de gobernantes fuertes. El éxito temprano también llegó a la misión americana en Hawai. Otros lugares ofrecieron resistencia, y la respuesta varió en las distintas islas. Una evolución crítica vino con la aparición de iglesias en Samoa y las islas Cook (Raratonga) que enviaron gran número de evangelizadores polinesios a otras islas. Las misiones católicas aparecieron a partir de 1827. La primera respuesta al cristianismo en Polinesia se produjo en relación con las ideas indígenas de *mana* y *tabu*, la nueva religión poseía un gran poder y exigía la adecuada práctica de un código ritual; sin embargo, los renacimientos religiosos siguieron a menudo una generación o dos después del primer gran impacto. En Nueva Zelanda, tras un largo período de rechazo, muchos maoríes se orientaron hacia el cristianismo en las décadas de 1830 y 1840. El masivo asentamiento blanco, sin embargo, creó resistencia y probablemente inhibió el crecimiento de la iglesia indígena maorí; el cristianismo maorí fue durante un tiempo un apéndice de la iglesia blanca *(pakeha)*. La existencia de la traducción maorí de la Biblia, sin embargo, ayudó al renacer religioso maorí y a las versiones maoríes del cristianismo, tales como Ringatu. El movimiento Ratana comenzó como renacimiento y condujo a una nueva expresión maorí de cristianismo, asociado a la conciencia política y recalcando los derechos de la tierra. Durante el siglo XIX, antes de las adquisiciones a gran escala por parte de las potencias coloniales, Polinesia y Fiji presentaban una serie de estados cristianos del Pacífico. (En Fiji, la importación, bajo el gobierno colonial, de una numerosa población de trabajadores hindúes para las plantaciones complicó la situación.) La penetración cristiana en la mayoría de las sociedades melanesias fue más lenta, pero antes del siglo XX las islas Salomón, Nuevas Hébridas (Vanuatu) y otras tenían una población cristiana numerosa. Melanesia ha visto también muchas nuevas religiones, con frecuencia (aunque no invariablemente) ligadas a la idea de «carga» o riqueza sobrenatural. En contraste con África, las «iglesias independientes» que desarrollan versiones indígenas de cristianismo no son comunes (una excepción es la Iglesia de la Amistad Cristiana en las islas Salomón). En Tanna (en Vanuatu) el movimiento carga de John Frum parece haber reemplazado al cristianismo como confesión religiosa principal. Papúa-Nueva Guinea e Irian Yaya, que juntas forman la montañosa isla de Nueva Guinea, están aún viviendo la expansión cristiana; la última, incorporada actualmente a Indonesia, cuenta también con asentamientos islámicos. La historia religiosa australiana refleja el conflicto en el estilo de vida entre los invasores blancos y la población aborigen. Aunque una mayoría de los aborígenes se hicieron cristianos, su conversión generalmente siguió a la crisis del estilo de vida tradicional; más recientemente se está viendo alguna reconciliación del cristianismo y los estilos de vida tradicionales. La Australia blanca adoptó un estado secular; sus expresiones de cristianismo reflejan modelos que no difieren de los de Europa occidental. ⇨ australiana aborigen, religión; Iglesia de la Amistad Cristiana; maorí, religión; tabú.

cristianismo en el Oriente Medio El cristianismo tiene su origen en el Oriente Medio. Empezando entre judíos palestinos se convirtió en el curso de cuatro siglos en el credo dominante de todas las tierras del Mediterráneo oriental, y en un elemento sustancial en el resto del Oriente Medio. La aparición de un nuevo poder mundial con base en Arabia trajo por primera vez el islam a estas tierras en el siglo VII d. C., y se siguió una gradual pero constante erosión de la población cristiana. El cristianismo ha sobrevivido en algún grado, sin embargo, en todas partes de Oriente Medio excepto Arabia. La mayoría de los cristianos de Oriente Medio pertenecen a iglesias que estaban allí antes de la ascensión del islam, surgiendo sus diferentes tendencias en los primeros siglos cristianos. La descripción de estas iglesias es complicada, puesto que la terminología e interpretación habitual en Occidente es, a veces, extraña o inaceptable para las propias iglesias. En general, las antiguas iglesias de Oriente Medio pertenecen a tres familias principales: **1** Iglesias de tradición Ortodoxa Oriental, de la misma familia que las iglesias Ortodoxas Griega y Rusa. Jerusalén, Antioquía, Alejandría y Constantinopla, cada una de ellas un centro fundamental de la primitiva iglesia, son todavía el centro de un patriarcado. El de Constantinopla tiene la categoría de ser «el primero entre iguales»; el de Antioquía (de lengua y tendencia árabes, con población principal en Siria y Líbano) es el más grande. El de Jerusalén, la iglesia sobresaliente en la orilla occidental y en Jordania, cuenta con feligresía y clero árabes pero, por razones históricas, con obispos griegos. Todos los patriarcados excepto el de Jerusalén tienen importantes comunidades emigrantes fuera de Oriente Medio, y el de Alejandría tiene una iglesia hija dinámica entre los africanos de Kenia y Uganda. **2** Iglesias de la tradición oriental que reflejan la inaceptabilidad para muchos cristianos sirios y egipcios de las formulaciones del Concilio de Calcedonia (451 d. C.) y su asociación con la dominación imperial. El entusiasmo misionero de una de estas iglesias, llamada «nestoriana» en Occidente, extendió el cristianismo al Asia Central y a China entre los siglos VI y XIII. Actualmente, la «Iglesia de Oriente», o Iglesia asiria, es un mero fragmento, con centro en Irak pero con la mitad de sus miembros en EE. UU. Entre estas iglesias llamadas monofisitas en Occidente, la Iglesia

de Armenia (la primera nación cristiana) ha visto también la persecución frecuente y dificultades políticas. La Iglesia Ortodoxa Siria es significativa en Siria, Irak, Líbano y Turquía, así como en el sur de la India. La más fuerte de todas las antiguas iglesias en la actualidad es la Iglesia Ortodoxa Copta de Egipto, que abarca más del 12% de la población nacional. **3** Uniatas, o iglesias de «Rito Oriental», son con anterioridad partes de las antiguas iglesias de la tradición oriental en comunión ahora con la Iglesia católica, pero que conservan sus propias liturgias, lengua y costumbres. Son conocidas como las iglesias caldea (de cierta influencia en Irak), melquita, católica siria, católica armenia y católica copta. La más grande de ellas, la Iglesia Maronita del Líbano, rechaza el título de uniata, afirmando que siempre ha estado en comunión con Roma. Además de las antiguas iglesias orientales, las iglesias católica, anglicana y protestante se encuentran en muchas partes del Oriente Medio, procedentes de la inmigración o de la labor misionera (normalmente dirigida a la comunidad musulmana) de Europa o América del Norte. La población cristiana en los países del Golfo se compone principalmente de trabajadores emigrantes de la India (en su mayoría católicos y algunos protestantes) y otros países hacia el este.
⇨ cristianismo; islam.

cristianismo en la Europa oriental El cristianismo tiene una larga historia en esta región. El apóstol Pablo, o sus asociados, quizá predicaran en el Ilírico, la provincia romana que corresponde a la moderna Bosnia. Bulgaria, Hungría y Polonia fueron cristianizadas en los siglos IX y X. Alemania Oriental se vio profundamente afectada por la Reforma protestante del siglo XVI. La Europa Oriental del siglo XX ha sido configurada principalmente por las dos guerras mundiales, con muchas fronteras geográficas fijadas tras la Primera Guerra Mundial y el comunismo impuesto después de la Segunda Guerra Mundial. Checoslovaquia y Yugoslavia fueron creadas en 1918, reuniendo áreas separadas cultural y religiosamente: catolicismo y protestantismo en Checoslovaquia; ortodoxia y catolicismo en Yugoslavia. La Alemania del Este separada de la Alemania Occidental de 1949 a 1990, era principalmente protestante (aunque un cuarto de la población no expresaba creencias religiosas), de modo que la nación reunificada se ha hecho ligeramente más protestante que católica. Las relaciones Iglesia-Estado bajo el comunismo han variado. La posición única del catolicismo en Polonia, donde el 95% afirmaban ser creyentes cristianos, se vio fortalecida en 1978 por la elección del cardenal Karol Wojtyla (1920-) como papa Juan Pablo II, pero el catolicismo en Hungría perdió los privilegios de que había gozado antes de 1949. Las iglesias ortodoxas búlgara y rumana gozaron de cierta protección frente a la persecución religiosa como recompensa por apoyar a sus gobiernos; otras confesiones cristianas en estos

cristianismo en Rusia

países se mantuvieron más independientes, aunque sujetas a persecución y hostigamiento esporádicos. Las relaciones Iglesia-Estado fueron más relajadas en Yugoslavia que en ninguna otra parte de la Europa del Este, pero su vecina Albania, una república comunista independiente de Moscú, en 1967 se declaró el «primer estado ateo del mundo», y emprendió la destrucción de toda forma de religión organizada, tanto cristiana como musulmana.

cristianismo en Rusia El primer soberano cristiano de Rusia fue San Vladimiro I (c. 956-1015), que fue bautizado y adoptó el cristianismo como religión del estado en el 988. El monacato se estableció poco después y se extendió rápidamente. La Iglesia Ortodoxa Rusa logró la independencia en 1589, con la creación del patriarcado de Moscú, pero llegó a estar completamente controlada por el Estado con Pedro *el Grande* (1676-1725) en 1720. La asociación de la Iglesia con los zares condujo a la severa persecución que siguió a la Revolución Comunista de 1917. Alrededor de la mitad de los 126 millones de muertos o enviados a prisión y campos de trabajo forzado, por delitos políticos, entre 1917 y la muerte de Stalin (1879-1953), eran cristianos. Hubo una renovada persecución desde 1959 a 1964 con Nikita Jruschev (1894-1971). Desde entonces, las relaciones Iglesia-Estado han variado. Se acordaron privilegios limitados para comunidades registradas que estuvieran bajo la jurisdicción de la jerarquía de la Iglesia ortodoxa controlada por el Estado. El clero que rechazó esta jerarquía y las comunidades de todas las confesiones cristianas no registradas o ilegales —incluyendo a los uniatas de Ucrania occidental, baptistas y pentecostales— afrontaron una oposición esporádica o permanente. La denominada «iglesia clandestina» incluía también a muchos miles de secretos oyentes de las emisiones religiosas de radio desde Occidente. Los intentos de Mijail Gorbachov (1931-) de liberalizar la sociedad soviética, desde 1985 en adelante, a través de la *glasnost* («apertura») y de la *perestroika* («reestructuración»), fueron favorables a los creyentes religiosos, pero antes de 1991 la acelerada descomposición de la Unión Soviética en una asociación más suelta de repúblicas independientes predecía futuros acontecimientos difíciles. Cualquier cosa que suceda es probable que refuerce las diferencias que han existido desde el comienzo en la Unión Soviética. Fuera de la propia república rusa, Armenia y Georgia tienen iglesias ortodoxas independientes fuertes; el catolicismo está muy extendido en Lituania, mientras que las seis repúblicas asiáticas centrales son abrumadoramente musulmanas. ⇨ cristianismo en Armenia; uniatas, iglesias.

cristianismo secular Teología de mediados del siglo XX que reconocía la secularización de la civilización occidental e intentaba presentar un cristianismo «sin religión», poniendo el énfasis en la libertad y la reponsabilidad humanas, y la trascendencia divina entendida histórica más que metafísicamente. ⇨ Bonhoeffer, Dietrich; cristianismo; «muerte de Dios», teología de la.

cristianos, credos El Nuevo Testamento contiene breves confesiones de fe tales como «Jesús es Señor» (Romanos 10, 9) y otros sumarios doctrinales que pueden haber sido utilizados en las primitivas liturgias bautismales. Estas evolucionaron hacia afirmaciones más largas, aunque todavía concisas, de la creencia cristiana que fueron ampliamente, si no casi universalmente, aceptadas tras la aprobación de los Concilios de la Iglesia, especialmente el (así llamado) Credo de los Apóstoles de Occidente y el credo niceno de Oriente, que son utilizados en el culto y en la enseñanza. Los credos, incluyendo el menos conocido (y mal llamado) credo atanasiano, que subraya las doctrinas de la Encarnación y de la Trinidad, no son declaraciones completas de la fe cristiana. Asuntos que surgieron después de los siglos IV y V, como el cuestionamiento por parte de la Reforma de la comprensión católica del orden, gobierno, sacramentos y ministerio eclesiales, son abordados en documentos más largos aunque secundarios. Entre ellos están la Confesión de Augsburgo (luterana, 1530), los Treinta y nueve Artículos (anglicanos, 1563, 1571), la Confesión de Westminster (presbiteriana, 1647) y la Declaración de Saboya (congregacionalista, 1658). Los intentos del siglo XX orientados a la unión de la Iglesia y a la cooperación ecuménica han producido también declaraciones de fe para vincular la aceptación de los credos históricos a otras áreas de acuerdo. ⇨ Apóstoles, Credo de los; atanasiano, credo; Concilio de la Iglesia; Confesión de Augsburgo; Confesión de fe de Westminster; congregacionalismo; niceno, credo; Treinta y nueve Artículos; Trinidad.

Cristianos de Santo Tomás Grupo de cristianos indios que viven en la costa malabar. Toman su nombre del apóstol Tomás, que según se dice trajo el cristianismo a la India, aunque fueron fundados por nestorianos en el siglo V. Ahora forman parte de la Iglesia siria y tienen su propio patriarca. ⇨ Iglesia ortodoxa; nestorianos; Tomás de Aquino, Santo.

Cristo ⇨ Jesucristo.

cristología Estudio metódico de la significación de Jesucristo para la fe cristiana. Tradicionalmente, el término quedaba restringido al estudio de la persona de Cristo y, en particular, al modo en que es a la vez humano y divino. Posteriormente, el énfasis en la inseparabilidad de la persona y la obra de Cristo ha significado que la cristología a menudo incluya también la investigación en su significación salvadora *(soteriología)*. ⇨ cristianismo; soteriología.

crítica bíblica Aplicación de los métodos generales de la crítica literaria a los documentos bíblicos.

crítica de las formas

Existen tres objetivos principales: **1** Fijar el texto original a partir de los miles de variantes manuscritos que existen. Es la función de la *crítica textual,* que se llamó antes «crítica inferior», para distinguirla de la «crítica superior» de la investigación literaria e histórica. **2** Establecer las fuentes del texto actual. La *crítica de las fuentes* se preocupa de las fuentes literarias que subyacen en los manuscritos conservados; la *crítica de la tradición* y la *crítica de las formas* examinan las etapas y formas en las que la tradición se ha transmitido oralmente antes de ponerse por escrito; la *crítica histórica* busca iluminar el contexto histórico de los documentos y sus fuentes; la *crítica de la redacción* considera la contribución redaccional de los autores al seleccionar sus fuentes. **3** Valorar el texto bíblico en su forma actual. El *estructuralismo* analiza la estructura literaria de secciones concretas de la Escritura para establecer la forma en que el escritor intenta comunicarse con el lector. La *crítica del canon* adopta una perspectiva más amplia, al evaluar los libros bíblicos como un todo, de manera separada y juntos como parte del canon del Antiguo Testamento y del Nuevo Testamento. ⇨ Biblia; crítica de las formas.

crítica de las formas
Método de analizar las tradiciones evangélicas del Nuevo Testamento, siendo sus representantes del siglo XX Martin Dibelius (1883-1947) y Rudolf Bultmann, que fueron a menudo críticos con la historicidad de estas tradiciones. Las historias y dichos individuales de los Evangelios son estudiados aisladamente de sus contextos dentro del Evangelio, y en términos de formas estereotipadas de folclore oral, porque se creía que los dichos fueron originalmente transmitidos aislada y oralmente en la Iglesia primitiva antes de que los escritores de los Evangelios les ensartaran y les dieran un contexto. ⇨ Bultmann, Rudolf Karl; crítica bíblica; crítica de los Evangelios; evangelios canónicos.

crítica de los Evangelios
Estudio moderno de los Evangelios del Nuevo Testamento con respecto a sus fuentes y relaciones de unos con otros (crítica de las fuentes), la historia primitiva y las formas de las tradiciones individuales sobre Jesús que los Evangelios contienen (crítica de las formas), las contribuciones redaccionales y creativas de los evangelistas (crítica redaccional), y la significación de las estructuras más amplias de los relatos evangélicos (crítica literaria y estructuralista). ⇨ crítica bíblica; crítica de las formas; evangelios canónicos.

Crónicas o Paralipómenos, Libros de las/los
Dos libros de la Biblia hebrea/Antiguo Testamento, originalmente una sola obra, quizá relacionados también con los libros de Esdras y Nehemías, por eso presentan una historia de Judá desde sus orígenes a su restauración con Esdras y Nehemías. Tienen muchos paralelos con los Libros de Samuel y Reyes, pero los intereses del Cronista residen de modo predominante en

el Templo y su culto. ⇨ Antiguo Testamento; Esdras/Nehemías/Reyes/Samuel, Libro(s) de; Templo de Jerusalén.

crucifijo Tipo de cruz que muestra a Cristo crucificado. Los primeros crucifijos (siglo VI) representan a Cristo victorioso y vivo, pero antes del siglo IX se pintaba ya en un estado de sufrimiento. En Occidente, antes de la Reforma, al crucifijo se le otorgaba una significación central —algunos más tarde dijeron que idólatra—, creando un centro de culto, tanto privado como público. En el siglo XX se ha puesto un nuevo énfasis en el uso de crucifijos en la Iglesia Católica. ⇨ cruz; Jesucristo; Reforma.

La crucifixión, por Luis Borrasá. Museo Episcopal de Vic (Barcelona)

crucifixión Forma común de castigo capital en el mundo romano, en la que una persona era clavada o atada a una cruz de madera por las muñecas y los pies, y dejada hasta morir. El método, probablemente heredado de los cartagineses, se aplicaba sólo a esclavos y gente de baja condición social (*humiliores*). Iba normalmente precedida de la flagelación, como sucedió en el caso del mismo Cristo, cuya crucifixión se convirtió en uno de los acontecimientos clave de su vida, conduciéndole a su muerte y posterior resurrección. ⇨ crucifijo; cruz; Jesucristo.

cruz Principal símbolo del cristianismo, aunque extendido incluso en épocas precristianas como símbolo religioso. Para los cristianos representa la crucifixión y resurrección de Jesucristo, que fue clavado a una cruz y dejado hasta morir, considerada entonces la forma más degradante de ejecución. El signo de la cruz puede ser invocado como afirmación de fe o como oración, bendición o dedicación. Hasta el siglo IV eran cautos a la hora de utilizar este símbolo. Con la conversión de Constantino, sin embargo, acabó la persecución y la cruz, junto con el símbolo del lábaro, se hizo inmensamente popular. ⇨ crucifixión; lábaro; simbolismo.

Cruzada de los Niños
Movimiento en 1212 de miles de niños (algunos hasta de seis años) de Alemania y Francia, que pretendían llegar a Tierra Santa y retomar Jerusalén de manos de los turcos. Algu-

nos llegaron a Génova, Italia, pero no embarcaron; otros llegaron a Marsella, Francia, donde fueron embarcados hacia el norte de África y vendidos como esclavos. ➪ cruzadas.

cruzadas Guerras santas autorizadas por el Papa en defensa de la cristiandad y de la Iglesia. Se disputaron contra los infieles en Oriente, Alemania y España, contra herejes y cismáticos que amenazaban la unidad católica, y contra poderes laicos que se oponían al papado. Los cruzados se comprometían con votos solemnes, y antes del siglo XIII se les concedía la indulgencia plenaria; es decir, remisión de todo castigo debido por su pecado y la seguridad de entrar directamente en el cielo. Las autorizaciones papales de guerra contra el islam se siguieron produciendo hasta el siglo XVIII. ➪ islam.

cruzadas, punto de vista islámico A diferencia de los efectos de las cruzadas en Europa —donde se fomentó el comercio, creció el poder de las ciudades-estado italianas, se fundaron órdenes militares como los Templarios y Hospitalarios, fue saqueada Constantinopla, la Iglesia se fortaleció y se renovó la caballería—, el efecto sobre el islam fue relativamente pequeño. Durante las cruzadas, Saladino (1138-1193) acabó con la dinastía fatimí de Egipto, fundó su propia dinastía ayubí y consolidó su dominio sobre Siria, Palestina y Egipto. Sin embargo, en 1260 acabó su dinastía, y desde el punto de vista musulmán las cruza-

Tercera cruzada: *Felipe Augusto, Ricardo Corazón de León y Federico I de Alemania ante Acre* (1191). Miniatura. Biblioteca Nacional (París)

das fueron un asunto local concerniente a una diminuta área del mundo islámico, y así tuvieron un interés pasajero. Una consecuencia fue que creció el rencor entre musulmanes y cristianos, y algunos cristianos que habían vivido en relativa paz dentro del mundo musulmán se vieron sometidos a una presión creciente a causa de la conducta de sus hermanos de Occidente. ➪ cruzadas.

ctónica, religión Concepto griego que indica reverencia a los dioses de la tierra. Deriva de la palabra griega *chthon*, que significa tierra. La religión ctónica, con su énfasis en la veneración a los dioses de la tierra, contrastaba con la religión olímpica griega, que realzaba la veneración a los dioses del cielo. Además de ser asociados con el cielo, Zeus y los otros dioses identificados con el monte Olimpo eran de origen indoeuropeo, mientras que los dioses ctónicos eran de origen egeo. Los dioses ctónicos estaban asociados a la fertilidad de la tierra y al mundo inferior de los muertos. Anfiarao y Trofonio eran ejemplos de dioses ctónicos; hubo también un intento evidente de asimilarlos en Zeus bajo el título de Zeus Ctonio. ➪ griega, religión.

ctónicos, dioses Los griegos a veces distinguían entre los dioses del cielo y los dioses de la tierra o «ctónicos» (de *chthon*, que significa tierra). Los dioses ctónicos más importantes eran Hades, dios del mundo inferior, y su esposa Perséfone (que, sin embargo, según el mito, viajaba a diario entre el mundo superior e inferior); había también ctónicos inferiores, como las Euménides o Furias, e incluso dioses «celestes» como Zeus o Hermes que podían también tener aspecto ctónico. Puesto que la tierra era considerada como la fuente de vida y crecimiento, los dioses ctónicos tenían un lado positivo a la vez que amenazador: Perséfone era la hija de Deméter, diosa de los cereales, y estaba estrechamente ligada a la propia fertilidad agrícola. Los estudiosos han supuesto a menudo que el culto a los dioses ctónicos fue anterior al de los olímpicos en Grecia (como algunos mitos sugieren en parte); pero de hecho, los dos grupos sólo alcanzan su pleno significado contrastándose uno con otro, como las piezas blancas y negras del ajedrez. ➪ griega, religión; mundo inferior; panteón olímpico.

cuáqueros ➪ **Sociedad de Amigos.**

Cuaresma En la Iglesia cristiana, semanas que preceden a la Pascua, observadas como tiempo de oración, penitencia y abstinencia en conmemoración del ayuno de 40 días de Cristo en el desierto (Mateo 4, 2). En las iglesias occidentales, la Cuaresma comienza el Miércoles de Ceniza; en las iglesias orientales, comienza ocho semanas antes de la Pascua. ➪ año cristiano; Miércoles de Ceniza; Pascua cristiana.

cuatro etapas hindúes Junto a los cuatro propósitos, las cuatro etapas de la vida son parte del

Cuatro Jinetes del Apocalipsis

dharma («ley», «deber» o «religión») hindú ortodoxo. Existen cuatro etapas teóricas prescritas en los libros legales hindúes, como las *Leyes de Manu,* para la casta alta o hindú de los «nacidos dos veces». La primera es la etapa de estudiante *(brahmacarya)* durante la cual el estudiante es célibe y estudia el Veda con un maestro *(gurú)* con el que vive. Durante la segunda etapa, se casa y se convierte en cabeza de familia *(grihastha),* criando una familia, cumpliendo los deberes de la casta, obteniendo riqueza *(artha)* y buscando el placer *(kama).* La tercera etapa es la de habitante del bosque *(vanaprastha),* una etapa en la que un hombre se retiraría al «bosque» con su mujer para realizar prácticas religiosas y devocionales. La última es la etapa de renuncia *(sannyasa)* en la que la vida pasada del hindú es trascendida y se convierte en un hombre santo errante a la búsqueda de la liberación *(moksha)* del ciclo de la reencarnación *(samsara).* En este proceso se entra mediante el rito de iniciación védica *(upanaya)* a la edad de unos doce años y mediante la investidura del hilo sagrado. El matrimonio señala la entrada en la segunda etapa y la etapa de renuncia viene señalada por un rito posterior en el que el hilo sagrado debería ser quemado y el renunciante representar su propio funeral. La mayoría de los hindúes permanecen como cabezas de familia y la etapa de habitante del bosque puede reinterpretarse para significar abandono de las preocupaciones mundanas. ⇨ cuatro propósitos hindúes; dharma; gurú; Manu, Leyes de; moksha; samsara.

Cuatro Jinetes del Apocalipsis, los
Personajes bíblicos simbólicos descritos en Apocalipsis 6 (también en Zacarías 6, 1-7), donde señalan el comienzo de la era mesiánica. Cada uno viene sobre un corcel de diferente color, que simbolizan devastaciones relacionadas con el fin del mundo (negro = hambre; rojo = derramamiento de sangre, guerra; pálido = peste, muerte) excepto el caballo blanco, que tiene una «corona» y es enviado a «conquistar». ⇨ Apocalipsis, Libro del.

cuatro nobles verdades ⇨ ariya sacca.

cuatro propósitos hindúes
Existen cuatro metas o propósitos *(artha)* de vida prescritos en el hinduismo ortodoxo: dharma, la meta del deber con respecto a la propia clase o casta y etapa de la vida *(ashrama);* el éxito mundano, condición y provecho *(artha);* el cumplimiento del deseo, especialmente sexual *(kama),* y la liberación *(moksha)* del ciclo de la transmigración *(samsara).* Ha habido alguna discusión en el hinduismo sobre cuál de estas es la más importante, pero generalmente la liberación es considerada como la más elevada, seguida por el dharma, artha y kama. Cada una de las tres primeras metas tiene un cuerpo de literatura sánscrita, los *shastras,* asociado a ella. Así, existen *dharma-shastras,* tales como las

Leyes de Manu, que se ocupan de la obligación social y ritual; *artha-shastras*, que se ocupan del beneficio y sistema político, y *kama-shastras* sobre el deseo, el más famoso de los cuales es el *Sutra del Kama (Kama Sutra)*. La meta de la liberación, su interpretación y medios de lograrla, es el tema de muchos textos, como el *Sutra del Yoga*. ⇨ dharma.

cuatro signos budistas Según la tradición budista, Buda fue educado en la riqueza y seguridad dentro del palacio de su padre, en la India, en el siglo VI a. C., e incluso por la época en que se casó y tuvo un hijo sabía poco o nada del sufrimiento del mundo. Sin embargo, se convenció de que había algo más en la vida que lo que había aprendido en casa, y pidió a su cochero que lo condujera al ancho mundo, donde vio los cuatro signos que cambiaron su vida. Eran un hombre muy viejo, un hombre enfermo y lesionado, un cadáver que era llevado a la cremación y un hombre santo errante vestido con una túnica azafrán. Como resultado de esta experiencia, Buda se dio cuenta de que el sufrimiento en forma de vejez, enfermedad y muerte estaba introducido en la vida, y determinó abandonar a su mujer, su hijo y el lujo del palacio para salir y buscar la respuesta al problema del sufrimiento. Lo hizo convirtiéndose al principio en un asceta, pero más tarde abandonó este camino y, bajo el árbol Bo de Budh-Gaya, en Bihar, tuvo la experiencia de la iluminación por la que encontró la causa y la curación del problema del sufrimiento. ⇨ ariya sacca; bodhi; Buda; duhkha; iluminación; peepul; Rahula.

Culavamsa (Culavaṃsa) «Crónica breve» que continúa el relato de la historia budista de Ceilán iniciada en el *Mahavamsa*. Esta había tratado el período que va hasta el siglo IV d. C.; el *Culavamsa* toma la narración a partir del 302 d. C. hasta el siglo XIX. Está escrito en lengua pali y parece ser obra de dos autores principales que escribieron en los siglos XIII y XVIII. El último capítulo, que trata de la llegada de los británicos a Ceilán, debe haber sido añadida más tarde aún. La existencia de estas historias narrativas del budismo en Ceilán (el *Mahavamsa, Dipavamsa* y *Culavamsa)* muestra la importancia concedida a la tradición budista como «religión de estado» de Sri Lanka. ⇨ budismo cingalés; Dipavamsa; Mahavamsa.

culdeos Originalmente, monjes de la Iglesia irlandesa del siglo VIII, y de la Iglesia escocesa en el siglo IX, que más tarde se convirtieron en clero secular. En Escocia eran muy respetados por sus altos ideales y espiritualidad, y pervivieron en Saint Andrews hasta el siglo XIV. ⇨ celta, Iglesia; monacato.

culto 1 Cualquier conjunto de creencias y prácticas asociadas a un dios o grupo de dioses particular, que forma parte distintiva de un cuerpo religioso más amplio. El centro de adoración o devoción de un culto es normalmente un dios o dioses, espíritu o espíritus, asociados a objetos o lugares determinados. El centro de devoción puede ser un animal (por ejemplo, el culto a la ballena de las religiones inuit [esquimales]), una deidad particular (por ejemplo, el culto hindú dedicado a Siva) o, incluso, a un ser humano deificado (por ejemplo, el culto al emperador en la Roma antigua). ⇨ animales, culto a los; carga; religión; secta. **2** Reconocimiento, reverencia y veneración de Dios o dioses. Se puede emplear también en un sentido metafórico para referirse a algo que una persona considera querido. El culto implica una diversidad de actividades como la alabanza, adoración, confesión, acción de gracias, intercesión y petición. La mayoría de las religiones han desarrollado un ritual para estructurar y regular el culto. Este ritual implica a veces reactualizar los acontecimientos esenciales de una tradición religiosa determinada. ⇨ rituales.

culto a la diosa Culto a deidades femeninas. Este, y el culto a imágenes sagradas femeninas, ha sido practicado desde los más antiguos tiempos de que existe noticia y continúa todavía. Especialmente relevantes en los países hindúes, budistas y sintoístas de Asia, las diosas eran muy veneradas en Grecia (por ejemplo, Atenea, Afrodita) y Roma (por ejemplo, Cibeles). En América Latina, las diosas indias han sido transformadas en imágenes de la Virgen María (por ejemplo, la Virgen de Guadalupe). Frecuentemente asociadas a la fertilidad (agrícola y humana), han sido experimentadas de forma variada como madres protectoras de una comunidad, símbolos de identidad nacional, mediadoras entre los seres humanos y los dioses masculinos, como fuentes de salud.

culto a las estrellas Práctica en muchas civilizaciones de considerar al Sol, Luna, planetas y estrellas como divinos, y ofrecerles culto. Aunque ligado a la astrología, también está separado, puesto que para la astrología el Sol, la Luna, los planetas y las estrellas son indicadores cósmicos pero no divinos en sí mismos. Muchas religiones han considerado el cielo como un símbolo de trascendencia, sacralidad y permanencia en contraposición a lo impredecible del mundo natural. Los cuerpos celestes en el cielo participan de la belleza y del misterio del cielo, y se considera que influyen directamente en los tiempos y mareas de la Tierra; así evocan el culto. Existe una sutil diferencia entre el culto de dioses de las estrellas (y especialmente dioses solares) y el culto de las estrellas mismas. Por ejemplo, en la Roma republicana surgió un culto del sol, Sol, pero este se transformó en el Imperio Romano en el culto de Mitra y del emperador romano como dioses solares. El culto a las estrellas estaba también presente en la antigua Mesopotamia y en la América Central maya, y puede muy bien haber sido un factor en las civilizaciones megalíticas prehistóricas como la representada en Stonehenge. Aunque no equiparado a la astrología y la astronomía, contribuyó a la aparición de estas. ⇨ astrología; megalítica, religión; Mitra; Sol.

culto al emperador El emperador romano estaba a veces asociado con las divinidades o, incluso, directamente deificado. La forma concreta de culto variaba según tiempo y lugar, y también según si el emperador adorado estaba vivo o muerto y si el culto pertenecía a la religión pública o a la privada. Así, la parte oriental del Imperio, que se había acostumbrado al fenómeno de la monarquía divina bajo gobernantes helenizados o egipcios, incorporó con facilidad el culto tanto del emperador vivo como del deificado. En Italia, sin embargo, y especialmente en Roma, los primeros emperadores romanos eran adorados sólo cuando estaban muertos, y en vida sólo indirectamente. Por ejemplo, fue por medio de la asociación en Italia de su esencia *(genius)* con divinidades como Roma y los lares, como Augusto pudo ser adorado en vida. A su muerte, fue formalmente divinizado y su culto oficialmente instituido. Así, la diferencia relativa al culto entre las provincias de Oriente y Occidente se desvaneció con respecto al emperador muerto. No todos los emperadores eran deificados: era el Senado quien decidía si decretar o no la apoteosis de los emperadores. El desarrollo del culto al emperador en la religión pública creó una nueva categoría de sacerdotes, incorporando tanto a la elite romana de altura como a los ciudadanos de honor que intentaban adquirir cierta importancia política en sus ciudades. ⇨ lares; romana, religión.

culto cristiano Adorar y servir a Dios es honrarle por lo que es y por lo que ha hecho. El culto cristiano es principalmente una respuesta de alabanza y acción de gracias por la revelación de Dios en la creación, la sagrada escritura, Cristo y el Espíritu Santo. La formulación y explicación de esta revelación es secundaria: Cristo fue adorado como Dios décadas antes de que credos y concilios intentaran entender cómo podía ser a la vez humano y divino o una de las tres Personas de la Trinidad. El culto cristiano, sea público y comunitario o privado e individual, típicamente incluye elementos de alabanza (en oración o canto), acción de gracias, confesión de los pecados y oraciones por otras personas. En el culto público la lectura de la Biblia va seguida generalmente por un sermón (un énfasis importante del protestantismo) u otro comentario. Puede haber también una celebración de la Cena del Señor o Eucaristía. El culto público está dirigido generalmente por un sacerdote, ministro u otra persona ordenada o autorizada, aunque existe una tendencia creciente hacia la participación de los miembros ordinarios de la Iglesia (comúnmente, aunque erróneamente, llamados «laicos») en partes del acto litúrgico. El orden del acto (liturgia) y las oraciones pueden ser formales (siguiendo un modelo tradicional y ampliamente aceptado, quizá de un libro impreso como el *Libro de la*

culto hindú

oración ordinaria (1662) o *Libro litúrgico alternativo* de la Iglesia de Inglaterra, o uno más informal o de impromptu (como en el culto carismático o pentecostal, aunque no escrito, si las tradiciones locales se desarrollan con rapidez). Los cantos y la música pueden también variar en su estilo. Como el culto cristiano puede celebrarse en cualquier parte, sus formas externas y el marco musical, artístico o arquitectónico son considerados importantes por algunos cristianos y, por tanto, menos por otros, como los miembros de la Sociedad de Amigos, que hacían hincapié en la naturaleza interior y espiritual del culto. ⇨ Concilio de la Iglesia; cristianos, credos; doctrina cristiana; oración cristiana; Padre Nuestro; sagradas órdenes; Sociedad de Amigos.

Durga, diosa de la guerra (c. 550). Relieve del templo de Durga, Aihole (Karnataka)

culto hindú El culto en el hinduismo se practica de muchas formas. El ritual es esencial en todo culto hindú, siendo considerado como necesario para mantener y mejorar la posición del que realiza el culto. Los beneficios van desde aliviar la enfermedad hasta la liberación *(moksha)* del renacimiento *(samsara)*. Uno de los temas fundamentales en el culto hindú es la conservación de la pureza ritual, estando esta relacionada con leyes relativas a la comida y la higiene, y especialmente con la jerarquía social del sistema de castas. También es importante la noción de presentar ofrendas a las deidades para apaciguarlas o realizar peticiones. Existen muchas formas principales de práctica dentro del hinduismo que incluyen fiestas, sacrificio, meditación, renuncia, rituales, culto de deidades y culto al antepasado. Estas, por supuesto, varían mucho según la tradición, geografía y cronología, dando lugar las variaciones a innumerables ritos y prácticas. ⇨ jati; moksha; observancias domésticas hindúes; samnyasa; samsara; tapas.

culto hindú a la diosa Practicado por toda la India, especialmente en Assam y Bengala, la diosa *(deva)* es percibida tanto en su forma benévola como feroz. En sus formas benévolas y maternales es la consorte o poder femenino *(shakti)* de un dios, como Lakhsmi, la consorte de Visnú, y Parvati, la consorte de Siva; mientras que en su aspecto feroz está sola como Durga, la asesina del demonio búfalo, y la terrible Kali que danza en los lugares de cremación. La mayoría de los templos hindúes tienen altares dedicados a las diosas, con frecuencia Durga, y en algunos templos es la principal deidad. Miembro importante del panteón hindú, la diosa es adorada por los brahmanes ortodoxos Smarta (junto con Surya, Visnú, Siva y Ganesa). Los devotos exclusivos de la diosa son llamados Shaktas, que veneran principalmente los tantras de la diosa como sus textos sagrados. El culto de la diosa Kali exige sacrificio cruento e incluso el sacrificio humano ha estado prescrito y llevado a cabo. La tradición Shri Vidya del sur de la India adora a la dulce Tripurasundari con ofrendas vegetarianas, especialmente en forma de *yantra*. En el ámbito de la aldea, el culto a diosas locales, quizá representadas como una simple piedra pintada, es muy predominante. En la mitología, Siva, en su aflicción, danzó salvajemente con el cadáver de su esposa Sati. Visnú, temiendo la destrucción del universo, despedazó su cuerpo con su disco, y los lugares donde se cree que han caído las partes de su cadáver son considerados como centros de peregrinación *(pitha)*. ⇨ Durga; Kali; Lakshmi; Parvati; tradiciones religiosas hindúes.

culto islámico El concepto islámico de culto es más amplio que el del culto formal en una mezquita el viernes a mediodía o en el momento de una gran celebración. En su sentido más amplio, es la sumisión a Dios («islam») en el conjunto de la vida. Encuentra expresión general en los cinco pilares del islam: recitar la *shahadah*, la confesión de fe, «Alá es Alá y Mahoma es su profeta»; rezar las cinco oraciones diarias, implicando a todo el cuerpo en postraciones, y la recitación repetida de la Fatihah, la parte que abre el Corán, que hace hincapié en la alabanza y la invocación de Dios, confianza en Dios y el vivir con rectitud; dar limosna para ayudar al vecino; comprometerse en el largo mes de ayuno de Ramadán, que finaliza con la magnífica fiesta de Id, y participar en la peregrinación a La Meca. Estos cinco pilares, y los rituales elaborados en torno a ellos, configuran la vida y el culto de los musulmanes. La oración privada *(dua)* también es importante. Dentro del islam sufí, la forma de culto conocido como *dhikr* implica repeticiones de los nombres de Dios y otras técnicas que inducen a un estado de trance y el éxtasis de fana. El culto chiíta con frecuencia adquiere una forma intensa centrada en la memoria ritual de actos de sufrimiento como la muerte de Husayn, en Karbala, en el 680. El cuerpo individual es considerado, por así decir, como la propia mezquita de uno, pero las mezquitas exteriores son también importantes, especialmente para las oraciones del viernes a mediodía y para las grandes fiestas como Id. Su arquitectura simboliza al Dios trascendente, y dentro de ellas se canta el Corán, escuchado el sermón, y el corazón del musulmán encuentra un lugar de reunión más

culto judío

amplio para la alabanza a Dios. ⇨ cinco pilares islámicos; Corán; dhikr; fana; Fatihah; Husayn; islam; La Meca; mezquita; Ramadán; shahadah; sufismo.

culto judío La palabra hebrea para decir culto es *avodah,* que significa «servicio». En el judaísmo, toda actividad religiosa constituye ese servicio a Dios, que incluye el estudio y la obediencia a los mitzvot. Un elemento es el culto debido, en el que se ofrecen a Dios alabanza y petición en favor de la comunidad y del individuo. Puede tener lugar tanto en la esfera privada como pública y, aunque el culto espontáneo no es de ningún modo anulado, se han desarrollado tiempos y formas establecidos. El culto privado se centra en el hogar alrededor de la mesa, por ejemplo, en los Shabbats y la Pascua. El culto público tiene lugar en la sinagoga y requiere la presencia de diez hombres (o diez hombres y mujeres en el judaísmo reformista) para constituir un *minyan* o quórum; esto sucede tres veces al día, con actos de culto extra en los días santos. La liturgia se centra en dos rúbricas principales: la Shema y la Tefillah. La primera, que se compone de Deuteronomio 6, 4-6 y 11, 13-21 y Números 15, 37-41, es algo parecido a un credo y se recita por la mañana y por la tarde; su nombre proviene de las primeras palabras, *shema yisrael* («Escucha, oh, Israel»). La Tefillah («Oración») o Amidah («estar de pie») se recita tres veces al día en una postura vertical y consta de 19 bendiciones/peticiones, algunas de las cuales no varían. Otras se usan en días de entre semana y son reemplazadas por distinto material en otras ocasiones. En los Shabbats y fiestas se hacen cambios y adiciones apropiados a la estación y el tema del acto de culto. ⇨ hagim; mitzvah; Shema; siddur; sinagoga.

curación Preocupación religiosa importante en el sentido de vencer enfermedades e incapacidades físicas, o en un sentido más amplio, borrar el pecado o los efectos del pecado. Se practica principalmente mediante la oración a Dios o, en las religiones politeístas, al dios o dioses apropiados, pero puede ir acompañada por acciones físicas como la imposición de manos o el sacrificio. En algunas religiones, la curación es competencia específica de un individuo o clase de individuos designados (sacerdote, chamán, hechicero).

Curia Romana (latín: *curia,* «corte») Organización del Vaticano (Roma) que administra los asuntos de la Iglesia católica bajo la autoridad del Papa. Está compuesta de congregaciones (administrativas), tribunales (judiciales) y oficios (ministeriales), todo tal como está definido en la ley canónica. ⇨ catolicismo; papado.

D

daevas (daēvas) El significado original de la palabra avéstica era «los que brillan», refiriéndose a los dioses del cielo. El equivalente del indio antiguo, *deva,* se usa aún para decir «dios». En el zoroastrismo, sin embargo, la palabra ha adquirido un significado peyorativo, «ser sobrenatural malo, demonio». En la tradición zoroástrica, los daevas son los adversarios malos de los *ahuras*. La teoría más antigua de que devas/daevas y asuras/ahuras representaban facciones rivales en el panteón indo-iranio desde una época muy antigua, en la actualidad ha sido abandonada por casi todos. Parece más probable que, durante la emigración de las tribus protoindias y protoiranias desde las estepas del sur de Rusia, el culto del dios guerrero Indra llegó a ser prominente entre los protoindios, eclipsando en parte la veneración tradicional a los grandes dioses Mitra y Varuna. En cierto momento este culto, que enfáticamente se dirigía a Indra y su séquito, como los devas, parece haberse difundido entre los protoiranios, provocando la furiosa reacción de Zoroastro. Indra es todavía uno de los más eminentes daevas en el zoroastrismo. ↵ ahura; Avesta; Indra; zoroastrismo.

Dagda Uno de los Tuatha Dé Dannan, o antiguos seres espirituales irlandeses. Son divinidades claramente precristianas, aunque en la literatura que se conserva (escrita en época cristiana) son presentados más bien como héroes, y cualquier signo de culto regular se ha eliminado. Dagda se encuentra por toda Irlanda. Es descrito como «el dios bueno» (es decir, «bueno para todo, omnicompetente»), y padre de todos (Eochaid Ollathair). Sus signos son una gran maza, una hermosa caldera y un arpa maravillosamente eficaz. Es generalmente benigno. Brigit, la triple diosa, es su hija; Morrigan, «la gran reina» y una de la tríada de diosas guerreras, es una de sus compañeras; sus hijos se casaron con tres diosas de Irlanda. Algunos han defendido que es el dios supremo precristiano, pero esto no es seguro. En las historias, tal como las conocemos, Lug es a veces superior, y en algunas, a Dagda se le hace aparecer ridículo. Todavía más dudosas son las identificaciones con dioses celtas conocidos por toda Europa; Cernunnos, por ejemplo, o la figura que porta una maza en la colina de Cerne Abbas. ↵ Cernunnos; Lug; matres, matrones.

Dagón o **Dagán** Antiguo dios semita occidental de la fertilidad. Su nombre puede estar relacionado con la palabra semita ordinaria para decir cereal, pero existen pocos datos sobre sus características. Uno de los dos templos hallados en Ugarit estaba dedicado a él. Figura en listas de ofrendas, pero aparece en los textos mitológicos ugaríticos sólo en la frase «Baal, hijo de Dagón». En tiempos primitivos era adorado en Siria y Mesopotamia occidental, y según la Biblia hebrea parece que fue el dios principal de los filisteos, con centros de culto en Gaza y Ashod. ⇨ Baal; cananea, religión; filistea, religión; Próximo Oriente antiguo, religiones del; Ras Shamra, textos de; Ugarit.

Daimon, Daimones Aunque «demonio» deriva de la palabra griega *daimon,* no hay nada de demoníaco en los primitivos daimones griegos. No había lugar, de hecho, para los demonios en la antigua visión griega del mundo, que carecía de diablo. Daimon es sencillamente, en muchos contextos, otra palabra para decir dios *(theos);* por vía de diferenciación, una puede denotar, todo lo más, una tendencia a aplicar theos al poder divino concebido en forma personal, daimon a una manera más impersonal, una fuerza sin identificar. Otra antigua aplicación común de daimon es la referida al destino o fortuna de un individuo; la palabra usual griega para «feliz, bienaventurado», es *eudaimon*, «de daimon bueno», y su opuesta es «de daimon malo» *(kakodaimon).* Un famoso dicho del filósofo Heráclito (c. 500 a. C.) juega con este concepto y le da la vuelta: «el carácter es daimon para el hombre», en otras palabras, la suerte a una persona no se le da desde el exterior, sino que le viene de su propio carácter. Fue Platón en el siglo IV a. C. el que inició el proceso de cambio que transformó daimon en demonio, cuando dijo que los daimones eran una clase de seres intermedia entre dioses y hombres. ⇨ griega, religión; Platón.

dakhma Palabra irania que deriva de la raíz indoeuropea para decir «enterrar», y que denota el lugar para la colocación de los muertos. En la más vieja tradición zoroástrica, parecen existir algunas discrepancias en el uso de la palabra, quizá porque había dentro de la comunidad zoroástrica tradiciones ligeramente diferentes. En el zoroastrismo posterior, la palabra siempre se refiere a una «Torre de Silencio»; una estructura redonda de piedra, normalmente situada muy lejos de los lugares donde los humanos habitan, en la que los zoroastras colocan a sus muertos. Esta manera de colocar a los muertos asegura que la tierra como tal no sea profanada por el cadáver, que se cree que es extraordinariamente contaminante, y que los huesos sean dejados limpios por los buitres, un proceso que implica un mínimo de corrupción. Más tarde, los huesos son arrojados a un pozo lleno de cal viva, donde se desintegran. Se cree que el propio dakhma supone una gran amenaza para la pureza, y sólo puede ser introducido por portadores profesionales de cadáveres que deben tomar precauciones rituales contra influencias contaminantes, y someterse a ritos de purificación cuando abandonan la profesión. Algunos sectores de la comunidad zoroástrica están ahora muy a favor de esta antigua manera de colocar a los muertos, que se ha hecho impracticable en muchos lugares, pero otros se aferran a ella incondicionalmente. ⇨ zoroastrismo.

Dalai Lama Título del jerarca de la tradición Gelugpa del budismo tibetano y dirigente político del Tíbet desde el siglo XVII hasta 1959. El título dalai (que significa «océano») fue dado por el jefe mongol Altan Khan a Sonam Gyamtsho (1543-1588), el tercer director de la orden Gelugpa, porque quedó muy impresionado por el Lama y las enseñanzas budistas. El título fue atribuido con carácter retrospectivo al primer y segundo jerarca Gelugpa que siguieron al fundador de la tradición Tsongkhapa (1357-1419). Con apoyo mongol, el quinto Dalai Lama, Ngawang Lopsang Gyatso (1617-1682), se convirtió en jefe político del Tíbet. Los Dalai Lamas gobernaron el Tíbet hasta que el actual Dalai Lama huyó de la persecución china después de su invasión en 1951, en que el Tíbet se convirtió en una provincia de la República Popular China. Cada sucesivo Dalai Lama se cree que es una reencarnación del anterior. También se cree que son manifestaciones del bodhisattva Avalokiteshvara. El actual Dalai Lama, Tenzin Gyatso, vive ahora en el exilio junto con miles de tibetanos que esperan que algún día sea restablecido como jefe político del Tíbet. ⇨ Avalokiteshvara; bodhisattva; Dalai Lama (Tenzin Gyatso); Gelugpa; lama; tibetana, religión; Tsongkapa.

Dalai Lama (Tenzin Gyatso) (1935-) Jefe espiritual y temporal del Tíbet. Nacido en Taktser, en la provincia de Amdo, de una familia campesina, fue designado decimocuarto Dalai Lama en 1937 por los monjes de Lhasa que estaban convencidos, a juzgar por sus acciones, de que era la reencarnación del Buda Compasivo. Fue entronizado en Lhasa en 1940, pero sus derechos fueron ejercidos por una regencia hasta 1950. Huyó a Chumbi, al sur del Tíbet, tras una sublevación antichina abortada en 1950, pero negoció un acuerdo autonómico con la República Popular al año siguiente y durante los ocho años siguientes sirvió como jefe nominal del Tíbet. Después de la brutal represión china de la sublevación nacional tibetana de 1959, fue obligado al exilio permanente, estableciéndose, con otros refugiados tibetanos, en Dharamsala, en el Punjab, la India, donde instituyó un gobierno alternativo de base democrática. Figura venerada en su patria, el Dalai Lama ha rechazado durante mucho tiempo las proposiciones chinas de volver a casa como figura decorativa, intentando más bien la plena independencia. En 1988, sin embargo, modificó su postura, proponiendo la creación de un Tíbet autogobernado junto con China. Activo en la promulgación de las enseñanzas budistas, considera la compasión como el ideal más alto del budismo. Fue galardonado en 1989 con el Premio Nobel de la Paz en reconocimiento a su compromiso con la liberación no violenta de su patria. ⇨ Buda; tibetana, religión.

Dalila   Personaje bíblico que, por instigación de los filisteos, persuadió a Sansón para que le revelara el secreto de su fuerza extraordinaria: no cortar su cabello, de acuerdo con su voto nazireo. Ella logró cortárselo y él perdió su fuerza (Jueces 16). ⇨ Jueces, Libro de los; Sansón.

Damián, Padre José, originalmente **Joseph de Veuster** (1840-1889) Misionero católico belga, nacido en Tremelo. Es famoso por su gran obra entre los leprosos de la isla hawaiana de Molokai, donde vivió desde 1873 hasta su muerte causada por la enfermedad. ⇨ misiones cristianas.

Dan, tribu de   Una de las doce tribus del antiguo Israel, que según se dice descendía del quinto hijo de Jacob, habiendo sido la madre de Dan, Bilhah, sirvienta de Raquel. Su territorio estaba definido vagamente, pero fue inicialmente una llanura costera delimitada por los territorios de Efraín, Benjamín y Judá; más tarde la tribu fue obligada a emigrar hacia el norte cerca de las fuentes del río Jordán. ⇨ Jacob; Raquel; tribus de Israel.

Daniel, Libro de   Libro de la Biblia hebrea/Antiguo Testamento que recibe el nombre de Daniel, su principal personaje. Se divide en dos partes: los capítulos 1-6 contienen relatos narrativos de Daniel y sus tres compañeros, aparentemente ambientados durante el Exilio babilónico, en el siglo VI a. C.; los capítulos 7-12 describen revelaciones apocalípticas de Daniel relatadas como visiones en primera persona. Aunque algunos datan la obra en el siglo VI a. C., muchos prefieren la fecha más tardía del siglo III-II a. C., con varias fases de compilación. Las Adiciones son tres obras que se hallan unidas al Libro de Daniel en algunas versiones griegas antiguas y en la actual Biblia católica, pero que forman parte de los Apócrifos protestantes. ⇨ Antiguo Testamento; Apócrifos del Antiguo Testamento; Azarías, oración de; Bel y el Dragón; Cántico de los tres jóvenes; Susana, historia de.

Danza del Espíritu   Movimiento religioso del siglo XIX que tiene que ver con muchos pueblos americanos nativos. En torno a 1870, Tävibo, de los paiutes de Nevada, profetizó un cataclismo inminente, una resurrección general, reunión con los antepasados que partieron, y un futuro seguro, feliz, para los pueblos indios. Estos temas fueron reavivados con mejor resultado, alrededor de 1888 por su hijo o pariente Wovoka (m. 1932). Wovoka, influido por la enseñanza cristiana, predicó la vuelta mesiánica de Jesús, un estricto código ético y la paz con todos, incluyendo los blancos, y enseñaba una danza circular arrastrando los pies, aprendida en una visión, que llevaría a cabo la reunión con los muertos. En ese momento, la extinción del búfalo por parte de los blancos había traído a los pueblos de las Praderas la miseria, y este mensaje era oído con anhelo al este de las Rocosas. La danza se extendió por todos los pueblos de las Praderas, causando terror a los blancos, que la interpretaban como una danza de guerra. Ello indudablemente fortaleció la resistencia de los sioux en sus enfrentamientos con los blancos. En las Praderas, el movimiento desarrolló rasgos desconocidos para Wovoka, creó un centro de interés para el renacimiento de las viejas costumbres y otorgó un nuevo significado religioso a otras (por ejemplo, juegos tradicionales). El movimiento sioux murió con la derrota en Rodilla Herida (1890); otros pueblos conservaron la danza aunque modificando la creencia en la inminencia de la resurrección y reunión. ⇨ cheyene, religión; sioux, religión.

Danza del Sol Ritual estival anual de las Praderas de Norteamérica, conservado, con variantes regionales, por pueblos de diferentes grupos étnicos y lingüísticos. Los apelativos en lengua vernácula se traducen como «danza para la renovación de la vida», «danza mirando al Sol» y «danza de la sed». Originalmente, era probablemente un rito de acción de gracias al ser supremo por la provisión de plantas y animales, y especialmente el búfalo, de los que dependía la vida. Desarrolló otros aspectos, actuando de manera variada como una fuente de poder, penetración y perfección espiritual para aquellos capaces de la disciplina y el sacrificio necesarios; como medio de iniciación; como centro de renovación de un grupo. Sus elementos esenciales incluyen la construcción de una casa, un proceso que reactualiza la creación, porque la casa es un modelo del universo que funciona. En su centro está el gran poste (el eje del mundo, el árbol o pilar que está enraizado en la tierra y se eleva hasta el cielo). Durante la danza, ésta no sólo representa, sino que se convierte en el centro del universo, porque el ritual tiene efectos cósmicos. Los participantes se someten a días de purificación estricta (aquí es donde interviene la casa del sudor) y se pintan con un rico simbolismo. El propio ritual proclama la muerte y el renacimiento. La presión sobre los danzantes voluntarios —sed atroz, mirar fijamente al Sol— es severa. Los movimientos de la danza son dignificados; el sonido del tambor impulsa; la participación de la comunidad respalda. La danza ha supuesto tradicionalmente votos y autoofrenda; en algún tiempo aquellos hombres que así se habían ligado con votos, prendían sus cuerpos mediante ganchos y pinchos al árbol cósmico, colgando de él hasta que sus músculos se rasgaban y quedaban libres; las mujeres ofrecían carne cortada de ellas mismas. ⇨ casa del sudor; cheyene, religión; sioux, religión.

danza sagrada Danza ejecutada como parte de un ritual religioso. En muchas sociedades primitivas la danza ocupa el lugar reservado a la oración y el culto en las grandes religiones. Los ritos de paso y grandes acontecimientos en la vida de la comunidad pueden también ser celebrados danzando. Los orígenes de la danza sagrada están envueltos en las nebulosas del tiempo y es difícil, quizá imposible, establecer con seguridad por qué este tipo de culto se habría desarrollado. Puede ser que se originara como resultado del deseo de los pueblos primitivos de imitar el movimiento de los seres sobrenaturales que ellos creían que penetraban y controlaban el mundo natural. Muchas sociedades primitivas afirman que a ellos les enseñaron sus danzas sagradas sus dioses. Otras danzas sagradas parecen haber surgido como un esfuerzo consciente de imitar los movimientos de un animal al que la comunidad tiene una reverencia especial. Así, los indios de las praderas de EE. UU. ejecutan la «danza del búfalo», en la que imitan a los búfalos y recrean las fases de la caza de un búfalo. En el islam, la danza sagrada era practicada sobre todo por los sufíes, que pretendían inducir un estado de éxtasis religioso mediante una danza salvaje y vigorosa. La danza desempeñaba un papel esencial en su culto, representando cada movimiento una verdad espiritual. La danza sagrada ha sido, en su mayor parte, un fenómeno marginal en el cristianismo. Sin embargo, en el siglo XX ha habido un despertar en su forma de culto y algunas iglesias, especialmente las influidas por el movimiento carismático, las han introducido como parte de su culto divino. ⇨ rituales.

darshan (darśan) «Vidente» de una imagen o persona sagrada en el hinduismo. Darshan es una parte importante del culto hindú, durante la cual el devoto mirará a la imagen de una deidad y de esa manera «recibirá su darshan» o será bendecido por ella. A veces, una imagen sólo se revelará de vez en cuando y el darshan de algunas imágenes en los templos queda restringido para las castas superiores. Puesto que la imagen *(murti, arca)* de la deidad es considerada como la deidad, contemplar la imagen supone recibir una bendición y poder espiritual. El darshan de un santo o gurú es especialmente eficaz. ⇨ gurú; hinduismo; iconografía hindú.

darwinismo Opinión, propuesta en primer lugar por Charles Darwin, de que el mundo y sus especies vivientes han evolucionado durante millones de años: en otras palabras, que no es una creación estática de Dios, sino que más bien ambos están constantemente cambiando. Darwin perfiló una teoría de «selección natural», según la cual aquellas especies mejor adaptadas a un entorno determinado sobrevivirían a las peor adaptadas, y seguirán adaptándose a medida que las circunstancias cambien. Con *El origen de las especies* (1859) dibujó las pruebas de sus teorías de la evolución. Estas fueron consideradas por muchos como una contradicción directa y, por tanto, herética, de la historia bíblica de la creación tal como se revelaba en los textos sagrados del judaísmo, islam

Escenas de la vida del rey David. Miniatura sobre pergamino. Hoja de Morgan.
Biblioteca Pierpont Morgan. Nueva York

Dasam Granth

y cristianismo. ▷ creación, mitos de la.

Dasam Granth Texto sagrado sij, que significa «el Libro del décimo [gurú]». Asociado al décimo gurú sij, Gurú Gobind Singh, no fue completado hasta 1734, pocos años después de su muerte. Es secundario respecto a la principal Escritura sij, el *Gurú Granth Sahib*. Con sus más de dos mil poemas, tiene 1.428 páginas y no cuenta con un tema unificador único. Escrito en punjabí Gurmukhi, la lengua de los poemas originales podría ser hindi, persa o sánscrito. El *Jap Sahib* y otros versos de él, atribuidos al Gurú Gobind Singh, son utilizados en los rituales de iniciación sij y por todas partes, pero es probable que algunos de los poemas del *Dasam Granth* fueran escritos por poetas de la corte del Gurú Gobind Singh más que por él mismo, y de hecho contiene una serie de reinterpretaciones de las historias de Krishna (una deidad hindú), así como gran número de leyendas no religiosas. ▷ Adi Granth; Gurú Granth Sahib; Krishna; ritos de paso.

David (hebreo: «amado») Primer rey de Israel de la dinastía de Judá. Era el más joven de los hijos de Jesé de Belén, y se distinguió por dar muerte al adalid filisteo, Goliat. Saúl le nombró mando militar, y le dio a su hija Mical por esposa, pero David tuvo pronto que huir de la envidia del rey. En la cueva de Adulán, cerca de Gat, reunió una tropa de cuatrocientos desheredados, con los que vagó por el territorio que hay entre Filistea y el mar Muerto. Las expediciones de Saúl contra él le pusieron en grandes apuros, y durante más de un año David se convirtió en vasallo del rey filisteo de Gat. Después de la muerte de Saúl y Jonatán en Gelboé, reinó durante siete años y medio en Hebrón sobre la tribu de Judá, mientras Isboset, hijo de Saúl, regía el resto de Israel. A la muerte de Isboset, todo Israel eligió a David por rey. Conquistó la ciudad independiente de Jebus (Jerusalén) y la convirtió en el centro político y religioso de su reino, construyendo un palacio para sí mismo en su colina más alta, Sión (la «ciudad de David»), y colocando el Arca de la Alianza allí bajo una tienda. En el transcurso de pocos años, con la conquista de los filisteos, moabitas, arameos, edomitas y amonitas, tomó todo el territorio que va desde Egipto hasta el Éufrates. Los últimos años de su reinado de treinta y dos años en Jerusalén se vieron turbados por las revoluciones que intentaron sus hijos Absalón y Adonías. La muerte del más grande de los reyes de Israel tuvo lugar como muy pronto en 1018, y como muy tarde en el 993 a. C. Le sucedió Salomón, su hijo tenido con Betsabé. ▷ Arca de la Alianza; Israel, tribus de; Judá, tribu de; Salomón; Sión.

deán o **decano** (latín: *decem*, «diez») Originalmente, en un monasterio, monje a cargo de diez novicios. Más tarde, el término se refería al clérigo de más categoría (después del obispo) en el cabildo de una catedral o diócesis. En un ámbito laico, se utiliza decano para designar al director de un colegio o facultad universitarios. ⇨ catedral; clero; monacato.

Decálogo ⇨ **Diez Mandamientos.**

Dedicación, fiesta de la ⇨ **Hanuká.**

Deepavali ⇨ **Divali** o **Deepavali.**

deidad Lo divino, o lo que trasciende al ser humano o al mundo material. En muchos aspectos, parece sinónimo de Dios o los dioses, pero no es idéntico. No es un nombre propio, como Yahvé o Alá, sin embargo, deidad puede aplicarse a ambos, lo mismo que puede aplicarse a Brahman, y no es adorado como tal. Es bastante más abstracto que el Dios único o dioses particulares. Ha sido utilizado a la defensiva, como en el caso de los deístas europeos de los siglos XVIII y XIX, que querían afirmar la creencia en una causa primera o ser supremo sin suscribir la existencia del Dios personal del teísmo cristiano. Deidad puede referirse no sólo a Dios o los dioses sino a todos los poderes, fuerzas y energías que varias tradiciones religiosas reconocen como provenientes de más allá del reino humano o mundano. En la mayoría de las tradiciones existe una relación entre la deidad y el origen del cosmos, derivándose o dependiendo este último de la primera. Puede también ser considerada como símbolo de la perfección o perfecta realización de lo humano, simbolizar la libertad y el infinito, la justicia y la paz, o ser entendida como el ser humano divinizado (por ejemplo, Cristo, o *atman-brahman*). Esto ha llevado a algunos filósofos (por ejemplo, Feuerbach), sociólogos (por ejemplo, Marx) o psicólogos (por ejemplo, Freud) a presentar la divinidad como una proyección ilusoria de la experiencia y la necesidad humanas. ⇨ Brahman; Dios; trascendencia e inmanencia.

deificación Transformación, desarrollo o crecimiento de un ser o cosa en Dios. Era una práctica extendida y antigua, que implica generalmente la inmortalización del sujeto por diversos medios: liberación del alma del cuerpo, magia, rituales particulares, conocimiento espiritual y, en el caso de los animales, momificación. Tenía especial relevancia en las religiones de la antigua Grecia y Roma, como en el caso de Alejandro Magno y los emperadores romanos. No estaba, sin embargo, confinada a esa civilización: los faraones egipcios y Buda fueron deificados, mientras que en el cristianismo, Jesucristo, en la medida que es reconocido como la encarnación de la Segunda Persona de la Trinidad, es un ejemplo de primer orden, aunque ciertos Padres griegos primeros referían la deificación a la ascensión de los redimidos para compartir la vida con Dios mismo. En las religiones mistéricas, equivale a la absorción en la divinidad o comunión con ella. Es la meta de la ascética, que el alma, al ser purificada de la contaminación

deísmo

del cuerpo, pudiera ser liberada (del ciclo de la reencarnación) a su condición inmortal semejante a Dios. Otras formas de deificación se alcanzaban a través de rituales o iniciaciones que identifican al sujeto con un dios determinado (por ejemplo, Dioniso, Cibeles); o, en el gnosticismo, por medio de un «conocimiento celestial» según el cual el sujeto era regenerado en inmortalidad; o por medio de fórmulas mágicas (por ejemplo, el culto de Mitra, siglo III d. C.); o ritos y prácticas funerarias, como representar a un dios con los mismos rasgos que los del difunto. ⇨ mistéricas, religiones; prácticas funerarias.

deísmo   Originalmente, creencia en la existencia de dios o dioses; hoy, creencia en la existencia de un ser supremo que es el fundamento y fuente de la realidad pero que no interviene, o no tiene un interés activo, en el orden natural e histórico. También designa en gran parte un movimiento inglés de pensamiento religioso, de los siglos XVII y XVIII, que subrayaba la religión natural en contraposición a la religión revelada, e intentaba establecer bases razonables de la existencia de Dios; representado, entre otros, por Lord Herbert de Cherbury (1583-1648), Matthew Tindal (1657-1733) y Anthony Collins (1676-1729). ⇨ teísmo.

Delfos, Griego: **Dhelfoi**, anteriormente **Pytho**   Población y antiguo lugar en el departamento de Fokis, Grecia, en las laderas del monte Parnaso. Era célebre en todo el mundo griego antiguo como santuario de Apolo y sede de su oráculo; restos del templo y recintos fueron excavados en el siglo XIX. ⇨ Delfos, Oráculo de; griega, religión.

Delfos, Oráculo de   Santuario oracular de Apolo en Delfos, en la Grecia central. Era el más prestigioso oráculo del mundo grecorromano, siendo consultado durante siglos por los estados para temas de política pública y por los individuos para asuntos privados. Pagando una tarifa, los que venían a consultar planteaban sus preguntas a la médium de Apolo, una sacerdotisa llamada Pythia. Sus extáticas respuestas (oráculos) eran célebres por su ambigüedad. ⇨ Delfos; oráculo.

demonología bíblica   En el pensamiento veterotestamentario, Dios, creador y sustentador de todo, es considerado como la fuente tanto del bien como del mal. Los espíritus malos se entiende que obran sometidos a su autoridad, y el Satán que tentó a Job es visto más como un fiscal que valora el alcance de la virtud humana que como un ser malo empeñado en destruirla. La especulación sobre los remotos orígenes del mal, a causa de una rebelión de seres sobrenaturales contra Dios, es más una característica de la literatura intertestamental que se construyó sobre la historia de los ángeles caídos que tienen descendencia de las mujeres humanas (Génesis 6). Los Evangelios del Nuevo Testamento pintan a Jesús tentado por el diablo al comienzo de su ministerio público para que emplee mal sus poderes divinos en beneficio propio (Mateo 4, 1-11; Lucas 4, 1-13), y ven su exorcismo de los malos espíritus como un signo de la llegada del reino de Dios. Las Epístolas sostienen que, aunque sigue habiendo una lucha real entre el bien y el mal, tanto dentro del individuo como del mundo en general, el resultado final está garantizado por la muerte de Cristo. Según el Libro del Apocalipsis, la persecución de los cristianos y otras actividades del diablo están limitadas por Dios, y su derrota definitiva al final de los tiempos está asegurada. ⇨ angelología bíblica; Apocalipsis, Libro del; intertestamental, literatura; reino de Dios; Satán.

Derecho Canónico En la Iglesia católica, cuerpo de reglas o leyes que deben observarse en asuntos de fe, moral y disciplina. Se desarrolló a partir de las decisiones de los concilios de la Iglesia, y de los decretos de los papas y obispos influyentes. Una compilación notable fue hecha por Graciano en su *Decretum* (1140), que, con adiciones posteriores, formó el *Corpus Iuris Canonici* (completamente revisado en 1917). El Derecho Canónico anterior a la Reforma es observado en la Iglesia de Inglaterra, sujeto a revisiones como la del Libro de cánones (1604-1606) y Código (1964-1966). ⇨ canon; Codex Iuris Canonici; Concilio de la Iglesia.

derviche Miembro de las sectas místicas sufíes, que surgieron por todo el mundo islámico en el siglo XII. Los derviches eran conocidos por sus rituales de oración extática, en los que con frecuencia se veían envueltos en danzas giratorias. Existen varias órdenes, cada una con su propia regla y ritual. ⇨ Bektashi; éxtasis; sufismo.

desmitificación Método de interpretar la Biblia, sistematizado por Rudolf Bultmann. Intentaba comprender el denominado lenguaje «mítico» de los tiempos bíblicos, que presuponía una visión del mundo precientífica, interpretándolo «existencialmente», haciéndolo así significativo para el mundo moderno de mentalidad científica. Operando de esta manera afirmaba que muchas verdades fundamentales del cristianismo, como la resurrección de Cristo, son solamente mito, y, puesto que no tienen contenido histórico, deben explicarse de nuevo en términos aceptables para la gente de hoy. Como respuesta a esto, los críticos de la desmitificación afirmaban que esta aproximación adopta un marco materialista y esencialmente descreído como punto de vista desde el que juzgar la verdad bíblica, pasando así por alto que si «mito» es cualquier historia que trata de Dios, cualquier forma de discusión sobre él debe implicar inevitablemente mito, sin que sea necesariamente falsa. ⇨ Biblia; Bultmann, Rudolf Karl; existencialismo; hermenéutica; mitología.

despertar religioso y renovación Las tradiciones religiosas están en un permanente proceso de

Deuteronomio

desarrollo. Cuando ese desarrollo se hace rígido y fijo conduce con frecuencia a un deseo de reavivar los elementos esenciales que parecen haberse llegado a quedar fosilizados o perdidos, y al deseo de una renovación que posibilite a la tradición tener un mensaje más vibrante para el presente. Aunque el despertar y la renovación han sido factores permanentes en la mayoría de las religiones, han cobrado especial relevancia en el cristianismo y, recientemente, en las religiones primitivas. Pueden acabar en la revitalización de la tradición de que se trate, o en la creación de nuevos movimientos religiosos que dejan el cuerpo de origen y se convierten en una religión o iglesia independiente. La alternativa al despertar y la renovación consiste en no responder a la necesidad de cambio y encerrarse en la concha, en cuyo caso el resultado puede ser la reducción o recesión de la tradición, su absorción en otra tradición, o su reafirmación en términos de otra tradición. El despertar religioso muchas veces toma la forma de restauración creativa de la tradición, como en los recientes movimientos de revitalización entre los indios americanos, aborígenes australianos, judíos ortodoxos, budistas, musulmanes e hindúes, y cristianos evangélicos. La renovación es normalmente más arriesgada que el mero deseo de restaurar el pasado, y muchas veces implica reforma, adaptación a las necesidades actuales, y aproximación de ideas nuevas, o incluso radicales, de modo que la tradición no simplemente revive sino que avanza proféticamente. Entre los ejemplos recientes están la obra del Dalai Lama en el budismo, o Gandhi en el hinduismo, el Vaticano II dentro del cristianismo y una voluntad general de tomar más en serio temas globales nuevos y acuciantes como la ecología. ⇨ Dalai Lama; evangelismo; Gandhi, Mohandas Karamchand; nuevos movimientos religiosos en Occidente; Vaticanos, Concilios.

Deuteronomio, Libro del

Quinto y último libro del Pentateuco, en la Biblia hebrea/Antiguo Testamento. Su título significa «una repetición de la ley» (de la traducción equivocada al griego de los Setenta de Deuteronomio 17, 18, donde el hebreo significa «una copia de la ley»). Era tradicionalmente atribuido a Moisés, pero muchos lo datan bastante más tarde, hacia el siglo VII a. C. Da una visión de conjunto de las experiencias de Israel en el desierto y presenta un extenso código de leyes y deberes religiosos. ⇨ Antiguo Testamento; deuteronomista, historia; Pentateuco; Setenta, Los.

deuteronomista, historia

Teoría de que las narraciones desde Deuteronomio a 2 Reyes eran esencialmente la obra de un historiador o historiadores de mediados del siglo VI a. C., aunque los investigadores difieren sobre la fecha y la naturaleza de la actividad, con algunos que aceptan sólo una «revisión» deuteronomista de narraciones primitivas durante el período del exilio. Describía el destino de Israel en tér-

minos de obediencia o indiferencia de sus líderes con respecto a la Ley y los verdaderos profetas de Israel.
➪ Antiguo Testamento; Deuteronomio / Josué / Jueces / Reyes / Samuel, Libro(s) de(l) (los).

devoción En religión, actitudes y acciones consiguientes de temor reverencial, amor y sumisión a lo divino. Los posibles objetos de devoción varían ampliamente. En las religiones monoteístas, el objeto es principalmente Dios, o la Deidad o Ser Supremo, y en otras, una deidad u otro objeto divino. Se puede ejercitar y expresar devoción, sin embargo, casi a todo aquello que está asociado con el objeto principal. Así, entre los objetos típicos de devoción se incluirían los santos (cristianismo), los antepasados (hinduismo, confucianismo, religiones africanas), *gurús* hindúes, *imanes* en el islam, budas y bodhisattvas en el budismo. Además de gente, reliquias de personas santas (por ejemplo, huesos de santos), lugares geográficos como ciudades (por ejemplo, La Meca, Jerusalén), montañas (en el sintoísmo) y ríos (por ejemplo, el Ganges), objetos de culto (por ejemplo, la Torá en el judaísmo, la hostia de la misa católica) han sido todos aceptados como dignos de devoción. La devoción se puede ejercer individualmente, o comunitariamente por una comunidad cultual (monástica o de otro estilo), de forma estructurada o no estructurada. En muchas comunidades, iglesias y órdenes religiosas, adquiere la forma de culto corporativo, que incluye la oración y meditación, normalmente contemplativa. En algunos casos, como el sufismo, incluye la música y la danza, y en otros (por ejemplo, ciertas formas hindúes) se hace apasionada y frenética. Individualmente, la devoción se puede expresar mediante la ascética y la peregrinación. A veces, se expresa a través de la acción social, entendiéndose que la verdadera devoción a Dios sólo se puede expresar en el servicio a la humanidad. Esta forma estaría ejemplificada en el cristianismo por la madre Teresa de Calcuta y en el hinduismo por Mahatma Gandhi.
➪ ascética; culto 2; María; oración.

dhanb Uno de los términos islámicos para referirse al pecado. No existe la noción de pecado original dentro de la tradición musulmana porque, aunque Adán cayó y fue expulsado del Jardín del Edén, la responsabilidad del pecado fue de Satán más que de Adán. La falta, dhanb, reside en Adán, de ahí la expulsión del Edén, pero esto no implicaba culpa intrínseca o estado de pecado original. El islam distingue entre dos categorías de pecado: dhanb, que es una falta o limitación; e *ithm,* que es más seria en cuanto que incluye la voluntad e intención de pecar, mientras que dhanb no. El concepto musulmán de la pureza de los profetas, y el concepto chiíta de la pureza de sus imanes, implica que el dhanb o falta fuera posible en ellos, pero no el ithm o transgresión deliberada. La respuesta al dhanb es alejarse de él; la respuesta al ithm es arrepentirse y recibir el perdón de Dios. Esto es posible con respecto a todos los

dharma

pecados excepto el pecado último que es shirk: politeísmo o negar la unidad de Dios. Sectas primitivas como los jariyíes y mutazilíes adoptaron un punto de vista más serio del pecado que la corriente principal del islam de su época, y fue en respuesta a sus puntos de vista por lo que surgió con la tradición musulmana la teología del pecado posterior y más indulgente. ⇨ Adán y Eva; Caída, la; chiísmo; Edén, Jardín del; jariyíes; mutazilíes; pecado, visión islámica del; pecado original; politeísmo; shirk.

dharma (pali: dhamma) Se refiere a la enseñanza de Buda, pero tiene un significado más profundo que la mera doctrina exterior. El dharma ha sido siempre verdadero, y preexistió a Buda, pero fue revelado por él cuando vivía en la India en el siglo VI a. C., exactamente igual a como había sido revelado en otras épocas por otros budas. La primera faceta principal del dharma, en el sentido de enseñanza de Buda, se centra en las cuatro nobles verdades: que la vida se caracteriza por el sufrimiento *(duhkha)*, el sufrimiento está causado por el deseo vehemente *(tanha)*, al sufrimiento se le pone fin mediante la eliminación del deseo y la eliminación del deseo viene por medio del sendero óctuple. La segunda faceta importante del dharma como enseñanza de Buda se centra en su resumen de las tres características de la existencia: *duhkha*, que se ocupa de las cuatro nobles verdades *(ariya sacca)*; *anicca*, que es el principio de fugacidad que está detrás de

todo, y *anatman,* que es la noción de que no existe un yo permanente y duradero. Cuando Buda enseñaba se dice de él que «estaba dando vueltas a la rueda del dharma», lo que implica tanto el recto vivir como la doctrina. El dharma se valora como una de las tres joyas *(tri-ratna)* del mundo budista, siendo las otras dos el propio Buda y la comunidad budista, la *sangha*. Un segundo significado dentro de la tradición budista theravada está relacionado con la noción de los dharmas como constituyentes últimos de la existencia humana. El budismo theravada afirmaba que había un número fijo de tales dharmas, de los cuales algunos eran materiales y otros eran psicológicos. A esta teoría de dharmas particulares se oponían los budistas mahayana. ⇨ anatman; ariya sacca; Buda; budismo mahayana; budismo theravada; duhkha; sangha; sendero óctuple; tanha.

dharmakaya Uno de los cuerpos de Buda dentro del concepto budista mahayana del *trikaya,* los tres cuerpos de Buda. Los budistas theravada se habían centrado en el Buda histórico que había vivido en la India en el siglo VI a. C. Los budistas mahayana tenían una visión más amplia de la budidad. Estaban menos interesados en el cuerpo terreno de Buda *(nirmanakaya)* y ponían un énfasis mayor en el cuerpo celestial de Buda *(sambhogakaya),* e incluso más acento en el dharmakaya: el absoluto, informe, inefable y verdadero cuerpo de Buda. En el plano absoluto de verdad dentro del budismo mahayana sólo el dharmakaya era definitivamente real; los otros dos cuerpos eran «cuerpos formales», caminos provisionales para referirse y comprender el dharmakaya. En el plano convencional, los otros dos cuerpos eran reales, pero en última instancia era el dharmakaya quien lo abarcaba todo, la realidad existente en sí misma. Dentro del budismo mahayana existen muchos budas terrenos y celestiales, y subyaciendo detrás de todos ellos está el dharmakaya, que representa la esencia de la budidad. Es la naturaleza interior compartida por todos los budas, y es la naturaleza última de la misma realidad autoexistente. ⇨ Buda; budismo mahayana; budismo theravada; dharma; sambhogakaya; trikaya.

Dharmapada (pali: Dhammapada) Libro popular e influyente que forma parte del *tipitaka* budista theravada o canon pali. Contiene 423 versículos ordenados en 16 capítulos, y está incluido en el *sutta-pitaka*, los discursos de Buda. En su brevedad y popularidad tiene semejanzas con las escrituras hindúes del *Bhagavad Gita*, que es una parte muy apreciada del poema épico más largo, el *Mahabharata*. El Dharmapada contiene muchas sentencias y proverbios que resumen aspectos importantes de la enseñanza y sabiduría moral budista. Su antología de dichos es considerada por los budistas theravada como una especie de sinopsis de las facetas centrales del budismo, y como tal es reconocido por muchos budistas y aprendido de memoria por algunos. El Dharmapada ha sido traducido al inglés en numerosas ocasiones. Literalmente significa «versículos sobre el dharma», se ha convertido en una introducción rápida para muchos no budistas, y budistas, a las doctrinas y la ética de la religión. Ejemplo de versículos son: «La renuncia al mal, el cultivo de todo lo que es bueno, limpieza de la mente propia, esta es la enseñanza de los budas» (183), y «Conquista al airado con amor; conquista al malévolo con bondad; conquista al avaro con generosidad; conquista al mentiroso con la verdad» (223). ⇨ Bhagavad Gita; Buda; budismo theravada; dharma; Mahabharata; sutta-pitaka; tipitaka.

dhikr Palabra árabe que significa «recuerdo», se refiere especialmente a la práctica entre los musulmanes sufíes de la repetición prolongada del nombre de Dios o de una fórmula sagrada. Se puede hacer silenciosamente o en voz alta, solo o con otros. La práctica está validada por el Corán 33,41: «Oh creyentes, recordad a Dios con frecuencia y dadle gloria al alba y al anochecer». Para los sufíes es un método de concentración espiritual enseñado por un maestro espiritual y ayudado por una serie de doctrinas y rituales de apoyo. Algunas veces la palabra dhikr se utiliza para designar a una ceremonia sufí en general, pero se refiere especialmente a la invocación del Nombre Divino en el corazón de la ceremonia. Formas peculiares de dhikr incluyen la danza en un lugar fijo, realizada por derviches que

giran dando vueltas, cuando la invocación del nombre de Dios se reduce al silencio y la danza se convierte en expresión rítmica del dhikr, que puede conducir al éxtasis. Para los sufíes el dhikr es el acto del mismo Dios tanto como un acto humano; es Dios que se invoca a sí mismo así como invocado por un creyente.
⇨ Corán; derviche; mewlevís; nombres divinos en el islam; sufismo.

dhimmis (dhimmîs) Término dado por los musulmanes a los «pueblos protegidos». Al principio se refería a lo que el Corán llamaba «los pueblos del libro», es decir a las tradiciones monoteístas que tenían una Escritura revelada, como los cristianos, pero se amplió más tarde implícitamente para incluir a otros, como zoroastras e hindúes, que entraron en la órbita del expansivo imperio musulmán. A los dhimmis se les concedía protección legal pero tenían sobre sí restricciones sociales que podían ser desde triviales a muy severas. Tenían que pagar un tipo de tasa y a cambio podían evitar el reclutamiento militar. No se les permitía hacer prosélitos y, aunque protegidos, eran fundamentalmente ciudadanos de segunda clase. En la práctica, buen número de ellos se fueron convirtiendo gradualmente al islam. En los siglos XIX y XX, las restricciones antes mencionadas han ido disminuyendo en la mayoría de los países islámicos debido a las exigencias de la vida moderna. ⇨ Corán.

dhyana (dhyāna; pali: jhāna) Término sánscrito que significa meditación, importante en las tradiciones jainita, hindú y budista. La palabra *chan* en el budismo chino y la palabra *zen* en el budismo japonés se derivan de la palabra *dhyana,* denominación general para meditación, que tiene una significación fundamental en el budismo. Dentro de la tradición hindú, dhyana es la séptima de las ocho etapas del yoga. En la sexta etapa se pone especial atención en un objeto de meditación, como una imagen. En la séptima etapa de dhyana hay penetración en la esencia interior del objeto de modo que el que medita tiene un sentido prolongado y profundo de autoconciencia, de la esencia del objeto de meditación y del acto de meditar. En la octava etapa de unión, o *samadhi,* las diferencias entre el que medita, el objeto de meditación y la conciencia de meditar se disuelven y se alcanza una etapa de conciencia no dual. En el hinduismo, dhyana se usa a veces de una forma más general para indicar el camino de meditación e interioridad en contraste con el camino de devoción o con el camino de las obras y del servicio activo en el mundo.
⇨ budismo zen; chan; jhana; meditación; Patanjali; samadhi.

Di Daeque (literalmente: «dioses y diosas») La religión romana tenía una compleja galería de dioses y diosas, resultado de su muy variada naturaleza y estructura. Cada ciudad tenía su propio panteón, con un número de divinidades creciente a cada momento, aunque ello implicaba un complicado proceso legal. Entre las deidades romanas más antiguas estaban Ceres (diosa de la Tierra), Juno (diosa de las mujeres), Júpiter (el dios del cielo, principal dios romano), Marte (dios de la guerra), Quirino (dios de la masa, más tarde identificada con Roma), Venus (diosa del amor) y Vesta (diosa del fuego romano). Entre las importaciones de fuera estaban dioses griegos como Apolo (dios del Sol), y deidades orientales como la Magna Mater (Cibeles, la gran diosa-madre de Anatolia), Isis (diosa egipcia) y Mitra (dios persa de la luz). Cada divinidad tenía su propia imagen (la mayoría eran antropomórficas), función, modo de actuar y competencia. Las deidades estaban vinculadas a ciudades, distritos, corporaciones y familias, y podían poseer varios domicilios (templos, altares, bosques). De hecho, para entender a una divinidad romana, es necesario reconstruir no tanto sus características míticas e historia cuanto la función de su culto dentro del sistema en su conjunto que comprendía los cultos de todas las demás divinidades. Las divinidades se suponía que vivían tanto en el mundo humano como en el mundo organizado encima de él. Se comunicaban con los humanos inscribiendo mensajes en la naturaleza, enviando *prodigia*, o en algunos casos hablando incluso directamente con los humanos. ⇨ auspicios; culto 1; prodigios; romana, religión.

día del juicio ⇨ **juicio final.**

Diablo ⇨ **Satán.**

diablos Del griego *diabolos* (traducido de Los Setenta al latín

Diablo, por el maestro Arguis. Museo del Prado (Madrid)

diabulus), en plural y como nombre común, espíritus o criaturas sobrenaturales, generalmente (pero no invariablemente) malos o malignos, agentes capaces de influir negativamente en la conducta humana. Tales personajes se encuentran en la mayoría de las religiones (por ejemplo, jinn o *shaytans* en el islam, *asuras* y seres asociados en el hinduismo, ángeles caídos o espíritus malignos en la tradición judeocristiana). Son pintados normalmente como masculinos, pero también se conocen diablesas. En singular, el Diablo (cf *Mara* en el budismo, *Angra Mainyu* en el zoroastrismo) es la encarnación del mal, el jefe de los espíritus malos o ángeles caídos. En el Antiguo Testamento el nombre

Satán es más común, pero en el Nuevo Testamento el Diablo es frecuentemente mencionado, a veces representado como una serpiente (Apocalipsis 12, 9) o como un tentador (Mateo 4, 1). En la literatura religiosa el Diablo, o un diablo o demonio, puede asumir muchas formas diferentes, humanas o animales. La conducta humana irracional o destructiva puede explicarse por posesión diabólica o demoníaca, como si alguna fuerza maligna tomara posesión de la voluntad de una persona. La creencia en esto no presupone la creencia en una personificación individual del mal («el Diablo»), sino sólo en la existencia de espíritus malignos o diablos. A veces, se explican postulando la supervivencia, en forma de espíritus malos, de los muertos hostiles. ⇨ ángeles; Belcebú; Biblia; demonología bíblica; infierno; jinn; Satán.

diácono (griego: *diakonos*, «servidor») Cargo oficial de la Iglesia cristiana nombrado para asistir al ministro o sacerdote en asuntos administrativos, pastorales o financieros. El oficio evolucionó hacia un tercer orden de ministerio tras los obispos y sacerdotes. En el siglo XX, factores ecuménicos reavivaron el interés en un orden de diáconos (el diaconado). En muchas iglesias, las diaconisas son un orden distinto de asistentes parroquiales. ⇨ clero; ecumenismo.

diálogo interreligioso Las relaciones entre las religiones del mundo (como las relaciones entre las partes históricamente separadas de la misma religión) varían con la situación y motivos de los participantes, y pueden ser amistosas, hostiles o inexistentes. El cristianismo y el islam son religiones misioneras, que buscan partidarios de su causa por medio de la evangelización (promoviendo sus puntos de vista como «buena noticia»). También se ocupan de la apologética (defensa de su posición) y la polémica (ataque al punto de vista de sus oponentes). El hinduismo es una religión más sincretista, capaz de absorber elementos de otras religiones, aunque contiene de hecho elementos fundamentalistas tan extremos como cualquiera de los que se puedan encontrar en el cristianismo y en el islam. La persecución o acoso cultural puede tener lugar en regiones donde los partidarios de una religión están en minoría, y otra religión es fuerte, quizás apoyada por un estado religiosamente comprometido. En esta situación, los partidarios de la religión predominante puede que no vean necesidad de implicarse en el diálogo. Por otra parte, si un estado es activamente ateo, o corre el peligro de permitir que los valores tradicionales sean arrollados por el secularismo o el materialismo, las religiones de esa región pueden reunirse a dialogar sobre temas que conciernen a todos, como la libertad religiosa, la justicia social o los valores de la vida familiar. El diálogo puede también tener lugar sobre asuntos específicamente religiosos o doctrinales, con el propósito de eliminar la ignorancia y las falsas ideas. ⇨ apologética; cristianismo, persecución del; Iglesia y Estado; tolerancia.

Diamante Cortante Sutra ⇨ Sutra del Diamante Cortante.

Diana Diosa romana, asociada a la Luna, la virginidad y la caza. Se consideraba la equivalente a la griega Artemisa, cuyo culto residía principalmente en Éfeso; de ahí el culto de «Diana de los efesios», que era una diosa de la fertilidad. ⇨ romana, religión.

Diáspora (griego: «dispersión»; hebreo: *golah* o *galuh*, «exilio») Judíos esparcidos por el mundo fuera de la tierra de Israel, bien a causa de reasentamientos voluntarios o forzosos, como las deportaciones asirias o babilónicas en el siglo VIII y en el siglo VI a. C., o posteriores dispersiones en la época grecorromana; también conocida como Dispersión. El Talmud babilónico y los Setenta fueron producciones literarias importantes de esos judíos que se habían asentado «en el extranjero». ⇨ asiria, religión; babilónica, religión; judaísmo; Talmud.

Diáspora, judaísmo de la

Judaísmo y judíos fuera de Palestina («diáspora» es la palabra griega para decir «dispersión»). Varias razones explican una diáspora judía considerable a lo largo de la historia: exilio impuesto por los conquistadores de Palestina a sus habitantes, emigración en tiempos de disensión y el atractivo del comercio exterior y del viajar. Desde el exilio de judíos a Babilonia en el siglo VI a. C. ha existido una diáspora judía en diversas partes del mundo. Sólo la restauración de un estado judío con los macabeos y el resurgimiento en el siglo XIX del nacionalismo judío (que culmina en la fundación del Estado de Israel en 1948) suscitó una vuelta significativa a la tierra. Por otro lado el mayor número de judíos durante la mayor parte de la historia ha vivido en el norte de África y Europa o en Babilonia. Esta situación se vio reforzada con la formación del judaísmo rabínico y el gobierno cristiano y musulmán de Tierra Santa. Desde el siglo XVII al XIX muchos judíos de la diáspora emigraron a EE. UU. ante el permanente antisemitismo. Incluso actualmente, a pesar de los campos de concentración nazis y la fundación del Estado de Israel, la mayoría de judíos todavía vive en la diáspora. ⇨ askenazis; judaísmo helenístico; sefarditas.

Didajé (griego: «enseñanza») Título breve de «La enseñanza del Señor a través de los doce Apóstoles», datada cerca del comienzo del siglo II d. C. Consta de un breve manual de enseñanza moral cristiana y orden eclesial, que en parte coincide algo con los evangelios canónicos, pero importante también por su descripción del primitivo ministerio cristiano y prácticas sacramentales. ⇨ apóstol; cristianismo; evangelios canónicos.

dietéticas, leyes Reglas sociales o religiosas que rigen el con-

Diez Mandamientos

sumo o abstinencia de cierta comida y bebida. Pueden ser aplicables sólo a determinada clase, por ejemplo, sacerdotes, monjes o a todos los partidarios de una religión. Consideradas como prescripción divina para la salud o pureza de un pueblo, pueden comprender una prohibición más o menos total (por ejemplo, no comer cerdo en ningún momento) o quedar restringidas a determinados días o períodos (por ejemplo, la Cuaresma en el cristianismo, el Ramadán en el islam). Quebrantar estas leyes supone caer en desgracia divina y puede traer severos castigos. ➪ kashrut.

Diez Mandamientos o **Decálogo** Leyes fundamentales de los judíos. En la Biblia se dice que le fueron entregados a Moisés en el Monte Sinaí. Exponen las exigencias religiosas y morales generales para el pueblo judío —y establecen los términos de la alianza de Dios con ellos—, aunque a menudo expresadas como principios universales. Formas con ligeras variantes del decálogo «ético» se encuentran en Éxodo 20 y Deuteronomio 5, pero aparece una variante «cultual» en Éxodo 34, 14-26 (que da cuenta de las grandes fiestas judías y ofrendas). Una tradición posterior declara que Dios los inscribió en dos tablas de piedra, que más tarde fueron depositadas en el Arca de la Alianza (Deuteronomio). El famoso decálogo «ético» contiene los mandamientos: **1** que el Dios de Israel será reconocido como uno y único; **2** se prohíbe el culto de imágenes; **3** se prohíbe el mal uso del nombre de Dios; **4** el sábado debe ser observado; **5** los propios padres deben ser honrados; **6-10** se prohíben asesinato, el adulterio, el robo, el falso testimonio y el deseo de los bienes del prójimo. Esta enumeración varía, sin embargo, en algunos círculos judíos y cristianos. ➪ alianza; Arca de la Alianza; Dios; Sinaí, Monte; Torá.

Moisés recibe las Tablas de la Ley. Arte copto (s. XVI). Biblioteca Nacional (París)

diez tribus perdidas de Israel, las Diez tribus de Israel hechas cautivas por Asiria en el 721 a. C. y mezcladas (de ahí lo de «perdidas») con los asirios. Los israelitas británicos suponen que son los antepasados de los pueblos británico y americano, pero esta teoría está casi totalmente desacreditada. ➪ Israel, tribus de.

diezmos Ofrendas de una parte (literalmente: «la décima parte») de la propiedad o producto de uno a Dios, a menudo ofrecidas a los sacerdotes de los templos; acostumbrado entre los pueblos desde tiempos antiguos. En la Ley judía, las instrucciones relativas a los diezmos estaban enumeradas en Levítico 27, y posteriormente se elaboraron en el Talmud. Las tasas de este género se usaban en Europa desde la época medieval para sostener al clero cristiano, y en Inglaterra desde el siglo X, hasta que una mayor secularización después de la Reforma trajo una oposición crecida. Los diezmos civiles fueron reemplazados en Inglaterra por un coste de alquiler en 1836, e incluso este fue abolido en 1936. ⇨ Iglesia de Inglaterra; Reforma; Talmud.

Digha Nikaya (Dīgha Nikāya) Parte de los *sutta Nikaya*, los discursos de Buda, que es una de las tres secciones del *tipitaka* budista theravada o canon pali. Significa «colección de discursos largos» y consta de 34 discursos divididos en tres partes, que llenan tres volúmenes de la edición de la Sociedad para el Texto pali. La primera parte trata de diversos asuntos éticos, y responde a las opiniones falsas de otras sectas; la segunda contiene dos grandes discursos: sobre la muerte de Buda y sobre los «fundamentos de la consciencia», y la tercera incluye un código para budistas laicos y un tratado sobre hechizos protectores. El *Digha Nikaya* contiene también otro material que le hace popular entre los budistas, por ejemplo, historias de las vidas pasadas de Buda. Hay también una serie de discursos sánscritos en el *Dighagama* de la tradición budista sánscrita que corresponde al Digha Nikaya de la tradición pali. ⇨ budismo theravada; parinirvana; tipitaka.

Diluvio, el Idea de un diluvio primigenio que destruye el mundo y a todos sus habitantes (excepto un resto fiel favorecido por Dios o los dioses para que sobreviva) como consecuencia o como castigo de la maldad o pecado humano. Esto está expresado en forma mítica y se encuentra en la religión hindú, egipcia antigua y china, así como de una manera más célebre en el judaísmo y el cristianismo en la historia de Noé, de Génesis 6, y en el *Poema épico de Gilgamesh* babilonio. ⇨ Génesis, Libro del; Gilgamés, Epopeya de; Noé.

din Concepto musulmán que significa religión. La palabra está relacionada con el término *dain*, que significa «deuda», e implica la práctica de la religión y el cumplimiento de deberes religiosos de agradecimiento a Dios. Teológicamente incluye tanto la fe como la puesta en práctica de las obligaciones de la shariah o ley religiosa. Como tal a veces contrasta con el reino secular de la existencia. ⇨ religión; shariah.

dinastías islámicas Ciertas dinastías han sido importantes dentro de la historia de la tradición musulmana. A Mahoma le sucedieron los cuatro califas «rectamente guiados» que gobernaron desde Medina (632-

dinka

661) durante la denominada edad de oro del islam. Desde el 661 al 750 los califas omeyas gobernaron desde Damasco, y desde el 750 al 1258 los califas abasíes gobernaron desde Bagdad. En la práctica, la autoridad central de los califas declinó después del siglo IX y llegaron a ser significativas las dinastías provinciales en áreas determinadas. Entre estas estaban los fatimíes en Siria, Egipto y Norte de África (909-1171), los selyúcidas en Irán e Irak (1038-1194), y los mamelucos en Egipto y Siria desde 1260. Más tarde, otras cuatro dinastías alcanzaron una importancia inusual: los turcos otomanos (1342-1924), especialmente después de 1517 en que su imperio se extendió por todo el Oriente Medio, desde Europa al golfo Pérsico; los mongoles (1526-1858) en la India y los safawíes (1501-1732) y qayaríes (1779-1925) en Persia. El califato detentado nominalmente por los otomanos acabó finalmente en 1924, aunque su poder efectivo en el mundo musulmán había terminado mucho antes. Durante el siglo XIX la mayor parte del mundo islámico quedó bajo el control de poderes coloniales, especialmente Gran Bretaña y Francia. Una excepción fue Arabia, bajo la dinastía Saudita, que conserva el control allí hasta el día de hoy. Por todas partes han surgido nuevos estados independientes en el mundo musulmán. ⇨ Mahoma; Medina.

dinka, religión Los dinka son un pueblo pastor nilótico del sur de Sudán. Como sus vecinos nuer, entienden el Espíritu o Divinidad *(nhialic)* como una entidad única, unas veces considerada en términos generales como Dios, otras encontrada en manifestaciones o poderes locales *(jok, plural jak)*. Estos poderes pueden producir enfermedad punitiva, inspirar sueños y poseer a los adivinos, confiriéndoles así su penetración y conocimiento. Hay una jerarquía de poderes, de los que los inferiores son los asociados con los fetiches, que pueden ser utilizados por cualquiera (aunque es peligroso olvidarse de los poderes de los fetiches en la posesión de uno). Los poderes superiores poseen periódicamente a los adivinos; sin embargo, mantienen la inspiración de los grandes profetas. Gran número de poderes altos (llamados por Godfrey Lienhardt «divinidades libres») tienen nombres, manifestaciones y efectos muy reconocidos. Todas las contradicciones de la experiencia dinka se concentran en uno de ellos, Macardit, cuyas acciones invariablemente causan daño. Otra serie de poderes son guardianes de los clanes, representados por determinadas especies de animales, aunque no identificados con ellos. A los poderes se les puede hacer propicios mediante el sacrificio animal. Los maestros sacerdotales del arpón tienen importantes funciones de intercesión y sacrificio, para la victoria y la lluvia, la curación y la protección, y median en las disputas. El profundo lazo entre la gente y los bueyes encuentra muchas expresiones religiosas. Como otros pueblos del sur de Sudán, los dinka han sufrido un gran desconcierto en los últimos años, habiéndoles arrebatado la guerra su patria y su ganado. Muchos son actualmente cristianos. ⇨ nuer, religión; shilluk, religión; totemismo.

dionisíaca, religión En sentido estricto, no existía «religión dionisíaca» en mayor proporción que la que pudiera existir de cualquier otro dios individual griego. Sin embargo, la mayoría de los mitos relacionados con él tienen una forma típica que muestra la creencia de que era, en algunos aspectos, una excepción entre los dioses. El ejemplo mejor conocido (dramatizado en la obra de teatro de Eurípides *Bacchae)* narra cómo llegó a Tebas, disfrazado, para introducir su culto. Al encontrar resistencia, condujo a las mujeres de Tebas a las montañas, donde celebraba ritos extáticos; el rey de Tebas y líder de la resistencia, Penteo, salió para traerlas a casa, pero fue cazado por las mujeres enloquecidas y descuartizado por su propia madre. Estos «mitos dionisíacos de resistencia» reflejan no un hecho histórico, sino una percepción de la naturaleza propia del dios: el éxtasis que Dioniso encarna es ajeno a la vida normal de la ciudad (viene de fuera), pero es necesario para ella (quienes se oponen perecen). El carácter de las fiestas dionisíacas reales, celebradas en varias ciudades griegas, variaba mucho (algunas ponían el acento en el vino, otras en la danza extática realizada por mujeres); pero en el plano de la imaginación la «religión dionisíaca» significaba una locura temporal necesaria. ⇨ apolínea, religión; fiestas griegas; griega, religión.

Dionisio Areopagita (c. 50) Clérigo griego o sirio, uno de los pocos atenienses convertidos por el apóstol Pablo (Hechos 17, 34). La tradición le convierte en el primer obispo de Atenas y mártir. Los escritos griegos que llevan su nombre fueron redactados, no por él, sino probablemente por un alejandrino desconocido de principios del siglo VI. Incluyen los tratados *Sobre las jerarquías celestiales y eclesiásticas, Sobre los nombres divinos, Sobre la teología mística,* y una serie de diez *Epístolas;* ejerció una gran influencia sobre la evolución de la teología. ⇨ mártir; teología.

Dios Ser o poder sobrenatural, objeto de culto. En algunas religio-

Bautismo de Cristo, por El Greco. Fundación Duque de Lerma

Dios

nes mundiales (por ejemplo, cristianismo, judaísmo, islam) existe un solo Dios (monoteísmo), que es trascendente, todopoderoso y relacionado con el cosmos como creador. En otras religiones (por ejemplo, hinduismo, religiones de la Grecia y Roma clásicas, y religiones primitivas), se pueden reconocer muchos dioses (politeísmo), con dioses individuales que tienen propiedades y poderes determinados. En la tradición judeocristiana, Dios, aunque trascendente e invisible, se cree que se ha revelado en la historia a través de la vida y respuesta del pueblo de Israel, y, en la tradición cristiana, de manera suprema y definitiva en la vida, muerte y resurrección de Jesús de Nazaret, el Cristo, todo tal como está atestiguado en las escrituras del Antiguo y Nuevo Testamento. La convicción de que Jesús mantuvo una relación única con Dios condujo al desarrollo del pensamiento cristiano de la comprensión trinitaria, por la que el único Dios es concebido como tres personas (Padre, Hijo y Espíritu Santo) de una sola sustancia. En la principal corriente occidental, influida por la filosofía griega clásica así como por el cristianismo, a Dios se le concibe como «siendo él mismo» o «actualidad pura» (Santo Tomás de Aquino), en el que no hay potencialidad o devenir inactualizado; como absoluto, infinito, eterno, inmutable, incomprensible (es decir, que no puede ser comprendido por el pensamiento humano), todopoderoso (omnipotente), todo sabiduría (omnisciente), todo bondad (omnibenevolente) y presente en todas partes (omnipresente). También se dice que es impasible o incapaz de sufrir. El hecho de que el Nuevo Testamento resuma su comprensión de Dios como «Amor» (1 Juan 4, 8), unido al hecho claro del mal en el mundo, ha conducido a varias modificaciones de esta concepción occidental tradicional. Así, Dios es a veces entendido como todo bondad, pero finita (y por tanto incapaz de prevenir el mal); o como bipolar, es decir, en un aspecto absoluto e infinito pero en otro aspecto, en la medida que se relaciona con el cosmos, relativo y finito (panenteísmo o teología evolutiva); o como abarcando el conjunto de la naturaleza (panteísmo). Correspondiendo a conceptos particulares de Dios, existen comprensiones particulares del poder de Dios en relación a los seres humanos y al mundo de la naturaleza. Estos varían desde la trascendencia absoluta, como que Dios es responsable de iniciar el proceso del mundo y establecer sus leyes, dejando después que siga su curso (deísmo), a la inmanencia total, por la cual Dios es un poder o espíritu dentro del mundo que motiva a los seres humanos. El cristianismo ortodoxo intenta preservar tanto la trascendencia como la inmanencia de Dios. Desde la época de los antiguos griegos, los filósofos han intentado probar la existencia de Dios por medio de la sola razón (es decir, no por divina revelación), y entre estos intentos los argumentos «ontológicos» de San Anselmo y Descartes, las «cinco vías» de Santo Tomás de Aquino y el argumento moral de Kant están entre los más importantes y permanentes. Mientras el consenso filosófico general parece actualmente ser que ninguno de estos argumentos es irrefutable, la discusión en el siglo XX de varios aspectos de determinados argumentos ha seguido tan viva como antes. Los intentos de refutar la existencia de Dios o de mostrar que los conceptos de Dios son incoherentes han sido también en general poco persuasivos. ⇨ Anselmo, San; Biblia; deísmo; Dios, argumentos de la existencia de; hinduismo; islam; Jesucristo; judaísmo; monoteísmo; panteísmo; politeísmo; religión; teología evolutiva; Tomás de Aquino, Santo; Trinidad.

Dios, argumentos de la existencia de No se ofrecen en las escrituras de las religiones teístas: estas dan por sentada la existencia de Dios. La Biblia, por ejemplo, se abre y se cierra con relatos de la acción de Dios en la creación y en la nueva creación. Sin embargo, a no ser que se acepte que no importa si las afirmaciones de la teología revelada son contradictorias con todo el pensamiento y experiencia humana, la existencia de Dios debe ser razonable, incluso si no es concluyentemente demostrable. En el pensamiento occidental existen cinco argumentos principales; **1** El argumento ontológico (de *ontos,* en griego «que es»), asociado a San Anselmo, que sostiene que Dios existe por definición. «Aquello más grande de lo cual no puede concebirse» tiene que existir, a no ser que (como mantienen los críticos) se demuestre que la existencia no es una cualidad. **2** El argumento cosmológico, asociado a Santo Tomás de Aquino, parte de la existencia hacia un origen de tipo distinto, a partir de las causas en favor de una primera Causa no causada. Los críticos afirman que una serie infinita de causa y efecto sería igualmente plausible. **3** Una variante de este es el argumento teleológico (de *telos,* en griego «finalidad» o «propósito») o de diseño, asociado a William Paley. Argumenta que igual que la existencia de un reloj sugiere que tiene que existir un relojero inteligente, así la existencia del mundo sugiere que existe un diseñador inteligente detrás de él. Los críticos señalan que sólo ciertas partes del mundo parecen estar diseñadas (una apariencia que podría ser explicada en términos evolutivos), y que los rasgos fortuitos o malos de otras partes plantean cuestiones sobre el poder o las cualidades morales de cualquier supuesto diseñador. **4** Una alternativa a los argumentos anteriores, ofrecido por Kant, es el argumento moral. Afirma este que la existencia universal de un sentido de lo justo y lo malo sugiere una fuente moral personal última de ambos. La existencia de Dios es también necesaria en cuanto que traería un juicio final a la humanidad en el que el justo sería recompensado y el malo castigado, dando así sentido a situaciones de la vida presente donde esto no sucede. Los críticos sostienen que cualquier esperanza de juicio final está más allá del cometido de la filosofía, y que la vida tal como es sugiere una fuente moral limitada o arbitraria. **5** Un último argumento es el que parte de la experiencia religio-

Dios

sa. Sostiene este que las afirmaciones de experiencias de Dios por parte de todo tipo de personas de cualquier época histórica son demasiado variadas y generalizadas como para quedar reducidas a un mero deseo ilusorio o proyección. Los críticos preguntarían por una prueba objetiva de afirmaciones subjetivas y señalarían también las dificultades de pasar de una afirmación de haber experimentado a Dios a demostrar que una determinada religión es verdadera. Todos estos argumentos (en sus formas clásicas o reformulaciones modernas) pueden ser contestados. Pero incluso si se aceptan, contribuyen de modo limitado a la comprensión religiosa de Dios donde las afirmaciones de que «Dios es santo» y «Dios es amor» son mucho más fundamentales que la afirmación desnuda de que «Dios existe». ⇨ Anselmo, San; proyectivas de la religión, teorías; Tomás de Aquino, Santo.

Dios, visión cristiana de

El cristianismo, como el judaísmo y el islam, sostiene que existe un solo ser supremo (teísmo) y rechaza las ideas del politeísmo (la existencia de muchos dioses), panteísmo (que la creación y Dios son idénticos) y deísmo (Dios puso la creación en movimiento pero no interviene ya). Pero (a diferencia de ellos) también cree que Dios es Trinidad: una unidad de Padre, Hijo y Espíritu Santo. En la enseñanza del Nuevo Testamento, Dios es el Dios santo del Antiguo Testamento, aunque Jesús le llama «Padre» y, en el Padre Nuestro, enseña a sus discípulos a hacer lo mismo. Jesús también promete que cuando los deje enviará al Espíritu Santo para confirmar su enseñanza, continuar santificándoles y estar con ellos de modo permanente. La relación en el corazón o ser interior de Dios significada por la doctrina de la Trinidad hace afirmaciones bíblicas como «Dios es amor», más apropiadas que algunas de las afirmaciones doctrinales clásicas de que Dios es infinito, inmutable (que no puede ser forzado a cambiar), impasible (que no se le puede hacer sufrir), omnipresente (presente en todas partes), omnipotente (todopoderoso) y omnisciente (que lo sabe todo). Tomados en sí mismos, estos conceptos plasman un cuadro del Dios abstracto de la filosofía, y no lo que Pascal describía en 1654 como una experiencia de «Certeza, certeza; sentimiento, gozo, paz. Dios de Jesucristo». Las afirmaciones teológicas sobre la naturaleza de Dios necesitan ser situadas en un contexto más amplio (hablar de un Dios todopoderoso y todo bondad plantea cuestiones sobre el mal y la libertad humana), y ser equilibradas por el lenguaje de los credos («Creemos en [esto es, confiamos en] Dios…»), oración («Pedimos a Dios…») y culto («Alabamos a Dios…»). ⇨ cristianos, credos; culto cristiano; deísmo; Dios, argumentos de la existencia de; Espíritu Santo; mal, concepto cristiano del; oración cristiana; Padre Nuestro; Trinidad.

dios sol ⇨ inca, religión.

diosa madre ⇨ **matres, matrones.**

dioses En las religiones politeístas, seres espirituales o celestiales, capaces de influir en los acontecimientos y personas de la Tierra, y, por tanto, dignos de respeto y adoración. Dioses individuales, masculinos o femeninos, tienen funciones, propiedades o cometidos peculiares, cuya naturaleza determina el tipo apropiado de culto requerido. Están generalmente agrupados en jerarquías, detentando algunos más poder y autoridad que otros. Pueden ofrecérseles oraciones y sacrificios para apartar su venganza, ganar su favor o influencia en una dirección determinada.

dioses de muerte y resurrección Nombre técnico dado a deidades que, según los mitos asociados a ellas, se dice que han muerto y posteriormente han resucitado. Tales deidades eran invariablemente masculinas y se afirma que se encuentran en sociedades agrarias del área mediterránea, siendo ejemplos Adonis (originalmente semita, conocido sólo a través de fuentes griegas tardías, romanas y cristianas), Atis (Frigia), Osiris (Egipto), Marduk (Babilonia) y Tammuz (Asia Menor). Su muerte y resurrección, según se afirma, simbolizaba el ciclo anual de la vegetación de la que eran personificaciones, y se decía que formaban la base de los cultos y rituales de fertilidad. Una explicación adicional de su origen (ofrecida por James G. Frazer en *La rama dorada*) proponía la hipótesis de la muerte de un rey sagrado después de que su fertilidad declinara, este acontecimiento se convirtió en un mito de un dios de muerte, seguido por el rejuvenecimiento a través del renacimiento o resurrección. En los últimos años se ha arrojado una considerable duda sobre la legitimidad de la categoría de «dioses de muerte y resurrección», al basarse las pruebas para tales deidades en textos griegos tardíos, romanos y cristianos, que en sí mismos son ambiguos. Se ha sugerido que el interés en esta categoría ha sido sostenida por investigadores bíblicos, preocupados por el trasfondo del Antiguo y del Nuevo Testamento e interesados en la categoría de la «resurrección». ⇨ resurrección.

Dipankara (Dīpankara) Nombre de un buda anterior a quien Gautama Buda había conocido en una vida pasada. Gautama, que era entonces un asceta llamado Sumedha, fue inspirado por Dipankara, a quien honraba, para que trabajara en favor de la budidad. Se convirtió en discípulo de Dipankara en esa vida pasada (descrita en una de las historias Jataka), y esto le llevó a transformarse en bodhisattva para buscar la plena iluminación. Como resultado de la inspiración de Dipankara, Gautama fue fiel a su voto hasta el final. Nació en épocas muy distintas y pasó muchas vidas desarrollando las cualidades necesarias para la budidad, y conoció a muchos otros budas, entrando finalmente en el cielo Tusita antes de renacer en la Tierra por última vez, en Lumbini, como el

Buda histórico que conocemos. Según la tradición, Dipankara fue el primero de 24 budas que se dice han precedido a Gautama Buda, y es descrito como extraordinariamente alto y muy longevo. ⇨ bodhisattva; Jataka; Lumbini.

Dipavamsa (Dīpavaṃsa) Crónica pali o *vamsa* que narra la historia budista de la isla o *dipa* de Ceilán (ahora Sri Lanka) desde sus orígenes hasta el siglo IV d. C. Se pone especial énfasis en la entrada del budismo en Ceilán. Otra crónica llamada *Culavamsa* relata la historia de Ceilán desde aproximadamente el 300 d. C. hasta el siglo XIX. Recapitulando así en dos crónicas la mayor parte de la historia cingalesa tal como se ve desde el punto de vista de la tradición budista. La crónica Dipavamsa parece haber sido compuesta durante el siglo posterior a los acontecimientos que termina describiendo, y reúne el trabajo de escuelas anteriores para relatar su historia. Es todo un símbolo de la significación del budismo dentro de la historia general de Ceilán desde sus primeros días hasta el actual Sri Lanka. ⇨ budismo cingalés; tipitaka.

disciplina de la Iglesia Toda ley y costumbre eclesial que no está prescrita por la Escritura y, más particularmente, la disciplina o estilo de vida exigido a los miembros de la Iglesia. Ambos pueden ser codificados en leyes canónicas o en compilaciones como *El libro del orden común* (1556) y *El primer libro de disciplina* (1560) desarrollados por John Knox a partir de los ideales de Calvino, tal como se pusieron en práctica en Ginebra. Los individuos que fallan en guardar la disciplina de la Iglesia pueden ser amonestados, como en la Iglesia primitiva (Mateo 18; 1 Cor 5). La sanción última contra los transgresores es la excomunión o denegación de amistad y del sacramento de la Sagrada Comunión (Eucaristía), y (en situaciones en que Iglesia y Estado trabajan juntos) la entrega al Estado para el castigo. El término «disciplina» se utiliza también (en el sentido de disciplina espiritual o monástica) para referirse a prácticas de abnegación como el ayuno, y (como «la disciplina») a un tipo de azote de cuerdas con nudos usado en la penitencia. ⇨ Iglesia y Estado.

disciplina espiritual Sumisión voluntaria a un maestro, enseñanzas o serie de reglas religiosas para alcanzar un estado espiritual más elevado. Someterse a la disciplina espiritual supone acometer una serie de actividades orientadas a capacitar a uno para expresar más plenamente una determinada ideología religiosa. Esto puede implicar el someter tanto al cuerpo como a la mente a un severo régimen por el que aquellos elementos que se cree impiden el progreso del discípulo hacia su meta espiritual son apartados o suprimidos. Así, muchas religiones abogan por la pobreza, ayuno, castidad, automortificación y retiro como medio de poner cuerpo y mente bajo el control del espíritu. Además de esto, algunas religiones recomiendan ciertas técnicas como el yoga, el canto o la respiración controlada como medio de progresar hacia la iluminación espiritual. Muchas religiones han desarrollado códigos para ayudar a los discípulos a sostener y permanecer bajo la disciplina espiritual. La vida espiritual budista estaba organizada por el Vinaja, una serie de reglas que regulan la disciplina espiritual. Ejemplos cristianos de códigos de disciplina espiritual son la Regla de San Benito y los Ejercicios Espirituales de San Ignacio de Loyola. ⇨ ayuno; benedictinos; celibato; Ignacio de Loyola, San; obediencia; renuncia.

discípulos (en la Iglesia cristiana primitiva) Los seguidores de Jesucristo en los evangelios, como los de Juan Bautista y los fariseos, son descritos como «discípulos». Un discípulo aprendía la enseñanza y el estilo de vida de su maestro, esperando convertirse, a su debido tiempo, en un rabí por derecho propio y transmitir todo a sus propios discípulos. Los evangelios describen a Jesús más activo que los rabís tradicionales en dos sentidos. Él eligió a sus primeros discípulos (más que atraerlos) y reinterpretó la tradición religiosa (más que quedarse en la mera transmisión) con una libertad que chocó a los fariseos. Los evangelios equiparan a veces «discípulos» con el grupo íntimo de doce apóstoles, y algunas veces usan el término en un sentido más amplio, como el de los 70 o 72 enviados en misión (Lucas 10). En el Libro de los Hechos, el término «discípulos» se utiliza para designar a los creyentes cristianos en general. ⇨ apóstol; Jesucristo.

Discípulos de Cristo ⇨ **Iglesias de Cristo.**

disidentes Originalmente, protestantes de Inglaterra y Gales del siglo XVII que disentían de los principios de la Iglesia de Inglaterra. Ha sido posteriormente aplicado a confesiones como baptistas, congregacionalistas y metodistas, y generalmente se refiere a cristianos que rehúsan conformarse a la doctrina y práctica de una iglesia establecida o nacional. ⇨ cristianismo; Iglesia de Inglaterra.

disir ⇨ **fylgja.**

Dispersión ⇨ **Diáspora.**

ditthi (sánscrito: dṛṣṭi) Palabra usada en la tradición budista primitiva para referirse a «criterio», en el sentido de una opinión que estaba normalmente equivocada porque se basaba en el deseo en vez de en la introspección, y era parcial más que equilibrada. Un buen ejemplo es la creencia en un yo permanente, bien en el sentido de que el yo vivirá eternamente, o en el sentido de que el yo, aunque permanente en vida, será aniquilado en la muerte. Otras formas de criterio equivocado incluían las falsas teorías de otras sectas, y las visiones falsas de la naturaleza humana como el fatalismo o el materialismo. La noción de ditthi era utilizada menos común-

Divali

mente en un sentido más positivo, por ejemplo, en relación con el concepto de «criterio recto» que formaba parte del óctuple sendero. Este comprendía la penetración en las leyes del renacimiento, responsabilidad ética relacionada con el karma y la acción recta, y en un plano más elevado penetración en las verdades superiores asociadas a la conciencia de la naturaleza última de las cosas.
⇨ anatman; atman; fatalismo; samsara; sendero óctuple.

Divali o **Deepavali** (Dīpāvali) Fiesta de las luces, importante festividad hindú celebrada en toda la India en octubre/noviembre y que dura cuatro o cinco días. La deidad central de las celebraciones es Lakshmi, diosa de la riqueza y la buena fortuna, que es invitada a casa. Durante la fiesta, las casas son iluminadas con lámparas de aceite y se dibujan adornos vistosos *(rangoli)*, especialmente de lotos, en el suelo cerca de la puerta. Se hacen regalos a los niños y se comparten comidas con los parientes.
⇨ año religioso hindú; Lakshmi.

Diwali ⇨ **Divali** o **Deepavali.**

Doce, los ⇨ **apóstol.**

docetismo Creencia que surge en el cristianismo primitivo, de que el cuerpo natural de Jesucristo era sólo aparente (griego: *dokeo*, «aparecer», «parecer») y no real, lo que recalca, por tanto, la divinidad de Cristo y niega cualquier sufrimiento real físico por su parte. Predominó especialmente entre los gnósticos del siglo II, pero que era también quizá un problema encontrado en 2 Juan 7.
⇨ cristología; gnosticismo.

doctrina Enseñanza oficial u ortodoxa de una religión. Puede comunicarse por tradición, oralmente o por escrito en forma de texto sagrado, que se cree que está inspirado por Dios. Un grupo o un individuo pueden estar investidos de autoridad para declarar una doctrina de tal forma que su aceptación sea vinculante para todos los creyentes (por ejemplo, concilios generales o papas en el catolicismo).

doctrina cristiana Los cristianos creen en Dios, más que en enseñanzas sobre él. Su principal actividad es la oración, el culto y encontrar la voluntad de Dios para sus vidas a través del estudio de la Biblia. No obstante, se ha demostrado útil para la instrucción, la apologética y la evangelización resumir las enseñanzas de la Escritura y la comprensión de la Iglesia de sus implicaciones de una forma temática (la disciplina de la teología dogmática o sistemática) o cronológica. El estudio histórico de la evolución de la doctrina muestra cómo los credos y las decisiones de los Concilios surgieron de contextos prácticos específicos (como la necesidad de combatir una determinada herejía), y revela cómo la comprensión de la Iglesia evoluciona y cambia. Así la Iglesia católica, que afirma tener a autoridad para promulgar dogmas infalibles que son vinculantes para los fieles, hace una distinción entre contenido y forma, permitiendo una comprensión evolutiva de lo que estaba siempre implícito. Las iglesias de la Reforma (que valoraban la tradición mucho menos favorablemente que la Escritura) normalmente reservaban el término «dogma» para las decisiones universalmente aceptadas de la Iglesia indivisa de los cinco primeros siglos, y expresaban sus doctrinas discrepantes sobre otros temas en Confesiones de fe o Artículos de religión auxiliares. Los cristianos sostienen que la creencia recta (ortodoxia) y la recta praxis (ortopraxis) van unidas. Como consecuencia, la tendencia en todas las iglesias a que la doctrina sea estudiada y debatida en abstracto por teólogos o académicos provoca una de estas dos reacciones: una llamada a una fe «sencilla» o «más bíblica», o a un cambio en el método teológico. La última aproximación ha sido adoptada por la teología de la liberación, que exige que la reflexión teológica empiece por el compromiso con los pobres en vez de concluir por él. Esta «contextualización» es también la base de la teología feminista. ⇨ Concilio de la Iglesia; credos; infalibilidad; teología de la liberación; teología feminista.

Dodd, Charles Harold (1884-1973) Investigador bíblico galés y pastor congregacional nacido en Wrexham. Se graduó por Oxford y sirvió en una iglesia congregacional en Warwick. Volvió para dar clases en Oxford, fue profesor de teología en Manchester, y más tarde fue elegido para la cátedra Norris-Hulse de teología en Cambridge (1936-1949), el primer ocupante no conformista durante casi tres siglos. En 1949 se convirtió en director general de la traducción de la Nueva Biblia Inglesa. Sus propias publicaciones incluyen *La predicación apostólica y sus desarrollos* (1936), *Según las Escrituras* (1952), *La tradición histórica del cuarto evangelio* (1963). ⇨ congregacionalismo; disidentes.

Dogen (1200-1253) Fundador de la escuela Soto de budismo zen japonés, reverenciado como la más grande figura zen de la historia japonesa. Se quedó huérfano a los siete años, ordenado a los trece, y partió para China a la edad de veintitrés, donde alcanzó la iluminación con un maestro chan, y la sucesión en la escuela Soto. Volvió a Japón en 1227 y erigió el primer templo zen independiente japonés en Koshohoringji. Dogen es venerado por todos los budistas japoneses como un bodhisattva. No era exclusivamente zen, pero subrayó la importancia de la sencillez y el trabajo ordinario en la práctica monástica generalmente. Puso énfasis en la práctica del zazen, sentándose de forma vertical con la piernas cruzadas en meditación simple, lo que, según él, capacitaba a uno para darse cuenta de la naturaleza buda, que es la esencia de toda la gente y de todas las cosas. Recomendaba la lectura de las escrituras *(sutras)* y la veneración de las imágenes de Buda, así como las sentencias de los koans que otros maestros zen, como Eisai, a menudo recomendaban de manera exclusiva. Subrayó estas enseñanzas en el *Shobogenzo, tesoro del conocimiento de la verdadera ley,* en el que enfatizaba tanto las escrituras como la fe en Buda, y también una entrada gradual en la iluminación más que una iluminación súbita favorecida por la otra principal escuela japonesa de zen Rinzai. ⇨ bodhisattva; Buda, imagen de; buda, naturaleza; budismo zen; chan; Eisai; koans; Rinzai; Soto; zazen.

domingo Día de la semana señalado por la religión cristiana para el culto divino, principalmente en conmemoración de la resurrección de Cristo. Ya en tiempos del Nuevo Testamento reemplazó al Shabbat judío, cuando Pablo y los cristianos de Tróade se reunían el primer día de la semana para la «fracción del pan» (Hechos 20), y es llamado «el día del Señor» (Apocalipsis 1). En 1971 el Reino Unido ratificó la recomendación de la Organización para la Estandarización Internacional de que el lunes reemplazara al domingo como primer día de la semana. ⇨ cristianismo; Shabbat.

Domingo de Guzmán, Santo (c. 1170-1221) Religioso español. En 1216 fundó la Orden de Frailes Predicadores. Nacido en Caleruega, en Castilla la Vieja, estudió en Palencia, adquiriendo tal fama por su piedad y saber que en 1193 el obispo de Osma le nombró canónigo, y contó con su ayuda para reformar todo el cabildo de acuerdo con la regla de San Agustín. Llevó una vida de riguroso ascetismo y se dedicó a tareas misioneras entre los musulmanes y «herejes». En 1204 acompañó a su obispo en una misión política, y tuvo que viajar por todo el sur de Francia en tres ocasiones. Emprendió la conversión de los albigenses y viajó de un lado a otro a pie, llevando las epístolas de San Pablo, y predicando por todas partes. Continuó con sus tareas durante diez años y reunió en torno a sí compañeros con el mismo pensamiento, para los cuales fundó la primera casa de su orden en Toulouse. También fundó un refugio para mujeres en peligro de caer bajo la influencia herética, que evolucionó hacia una orden de monjas. Los acontecimientos ocurridos durante la Inquisición dejaron una profunda huella en su memoria y en la de su orden. Inocencio III, indignado por el asesinato de su legado, Pedro de Castelnau, convocó a los barones del norte de Francia, dirigidos por Simón de Monfort, a una cruzada contra los herejes, y Domingo se convirtió en parte consentidora de estas crueldades. En 1215 asistió al Concilio Lateranense IV, e Inocencio III prometió la aprobación de su nueva orden a condición de que se adoptara una regla antigua. Domingo eligió la regla de San Agustín, y al año siguiente Honorio II le concedió la autorización. Domingo se convirtió en «Maestro del Palacio Sacro», oficio que ha continuado heredando la orden. En 1220 los dominicos, a imitación de sus hermanos franciscanos, adoptaron una pobreza tan rígida que ni siquiera la orden como corporación podía poseer casas o tierras, y así se obligaban a convertirse en mendicantes o mendigos. Domingo murió en Bolonia. Vivió para ver a su orden ocupando sesenta casas y repartida en ocho provincias. Se había extendido a Inglaterra, donde eran llamados Frailes Negros, a causa del hábito; al norte de Francia, Italia, España y Austria. Fue canonizado en 1234 por su amigo Gregorio IX. Su fiesta se celebra el 8 de agosto. ⇨ albigenses; agustinos; dominicos; Inocencio III; Inquisición; Lateranenses o Lateranos, Concilios; Pablo, San.

dominicos Orden religiosa, conocida oficialmente como Ordo Praedicatorum (latín: «Orden de Predicadores»), en forma abreviada OP; también conocidos como Frailes Predicadores. Fue fundada por Santo Domingo en 1216 en Italia para proporcionar defensores de la fe católica. La orden practica pobreza individual y comunitaria, pero se dedica principalmente a predicar y enseñar. Tiene un extraordinario historial en el saber (por ejemplo, Tomás de Aquino, Alberto Magno), y también de actividad misionera, con casas en todas las partes del mundo cristiano. Existe también una orden segunda (de monjas) y una orden tercera o terciaria (de miembros que no viven en el claustro). ⇨ Alberto Magno, San; catolicismo; Domingo (de Guzmán), Santo; monacato; Tomás de Aquino, Santo.

Donatistas Cismáticos cristianos africanos que reciben el nombre de Donato (siglo IV), elegido como rival del obispo de Cartago. El movimiento era rigorista y puritano apoyaba la repetición del bautismo, y declaraban inválidos los sacramentos celebrados por sacerdotes sospechosos de colaboración en tiempos de persecución. Floreció en África en los siglos IV y V y, a pesar de la condena de Agustín, el emperador romano y la Iglesia católica (411), continuaron hasta los siglos VII-VIII. ⇨ Agustín de Hipona, San; herejía.

Doukhobors o **Dukhabors** Secta religiosa nacida en Rusia hacia 1740. Enseña que Dios se manifiesta en el alma humana, que es eterna y que al morir entra en otro cuerpo (metempsícosis). Frecuentemente en conflicto con las autoridades, específicamente por rechazar el servicio militar, los partidarios fueron perseguidos hasta 1898, en que se les permitió emigrar. La mayoría se asentó en Canadá. ⇨ alma; secta.

drogas psicodélicas La palabra «psicodélico» se refiere a un estado de imaginación y percepción intensificadas producido por el éxtasis. Cuando se usan drogas para alcanzar este estado se conocen como drogas psicodélicas. Entre ellas se incluyen el hachís, también conocida como marihuana, derivada del cáñamo que, cuando se fuma, produce intoxicación y finalmente alucinación; el LSD (dietilamida del ácido lisérgico), que produce una estimulación extrema a una parte del cerebro de modo que los fenómenos ordinarios se transforman en color y belleza deslumbrantes, queda anulado el tiempo y los opuestos parecen mezclarse (por ejemplo, el bien y el mal); la mescalina, del cactus peyote, que fue utilizada por Aldous Huxley en una búsqueda de experiencia mística, y es usada sacramentalmente en la Iglesia Nativa Americana, y el opio, derivado de la adormidera, que puede producir experiencias espirituales. Las drogas psicodélicas han sido usadas por muchas religiones, desde el hinduismo védico hasta las tradiciones indias americanas de hoy día, para provocar la experiencia religiosa. Ha existido también la conciencia de que pueden tener a veces efectos nocivos, y de que pueden ser simplemente una ayuda para la experiencia mística y no un sustituto de ella. ⇨ Iglesia Nativa Americana; mística; nuevos movimientos religiosos en Occidente; peyote.

druidas Nombre de una orden de especialistas religiosos celtas que se sabe han existido al menos en la Galia y en las Islas Británicas. Fascinaron a los escritores romanos, que hablan de su antigüedad, prestigio e impresionante saber oral, que les costaba, dice uno, veinte años adquirirlo. Provenían de la aristocracia guerrera y actuaban de jueces árbitros, así como de sacerdotes, sanadores, videntes y adivinos. Los restos arqueológicos proporcionan pocos datos que puedan arrojar luz sobre el sacerdocio celta. Como para la literatura posclásica, un druida es el adversario de Columba, el misionero cristiano irlandés de Escocia. En las historias irlandesas, que a menudo reflejan la religión celta precristiana, hay pocos indicios de alguien equivalente al sacerdote filósofo descrito por los escritores clásicos; solo las figuras del sabio, adivino o mago. Algunos investigadores modernos dan crédito a los escritores clásicos y encuentran lazos entre los druidas y las ideas e instituciones de la India antigua. Otros los consideran simplemente como chamanes con papeles rituales convencionales. En la época de la conquista romana el poder de los druidas entre los celtas occidentales era grande, y si, como algunos sugieren, estaban estableciendo el reconocimiento de divinidades celtas nacionales, como distintas de las locales, sobre la base de figuras como Lug y Cernunnos, habrían formado una fuerza unificadora entre los celtas. Iba un interés romano romper cualquier factor pancéltico, y no es de sorprender que el poder druida declinara. Anticuarios del siglo XVIII realizaron una reconstrucción totalmente imaginaria de los druidas que influyó en diversos grupos que pretendían reavivar las antiguas tradiciones británicas. No existe prueba ninguna, por ejemplo, para relacionar a los druidas celtas con Stonehenge. ⇨ Cernunnos; chamanismo; Lug.

drusos Fe religiosa originada durante los años finales del califa fatimí al-Hakim (996-1021), a quien algunos extremistas ismailíes consideraron como una manifestación de la Divinidad. Los drusos, que sobreviven en partes de Jordania, Líbano y Siria, divergen considerablemente en creencia y práctica del cuerpo musulmán principal. Esperan la vuelta de su ocultamiento divino de al-Hakim y de su discípulo, Hamza ibn Alí. Se reúnen los jueves, en lugar de los habituales viernes, rechazan muchas de las prescripciones de la shariah, afirman el matrimonio monógamo y creen en la transmigración de las almas. Su número es de cerca de medio millón. ⇨ ismailíes; shariah.

dualismo En su sentido religioso, la doctrina del dualismo afirma que existen dos fuerzas o principios opuestos que operan en la creación y en la marcha del universo, a saber, el bien y el mal. ⇨ Platón.

duda y creencia Aunque la duda y la creencia son consideradas a menudo como opuestas, la duda ha sido considerada con frecuencia como vacilación entre creencia e incredulidad o, en un sentido más positivo, como parte del proceso creativo de la verdadera creencia. La duda puede revestir varias formas. Puede implicar apertura de mente, como en Sócrates. Puede ser un método filosófico, como en la afirmación de Agustín «si dudo, existo». Puede ser una auténtica parte de la fe, como en el existencialismo cristiano de Kierkegaard y su «salto de fe». Fe y creencia no necesariamente pueden considerarse equivalentes, aunque en la tradición cristiana, con su énfasis en la teología y la creencia, este ha sido algunas veces el caso. Por ejemplo, la palabra del Nuevo Testamento *pistis* significaba sometimiento a Dios y confianza en Dios más que creencia como tal, pero en la traducción giró en dirección hacia creencia al ser traducida en latín por *credo* y de ahí al español «creo». En la mayoría de las tradiciones religiosas la categoría de fe es más profunda que la de creencia en proposiciones intelectuales. La duda puede más fácilmente coexistir con la fe que con la creencia. En los dos extremos están el nihilismo, duda sobre todas y cada una de las cosas, y la certeza, la incapacidad de dudar absolutamente de nada. La mayoría de los «creyentes» adoptan una posición media, por lo que la certeza filosófica no es el único criterio de su creencia. La duda puede expresar humildad, favorecer la tolerancia y significar misterio; puede coexistir, y a veces coexiste, no sólo con la fe sino también con la creencia. ⇨ existencialismo cristiano; fe; Kierkegaard, Sören Aabye.

duhkha (pali: dukkha) Una de las tres principales características de la existencia según la enseñanza de Buda, traducida normalmente como «sufrimiento». Las otras dos son *anicca,* la noción de fugacidad, y *anatman,* la noción de que no existe algo parecido a un yo permanente o duradero. De hecho, los tres van juntos, porque se dice que el sufrimiento se sigue del deseo de buscar la permanencia en un mundo en flujo, y del deseo de salvaguardar el yo cuando tal cosa no existe realmente. Duhkha se construye sobre las cuatro nobles verdades de Buda:

Dukhabors

toda vida es sufrimiento; el sufrimiento es consecuencia del deseo vehemente; el sufrimiento puede acabar cuando se acabe el deseo, y esto puede suceder en la práctica por medio del óctuple sendero. «Sufrimiento» no es una traducción ideal para duhkha puesto que duhkha incluye no sólo desgracias y tribulaciones, sino también experiencias placenteras y felicidad que, en la medida que son fugaces y seductoras, forman también parte de duhkha. Significa más bien insatisfacción o intranquilidad. Toda vida es fracaso, excepto la buena vida a la que accedemos a través del dharma, y excepto la meta final del nirvana. ⇨ anatman; ariya sacca; Buda; dharma; nirvana; sendero óctuple; tanha.

Dukhabors ⇨ **Doukhobors.**

Dumézil, Georges (1898-) Investigador francés del pensamiento y religión indoeuropeos, nacido en París. Estuvo expuesto a las ideas sociológicas de Mauss y Durkheim, y se convirtió en profesor de civilización indoeuropea en París. Reavivó los estudios indoeuropeos, estableció lazos con la vertiente más sistemática e instrumental del pensamiento francés y enriqueció el campo de la religión comparada. Repasando todos los primitivos estudios indoeuropeos, incluyendo Grecia, Roma, la India, primitivo zoroastrismo y religión nórdica, descubrió la naturaleza triple de la religión indoeuropea. Reveló los lazos entre determinados tipos de dioses, la organización social de los seres humanos, e ideología o teología. Así, los dioses que representan soberanía están relacionados en la tierra con la clase sacerdotal responsable de la religión y soberanía; los dioses guerreros están relacionados en la tierra con la clase guerrera responsable de la fuerza militar, y los dioses de la fertilidad están relacionados en la tierra con la clase de los agricultores o pastores responsables del sustento y fertilidad. Aunque discutidas en cuanto a detalles, las teorías tripartitas de Dumézil han sido muy influyentes. ⇨ comparada, religión; estudio de la religión; romana, religión.

Duns Escoto, Juan (c. 1265-1308) Filósofo escolástico escocés que rivalizó con Tomás de Aquino como el teólogo más grande de la Edad Media pero cuya breve vida está escasamente documentada. Era probablemente de Duns, Berwickshire; se hizo franciscano y se ordenó de sacerdote en la Iglesia de San Andrés, Northampton en 1291. Estudió y enseñó en Oxford y París, probablemente también en Cambridge, y finalmente en Colonia, donde murió y fue enterrado. Sus escritos fueron principalmente comentarios sobre la Biblia, Aristóteles y las Sentencias de Pedro Lombardo, y quedaron en diversas fases de acabado a su muerte. Sus compañeros los recogieron y editaron (no siempre muy responsablemente), y las principales obras en el canon se acepta ahora que son: *Opus Pariense* (las clases parisinas, tal como fueron recogidas por un estudiante), *Opus Oxiense* (las clases de Oxford, también conocida como *Ordinatio,* y probablemente revisada por el autor), *Tractatus de Primo Principio* y *Quaestiones Quodlibetales*. Su filosofía representa una fuerte reacción tanto contra Aristóteles como contra Santo Tomás de Aquino. Él proponía la primacía de lo individual (en la disputa sobre los universales) y la libertad de la voluntad individual. Consideraba la fe como el fundamento necesario de la teología cristiana, pero la fe para él se ejercitaba a través de un acto de la voluntad y era práctica, no especulativa o teórica. Los franciscanos seguían a Escoto al igual que los dominicos lo hacían con Santo Tomás de Aquino; era conocido por sus contemporáneos como el *Doctor Subtilis* por el refinamiento y penetración de sus críticas al tomismo, pero en el Renacimiento los escotistas eran apodados «burros» por su obstinación y conservadurismo. Más recientemente, sin embargo, ha sido admirado por figuras tan diversas como Charles Peirce, Martin Heidegger y Gerald Manley Hopkins, que encontraba en él «al desenmarañador de la realidad de vena más excepcional». ⇨ Aristóteles; escolástica; Tomás de Aquino, Santo; tomismo.

duodecimanos La rama más importante dentro del islam chiíta. Dan especial relevancia y veneración a los 12 imanes, de los que los tres primeros son Alí, el yerno de Mahoma, y los dos hijos de Alí, Hasan y Husayn. Los duodecimanos afirman que el duodécimo imán, que desapareció misteriosamente en el siglo IX, está todavía vivo como imán oculto, y que volverá al final de los tiempos como el Mahdi para recapitular la historia. Son el grupo dominante en Irán donde, desde la Revolución iraní de 1978-1979 con el ayatolá Jomeini, ejercen un poder importante; son el grupo musulmán más numeroso en Irak, y también están presentes en el Líbano, Siria, Pakistán, Arabia oriental y algunos estados del Golfo. En total son menos del 15% de los musulmanes, pocos comparados con el 80% que son los sunnitas. Los duodecimanos han desarrollado su propio cuerpo legal y su propia teología; difieren principalmente de los sunnitas en que no reconocen la autoridad de los cuatro primeros califas o las cuatro escuelas legales sunnitas, sino que dan autoridad espiritual a Alí y sus sucesores. Por ejemplo, la versión duodecimana del famoso viaje nocturno de Mahoma a los cielos hace que Mahoma comparta su rango espiritual en ese viaje con Alí y sus once descendientes, mientras que la versión sunnita no menciona a los 12 en absoluto. Los duodecimanos han recalcado el tema del sufrimiento en el islam al subrayar la importancia de la muerte del hijo de Alí en Karbala, en el 680, un acontecimiento conmemorado en una escenificación de pasión que se representa todos los años en Muharran, en el aniversario de su muerte. ⇨ Alí; chiísmo; escuelas islámicas de la ley; Husayn; imán; Mahdi; Mahoma; sunnah; viaje nocturno de Mahoma.

Durga

Durga (Durgā) Diosa madre en su aspecto fiero o guerrero, en el hinduismo. Importunados por el demonio-búfalo los dioses pidieron a la diosa protección. Ella se manifestó en forma de Durga y tras una fiera batalla decapitó al demonio. Iconográficamente se representa hermosa, montando un león y matando al demonio-búfalo con un tridente. La mayoría de los templos hindúes tienen un altar dedicado a Durga, quien, a veces, es adorada con sacrificios cruentos. ⇨ culto a la diosa.

Durga matando a Maheshasura. Pintura india. Museo Victoria y Alberto (Londres)

Dusserah o **Dasarah** Fiesta hindú que tiene lugar en octubre/noviembre, celebrada especialmente en Maharashtra. La fiesta conmemora la escena del *Mahabharata* en la que los Pandus terminan sus trece años de exilio y recuperan sus armas que han sido escondidas en los huecos de los árboles. La fiesta implica el culto de los árboles shami en los que eran escondidas las armas. ⇨ Mahabharata.

E

Ea o **Enki** Dios mesopotámico, que se cree que trae las aguas dulces para hacer que la tierra sea fructífera. Ayuda a los seres humanos a sobrevivir enseñándoles a labrar la tierra, y es por eso venerado como la fuente de la creatividad y de la sabiduría. Un mito en que Enki come las plantas en un jardín paradisíaco anticipa el relato de Adán y Eva. ⇨ Adán y Eva.

ebionitas (literalmente: «pobres») Secta judeo-cristiana de la época cristiana primitiva, a la que se opuso Ireneo a finales del siglo II. Eran, según parece, ascetas, y seguían observando rigurosamente la Ley judía. También creían que Jesús era el Mesías, un hombre virtuoso ungido por el Espíritu, pero no verdaderamente «divino». ⇨ ascética; cristología; Ireneo, San.

Eck, Johann Mayer von (1486-1543) Teólogo católico alemán, nacido en Egg, Suabia. Profesor de teología en Ingolstadt (1510), fue el espíritu rector de esa universidad hasta su muerte. Disputó con Lutero en Leipzig en 1519, y escribió su *De Primatu Petri* y fue a Roma en 1520, para volver con la bula que declaraba a Lutero hereje. También disputó con Melanchthon en Worms (1540) y con Ratisbon en Worms (1541). ⇨ catolicismo; Lutero, Martín; Melanchthon, Felipe.

Eckhart, Johannes, llamado **Maestro Eckhart** (c. 1260-1327) Místico alemán, nacido en Hochheim, cerca de Gotha. Entró en la orden de Santo Domingo, estudió y enseñó en París, ejerció el cargo de prior de Erfurt y de vicario de su orden para Turingia, fue provincial dominico de Sajonia, 1303-1311, vicario general de Bohemia, 1307, y desde 1312 predicó en Estrasburgo, Frankfurt y Colonia. La doctrina de Eckhart es un panteísmo místico, que influyó más tarde en una mística religiosa y en una filosofía especulativa. En 1325 fue acusado de herejía por el arzobispo de Colonia, y dos años después de su muerte sus escritos fueron condenados por el papa Juan XXII. Las obras que se conservan de él consisten en sermones y tratados en latín y alemán. ⇨ dominicos; herejía; mística; panteísmo.

Eclesiastés

Eclesiastés, Libro del
Obra bíblica, atribuida específicamente a «El Predicador, el hijo de David, rey de Jerusalén», que ha sido tradicionalmente identificado con Salomón, aunque ahora la obra suele datarse en el período de la historia de Israel posterior al Exilio. Es en su mayor parte filosófica en sus reflexiones sobre el significado de la vida, declarando con frecuencia que «todo es vanidad». El título se deriva de la traducción griega del hebreo Qohelet: «el predicador, el que habla o enseña en una asamblea». ⇨ Antiguo Testamento; Salomón.

Eclesiástico, Libro del (latín: «[Libro] eclesiástico») Parte de los Apócrifos del Antiguo Testamento o escritos deuterocanónicos católicos, originalmente atribuido a un escriba judío hacia el 180 a. C., pero traducido más tarde al griego por su nieto; también llamado *La sabiduría de Jesús, el hijo de Sirá*, o con más precisión *Sirácida* o *Ben Sirá*. Consta en su mayor parte de colecciones de proverbios y exhortaciones; alaba la sabiduría, intentando relacionarla con el estilo de vida centrado en la Torá, y finaliza con un repaso histórico en homenaje a los líderes famosos de Israel. ⇨ Apócrifos del Antiguo Testamento; Torá.

ecumenismo (griego: *oikoumene*, «el mundo habitado») Movimiento que busca la unidad visible de las iglesias y confesiones divididas dentro del cristianismo. Los «Concilios Ecuménicos» de los siglos IV y V habían afirmado representar a la Iglesia universal. Un súbito incremento del interés por el ecumenismo y la unión de las iglesias siguió a la Conferencia Misionera de Edimburgo (1910), y llevó a la formación en 1948 del Consejo Mundial de las Iglesias. Se han celebrado asambleas cada siete años, cuyas decisiones orientan pero no vinculan a las iglesias miembros. El movimiento estimula el diálogo entre las iglesias de distintas confesiones, las uniones donde son posibles (como en las iglesias del norte y sur de la India), actos conjuntos de culto, y servicio conjunto en la comunidad. ⇨ Concilio de la Iglesia; Consejo Mundial de las Iglesias.

edad axial o **tiempo eje**
Nombre dado por Karl Jaspers a una época significativa de la historia humana que se centraba en el siglo VI a. C., en la que los factores religiosos fueron vitales para los nuevos desarrollos de la historia del mundo. Surgieron grandes líderes religiosos en cuatro áreas diferentes del mundo: Oriente Medio, la India, China y Europa. En Oriente Medio actuaban los profetas hebreos, y estaba la elaboración de la primitiva obra de Zoroastro en Persia. En la India surgieron los grandes Upanishads hindúes, una de las claves de la escritura hindú, la tradición budista surgió de la vida de Buda, y la tradición jainita nació de la vida de Mahavira. En China actuaba Confucio y las primeras corrientes de la tradición taoísta empezaron a fluir. En Grecia la ascensión de los filósofos jonios prefiguraba la gloria de la filosofía grie-

ga y el nacimiento de Europa. Podemos intentar dar razones sociológicas, culturales, económicas y espirituales para justificar la edad axial, lo principal es que sucedió. Basándose en la obra de los dirigentes religiosos y movimientos mencionados antes, durante los más de dos mil años posteriores iban a aparecer cuatro grandes civilizaciones más o menos iguales, paralelas e independientes. Eran Oriente Medio, que sería reavivado por el surgimiento del islam; Europa, que procede de Grecia y conduce a la civilización cristiana; la India, desarrollando una civilización multirreligiosa basada en raíces hindúes, y China, que establece su gloria sobre la base de sus tres tradiciones: la confuciana, la taoísta y la budista mahayana. El equilibrio de civilizaciones establecidas por la edad axial sería sólo perturbada por la aparición de Occidente en el siglo XVI. ➪ Buda; Confucio; Mahavira; taoísmo; Upanishads; Zoroastro.

edad de oro Noción de un tiempo idílico de felicidad, armonía y prosperidad, normalmente en un pasado lejano. En las religiones primitivas es el *illud tempus,* el tiempo original sagrado anterior a la historia, que era el ejemplo al que se parecería la vida en este mundo si fuera totalmente real. Para las tres principales religiones monoteístas, la noción del Jardín del Edén ha aportado material para el mito de la edad de oro, y en un plano más histórico los cristianos algunas veces han vuelto la vista a la época en que Jesús estuvo sobre la Tierra, y los musulmanes a la época de Mahoma y los cuatro primeros califas, como aproximaciones históricas a la edad de oro. La obra de Hesíodo *Los trabajos y los días*, escrita en el siglo VIII a. C., describe la versión griega de la edad de oro como un tiempo en el que los humanos, la naturaleza y los dioses vivían en armonía, paz y paraíso. De Grecia y Roma proviene la noción del ciclo de las edades, por el que a la edad de oro le seguía un proceso de declive en edad de plata, bronce y hierro. Después de este ciclo, el retorno de la edad de oro iniciaba el proceso de nuevo; esta idea de cuatro grandes edades fue recogida por el pensamiento indio. El concepto de una futura edad de oro —recuperable del pasado o como edad completamente nueva— ha estado también presente en algunas tradiciones religiosas. Está en parte ligado a la idea de un futuro milenio al final de esta edad, introducido por una figura que ha de venir: el Mesías judío, el Mahdi musulmán, Maitreya Buda o el avatara Kalkin de Visnú. La historia hindú de Rama describe el Ramarajya, el reino de Rama, donde los humanos y la naturaleza vivían en armonía, y la visión de Gandhi de una India independiente era como si se tratara del Ramarajya. Esta noción del restablecimiento de la edad de oro en el presente ha sido un tema común desde los emperadores romanos, pasando por los Médicis en la época del Renacimiento, hasta el propio Gandhi. ➪ avatara; Edén, Jardín del; Gandhi, Mohandas Karamchand; Mahdi; Maitreya; Mesías; Rama; Visnú.

edades del mundo Idea de que el mundo pasa por varias etapas de desarrollo que pueden dividirse en edades separadas. La división más sencilla es en períodos antes y después de determinado acontecimiento o fecha. Así, el calendario cristiano divide los acontecimientos en aquellos que sucedieron antes y después de Cristo, y el calendario musulmán en acontecimientos de antes y después de la huida (hégira) de Mahoma de La Meca a Medina. En un plano más amplio existe la noción de períodos del mundo, por ejemplo los tres períodos de 3.000 años en el pensamiento zoroástrico, y la idea de distintos períodos expuesta en la *Ciudad de Dios* de San Agustín (de Adán al Diluvio, del Diluvio a Abraham, de Abraham a David, de David al Exilio, del Exilio a Cristo, el período actual, y un «día eterno» de descanso). En algunas culturas y movimientos existe la idea de la repetición de períodos del mundo en una sucesión de ciclos. Un ejemplo extremo de esto es la noción de un ciclo repetido de 5.000 años, de cuatro períodos en declive de 1.250 años cada uno (las edades de oro, de plata, de hierro y de bronce) en el pensamiento del nuevo movimiento religioso, el Brahma Kumaris; este concepto se encuentra, con edades ampliadas, en el antiguo pensamiento griego. En un nivel mucho más amplio de repetición cósmica se halla la noción hindú de cuatro edades en declive, seguida por el pensamiento budista y jainita. Las cuatro edades o *yugas* son esencialmente las mismas —la edad de oro, la edad de plata, la edad de hierro y la edad de bronce—, pero son de una duración monumental. Durante estas edades existe un continuo declive hasta la cuarta y última edad, que es un tiempo de perversidad y destrucción que finalmente acabará. Después de eso habrá un período de descanso, a continuación de este comenzará un nuevo ciclo. ⇨ Agustín de Hipona, San; Brahma Kumaris o Raja Yoga, movimiento; hégira; Mahoma; yugas.

Edda (nórdico antiguo: «bisabuela») Nombre de dos colecciones distintas de la literatura nórdica antigua. Las *Elder Edda,* que datan del siglo IX, se componen de poemas heroicos y mitológicos; las Edda posteriores fueron escritas (principalmente en prosa) a principios del siglo XIII por el poeta islandés Snorri Sturluson. ⇨ germánica, religión; sagas.

Edén, Jardín del Lugar bíblico asociado a «paraíso», donde Adán y Eva vivían antes de su pecado y expulsión (Génesis 2; 3). «Edén» puede significar «delicia» (hebreo) o sencillamente, y más probablemente, «una llanura» (sumerio). Es usado también en Ezequiel como símbolo de la futura restauración de Israel después del Exilio. ⇨ Adán y Eva; Ezequiel, Libro de.

edomitas Según la Biblia (Génesis 36), descendientes de Esaú que se asentaron en el área montañosa al sur del mar Muerto hasta el golfo de Aqabá; en griego, *idumeos*. Aparecen con frecuencia como enemigos de Israel, habiendo sido conquistados por David, pero reconquistando partes de Judá y convirtiéndose en reino en el siglo VIII a. C. Participaron en el derrumbe de Judá en el 587 a. C. por obra de los babilonios, pero fueron finalmente conquistados por Juan Hircano a finales del siglo II a. C., forzando su integración en el pueblo judío. Herodes *el Grande* era de descendencia edomita. ⇨ Biblia; David; Esaú; Judá, reino de.

educación religiosa Tomando la forma originalmente de instrucción religiosa en la fe cristiana, la educación religiosa ha venido cada vez más a significar el intento de comprender la naturaleza y función de todas las religiones dentro de sus marcos históricos y culturales. Este cambio se necesitaba por el carácter cada vez más multiconfesional de la sociedad occidental y el declive de la fe cristiana. En aquellos países europeos en los que existe un requisito establecido por ley de educación religiosa, el estudio comparado de la religión es un lugar común. En otros países, como Nueva Zelanda, la educación religiosa se cubre con temas dedicados a la comprensión de la cultura de los habitantes indígenas de las islas del Pacífico. En EE. UU. no se permite la instrucción religiosa en las escuelas aunque se permite la enseñanza sobre la religión.

educación religiosa cristiana El cristianismo, como el judaísmo, considera el hogar como el primer centro de educación religiosa, que desarrolla y apoya la instrucción formal en la iglesia mediante el catecismo, el credo y el sermón. Los autos medievales, vidrieras y pinturas murales e himnos en lenguas vernáculas eran también ayudas educativas para los iletrados. La coincidencia de la Reforma protestante con el desarrollo de la imprenta y la producción de biblias en las lenguas vernáculas (en vez de en latín) tuvo no poca importancia en su éxito, y proporcionó un motivo religioso para la fundación de escuelas. El moderno movimiento de la escuela dominical, que ofrecía originalmente educación religiosa y general a los niños que pasaban el resto de la semana trabajando, comenzó en Inglaterra en 1780 con los esfuerzos pioneros del editor de Gloucester y filántropo Robert Raikes (1735-1811), y en EE. UU. en 1785, en Oak Grove, Virginia. En Gran Bretaña la educación secular estuvo en su mayor parte en manos de las iglesias hasta finales del siglo XIX. Con la legislación posterior (1870), las escuelas sostenidas por el Estado en Inglaterra y Gales podían ofrecer instrucción religiosa cristiana no confesional, que se hizo obligatoria (junto con un acto diario de culto cristiano) con la Ley de Educación de 1944. Esta tenía que seguir programas de estudios acordados, elaborados en el ámbito local, que con la Ley de Reforma Educativa de 1988 se preocuparon de la «educación» religiosa

Efesios

(más que de la «instrucción») e incluía el estudio de religiones distintas del cristianismo. A las escuelas católicas, anglicanas y otras, financiadas conjuntamente por el Estado y asociaciones religiosas, se les permite seguir sus propios programas de educación religiosa, un privilegio que algunas escuelas estatales, en áreas predominantemente musulmanas, desean que se acuerde con ellas también. En Escocia, la legislación ordinaria relativa a la educación religiosa se remonta a la Ley de Educación (de Escocia) de 1872. La legislación es generalmente abierta y permisiva, lo que ha permitido la libertad de conciencia y variedad en la práctica sin traspasar lo previsto por la ley. A diferencia de Inglaterra y Gales, sin embargo, esta legislación no proveía a los profesores de una cláusula de objeción de conciencia. Las tendencias actuales hacen de la educación religiosa y moral una de las cinco áreas fundamentales del currículo escocés de educación primaria, y uno de los ocho modos en el currículo de secundaria. A partir de los cinco años, el currículo incluye el estudio de una serie de grandes religiones, aunque el cristianismo es la principal religión estudiada. La educación religiosa y moral se preocupa principalmente del desarrollo del niño para una sociedad y un mundo plurales y, por tanto, incluye también el estudio de posturas no religiosas ante la vida. Esto es más patente en los últimos cursos en los que el humanismo, el marxismo y la ciencia son especialmente identificados como desafíos para el cristianismo. La enseñanza «acerca de la religión» está permitida en las escuelas públicas norteamericanas, pero la prohibición de la oración y de la lectura devocional de la Biblia, y la reacción conservadora ante las prohibiciones estatales de principios del siglo XX sobre la enseñanza del «creacionismo» (que enfrenta al relato bíblico de la creación con la teoría evolutiva), han llevado a la creación paralela de escuelas y colegios cristianos privados. Las escuelas dominicales en EE. UU. tienen programas, basados en la Iglesia, de educación religiosa para adultos, así como para niños y jóvenes.

Efesios, Carta a los Escrito del Nuevo Testamento atribuido a Pablo, pero de autoría discutida, y con destinatarios no específicos en los mejores manuscritos (que no tienen las palabras «en Éfeso», de Efesios 1, 1); se pueden detectar muchas semejanzas con la Carta a los Colosenses. Expone los propósitos de Dios al fundar la Iglesia y unir a judíos y gentiles en ella, y concluye con exhortaciones dirigidas a la Iglesia. ⇨ Colosenses, Carta a los; gentiles; Nuevo Testamento; Pablo, San; Paulinas, Cartas.

Éfeso, cristianismo primitivo en Puerto marítimo y principal ciudad del Asia romana, cuyo templo de Artemisa (nombre griego de la diosa romana Diana) era el banco más grande de Asia, así como una de las siete maravillas del mundo antiguo. Pablo predicó allí brevemente al final de su segundo viaje misionero, después de su estancia de dieciocho meses en Corinto. Más tarde volvió a Éfeso y permaneció allí dos años (Hechos 18-19), consolidando la obra realizada por Apolo, Priscila y Aquila durante su ausencia. La predicación de Pablo, curaciones milagrosas y la expulsión de malos espíritus fueron la causa de que algunos griegos renunciaran públicamente a la práctica de la magia asociada con el culto de Artemisa. Otros, principalmente plateros y otros artesanos relacionados con la veneración de la diosa, que temieron por la supervivencia de su comercio, tomaron parte en una dramática, pero sin éxito, revuelta pública contra Pablo. Al despedirse de los líderes de la Iglesia en su viaje final a Jerusalén y cautividad, Pablo dejaba una comunidad cristiana floreciente en Éfeso, que iba a ser elogiada unos cuarenta años más tarde en el Libro del Apocalipsis (Apocalipsis 2) por resistir a la herejía y a la persecución, y por perseverar en la fe. La Epístola a los Efesios del Nuevo Testamento (cuya autoría de Pablo y destino son debatidos por los eruditos, en parte por las semejanzas con la Epístola a los Colosenses) es una afirmación continua de las doctrinas de Cristo y la Iglesia, y de los privilegios y responsabilidades cristianas. Éfeso es la localización tradicional del posterior ministerio del apóstol Juan, y fue el lugar de reunión del tercer Concilio ecuménico del 431 d. C., que condenó el nestorianismo. ⇨ Apocalipsis, Libro del; Concilio de la Iglesia; Juan, San; nestorianos.

Efraín, tribu de Una de las doce tribus del antiguo Israel, que se dice desciende del hijo menor de José, que fue adoptado y bendecido por Jacob. Era según parece una poderosa tribu en el antiguo Israel, cuyo territorio abarcaba la zona de colinas central de Palestina, que se extiende hasta Betel por el sur y casi hasta Siquén por el norte. ⇨ Israel, tribus de; José, tribus de.

egipcia antigua, religión El aislamiento del Antiguo Egipto (c. 3.100-30 a. C.) y la geografía única del valle del Nilo influyeron en el desarrollo de ideas religiosas distintas y duraderas. El primitivo culto a deidades tribales evolucionó hacia dioses estatales o locales, a menudo con cabeza de animal, muchos de los cuales representaban fuerzas del mundo natural a los que era necesario suplicar a través del culto y del sacrificio. El faraón desempeñaba un papel importante como encarnación del dios Horus y él mismo era responsable del culto a todos los dioses. En el siglo XIV a. C. Akenatón intentó sin éxito establecer a Atón, el disco del Sol, como deidad nacional única. Los egipcios eran optimistas sobre el más allá, para el que realizaban minuciosos preparativos, incluyendo la momificación de los cadáveres y la construcción de grandes monumentos funerarios como las pirámides. Durante más de 3.000 años de civilización egipcia antigua, la evolución de las creencias se equilibró con un profundo conservadurismo, y la religión fue muy toleran-

Eisai

te con ideas contradictorias. ⇨ Akenatón; animales, culto a los; atonismo; faraón; Horus; más allá, concepto del antiguo Egipto del; momificación; Nilo; pirámide; prácticas funerarias del antiguo Egipto.

Eisai (1141-1215) Fundador del budismo zen japonés, nacido en Japón. Ordenado monje siendo un niño, y educado en el famoso monasterio Tendai japonés del monte Hiei, fue a China dos veces y encontró la iluminación en la escuela Linchu del budismo chan chino. Lo devolvió a Japón en 1191 como zen Rinzai, que él consideró una importante innovación tanto para el budismo japonés como para el mismo Japón. Erigió el primer templo Rinzai en Hakata, y más tarde abogó por el zen Rinzai en Kyoto y Kamakura. Recalcó el uso de koans, cuestiones paradójicas que pueden sacar a la mente con un movimiento rápido de sus pautas normales camino de la iluminación. Es reconocido como el padre de la cultura japonesa de la bebida del té. Hizo hincapié en la iluminación súbita más que en la iluminación gradual, que fue posteriormente defendida por su discípulo Dogen en la segunda escuela zen japonesa de zen Soto. Su punto de vista de la iluminación inmediata a través de la penetración rápida en la verdadera naturaleza de la experiencia propia y del mundo circundante resultó atractiva para los dirigentes Kamakura de su época, que reconocieron al zen como escuela independiente, y finalmente cobró una importancia más general en la cultura japonesa. ⇨ chan; Dogen; iluminación; iluminación gradual e iluminación súbita en el budismo, escuelas de; koans; Rinzai; Soto; Tendai.

Ejército de Salvación Organización cristiana no sectaria fundada en el extremo este de Londres por William Booth, en 1865, dedicada a atender a los pobres y necesitados. Conserva una estructura de estilo militar y atmósfera evangélica, y sus miembros, tanto hombres como mujeres, visten un uniforme típico. Actualmente está establecido en más de 80 países. ⇨ Booth, William; cristianismo; evangelismo.

El Dios supremo cananeo. En el antiguo Ugarit, El era el jefe del panteón, rey y padre de los dioses, llamado «creador de las cosas creadas». Su epíteto «Toro» subrayaba su fuerza. Su consorte era la diosa Athirat (Aserá). En los textos mitológicos El no participa en la batalla, pero preside la asamblea divina en la que le están reservadas decisiones importantes. Se le representa como anciano, con barba gris y sabio. No obstante, un texto le describe con apetitos sexuales considerables y en fuentes no ugaríticas desempeña un papel más activo y violento. El es el nombre común de dios, y es usado en este sentido en la Biblia hebrea, aunque aparece ocasionalmente como nombre propio, utilizado como otra forma de nombrar a Yahvé. ⇨ Aserá; cananea, religión; Ras Shamra, textos de; Ugarit; Yahvé.

elamita, religión Desde la mitad del cuarto milenio antes de Cristo se desarrolló una civilización urbana en Elam, norte del golfo Pérsico y este del río Tigris, con capitales en Susa y Anshan. Una dinastía elamita fuerte surgió hacia el 2000 a. C.; los elamitas fueron otra vez poderosos cerca de 1300-1100 a. C., pero fueron sometidos por los asirios en el siglo VII. Datos del tercer milenio muestran que la religión se había centrado en los poderes detentados por las diosas, como se evidencia por las figurillas femeninas de arcilla y terracota; esto sugiere que la fertilidad era un concepto religioso importante, como queda corroborado por imágenes de toros y carneros en los sellos cilíndricos. La diosa lunar parece haber tenido una especial significación, y las representaciones de ella en procesión la ponen en relación con los árboles, serpientes y varios animales. Se erigían templos en honor de la diosa, y en estos tenían lugar sacrificios de animales. ⇨ hitita, religión; hurrita, religión; sumeria, religión; sacrificio.

elección Preferencia por parte del Dios omnipotente y universal, en vistas a un favor especial, tarea o salvación, de un pueblo o individuo determinados. Este concepto es particularmente relevante en el judaísmo, cristianismo e islam. En el judaísmo, el pueblo de Israel creía ser el «pueblo elegido» de Yahvé, en virtud de sus alianzas, especialmente las establecidas con Abraham (Génesis 12) y Moisés (Éxodo 19). La elección de Israel no se hace por algún mérito inherente de Israel, sino por puro amor de Dios. En virtud de la alianza, sin embargo, es obligado a dar culto y obedecer a Yahvé siguiendo unos principios morales y cultuales específicos. A medida que la historia de Israel avanza, el sufrimiento es reconocido como una señal de su elección. Ciertos individuos, sacerdotes y reyes se entiende que son escogidos por Dios para tareas específicas y con responsabilidades determinadas. Con el tiempo, también, a causa de la apostasía de Israel, la elección se concentra en un «resto» que permanece fiel. La elección empezó a ser contemplada en beneficio no sólo del elegido, sino de todas las naciones. A veces se hacía una interpretación más exclusivista de la elección por parte de grupos cismáticos judíos, como la comunidad de Qumran. La elección figura con fuerza en el cristianismo por la identificación de Jesucristo como el elegido, y la identificación de sus seguidores en la comunidad cristiana, la Iglesia, como el verdadero Israel. A lo largo de toda la historia de la Iglesia, varios grupos se han considerado y declarado a sí mismos como «los elegidos» de Dios en exclusividad (por ejemplo, los donatistas del siglo IV d. C. y los cátaros de la Europa medieval). En la época de la Reforma protestante, la doctrina de la elección, y con ella la de la predestinación, desempeñó un papel destacado en la teología de Juan Calvino y consiguientemente en la de las iglesias de la tradición reformada. La elección es también un concepto conocido para el islam, donde se

Eliade

reconoce una relación de alianza entre Alá y los creyentes. Individuos determinados, incluyendo a los profetas hebreos y a Jesús de Nazaret, así como comunidades, son llamados elegidos, llegando al culmen con la elección de Mahoma y su comunidad. Entre los sufíes, la elección es particularmente importante para identificar a aquellos que han tenido experiencia de lo divino y han recibido el don de la santidad. ⇨ alianza; Calvino, Juan; predestinación; sufismo.

Eliade, Mircea (1907-1986) Historiador y filósofo rumano de religión comparada, nacido en Bucarest. Estudiante de filosofía india y de sánscrito en la Universidad de Calcuta (1928-1931) antes de convertirse en catedrático de historia de la religión y de metafísica en Bucarest de 1933 a 1939, sirvió en el cuerpo diplomático durante la Segunda Guerra Mundial, y más tarde enseñó en la Sorbona (1946-1948) y en la Universidad de Chicago (1957-1985). Pionero en el estudio sistemático de las religiones del mundo, publicó numerosos libros y artículos, incluyendo *El mito del eterno retorno* (1949), *Modelos de religión comparada* (1958), *Yoga, inmortalidad y libertad* (1958), *Lo sagrado y lo profano* (1959), *Historia de las ideas religiosas* I-III (1978-1985), y dos volúmenes de autobiografía (1982, 1988) que cubren los años 1907-1960. Fue editor jefe de *La enciclopedia de la religión* (1987), y escribió gran número de novelas, entre las que se encuentra *El bosque prohibido* (1955). ⇨ comparada, religión.

Elías (siglo IX a. C.) Profeta hebreo, cuyas actividades se relatan en cuatro historias en 1 Reyes 17-19; 21 y 2 Reyes 1-2. Sobresalió por su oposición al culto de Baal en Israel en tiempos del rey Ajab y Jezabel, y en virtud de su lealtad a Dios fue representado ascendiendo directamente al cielo. ⇨ Ajab; Baal; profeta; Reyes, Libros de los.

Eliseo (segunda mitad del siglo IX a. C.) Profeta hebreo sucesor de Elías; sus actividades se narran en 1 Reyes 19 y 2 Reyes 2-9; 13. Actuó en Israel bajo el reinado de varios reyes desde Ajab a Joás, se le atribuyeron signos milagrosos, aconsejó a reyes e intentó guiar a la nación contra sus enemigos externos, especialmente los sirios. ⇨ Ajab; Elías; profeta; Reyes, Libros de los.

Elohim (hebreo: «dioses») Nombre divino dado al Dios de Israel, estando aquí purificada la forma plural de su significado politeísta, y utilizada como plural mayestático. Aparece en la Biblia hebrea más de 2.500 veces, lo que le convierte en uno de los nombres divinos más comunes en ella, pero podría aún aplicarse a otros dioses, ángeles o incluso a figuras como la de Moisés. ⇨ Dios; Yahvé.

Eloísa ⇨ **Abelardo, Pedro.**

emblemas sij ⇨ **sij, emblemas.**

Emmanuel (hebreo: «Dios con nosotros») En la Biblia hebrea, nombre que aparece sólo en Isaías (7, 14; 8, 8), donde el nacimiento de un hijo de este nombre, de una joven, es una señal para el rey Ajaz de la seguridad de Judá contra sus enemigos del norte. El texto de Isaías 7, 14 es citado por Mateo 1, 23 como una profecía del nacimiento de Jesús el Mesías, el que iba a nacer de una joven (o virgen), cuyo nombre será llamado Emmanuel. ⇨ Isaías, Libro de; Jesucristo.

Encarnación (literalmente: «revestirse de carne») Asunción de la forma y naturaleza humana por parte de una divinidad. Término encontrado en muchas religiones, está en su mayor parte asociado al concepto cristiano de la unión entre la naturaleza divina y humana de una persona, Jesucristo; fue expresado como la «Palabra» de Dios que se hace «carne» (Juan 1, 14). En el hinduismo el término se refiere a un espíritu de vida al que se le da forma material. ⇨ avatara; hinduismo; Jesucristo.

encíclica papal Originalmente, carta enviada a todas las iglesias de un área determinada. El término queda ahora restringido para las cartas oficiales de instrucción, normalmente de naturaleza doctrinal o pastoral, publicadas por un papa para toda la Iglesia católica. ⇨ catolicismo.

enéada En el antiguo Egipto, grupo de nueve deidades. La más antigua de estas, la Gran Enéada de Heliópolis, comprendía al dios creador original Atón (a menudo identificado con Ra); sus hijos Shu y Tefnut; los hijos de estos, Geb y Nut, y la cuarta generación, los hermanos Osiris y Seth, y sus hermanas Isis y Neftis. En parte proporcionaban una genealogía divina al faraón, a quien se tenía la misma consideración que a Horus, el hijo de Osiris e Isis. La enéada heliopolitana sirvió de modelo para otras que se desarrollaron en centros religiosos por todo Egipto. ⇨ Atón; faraón; Heliópolis, teología de; Horus; Isis; Neftis; Osiris; Seth.

Enki ⇨ **Ea.**

Enlil o **Ellil** Dios mesopotámico del viento y la atmósfera, hijo de Anu, el dios del cielo, y deidad patrona de la ciudad de Nippur. Era el dios más importante del panteón sumerio, llamado «padre de los dioses» y «rey de cielo y tierra». Con Anu regía la asamblea divina y otorgaba la dignidad real en la tierra, pero tenía una relación ambivalente con los humanos. Su benéfica presencia era el requisito previo para la vida y prosperidad en la tierra, pero en cuanto dios de la tormenta podía también estar furioso y hostil, y era responsable de la destrucción de ciudades y templos, y también del gran diluvio. En el período babilónico antiguo (siglos XVIII-XVI a. C.) y más tarde, la importancia de Enlil disminuyó, siendo asumidas muchas de sus características por el dios babilonio nacional Marduk, y por Asur en

Asiria. ⇨ Asur; babilónica, religión; Diluvio, el; Marduk; monarquía en el Próximo Oriente antiguo, la; sumeria, religión.

Enoc Personaje bíblico, hijo de Yéred, padre de Matusalén. Fue pintado como extraordinariamente devoto y, por tanto, trasladado directamente al cielo sin morir (Génesis 5, 24). En la época grecorromana su nombre quedó ligado a escritos apocalípticos judíos que según se afirma describen sus visiones y viajes por los cielos (1, 2, y 3 Enoc). ⇨ apocalipsis; Génesis, Libro del; Matusalén; pseudoepígrafos.

épica Narraciones largas en forma poética, muy significativas en determinadas religiones o culturas, que pueden ser representadas, recitadas o cantadas. Generalmente narran las hazañas y destinos de héroes y heroínas, humanos y divinos, a menudo con la intención, o al menos el efecto, de reforzar determinadas actitudes o visiones del mundo religiosas o morales. Un tema común es el intento del héroe guerrero de alcanzar o recuperar la herencia perdida, haciendo frente a diversas vicisitudes y oponentes, humanos y demoníacos, en el camino. El héroe puede ser humano, o divino, como en el caso de Marduk que, en el relato babilónico de la creación, *Enuma Elish*, finalmente vence a la tirana diosa, Tiamat. Se pone generalmente un fuerte énfasis en el conflicto entre el bien y el mal, y a menudo en la regeneración por medio del sacrificio. ⇨ escrituras sagradas.

Epifanía Fiesta cristiana (6 de enero) que conmemora la presentación del Niño Jesús a los Reyes Magos (Mateo 2), la manifestación de la divinidad de Jesús en su bautismo (Mateo 3) y su primer milagro en Caná (Juan 2). Su víspera es la noche de Reyes. En algunos países, se intercambian regalos en Epifanía en vez de en Navidad. ⇨ año cristiano; Jesucristo; Reyes Magos.

episcopado (griego: *epískopos*, «obispo» o «superintendente») Sistema jerárquico (en cuanto opuesto al consistorial) de gobierno de la Iglesia, con obispos que ocupan el papel y autoridad dominantes. En la Iglesia católica, ortodoxa y anglicana los obispos consagrados son los principales dignatarios eclesiásticos, normalmente con una catedral como iglesia madre, y tienen el poder de ordenar sacerdotes y confirmar a los miembros bautizados de la Iglesia. Son responsables de la supervisión general del clero y de la vida espiritual de una diócesis. Con frecuencia se afirma que son los sucesores directos de los primeros doce Apóstoles, aunque no en la Iglesia luterana y otras iglesias de la Reforma que reconocen el oficio de obispo. ⇨ catolicismo; Comunión Anglicana; Iglesia ortodoxa; luteranismo; obispo; sucesión apostólica.

Erasmo, Desiderio (c. 1466-1536) Humanista y erudito holandés, una de las figuras más influ-

Desiderio Erasmo de Rotterdam, por Franz Holbein. Basilea

yentes del Renacimiento. Educado por los Hermanos de la Vida Común en Deventer, ingresó en un monasterio agustino de Steyn, cerca de Gouda, en 1487, y fue ordenado sacerdote en 1492. Pero estaba ya reaccionando contra la escolástica y se sentía atraído por los Humanistas. Estudió y enseñó en París, y más tarde en la mayoría de los centros culturales de Europa, incluyendo Oxford (1499) y Cambridge (1509-1514), donde fue profesor de teología y de griego. Viajó mucho, escribiendo, enseñando y frecuentando a los principales intelectuales de Europa (incluyendo a John Colet y Tomás Moro, cuando estuvo en Inglaterra); el verdadero modelo de erudito culto y aplicado. Publicó muchas obras populares, a veces didácticas como *Adagia (Adagios*, 1500, 1508), *Enchiridion Militis Christiani (Manual de un soldado cristiano*, 1503), y el famoso *Encomium Moriae (Elogio de la locura*, 1509). Publicó también ediciones críticas de autores clásicos y Padres de la Iglesia, y editó el Nuevo Testamento en griego (1516). Se hizo extraordinariamente crítico de las pedanterías y abusos de la Iglesia católica y sus *Colloquia familiaria* de 1518 contribuyeron a preparar el camino a Martín Lutero y la reforma; pero también llegó a oponerse a la teología dogmática de los reformadores y atacó de modo específico a Lutero en *De Libero Arbitrio* (1523). A pesar de estas controversias gozó de gran fama y respeto en sus últimos años, que pasó en Basilea. La historia de la vida de su padre es el tema de la obra de Charles Reade *El claustro y el hogar* (1861). ⇨ agustinos; escolástica; humanismo; Lutero, Martín; Moro, Santo Tomás; Reforma.

eretz Yisrael Término hebreo para nombrar a la Tierra de Israel. Se encuentra en la Biblia pero con un significado no preciso; puede significar la tierra habitada por todos los israelitas (por ejemplo, 1 Samuel 13, 19) o la ocupada sólo por el Reino del Norte (por ejemplo, 2 Reyes 5, 2). En tiempos posbíblicos eretz Yisrael se convirtió en la designación general del territorio prometido al pueblo de Israel (ver Génesis 12, 1 y Éxodo 6, 8). Puesto que era considerada especialmente santa, buena parte de la ley bíblica y rabínica se entendía que debía aplicarse sólo a los residentes en ella. Sin embargo, a pesar del lugar central y la santidad de la Tierra de Israel y la presencia especial de Dios o *shekhinah* en Jerusalén, la destrucción del Templo en el 70 d. C. y el número cada vez menor de judíos residentes en eretz Yisrael condujo a la creencia de que la shekinah estaba exiliada junto con los judíos de todo el mundo. No obstante, el judaísmo tradicional ha anhelado siempre la definitiva restauración de los judíos en eretz Yisrael, así como la vuelta de la shekinah, con la venida de la era mesiánica. Más adelante, estos motivos tradicionales, combinados con la aparición del nacionalismo moderno, formaron la base para el desarrollo del sionismo. ⇨ exilio; Israel, Estado de; mesianismo; sionismo.

Eríugena, Juan Escoto ⇨ **Escoto Eríugena, Juan.**

Esaú Personaje bíblico, hijo mayor de Isaac. Es descrito como hijo favorito de su padre, pero fue privado de la bendición de Isaac y de su derecho de primogenitura por su astuto hermano Jacob (Génesis 27). La histora se utilizaba para explicar por qué los descendientes de Esaú, los edomitas, eran después de eso hostiles a los descendientes de Jacob, los israelitas. ⇨ Biblia; edomitas; Isaac; Jacob.

escarabajo Escarabajo pelotero, símbolo en el Antiguo Egipto de resurrección e inmortalidad. Con frecuencia se hacían amuletos y sellos impresos en forma de escarabajo y se llevaban como colgantes o como anillos. ⇨ inmortalidad; resurrección.

escatología En el cristianismo, doctrina relativa a las «cosas últimas», consumación final de los propósitos de Dios en la creación, y destino final de las almas o espíritus individuales y de la humanidad en general. La esperada vuelta inminente de Cristo para establecer el reino de Dios no se realizó en el primitivo cristianismo, sino que se orientó hacia representaciones, con frecuencia simbólicas, de las «últimas cosas». La idea se representa como una condición espiritual presente más que como un acontecimiento cósmico futuro. Otros creen que el reino de Dios ha sido inaugurado por la venida de Cristo, y luego ofrecen varias descripciones de su futuro cumplimiento. Algunos siguen adhiriéndose a la primitiva creencia en una literal «segunda venida» de Cristo. ⇨ adventistas; cristianismo; Mesías; mesianismo; milenarismo; parusía; reino de Dios.

escatología islámica Idea islámica de los últimos días antes del fin del mundo y del destino final de los seres humanos. En los últimos días, las figuras de Gog y Magog, interpretadas alegóricamente como fuego y diluvio, dispondrán la Tierra para que sea arrasada. A esto le seguirá el reino del Madhi, el rectamente guiado, muy importante para los chiítas, que durante un corto período de tiempo restaurará la justicia y el verdadero culto en la Tierra. Sin embargo, no mucho tiempo después, a esto le seguirá el reino del Anticristo, que será un tiempo de gran tribulación. Jesús vendrá más tarde y destruirá al Anticristo en los acontecimientos finales de la historia del mundo, y anunciará el comienzo del día del juicio en que todos serán pesados en las balanzas del juicio de Dios y enviados al paraíso o al infierno. En algunas versiones de la escatología musulmana Gog y Magog, y el Anticristo se funden, así como el Madhi y Jesús, pero los temas de un tiempo de tribulaciones, un milenio, y un juicio final están normalmente presentes. ⇨ Anticristo; cielo e infierno islámicos; Jesucristo en el islam; juicio final o de los muertos, visión islámica del; Mahdi; milenarismo.

escepticismo Tradición filosófica que pone en duda la posibilidad del conocimiento humano. Una versión extrema, defendida por los seguidores de Pirro de Elis, sostiene que jamás se está en posición de haber justificado creencias acerca de nada, incluyendo la verdad del escepticismo. Versiones menos extremas están orientadas a determinadas fuentes de conocimiento, tales como la percepción, memoria o razón.

esclavitud Posesión de una persona por otra. En el Antiguo Testamento la esclavitud se daba por hecha como parte del orden social y se desarrollaron una serie de leyes que regulaban el trato de los esclavos. En el Nuevo Testamento no existe una condena abierta de la esclavitud, aunque se puede afirmar que la enseñanza de Cristo en su conjunto es una crítica implícita de la institución.

escolástica ⇨ **escolasticismo.**

escolasticismo Especulación filosófica tal como se desarrolló en las escuelas catedralicias de la Europa occidental entre los siglos XII y XIV. Se caracteriza por su uso de la filosofía al servicio del cristianismo, la utilización de autoridades antiguas como Aristóteles y San Agustín y por su método dialéctico. ⇨ Agustín de Hipona, San; Aristóteles.

Escoto, Juan Duns ⇨ **Duns Escoto, Juan.**

Escoto Eríugena, Juan (c. 810-c. 877) Filósofo y teólogo irlandés, nacido en «Scotia» (ahora Irlanda), y también conocido como Juan el Escocés; figura enigmática y singular que descuella en la principal corriente de pensamiento medieval. Enseñó en la corte de Carlos II *el Calvo,* en Francia, más tarde apoyó a Hincmaro en la controversia de la predestinación, escribiendo *De Praedestinatione* (851), que el Concilio de Valence condenó como *pultes Scotorum* (gachas de avena de un irlandés) y «una invención del diablo». También tradujo al latín y escribió comentarios sobre los escritos griegos de los teólogos de la Iglesia oriental. Su principal obra *De Divisione Naturae* (c. 865) intentaba fusionar las doctrinas cristiana y

escriba

neoplatónica, y reconciliar la fe y la razón, pero su obra fue más tarde condenada por sus tendencias panteístas y finalmente colocada en el Índice por Gregorio XIII en 1685. Dice la tradición que, habiéndose convertido en abad de Malmesbury, fue apuñalado hasta morir por sus estudiantes con sus plumas «por intentar hacerles pensar». ⇨ cristianismo; panteísmo; predestinación.

escriba En el judaísmo posterior al exilio y prerrabínico, clase de expertos en la ley judía (los *sopherim).* Aunque Esdras era a la vez sacerdote y escriba, surgió finalmente una clase de eruditos laicos en la Torá, que no sólo preservaban e interpretaban las leyes bíblicas, sino que en los tiempos del Nuevo Testamento estaban también implicados en los tribunales de justicia. La mayoría eran fariseos. También están atestiguados en el judaísmo fuera de Palestina. ⇨ Esdras; fariseos; judaísmo; rabí; Torá.

escrituras sagradas Término tomado del latín *scriptura,* que significa escrito; se refiere a una obra escrita y que se afirma que tiene autoridad para una tradición religiosa. En la medida que contienen tradiciones orales más que escritas, las primitivas religiones no tienen escrituras y sus mitos orales son para ellos el equivalente funcional de las escrituras. Las escrituras están generalmente ligadas a otros elementos de una tradición religiosa: son utilizadas con frecuencia en rituales, ofrecen una guía para la ética, son la base de doctrinas, importantes para la espiritualidad y significativas para la vida de la comunidad. Aunque se originan en la revelación, definida de diferentes formas, las escrituras son señaladas como tal por comunidades religiosas; este proceso de establecer un canon de las escrituras puede durar cientos de años, como en la Biblia cristiana, o un corto espacio de tiempo, como en el Corán. De cualquier modo, las escrituras son transmitidas de forma oral antes de ser puestas definitivamente por escrito. Una vez finalizada la puesta por escrito no se pueden modificar de ninguna manera. Sin embargo, un texto sagrado como el *Bhagavad Gita* en el hinduismo, que no forma parte del Veda original, es tan importante como el Veda en la práctica; lo mismo se puede decir del Talmud judío, que complementó la Biblia judía. Alguna vez el mismo texto sagrado goza de autoridad en más de una tradición, por ejemplo, la Biblia judía es el Antiguo Testamento cristiano, y el *tipitaka* o canon pali budista theravada es reconocido como texto sagrado preparatorio por los budistas mahayana. La interpretación de las escrituras es tarea de una clase de eruditos o sacerdotes; el hecho de que los creyentes religiosos a lo largo de la historia hayan sido generalmente iletrados ha significado que se les pueda haber negado el acceso directo a las escrituras, especialmente cuando han sido escritas en una lengua sagrada como el hebreo, griego, pali, sánscrito o árabe. En los tiempos modernos, la traducción de las escrituras ha asumido una importancia creciente en todas las tradiciones religiosas a pesar de escrúpulos como que la lengua sagrada quedaría «falsificada». ⇨ Antiguo Testamento; Bhagavad Gita; canon; Corán; modelos de religión; revelación; Talmud; tipitaka; Veda.

escuela dominical Clases para la educación religiosa de los niños en las iglesias protestantes, generalmente unidas a los actos de culto. Provienen de la escuela caritativa dominical, instituida en Londres en 1780 para la educación básica de los hijos de los pobres. ⇨ protestantismo.

escuelas islámicas de la ley Dentro del islam sunnita surgieron cuatro escuelas de la ley que coincidían en lo fundamental y se consideraban ortodoxas entre sí. La primera, la hanifí, que recibió el nombre de Abu Hanifah (700-767) —el fundador de la escuela iraquí—, es común en la India, bajo Egipto y Asia occidental. La segunda, la malikí, que recibió el nombre por Malik ibn Anas (716-795) —el fundador de la escuela de Medina, a quien se debe el primer gran tratado de ley islámica—, es común en el norte y oeste de África, y el alto Egipto. La tercera, la shafií, recibió el nombre por al-Shafii (767-820) —el pensador más profundo e influyente en la ley islámica primitiva—, es común en la India, Indonesia, bajo Egipto, Malasia y Siria. La cuarta, la hanbalí, recibió el nombre por ibn Hanbal (780-855) —aunque fue fundada por sus sucesores—, es común en Arabia y es la más conservadora y tradicional de las escuelas legales. Existen también muchas escuelas de la ley chiítas, la más importante de las cuales es la jafarí de los duodecimanos. Los zaydíes y jariyíes también tienen su propia escuela. Las raíces de la ley islámica entre las cuatro escuelas sunnitas se han de buscar en el Corán, las sentencias y tradiciones de Mahoma (Hadith y sunnah), la analogía *(Qiyas)* y el consenso popular *(ijma)*. Un quinto principio, el esfuerzo o *ijtihad,* supone la aplicación de las cuatro raíces de la ley a casos particulares. En él se hace más hincapié en el ámbito sunnita y menos en el chiíta. ⇨ chiísmo; Corán; Hadith; ijma; ijtihad; Qiyas; shariah; sunnah; sunnitas.

Esdras (siglo V-IV a. C.) Líder religioso que vivió en Babilonia durante el reinado del rey Artajerjes (I o II), que reorganizó a la comunidad judía en Jerusalén y renovó su culto religioso. Pudo haberse traído parte de la ley mosaica (el Pentateuco) consigo; un libro del Antiguo Testamento lleva su nombre, así como las obras apócrifas 1 y 2 Esdras (el equivalente griego de Ezrá). ⇨ Apócrifos del Antiguo Testamento; Esdras, Libro de; Esdras, Libros (apócrifos) de; Pentateuco.

Esdras, Libro de Parte de la Biblia hebrea/Antiguo Testamento, y originalmente parte probablemente de una obra histórica que incluye Crónicas y Nehemías. Describe las etapas de la vuelta a Palestina de los

Esdras

exiliados judíos desde el 538 a. C. en adelante, los intentos de reconstruir el Templo y la ciudad de Jerusalén, y la historia de la misión de Esdras bajo el reinado de Artajerjes I o II de restaurar la observancia de la ley judía entre los judíos palestinos. ⇨ Antiguo Testamento; Crónicas/Esdras/Nehemías, Libro(s) de; Esdras.

Esdras, Libros (apócrifos) de 1 Primer Libro de Esdras, conocido también como 3 Esdras (en la Vulgata), parte de los Apócrifos del Antiguo Testamento; apéndice en la Biblia católica. Reproduce gran parte de 2 Crónicas 35-36, Esdras, y Nehemías 7-8, que abarca dos siglos desde el reinado de Josías hasta las reformas de Esdras después del Exilio, con una historia adicional sobre tres jóvenes de la guardia personal de Darío. ⇨ Apócrifos del Antiguo Testamento; Esdras; Josías. **2** Segundo Libro de Esdras, conocido también como 4 Esdras (en la Vulgata), considerado a veces parte de los Apócrifos del Antiguo Testamento; también apéndice de la Biblia católica. Describe siete visiones apocalípticas, aparentemente a Esdras (también llamado Salatiel), que abordan el problema de por qué Dios ha permitido los sufrimientos de Israel y la destrucción ante los ojos del mundo. Datado probablemente a finales el siglo I d. C.; los capítulos 1-2 y 15-16 pueden ser dos adiciones cristianas posteriores, actualmente llamadas a veces 5 Esdras y 6 Esdras, respectivamente. ⇨ apocalipsis; Apócrifos del Antiguo Testamento; Esdras; pseudoepígrafos.

esenios Secta judía célebre en la antigüedad por su ascetismo, estilo de vida comunitario y habilidad para predecir el futuro. Los famosos manuscritos del mar Muerto se cree que pertenecieron a una comunidad local esenia. ⇨ judaísmo; mar Muerto, manuscritos del; Qumran, comunidad de.

esfinge En la antigua Grecia, monstruo con cabeza humana y cuerpo de animal recostado (generalmente el de un león); a veces era alado y tenía pechos de mujer. Con origen en Oriente, probablemente Egipto, se encuentra por todo Levante y el Mediterráneo oriental. ⇨ griega, religión.

eslava, religión Religión animista, con temas derivados de la caza, pesca y agricultura, comunes a

Esfinge hitita con gorro frigio

las regiones eslavas, que es practicada con seguridad hasta el siglo XIV, con rasgos que sobreviven en el siglo XX. Eran adoradas deidades locales y dioses supremos, pero no existían centros con templo o algún tipo de casta sacerdotal organizada. ⇨ animismo.

esoterismo Tradición amplia dentro de la historia de la religión que ha subrayado la importancia tanto del aspecto espiritual y trascendental de la religión como de su aspecto externo. Derivado de la palabra griega *esoteros,* que significa «interior», se ha asociado con el conocimiento secreto o *gnosis* que está presente en la religión y que conduce a la iluminación o salvación. Da acceso a un plano más elevado de comprensión religiosa de mitos, símbolos y de lo sagrado, que es con frecuencia no sólo conceptual sino también existencial. Presente en las religiones mistéricas helenísticas y sus ramas en el Imperio Romano, se convirtió en un elemento dentro del cristianismo a través de la obra de personas como Orígenes, Hildegaard de Bingen, Buenaventura y Dante pero empezó a declinar dentro de la tradición cristiana con el primer proceso de secularización que comenzó en el siglo XIV. Se reavivó en el siglo XVI como una forma de contracultura por obra del hermetismo, la cábala cristiana y Paracelso. Desde la Segunda Guerra Mundial, la renovación del interés por la espiritualidad cristiana ha conducido a una conciencia creciente del valor del verdadero esoterismo cristiano. En cualquier parte de Occidente se puede encontrar en nuevas corrientes religiosas como la teosofía, antroposofía, la obra psicológica de Carl Jung, y los estudios de pensadores de la escuela de filosofía perenne como René Guenon. ⇨ antroposofía; Buenaventura, San; cábala cristiana; hermética o hermetismo; mistéricas, religiones; nuevos movimientos religiosos en Occidente; Orígenes; teosofía.

esperanza Orientación hacia algún acontecimiento futuro que puede transformar radicalmente el orden presente, que se encuentra en la mayoría de las tradiciones religiosas. El judaísmo, por ejemplo, espera su Mesías, el islam el retorno del duodécimo imán, y el cristianismo espera la segunda venida de Cristo. Incluso una fe aparentemente cíclica como el budismo espera a Mattya, el Buda que está por venir. Lo que se espera depende de la comprensión específica de la realidad expuesta por una determinada fe y puede ser una fe individual o social la que se cree. En el budismo, la meta esperada es el nirvana, un estado de pura tranquilidad, el fin de la existencia personal. En el cristianismo, la fe ha tomado tradicionalmente la forma de creencia en una existencia personal transformada en el orden de un nuevo mundo que será establecido por Dios. Recientemente, sin embargo, los estudios de la esperanza bíblica han redescubierto su carácter profundamente social y comunal. El fundamento de toda esperanza es la actividad liberadora de Dios en la historia, especialmente en los acontecimientos del éxodo de Israel de Egipto y la cruz de Cristo. El pensamiento bíblico, por tanto, contempla la propia historia como avanzando hacia el futuro reino que Dios se está ocupando de establecer. La conciencia de que el futuro reino anticipado está presente ya en la actividad de Dios en el mundo, conduce a la insatisfacción con el orden de cosas presente y se convierte en la base de una praxis liberadora y transformante por parte de la Iglesia. La esperanza es la expresión religiosa del hecho de que los seres humanos encuentran el cumplimiento anticipado, proyectando y realizándose a sí mismo en actos futuros. ⇨ escatología; imán; Mesías.

espiritismo ⇨ **afro-brasileñas, religiones.**

espíritu 1 Concepto común a muchas religiones y filosofías, tanto orientales como occidentales, primitivas y desarrolladas, y consiguientemente con abundancia de significados. Concebido generalmente como un poder no físico, no material, que da energía y afecta a la vida del cosmos (a veces para mal así como para bien), es un principio de vida, relacionado y asociado con el alma o mente en contraposición al cuerpo o materia. En la cultura occidental, «espíritu» tiene una larga tradición filosófica que brota del pensamiento griego, como aquello que sobrepasa lo humano aunque sigue siendo un elemento esencial de la humanidad. En Hegel llega a ser sinónimo de Ser, o el Absoluto. En la tradición judeocristiana es poder que procede de Dios, que obra en la creación y conservación del cosmos. En el cristianismo, el Espíritu Santo es a la vez una de las «personas» (junto con el Padre y el Hijo) del Dios trino y uno, y un poder inmanente, duradero, personal, que posibilita la respuesta a Dios y la edificación de la comunidad cristiana. 2 Cuerpo o ser no material, bien «increado» o la emanación de un humano que ha partido de este mundo. Estos espíritus se cree que ejercen influencia en el mundo físico, lo mismo para bien que para mal. En consecuencia, frecuentemente constituyen el centro de atención del culto y/o de la propiciación. Los espíritus inferiores, como ángeles y jinns, se veneran junto a los grandes espíritus, denominados dioses. ⇨ alma; ángeles; antepasado, reverencia china al; chamanismo; Dios; espíritus guardianes; jinn; Trinidad.

espíritu, casa del ⇨ **tienda de la agitación.**

Espíritu Santo Término utilizado para señalar la presencia o poder de Dios, a menudo imbuido de características personales o cuasipersonales; en el pensamiento cristiano considerado la tercera persona de la Trinidad, junto al Padre y al Hijo. Existen diferencias doctrinales, sin embargo, entre las iglesias occidentales con respecto al Espíritu en cuanto que «procede de» el Padre y el Hijo, y el cristianismo oriental que acepta la procesión del Padre sólo.

En la Biblia, el Espíritu era a menudo el vehículo de la actividad reveladora de Dios, que inspira a los profetas, pero era también descrito como un agente en la creación. En el Nuevo Testamento, el Espíritu es descrito descendiendo sobre Jesús «como una paloma» en su bautismo (Marcos 1, 10), glorificando a Jesús después de su muerte (Juan 16, 12-15), e incluso como «el Espíritu de Cristo» en Romanos 8, 9. En Hechos, la Iglesia recibió el Espíritu en Pentecostés, y desde ese momento siguió dirigiendo las actividades misioneras de la Iglesia. Pablo no sólo consideraba los «dones del Espíritu» como fuente de autoridad de varios ministerios en la Iglesia, sino también como asociados a prácticas extáticas de hablar en lenguas y profetizar (1 Corintios 12-14), que siguen figurando de manera prominente en las iglesias pentecostales. ⇨ cristianismo; Dios; glosolalia; Pablo, San; pentecostalismo; Trinidad.

espiritualidad Aspecto experimental de la religión, en cuanto opuesto a creencias, prácticas e instituciones externas, que tiene que ver con las profundidades espirituales interiores de una persona. La espiritualidad ha estado presente en todas las tradiciones religiosas, incluyendo el judaísmo de la cábala, el islam sufí, las tradiciones yoga dentro del hinduismo, las disciplinas de meditación dentro del budismo y algunas tendencias del cristianismo. Se ha reavivado en los últimos años después de un período de aparente declive en Occidente, y los 70 volúmenes de los *Clásicos de la espiritualidad occidental* son un ejemplo de su vitalidad actual. Algunos eruditos han sugerido que la espiritualidad no difiere mucho entre las religiones; otros, como Scholem, han defendido que cada religión tiene una espiritualidad muy diferente. Zaehner ha afirmado que existen cuatro tipos de espiritualidad dentro de las religiones y entre ellas: unión amorosa con un Dios personal; sentido de unión con el Absoluto y con el mundo; sentido de unión con el mundo, y sentido de estar separado del mundo y de llegar a ser uno con el propio yo real. Cousins ha ofrecido una interpretación histórica de espiritualidad global. Sugiere que la espiritualidad de los primeros humanos era mítica, cósmica y ritualista, y que se sentían uno con la naturaleza y la tribu. Pero en el tiempo eje del siglo VI a. C. apareció la posibilidad de una espiritualidad individual que era autorreflexiva, especulativa, analítica y separada de la naturaleza y de la tribu. Sugiere que estamos viviendo actualmente en el segundo tiempo eje, en el que está surgiendo una nueva espiritualidad que está recuperando una conciencia espiritual de la naturaleza. Sea este el caso o no, parece que una nueva espiritualidad que integra lo material, lo humano y lo traslúcido —naturaleza, seres humanos y Dios— está comenzando a surgir en las actuales circunstancias de nuestro tiempo. ⇨ cábala; edad axial; experiencia religiosa; Scholem, Gershon; sufismo; yoga; Zaehner, Robert Charles.

espiritualidad cristiana

Moderno término comodín, aunque un tanto vago, para referirse a la secular preocupación de integrar oración, vida y pensamiento, que ha sido tradicionalmente el cometido de la teología ascética y mística, y el tema de los libros devocionales. Esta atención a la integración de religión y vida debe distinguirse de cualquier concepto unilateral de «espiritualidad» que separe a los dos, que da lugar al pietismo o sentimentalismo, o centra su atención en experiencias religiosas anormales. Los místicos cristianos sostienen que la oración debe ser puesta a prueba no por su efecto en la persona que ora, sino por su influencia en su conducta y la calidad de su amor al prójimo. Este hilo común se puede encontrar en todas las tradiciones de espiritualidad cristiana: desde Jesucristo y Pablo a los Padres del Desierto, desde Teresa de Jesús a Jeremy Taylor, Charles de Foucauld y Thomas Merton. ➪ contemplación; Foucauld, Charles Eugène de, vizconde; hesicasmo; Jesucristo; Merton, Thomas; Pablo, San; Padres del Desierto; quietismo; Teresa de Jesús, Santa.

espiritualismo

Religión organizada que cree que los espíritus de los difuntos sobreviven a la muerte corporal y se comunican con los vivos, normalmente a través de un médium por medio de mensajes, o al parecer mediante efectos físicos paranormales. Aunque muchas culturas diferentes, pasadas y presentes, creen en el espiritismo (la capacidad de los espíritus de los muertos de comunicarse con los vivos), el espiritualismo es principalmente una religión occidental, que se encuentra con más frecuencia en Norteamérica y en Europa, desde mediados del siglo XIX. Intenta diferenciarse a sí misma de otras creencias espiritistas adoptando una aproximación «científica»; los espiritualistas preguntan si los espíritus que se comunican son quienes dicen ser, planteando cuestiones que sólo podrían ser respondidas por el espíritu de los muertos y por la persona que hace la pregunta. Los espiritualistas creen en Dios, y creen que a través de las comunicaciones con los muertos pueden llegar a comprender mejor las leyes de Dios. Acogen a miembros de diferentes credos religiosos. El espiritualismo es frecuentemente criticado porque algunos de sus miembros utilizan la superchería para producir sus fenómenos. ➪ paranormal.

espíritus guardianes

La creencia en espíritus guardianes está extendida, hallándose desde el Pacífico sur hasta la Siberia subártica. El término puede referirse a seres benéficos, incorpóreos o a espíritus encarnados que poseen potencia divina, como los *kami* del sintoísmo japonés. Ambos tienen la capacidad de proteger y preservar el bienestar de un individuo, trayendo suerte, buena salud, fertilidad, protección frente al peligro, poder espiritual y el cumplimiento de los deseos humanos. Los espíritus guardianes están con frecuencia asociados a un lugar concreto, habitando tradicionalmente en lugares sagrados donde se pueden erigir santuarios en su honor y celebrar ritos religiosos. Por otra parte, podían ser evocados por medio de trances extáticos chamanísticos. Entre los ejemplos de los primeros están los rituales religiosos japoneses en los que eran venerados los espíritus de las rocas sagradas, campos de arroz y de la costa, y las creencias y ritos javaneses indígenas relativos a espíritus guardianes que vigilaban lugares como cuevas, antiguos pozos y edificios públicos. Como consecuencia del sincretismo de budismo y sintoísmo a partir del siglo IX d. C., algunos kami del sintoísmo llegaron a ser considerados guardianes de Buda, y son a veces mencionados como bodhisattvas. La actividad chamanística, por otra parte, implica que el oficiante religioso o chamán entre en contacto directo con el mundo del espíritu y evoque a su espíritu guardián personal, que ayuda por medio de sueños y visiones producidos mediante ayunos y otras austeridades. El espíritu guardián así invocado es controlado por el chamán y le ayuda en la búsqueda de poder espiritual y poderes de curación. Los mejores ejemplos de esto proceden de la cultura india norteamericana en la idea de la búsqueda de la visión, en la que un joven recibe su propio espíritu guardián personal, normalmente en forma de animal o pájaro, que le enseñará, por tanto, y le otorgará poder. La religión popular japonesa reconoce espíritus guardianes que hablan a través de una chamana, mientras ella (el chamanismo japonés es practicado casi exclusivamente por mujeres) está en trance. Los espíritus guardianes se hallan también en otras culturas y tradiciones. La literatura islandesa primitiva, por ejemplo, habla de una «figura» *(fylgja)* que acompañaba al hombre por el mundo: un tipo de alma exterior, a menudo en forma animal. ⇨ americanas nativas, religiones; bodhisattva; budismo; búsqueda de la visión; chamanismo; fylgja; kami; japonesa, religión; sintoísmo.

esposas del Profeta La primera esposa de Mahoma era una viuda, Jadiya, con la que se casó en el 595, cuando él tenía 25 años y ella 40. Aunque murió en el 619, tres años antes de la crucial huida de La Meca a Medina, ella ejerció una gran influencia en Mahoma, infundiéndole un ánimo vital en el sentido de su misión. Le dio cuatro hijas, una de las cuales, Fátima, se casó con Alí, primo de Mahoma, y tuvo un hijo, Husayn, que llegó a ser venerado entre los musulmanes chiítas. Después de la muerte de Jadiya, Mahoma se casó con muchas otras mujeres. Aunque el islam limitaba el matrimonio a cuatro esposas al mismo tiempo, Mahoma pudo casarse más veces por una revelación especial. La mayor parte de sus matrimonios eran con viudas o se concertaban por razones políticas más que personales. Una excepción fue Aisa (613-678), que fue prometida en matrimonio a Mahoma a la edad de seis años, y a la que estaba unido emocional y espiritualmente. Mahoma afirmaba que la inspiración espiritual no le venía en la cama si no

estados de conciencia

estaba con Aisa. Otra excepción fue Zaynab bint Sahsh. En total Mahoma se casó once veces, y esto estaba en la línea de precedentes proféticos como David, que también se casó con muchas esposas. ⇨ Alí; chiísmo; David; hégira; Husayn; Jadiya; La Meca; Mahoma; Medina.

estados de conciencia Intento, manifiesto en la mayoría de las grandes religiones y en muchas tradiciones filosóficas, de identificar y describir diversas condiciones del ser humano en las que se reciben experiencias que van más allá de lo que ocurre ordinariamente cada día. Un estado de conciencia «más elevado» se dice que da acceso a un nivel de realidad más alto, de otra manera inaccesible. En estos niveles más altos, se exige sensibilidad para lo definitivamente real o lo divino, así como autoconciencia más profunda. En la religión mística, este estado más elevado es con frecuencia inducido mediante técnicas especiales. El reconocimiento de tales estados de conciencia, que pueden variar en intensidad y en el nivel de realidad al que dan acceso, se encuentra, por ejemplo, en el hinduismo y en la tradición sufí, ambos nombran cuatro estados, en la tradición mística cristiana (como la del Maestro Eckhart), y también en algunas tradiciones filosóficas (por ejemplo, el platonismo). ⇨ mística.

Ester, Libro de Libro de la Biblia hebrea/Antiguo Testamento, que narra la popular historia de cómo Ester, sobrina e hija adoptiva del

Ester y Mardoqueo. Miniatura de un códice bíblico medieval. Biblioteca del monasterio de El Escorial

judío Mardoqueo, se convirtió en la esposa del rey persa Asuero (Jerjes I) y evitó el exterminio de los judíos por orden de Amán, dignatario del rey. El evento se dice que es la fuente de la fiesta judía de Purim. Las *Adiciones al Libro de Ester* son varios añadidos hallados en los Setenta pero no en la Biblia hebrea. Forman parte de los Apócrifos del Antiguo Testamento y aparecen como Ester 11-16 en la Biblia católica. Estos capítulos consisten en un sueño de Mardoqueo y su interpretación, las plegarias de Mardoqueo y Ester, y los edictos emitidos por el rey. Pueden proporcionar una perspectiva específicamente religiosa de la que el Libro de Ester carece. ⇨ Antiguo Testamento; Mardoqueo; Purim; Setenta, los.

estigmas Señales o heridas que aparecen en el cuerpo humano, similares a las de Jesús crucificado. Pueden ser temporales (relacionadas con el éxtasis o la revelación) o permanentes, y se supone que son un signo de participación milagrosa en el sufrimiento de Cristo. ⇨ crucifixión; cruz; éxtasis; Jesucristo; revelación.

Estilita, Simeón ⇨ **Simeón Estilita, San.**

estoicismo Movimiento filosófico que floreció en Grecia y Roma (300 a. C.-180 d. C.) fundado por Zenón de Citio. Incluyó a figuras como Séneca, Epicteto y Marco Aurelio. El estoicismo hacía hincapié en que todas las personas forman parte también de una naturaleza física gobernada por una ley; la vida ideal es la imperturbabilidad y la obligación ante los dictados de este orden natural.

Estrella de Belén Estrella mencionada en Mateo 2, 1-12, descrita anunciando el nacimiento de Jesús y guiando a los Magos desde Oriente al lugar de nacimiento en Belén. Aunque considerada a veces un cometa (cometa Halley c. 11 a. C.), una supernova o una conjunción de Júpiter y Saturno en la constelación Piscis (c. 7 a. C.), es dudoso que puedan explicar la ininterrumpida presencia o movimiento que es descrito. Las leyendas sobre los nacimientos de Mitrídates y Alejandro Severo también alegan la presencia de estrellas especiales. ⇨ Jesucristo; Reyes Magos.

Estrella de David ⇨ **magen David.**

estudio de la religión El estudio de la religión en cuanto fenómeno realizó su primera tentativa en la antigua Grecia pero ha surgido con nueva significación en el moderno Occidente a partir de mediados del siglo XIX d. C. Abarca el estudio de todas la religiones —primitivas, muertas, religiones vivas pequeñas y grandes, y nuevos movimientos religiosos— usando varios métodos. Como tal se ha distanciado de la teología cristiana (aunque esta se incluye como un componente) y de los elementos reduccionistas dentro de las ciencias

esvástica

sociales, pero ha conservado la antropología, psicología y sociología de la religión. Subyaciendo a él están los dos supuestos metodológicos de la *epojé* (poner las propias convicciones entre paréntesis para comprender a los demás) y la *Einfühlung* (empatía con la visión del mundo de los demás). Además de los estudios históricos de religiones particulares, contempla a las religiones de forma comparada, según el principio de Max Müller de que «el que conoce una sola religión no conoce ninguna». Preocupado por implicar a muchos eruditos no occidentales, intenta convertirse en un estudio global, y busca comprometerse en lo que Eliade denominaba hermenéutica creativa mediante la cual puede actuar como catalizador dentro del saber moderno. ⇨ ciencias sociales de la religión; Eliade, Mircea; psicología de la religión; sociología de la religión; teología de la religión.

esvástica o **cruz gamada** Símbolo que consiste en una cruz con sus cuatro brazos doblados en ángulos rectos, bien en la dirección de las manecillas del reloj o en dirección contraria. Hallada en la antigua tradición hindú, mexicana, budista y otras tradiciones, posiblemente representa al Sol; en la actualidad está viciada política y culturalmente, a raíz de su apropiación por el Partido Nazi como emblema oficial. El nombre se deriva del sánscrito «svasti + ka», que significa una cruz mística usada para indicar buena suerte. ⇨ simbolismo.

eternidad En sentido estricto, atributo o cualidad de la vida divina que trasciende el tiempo, no es parte del tiempo, pero está relacionada con él, no como pasado o futuro, sino como presente. En las religiones, el concepto tiene particular significación en sus intentos por entender la experiencia mística, la naturaleza de la creatividad divina y sobre todo la vida después de la muerte (o participación de los muertos en la vida presente). En la tradición cristiana e islámica, la influencia de Platón, los neoplatónicos y especialmente Plotino (siglo III d. C.) ha sido decisiva en la forma de entender la eternidad. Para Platón el tiempo es «la imagen pasajera de la eternidad», que puede ser equiparada con la vida divina. Puesto que la Idea es eterna, el alma individual puede participar en la eternidad (de ahí la subsiguiente influencia en la mística). Para Plotino, la eternidad y el tiempo deben ser tratados juntos como polos gemelos, o los dos extremos de una serie continua. La eternidad no es en sentido estricto intemporalidad por una parte o duración sin fin por otra. Se la concibe mejor cualitativa que cuantitativamente, intensiva que extensivamente. Implica así no lo que es estático, sino algo dinámico, lleno de vida (por ejemplo, «vida eterna» en el Evangelio de San Juan, Juan 17, 3). En el taoísmo, el clásico *Tao Te Ching* comienza: «el Tao del que se puede hablar no es el Tao eterno» *(ch'ang tao),* subrayando así la trascendencia. En el budismo la eternidad como *kalpa* (sánscrito) o *kappa* (pali) es un período de tiempo inconcebiblemente largo, separable en diferentes partes pero que se repiten sin fin. ⇨ inmortalidad.

ética cristiana Conocida a veces como teología moral, trata de la aplicación de los principios cristianos a los temas morales. Puede intentar orientar las decisiones individuales particulares (inspirándose con detalle en casos previos de características similares, como en la casuística católica o anglicana, o aplicando sencillamente la «ley del amor» a las circunstancias corrientes, como en la «ética de situación» protestante moderna), dar consejo general sobre el asunto en cuestión o formular reglas o leyes que la sociedad pueda adoptar. La base teológica de la ética cristiana se encuentra en las doctrinas de Dios, la creación, el hombre, la gracia y la redención. En cuanto seres creados, los hombres y las mujeres deben ser valorados por sí mismos como individuos y considerar que son administradores agradecidos más que propietarios explotadores del resto de la creación de Dios. Aunque la buena conducta no obtiene la salvación o favor de Dios, la conversión conduciría a la santidad práctica en todas las áreas de la vida, de modo que la regla o reino de Dios pueda extenderse por la iglesia y la sociedad. El hecho de que el logro de estos ideales se vea limitado por la codicia personal o corporativa, el temor, la ignorancia, debilidad u otra manifestación del pecado, significa que la ética cristiana tiene que tener en cuenta el fracaso y el perdón. Esto es especialmente verdad cuando se trata de individuos en una situación pastoral como los problemas de familia o matrimonio, aunque los intentos de distinguir entre la ética personal y social fracasan al reconocer que nada es puramente una cosa o la otra. Las actitudes hacia el divorcio, por ejemplo, afectan a la sociedad en su conjunto, así como a los individuos más directamente implicados. Los cambios de legislación sobre horario laboral o salario mínimo pueden conseguir un bien mayor para la gente que solucionar un caso particular de pobreza. Sin embargo, el pobre que intenta alimentar a una familia tiene necesidades inmediatas (que pueden ser cubiertas por la caridad personal) así como necesidades a largo plazo. La relación entre la ética cristiana y la ética de la sociedad en general ha sido tan variada como las relaciones entre la Iglesia y el Estado. Algunas iglesias (o movimientos dentro de ellas, como el protestantismo liberal, movimiento del evangelio social, teología política y teología de la liberación) han intentado influir y cristianizar a la sociedad. Otras (que serían clasificadas como «sectas» más que «iglesias» por los sociólogos) sostienen que los valores del reino de Dios sólo pueden alcanzarse dentro de la comunidad cristiana. La visión ética de las iglesias ha coincidido muchas veces con los puntos de vista del Estado, a veces (como con la abolición de la esclavitud) promovieron una postura que finalmente fue aceptada por egoísmo inteligente, y a veces (como con la adopción del pacifismo o el abandono de la teoría de la «guerra justa» en la era nuclear) parecía poco realista o poco patriótica. También puede afirmase que en algunos temas, como los derechos de la mujer, muchas iglesias se han quedado atrás respecto a los cambios de la sociedad secular. ⇨ Evangelio social; gracia; humanidad, visión cristiana de la; Iglesia y Estado; matrimonio y divorcio cristianos; mujeres en el cristianismo, las; pecado; protestantismo liberal; redención; reino de Dios; teología de la liberación; teología política.

ética deontológica Toda teoría ética normativa que subraya principios de justicia e injusticia con independencia de que las consecuencias sean malas o buenas, en contraposición con las teorías teleológicas o consecuencialistas. Así, una teoría deontológica podría implicar que la esclavitud es injusta aun cuando ello pudiera llevar al máximo el bienestar equilibrado de una determinada sociedad, o que uno debe mantener una promesa hecha a un moribundo aunque no saque beneficio de ello. Los deontologistas intentan típicamente fundamentar juicios morales en nociones como los derechos naturales, dignidad personal o (en versiones teológicas) mandamientos de Dios. ⇨ ética teleológica.

ética en religión Todas las tradiciones religiosas tienen una visión de lo que es el estilo de vida correcto tanto para los individuos como para la sociedad. Aunque difieren con respecto a aplicaciones particulares, coinciden en que la ética es relevante y necesaria. Los cristianos han subrayado los principios generales del amor y del servicio, pero no han entrado en muchos detalles sobre cómo deberían aplicarse. Los judíos en la Torá y los musulmanes en la Shariah han entrado en más detalles sobre las minucias legales de la ética, y creyeron que esos detalles eran importantes. Los hindúes han señalado la trascendencia de la ética social del sistema de castas, y, al igual que los budistas, han recalcado la importancia de la no violencia con respecto tanto al mundo natural como al de los seres humanos. Los monjes jainitas llevan esta creencia hasta el extremo de ponerse una mascarilla y llevar una escoba para evitar matar insectos tragándolos o pisándolos. Algunas religiones han hecho hincapié en la ética individual, y otras en la ética social. Ha existido acuerdo general en que matar, robar, mentir, la mala conducta sexual, la crueldad y la glotonería son malas. Las circunstancias del mundo moderno han planteado dilemas éticos a todas las religiones en terrenos como el aborto, la eutanasia, el control de los nacimientos, la economía mundial, la medicina, los derechos humanos, el papel de las mujeres y el divorcio. Temas como la ecología, la hambruna en África y la pobreza mundial han propiciado un mayor diálogo entre las religiones sobre la necesidad de alcanzar una ética común que las permita trabajar juntas en pro de una armonía global. ⇨ ahimsa; casta; ética cristiana; griegas, religión y ética; shariah; Torá.

ética teleológica Toda teoría ética normativa que toma la bondad o maldad de las consecuencias de una acción como fundamental para determinar si es recta o errónea. Los partidarios de la teleología proporcionan también típicamente una teoría sobre qué tipos de cosas son de hecho buenas. Afirman que una acción es recta si produce al menos tanta bondad como cualquier otra acción alternativa. Los egoístas como Thomas Hobbes sostienen que uno debe producir el máximo de bondad para uno mismo. Los utilitaristas como J. S. Mill insisten en que la acción recta debe producir el máximo de bondad en forma equilibrada para todos los afectados, aun cuando eso exija elegir menos bondad para uno mismo. ⇨ ética deontológica; utilitarismo.

etíopes, iglesias ⇨ **iglesias etíopes.**

Eucaristía (griego: *eucharistia,* «acción de gracias») Para la mayoría de las confesiones cristianas, sacramento y acto central del culto, a veces llamada misa (católica), Sagrada Comunión o Cena del Señor (protestante). Se basa en el ejemplo de Jesús en la Última Cena, cuando identificó el pan que rompía y el vino que derramaba con su cuerpo y sangre (1 Corintios 11, 23-25; Mateo 26, 26-28; Marcos 14, 22-24; Lucas 22, 17-20), y generalmente consiste en la consagración de pan y vino por el sacerdote o ministro y la distribución entre los fieles (comunión). Las interpretaciones teológicas varían desde la transformación literal de los elementos en el cuerpo y sangre de Cristo, reproducción de su sacrificio en la Cruz, siguiendo diferentes interpretaciones como la transubstanciación y consubstanciación, hasta el simbolismo que representa la presencia real de Cristo y una simple comida de recuerdo. Los cuáqueros (Sociedad de Amigos) rechazaron el sacramento por su formalismo, pero con excepción de ellos y del Ejército de Salvación es practicada por todas las principales ramas del cristianismo. ⇨ consubstanciación; cristianismo; Ejército de Salvación; Jesucristo; presencia real; sacramento; Sociedad de Amigos; transubstanciación; Última Cena.

Eusebio de Cesarea (c. 264-340) Teólogo y erudito palestino, conocido como el Padre de la Historia de la Iglesia, nacido probablemente en Palestina. Llegó a ser obispo de Cesarea en torno al 313, y en el Concilio de Nicea fue la cabeza del partido semiarriano o moderado, que era contrario a discutir la naturaleza de la Trinidad, y hubiera preferido el lenguaje de la Escritura al de la teología al hablar sobre la Divinidad. Su *Chronicon,* una historia del mundo hasta el 325, es valiosa como fuente de extractos de obras perdidas. Su *Praeparatio Evangelica* es una colección de afirmaciones de los escritos «paganos» como pruebas que apoyan al cristianismo; su complemento es la *Demonstratio Evangelica* en veinte libros, diez de los cuales se conservan, que intentaba convencer a los judíos de la verdad del cristianismo partiendo de sus propias escrituras. Su gran obra, la *His-*

Eva

toria eclesiástica, es un relato de los principales acontecimientos de la Iglesia cristiana hasta el 324. Otras obras, todas igualmente en griego, son su *Martyribus Palestinae*, la *Theophania* (descubierta en 1839), y una vida de Constantino. ⇨ Arrio; Nicea, Concilio de; Trinidad.

Eva ⇨ **Adán y Eva.**

Evangelio Social Movimiento de principios del siglo XX en EE. UU. preocupado por la aplicación de los principios cristianos al orden social y político, al servicio del reino de Dios. Entre sus más prominentes líderes estaban Washington Gladden (1836-1918), Walter Rauschenbusch (1861-1918) y Shailer Matthews (1863-1941). ⇨ cristianismo; reino de Dios.

evangelios apócrifos Varios escritos de la época cristiana primitiva que a menudo son algo similares a los evangelios canónicos en título, forma o contenido, pero que no han sido generalmente aceptados como canónicos. Contienen historias populares de la infancia de Jesús (por ejemplo, Evangelio de la Infancia de Tomás, Protoevangelio de Santiago), relatos apócrifos del sufrimiento final de Jesús (Evangelio de Pedro, Evangelio de Nicodemo), colecciones gnósticas de proverbios e historias (Evangelio de Tomás, Evangelio de Felipe), y obras judeocristianas (Evangelio de los Hebreos). Muchos son conocidos por las citas en los Padres de la Iglesia primitiva o por los recientes descubrimientos de Nag Hammadi. ⇨ Apócrifos del Nuevo Testamento; cristianismo; evangelios canónicos; gnosticismo; Nag Hammadi, textos de.

evangelios canónicos Cuatro libros del Nuevo Testamento, conocidos como los Evangelios según Mateo, Marcos, Lucas y Juan; llamados «evangelios» por la Iglesia del siglo II (griego: *euangelion*, «buena noticia»), pero no reconocido como género literario en sí mismo en la antigua literatura griega. Cada uno traza una perspectiva sobre el ministerio y enseñanza de Jesús de Nazaret, concluyendo con el relato de su arresto, crucifixión y resurrección. De los cuatro, tres (Mateo, Marcos, Lucas) son lo suficientemente próximos en estilo y orden como para sugerir una estrecha interrelación literaria, pero la solución precisa a esta interrelación es muy debatida (el problema sinóptico). El Evangelio de Juan tiene un carácter diferente, y plantea cuestiones sobre si su autor conoció los otros Evangelios, aun cuando se le data con frecuencia como el último por el alto grado de reflexión teológica. Ninguno de los escritos afirma realmente el nombre de su autor. ⇨ evangelios apócrifos; evangelios sinópticos; Jesucristo; Juan/Lucas/Marcos/Mateo, Evangelio según.

evangelios sinópticos Término aplicado a tres evangelios del Nuevo Testamento (Mateo, Marcos, Lucas), así llamados por la sorprendente cantidad de material común que contienen. La mayor parte del

Evangelio de Marcos, por ejemplo, está reproducida en Mateo y Lucas, y la correspondencia a veces se extiende al orden de los pasajes y redacción, aunque también existen diferencias. La forma precisa en que las obras están interrelacionadas se conoce como el «problema sinóptico», para el cual se han ofrecido muchas soluciones que se hacen competencia. El Evangelio de Juan presenta un retrato de Jesús que difiere de modo sorprendente. ⇨ evangelios canónicos.

evangelismo Desde la Reforma, término aplicado a las iglesias protestantes a causa de sus principios de justificación a través de la sola fe (es decir, compromiso personal), y la autoridad suprema concedida a la Escritura (es decir, no a figuras institucionales de autoridad). La palabra se deriva del griego: «anunciar la buena noticia». Posteriormente, se ha aplicado de forma más estricta a aquellas iglesias protestantes que subrayan la conversión personal intensa («el cristianismo nacido de nuevo») y el compromiso con su experiencia de justificación y autoridad bíblica. El término no se limita, sin embargo, a los creyentes protestantes, sino que trasciende las divisiones confesionales. Aunque usado generalmente para describir la revitalización del fundamentalismo que siguió a la Segunda Guerra Mundial, el evangelismo ha sido un rasgo a lo largo de la historia de la Iglesia cristiana, por ejemplo, en la Iglesia apostólica, o en los movimientos medievales de reforma. Con un énfasis en la compasión y la obra misionera, siendo propagado el evangelio mediante una evangelización activa y entusiasta, el evangelismo a finales del siglo XX se ha extendido por todo el mundo. Su alcance de expansión exterior y subsiguiente forja de lazos entre diferentes ramas de evangelismo se han visto fortalecidos por reuniones como el Congreso Mundial de Evangelismo (1966) y el Congreso Internacional sobre el Evangelismo Mundial (1974). ⇨ fundamentalismo; protestantismo; Reforma.

evangelista (griego: *euangelistés*, «el que anuncia una buena noticia») El que predica el evangelio de Jesucristo. El Nuevo Testamento sugiere que algunos cristianos tienen dones especiales de evangelización. Aunque actualmente se considera que evangelizar es tarea de toda la Iglesia, el término se ha aplicado más recientemente a predicadores populares en concentraciones misioneras. ⇨ Jesucristo; Juan, San; misiones cristianas.

exclusivismo ⇨ **pluralismo religioso.**

exilio En la tradición judía, el concepto de exilio es utilizado de dos formas interrelacionadas. Se refiere al exilio histórico de Israel a Babilonia y a la dispersión del pueblo judío entre el 70 y 1948. También significa separación de Dios y de su tierra, de su Torá y de la vida recta. Así, la Biblia considera el Exilio babilónico como un castigo físico por infidelidad espiritual y como un medio de

purificación; los supervivientes experimentan a la vez un retorno literal a la Tierra Santa y una vuelta espiritual a Dios. A partir del 70 d. C., un sentimiento general de estar en exilio ayudó a mantener la identidad judía; al emplear la categoría teológica de exilio, la situación judía podía ser considerada como un tiempo de prueba y como una oportunidad de ser una fuerza para el bien en el mundo no judío. Sin embargo, con la Ilustración y la emancipación judía resultante, el elevado sentido de la Diáspora de su estado de exiliados declinó, especialmente con la fundación del Estado de Israel en 1948.
⇨ diáspora, judaísmo de la; éxodo, tema del; Israel, Estado de.

existencialismo Movimiento religioso, estrechamente asociado a Kierkegaard, Sartre y Heidegger. Sus tesis más sobresalientes son que no existe una finalidad última para el mundo; que las personas se encuentran a sí mismas en un mundo que es vagamente hostil; que las personas eligen y no pueden dejar de elegir sus características, metas y perspectivas; que no elegir supone elegir el no elegir, y que las verdades acerca del mundo y de nuestra situación se revelan con más claridad en momentos de ansiedad o pavor psicológico indefinido. ⇨ Kierkegaard, Sören Aabye.

existencialismo cristiano Término impreciso que cobija a pensadores que ofrecen respuestas teológicas a cuestiones filosóficas planteadas por el existencialismo de Sartre, Camus (1913-1960) y otros. No existe una «escuela» de existencialismo cristiano, sólo una convicción compartida de que la ansiedad y el absurdo de la vida humana identificados en el existencialismo secular tiene respuesta en la auténtica existencia de Jesucristo, que dio una respuesta perfecta a la llamada de Dios. La expresión «existencialismo cristiano» ha sido aplicada a las obras de los filósofos católicos Karl Theodore Jaspers (1883-1969) y Gabriel-Honoré Marcel (1889-1973), y a las del teólogo Karl Rahner. Entre los protestantes que han contribuido al diálogo están Kierkegaard, Barth (sus primeras obras), Bultmann, Tillich y Macquarrie. El énfasis del existencialismo en la libertad y la elección es un elemento significativo de la «ética de situación» de Joseph Fletcher (1905-) y J. A. T. Robinson. Los críticos del existencialismo cristiano sostienen que su oportuno acento en el compromiso personal representa mal el elemento corporativo del cristianismo, que es reconocido en las teologías que entienden que el «reino de Dios» es un concepto central.
⇨ Barth, Karl; Bultmann, Rudolf Karl; Evangelio Social; Kierkegaard, Sören Aabye; Rahner, Karl; reino de Dios; Robinson, John Arthur Thomas; teología de la liberación; teología política; Tillich, Paul Johannes.

Éxodo, Libro del Segundo libro del Pentateuco en la Biblia hebrea/Antiguo Testamento. Narra historias sobre la liberación de los judíos de la esclavitud de Egipto dirigidos por Moisés, y sobre la entrega de la Ley a Israel en una revelación hecha a Moisés en el monte Sinaí. También da instrucciones para la construcción del tabernáculo del desierto. ⇨ Diez Mandamientos; Moisés; Pentateuco; Sinaí, monte; Tabernáculo.

éxodo, tema del Para el judaísmo ocupa un lugar central la historia del éxodo de Egipto, tal como se cuenta en Éxodo 12, y celebrada cada primavera en la época de la Pascua. A pesar de los complejos problemas históricos para reconstruirlo, el significado teológico de este acontecimiento es fundamental, ya que señala la formación del pueblo de Israel. El tema del éxodo está también asociado al fin del Exilio babilonio. Así, el lenguaje en la segunda mitad del libro de Isaías describe la vuelta a Palestina, tras el castigo a manos de Babilonia, como un nuevo éxodo, con viaje a través del desierto y reingreso en la tierra prometida (por ejemplo, Isaías 43, 16-21). De forma similar, después de la destrucción de Jerusalén en el 70 d. C., los judíos dispersos por el mundo esperaban otro éxodo de la Diáspora y el regreso a Tierra Santa con la venida de la era mesiánica. ⇨ diáspora, judaísmo de la; exilio; Éxodo, Libro del; hagim; Pascua judía.

exorcismo Acto de expulsar un espíritu malo para que abandone a una persona, lugar u objeto por medio de una orden o ceremonia. El término exorcismo se deriva del griego *exorkīsis*, que significa literalmente «juramento». La práctica del exorcismo es antigua y extendida, y continúa en muchas sociedades modernas. La creencia en un reino de espíritus malignos que pueden poseer un lugar o a una persona es un temor humano primigenio, que deriva quizá de un temor a lo desconocido o a los amenazadores poderes de la naturaleza. Ciertamente, la mayoría de las tradiciones religiosas lo han sentido como necesario para desarrollar ritos y prácticas que tienen que ver con casos de posesión por parte de un espíritu malo. La presencia de espíritus malos puede imaginarse por una variedad de razones. Con frecuencia la enfermedad o el dolor es la razón más inmediata para buscar los servicios de un exorcista. La posesión puede también implicar alucinaciones y engaños, la alteración de la personalidad, incluso hasta el extremo de desarrollar multitud de personalidades con acompañamiento de voces. Los métodos y prácticas del exorcista varían según las tradiciones. Pueden conllevar el uso de fórmulas elaboradas, ensalmos y danzas, que se derivan de prácticas chamanísticas. El propio exorcista puede entrar en un estado parecido al trance para lograr el contacto con el mundo del espíritu. Por otra parte, un médium puede actuar como mediador entre el paciente y el sanador. En la praxis budista china y japonesa se recitan cantos y conjuros sacados de textos sagrados. Hierbas, incienso y dietas especiales pueden también figurar en la cura. En el judaísmo, islam y cristianismo el exorcismo tiende a ser realizado por medio de palabras de mandato pronunciadas en el nombre y autoridad de Dios,

experiencia religiosa

acompañado de un mínimo de ritos.
⇨ demonología bíblica.

experiencia religiosa La experiencia religiosa se puede definir de manera estricta como una experiencia espiritual interior, o en un sentido más amplio como experiencia de todos los elementos de la religión. La expresión la popularizó en Occidente William James en su obra *Variedades de la experiencia religiosa,* de 1902, donde define la religión como «los sentimientos, actos y experiencias de hombres individuales en su soledad, hasta que ellos mismos perciben que se mantienen en relación con aquello que puedan considerar que es lo divino». La experiencia individual, presupone James, es difícil de describir porque tiene que ser expresada en palabras, y lo que leemos no son experiencias religiosas como tal, sino expresiones de la experiencia religiosa. Una opinión afirma que toda experiencia religiosa en este sentido «místico» es la misma, pero que tenemos que usar palabras para describirla y por eso parece que es distinta. Otro punto de vista sostiene que diferentes religiones tienen experiencias religiosas diferentes, porque las distintas palabras y símbolos traídos a las experiencias las hacen diferentes. Zaehner afirma que existen cuatro tipos de experiencia religiosa que pueden estar presentes en la misma religión o en diferentes religiones: la experiencia de ser uno con el mundo, la experiencia de ser uno con el propio yo real de uno separado del mundo, la experiencia de unidad con Dios y el mundo, y la experiencia de unión amorosa con Dios. La experiencia religiosa en el sentido más amplio de experimentar todos los elementos de la religión va más allá del reino de la espiritualidad interior. En el *Bhagavad Gita* hindú puede tomar cuatro formas que son razonablemente características: cumplir con el propio deber a las órdenes de Dios, sin pensar en la recompensa; amar a Dios con fe, sometimiento y confianza; usar el ritual religioso como medio de experimentar la verdad, y, por medio de la meditación, darse cuenta del sentido espiritual profundo. La experiencia religiosa puede implicar uno o, de hecho, todos estos caminos. La atención se centra, pues, no precisamente en la espiritualidad interior sino en una experiencia religiosa más global que implica a la comunidad religiosa, la comunidad más amplia y también los textos sagrados. ⇨ Bhagavad Gita; espiritualidad; mística; Zaehner, Robert Charles.

expiación En la teología cristiana, proceso por el que los pecadores se ponen «a bien» con Dios, a través de la vida, muerte y resurrección de Jesucristo. No se reconoce ninguna teoría como normativa, pero las teorías de Ireneo (que acentúa la «victoria» sobre el mal), Anselmo (que resalta la «satisfacción» hecha a Dios) y Abelardo (que pone el énfasis en la fuerza del ejemplo de Cristo) han sido comúnmente sostenidas. ⇨ Abelardo, Pedro; Anselmo, San; Ireneo, San.

éxtasis (griego: *ek-stasis,* «estar de pie, o estar situado fuera» o «desplazado») En religión, estado de encontrarse fuera del cuerpo o trascendiéndose a uno mismo, un estado, a menudo de excitación y frenético o bienaventurado, conocido en formas variadas por casi todas las religiones. Típico es el estado del *chamán* o sacerdote inspirado de sociedades sin lectura ni escritura, que acceden, en un estado de trance o «extra-corpóreo», al mundo del espíritu, comunicándose y recibiendo mensajes de los espíritus de los muertos. El éxtasis es también un rasgo de la experiencia profética (por ejemplo, Saúl en 1 Samuel 10, 1-16), en la que el profeta recibe mensajes de Dios, y figura de forma prominente en la mayor parte de formas místicas. En la experiencia mística, el sujeto trasciende el cuerpo y los sentidos para alcanzar, bien por comunión o por unión (absorción o unidad), lo divino. El estado de éxtasis es casi siempre temporal. El éxtasis desempeñó un importante papel entre los participantes en el culto de Dioniso y de las religiones mistéricas del mundo grecorromano (por ejemplo, los cultos de Adonis, Osiris, Mitra). Está testificado por los relatos, entre otras, de las tradiciones de místicos judeocristianos, islámicos, hindúes y budistas. Las distintas religiones ofrecen diferentes técnicas para alcanzar los estados de éxtasis: yoga (hinduismo), contemplación y ascética (cristianismo), danza orgiástica (culto de Dioniso), e incluso la flagelación, autohipnosis y respiración profunda. También puede ser inducido mediante drogas, como en la religión peyote de México o el uso actual de mescalina y LSD (dietilamida del ácido lisérgico). Algunos interpretan la excitación y el frenesí de las grandes multitudes, por ejemplo, en los partidos de fútbol, como una expresión secular del éxtasis. ➪ drogas psicodélicas; mística; peyote; trascendencia e inmanencia.

extremaunción ➪ **unción de los enfermos.**

Ezequías Personaje bíblico, rey de Judá a finales del siglo VIII a. C. (la fecha precisa es muy debatida), famoso por sus reformas religiosas, incluyendo el restablecimiento del culto del Templo en Jerusalén (2 Crónicas 29-32), y por sus tentativas políticas de obtener la independencia de la dominación asiria (2 Reyes 18-20; Isaías 36-39). ➪ Biblia; Crónicas/Isaías/Reyes, Libro(s) de (los/las).

Ezequiel, Libro de Obra profética mayor de la Biblia hebrea/Antiguo Testamento, atribuida a Ezequiel, un sacerdote del siglo VI a. C. entre los judíos exiliados en los territorios babilonios después del 597 a. C. Las profecías de los capítulos 1-24 avisan de la destrucción inminente de Jerusalén (587 a. C.); los capítulos 25-32 presentan oráculos que condenan a naciones extranjeras, y los capítulos 33-48 prometen la esperanza de una restauración de Israel. La compilación de estas profecías puede haber sido obra de un editor posterior. ➪ Antiguo Testamento; profeta.

F

Fa Hsiang Tsung Forma china de budismo yogacara que había sido desarrollado en la India en los siglos IV y V por Asanga y Vasubandhu. Significa literalmente «características dharma», realza la importancia crucial de la conciencia, hasta tal punto que era también conocida como la escuela «Sólo conciencia». Fue desarrollada en China por un peregrino chino del siglo VII, que fue a la India, llamado Hsuan Tsang (596-664). Tradujo al chino dos grandes tratados de Vasubandhu sobre el *Establecimiento de la doctrina de la sola conciencia*. Defendía que sólo la conciencia es real, y que el mundo material es la creación de la conciencia. Así, el yo y los objetos externos, aunque parece que son reales, no lo son. Uno puede ser consciente de esto por medio de la sabiduría *(prajna),* y puede lograr la penetración en la realidad última y la iluminación de esta manera. La escuela Fa Hsiang fue influyente en China durante la mitad de la dinastía Tang, pero se vio profundamente afectada por la gran persecución de los budistas en el 845, de la que nunca se recuperaron, descansando el futuro budista en China, después del 845, en las escuelas Chan y Tierra Pura. ⇨ budismo Tierra Pura; chan; yogacara.

falsafa Término musulmán para referirse a filosofía. La principal corriente del islam nunca ha aceptado completamente un elemento filosófico fuerte en su visión del mundo, y aunque no carece de grandes filósofos —como Ibn Sina (Avicena) e Ibn Rushd (Averroes)— los ha considerado como periféricos más que centrales. La visión coránica del mundo estaba centrada en la revelación más que en la razón, y en Alá como existente más que demostrable. ⇨ Alá.

fana (fanã') Término usado por los sufíes dentro de la tradición islámica, que significa literalmente extinción, en el sentido de pérdida del yo. La cima de la espiritualidad, según algunos maestros sufíes, termina en Dios, de modo que incluso el mismo fana se extingue en la unión final del alma con Alá. El término fana está, a menudo, asociado al término pureza *(safa),* conservando la propia alma pura de los apegos mundanos, y con el término baqa,

faraón

que significa subsistir en Dios y «morir» al mundo. Es semejante a la noción budista de nirvana, excepto que la noción musulmana de fana está enraizada en Dios y no está relacionada con la idea de la reencarnación. Está también emparentada con las nociones místicas cristiana y judía de aniquilación de la voluntad humana ante la voluntad de Dios. ⇨ Alá; alma; mística; nirvana; sufismo.

faraón Título aplicado a los reyes-dios del antiguo Egipto desde el Reino Nuevo (c. 1500 a. C.) en adelante. Los faraones eran los principales mediadores entre sus mortales súbditos y los dioses, y se creía que después de su muerte se convertían ellos mismos en dioses, como muestran sus formas momificadas; todos tienen los atributos del dios Osiris, barba trenzada, báculo y mayal. ⇨ egipcia antigua, religión; Osiris.

fariseos Grupo minoritario influyente del judaísmo palestino antes del 70 d. C., compuesto principalmente por laicos; nacidos posiblemente del hasidismo, que se opuso a las aspiraciones políticas de Juan Hircano I (c. siglo II a. C.). Eran conocidos por su separación de la gente normal, y por su puntillosa observancia de las leyes escritas y orales concernientes a la pureza ritual, limpiezas y leyes de comidas, asumiendo incluso las obligaciones impuestas a los sacerdotes. En los Evangelios del Nuevo Testamento, son descritos con frecuencia como los adversarios de Jesús. Después de la caída de Jerusalén en el 70, fue de los círculos fariseos de donde surgió el movimiento rabínico. ⇨ hasidismo; Jesucristo; judaísmo; rabí; saduceos.

fatalismo Doctrina filosófica, atribuida a los escotistas y otros, que sostiene que el futuro es tan inalterable como el pasado; que lo que tiene que ser será, sin importar lo que la persona pueda hacer para evitar que suceda. Los fatalistas son deterministas, pero no todas las versiones de determinismo implican fatalismo. ⇨ estoicismo.

fatalismo islámico Los primeros poetas árabes escribieron sobre el destino que estaba decretado y destinado para el pueblo, pero lo adscribían tanto a una fuerza impersonal como a Dios. En el Corán el destino humano se atribuye a la voluntad de Alá. El destino descansa en su decreto (*qadar*) y se pone el acento en la ordenación, por parte de Alá, de lo que va a suceder en la vida humana. Al mismo tiempo, el Corán pone un énfasis menos pronunciado sobre el libre albedrío humano. Teólogos posteriores intentaron ofrecer una esfera de acción a ambos puntos de vista. Se planteaba la cuestión de que si Dios era justo y exigía obediencia, también podía decretar el hado y el destino. Así mismo los chiítas afirmaban que no era el sino de los musulmanes aceptar sumisamente el modo sunnita de ver la vida. Por otra parte, la postura del Corán de atribuir las cosas a la voluntad de Dios se vio fortalecida por el énfasis sufí en el sometimiento a los decretos de Dios. La posición islámica general llegó a ser que los seres humanos tienen capacidad, dentro de ciertos parámetros, de adquirir movimientos que están determinados por Dios. Sin embargo, en el plano popular, la noción de *kismet,* destino, es común entre los musulmanes. ▷ chiísmo; Corán; predestinación; sufismo; sunnitas.

Fatihah (Fātihah) Nombre de la sección que abre el Corán. Es la oración central del islam y tiene un papel ritual similar al del Padre Nuestro en el cristianismo. Pretendiendo resumir el corazón del Corán y la esencia de la relación humana con Alá, dice: «En el nombre de Dios, el Misericordioso, el Compasivo. Gloria a Dios, Señor de los Mundos, el Misericordioso, el Compasivo, Rey del Día del Juicio. Sólo a ti te adoramos, sólo a ti te suplicamos. Condúcenos por el sendero recto, el sendero de aquellos sobre los que está tu gracia, no de aquellos sobre los que está tu ira, ni de aquellos que se han extraviado.» Aunque la primera sección del Corán que se reveló históricamente fue la Surah (capítulo 96), la Fatihah es colocada en primer lugar, para simbolizar su importancia. Es recitada en todas las oraciones rituales islámicas diarias, en las bodas, funerales y otros momentos ceremoniales, y es también muy utilizada en la oración islámica improvisada. Uno de los requisitos para ser musulmán es memorizar la Fatihah en árabe, además de un mínimo de doce versículos coránicos más. ▷ Alá; Corán; Padre Nuestro.

fatwa (fatwā) Opinión o decisión legal dada por un muftí o jurisconsulto canónico en la tradición musulmana. Los individuos pueden regular sus vidas y los jueces pueden decidir casos en el tribunal como resultado de fatwas dadas por autoridades competentes. Estas decisiones legales están basadas en precedentes más que en la brillantez individual del jurisconsulto; la colecciones de decisiones a veces llegan a ser significativas como códigos de antecedentes. Puesto que los códigos civiles han llegado a ser más relevantes en los estados musulmanes, las fatwas han tendido a centrarse en asuntos sociales como el matrimonio, divorcio y herencia. Sin embargo, pueden aplicarse más ampliamente. Tienden a emitirse según la tendencia de cada una de las cuatro escuelas legales que existen en el islam. Por ejemplo, en Turquía fue favorecida la escuela hanafita y se dio primacía a las fatwas de los jurisconsultos hanafita. ▷ escuelas islámicas de la ley; hanafita; shariah.

Fausto Legendario erudito alemán de comienzos del siglo XVI (derivado de un histórico mago con ese nombre), que vendió su alma al diablo a cambio de conocimiento, poder mágico y eterna juventud. Su historia inspiró el *Doctor Fausto* de Marlowe (1592), obras literarias de Lessing (1784), Goethe (1808, 1832) y Thomas Mann (1947), y obras musicales entre las que se

fe

incluye la ópera *Fausto* (1859) de Gounod.

fe Término que describe la actitud de disponibilidad del creyente hacia el objeto de su creencia. Se resume en las palabras de San Pablo: «Ahora la fe es el anticipo de lo que esperamos, la prueba de las realidades que no se ven» (Hebreos 11, 1). Aunque esta es una definición cristiana, se aplica a todo el espectro de las fes del mundo. La fe cristiana tiene variedad de significados. Se puede referir a la Fe, que es el cuerpo de verdades que comprende la ortodoxia católica. Según San Agustín la fe es también un acto de la voluntad en el que uno asiente a esta serie de doctrinas. Existe también un elemento subjetivo en la fe, el que se refiere al hecho de que alguien ponga totalmente su confianza en Dios. La enseñanza de Martín Lutero sobre la justificación por la fe hacía hincapié en este aspecto por cuanto se lleva a cabo con vistas a la salvación. A la fe se la pone con frecuencia en contraste con las obras, pero las escrituras cristianas dejan claro que la fe sin obras está muerta (Santiago 2, 17). La fe no es posible sin la previa actuación gratuita de Dios y es la convicción del creyente de que él o ella es objeto del fiel cuidado de Dios. La fe también es central para el pensamiento budista, en el que la fe *(saddha)* es necesaria para iniciar y perseverar en el sendero de la iluminación. La fe está presente en toda conciencia sana y es una de las cinco virtudes cardinales. Los objetos de fe son Buda, el dharma y la *sangha*. Como en el pensamiento cristiano, la fe tiene tres aspectos: el intelectual, el devocional y el espiritual. La fe, definida de varias maneras como creencia, confianza, devoción y dependencia, es un rasgo universal de la respuesta de la humanidad a la presencia de lo divino en el centro de la vida. ➪ dharma; Lutero, Martín; ortopraxis y ortodoxia; saddha; sangha.

fe, curación por la Alivio de enfermedades físicas o mentales por medio de la plegaria de un sanador que descansa en una fuente más alta (normalmente, el poder de Dios), que opera como respuesta a la fe. Conocida en varias religiones, la práctica es actualmente un rasgo fundamental de los movimientos cristianos pentecostal y carismático, acompañado a menudo de la imposición de manos del sanador, normalmente en un contexto de culto. Los críticos aseguran que, incluso cuando es aparentemente efectivo, es difícil atribuir la curación a la acción de una fuente más alta, porque actualmente la ciencia médica sabe muy poco acerca de los efectos de las actitudes psicológicas sobre la bioquímica del cuerpo. ➪ carismático, movimiento; oración; pentecostalismo.

Felipe, San (siglo I) Uno de los discípulos de Jesús, citado entre los doce en Marcos 3, 14 y Hechos 1, pero especialmente relevante en el Evangelio de Juan, donde se dice que proviene de Betsaida, en Galilea, lleva a Natanael hasta Jesús (1, 43), está presente cuando da de comer a los cinco mil (6, 1) y trae a «los griegos» ante Jesús (12, 21). Su posterior carrera es desconocida, pero las tradiciones sugieren que fue martirizado en una cruz. Probablemente no haya que confundirle con Felipe «el evangelista» (Hechos 6, 5). Su fiesta se celebra el 3 de mayo (Occidente) o 14 de noviembre (Oriente). ⇨ apóstol; crucifixión; discípulos (en la Iglesia cristiana primitiva); Jesucristo; Juan, Evangelio según.

feng shui Término chino, que significa literalmente «viento y agua», usado en relación con la puesta en práctica de la decisión correcta, como dónde debería ser ubicado un edificio como una casa, templo o tumba, para asegurar la mayor felicidad posible a sus habitantes. Habiendo aparecido por primera vez durante la dinastía Han (206 a. C.-220 d. C.), para el siglo XII se había convertido en la cuasi-ciencia de la geomancia. Se basa en la idea de que existen cinco elementos básicos: tierra, fuego, metal, agua y madera, y dos fuerzas primarias: yin y yang. Los rasgos naturales del paisaje, como colinas y ríos, se ven influidos por el viento y el agua, y existe una interacción entre estos rasgos naturales, los cinco elementos, y yin y yang, que hace que algunos lugares sean más propicios que otros. Es tarea del geomántico valorar estos temas y decidir el lugar en el que las corrientes cósmicas son naturales y correctas. El feng shui puede, bien frustrar o bien beneficiar, a los seres humanos y es importante que las fuerzas del feng shui sean controladas para el bienestar de la humanidad. Es una combinación de adivinación, astrología y una capacidad para relacionar los rasgos naturales de la tierra y el cielo con las exigencias de las construcciones hechas por el hombre y los propios seres humanos. ⇨ yin y yang.

fenicia, religión La religión de los fenicios estaba, en muchos aspectos, en línea de continuidad con la primitiva religión cananea, pero tenía sus propios acentos y tendencias. No había un panteón establecido en sentido estricto, y eran importantes una multitud de cultos locales,

Diosa Astarté. Barro cocido. Museo de El Bardo (Túnez)

Fenrir

siendo los principales dioses de las ciudades, con frecuencia, deidades de la fertilidad. El principal dios de Tiro era Melqart y, a causa de la supremacía de Tiro, era muy adorado en toda Fenicia y más allá de sus fronteras. El dios sidonio de la salud y la curación, Eshmun, fue identificado más tarde por los griegos con Asclepio. El dios de muerte y resurrección, Adonis, era adorado en el santuario de Aphka, en el nacimiento del río Nahr Ibrahim, que se volvía rojo en la primavera, señalando el comienzo de ritos anuales de duelo. La diosa más popular era Astarté, diosa del amor y la guerra, que era conocida como Tanit en Cartago y las colonias occidentales. La influencia egipcia en la religión fenicia fue profunda: se desarrolló el culto de Bes y Osiris, aunque también eran adoradas muchas deidades mesopotamias. Igualmente, se pueden ver influencias locales sobre las colonias de Cartago y el Mediterráneo occidental. Los dioses eran adorados mediante culto sacrificial en santuarios y templos al aire libre. Existen testimonios procedentes de Cartago del sacrificio e inmolación ritual de niños pequeños; se han hallado cientos de urnas que contienen sus restos en un recinto consagrado a Tanit. Los enterramientos fenicios contenían numerosos objetos domésticos y rituales, que sugerirían una creencia en el más allá, aunque es difícil ser más precisos sobre este asunto, o sobre otras creencias personales de los fenicios. ⇨ Astarté; cananea, religión; más allá, concepto del Próximo Oriente antiguo del; Osiris; sacrificio humano israelita; templos del Próximo Oriente antiguo.

Fenrir En las historias nórdicas, Fenrir era el terrible vástago de Loki tenido con una giganta. Inmenso, horrible y peligroso, creció para aterrorizar a Asgard, la ciudad de los dioses. Nadie podía reducirle, hasta que la sabiduría de Odín y la destreza de los enanos forjaron una cadena con cosas intangibles: raíz de montaña, barba de mujer, ruido de gato andando, aliento de pez. Esto le contuvo, pero ponérsela a Fenrir le costó a Tyr su mano. Según el *Voluspa*, Fenrir es suelta en Ragnarok y destruye a Odín, antes de ser él mismo destruido. Garm, el fiero galgo a las puertas de Hel, el mundo inferior, probablemente representa la misma figura. ⇨ Loki; Odín; Ragnarok; Tyr, Tiwaz, Tu; Voluspa.

fetiche Palabra usada con un abanico confusamente amplio de significados relacionados con la religión primitiva, y especialmente africana. Su origen es *fetiço* (simplemente: «una cosa hecha»), utilizado por los portugueses para referirse a los objetos tallados que vieron que llevaban los africanos occidentales. Fue más tarde aplicado a las imágenes, en el sentido de «ídolo», bajo la falsa percepción de que los africanos adoraban «cosas hechas», y de ahí, todavía de manera más equivocada, se aplicó a las religiones africanas o primitivas en su conjunto. En la actualidad, quizá fuera positivo abandonar la palabra; si se utiliza, puede convenientemente quedar restringida a objetos pequeños, portátiles —hechizos, amuletos, hatillos protectores de artículos simbólicos, a menudo llamados colectivamente «medicina»— considerados como un poder contención o mediador que actúa a favor de quien lo posee o utiliza. Tales artículos, aunque muy usados, no son normalmente un foco de devoción, y pertenecen más bien a los márgenes de la religión. Pueden ser usados para protección, venganza, curación, o para procurar el éxito, teniendo con frecuencia una función similar a la de las políticas de seguros en otras sociedades. Como tales, pueden ser empleados por cualquiera; pero puesto que el poder espiritual implica peligro y un elemento de tabú, existen especialistas en su preparación y uso. Así el *nganga* (una palabra muy usada en las lenguas bantúes para referirse a un curandero que puede controlar fuerzas peligrosas) del pueblo kongo del Zaire es el experto organizador de los hatillos *nkisi*. El uso del fetiche con fines antisociales constituye hechicería. La destrucción del fetiche es un rasgo habitual de los movimientos cristianos y otros, de reforma y revitalización en África y Melanesia. ⇨ bolsa medicinal; brujería y hechicería africanas; tabú.

fideísmo Toda opinión que mantiene que los principios de algún área de investigación no pueden ser establecidos por la razón, sino que deben ser aceptados con fe. El fideísmo en religión puede afirmar, bien que los dogmas básicos de la creencia religiosa van más allá de lo que la razón puede establecer o, de forma más radical, que contradicen a la razón. ⇨ religión.

fiesta Día o período de tiempo establecido que conmemora y celebra un acontecimiento significativo en la vida de una comunidad. Las fiestas, con frecuencia, señalan las estaciones del año y tienen una conexión agrícola. Desempeñan la función de reunir a las comunidades por medio de actos rituales compartidos, que suponen normalmente festividades sagradas de las que el término deriva literalmente.

fiestas chinas Han incorporado el modelo de la religión popular china. Hubo un intento después de 1949, y especialmente durante la Revolución Cultural de 1966-1976, de eliminar la religión popular china y la mayoría de las fiestas de la China continental por ser «supersticiosas». Desde 1978, sin embargo, han comenzado a renacer en el continente, y han seguido siendo vigorosas en Taiwan y Hong Kong. El Año Nuevo es un momento significativo para las fiestas chinas. Las casas se limpian y pintan para expulsar lo viejo y dar la bienvenida a lo nuevo. Se queman dioses de papel, especialmente el dios de la cocina, Tsao Chun, al que se hacen ofrendas cuando sale para hacer el informe anual de la familia al Emperador Jade (Yu-Huang), y en honor del cual se hacen estallar fuegos artificiales a su vuelta y reintegración en la casa. En Nochevieja se ofrecen honores y ofrendas de alimento, incienso

fiestas cristianas

y dinero espiritual a los antepasados y dioses de la casa, a la Tierra y al cielo. Posteriormente se hacen otras ofrendas ante la imagen del dios de la riqueza con la esperanza de asegurar la prosperidad para la familia durante el año entrante. Al comienzo de la primavera hay una procesión que, a menudo, incluye un buey primaveral de papel para asegurar la buena arada y cosecha. En el tercer mes se ofrecen comida y dinero espiritual a las almas *po* de los antepasados y al dios que las protege en sus ancestrales tumbas, que se reparan y renuevan. En el séptimo mes se celebra una especie de fiesta de todas las almas en la que se hacen ofrendas de comida y bebida, y se rezan oraciones especiales por las almas que han muerto desamparadas. Las fiestas chinas, aunque relacionadas principalmente con la religión popular, comprenden también hasta cierto punto celebraciones budistas y taoístas que se desbordan en la religión popular. Por ejemplo, la fiesta de todas la almas implica también a los budistas, y el nacimiento de Buda, en el octavo día del cuarto mes, se recuerda en los templos budistas por los budistas y los no budistas en liturgias especiales que son el equivalente de las fiestas. ⇨ china en la China continental, religión (siglo XX); china en Taiwan y Hong Kong, religión (siglo XX); panteón chino; Yu-Huang.

fiestas cristianas Los cristianos observan los domingos como días de culto que conmemoran la resurrección de Jesucristo, así como la fiesta anual móvil de la Pascua. Algunas iglesias protestantes no reconocen ninguna otra fiesta. Las iglesias que realmente celebran la Navidad como natividad de Cristo frecuentemente deploran su comercialización en la sociedad secular contemporánea, y algunos ponen más énfasis en el tiempo precedente de Adviento. Las iglesias católica, ortodoxa y anglicana celebran otras fiestas relacionadas con la vida de Cristo y el don del Espíritu Santo en Pentecostés. Tienen también calendarios litúrgicos que exigen o permiten la conmemoración de la Virgen María, apóstoles, mártires, santos u otros cristianos notables. Los domingos y grandes fiestas especificadas son «días de obligación» para los católicos, exigiéndose la asistencia a misa y evitar ciertos tipos de trabajo. ⇨ año cristiano; Navidad; Pascua cristiana; Pentecostés; santo, visión cristiana de.

fiestas del Próximo Oriente antiguo Además de las diarias ofrendas en los templos del Próximo Oriente antiguo había muchas fiestas en las que los dioses eran honrados con regocijo, sacrificios y libaciones. Las primitivas ciudades-estado mesopotamias tenían cada una sus propios calendarios, que llegaron a estar más tipificados con los grandes imperios, aunque las fiestas locales siguieron siendo importantes. El calendario sagrado se componía de días regulares de buen agüero y días de mal agüero durante el mes, así como de las grandes festividades de los dioses. Las fiestas estatales importantes eran normalmente protagonizadas por el rey, cuyo papel siempre implicaba deberes religiosos. La más importante de las fiestas mesopotamias era la del Año Nuevo, conocida desde la época sumeria (tercer milenio a. C.) hasta el final del imperio neobabilónico (siglo VI a. C.). La información sobre las fiestas hititas es fragmentaria, aunque parece que, entre muchas, la más importante era probablemente la fiesta *purulliyas*, de primavera. Las fiestas cananeas parecen haber seguido las estaciones del año agrícola, e influyeron en el desarrollo de las grandes fiestas israelitas. ⇨ Akitu; Año Nuevo del Próximo Oriente antiguo, fiestas del; cananea, religión; hitita, religión; templos del Próximo Oriente antiguo.

fiestas griegas Eran extraordinariamente diversas. Por tomar la más popular de las numerosas fiestas atenienses: la *Anthesteria* era una fiesta de tres días de Dioniso, que se centraba en la espita del vino nuevo; la *Panathenaea* era una ocasión de manifestación cívica, con una gran procesión formal que atravesaba el corazón de la ciudad hasta la acrópolis; en la *Apatouria*, eran admitidos nuevos miembros en las organizaciones de afinidad conocidas como fratrías; la *Thesmophoria* era un «rito de mujer», en el que las ciudadanas abandonaban sus casas durante tres días y acampaban fuera en tiendas; la *Dionysia* era la fiesta del drama en la que se estrenaban las tragedias, y los *Misterios eleusinos* prometían a sus iniciados ventajas en el más allá. Otro importante tipo está representado por la *Brauronia*, un tipo de «iniciación» de muchachas jóvenes, parecida a las halladas en las modernas sociedades tribales. Las fiestas servían, por tanto, para funciones sociales muy diferentes. Pero eran todas, en sus distintos aspectos, puntos luminosos en la gris rutina del año. ⇨ dionisíaca, religión; griega, religión; misterios.

Filemón, Carta a La más breve de las cartas de Pablo, normalmente aceptada como genuina del apóstol, dirigida a un cristiano llamado Filemón, cuyo esclavo fugitivo, Onésimo, había sido convertido por Pablo en la prisión. Pablo pide a Filemón que perdone y reciba a Onésimo como compañero cristiano y que no busque el castigo que impone la ley romana. Data quizá de finales de los 50 o principios de los 60. ⇨ Nuevo Testamento; Pablo, San; Paulinas, Cartas.

Filioque (latín: «y del Hijo») Fórmula dogmática que expresa la creencia de que, en las actuaciones de Dios, la Santísima Trinidad, el Espíritu Santo «procede» del Padre y del Hijo. El término no aparece en el credo niceno-constantinopolitano original, pero fue insertado por la Iglesia occidental, y la insistencia en su mantenimiento supuso una gran fuente de tensión y definitiva ruptura entre la Iglesia occidental (católica) y la oriental (ortodoxa) en 1054. A finales del siglo XX el Consejo Mundial de las Iglesias ha llevado a cabo intentos para reinterpretar esta

Filipenses

doctrina en un sentido aceptable para la Iglesia ortodoxa. ⇨ catolicismo; Consejo Mundial de las Iglesias; Dios; Espíritu Santo; Iglesia ortodoxa; niceno, credo; Trinidad.

Filipenses, Carta a los Escrito del Nuevo Testamento, generalmente aceptado como genuino del apóstol Pablo, dirigida a una comunidad cristiana que había fundado anteriormente en Filipos, en Macedonia, aunque la unidad de la obra ha sido debatida. Escrita mientras está en prisión (¿mediados de los 50 d. C.?), Pablo les da las gracias por el regalo que le han enviado, les informa de su situación y dificultades, les pone sobre aviso de la enseñanza sectaria, pero en general muestra una cálida estima por su compromiso. ⇨ Nuevo Testamento; Pablo, San; Paulinas, Cartas.

filistea, religión Los filisteos eran los antiguos habitantes guerreros del área costera del sureste del Mediterráneo, entre la Jaffa de hoy día y Egipto. Originalmente emigraron con los Pueblos del Mar en los siglos XIII y XII a. C., probablemente desde el mundo micénico. Estaban constantemente reñidos con los israelitas del interior, una lucha que se compendia en las historias de Sansón y de David con Goliat. Sean cuales fueran sus creencias religiosas originales, ellos parecen haber asumido elementos sustanciales de la religión indígena cananea. La información está dispersa, pero un cuadro parcial de la religión filistea se puede recoger de la Biblia hebrea y de algunos testimonios arqueológicos. Según la Biblia, el principal dios de los filisteos era Dagón, que tenía templos en Gaza y Ashod. También eran adorados Belcebú y la diosa Astarté. Los nombres semitas de estas deidades sugieren que los filisteos adoptaron tradiciones cananeas locales. Cierta influencia egea es patente en las figurillas «Ashoda», que tienen la forma de una silla o trono en la que han sido moldeadas características femeninas. Las excavaciones de los templos fenicios han mostrado una fusión de rasgos egeos y cananeos, pero se sabe poco sobre las prácticas sacrificiales de estos templos o sobre las creencias personales de los filisteos. ⇨ Astarté; cananea, religión; Dagón; David; Israel, tribus de; Sansón; templos del Próximo Oriente antiguo.

Filón Judío (siglo I) Filósofo judío helenista, nacido en Alejandría, donde fue miembro destacado de la comunidad judía. Autor prolífico, intentó realizar una síntesis entre la filosofía griega y la Escritura judía, e influyó muchísimo en teólogos cristianos griegos posteriores, como Clemente y Orígenes. En el c. 40 d. C. encabezó una delegación al demente emperador Calígula para interceder en favor de los judíos que rehusaban adorarle, como él recoge en su obra *De Legatione*. La mayor parte del resto de sus obras consiste en interpretaciones alegóricas del Pentateuco, muchas de las cuales se conservan en el original griego. ⇨ Clemente de Alejandría, San; judaísmo helenístico; Orígenes; Pentateuco.

fiqh Término musulmán para referirse a jurisprudencia que literalmente significa conocimiento, comprensión o habilidad. En principio se aplica a todos los aspectos de la vida —civil, político y religioso— pero en la práctica ha tratado principalmente de asuntos legales relacionados con los cinco pilares del islam, preocupaciones rituales y vida social. Existen cuatro escuelas legales principales dentro del islam sunnita que tienen que ver con el fiqh: los malikís, shafiís, hanafís y hanbalís. Además, los jariyíes y chiítas tenían sus propias escuelas. Según las escuelas de ley sunitas, el fiqh tiene cuatro fuentes principales. En orden de importancia son estas: el Corán, los propios dichos de Mahoma (Hadith) —dados independientemente del Corán—, razonamiento analógico *(Qiyas)* y el consenso de la comunidad *(ijma)*. Las diferentes escuelas tienen sus propios tratados básicos independientes, pero se cree que todos son igualmente válidos aunque determinadas escuelas pueden tener ascendente en diferentes partes del mundo. ⇨ chiísmo; cinco pilares islámicos; Corán; escuelas islámicas de la ley; Hadith; ijma; jariyíes; Mahoma; Qiyas.

firqa Noción de secta en la tradición musulmana. La comunidad musulmana fundada por Mahoma en Medina después de la emigración de La Meca en el 622 era una comunidad unida. Cuando el islam se extendió fuera de Arabia por del Oriente Medio, entró en contacto con la filosofía griega y con otras, y empezaron a formarse sectas. Hubo un intenso debate sobre cuestiones teológicas y prácticas, como si el Corán era creado o increado, y la gravedad del pecado. Las sectas surgieron por razones teológicas y/o políticas. Por ejemplo, los jariyíes surgieron en el 657 y ponían el acento en que aquellos que cometían pecados graves perdían el derecho a la salvación, y que la fe sin obras no era una fe verdadera. En el siglo VIII, los mutazilíes pusieron el énfasis en la importancia del argumento racional junto a la revelación en el desarrollo de la teología. De modo más importante, los chiítas surgieron como principales rivales de la corriente principal sunnita, realzando el papel central dentro del islam de Alí, primo y yerno de Mahoma. Dentro del chiísmo aparecieron nuevas sectas, incluyendo los ismailíes, o setimanos, que recalcaban el papel de sus siete imanes, en contraste con los doce imanes puestos de realce por los chiítas de la corriente principal, que son también conocidos como los duodecimanos. A pesar de la existencia de estas y otras sectas, la comunidad musulmana *(ummah)* ha seguido siendo una tradición básicamente unida. ⇨ Alí; chiísmo; Corán; ismailíes; jariyíes; Mahoma; mutazilíes; sunnitas; ummah.

Focio (c. 820-891) Prelado bizantino y Patriarca de Constantinopla. Con la deposición de Ignacio del patriarcado de Constantinopla por corregir los vicios del emperador Miguel, Focio, soldado y cortesano, pasó a toda prisa por todos los grados

folclórica

de las sagradas órdenes y se instaló en su lugar. En el 862, sin embargo, el papa Nicolás I convocó un concilio en Roma que declaró inválida la elección de Focio, excomulgándole, y restituyendo a su puesto a Ignacio. Apoyado por el emperador, Focio reunió un concilio en Constantinopla en el 867, que condenó muchos puntos de la doctrina y disciplina de la Iglesia occidental como heréticos, excomulgó a Nicolás, y se apartó de la comunión de Roma. Con el emperador Basilio, en el 867, Focio fue desterrado a Chipre e Ignacio rehabilitado. En el 869 se reunió en Constantinopla el octavo concilio general, que presidían los legados del papa Adriano II; Focio fue de nuevo excomulgado y la intercomunión de las iglesias se restauró. Sin embargo, a la muerte de Ignacio, Focio fue nombrado de nuevo. En el 879 reunió un nuevo concilio en Constantinopla, renovó los cargos contra la Iglesia occidental y borró el *filioque* del credo. Focio fue finalmente depuesto y exiliado a Armenia por León, hijo de Basilio, en el 886. Sus principales obras supervivientes son *Myriobiblon* o *Bibliotheca*, una reseña sumaria de 280 obras que Focio había leído y muchas de las cuales se han perdido; un *Lexicon*; el *Nomocanon;* una colección de actas y decretos de los concilios y leyes eclesiásticas de los emperadores y una colección de cartas. ⇨ Concilio de la Iglesia; patriarca.

folclórica, religión Término utilizado para describir las creencias, costumbres, prácticas y tradiciones de las sociedades campesinas y rurales del mundo. Tales creencias y costumbres se transmiten normalmente a través de cuentos, canciones, arte popular y mito. Es extraordinariamente difícil especificar con exactitud el contenido de cualquier religión folclórica determinada, puesto que existe en relación simbiótica con la tradición religiosa principal de la sociedad como un todo. Se ha intentado discernir una religión folclórica universal original, basada en el ciclo del año agrícola y utilizando conceptos como matriarcado, diosas Madre y culto lunar, etc., pero se cree que estos intentos generalmente han fracasado. La religión folclórica, con frecuencia, fusiona las creencias religiosas de un credo muy desarrollado, como el budismo, con las creencias antiguas y primitivas de los pueblos indígenas. Esto sucede en aquellas sociedades donde se mantiene la creencia en la existencia continuada del alma de un individuo más allá de la muerte, en contradicción con la clara enseñanza de las escrituras budistas. Tales tendencias han llevado con frecuencia a que la religión folclórica sea considerada como prácticas religiosas de las masas frente a las creencias formalizadas de la elite ilustrada. Cualquiera que sea la verdad de esto, es claro que los grandes y muy elaborados credos, como el cristianismo, islam y budismo, son a menudo entendidos en el plano popular en formas que son bastante contrarias a las enseñanzas oficiales. Esto sugeriría que la continuidad de la religión folclórica da testimonio de la necesidad del pueblo de distinguir entre lo sagrado y lo profano en formas que sean apropiadas y significativas para él, incluso si esto es incompatible con la fe oficial o mayoritaria de esa sociedad determinada.

Foucauld, Charles Eugène de, vizconde (Hermano Charles de Jesús) (1858-1916) Soldado, explorador, monje-misionero y místico francés, nacido en Estrasburgo. Habiendo alcanzado fama por su exploración de Marruecos (1883-1884), volvió al catolicismo en 1886 y se embarcó en un viaje espiritual que duró toda su vida. Trapense en Francia y Siria, ermitaño en Nazaret, sacerdote de la guarnición de Beni-Abbés, Argelia, y ermitaño nómada entre los tuareg en los alrededores de Tamanrasset, se sintió llamado a imitar a Cristo en una vida de pobreza personal, en pequeñas comunidades contemplativas financiadas exclusivamente mediante su propio trabajo manual. Después de su asesinato, sus ideales sobrevivieron en la fundación de los Pequeños Hermanos (1933) y Pequeñas Hermanas (1939) de Jesús, activos actualmente por todo el mundo.
⇨ catolicismo; Jesucristo; mística; monacato.

Fox, George (1624-1691) Líder religioso inglés, y fundador de la Sociedad de Amigos, o «Cuáqueros», nacido en Fenny Drayton, Leicestershire. Trabajando de aprendiz con un zapatero de Nottingham, y puritano de educación, a la edad de diecinueve años se rebeló contra el formalismo de la iglesia establecida, y contra el control de la misma por parte del Estado. Biblia en mano, vagó por el país, interrumpiendo a menudo los servicios litúrgicos, especialmente cuando eran presididos por «profesores» formalistas. La «luz interior» era la idea central de su enseñanza. Condenó la institución sacerdotal y el formalismo, y fue igualmente vehemente contra el convencionalismo social. Sacerdotes, abogados y soldados eran todos detestables para él; el Señor le prohibió saludar a ninguno de ellos, fuera de alto o bajo rango. Denunciaba las diversiones. En 1646 tuvo una revelación divina que le inspiró predicar un evangelio de amor fraterno, y llamó a su sociedad los «Amigos de la Verdad». Su vida es un récord de insultos, persecuciones y encarcelamientos. En 1656, el año antes de que él y sus seguidores rehusaran prestar juramento de abjuración, habían crecido tanto que casi un millar de ellos estaban en prisión. Visitó Gales y Escocia, y se casó con Margaret Fell, viuda de un juez y uno de sus seguidores. Fue a Barbados, Jamaica, América, Holanda y Alemania, últimamente acompañado por William Penn, Robert Barclay y otros dirigentes cuáqueros. Su predicación y escritos eran a menudo pesados, incoherentes y místicos pero, como escritor, será recordado por su *Diario* (1874).
⇨ Penn, William; puritanismo; Sociedad de Amigos.

fraile Miembro de una de las órdenes religiosas cristianas mendicantes («que mendigan») fundadas en la Edad Media. A diferencia de los monjes, no están confinados en un solo monasterio o abadía sino que forman parte de un grupo estrechamente organizado, con miembros en muchos países. En Gran Bretaña se les puede distinguir por el color de sus hábitos, de ahí el nombre de frailes grises que se da a los franciscanos, frailes blancos a los carmelitas y frailes negros a los dominicos. ⇨ agustinos; carmelitas; dominicos; franciscanos.

Francisca Javiera Cabrini, Santa ⇨ **Cabrini, Santa Francisca Javiera.**

franciscanos Órdenes religiosas fundadas por San Francisco de Asís a principios del siglo XIII, posiblemente en 1209. San Francisco propuso una regla simple, estricta, cuyo principio fundamental era el voto de pobreza (condición que iba a causar un gran conflicto dentro de la orden, incluso antes de su muerte). Él y sus frailes, sin posesiones personales, viajaron por toda Italia, predicando y trabajando. Tuvieron tal éxito que en diez años su número se había elevado a cinco mil. La primera orden, de Frailes Menores, está actualmente dividida en tres grupos: los Observantes (OFM), los Conventuales (OFMConv) y los capuchinos (OFMCap). Estos llevaban vida activa predicando a los pobres y necesitados. La segunda orden está compuesta de monjas, conocidas como Clarisas (PC). La orden tercera es una fraternidad laica. Juntas constituyen la orden religiosa más grande de la Iglesia católica, famosa por su trabajo misionero y social. ⇨ capuchinos; catolicismo; Francisco de Asís, San; monacato.

Francisco de Asís, San, originalmente **Giovanni Bernadone** (1181-1226) Religioso italiano, fundador de la Orden franciscana, nacido en Asís, hijo de un rico comerciante. Por su familiaridad en su juventud con el lenguaje de los trovadores, adquirió el nombre de *Il Francesco* («el francesito»). Era famoso por su amor a las diversiones alegres, ejercicios de caballería y vida ostentosa. Una seria enfermedad fue la primera etapa de su conversión, pero en torno a 1205 se unió a una expedición militar. Detenido por un sueño, volvió y se dedicó al cuidado de los pobres y enfermos. En 1206 recibió la inspiración de reconstruir la iglesia en ruinas de San Damián. Renunció a su patrimonio, incluso a sus vestidos, y vivió como ermitaño. Su celo se propagó, y en 1210 contaba ya con una fraternidad de once miembros para la que redactó una regla que fue originalmente aprobada por el papa Inocencio II. En 1212, Santa Clara de Asís, siguiendo sus enseñanzas, fundó las Clarisas, la orden franciscana para mujeres. Al igual que las más antiguas formas de vida monástica, el sistema franciscano se basa en la castidad, pobreza y obediencia, con énfasis en la segunda. Rechazó toda idea de propiedad, incluso en las cosas de uso personal. La orden creció rápidamente en número de miembros; en la primera asamblea general de 1219, estaban presentes cinco mil y quinientos más habían pedido la admisión. El propio

Francisco fue a Egipto (1223) y predicó ante el sultán, que prometió un trato mejor para sus prisioneros cristianos, y a la orden franciscana el privilegio, que desde entonces han disfrutado, de ser los guardianes del Santo Sepulcro. Después de su vuelta a Italia se dice que recibió, estando en éxtasis de oración, los estigmas *(stigmata)* de las heridas de Jesucristo (1224). Fue canonizado por el papa Gregorio IX en 1228, y en 1980 fue declarado santo patrón de la ecología. Sus obras consisten en cartas, sermones, tratados ascéticos, proverbios e himnos, incluyendo el célebre *Cántico del Hermano Sol*. Su fiesta se celebra el 4 de octubre. ⇨ estigmas; franciscanos; monacato.

Francisco de Sales, San (1567-1622) Prelado católico francés y escritor devocional, nacido en el castillo familiar de Sales, en Saboya. Educado por los jesuitas en París, estudió derecho civil en Padua, se ordenó y se convirtió en un eminente predicador. Se empleó con éxito en la conversión de la población calvinista de Chablais, y en 1599 fue nombrado obispo de Nicópolis. En 1602, en París, fue invitado a predicar la Cuaresma en el Louvre y sus charlas ejercieron tanta influencia en la conversión de varios nobles hugonotes que el rey le ofreció un obispado francés, que él declinó. Poco después, a la muerte de su compañero, se convirtió en obispo único de Ginebra. La administración de su diócesis fue ejemplar. Su *Introducción a la vida devota* (1608), que se convirtió inmediatamente en un clásico, fue el primer manual de piedad dirigido a los que viven en la sociedad. Fundó una congregación de monjas de la orden de la Visitación bajo la dirección de Madame de Chantal, con la que mantuvo correspondencia durante muchos años, y que fue publicada en 1660. En 1665 fue canonizado por Alejandro VII. Su fiesta se celebra el 24 de enero.

Francisco Javier, San (1506-1552) Misionero español, el «Apóstol de las Indias», nacido en el castillo materno de Xavero o Javier cerca de Sangüesa, en Navarra. Era el hijo más joven de Juan de Jasso, consejero privado del rey de Navarra. Estudió, y después enseñó, en París, conoció a Ignacio de Loyola con el que fundó la Compañía de

San Francisco Javier. Imagen popular china del s. XIX. Biblioteca de la Compañía de Jesús. Les Fontaines (Chantilly)

francmasonería

Jesús (1534). Ordenado sacerdote en 1537, vivió en Roma al servicio de la sociedad, y fue enviado por Juan III de Portugal como misionero a las colonias portuguesas de Oriente. Llegó a Goa en 1542 y trabajó con gran energía y entusiasmo entre la población nativa y los europeos. Un año más tarde visitó Travancore, donde bautizó a diez mil nativos. Después visitó Malaca y las islas Banda, Amboyna, las Molucas y Ceilán, donde convirtió al rey de Kandy y a muchos de su pueblo. En 1548 fundó una misión en Japón que estuvo floreciente cien años. En 1552 volvió a Goa para organizar una misión a China, pero las intrigas de los comerciantes portugueses y las dificultades causadas por el gobernador de Malaca, le agotaron y murió poco después, al llegar a la isla de Sanchian cerca de Cantón. Fue enterrado, finalmente, en Goa y canonizado en 1622. Sus únicas obras póstumas son Cartas (1631) y un Catecismo, junto con algunos tratados ascéticos breves. Su fiesta se celebra el 3 de diciembre. ⇨ Ignacio de Loyola, San; jesuitas; misiones cristianas.

francmasonería Movimiento que afirma tener una gran antigüedad, cuyos miembros se reúnen en una asociación basada en el amor fraterno, la fe y la caridad. El único requisito esencial que se exige para ser miembro es la creencia en un ser supremo. No política, abierta a los hombres de cualquier religión, la francmasonería es conocida por sus rituales y signos de reconocimiento que se remontan a las antiguas religiones y a las prácticas de los gremios medievales de albañiles (en Inglaterra). Durante el siglo XVII, los centros de masones, o logias, comenzaron a ser visitados por caballeros que no tenían relación con el oficio. La Gran Logia de Inglaterra fue fundada en 1717, la de Irlanda en 1725 y la de Escocia en 1736; la francmasonería se extendió a EE. UU., las colonias británicas y a los países europeos. Los francmasones proceden ahora principalmente de las clases medias profesionales. La organización es atacada regularmente por el secretismo con el que desarrolla sus actividades.

Frashokereti Palabra avéstica, traducida normalmente como «Renovación», en pahlevi *Frashegird*. El término se utiliza en la tradición zoroástrica para designar el momento en que el mal ha sido eliminado del mundo, es decir, el comienzo del estado definitivo, ideal, en que el Sol permanecerá quieto en medio del cielo y los muertos serán resucitados. El camino hacia Frashokereti es preparado por el Saoshyant, el Salvador definitivo, que hará que la creación sea otra vez pura, y será introducido mediante una ceremonia yasna final realizada por Ahura Mazda y la divinidad Sraosha. Los muertos resucitarán y tendrá lugar el juicio final. Una corriente de metal fundido fluirá como un río por el mundo; todos deben atravesar esta corriente, que consumirá todos los pecados que queden, causando gran aflicción a los que todavía tienen pecados sin extirpar,

pero ninguna a los justos. Después de esto, todos vivirán en perfecta paz y armonía en el mundo, junto con Ahura Mazda y las divinidades.
⇨ Ahura Mazda; Avesta; Saoshyant; yasna; zoroastrismo.

Fraternidad musulmana
Movimiento islámico, fundado en Egipto en 1928 por un maestro de escuela, Hasán al-Banna, siendo su objetivo original la reforma de la sociedad islámica, eliminando las influencias occidentales y otros añadidos decadentes. Posteriormente, se radicalizó más, y su objetivo de un estado islámico teocrático encontró apoyo en muchos otros países sunnitas. ⇨ islam; sunnitas.

fravashi En el zoroastrismo, parte o aspecto del alma humana, preexistente y eterna, capaz de relacionarse con los humanos en la Tierra. Las fravashis son representadas como seres femeninos alados. Según el Avesta, habitan el aire y pueden venir rápidamente a la Tierra para ayudar a sus descendientes; se esfuerzan por traer la lluvia, promover la procreación, y luchan de manera invisible junto a los hombres en las batallas. Las fravashis de los antepasados vienen en Nochevieja a su antiguo lugar de morada en la tierra; se les hacen ofrendas y después se les ordena marchar. ⇨ alma; Avesta; zoroastrismo.

Frey ⇨ **Freya**.

Freya o **Freyja** En la mitología nórdica, diosa del amor y la belleza, especialmente del primer

De izquierda a derecha: Odín, con su hacha, Thor, con su martillo y Frey, dios de la fertilidad. Detalle de una tapicería vikinga del s. XII

amor. Ella y su hermano Frey, el dios masculino de la fertilidad, eran los hijos de Njord y Skadi. Para conseguir el collar Brising, ella traicionó a su esposo, Odur, y tuvo que vagar por el mundo buscándole. ⇨ germánica, religión; mitología.

Frigg En las historias nórdicas, Frigg es la esposa de Odín y madre amorosa de Balder; es capaz de burlar a los hados y, cuando es necesario, es capaz de burlar a su marido, en favor de aquellos a los que beneficia. Parece haber sido alguna vez importante en la religión germánica; «Friday» [viernes] se deriva de Frija, la forma más antigua de su nombre. Su ayuda es buscada por las mujeres cuando desean tener hijos y cuando

fuego

están embarazadas (el viernes fue, durante mucho tiempo, considerado en Alemania como un día de suerte para celebrar matrimonios). En la religión nórdica parece eclipsada por (la totalmente distinta) Freya como divinidad femenina preeminente.
⇨ Balder; Freya; Odín.

fuego (zoroástrico) Los zoroastras se han descrito incorrectamente como «adoradores del fuego», epíteto cuyas aplicaciones les ofenden profundamente. Aunque la doctrina zoroástrica, ciertamente, no equipara a Dios con el fuego, de hecho considera al fuego, y a otros elementos de la creación buena, como divino. En la religión prezoroástrica de los iranios, se creía probablemente que Mitra, el divino señor del fuego, era el que había puesto el mundo en movimiento, y el concepto zoroástrico del fuego corresponde en muchos sentidos con la idea occidental de energía: el fuego reside en los hombres, animales y plantas, y los capacita para moverse y crecer. En la tradición zoroástrica el fuego está particularmente ligado a Asha Vahishta, el Amesha Spenta que representa la Rectitud y recto desarrollo. Es nombrado con frecuencia como «Hijo de Ahura Mazda». La creación prístina, ideal, de Ahura Mazda tenía «la forma de fuego brillante, blanco». El fuego era considerado, por tanto, parece, como un símbolo en la tierra de la esfera pura intangible de lo divino. En los tiempos antiguos esta función simbólica la cumplía en primer lugar el fuego del hogar, que la familia alimentaba haciéndole pequeñas ofrendas, y al que miraban al orar (siendo las direcciones alternativas en la oración el Sol y la Luna). Más tarde, con la adopción de un culto en el templo durante el período aqueménida, el fuego del templo se convirtió en un icono para toda la comunidad, y en el curso del tiempo algunos de estos fuegos gozaron de reverencia especial: eran objeto de peregrinaciones, y desempeñaron un importante papel en los sentimientos nacionales de los iranios antes del advenimiento del islam. El moderno zoroastrismo conoce tres categorías de fuego consagrado (en cuanto opuesto a los fuegos para cocinar, etc.), a saber, el muy exaltado *Atesh Bahram,* el de rango algo inferior *Atesh Adaran,* y finalmente el *Atesh-e Dadgah,* que es más sencillo y menos costoso de mantener. ⇨ Ahura Mazda; Amesha Spentas; Bundehish; zoroastrismo.

Fuego nuevo, ceremonia del ⇨ **calendario mesoamericano; sacrificio humano mesoamericano.**

Fujiyama o **Monte Fuji,** en japonés **Fujisan** La cima más alta de Japón, en la región de Chubu, Honshu central. Volcán inactivo, ha sido sagrado desde tiempos antiguos; hasta la Restauración Meiji de 1868 a ninguna mujer se le permitía escalarlo. ⇨ japonesa, religión.

fundamentalismo Movimiento teológico que intenta preservar lo que se ha creído que son las doctrinas esenciales («fundamentales») de la fe cristiana, como el nacimiento virginal (Inmaculada Concepción) y la resurrección de Jesucristo. El término era originalmente usado para designar al movimiento conservador protestante de EE. UU. en la década de 1920, caracterizado por una interpretación literal de la Biblia, y renació para describir a los movimientos cristianos conservadores de finales del siglo XX. Sus raíces, sin embargo, se hunden en el siglo XIX en que los presupuestos tradicionales acerca de la verdad bíblica se vieron desafiados por el concepto de la evolución y el desarrollo de la crítica bíblica. De una manera más general, el fundamentalismo es cualquier postura teológica opuesta al liberalismo. ⇨ Biblia; Inmaculada Concepción; resurrección.

fylgja (plural: **fylgjur**) Esta palabra nórdica significa «aparición» de una persona o alma-sombra. Normalmente invisible, es a veces vista —con frecuencia en forma de mujer o animal— en sueños, o por aquellos que tienen doble visión. La palabra puede derivar del verbo «acompañar» o de la palabra utilizada para decir nacimiento póstumo, con cuyo cuidado puede estar asociada el alma sombra. Una fylgja podría estar con una familia durante generaciones como espíritu guardián. A veces la palabra se usa, de una manera menos concreta, para referirse a la fuerza inherente de una persona (cf el *mana* melanesio). En escritos nórdicos posteriores, fylgjur se usa de forma intercambiada con *disir,* que eran originalmente espíritus guardianes femeninos de una familia o de un lugar, adorados, como las *matres* celtas, con sacrificios. Una historia cuenta cómo los fylgjur o disir de una de las familias cristianas principales de Islandia se aparecieron, poco antes de la conversión, y mataron al hijo mayor. Al reconocer que su día estaba tocando a su fin, se cobraron su tributo cuando todavía podían hacerlo. ⇨ espíritus guardianes; matres, matrones; melanesia, religión.

G

Gabriel Ángel nombrado tanto en el Antiguo como en el Nuevo Testamento; él y Miguel son los dos únicos ángeles citados (aunque en la obra apocalíptica judía 1 Enoc se citan siete arcángeles). Se dice que Gabriel ayudó a Daniel a interpretar visiones (Daniel 8, 9). También es mencionado anunciando los nacimientos de Juan el Bautista y de Jesús (Lucas 1). ⇨ ángeles; Anunciación; apocalipsis; Biblia; Daniel, Libro de.

Gad, tribu de Una de las doce tribus del antiguo Israel, que se dice descendía del séptimo hijo de Jacob (el primero de Zilpa, sierva de Lía). Su territorio abarcaba originalmente el valle al este del río Jordán, limitado por la tribu de Manasés al norte. ⇨ Israel, tribus de; Jacob.

Gahambars Seis de las siete fiestas anuales cuya observancia es obligatoria para un zoroastra, siendo la séptima el Año Nuevo. Los nombres de algunas de las Gahambars sugieren que, en tiempos prezoroástricos, eran fiestas pastoriles y agrícolas. En el zoroastrismo, cada una de las siete fiestas obligatorias está dedicada a un miembro de la setena, es decir, a Ahura Mazda y a los Amesha Spentas. Anteriormente, las comunidades zoroástricas celebraban las Gahambars asistiendo a un acto religioso, seguido de una fiesta en la que se comían en comunidad alimentos que habían sido bendecidos en la ceremonia. Cada miembro de la comunidad tenía que contribuir a los gastos de la fiesta según sus medios. En época reciente, la costumbre de celebrar las Gahambars en comunidad ha sido generalmente abandonada por la comunidad parsi. ⇨ Ahura Mazda; Amesha Spentas; zoroastrismo.

Gálatas, Carta de Pablo a los Escrito del Nuevo Testamento, generalmente aceptado como genuino del apóstol Pablo, dirigido a las iglesias de alguna parte de Galacia, en el Asia Menor central. Es una carta de tono enérgico que defiende que los conversos no judíos al cristianismo no estaban ya sujetos a las prácticas y leyes judías, y que defiende la propia misión de Pablo sobre esta base. ⇨ Nuevo Testamento; Pablo, San; Paulinas, Cartas.

Gandhara Región del noroeste de la antigua India, ahora en el sur de Afganistán, que fue importante para el desarrollo del budismo y del arte budista. Fue aquí (y también en Mathura, más al sur) donde aparecieron por primera vez imágenes de Buda representándolo en forma humana idealizada.

Gandhi, Mohandas Karamchand, conocido como **Mahatma** («alma grande» o «magnánimo») (1869-1948) Líder nacionalista y espiritual indio, nacido en Porbandar, Kathiawar. Estudió derecho en Londres, y en 1893 abandonó un bufete en Bombay en el que ganaba cinco mil libras al año para vivir con una libra semanal en Suráfrica, donde pasó 21 años oponiéndose a la legislación discriminatoria contra los indios. En 1909 publicó *Hind Swaraj* o *Autonomía india,* esbozando sus ideas, particularmente su esperanza de «una sociedad libre de explotación». En 1914 regresó a la India. Aunque apoyó a los británicos en la Primera Guerra Mundial, se fue interesando cada vez más en el movimiento por la Autonomía *(Swaraj),* sobre el que pronto obtuvo un predominio personal, convirtiéndose en presidente del Congreso Nacional Indio (1925). Su campaña de desobediencia civil de 1920 acabó en violentos desórdenes. De 1922 a 1924 estuvo en prisión por conspiración y en 1930 dirigió una marcha de 320 km hasta el mar para recoger sal como desafío simbólico al monopolio del gobierno. Fue arrestado de nuevo y, tras su liberación en 1931, negoció una tregua entre el Congreso y el gobierno, y asistió a la Conferencia de la Mesa Redonda en Londres sobre la reforma constitucional india. De vuelta a la India, reanudó la campaña de desobediencia civil y fue arrestado de nuevo, la norma, junto a sus «ayunos hasta la muerte», de su actividad política durante los seis años siguientes. Contribuyó a la adopción del compromiso constitucional de 1937 bajo el que los ministros del Congreso aceptaban el cargo en las nuevas legislaturas provinciales. Cuando estalló la guerra, Gandhi, convencido de que sólo una India libre podía ofrecer apoyo moral efectivo a Gran Bretaña, presionó cada vez con más fuerza por una «independencia completa». Describió la propuesta Cripps de 1942 de una asamblea constituyente, con promesa de una nueva Constitución después de la guerra, como «un cheque vencido para un banco en quiebra». En agosto de 1942 fue arrestado por incurrir en acción de desobediencia civil para entorpecer el resultado de la guerra, y fue liberado en mayo de 1944. En 1946 Gandhi negoció con la Misión del Gabinete Británico que recomendaba la nueva estructura constitucional. En mayo de 1947 saludó la decisión británica de conceder la independencia a la India como «el acto más noble de la nación británica». Sus últimos meses se fueron oscureciendo por la lucha entre las comunidades hindúes y musulmanas, pero sus ayunos para avergonzar a los instigadores ayudaron a evitar una tragedia más profunda. Fue asesinado en Delhi por un fanático hindú el 30 de enero de 1948, diez días después de haber salido ileso de otro atentado. Durante su vida, Mohandas Gandhi fue venerado como maestro moral, reformador que quería una India tan libre de las castas como del materialismo, patriota entregado que dio al movimiento Swaraj una nueva cualidad. Los críticos, sin embargo, le creían víctima de un poder de autoengaño que le cegaba para ver el desastre y derramamiento de sangre que sus campañas «no violentas» provocaban. Pero en Asia, particularmente, ha sido considerado como una gran influencia para la paz, cuya enseñanza tenía un mensaje no sólo para la India —de cuyo carácter de nación él se convirtió casi en la encarnación mística—, sino para el mundo. Sus publicaciones incluyen la obra autobiográfica *La historia de mi experimento con la verdad* (vuelta a publicar en 1949). ⇨ casta; hinduismo; islam.

Ganesha. Altorrelieve del templo de Chennakeshvara (Belur, Karnataka)

Ganesha (Ganeśa) o **Ganapati** Dios con cabeza de elefante en el hinduismo. El nombre significa «Señor de las huestes» *(gana)*, es decir, del séquito de Siva, y es venerado como eliminador de obstáculos, Señor de los principios, y Señor del saber que partió su colmillo para escribir el poema épico *Mahabharata*. Su montura es, algo incongruentemente, una rata. Según la mitología hindú, Ganesa tiene cabeza de elefante porque su padre Siva, no reconociendo a su hijo, lo decapitó cuando Ganesa protegía a su madre Parvati. Al descubrir su error, Siva sustituyó la cabeza por la de un elefante. Ganesa es uno de los cinco dioses adorados por los brahmanes Smarta y fue una importante deidad tántrica. Efectivamente, para los Ganapatayas era la deidad suprema y una colección entera de tantras, actualmente perdidos, se centraban en él. ⇨ Mahabharata; Parvati; Siva.

Ganges o **Ganga** (Garigā) El río más sagrado para los hindúes, que nace en el Himalaya y desciende hasta un delta en la costa este. Aunque todo el río es considerado como de buen augurio, es particularmente purificador en la ciudad sagrada de Benarés y en la confluencia con el Yamuna, en Allahabad. Los hindúes van en peregrinación a bañarse al

Gedeones

Ganges, para purificarse del karma y sumergir las cenizas de sus muertos. El Ganges es venerado como una diosa que, en la mitología de los Puranas, descendió a la tierra como resultado de la austeridad del sabio Bhagiratha. Su caída se vio retenida por el espeso pelo de Siva que después la soltó para caer en la tierra. ⇨ Benarés; puranas; Siva.

Gedeones, Internacional de Organización internacional, que comenzó en Wisconsin en 1898 con el objetivo de extender la fe cristiana mediante la distribución gratuita de ejemplares de la Biblia en lugares públicos, incluyendo las habitaciones de los hoteles, hospitales y bases militares. Recibe el nombre del juez bíblico Gedeón, que condujo a Israel contra los madianitas. ⇨ Biblia; cristianismo; madianitas.

Gehena (forma griega del hebreo: *Gehinnom,* «valle de Hinnom», un barranco al suroeste de Jerusalén) En el siglo VII a. C., lugar de sacrificios cultuales de niños a Baal en el fuego, condenados por Jeremías (Jeremías 19, 4-6); considerado más tarde entrada al mundo inferior. El nombre es metafóricamente usado en el judaísmo y en el Nuevo Testamento como lugar donde los malos serían atormentados (normalmente por el fuego) después de su muerte (por ejemplo, Marcos 9, 43). ⇨ Baal; infierno; Jeremías, Libro de; mundo inferior.

Gelugpa (d'Ge-lugs-pa) Principal orden monástica del budismo tibetano conocida, a veces, como los Sombreros Amarillos por contraposición a los Sombreros Rojos de los Nyingmapas. La orden Gelugpa fue fundada por Tsongkapa (1357-1419), absorbiendo en ella a la más antigua orden tibetana, la Kadampa. De hecho, fue llamada también la Nueva Kadampa. Los Gelugpas, cuyo jerarca es el Dalai Lama, gozaron de poder y privilegio político enorme desde la época del quinto Dalai Lama, que se convirtió en gobernador del Tíbet, hasta la invasión china de 1951. Designaba al segundo dignatario, el Panchen Lama, aunque surgieron rivalidades e intereses opuestos entre los Panchen y los Dalai Lamas. La tradición realza la disciplina monástica *(vinaya),* el celibato, no matar y la abstención de bebidas alcohólicas. Las enseñanzas tántricas fueron, por tanto, modificadas y acomodadas al marco celibatario y monástico. Los Gelugpas conceden gran valor al saber y al esfuerzo intelectual, con debates públicos organizados que tienen lugar entre posiciones filosóficas rivales. El estudio de textos de los grandes eruditos budistas como Nagarjuna, Atisha, Chandrakirti, Dinnaga y Asanga es esencial para la formación del monje, especialmente para el «grado» *geshe* de los doce años. Filosóficamente los Gelugpas son Madhyamika, que consideran todos los fenómenos vacíos de existencia propia. Actualmente hay instituciones monásticas Gelugpa establecidas en Occidente, por ejemplo, el Instituto Manjushri de Cumbria,

Inglaterra. ⇨ Dalai Lama; Kadampa; Madhyamika; Nyingmapa; Panchen Lama; tibetana, religión; Tsongkapa.

Génesis, Libro del Primer libro de la Biblia hebrea/Antiguo Testamento y del Pentateuco, tradicionalmente atribuido a Moisés, pero que muchos investigadores modernos consideran que está compuesto de varias tradiciones distintas. Presenta historias de la creación y de los orígenes de la historia humana (capítulos 1-11), y después se centra en las relaciones de Dios con el pueblo destinado a convertirse en Israel, empezando con Abraham y concluyendo con los hijos de Jacob. ⇨ Abraham; Adán y Eva; Antiguo Testamento; creación, mitos de la; Enoc; Isaac; Jacob; José; Moisés; Noé; Pentateuco.

gentiles Término usado para designar a los no judíos, tanto individuos como naciones. En la Biblia hebrea los gentiles o *goyim* incluyen a todos los pueblos distintos de Israel y son, con frecuencia, vistos con cierta hostilidad debido a sus creencias y prácticas religiosas inaceptables, o a su postura agresiva hacia Israel. En el judaísmo posbíblico continuó la misma costumbre pero se amplió para incluir tanto a individuos como a naciones colectivas. La designación de los no judíos como gentiles refleja la idea bíblica y judía de que Israel era una nación elegida. Para la Biblia y mucha de la literatura judía antigua, el corolario de esto era la negación de cualquier status análogo a los otros pueblos. La asunción de que otras naciones eran politeístas e idólatras, o no estaban bien dispuestas hacia los judíos o el judaísmo, explica esta actitud. Sin embargo, la aparición de otras religiones monoteístas animó a los judíos a aceptar a los cristianos y musulmanes como adoradores del mismo Dios, obligados a atenerse al monoteísmo y a una moralidad básica en vez de convertirse en judíos. Como consecuencia de esto, muchos judíos de los tiempos modernos aceptan que individuos y naciones fuera de Israel puedan desempeñar también un papel importante en el plan divino. ⇨ conversión judía; elección.

geometría sagrada Noción de que existe algún tipo de correlación entre la geometría, los edificios y textos sagrados de varias tradiciones religiosas. Por ejemplo, las dimensiones cúbicas están presentes en edificios sagrados como el altar griego de Delfos, la capilla de la diosa egipcia Leto en Buto, el sanctasanctórum en el templo de Salomón, el arca sumeria y el altar védico del fuego. La Piedra Negra, en La Meca, que es sagrada para los musulmanes, está guardada en la Kaaba, que significa literalmente «cubo». En los primeros tiempos, los artefactos de la religión neolítica eran decorados con formas geométricas que parecían identificar orden y estética con un sentido de lo sagrado. Una geometría musical era el corazón de las matemáticas de Platón, y la cosmología china y griega contaban con las intuiciones de la geometría tonal. Por ejemplo, el 64 y el 108 eran

germánica

importantes, y había 64 hexagramas en el importante texto chino, el *I Ching*, y 108 cuentas en los rosarios budistas. Los *Elementos* de Euclides transformaron la geometría en un sistema más racional que influyó en la aparición de la ciencia moderna. Las penetraciones científicas desde Einstein en adelante han debilitado la aparente certeza de la geometría racional de Euclides, y reavivaron el interés por la geometría sagrada incorporada a estructuras religiosas más recientes como las catedrales cristianas, así como a la noción de geometría estética que está presente por caminos complementarios en la geometría y en la religión. ⇨ catedral; cosmología; Delfos; I Ching; La Meca; neolítica, religión; Platón; rosario; Salomón.

germánica, religión Nombre dado a la religión precristiana de los pueblos unidos por los ríos Rin, Vístula y Danubio. A causa de la pronta conversión de estos pueblos, los testimonios de sus creencias y rituales son escasos. Lo poco que se conoce proviene en su mayor parte de los relatos romanos de veracidad diversa, de los misioneros y de los hallazgos arqueológicos. Había un panteón de deidades representadas en forma humana, de las que cuatro eran especialmente importantes durante la época vikinga (siglos IX-XI d. C.). Odín (el germánico *Wotan),* padre de los dioses y soberano de Valhalla, era el dios de la poesía, sabiduría y de los muertos. Thor (el germánico *Donar),* un dios del cielo, era el dios de la ley y el orden. Frigg y Frey eran deidades de la fertilidad. Se creía que los poderes de la naturaleza eran mágicos, y se representaban como duendes, elfos y gnomos. La poesía mitológica islandesa describe muchos de estos seres sobrenaturales. ⇨ barco funerario; Edda; Freya; Hel; Loki; Odín; Thor; Valhalla.

Gesar (Ge-sar) Legendario rey del Tíbet, héroe de un poema épico tibetano cantado por bardos errantes. La historia cuenta cómo existía el caos en el mundo y cómo los seres humanos, no teniendo líder, imploraron al dios del cielo que les enviara a su hijo para crear el orden. Gesar nació de la unión del dios del cielo con la diosa del subsuelo acuoso. Siendo niño era travieso y poseía poderes mágicos. Su tío, sin embargo, sintiéndose amenazado, desterró a Gesar y a su madre. Durante su exilio los poderes del joven crecieron y finalmente conquistó el reino ganando una carrera de caballos. Como rey, Gesar derrotó a demonios y a otros reyes, trayendo el orden al Tíbet. Se dice que fue la encarnación número veintiséis de Avalokiteshvara. Es identificado con el Dalai Lama (que es igualmente una encarnación de Avalokiteshvara) y también con el dios guerrero chino Kuan Lin. Iconográficamente es representado con armadura, montando a caballo. La tradición mantiene que volverá un día con su ejército desde el mítico país de Shambala, en el norte. Es posible alguna influencia zoroástrica en la leyenda, y efectivamente el nombre Gesar, que es posiblemente afín al de káiser y césar, sugiere influencia «occidental». ⇨ Avalokiteshvara; Dalai Lama.

Getsemaní Lugar a las afueras de Jerusalén, cerca del monte de los Olivos, donde Jesús y sus discípulos fueron a orar inmediatamente antes de la traición y arresto (Marcos 14, 32ss); descrito como un «jardín» en Juan 18, 1. Es el escenario de la meditación de Jesús sobre si aceptar o no el martirio. ⇨ Jesucristo.

gigantes de la helada En la literatura nórdica, rivales de los divinos Ases. Al igual que una raíz de Yggdrasil, el árbol del mundo, atraviesa el reino divino, otra raíz atraviesa el mundo de los gigantes. Bajo ella yace Mimir, la fuente de la sabiduría, de la que Odín obtuvo su conocimiento. La raza gigante y la humana tienen un origen común; ambas proceden en última instancia del cuerpo del gigante primigenio Ymir. Incontables historias hablan de la competición en ingenio, destreza y fuerza entre dioses y gigantes. Muchas de ellas presentan a Thor y su martillo. Los Ases cruzan un puente ardiente para llegar al lugar donde se reúnen en consejo; ningún gigante de la helada es capaz de cruzarlo. La traición de Loki a los Ases está reflejada en sus relaciones con los gigantes, y sus hijos monstruosos tenidos con una giganta. No es ninguna sorpresa, pues, que él y su prole se unan a los gigantes y sus aliados contra los dioses de Ragnarok, donde los gigantes también perecen. El conflicto entre los poderes del otro mundo es un componente constante de la religión germánica. ⇨ Ases y Vanes; Loki; Odín; Ragnarok; Thor; Yggdrasil.

Gilgamés, Epopeya de Poema épico babilonio, conservado parcialmente en diferentes versiones, que recibe el nombre de su héroe, el rey sumerio Gilgamés (tercer milenio a. C.). Describe las legendarias aventuras de Gilgamés, y narra la historia del Diluvio que guarda paralelos sorprendentes con el relato bíblico. ⇨ babilónica, religión; Diluvio, el; épica.

Ginebra, Biblia de Traducción inglesa de la Biblia, preparada y publicada en Ginebra por exiliados protestantes de Inglaterra; apareció por primera vez completa en 1560. Era famosa por su tamaño pequeño y tipo romano de letra legible, por sus notas y por su división de versículos. Fue especialmente popular en Escocia, y también en Inglaterra hasta la Versión Autorizada. ⇨ Biblia; Versión Autorizada de la Biblia.

glosolalia Práctica de «hablar en lenguas», cuyo significado es desconocido para el que habla, que está experimentando una experiencia religiosa. El fenómeno está estrechamente relacionado con la xenoglosia, utilizar una lengua que el hablante nunca ha conocido u oído, un poder atribuido a los Apóstoles en los primeros días del cristianismo, tal como se cuenta en los Hechos de los Apóstoles. No hay ningún caso científicamente atestiguado de xenoglosia que haya salido a la luz, pero el hablar en

gnosticismo

lenguas es, no obstante, practicado generalmente por varios grupos cristianos, como pentecostales o católicos carismáticos, e interpretado entre los que lo practican como un signo sobrenatural de sinceridad o conversión religiosas. ➪ apóstol; carismático, movimiento; catolicismo; pentecostalismo.

gnosticismo (griego: *gnosis*, «conocimiento») Sistema de creencias que floreció en el cristianismo del siglo IV, pero que puede haber tenido raíces anteriores, no cristianas, que brotan posiblemente de una forma disidente de judaísmo. Los gnósticos creían que ellos, más que los cristianos ortodoxos, conservaban las auténticas verdades enseñadas por Cristo sobre los orígenes cósmicos y el verdadero destino del espíritu dentro del pueblo, y que sólo ellos alcanzarían la plena salvación. El gnosticismo fue considerado una herejía por los primeros Padres de la Iglesia, especialmente por apelar a tradiciones secretas, por su visión reprobatoria del Dios Creador, y su visión docética de Cristo (es decir, que Cristo sólo había «asumido» forma humana, y que su supuesta crucifixión fue sencillamente un engaño para confundir a los poderes del mal). ➪ cristianismo; docetismo; maniqueísmo; Nag Hammadi, textos de.

Goeteia, Mageia Palabras utilizadas por los griegos para indicar prácticas religiosas que consideraban fuera de la norma y, habitualmente, represibles. Mageia deriva de *magos*, la palabra persa para designar al experto religioso: esta evolución semántica revela la tendencia tan común de considerar las prácticas religiosas extranjeras como «magia» vergonzosa. Los ritos «goéticos» y «mágicos» que los antiguos griegos se decía que habían celebrado, incluían el calmar los vientos y resucitar a los muertos. Otra práctica extendida, que Platón desaprueba con energía, era la de depositar una figurilla de plomo que representaba a un enemigo, atravesado a menudo con clavos, en una tumba o pozo, junto con una tablilla en la que se apremiaba a Hermes, del mundo inferior, para que «atara» a la víctima. En el período posclásico, los testimonios de prácticas «mágicas» de todo tipo, incluyendo la magia amorosa, se hacen abundantes. ➪ griega, religión; magia; mundo inferior; Platón.

Gog y Magog Nombres bíblicos, aplicados de diversas formas para describir a los futuros enemigos del pueblo de Dios. Ezequiel 38, 2-6 predijo que un gobernante (Gog) de la tierra o pueblo proveniente «del norte» (Magog) lucharía contra Israel en los días previos a la restauración. Apocalipsis 20, 8 y la literatura rabínica tratan a Gog y Magog como figuras emparejadas que representan a Satán en el conflicto final contra el pueblo de Dios. En el folclore británico, los nombres se aplican a los supervivientes de una raza de gigantes aniquilados por Bruto, el fundador de Gran Bretaña. ➪ Biblia; rabí; Satán.

Gólgota ⇨ Calvario.

Goliat Personaje bíblico descrito (en 1 Samuel 17) como un gigante de Gat, en el ejército filisteo, que entró en singular combate con el joven David y fue muerto por una piedra de la honda de David, acabando en victoria de Israel. Existe cierta confusión sobre un nombre similar en 2 Samuel 21, 19 (también 1 Crónicas 20, 5). ⇨ David; Samuel, Libros de.

Gorakhnath (Gorakhnāth) (siglo XI) Fundador de la tradición nath yoga o Natha del hinduismo. El maestro *(gurú)* de Gorakhnath fue Matsyendranath, uno de los ochenta y cuatro famosos Siddhas o Perfectos del tantra hindú y budista. Gorakhnath era un asceta célibe y se dice que poseía poderes mágicos *(siddhi),* que adquirió a través de la práctica del yoga. El hatha yoga, o yoga de «fuerza», practicado por los yoguis nath, se dice que fue desarrollado por Gorakhnath, a quien también se han atribuido muchos textos sobre este tema, como el *Goraksha-Shataka* y el *Siddha-Siddhanata Paddhati*. Este último, importante en la tradición nath, desarrolla la idea de que el cuerpo, que es el lugar de la liberación, contiene una anatomía esotérica con varios centros psíquicos *(chakras)* comunicados por canales *(nadis),* a través de los cuales fluye la energía o aliento sutil *(prana)*. El hatha yoga controla y perfecciona el cuerpo, que tiene como resultado la liberación en vida *(jivanmukti).* ⇨ chakras; gurú; hatha yoga; Kundalini; nath, yoguis; prana.

Gosala (siglo VI a. C.) Contemporáneo de Buda y líder de la orden de ascetas Ajivika. No ha sobrevivido ningún texto Ajivika y conocemos las doctrinas de Gosala solamente a través de los textos de sus oponentes, los budistas y jainitas. Gosala enseñaba una doctrina de determinismo *(niyati),* negando la causalidad y sosteniendo que los acontecimientos se suceden en una secuencia predeterminada contra la que el esfuerzo humano es inútil. Un alma pasa a través de un ciclo de 8.400.000 grandes edades *(mahakalpas)* encarnándose en varias formas de vida, hasta que tiene lugar la liberación de manera espontánea en un cuerpo humano al final de este ciclo. El determinismo de Gosala negaba la doctrina del karma y causalidad, que está en el corazón de las enseñanzas budistas. ⇨ Ajivika; Buda; jainismo.

gracia En el cristianismo, asistencia libre e inmerecida, favor, energía o presencia salvadora de Dios en sus relaciones con la humanidad por medio de Jesucristo. El término se ha entendido de varias maneras, por ejemplo, como gracia previa (que conduce a la santificación), o actual (que mueve a buenas acciones). Los sacramentos se reconocen como «medios de la gracia», pero el modo en que operan y el alcance en que los humanos cooperan ha sido tema de

gracias

controversia. ⇨ Jesucristo; Reforma; sacramento; Trento, Concilio de.

gracias, acción de Forma de alabar y de agradecer a Dios, recitada o cantada, después de las comidas en muchos países cristianos.

Gran Despertar Movimiento cristiano de reavivación del siglo XVIII, muy extendido en las colonias americanas, que alcanzó su punto culminante en la década de 1740 en Nueva Inglaterra. Rama de los movimientos evangélicos y pietista/quietista de Europa, se centró principalmente en los presbiterianos, baptistas, congregacionalistas y la Iglesia Reformada Holandesa. Movimiento con tendencias calvinistas, produjo división en estas confesiones. Jonathan Edwards y George Whitefield se cuentan entre sus líderes. Un Segundo Gran Despertar menos emotivo tuvo lugar en la década de 1790, que llevó a la fundación de sociedades misioneras y al establecimiento de varias instituciones educativas. La incrementada libertad del pensamiento individual y el crecimiento de la democracia religiosa ocasionados por el movimiento han sido considerados como precursores de la inspiración que está tras la Revolución americana. ⇨ cristianismo; revitalización; Whitefield, George.

Granth Sahib ⇨ **Adi Granth.**

Gregorio de Nisa, San o **Niseno** (331-395) Teólogo cristiano. Fue consagrado obispo de Nisa, en la Capadocia, por su hermano San Basilio *el Grande,* en torno al 371. Durante la persecución de los partidarios del credo niceno, en el reinado de Valente, Gregorio fue depuesto, pero a la muerte de Valente fue recibido de nuevo (378). Estuvo presente en el Concilio de Constantinopla en el 381, y fue designado para tomar parte en la supervisión de la diócesis del Ponto. Viajó a Arabia y Jerusalén para poner en orden las iglesias de allí, y asistió otra vez a un sínodo en Constantinopla en el 394. Sus obras principales son sus *Doce libros contra Eunomio,* un tratado sobre la Trinidad, varios tratados ascéticos, muchos sermones, 23 epístolas, y su gran *Discurso catequético* (1903). Su fiesta se celebra el 9 de marzo. ⇨ Basilio, San; niceno, credo.

Gregorio VII, San originalmente **Hildebrando** (c. 1020-1085) Papa (1073), el gran representante de las pretensiones temporales del papado medieval. Nacido cerca de Soana, en la Toscana, su nombre original era Hildebrando. Pasó su juventud en Roma, en el monasterio de Santa María. A la muerte de Gregorio VI, cuyo capellán era, se dice (dudosamente) que pasó algún tiempo en Cluny, de donde fue llamado otra vez por el nuevo y entusiasta papa León IX, a quien acompañó a Roma en 1049, y que le hizo cardenal. Durante los cuatro siguientes pontificados Hildebrando continuó ejerciendo gran influencia y fue él mismo elegido Papa tres días después de la muerte

Gregorio Magno

San Gregorio Magno. Escultura polícroma del s. XVIII

de Alejandro II. Se dispuso él mismo a corregir el estado de secularización de la Iglesia. La situación feudal del alto clero, las pretensiones de los soberanos sobre las temporalidades y la consiguiente tentación de simonía eran, decía, la causa de todos los males presentes en Europa. Mientras intentaba hacer cumplir todos los detalles de disciplina, fue contra la investidura a la que se dirigieron sus principales esfuerzos. En 1074 prohibió su práctica, bajo pena de excomunión, y en 1075 dictó la condena contra varios obispos y consejeros del imperio. El emperador Enrique IV, al no hacer caso de las amenazas, fue citado a Roma para responder de su conducta. La única respuesta de Enrique fue el desafío y en una dieta de Worms, en 1076, declaró a Gregorio depuesto. El pontífice tomó represalias mediante la excomunión, que, a no ser que se levantara mediante la absolución en doce meses, implicaba (de acuerdo también con la ley imperial) la pérdida de todos los derechos civiles y la deposición de cualquier cargo civil o político. Los súbditos sajones de Enrique le obligaron a someterse, y mediante una penitencia humillante en Canosa, en enero de 1077, obtuvo la absolución del Papa en persona. Pero en 1080 Enrique reanudó las hostilidades, declarando de nuevo a Gregorio depuesto, y nombrando antipapa a Clemente III. Tras un asedio de tres años, Enrique tomó posesión de Roma en 1084. Sin embargo, cuando Gregorio estaba a punto de caer en sus manos, Roberto Guiscard, duque normando de la Apulia, entró en la ciudad, liberó a Gregorio, y obligó a Enrique a volver a Alemania. Pero la lamentable condición a la que quedó reducida Roma obligó a Gregorio a retirarse finalmente a Salerno, donde murió. Su fiesta se celebra el 25 de mayo. ⇨ antipapa; catolicismo; papado.

Gregorio Magno, San (c. 540-604) Papa (590), Padre de la Iglesia. Nacido en Roma, fue nombrado pretor de Roma por Justino II, pero en torno al 575 abandonó su cargo. Repartió sus bienes entre los pobres y se retiró a un monasterio en Roma, uno de los siete que había fundado. Fue estando aquí cuando vio un día a unos jóvenes anglosajones en el mercado de esclavos, y se

Gregorio Nacianceno

vio preso del deseo de convertir su país al cristianismo. Emprendió el viaje, pero el papa Benedicto le obligó a volver debido a su popularidad. Pelagio II envió a Gregorio como nuncio a Constantinopla a pedir ayuda contra los lombardos. Permaneció allí tres años, escribiendo su obra *Moralia,* una explicación del libro de Job. A la muerte de Pelagio, fue llamado al unísono por el clero, senado y pueblo para sucederle. Intentó eludir la dignidad, pero fue obligado a aceptar. Es dudoso que algún Papa haya sobrepasado a Gregorio I como administrador. La Iglesia romana le debe la completa organización de sus servicios públicos y ritual, y la sistematización de sus cantos sagrados. La misión a Inglaterra se la confió a Agustín, y el reino godo de España, largo tiempo arriano, se reconcilió con la Iglesia. Su celo por la reforma de la Iglesia no fue inferior al ardor por su crecimiento. Con los «paganos» y judíos era muy tolerante, y se esforzó al máximo para reprimir el tráfico de esclavos y mitigar la esclavitud. Cuando Roma se vio amenazada por los lombardos, se mostró virtualmente como un soberano temporal; rechazó la asunción por parte de Juan, Patriarca de Constantinopla, del título de obispo ecuménico o universal. En sus escritos está plenamente desarrollado todo el sistema dogmático de la iglesia moderna. Dejó homilías sobre Ezequiel y sobre los Evangelios, la *Regula* (o *Cura Pastoralis),* y el *Sacramentarium* y *Antiphonarium.* En exégesis es un alegorista audaz; sus Cartas y Diálogos abundan en narraciones milagrosas y legendarias. Su fiesta se celebra el 3 de septiembre. ⇨ Agustín, San.

Gregorio Nacianceno, San o **de Nacianzo** (c. 330-c. 389) Prelado y teólogo griego, nacido en Capadocia. Educado en Cesarea, Alejandría y Atenas, se convirtió en íntimo amigo de Basilio *el Grande,* y fue hecho obispo de Sasima, pero renunció para llevar una vida de estudio religioso en Nacianzo, cerca de su lugar de nacimiento. El emperador Teodosio I *el Grande* le hizo patriarca de Constantinopla (380), pero renunció al puesto en el 381. Sus obras teológicas se ocuparon en su mayor parte en la defensa de la ortodoxia nicena e incluyen discursos, cartas e himnos. Su fiesta se celebra el día 2 de enero.

Grial, santo En las leyendas artúricas, cáliz o plato usado por Cristo en la Última Cena. José de Arimatea lo trajo a Glastonbury. Se apareció en Pentecostés en la mesa del rey Arturo, y los caballeros partieron para encontrarlo; esta desviación de energía hacia asuntos poco realistas pudo conducir a la disolución de la Mesa Redonda. El grial puede tener rasgos de las calderas mágicas celtas, pero el culto de las reliquias es una clave que explica mejor sus orígenes. ⇨ Jesucristo; Pentecostés.

griega, religión La religión de los antiguos griegos era politeísta, como lo eran los sistemas de creencia en el Oriente Próximo. Los dioses tenían cada uno una esfera de influencia (por ejemplo, Poseidón sobre el mar) o la adhesión a una localidad (por ejemplo, Atenea a Atenas); con frecuencia, ambas. Aunque los estudiosos de los mitos intentan sistematizar las relaciones entre los dioses, es poco aconsejable tomarse sus vínculos demasiado en serio. Es dudoso que el griego medio supiera más de lo que se contiene en Homero. Además de los doce grandes dioses olímpicos, hubo incorporaciones posteriores de deidades «orientales», especialmente femeninas, como Cibeles e Isis, que adquirieron gran influencia. Los dioses homéricos son muy humanos en sus pasiones y celos rencorosos; las principales diferencias consisten en que no comen alimentos humanos y que no mueren. Se transforman gradualmente en un grupo inferior de semidioses y héroes, gente especial cuyo culto se centraba en torno a sus tumbas. En los cultos eran importantes el ritual y el sacrificio, a su vez, el suplicante esperaba beneficios de ello. El sistema tenía que encargarse de funcionar, como en el caso del oráculo de Delfos. En el siglo V toda la base de la religión fue puesta en duda por los sofistas, y el debilitamiento de la creencia sobrenatural reforzó el humanismo griego. Sin embargo, al mismo tiempo, los cultos mistéricos eleusinos y órficos comenzaron a crecer; aunque altamente secretos, se preocupaban de la supervivencia individual después de la muerte. Finalmente, después de que Alejandro Magno se proclamara a sí mismo dios, quedó abierto el camino a los cultos a los dirigentes del Imperio Romano. ⇨ oráculo; panteón homérico; panteón olímpico; romana, religión.

griegas, religión y ética La religión griega no tenía ni Diez Mandamientos ni sermones. Los dioses de los mitos, fáciles al adulterio, muy a duras penas proporcionaban «modelos de comportamiento» moral en muchas esferas. No obstante, los dioses vigilaban varios aspectos de las relaciones sociales, como las normas de enterramiento y de súplica. Sobre todo, eran invocados en los juramentos, y estos se tomaban en tantos contextos en Grecia que los dioses eran implicados en la mayoría de las transacciones en las que surgían cuestiones de justicia. La crítica filosófica de la religión griega la encontraba moralmente inadecuada, pero el poeta Sófocles estaba más próximo a las posturas populares al considerar la creencia religiosa como el fundamento de la moralidad social. ⇨ griega, religión.

griegas, religión y filosofía En la creencia tradicional, los dioses manifestaban a menudo sus poderes rompiendo o deformando el orden de la naturaleza: enviando un terremoto, por ejemplo, como una «señal» para el hombre. Los filósofos presocráticos insistían en que no existían tales excepciones a las leyes naturales. Esto no significaba que fueran ateos, realmente con frecuencia parecían haber considerado los principios naturales en cierto sentido como «divinos», una actitud muy claramente expresada en las ideas de Anaxágoras (siglo V a. C.) de que la regularidad del orden cósmico no es obra del azar sino de la mente. Los tradicionalistas estaban, por tanto, en parte equivocados por sospechar de los filósofos, en cuanto clase, de impiedad; era, sin embargo, cierto que el «dios de los filósofos» era muy diferente del de la mitología, como se deduce, por ejemplo, del famoso ataque de Jenófanes (c. 500 a. C.) al antropomorfismo: «si bueyes, caballos y leones tuvieran manos, y fueran capaces de pintar o esculpir como los hombres, los caballos pintarían las formas y configurarían los cuerpos de los dioses como la de los caballos, los bueyes como las de los bueyes, representando cada uno la forma que ellos mismos tienen». En realidad, según Jenófanes, Dios es una mente única, incorpórea. ⇨ griega, religión.

Guemará (arameo: «conclusión») Comentario a la Misná judía, que junto con la Misná constituyen el Talmud. Consta en su mayor parte de discusiones rabínicas eruditas que interpretan y amplían las aplicaciones de las enseñanzas legales de la Mishná de rabí Judá. Se produjeron versiones distintas en Palestina y Babilonia. ⇨ judaísmo; Misná; Talmud.

guerra santa judía El concepto de una guerra santa, declarada, luchada y ganada por Yahvé, dios de Israel, tiene su origen en tradiciones del dios como guerrero divino que se encuentran en la Biblia hebrea. En la literatura deuteronómica en particular, se traza una ideología sistemática de la guerra santa. En Josué y Jueces hay historias de Yahvé conduciendo a su pueblo a la victoria en las guerras, principalmente contra los ocupantes cananeos de la tierra prometida. El Deuteronomio ofrece normas para el ritual que acompaña a esta guerra, las cuales culminan en la dedicación a Yahvé de una ciudad tomada y la consiguiente aniquilación de todos sus habitantes. Esta práctica no estaba limitada a Israel, hecho confirmado por la inscripción de Mesha, rey de Moab, que describe la dedicación de las ciudades israelitas capturadas al dios moabita Kemosh. Aunque ciertos rasgos de la guerra santa deben haber estado presentes en el primitivo Israel, probablemente la institución detallada que se ve en el Deuteronomio sea una interpretación posterior. En el siglo II a. C., la revuelta macabea asumió muchas de las características de una guerra santa, dirigida como si fuera contra los jefes supremos paganos. La guerra santa figura también de modo relevante en mucha de la literatura apocalíptica, en la que la batalla final adquiere proporciones cósmicas. ⇨ Antiguo Testamento; apocalipsis.

guna (guṇa) Cualidad o modalidad, en condiciones psicológicas subjetivas o estados cosmológicos objetivos, en la filosofía hindú, especialmente Samkhya. Existen tres gunas: *sattva,* la cualidad de luz y bondad, *rajas,* la cualidad de pasión y energía, y *tamas,* la cualidad de oscuridad e inercia. ⇨ Samkhya.

gurdwara (gurdwārā) (sánscrito: «puerta del gurú») Templo sij, o cualquier lugar en el que el texto sagrado es instalado. Además de un área de culto que aloja a las escrituras, debe incluir un albergue y un lugar para servir comidas. ➪ Adi Granth; sijismo.

Gurmat Término sij, que significa «las enseñanzas del Gurú», usado a menudo por los sij como sinónimo de «sijismo». Su fuente escrituraria son las enseñanzas de Gurú Nanak y los demás gurús sij, tal como se encuentra en el texto sagrado, el *Gurú Granth Sahib*. Estas enseñanzas incluyen las doctrinas de Dios, de la creación, de la gracia de Dios, de la vida moral y de la invocación de la presencia de Dios. La tradición posterior amplió la órbita del Gurmat para incluir el acento del Gurú Gobind Singh sobre la iniciación a la *Khalsa* sij, con sus símbolos externos como las cinco K, y para incluir la regla de vida que se encuentra en el Código de Disciplina, el *Rahit Maryada*. Como especie de sinónimo de sijismo, Gurmat ha llegado a ser más amplio que «enseñanzas», e incluye elementos como la ética, el compromiso social y la espiritualidad que se encuentran en cualquier modelo de religión. ➪ Adi Granth; cinco K; modelos de religión; Nanak; Rahit Maryada; sijismo.

Gurpurab Festividades sij que conmemoran eventos asociados a acontecimientos clave en la vida de un gurú sij. Las tres principales son la fiesta onomástica del primer gurú, Gurú Nanak (15 de abril), la fiesta onomástica de décimo gurú, Gurú Gobind Singh (22 de diciembre) y el martirio del quinto gurú, Gurú Arjan (30 de mayo). Otras comprenden el aniversario de las muertes de los hijos del Gurú Bobind Singh, y el aniversario de la entronización del *Adi Granth* en 1604. Otras festividades sij significativas son Baisakhi, Divali y Hola Mahalla que son fiestas hindúes adaptadas a la costumbre sij. Durante estas festividades (si tienen lugar en un gran centro sij) el texto sagrado, el *Gurú Granth Sahib*, es paseado ceremonialmente en ordenada procesión y después se lee durante 48 horas en un *sendero akhand* (lectura ininterrumpida). Una comida compartida, Langar, tendrá lugar a menudo al concluir la fiesta como símbolo de la importancia ligada a los asuntos sociales en la tradición sij. ➪ akhand, sendero; Baisakhi; Divali o Deepavali; Gurú Granth Sahib; Langar; Nanak.

gurú (gurū) Maestro de conocimiento religioso y/o portador de poder espiritual y de liberación *(moksha)* en el hinduismo. El hinduismo no tiene una autoridad centralizada; más bien el conocimiento religioso y los textos se han transmitido oralmente a través de líneas de transmisión *(parampara, sampradaya, santana)* de gurú a discípulo. Según el modelo teórico hindú, un muchacho de casta alta («nacido dos veces») aprendería el

Gurú Granth Sahib

Veda de un gurú durante unos doce años, después de su iniciación védica *(upanaya),* antes de convertirse en un cabeza de familia. En algunas tradiciones hindúes, como el tantra, el gurú es algo más que un simple enseñante de textos, más bien es un *jivanmukti,* liberado en vida, y capaz de comunicar poder espiritual *(siddhi)* y liberación a aquellos a los que inicia. Tal maestro es «verdadero» o *sat gurú,* al asumir el karma de sus discípulos él mismo y asegurar su liberación en esta vida o en el lapso de unas pocas vidas. En las tradiciones dualistas, como el movimiento Hare Krishna, el gurú no es identificado con el absoluto, pero todavía tiene el poder de iniciar a través de la gracia de Dios. En el Sahiva Siddhanta, Siva toma posesión temporalmente del gurú para los propósitos de la iniciación solamente. Hay muchos gurús en la India, tratados con gran reverencia, como Sai Baba, que han atraído a un gran número de seguidores tanto en la India como en Occidente. De hecho, actualmente son seguidas muchas líneas de transmisión gurú en Occidente. ⇨ casta; Hare Krishna, movimiento; jivanmukti; moksha; Siddhanta sivaíta; Veda.

Gurú Granth Sahib (Gurū Granth Sāhib) Principal texto sagrado sij y símbolo contemporáneo esencial de meditación para la tradición sij. Llegó a ser conocido con este nombre en 1708, cuando la muerte del Gurú Gobind Singh, el décimo gurú sij, señaló el final de la sucesión de gurús personales; pero fue originalmente compilado como *Adi Granth,* el Primer Libro, por el Gurú Arjan en 1604. Su contenido son los poemas e himnos del Gurú Arjan, de los cuatro gurús que le precedieron y de escritores Sant como Kabir, Farid, Namdev y Ravidas. Escrito en la escritura gurmukhi, en una forma del hindi antiguo, tiene una consistencia de organización según el autor, forma y metro. Es profundamente reverenciado como si fuera un gurú humano al ser tomado de su lugar de descanso, llevado en procesión a su dosel, instalado allí y mecido con un flabelo ceremonial. Los adoradores se postran ante él antes de devolverlo a su lugar de descanso. Instalado en cada templo sij como foco de atención y autoridad, es constantemente consultado y leído con frecuencia en voz alta, bien en parte o durante una lectura ininterrumpida de 48 horas llamada *sendero akhand.* ⇨ Adi Granth; akhand, sendero; gurdwara; Sant, tradición; sij, gurú.

gurú sij ⇨ **sij, gurú.**

Gutiérrez, Gustavo (1928-) Teólogo de la liberación peruano, nacido en Lima. Al abandonar los estudios médicos por el sacerdocio católico, estudió filosofía y psicología en Lovaina (1951-1955) y teología en Lyon (1955-1959) antes de su ordenación en Lima, convirtiéndose allí en profesor de teología en la universidad católica en 1960. Su fundamental y clásica *Teología de la liberación* (1971) está dedicada a «hacer» teología. Esta se define como «reflexión crítica sobre la praxis histórica», y se basa en responder a las necesidades de los pobres y oprimidos más que en imponer soluciones desde fuera. Esto ha supuesto un desafío para los que apoyan el *statu quo* en América Latina y para los que practican la teología académica en cualquier parte. Él investiga las raíces bíblicas y espirituales de la teología de la liberación de manera más profunda en *El poder de los pobres en la historia* (1984), *Bebemos de nuestros propios pozos* (1984) y *Sobre Job* (1987). ⇨ catolicismo; teología de la liberación.

H

Habacuc, Libro de Uno de los doce libros proféticos denominados «menores» de la Biblia hebrea/Antiguo Testamento, atribuido al, por otra parte desconocido, profeta Habacuc, posiblemente del siglo VII a. C. Consiste en dos diálogos sobre por qué Dios permite al impío «cercar» al justo (Israel), con la respuesta de que «el justo vivirá por su fe» (Habacuc 2, 4; Romanos 1, 17; Gálatas 3, 11). La oración final celebra la venida de Dios triunfante sobre sus enemigos. ⇨ Antiguo Testamento; profeta.

Hachiman Importante *kami* (poder sagrado) en la tradición sintoísta japonesa. Empezó como el kami de granjeros y pescadores, y el primer santuario erigido a él fue en Usa en la costa oeste del Japón. Más tarde quedó asociado a los asuntos militares y llegó a ser conocido como el dios de la guerra. Desde el siglo VIII era también conocido como un bodhisattva budista, ya que las tradiciones sintoísta y budista crecieron unidas, siendo finalmente considerado como el protector del budismo. Esto suponía un precedente para la llegada conjunta del kami sintoísta y las divinidades budistas en el movimiento sincretista conocido como sintoísmo Ryobu. Se estima que más de un tercio de los santuarios budistas están dedicados a Hachiman, que sigue siendo una de las más populares deidades sintoístas. ⇨ bodhisattva; kami; Ryobu, sintoísmo.

Hades En la mitología griega, rey del mundo inferior, terrible pero justo. Fue responsable del rapto de Perséfone. Para los griegos, Hades fue siempre una persona, nunca un lugar pero, por transferencia el mundo inferior —la casa de Hades»— llegó a ser conocido por ese nombre (que significa «lo invisible»). Está situado debajo de la tierra o en el Occidente lejano; allí siguen existiendo los espíritus débiles de los muertos. ⇨ griega, religión; mundo inferior.

Hadith (Ḥadīth) Tradición islámica sobre una variedad de temas, que se remontan al profeta Mahoma o a uno de sus compañeros. Proporciona guía a los musulmanes sobre todos los aspectos de la vida, y sigue en autoridad al Corán. Las enseñanzas son introducidas por una

haggadá

cadena de autoridades a través de la cual se dice que la tradición se ha transmitido y validado. ⇨ Corán; islam; Mahoma.

haggadá Desarrollo interpretativo judío de las secciones narrativas y teológicas de la Biblia. La palabra significa «narración», derivada del verbo hebreo «narrar». Como la halaká, que se ocupa de la conducta humana, la haggadá expone el contenido de partes de la literatura rabínica y judía tardía. La haggadá compensa omisiones, clarifica oscuridades, y armoniza contradicciones de la Biblia; abarca temas como la naturaleza de Dios, la misericordia divina, y la persona del Mesías. La haggadá normalmente toma la forma de *midrash,* es decir, interpretación abierta de la Escritura, en contraste con la halaká, que se expresa ordinariamente al margen de la Escritura. Sin embargo, existe también una haggadá no midrásica. Una importante colección haggádica es el Midrash Rabbá (el «Gran Midrash») desde la segunda mitad del primer milenio después de Cristo, que comenta el Pentateuco. La sección sobre el Génesis, llamada Génesis Rabbá, es la más antigua e incluye la exposición de la Aqedah o «sacrificio de Isaac» de Génesis 22, 1-19. A pesar de la importancia de estas tradiciones, la haggadá es esencialmente creativa y especulativa, dando lugar a la disensión; esto contrasta con la halaká, que permanece inalterada y obligatoria. La Haggadá (Pascua judía) es la narración litúrgica en los hogares judíos de la historia del Éxodo en la Pascua judía. ⇨ halaká; midrash; Pentateuco.

Haggadá de la Pascua judía Título dado al texto litúrgico utilizado durante el *seder* u orden del acto litúrgico para la víspera de la Pascua judía; consta de extractos bíblicos y otros, además de bendiciones y oraciones. Con la caída de Jerusalén en el 70 d. C. el centro de atención de las celebraciones pascuales se desplazó del Templo al hogar. Así, en los hogares judíos tradicionales la familia se sienta alrededor de la mesa mientras dura el seder, incluyendo la comida de Pascua y recitación de la Haggadá. La Haggadá describe la esclavitud de los israelitas en Egipto y da gracias a Dios por su redención; se utiliza para dar gracias por el don de la tierra prometida, pero desde el 70 d. C. esto ha sido sustituido por una petición de la venida de la redención final. La Haggadá toma la forma de un comentario sobre el sumario de acontecimientos de Deuteronomio 26, 5-8, y responde a cuatro preguntas preestablecidas formuladas por el más joven de los presentes, comenzando por «¿Por qué esta noche es diferente a todas las demás noches?». A lo largo de los siglos se han producido muchas ediciones de la Haggadá, incluyendo algunos manuscritos iluminados especialmente bellos del siglo XIII al XV. ⇨ culto judío; haggadá; hagim; Pascua judía; siddur.

hagim o **chagim** Las fiestas o hagim (singular: «hag») en el año judío señalan tiempos de significación religiosa. Las tres grandes fiestas de peregrinación son Pesach (o Pascua), Shavuot (Semanas) y Sukkot (Tabernáculos). La Biblia estipula que los judíos varones vayan a Jerusalén para las celebraciones rituales de estas épocas, que eran originalmente fiestas agrícolas, Pesach el 15-22 de Nisán combina dos de estos elementos, pero también se le da una significación histórico-religiosa al conmemorar la redención de Israel por obra de Dios en Egipto. Hasta la destrucción del Templo en el 70 d. C. el sacrificio de un cordero, comido con hierbas amargas y pan ácimo, era esencial. Desde entonces el foco de atención se ha desplazado al hogar y no se consume cordero; un orden del acto religioso o *seder* se centra en la mesa familiar incorporando la Haggadá (nueva narración litúrgica de los acontecimientos del éxodo). Siete semanas más tarde viene Shavuot (literalmente «semanas») o Pentecostés el seis de Siván. Quedó asociada en época posbíblica con la recepción por parte de Moisés de la Torá en el Sinaí (ver Éxodo 19, 1). Por eso se leen los diez mandamientos (Éxodo 20) y el Libro de Rut. Sukkot cae el 15-22 de Tishri y conserva más características agrícolas que Pesach y Shavuot. Las familias pasan el tiempo en *sukkot* o chozas, y se utilizan ramas de palmera con sauce, mirto y cidros en la procesión. Sukkot está relacionada con la protección de Dios a los israelitas en el desierto cuando habitaban en chozas (Levítico 23, 43). También, al venir al final de la cosecha, recuerda a la comunidad su dependencia de Dios, y por ello se lee el Eclesiastés. Finalmente, deben mencionarse dos fiestas menores. La Hanuká o Chanukká («dedicación»), el 25 de Kislev, celebra la restauración de Judas Macabeo del Templo en el 164 a. C. (1 Macabeos 4, 52-59). De modo similar, Purim (literalmente «suertes»), el 14 de Adar, conmemora la victoria de Ester sobre Amán, como se narra en el Libro de Ester. ⇨ ayunos judíos; calendario judío; Pentecostés; Shavuot; Simkhat Torá; Sukkot.

Hajj Peregrinación formal a la ciudad santa de La Meca durante el mes islámico de Dhu-ul-Hijja. Es uno de los cinco pilares del islam. ⇨ cinco pilares islámicos; islam; La Meca; peregrinación.

halaká Cuerpo completo de leyes y decretos contenidos en la literatura talmúdica y rabínica del judaísmo, que rige la práctica religiosa y civil de la comunidad judía. Se distingue de la *haggadá,* que no se ocupa de la ley religiosa, y que incluye materiales como parábolas, fábulas, sagas y oraciones. Los orígenes de la halaká se dice que son la revelación a Moisés en el monte Sinaí. En tiempos más recientes, los rabinos han tenido que modificar o adaptar estas leyes para acomodarlas a la vida moderna. Los judíos reformados a menudo ignoran los edictos de la halaká. ⇨ judaísmo; midrash; Moisés; Sinaí, monte; Talmud.

Halloween

Halloween Fiesta cristiana y pagana, que se celebra en la noche del 31 de octubre, cuando se supone que los espíritus de los muertos vuelven a sus anteriores casas, y las brujas y demonios vagan en la noche. Era el último día del año celta y anglosajón, y muchas de las costumbres de Halloween tienen su origen en ceremonias paganas. Este día, en algunas partes del Reino Unido, los niños se visten, especialmente, de brujas y fantasmas, y van de puerta en puerta ofreciendo breves espectáculos a cambio de presentes; en EE. UU., los niños van por las casas reclamando «travesura o regalo», si no hay «regalo» o presente, se le gasta una travesura o broma pesada al dueño de la casa.

Hammurabi (s. XVIII a. C.) Rey amorrita de Babilonia (c. 1792-1750 a. C.), más conocido por su Código de leyes. Es también famoso por sus conquistas militares, que hicieron de Babilonia la potencia más grande de Mesopotamia. ➪ babilónica, religión.

hanafita (ḥanafī) Escuela islámica de jurisprudencia fundada por Abu Hanifah. Es una fuerza legal predominante en la India y en el área anteriormente dominada por el imperio turco; actualmente cuenta con el mayor número de seguidores entre las cuatro escuelas sunníes de jurisprudencia dentro del mundo islámico. La escuela hanafita reconoce a las otras tres escuelas sunníes como ortodoxas: la escuela hanbalí fundada por ibn Hanbal (780-855), la escuela malikí fundada por Malik ibn Anas (716-95), y la escuela shafií fundada por al-Shafii (767-820). Sin embargo, se supone que los musulmanes pertenecen a una escuela y se adhieren a su camino. La escuela hanafita tiene un método más literal y formal que las otras, pero también permite interpretaciones amplias mediante el uso de estratagemas legales para eludir las disposiciones positivas de la ley. ➪ fiqh.

Hanuká Fiesta judía anual celebrada en diciembre (comienza el 25 de Kislev), que conmemora la rededicación del Templo de Jerusalén tras la victoria de Judas Macabeo sobre los sirios en el 165 a. C. (primer Libro de los Macabeos); conocida también como la Fiesta de la Dedicación o Fiesta de las Luces (encendiéndose luces cada uno de los ocho días de la fiesta). ➪ macabeos.

Hanuman (Hanumān) Dios-mono de la epopeya Ramayana, que es el valeroso y leal defensor de Rama. Deidad hindú popular, es representada como medio humana y medio mono. ➪ hinduismo; Rama; Ramayana.

haoma Palabra avéstica que significa «la que está presa» y designa a una planta muy apreciada por los antiguos iranios. La identidad de la planta *haoma* original se desconoce pero, al igual que la planta actualmente conocida en Irán como *hĕm*, puede haber sido una especie de efedra. Su jugo tenía un efecto estimulante, que ofrecía inspiración a poe-

tas y visionarios, y valor y fuerza a los guerreros. La haoma (indio antiguo *Soma*) desempeñaba un importante papel en el ritual sacrificial de los antiguos indios e iranios: la preparación, consagración y consumición ritual del jugo de haoma eran elementos esenciales del ritual *yasna* zoroástrico, y lo mismo se podía decir de su equivalente indio antiguo, el *yajña*. La función ritual de la planta condujo a la idea de una divinidad Haoma personalizada, invocada como sanadora y protectora, y para preservar de la sequía y del hambre.
⇨ zoroastrismo.

harae Ritual de purificación practicado en el sintoísmo japonés. Es el más venerable de los rituales sintoístas, que aparece por primera vez en las crónicas sintoístas del siglo VIII, en las que el *kami* Izanagi se purifica lavándose en un río después de tener enredos con los malos espíritus. En el nivel más básico, la purificación se practica al entrar a un templo, lavándose las manos y enjuagando la boca con agua. También la practican los sacerdotes sintoístas en sus preparativos y rituales. En el plano del culto, cada ritual comienza purificando el sacerdote a los presentes antes de que se inclinen ante el kami, y antes de que la puerta del santuario interior sea abierta. Las ceremonias harae se conducen a veces como exorcismos, en los que los espíritus perjudiciales para la comunidad son dispersados y las impurezas relacionadas con desastres, como hechicería y muerte, lavadas. Normalmente se utiliza agua, aunque en algunas circunstancias también se puede usar sal o fuego. El énfasis en la pureza es importante en Japón y se puede ver actualmente en temas más amplios, como el uso de vestidos húmedos después de las comidas y el énfasis en el baño.
⇨ exorcismo; kami; sintoístas, santuarios.

Haramain Término que se refiere a La Meca y Medina, los dos lugares sagrados de Arabia donde se inició la tradición musulmana. A los no musulmanes no se les permite entrar en estas zonas sagradas, y está prohibido matar cualquier criatura en ellas excepto en casos de urgente necesidad. La Meca era un centro comercial con un importante santuario, la Kaaba, que Mahoma purificó cuando volvió a La Meca en el 630. Tenía en su entorno un *haram,* un recinto sagrado, en el que sólo se puede entrar en época de peregrinación. La Meca, con la Kaaba y el resto de sus lugares sagrados, se convirtieron en el centro de peregrinación más importante para los musulmanes. La Gran Mezquita de La Meca es a menudo llamada al-Haram, la Sagrada. Al tomar parte en la peregrinación anual (Hajj) los musulmanes visitan también Medina, que se convirtió en base residencial de Mahoma en el 622, y siguió siendo la capital musulmana durante más de treinta años. Contiene la tumba y mezquita de Mahoma que pueden, sin embargo, ser visitadas en otros momentos así como durante la peregrinación. El Monte del Templo de Jerusalén es el tercer lugar sagrado

Hare Krishna

para los musulmanes, aunque de menor significado que La Meca y Medina. ⇨ Hajj; Jerusalén en el islam; La Meca; Mahoma; Medina; peregrinación; Piedra Negra.

Hare Krishna, movimiento Movimiento religioso fundado en EE. UU. en 1965 por Su Divina Gracia A. C. Bhaktivedanta Swami Prabhupada como La Sociedad Internacional para la Conciencia Krishna. El movimiento promueve el bienestar humano fomentando la conciencia de Dios basada en los textos védicos antiguos de la India. Es uno de los nuevos movimientos religiosos más conocidos provenientes de Oriente, en gran parte como resultado de los jóvenes con vestidos azafranados reunidos en los centros de las ciudades que cantan el *mantra Maha*, de donde se deriva su popular nombre. En su búsqueda de progreso espiritual, los devotos practican el vegetarianismo, no toman bebidas alcohólicas, no practican el juego y son célibes aparte de la procreación dentro del matrimonio. ⇨ Bhagavad Gita; Krishna.

harén Habitación privada para mujeres en los hogares musulmanes, apartada de la mirada de desconocidos. Sólo a ciertas categorías de personas se les permite el acceso al harén tal como enumera el Corán (24, 31): «di a las creyentes... que cubran con velos sus senos, y que no muestren su adorno más que a sus propios maridos o padres, o suegros, o a sus hijos o hijastros, o a sus hermanos o sobrinos, o a sus mujeres, o sus esclavas, o sirvientes que no tienen vigor, y niños que no saben nada sobre la desnudez de las mujeres». Harén significa literalmente prohibido y está relacionado con la palabra *haram* que significa prohibido, restringido o sagrado. Mientras el harén es un área prohibida restringida a las mujeres, los *haramain* son los lugares sagrados de La Meca y Medina prohibidos a los no musulmanes. El harén está relacionado con la noción de purdah, según la cual las mujeres musulmanas deberían ir completamente cubiertas en público, pero da un paso más prohibiendo totalmente que las mujeres sean vistas por extranjeros o por hombres distintos de aquellos con los que tienen relaciones estrechas o los eunucos. ⇨ Corán; haramain; mujeres en el islam, las; mujeres en la religión, las.

Hari Nombre de Visnú y también de Krishna que implica que es «el que quita» (*hari*) el sufrimiento. No es una deidad distinta de Visnú e iconográficamente es representado como idéntico a él, con concha, disco, loto y maza. Hari a veces se encuentra unido a Hara, nombre de Siva en su aspecto de «el que quita» la vida. Efectivamente, la deidad Hari-Hara es una representación del Dios supremo en cuanto que comprende dos mitades complementarias. ⇨ Siva; Visnú.

Harijan Hijos de Dios *(Hari)*. El término fue acuñado por Gandhi para designar a los intocables, la más baja de las castas hindúes. Los intocables son llamados así porque son considerados altamente contaminantes por las castas superiores, y viven en situación de impureza ritual permanente. Tradicionalmente los intocables viven fuera de los límites del pueblo y están excluidos de la corriente principal de la cultura hindú, incluyendo el estudio védico, y se les niega la entrada en muchos templos. Debido, en parte, a la lucha de Gandhi por sus derechos, el gobierno indio ha intentado mejorar la condición de estas «clases programadas» por medio de la educación, un programa que ha encontrado resistencia. ⇨ Gandhi, Mohandas Karamchand; Hari.

Harimandir o **Templo Dorado** Centro de la religión sij en Amritsar, Punjab, India. El templo data de 1766 y se levanta sobre un lago sagrado. Está recubierto por láminas de cobre dorado que llevan inscripciones del *Granth Sahib,* el libro sagrado de los sij, que se guarda dentro. ⇨ Amritsar; Gurú Granth Sahib; sijismo.

Hasidim, o también **Hasideos** (hebreo: «fieles») Originalmente, judíos que en el siglo II a. C. resistieron a las influencias griegas y paganas en la religión de Israel, y buscaban la adhesión estricta a la ley judía; son probablemente los antecesores de los fariseos. Apoyaron la primera revuelta macabea, pero rehusaron luchar por la independencia nacional una vez que el sumo sacerdocio legítimo había sido restaurado. En tiempos más recientes, se refiere a los judíos ortodoxos extremadamente conservadores que se adhieren a los principios del movimiento hasídico del siglo XVIII. No llevan vestidos modernos y se dejan crecer mechones de pelo distintivos. Celebran el culto normalmente en pequeños grupos, separados de otros judíos. ⇨ fariseos; hasidismo; judaísmo; macabeos.

hasidismo Movimiento popular de mística judía, que se remonta a una secta perseguida en la segunda mitad del siglo XVIII en Polonia, caracterizado por un modelo ascético de vida, observancia estricta de los mandamientos y fuertes manifestaciones extáticas de culto y oración. Originalmente se opuso a la autoridad rabínica y a las prácticas judías tradicionales, subrayando la importancia más de la oración que del estudio de la Torá como medio de comunicarse con Dios, pero cuando se extendió por Ucrania, Europa oriental y finalmente a Europa occidental y América, fue al fin aceptado como parte del judaísmo ortodoxo. ⇨ cábala; judaísmo; mística; rabí o rabino; Torá.

hasmoneos ⇨ **macabeos.**

hatha yoga Yoga de la fuerza *(hatha)* en el hinduismo, el yoga hatha fue desarrollado por los yoguis nath entre los siglos IX y XI, aunque algunos de sus aspectos son más antiguos. La meta del yogui hatha es la liberación en vida *(jivanmukti)* a través de la purificación del cuerpo y la conciencia. Al purificar el cuerpo el yogui espera crear un cuerpo divino *(divya deha)* perfeccionado o madurado en el fuego del yoga, con lo cual él alcanzará la liberación *(moksha)*. Los principales textos sánscritos de la tradición son el *Hathayogapradipika* de Svatmarana Svamin (siglo XV) y más antiguo que este el *Shiva Samhita*. Estos textos abogan por la purificación del cuerpo a través de la limpieza del estómago con un trapo que se tragan *(dhauti)*; la limpieza intestinal absorbiendo agua por el recto *(basti)*; limpieza de la nariz con hebras *(neti)* y tomando agua por la nariz y expulsándola por la boca *(kapala bhati)*. En estos textos se mencionan muchas posturas corporales *(asanas)*, entre ellas la más famosa es la postura del loto *(padmasana)*. Relajando el cuerpo y la respiración por medio de la asana y el control de la respiración *(pranayama)*, la mente puede relajarse a través de la concentración. Estas prácticas acaban en el despertar de Kundalini, la adquisición de poderes mágicos *(siddhi)* y en la liberación final. ⇨ jivanmukti; Kundalini; moksha; nath, yoguis.

Hathor Antigua diosa egipcia del cielo, representada como una vaca o mujer con rasgos bovinos, con un disco solar entre sus cuernos. Hathor era la diosa del amor, la danza y la música alegre, siendo su instrumento típico el sistro. Como diosa madre figuraba en la imaginería real, representada frecuentemente como una vaca amamantando al joven faraón. En Tebas estaba asociada a la necrópolis y era adorada

Micerinos entre la diosa Hathor y la divinidad Diospolis Parva. Museo Arqueológico (El Cairo)

como deidad mortuoria. Su principal centro de culto estaba en Dendera, en el alto Egipto, donde se la erigió un magnífico templo durante el período grecorromano. Aquí era considerada la consorte de Horus, y su estatua era llevada anualmente a su templo de Edfu. En el Reino Nuevo (c. 1567-1085 a. C.) y más tarde, Hathor llegó a ser identificada cada vez más con Isis. ⇨ faraón; Horus; Isis.

Haumai Noción sij de naturaleza humana, que corresponde a «arrogancia» o «egoísmo», y que señala al seguidor de su propia voluntad más que de la Palabra de Dios. El resultado de esta actitud es el renacimiento, aun cuando se hayan realizado buenas acciones partiendo de un propósito egoísta. La meta sij en la vida es vivir según la voluntad de Dios *(Hukam)* y vencer la tendencia a vivir según las propias inclinaciones. Recordando a Dios, invocando su presencia y siguiendo su voluntad, Haumai puede ser trascendida. No obstante, sigue siendo un lazo que impide a los humanos escapar del renacimiento. Se requieren la Gracia de Dios, el Nombre de Dios y la Palabra de Dios para vencer esta influencia. ⇨ Hukam; Sat Gurú; Shabad.

Hebreos, Carta a los

Escrito del Nuevo Testamento de autoría y destinatarios desconocidos, a veces atribuido a Pablo, atribución esta generalmente dudosa desde los primeros tiempos. Enfatiza cómo Jesús, en cuanto Hijo de Dios, es superior a los profetas, los ángeles y Moisés, y cómo Jesús actúa como sumo sacerdote perfecto en el santuario celestial. Bien instando a los judeocristianos a no volver al judaísmo, bien desafiando a las herejías protognósticas o las prácticas cultuales de los gentiles, las principales instrucciones son contra el letargo espiritual y la recaída en el pecado. ⇨ Jesucristo; Nuevo Testamento; Pablo, San; Paulinas, Cartas.

Hechos de los Apóstoles

Libro del Nuevo Testamento, la segunda parte de una narración iniciada en el Evangelio de Lucas, que describe los primeros progresos de los seguidores de Jesús en la difusión de la fe cristiana. Comienza con la resurrección y ascensión de Jesús, pero se centra en su mayor parte en el crecimiento de la iglesia de Jerusalén, su propagación a Samaria y Antioquía, y los viajes misioneros de Pablo al Asia Menor, las tierras del Egeo, y Roma. ⇨ apóstol; Jesucristo; Lucas, Evangelio según; Nuevo Testamento; Pablo, San.

hégira Huida del profeta Mahoma de La Meca a Medina, el 16 de julio del 622. La partida señala el comienzo de la era musulmana. ⇨ islam; Mahoma.

Hel o **Hela** En la mitología nórdica, Hel era la hija más pequeña de Loki; la mitad de su cuerpo era carne humana viviente, la otra mitad se descompuso. Odín la encomendó regir Helheim (el mundo inferior) y recibir los espíritus de los muertos que no habían muerto en batalla. ⇨ germánica, religión; Loki; mundo inferior; Valhalla.

helenistas Grupo mencionado en el Libro de los Hechos (6, 1; 9, 29), contrapuesto a los «hebreos», y que normalmente se entiende que eran judeocristianos de habla griega, críticos con el culto del Templo y se preparaban para la misión cristiana a los no judíos. San Esteban, el primer mártir cristiano, puede haber sido uno de ellos. Otras interpretaciones sobre este grupo los consideraban judíos (no cristianos), cuya lengua materna era el griego, o incluso no judíos (griegos). ⇨ cristianismo; Hechos de los Apóstoles.

Heliópolis, teología de

Situada al sur del delta del Nilo, Heliópolis era el principal centro de culto del dios solar Ra en el antiguo Egipto. Según el sistema teológico de sus sacerdotes, fue aquí donde surgió de las aguas de Nun la colina primigenia y apareció el primer dios Atón, que mediante la procreación engendró a las deidades elementales Shu (aire) y su consorte Tefnut (humedad). Sus hijos eran el dios tierra Geb y la diosa del cielo Nut; los dioses no elementales Osiris, Isis, Seth y Neftis fueron introducidos en el sistema como hijos de Geb y Nut. Estos nueve dioses formaban la enéada heliopolitana. Geb, el primer rey, transmitió su autoridad a su hijo Osiris, ligando así el esquema cosmológico al sistema político de los faraones, que eran considerados como Osiris cuando morían, y a su hijo Horus mientras estaban vivos. La influencia de Heliópolis, en su cénit durante el Reino Antiguo (c. 2686-2181 a. C.), se desvaneció durante el segundo milenio a. C., cuando la ciudad de Tebas y su dios Amón se hicieron predominantes. ➪ Amón; Atón; colina primigenia; enéada; faraón; Horus; Isis; Neftis; Nun; Osiris; Ra; Seth.

henoteísmo

Término que describe la actitud de aquellos pueblos que adoran y siguen exclusivamente a un solo Dios, aunque también reconocen la existencia de otros dioses y que puedan ser legítimamente adorados por otros grupos de gente. Como tal, el término ha sido usado para describir la actitud de la fe de Israel desde el más primitivo culto de Yahvé hasta que se logró el desarrollo de un monoteísmo puro en los escritos del Deutero-Isaías en el siglo VI a. C. El primer mandamiento, «Yo soy el Señor tu Dios, que te sacó de la tierra de Egipto, de la casa de la servidumbre. No tendrás otros dioses ante mí» (Deuteronomio 5, 6-7), representa una actitud henoteísta en cuanto que muestra la pretensión absoluta de Yahvé sobre el pueblo de Israel en un entorno politeísta. Existe un debate considerable entre los investigadores sobre si este término hace o no justicia a la comprensión de Israel de que Yahvé era superior a todos los demás dioses. También se acepta actualmente que no existe progresión clara de un politeísmo primitivo que evoluciona a través del henoteísmo hacia el monoteísmo; más bien, estos conceptos deben considerarse como perspectivas alternativas dentro de un rico registro de tradiciones religiosas. ➪ judaísmo; monoteísmo; politeísmo.

herejía

Falsa doctrina, o negación formal de la doctrina definida como parte de la fe católica o universal. En la Iglesia cristiana, en los siglos XII y XIII, se estableció la Inquisición para erradicar la herejía, lo que provocó muchos juicios y condenas. Antes del siglo XX, la idea cristiana de herejía fue enormemente modificada, siendo la sanción última la excomunión. En el islam, la herejía todavía se puede castigar con la muerte. La herejía total o rechazo de toda fe se denomina apostasía.

⇨ albigenses; Arminius, Jacobus; Arrio; donatistas; Inquisición; monofisitas; nestorianos; Pelagio.

Hermandszoon, Jakob ⇨ **Arminius, Jacobus.**

Hermanos (en Cristo) Iglesia fundada a finales del siglo XVIII en Pensilvania, EE. UU., que procede de la tradición menonita. Pietista, evangélica y misionera, pronto se extendió a Canadá, y actualmente, aunque con pocos miembros, sostiene iglesias misioneras en Asia, África y América Central. ⇨ menonitas; misiones cristianas; pietismo.

Hermanos de Hutter Confesión protestante que remonta sus orígenes a las comunidades moravas dirigidas por Jakob Hutter, que fue martirizado en 1536. En la actualidad existen en EE. UU. y Canadá más de cien comunidades basadas en la posesión comunitaria de la propiedad y escuelas independientes.

Hermanos Moravos o **Unitas Fratrum** Grupo protestante que desciende de una asociación de Hermanos fundada en Bohemia en 1457. Conservando creencias evangélicas, señalaban la importancia de seguir una filosofía no violenta centrada en Cristo. Concedían un lugar preeminente a los himnos en el culto y en 1501 imprimieron el primer himnario protestante. Salieron de Bohemia en 1722 a causa de la persecución y se refundaron en Sajonia bajo el nombre de «moravos» en vez del primitivo Hermanos «bohemios». Se propagaron por Europa, donde fueron influidos por el pietismo. En 1734 la Iglesia morava se estableció en Norteamérica, donde viven hoy la mayoría de los miembros. Pioneros en la actividad misionera, la desarrollaron sobre todo en sociedades desfavorecidas, como los innuit (esquimales) y los indios americanos. Hasta 1793, en que se formó la Sociedad Misionera Baptista, tenían más misioneros trabajando que el resto de la Iglesia protestante. ⇨ misiones cristianas; pietismo; protestantismo.

hermenéutica En religión, teoría de la interpretación y comprensión de los textos. Aunque sus orígenes residen en la filosofía griega antigua, la hermenéutica recibió nuevo ímpetu en las discusiones del siglo XVIII sobre los problemas de interpretación bíblica planteados por el desarrollo del método histórico-crítico. Schleiermacher desplazó la atención de la formulación de reglas de interpretación a la cuestión de cómo es posible comprender el discurso escrito de diferentes culturas y épocas. La discusión fue llevada más lejos por Wilhelm Dilthey (1833-1911) y, en este siglo, por Heidegger y especialmente Hans-Georg Gadamer (1900-). Durante este tiempo, la discusión se amplió para abarcar todos los aspectos de la comprensión de los textos y se introdujo en muchos campos, incluyendo la teoría literaria, las ciencias sociales, filosofía social y estética. ⇨ crítica bíblica; hermenéutica cristiana; Schleiermacher, Friedrich Ernst Daniel.

hermenéutica cristiana

En la tradición hermenéutica cristiana, la atención se centra en cómo leer la Escritura. Se pueden reconocer hermenéuticas implícitas, así como explícitas. Por ejemplo, la Iglesia ha asumido con frecuencia que toda la Escritura es infalible y, por tanto, incapaz de discrepancia fundamental, mientras que la investigación crítica presupone que las discrepancias pueden muy bien indicar conflictos significativos. De igual modo, leídos desde una perspectiva marxista o feminista, textos y contextos se manifiestan de modo muy diferente. O, por otra parte, la exégesis más primitiva y medieval presuponía que había algún significado alegórico vital en toda la Escritura, mientras que los Reformadores deploraban como distorsión cualquier desviación del «sentido llano». Existe un acalorado debate entre quienes consideran la interpretación como, en principio, el intento de lograr la verdad objetiva, y aquellos que piensan que es indispensable y deseable una hermenéutica comprometida al aproximarse a cualquier texto o contexto, no existiendo realidad neutral u objetiva. ⇨ crítica bíblica.

hermética o hermetismo

Tradiciones que derivan de un obra egipcia en dieciocho tratados conocida como el *Corpus Hermeticum*, o *Hermetica*, que data de los siglos II o III d. C. Texto filosófico místico, honra al dios egipcio Thoth, que se identifica con el griego Hermes bajo el nombre de Trismegisto (tres veces el más grande). La obra proclama una revelación que invita a los seguidores a arrepentirse de la ignorancia y malas acciones, a recibir la iniciación, aceptar instrucción personal en la sabiduría y recto vivir, dedicarse a la autodisciplina ascética, centrarse en la meditación en silencio y finalmente gozar de una visión de la Luz y de Dios que concede renacimiento a un sentimiento de profunda identidad con Dios y el mundo entero. Llegó a Europa occidental en el siglo XV y se interpretó que era pre-griego y pre-cristiano, y que preparaba el camino a Cristo. Fue así aceptado por algunos cristianos como texto «cristiano» místico y oculto, que se mezcló con ideas neoplatónicas y de la cábala cristiana. Cuando en 1614 la investigación demostró que era poscristiano, su influencia se desvaneció en los círculos cristianos, pero siguió siendo influyente en áreas de Occidente en las que la magia, ocultismo, alquimia, misticismo heterodoxo y el interés en el antiguo Egipto seguía siendo fuerte. ⇨ alquimia; cábala cristiana; magia; mística; oculto; Thoth.

Herodes Antipas (22 a. C.- c. 40 d. C.)

Gobernante de Palestina en la época romana, hijo de Herodes *el Grande*, por cuya voluntad fue nombrado tetrarca de Galilea y Perea. Se divorció de su primera mujer para casarse con Herodías, la esposa de su medio hermano Filipo, unión contra la que Juan Bautista protestó a costa de su vida. Al llegar Herodes Antipas a Jerusalén con motivo de la Pascua, Jesús fue llevado ante él por Pilatos para que lo

Herodes interroga a Jesús. Salterio. Biblioteca Nacional (Madrid)

interrogara. En el 39 hizo un viaje a Roma con la esperanza de obtener de Calígula el título de rey; no sólo fracasó, sino que, por las intrigas de Herodes Agripa, fue desterrado a Lugdunum (Lyon), donde murió.
⇨ Juan (Bautista), San.

héroes griegos Junto a los dioses, segundo grupo importante de seres adorados por los griegos. Los héroes, en este sentido cultual, deben distinguirse de los «héroes» del mito y la poesía, aunque existía considerable coincidencia entre los dos grupos: muchos héroes míticos se convirtieron en figuras de culto, pero los héroes cultuales podían también ser oscuros personajes locales. Solía creerse que un héroe de culto era un mortal difunto que conservaba en alguna medida sus poderes y una influencia sobre la vida mortal. El lugar normal del culto al héroe era, por tanto, una tumba, pero encontramos también figuras con nombres reveladores como «barco salvador» o «caballo-perturbador» que suenan más a dioses menores. Los poderes de los héroes eran muy variados. Lo más frecuente, quizás, era que ayudaran en la batalla (de acuerdo con sus propios intereses militares de cuando estaban vivos), enviaran oráculos, o curaran, pero su función como símbolos de identidad grupal era probablemente incluso más importante que sus poderes específicos. Las ciudades, las subdivisiones de la ciudad conocidas como «tribus» e incluso los pueblos, tenían sus héroes característicos; en gran parte la participación en sus cultos era lo que confería a los miembros del grupo relevante un sentido de identidad común. ⇨ culto 1; griega, religión.

Herzl, Theodor (1860-1904) Líder sionista, nacido en Budapest. Se graduó en leyes en Viena. Escribió ensayos y obras de teatro hasta que se vio afectado por el juicio Dreyfus (1894) y el antisemitismo que levantó, que él relató para un periódico vienés. En el folleto *Judenstaat* (1896) defendía la formación de un estado judío como solución; convocó el Primer Congreso Sionista en Basilea (1897), y negoció con el káiser Guillermo I, Abdul-Hamid II, el primer ministro ruso, Joseph Chamberlain y el barón Rothschild. ⇨ antisemitismo; sionismo.

hesicasmo Término relacionado con la oración practicada por los «hesicastas», ermitaños o monjes solitarios (en cuanto opuestos a los «cenobitas», los que viven en comunidad). Puede referirse generalmente a las tradiciones ortodoxas de oración interior asociadas a San Máximo *el Confesor* (580-662) y San Simeón *el Nuevo Teólogo* (949-1022) o, de manera más específica, a Nicéforo *el Hesicasta* (finales del siglo XIII) y practicantes de la «Oración de Jesús», o a las controversias sobre la conciencia mística de Dios que rodean a San Gregorio Palamas. En la Oración de Jesús, la repetición de «Señor Jesucristo, Hijo de Dios, ten misericordia de mí» se acompaña de la respiración y postura controladas, y el centro de atención en el corazón o yo interior. Estas tradiciones de oración mística eran fomentadas por los monjes del Monte Athos en el siglo XIV y se reavivaron a partir del siglo XVIII por la publicación de la *Filocalia* (1782, traducción inglesa 1951), editada por San Macario de Corinto (1731-1805) y San Nicodemo de la Montaña Santa (1749-1809). ⇨ oración; Palamas, Gregorio.

hierofanía Término, principalmente asociado a la obra de Mircea Eliade, que significa la manifestación de lo sagrado (del griego *hiero*, «sagrado», y *phainein*, «aparecer»). El término es general y no específico, se aplica a cualquier aparición de lo sagrado en un objeto determinado, sea el cielo, el Sol, una piedra o un árbol. Estamos ante una hierofanía cuando la experiencia de lo sagrado, a través de un caso concreto, se reconoce como la manifestación de alguna realidad distinta de la realidad empírica mundana del cosmos. Las hierofanías no están limitadas a una determinada cultura o tradición religiosa. Virtualmente, cada aspecto del orden natural y muchos artefactos humanos, e incluso hombres y mujeres individuales, han actuado como hierofanías en alguna ocasión. Sin embargo, el reconocimiento de lo sagrado en un objeto como una piedra o un árbol es en sí mismo sagrado. Una de las funciones de la hierofanía es separar esos objetos sagrados de los que permanecen profanos. Y uno de sus rasgos más característicos es que, al manifestarse lo sagrado a través de un objeto determinado, lo absoluto se limita a sí mismo de alguna manera. En este sentido, en cada revelación de lo absoluto existe también un velarse, porque al aparecerse en algo particular concreto, lo absolutamente sagrado deja de ser absoluto. El concepto de hierofanía no hace distinción entre el valor relativo de las apariciones de lo sagrado en las tradiciones religiosas de la humanidad. No puede haber manifestación absoluta de lo sagrado en cuanto que cada revelación participa en la estructura necesaria de algo que es también, de alguna manera, una limitación de lo absoluto. ⇨ Eliade, Mircea; sagrado y profano; santo, idea de lo.

Hijo del Hombre Término encontrado en la literatura judía y cristiana, de forma más notable en los Evangelios del Nuevo Testamento, como una frecuente autodesignación de Jesús. El significado del término es controvertido: en arameo es una referencia idiomática para decir «hombre» en general, y posiblemente también un circunloquio de «yo»; en Daniel 7 parece designar a los justos que son exaltados al final de los tiempos y a los que se les concede dominio; en 1 Enoc 48 describe según parece a una figura mesiánica celeste que juzgará al Fin de los tiempos. ⇨ escatología; Jesucristo; Mesías.

Hilal Media luna que se ha convertido en símbolo distintivo del islam. Era un emblema decorativo en la estética y arquitectura islámicas primitivas, y posteriormente apareció en las banderas de los mamelucos de Egipto y de los otomanos de Turquía. Aunque fue considerado por los extranjeros como el símbolo esencial del islam, principalmente por los cristianos occidentales que lo veían como una especie de equivalente de la cruz cristiana, no fue hasta el siglo XVIII cuando el mundo musulmán empezó a verlo a la misma luz. La media luna y una estrella figuran ahora en las banderas de varios países islámicos. La Media Luna Roja ha llegado a ser muy conocida como equivalente musulmán de la Cruz Roja. ⇨ cruz.

Hildebrando ⇨ **Gregorio VII, San.**

Hillel I o **Hillel el Viejo,** apellidado **Hababli** («el Babilonio») o **Hazaken** (siglo I a. C.-siglo I d. C.) Uno de los maestros judíos más respetados de su tiempo, nacido (probablemente) en Babilonia, que emigró a Palestina en torno a los cuarenta años de edad. Fundó una escuela de seguidores, que lleva su nombre, frecuentemente en discusión con los seguidores contemporáneos de Shammai, aunque a menudo presentaba actitudes más tolerantes que ellos. Célebre por su uso de siete reglas en la exposición de la Escritura, sus puntos de vista influyeron en el judaísmo rabínico posterior. ⇨ judaísmo; Shammai.

hinayana budismo ⇨ **budismo hinayana.**

hinduismo Término occidental para una tradición religiosa desarrollada durante varios miles de años y entrelazada con la historia y el sistema social de la India. El hinduismo no remonta sus orígenes a un fundador particular, no tiene profetas, ni credo establecido, ni estructura institucional determinada. Enfatiza el recto modo de vivir (dharma) más que una serie de doctrinas, y abarca así creencias y prácticas religiosas diversas. Existen variaciones significativas entre diferentes regiones de la India, e incluso entre un pueblo y otro. Hay diferencias en las deidades adoradas, textos sagrados que se utilizan y las fiestas observadas. Los hindúes pueden ser teístas o no teístas, venerar a uno o más dioses o diosas, o a ningún dios en absoluto, y representar lo fundamental en términos personales (por ejemplo, Brahma) o impersonales (por ejemplo, Brahman). Común a la mayoría de las formas de hinduismo es la idea de la reencarnación o transmigración. El término *samsara* se refiere al proceso de nacimiento y renacimiento que se sucede vida tras vida. La forma y condición particular (placentera o desagradable) de renacimiento es el resultado del karma, la ley por la cual las consecuencias de las acciones dentro de un vida se tienen en cuenta para la siguiente e influyen en su carácter. La meta espiritual última de los hindúes es el *moksha*, o liberación del ciclo de samsara. Existe una literatura religiosa rica y variada, y ningún texto específico es considerado como autorizado en exclusividad. Los escritos más antiguos que se conservan provienen del período védico (c. 1200-500 a. C.), y son conocidos colectivamente como los Vedas. Más tarde (c. 500 a. C.-500 d. C.) vinieron los libros de leyes religiosas *(sutras del dharma* y *shastras del dharma)* que codificaban las clases de sociedad (varna) y las cuatro etapas de la vida (ashrama), y fueron las bases del sistema de castas indio. A esto se añadieron las grandes epopeyas, el Ramayana y el Mahabharata. El último incluye uno de los textos sagrados hindúes más influyentes, el *Bhagavad Gita*. Ha habido muchas tendencias en el pensamiento religioso hindú. En particular, Shankara (siglo IX d. C.) formuló la postura *advaita* (no dual) de que el alma humana y Dios son de la misma sustancia. Ramanuja (siglo XII) estableció el sistema de *Vishishtadvaita* (no dualidad diferenciada) que, aunque aceptando que el alma humana y Dios son de la misma esencia, sostiene que el alma retiene su autoconciencia y, por tanto, permanece en una relación eterna con Dios. Esto proporcionó el impulso para las escuelas teístas posteriores de pensamiento hindú. Brahma, Visnú y Siva son los principales dioses del hinduismo y juntos forman una tríada (el *Trimurti).* Existen infinidad de deidades menores, incluyendo a las diosas Maya y Lakshmi. El hinduismo se preocupa de la aplicación de los valores religiosos a cada aspecto de la vida, con todo, se pone un gran énfasis en la celebración de complejos y exigentes rituales bajo la supervisión de sacerdotes y maestros brahmanes. Hay tres cate-

Siva

Visnú

hinduismo

gorías de culto: del templo, doméstico y comunitario. La peregrinación a lugares locales y regionales es común, y existe un ciclo anual de fiestas locales, regionales y para todos los indios. Hay más de quinientos millones de hindúes. ⇨ Advaita Vedanta; ashrama; atman; Bhagavad Gita; bhakti; Brahma; Brahman; dharma; hinduismo en el sudeste de Asia; karma; Krishna; Lakshmi; linga; Mahabharata; mantra; moksha; Ramayana; samsara; shankara; Siva; Trimurti; Veda; Visnú.

hinduismo, actitudes devocionales y metas en el La devoción *(bhakti)* a una deidad particular expresada en el culto ritual *(puja)* es el acto religioso central de la mayoría de los hindúes. Las aspiraciones devocionales pueden variar desde las esperanzas de éxito mundano hasta la liberación *(moksha)* del ciclo de la transmigración *(samsara)* a través de la gracia de Dios. Mientras que el monista, como un seguidor del advaita, considera la devoción a un Señor personal como un nivel inferior de práctica y comprensión, el teísta, como el devoto de Krishna, lo considera como el más alto. Para el monista, sólo el conocimiento *(jnana)* del absoluto no dual *(Brahman)* libera, mientras que para el teísta, la liberación es el resultado de la devoción a un Dios personal por medio de su gracia. ⇨ Advaita Vedanta; bhakti; Brahman; culto hindú; Krishna; moksha; samsara.

hinduismo, movimientos modernos en el Durante el siglo XIX, el hinduismo experimentó un «renacimiento» y sus ideas y prácticas fueron reformuladas a la luz del racionalismo occidental. El padre fundador de este movimiento fue Rammohun Roy que estaba influido por la Escritura musulmana y por los Upanishads. Vivió en Calcuta, donde fomentó la reforma religiosa y social, rechazando la adoración hindú de las imágenes y muchas costumbres sociales así como la tradición del sati o suttee, por la que la viuda debía subir a la pira funeraria de su marido muerto. Roy sostenía que la idea upanishádica del Absoluto de no tener cualidades *(nirguna Brahman)* era la doctrina esencial del hinduismo. Fundó el Brahmo Samaj en 1828, que impulsaba el hinduismo como religión racional que debía ser despojada de la superstición y prácticas inmorales. El Brahmo Samaj tuvo un importante efecto en el desarrollo del pensamiento de la India moderna, aunque no fue de vocación popular por su intelectualismo. El Arya Samaj, fundado en 1875 por Dayananda Sarasvati, al igual que el Brahmo Samaj, promovía la reforma del hinduismo, especialmente rechazando el culto a las imágenes en favor de un estricto monoteísmo y fomentando reformas sociales, como el rechazo del matrimonio entre niños. El Arya Samaj llegó a estar asociado al nacionalismo indio y Dayananda Sarasvati defendió el hindi como lengua nacional. La asociación del hinduismo, en su forma fundamentalista, con la política nacionalista ha seguido hasta hoy en la India con la aparición de partidos nacionalistas hindúes como el BJP. Gandhi enfatizó la unidad de Dios o Verdad y la humanidad, y su movimiento *satyagraha,* que, en contraposición con otros movimientos nacionalistas, realzaba la cualidad de la no violencia (ahimsa), fue un instrumento eficaz para lograr la independencia de la India. Gandhi es venerado en toda la India y hay muchas instituciones y asociaciones basadas en los principios de Gandhi. Han existido otros movimientos hindúes modernos que no han tenido el efecto político de movimientos como el Arya Samaj, pero que no obstante han gozado de amplio atractivo popular y normalmente se centran en un gurú concreto. El movimiento Swaminarayan, fundado por Shree Sahajanand Swami o Swaminarayan (1781-1830) —venerado como una encarnación de Narayana, un nombre de Visnú—, ha tenido amplio reclamo en la India occidental y también en el este de África hasta la expulsión de asiáticos de Uganda. Swaminarayan enseñaba una forma del «no dualismo cualificado» de Ramanuja (siglo XII). Existen otros movimientos contemporáneos de amplio interés popular, como la secta del taumaturgo Sathya Sai Baba, el movimiento Yoga Siddha fundado por Swami Muktananda y los movimientos Radha Soami de influencia sij, con base en Beas en el Punjab y en Agra. La tradición Hare Krishna, fundada en su forma actual por Bhaktivedanta Swami Prabhupada, que ha tenido mucho éxito en Occidente, es también fuerte en la India y aceptada por los hindúes. ⇨ ahimsa; Arya Samaj; Brahmo Samaj; Gandhi, Mohandas Karamchand; Hare Krishna, movimiento; nirguna Brahman; Rammohun Roy; Satya Sai Baba; Swaminarayan, movimiento; Upanishads; Visnú.

hinduismo en el sudeste de Asia

Los países del sudeste de Asia tenían lazos con la India desde, al menos, los primeros siglos después de Cristo y eran conocidos colectivamente en la India como *suvarnabhumi,* la tierra del oro. Las religiones indias e influencias culturales entraron en el sudeste de Asia durante el período medieval a través de las rutas de comercio y, lo probablemente más importante, a través de los brahmanes que eran invitados a las cortes de los reyes para servir como administradores, astrólogos y consejeros. Una inscripción sánscrita procedente de Indonesia de alrededor del 400 d. C. lo testifica. Efectivamente, reyes locales adoptaron ideas, rituales e iconografía indios y el sánscrito se convirtió en la lengua de la corte, a la vez que muchas palabras sánscritas fueron incorporadas al habla popular. Aunque el budismo llegó a ser la principal fuerza religiosa en el sudeste de Asia, especialmente a través de la influencia de los monjes, había, no obstante, reinos hindúes y su influencia se ve todavía hoy en los rituales religiosos; en Tailandia, por ejemplo, los sacerdotes brahmanes todavía dirigen ceremonias reales. El reino hindú más famoso, que floreció del siglo XI al XIII, fue el Jemer, constructores del famo-

hinduismo tántrico

so Angkor Wat, con base en lo que es ahora Camboya. El hinduismo fue adoptado aquí en parte porque parecía sancionar la idea jemer del Dios-rey. El imperio jemer decayó y en Tailandia se desarrolló el reino Sukhothai, que adoptó el budismo theravada como religión nacional. El hinduismo, especialmente el sivaísmo tántrico, también se desarrolló en Indonesia desde Sumatra a Bali, donde se compusieron himnos a Siva. Las formas de arte indio fueron asimiladas por todo el sudeste de Asia, como lo testifican los templos construidos en Java y Camboya durante el segunda mitad del primer milenio. En Indonesia las esculturas hindúes de deidades se ha visto que son imitaciones locales de estilos de los reinos Pallava (siglo VI) y Chola (siglos XI-XIII) de la India. ⇨ budismo; budismo theravada; hinduismo; sivaísmo.

hinduismo tántrico Aunque muy difícil de definir, podría, en general, decirse que el Tantra es una forma heterodoxa de hinduismo preocupado por adquirir poder espiritual *(siddhi)* y la liberación en vida *(jivanmukti),* por medio de la realización de la divinidad esencial o innata de uno. Otros rasgos generales son: que considera el cuerpo como un microcosmos del cosmos, usa fórmulas sagradas o mantras en sus rituales y pone énfasis en el *Shakti,* el poder o energía femenina dinámica. Esta energía contrasta con Siva, la conciencia pasiva, masculina, que, sin la energía de Shakti, es impotente. La polaridad cósmica masculino-femenino está recapitulada en los cuerpos masculino y femenino, e incluso dentro de cada cuerpo. Estas ideas son mencionadas en un gran número de textos llamados tantras, los del hinduismo tántrico revelaron su autoridad como escrituras sagradas en contraposición al Veda ortodoxo. Estos textos generalmente toman la forma de un diálogo entre Siva y Shakti, y tratan de cosmología, iniciación, mantras, ritual y yoga. En el ritual tántrico se dice que sólo un dios puede adorar a un dios, por eso el practicante *(sadhaka)* es purificado y divinizado mediante mantras. De hecho, los mantras son considerados como idénticos a las deidades de los diversos panteones tántricos que son visualizados. Estas deidades son en sí mismas manifestaciones de un poder absoluto, a veces considerado como Siva, otras considerado como la diosa (como Kali). Algunos ritos tántricos implican relación sexual sin tener en cuenta las castas para aprovechar la energía sexual con un fin espiritual, para ofrecer sustancias sexuales a la deidad y para conseguir poder rompiendo tabúes ortodoxos. De hecho, el rito de las «cinco M» o uso ritual de vino *(madya),* carne *(mamsa),* pescado *(matsya),* grano seco *(mudra)* y relación sexual *(maithuna),* ha hecho el tantra famoso a los ojos hindúes ortodoxos. El yoga tántrico implica el despertar de Kundalini, que sube por el cuerpo atravesando los diversos centros *(chakras)* para unirse con Siva en la coronilla, llenando el cuerpo de bienaventuranza y conocimiento espiritual. Aunque los textos tántricos sólo se pueden fechar alrededor del siglo VII d. C., algunos elementos del hinduismo tántrico son muy antiguos y una tradición de ascetas que viven en campos de cremación, de donde se desarrolla el Tantrismo, se remonta al menos a la época de Buda. Tradiciones tántricas se desarrollaron en todas las grandes ramas del hinduismo, de modo más notable el sivaísmo cachemir y el Pancharatra del visnuismo, aunque los ritos eróticos tienden a estar ausentes aquí. ⇨ Buda; chakras; hinduismo; jivanmukti; Kali; Kundalini; mantra; Shakti; Siva; sivaísmo; sivaísmo cachemir; tantra; Veda; visnuismo; yoga.

historia bíblica La Biblia abarca la totalidad de la existencia, se abre con un relato de la creación del universo (Génesis) y se cierra con una visión de los cielos nuevos y la nueva tierra (Apocalipsis). El período histórico empieza con el vagar errante de los patriarcas (siglos XXI-XIX a. C.), seguido del éxodo de Egipto con Moisés (siglos XV-XIII a. C.). Entre las fechas, históricamente verificables y significativas, posteriores están la del Reino unido con David (c. 1010 a. C.) y Salomón (970), el Reino dividido (930), la caída de Jerusalén (586), y las restauraciones de Zorobabel (538), Esdras (458) y Nehemías (432). El período entre el Antiguo y Nuevo Testamento, conocido por nosotros como literatura intertestamental, vio a los judíos viviendo pacíficamente bajo los imperios persa y griego hasta la revuelta provocada con éxito por la insensibilidad religiosa de Antíoco Epífanes (175-164 a. C.). La subsiguiente dinastía regio-sacerdotal asmonea duró hasta la ocupación romana (63 a. C.). Jesucristo nació (c. 6-5 a. C.) antes de la muerte de Herodes en el 4 a. C., y fue crucificado en el 30 d. C. La cronología exacta de la vida del apóstol Pablo es un tema de debate erudito: los esquemas tradicionales datan su conversión al cristianismo en torno al 35, los viajes misioneros del 46 al 57, sus principales epístolas del 49 al 57, su primer encarcelamiento en Roma del 59 al 61 (o 61-63), y las epístolas pastorales (si son genuinas), su segundo encarcelamiento y su martirio en el 64 (o 68). El primer Evangelio escrito (Marcos) data probablemente del 65, poco antes de la destrucción de Jerusalén en el 70 d. C. Mateo y Lucas son fechados normalmente entre el 70-80, y Juan, las epístolas de Juan y Apocalipsis en fechas entre el 90 y el 110. Tradicionalemte se mantiene que el apóstol Juan murió en el 95. Algunos sostendrían que la persecución del Apocalipsis se refiere a la época de Nerón (en torno al 68) más que a la de Domiciano (90-95), y unos pocos datarían el conjunto del Nuevo Testamento antes de la destrucción de Jerusalén. ⇨ Corinto, cristianismo primitivo en; Éfeso, cristianismo primitivo en; intertestamental, literatura; Jerusalén, Iglesia primitiva de; Roma, Iglesia primitiva en.

historia de la religión Surgió en Occidente en el siglo XVIII e implica el uso de la crítica históri-

hitita

ca para interpretar lo que sucedió en contextos históricos determinados. En términos del estudio de la religión ha supuesto un concienzudo trabajo sobre tradiciones individuales. Esto depende de la disponibilidad de manuscritos e instrumentos históricos, que han sido descubiertos en mayores cantidades este siglo. Fuera de los muchos hechos históricos e interpretaciones, se han ido atando cabos y comprendiendo las historias separadas de tradiciones religiosas independientes. Así la difusión histórica entre culturas, y las correspondencias globales que evitan la difusión histórica, pueden ser consideradas con especial cuidado, como el significado de la aparición simultánea durante el tiempo eje del siglo VI a. C. de los filósofos jonios en Grecia, los profetas hebreos y los sucesores de Zoroastro en el Oriente Medio, Buda, el Mahavira jainita y los Upanishads hindúes en la India, y Confucio y las primeras corrientes de taoísmo en China, así como la aparición simultánea en el siglo XII y XIII d. C. de grandes síntesis religiosas en la obra de Maimónides en el judaísmo, Tomás de Aquino y Buenaventura en el cristianismo, Chu Hsi en China, Ramanuja en la India hindú y (un poco antes) al-Ghazali en el islam. ⇨ Buda; Buenaventura, San; Confucio; edad axial; estudio de la religión; Mahavira; Maimónides; Tomás de Aquino, Santo; Upanishads; Zoroastro.

hitita, religión De origen indoeuropeo, los hititas habían levantado un imperio en Asia Menor hacia

Puerta de los leones de un templo hitita en Hattushah (s. XIV a. C.)

la segunda mitad del segundo milenio a. C., pero a partir de c. 1200 decayó a la sombra de Asiria. El desciframiento de tablillas de arcilla cuneiformes descubiertas en Hattushah (Bogazköy, en la moderna Turquía) ha contribuido mucho al conocimiento acerca de la religión hitita. Así, fueron hallados nombres de más de seiscientos dioses; aunque más sabios y poderosos que los humanos, no eran omnipotentes u omniscientes, y comían, bebían, dormían y tenían relaciones sexuales como la gente normal. El panteón estaba organizado jerárquicamente con diferentes divinidades con esferas especiales de influencia; requerían poco de los mortales, cuya relación con ellos era la de esclavos. Sin embargo, la ofensa a una deidad constituía pecado, por el que podía imponerse un castigo y hacer expiación. La mitología hitita incluía historias sobre luchas entre dioses y mitos de «dioses evanescentes». En el último término los desastres naturales se explicaban por la desaparición de una deidad enfurecida. El dios tenía que ser localizado, apaciguado y devuelto, y esto se llevaba a cabo mediante la actividad oracular y ritual. En Hattushah se encontraron templos hititas, que incorporan habitaciones para imágenes representativas de deidades y para personal del templo. Las actividades religiosas hititas incluían la oración, sacrificio y recitación de mitos, mientras que la comunicación divino-humana tenía lugar a través de oráculos, hombres semejantes a profetas y reyes. Finalmente, existen algunos indicios de creencia en un más allá. ⇨ elamita, religión; hurrita, religión; sumeria, religión.

Holi Última fiesta del calendario hindú que tiene lugar hacia el final de febrero. Se caracteriza por la inversión de los códigos normales de conducta y un espíritu de carácter alegre, en el que la gente se arroja agua y polvo coloreados. En las aldeas de algunas zonas de la India, la gente puede llegar a intoxicarse con *bhang,* una bebida elaborada con cáñamo, y se encienden hogueras para simbolizar la destrucción del año viejo. La fiesta está especialmente asociada a Krishna, el joven dios juguetón. ⇨ Krishna.

Holocausto Intento, llevado a cabo por la Alemania nazi, de destruir sistemáticamente a los judíos europeos. Desde el comienzo del régimen nazi en 1933, los judíos fueron privados de derechos civiles, perseguidos, atacados físicamente, encarcelados y asesinados. Con la conquista gradual de Europa por parte de Alemania, el número de muertes creció, y una reunión en Wannsee (enero de 1942) hizo planes para la denominada «solución final». Los judíos eran reunidos en manada en campos de concentración, campos de trabajos forzados y campos de exterminio. Al final de la guerra, en 1945, más de seis millones de judíos habían sido asesinados de una población judía total de ocho millones en los países ocupados por los nazis. De estos, el mayor número, tres millones, eran de Polonia. Otras minorías (gitanos, diversas sectas religiosas, homosexuales) estuvieron también sometidas a las atrocidades nazis, pero el mayor genocidio fue contra el pueblo judío. ⇨ judaísmo.

Honen (1133-1212) Fundador de la escuela Jodo o Tierra Pura del budismo en Japón. Nacido en Japón, ingresó en el gran monasterio Tendai del monte Hiei siendo niño; y tras un período de retiro y estudio en una ermita cercana, apareció a la edad de 43 años para predicar el camino de la Tierra Pura. Señalaba la importancia de la invocación repetida de Amida Buda en el *nembutsu,* a partir del principio de que la misericordia y la gracia de Amida Buda proporcionan el mejor camino para renacer a la Tierra Pura de Amida y el nirvana final. Distinguía entre dos senderos budistas: uno basado en el propio esfuerzo y actividad disciplinada, relevante para una edad más antigua, y otro en la fe sincera en Amida Buda, relevante para su propia época de declive. Fue desterrado de Kyoto

hopi

en 1207 por sus enseñanzas de la Tierra Pura, pero influyó en su gran discípulo Shinran, que fundó una forma incluso más radical de enseñanza de la Tierra Pura, en su Jodo Shinshu o Verdadera Tierra Pura. Hoy los grupos Tierra Pura son más numerosos en Japón que cualquier otra escuela budista japonesa, y prácticas como la invocación del nombre de Amida Buda están extendidas. ⇨ Amida, culto; jiriki y tariki; Jodo; Jodo Shinshu; nembutsu; Shinran; Tendai.

hopi, religión Los hopi («pueblo pacífico») pertenecen al grupo de pueblos sedentarios americanos nativos conocido como Pueblo. Su patria forma una isla en medio de la reserva de los navajos, compuesta por tres mesas que se elevan nítidamente en la llanura desértica. Como otros pueblos del grupo Pueblo, consideran su aparición sobre la Tierra (se consideran los habitantes originales de América del Norte) como el resultado del surgimiento de otro mundo. A diferencia de otros Pueblo, consideran al Sol como agente directo de la creación, aunque el frecuente tema nativo americano de las deidades está representado en una pareja de dioses guerreros. La religión hopi depende del modelo ritual, inmensamente complejo. Refleja un marcado dualismo entre los reinos superior e inferior del universo. A diferencia del dualismo de los iroqueses que habitan el bosque, no es una oposición belicosa de ideas, personas y esferas, sino una oposición de calendario estacional, necesaria para mantener la vida del pueblo; esta característica se aprecia, por ejemplo, en las ceremonias de solsticio diferenciadas para retrasar el invierno y apresurar la primavera. El ritual más ampliamente conocido representa el uso de danzantes con máscaras que representan a los *kachinas,* espíritus de los muertos y de la naturaleza. ⇨ iroquesa, religión; kachinas; Pueblo, religión.

Horeb, monte ⇨ **Sinaí, monte.**

horóscopo Elemento importante en la astrología que interpreta el carácter y destino de una persona (y a veces de un grupo más grande) según la posición de los planetas, normalmente en el momento de nacimiento de una persona. Un horóscopo se elabora sobre la base de información dada por la persona, y es después interpretada según principios sistemáticos. El horóscopo toma en cuenta dos consideraciones principales: el círculo de los doce signos del zodíaco (Aries, Tauro, Géminis, Cáncer, Leo, Virgo, Libra, Escorpio, Sagitario, Capricornio, Acuario y Piscis) cuando son cruzados por el Sol, Luna y planetas en diferentes períodos, y un círculo de doce «casas» en torno al que el círculo del zodíaco da la vuelta, por así decir, cada día. Elaborar un horóscopo es un procedimiento complicado que depende de conseguir datos y fechas correctos. Factores relevantes son la posición del Sol, Luna, planetas y signos del zodíaco; los «aspectos» del Sol, Luna y planetas en relación entre sí, y la posición del Sol, Luna, planetas y signos del zodíaco frente al círculo de doce «casas». Ciertos planetas se cree que están aliados con determinadas actividades y propensiones humanas (por ejemplo, Venus con el amor); las doce casas se cree que están relacionadas con ciertas áreas de la vida (por ejemplo, la segunda casa con el dinero) y los «aspectos» se cree que están asociados a situaciones y posibilidades provechosas o inútiles. Los horóscopos siguen siendo importantes en Oriente y siguen creciendo en significación popular en Occidente, a pesar del escepticismo científico. ⇨ adivinación; astrología.

Horus Antiguo dios egipcio del cielo, representado en forma de halcón u hombre con cabeza de halcón. Es una figura compleja con muchas asociaciones mitológicas. Como dios del cielo, el Sol y la Luna son sus ojos, y sus alas se extienden por los cielos. En Heliopólis está asociado con el aspecto matinal del dios solar Ra y adorado como Ra-Harakhte. Estaba conectado con la divinidad del faraón, que era considerado el «Horus viviente». En la ideología real, el rey era a menudo identificado como hijo de Osiris (que representaba a su predecesor muerto), y Horus era adorado también como el hijo de Osiris e Isis. En las leyendas osirianas aparecía envuelto en una prolongada lucha contra su tío Seth, asesino de su padre. Como hijo pequeño de Isis, criado por ella en las marismas del delta, era popular en el período grecorromano bajo el nombre de Harpócrates, y era representado como un niño en brazos de su madre. Los griegos lo identificaron con Apolo. ⇨ faraón; Isis; Osiris; Ra; Seth.

hsuan hsueh (hsüan hsüeh) Término chino, que significa saber profundo y misterioso, que se refiere al nuevo taoísmo o neotaoísmo que surgió en China en los siglos III y IV d. C. Era una escuela metafísica de pensamiento cuyos principales intérpretes fueron Wang Pi (226-49), Ho Yen (m. 249) y Kuo Hsiang (m. 312). Aunque enfatizaban ciertos elementos de la doctrina taoísta, también honraban mucho a Confucio, al que aclamaban como el sabio más grande. Reinterpretaron las ideas básicas de los textos filosóficos taoístas originales, el *Tao Te Ching* y el *Chiang Tzu*, y afirmaban que existe un No-Ser primordial *(Wu)* que es la fuente de todo y que es la realidad última. Sin embargo, aunque es la unidad que subyace detrás de todas las cosas, su función sólo se puede llevar a cabo por medio del Ser *(yu)*. Existe así una distinción y un tipo de dialéctica entre el No-Ser y el Ser, y entre fuente y función. Esta distinción influyó en las tendencias que tuvieron lugar en el taoísmo posterior, neoconfucianismo y budismo chino. ⇨ budismo chino; Confucio; neoconfucianismo; taoísmo; Tao Te Ching.

Hua Yen Escuela de budismo chino que desarrolló Fa Tsang (643-712 d. C.). Adaptó el pensamiento de los textos sagrados mahayana indios, conocidos como el *Sutra de la Avatamsaka,* a las costumbres chinas. Se

huaca

afirmaba que era el primer discurso pronunciado por Buda después de su iluminación. Lo predicó a los bodhisattvas porque era muy difícil de entender para los comunes mortales; a la gente normal se le enseñaba una versión más sencilla. Fa Tsang escribió el *Tratado sobre el león dorado* para la emperatriz Wu y en él ofrecía una exposición clásica del pensamiento de Hua Yen. Resaltaba la importancia de Vairocana como el resplandeciente Buda que contiene todas las cosas, y describía una visión de la interdependencia e interpenetración de todas ellas. Así la venida a la existencia de cada una de las cosas implica la existencia simultánea de todas las demás de modo que lo uno y lo múltiple, lo interior y lo exterior, y el todo y la parte están unidos. Esto daba un sesgo positivo y chino a la enseñanza mahayana básica del «vacío», de modo que abría nuevas oportunidades en China para la apreciación de la armonía en la naturaleza y entre los seres humanos en la medida en que todos son parte del buda Vairocana. ⇨ bodhisattva; Sutra de la Avatamsaka; vacío; Vairocana.

huaca o **guaca** Palabra quechua que significa «santo» o «numinoso» asociada a objetos o lugares, o a un ser sagrado o su representación. Un rasgo natural (como una roca o fuente), un edificio o un campo de batalla podían ser huaca en virtud de su asociación con un espíritu, divinidad o algún acontecimiento pasado. Las montañas, especialmente los elevados Andes, tenían esta numinosa asociación en alto grado; pero cualquier tumba templo o santuario era huaca. El concepto era plenamente compartido por los incas, que lo introdujeron en su sistema. Todo Cuzco era un vasto huaca. Desde su Templo del Sol irradiaban cuarenta y una líneas a todo el imperio, cada una con su huaca vital. Pero el concepto sobrevivió a los incas, y es todavía esencial para la religión popular andina, ahora normalmente en forma cristianizada. Incluso hoy en día los montones de piedras *(apoceta),* a los que el viajero contribuye con su oración cuando pasa por un sendero de montaña peligroso, son huaca. ⇨ apu; inca, religión.

Huehueteotl ⇨ **Ometeotl.**

huehuetlatolli ⇨ **calmecac.**

Hugo de San Víctor (c. 1096-1141) Místico y teólogo victorino. Nativo de Sajonia, ingresó en el recientemente fundado monasterio de San Víctor, París, en 1115, convirtiéndose en prior y director de estudios en 1133. Su principal obra, *Sobre los sacramentos de la fe cristiana*, que trata del estudio de la Escritura, fue completada con varios escritos sobre la naturaleza de la oración y sus cinco etapas: lectura, meditación, oración, crecimiento en amor, contemplación. Entre los compañeros de Hugo que, como él, estaban dedicados a la vida monástica equilibrada con la investigación, se encontraban el liturgista y poeta Adán de San Víctor (c. 1110-1180) y el místico Ricardo de San Víctor (c. 1123-1173). ⇨ contemplación; meditación discursiva; oración.

Hui Neng (628-713) Sexto patriarca del budismo chan (zen) en China, que fue responsable de importantes progresos en este movimiento. Se describe tradicionalmente como un joven maleducado que fue a trabajar a las cocinas del monasterio Ciruelo Amarillo, donde vivía el quinto patriarca Hung Jen. Tuvo una experiencia de iluminación súbita, y escribió un verso sobre el muro del monasterio que contiene las famosas palabras «la naturaleza buda es siempre clara y pura; ¿dónde hay lugar para la basura?». El quinto patriarca reconoció el talento de Hui Neng, y lo envió al sur, donde fundó la escuela chan del sur, mientras que otro famoso alumno del patriarca, Shen Hsiu, se convirtió en líder de la escuela chan del norte. El *Sutra de la plataforma*, el único sutra escrito en chino en vez de en sánscrito, es atribuido a Hui Neng. En contraste con la escuela chan del norte, Hui Neng enseñaba que la iluminación es súbita no gradual, que los largos períodos de meditación tranquila y el canto de las escrituras son innecesarios, y que uno debe despertar a su propia pureza intrínseca y naturaleza buda más que hacer grandes esfuerzos de purificación para alcanzarlos. Las disputas entre las dos escuelas fueron resueltas en un concilio del 796 d. C., en que el emperador decidió en favor de la postura de Hui Neng. Se convirtió así en la figura clave para determinar la principal evolución histórica chan en China y zen en Japón. ⇨ buda, naturaleza; budismo zen; chan, patriarcas.

Huirococha ⇨ **Viracocha**.

Ofrenda de sangre a Huitzilopochtli.
Biblioteca Nacional (Florencia)

Huitzilopochtli Dios azteca del Sol y de la guerra. Ante su imagen se realizaban sacrificios humanos. Ha sido identificado con el dios tolteca Quetzalcóatl, a quien reemplazó después de la conquista azteca. ⇨ azteca, religión; Quetzalcóatl; sacrificio humano mesoamericano.

Hukam Importante concepto dentro de la tradición sij, que se refiere a la voluntad de Dios. Era originalmente una palabra árabe que significa «orden» o «mandato». Según los sij, Hukam es el orden divino. El orden humano nace del orden divino y el destino de los seres humanos es seguir el Hukam de Dios y vivir en armonía con su orden y voluntad. Sin embargo, los humanos prefieren con frecuencia seguir su propia voluntad egoísta *(Haumai),* y necesitan cambiar de sus propios caminos egoístas y responder a la gracia de Dios. Hukam representa la voluntad de Dios en el sentido de que la voluntad de Dios no es caprichosa sino estable, compasiva y constante.

humanidad

El desafío para los seres humanos está en someterse al orden y voluntad de Dios, y caminar a la luz del Hukam de Dios. Así conocerán a Dios y hallarán la salvación *(mukti)*.

humanidad, visión cristiana de la El cristianismo sostiene que hombres y mujeres son creados a imagen y semejanza espiritual de Dios, y, como señaló San Agustín, permanecen inquietos hasta que encuentran su descanso en Dios. Esta imagen ha sido desfigurada por el pecado, pero puede ser recompuesta a través de Cristo. Así, en célebres palabras de San Ireneo: «La gloria de Dios es que el hombre viva en plenitud.» Este potencial, sin embargo, se verá realizado completamente sólo en el reino celestial de Dios, cuando el mal y todas las limitaciones de la existencia propias de las criaturas sean vencidas. Mientras tanto, la Iglesia, imperfecta como es a causa de que sus miembros están todavía en proceso de santificación, por su manifestación de los dones y frutos del Espíritu Santo, desprende algunos destellos del futuro reino de Dios. La perspectiva cristiana afirma así ser realista, más que superoptimista (como la creencia decimonónica en el «progreso» evolutivo) o superpesimista (como el existencialismo del siglo XX) acerca de la condición de la humanidad. En nombre de la doctrina de la imagen de Dios se opone a todo lo que en la sociedad pudiera deshumanizar al individuo, y por su forma de entender el reino de Dios (que pide sea conocido en la Tierra, como lo es en el cielo), defiende que pecado y salvación, además de los temas éticos específicos, son asuntos colectivos y sociales, tanto como individuales. Muchos cristianos sostendrían también que la Iglesia debería ocuparse del pecado individual y colectivo en su propia organización y estructuras, especialmente lo que algunos percibirían como la deshumanización de mujeres y grupos minoritarios como los divorciados o incapacitados. ⇨ Agustín, San; alma, visión cristiana del; ética cristiana; expiación; Iglesia cristiana; Ireneo, San; más allá, concepto cristiano del; pecado; reino de Dios; salvación, visión cristiana de la; santo, visión cristiana de.

humanidad, visión judía de la Siguiendo el Libro del Génesis 1, 26-28, la tradición judía considera a los humanos como formados a imagen de Dios, lo que les otorga una dignidad especial dentro del orden creado. Como tal la humanidad ejerce dominio sobre la Tierra pero con su responsabilidad de actuar como administradora fiel. Sin embargo, tal responsabilidad implica libre albedrío, y el judaísmo sostiene que la gente es libre para actuar recta o malvadamente, para confiar en Dios o rechazarlo. La razón de que se tome a menudo la última opción no es que la naturaleza humana sea intrínsecamente imperfecta sino que cada uno ha sido investido con dos inclinaciones —la *yetzer tov* («inclinación buena») y la *yetzer ra* («inclinación mala»)— que están en conflicto. Sin embargo, la *yetzer ra* fue creada por Dios y es esencialmente buena. Cuando se la utiliza apropiadamente proporciona el impulso para actividades como el comercio, el matrimonio y la procreación; sólo cuando está fuera de control conduce realmente a la impiedad. No obstante, en la práctica, pocos, si es que hay alguno, están libres de pecado. Por lo tanto, un concepto esencial para la visión judía de la situación humana es la *teshuvah* o arrepentimiento; cualquier individuo que ha pecado puede volver a Dios y ser perdonado sin mediador o soborno. Como en el caso del juicio final, el judaísmo tradicional desarrolló la creencia en la vida después de la muerte, que incluye resurrección corporal, cuando se repartan premios y castigos según la misericordia y justicia de Dios. Aunque el judaísmo otorga al pueblo judío un lugar especial dentro del esquema divino, afirma también que Dios guía el destino global de la humanidad hacia el bien definitivo. ⇨ gentiles; mujeres en el judaísmo, las; Olam haBa.

humanismo Históricamente, movimiento que surgió con el Renacimiento italiano, en los escritos de Ficino, Pico della Mirandola, y otros, que enfatizan la liberación de la humanidad de la esclavitud de la Iglesia y Estado medievales. El movimiento continuó con pensadores como Erasmo y Tomás Moro. Más generalmente, cualquier postura que acentúa la importancia de las personas, típicamente en contraposición a cualquier otra cosa, como Dios, naturaleza inanimada o sociedades totalitarias. ⇨ Erasmo, Desiderio; Moro, Santo Tomás.

humanismo evolutivo Forma de humanismo que sostiene que la ciencia y el conocimiento modernos han emancipado a la gente de las ataduras de la religión sobrenaturalista y dogmática. Desde esta perspectiva, el universo no tiene sentido o finalidad humana especial. La humanidad es parte de un proceso evolutivo, y la aplicación de la ciencia y la razón humanas es su único recurso para crear un mundo más humano. ⇨ darwinismo; humanismo; librepensamiento.

hurrita, religión Los hurritas, antiguo pueblo no semita, y no indoeuropeo, estaban presentes en el norte de Siria y noroeste de Mesopotamia antes de c. 2300 a. C. A mediados del segundo milenio se había formado el reino hurrita de Mitanni en el norte de Siria e Irak. Los hurritas pueden haber estado residiendo en Palestina hacia mediados del primer milenio, y muchos sostienen que los joritas bíblicos (por ejemplo, Génesis 14) eran hurritas. A pesar de que hasta ahora la lengua hurrita no se entiende del todo, los investigadores cuentan con los relatos hititas para la mayor parte de sus datos. Su principal dios era Teshup, dios del tiempo atmosférico y rey de los cielos, representado con la imaginería del toro y el rayo; tenía una consorte Hebat y un hijo Sharruma. Otros dioses hurritas eran Sheri (día), Hurri (noche), Kushukh (dios Luna) y Shimigi (dios Sol). Según el material hitita, Teshup logró su posición sólo después de luchar con sus parientes divinos por la supremacía celeste.

Husayn

Existe evidencia de un interés en el sacrifio de aves y en la magia, pero, en general, se sabe poco sobre las prácticas religiosas hurritas. ⇨ elamita, religión; hitita, religión.

Husayn (al-Husayn) (624-680) Segundo hijo de Alí y Fátima, la hija de Mahoma, nacido en Medina, en Arabia. La historia de Husayn es un elemento central en la tradición musulmana chiíta. Vivía en Medina durante el gobierno del primer califa omeya Muawiya, pero a su muerte se retiró a La Meca sin jurar alianza a Yazid, hijo de Muawiya. Como nieto de Mahoma, tenía pretensiones de liderazgo de la comunidad musulmana y fue persuadido para ir a Kufah en Irak, en el 680, habiendo recibido promesas de apoyo. Sin embargo, él y unos seiscientos hombres fueron rodeados por un ejército de unos cuatro mil en Karbala, cerca de Kufah, y habiendo rehusado rendirse fueron finalmente masacrados. La muerte de Husayn tuvo lugar el 10 de Muharram (10 de octubre), y sigue siendo un aniversario de luto para los musulmanes chiítas. Su muerte es considerada como un martirio sacrificial por los chiítas y el drama de Karbala se recuerda en el arte, folclore, espiritualidad y literatura, y anualmente por rituales conmemorativos frenéticos y de dolor en los que los devotos se golpean por las calles. Para los chiítas, Husayn fue un imán que sucedió a su padre Alí, que medió entre los humanos y Dios. Uno de sus hijos sobrevivió, y la sucesión del imanato se transmitió entre sus sucesores hasta ahora que reside en el duodécimo imán oculto. Karbala sigue siendo el santuario más importante de los duodecimanos chiítas. ⇨ Alí; chiísmo; duodecimanos; imán; imán oculto; La Meca; Mahoma; Medina.

husitas Seguidores de Juan Hus, que a principios del siglo XV constituyeron un movimiento para la reforma de la Iglesia en Bohemia (actual República Checa). Se anticiparon a la Reforma al exigir la reforma moral del clero, la libre predicación de la Palabra de Dios y la disponibilidad de la Eucaristía bajo ambas especies de pan y vino para todos los creyentes. ⇨ Eucaristía; Huss, Juan; Reforma; Wyclif, John.

Huss o Hus, Juan (c. 1369-1415) Reformador religioso bohemio, nacido en Husinetz (de lo que Hus es una contracción) cerca de Prachatitz, hijo de un campesino de Bohemia. En 1398, dos días después de tomar el título de maestro en Praga, comenzó a enseñar allí teología. Le llegó la influencia de los escritos de Wycliffe, probablemente por medio del séquito de Ana de Bohemia. En 1402 fue nombrado rector de la universidad y comenzó a predicar en la capilla de Belén; en 1408 se le prohibió ejercer las funciones sacerdotales dentro de la diócesis. En 1409 fue reelegido rector, pero el arzobispo encomendó a un inquisidor investigar los cargos de enseñanza herética contra él. El papa Alejandro V promulgó una bula que condenaba la doctrina de Wycliffe, ordenaba que fueran quemados en público todos sus escritos y le prohibía predicar en cualquier parte excepto en colegiatas, parroquias e iglesias monacales. Como Huss siguió predicando, fue excomulgado (1411). Se siguieron revueltas populares, y Huss, respaldado por el pueblo, siguió aún manteniendo su postura, y no se entregó ni siquiera después de que la ciudad fuera puesta bajo interdicto papal. En 1413 los asuntos habían cambiado mucho, Huss había hablado aún más audazmente contra la Iglesia, lo que dio como resultado que algunos de sus partidarios más influyentes, incluyendo la universidad, fueran perdiendo su fe en él. Con el consejo del rey Wenceslao de Bohemia, abandonó Praga y halló refugio en los castillos de sus partidarios, pues casi todos los nobles estaban de su lado. Comenzó a escribir su obra principal, *De Ecclesia*, que, como muchos de sus escritos menores, contiene numerosos pasajes tomados casi al pie de la letra de Wycliffe. Por esta época fue convocado un concilio general para reunirse en Constanza, y Huss fue llamado para presentarse ante él. Provisto de un «salvoconducto», garantía del rey Segismundo, llegó a Constanza en noviembre de 1414. Tres semanas más tarde fue detenido y llevado a prisión. No se había presentado ningún cargo preciso en su contra; pero él había reanudado su predicación en Constanza. El concilio condenó los escritos de Wycliffe en 1415, lo que no presagiaba nada bueno. Un año después, en junio de 1416, comenzó su propio proceso; pero no se le permitió hablar libremente en su propia defensa, ni contar con un defensor. Invitado a retractarse de modo incondicional, y a comprometerse a no enseñar las doctrinas que se habían aducido contra él como acusación, Huss rehusó categóricamente y fue quemado el 6 de julio. La rabia de sus seguidores en Bohemia condujo a las sangrientas guerras husitas, en las que los dos partidos de Huss, conducidos por líderes como Ziska y Podiebrad, hicieron algo más que defenderse en muchas batallas contra todas las fuerzas del imperio. No fueron reducidos hasta casi la mitad del siglo. ⇨ herejía; Wyclif, John.

I

I Ching Palabra china, conocida como el *Libro de los cambios*, que es uno de los cinco clásicos del canon confuciano. Sus primeros fragmentos se remontan a los alrededores del año 1000 a. C., y comenzó como libro de adivinación. Los comentarios y adiciones, conocidos como las «Diez Alas», lo complementaron más tarde, y parece haber sido escrito en su forma actual por un editor confuciano en el siglo I d. C. Además de la adivinación, incluía por esa época la teoría de los cinco elementos (tierra, fuego, metal, agua y madera), la noción de yin y yang, historias populares, leyendas históricas y proverbios populares. Acepta que la vida está centrada en el orden cósmico, y, sin embargo, el orden cósmico está sujeto a cambio y, por tanto, los seres humanos deberían adaptarse al cambio de la mejor manera posible. El *I Ching* contiene los famosos ocho trigramas que simbolizan los ocho constituyentes básicos del universo, y los sesenta y cuatro hexagramas que simbolizan los arquetipos universales de la conciencia humana. Se asume que existe una cadena continua de interacción y flujo dentro del universo, y que todo lo que ocurre en él, sea dentro de la naturaleza o de la humanidad, es parte de un todo integral y es capaz de ser entendido por medio del *I Ching*. Ha sido el que más ha influido de todos los clásicos confucianos. ⇨ adivinación; canon confuciano; yin y yang.

Iblis Nombre musulmán del Diablo, derivado de la palabra griega *diabolos*, de ahí la palabra española «diabólico». Era originalmente un ángel, pero desobedeció el mandato de Dios de inclinarse ante Adán y fue proscrito por Dios del cielo. Tentó a Adán y Eva en el Jardín del Edén, y la culpa por su suerte reside en él y no está relacionada con ningún sentido de pecado original inherente a los seres humanos. El Corán considera también a Iblis como uno de los jinn (seres sutiles) que se opusieron a los ángeles, y como cabeza de los jinn dirige el infierno hasta el juicio final. Sin embargo, el Corán 15, 38 sugiere también que Iblis continuará en algún sentido sirviendo a Dios incluso en el infierno, y que finalmente será salvado. Algunos pensadores sufíes han reflexionado sobre este aspecto del ser de Iblis y han visto en él un ele-

ichthus

mento trágico de atractivo equivocado. La mayoría de los musulmanes le han visto de forma más negativa que la del que tienta a los seres humanos e intenta apartarlos de Dios. La *shahadah*, con su vibrante afirmación de que Alá es Alá y Mahoma es su profeta, es un antídoto contra los engaños de Iblis. ➪ Adán y Eva; Corán; Edén, Jardín del; infierno; Satán; shahadah; sufismo.

ichthus o **pez** Símbolo cristiano primitivo que relaciona las letras de la palabra griega pez *(ichthus)* con las letras iniciales de la confesión de fe griega, «Jesucristo, Hijo de Dios, Salvador». Símbolo de Cristo (el pez) y de los recién bautizados (pececillos, cf los discípulos llamados a ser «pescadores de hombres», en Mateo 4, 19; Marcos 1, 17) en la literatura del siglo II, el pez aparece también en los siglos IV-V, en las pinturas de las catacumbas, como símbolo de la Eucaristía. ➪ iconografía; simbolismo.

icono (griego: *eikon*, «imagen») Representación de Cristo, la Virgen María, ángeles, santos, e incluso acontecimientos de la historia sagrada, usados desde el siglo V para la veneración y ayuda a la devoción, especialmente en las iglesias ortodoxas griega y rusa. Son típicamente de estilo bizantino, planos y pintados en óleo sobre madera, a menudo con una capa de oro o plata primorosamente decorada. Se cree que son un canal de bendición de parte de Dios. ➪ iconoclasmo; imágenes.

iconoclasmo (griego: «rotura de imágenes») Rechazo total a la veneración de imágenes. La práctica se justificó como una interpretación del segundo de los Diez Mandamientos (Éxodo 20, 4), y fue apoyada por el Papa y el emperador romano en el siglo VIII, y nuevamente por ciertos Reformadores en el siglo XVI. ➪ Diez Mandamientos; icono; Reforma.

iconografía En religión, toda representación de lo divino o sobrenatural en forma visual por vía de retrato, estatua o relieve de algún tipo. A lo largo de toda la historia religiosa de la humanidad ha habido una tendencia extendida a representar el orden divino por medio de ima-

Cristo rodeado de santos. Icono ruso repujado en plata y esmaltes. Colección privada (Madrid)

ginería visual. Aunque los primeros cristianos hicieron amplio uso de imágenes como la cruz y el pez, no fue hasta después de la agria controversia iconoclasta cuando fueron oficialmente aprobadas. La Iglesia ortodoxa oriental y la católica aceptan la veneración de iconos, afirmando que la adoración no va dirigida a la imagen, sino a la realidad que representa. Las iglesias protestantes, en conjunto, rechazaron el uso de imágenes en el culto, afirmando que era una forma de idolatría. ⇨ icono; iconografía; idolatría; imágenes.

iconografía hindú La iconografía es muy importante en el hinduismo ya que las imágenes de las deidades no son meras representaciones de un poder más elevado, sino que normalmente son consideradas, una vez consagradas, como las deidades mismas. Las imágenes de los dioses, o *murtis,* son los medios por los que lo invisible se hace visible. Efectivamente, sólo a través de lo visible puede accederse a lo invisible, absoluto eterno *(Brahman).* Abhinavagupta (c. 975-1025 d. C.), un teólogo del sivaísmo cachemir, dice que un símbolo *(linga)* tiene tres planos: el plano físico vulgar, que puede ser percibido por los sentidos físicos, un plano cósmico sutil y un plano absoluto en el que no está particularizado y se identifica con la conciencia pura de Siva. Castas o gremios específicos han creado tradicionalmente iconos de deidades, siguiendo reglas precisas en su construcción. El escultor *(sthapati)* conocería la descripción de la deidad por la *dhyana,* o secciones de imaginería visual de los textos, como el *Brihat Samhita* (siglo V d. C.), y conocen la finalidad que se desea para la imagen. Cada imagen muestra normalmente los requisitos simbólicos específicos de la deidad, y el número necesario de caras, brazos y demás. Por ejemplo, Visnú podía ser representado con cuatro brazos, sosteniendo cada brazo uno de sus símbolos: la concha, símbolo de los cinco elementos; el disco, símbolo de la mente; el arco y el loto, símbolos del poder creativo de la ilusión *(maya)* y el universo en movimiento, y la maza, símbolo del conocimiento espiritual. La atribución de significados simbólicos a las diversas partes de un icono, sin embargo, varía de hecho. Las imágenes son instaladas en el sanctum interior o «habitación vientre» *(garbha griha)* de los templos, donde son consagradas, convirtiéndose así en divinas. Algunas imágenes se cree que son tan sagradas que sólo las castas altas pueden verlas. Estas imágenes podían, de vez en cuando, ser transportadas fuera del templo para que la gente recibiera el darshan de la deidad (es decir, del icono), por ejemplo, la imagen de Jagadnatha en Puri, que es llevada alrededor de la ciudad durante la fiesta *ratha yatra.* Las imágenes de las deidades serán tratadas como la deidad e incluso despertadas por la mañana, bañadas, vestidas, alimentadas y acostadas por la noche. La deidad puede ser expresada no sólo en forma de imagen, sino también en

sonido como mantra, en diseño abstracto como en *yantras* y mandalas, y a través del gesto *(mudra)*.
⇨ Brahman; casta; darshan; dhyana; linga; mandala; mantra; maya; Siva; sivaísmo cachemir; Visnú; yantra.

iconografía y simbolismo cristianos Teología y simbolismo en el cristianismo están inextricablemente entrelazados. En un sentido teológico, Cristo es considerado como la imagen o icono del Dios invisible (Colosenses 1, 15), y el redentor y restaurador de la imagen desfigurada de Dios en la humanidad que ha sido estropeada por el pecado. El supremo icono cristiano, en términos artísticos, es, por tanto, la cruz, que representa tradicionalmente una figura crucificada de Cristo que sufre por los pecados del mundo. Algunos de los protestantes que no rechazan los crucifijos y cruces abiertamente como idolátricos (rechazando el argumento de que existe una distinción entre el culto ofrecido a Dios solo y la veneración de cosas que simbolizan a Dios), prefieren en el arte o la arquitectura religiosa una cruz vacía, para significar la creencia de que la crucifixión fue seguida por la resurrección. Otros símbolos cristianos muy conocidos son el cordero (que representa a Cristo como el siervo sufriente de Isaías y el Cordero victorioso del Apocalipsis), la paloma (que representa al Espíritu Santo), y el ichthus, símbolo del pez. ⇨ Espíritu Santo; expiación; ichthus; pecado; redención; resurrección.

Id (´Īd) Término general musulmán para referirse a fiesta, usado en concreto para las dos fiestas islámicas más importantes. La primera, Id al-Adha, la fiesta del sacrificio, tiene lugar al final de la peregrinación a La Meca, y conmemora el sacrificio de Abraham de un carnero en lugar de su hijo, que, según los musulmanes, tuvo lugar en Mina, a las afueras de La Meca. Mahoma inició esta fiesta durante su segundo año en Medina, cuando no les era posible a los musulmanes observar la peregrinación a La Meca. La segunda fiesta, Id al-Fitr, la fiesta de la ruptura del ayuno, tiene lugar al final del ayuno del Ramadán, durante ella se recita la oración especial de Id y se dan limosnas. Ambas fiestas son tiempos de celebración, de estrenar vestidos, de fiesta y de regocijo; la segunda fiesta es tiempo de vacación pública en las comunidades islámicas. ⇨ Abraham en el islam; ayuno; Hajj; Husayn; La Meca; Medina; peregrinación; Ramadán.

idealismo En filosofía, tesis metafísica de que las únicas cosas que realmente existen son las mentes y sus contenidos. Berkeley sostenía que «ser, es ser percibido o percibir»; los objetos físicos son colecciones de ideas que existen sólo en la medida en que son percibidos por las mentes humanas finitas o por la mente infinita, Dios. Hegel afirmaba que incluso las mentes de las personas son meros fragmentos del absoluto, un objeto inmaterial que no es una persona.

ideología Término acuñado, primero por el filósofo Destutt de Tracy (1755-1836) para referirse al estudio de ideas, actualmente usado para describir cualquier serie de creencias que apoyan intereses sectoriales. Las ideologías prevalentes en la sociedad es probable que reflejen y justifiquen intereses de grupos dominantes (de clase, políticos o religiosos). El término implica que las creencias ideológicas son, en alguna medida, exageraciones o distorsiones de la realidad. Varios usos individuales del término han aparecido en diferentes teorías políticas (por ejemplo, el marxismo). ⇨ alternativas seculares a la religión; religión.

ideología tripartita Sistema de creencias que, según algunos eruditos, era sostenido por los antiguos indoeuropeos y por los pueblos que descendieron de ellos. La teoría de que la ideología tripartita era el corazón de las creencias religiosas indoeuropeas fue expuesta por el erudito francés Georges Dumézil, cuyas primeras obras aparecieron en la década de 1920. Dumézil defendía que, en todas las religiones de origen indoeuropeo, los dioses que componen el panteón tienen funciones que están incluidas en tres categorías distintas: las de un rey o sacerdote (la «función primera»), de guerreros (la «función segunda»), o un papel nutritivo, como esposos (la «función tercera»). Dumézil acentuó las semejanzas «funcionales» entre los dioses de diferentes culturas indoeuropeas, sugiriendo que tales figuras divinas tenían un origen indoeuropeo común. La teoría tiene ardientes defensores, así como vehementes adversarios. ⇨ Dumézil, Georges; indoeuropeos.

idolatría En el judaísmo, cristianismo e islam, idolatría es ofrecer culto, que es debido en justicia a Dios, a alguna persona, lugar u objeto distinto de Dios. En su sentido etimológico más estricto, es el culto a las imágenes. El término idolatría proviene de los apologistas cristianos del siglo I, pero el concepto era el que ellos heredaron del judaísmo, en el que los dos primeros mandamientos prohíben explícitamente el culto a dioses distintos de Yahvé y la fabricación de cualquier tipo de representación de la divinidad (Éxodo 20, 3-6). En ello se aprecian dos posibles formas de idolatría: el culto idolátrico de Yahvé a través de imágenes y el culto a otros dioses. El primero está prohibido por el peligro de confundir al ídolo con Dios, que excede toda representación. El segundo está prohibido por la vacuidad de los falsos dioses y sus ídolos. La prohibición de los ídolos nunca gozó de un éxito completo, como se ve por el uso de objetos como los terafim (1 Samuel 19, 13 y 16), y también el ataque profético a su existencia permanente (Isaías 40, 18-25). El cristianismo heredó del judaísmo la prohibición acerca de los ídolos y muestra el mismo grado de confusión sobre el uso de imágenes en el culto. Por ejemplo, la veneración a los santos e imágenes es atacada como una forma de idolatría por la tradición protestante. El pensamien-

ídolos

to católico, sin embargo, insiste en el principio de mediación y rechaza la acusación de que el uso de una mediación intercesora para centrar la devoción sea en sí misma idolátrica. ⇨ icono; imágenes.

ídolos Imágenes que representan deidades, muy utilizados en el mundo antiguo y usados aún en muchos credos actualmente. Ídolos e imágenes prevalecen especialmente en aquellas áreas que han sido influidas por los credos hindú y budista. Se consagran al dios que representan mediante una ceremonia, durante la cual es adorado el dios. Después, los ojos del ídolo son abiertos y se cree que el dios habita el ídolo. Esto no significa que al dios no se le pueda encontrar en cualquier parte, sino que marca una especial asociación entre ídolo y dios, lo que significa que se puede garantizar que al dios se le puede encontrar allí. Los creyentes sofisticados afirman que el ídolo es una representación visible de un poder espiritual, pero la creencia popular con frecuencia atribuye poder al ídolo mismo. ⇨ iconografía; idolatría; imágenes.

ídolos, visión islámica de los La época anterior a la aparición del islam en Arabia es conocida entre los musulmanes como la edad de la ignorancia, cuando eran adorados los ídolos. Esta adoración del ídolo fue condenada por los primeros musulmanes como errónea ante los tonos vibrantes del monoteísmo de la shahadah, que afirmaba que no había más Dios que Alá, y que Mahoma era su profeta. Los principales dioses idolatrados en la Arabia preislámica eran Hubal, el dios de la Luna, y las cuatro diosas al-Uzza, al-Lat, Manat y Wudd, aunque en total había 360 ídolos erigidos en la Kaaba, en La Meca. Sus principales cultos se centraban en rituales de sacrificio, y en procesiones que tenían lugar en las épocas de grandes peregrinaciones y ferias. Con el triunfo del islam los ídolos fueron destruidos, pero la Kaaba, con su Piedra Negra, fue considerada como la «casa santa» y permaneció como santuario consagrado a Dios. Se convirtió en el centro de la Hajj, la gran peregrinación islámica anual a La Meca, que reemplazó a las antiguas ferias, como las de Mina y Ukaz, que se habían centrado en los cultos a los ídolos. ⇨ Alá; Hajj; La Meca; Piedra Negra; shahadah.

idumeos ⇨ **edomitas.**

Ifa ⇨ **adivinación africana.**

iglesia (latín: *ecclesĭa*, del griego ἐκκλησία, «asamblea») En arquitectura, edificio utilizado para el culto religioso público, especialmente cristiano. Adaptado primero por los primitivos cristianos a partir de las basílicas y santuarios romanos, fue después desarrollado en la arquitectura románica de los siglos XI y XII en la ahora más usual planta de cruz latina, que consta típicamente de nave central con naves laterales, cruceros, presbiterio y ábside, como la catedral de Pisa (principalmente 1063-1118) y el Panteón (Santa Genoveva) de París (1757-1790), arquitecto J. G. Soufflot. El plano circular de planta central o cruz griega fue preferida brevemente en la Italia renacentista, como Santa María de la Consolación, Todi (1508-1604). En el siglo XX, el diseño de la iglesia se ha hecho cada vez más ecléctico, la más famosa es la capilla de Notre-Dame, en Ronchamp, Francia (1950-1955), del arquitecto Le Corbusier; la catedral católica de Liverpool (1960-1967), del arquitecto Frederick Gibberd, y numerosas iglesias más pequeñas, generalmente urbanas, son muestras representativas. ⇨ catedral.

Iglesia, organización de la Siguiendo la organización completamente fluida de la Iglesia primitiva descrita en los Hechos y las Epístolas, se desarrollaron tres principales tipos de organización y gobierno de la Iglesia: episcopado, presbiterianismo e independencia. El episcopado se atiene a un ministerio triple de obispos, sacerdotes y diáconos. La unidad básica de la Iglesia es la parroquia a cargo de un sacerdote, que puede estar asistido por el ministerio de los diáconos. Las parroquias están agrupadas geográficamente en diócesis a cargo de un obispo, y las diócesis en provincias gobernadas por un arzobispo o metropolitano. En la Iglesia católica esta jerarquía está gobernada por el Papa. En la Comunión Anglicana (la asociación mundial de iglesias anglicanas nacionales independientes), el arzobispo de Canterbury es el metropolita más antiguo, considerado el primero entre iguales. En la Iglesia ortodoxa los obispos (cuyas áreas se denominan parroquias) están bajo la jurisdicción de patriarcas de diócesis autónomas (autocéfalas). El presbiterianismo sigue a Calvino al mantener que el presbítero y el obispo en el Nuevo Testamento se refieren al mismo oficio y que todos los presbíteros tienen la misma autoridad. Cada comunidad local está gobernada por sus ancianos que la enseñan y gobiernan, y atendida por diáconos. Los presbíteros de comunidades locales gobiernan también en asambleas regionales y nacionales. La independencia sostiene que el Nuevo Testamento jamás se refiere a iglesias regionales o nacionales. Existe solamente la comunidad local gobernada por todos sus miembros reunidos (como en el congregacionalismo) o por ancianos elegidos. Las iglesias locales pueden asociarse con otras para la tarea misionera o caritativa, por ejemplo, pero tales asociaciones no tienen autoridad sobre ellas. ⇨ episcopado; Iglesia cristiana; presbiterianismo.

Iglesia católica (griego: *katholikós*, «general», «universal») **1** Según el Credo de los Apóstoles, Iglesia universal que confiesa a Jesucristo como Señor. ⇨ Apóstoles, Credo de los; Jesucristo. **2** Iglesias cristianas con orden episcopal y que confiesan los credos antiguos. ⇨ episcopado. **3** Específicamente, Iglesia católica romana y otras iglesias que reconocen el primado del Papa, para distinguirlas de las iglesias protestantes y ortodoxas. ⇨ catolicismo; papado.

Iglesia confesante Iglesia formada en Alemania por cristianos

Iglesia cristiana

evangélicos opuestos al nazismo y al «Movimiento eclesial cristiano alemán» que apoyaba a los nazis. Su Sínodo de Barmen publicó la *Declaración Barmen* (1934), que llegó a influir en Alemania y más allá de sus fronteras como base de la resistencia a las opresoras autoridades civiles. Fue sucedida en 1948 por la «Iglesia Evangélica de Alemania». ⇨ Barth, Karl; evangelismo.

Iglesia cristiana El término «iglesia» es aplicado de diversas formas. Puede referirse a la totalidad de creyentes en Jesucristo desde la resurrección (también conocida como la «iglesia universal», la «iglesia invisible», o la «comunión de los santos»), a secciones históricas particulares (Iglesia católica, Iglesia baptista), y a comunidades locales y los edificios en los que celebran el culto. El Nuevo Testamento describe la Iglesia con varias imágenes, incluyendo «pueblo de Dios» y «cuerpo de Cristo». El credo niceno confiesa la creencia en una Iglesia que es «una» (indivisa), «santa» (en vocación y vida), «católica» (universal en extensión y feligresía, ningún tipo o clase de persona puede ser excluida), y «apostólica» (basada en la enseñanza de los Apóstoles). Los reformadores (que, como la Iglesia ortodoxa en 1054, rechazaron la pretensión del Papa de tener la autoridad y tutela apostólicas exclusivas) identificaban a la Iglesia como el lugar en el que el Evangelio era verdaderamente predicado, los sacramentos rectamente administrados y defendida la disciplina eclesial. El pensamiento católico reciente sobre la Iglesia tiene una dimensión exterior o misionera, que la describe como el sacramento (signo y ejemplo) del reino de Dios y de la unidad de la humanidad. El escándalo de la desunión en la Iglesia, que se acentuó en el siglo XIX y a principios del XX por parte de misioneros que exportaron las históricas divisiones del cristianismo europeo a las colonias, ha sido un poderoso motivo que subyace a la cooperación ecuménica en el Consejo Mundial de las Iglesias. Ha habido unas cuantas reuniones entre iglesias protestantes en el plano nacional (como sucedió con la Iglesia del Sur de la India y la Iglesia del Norte de la India), y otras discusiones o negociaciones continúan. Algunos anglocatólicos sostienen que las tradicionales pretensiones de autoridad absoluta del catolicismo podrían finalmente ser modificadas hasta el punto de que el Papa pudiera convertirse en el centro mundial de unidad cristiana. Otros (particularmente de las iglesias del Tercer Mundo en expansión) dirían que las discusiones sobre la unidad de la Iglesia tienen una importancia insignificante comparadas con la necesidad de atajar problemas de desunión social, pobreza, justicia y la supervivencia del planeta. ⇨ Consejo Mundial de las Iglesias; ecumenismo; Iglesia del Norte de la India; Iglesia del Sur de la India; niceno, credo; papado; reino de Dios.

Iglesia de Escocia Iglesia nacional de Escocia, fundada en la Reforma de 1560 bajo el liderazgo de John Knox. Comprende un porcentaje de población más grande que la mayoría de las iglesias protestantes del mundo de habla inglesa, con una fuerte tradición misionera, especialmente en África y en la India. Mantiene lazos y apoya a muchas iglesias en países en vías de desarrollo. Es presbiteriana en su forma de organizar el gobierno y en su disciplina; laicos o ancianos (ordenados) desempeñan un papel preponderante con los ministros en los tribunales de la iglesia en el ámbito local, congregacional (en la Sesión de la Iglesia), a nivel de distrito (presbiterios, supervisando las comunidades de un área determinada), sínodos provinciales y en la Asamblea General. Los ministros (mujeres y hombres), que son ordenados por el presbiterio, son los únicos autorizados para administrar los sacramentos del bautismo (tanto de niños como de adultos) y la Cena del Señor (comunión). Históricamente célebre por su investigación en teología de la Reforma, ha ocupado una posición en la comunidad reformada mundial que está por encima de su tamaño. ⇨ iglesias reformadas; Knox, John; presbiterianismo; protestantismo; sacramento.

Iglesia de Inglaterra Iglesia estatal oficial de Inglaterra, Iglesia nacional que tiene rasgos tanto protestantes como católicos, basada en la autoridad episcopal, y con el monarca de Inglaterra oficialmente como cabeza suya. Se originó cuando Enrique VIII rompió con la Iglesia católica (c. 1532-1534) y fue declarado por el Parlamento «la cabeza suprema sobre la Tierra de la Iglesia inglesa». La Iglesia siguió siendo característicamente de carácter católico, sin embargo, hasta las reformas de doctrina y liturgia de Eduardo VI, cuando apareció el nuevo Libro de Oración Común (1549, 1552), siendo la última edición significativamente más protestante en sus rasgos. Con Isabel I apareció la serie de afirmaciones doctrinales moderadamente protestantes, conocida como los Treinta y nueve Artículos. Ella y Jacobo I opusieron resistencia a un renacimiento católico y a los intentos puritanos de adoptar una postura más calvinista, pero con Carlos I se estableció temporalmente una forma de gobierno presbiteriana hasta que con Carlos II se restauró el episcopado y el Libro de Oración. Aunque existe actualmente una actitud de tolerancia, la tensión entre las tendencias católica y protestante persiste en la Iglesia de Inglaterra, así como las tensiones introducidas por las influencias más nuevas del evangelismo y el liberalismo. La Iglesia de Inglaterra en la actualidad está compuesta por unas 44 diócesis en las dos provincias de Canterbury y York, con más de 16.000 iglesias y otros lugares de culto. Las parroquias locales están organizadas en deanatos rurales y diócesis gobernadas por un obispo y a veces asistido por un obispo sufragáneo o auxiliar. La estructura parroquial es fundamental para la organización de la Iglesia pero, de manera creciente, ministerios en equipo, sacerdotes encargados y sacerdotes sin estipendio han encontrado un lugar, además de los sacerdotes y curas de parroquia. La Iglesia también apoya a sus propias organizaciones y sociedades misioneras. Las sociedades más grandes son la Unión de Madres y el Ejército de la Iglesia, estando la última implicada en tareas de bienestar social. En 1970 se estableció el Sínodo General con la intención de tomar decisiones y manifestar opiniones sobre temas de interés para la Iglesia. También nombra diversas comisiones, juntas y consejos para asesorarlo. Tiene más de 500 miembros, divididos entre las tres casas: las Casas del Clero, de los Obispos y de los Laicos. Se reúne tres veces al año y está presidido por los arzobispos de Canterbury y de York. Además, hay sínodos de clero y laicos de ámbito diocesano. La Iglesia de Inglaterra tiene estrechas relaciones en Gran Bretaña, especialmente con la Iglesia de Gales y con la Iglesia Episcopal Escocesa. La expansión del anglicanismo más ampliamente por el mundo, particularmente en los países de la Mancomunidad Británica, ha otorgado a la Iglesia de Inglaterra un papel destacado dentro de la Comunión Anglicana en general. ⇨ Comunión Anglicana; episcopado; Oración Común, Libro de la; protestantismo; Reforma; Treinta y nueve Artículos.

Iglesia de la Amistad Cristiana

Movimiento de Nueva Georgia, Islas Salomón, uno de los numerosos nuevos movimientos melanesios que está próximo a la Iglesia independiente del modelo africano. Comenzó en la década de los cincuenta, con la obra del predicador carismático, Silas Eto, en la Iglesia metodista. La dirección misionera receló de sus elementos extáticos y visionarios *(taturu)* y el movimiento se estableció como iglesia independiente en 1961. Se ha convertido desde entonces en una gran fuerza social y económica en las Salomón occidentales. Conserva la predicación de Cristo como redentor (y utiliza mucho el crucifijo), pero ha añadido a su liturgia la «Mama Santa» a las personas de la Trinidad. Eto es tratado como Mama Santa, pero el concepto no coincide exactamente con su persona, y los miembros de la iglesia parecen tener varios puntos de vista sobre el estatus de su fundador. ⇨ carga; Jesucristo.

Iglesia de la Unificación

Movimiento religioso fundado por el reverendo Sun Myung Moon en 1954, en Corea, conocido popularmente como los «Moonies». Combinando elementos del taoísmo y el cristianismo, sus enseñanzas están basadas en el libro de Moon *Principio divino,* que contiene una interpretación especial de la Biblia, y en revelaciones que dice haber recibido de Dios. El propósito de la creación era establecer una familia perfecta, pero la Caída frustró su realización hasta su cumplimiento en el reverendo Moon y su señora. Ahora es el momento para que un mesías sin pecado regrese a la Tierra y traiga el reino de los cielos. Algunos consideran a Moon este mesías, aunque él no se ha proclamado a sí mismo como tal. El ritual más importante del movimiento son las bodas en masa oficiadas por Moon, en el que se han llegado a casar hasta 8.000 parejas a la vez. Existe una nueva dedicación semanal de compromiso con la Iglesia. Tiene amplios intereses comerciales, y algunas de sus actividades han generado hostilidad pública, con acusaciones de lavado de cerebro y separación deliberada de los nuevos creyentes de sus familias. ⇨ Caída, la; Mesías; Moon, Sun Myung; nuevos movimientos religiosos en Occidente; reino de Dios; religión.

Iglesia del Norte de la India Iglesia establecida en Nagpur, en 1970, por la unión de seis iglesias diferentes, originalmente misioneras en la India, que incluye a los anglicanos, a la Iglesia Unida de la India del Norte, a los metodistas, baptistas, Hermanos y Discípulos de Cristo. Su estructura combina el gobierno episcopal y el conciliar. ⇨ cristianismo; ecumenismo; episcopado.

Iglesia del Sur de la India Iglesia inaugurada en 1947 en Madrás, India, a partir de la fusión de iglesias anglicanas, metodistas y unidas. Reflejaba un deseo común por la tarea misionera y social así como cultural, e intenta en su organización preservar las tradiciones de cada una de las tradiciones que la constituyen. Está gobernada por un Sínodo General, con obispos, presbíteros y diáconos, e importante participación de los laicos. ⇨ Comunión Anglicana; ecumenismo; metodismo; misiones cristianas.

iglesia doméstica, movimiento de la Descripción aplicada a una variedad de movimientos confesionales que intentan recuperar algo de la vida de la primitiva Iglesia. Debería hacerse quizás una distinción entre iglesias domésticas independientes (con frecuencia organizadas según el modelo congregacional), que cuestionan los valores de las iglesias tradicionales, e iglesias o confesiones tradicionales, que: **1** tienen algunas asociaciones que se reúnen en domicilios privados pero que conservan lazos con la organización más amplia (como grupos familiares en el protestantismo, y comunidades de base en el catolicismo latinoamericano), o **2** quienes se reúnen en privado porque el Estado prohíbe o desaprueba el culto público (como en China y Corea del Norte). El Movimiento de la Iglesia doméstica en Gran Bretaña y EE. UU. incluye grupos de perspectiva diferente. Algunos miran hacia el movimiento de discipulado o pastoreo que tiene raíces en una comunidad de Fort Lauderdale, Florida; algunos se autocalifican como «restauracionistas» inspirados por el ejemplo de la Iglesia primitiva del Nuevo Testamento; otros enfatizan la teología del reino de Dios. El precedente histórico se puede encontrar en los grupos radicales del siglo XVI como los anabaptistas y menonitas; los precursores inmediatos del Movimiento de la Iglesia doméstica posteriores a 1960 son los seguidores de Irving (Iglesia Católica Apostólica) y los Hermanos. ⇨ Hermanos (en Cristo).

Iglesia Episcopal Metodista Africana Iglesia fundada en una asamblea nacional de metodistas negros, en 1816, en EE. UU., culminación de un movimiento iniciado en 1787. Se extendió rápidamente después de la Guerra Civil, y actualmente tiene más de un millón de miembros. En 1841 estableció la primera casa editorial negra de EE. UU. ⇨ metodismo.

Iglesia Episcopal Protestante Iglesia anglicana de EE. UU., establecida formalmente en 1784 tras la Guerra de la Independencia año en que Samuel Seabury (1729-1786) fue consagrado obispo de Connecticut (por los obispos de la Iglesia Episcopal de Escocia). Es una iglesia misionera muy activa, especialmente en el Lejano Oriente y Suramérica. Tradicionalmente, ha permitido mayor participación laica en el gobierno de la Iglesia que la Iglesia de Inglaterra, y algunos obispos permiten la ordenación de mujeres como sacerdotisas. ⇨ Comunión Anglicana; episcopado; protestantismo.

Iglesia Evangélica de los Hermanos Unidos Confesión cristiana establecida en EE. UU. en 1946 por la fusión de la Iglesia de los Hermanos Unidos en Cristo y la Iglesia Evangélica. Ambas iglesias eran semejantes en credo y praxis, realzando la importancia y autoridad de la Escritura, justificación y regeneración. En 1968 se fusionó con la Iglesia metodista para formar la Iglesia Metodista Unida. ⇨ cristianismo; metodismo.

Iglesia Nativa Americana Movimiento religioso indígena del siglo XIX entre los indios norteamericanos, que combina la religión nativa con ciertos elementos del cristianismo. Fue fundada formalmente en 1918. Su ritual principal se centra en el uso sacramental y curativo de la mescalina, alucinógeno no narcótico, derivada de la planta peyote. ⇨ americanas nativas, religiones.

Iglesia Nueva También conocida como la Iglesia de la Nueva Jerusalén, fundada por Emmanuel Swedenborg, y popularmente conocida como la Iglesia swedenborgiana. Swedenborg era un científico sueco que en 1743 comenzó a tener unas experiencias espirituales profundas que erigió en un sistema de ideas que formaron la base de la teología de la Iglesia Nueva. Hacía hincapié en la realidad del mundo espiritual que se contiene dentro del mundo físico exterior. Así, existe un significado espiritual para las palabras exteriores de la Biblia, y un sentido espiritual para la misma palabra exterior, por lo que el calor y la luz del Sol equivalen al amor y sabiduría de Dios. La apertura de este mundo interior de sentido espiritual es llevada a cabo por Jesucristo a través de la Iglesia Nueva. La meta de la vida es desarrollar el propio mundo espiritual interior mediante el arrepentimiento, vida recta, conciencia interior, y el Dios amoroso, que nos conduce así a una vida en el cielo como un ángel entre una serie de categorías de ángeles. Swedenborg afirmaba conversar con ángeles y sostenía que el mundo angélico de los cielos era importante y real. También lo es el infierno, que podemos crear para nosotros mismos y que continúa después de la muerte. Aún existen algunos swedenborgianos e iglesias swedenborgianas en Gran Bretaña y EE. UU. ⇨ ángeles; Biblia; cielo; infierno; Jesucristo; Swedenborg, Emmanuel.

Iglesia ortodoxa o **Iglesia ortodoxa oriental** Comunión de iglesias autónomas que reconocen la primacía honoraria del Patriarca de Constantinopla y que confiesan la doctrina de los siete Concilios Ecuménicos (desde Nicea I, 327, a Nicea II, 787). Incluye los patriarcados de Alejandría, Antioquía, Constantinopla y Jerusalén, y las Iglesias de Rusia, Bulgaria, Chipre, Serbia, Georgia, Rumania, Grecia, Polonia, Albania, República Checa y Eslovaquia. Se desarrolló históricamente a partir del Imperio Romano Oriental o Imperio Bizantino. En doctrina es profundamente trinitaria, y en su práctica acentúa el misterio y la importancia de los sacramentos, de los cuales reconoce siete. De gobierno episcopal, la autoridad más alta es el Concilio Ecuménico. ⇨ Concilio de la Iglesia; episcopado; Iglesia ortodoxa rusa; patriarca; sacramento; Trinidad.

Iglesia ortodoxa griega Iglesia ortodoxa autónoma («autocéfala») de Grecia. Tras el cisma de 1054, la Iglesia ortodoxa griega permaneció bajo el patriarca de Constantinopla, pero se declaró independiente en 1833. El cuerpo gobernante es el Santo Sínodo, que consta de 67 obispos metropolitas, presididos por el arzobispo de toda Grecia, de la sede primada de Atenas. En doctrina comparte las creencias de las iglesias ortodoxas, y en el culto utiliza la liturgia bizantina. Existe un fuerte movimiento monástico, conservado todavía en 150 monasterios. ⇨ cristianismo; Iglesia ortodoxa; liturgia; monacato; patriarca.

Iglesia ortodoxa oriental ⇨ **Iglesia ortodoxa.**

Iglesia ortodoxa rusa Iglesia nacida de la actividad misionera de la sede de Constantinopla de la Iglesia ortodoxa, con una comunidad organizada en Kiev en el siglo IX. En el 988 el cristianismo fue declarado religión oficial; en el siglo XIV Moscú se convirtió en la sede del metropolita, y en el siglo XV la Iglesia se autoproclamó autónoma. Vivió en un estado de tensión con el emperador, y después de la Revolución de 1917 se separó del Estado y sufrió persecución. Logrando algún reconocimiento como fruto de su apoyo a las autoridades en la Segunda Guerra Mundial, estaba en su mayor parte controlada por las agencias gubernamentales. Reflejaba la tradición bizantina o griega hasta el siglo XIX, en que se aprobó una nueva traducción de la Biblia, y en el siglo XX despertó cierto interés por parte de la intelectualidad, consciente del papel que la Iglesia había desempeñado en el arte y la cultura rusas. La Iglesia rusa actual mantiene la fidelidad en

Iglesia Reformada de América

doctrina y liturgia a su herencia ortodoxa, pero está desarrollando también su carácter nacional. ⇨ Biblia; Creyentes viejos; cristianismo; Iglesia ortodoxa; liturgia.

Iglesia Reformada de América Confesión cristiana establecida en 1628 con la organización de la Iglesia colegiada para los primeros colonos reformados holandeses. Logró su independencia en 1770, fue incorporada como Iglesia protestante reformada en 1819, y adoptó su nombre actual en 1867. En 1784 fundó el Nuevo Seminario Teológico Brunswick, el seminario protestante más antiguo de EE. UU. ⇨ iglesias reformadas; protestantismo.

Iglesia reformada holandesa La iglesia protestante más grande de Holanda, nacida de la Reforma calvinista en el siglo XVI. Sus líderes y eruditos han influido en la vida holandesa, en las primeras colonias holandesas, y también en la teología reformada. La Iglesia reformada holandesa de Suráfrica (totalmente separada de la Iglesia de Holanda) es la iglesia oficial de los blancos nacionalistas dominantes de habla afrikaans, condenada por las otras iglesias reformadas por justificar tanto teológica como prácticamente la política de «apartheid». ⇨ calvinismo; iglesias reformadas; protestantismo.

Iglesia Unida de Cristo Confesión cristiana formada en EE. UU. en 1961 (tras 20 años de negociaciones) por la unión de las iglesias congregacionales y cristianas con la Iglesia evangélica y reformada. Concebida como una Iglesia ecuménica protestante, tiene en cuenta la variedad en la organización local y en la interpretación de la doctrina, pero sigue reflejando su trasfondo teológico reformado. ⇨ congregacionalismo; ecumenismo; iglesias reformadas.

Iglesia y Estado La relación entre Iglesia y Estado en el cristianismo se rige por la creencia de que la lealtad última se debe sólo a Dios. Los cristianos pueden apoyar al Estado cuando cumple su papel de asegurar una sociedad estable en la que los valores cristianos se puedan perseguir (como el apóstol Pablo consideraba al Imperio Romano de su tiempo), pero cuando el Estado se opone al credo y principios cristianos, hay que oponerle resistencia (tal como el Libro del Apocalipsis describe al Imperio Romano de época posterior), incluso hasta el punto de aceptar el martirio. Con la aceptación de Constantino del cristianismo, siguieron largos períodos en los que los intereses de la Iglesia (catolicismo) y el Estado (el Sacro Imperio Romano) eran con frecuencia idénticos. Esto era todavía verdad, aunque de un modo más fragmentado, en la época de la Reforma, con la aparición de los estados-nación europeos acompañados por la formación de iglesias estatales. Estas estrechas relaciones entre Iglesia y Estado podían conducir a una confusión de papeles en ambas direcciones: apoyo indiscriminado de la Iglesia a las políticas del Estado, o persecución del Estado de minorías religiosas (cristianas u otras). Históricamente, las reacciones a esta situación han incluido: la formación de iglesias sin conexiones estatales; la separación de iglesias estatales; separación constitucional entre Iglesia y Estado (como en EE. UU.), y llamadas a los estados para que sean neutrales religiosamente y garanticen la libertad de religión para todos —un principio enérgicamente negado por los estados totalitarios. ⇨ Apocalipsis, Libro del; catolicismo; Constantino I; cristianismo, persecución del; sectas cristianas; tolerancia.

Iglesias de Cristo Movimiento religioso cuyos orígenes descansan en la obra de Thomas y Alexander Campbell y Barton Stone, en el siglo XIX, en EE. UU. Predica una restauración del cristianismo del Nuevo Testamento y rechaza todos los credos y confesiones. Más tarde hubo una división que condujo a que los Discípulos de Cristo se distinguieran de las Iglesias de Cristo. ⇨ cristianismo.

iglesias etíopes Son iglesias separatistas africanas que han roto con los grupos misioneros en que nacieron, y que intentan elegir aquellos aspectos del cristianismo considerados apropiados a las necesidades culturales y sociales africanas. Se inspiran en las iglesias donatistas y coptas, y han aparecido en el oeste, centro y sur de África. Algunas han sido apolíticas, pero muchas se han convertido en foco del descontento político. ⇨ coptos; donatistas.

iglesias independientes africanas Nombre dado a modernos movimientos religiosos de África que se consideran a sí mismos iglesias dentro de la tradición cristiana, pero que no se derivaban en su forma actual de fuentes misioneras occidentales. («Independientes» se refiere a su origen, no a su gobierno; casi todas las iglesias africanas son independientes en el sentido de «autogobernarse»). Hasta hace poco existían dos tipos principales. Las iglesias «etíopes» (así llamadas porque algunas de ellas utilizaban este título, que simboliza un cristianismo africano más antiguo que el de las misiones occidentales) surgieron del descontento con la dirección misionera, un deseo de autoexpresión africana, o como rechazo hacia algún aspecto de la política misionera. En todos los demás aspectos las iglesias etíopes mantuvieron las pautas establecidas por las misiones. Las iglesias etíopes aparecieron frecuentemente desde los primeros días del colonialismo y llegaron a ser un rasgo especial en Sudáfrica, pero con la independencia de Iglesia y Estado su importancia ha declinado. Por contra, las iglesias de «curación profética», a menudo llamadas «aladura» o «espirituales» en el oeste de África, y «sionistas» en el sur de África, han florecido desde la independencia. Remodelando la Iglesia sobre la base de una lectura africana de la Escritura, se orientan hacia el

iglesias reformadas

poderoso efecto del Espíritu divino, manifestado en la Biblia en la profecía, la revelación y la curación; las aplican a situaciones africanas, ofreciendo modos inteligibles de hacer frente a la culpabilidad, enfermedad, tensión, y el miedo a la brujería y hechicería. Frecuentes, aunque no sean rasgos universales, son los uniformes, a los que se asignan papeles de rango y códigos de disciplina espiritual. El culto lleva típicamente consigo la danza, el uso de instrumentos africanos y una gran participación de la asamblea. No se pone énfasis normalmente en los temas doctrinales, pero es raro el rechazo explícito de fórmulas cristianas históricas. Las iglesias varían mucho en magnitud (muchas son pequeñas y locales, mientras la iglesia kimbanguista del Zaire cuenta su número de miembros por millones); en organización y dirección; en aceptación de elementos de la religión tradicional (aunque el rechazo completo de la magia fetichista tradicional y de los adivinos es habitual), y en la apertura a otras iglesias (algunas pertenecen a los consejos nacionales de iglesias, unas pocas a la Conferencia panafricana de Iglesias y al Consejo Mundial de Iglesias, y muchas a diversas asociaciones de iglesias independientes). En años recientes algunos países han visto un nuevo tipo de iglesia independiente, que acentúa la unción del Espíritu, la lectura de la Biblia, y la obediencia cristiana radical, pero utilizando medios modernos y rechazando las características de las iglesias de curación profética más próximas a la vida tradicional. Las iglesias más antiguas de origen misionero han reconocido de modo creciente hasta qué punto las iglesias independientes han sabido identificar las necesidades y aspiraciones africanas modernas. ➪ aladura; cristianismo en África; iglesias sionistas; Maria Legio.

iglesias reformadas Iglesias que se derivan de la Reforma de Calvino en la Ginebra del siglo XVI, que adoptan una estructura conciliar o presbiteriana de gobierno de la Iglesia. Actualmente están extendidas por todo el mundo, perteneciendo la mayoría de sus miembros a la Alianza Mundial de Iglesias Reformadas. ➪ anciano; Calvino, Juan; Iglesia reformada de América; presbiterianismo; Reforma.

iglesias sionistas Designación usual para referirse a las iglesias independientes africanas del tipo de curación profética de África del Sur. Muchas incluyen la palabra Sión en su título, siendo la razón histórica una antigua asociación de una rama del movimiento con la utópica Iglesia Cristiana Católica Apostólica carismática fundada en Zion City, Illinois, por J. A. Dowie (1847-1907). Actualmente a «Sión» se le da generalmente un significado trascendente, aunque a veces ligado a la ciudad o asentamiento sagrado de la iglesia. Entre las características de las iglesias sionistas que se han aducido están: bautismo por inmersión, curación por medio de la oración, mensajes revelatorios a través de la profecía y las lenguas, observancia

San Ignacio presenta al papa Paulo III las reglas de la Compañía. Vidriera de la casa de San Ignacio (Loyola, Guipúzcoa)

del séptimo día (en vez del domingo) como sagrado, la admisión de elementos tradicionales africanos en el culto, fundación de una ciudad santa o campamento, fiestas estacionales, rechazo del tabaco, el alcohol y las medicinas (sean tradicionales o modernas) y tolerancia de la poligamia. Sin embargo, no todos estos rasgos se encuentran en todas las iglesias sionistas, que varían en muchos aspectos. Son especialmente relevantes en Zululandia y Swazilandia, y constituyen el primer punto de contacto con el cristianismo para un gran número de adeptos de las religiones tradicionales de África. ⇨ aladura; iglesias independientes africanas.

Ignacio (de Antioquía), San (c. 35-c. 107) Uno de los Padres apostólicos, según la opinión común, discípulo de San Juan; segundo obispo de Antioquía. Según Eusebio, murió mártir en Roma. Las *Epístolas de San Ignacio,* cuya autenticidad ha sido discutida durante mucho tiempo, fueron escritas en su camino a Roma después de su arresto y proporcionan información valiosa sobre la naturaleza de la Iglesia primitiva. Su fiesta se celebra el 17 de octubre. ⇨ apóstol; Eusebio de Cesarea.

Ignacio de Loyola, San originariamente **Íñigo López de Recalde** (1491-1556) Soldado español y fundador de los jesuitas. Nació en su castillo solariego de Loyola, en la provincia de Guipúzcoa. Paje en la corte de Fernando el Católico, más tarde se hizo soldado. En la defensa de Pamplona fue gravemente herido en una pierna, que tuvo que ser rota de nuevo para recolocarla. Después de esta operación su convalecencia fue larga, y, agotadas sus existencias de novelas de caballería, volvió su atención a los libros de vidas de Jesucristo y de los santos. El resultado fue un entusiasmo espiritual tan intenso como aquel por el que se había sentido arrastrado hacia la caballería. Renunciando a la vida militar, resolvió empezar su nueva vida con una peregrinación a Jerusalén. En 1522 inició su peregrinación, cuyo primer paso fue un compromiso voluntario en servir a los pobres y enfermos en el hospital de Manresa. Allí su celo y devoción llamó tal atención que se retiró a una cueva de las cercanías, donde prosiguió solo su curso de austeridad autoimpuesta, hasta que, completamente exhausto, fue llevado otra vez al hospital. De Manresa fue a Roma, después siguió a pie a Venecia y allí embarcó rumbo a Chipre y Tierra Santa. Regresó a Venecia y Barcelona en 1524. Entonces resolvió prepararse para la tarea de la enseñanza religiosa, y a la edad de 33 años volvió a los rudimentos de la gramática, seguidos de los cursos de Alcalá, Salamanca y París. En 1534 fundó, con San Francisco Javier y otros cuatro compañeros, la Compañía de Jesús. El objetivo original se limitaba a peregrinar a Tierra Santa y la conversión de infieles, pero como el acceso a Tierra Santa fue cortado por la guerra con los turcos, intentaron afrontar las nuevas necesidades surgidas de la Reforma. Ignacio de Loyola fue a Roma en

1539 y sometió al papa Pablo III la regla de la orden proyectada, y el voto por el que los miembros se obligaban a ir como misioneros a cualquier país que el Papa eligiera. La regla fue aprobada en 1540, y al año siguiente la Compañía eligió a Ignacio primer general de la orden. Desde esta época residió en Roma. En Manresa escribió el primer borrador de los *Ejercicios Espirituales*, una obra vital en la formación de los jesuitas. Envió misioneros a Japón, la India y Brasil, y fundó escuelas para la formación de la juventud. Fue beatificado en 1609 y canonizado en 1622. Su fiesta se celebra el 31 de julio. ⇨ Francisco Javier, San; jesuitas; peregrinación; Reforma.

ijma (ijmā') Término que significa «asamblea»; se refiere a uno de los principios básicos de la ley islámica. Es la noción de establecer un consenso sobre una materia legal y se deriva de una sentencia *(hadith)* de Mahoma: «Mi comunidad jamás se pondrá de acuerdo sobre el error.» Se refiere especialmente a un consenso sobre un tema legal importante convenido por las autoridades y maestros religiosos notables, pero se puede preparar el camino hacia esto mediante un consenso en el plano popular. Las otras tres fuentes de la ley islámica son el Corán, las sentencias y tradiciones de Mahoma *(sunnah),* y el principio de analogía *(Qiyas)* de leyes precedentes. El problema reside en que el consenso perfecto no es fácil de lograr y, por tanto, en la práctica implica normalmente el consenso de una mayoría más que de todos; la ijma ha sido un principio legal menos importante que el Corán y la sunnah. Dos nuevas doctrinas que estaban ausentes del Corán y la sunnah y que fueron establecidas por la ijma, son la veneración de los santos y la pureza de los profetas. ⇨ Corán; escuelas islámicas de la ley; Hadith; Mahoma; Qiyas; sunnah.

ijtihad (ijtihā') Término, utilizado en la ley islámica, que significa literalmente «esfuerzo». Proviene de una sentencia (hadith) de Mahoma en el que aconsejaba a un seguidor que los rectos criterios para la administración eran los siguientes: en primer lugar el Corán, en segundo lugar la sunnah (las sentencias y tradiciones de Mahoma), y en tercer lugar la ijtihad. Se refiere a los esfuerzos personales o juicios originales que no están basados en precedentes o leyes. Las personas con autoridad para hacer tales esfuerzos o juicios eran llamados *mujtahids*. Los mujtahids más importantes, en la principal corriente de la tradición sunnita, eran los cuatro primeros califas que sucedieron a Mahoma, y los fundadores de las cuatro escuelas legales. Desde entonces la tendencia en el islam sunnita ha sido minimizar la ijtihad en favor de la tradición, y afirmar que la puerta de la ijtihad está cerrada, aunque en la práctica este no ha sido nunca definitivamente el caso. Entre la principal corriente de musulmanes chiítas la situación es diferente y reconocen la ijtihad como una necesidad permanente. En teoría es la función de su imán ocul-

Illapa

to, pero en la práctica pertenece por delegación a líderes religiosos como los ayatolás en Irán. ⇨ ayatolá; chiísmo; Corán; escuelas islámicas de la ley; Hadith; imán oculto; Mahoma; mujtahid; sunnitas.

Illapa Divinidad importante entre los pueblos andinos, y bajo el imperio inca quizá la más importante del panteón después de Viracocha y el dios Sol. Era la divinidad del tiempo atmosférico, la fuente de la lluvia fertilizadora, representada con un garrote y una honda (los signos del trueno), y ropas brillantes (el signo del rayo). Según el mito, cuando los habitantes de la Tierra estaban pidiendo a gritos la lluvia, rompió con un tiro de su honda la olla en la que las lluvias (de la Vía Láctea, el río celeste) estaban almacenadas. En época postinca, Illapa fue fusionado con el invocadísimo Santiago. ⇨ cristianismo en América Latina; inca, religión; Viracocha.

iluminación La noción de iluminación es algo común a muchas tradiciones religiosas, que denota la llegada a la conciencia y experimentación de la verdad después de ignorarla o no ser consciente de ella. Es especialmente importante en la tradición budista, donde el modelo de iluminación se halla en la propia experiencia de Buda bajo el árbol Bo en Budh-Gaya, India, en el siglo VI a. C. La tradición budista recuerda cómo él meditaba sistemáticamente, y atravesó varias capas de la existencia con su ojo espiritual, recordando nacimientos previos, desvelando las leyes del renacimiento, y descubriendo las cuatro nobles verdades: la vida es sufrimiento, el sufrimiento es el resultado del deseo vehemente, el sufrimiento se va cuando desaparece el deseo, y esto se puede lograr en la práctica a través del óctuple sendero. Se transformó en un buda, un iluminado, en el que cristalizaron el conocimiento y la experiencia, revelándole el significado existencial y teórico de la vida. A través de la iluminación, Buda logró el nirvana provisional en vida, y a su muerte alcanzó el nirvana definitivo. Los primeros budistas siguieron su ejemplo y se hicieron santos o *arhats*. La tradición mahayana veía la iluminación de forma ligeramente diferente. Para ella la sabiduría *(prajna)* era la clave de la iluminación, más que las cuatro nobles verdades y convertirse en arhat; la iluminación era despertar, bien gradualmente o de forma súbita, a la propia naturaleza buda de uno, y experimentar un sentido de bienaventuranza, libertad y pureza. Sin embargo, el bodhisattva mahayana ha aspirado a alcanzar la iluminación, pero ha pospuesto sus frutos definitivos (el nirvana final después de la muerte) para renacer en el mundo y poder ayudar a otros a alcanzar la iluminación, o para vivir como bodhisattva trascendente para ofrecer ayuda activa a todos los seres. ⇨ ariya sacca; bodhi; bodhisattva; Buda; budismo mahayana; nirvana; prajna; sufrimiento.

iluminación gradual e **iluminación súbita en el budismo, escuelas de** Estas divisiones surgieron dentro de la escuela Chan de budismo en China, y de la escuela zen de budismo en Japón. En China, la escuela de iluminación gradual llegó a estar asociada con Shen Hsiu (c. 600-702 d. C.), alumno del quinto patriarca chan Hung Jen, mientras que la escuela de iluminación súbita quedó asociada a otro discípulo de Hung Jen llamado Hui Neng (638-713). La escuela de iluminación gradual recalcaba la necesidad de desarrollar una mente pura en vez de una falsa, y trabajar cuidadosamente hacia el punto de la iluminación, mientras que la escuela de iluminación súbita no establecía la distinción entre mente pura y falsa, y buscaba una rápida conciencia de iluminación rechazando incluso el estudio de las escrituras *(sutras),* el uso del ritual y la veneración de las imágenes de Buda. Esta distinción pasó más tarde al budismo zen japonés en el que Dogen (1200-1253) y la escuela (gradual) zen Soto reconocieron el papel de la lectura de sutras, la veneración de imágenes y especialmente la práctica del *zazen,* sentándose en posición vertical con las piernas cruzadas en meditación simple, mientras que Eisai (1141-1215) y la escuela zen Rinzai ponían el énfasis en el uso de koans, preguntas paradójicas que podían sacudir con rapidez a la mente y sacarla de las pautas normales de pensamiento hacia una súbita iluminación. ⇨ Buda, imagen de; budismo zen; chan; Dogen; Eisai; Hui Neng; koans; Rinzai; Soto; zazen.

Iluminados Sociedad de entusiastas religiosos fundada por Adam Weishaupt (1748-1830) en 1776, en Ingolstadt, Baviera. Perseguía extender una nueva religión basada en una razón ilustrada que está en contacto directo con la Razón Divina. Como tal evitó la jurisdicción de la Iglesia y del Estado, y estaba en contra del sacerdocio cristiano. Era también muy democrática en sus ideales de una futura paz mundial y un orden democrático mundial. Los Iluminados, que eran un tipo de sociedad secreta, iban a ser el factor inicial y creativo en el futuro nuevo mundo. La organización de la orden estaba basada en la francmasonería y en cierto momento llegaron a integrarse en ella, pero los Iluminados se vieron más tarde afectados por cismas y quedaron finalmente disueltos. El término general de Iluminismo se aplica a la noción de la iluminación directa de la mente humana por medio de la revelación o al efecto inspirado de la razón humana, y se usa no sólo en relación con los Iluminados de Weishaupt, sino también en relación con grupos místicos como los «Alumbrados» de la España del siglo XVI, y los «Iluminés» de la Francia del siglo XVII, que afirmaban recibir ambos inspiración directa del Espíritu Santo. ⇨ Espíritu Santo; francmasonería.

imágenes El uso y veneración de imágenes es una característica de casi todas las religiones. Sin embargo, es difícil ser preciso acerca de su papel y significado, ya que la función y significado de las imágenes varía de una fe a otra. En cier-

imán

tos credos, como en el practicado en el antiguo Egipto, se creía que la imagen estaba habitada por el dios cultual y era objeto de rituales de aseo y alimentación. La religión popular china también consideraba que la imagen estaba habitada por el dios al que representaba. Las imágenes llegaron a intervenir en los credos que originalmente no desempeñaban. En el hinduismo, por ejemplo, la primitiva religión védica no utilizaba imágenes y sólo de manera gradual llegaron a tener un uso generalizado. Según la tradición el dios «habita» o está especialmente presente en la imagen una vez que ha sido consagrada por el ritual prescrito. El dios no queda limitado por habitar la imagen y puede estar presente en cualquier parte al mismo tiempo. Las imágenes pueden utilizarse también para inspirar devoción y veneración por su adecuada representación o estrecha asociación con algún aspecto de lo divino. En el cristianismo católico, las imágenes de Cristo y la Virgen María son veneradas, no por algún poder que posean en cuanto imágenes, sino como una representación del objeto de culto. Son sencillamente un medio de inspirar devoción. La universalidad de las imágenes sugiere que la humanidad tiene necesidad de ponerse en contacto con lo divino de alguna manera tangible. Ciertamente, la aparición de imágenes en credos originalmente contrarios a la imagen como el hinduismo, el budismo y el cristianismo, e incluso su uso limitado en el judaísmo y el islam, los más profundamente anti-icono, sugiere una profunda necesidad de simbolizar lo trascendente en forma visible y material. ⇨ icono; idolatría.

imán (imān) Término musulmán que significa «modelo» o «ejemplo»; se refiere a tres tipos de líderes dentro de la comunidad musulmana que tienen el mismo nombre pero diferente función. En primer lugar, se usa para referirse al que dirige la oración en una comunidad local. Está al frente de los fieles, que están colocados en filas, y les dirige en la oración, especialmente en las plegarias del viernes a mediodía. Es entendido en el Corán y respetado, puede ejercer un papel efectivo de liderazgo en el ámbito local, aunque no esté formalmente ordenado como un ministro cristiano. En segundo lugar, es un título otorgado a los dirigentes de comunidades o escuelas musulmanas significativas. Por ejemplo, los fundadores de las escuelas islámicas de la ley fueron llamados imanes en este sentido más elevado, y es también un título honorífico concedido a grandes eruditos como Ghazali o fundadores de grandes fraternidades sufíes, como la Shadhili. En tercer lugar, tiene un significado especial entre los musulmanes chiítas. Para ellos el imán es un intercesor único, que tiene autoridad y conocimiento espiritual excepcionales. Consideran que Dios ha elegido a una serie de líderes carismáticos para imanes suyos en una línea de sucesión que pasa a través de Alí y su familia. Desde la desaparición del duodécimo imán, los duodecimanos han dicho que los últimos imanes han estado ocultos, pero que el último volverá como el Mahdi para establecer un reino de justicia y paz sobre la Tierra. Otros grupos chiítas ofrecen distintos detalles de la noción del imán pero lo interpretan dentro de las mismas líneas de carisma divino. ↷ Alí; chiísmo; Corán; duodecimanos; escuelas islámicas de la ley; Mahdi; oración del viernes en el islam; salat; sufismo.

imán oculto (Imām) Noción no aceptada por los musulmanes sunnitas, pero de importancia crucial para los musulmanes chiítas, especialmente para los chiítas duodecimanos. Ellos consideran que el duodécimo imán, llamado Muhammad, que según se decía había nacido en Samarra en el 869, desapareció en el 873 a los cuatro años a la muerte de su padre, el undécimo imán. Se convirtió en el imán oculto que se considera invisible y que todavía vive. Tiene elevados poderes como «Señor del Tiempo», y al final de la historia volverá como el Mahdi para traer justicia y paz a la Tierra. Según los chiítas, oye las plegarias e intercede ante Dios en favor de los humanos, y se aparece en una visión en el momento de la muerte a aquellos que se salvan. Otros grupos chiítas además de los duodecimanos, por ejemplo, los drusos, afirman tener líderes espirituales ocultos similares. Sin embargo, la idea del (duodécimo) imán oculto es de significación capital para los duodecimanos. ↷ chiísmo; drusos; duodecimanos; imán; Mahdi; sunnitas.

Imhotep (c. siglo XXVII a. C.) Médico egipcio y consejero del rey Zoser (III dinastía), probablemente arquitecto de la famosa pirámide escalonada de Sakkara, cerca de El Cairo. Con el tiempo llegó a ser celebrado como un sabio, y durante el período saíta (500 a. C.) era adorado como el dador de vida hijo de Ptah, dios de Menfis. Los griegos lo identificaron con Asclepio, por su reputado conocimiento de medicina. ↷ egipcia antigua, religión; Ptah.

Inari Deidad sintoísta del arroz, la comida y la fertilidad. Es un *kami* japonés muy popular y sus santuarios están diseminados por todo el paisaje del Japón. Su papel principal es el de proporcionar prosperidad agrícola, pero también es reconocido por ser capaz de otorgar beneficios más amplios, como la riqueza y la prosperidad. Los templos de Inari son poco comunes en cuanto que están pintados de rojo, contienen largas filas de arcos sagrados *(torii),* tienen muchas estatuas que representan zorros y se caracterizan por un emblema en forma de pera. Los santuarios de Inari son generalmente conocidos como «santuarios-zorro» porque tienen imágenes de zorros de piedra en sus entradas, y el zorro es considerado como servidor y mensajero de Inari. El principal santuario erigido en Kyoto en el 711, conocido como Fushimi Inari, es célebre por sus miles de arcos sagrados dentro de túneles que cubren la colina donde está ubicado. ↷ kami; sintoístas, santuarios.

inca, religión Los incas eran un pueblo quechua (algunos han pensado que de origen aymara) de las altiplanicies en torno a Cuzco. Entre 1438 y 1493, bajo sus grandes dirigentes Pachacuti y Topa, establecieron un singular sistema político y religioso que cubre la mayor parte de los modernos Perú, Ecuador y buena parte de Chile. Fue este casi recién construido imperio el que encontraron los españoles a su entrada en Sudamérica. El aspecto religioso del imperio estaba basado en el reconocimiento universal de Viracocha, originalmente la deidad creadora inca, como ser supremo, y en la incorporación de todas las demás divinidades aportadas por los incas y pueblos del imperio en una relación definida, subordinada a Viracocha. El más importante de estos era Inti, el dios Sol, de quien se afirmaba que descendía la casa real inca, y cuya consorte era la diosa Luna, Mamaquilla, que vigilaba el calendario, y con él el año ritual, porque cada mes tiene sus ceremonias propias. El siguiente en importancia era Ipalla, la deidad del tiempo atmosférico, y Pachamama, la madre Tierra. Había muchas deidades estelares y otros poderes. Los grandes dioses de los estados derrotados eran incorporados al ritual central de Cuzco, donde, desde el Templo del Sol (el centro sagrado del mundo), se mantenía un modelo ritual que cubría e implicaba activamente a todo el imperio. Sólo los que tenían sangre real podían servir allí, y el sumo sacerdote era siempre un hermano del emperador. Excepto en ciertas ocasiones específicas, el sacrificio humano no parece haber sido un rasgo importante. La religión, al igual que toda la vida inca, estaba afectada por la división fundamental de la gente en dos mitades, la alta y la baja, la superior, regida por el emperador, la inferior, regida por su consorte. La religión sacerdotal ponía mucho acento en la pureza y la confesión de los pecados. Las preocupaciones de la religión campesina con respecto a la fertilidad, curación y cultos locales fueron probablemente poco perturbadas por el sistema religioso inca y han sobrevivido a él, permaneciendo en la religión popular en sus formas cristianizadas. ⇨ huaca; Illapa; Mamacocha; Pachacamac; Pachacuti; Pachamama.

iniciación cristiana Ritos sacramentales del bautismo, confirmación y primera comunión, o Eucaristía, que señalan el ingreso como miembro pleno de la Iglesia cristiana. Originalmente un todo, la iniciación quedó separada en Occidente en torno a los siglos V y VI en tres ritos, con la administración de la confirmación reservada al obispo. La Iglesia Oriental aún une bautismo, crismación (unción con los santos óleos) y comunión. Los Reformadores trataron la confirmación como una confesión de fe adulta, precedida por la instrucción a través del credo y catecismo, mientras que los anabaptistas siguieron la misma línea con el bautismo y sólo permitían bautizarse a los adultos (como hacen los baptistas). Quienes defienden el bautismo de los niños se apoyan en el modelo veterotestamentario de la circuncisión de los niños para adquirir la naturaleza de miembros del «nuevo

Israel» de la iglesia, y el acento en que la gracia objetiva de Dios dada en el bautismo es independiente de las capacidades humanas. Similares argumentos han llevado a algunas iglesias en años recientes a permitir que los niños sean admitidos a la comunión antes de la confirmación. ⇨ anabaptistas; baptistas; bautismo; catecismo; confirmación; cristianos, credos; Eucaristía; ritos de paso, visión cristiana de los.

incienso Mezcla de gomas y especias que exhalan un olor fragante cuando se queman. Es muy usado en muchos ritos religiosos, y su humo es con frecuencia considerado como una oración simbólica. Su uso en el cristianismo no se remonta a antes de c. 500. En las iglesias de Oriente su uso está más extendido que en las de Occidente. ⇨ religión.

inclusivismo ⇨ **pluralismo religioso.**

independientes africanas, iglesias ⇨ **iglesias independientes africanas.**

Índice o **Index Librorum Prohibitorum** (latín: «Índice de libros prohibidos») Lista de libros que se prohibía leer a los miembros de la Iglesia católica. Se creó con el Decreto Gelasiano (496), y fue revisado con frecuencia, siendo publicada la última revisión en 1948. Aunque la Iglesia católica aún afirma el derecho de prevenir a sus miembros de leer material nocivo para su fe o moral, en 1966 se decidió no publi-

Portada del *Index Librorum Prohibitorum*. Biblioteca Nacional (Madrid)

car más ediciones. ⇨ catolicismo; Inquisición.

Indo, civilización del valle del Entre el 2500 y 1700 a. C., antes de la incursión de las tribus arias en la India, floreció una civilización urbana en el valle del Indo. Los centros urbanos más importantes de esta civilización que se han excavado son Mohenjodaro y Harrapa. Esta cultura era quizá afín a las civilizaciones mesopotámicas con las que pueden haber existido lazos comerciales. Los pueblos del valle del Indo estaban probablemente relacionados racialmente con las tribus dravídicas, como lo puede haber estado su lengua. Se sabe poco de la religión o estructuras sociales de estos pueblos, y su lengua y escritura no han sido descifradas. Existen, sin embargo, indicios que insinúan que ciertos rasgos de su religión continuaron en el hinduismo, sugiriendo que el hinduismo es una fusión de elementos arios y no arios. Las figurillas de terracota pueden estar relacionadas con un culto a la diosa, y los motivos grabados en sellos de esteatita pueden haber tenido significado religioso. El más famoso es un sello que representa una figura sentada, posiblemente con cuernos, rodeada de animales. Esto ha dado lugar a la especulación de que representa un prototipo de Siva, el Señor de los Animales (Pashupati). Quizá el hallazgo más significativo es un complejo de baño en Mohenjo-daro, con un gran aljibe, que era probablemente utilizado para el baño ritual, un importante rasgo del hinduismo que ha continuado hasta hoy. ⇨ arios; hinduismo; Siva.

indoeuropeos Hipotético pueblo o grupo de pueblos históricos, de cuya lengua se afirma que se derivan las denominadas lenguas indoeuropeas. Se sabe poco con certeza de las creencias religiosas de los indoeuropeos. Probablemente adoraban a un panteón de dioses y diosas, y hay datos para sugerir que tenían una fuerte tradición en la composición de poesía religiosa; huellas de ello sobreviven en las antiguas religiones de varios pueblos de origen indoeuropeo. Algunos eruditos sostienen que buena parte de la religión de este pueblo se puede reconstruir con precisión considerable, mientras otros dudan del valor de tales reconstrucciones; la cuestión es aún muy debatida. ⇨ ideología tripartita.

Indra En el hinduismo, rey védico de los dioses, al que se dirigen muchas de las oraciones del *Rig Veda*. Figura guerrera, era el dios de la lluvia, utilizando el trueno y el rayo como armas, y logrando apoyo de parte de un elixir especial y la ayuda de otras deidades como Visnú. Hallado también en la mitología jainita y budista, es el padre de Arjuna, una de las figuras centrales del *Mahabharata*. Su importancia declinó en el hinduismo posterior, y su papel fue asumido por Brahma. ⇨ Brahma; hinduismo; Mahabharata; Veda; Visnú.

indulgencias En el catolicismo, concesiones de remisión de pecado a los vivos, que sigue al arrepentimiento y perdón; también, a los muertos en el purgatorio. Estaban basadas en el tesoro de méritos de la Iglesia, acumulados por medio de buenas obras de Jesucristo y los santos. Los abusos en la Edad Media, que llevaron a la «compraventa» de sitios en el cielo, dieron lugar finalmente a las «Noventa y cinco tesis» de Martín Lutero, que impulsaron la Reforma. ⇨ catolicismo; Jesucristo; Lutero, Martín; pecado; purgatorio; Reforma.

infalibilidad En la Iglesia católica, afirmación de que las declaraciones sobre asuntos de fe y moral, hechas por un papa que habla *ex cathedra* («desde la cátedra»), o por un Concilio

Las penas del infierno, ilustración del *Cordiale quatuor novissimorum* (1494). Biblioteca Nacional (Madrid)

General si son confirmadas por el Papa, están garantizadas por la asistencia del Espíritu Santo (es decir, están libres de error). La afirmación es rechazada por los protestantes, para quienes sólo Dios y la Palabra de Dios son infalibles. ⇨ catolicismo; Concilio de la Iglesia; Espíritu Santo; papado; protestantismo; Vaticanos, Concilios.

infierno En el pensamiento cristiano tradicional, morada eterna y lugar de tormento de los condenados. Se desarrolló a partir del hebreo *sheol* y del *hades* griego como lugar de los muertos. Gran parte del pensamiento cristiano contemporáneo rechaza la idea de castigo vengativo como incompatible con la creencia en un dios de amor. El énfasis, por tanto, se desplaza del infierno como lugar de retribución a un estado de vida sin Dios. La mayoría de las religiones cuentan con un concepto de lugar o condición que separa a los buenos de los malos, o a los vivos de los muertos. Zoroastrismo, judaísmo, cristianismo e islam creen todos en el infierno como un lugar al que los condenados son enviados después del Juicio. Zoroastrismo e islam conciben la idea de un puente que el alma tiene que cruzar para llegar al cielo. En el zoroastrismo el alma es pesada para ver lo buena o mala que es. Si es mala, el puente se estrecha y el alma se hunde en el infierno, un lugar de castigo, hasta la resurrección. En el islam, los condenados caen del puente en un cráter ardiente donde sufren tormentos. Algunas ideas orientales del infierno son muy distintas de las occidentales, la idea de la reencarnación hace que cualquier período pasado en el infierno sea relativamente insignificante. ⇨ cielo e infierno islámicos; cielo e infierno sij; Dios; escatología; infiernos budistas; islam; judaísmo; Satán; zoroastrismo.

infiernos budistas En la cosmología budista los infiernos son

iniciación

lo más bajo de seis esferas de existencia en el mundo de los sentidos. Por encima de ellas están las esferas de espíritus, animales, seres humanos, dioses inferiores *(asuras)* y dioses superiores *(devas)*. Existen varios infiernos, y en ellos viven durante un período los seres que están sufriendo los efectos de las malas acciones pasadas. El infierno puede ser frío, oscuro o caliente, y en cada uno de ellos existen ocho grados de severidad. Los infiernos budistas no están ocupados eternamente sino sólo por un período, y se puede renacer dentro o fuera de uno. En este punto se parecen a la idea católica del purgatorio. ⇨ asura; daevas; purgatorio.

iniciación ⇨ **ritos de paso.**

Inmaculada Concepción
Creencia en que la Virgen María, desde el momento de su concepción, estuvo libre de pecado. Tras una tradición de muchos siglos, fue promulgado como dogma de la Iglesia católica por el papa Pío IX en 1854. Fue siempre rechazado por los protestantes como no bíblico, y, desde 1854, ha sido rechazado por la Iglesia ortodoxa. ⇨ catolicismo; María.

inmortalidad La creencia en la existencia continuada del individuo más allá de la muerte física es un rasgo extendido de la fe religiosa. Lo que constituya la existencia continuada y el contenido de esa existencia difiere, sin embargo, de una fe a otra. Los antiguos egipcios creían en una resurrección del cuerpo físico y consiguientemente preservaban el cuerpo y proporcionaban alimento a los difuntos. El culto de Osiris creía en una resurrección del individuo, pero también en un día de juicio que había que afrontar después de la muerte. Los antiguos griegos pensaban que todas las almas iban al Hades, un lugar subterráneo de los muertos. Más tarde se creyó que los héroes iban al paraíso *(Elysion)*. El cristianismo heredó la creencia en una resurrección general de los muertos del judaísmo intertestamental, no teniendo los hebreos originalmente ninguna esperanza en una vida más allá de la muerte. El cristianismo combinó su creencia en un cuerpo resucitado con la visión platónica de un alma inmortal. En este esquema el alma sobrevive a la muerte física y espera la donación de un cuerpo resucitado mediante un acto divino especial. Allí tendrá lugar un juicio final en el que se decidirá el destino último del individuo. El cielo será el lugar de morada de aquellos que se salven, mientras que el infierno espera a los que siguen sin ser perdonados. La doctrina hindú y budista se caracteriza por el concepto de la reencarnación. En el pensamiento hindú esto significa que al morir renacemos a otra vida. Esto no quiere decir que renazca el individuo consciente sino que renace la realidad espiritual eterna del *jiva*. Finalmente, el ciclo del renacimiento acabará cuando el jiva alcance la iluminación, trascienda el estar centrado en el yo y llegue a ser uno con el atman, el yo universal o *Brahman*. El pensamiento budista es similar a esto excepto en que lo que renace en cada vida no es una entidad permanente como lo es el jiva, sino que más bien es la corriente del karma mismo la que renace. Finalmente se alcanzará el estado inmortal del nirvana. ⇨ alma; jiva jainita; juicio final o de los muertos; karma; nirvana; reencarnación; resurrección.

Inocencio III (1160-1216) Papa desde 1198 a 1216, el Papa más grande con este nombre. Nació con el nombre de Lotario de' Conti en Anagni, y sucedió al papa Celestino III. Su pontificado se considera como el punto culminante de la supremacía temporal y espiritual de la sede romana; bajo el impulso de su celo por la gloria de la Iglesia fue sometido prácticamente cada estado y reino. Ejerció de juez entre emperadores rivales en Alemania y depuso a Otón IV. Obligó a Felipe Augusto de Francia a recibir de nuevo a su esposa. Puso bajo interdicto a Inglaterra y excomulgó al rey Juan por rehusar reconocer a Stephen Langton como arzobispo de Canterbury. La sumisión de Juan convirtió a Inglaterra e Irlanda en satélites de la Santa Sede. En su tiempo, la conquista latina de Constantinopla en la Cuarta Cruzada destruyó las pretensiones de sus rivales de Oriente. Reprimió celosamente la simonía y otros abusos de la época. Promovió el movimiento espiritual del que se originaron la orden franciscana y dominica. En su pontificado se celebró el famoso Concilio Lateranense IV, en 1215. Sus obras comprenden sermones, un notable tratado sobre la *Miseria de la condición humana* un gran número de cartas, y quizás la «secuencia de oro», «Veni, Sancte Spiritus». ⇨ catolicismo; dominicos; franciscanos.

Inquisición Tribunal para la persecución de la herejía, originalmente de la Iglesia cristiana medieval. El término proviene del latín *inquirere* «inquirir», y se refiere a la idea de que los inquisidores estaban para investigar la herejía. El papa Gregorio IX (siglo XIII) concedió especial responsabilidad a los inquisidores papales para contrarrestar la amenaza a la unidad política y religiosa por parte de grupos heréticos. Las actividades de los inquisidores se caracterizaron más tarde por los extremos de la tortura y castigo, de manera más notoria en el caso de la Inquisición española, que sobrevivió hasta el siglo XIX. Entre los objetivos originales de la institución, sin embargo, estaba la intención de salvar a los creyentes desviados de la agonía del fuego del infierno, siendo el dolor infligido por los inquisidores una pálida imitación del castigo eterno que esperaba a los que no se arrepentían. ⇨ catolicismo; herejía.

INRI Iniciales de la frase latina de la inscripción colocada en la cruz de Jesús por orden de Pilatos (Juan 19, 19-20): *Iesus Nazarenus, Rex Iudaeorum* («Jesús de Nazaret, rey de los judíos»). ⇨ crucifixión; Jesucristo; Pilatos, Poncio.

insan (insān) Noción de hombre dentro de la tradición islámica. Aunque destaca la figura de Dios y su naturaleza, más que la de los seres humanos y la naturaleza humana, el islam tiene una visión positiva del hombre. Según el islam, el hombre en la forma de Adán fue creado por Dios a su imagen para servirle y alabarle. El hombre es el representante de Dios en la Tierra. Está revestido de un componente espiritual, o alma, que sobrevive al cuerpo y vuelve a Dios. El Corán es menos claro acerca de si el hombre tiene libre albedrío o no, pero aunque la teoría se inclina hacia la predestinación, en términos prácticos, al hombre se le ha otorgado una medida de libre albedrío. La principal corriente del islam mantiene una distancia y diferencia entre el Alá trascendente y la humanidad creada. Sin embargo, la tradición sufí ha mantenido la doctrina del hombre perfecto *(al-Insan al-Kamil),* según la cual el hombre puede lograr no sólo una cálida relación con Dios sino también una comunión o unión con Dios. Aunque hombres y mujeres son espiritualmente iguales ante Dios, y «creados de una sola alma» (Corán 4, 1), biológica y socialmente son diferentes y desiguales. En la práctica, la noción de insan ha realzado el papel de los hombres más que el de las mujeres, aunque el modernismo islámico ha comenzado a restaurar el equilibrio. ⇨ Alá; Corán; khalq; Mara (islámica); mujeres en el islam, las; predestinación en el islam; ruh; sufismo.

instituciones religiosas griegas En un sentido importante, no existían instituciones religiosas griegas. No existía iglesia organizada; sacerdotes y sacerdotisas no recibían formación, normalmente sólo desempeñaban deberes religiosos a tiempo parcial, y no formaban una red coherente que pudiera propagar una ortodoxia o desarrollar cualquier política religiosa importante. La institución religiosa más influyente era el oráculo délfico (los estados que deseaban hacer enmiendas a sus prácticas religiosas, por ejemplo, normalmente buscaban su aprobación), pero la veneración iba ligada a Apolo, el dios que se creía hablaba por él, no al sacerdocio délfico. Podía decirse que ningún mortal ejercía poder religioso. En otro sentido, las instituciones religiosas eran una subdivisión de las instituciones seculares. Las decisiones religiosas eran tomadas por las mismas instancias que tomaban las decisiones políticas (en Atenas, por la asamblea democrática); los templos eran costeados con fondos públicos, y los sacerdotes eran en realidad empleados del Estado. «Iglesia» y «Estado» eran uno. ⇨ griega, religión.

intertestamental, literatura Literatura judía compuesta en el período entre el cierre de la Biblia hebrea y la caída de Jerusalén en el 70 d. C., que está cercana a la fecha, generalmente aceptada, de la puesta por escrito del Evangelio cristiano (Marcos) más antiguo. Comprende **1** Apócrifos: obras del Antiguo Testamento griego (los Setenta o LXX) la mayor parte de las cuales están también incluidas en la Biblia latina (la Vulgata) y el canon católico, que no se hallan en el Antiguo Testamento hebreo o en el canon protestante (aunque impresos aparte en las biblias protestantes). **2** Pseudoepígrafos: obras atribuidas a figuras muy anteriores o compuestas en su honor. **3** La literatura de Qumran (manuscritos del mar Muerto) hallada a partir de 1947, que arroja luz sobre el judaísmo sectario. **4** Las interpretaciones alegóricas del Pentateuco del filósofo judío helenista Filón Judío. **5** Los escritos del historiador judío Josefo, especialmente su *Guerra judía* (que cubre acontecimientos hasta el 70 d. C.) y *Antigüedades judías*. ⇨ Apócrifos del Antiguo Testamento/Nuevo Testamento; canon; Filón Judío; Josefo, Flavio; mar Muerto, manuscritos del; pseudoepígrafos; Vulgata.

Inti ⇨ **inca, religión.**

Ireneo, San (c. 130-c. 200) Teólogo griego, uno de los Padres cristianos de la Iglesia griega, nacido en Asia Menor. Fue alumno de Policarpo, que había sido discípulo de Juan el Apóstol. Se hizo sacerdote de la iglesia grecogala de Lyon con el obispo Potino, tras cuyo martirio, en el 177, fue elegido para la sede. Gregorio de Tours dice que Ireneo encontró su muerte en la persecución en tiempos de Severo, en el 202, pero esto nunca se ha comprobado. Ireneo fue un obispo misionero con éxito, pero es recordado principalmente por su oposición al gnosticismo (especialmente al de los valentinianos), en cuya crítica escribió su inestimable obra *Contra las herejías*. Magistral expositor de teología cristiana, fue también una figura clave para mantener el contacto entre las secciones oriental y occidental de la Iglesia. Su fiesta se celebra el 28 de junio. ⇨ gnosticismo; Padres de la Iglesia; Policarpo, San; teología.

iroquesa, religión Cinco pueblos emparentados (los seneca, cayuga, onondaga, oneida y mohawk), al sur del lago Ontario, que tuvieron mucho éxito en la agricultura y la guerra, formaron hacia 1570 d. C. la confederación iroquesa. La unión se solidificó estableciendo hermandades de clanes tribales cruzados. El pensamiento religioso iroqués es complejo. El mundo superior está poblado por *ongwe,* arquetipos o «viejos hermanos» de las formas de la vida en la Tierra, y su fuente última. Mito, ritual, organización social y calendario están dominados por un sistema de opuestos emparejados. Las esferas complementarias de los principios de la luz y las tinieblas están representadas por los gemelos, Oterongtongnia (Ioskeha), el héroe del cultivo, y Tawiskaron, el hombre pedernal, que es finalmente destruido por su hermano. Este emparejamiento y oposición se refleja en las fiestas estacionales, la división de clanes en dos secciones, y los tiempos señalados para las danzas. El edificio sagrado, la casa comunal (un modelo del universo, como con tanta frecuencia se encuentra en Norteamérica) no tiene mástil central, que simboliza el asimiento del ser supremo, y *orenda,* la palabra que representa poder sobrenatural, es esencialmente impersonal. Ambos rasgos ofrecen un contraste con sus vecinos los algonquinos, que dan tanta relevancia al Gran Espíritu. Sin embargo, el dualismo iroqués fue modificado por el reformador del siglo XIX Handsome Lake, que transformó la religión de su pueblo haciendo énfasis en el ser supremo, Haweniyo, «la gran voz» procedente de los cielos. Por contra, Haninseono, el diablo, vive en la Tierra, y en la actualidad es a menudo especialmente asociado al mundo «moderno» dominado por los blancos. Los rituales de curación iroqueses son famosos por las sociedades medicinales de máscaras, las «caras falsas». ➪ algonquina, religión; dualismo; máscaras.

Isaac Personaje bíblico, hijo de Abraham y Sara, cuya línea de descendencia vio continuar las promesas de Dios a Abraham. Llegó casi a ser sacrificado por Abraham por mandato de Dios (Génesis 22). Por medio de su esposa Rebeca fue padre de Esaú y Jacob, y fue engañado al dar su bendición a su hijo más joven, Jacob. ➪ Abraham; Biblia; Esaú; Jacob.

Isacar, tribu de Una de las doce tribus del antiguo Israel, que se dice desciende de Isacar, uno de los hijos de Jacob y de su esposa Lía. Su territorio comprendía la llanura central de Yizreel, entre el monte Tabor y el monte de Gelboé. ➪ Israel, tribus de.

Isaías, en hebreo **Jeshaiah** (siglo VIII a. C.) Primero en el orden de los grandes profetas del Antiguo Testamento, hijo de Amoz. Ciudadano de Jerusalén, comenzó a profetizar hacia el 747 a. C., y ejerció su oficio hasta al menos el final de siglo. Según la tradición fue martirizado. ➪ Isaías, Libro de; profeta.

Isaías, Libro de Obra profética mayor de la Biblia hebrea/Antiguo Testamento, aparentemente del profeta Isaías, que actuó en Judá y Jerusalén en la última mitad del siglo VIII a. C., durante una época de amenazas asirias. Muchos eruditos dudan de la unidad de los contenidos, con los capítulos 40-55 considerados obra relativa al exilio muy posterior que anhela la restauración de Judá y llamada Deuteroisaías («Segundo Isaías»), y los capítulos 56-66, bien como parte del Deuteroisaías, o como un Tritoisaías («Tercer Isaías») distinto. ➪ Antiguo Testamento; exilio; Isaías; Miqueas, Libro de.

Ise, santuarios El recinto más sagrado del santuario sintoísta en Japón, que comprende el santuario interior, dedicado a la diosa solar Amaterasu y el santuario exterior dedicado a la diosa del grano, Toyouke. Se cree que contiene una unión de las deidades del cielo y de la Tierra, y llegó a ser, y ha seguido siendo, un lugar popular de peregrinación. Esta reputación se vio realzada cuando Amaterasu quedó equiparada, en el sintoísmo Ryobu, con el buda solar Vairocana, porque Ise podía entonces considerarse un santuario sagrado, tanto sintoísta como budista. La mayor parte de los japoneses esperan visitar Ise una vez en su vida, y en este sentido es una especie de equivalente japonés de La Meca. Ise, que es generalmente conocido como el «Gran Santuario de Ise», está situado en la prefectura Mie, en un paraje de gran belleza. Tradicionalmente las hijas del emperador dirigían el culto en Ise, y el propio emperador iba también periódicamente. El debate sobre si Ise es principalmente un santuario imperial o un santuario nacional continúa, y la nueva situación que siguió a la desaparición del estado sintoísta, como consecuencia de la derrota de Japón en la Segunda Guerra Mundial, agudizó más el debate. Un aspecto poco usual de los santuarios Ise es que son reconstruidos cada veinte años en sitios alternativos, transportando sus «cuerpos divinos» cada vez. ⇨ Amaterasu; Kokutai, sintoísmo; La Meca; Ryobu, sintoísmo; sintoístas, santuarios; Vairocana.

Ishvara (Īśvara) Deidad personal o Señor en el hinduismo. La idea de una deidad personal, que es la causa del universo, se encuentra por primera vez en el Upanishad *Shevtashvatara* (siglos V-IV a. C.), donde al Señor se le llama también Rudra o Siva. Estas tendencias teístas se continúan en el Upanishad *Mahanarayana,* donde la deidad suprema es denominada Narayana, un nombre de Visnú. En el *Bhagavad Gita,* Krishna se revela a Arjuna como el Señor supremo, personal y causa de toda manifestación a partir del cual se crea el universo y que al final lo destruye. Patanjali, en su *Sutra Yoga,* introduce la idea del Señor como una forma especial de yo *(atman)* entre otros y como objeto de conciencia o experiencia en la meditación. La escuela Nyaya Vaisheshika de filosofía hindú mantenía, contra los budistas, que Ishvara era la primera causa del universo. Este argumento fue presentado por Udayana (1025-1100 d. C.), filósofo Nyaya que afirmaba que la naturaleza del mundo es como un efecto que debe, por tanto, exigir una causa primera. Esta causa es el Señor que, por medio de su voluntad *(iccha),* cognición *(jnana)* y esfuerzo *(prayatna),* mueve los átomos eternos dentro de las diversas combinaciones de que está compuesto el universo. El Señor hace esto para posibilitar al alma eternamente distinta *(atman)* experimentar los resultados de sus acciones pasadas. Shankara en la escuela Advaita Vedanta defendía que Ishvara era una comprensión menor o inferior del absoluto, abstracto e impersonal *Brahman* sin cualidades *(nirguna).* Ramanuja (siglo XII), por otra parte, abogaba, en contra de Shankara, en favor de un Señor personal como lo hizo Madhva (siglo XIII) al presentar su Vedanta dualista *(dvaita).* ⇨ Advaita Vedanta; atman; Bhagavad Gita; Krishna; Nyaya; Patanjali; Shankara; Siva; Upanishads; Vaisheshika; Visnú; yoga.

Isidoro de Sevilla, San o **Isidorus Hispalensis** (c. 560-636) Prelado y erudito español, nacido en Sevilla o Cartagena. Doctor de la Iglesia, y último de los Padres de la Iglesia occidentales, sucedió a su hermano mayor, San Leandro, como arzobispo de Sevilla hacia el 600 y era considerado el hombre más culto de su tiempo. Su episcopado fue famoso por los concilios de Sevilla en el 618 o 619, y de Toledo en el 633, cuyos cánones formaron la base de la ley constitucio-

Isis

nal de España. También recopiló todos los decretos de concilios y otras leyes eclesiales anteriores a esta época. Escritor prolífico, es muy conocido por su vasta enciclopedia de conocimiento, *Etymologiae,* que fue una obra clásica para los eruditos durante toda la Edad Media. Escribió también una introducción al Antiguo y Nuevo Testamento; una defensa del cristianismo contra los judíos; tres libros de «Sentencias»; libros sobre oficios eclesiásticos y la regla monástica, y una historia de los godos, vándalos y suevos. Su fiesta se celebra el 26 de abril. ⇨ Concilio de la Iglesia; Padres de la Iglesia.

Isis Antigua diosa egipcia, hija de Geb y Nut, hermana y esposa de Osiris, madre de Horus. Isis es la esposa y madre ideal, que encontró los trozos esparcidos del cuerpo de su esposo asesinado, le embalsamó y enterró, restaurando su vida mediante su poder. Tuvo a su hijo Horus y protegió al hijo, en edad de crecimiento, de Seth, el asesino de su marido. Como madre de Horus, que estaba encarnado en el faraón reinante, estaba asociada en la ideología real con la reina madre. También se creía que Isis era una gran hechicera, a la que Thoth enseñó sus poderes mágicos. Normalmente es representada como una mujer con un trono (el jeroglífico de su nombre) como toca. En el Reino Nuevo (c. 1567-1067 a. C.) y posteriormente, quedó identificada con Hathor; portaba el disco solar y los cuernos de vaca de esa diosa. En la época helenística y romana era una figura central en las religiones mistéricas, la más permanente de todas las deidades egipcias; su templo en la isla de Filé *(Philae),* en el Alto Egipto, permaneció hasta el siglo VI d. C. ⇨ enéada; faraón; Hathor; Horus; mistéricas, religiones; Osiris; Seth; Thoth.

Isis representada con su hijo Horus. Museo del Louvre (París)

islam Palabra árabe que significa «sumisión» a la voluntad de Dios (Alá); nombre de la religión que nace en Arabia durante el siglo VII por medio del profeta Mahoma. Los seguidores del islam son conocidos como musulmanes o mahometanos, y su religión abarca todos los aspectos de la vida. Creen que los individuos, sociedades y gobiernos deberían todos obedecer la voluntad

islam

de Dios tal como está establecida en el Corán, que ellos consideran como la Palabra de Dios revelada a su Mensajero, Mahoma. El Corán enseña que Dios es uno y no tiene compañeros. Es el Creador de todas las cosas, y posee el poder absoluto sobre ellas. Todas las personas deberían comprometerse a llevar vidas de obediencia grata y que dé alabanza a Dios, porque en el Día de la Resurrección serán juzgadas. Aquellos que hayan obedecido los mandamientos de Dios habitarán para siempre en el paraíso, pero los que hayan pecado contra Dios y no se hayan arrepentido serán condenados eternamente a los fuegos del infierno. Desde el principio de la creación, Dios ha enviado profetas, incluyendo a Moisés y Jesús, para proporcionar la guía necesaria con el fin de alcanzar la recompensa eterna; una sucesión que culmina en la revelación a Mahoma de la Palabra de Dios perfecta. Existen cinco deberes religiosos esenciales conocidos como los «pilares del islam»: **1** La *shahadah* (profesión de fe) es la recitación sincera del doble credo: «No existe más dios que Dios» y «Mahoma es el Mensajero de Dios». **2** El *salat* (oración oficial) debe realizarse en horas fijas cinco veces al día mientras se mira hacia la ciudad santa de La Meca. **3** La limosna por medio del pago del *zakat* («purificación») es considerada antes de nada como un acto de culto, y es el deber de compartir la propia riqueza por gratitud al favor de Dios, según los usos establecidos en el Corán. **4** Existe el deber de ayunar *(sawm)* durante el mes de Ramadán. **5** El Hajj o peregrinación a La Meca ha de realizarse, si es posible, al menos una vez en la vida. La shariah es la ley sagrada del islam, y se aplica a todos los aspectos de la vida, no sólo a las prácticas religiosas. Describe la forma de vida islámica, y prescribe el camino para que el musulmán cumpla los mandatos de Dios y alcance el cielo. Hay un ciclo anual de fiestas, incluyendo la hégira, el comienzo del año islámico, y el Ramadán, el mes en el que los musulmanes ayunan durante las horas de luz solar. No existe sacerdocio organizado, pero se otorga un gran respeto a la familia Hashim, descendientes de Mahoma, y otros santos, eruditos y maestros públicamente reconocidos como los mullahs y ayatolás. Existen dos grupos principales en el islam. Los musulmanes sunnitas son la mayoría, y reconocen a los cuatro primeros califas como legítimos sucesores de Mahoma. Los chiítas componen el grupo minoritario más numeroso, y consideran al imán como la principal autoridad religiosa. Existe gran número de subsectas, incluyendo a los ismailíes (de los que un grupo, el nazarí, considera al Aga Khan como su imán), y los wahhabis, un movimiento reformista iniciado en el siglo XVIII. Hay más de setecientos millones de musulmanes en todo el mundo. ⇨ Alá; ayatolá; chiísmo; cinco pilares islámicos; Corán; día del juicio; Fraternidad musulmana; Hajj; hégira; imán; infierno; ismailíes; La Meca; Mahoma; mujeres en el islam, las; mullah; Musulmanes Negros; paraíso; profe-

islam

ta; Quraysh; salat; sawm; setimanos; shahadah; sunnitas; Wahhabis; zakat.

islam, esclavitud en el El islam daba por sentada la esclavitud, que era común en la época de su aparición, teniendo los amos derechos sexuales sobre las esclavas. Sin embargo, el Corán recomendaba la compasión hacia los esclavos, se oponía a los malos tratos, y preveía también la posibilidad de ser liberados. Gradualmente la esclavitud quedó limitada a las familias de esclavos y a los prisioneros de guerra. Abu-Bakr, tío de Mahoma, dio un buen ejemplo liberando a los esclavos que se habían hecho musulmanes y fueron perseguidos por su fe por parte de sus amos. En la época medieval, esclavos de la guardia personal o soldados esclavos, como los mamelucos de Egipto o los jenízaros en la Turquía otomana, eran capaces de escalar posiciones de poder. En tiempos recientes, la esclavitud ha sido abolida en la mayoría de las áreas islámicas, y en Arabia Saudita, donde sigue vigente la ley tradicional de la shariah, el rey Faisal la abolió comprando y liberando a todos los esclavos existentes y terminando con la importación de nuevos esclavos. ⇨ Corán; esclavitud; Mahoma; shariah.

islam en África, el Tras la muerte de Mahoma en el 632, el islam se extendió rápidamente a lo largo de la costa norte de África, desde Egipto en el este hasta Marruecos en el oeste, haciendo de la parte sur del Mediterráneo, que había poblado una vez el cristianismo de San Agustín de Hipona, una línea costera islámica. El islam finalmente cruzó el desierto del Sahara, gracias a los mercaderes islámicos y derviches sufíes, hasta la región subsahariana, y se introdujo en el este de África por mar a la búsqueda de esclavos negros y de oro, y de conversos. El noreste de África conservó una presencia cristiana en la época medieval en los reinos cristianos de Nubia y Etiopía, y sólo en la época moderna creció en influencia allí el islam. Durante la expansión del islam africano hacia el sur, las órdenes sufíes han desempeñado un importante papel, por la significación que conceden a los hombres santos, como derviches y *marabouts*, y a las peregrinaciones a las tumbas de santos locales. En el África negra, por contraposición al África árabe sahariana, ha existido más interacción entre el islam entrante y las primitivas religiones africanas con sus tradiciones indígenas de hechiceros, curación y culto al antepasado, y ha habido más acomodación al cristianismo. La repugnancia islámica a traducir el Corán del árabe a muchas lenguas africanas puede haber ayudado al cristianismo, con su política favorable a la traducción, a crecer más rápidamente en el África negra, donde es dominante. ⇨ Agustín de Hipona, San; antepasados africanos; Corán; Mahoma; sufíes, órdenes.

islam en China, el El islam fue traído por primera vez por mercaderes musulmanes a la región en torno a lo que hoy es Cantón, en el siglo VIII d. C. Sin embargo, el principal impacto musulmán sobre China llegó con las invasiones y emigraciones mongolas desde el siglo XIII en adelante; como resultado, el 7% de la población de China es ahora de procedencia mongola, y muchos de ellos son musulmanes que viven en el noroeste de China, en las provincias que son ahora Mongolia interior, Kensu, Sinkiang, Szechwan y Yunnan. Son comúnmente llamados Hui, y el islam chino es conocido como Hui Hui Chiao. Los musulmanes han tendido a estar separados de la principal corriente del pueblo chino, de procedencia Han, y han coexistido con otras tradiciones y, recientemente, con el marxismo chino. Debido a la peculiar postura de los musulmanes, es posible ser a la vez musulmán y miembro del Partido Comunista. En su arte y en otros aspectos, el islam se ha adaptado a China tanto en el noroeste como en las grandes ciudades de cualquier parte, donde hay normalmente mezquitas. El islam ha crecido constantemente en China por la difusión biológica más que por la misión, y lo sigue haciendo actualmente bajo las condiciones de una mayor libertad que tiene que ver con 1978. ⇨ mezquita.

islam en el sur de Asia, el

La concentración más densa de musulmanes del mundo está en el sur de Asia, con elevadas proporciones en Afganistán (100%), Bangla Desh (80%) y Pakistán (97%), y con una minoría significativa en la India (11%). Los musulmanes árabes llegaron a Sind en el 711, y Mahmud de Ghazni (971-1030) hizo frecuentes incursiones en la India, pero no fue hasta el siglo XIII cuando los musulmanes se asentaron en la India en número significativo. Los emperadores mongoles (Babur 1483-1530, Humayun 1506-1556, Akbar 1542-1605, Jahangir 1569-1627, Shah Jahan 1592-1666, Aurangzeb 1618-1707) establecieron el islam como fuerza política dominante en la India, y su reino continuó en teoría hasta el denominado Motín de 1857, para entonces los británicos habían asumido poder efectivo. Afganistán jamás fue sometido realmente por los británicos, Pakistán logró la independencia en 1947 y Bangla Desh en 1971. El islam indio había incorporado un fuerte elemento místico sufí, así como un tono menor, pero significativo, de chiísmo. Los sufíes tuvieron algún éxito al conseguir conversos por medio de su propia devoción y por la desilusión en algunas partes con el sistema hindú de castas. Se fueron integrando en el movimiento Sant que era fundamentalmente hindú devocional, y en la nueva tradición sij, y en el Culto a la Unidad Divina de Akbar existió un extraordinariamente temprano intento de síntesis religiosa. Órdenes sufíes como la *Naqshbandiyyah* también desarrollaron una fuerte presencia en la India. Los sucesores de Akbar, principalmente Aurangzeb, reaccionaron en dirección opuesta hacia el exclusivismo musulmán. Esta tendencia menos pacífica siguió en las nuevas corrientes islámicas que surgieron de la obra de Shah Wali Allah (1703-1762), y

islam en Occidente

ha sido mantenida por figuras recientes como Mawlana Mawdudi, que reaccionó contra el modernismo occidental y orquestó una campaña para que Pakistán se convirtiera en una república islámica. Sin embargo, Sir Muhammad Iqbal (1873-1938) fue el principal ejemplo de otra tendencia en una dirección más liberal y evolutiva. ⇨ Naqshbandiyyah; sufíes, órdenes; sufismo.

islam en Occidente, el El islam ha estado presente en Europa casi desde el comienzo de su historia, y en tiempos recientes, especialmente desde el final de la Segunda Guerra Mundial, ha crecido en Occidente a través de la inmigración. El islam entró en España en el 711 d. C. y siguió siendo allí una potencia hasta la «reconquista» de España, simbolizada por la caída de Granada en 1492. La tradición musulmana entró en Malta y Sicilia poco después de entrar en España; por medio de los tártaros mongoles, que se convirtieron al islam, llegó a imbricarse y ha seguido incrustada en el sur de Rusia, y antes del siglo XVI los turcos otomanos habían establecido el islam en la mayor parte de la región balcánica. El islam sigue teniendo una presencia significativa en Bosnia y Albania, en el Cáucaso y en la cuenca del Volga de la Rusia europea. Desde la Segunda Guerra Mundial, la inmigración de musulmanes desde el mundo árabe, Turquía y el subcontinente indio a Gran Bretaña, Francia, Alemania y Holanda ha crecido de manera significativa, de modo que hay en la actualidad más musulmanes en el Reino Unido que todos los miembros de las iglesias libres juntos. En el siglo XIX, los musulmanes procedentes de la India e Indonesia eran aceptados con contrato de aprendizaje en las Antillas y, en el siglo XX, la emigración a EE. UU. y Canadá ha crecido. Ha habido conversiones ocasionales de occidentales al islam, y en Norteamérica los Musulmanes Negros han desarrollado una gran actividad entre los afroamericanos por medio de la obra de Elías Muhammad (1897-1975) y de Malcolm X. ⇨ Musulmanes Negros.

islam folclórico El islam ha conservado o adoptado muchos rasgos de la religión folclórica durante su expansión a las diferentes partes del mundo. El islam popular varía según los distintos lugares, y a menudo contradice el monoteísmo coránico tradicional, aunque esta desviación es frecuentemente tolerada por las autoridades musulmanas locales y con frecuencia ni siquiera es reconocida como heterodoxa por la gente implicada en ella. Una creencia en espíritus, o jinn, aunque presente en el Corán, es realzada en el islam folclórico, de modo que preservarse de los asaltos de los jinn se convierte en un asunto importante en la vida de cada día. El islam folclórico acentúa el papel de los santos que, con su poder sagrado, o *barakah*, son ayudas influyentes en la «batalla de la vida». Para muchos musulmanes visitar santuarios de santos locales, celebrar fiestas de santos, o realizar una peregrinación a la tumba de un santo famoso sustituye a la Hajj o peregrinación a La Meca en importancia práctica. Protegerse contra el mal de ojo, el uso de amuletos y hechizos, la recitación de fórmulas mágicas, y la práctica de la adivinación son partes del islam folclórico en el plano local. Los rituales relacionados con el ciclo de las estaciones, y con ritos de paso como el nacimiento, matrimonio y muerte, se han tomado prestados profundamente de la religión folclórica de modo que, por ejemplo, la circuncisión masculina y femenina se practican ampliamente, aunque no estén recomendadas en el Corán, como lo es el afeitar parte de la cabeza de un niño, aunque fue prohibido por Mahoma. ⇨ adivinación; circuncisión; folclórica, religión; Hajj; Mahoma; peregrinación; santo, visión islámica de.

islámicos, credos No existe credo universal en el islam, y las creencias doctrinales como tales no son tan importantes como en la tradición cristiana. Aunque no es un credo como tal, la afirmación de fe musulmana, la *shahadah*, «Alá es Alá y Mahoma es su profeta», es la piedra angular del islam. Posteriormente se introdujeron credos más formales, pero ninguno fue tan formativo para el islam como lo fueron para el cristianismo los grandes credos cristianos o incluso el credo de Maimónides para el judaísmo. Un influyente credo en el primitivo islam fue el de al-Ashari (873-935), que rechazaba la interpretación alegórica del Corán, y afirmaba los puntos de vista coránicos de que el Corán es increado, que todo sucede según la voluntad de Dios, que Dios es el único creador, que las acciones humanas están sujetas a la creación y predestinación de Dios, que los creyentes musulmanes conocerán la visión beatífica el día de la resurrección, que el infierno no aguarda a los que creen en la unidad de Dios, que las doctrinas de la tradición islámica son fidedignas, y que los cuatro primeros califas representan la edad fundacional del islam. Otros credos notables, aunque tampoco normativos, han sido los de Abu Hanifah (700-767), al-Shafii (767-820), y al-Ghazali (1058-1111). ⇨ credos; Mahoma; Maimónides; shahadah.

Ismael Personaje bíblico, hijo de Abraham y Agar, la sierva de su mujer; expulsado de la casa de Abraham al desierto con su madre después del nacimiento de Isaac. Se da a entender que fue padre de doce príncipes, y es considerado el antepasado de las tribus beduinas de los desiertos palestinos (los ismailíes). Mahoma consideró a Ismael y Abraham como antepasados de los árabes, y relacionados con la construcción de la Piedra Negra en La Meca. ⇨ Abraham; Agar; Biblia; Isaac; islam; La Meca.

ismailíes (Ismā'īlīs) Miembros de una secta secreta islámica, una de las principales ramas de los chiítas; conocidos también como «setimanos». La secta se desarrolló a partir de un movimiento clandestino (c. siglo IX), que logra el poder político en Egipto y el norte de África

Israel

en los siglos X-XII. Distinguía entre aspectos interiores y exteriores de la religión, era crítica con la ley islámica, y creía que en la nueva edad final del séptimo imán surgiría un tipo de religión universal que era independiente de las leyes de todas las religiones organizadas. Así, acogía a los seguidores de otras religiones, pero conservaba sus propias tradiciones y ritos secretos. ⇨ chiísmo; imán; islam.

Israel, Estado de República democrática en el Oriente Medio fundada en 1948 y que limita con el Líbano, Siria, Jordania, Egipto y el mar Mediterráneo. Antes de 1990 tenía una población de unos cuatro millones seiscientos catorce mil habitantes, en su mayoría judíos, pero con una considerable minoría árabe. La autoridad última reside en el Parlamento o Knesset, que consta de ciento veinte miembros elegidos por el pueblo para un período de cuatro años. Aunque empezaron a llegar colonos sionistas en la década de 1880, cuando Palestina estaba bajo gobierno otomano, sólo en las décadas de 1930 y 1940, con las campañas de Adolfo Hitler de fondo, entró un gran número de inmigrantes judíos en Palestina, durante el mandato británico (que comenzó en 1918). Esto incrementó la tensión entre árabes y judíos, de modo que las Naciones Unidas votaron la partición de Palestina en 1947. Sin embargo, el 14 de mayo de 1948 sus fundadores anunciaron la creación del Estado de Israel (en hebreo: *medinat Yisrael),* originando un conflicto militar con los países vecinos en el que las fuerzas israelíes salieron victoriosas. Nuevas guerras entre Israel y sus vecinos tuvieron lugar en 1967 y 1973; en la primera, Israel ocupó la tierra con frecuencia mencionada como los «territorios ocupados»: los Altos del Golán, Orilla occidental del Jordán, el este de Jerusalén y la franja de Gaza. Así, mientras el Estado de Israel se ha convertido en un centro de esperanza para los judíos del mundo después del Holocausto, la situación política en la región no ha sido estable. ⇨ eretz Yisrael; exilio; Israel, tribus de; judaísmo ortodoxo.

Israel, tribus de En la Biblia, confederación de doce tribus que se hacen remontar generalmente a los doce hijos de Jacob, seis de Lía (Rubén, Simeón, Leví, Judá, Isacar, Zabulón), dos de Raquel (José, Benjamín), dos de la sierva de Raquel, Bilha (Dan, Neftalí) y dos de la sierva de Lía, Zilpa (Gad, Aser); Jacob recibió el nombre de Israel (Génesis 32, 28) a raíz de la historia de su lucha con un ser divino. Durante el asentamiento en Canaán y la Trasjordania, a las tribus se les asignaron porciones de tierra (Josué 13-19); pero los levitas, una clase sacerdotal, no tuvieron asignación y posiblemente nunca fueran una «tribu» como tal; la «tribu» de José era en realidad dos tribus, que se remontan a sus dos hijos Efraín y Manasés (Génesis 48). El número de tribus, por tanto, se mantuvo en doce. Una vez establecida la monarquía en Israel (c. siglo X a. C.), la confedera-

ción tribal finalizó de modo efectivo, aunque todavía desempeñó un papel en el pensamiento religioso judío.
⇨ Aser/Benjamín/Dan/Gad/Isacar/José/Judá/Neftalí/Rubén/Simeón/Zabulón, tribu(s) de; Leví.

Istar Diosa asiro-babilónica del amor y la guerra, conocida en Sumeria como Inanna. Llegó a ser la diosa principal de babilonios y asirios. Existía en muchas manifestaciones locales que podían ser invocadas de manera independiente y como otras diosas quedaron asimiladas por ella, la palabra istar se convirtió en el nombre común de «diosa». Al igual que Inanna era identificada con la estrella de la mañana y de la tarde, el planeta Venus, y, como deidad astral, estaba ligada a Sin, el dios Luna, y Shamash, el dios Sol. Diosa de la fertilidad, era patrona del amor sexual y protectora de las prostitutas; fue identificada por los griegos con Afrodita. Era igualmente una diosa de la guerra y era especialmente venerada por esto por los asirios, al frente de cuyo ejército se creía que marchaba. En el mito sumerio Inanna viajó al mundo inferior para rescatar a su consorte Dumuzi (Tammuz), un acontecimiento conmemorado en ceremonias anuales. Istar era adorada fuera de Mesopotamia por los hititas y hurritas, y compartía muchas características con su equivalente semita occidental Astarté.
⇨ Astarté; asiria, religión; babilónica, religión; Shamash.

Izanagi no Mikoto e Izanami no Mikoto
Dioses japoneses masculino y femenino, respectivamente. En el mito de la creación estos fueron los primeros seres que crearon islas en el agua y a los demás dioses. Izanami murió al dar a luz el fuego. Izanagi la siguió a la tierra de los muertos *(Yomi),* pero se volvió contra él y le persiguió. Finalmente tuvo que tapar la salida de Yomi con una gran roca. Izanami entonces se convirtió en la diosa del mundo inferior. ⇨ creación, mitos de la; mundo inferior.

J

Jabne o **Jabneel** ⇨ **Yabne** o **Yamnia**.

Jacob Personaje bíblico, hijo de Isaac, patriarca del pueblo de Israel. Suplantó a su hermano mayor Esaú, obteniendo la bendición especial de su padre y se le considera, por tanto, el heredero de las promesas de Dios. Se le puso el nuevo nombre de *Israel* (que significa quizá «Dios lucha» o «el que lucha con Dios») después de su lucha con un ser divino. Con sus esposas Lía y Raquel, y las sirvientas de estas, fue padre de doce hijos, a los que la tradición judía remontó las doce tribus de Israel. ⇨ Biblia; Esaú; Isaac; Israel, tribus de; Raquel.

Jade, emperador ⇨ **Yu-Huang**.

Jadiya (Jaījah) (554-619) Primera esposa de Mahoma. Durante toda su vida fue su única esposa. Era una viuda rica cuando conoció a Mahoma, y le nombró jefe de sus caravanas y, más tarde, le propuso matrimonio cuando él tenía 25 años y ella 40. Tuvieron dos hijos, que murieron en la infancia, y cuatro hijas, una de las cuales, Fátima, se casó con Alí, que se convirtió en una figura clave en el islam chiíta. Jadiya fue una compañera espiritual, psicológica y material extraordinaria, buena para Mahoma durante los inciertos primeros años de su obra; es venerada por los musulmanes como la primera creyente y la primera conversa al islam. Murió en La Meca tres años antes de la huida (hégira) a Medina. Aunque el islam limitaba el matrimonio a cuatro esposas a la vez, una revelación del Corán autorizó a Mahoma a tener más de cuatro esposas, y después de la muerte de Jadiya se casó diez veces más. ⇨ Alí; chiísmo; Corán; hégira; La Meca; Mahoma; Medina.

Jafet Personaje bíblico, uno de los hijos de Noé que sobrevivió al Diluvio, hermano de Sem y Cam. Es descrito como el antepasado de los pueblos del área del Asia Menor y del Egeo (Génesis 10). ⇨ Biblia; Diluvio, el; Noé.

Jahiliyyah (al-Jāhiliyyah) Término musulmán que se refiere a la «época de ignorancia» que precede a la obra de Mahoma y la revela-

jainismo

ción del islam. Derivado de la palabra *jahil,* que significa ignorante, señala el tiempo de oscuridad y declive en el que el monoteísmo original revelado a Abraham se fue perdiendo para ser reemplazado por el paganismo árabe. Según los musulmanes, la aparición del islam restauró el verdadero monoteísmo, trajo la luz en vez de ignorancia y estableció un sistema ético basado en la ley divina en lugar de la decadencia. La «época de ignorancia» había supuesto la introducción de ídolos en La Meca. No había sido una era de paganismo completo puesto que grupos de cristianos y judíos, y también individuos espirituales maduros fuera de estos grupos, habían conservado algún elemento de monoteísmo. Las costumbres arraigadas durante la «época de ignorancia», tales como influyentes ferias, tiempos de tregua para hacer posible que estas ferias florecieran, y visitas a lugares sagrados como la Kaaba, con su Piedra Negra, en La Meca, fueron adoptadas por el islam en la nueva administración, especialmente en forma de peregrinación (Hajj) a La Meca. ⇨ Abraham en el islam; La Meca; Mahoma; monoteísmo; shariah.

jainismo Religión y filosofía autóctonas de la India que consideran a Vardhamana Mahavira (599-527 a. C.), que se dice que es el último *tirthankara,* su fundador, aunque su primer mentor fue posiblemente Parsva, una figura de alrededor del siglo IX acerca de la cual se sabe poco. Brotando de una reacción contra el elitismo del sistema de castas hindú y la práctica hindú de sacrificar animales, el jainismo conserva cierto parecido con el pensamiento budista. Los jainitas no creen en un dios creador, sino que consideran que la salvación consiste en conquistar la existencia material a través de la adhesión a una disciplina ascética estricta, liberando así al alma de la obra del karma para una bendición eterna que lo conoce todo. La liberación requiere separación de la existencia mundana, de la que una parte esencial es la ahimsa, no herir a los seres vivos. Como uno de los dogmas centrales del jainismo, esta política se desarrolló a partir de la creencia de que puesto que en la reencarnación una persona podía volver en forma de animal o insecto, ninguna criatura viviente debe jamás ser herida. Para prevenir incluso el daño accidental a las criaturas, los jainitas pueden llevar mascarillas en la nariz para evitar la inhalación de insectos, y barrer bien el suelo que van a pisar. Algunos no se lavan por miedo a matar los piojos del cuerpo u otros parásitos. Mahatma Gandhi, aunque hindú, estuvo muy influido por el concepto de la ahimsa. El ideal ascético es fundamental tanto para el jainismo monástico como para el laico, aunque la renuncia definitiva es posible sólo dentro del primero. A causa de su fe, los jainitas no pueden aceptar empleo en áreas como la manufactura o venta de armas o alcohol. Son unos tres millones. ⇨ ahimsa; Gandhi, Mohandas Karamchand; karma; tirthankara.

Jamaat-i-Islami (Jamā'at-i-Islāmī) Moderno movimiento islámico iniciado en la India en 1941 por Mawlana Mawdudi. Es un movimiento conservador que afirma que la ley musulmana, la shariah, es suprema para los musulmanes y no puede ser sustituida. Después de la partición de la India en la época de la independencia india, creció en Pakistán y pretendió que el Pakistán fuera un estado musulmán gobernado por la shariah. Se ha ido introduciendo en el reciente ascenso del fundamentalismo islámico. Considera al islam como un sistema que puede ofrecer respuestas establecidas a los problemas básicos de la humanidad, y sostiene que existe algo como la política islámica, economía islámica y así sucesivamente. Se ha prestado a la violencia, por ejemplo, en las revueltas en el Punjab en 1953 contra el Ahmadiyyah [movimiento religioso islámico fundado en 1889 en la India por Mirza Ghulam Ahmad (c. 1839-1908), quien fue considerado el Mesías Mahdi profetizado en el Quran] —como resultado de lo cual Mawdudi pasó dos años en prisión—, pero esta no es su objetivo principal. La coherencia de su sistema de creencias, centrado en el «islam puro» y en la fe de sus miembros, le ha otorgado una importancia que excede al número de sus miembros. ⇨ shariah.

Janam Sakhis (Janam Sākhīs) Primeros relatos sij de la vida y doctrina del Gurú Nanak, el primer gurú sij. Se refieren a su vida de niño, su primera residencia adulta en Sultanpur, su predicación, curaciones milagrosas, sus viajes dentro y más allá de la India, y su ministerio de la enseñanza final en la comunidad modelo que fundó en Kartarpur en el Punjab. A diferencia de los himnos y poemas del *Gurú Granth Sahib,* los *Janam Sakhis* tienen forma de historia narrativa, y se proponen propagar el carisma y beneficencia del Gurú Nanak. Reforzando sus himnos, han sido usados como «evangelios» para hacer real su presencia. Existe gran número de *Janam Sakhis,* varios de los cuales han sido puestos por escrito en forma manuscrita desde el siglo XVII (el más utilizado es una antigua versión de la tradición Bala). Muchos sij consideran los *Janam Sakhis* como relatos históricos literales de la vida del Gurú Nanak; otros consideran que reflejan el testimonio y espiritualidad de los sij que los escribieron durante los cien años posteriores a su muerte. ⇨ Gurú Granth Sahib; Nanak; Punjab.

jannah, al Noción musulmana común de cielo. Al-jannah significa jardín, y en el Corán un jardín es la alegoría más popular del paraíso. Se entiende que es un jardín cerrado, rodeado de una cerca y de árboles, y supone un atractivo símbolo en un trasfondo de ambiente desértico en el que surgió el islam. Lo significativo de la imagen queda realzado por la naturaleza idílica del Jardín del Edén, antes de la tentación de Adán y Eva, al que se le da también el nombre de al-jannah. Aunque el jardín del paraíso se considera que es hermoso, con flores, árboles y plantas, sus maravillas no pueden ser imaginadas

Jansen

por los seres humanos, porque es el lugar de Dios. Como dice el Corán 56, 25-26: «Allí dentro no oirán ni charla frívola, ni incitación al pecado, solamente la palabra 'Paz, Paz'.» ➪ Adán y Eva; cielo; Corán; Edén, Jardín del.

Jansen, Cornelio Otto

(1585-1638) Teólogo holandés y fundador de la secta jansenista, nacido en Acquoi, cerca de Leerdam en Holanda. Estudió en Utrecht, Lovaina y París, y se convirtió en profesor de teología en Bayona y en 1630 en Lovaina. Murió precisamente cuando había completado su gran obra, el *Augustinus* (cuatro volúmenes, publicados en 1640), que intentaba demostrar que la doctrina de San Agustín contra los pelagianos y semipelagianos sobre la gracia, libre albedrío y predestinación, se oponía directamente a la doctrina de las escuelas jesuíticas. Jansen rechazaba el dogma católico ordinario de la libertad de la voluntad, y rehusaba admitir la gracia meramente suficiente, sosteniendo que la gracia interior es irresistible, y que Jesucristo murió por todos. Cuando se publicó, en 1640, el *Augustinus* causó una ruidosa y gran protesta, especialmente por parte de los jesuitas, y fue prohibido por un decreto de la Inquisición en 1641. Al año siguiente fue condenado por Urbano VIII en la bula *In Eminenti*. Jansen recibió el apoyo de Arnauld, Pascal y los port-royalistas. La controversia continuó con pleno vigor en Francia durante casi un siglo, en que un gran número de jansenistas emigraron a los Países Bajos. Los jansenistas de Utrecht son en doctrina y disciplina estrictamente católicos ortodoxos, conocidos por sus compatriotas como *Oude Roomsch* («Romanos viejos»). ➪ Agustín de Hipona, San; gracia; Inquisición; jansenismo; jesuitas; Pelagio; predestinación.

jansenismo

Movimiento herético de la Iglesia católica de Francia y Holanda en los siglos XVII y XVIII. Seguía la enseñanza de Cornelio Jansen, que adoptó la teología de San Agustín, concretamente sobre la predestinación, y difundía un estilo de vida riguroso y ascético. Condenado en Francia, donde se contaban entre sus partidarios Arnauld y Blas Pascal, sobrevivió en Holanda. ➪ Agustín de Hipona, San; catolicismo; herejía; Jansen, Cornelio Otto; predestinación.

Japji

(Japjī) Poema-oración sij compuesto por el Gurú Nanak. Junto con el *Mul Mantra* se consideraba su primera obra, y está colocado con el *Mul Mantra* al comienzo del texto sagrado sij, el *Gurú Granth Sahib*. A diferencia de otros poemas, no se le da acompañamiento musical, subrayando así su trascendencia para la devoción y piedad personal. Es, a la vez, para ser leído y para reflexionar sobre él. Los sij devotos meditan sobre él todas las mañanas, y también se utiliza en el culto y rituales sij formales, por ejemplo, en la ceremonia de iniciación a la comunidad sij, conocida como *Amritsanskar*. ➪ Adi Granth; amrit; iniciación; Khalsa; Mul Mantra; Nanak; Shabad.

japonesa, religión Cinco tradiciones fueron importantes en la formación de la religión japonesa hasta el período Nara (710-784): la más antigua tradición japonesa autóctona, la tradición sintoísta, la tradición budista, la tradición confuciana y la tradición religiosa taoísta. Se influyeron mutuamente y, aunque no se fundieron, llegaron a ser interdependientes dentro del conjunto de la religión japonesa. Después del período Nara, la más antigua tradición japonesa y el sintoísmo cambiaron, pero no por influencias del exterior, ya que representaban la base religiosa autóctona de Japón. El budismo fue influido por las nuevas corrientes procedentes de China que tomó forma japonesa típica en las tradiciones Tendai, shingon, Tierra Pura, zen y nichiren. El neoconfucianismo procedente de China fortaleció al confucianismo, que dio al estado japonés base lógica y jerarquía. El taoísmo religioso recibió profundidad por su relación con elementos importados del budismo esotérico. Con la excepción de las tradiciones nichiren y Tierra Pura *(Jodo Shinshu)* en el budismo, y el cristianismo cuando llegó, la religión japonesa ha sido plural y tolerante. A los japoneses les ha sido posible en diferentes épocas de su vida participar en todas estas tradiciones, en vez de canalizarse hacia una sola. La religión popular, en una forma difusa, también ha sido importante, especialmente desde 1600 cuando el gobierno Tokugawa (1600-1867) utilizó el budismo como arma de gobierno y los Meiji promovieron el sintoísmo como religión estatal después de 1868. La recitación del *nembutsu*, fiestas locales, líderes religiosos locales y elementos del taoísmo religioso, todo floreció, y a partir de 1945 nacieron o reaparecieron varios movimientos religiosos nuevos para incrementar el sentido de vitalidad en la religión japonesa. ⇨ budismo Nichiren; budismo Tierra Pura; budismo zen; japonesas, nuevas religiones; Kokutai, sintoísmo; neoconfucianismo; shingon; taoísmo; Tendai.

japonesas, nuevas religiones El término japonés *shinko shukyo*, «nuevas religiones», ha sido usado para describir varios movimientos religiosos nuevos que han aparecido en Japón en los últimos doscientos años. Otro término, «nuevas religiones recientes», se utiliza con frecuencia para describir movimientos religiosos que han surgido en Japón a partir de la Segunda Guerra Mundial. Algunas de las denominadas nuevas religiones como Konko-kyo y Tenri-kyo se remontan a principios del siglo XIX, y otras, como Rissho Kosekai y Soka Gakkai, aparecieron entre las dos guerras mundiales. Sin embargo, durante la Segunda Guerra Mundial la mayoría de ellas se debilitaron porque eran vistas con desaprobación por el gobierno nacionalista y el sintoísmo estatal. Después de 1945 la mayor parte de las nuevas religiones «comenzaron de nuevo» en la nueva atmósfera de libertad religiosa de posguerra. En los años inmediatos de la posguerra crecieron localmente, y con frecuencia señalaban la importancia de los beneficios terrenales como la salud, la prosperidad, la armonía familiar y la riqueza. El evangelismo fue importante, y en la década de los sesenta este evolucionó hacia la aparición de movimientos masivos entre las nuevas religiones, algunos de los cuales lograron importancia nacional, por ejemplo, el Soka Gakkai y su ala política Komeito. El rápido crecimiento ha conducido a la necesidad de reestructuración en tiempos recientes, poniendo más énfasis en la organización, autoperfeccionamiento y desarrollo del carácter, más que en los beneficios materiales. La mayoría de las nuevas religiones tenían un líder carismático, ofrecían soluciones a problemas inmediatos, practicaban la curación por la fe, apelaban a la fe individual, eran sincretistas y ponían el énfasis en el proselitismo eufórico. Más recientemente, algunos han comenzado a poner el acento en la paz mundial, el diálogo interreligioso e incluso la unidad de todas las religiones. ⇨ japonesas recientes, nuevas religiones; Kokutai, sintoísmo; Konkokyo; Soka Gakkai; Tenri-kyo.

japonesas recientes, nuevas religiones Nombre dado a movimientos religiosos nuevos que han surgido recientemente en Japón. El poco usual nombre es para distinguirlas de las religiones japonesas nuevas, que no son consideradas ya como especialmente nuevas, tanto en el sentido de que algunas de ellas se remontan a antes de la Segunda Guerra Mundial, e incluso al siglo XIX, como en el sentido de que, incluso desde la Segunda Guerra Mundial, han atravesado varias etapas de evolución y han quedado institucionalizadas. En los últimos veinte años han surgido nuevos movimientos religiosos como *Agonshu* y *Sukyo Mahikari* (Organización de la Verdadera Luz Suprarreligiosa). Están relacionados con el auge del ocultismo y con algunas de las tendencias de la «nueva era» presentes en Japón; Mahikari destaca el exorcismo de los malos espíritus, la labor de difusión a través de vecinos y amigos o de panfletos distribuidos masivamente, y la creencia en posibilidades milagrosas y poderes místicos. Como tales, estas religiones no son críticas o reflexivas, pero están produciendo un llamativo impacto en Japón actualmente. Ilustran el principio sociológico de que, mientras el ecumenismo puede caminar hacia un polo del espectro religioso, la novedad permanente es la nota clave del otro polo y, como muchos nuevos movimientos religiosos «establecen», otros aún más nuevos ocuparán su lugar. ⇨ japonesas, nuevas religiones; «nueva era», religión; oculto.

jariyíes (jāriyiyes) Literalmente significa «los separatistas», nombre de una secta islámica primitiva que se separó de la corriente principal del islam, especialmente después del 657. Los jariyíes se oponían al primer califa omeya Muawiyah, y apoyaron al ejército de Alí contra él. Sin embargo, en el 659 se separaron de él y la mayoría de ellos murieron precisamente a manos de las tropas de Alí. Uno de sus miembros asesinó a Alí en el 661 en una mezquita de Kufah, y este traumático acontecimiento tuvo importantes consecuencias para el islam chíita posterior. Los jariyíes eran un grupo puritano que anhelaba la pureza prístina del islam más antiguo, y se oponían a los compromisos que implicaba el despertar de la expansión del islam por todo el mundo árabe. Defendían que las obras eran necesarias para la salvación tanto como la fe, y que cometer pecados perjudicaba la posibilidad de la salvación. Consideraban que el líder del islam debía ser éticamente recto y que la comunidad musulmana debía ser un pueblo justo basado en el Corán. Creían que estaba justificado rebelarse contra un líder pecador, y que la conversión interior y el compromiso constituían a un musulmán tanto como la profesión exterior. Se mantuvieron como una fuerza agresiva en el primitivo islam en oposición al califato, pero gradualmente su violencia disminuyó. Actualmente sobreviven algunas pequeñas comunidades jariyíes, especialmente entre los ibadíes moderados de Omán, Argelia, Libia, Túnez y Tanzania. ⇨ Alí; Corán; kalam; pecado, visión islámica del; salvación.

jasideos ⇨ **Hasidim**.

Jat (Jāṭ) Casta de granjeros, importante en el norte de la India y especialmente en el Punjab. Los jats pertenecen a diferentes tradiciones religiosas, y pueden ser hindúes o musulmanes, pero son especialmente significativos por lo que se refiere a la tradición sij. Son bien conocidos por sus instintos belicosos, respeto por la familia y sentido de la justicia e igualdad. Sin embargo, al mismo tiempo tienen una idea clara de su propio rango social y destino dentro del conjunto del sistema de castas en el que están insertos. Los talentos de muchos de ellos han sido puestos al servicio de la comunidad sij. Según la tradición india, nacieron de los mechones de pelo de Siva, y esto armoniza con la tradición sij de conservar el pelo largo, así como sus instintos marciales, su sentimiento por la familia y su respeto por la justicia. ⇨ casta; cinco K; jati; Siva; varna.

Jataka (Jātaka) Conjunto de historias de los nacimientos previos de Buda, contenidas en la literatura budista *Sutra*. ⇨ Buda; budismo.

jati (jāti) Término que significa «casta» en el hinduismo pero que se confunde a menudo con varna, antiguo sistema de «clases» que se ha engranado con él. No existe ninguna teoría concluyente en lo que se refiere a los orígenes del jati y no se encuentra ninguna referencia a él antes de alrededor del 300 d. C. Aunque el sistema jati puede haber surgido del sistema varna, podía, no obstante, haber tenido un origen independiente y haber sido absorbido en el sistema varna más tarde. A medida que la sociedad hindú evolucionaba, lo hacía también la complejidad de las relaciones sociales hindúes, y emergieron grupos sociales cerrados basados en el oficio, o, más específicamente, en los grados de pureza ligados a los diversos oficios. Estos grupos son los *jatis*. Dentro de cada varna hay muchos jatis; incluso entre los brahmanes se dice que existen unos trescientos grupos. Cada miembro de un jati sigue una profesión hereditaria y cada jati se mantiene aparte de los otros en cierto grado. Una casta es un grupo bien definido dentro, por ejemplo, de unos pocos pueblos, que comen juntos y se casan entre sí. Las relaciones sociales están organizadas entre miembros de diferentes familias pero dentro del mismo jati. Así, un tejedor se casará con otra familia de tejedores, aunque probablemente de su misma casta y dentro de su pueblo. El matrimonio fuera del propio jati está generalmente prohibido. ⇨ casta; varna.

Javier, San Francisco ⇨ Francisco Javier, San.

Jehová Término usado desde el siglo XI como una forma del nombre hebreo del Dios de Israel, «Yahvé». Está formado por una combinación de las consonantes latinizadas de la palabra hebrea YHWH (el nombre de Dios) con las vocales de la palabra hebrea *Adonai* («Maestro, Señor»), siendo necesaria la combinación para evitar el uso correcto del término YHWH, que era considerado demasiado santo para ser pronunciado. ⇨ Yahvé.

Jehová, Testigos de ⇨ Testigos de Jehová.

jen Término confuciano de importancia fundamental, que significa virtud, benevolencia y humanidad. Antes de la época de Confucio era relativamente insignificante, pero magnificó su sentido y uso en las *Analectas*, de modo que se convirtió en la principal virtud del carácter confuciano, más o menos equivalente a bondad o amor. A este respecto, es similar al término griego *agape* que no tenía mayor importancia en la primitiva Grecia, pero que fue magnificado por el Nuevo Testamento para significar amor en su forma más elevada. Jen es similar en significado a agape, excepto en que no está relacionado con Dios, y sus características sociales, tales como cortesía, lealtad e integridad pública, son puestas de relieve. Para Confucio, jen era una cualidad trascendente a la que cada persona y la humanidad en general deberían aspirar, pero que era difícil de alcanzar en toda su plenitud. Los neoconfucianos, como Chu Hsi, también recalcaban su papel en la naturaleza, e indicaban su papel en la relación recíproca entre naturaleza, seres humanos y lo Último. ⇨ Confucio; Nuevo Testamento.

Jeremías, Carta de En la Biblia católica, capítulo 6 del Libro de Baruc; para los protestantes, obra independiente de los Apócrifos del Antiguo Testamento. Es al parecer una carta del profeta Jeremías a los judíos cautivos de Babilonia (c. 597 a. C.) previniéndoles contra la idolatría. Actualmente se considera con frecuencia que procede del período helenístico posterior, posiblemente de los tiempos macabeos. ▷ Apócrifos del Antiguo Testamento; Baruc; Jeremías, Libro de; maçabeos.

Jeremías, Libro de Gran obra profética de la Biblia hebrea/Antiguo Testamento, atribuida al profeta Jeremías, que actuó en Judá c. 627-587 a. C. y que murió, al parecer, después de huir a Egipto desde Jerusalén. La obra es célebre por su relato de las luchas internas del profeta, persecución y desesperación. Los anuncios de desastre por la inmoralidad e idolatría de Judá se ven mitigados sólo brevemente por el apoyo a las reformas del rey Josías; los avisos anticipan la caída de Jerusalén y la cautividad babilónica de los judíos. El actual libro probablemente es el resultado de una compleja historia de transmisión. ▷ Antiguo Testamento; Baruc; Cautividad babilónica; Josías; Lamentaciones de Jeremías.

Jericó Ciudad oasis gobernada por Jerusalén, en la ciudad conocida más antigua del mundo, que fue habitada de forma permanente desde c. 9000 a 1850 a. C. Fue el escenario del famoso asedio durante la conquista israelita de Canaán, cuando se dice que las murallas se derrumbaron al clamor del ejército al mando de Josué. ▷ Israel, Estado de; Josué, Libro de.

Jeroboam I (siglo X a. C.) Primer rey del reino dividido de Israel. Salomón le nombró superintendente de los obreros y tributos impuestos a su tribu de Efraín, en la construcción de las fortificaciones de Sión. El descontento creciente hacia Salomón alimentó su ambición, pero fue obligado a huir a Egipto. Tras la muerte de Salomón encabezó la revuelta triunfante de las tribus del norte contra Rehoboam, y, como rey suyo, erigió santuarios a los ídolos en Dan y Betel para apartar poco a poco a su pueblo de las peregrinaciones a Jerusalén. Reinó veintidós años. ▷ Salomón.

jeroglífico, sistema Conjunto de símbolos de la escritura egipcia antigua. Los caracteres eran originariamente pictogramas, y se les llamaba jeroglíficos (del griego «escultura sagrada») a causa de su frecuente uso en contextos religiosos, como inscripciones del templo y de la tumba. Los símbolos eran normalmente escritos de derecha a izquierda, y se desarrollaron para representar tres tipos de información: algunos eran ideogramas, que representan objetos o conceptos del mundo real; otros representan una consonante o secuencia consonántica, y el tercer tipo no tiene valor fonético, pero sirve para deshacer la ambigüedad de un jeroglífico con más de un significado. ▷ egipcia antigua, religión.

Jerónimo, San originalmente **Eusebio Sofronio Jerónimo** (c. 342-420) Erudito italiano y Padre de la Iglesia Latina, nacido en Estridón. Estudió retórica griega y latina, y filosofía en Roma, donde fue también bautizado. En el 370 se estableció en Aquileya con su amigo Rufino, pero después partió hacia Oriente y, tras una grave enfermedad

Jerusalén

en Antioquía, se retiró entre el 347 y 378 al desierto de Calcis. En el 379, ordenado sacerdote en Antioquía por San Paulino de Nola, fue a Constantinopla, y se hizo amigo íntimo de Gregorio Nacianceno. En el 382, en una misión relacionada con el cisma meleciano de Antioquía, fue a Roma, donde se convirtió en secretario del papa San Dámaso, y donde gozó de una gran influencia. En el 385 dirigió una peregrinación a Tierra Santa, y se asentó en Belén en el 386. Fue aquí donde Jerónimo emprendió o completó su gran obra literaria, en particular su traducción Vulgata de la Biblia, la primera traducción latina de la Biblia a partir del texto hebreo. Escribió comentarios bíblicos, y también vehementes invectivas contra Joviniano, Vigilancio y los pelagianos, e incluso contra Rufino y San Agustín. San Jerónimo fue el más erudito y elocuente de los Padres Latinos. Su fiesta es el día 30 de septiembre. ⇨ Agustín de Hipona, San; Biblia; Padres de la Iglesia.

Jerusalén, Iglesia primitiva de

La iglesia que se formó en Jerusalén poco después de la muerte y resurrección de Jesucristo se dispersó pronto por la persecución de las autoridades judías (incluyendo a Saulo de Tarso, que sería más tarde el apóstol Pablo). El resultado imprevisto fue la rápida expansión del cristianismo a centros como Antioquía, donde floreció el entusiasmo y la iniciativa, aunque las cuestiones de política global hacia los conversos gentiles se remitieron a una reunión de dirigentes cristianos en Jerusalén. Este «Concilio de Jerusalén» de c. 49 d. C. decidió que los gentiles no tenían que adoptar la circuncisión ni otras prácticas judías para hacerse cristianos, evitando así que la Iglesia se dividiera en facciones judía y gentil desde el comienzo de su existencia. La Iglesia de Jerusalén se debilitó por la expulsión de todos los judíos de la ciudad y además se desmoralizó por la ejecución de su líder, Santiago *(el Justo)* el hermano de Jesús, en el 62. Los cristianos la abandonaron antes de la rebelión del 66. Tras la segunda rebelión del 132 Jerusalén fue completamente destruida y reconstruida como ciudad romana, a la que los judíos no tenían acceso. Jerusalén y los lugares santos relacionados con la vida de Jesús se convirtieron en centro de peregrinación cristiana con la visita de la madre de Constantino, Santa Helena, en torno al 326, pero la ciudad pasó a control musulmán en el 638, después de lo cual la Mezquita de la Roca (Mezquita de Omar) fue erigida en el lugar del templo. Jerusalén estuvo en manos cristianas durante las cruzadas (1099-1187) y durante breves períodos en el siglo siguiente, pero el poder y la influencia habían pasado pronto a las sedes de Roma y Constantinopla. ⇨ Constantino I; cruzadas; Roma, Iglesia primitiva en.

Jerusalén en el islam

Jerusalén es la tercera gran ciudad santa de la tradición musulmana, superada en importancia sólo por La Meca y Medina. Durante los primeros años de la historia de la comunidad musulmana, la oración se ofrecía mirando en dirección a Jerusalén, hasta que durante el período de Medina, la Kaaba, en La Meca, se convirtió y ha seguido siendo el foco de devoción islámico. Jerusalén era importante porque había figurado de modo prominente en la obra de los primeros profetas, pero sobre todo a causa del tradicional viaje nocturno de Mahoma con el ángel Gabriel a la Mezquita de la Roca, en el Monte del Templo, desde donde ascendió a los cielos. Jerusalén fue ocupada por las fuerzas islámicas durante el califato de Omar (634-644), y desde esa época varios edificios islámicos han sido levantados en ella, incluyendo la famosa mezquita de Omar en el monte del Templo. Las actuales murallas fueron edificadas por el famoso musulmán turco otomano, Suleimán *el Magnífico*. Jerusalén ha seguido siendo un lugar de profunda significación para los musulmanes a lo largo de los siglos, y esta es una de las razones por las que es un motivo de discordia entre judíos y musulmanes en la actualidad, y lo fue entre cristianos y musulmanes en la época de las cruzadas. ⇨ cruzadas; La Meca; Medina; viaje nocturno de Mahoma.

Jerusalén es atacada por los barones de Francia. Página del *Libro de las cruzadas. Crónicas de Jerusalén.* Biblioteca Nacional (Viena)

Jerusalén primitiva Situada en las tierras altas de Judá, Jerusalén fue habitada desde tiempos muy antiguos, pero no figura como gran centro religioso hasta c. 1000 a. C., en que David la eligió como capital de su Israel unificado, e instaló el Arca de la Alianza en ella. Su hijo Salomón pasó luego a construir un templo a Yahvé, y convirtió a Jerusalén en el más importante de los santuarios israelitas. Bajo la posterior monarquía dividida continuó siendo la capital de Judá y sede de la dinastía davídica. Ciudad y templo fueron destruidos por el invasor Nabucodonosor en el 587 a. C., y gran parte de su población exiliada a Babilonia. Entre los exiliados, Jerusalén se convirtió en un foco de esperanzas, tanto nacionales como escatológicas, como se puede ver en las profecías de Ezequiel y el Deuteroisaías. Cuando algunos exiliados volvieron y el templo fue reconstruido, Jerusalén pasó a formar parte de una provincia dentro del imperio persa y después seléucida, con su administración principalmente en manos de la jerarquía

Jesucristo

del templo. Después de la Revuelta macabea Jerusalén fue de nuevo, durante un tiempo, el centro de un estado independiente judío, pero cayó progresivamente bajo el control de Roma. El rey vasallo de Roma, Herodes el Grande (37-4 a. C.) diseñó un gran programa de construcción, incluyendo una tercera edificación del templo. Este templo, junto con el resto de la ciudad, fue destruido en el 70 d. C. por los romanos después de la rebelión judía; la ciudad vivió un nuevo saqueo en el 135 después de la revuelta de Bar Kokhbah, y los judíos fueron proscritos del área por el emperador Adriano, que edificó su propia ciudad pagana, Aelia Capitolina, en el lugar. ⇨ Arca de la Alianza; Bar Kokhbah; David; escatología; Judá, reino de; Nabucodonosor; Salomón.

Jesucristo o **Jesús de Nazaret** (c. 6/5 a. C.-c. 30 d. C.) Figura central de la fe cristiana, cuyo papel de «Hijo de Dios» y cuya obra redentora son tradicionalmente considerados creencias fundamentales para los seguidores del cristianismo; en el islam, como profeta, es considerado inferior sólo a Mahoma. «Cristo» quedó unido al nombre «Jesús» en círculos cristianos por la convicción de que era el Mesías judío («Cristo»). Jesús de Nazaret es descrito como el hijo de María y José, y se le atribuye una concepción milagrosa por obra del Espíritu Santo en los evangelios de Mateo y Lucas. Nació al parecer en Belén hacia el 6/5 a. C. (antes de la muerte de Herodes el Grande en el 4 a. C.), pero inició su ministerio en Nazaret. Después de haber sido bautizado por Juan en el Jordán (quizá 28-29 d. C., Lucas 3, 1), reunió un grupo de doce seguidores íntimos o discípulos, siendo quizá el número simbólico de las doce tribus de Israel e indicativo del propósito de reformar la religión judía de su tiempo. Los principales relatos de su ministerio son los evangelios del Nuevo Testamento, que le muestran proclamando la llegada del reino de Dios, y en especial la aceptación de los oprimidos y los pobres en el reino. Actuó en los pueblos y campos de Galilea, más que en poblaciones y ciudades, y se le atribuyen en los relatos evangélicos muchas curaciones milagrosas, exorcismos y algunos milagros de la «naturaleza», como calmar la tempestad. Estos relatos describen también conflictos con los fariseos sobre su ejercicio de una autoridad «profética» independiente, y especialmente sobre su proclamado perdón de los pecados; pero su arresto por parte de la jerarquía sacerdotal judía parece haber sido resultado más directamente de su actuación contra el Templo de Jerusalén. La duración de su ministerio público no es segura, pero es del Evangelio de Juan de donde se saca la impresión de un período de tres años de enseñanza. Fue ejecutado mediante crucifixión por orden de Poncio Pilatos, el procurador romano, quizá a causa de la inquietud que las actividades de Jesús estaban provocando. La fecha de su muerte es insegura, pero normalmente se considera que fue en el 30. Relatos de su resurrección de entre los muertos se conservan en los evangelios, escritos paulinos y Libro de los Hechos; los Hechos y el Evangelio de Juan también se refieren a su subsiguiente ascensión a los cielos. Los evangelios del Nuevo Testamento, en cuanto fuentes de la vida de Jesús, han sido sometidos a un considerable cuestionamiento histórico en la moderna crítica bíblica, en parte ante las diferencias entre los mismos relatos evangélicos (con las diferencias entre el Evangelio de Juan y los otros tres que a menudo arrojan dudas sobre el primero). La crítica de las formas ha prestado atención a las influencias que afectan a las tradiciones de Jesús en el período anterior a que fueran escritos los evangelios, y cuando las tradiciones estaban siendo transmitidas principalmente en pequeñas unidades de forma oral. La crítica de la redacción, además, ha prestado atención al papel creativo de los evangelistas. Algunos investigadores han sido pesimistas acerca de los esfuerzos por reconstruir la vida de Jesús a partir de las fuentes evangélicas, y han distinguido entre el «Jesús de la historia» y el «Cristo de la fe», siendo sólo el último significativo teológicamente para la fe. Investigadores más modernos han concedido con frecuencia más importancia al Jesús histórico para la fe cristiana, y se han realizado esfuerzos especialmente para presentar una hipótesis creíble sobre el Jesús histórico en los términos de la situación social, política y cultural del judaísmo de principios del siglo I. Referencias limitadas a Jesús se pueden encontrar también en obras del historiador judío Josefo y de los historiadores romanos Tácito y Suetonio. Otras tradiciones cristianas no canónicas circularon sobre Jesús, muchas de ellas tardías y probablemente espurias. ⇨ cristianismo; crítica de las formas; crucifixión; evangelios apócrifos/canónicos; fariseos; Josefo, Flavio; Juan (Bautista), San; María; Mesías; Pilatos, Poncio.

Jesucristo en el islam

Jesús es tenido en alta consideración por la tradición musulmana. Normalmente es designado como Jesús el hijo de María *(Isa ibn Maryam),* y es considerado como un gran profeta, inferior en importancia sólo al mismo Mahoma. Según el Corán, donde es mencionado veinticinco veces, Jesús nació de una virgen, realizó milagros, resucitó a los muertos y restauró el monoteísmo revelando el evangelio. Sin embargo, en contra de la ortodoxia cristiana, los musulmanes creen que Jesús no murió en la cruz, no era divino, no era el Hijo de Dios y no formaba parte de la Trinidad, que es vista como una contradicción con la unidad de Dios. Por tanto, aunque los musulmanes tienen una visión más positiva de Jesús que la que los cristianos tradicionalmente han tenido de Mahoma, ellos le ven a través de los ojos del Corán, no a través de la perspectiva de la teología cristiana. Existe una tradición entre los musulmanes de que Jesús volverá antes del juicio final, destruirá al Anticristo y anunciará el final del tiempo con una especie de segunda venida. Esto no implica que Jesús resucitara de entre los muertos,

jesuitas

sino que realmente él no murió en absoluto y que volverá al final de los siglos. ⇨ Corán; cruz; evangelios apócrifos; María; profeta; teología; Trinidad.

jesuitas Orden religiosa masculina, su nombre completo es Compañía de Jesús (SJ). Fundada en 1540 por Ignacio de Loyola, es una orden no contemplativa, que exige estricta obediencia, conformidad con los ejercicios espirituales de San Ignacio y lealtad especial al Papa. Su objetivo es misionero en el sentido más amplio, ayudando a la sociedad de muchas maneras, especialmente en la educación, donde ha fundado varios colegios y universidades por todo el mundo. Los jesuitas han sido apologistas sobresalientes de la Iglesia Católica, especialmente en la época de la Contrarreforma y, más recientemente, han ejercido una gran influencia en la modernización de la Iglesia. ⇨ catolicismo; Contrarreforma; Ignacio de Loyola, San; misiones cristianas; papado.

Jesús, movimiento de Movimiento cristiano que surgió en EE. UU. durante la década de los sesenta, en parte como reacción a lo que se percibía como excesos del movimiento *hippy* y la contracultura. Estaba compuesto principalmente de jóvenes que eran cristianos evangélicos conservadores y utilizaban algunos de los métodos de alto perfil de la contracultura para proclamar lo que llamaban la Revolución de Jesús. Se propagó por toda Norteamérica y Europa en la década de los setenta, y se convirtió en otro elemento del crecimiento del cristianismo evangélico conservador en la década de los ochenta. Sus seguidores, llamados a veces las «curiosidades Jesús», utilizaban pegatinas en los automóviles, carteles, globos, camisetas y varias salidas publicitarias para propagar la noticia de su redescubrimiento de Jesús y su mensaje de amor para todo el mundo. Se unió a los movimientos de renovación carismática de varias iglesias cristianas, y llegó a implicarse en grupos misioneros tales como Judíos por Jesús, que intentaba convertir jóvenes judíos al cristianismo. Como movimiento paraguas también hizo brotar grupos heterodoxos, como los Niños de Dios, que traspasaron los límites de lo que los cristianos juzgaban apropiado. Los Niños de Dios, fundados por David Berg en 1968, fueron acusados de utilizar el sexo para realizar conversiones al movimiento. ⇨ evangelismo; carismático, movimiento; Jesucristo; Niños de Dios; nuevos movimientos religiosos en Occidente.

jhana (jhāna; sánscrito: dhyāna) Término importante en las técnicas de meditación budista. Está relacionado con el término sánscrito *dhyana,* que significa meditación, y en este sentido la palabra pasó a China como chan y a Japón como zen. Antes de que jhana pueda ser verdaderamente efectivo deben vencerse cinco obstáculos, a saber: deseo sensual, mala voluntad, letargo, preocupación y miedo al compromiso. Para vencerlos, el budista que medita atraviesa cinco estados mentales: concentración en un objeto único, mantener la mente en ese objeto, la aparición de la alegría, la aparición de un contento más profundo que la alegría y la aparición de concentración de la mente en un solo punto por el que la mente está natural y profundamente concentrada en el objeto. Estos son a veces conocidos como factores-jhana. Cuando están completados, entonces se logra, en un sentido más pleno, el jhana y asciende en forma de trance. Incluso esto puede profundizarse en una serie de cuatro jhanas, siendo el cuarto una situación de paz y resplandor profundos. No es el equivalente al nirvana, y los jhanas no son fines en sí mismos sino medios para nuevos fines posteriores, como en el caso de Buda que continuó del jhana al nirvana. ⇨ bhavana; Buda; budismo zen; chan; dhyana; meditación; nirvana.

jihad (jíhād) (árabe: «lucha») Término usado en el islam para referirse a «guerra santa». Según el Corán, los musulmanes tienen la obligación de oponerse a los que rechazan el islam, mediante la lucha armada si es necesario, y la jihad ha sido invocada para justificar tanto la expansión como la defensa del islam. Los estados islámicos juraron una jihad contra Israel en la declaración de La Meca de 1981, aunque no necesariamente mediante ataque militar. ⇨ Corán; islam; La Meca.

jinetes de circuito Primeros predicadores metodistas itinerantes, a caballo, que cubrían regularmente un circuito de iglesias y llevaban también sus mensajes a nuevos lugares. Contribuyeron de modo eficaz a la rápida expansión del primitivo metodismo. ⇨ metodismo.

Jinetes del Apocalipsis, los Cuatro ⇨ **Cuatro Jinetes del Apocalipsis, los.**

Jingi-kan Agencia gubernamental japonesa, Ministerio de Asuntos Divinos, destinada a regular los asuntos religiosos y especialmente sintoístas en Japón. Había sido originalmente establecida después de la reforma Taika del 646, pero fue revivificada en 1871, después de la restauración Meiji de 1868, para regular los santuarios sintoístas. Estos se organizaban en diferentes áreas de jurisdicción en los niveles nacional, regional y local. Presuponían que los sacerdotes sintoístas eran en realidad funcionarios del gobierno y el emperador, el dirigente divino del estado sintoísta. Aunque se creó un nuevo Ministerio en 1877 para hacer concesiones al budismo después de que esta tradición había sido perseguida entre 1868 y 1872, su meta básica era promover el sintoísmo y ponerlo bajo la protección del estado. Este objetivo se formalizó más tarde en la instauración del sintoísmo estatal. Después de la Segunda Guerra Mundial siguió una nueva era de libertad religiosa, y el sintoísmo quedó separado del estado, ocupando su lugar entre la confusa mezcla de movimientos religiosos del Japón con-

jinja

temporáneo. ⇨ Kokutai, sintoísmo; sintoístas, santuarios.

jinja Nombre dado a los santuarios sintoístas japoneses. *Jin* significa deidad (o *kami*) y *ja* significa lugar de morada, y así el jinja es el lugar donde la deidad sintoísta o kami habita. Originalmente, los santuarios sintoístas probablemente no existieron como tales, pero había lugares sagrados en torno a objetos sagrados como piedras o árboles. Más tarde, los santuarios se ubicaron en recintos. A la entrada del recinto había un arco sagrado *(torii)* a través del cual se entraba para acceder al lugar santo, y donde uno se podía purificar lavándose. En el interior podía haber normalmente una sala de culto en la parte delantera del recinto y una sala kami en la parte posterior, y el culto se dirigía desde la sala de culto a la sala kami, donde un espejo o espada simbolizaba la presencia del kami. Finalmente, los santuarios locales llegaron a encerrar a un kami local específico. Podían ofrecerse plegarias individuales en un santuario, pero más comúnmente era el lugar de reunión de varias fiestas tradicionales, incluyendo el Año Nuevo, fiestas de primavera y otoño, y para fiestas familiares especiales asociadas al nacimiento, matrimonio o un tiempo de crisis. Aquí se podía lograr ayuda y sustento de parte del kami. Desde la restauración Meiji en 1868 hasta 1945 el término jinja fue usado para referirse a los santuarios del sintoísmo estatal, mientras que se utilizaba otro término *(kyokai)* para los santuarios del «sintoísmo sectario», pero desde 1945 y el desplome del sintoísmo estatal, jinja ha vuelto a su uso original. ⇨ kami; Kokutai, sintoísmo; sintoístas, santuarios.

jinn Clase de espíritus en la mitología islámica, formados de fuego. Viven principalmente en las montañas de Kaf, que rodean el mundo, adoptando varias formas, a veces como hombres de tamaño enorme y horribilidad extraordinaria. ⇨ islam folclórico.

jiriki y tariki Términos usados en el budismo Tierra Pura japonés para indicar el «propio esfuerzo» y el «esfuerzo de otro» para alcanzar la salvación. La distinción entre los dos se basa en la teoría del declive de la historia, en la tradición budista. Según el último, en el período primitivo de la enseñanza del dharma budista, el propio esfuerzo *(jiriki)* había sido lo apropiado, es decir, la capacidad de los seres humanos de alcanzar la salvación mediante su propio esfuerzo a través del estudio de la doctrina, observancia ritual y la disciplina de la meditación. En el último período del dharma, conocido como *mappo,* se requería un método más fácil que el propio esfuerzo y este se iba a encontrar en el esfuerzo de otro *(tariki),* que suponía poner la propia fe en la gracia de Amida Buda, invocando su nombre en el *nembutsu:* «Pongo mi fe en Amida Buda.» Por este medio se podía obtener el renacimiento en el paraíso o Tierra Pura de Amida Buda, el buda de la luz infinita y compasión profunda, y a partir de ahí se podía finalmente alcanzar el nirvana. Tariki representaba así el camino fácil de la fe en la última época del budismo, mientras que jariki había representado el camino más difícil del propio esfuerzo en la época más antigua, más próxima a la época del propio Buda. ⇨ Amida, culto; budismo Tierra Pura; dharma; nembutsu.

jiva jainita (jīva) Categoría clave en el pensamiento jainita, que significa alma. Los jivas son eternos e inmateriales. En la vida ordinaria, los jivas, o almas, quedaron asociados a la materia por medio de los hechos o karma. El karma se adhiere al alma y se encarcela en un cuerpo material, y dentro de la existencia mundana. El cuerpo y el mundo son ajenos a la naturaleza real del alma, que es autoconocimiento y bendición. Sin embargo, hasta que tiene lugar la liberación de la rueda del renacimiento, el alma está destinada a renacer según el karma del ser que le corresponde, y estos renacimientos pueden ser en todo tipo de seres, no necesariamente humanos. Para alcanzar la liberación es necesario el ascetismo. En primer lugar, el nuevo karma debe dejar de sobrecargar al alma y de abrumarla, y esto se hace por medio de un estilo de vida no ligado a actividades mundanas; después, el karma anterior debe ser retirado del alma por la penitencia *(tapas)*. El alma es entonces liberada en vida y ha llegado a ser ella misma de nuevo, separada de la materia, y en un estado de pura conciencia y bendición. En el caso de Mahavira y otros santos jainitas, la muerte voluntaria de hambre era un método utilizado para lograr este fin. Al quedar liberados finalmente por la muerte, el alma liberada asciende a lo más alto del universo y permanece allí en bienaventuranza. ⇨ cosmología jainita; jivanmukti; karma jainita; Mahavira; renacimiento.

jivanmukti (jīvan-mukti) Término usado en el pensamiento hindú y jainita para referirse a alguien liberado en vida. Aunque todavía viviendo en el mundo, la persona referida sobrepasaba la rueda de renacimientos y, al morir, no renacerá otra vez. La noción equivalente en el budismo es el estado de nirvana provisional que adquirió Buda en su iluminación, pero que no se tradujo en nirvana final hasta su muerte 45 años más tarde. La noción paralela en la tradición cristiana sería un estado de perfección en esta vida. En el caso jainita, la noción tiene un sentido literal. El *jiva*, o alma, es liberado de la atadura del karma, que los jainitas consideran como un sustancia material sutil que sobrecarga y abruma al alma. Evitando la acumulación de nuevo karma retirándose del mundo, y quemando el viejo karma por medio de la penitencia *(tapas)*, el alma queda liberada de la materia y del karma, y al morir ascenderá a lo más alto del universo y allí permanecerá por la eternidad. En el caso hindú es visto más psicológicamente como los efectos que se siguen de las obras de uno, que pasan de una vida a la siguiente, y en el *Bhagavad Gita* el camino de las obras se considera como un medio de liberación

Joaquín de Fiore

siempre que las obras se hagan sin pensar en la recompensa y en el nombre de Dios. Por tanto, un jivanmukti hindú puede estar aún activo en el mundo y no desear implicarse en la muerte voluntaria de hambre como en el caso de algunos santos jainitas. ⇨ Buda; iluminación; jiva jainita; karma jainita; karma yoga; nirvana; renacimiento.

Joaquín de Fiore (c. 1135-1202) Místico italiano, nacido en Calabria. En 1177 se convirtió en abad del monasterio cisterciense de Corazzo, y más tarde fundó una orden más estricta de monjes, Ordo Florensis, que fue absorbida por los cistercienses en 1505. Su interpretación mística de la historia, basada en paralelos históricos o «concordancias» entre la historia del pueblo judío y la historia de la Iglesia, estaba agrupada en tres edades, que correspondía cada una a un miembro de la Trinidad; la última, la del Espíritu, que iba a traer la libertad perfecta, comenzaría en 1260. Su historicismo místico tuvo amplia aceptación aunque fue condenado por el Concilio Lateranense en 1215, pero perdió influencia cuando sus profecías empezaron a no cumplirse. ⇨ cistercienses; Concilio de la Iglesia; mística; Trinidad.

Job, Libro de Gran libro de literatura sapiencial de la Biblia hebrea/Antiguo Testamento, que recibe el nombre de su héroe y posiblemente inspirado en antiguas tradiciones populares, pero que muestra en su forma actual indicios de varias adiciones. Está compuesto de narraciones y discursos en los que el poeta aborda la cuestión del sentido del sufrimiento inmerecido y de la fe; a pesar del consejo de sus amigos, Job persiste en sus luchas hasta presentarse ante la inescrutable majestad de Dios directamente. ⇨ Antiguo Testamento; profeta; sapiencial, literatura; teodicea.

Jodo Escuela de budismo Tierra Pura en Japón, fundada por Honen en 1175. Acentúa la misericordia y el poder de Amida Buda, el buda de infinita luz y profunda compasión, por cuya gracia se puede renacer al paraíso o Tierra Pura de Amida, y desde allí puede finalmente alcanzarse el nirvana. Honen puso el énfasis en la práctica del *nembutsu*, la invocación repetida del nombre de Amida Buda con fe sincera diciendo: «Pongo mi fe en Amida Buda.» Afirmaba que esta confianza en el «esfuerzo de otro», es decir, en la gracia de Amida Buda, era más fácil y mejor en la historia última del budismo que la confianza en el propio esfuerzo que había sido más apropiada en tiempos más antiguos. El discípulo de Honen, Shinran (1173-1262) fundó una forma todavía más radical de Tierra Pura en su Jodo Shinshu o Escuela de la Verdadera Tierra Pura. Actualmente, el budismo Tierra Pura es el camino budista japonés más popular, y existen cuatro escuelas principales de budismo Tierra Pura, de las que Jodo es la segunda más importante.

⇨ Amida, culto; Honen; jiriki y tariki; Jodo Shinshu; nembutsu; nirvana; Shinran.

Jodo Shinshu (Jōdo Shinsū) Escuela budista japonesa Tierra Pura conocida como «Verdadera Tierra Pura», fundada por Shinran; la escuela más grande e importante de la tradición budista japonesa. Shinran fue más radical que Honen, que había fundado la escuela Tierra Pura *(Jodo)* japonesa original en 1175. Honen había señalado la importancia de la misericordia y la gracia de Amida Buda, y la repetición constante del *nembutsu* (invocación del nombre de Amida Buda) para alcanzar el renacimiento en el paraíso o Tierra Pura de Amida. Shinran enfatizó todavía más la gracia gratuita de Amida, que seguía disponible aun cuando continuara el pecado, basándose en el principio de que si la gracia de Amida era relevante para una persona buena era aún más relevante para una mala. Shinran descartaba asimismo las vestiduras de los monjes, se casó y llevó una vida secular, acercando así más profundamente el budismo de la Tierra Pura a la vida ordinaria. En contraposición a Honen, que era partidario de utilizar el nembutsu miles de veces al día, Shinran afirmaba que incluso una sola recitación del nembutsu, «Pongo mi fe en Amida Buda», dicha con absoluta sinceridad, sería suficiente para renacer a la Tierra Pura de Amida, y de aquí se seguiría el nirvana. Para Shinran, la fe en Amida Buda sólo implicaba la exclusión de otras divinidades budistas o sintoístas. Jodo Shinshu era una forma radical de budismo Tierra Pura que eclipsó a otros grupos Tierra Pura y budistas en popularidad. ⇨ Amida, culto; Honen; Jodo; nembutsu; nirvana; Shinran.

Joel, Libro de Uno de los doce escritos proféticos denominados «menores» de la Biblia hebrea/Antiguo Testamento, atribuido a Joel, del que no se sabe nada, pero al que actualmente se le asigna normalmente el período posterior al exilio (c. 400-350 a. C.); profeta con un marcado interés en el sacerdocio y el culto del Templo de Jerusalén. Contiene una famosa referencia a una plaga de langosta, avisando a Judá de un devastador juicio venidero y de un «Día del Señor» final en el que los enemigos de Israel serán destruidos. ⇨ Antiguo Testamento; profeta; Templo de Jerusalén.

Johanan ben Zakkai, Rabban (siglo I) Maestro judío prominente y líder de la reformulación del judaísmo después de la caída de Jerusalén (70), que contribuyó a fundar el judaísmo rabínico. Su primera carrera se desarrolló, según parece, en Galilea, aunque existen también tradiciones de sus disputas legales con los saduceos en Jerusalén antes de su caída. Después fue fundamental en la reconstrucción del consejo del Sanedrín en Yamnia. ⇨ judaísmo; rabí; saduceos; Yabne.

Jomeini, ayatolá Ruhollah (1900-1989) Líder religioso y político iraní. Musulmán chiíta que se

Jonangpa

Ayatolá Ruhollah Jomeini

opuso encarnizadamente al régimen prooccidental del shah de Persia Mohammed Reza Pahlevi; Jomeini estuvo exiliado en Turquía, Irak y Francia desde 1964. Volvió a Irán en medio de una gran aclamación popular, en 1979, tras el derrumbamiento del gobierno del shah, y se convirtió en el virtual jefe de estado. Bajo su liderazgo, Irán sufrió una turbulenta «Revolución islámica» en la que se realizó una vuelta a la estricta observancia de los principios y tradiciones musulmanas, muchos de los cuales habían sido abandonados durante el régimen anterior. En 1989 provocó una controversia internacional al ordenar públicamente la muerte de Salman Rushdie, autor de la novela *Los versos satánicos*. ⇨ blasfemia; chiísmo; islam.

Jonangpa Tradición monástica del budismo tibetano, considerada herética por la tradición Gelugpa, y caracterizada por la doctrina de que la esencia o matriz de la iluminación (*tathagatagarbha*) es una realidad absoluta. La tradición fue fundada por Shesrab rGyal-tshan (1292-1361), floreciendo en el siglo XIV como orden monástica distinta. Los Jonangpas fueron rechazados por los Gelugpas, aparentemente por principios doctrinales, aunque también influyeron las razones políticas relativas al poder de los Gelugpas. Los Jonangpas siguen la escuela del yogacara de la mente única *(cittamatra)* y la tradición tathagatagarbha. Sostienen que en realidad existe solamente la conciencia pura, un absoluto que no cambia, llamado esencia o matriz de la iluminación o budidad *(tathagatagarbha),* que es también identificado con el Cuerpo Verdadero *(dharmakaya)* de Buda. A diferencia de los Gelugpas, los Jonangpas negaban el vacío *(shunyata)* de la budidad; la naturaleza buda no es el «vacío propio», sino sólo el «otro vacío», es decir, vacío de corrupciones o vacío de todo lo distinto de él mismo. La influencia de doctrinas hindúes cachemires sivaítas es perceptible en estas ideas. De hecho, el gran maestro de Shes-rab (maestro de su maestro) Candranatha, era de Cachemira. ⇨ Buda; budismo; Gelugpa; sivaísmo cachemir; tathagata; vacío; Yogacara.

Jonás, Libro de Uno de los doce escritos proféticos denominados «menores» de la Biblia hebrea/Antiguo Testamento, poco usual por su narración sobre la renuencia del propio profeta a predicar en la ciudad de Nínive. Incluye la famosa leyenda de Jonás tragado por un «gran pez» y salvado de él. Aunque la historia está situada en la mitad del siglo VIII a. C., la obra es probablemente posterior al exilio; realza el papel de Israel al dirigirse a las naciones paganas, y así, implícitamente, se opone al exclusivismo judío. ⇨ Antiguo Testamento; Nínive; profeta.

Jonatán (c. siglo XI a. C.) Personaje bíblico, hijo y heredero de Saúl (el primer rey de Israel) y leal amigo de David. Es descrito en 1 Samuel como un guerrero astuto, pero afronta lealtades en conflicto al continuar su amistad con David a pesar de la creciente hostilidad de Saúl hacia David. David sucede a Saúl como rey de Israel, puesto que Jonatán fue muerto en la batalla de Gelboé contra los filisteos. ⇨ Antiguo Testamento; David; Saúl.

Josafat y **Barlaam** Nombres de dos santos cristianos cuya historia entró en el mundo cristiano procedente de orígenes que están en otra parte. Josafat era un príncipe rico y poderoso que fue persuadido por el ermitaño Barlaam, a renunciar a su pompa. Fue bautizado, dejó su trono y se adentró en el desierto para buscar la verdad espiritual como asceta. Esta historia procedía de fuentes musulmanas, pero los musulmanes la habían tomado de los maniqueos, y originalmente se remontaba a los budistas. Se refiere a Gautama —más tarde Buda— que había renunciado a su familia, palacio y poder para salir y buscar una respuesta al problema del sufrimiento y para buscar la iluminación. En este momento era un bodhisattva. En la historia maniquea este se convierte en Bodisaf, en la historia musulmana se transforma en Yudasaf y en el relato cristiano latino se convierte en Josafat. Así, el santo cristiano Josafat puede remontarse al Buda anterior a su iluminación. Este extraordinario relato de la transmisión de una historia entre religiones diferentes hace ver que las religiones están a menudo mucho más interrelacionadas de lo que a primera vista parece. ⇨ bodhisattva; Buda.

José Personaje bíblico y protagonista de muchas historias en Génesis 37-50; hijo número once de Jacob, pero el primero de su esposa Raquel. Se le describe como hijo favorito de Jacob (señalado por el regalo de una túnica de colores), que fue vendido como esclavo por sus envidiosos hermanos, pero que por su prudencia y sabiduría ascendió, de ser un siervo, a un alto puesto en la corte del faraón, con la responsabilidad especial de distribuir las reservas de grano durante el tiempo de hambre. Finalmente aparece reconciliado con sus hermanos, que llegaron a Egipto para escapar del hambre. Sus hijos, Efraín y Manasés, fueron bendecidos por Jacob, y se convirtieron en antepasados de dos de las tribus de Israel. ⇨ Antiguo Testamento; Efraín/Manasés, tribu de; faraón; Israel, tribus de; Jacob.

José, San (siglo I a. C.) Esposo de la Virgen María, carpintero de Nazaret, que aparece por última vez en la historia evangélica cuando Jesús tiene doce años. Nunca es mencionado durante el ministerio de Jesús, por lo que puede suponerse que había muerto ya. Su fiesta se celebra el 19 de marzo. ⇨ Jesucristo; María.

José, tribus de Aunque José era el hijo número once de Jacob, sus descendientes no eran normalmente descritos como «la tribu de José», una de las tribus de Israel, sino que estaban representados por dos tribus, Manasés y Efraín, los dos hijos de José que fueron bendecidos por Jacob (Génesis 48-49). No es seguro que existiera alguna vez una sola «tribu de José», puesto que la referencia es, con frecuencia, a «las tribus de José». ⇨ Antiguo Testamento; Efraín/Manasés, tribu de; Israel, tribus de; Jacob; José.

Josefo, Flavio (c. 37-c. 100) Historiador y soldado judío, nacido en Jerusalén. Era hijo de un sacerdote, mientras que su madre era descendiente de los príncipes hasmoneos. Su dominio de la literatura hebrea y griega pronto atrajo sobre él la atención pública, y se destacó entre los fariseos, el partido nacional, siendo elegido a los 26 años delegado ante Nerón en Roma. Cuando los judíos se levantaron en su última y fatal insurrección contra los romanos (66), Josefo, como gobernador de Galilea, mostró gran valor y prudencia; pero el avance de Vespasiano (67) hizo la resistencia inútil, aunque él resistió en Jotapata frente a un asedio de 47 días. Josefo fue mantenido en una suerte de encarcelamiento leve durante tres años, pero estaba presente en el ejército romano en el asedio de Jerusalén por Tito (70). Después parece que residió en Roma. Sobrevivió a Herodes Agripa II, que murió en el 100. Sus obras son *Historia de la guerra judía,* escrita en hebreo y griego (la versión hebrea no se conserva ya); *Antigüedades judías*, que contiene la historia de sus compatriotas desde los tiempos más remotos hasta el final del reinado de Nerón; un tratado sobre la *Antigüedad de los judíos*, contra el erudito griego alejandrino Apión, y una *Autobiografía* (37-90 d. C.). ⇨ fariseos.

Josías (siglo VII a. C.) Personaje bíblico, rey de Judá (c. 639-609 a. C.), favorito de las historias deuteronomistas por sus reformas religiosas (2 Reyes 22-23; 2 Crónicas 34-35), según se afirma basadas en el descubrimiento de «el libro de la ley» en el año dieciocho de su reinado. Se le atribuye el haber destruido los cultos paganos e intentado centralizar el culto en Jerusalén y el Templo. Murió en batalla contra los egipcios en Meguido. ⇨ Antiguo Testamento; deuteronomista, historia; Esdras/Jeremías/Sofonías, Libro(s) de.

Josué, en hebreo **Yehoshua** En el Antiguo Testamento, hijo de Nun, de la tribu de Efraín, que durante los 40 años que los israelitas vagaron por el desierto actuó como «ministro» de Moisés, tras cuya muerte de Moisés fue nombrado para conducir al pueblo a Canaán. El Libro de Josué toma su nombre de él. ⇨ Efraín, tribu de; Josué, Libro de; Moisés.

Josué, Libro de Libro de la Biblia hebrea/Antiguo Testamento que toma el nombre de su principal héroe, Josué (originalmente Oseas, pero a quien Moisés puso nuevo nombre). Continúa las historias del Pentateuco, comenzando por la muerte de Moisés, y presenta narraciones de cómo Israel conquistó el territorio al oeste del Jordán a los cananeos después de 40 años de vagar por el desierto. Termina con la muerte de Josué después de la conquista y el reparto de la tierra entre las tribus de Israel. El autor es anónimo, y la actual forma de la obra parece estar compuesta de varias corrientes de tradiciones distintas. ⇨ Antiguo Testamento; deuteronomista, historia; Israel, tribus de; Pentateuco.

Juan, Cartas de Tres escritos relativamente breves del Nuevo Testamento, de los que los dos últimos tienen la forma de carta enviada por «el Anciano», pero la primera de ellas carece de referencias directas respecto a su autor o destinatarios. Eran tradicionalmente consideradas obra del autor del Cuarto Evangelio, pero actualmente son, en general, atribuidas a una etapa posterior de la «comunidad joánica». 1 y 2 Juan afrontan el problema de un cisma dentro de esta comunidad cristiana, al parecer, por falsas doctrinas sobre la importancia de la obra de Jesús sobre la tierra y la significación del pecado para los cristianos. 3 Juan parece ser una carta privada que aborda problemas con un líder de la iglesia local llamado Diotrefes. ⇨ Juan, Evangelio según; Nuevo Testamento.

Juan, Evangelio según Libro del Nuevo Testamento, conocido también como el **Cuarto Evangelio**, distinto de los otros tres evangelios («sinópticos») por sus reflexiones teológicas únicas sobre Jesús como Hijo de Dios y Palabra divina que procede de Dios, y sus relatos de dichos y hechos de Jesús. Es estrictamente anónimo, aunque el capítulo 21, 24 lo asocia con «el discípulo a quien Jesús quería», que tradicionalmente se afirma que es Juan, hijo de Zebedeo, sin embargo, en la actualidad continúa sin haber acuerdo sobre esta cuestión. ⇨ evangelios canónicos; Jesucristo; Juan (hijo de Zebedeo), San; Nuevo Testamento.

Juan, San o **Juan, hijo de Zebedeo** (siglo I) Uno de los doce apóstoles, y el hermano más pequeño de Santiago, pescador galileo; uno del círculo íntimo de discípulos que estuvieron con Jesús en la transfiguración y Getsemaní. Hechos y Gálatas también le mencionan como uno de los «pilares» de la primitiva Iglesia de Jerusalén. Algunas tradiciones le describen asesinado por los judíos o Herodes Agripa I; pero desde el siglo II se dice que pasó sus últimos años en Éfeso, muriendo

Juan XXIII

allí a una edad avanzada, después de haber escrito el Apocalipsis, el Evangelio y las tres epístolas que llevan su nombre (aunque su autoría de estas obras ha sido discutida por investigadores modernos). Su fiesta se celebra el 27 de diciembre.
⇨ Apocalipsis, Libro del; apóstol; discípulos (en la Iglesia cristiana primitiva); Jesucristo; Juan, Cartas de; Juan, Evangelio según; Santiago (hijo de Zebedeo).

Juan XXIII, originalmente **Angelo Giuseppe Roncalli** (1881-1963) Papa (1958-1963), hijo de un campesino de Sotto il Monte, cerca de Bérgamo, en el norte de Italia. Ordenado en 1904, sirvió como sargento en el cuerpo médico y como capellán en la Primera Guerra Mundial, y a continuación como delegado apostólico en Bulgaria, Turquía y Grecia. En 1944 se convirtió en el primer nuncio papal de la Francia liberada y apoyó el controvertido movimiento de los sacerdotes obreros. Patriarca de Venecia en 1953, fue elegido Papa en octubre de 1958 en la duodécima votación. Convocó el XXI Concilio Ecuménico para buscar la unidad entre las diversas confesiones cristianas y rompió con la tradición saliendo del Vaticano durante breves visitas a hospitales y cárceles de Roma. En 1963 promulgó la célebre encíclica *Pacem in Terris* (Paz en la Tierra), abogando por la reconciliación entre Oriente y Occidente. Su diario se publicó en 1965 con el título *El diario de un alma.* ⇨ ecumenismo.

Juan (Bautista), San (siglo I) Figura profética y ascética mencionada en los evangelios del Nuevo Testamento y en las *Antigüedades* de Josefo; hijo de un sacerdote llamado Zacarías; fue más o menos contemporáneo de Jesús de Nazaret. En Lucas 1 se recoge el relato de su nacimiento de Isabel, prima de María la madre de Jesús. Bautizó a Jesús y a otros en el río Jordán, pero su bautismo parecía principalmente simbolizar un anuncio del inminente juicio de Dios y la consiguiente necesidad de arrepentimiento. Fue ejecutado por Herodes Antipas, pero las circunstancias difieren en los relatos de Josefo y de los evangelios. En el Nuevo Testamento es tratado como el precursor de Cristo, y a veces como Elías que ha vuelto (Mateo 11, 13-14). Su fiesta se celebra el 24 de junio. ⇨ Herodes Antipas; Jesucristo; Josefo, Flavio; Nuevo Testamento.

Juan Damasceno, San o **Chrysorrohas** (c. 676-c. 754) Teólogo griego y escritor de himnos de la Iglesia oriental. Nacido en Damasco, fue cuidadosamente educado por el erudito monje italiano Cosmas. Replicó a las medidas iconoclastas de León el Isáurico con dos discursos en los que defendía vigorosamente el culto a las imágenes. Sus últimos años los pasó en el monasterio de San Sabas, cerca de Jerusalén. Allí, ordenado sacerdote, escribió sus himnos, una enciclopedia de teología cristiana (Fuente de sabiduría), tratados contra supersticiones, herejes jacobitas y monofisitas, homilías y *Barlaam y Josafat*, que ahora se sabe que es una versión disfrazada de la vida de Buda. Su fiesta se celebra el 4 de diciembre. ⇨ iconoclasmo.

Juan de la Cruz, San (1542-1591) Místico y poeta español, llamado Juan Yepes y Álvarez cuando nació en Fontiveros, Ávila. Monje carmelita, en 1568 fundó, con Santa Teresa de Jesús, la orden ascética de carmelitas Descalzos. Acompañó a Santa Teresa a Valladolid, donde vivió una vida extremadamente ascética en un tugurio hasta que le amuebló un convento en Ávila, donde fue arrestado por los que eran hostiles a la reforma monástica (1577) y metido en prisión en Toledo. Se escapó en 1578 y vivió enfermo en el monasterio de Úbeda. Fue canonizado en 1726, y declarado Doctor de la Iglesia en 1926. Su obra poética comprende la pieza intensamente lírica *Cántico espiritual* y la *Noche oscura del alma*. Su fiesta se celebra el 14 de diciembre. ⇨ carmelitas; mística; Teresa de Jesús, Santa.

Juan Pablo II, originalmente **Karol Jozef Wojtyla** (1920-) Papa polaco (1978-), nacido en Wadowice, el primer Papa no italiano en 450 años. Fue educado en Polonia, ordenado en 1946, y se convirtió en profesor de teología moral en Lublin y Cracovia. Arzobispo y metropolitano de Cracovia (1964-1978), fue nombrado cardenal en 1967. Célebre por su energía y capacidad analítica, su pontificado ha vivido muchas visitas al extranjero, en las que ha predicado a grandes audiencias. En 1981 sobrevivió a un intento de asesinato, cuando le disparó en la plaza de San Pedro un nacionalista turco, Mehmet Alí Agca; los motivos del atentado han permanecido oscuros. Defensor de la justicia económica y de la Iglesia en los países comunistas, ha sido intransigente en temas morales. ⇨ cristianismo en Rusia.

Juana de Arco, Santa (Jeanne d'Arc), conocida como **La Doncella de Orleáns** (c. 1412-1431) Patriota y mártir francesa, una de las mujeres más célebres de todos los tiempos, hija de unos campesinos pudientes de Domrémy en los límites de la Lorena y Champaña. Los ingleses invadieron la zona en 1421 y en 1424 se replegaron. Juana no recibió educación formal pero tenía una naturaleza polémica y sentido común perspicaz. A los 13 años creyó haber oído las voces de San Miguel, Santa Catalina y Santa Margarita ordenándola rescatar la región de París de la dominación inglesa. Persuadió al comandante local, Robert de Baudricourt, tras haberla tenido que exorcizar, a llevarla en 1429, a través del territorio ocupado por los ingleses, al delfín (el futuro Carlos IV) que estaba en Chinon. Según la leyenda, se la hizo entrar a una reunión de cortesanos, entre los que estaba el delfín disfrazado, y su éxito al identificarle de inmediato se interpretó como confirmación divina de su legitimidad y de sus pretensiones al trono, anteriormente en duda. Pasó igualmente con éxito un examen eclesiástico al que fue sometida en Poitiers y se la permitió en consecuencia unirse al ejército reunido en Blois para socorrer a Orleans. Vestida con traje de armadura blanca y ondeando su propio estandarte, entró en Orleans con una avanzada el 29 de abril; para el 8 de mayo había obligado a los ingleses a levantar el cerco y a retirarse en junio de las principales fortalezas del Loira. Para infundir más ánimo a la resistencia francesa llevó al delfín con un ejército de doce mil hombres a través del territorio que conservaban los ingleses para ser coronado como Carlos VII en la catedral de Reims. Entonces, encontró extremadamente difícil persuadirle para que emprendiera nuevas hazañas militares, especialmente la liberación de París. Por fin, partió por propia iniciativa a liberar Compiègne de los burgundios, fue capturada en una salida (1430) y vendida a los ingleses por Juan de Luxemburgo por diez mil coronas. Fue llevada a juicio por herejía y hechicería ante un tribunal eclesiástico de la Inquisición, presidido por Pierre Chauchon, obispo de Beauvais. La mayoría de los hechos disponibles relativos a la vida de Juana se conservan en los relatos del juicio. Fue hallada culpable, llevada al cementerio de San Ouen el 24 de mayo para ser quemada, pero en el último momento se derrumbó y se retractó con toda energía. Abjuró más tarde de ello y sufrió el martirio en la hoguera en la plaza del mercado de Rouen, el 30 de mayo, fiel a sus «voces». En 1456, para fortalecer la validez de la coronación de Carlos VII, el juicio fue declarado irregular. La creencia en su misión divina la hizo mofarse del consejo militar, acabando desastrosamente, pero infundió ánimo a sus paisanos, paró la ascendencia de los ingleses en Francia para siempre y fue una de las primeras en la historia en morir por un concepto de nacionalismo de inspiración cristiana. En 1904 se la declaró venerable, en 1908 beata y finalmente santa en 1920. Su fiesta se celebra el 30 de mayo. ⇨ mártir.

Jubileos, Libro de los Relato que pretende ser una revelación a Moisés, ampliada, durante sus 40 días de estancia en el Monte Sinaí; libro de los pseudoepígrafos del Antiguo Testamento, quizás de la mitad del siglo II a. C. Su nombre se deriva de la división del tiempo en «jubileos» (49 años, que representan siete semanas de años), pero ha sido llamado también Pequeño Génesis o el Testamento de Moisés. Vuelve a contar desde Génesis 1 a Éxodo 12 (desde la Creación a la Pascua), ampliando el relato y subrayando la separación de los no judíos, lealtad a la ley religiosa judía y la importancia de las tradiciones secretas para los lectores de su propio tiempo. ⇨ Moisés; pseudoepígrafos; Sinaí, monte.

Judá, reino de Antiguo estado judío que incorporaba las áreas tribales de Judá y Benjamín, fundado cuando la monarquía unida se dividió en los reinos de Judá (en el sur) e Israel (en el norte), a finales del siglo X a. C., después del reinado de

Salomón. Cada reino tenía reyes distintos, estando Jerusalén en el reino de Judá. Tanto Judá como Jerusalén cayeron ante los babilonios en el 587 a. C. ⇨ Antiguo Testamento; Benjamín/Judá, tribu de; Israel, tribus de.

Judá, tribu de Una de las doce tribus del antiguo Israel, que se dice descendía del cuarto hijo de Jacob con su esposa Lía. Su territorio originalmente se extendía al sur de Jerusalén, limitado al oeste por el Mediterráneo y al este por el mar Muerto, pero más tarde se redujo. ⇨ Antiguo Testamento; Jacob; Juda, reino de; Israel, tribus de.

judaísmo Religión de los judíos, para la que es esencial la creencia en un solo Dios, creador trascendente del mundo, que liberó a los israelitas de la esclavitud de Egipto, les reveló su ley (Torá) y les eligió para ser luz para toda la humanidad. La Biblia hebrea es la fuente fundamental del judaísmo. El siguiente en importancia es el Talmud, que consta de la Misná (codificación de la Torá oral) y de una colección de un extenso comentario rabínico primitivo. Varios comentarios posteriores y el código oficial de la ley y ritual judíos (Halaká), elaborados en la baja Edad Media, han sido importantes en la configuración de la praxis y pensamiento judíos. A pesar de la variedad de sus comunidades, todos los judíos se consideran miembros de una comunidad cuyos orígenes descansan en el período patriarcal. Este pasado vive en sus rituales, y existe una marcada preferencia por expresar creencias y actitudes más a través del ritual que de doctrina abstracta. La familia es la unidad básica del ritual judío, aunque la sinagoga ha llegado a desempeñar un papel cada vez más importante. El shabbat, que comienza el viernes a la caída del Sol y termina a la caída del Sol del sábado, es la observancia religiosa central. La sinagoga es el centro de culto y estudio comunitario. Su rasgo principal es el «arca» (un pequeño armario) que contiene los rollos del Pentateuco escritos a mano. El rabino es principalmente un maestro y guía espiritual. Hay un ciclo anual de fiestas religiosas y días de ayuno. La primera de estas es Rosh Hashanah, el día de Año Nuevo; el día más santo del año judío es Yom Kippur, el Día de la Expiación. Otras fiestas anuales son la Hanuká y Pesach, la fiesta en familia de la Pascua. El moderno judaísmo está enraizado en el judaísmo rabínico, y su desarrollo histórico ha sido diverso. Hoy la mayoría de los judíos son descendientes, bien de los askenazis o de los sefarditas, cada uno con sus acusadas diferencias culturales. Existen también varias ramas religiosas de judaísmo. El judaísmo ortodoxo (siglo XIX) intenta preservar el judaísmo tradicional. El reformista (siglo XIX) representa un intento de reinterpretación del judaísmo a la luz del saber y conocimiento modernos, un proceso que el judaísmo liberal lleva más lejos. El judaísmo conservador intenta modificar la ortodoxia por medio del énfasis en los elementos históricos positivos de la tradición judía. El prejuicio antisemita y los períodos de persecución han sido un rasgo de la cultura cristiana de Europa, y se han incrementado con el surgimiento del nacionalismo europeo, que culmina en el holocausto nazi. Su efecto ha sido incalculable: hizo perentoria para el movimiento sionista la creación de una patria judía, y se mantiene como hito fundamental en todas las relaciones entre judíos y no judíos. En la actualidad existen más de catorce millones de judíos. ⇨ antisemitismo; askenazis; Biblia; culto judío; diáspora; Halaká; Hanuká; Holocausto; judaísmo liberal; judaísmo ortodoxo; judaísmo reformista; Misná; Pascua judía; Pentateuco; rabí; Rosh Hashanah; Shabbat; sefarditas; sinagoga; Torá; Yom Kippur.

judaísmo conservador Denominación dentro del judaísmo que surgió como respuesta a las tendencias radicales del judaísmo reformista americano hacia finales del siglo XIX. Contra tales tendencias, Sabato Morais (1823-1897) y otros encabezaron una reacción conservadora que intentaba seguir una vía entre la ortodoxia y la Reforma. Morais se convirtió en presidente del Seminario Teológico Judío de América, en Nueva York, donde todavía se forman los rabinos del movimiento. El objetivo del judaísmo conservador era permitir la adaptación al mundo moderno al mismo tiempo que se conservaba la legislación bíblica y talmúdica. Aceptaba la necesidad de considerar la creencia y la práctica judía secular de modo crítico, pero mantenía que un judaísmo auténtico debe señalarse por la adhesión a la Torá. Muy influyente fue también Solomon Schechter (1847-1914). Contribuyó a la evolución del judaísmo conservador en su deseo de sintetizar la enseñanza y el culto judío tradicional con las exigencias modernas. Esto ha significado, por ejemplo, que el hebreo se conserve en la liturgia, pero a las mujeres no se les exige estar separadas en una galería especial; recientemente, a pesar de alguna oposición, el movimiento ha aceptado la ordenación de mujeres. Aunque más fuerte en América, con un Seminario y cuerpo que elabora las normas de conducta llamado Asamblea Rabínica, la influencia del judaísmo conservador se ha extendido actualmente a Europa y también a Israel. ⇨ judaísmo ortodoxo; judaísmo reformista; Torá.

judaísmo en Europa Europa ha sido un hogar para los judíos durante unos dos milenios. Había judíos en Roma, por ejemplo, desde el siglo II a. C., y una comunidad en Colonia ya en el 321 d. C. Durante la Edad Media, su presencia se extendió al norte y este, a Polonia, el Báltico y Ucrania, pero fue a partir del siglo X cuando su número creció, especialmente con el fomento de asentamientos judíos urbanos, por parte de los gobernantes europeos, para estimular la economía. Así, a pesar de la violencia esporádica y algunas restricciones sociales y religiosas, los judíos florecieron cultural y económicamente. Sin embargo, hacia finales del siglo XI, cuando las habilidades judías eran menos esenciales, el fervor religioso de las cruzadas halló expresión en el sentimiento antijudío, comenzando un proceso que culminó con la expulsión de los judíos de España en 1492. Poco después, los judíos de las ciudades fueron confinados en guetos fuera de las horas de trabajo. Con la Ilustración se experimentaron nuevas libertades, lo que inicialmente fomentó la asimilación, un problema que el movimiento reformista intentó abordar. Al mismo tiempo, muchos judíos emigraron a América como resultado del permanente antisemitismo del siglo XIX. Este nuevo tipo de prejuicio, racial más que específicamente religioso, acabó en el holocausto nazi, que masacró a la población judía de Europa. Desde entonces, América ha sustituido en muchos aspectos a Europa como fuerza vital del judaísmo mundial junto con Israel. ⇨ antisemitismo; askenazis; judaísmo en Norteamérica; judaísmo reformista.

judaísmo en Norteamérica Los judíos se asentaron por primera vez en Norteamérica a mediados del siglo XVII, aunque el número fue pequeño hasta el siglo XIX. Sin embargo, desde el principio, la vida allí fue diferente de la de Europa, con pocas restricciones basadas en la religión, tanto antes como después de la Independencia americana (1776). Como los judíos eran capaces de integrarse con sus vecinos no judíos, no se necesitaba una comunidad separada, autónoma, como había sucedido en Europa. Existían comunidades judías individuales con sinagogas, desde luego, pero convivían con la organización protestante y católica, y todos formaban parte de un única comunidad en la que la diferenciación religiosa era, en general, poco importante. Cuando los judíos empezaron a florecer, otros, al oír hablar de su prosperidad, abandonaron Europa para unirse a ellos. Pero fue la emancipación y reforma religiosa en Europa lo que provocó un gran crecimiento del número de judíos americanos en el siglo XIX, aumentando de 6.000 en 1826 a unos 150.000 en la Guerra Civil (1861), muchos de los cuales procedían de Europa y de la tendencia reformista. Sin embargo, la persecución en Rusia y Europa del Este a partir de 1881 dio origen a un gran número de nuevos inmigrantes; unos dos millones llegaron a América en las décadas siguientes, la mayoría de ellos ortodoxos. Esto explica la diversidad dentro del judaísmo norteamericano, así como el predominio de la ortodoxia y el conservadurismo. Además, la creciente confianza de los judíos norteamericanos, basada en su número y en la tolerancia religiosa general, explica el apoyo al ideal sionista y al Estado de Israel. En 1920 había unos cuatro millones y medio de judíos en EE. UU., y en la década de los ochenta, sólo en Nueva York, unos dos millones; en Canadá hay alrededor de 300.000 judíos, de este modo el panorama global del judaísmo mundial se ha transformado, constituyendo en la actualidad los judíos norteamericanos la tercera fuerza vital junto a los judíos europeos e israelíes. ⇨ diáspora, judaísmo de la; judaísmo conservador;

judaísmo helenístico

judaísmo ortodoxo; judaísmo reformista; sionismo.

judaísmo helenístico Forma(s) de judaísmo desde la época del Segundo Templo (c. 515 a. C.-70 d. C.), influida(s) por la cultura y lengua griegas como consecuencia de las conquistas imperiales de Alejandro Magno. La influencia helenística fue fuerte entre la diáspora judía, pero en Palestina hubo una reacción en contra en la primera mitad del siglo II a. C. No obstante, incluso el judaísmo palestino absorbió elementos helenísticos, como se evidencia en la crónica de Josefo de los gobernantes judíos después de los macabeos. Todavía más, el *Libro de la Sabiduría* (o *Sabiduría de Salomón*) y las obras de Filón de Alejandría, ambos escritos judíos procedentes de Egipto, ejemplifican intentos deliberados de unir las tradiciones judía y griega. El *Libro de la Sabiduría,* por ejemplo, mezcla terminología sapiencial judía (Proverbios 8) con la idea del *Logos* griega. Filón da a los mandamientos bíblicos un significado alegórico, aunque sosteniendo que deben cumplirse literalmente. Más sutil es la idea de que la vida después de la muerte se aplica sólo al alma humana, excluyendo cualquier resurrección del cuerpo. Estas tendencias tenían un doble objetivo: animar a los judíos de la diáspora a permanecer fieles cuando se sentían atraídos por la cultura helenística y mostrar a los no judíos la razonabilidad esencial del judaísmo. Sin embargo, la aparición del judaísmo rabínico después del 70 d. C. significó que los rasgos abiertamente griegos desaparecieran hasta su reaparición de forma distinta durante la época medieval. ⇨ diáspora; Filón Judío; Josefo, Flavio; Logos; Maimónides; Sabiduría, Libro de la.

judaísmo liberal o **judaísmo progresista** Términos que equivalen a judaísmo reformista, una de las cuatro denominaciones dentro del judaísmo actual, unidos en la Unión Mundial por el Judaísmo Progresista (formada en 1926), aunque incorpora aspectos distintos tanto en la creencia como en la práctica. El movimiento reformista se desarrolló en Europa, y más tarde en América, durante el siglo XIX, reconciliando al judaísmo con la vida moderna, pero existió una variedad considerable en el alcance de la reforma religiosa. En Alemania el movimiento institucionalizado se llamó judaísmo liberal; en EE. UU. floreció un judaísmo reformista radical. Sin embargo, en Gran Bretaña el primitivo judaísmo reformista del siglo XIX era bastante conservador, y para distinguirse de él se desarrolló un judaísmo liberal radical a principios del siglo XX, que era similar al judaísmo reformista americano. La sinagoga judía liberal fue establecida en Inglaterra por Claude Joseph Goldsmid Montefiore (1858-1938) en 1911. ⇨ judaísmo reformista.

judaísmo ortodoxo Una de las cuatro denominaciones dentro del judaísmo en la actualidad. Sostiene que la Torá, tanto escrita como oral, revelada por Dios a Moisés, constituye una unidad inagotable y autoconsistente, y que se refiere con autoridad vinculante a cada aspecto de la vida de un judío. Las formas en que se aplica varían dependiendo de las autoridades halákikas seguidas y de la costumbre local. Sin embargo, existen considerables divergencias dentro de la ortodoxia. Algunos, por ejemplo, eligen separarse del mundo exterior, mientras que otros buscan formar parte de él, creyendo que el judaísmo es una influencia para el bien en el mundo en general; hay también numerosas posturas entre estos. Tales distinciones hacen de la ortodoxia un fenómeno moderno, aunque basado en la tradición, en cuanto que debe reconocer la existencia de judíos no ortodoxos y que constituye él mismo una serie de respuestas a la iluminación y emancipación judías. Esto puede quedar ilustrado por las actitudes del Estado de Israel. Los más tradicionales no reconocen la validez del Estado, extraordinariamente secular, puesto que su establecimiento debería dejarse a Dios y su Mesías. Algunos apoyan al Estado de Israel, argumentando que prepara el camino a la era mesiánica, mientras que otros adoptan una postura neutral. A pesar de estas diferencias, la ortodoxia, en sus diversas formas, ha ido ganando terreno dentro del judaísmo en los últimos años. ⇨ halaká; Israel, Estado de; judaísmo reformista; Torá.

judaísmo progresista ⇨ **judaísmo liberal.**

judaísmo reconstruccionista Movimiento fundado por Mordecai Kaplan, que hace hincapié en el judaísmo como civilización religiosa en evolución. Kaplan no pretendía iniciar una nueva confesión, y así las sinagogas que formaron la Federación Reconstruccionista de Congregaciones (desde 1955) seguían siendo miembros de las confesiones Conservadora y Reformista. Kaplan defendía que el judaísmo incluye todos los aspectos de la cultura judía, no sólo los aspectos estrictamente religiosos. Así, el judaísmo reconstruccionista mezcla religión, filosofía y sociología, influido por dos factores fundamentales de la situación moderna: el conocimiento incrementado sobre el mundo natural y la aparición del nacionalismo democrático que enfatiza el individualismo. Estos hacen imposible cualquier teoría de teísmo sobrenatural o Torá como revelación divina inmutable. Según Kaplan, el judaísmo existe para el pueblo judío. La religión judía tiene que ver con la búsqueda de sentido de un pueblo, lo que constituye su salvación; la creencia en Dios remite a un sentido de dependencia de los poderes del universo. Esto posibilita el cambio, que no es incompatible con la continuidad; Kaplan, por tanto, no veía problema en reconstruir la teología y la práctica judías, incluyendo la omisión de elementos inapropiados de la liturgia (por ejemplo, la idea de la elección especial de Israel). Tras el retiro de Kaplan (1963), el movimiento se transformó en una confesión plenamente independiente y

judaísmo reformista

fundó el Colegio Rabínico Reconstruccionista de Filadelfia en 1968. ⇨ judaísmo conservador; judaísmo reformista; Kaplan, Mordecai Menahem; Torá.

judaísmo reformista Movimiento que comienza en la Alemania de principios del siglo XIX para la reforma del culto, ritual y creencias judías a la luz del saber y conocimiento modernos. Se basa en la creencia de que puesto que muchas costumbres judías no fueron reveladas directamente por Dios, no es necesario seguirlas si no encajan en la vida moderna. En su lugar se pone un mayor énfasis en las enseñanzas éticas de los profetas que en la ley ritual, y en que la razón y la experiencia son fundamentales en la afirmación de la fe. Así desafiaron la fe ortodoxa en la autoridad absoluta de la Biblia y otras obras rabínicas. Los fieles no estaban obligados a llevar chales de oración o a cubrir sus cabezas, hombres y mujeres podían sentarse juntos durante los actos de culto, se permitía trabajar en el Shabbat y se suavizaron las leyes dietéticas. Los judíos reformistas están en la actualidad unidos en la Unión Mundial por el Judaísmo Progresista. ⇨ judaísmo.

Judas, Carta de Escrito breve del Nuevo Testamento, considerada una de las cartas «católicas» o «generales», atribuida a Judas, el hermano de Santiago *el Justo,* y, por tanto, de Jesús de Nazaret, pero que muchos actualmente creen que tiene su origen mucho más tarde, en el siglo I. La obra pone sobre aviso con energía a unos lectores no especificados acerca de falsos maestros, que son descritos como inmorales, inmoderados y dados a la división, y que quizá representan puntos de vista libertinos, gnósticos. La canonicidad de la carta fue muy discutida en la Iglesia primitiva. ⇨ gnosticismo; Nuevo Testamento; Santiago («hermano de Jesús»).

Judas, San (siglo I) Uno de los doce apóstoles, probablemente el Judas que era uno de los «hermanos del Señor», el hermano de Santiago *el Justo*. Una carta del Nuevo Testamento lleva su nombre, pero la autoría de la obra es discutida. Tradicionalmente se cree que fue martirizado en Persia con San Simón. Su fiesta se celebra el 28 de octubre (Occidente), el 19 de junio o 21 de agosto (Oriente). ⇨ apóstol; discípulos (en la Iglesia cristiana primitiva); Jesucristo; Judas, Carta de; Santiago («hermano de Jesús»).

Judas Iscariote (siglo I) Uno de los doce discípulos de Jesús, que aparece normalmente el último en las listas de los evangelios sinópticos (Marcos 3, 19), identificado como el que traicionó a Jesús por treinta monedas de plata a cambio de ayudar a concertar su arresto en Getsemaní por parte de las autoridades judías (Marcos 14, 43-46). Otras tradiciones señalan su cargo de tesorero (Juan 13, 29) y su posterior arrepentimiento y suicidio (Mateo 27, 3-10; Hechos 1, 16-19). «Iscariote» puede significar «hombre de Keriot», «asesino» u «hombre

juicio final

Judith mata a Holofernes. Biblia de San Luis de Francia. Catedral de Toledo

falso». ⇨ apóstol; discípulos (en la Iglesia cristiana primitiva); evangelios canónicos; Getsemaní; Jesucristo.

Judit, Libro de Libro de los Apócrifos del Antiguo Testamento (o escritos deuterocanónicos reconocidos por la Iglesia católica), que data posiblemente del período macabeo (mitad del siglo II a. C.). Narra la historia de cómo Judit, una atractiva y piadosa judía, salvó a la ciudad de Betulia del asedio del ejército asirio (aparentemente c. siglo VI a. C.) mediante la decapitación de Holofernes, su general, en su tienda, una vez seducido y embriagado. ⇨ Apócrifos del Antiguo Testamento; macabeos.

Jueces, Libro de los Libro de la Biblia hebrea/Antiguo Testamento, refiriéndose «jueces» a héroes tribales (como Débora, Gedeón y Sansón), cuyos actos de liderazgo son descritos. Se refiere al período inestable entre la conquista inicial de Palestina por los israelitas y el establecimiento de la monarquía en Israel, e intenta extraer lecciones morales del contraste de ejemplos de buen y mal liderazgo. Sus historias probablemente sufrieron revisiones en varias etapas de la historia de Israel. ⇨ Antiguo Testamento; deuteronomista, historia.

Juggernaut (Jagannāth) (sánscrito: «protector del mundo») Deidad hindú equiparada a Visnú. Su templo está en Puri, en el este de la India, y es célebre por su fiesta anual. ⇨ hinduismo; Visnú.

juicio final o **de los muertos** Idea que aparece por primera vez en el antiguo culto egipcio de Osiris. Aquí el difunto comparece ante Osiris y su corazón es pesado ante la pluma de la verdad. Si el difunto es declarado justo, pasa al mundo inferior osiriano. Si fracasa, es comido por el «devorador de los muertos». La idea de un último día de juicio apareció en Israel en el siglo II a. C. Este juicio, sin embargo, tiene que ver con las naciones más que con los individuos (Daniel 7). Israel será absuelto y las naciones gentiles castigadas. El cristianismo heredó el concepto a través de la predicación del propio Jesús que parece haber hablado de un Hijo del Hombre apocalíptico que vendrá en el último día a juzgar la Tierra (Mateo 21, 31-46). Esta idea fue desarrollada por la Iglesia primitiva que

juicio final

creyó que Cristo era el Hijo del Hombre venidero que juzgaría el mundo. Este juicio tendría lugar al final del tiempo en que los muertos se levantarían para ser enviados al cielo o al infierno, dependiendo de si sus nombres estaban o no escritos en el libro de la vida. Sin embargo, la demora de la segunda venida obligó a la Iglesia a desarrollar el concepto de un juicio particular al final de la vida del individuo. Este juicio individual hace innecesario el juicio final, pero la imagen era demasiado poderosa como para ser eliminada del pensamiento cristiano. El islam, de acuerdo con su herencia judeocristiana, comparte el concepto de un juicio final realizado por Alá al fin de los tiempos. ⇨ Chinvat, puente de; escatología; inmortalidad; Osiris; resurrección.

juicio final o de los muertos, visión islámica del
Visión musulmana del día del juicio y de la resurrección, en que se levantarán los muertos y serán pesados en la balanza del juicio de Dios, que tomará en cuenta todos los factores. Los humanos serán juzgados según su conducta y creencia, se revelarán por lo que son, y, como resultado del juicio, entrarán en el paraíso o en el infierno. El proceso histórico terminará ese día y la Tierra dejará de existir. Muchos versículos del Corán hablan del día del juicio utilizando vívidas imágenes y metáforas sorprendentes, y sigue siendo un elemento significativo en el pensamiento musulmán en la actualidad cuando en otras tradiciones temas como el juicio y el infierno son menos resaltados. ⇨ cielo e infierno islámicos; escatología islámica; jannah, al-; paraíso.

Junrei Término japonés para referirse a la peregrinación. Las peregrinaciones tuvieron especial importancia durante la época medieval, aunque todavía tienen lugar en la actualidad. Se creía que eran espiritualmente provechosas, sobre todo dentro de la esfera de la espiritualidad budista, y que, a través de ella, podían obtenerse beneficios materiales como curaciones, que eran bienvenidas cuando tenían lugar.

Júpiter Principal dios romano, equivalente al Zeus griego, originalmente dios del cielo con los atributos del trueno y del rayo. A veces se le dan nombres adicionales (por ejem-

Júpiter. Museo del Prado (Madrid)

plo, Júpiter Óptimo Máximo). Los generales romanos visitaban su templo para honrarle. ⇨ romana, religión.

justificación En el cristianismo, ser hecho o declarado justo con Dios. La teología tradicional católica (siguiendo a San Agustín, Santo Tomás de Aquino y el Concilio de Trento) entiende la justificación como el proceso de convertirse en justo a lo largo de toda la vida, mediante la gracia dispensada a través de los sacramentos del bautismo y la penitencia. La teología protestante (siguiendo a Lutero y los términos griegos más que los latinos de las cartas de San Pablo a los Romanos y Gálatas) entiende la justificación como un ser declarado o considerado justo por causa de Cristo. No hay manera de ganar mérito (y, por tanto, ninguna necesidad de temer ser incapaz de hacerlo), sino que la justificación (considerada como una renovación de una vez para siempre) es inseparable de la santificación o crecimiento en santidad. El término ha sido tratado en la teología moderna por Ritschl, Barth, Küng, Reinhold Niebuhr y Tillich. La discusión ecuménica ha intentado clarificar los términos del debate de la Reforma y preguntar si la justificación es un tema tan central para la teología de San Pablo como lo fue para la experiencia de Lutero. ⇨ Lutero, Martín; mérito; Pablo, San; Trento, Concilio de.

Justino, San conocido como **Mártir** (c. 100-c. 165) Teólogo griego y uno de los Padres de la Iglesia. Nacido en Siquén, Samaria, fue sucesivamente estoico y platónico; después de su conversión al cristianismo en Éfeso (c. 130) viajó a pie por todas partes defendiendo sus verdades. En Roma, entre el 150 y 160, escribió la *Apología* del cristianismo dirigida al emperador Marco Aurelio, seguida de una segunda, y un *Diálogo con Trifón*, que defiende el cristianismo frente al judaísmo. Se dice que fue martirizado. Su fiesta se celebra el 1 de junio. ⇨ cristianismo; Padres de la Iglesia.

K

Ka En el antiguo Egipto, fuerza vital presente en dioses y humanos, considerada como una entidad casi independiente. Presente desde el nacimiento, el Ka permanecía con la persona durante toda su vida, guiando y protegiendo a su dueño. Después de la muerte vivía en la tumba, a veces llamada «casa de Ka». Aquí se necesitaban ofrendas regulares de comida y bebida para su sustento, y podía residir en la momia o en una estatua del difunto. ⇨ más allá, concepto del antiguo Egipto del; momificación; prácticas funerarias del antiguo Egipto.

kachinas Palabra hopi para designar a los espíritus de las fuerzas invisibles de la vida: los espíritus de la naturaleza (aves, plantas, minerales, estrellas, nubes) y de los justos que han muerto. Durante la mitad del año viven en el otro mundo (dentro del cual emergen al morir aquellos que han guardado las leyes). En la ceremonia del solsticio de invierno y la purificación, vuelven a los hopi, simbolizados por la aparición en los rituales de danzantes con máscaras cuidadosamente pintadas. Los danzantes enmascarados llegaban a ser identificados con los kachinas, y es importante que aquellos que representan a los espíritus permanezcan puros de pensamiento y obra durante la estación. En el solsticio estival, los kachinas parten para el otro mundo. Los muñecos pintados con los símbolos apropiados son también llamados kachinas, pero a diferencia de las máscaras, estos no están investidos de poder. Los zuñi, un pueblo del grupo Pueblo, tienen una institución similar, siendo conocidos los poderes del espíritu y los grupos de danza como koko. ⇨ hopi, religión; Pueblo, religión.

Kadampa (bKa'-gdams-pa) Antigua tradición monástica del budismo tibetano que proporcionó el modelo para órdenes monásticas posteriores. La tradición fue fundada por Atisha (982-1054) que llevó las enseñanzas budistas de la India al Tíbet, aunque el primer monasterio de la tradición fue construido por su discípulo Domten (o Bromston, 1008-1064) en Reting en 1056. Los Kadampas hacían hincapié en la purificación gradual de la mente por medio del desarrollo de la moralidad, centrada en la disciplina monástica

Kaddish

(vinaya) y la meditación, que produce la penetración en el vacío, el nivel más alto de verdad y el desarrollo de la compasión *(karuna)*. El vacío era identificado con el pensamiento de la iluminación *(bodhicitta)*, del que manaba la compasión para con todos los seres. La tradición Kadampa contenía enseñanzas tántricas, aunque siempre dentro de las obligaciones de una disciplina monástica célibe. Las enseñanzas Kadampa están basadas en *La lámpara en el sendero de la iluminación (Bodhipathapradipa)* de Atisha, que integra varias doctrinas y prácticas budistas en un sendero gradual. Aunque este es un texto importante, el énfasis de los Kadampas estaba indudablemente en la instrucción oral de maestro (lama) a discípulo. Los Kadampas se fueron convirtiendo en la orden Gelugpa fundada por Tsongkapa. ⇨ Gelugpa; karuna; lama; Tsongkapa.

Kaddish (arameo: «santo») Antigua oración comunitaria judía, en su mayor parte en arameo, que señala las partes finales del culto público diario, alabando el nombre de Dios y pidiendo la venida del reino de Dios. Existen variaciones en su uso, pero es recitada principalmente mientras se está de pie y se mira hacia Jerusalén. Tiene afinidades con la formulación cristiana del Padre Nuesto. ⇨ judaísmo; oración; Padre Nuestro; reino de Dios.

Kagyupa (bKa'brgyud-pa) Tradición monástica del budismo tibetano fundada por Gampopa, aunque retrospectivamente su fundación se remonta a Marpa y, por consiguiente, a los yoguis tántricos itinerantes, o Siddhas, de la India. La orden Kagyupa combina las enseñanzas esotéricas tántricas de los Siddhas con la disciplina monástica derivada de los *Kadampas*. Entre los Siddhas o «perfectos», la tradición Kagyupa remonta su origen a Tilopa, que se dice recibió enseñanzas de Vajradhara, una manifestación de la budidad. Tilopa inició a Naropa, que inició a Marpa, que transmitió las doctrinas a Milarepa y, por tanto, a Gampopa. La orden Kagyupa realza las doctrinas y practicas del tantra y el yoga, especialmente el Mahamudra y los seis yogas de Naropa. Mahamudra («el gran sello») sostiene que existe una conciencia inefable, radiante, fuera del tiempo y del espacio, y más allá de la distinción sujeto/objeto, que se comprende con la suspensión de la conceptualización. Después de Gampopa, la tradición Kagyupa se dividió en seis ramas, de las que actualmente sobreviven tres. La más importante de estas es la rama Karmapa, que se subdivide en las escuelas de los Sombreros rojos y los Sombreros negros. A la muerte del segundo karmapa (siglo XIV), fue reconocido un niño como su reencarnación y educado como su sucesor. Esta idea de sucesión a través de lamas que se reencarnan *(tulkus)* se originó en la tradición Kagyupa y fue más tarde adoptada por otras órdenes tibetanas, especialmente la Gelugpa. ⇨ Gelugpa; Milarepa; siddhas; tantra; tulku; yoga.

kalam (kalām) Término musulmán que significa «discurso» o «dialéctica», que vino a referirse a la teología escolástica islámica; los teólogos eran mencionados como la «gente del kalam». El primitivo islam recalcaba el Corán, las sentencias y tradiciones de Mahoma, y la fundación de escuelas legales, más que la teología. Sin embargo, a medida que el imperio musulmán se extendía y entraba en contacto con el sistema de pensamiento griego y otros, se hizo necesario construir una defensa racional de la posición intelectual islámica, para responder a las dudas y preguntas que de manera creciente eran planteadas por los musulmanes, y reforzar sus creencias de una manera más sistemática. Por ejemplo, las cuestiones del libre albedrío y la predestinación, y de la importancia o no del pecado, eran temas significativos en el primitivo debate islámico. Los mutazilíes, aunque considerados como algo heterodoxos, fueron la primera escuela teológica en adoptar una aplicación sistemática de la razón a un amplio espectro de cuestiones teológicas. El verdadero fundador del kalam musulmán fue al-Ashari (873-935). Su escuela y la de al-Maturidi (m. 944) se convirtieron en las escuelas oficiales de teología musulmana. Ellas elaboraron la posición teológica islámica ortodoxa en oposición a los mutazilíes, los filósofos helenistas y los intérpretes literalistas del Corán. Más tarde, al-Ghazali (1058-1111) hizo una síntesis incluso más amplia de teología, filosofía y mística que ha servido hasta tiempos recientes. La teología como tal nunca ha sido tan importante en el islam como en el cristianismo, ni tan trascendente como la ley *(shariah)* dentro del propio islam. Este sigue siendo el caso en la actualidad, ya que el modernismo islámico acentúa la necesidad del dinamismo y la reforma práctica más que la teología sistemática o kalam. ⇨ Corán; escuelas islámicas de la ley; modernismo islámico; mutazilíes; pecado, visión islámica del; predestinación en el islam; shariah.

Kali (Kālī) Diosa hindú de la destrucción, que es también representada como la Gran Madre, la dadora de vida. Consorte de Siva, es a veces representada danzando encima de él. Personaje terrible, es generalmente representada como cruel e implacable, portando en sus cuatro manos armas, manchado su cuerpo con la sangre de sus víctimas. Entre sus adornos está una guirnalda hecha de manos cortadas. Al representar el lado oscuro de la diosa Devi, es comúnmente identificada con Durga. ⇨ Durga; hinduismo; Siva.

Kama (Kāma) Dios hindú del amor, pintado como un atractivo joven cuyas flechas-flor podían producir el amor en aquellos a los que atravesaban. Consiguió que el ascético dios Siva se enamorara y casara con Parvati. Kama también se refiere a uno de los cuatro fines de la vida en la tradición hindú. En esta perspectiva, la persecución del amor o placer, tanto sensual como estético,

Kamakura

es necesaria para la vida, pero debería estar regulado por las consideraciones del dharma. La instrucción y líneas maestras se ofrecen en el *Kama-Sutra (Sutra de Kama),* una obra clásica de técnica erótica, que se cree que fue escrita por el sabio Vatsyayana. ⇨ dharma; hinduismo; Parvati; Siva.

Kamakura Período de la historia japonesa que data de 1185 a 1333, especialmente importante para la tradición budista, cuando la capital de Japón se trasladó de Kyoto a Kamakura, y comenzó una dictadura militar. Fue un tiempo de declive para la corte y nobleza japonesas, así como un tiempo de lucha feudal y mayor desorden general. Una consecuencia fue que las escuelas Tendai y shingon del budismo, que habían logrado la protección de la corte, comenzaron a declinar en favor de nuevos movimientos budistas que hablaban más directamente a la condición del pueblo. El semidesorden Kamakura quedó reflejado en la teoría budista. Esta veía la historia en tres etapas: la edad ideal de Buda en la que la iluminación era posible, una segunda edad de declive, y una tercera edad de degeneración en la que los primeros caminos budistas no eran ya importantes. De este modo un mejor renacimiento se convirtió en una meta más realista que el nirvana. Tres grandes escuelas budistas surgieron en la época Kamakura, que hablaban a las nuevas necesidades reales de la gente en esta nueva época. Eran las escuelas Tierra Pura de Honen y Shinran, que ponía el acento en la meta del renacimiento en el paraíso o Tierra Pura recitando con fe el *nembutsu,* «Pongo mi fe en Amida Buda»; las escuelas zen, Rinzai y Soto, que señalaban la importancia de la posibilidad de la iluminación presente, fuera gradual o súbita, y las escuelas nichiren, que hacían hincapié en la fe en el *Sutra Loto* como medio de reformar el budismo y revitalizar el Japón. ⇨ Amida, culto; budismo Nichiren; budismo zen; Honen; Sutra del Loto; nembutsu; nirvana; Rinzai; shingon; Shinran; Soto; Sutra del Loto; Tendai.

kami Objetos de culto y poderes sagrados en la tradición sintoísta japonesa. En el Nuevo Testamento la palabra *theos* o dios se traduce al japonés por la palabra kami, pero la analogía con dios es solamente aproximada. El sintoísmo en Japón es conocido como el «camino del kami», y son esenciales para la comprensión del sintoísmo. Los kami están presentes en los aspectos de la naturaleza que inspiran temor, por ejemplo, el monte Fujiyama. Son mencionados en las primitivas crónicas de Japón, el *Kojiki* y *Nihongi,* y dos de ellos son responsables de formar las islas del Japón. Su hija kami, la diosa solar Amaterasu, era responsable de establecer la línea imperial de Japón. Tradicionalmente existen millones de kami; algunos son seres celestiales que siguen estando por encima del mundo y sus preocupaciones, mientras que otros son kami mundanos que establecen contacto con la gente en la Tierra. Como sintoísmo y budismo crecieron en una relación más estrecha, los kami fueron considerados como protectores de budas y bodhisattvas y, en el plano popular, a veces, llegaron a ser identificados con ellos. Norinaga (1730-1801) llevó a cabo el primer intento sistemático de definir kami. Los veía como inspiradores de temor, virtuosos, extraordinarios y, con frecuencia, íntimamente relacionados con los seres humanos, que han descendido de hecho de los kami. Aunque omnipresentes, no son todopoderosos. No obstante, en el saber y comprensión espiritual existe una creciente coincidencia parcial entre su condición sagrada y la noción de deidad o dioses. ⇨ Amaterasu; bodhisattva; Buda; montañas sagradas japonesas; Nuevo Testamento; sintoísmo.

Kanada Tradicionalmente autor del *Sutra de Vaisheshika*. Es aclamado, al menos nominalmente, como el fundador de la escuela Vaisheshika, uno de los seis sistemas de filosofía hindú que finalmente se unió con la escuela Nyaya. Sus datos son problemáticos. Se dice que vivió durante el siglo II a. C., pero según algunos eruditos, su *sutra* no se puede fechar antes del siglo II d. C. Su nombre significa literalmente «comedor de átomos», de acuerdo con las teorías atómicas de la realidad de la escuela. Las leyendas devocionales incluyen un nombre alternativo, Anluka (lechuza), que se refiere a su costumbre de meditar todo el día y comer sólo por la noche. ⇨ Nyaya; Vaisheshika.

Kanjur (bKa'-'gyur) Una de las dos partes del canon budista tibetano, que comprende textos traducidos del sánscrito considerados como la palabra de Buda. El Kanjur, compuesto por más de cien volúmenes, abarca cuatro grandes tipos de texto: el *vinaya*, los *Sutras de la Perfección de la sabiduría (Prajnaparamita)*, otros *Sutras de Mahayana* y tantras. Los tantras se dividen en tantras de Acción *(kriya)* y de Realización *(carya)* que tienen que ver con el ritual, tantras yoga relacionados con la visualización, y tantras del Yoga Supremo *(anuttarayoga)*, que implican simbolismo psicosexual. La segunda parte del canon tibetano, el *Tanjur (bs Tan-'gyur)*, contiene más de doscientos volúmenes de comentario al Kanjur y tratados independientes sobre doctrina, ritual e iconografía. El canon fue sistematizado por Buston en el siglo XIV. ⇨ Buda; budismo mahayana; prajnaparamita; vinaya-pitaka.

Kapila Sabio upanisádico, según la opinión común, fundador de la escuela Samkhya, uno de los seis sistemas ortodoxos de filosofía india. Sin embargo, es muy anterior a los *sutras Samkhya*, y, por ello, su conexión con la escuela es un tanto tenue. Su verdadera existencia parece ser poco más que una colección de leyendas devocionales. ⇨ Samkhya; Upanishads.

Kaplan, Mordecai Menahem (1881-1983) Fundador del movimiento Reconstruccionista en el judaísmo. Nacido en Lituania, desde

Karah Prasad

la edad de nueve años vivió en EE. UU. Fue ordenado como rabino ortodoxo pero, no satisfecho con las enseñanzas tradicionales, en 1909 consiguió un puesto en el Seminario Teológico Judío del judaísmo Conservador en Nueva York, con el que permaneció comprometido hasta su retiro en 1963. Aunque fue el creador y promotor del Reconstruccionismo, él no pretendía que su escuela de pensamiento se convirtiera en una nueva confesión, como ocurrió con sus sucesores. Su gran obra es *Judaísmo como civilización* (1934), pero los textos litúrgicos editados por él y otros atrajeron mayor atención. La *Nueva Haggadá* (1934) y el *Libro de oración reconstruccionista* (1945) intentaban combinar los ideales modernos con la antigua tradición, pero provocaron la excomunión de Kaplan por parte de la Unión de Rabinos ortodoxos (1945). Tales presiones dieron como resultado la formación de la Federación de Comunidades Reconstruccionistas y un Colegio Rabínico Reconstruccionista en 1968. Este proceso acabó con la creación de una cuarta confesión dentro del judaísmo. ⇨ judaísmo conservador; judaísmo reconstruccionista.

Karah Prasad (Kaṛāh Prasād) Comida sij bendecida sacramentalmente *(Prasad)* preparada en una cazuela de hierro *(Karah)*. Se da a los presentes al final de rituales y ceremonias sij importantes, y se ofrece a todos los asistentes con independencia de clase, color, credo o posición. Compuesta de partes iguales de mantequilla clarificada, harina integral y azúcar, que son mezclados hasta adquirir una consistencia firme, es bendecida mediante la lectura de versículos tomados de un texto sagrado, y tocada por el que dirige el culto con una espada ceremonial. Estos detalles se formulan en el *Rahit Maryada*, el código sij de disciplina. Se ofrece primero a la persona que lee la Escritura sij, el *Gurú Granth Sahib*. Se apartan después cinco porciones para sijs especialmente fieles, y finalmente es distribuida a todos. La práctica de *Langar*, comer juntos en los templos sij, es similar al Karah Prasad en términos del principio de igualdad, pero distinta en cuanto que no es sacramental. El compartir la comida, esté bendecida o no, es un rasgo importante de la tradición sij. ⇨ cinco K; gurdwara; Langar; Rahit Maryada.

karma (sánscrito: «acción» u «obra») En la tradición india, principio de que las acciones de una persona tienen consecuencias que merecen recompensa o castigo. El karma es la ley moral de la causa y efecto por la que la suma de acciones de una persona se acumula de una vida para la siguiente, que conduce a una mejora o deterioro del destino de esa persona.

karma jainita Los jainitas tienen su propia visión peculiar del karma que es una doctrina importante dentro de su sistema. Las dos principales escuelas de jainismo le dedican mucha atención en sus textos sagrados, y los budistas emplean mucho tiempo en refutarlo. Los jainitas analizan con detalle cuatro elementos del karma: su influjo, esclavitud, duración y cumplimiento. Afirman, en oposición a los hindúes, que el karma es un tipo de materia sutil que se adhiere al alma, el *jiva*. De este modo, el alma puede expandirse, contraerse y hacerse diferente, según el peso del karma que reside en ella. Todas la acciones, sean buenas o no, producen cierta materia kármica que se adhiere al alma, pero las malas acciones producen un karma más pesado del que es más difícil librarse. La liberación de la rueda de renacimientos tiene lugar en dos planos. Al abandonar la acción, es posible prevenir la aparición de nuevo karma, y mediante la penitencia (*tapas*), centrada en la vida de austeridad, es posible alejar el karma ya adquirido. Por eso, la no violencia absoluta y la muerte voluntaria de hambre eran rasgos de la vida del héroe jainita y real fundador, Mahavira, y de un gran número de santos jainitas. ⇨ cosmología jainita; jiva jainita; jivanmukti; Mahavira.

karma yoga Yoga de la acción; sendero hacia la liberación (*moksha*) a través de la renuncia a los resultados de la acción y ofrenda de esos resultados a Dios. Junto al *Jnana* y Bhakti, es uno de los yogas del *Bhagavad Gita*, que aboga por considerar «placer y dolor, riqueza y pobreza, victoria y derrota, como de igual valor» (*Bhagavad Gita* 2, 38). Así, los resultados de la acción no conciernen al agente, sino que se dejan completamente en manos de Dios. Otro énfasis del karma yoga es el de la propia ejecución del dharma. Generalmente, se dice que el karma dicta la posición actual de uno en la vida, su ocupación y todos los deberes asociados o dharmas. Sin hacer evaluaciones éticas, el dharma y ashramas apropiados deben ser estrictamente observados. Así, incluso los que tienen ocupaciones socialmente inaceptables, como la prostitución, deben cumplir diligentemente sus obligaciones (ofreciendo todos los frutos positivos y negativos a Dios) para alcanzar un renacimiento o liberación más ventajoso. El karma yoga también exige la perfección de la realización de rituales religiosos, otra permutación del tema de la disciplina y actividad dirigida a Dios. ⇨ Bhagavad Gita; bhakti; dharma; karma.

karuna (karuṇa) Noción de compasión dentro de la tradición budista. Es una de las cuatro «moradas espirituales» en el budismo, siendo las otras tres la ecuanimidad, la amable benevolencia y la alegría solidaria. Sin embargo, no implica sacrificio vicario, empatía sentimental o piedad vaga. Se ejerce con todos los demás seres, y no es emocional, sino que actúa en favor de los demás. Fue la compasión de Buda la que le condujo a predicar a los demás y servir a los otros. El budismo mahayana elevó la categoría de la compasión para igualarla a la sabiduría, mientras que el budismo theravada tendía a conceder a la sabiduría el puesto más alto. En el budismo mahayana puede referirse a la gracia

kashrut

de un buda o bodhisattva cuyas intenciones y actos son motivados por la compasión. Por ejemplo, el bodhisattva Avalokiteshvara simboliza la compasión tanto en su forma india como en la forma femenina de Kuan Yin por la que llegó a ser conocida en China. Si se invoca con sinceridad y fe el nombre de Amida Buda, movido por su compasión, ofrecerá su gracia salvadora al que le invoca. Es desde su compasión desde donde el bodhisattva promete que no aceptará el nirvana sino que renacerá de nuevo una y otra vez en el mundo hasta que todos los demás seres sean liberados. Por comparación con la noción de *anukampa*, que significa empatía humana, karma tiene un significado más amplio y algo más técnico, y es también usada meditacionalmente como ofrecimiento de compasión a todos los seres. ⇨ Amidah; anukampa; Avalokiteshvara; bodhisattva; Buda; budismo mahayana; budismo theravada; Kuan Yin; nirvana; sabiduría.

kashrut Nombre hebreo que describe el complejo de leyes que gobiernan el consumo de comida en el judaísmo; el adjetivo correspondiente es kosher (o kasher), que significa «adecuado (para el consumo)». Las reglas básicas, que fueron elaboradas en época posbíblica, se hallan en Levítico 11, 1-47, y Deuteronomio 14, 3-20; su finalidad es promover la santidad de Israel. Se aplican principalmente a productos animales y se pueden resumir como sigue. En primer lugar, sólo determinadas especies pueden ser comidas: animales de cuatro patas con pezuñas hendidas que rumian, peces con escamas y aletas, y tipos específicos de aves. En segundo lugar, los animales deben ser sacrificados por un shohet («matarife») entrenado, para asegurar el mínimo sufrimiento y el drenaje de la máxima cantidad de sangre. En tercer lugar, los animales sacrificados para el consumo deben estar libres de manchas y tener quitadas ciertas partes. Finalmente, se entiende que Deuteronomio 14, 21 prohíbe cualquier mezcla de leche y carne, de modo que deben emplearse utensilios distintos para cada una. En su origen, estas leyes probablemente nacieran de antiguos tabúes que ahora no están claros, y muchos judíos reformistas no las cuentan ya como significativas. Sin embargo, todavía son observadas por los ortodoxos, para quienes expresan la voluntad divina y contribuyen a la santificación de la vida ordinaria. ⇨ animales, sacrificio judío de; dietéticas, leyes; judaísmo ortodoxo; kosher.

kehillah (plural: **kehillot**) En el judaísmo, nombre hebreo usado para referirse a la comunidad judía autónoma de Europa y Rusia, también llamada *kahal* (ambos términos significan «asamblea»). Dentro de las kehillot, la vida judía estaba autodeterminada, de modo que las necesidades religiosas, judiciales, educativas y financieras estaban organizadas localmente, incluyendo la recaudación de tasas gubernamentales. Mientras las comunidades pequeñas eran gobernadas por un comité de administradores, las grandes tenían que pagar a funcionarios, incluyendo el rabino; las principales instituciones de la kehillah eran su sinagoga y su cementerio. La autoorganización eficiente y autónoma de las kehillot contribuyó mucho a la supervivencia de comunidades judías en Europa en épocas de persecución. Sin embargo, la situación cambió dramáticamente en la época moderna. Como cada kehillah dependía para su funcionamiento adecuado de un consenso dentro de la comunidad, así como del reconocimiento de la autoridad de sus líderes, la emancipación judía desde finales del siglo XVIII condujo a su gradual desintegración. Esto tuvo lugar por primera vez en la Europa central y occidental, y después en el Este. Fue ocasionado por muchos factores que invadieron la vida tradicional judía en los efectos de la Ilustración: cuestionamiento de la tradición por parte del movimiento reformista, asimilación y emigración resultantes, el ascenso del individualismo, secularismo, el moderno estado-nación, y la implicación judía en el gobierno y comercio fuera de la comunidad. ➪ judaísmo en Europa; judaísmo en Norteamérica; judaísmo reformista.

Kempis, Tomás de (1379-1471) Escritor religioso alemán, llamado así por su lugar de nacimiento, Kempen. En 1400 ingresó en el convento agustino de Agnietenberg cerca de Zwolle en los Países Bajos, tomó las sagradas órdenes en 1413, fue elegido subprior en 1429 y murió como superior. Escribió sermones, tratados ascéticos, biografías piadosas, cartas e himnos, y en particular el famoso tratado *Sobre el seguimiento* [o *Imitación*] *de Cristo*. Su teología es casi puramente ascética, y (exceptuando el cuarto libro, que está basado en la doctrina de la presencia real) la obra ha sido utilizada por cristianos de todas las confesiones. ➪ agustinos; teología.

kerygma (griego: «proclamación», «lo que es anunciado», con respecto al contenido de una proclamación sacerdotal o profética) En el Nuevo Testamento a menudo se refiere al anuncio de los apóstoles de la naturaleza salvadora de la muerte y resurrección de Jesús (1 Corintios 15, 3-5), de modo que Jesús se convierte no sólo en el proclamador de la salvación sino en aquello que es proclamado.

Khalistán (Khālistān) Nombre de un estado independiente deseado por algunos sij. Significa el país de lo puro, o la tierra de la *Khalsa*. Como aspiración abarcaría el actual estado del Punjab en la India, completado con territorio que dé acceso al mar y otras áreas ocasionalmente regidas, en el pasado, por jefes sij, como el maharajá Ranjit Singh. ➪ Khalsa; Punjab.

khalq Noción de creación en la tradición musulmana. Está relacionada con dos temas principales: la creación o no del Corán, y la creación del mundo. Tras un intenso debate medieval sobre la naturaleza creada o no creada del Corán, la opinión principal subrayaba que era increado en esencia y eternamente preexistente en Dios, pero creado a través de la revelación en sus letras y sonidos, es decir, en su forma escrita y cuando es cantado. La visión coránica de la creación del mundo lo consideraba creado de la nada en seis días por un Dios eterno. Algunos pensadores posteriores postulaban la noción de creación continua: que Dios crea y sostiene continuamente, más que en un acto culminante. Otros pensadores posteriores, influidos por el neoplatonismo griego, consideraban la creación como una emanación de Dios, por lo que los seres vivientes reflejan la esencia divina. Los chiítas distinguían sutilmente en la noción de creación, al sugerir que antes de la creación del mundo existió una creación primordial de formas de luz que finalmente llegaron a ser canalizadas a la Tierra en la forma de Mahoma y los imanes chiítas. ⇨ Alá; chiísmo; imán; Mahoma; revelación en el islam.

Khalsa (Khālsā) Comunidad sij instituida por el décimo gurú sij, Gurú Gobind Singh, en Anandpur en 1699. La condición de miembro de la Khalsa se adquiere por medio de una ceremonia de iniciación *(Amritsanskar)* que incluye lecturas de la Escritura, y la bebida y aspersión de agua bendita (amrit). Los iniciados llevan las cinco K y (en el caso de los hombres) un turbante. Los hombres añaden el nombre *Singh* (que significa león) a su nombre original, y las mujeres añaden el nombre *kaur* (que significa princesa). Parte de la motivación del Gurú Gobind Singh era purificar la tradición sij para prepararla para las adversidades y convertirla en vehículo de la presencia mística de Dios como gurú. Otro motivo era burlar la autoridad cada vez más corrupta e independiente de los diputados existentes para poner a todos los sij bajo la propia autoridad del Gurú Gobind Singh. Los miembros de la Khalsa prometen llevar vidas puras y seguir el *Rahit Maryada*, el Código sij de disciplina. ⇨ amrit; Rahit Maryada.

khvarenah Importante concepto en el zoroastrismo, que es también adorado como una divinidad. Khvarenah puede haber sido originalmente una fuerza que traía fertilidad, crecimiento y quizá bienestar general; estaba relacionada con la luz, el Sol, el fuego y el agua. En una oración zoroástrica se dice que la khvarenah es distribuida a la tierra cada mañana mediante los *yazatas,* lo que indica la esperanza de que beneficie a todos. La tradición también sugiere, sin embargo, que los reyes tenían lazos estrechos con la khvarenah, dependiendo su presencia o ausencia en un país de las cualidades morales de su soberano. La primera persona en poseer khvarenah fue el mítico rey Yima, de quien la khvarenah huyó la primera vez que mintió. En algunos de los libros pahlevi, la khvarenah está estrechamente asociada al concepto del «cumplimiento del papel propio de uno» *(khveshkarih)*. El bienestar que la khvarenah se creía que traía, en otras palabras, sólo podía alcanzar a un país si la armonía social y la justicia reinaban en él. El disco alado, que muchos zoroastras ahora consideran como símbolo de su fe, puede originalmente haber sido una representación de la khvarenah de los reyes aqueménidas. ⇨ pahlevi; yazata; zoroastrismo.

kiddushin Parte de la ceremonia del matrimonio judío que describe el carácter sagrado del matrimonio, cuando el novio, ante dos testigos, pone el anillo en el dedo de la novia y recita la promesa: «Mira, eres consagrada a mí por este anillo según la Ley de Moisés y de Israel.» Es también el nombre de los tratados misnáicos y talmúdicos que tratan de temas matrimoniales. ⇨ judaísmo; Misná; Talmud.

Kierkegaard, Sören Aabye

(1813-1855) Filósofo y pensador religioso danés, considerado uno de los fundadores del existencialismo. Nació en Copenhague y enseñó teología en la universidad de esta ciudad, aunque de hecho se interesó más por la literatura y la filosofía. Kierkegaard intentó reinstaurar la importancia central del individuo y de las elecciones deliberadas, significativas, que cada uno de nosotros hace para formar nuestros futuros yoes. También se opuso a muchas de las características del cristianismo organizado, señalando de nuevo la necesidad de la elección individual frente al dogma y ritual prescritos, en obras como *Temor y temblor* (1843), *Obras de amor* (1847), *Discursos cristianos* (1848) y *Enfermedad mortal* (1849). Logró reconocimiento real sólo en este siglo y ha ejercido una gran influencia en pensadores como Barth, Heidegger, Karl Jaspers, Miguel de Unamuno y Buber. ⇨ Barth, Karl; Buber, Martin; existencialismo cristiano.

Knox, John (c. 1513-1572) Reformador protestante escocés, nacido en Haddington o cerca de allí. Fue educado en este lugar y probablemente en la Universidad de Saint Andrews. Desde 1540 a 1543 ejerció de notario en Haddington, y debió de haberse mantenido todavía el último año en las sagradas órdenes católicas. En 1544 actuaba de tutor de los hijos de dos familias, por medio de las cuales entró en contacto con George Wishart, que se encontraba en pleno fervor por la reforma luterana; a partir de entonces Knox se identificó con él. Wishart fue quemado por el cardenal David Beaton en marzo de

John Knox

Knox

1546, y Beaton fue asesinado en mayo. Los asesinos del cardenal ocuparon el castillo de Saint Andrews, donde Knox se les unió con sus alumnos (1547). Aquí fue formalmente llamado al ministerio. Pocos meses más tarde, el castillo se rindió a los franceses y durante 18 meses Knox permaneció prisionero en las galeras francesas. En febrero de 1549, por intercesión de Eduardo VI, Knox recobró su libertad, y durante cuatro años estableció su residencia en Inglaterra. En 1551 fue nombrado uno de los seis capellanes de Eduardo VI, y en 1552 se le ofreció, pero lo rechazó, el obispado de Rochester. Knox, con otros cinco, fue consultado por Cranmer en relación a sus 42 Artículos, y en gran medida, a petición de Knox, el artículo 38 fue expresado de tal modo que sometiera a la Iglesia de Inglaterra a la doctrina de Ginebra sobre la Eucaristía. Con la ascensión de María I, Knox huyó al continente, ejerciendo entonces brevemente como ministro de la comunidad inglesa de Frankfurt del Maine. En Ginebra encontró una comunidad con su misma manera de pensar, pero se aventuró a ir a Escocia en septiembre de 1555, realizó viajes para predicar en Kyle, Castle Campbell, etc., y volvió a Ginebra en julio de 1556. Durante los dos años siguientes permaneció principalmente en Ginebra, donde recibió la influencia de Calvino. A 1558 pertenece su *Primer toque de trompeta contra el monstruoso regimiento de mujeres*. En 1557 los que abogaban por la Reforma en Escocia se unieron a la revolución religiosa mediante la *Primera alianza,* y ya en 1558 se sintieron lo suficientemente fuertes como para llamar a Knox en su ayuda. Desde mayo de 1559, Knox, de nuevo en Escocia, estuvo predicando en Perth y Saint Andrews. Ganó estas importantes ciudades para su causa, y mediante su trabajo en Edimburgo también formó allí un partido fuerte. Pero los reformadores no pudieron resistir frente a la regenta María de Guisa, apoyada por Francia con dinero y soldados. Principalmente, gracias a los esfuerzos de Knox, se obtuvo la ayuda de Inglaterra contra la invasión francesa, y por el tratado de Leith y la muerte de la regente (1560), el partido insurgente se convirtió en dueño del país. El Parlamento ordenó a los ministros que redactaran una *Confesión de fe* y se estableció el protestantismo (1560). Entonces los ministros redactaron el *Primer libro de disciplina* (1561), con sus indicaciones para la organización religiosa y educativa del país. El regreso de María, reina de los escoceses (agosto de 1561), introdujo nuevos elementos en la contienda de los partidos, y durante los seis años de su reinado la actitud de Knox hacia ella fue la de un antagonismo intransigente. La celebración de la misa en Holyrood Chapel suscitó por primera vez su ira, y un sermón pronunciado por él en Saint Giles High Kirk provocó la primera de sus famosas entrevistas con María. Llegó hasta a indisponerse con el noble más poderoso de su propio partido, Lord James Stuart, más tarde regente Moray; pero el matrimonio de María con lord Darnley

(1565) les unió de nuevo. Tras el asesinato de David Rizzio se retiró a Ayrshire, donde escribió parte de su *Historia de la Reforma en Escocia*. El asesinato de Darnley, el matrimonio de María con Bothwell, y su huida a Inglaterra de nuevo pusieron la dirección de los asuntos en manos del partido protestante, y con Moray como regente las actas de 1560 en favor de la religión reformada fueron debidamente ratificadas por los Estados. El asesinato de Moray en 1570 y la formación de un partido fuerte en favor de María una vez más pusieron en peligro la causa, y Knox volvió a Saint Andrews por motivos de seguridad. En noviembre de 1572, a la entrada de su sucesor, hizo su última aparición pública en Saint Giles. Fue enterrado en el cementerio entonces adosado a Saint Giles. Su primera esposa, Marjory Bowes, murió en 1560, dejándole dos hijos. Con su segunda esposa, Margaret Stewart, hija de lord Ochiltree, con la que (entonces no tenía más de 16 años) se casó en 1564, tuvo tres hijas. Knox es el tipo eminente de reformador religioso, resuelto en su propósito e indiferente u hostil a cualquier interés de la vida que no hiciera avanzar su causa. Difícilmente se puede tachar de fanático a alguien que combinaba en tal grado el más sagaz sentido mundano con un ingenio siempre a punto. Su personalidad, reflejada en cada página de su *Historia de la Reforma en Escocia,* hace que su obra sea única.

koans Término japonés usado en el budismo zen para referirse a los dificilísimos ejercicios establecidos por los maestros zen con el fin de posibilitar a sus alumnos la ruptura con las pautas normales de pensamiento e introducirse en una súbita conciencia de iluminación. Habían sido desarrollados por los maestros chan de la China Tang (618-906), y con frecuencia tomaban la forma de respuestas ilógicas e inusuales a preguntas ligeramente absurdas, que fueron posteriormente puestas por escrito y reunidas en colecciones. Estas colecciones fueron más tarde desarrolladas en Japón y usadas para conducir a los estudiantes a estados cada vez más profundos de conciencia. ⇨ budismo zen; chan.

Kokutai, sintoísmo (sintoísmo estatal)   Estructura nacional sintoísta de Japón, según la cual el emperador japonés es de origen divino. En las crónicas sintoístas (el *Kojiki* y *Nihongi,* compiladas en el siglo VIII d. C.) la línea imperial se remonta a la diosa solar Amaterasu. La línea de emperadores japoneses es, por tanto, considerada como la continuación de los *kami* o divinidades, y como tal no puede ser rota. Irónicamente, el mismo Hirohito renunció a la divinidad de los emperadores japoneses en 1945 al final de la Segunda Guerra Mundial, pero aun así la línea imperial japonesa todavía goza de gran respeto, aunque no es ya adorada. Antes de esto, el emperador era a la vez gobernador y sumo sacerdote de la nación, y la reverencia a él se vio profundizada por las tradiciones confucianas de lealtad y jerarquía. Durante el período medieval de

Konko-kyo

gobierno feudal de los *shoguns* (generales), el poder imperial era sólo teórico, pero se vio fortalecido por la restauración Meiji de 1868 y el Rescripto sobre Educación de 1890. Abogaba este por una estructura nacional basada en el culto al emperador, por la que la nación japonesa se consideraba que era querida de los dioses y que el emperador japonés era, en algún sentido, el gobernador del universo. Esto quedó consagrado en el sintoísmo estatal que terminó en 1945, junto con la idea de la divinidad del emperador.
⇨ Amaterasu; kami.

Konko-kyo (Konkō-kyzō) Una de las nuevas religiones japonesas fundada en 1859 por medio de la obra de un humilde granjero, Kawate Bunjiro (1814-1883). Sus palabras fueron recogidas e impresas, después de su muerte, en el texto sagrado Konko-kyo, *Konko-kyokyoten*. Posteriormente, el movimiento se fortaleció estructuralmente para proseguir su obra; la sede central se estableció en su ciudad natal, a la que se puso el nuevo nombre de Konko. El liderazgo espiritual pasó a su familia, y un segundo líder ejercía la supervisión ejecutiva. Aunque nominalmente pertenece al sintoísmo sectario, la divinidad Konko-kyo no es un *kami* sintoísta sino el «Dios padre del universo» monoteísta, con el que es posible una estrecha relación a través de la meditación de los ministros Konko-kyo. Las mujeres han desempeñado un papel importante en el movimiento como miembros y ministras. Cuenta con un buen historial de compromiso en temas educativos y sociales, y una profunda preocupación por la paz mundial. Sus actos religiosos incluyen la liturgia y el sermón; sus dos fiestas principales se centran en el fundador (que es honrado aunque no deificado) y el Dios Konko-kyo.
⇨ japonesas, nuevas religiones; kami.

kosher Comida que cumple los requisitos de la Ley judía, incluyendo la forma de preparación. En el judaísmo ortodoxo, sólo ciertos animales, que deben ser ritualmente sacrificados, pueden comerse.
⇨ comida y bebida; judaísmo.

Krishna (Kr̥ṣṇa) Según la tradición hindú, octava reencarnación, en forma humana, de la deidad Visnú. Gran héroe y gobernante, la historia de sus aventuras amorosas de juventud se narra en el *Mahabharata*, símbolo de la intimidad entre el devoto y Dios. Esta historia alcanza su clímax cuando, disfrazado de auriga, en un diálogo con Arjuna en vísperas de una batalla, pronuncia el gran discurso moral del *Bhagavad Gita*. ⇨ avatara; Bhagavad Gita; bhakti; Hare Krishna, movimiento; hinduismo; Mahabharata; Visnú.

Kristensen, William Brede (1867-1953) Investigador noruego de la religión, nacido en Kristiansand. Se educó en la Universidad de Oslo en teología, clásicas, hebreo, sánscrito y egipcio, y, después de estudiar en París y Londres, obtuvo su doctorado en filosofía por Oslo, en 1896, con una tesis sobre el concepto de la vida después de la muerte en el antiguo Egipto. Enseñó en Oslo desde 1897 a 1901, y desde 1901 a 1937 fue profesor de historia de las religiones en la Universidad de Leiden, en Holanda. Algunas de sus clases de Leiden fueron traducidas al inglés en 1960 con el título *El significado de la religión*. Este libro y sus primeras obras fueron factores fundamentales en la creciente importancia de la nueva aproximación conocida como Fenomenología de la religión. Kristensen creía que la religión y las religiones deben ser estudiadas en sus propios términos. En una célebre frase afirmaba que «el creyente tiene razón», y tenemos que tomar con seriedad el punto de vista del creyente. Se opuso a las teorías antropológicas sobre la supuesta evolución de la religión, y estaba, por tanto, menos interesado en la evolución histórica de la religión que en el estudio de los textos y fenómenos religiosos en su mismo marco, desde su propio punto de vista, a través de su simbolismo peculiar. Las propias investigaciones personales de Kristensen sobre las religiones de Egipto, Grecia, Mesopotamia, Persia y Roma le proporcionaron la materia prima para su elaboración de la Fenomenología de la religión. Afirmaba que la historia, fenomenología y filosofía de la religión se complementaban mutuamente. La filosofía investiga la esencia de la religión, la historia permite investigar en las distintas religiones, y la fenomenología agrupa diferentes fenómenos religiosos de modo que pueda verse que están relacionados, y de esa manera la filosofía pueda investigar su esencia. ⇨ historia de la religión.

kshatriyas (Kṣatriyas) Para los brahmanes, segundos en la jerarquía varna (clase) tal como se ensalza en el *Rig Veda* (10,90: 11-12), donde se afirma la creencia de que los kshatriyas provienen de los brazos de *purusha*, ser original. Generalmente son clasificados como una clase guerrera, aunque también han sido descritos como reyes, príncipes y jefes tribales. La clase kshatriya se identifica con el dios guerrero Indra. ⇨ Indra; purusha; varna.

Kuan Yin Bodhisattva budista china muy popular, que en la India había sido la bodhisattva Avalokiteshvara. Es la «que escucha el llanto del mundo», y asumió el papel de la misericordia y compasión de Avalokiteshvara, dándole, por así decir, un aire chino y femenino. Kuan Yin es la protectora de las mujeres, la que da los hijos, la patrona de los marineros y la compasiva diosa de la misericordia. Suele ser invocada por aquellos que se hallan en necesidad, y es adorada con gratitud y afecto. Está presente en forma de imagen en el budismo Tierra Pura y en otros templos budistas, taoístas y en templos erigidos por los seguidores de la religión popular china. Existen muchas historias populares sobre Kuan Yin, y se han levantado muchos santuarios en su honor. Está también muy extendida en Corea y Japón, donde

Kukai

se conoce como Kannon. Se han propuesto varias teorías para explicar por qué, antes de finales del siglo VIII, Kuan Yin se había convertido principalmente en una bodhisattva en China. Ninguna de ellas es del todo adecuada, este es otro ejemplo más de cómo el budismo indio adquirió un carácter diferente y único en China, Corea y Japón. ⇨ Avalokiteshvara; bodhisattva; budismo chino; budismo Tierra Pura; karuna.

Kukai (774-835) Fundador de la escuela shingon del budismo japonés. En el 921 se le concedió el título póstumo de Daishi (Gran Maestro), y es generalmente conocido como Kobo Daishi. Kukai sistematizó la mística panteísta shingon en el contexto japonés. Según Kukai, el mundo es la forma externa del Buda Mahavairocana, el Gran Buda Sol, y todos los seres humanos tienen una naturaleza buda dentro de sí mismos de la que pueden ser conscientes por medio de la meditación. Recalcó la importancia de mandalas (representaciones simbólicas de la verdad esotérica), mantras (dichos sagrados), y rituales del fuego y ordenación. Graduó diez formas religiosas, incluyendo el confucianismo y el taoísmo, en diez clases, que culminan en el shingon en el que podía alcanzarse la plena naturaleza buda. Difundió una mística global que daba un sabor esotérico al budismo japonés en general, y es venerado, en grado sólo inferior al príncipe Shotoku, entre los héroes y santos japoneses.

⇨ buda, naturaleza; budismo tántrico; mandala; mantra; Nanto Rokusho; shingon; Vairocana.

Kumbha Mela Festividad religiosa hindú que se celebra cada doce años en la confluencia de los ríos sagrados Yamuna y Ganges en Allahabad. Más de quince millones de personas se ha calculado que asisten a la fiesta de cinco días, parte de la cual comprende una procesión de hombres santos hindúes o renunciantes *(sannyasins)* dentro del Ganges. La orden desnuda Naga de ascetas es la primera en la procesión, seguida por los monjes con hábitos color azafrán de la orden Dashanami fundada por Shankara. Otras órdenes y peregrinos hindúes comunes siguen a estos para bañarse en el agua purificadora del Ganges. ⇨ Ganges; Shankara.

Kundalini (Kuṇḍalinī) En el tantra hindú, energía o poder *(Shakti)* femenino dentro del cuerpo, concebido como una serpiente enroscada. Esta energía yace dormida en la base del canal sutil *(susumna nadi)* que atraviesa el cuerpo desde la región del ano hasta la coronilla. Una vez despertada por medio de prácticas de yoga, como el control de la respiración *(pranayama)*, asciende por este canal central, atravesando varios centros *(chakras)* de poder espiritual a lo largo del eje corporal, hasta que se une a Siva en el loto de mil pétalos en la coronilla. El cuerpo se llena entonces de bendición y, a través de la práctica continuada, el ejercitante *(sadhaka)* es finalmente

liberado. Lo mismo que se refiere al poder dentro del cuerpo, Kundalini puede significar la fuerza cósmica que invade el universo.
⇨ chakras; Shakti; Siva; Tantra; yoga.

Küng, Hans (1928-) Teólogo católico suizo, nacido en Sursee, Lucerna. Profesor en Tubinga (1960-), ha escrito mucho para teólogos y para laicos. Su cuestionamiento de interpretaciones de doctrina católica aceptadas, como en *Justificación* (1965), *La Iglesia* (1967) e *¿Infalible? Una pregunta* (1971), y sus exposiciones de la fe cristiana, como *Ser cristiano* (1977), *¿Existe Dios?* (1980) y *¿Vida eterna?* (1984), levantaron controversia tanto en Alemania como con las autoridades vaticanas, que le retiraron su licencia para enseñar como teólogo católico en 1979. Se defendió en *¿Por qué sigo siendo cristiano?* (1987). También ha escrito *La encarnación de Dios* (1987), *Responsabilidad global* (1991) y *Reformar la Iglesia hoy* (1991). ⇨ catolicismo.

kurdos Pueblo indoeuropeo de habla irania que vive en el Oriente Próximo, en una región que ellos llaman Kurdistán, que coincide en parte con Turquía, Irán, Irak, Siria y Armenia. Son unos diez millones y han sido musulmanes chiítas desde el siglo VII d. C. El kurdo históricamente más famoso fue Saladino, que defendió la causa musulmana contra los cruzados cristianos y fundó la dinastía ayubita. Los kurdos fueron anteriormente nómadas pastores que tenían cierto interés en la agricultura, pero desde la Primera Guerra Mundial se han dirigido de forma creciente hacia las ciudades. Incapaces de establecer un estado autónomo, han sufrido diversos grados de opresión, por motivos políticos en Turquía, y religiosos en Irán, especialmente desde la revolución iraní de 1979. Como consecuencia de la Guerra del Golfo de 1990, su represión en Irak les granjeó la simpatía mundial. Las hermandades suffes son significativas dentro del islam kurdo, incluyendo la Qadiriyyah, cuyo creador al-Qadir (1078-1166) era él mismo kurdo, y la Naqshabandiyyah. Otros grupos musulmanes menos ortodoxos, como los yazidíes, están también presentes entre los kurdos.
⇨ Naqshbandiyyah; Qadariyyah; sufismo; sunnah.

Kusinara (Kusināra) Pequeña ciudad, actualmente conocida como Kasia, en el área de Gorakhpur de Uttar Pradesh, en el norte de la India, uno de los lugares santos dentro de la tradición budista. Fue aquí donde Buda murió y entró en su nirvana definitivo *(parinirvana)*, tal como se describe en las escrituras pali. Los otros tres lugares santos son Lumbini, donde nació Buda, Bodhgaya donde experimentó la iluminación, y Sarnath, cerca de Benarés, donde predicó su primer sermón. Visitantes budistas de todo el mundo realizan peregrinaciones especiales a estos lugares sagrados. ⇨ Benarés; Bodhgaya; Buda; Lumbini; nirvana; parinirvana; Sarnath.

Kwakiutl Grupo indio americano que vive en la costa de la Columbia Británica como pescadores y comerciantes. Eran famosos por sus obras de madera, frecuentemente pintadas de colores brillantes, que incluían máscaras, postes totem, canoas de guerra, barcos para la caza de ballenas y cajas decorativas. Todavía se produce algo de arte para el comercio turístico. También tenían elaboradas danzas y ceremonias, como el potlatch. ⇨ americanas nativas, religiones; potlatch.

Kyrie eleison o **kirieleisón** (griego: «Señor, ten piedad») Petición cristiana primitiva de misericordia divina usada en el culto litúrgico, que data al menos del siglo IV. Es ampliamente utilizada tanto por el cristianismo oriental como occidental, pero de diversas formas. En la misa católica puede ser parte de una serie de nueve peticiones en la que el Kyrie es recitado tres veces, seguidas de una variante triple *Christe eleison* («Cristo, ten piedad») y después por un triple Kyrie final. Se le ha aplicado una amplia gama de composiciones musicales. ⇨ cristianismo; misa; oración.

L

La Meca ⇨ **Meca, La.**

lábaro Estandarte militar cristiano, diseñado en forma de cruz, con un monograma compuesto de los símbolos griegos del nombre de Cristo, XP *(chi* y *rho)*. Fue utilizado por primera vez como símbolo en el reinado de Constantino I, que afirmaba que en la víspera de su victoria sobre Majencio (312 d. C.) había tenido una visión del emblema chirho en el cielo, con las palabras «con este signo vencerás» rodeándolo. Se convirtió en el estandarte oficial del Imperio Romano a partir del 324. ⇨ Constantino I; simbolismo.

Lactancio, Lucio Celio o **Cecilio Firmiano** (siglo IV) Apologista cristiano, educado en el Norte de África. Se estableció como maestro de retórica en Nicomedia de Bitinia, donde se convirtió probablemente por el testimonio de constancia de los mártires cristianos en la persecución de Diocleciano. En torno al 313 fue invitado a la Galia por Constantino para ejercer de tutor de su hijo Crispo. Su principal obra es su *Divinarum Institutionum libri vii*, relato sistemático de actitudes cristianas para la vida. ⇨ apologética; Constantino I.

Lakshmi (Lakṣmi) Diosa hindú de la prosperidad y buena suerte, consorte de Visnú, a veces llamada «la diosa-loto». Está asociada a Divali, la fiesta otoñal de las luces del año nuevo, en que la gente le enciende luces y dejan abiertas sus puertas para que pueda entrar. ⇨ Divali o Deepavali; hinduismo; Visnú.

lama (bla-ma) Maestro espiritual en el budismo tibetano; la palabra traduce el término sánscrito *gurú*. El lama es tratado con el mayor respeto, como portador tanto de una enseñanza formal como de un poder espiritual para el discípulo. Sin iniciación por parte de un lama no puede haber iluminación, pues el verdadero lama está plenamente de acuerdo con Buda y ofrece acceso a la budidad. Por medio de la iniciación, al discípulo se le capacita para leer ciertos textos y meditar sobre la forma de una deidad o del mismo lama, que conduce a la conciencia de que discípulo, lama y deidad no son distintos. La sumisión al lama es un

Lamentaciones

requisito previo para el despertar espiritual, que significa entregarse uno mismo totalmente al lama en cuerpo, habla y mente. Hay muchas historias relativas a las pruebas de fe a las que un lama podía someter a sus discípulos. Por ejemplo, Milarepa tenía que realizar agotadoras tareas, aparentemente inútiles, para Marpa antes de que pudiera iniciarle. La instrucción oral dada por el lama es más importante que el texto escrito y si se rompiera la línea de transmisión de lama a discípulo, el texto se volvería inútil para la práctica espiritual. Los lamas pertenecen a diferentes linajes y con frecuencia se convierten en jefes de comunidades monásticas; el Dalai Lama, por ejemplo, es jefe de la orden Gelugpa. Se cree que son mantenidos por el lama que algunos linajes se reencarna a su muerte *(tulku)*. ⇨ Buda; Dalai Lama; Gelugpa; gurú; Milarepa; tulku.

Lamentaciones de Jeremías
Libro de la Biblia hebrea/Antiguo Testamento, probablemente de fecha algo posterior a la conquista babilónica de Jerusalén (c. 587-586 a. C.), que la tradición atribuye al profeta Jeremías, pero que no es del mismo estilo que el Libro de Jeremías. Consta de cinco poemas que lamentan la destrucción de Jerusalén, expresando la aflicción de su pueblo y suplicando a Dios su restauración. Los primeros cuatro poemas son acrósticos, comenzando las estrofas con letras sucesivas del alefato hebreo. ⇨ Antiguo Testamento; Jeremías, Libro de.

Lanfranco
(c. 1005-1089) Prelado italiano y arzobispo de Canterbury, nacido en Pavía. Educado para el derecho, en torno a 1039 fundó una escuela en Avranches, en 1041 se hizo benedictino en Bec, y en 1046 fue elegido prior. Contendió con Berengario de Tours en la controversia sobre la transubstanciación. Al principio, condenó el matrimonio de Guillermo de Normandía (Guillermo I) con su sobrina, pero en 1059 fue a Roma para conseguir la dispensa papal, en 1062 Guillermo le nombró prior de la Abadía de San Esteban de Caen y en 1070 arzobispo de Canterbury. Sus principales escritos son comentarios a las epístolas de San Pablo, un tratado contra *De Corpore et sanguine Domini* (1079) de Berengario, y sermones. ⇨ benedictinos.

Langar
(Laṅgar) Práctica de comer juntos en los templos sij. Fue instituida por primera vez por el Gurú Nanak durante su último ministerio en Kartarpur, como forma de compañerismo y como gesto en contra del sistema hindú de castas que restringía la comida comunal a ciertos grupos de estas. Es, por tanto, simbólico de la lucha sij en favor de una mayor igualdad social. El langar a menudo tiene lugar al finalizar los servicios litúrgicos o rituales sij, pero en los grandes templos, especialmente en la India, se celebra con más frecuencia. La comida, que es sencilla y vegetariana, puede ser ofrecida, preparada y servida por cualquier sij; con frecuencia, la ofrecen familias para señalar acontecimientos espe-

ciales. Todos los visitantes son bien acogidos para participar en la comida. El término langar se refiere tanto a la comida misma como a la cocina donde se prepara. ⇨ casta; gurdwara; Nanak.

Lankavatara Sutra ⇨ Sutra del Lankavatara.

Lao-tsé (siglo VI a. C.) Filósofo y sabio chino, literalmente «el viejo maestro». Se sabe poco de su vida pero es considerado como el inspirador del taoísmo y de una de sus principales obras, el *Tao Te Ching* (El camino del poder), compilado unos 300 años después de su muerte, que enseña la confianza en sí mismo, sencillez e imparcialidad. El taoísmo venera las cualidades «femeninas» que fomentan la longevidad, ecuanimidad y una unidad instintiva con la naturaleza. ⇨ taoísmo; Tao Te Ching.

lares Deidades romanas menores. Asociado normalmente a la casa estaba el guardián del hogar *(lar familiaris)*, pero también había guardianes de los cruces de caminos *(lares viales)* y del Estado *(lares praestites)*. ⇨ penates; romana, religión.

Lateranenses o Lateranos, Concilios

Serie de concilios de la Iglesia celebrados en el palacio de San Juan de Letrán de Roma, entre los siglos VII y XVIII. Los celebrados en 1123, 1139, 1179 y especialmente en 1215 son los más importantes. El Cuarto o Gran Concilio definió la doctrina de la Eucaristía («transubstanciación»), y representa la culminación de la legislación papal medieval. ⇨ Concilio de la Iglesia; Eucaristía; papado; transubstanciación.

Latimer, Hugh (c. 1485-1555) Mártir protestante inglés, nacido en Thurcaston, cerca de Leicester, hijo de un pequeño terrateniente. Enviado a Cambridge, en 1510 fue elegido miembro de la junta de gobierno del Clare College, y en 1522 nombrado predicador universitario. En 1524, con motivo de su tesis de licenciatura en Teología, pronunció una filípica contra Melanchthon, porque era, según sus propias palabras, «un papista tan obstinado como todos los de Inglaterra». Al año siguiente, sin embargo, por influencia del predicador Thomas Bilney, «empezó a oler la Palabra de Dios, renegando de los doctores de escuela y demás tonterías», haciéndose pronto famoso como celoso predicador de las doctrinas reformadas. Fue uno de los teólogos de Cambridge nombrados para examinar la legitimidad del matrimonio de Enrique VIII con Catalina de Aragón, asunto en el que declaró a favor del rey; fue nombrado capellán de Ana Bolena y rector de West Kington en Wiltshire. En 1535 fue consagrado obispo de Worcester y en la apertura de la Asamblea, en junio de 1536, predicó dos brillantes sermones urgiendo a la Reforma. Consiguientemente, al perder el favor de la corte, se retiró a su diócesis, donde se dedicó sin cesar a «enseñar, predicar, exhortar, corregir y reformar». Durante el reinado de Enrique fue enviado dos veces a la Torre (1539 y 1546), en la primera ocasión renunció a su obispado. Con la ascensión de Eduardo VI declinó el reasumir sus funciones episcopales, en su lugar se dedicó a la predicación y a las obras prácticas de beneficencia. En el reinado de María I fue interrogado en Oxford (1554), y encarcelado. En septiembre de 1555, con Ridley y Cranmer, fue hallado culpable de herejía, y al mes siguiente quemado con Ridley frente al Balliol College. ⇨ Cranmer, Thomas; Melanchthon, Felipe; Reforma; Ridley, Nicholas.

Lázaro Personaje del Nuevo Testamento mencionado sólo en el Evangelio de Juan, descrito como hermano de María y Marta, y como aquel a quien Jesús resucitó de entre los muertos diciéndole que saliera de su tumba. La fama de este suceso condujo directamente a la decisión de los líderes judíos de matar a Jesús (Juan 11; 12, 9-11). La relación con el pobre Lázaro, mencionada en la parábola de Lucas 16, 19-31, no es segura. ⇨ Jesucristo; Juan, Evangelio según.

Leeuw, Gerhardus van der (1890-1950) Investigador y ministro holandés de la Iglesia Reformada Holandesa, nacido en La Haya. Se educó en la Universidad de Leiden y se doctoró en 1916, con una tesis sobre el tema «Representaciones de los dioses en los textos de las pirámides del Antiguo Egipto». En 1918 fue nombrado para la nueva cátedra de la Universidad de Gröningen y se implicó en el desarrollo de la nueva aproximación conocida como Fenomenología de la religión. Van der Leeuw era un hombre de intereses amplios. Fuera del ámbito académico fue un influyente ministro de la Iglesia Reformada Holandesa, un buen músico, muy leído en literatura, y desde 1945 a 1946 fue Ministro holandés de Educación. Académicamente se interesó profundamente por la estética, liturgia y teología, pero su principal contribución fue a la fenomenología de la religión, en la que fue una figura sobresaliente a partir de la publicación de su *Fenomenología de la religión* (trad. española 1964). Defendía el uso de la *epojé*, poner entre paréntesis los propios puntos de vista para comprender los puntos de vista de los demás; el uso de la *Einfühlung*, empatía con otros para introducirse imaginativamente en su religión y su visión del mundo; y la visión eidética, clasificación de los fenómenos religiosos según tipos ideales. Derivados en parte de la obra de Husserl sobre la fenomenología filosófica, estos puntos de vista proporcionaron un marco al posterior desarrollo de la fenomenología de la religión. Van der Leeuw fue capaz de ver la fenomenología como una preparación para la teología y distinta de ella, en cuanto que en su preocupación por la Realidad Última, que subyace en todos los fenómenos religiosos, ponía en juego papeles más normativos. ⇨ teología.

Lefebvre, Marcel (1905-1991) Prelado católico francés cismático, nacido en Tourcoing. Estudió en el Seminario Francés de Roma y fue ordenado en 1929. En la década de 1930 estuvo de misionero en Gabón y llegó a ser arzobispo de Dakar, Senegal (1948-1962). Como clérigo tradicionalista se opuso a la liberalización litúrgica y las reformas espirituales del Concilio Vaticano II (1962-1965), y en 1970 formó la «Confraternidad sacerdotal de Pío X» para oponerse a ellas. Por su negativa a dejar de ordenar sacerdotes en su sede central de Suiza sin permiso papal, fue suspendido «a divinis» en 1976 por el papa Pablo VI. Desafió la suspensión y continuó ordenando otros 216 sacerdotes antes de ser formalmente excomulgado por el papa Juan Pablo II en 1988, produciéndose así el primer cisma formal dentro de la Iglesia católica desde 1870. ➪ catolicismo; Juan Pablo II; Vaticanos, Concilios.

lenguas judías A lo largo de los siglos, los judíos han hablado tantas lenguas como lugares han habitado. Sin embargo, sobresalen tres como especialmente asociadas a los judíos y al judaísmo: hebreo, arameo y yiddish. El hebreo es la lengua de los documentos que han formado el judaísmo, de las Escrituras, así como de la liturgia sinagogal; incluso el judaísmo reformista, que históricamente ha preferido celebrar los servicios religiosos en lengua vernácula, ha experimentado un renacimiento del hebreo desde la fundación del Estado de Israel (1948). Además, cierta literatura bíblica y mucha posbíblica está en arameo incluyendo material de los Talmudes y Targumim (paráfrasis) de la Biblia. Más recientemente, el yiddish ha sido la lengua de los judíos europeos del Este, que es de caracteres germánicos pero empleando letras hebreas. Debería hacerse mención también de la considerable cantidad de literatura judía en griego del período del Segundo Templo (c. 515 a. C.-70 d. C.), así como un buen número de obras en árabe de judíos bajo gobierno musulmán posterior. ➪ liturgia; Talmud; targum.

León Magno, San (c. 390-461) Papa desde el 440, uno de los Padres Latinos más eminentes, se cree que nació en la Toscana. Fue el defensor de la ortodoxia al pronunciarse contra Eutiques, que había rehusado reconocer las dos naturalezas de Cristo, y desempeñó un papel fundamental en la convocatoria, en el 451, del importante Concilio de Calcedonia en el que sus legados insistieron con éxito en lo que se ha denominado «doctrina católica de la Encarnación». Se opuso también tenazmente a las desviaciones de maniqueos y pelagianos, persuadió a los amenazantes hunos (452) y vándalos (455) de que no destruyeran Roma ni a su gente, y consolidó la primacía de la sede romana. Su fiesta se celebra el 10 de noviembre. ➪ Concilio de la Iglesia; Encarnación; maniqueísmo; Pelagio.

letanía Forma de oración del culto público o privado. Las súplicas o invocaciones son realizadas por el sacerdote o ministro, y a ellas responde la asamblea con una fórmula fija. ⇨ liturgia; oración.

Leví Personaje bíblico, tercer hijo de Jacob y de su esposa Lía. Se debate si sus descendientes fueron alguna vez una de las doce tribus de Israel descendientes de los hijos de Jacob. Aunque eran llamados tribu, no se les asignó al parecer ningún territorio (Josué 13, 14), y parece que han sido una especie de clase sacerdotal. Moisés es posteriormente descrito como descendiente de Leví. ⇨ Israel, tribus de; Jacob; Levitas.

Leviatán Término hebreo, de procedencia incierta, según parece usado para referirse a una suerte de monstruo marino o fluvial (Salmos 104, 26; también Isaías 27 ,1; Salmos 74, 14). En Job 41 parece más próximo a un cocodrilo, pero puede haber sido una figura mítica sobrenatural, un dragón marino, símbolo quizá del caos o mal. ⇨ Antiguo Testamento.

levitas Descendientes del personaje bíblico Leví (uno de los hijos de Jacob), que por lo visto formaban una especie de ministros auxiliares dedicados al cuidado del Tabernáculo y finalmente del Templo de Jerusalén (Números 3, 5-10). Su papel es distinto del que ejercía el sacerdocio aarónico, aunque la división entre sacerdote y levita se vuelve borrosa, y es muy posible que tales distinciones surgieran sólo en tiempos posteriores al exilio. ⇨ Aarón; Leví; Levítico, Libro del; sadoquitas.

Levítico, Libro del Libro de la Biblia hebrea/Antiguo Testamento, tercer libro del Pentateuco; el título español se refiere a las tradiciones sacerdotales de los levitas. Fue compilado probablemente durante el exilio a partir de materiales más antiguos, a pesar de su tradicional atribución a Moisés. Continúa a partir del final del Libro del Éxodo y contiene instrucciones acerca de las ofrendas (capítulos 1-7), sacerdocio (8-10), leyes de la pureza (11-15) y el Día de la Expiación (16), seguido de una gran sección llamada «código de santidad» (17-26) y de un apéndice (27). ⇨ Antiguo Testamento; levitas; Pentateuco.

ley cósmica Conjunto de principios que están en la base del orden general de las cosas en el cosmos; de los seres humanos, la base del derecho humano y la justicia. La mayoría de las tradiciones religiosas sostienen la creencia en un universo ordenado, de modo que los acontecimientos humanos no carecen de sentido. Así, existe un paralelismo de significado entre, por ejemplo, el dharma en la tradición india y en el budismo, donde representa la enseñanza de Buda; *tao* en el taoísmo y confucianismo, y la ley natural y ley moral en la tradición filosófica occidental. Puede reflejarse en una ley que afecta y regula la conducta ética, y también en mandamientos para la vida religiosa. En la Grecia antigua, la creencia en el destino ciego o azar estaba equilibrada por la aceptación de una ley de armonía y proporción en los asuntos humanos. El *Logos* (literalmente: «Palabra») era el orden racional eterno del cosmos, y en la tradición cristiana, se afirma que este principio está «encarnado» o «hecho carne» en Jesucristo (Juan 1, 14). Judaísmo, cristianismo e islam sostienen la creencia en un Dios personal, cuya voluntad y propósito es la base del orden en el universo. El cristianismo desarrolla una doctrina de la Providencia que, en su forma extrema, mantiene que «Dios dispone en la eternidad lo que va a pasar en el tiempo». Esta idea se modifica frecuentemente por la afirmación de que la voluntad de Dios se realiza a través del ejercicio de la libertad humana. La existencia de la ley natural o de una ley moral para todos los seres humanos ha sido discutida por las filosofías positivistas. No obstante, la dependencia de algún tipo de orden en el universo es el presupuesto de la investigación científica y es básica para las religiones de Oriente y Occidente. ⇨ predestinación; teología fundamental.

ley hindú A pesar de los recientes cambios, el sistema legal hindú está todavía inextricablemente ligado a la religiosidad hindú y al concepto central del dharma. El dharma, o ley moral natural, preserva el orden *(rita)* del mundo, y de él se derivan las reglas específicas que unen a todos los hindúes así como, teóricamente, a jainitas, sij e hindúes convertidos al islam y cristianismo (cuando conservan las costumbres hindúes). La ley se basa en la Escritura y, por tanto, cuenta con sanción divina. Es circunstancialmente interpretada dentro de las estrictas tradiciones hermenéuticas, con referencia a comentarios, costumbres generales y en época clásica, el decreto del rey. Los comentarios proporcionan un enorme cuerpo de literatura denominado el *dharmashastras* o *smriti* (literalmente, lo que ha sido recordado), algunos de los cuales se atribuyen a la mítica figura de Manu. La obligación de cumplir la ley ha sido vaga y varía notablemente de una región a otra. Cada dharma de un hindú es único, haciendo difícil la generalización. El castigo y purificación tienen como finalidad rectificar el orden del mundo más que buscar el castigo o una medida represiva. El período colonial, especialmente bajo lord Macauley, vivió dramáticos cambios del sistema legal, en el que se modificaron las desigualdades manifiestas, especialmente relacionadas con la casta, y se redactó un nuevo código legal hindú, basado en precedentes. La ley hindú, a pesar de los cambios coloniales y la fuerza de la secularización, ha influido en los sistemas legales de todo el sudeste de Asia. ⇨ dharma; Manu, Leyes de; rita; smriti.

ley islámica ⇨ **shariah.**

ley mosaica ⇨ **Torá.**

ley y **religión** Aunque generalmente se cree que son dos áreas de temas distintos en la sociedad contemporánea, no siempre ha sido así. Los ejemplos más claros son la sociedad hebrea y la musulmana, en las que la observancia de la ley revelada de Dios es en sí misma un acto religioso obligatorio. Sin embargo, en la medida en que las leyes de una sociedad están relacionadas con lo que la comunidad considera el valor fundamental, no supone ninguna sorpresa encontrar que ley y religión hayan estado con frecuencia estrechamente entrelazadas y que el concepto de ley haya sido a menudo legitimado asociándolo a la autoridad última de lo «divino». En la evolución de la primitiva ley romana, los sacerdotes (pontífices) desempeñaban un papel predominante. Tanto la antigua ley griega como la romana se ocupaban ellas mismas de regular las ceremonias religiosas. Las políticas eclesiásticas y secular en la Edad Media promovían la vida virtuosa, pero el derecho canónico además establecía que quien obedecía estaría en comunión con Dios. En la actualidad, muchas leyes relacionadas con los temas de los derechos humanos nacen de una preocupación original religiosa por la dignidad de la persona. ⇨ cadí; fiqh; moralidad social.

lha y **dre** Dioses y demonios en la religión tibetana. Son poderes sobrenaturales que rodean e invaden el mundo humano y que es necesario apaciguar y someter en los rituales budistas tibetanos. Los lha y dre residen en lugares agrestes como ríos y montañas, aunque también habitan la casa e incluso el cuerpo. Lha es la traducción tibetana del sánscrito *deva,* y se les asigna a veces un lugar elevado en la cosmología budista tibetana, poniéndolos en contraste con los *lu,* traducción del sánscrito *naga,* y los demonios inferiores a ellos. El hogar tibetano contiene varios lhas que protegen el exterior y el interior. El cuerpo también contiene lhas en varios puntos —en los hombros, bajo los brazos, en el corazón y así sucesivamente— que son evocados durante los rituales en los que el cuerpo se considera divino. En la práctica de la meditación, un lha equivale a una forma visualizada de energía que expresa la budidad. En la religión popular tibetana la enfermedad se interpreta como el abandono por parte del alma *(bla)* del cuerpo debido a la intervención de un lha o un dre. Una vez determinado qué clase de ser es el responsable, el exorcista realiza los rituales apropiados para asegurar la vuelta del alma de la persona enferma. ⇨ tibetana, religión.

Lhasa Capital del Tíbet, situada en la llanura de un valle de un afluente del Tsang-po. El rey Srongtsan Gampo (gobernó del 627 al 650) construyó un palacio en Lhasa, aunque sólo llegó a ser capital con Ral-pa-can (615-638) lo que duró su reinado. Se convirtió en el centro de gobierno de nuevo con el quinto Dalai Lama (1617-1682) y ha seguido siendo el centro político y religioso del Tíbet, aunque desde 1951 a 1959 el gobierno funcionó bajo el control chino y desde entonces bajo un control chino directo. Lhasa ha sido un lugar de peregrinación para el mundo budista mahayana, que contiene el más famoso templo budista, el Jo-khang, con su imagen de Shakyamuni traída por

Wen ch'eng, la esposa china de Srongtsan Gampo. El Palacio Potala que se eleva sobre la ciudad fue la residencia oficial de los Dalai Lamas hasta 1959. ⇨ Potala, Palacio; tibetana, religión.

li Término chino que significa ritual. En el pensamiento confuciano tiene un significado más profundo, que lo hace equivaler a ética o incluso a religión. El Libro del Ritual *(Li Ching)* es uno de los Cinco Clásicos del canon confuciano, y contiene 46 capítulos que describen los principales rituales: rituales oficiales importantes para el Estado y sus gobernantes, rituales comunitarios y agrícolas fundamentales para los vecinos y las cosechas, y rituales domésticos, como ritos funerarios fundamentales para los acontecimientos familiares. La correcta realización de los rituales era socialmente valorada, de modo que li vino a significar, en consecuencia, cortesía y «buenas maneras», hacer lo que es necesario y apropiado para la situación. Así, un funeral no era sólo un asunto que tuviera que ver con el dolor de una familia, sino también una preocupación social más amplia. De hecho, para Confucio, el ritual era una manifestación exterior de bondad *(jen)* y tenía la misma importancia que la espiritualidad interior. En el pensamiento neoconfuciano posterior, li también desarrolló el significado técnico de principio o universal que trasciende la fuerza material *(chi)*. Aunque importante filosóficamente, su significado tiene un sentido menos general. ⇨ canon confuciano; jen.

libre albedrío ⇨ **predestinación.**

librepensamiento Movimiento posterior a la Reforma que rechazaba el control de cualquier autoridad religiosa sobre la razón al examinar temas religiosos. El término fue usado por los deístas de los siglos XVII-XVIII, como Anthony Collins (1676-1729). Está representado en el siglo XIX por la Sociedad Secularista Nacional (1866) y en el siglo XX por la Sociedad Secular. ⇨ deísmo; humanismo.

Libro de Horas Libro de oración, popular en la Edad Media, y conocido en Inglaterra como «Primer» («Cartilla»). Contenía típicamente el «Oficio Parvo de Nuestra

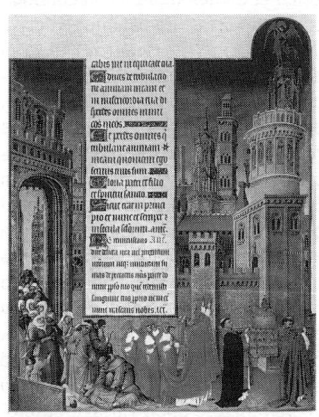

Las muy ricas horas del Duque de Berry. Miniatura del Libro de Horas (Chantilly)

lila

Señora», salmos de penitencia, y el «Oficio de Difuntos» (normalmente en latín).

lila (līlā)   «Deporte» o «juego» de los dioses en el hinduismo, especialmente el visnuismo. El término se refiere también a la creación, conservación y destrucción del universo por parte de Visnú; no existe ninguna razón para ello que no sea la del juego de Dios. La idea de lila está mitológicamente expresada con respecto a Krishna como el vaquero *(gopala)* de Vrindaban, que coquetea y juega con las vaqueras *(gopis)*, especialmente con Radha. Para algunos adoradores de Krishna, la meditación sobre el lila de Krishna es un medio de liberación o transformación del cielo de Krishna ⇨ Krishna; Radha; Visnú; visnuismo.

Lilith o **Lilit**   Demonio femenino en la tradición judía con connotaciones diversas. La palabra se deriva del sumerio *lil* («viento»), no del hebreo *laylah* («noche»). No obstante, Lilit era asociada a la noche, durante la cual, según se afirma, se preparaba para seducir a los hombres. También se creía que hacía daño a los niños y a las mujeres en el parto, y se empleaban amuletos para luchar contra ella. Isaías 34, 14 contiene la única referencia bíblica a Lilit, de modo que su identidad y papel se desarrollaron más en tiempos posbíblicos. En el comentario bíblico medieval titulado *El alfabeto de ben Sirá* se unen varias tradiciones, incluyendo la creencia en Lilit como la primera mujer. Según esto, antes que Eva fuera formada de la costilla de Adán, Dios creó a Lilit del polvo de la tierra e igual a Adán. Pero después de pelearse abandonó a Adán y, como venganza por su castigo, resolvió a partir de entonces asesinar niños. Tales creencias, con las costumbres protectoras asociadas a ellas, no eran infrecuentes entre los judíos europeos del Este incluso en el siglo XIX, pero en la actualidad se consideran supersticiones anticuadas. Sin embargo, en décadas recientes un renovado interés por Lilit la ha considerado como una representación simbólica de la vitalidad y autonomía femeninas. En 1976 comenzó a publicarse la revista feminista judía titulada *Lilith*. ⇨ demonología bíblica; sexualidad en religión; superstición.

limbo   En la teología cristiana medieval, morada de las almas excluidas de la bienaventuranza plena de la visión divina, pero no condenadas a ningún otro castigo. Estaban incluidos los niños sin bautizar y los profetas del Antiguo Testamento. ⇨ cristianismo; purgatorio.

limosna   Dar dinero, alimento o ropa a los pobres y necesitados. Se reconoce generalmente como un deber religioso fundamental y figura con fuerza en el budismo, judaísmo, cristianismo e islam, aunque no con tanta intensidad en las antiguas religiones de Mesopotamia, Grecia y Roma. A veces dar limosna es una fuente de mérito divino para el donante.

limosna budista Aspecto importante de la vida budista. En el plano ordinario se manifiesta en la generosidad y complacencia en el dar, en un sentido general, incluyendo la hospitalidad con los propios vecinos. En un plano más elevado puede tomar la forma de ofrecer recursos para construir un monasterio, pagoda o santuario budista. Sobre todo, en el contexto budista, ha adquirido la forma de ofrecer limosnas a los monjes budistas por parte de los laicos. Consiste principalmente en comida, aunque ocasionalmente puede ser ropa y otras cosas, y en países budistas theravada como Sri Lanka puede suponer dar comida a los monjes diariamente y proporcionarles alguna vez comidas especiales. Aunque la limosna es reconocida como una manera de alcanzar mérito, en el pensamiento budista el énfasis se pone en la intención y el desinterés que subyace en el acto. Señal cotidiana de ser budista laico, forma parte de la práctica ética general incorporada a la vida budista. ⇨ pancasila; sila.

linga (liṅga) Representación simbólica principal de la deidad hindú Siva, emblema fálico. El equivalente femenino es *yoni,* la imagen modelada de los genitales femeninos. ⇨ hinduismo; Siva.

lingayats (Liṅgā-yats) Secta de la tradición hindú del sivaísmo, fundada en el siglo XII por Basava, un brahmán sivaíta de la corte de un rey en Karnataka. Los lingayats o virasivaítas se caracterizan por el culto de Siva en su forma «fálica» del linga. Este se coloca en torno al cuello y es adorado diariamente. Los lingayats eran parte del movimiento devocional más amplio, o movimiento bhakti, que se extendió por el sur de la India en la época medieval antigua y, más tarde, se desplazó al norte. El medio de expresión de los lingayats ha sido la poesía de verso libre *(vacana),* escrita en karanés; particularmente notable es la poesía del propio Basava, y de Allama Prabhu y Mahadevyakka. En su poesía Mahadevyakka escribe de su anhelo por Siva, su «Señor blanco como el jazmín», y desdeña el amor mundano por inestable e insatisfactorio. Los lingayats rechazaban la autoridad de los Vedas, rechazaban el sistema de castas y rechazaban el ritual por ser irrelevante para la salvación. Al morir, el creyente lingayat va directo a la unión con Siva y, por tanto, es enterrado sin que necesite ninguno de los ritos funerarios ortodoxos. Actualmente, existe una numerosa comunidad de lingayats en Karnataka. ⇨ casta; Siva; sivaísmo; Veda.

literatura testamental Género libre de escritos en los pseudoepígrafos del Antiguo Testamento, que surgen de la época posterior al exilio; supuestamente ofrecen las últimas palabras o «testamentos» de importantes figuras de la historia de Israel. Aunque a menudo de naturaleza ética, los testamentos también incluyen visiones del futuro. En su forma presente, algunos pueden reflejar intereses cristianos y no pre-

liturgia

cisamente judíos. Los más famosos son *Testamentos de los doce patriarcas, Testamento de Moisés, Testamento de Adán* y *Testamento de Job*. ⇨ pseudoepígrafos.

liturgia (griego: *leitourgia*, «deber» o «servicio») Culto corporativo formal de una Iglesia a Dios. Incluye palabras, música, acciones y ayudas simbólicas; en la forma cristiana se deriva del ritual judío. Las liturgias existen en una amplia variedad de formas prescritas, que reflejan las necesidades y actitudes de diferentes comunidades religiosas. ⇨ litúrgico, movimiento.

litúrgico, movimiento Movimiento para reformar el culto de la Iglesia cristiana promoviendo la participación más activa de los laicos en la liturgia. Iniciado en la Francia del siglo XIX, en la Iglesia católica, llegó a influir y ser eficaz a mediados del siglo XX en otras iglesias, a menudo a través del Consejo Mundial de las Iglesias y del movimiento ecuménico. ⇨ catolicismo; Consejo Mundial de las Iglesias; ecumenismo; liturgia.

Logos Término griego para decir «palabra» o «razón», aplicado en el judaísmo helenístico a la palabra o sabiduría personificada de Dios, activa en la creación y en la revelación, y en el cristianismo como un título de Jesucristo. El Antiguo Testamento habla de la palabra de Dios que lleva a cabo la creación y que comunica la voluntad de Dios por medio de la Ley y de los Profetas. En el Nuevo Testamento el Prólogo al Evangelio de Juan (Juan 1, 1-18) describe a Cristo como el Logos preexistente, activo en la creación y que se encarna como ser humano. Los Apologistas cristianos del siglo II utilizaron el concepto de Logos como medio de comunicarse con sus contemporáneos griegos, pero la especulación sobre la relación entre el Padre y el Logos condujo a veces a que este último fuera considerado secundario y subordinado. Con la condena del arrianismo y la afirmación de la igualdad entre las personas de la Divinidad, «Palabra de Dios» e «Hijo de Dios» llegaron a ser generalmente títulos intercambiables de Cristo. ⇨ Arrio.

Loisy, Alfred Firmin (1857-1940) Teólogo francés, nacido en Ambrières, Alto Marne. Se ordenó sacerdote en 1879 y en 1881 se hizo profesor de Sagrada Escritura en el Instituto Católico, donde a causa de sus clases y escritos cayó en desgracia con la Iglesia y fue destituido. En 1900 fue nombrado profesor de la Sorbona, pero renunció después de que sus obras sobre crítica bíblica fueran condenadas por el papa Pío X en 1903 como demasiado avanzadas. Estos libros, que demostraban que era el fundador del movimiento modernista, eran *Evangelio e Iglesia* (L'Évangile et l'Église, 1902), *Cuarto Evangelio* (Quatrième Évangile, 1903) y *En torno a un librito* (Autour d'un petit livre, 1903). Por obras subsiguientes del mismo tipo fue excomulgado en 1908. Fue profesor de

Historia de la religión en el Collège de France desde 1909 a 1932. ⇨ crítica bíblica.

lokapala (lokapāla) Guardianes de las cuatro direcciones en la mitología budista e hindú. Los cuatro lokapalas budistas son mencionados en los primitivos relatos de la vida de Buda. Estuvieron presentes en su nacimiento, en su renuncia (cuando abandonó su palacio para buscar la respuesta al problema del sufrimiento), y en su iluminación bajo el árbol Bo de Gaya, en Bihar, India. Deidades populares en China, Japón y el Tíbet, normalmente se les representa grandes, bien armados y pisando demonios. El más conocido es Kubera, que es también un lokapala hindú; los otros tres son dioses védicos muy conocidos: Yama, Varuna e Indra. Pintados de diferentes colores (amarillo, blanco, azul y rojo) son descritos como el Rey de los gnomos, el Rey de las serpientes, el Rey de los músicos y el Rey de los seres-espíritu conocidos como *yaksas*. Tienen importancia en la religión popular como figuras protectoras que guardan el norte, sur, este y oeste, así como los templos y otros lugares sagrados. ⇨ Buda; iluminación; Indra.

Lokayata (Lokāyata) Sistema no ortodoxo *(nastika)* de filosofía hindú que enseña el materialismo, que el cuerpo es una combinación de elementos (como lo es toda realidad) y que el alma es una manifestación temporal que brota de la configuración particular de elementos que constituyen a una persona. Cuando el cuerpo muere, también muere esta alma provisional. El karma no funciona en este sistema esencialmente materialista: el conocimiento se adquiere sólo a través de la experiencia sensible, la vida después de la muerte es un concepto insostenible, y el sistema de castas es insultante. Los escritos de esta escuela no se han conservado. Floreció en torno al siglo I d. C., y todo lo que sabemos de ellos es a través de las críticas de sus oponentes. Tradicionalmente, se dice que el fundador fue Carvaka, de quien no se tienen datos. ⇨ karma.

Loki Figura que aparece con frecuencia entre las divinidades nórdicas. Es compañero de los Ases, hermano de leche de Odín, compañero de viaje de Thor. Es ingenioso y está lleno de tretas, que de vez en cuando sirven a los dioses bien; pero es caprichoso, informal y falso. Él

Loki. Piedra proveniente de Shaptun (Dinamarca)

lokuttara

causa la muerte de Balder, engrendra al feroz lobo Fenris y, en una historia, pone en marcha (por mala suerte, más que por malevolencia) la tragedia del Anillo de los Nibelungos. Las tradiciones sobre Loki son ambiguas. En muchas aparece como una figura de estafador, del tipo de las que se encuentran en muchos sistemas politeístas que simbolizan azar y desorden. En algunas es una figura de pasatiempo, una suerte de Hermano Conejo celestial. En otras es profundamente malo y siniestro, una especie de Satán. En el mito de Balder los dioses le atan hasta el día de Ragnarok, y en el poema *Voluspa* emerge allí, y cae, entre las fuerzas del mal. No hay signos de que se le haya ofrecido nunca culto regular. ➪ Ases y Vanes; Balder; Fenris; Ragnarok; Voluspa.

lokuttara (sánscrito: lokottara) Término técnico en la literatura budista *abhidharma* que se refiere a un tipo de conciencia trascendente. Llega esta como resultado del mérito de un estilo de vida ético y de una prolongada práctica de la meditación budista. La conciencia lokuttara, que acontece primero como un destello, transforma a la persona que la recibe, y hace de ella de manera permanente un santo o noble *(arya)*. Es trascendente no en el sentido de referirse a una realidad trascendental fuera de la persona humana, sino en el sentido de conceder una conciencia directa de la realidad incondicionada. Existen cuatro tipos de santo en el budismo theravada: el que «entra en la corriente», el que renacerá una vez más, el que no renacerá otra vez en este mundo, y el *arahat*. Todos estos tipos de santo participan de la conciencia lokuttara pero con un sentido de intensidad que se hace más profundo. ➪ abhidharma; arahat; bhavana.

lolardos Término irónico aplicado a los seguidores del teólogo inglés John Wyclif (siglo XIV). El movimiento, responsable de la traducción de la Biblia a la lengua vernácula, fue reprimido; sin embargo, continuó en sectores de la sociedad religiosamente entusiastas, aunque menos instruidos, que tenían generalmente una actitud anticlerical, y que prepararon el camino a la Reforma en Inglaterra. ➪ Biblia; Reforma; Wyclif, John.

Lombardo, Pedro (c. 1100-1164) Teólogo italiano, nacido cerca de Novara en la Lombardía. Estudió en Bolonia, Reims, y (con Abelardo) en París, y, tras ocupar una cátedra de teología allí, en 1159 se convirtió en obispo de París. Generalmente se le daba el título de *Magister Sententiarum*, o «Maestro de las Sentencias», por su colección de sentencias tomadas de San Agustín y otros Padres sobre puntos de la doctrina cristiana, con objeciones y réplicas. Los doctores de teología de París, en 1300, denunciaron algunas de sus enseñanzas como heréticas; pero su obra fue el libro de texto oficial de teología católica hasta la Reforma. ➪ Abelardo, Pedro; Agustín de Hipona,

Lot Personaje bíblico, descrito en Génesis como el sobrino de Abraham que se separó de él y se asentó en Canaán, cerca de Sodoma. Las historias describen su rescate de la perversión de aquel lugar por parte de Abraham y dos ángeles. Como símbolo de la desobediencia, se cuenta que su mujer miró hacia atrás durante la huida y se convirtió en «estatua de sal». Lot era nombrado también como el antepasado de los moabitas y amonitas. ⇨ Abraham; Antiguo Testamento; Sodoma y Gomorra.

Loto Blanco, Sociedad

Una de las más famosas de un buen número de sectas que han surgido en la historia china, siendo una de las más antiguas los Turbantes Amarillos, que se rebelaron contra la dinastía Han en el 184 d. C. La Sociedad Loto Blanco surgió dentro del budismo Tierra Pura durante la dinastía Sung del sur (1127-1279), pero tomó su propia orientación, desarrolló sus propios rituales y templos, permitía a sus sacerdotes casarse, e incluyó elementos del taoísmo y de la religión folclórica china. Al principio del siglo XIV, sus líderes más radicales tomaron prestados rasgos de los maniqueos y del budismo maitreya, incluyendo la noción de un futuro salvador que anunciaría una tercera etapa de la historia en la que habría un paraíso en la Tierra. Fomentó una rebelión en 1351, y tomó parte en el movimiento que derrocó a los dirigentes mongoles de China en 1368. Más tarde, instigó la denominada rebelión Loto Blanco entre 1796 y 1805. Aunque genuinamente religiosas, las sociedades como el Loto Blanco tienden a ser arrastradas hacia actividades antigubernamentales a causa de su carácter popular y radical. ⇨ budismo Tierra Pura; folclórica, religión; Maitreya; maniqueísmo.

Loto Sutra ⇨ Sutra del Loto.

Loyola, San Ignacio de ⇨ Ignacio de Loyola, San.

Lu Tsung Escuela china de budismo que realza el papel de los monjes y de la disciplina monástica. Fundada por Tao Hsuan (596-667), llegó a ser conocida como la escuela china vinaya porque se basaba en una preocupación por la organización y correcto gobierno de los monasterios que están asociados al *vinaya-pitaka,* del *tipitaka* theravada o canon pali. Hacía hincapié también en una disciplina férrea y una clara moralidad, pero se interesaba menos por la doctrina y la creencia. Aunque nunca fue fuerte por sí misma, influyó en la práctica de escuelas más populares del budismo chino, como la escuela chan y la Tierra Pura. ⇨ budismo theravada; budismo Tierra Pura; chan; tipitaka; vinaya-pitaka.

Lucas, Evangelio según

Escrito del Nuevo Testamento, uno de los cuatro evangelios canónicos, y primera parte de una narración doble

Lucas

que incluye el Libro de los Hechos. Es anónimo, aunque considerado tradicionalmente obra de «Lucas», un converso gentil, médico, y amigo de Pablo. Lo más notable del Evangelio son sus historias sobre los nacimientos de Jesús y de Juan el Bautista (Lucas 1-2), las promesas de Jesús a los pobres y oprimidos, la denominada «narrativa de viajes» (Lucas 9-19), extensa, que contiene muchos dichos y parábolas populares, y sus relatos especiales sobre la pasión y resurrección de Jesús. ⇨ evangelios canónicos; Hechos de los Apóstoles; Lucas, San; Nuevo Testamento.

Lucas, San (siglo I) Evangelista del Nuevo Testamento, cristiano gentil, quizás «el querido médico» y compañero de San Pablo (Colosenses 4, 14; Filipenses 24). La tradición eclesial le hizo originario de Antioquía de Siria, y mártir. Se le menciona por primera vez como autor del tercer Evangelio en el siglo II, y la tradición le ha atribuido siempre desde entonces tanto esa obra como los Hechos de los Apóstoles. Su fiesta se celebra el 18 de octubre. ⇨ Hechos de los Apóstoles; Lucas, Evangelio según; Pablo, San.

Lucifer ⇨ **Satán.**

Ludi En la religión romana, numerosos juegos religiosos o votivos ofrecidos en honor de divinidades (especialmente Júpiter). El ritual podía durar varios días y noches, y eran muy caros. Existía distinción entre juegos públicos (patrocinados por el estado) y privados (ofrecidos por un individuo). Los juegos públicos se establecían por ley y generalmente, como las festividades, tenían una fecha fija en el calendario. Los siete juegos anuales de la república (que podían incluir sacrificios y banquetes) aumentaron a más de cien durante el período imperial. Un gran acontecimiento eran los *Ludi Saeculares*, que conmemoraban con juegos y sacrificios el final de un *saeculum* (c. 100 años) y el comienzo de uno nuevo. Entre los juegos privados, los más famosos eran los juegos funerarios *(Ludi funebres),* celebrados el noveno día después de la muerte. Fueran públicos o privados, la naturaleza de los juegos difería y podían dividirse en juegos celebrados en un circo o en un anfiteatro (que incluían carreras, exhibiciones de gladiadores, la muerte de animales) y los que tenían lugar en un teatro (es decir, juegos escénicos, como obras de teatro, mimos, pantomimas y concursos musicales o atléticos). Aunque, durante el período imperial, la entrada a los juegos no estaba restringida sólo a los ciudadanos romanos, se reservaban asientos para determinadas personas según su rango y posición. ⇨ romana, religión.

Lug, Lugh o **Lugus** En la mitología irlandesa, dios del Sol, líder divino del Tuatha Dé Danann. Músico, sabio y mago, demostró sus habilidades al rey del Tuatha Dé Danann, que le nombró gobernador para trece días y le encomendó la tarea de librar al reino de los Formarianos, malos espíritus que ocupaban el país. Organizados por Lug, hechiceros, druidas, artesanos y guerreros fueron desplegados en la batalla de un modo tan eficiente que el enemigo fue derrotado. ⇨ Dagda.

Lulio o **Llull, Raimundo** o **Ramón** (c. 1232-1315) Teólogo y místico español, conocido como «el doctor iluminado», nacido en Palma de Mallorca. En su juventud sirvió como soldado y llevó una vida disoluta, escribiendo poesía lírica trovadoresca, pero desde 1288 se dio a la ascética y se resolvió por una cruzada espiritual para la conversión de los musulmanes. Con esta finalidad, después de algunos años de estudio, escribió su *Ars Magna*, el «método luliano», una ayuda mecánica para la adquisición de conocimiento y la solución de todos los problemas posibles mediante una manipulación sistemática de ciertas nociones fundamentales (las categorías aristotélicas, etc.). Escribió también un libro contra los averroístas, y en 1291 partió a Túnez para demostrar a los musulmanes que estaban equivocados y convertirlos, pero fue hecho prisionero y desterrado. Después de visitar Nápoles, Roma, Mallorca, Chipre y Armenia, embarcó otra vez (1305) hacia Bugia (Bougie) en Argelia, y de nuevo fue desterrado; en París enseñó en contra de los principios de Averroes, y al volver a Bugia, fue apedreado y murió pocos días después. Los lulistas combinaban la mística religiosa con la alquimia, pero se ha demostrado falso que el propio Lulio se interesara alguna vez por la alquimia. Aparte del *Ars Magna*, de sus obras destaca el magistral *Llibre de Contemplació en Déus*. Fue el primero en usar una lengua vernácula en los escritos religiosos o filosóficos. También escribió emotiva poesía. ⇨ alquimia; ascética; mística.

Lumbini Lugar en la frontera de la India con Nepal donde Buda nació en el siglo VI a. C. Es uno de los cuatro lugares santos budistas, siendo los otros tres Bodhgaya, donde Buda tuvo su gran experiencia de iluminación, Sarnath, donde predicó su primer sermón, y Kusinara, donde murió. Los cuatro son importantes lugares de peregrinación para los budistas de todo el mundo. El gran emperador indio Asoka levantó un pilar en Lumbini en torno al 249 a. C. en conmemoración de su propia visita, y en memoria del nacimiento de Buda. Tradiciones posteriores sugieren que fue también en Lumbini donde el joven Buda se encontró con ejemplos de sufrimiento que le llevaron a renunciar al lujo de su palacio y ponerse en camino hacia la pregunta de su vida para encontrar la respuesta al problema del sufrimiento. ⇨ Bodhgaya; Buda; duhkha; Kusinara; Sarnath.

luteranismo Conjunto de iglesias nacidas de la Reforma de Martín Lutero, y doctrina que comparten. Las iglesias luteranas florecieron originalmente en Alemania y Escandinavia, más tarde en otras partes de Europa; posteriormente se propagaron, a través de la emigración desde Europa, a EE. UU., y, por

Lutero

medio de la actividad misionera, a África y Asia. La doctrina se basa en la Confesión de Augsburgo (1530), la Apología (1531), los dos Catecismos de Lutero y la Fórmula de Concordia (1577). Subraya la justificación por la sola fe, la importancia de la Escritura y el sacerdocio de todos los fieles. Se reconocen tres sacramentos: bautismo, eucaristía y penitencia. La Federación Mundial Luterana, asociación libre de iglesias luteranas, se fundó en 1947, y es la más grande de las familias de confesión protestante. ⇨ Confesión de Augsburgo; Lutero, Martín; protestantismo; Reforma; sacramento.

Lutero, Martín (1483-1546) Reformador religioso alemán, y fundador de la Reforma, nacido en Eisleben, hijo de un minero. Fue a la escuela de Magdeburgo y Eisenach, e ingresó en la Universidad de Erfurt en 1501. Antes, sin embargo, se orientó al estudio de las Escrituras, y pasó tres años en el monasterio agustino de Erfurt. En 1507 se ordenó sacerdote, en 1508 dio clases de filosofía en la Universidad de Wittenberg, en 1509 de Sagrada Escritura, y como predicador logró una influencia aún mayor. En una misión a Roma, en 1510-1511, quedó horrorizado por el estado de cosas de allí, y a su vuelta comenzó su carrera de reformador. Había una gran necesidad de dinero en Roma, y sus emisarios intentaban recoger fondos en todas partes vendiendo indulgencias. La indignación de Lutero ante el descarado tráfico llevado a cabo por el dominico Juan Tetzel se hizo irrefrenable. Como profesor de exégesis bíblica en Wittenberg (1512-1546) comenzó a predicar la doctrina de la salvación por la fe más que por las obras, y el 31 de octubre de 1517 redactó una lista de 95 tesis sobre las indulgencias, negando al Papa todo derecho de perdonar los pecados, y clavándolas en la puerta de la iglesia de Wittenberg. Tetzel se retiró de Sajonia a Frankfurt del Oder, donde publicó una serie de contratesis y quemó las de Lutero. Los estudiantes de Wittenberg se vengaron quemando las de Tetzel. En 1518 Melanchthon se unió a Lutero. El papa León X al principio no hizo mucho caso de la perturbación, pero en 1518 convocó a Lutero a Roma para responder de sus tesis. Su universidad y el elector intervinieron, y se llevaron a cabo negociaciones, que no surtieron efecto, por parte del cardenal Cayetano y de Miltitz, enviado del Papa a la corte de Sajonia. Eck y Lutero sostuvieron una memorable disputa en Leipzig (1519). Lutero mientras tanto atacó el sistema papal en su conjunto más enérgicamente. Erasmo y Hutten se unieron entonces al conflicto. En 1520 Lutero publicó su famoso discurso a los *Nobles cristianos de Alemania,* seguido del tratado *Sobre la cautividad babilónica de la Iglesia de Dios,* las dos obras atacaban también el sistema doctrinal de la Iglesia de Roma. Quemó la bula papal, que contenía 41 tesis promulgadas contra él, ante una multitud de doctores, estudiantes y ciudadanos en Wittenberg. Alemania se convulsionó con la excitación. Carlos V había convo-

Martín Lutero. Retrato por Lucas Cranach. Museo de Nuremberg

luz

cado su primera dieta de Worms en 1521; se publicó una orden para la destrucción de los libros de Lutero, y él fue convocado a comparecer ante la dieta. Finalmente fue proscrito del imperio; a su vuelta de Worms fue capturado, por instigación del Elector de Sajonia, y alojado (realmente para su propia protección) en Wartburg. Durante el año que pasó allí tradujo las Escrituras y compuso varios tratados. El malestar civil hizo volver a Lutero a Wittenberg en 1522; censuró a los elementos ingobernables e hizo frente al desorden por una parte y a la tiranía por otra. Este año publicó su áspera réplica a Enrique VIII sobre los siete sacramentos. El distanciamiento entre Erasmo y Lutero había ido brotando gradualmente, y en 1523 se abrió una brecha manifiesta cuando Erasmo publicó *De Libero Arbitrio* y Lutero le replicó con *De Servo Arbitrio* (1525). Ese año Lutero se casó con Catalina Bora, una de las nueve monjas que habían abandonado la vida conventual. En 1529 tomó parte en su famosa conferencia de Marburgo con Zuinglio y otros teólogos suizos, manteniendo obstinadamente sus puntos de vista sobre la presencia real (consubstancial) en la eucaristía. La redacción de la Confesión de Augsburgo, con Melachthon representando a Lutero, señala la culminación de la Reforma alemana (1530). Lutero murió en Eisleben, y fue enterrado en Wittenberg. Revestido de grandes sentimientos humanos, energía impresionante, sencillez afectuosa y humor rico, aunque a veces un poco basto, fue indudablemente un genio espiritual. Sus intuiciones de la verdad divina fueron audaces, vívidas y penetrantes, si no filosóficas y globales, y poseyó el poder de encender a otras almas con el fuego de sus propias convicciones. Sus voluminosas obras incluyen *Conversaciones de sobremesa, Cartas* y *Sermones*. Sus comentarios sobre la Carta a los Gálatas y los Salmos todavía se leen, y fue uno de los grandes líderes de la canción sagrada, teniendo sus himnos una fuerza permanente. ⇨ Confesión de Augsburgo; Eck, Johann Mayer von; Erasmo, Desiderio; Eucaristía; Melanchthon, Felipe; papado; Reforma; salvación; Zuinglio, Ulrico.

luz y tinieblas Uno de los pares de fuerzas opuestas comunes en la historia de las religiones, siendo otras, derecha e izquierda, masculino y femenino, sagrado y profano, blanco y negro. La luz ha sido generalmente un símbolo de vida e inmortalidad, y las tinieblas un símbolo de caos y muerte. Muchos mitos de la creación describen la aparición de la luz a partir de las tinieblas, y muchos mitos del fin del mundo anuncian la desaparición final de la luz en las tinieblas. En términos generales, han existido tres tipos de relaciones entre la luz y las tinieblas dentro de las tradiciones religiosas. En el pensamiento chino del yin y yang eran consideradas como complementarias, necesitándose la una a la otra, y comprensibles sólo en términos de mutua relación. En el pensamiento zoroástrico, seguido por el pensamiento monoteísta judío, cristiano y musulmán, la

luz

luz fue equiparada con el Dios creador bueno, Ahura Mazda, y las tinieblas con el pérfido «Satán» Angra Mainyu o Ahrimán. En el pensamiento de tipo gnóstico había una oposición entre la luz, vista como espíritu, y las tinieblas, vistas como materia, de modo que la salvación solía interpretarse como la liberación del mundo y del cuerpo, materiales y oscuros, entrando en la luz del mundo espiritual. La luz en forma de velas o lámparas que atraviesan las tinieblas ha sido importante en la mayoría de las tradiciones religiosas, en el culto ordinario y también en fiestas centradas en la luz, como la Navidad, la Hanuká judía y el Divali hindú. Benarés, la ciudad santa hindú, es conocida como Kashi, la ciudad de la luz; el Corán tiene sus «versículos de luz», y Buda generalmente se representa con una aureola de luz. Las tinieblas, a veces, se consideran positivas, como en la «noche oscura del alma» en la experiencia del místico español del siglo XVI San Juan de la Cruz, en que la unión con Dios se alcanza al atravesar las «noches oscuras» de los sentidos y del espíritu. ⇨ Ahura Mazda; Benarés; Buda; Corán; creación, mitos de la; Hanuká; Juan de la Cruz, San; Navidad; sagrado y profano; yin y yang.

M

Maat o **Mayet**   En el antiguo Egipto, concepto del orden divino de las cosas establecido en el acto de la creación, que debe ser renovado constantemente para que el mundo funcione de modo apropiado. Maat es la comida esencial de los dioses. En el reino humano es la responsabilidad particular del faraón, que debe mantenerlo en orden para conservar el reino unificado y en paz. Es la base de la ley y de toda instrucción y sabiduría éticas. Este concepto de orden, verdad y justicia, vital para el funcionamiento de la sociedad egipcia, está personificado como la diosa Maat, hija del dios solar Ra. En la sala osiríaca del juicio ella es esencial como modelo ante la cual es pesada el alma del difunto para determinar su acceso al más allá. Maat es representada como una mujer que lleva una pluma alta de avestruz en su cabeza, o, especialmente en las escenas del juicio, como la pluma sencillamente. ⇨ faraón; más allá; Osiris; Ra; sapiencial, literatura.

Mabinogion   Colección de once historias galesas (denominadas erróneamente así por su traductora del siglo XIX, Lady Charlotte Guest) del *Libro blanco de Rhyddrch* y el *Libro rojo de Hergest*. Los manuscritos son del siglo XIV, pero algunas partes del texto datan de los siglos XI y X, e incluían material mucho más antiguo, procedente de la tradición oral de los bardos galeses. Como mucha de la literatura irlandesa antigua, este material ofrece indicios de la religión celta precristiana. Las figuras de héroes como Bendigheid Bran representan casi con toda seguridad divinidades precristianas. En su forma actual, sin embargo, las magníficas historias sirven para otro propósito, y es necesaria una gran cautela al utilizarlas como fuentes de la antigua religión.

macabeos   Importante familia judía y sus partidarios (también conocidos como asmoneos o hasmoneos), que inicialmente se opusieron a las influencias de la cultura griega en Israel y en su religión durante el gobierno sirio sobre Palestina. Judas Macabeo, tras la muerte de su padre, Matatías, continuó la lucha empezada por este contra los sirios (166 a. C.), que, a su vez, fue continuada por sus hijos mediante una especie de guerra de guerrillas. Acabó final-

Macabeos

mente en la semiindependencia del control sirio, comenzando con Jonatán y Simón, una dinastía asmonea, de sumos sacerdotes gobernadores, que duró hasta la subida de Herodes el Grande bajo el patrocinio romano (c. 37 a. C.). ⇨ Hasidim; Macabeos, Libros de los.

Macabeos, Libros de los

Cuatro escritos, los dos primeros forman parte de los Apócrifos del Antiguo Testamento (u obras deuterocanónicas del canon católico) y los dos últimos se asignan a los pseudoepígrafos del Antiguo Testamento. 1 Macabeos es una narración histórica relacionada con las victorias de Judas Macabeo y su familia, en la Palestina del siglo II a. C., que condujo finalmente a una semiindependencia judía del control sirio. 2 Macabeos es más o menos paralelo a 1 Macabeos 1-7, pero tiene un cierto valor histórico menor. 3 Macabeos narra historias de la resistencia judía antes del período macabeo, especialmente en el Egipto gobernado por Tolomeo IV Filopáter (reinó del 221 al 204 a. C.). 4 Macabeos presenta vívidas descripciones de las torturas y martirios durante los primeros años de la revuelta macabea, que fueron formuladas para ensalzar ciertos ideales teológicos y filosóficos. ⇨ Apócrifos del Antiguo Testamento; macabeos; pseudoepígrafos.

Macario o Makarios de Egipto

(c. 300-390) Monje egipcio, célebre por su santidad y milagros, y posteriormente (como a su contemporáneo, Macario de Alejandría) se le atribuyeron numerosos escritos sobre la vida espiritual. Estas cartas, diálogos, colecciones de sentencias, homilías y sermones que tratan de la oración y de la obra del Espíritu Santo se sostiene actualmente que han tenido su origen en Siria o norte de Mesopotamia, y datan de mediados del siglo IV a mediados del siglo V. ⇨ hesicasmo.

Madhyamika

Importante escuela de filosofía budista mahayana fundada por un monje del sur de la India llamado Nagarjuna (c. 150-250). Es también conocida como la «enseñanza del vacío» porque su noción principal es la del vacío. Murti la ha descrito como la filosofía central del budismo y una vía media entre el concepto hindú del atman (yo) y la postura *abhidharma* del budismo. Según Madhyamika todo está vacío en tres sentidos: existe una naturaleza inherente a las cosas, todo funciona de acuerdo con su origen dependiente, y aunque las cosas puedan «existir» en el plano convencional de la verdad, en el nivel último están vacías. Sólo siendo conscientes del vacío *(shunyata)* de todas las formas existentes es posible dar sentido a la vida diaria, al cambio y a la meta última de la iluminación. Así, se excluye la realidad del yo, de cualquier tipo de dios, o incluso de los dharmas del abhidharma, aunque existe una verdad última en el nirvana, que es incondicionada, está más allá de las palabras y es realizable a través de la sabiduría *(prajna)*. Históricamente, en los siglos V y VI d. C., la escuela Madhyamika se dividió en dos escuelas, la Prasangika y la Svatantrika, y en el siglo VIII llegó a sincretizarse con las ideas *Yogacara*. Fue en esta última forma como pasó al Tíbet, donde llegó a ser predominante. ⇨ abhidharma; atman; bhavana; budismo mahayana; dharma; nirvana; prajna; vacío; Yogacara.

madianitas Antiguo pueblo seminómada que habitaba en el área desértica de la Transjordania; en Génesis 25, según se dice descendían de un vástago (Madián) de una de las concubinas de Abraham (Quetura). Más tarde, se les describe seduciendo a los israelitas hacia la idolatría, pero son vencidos por Gedeón (Jueces 6-8). Eran famosos por utilizar camellos en sus correrías ⇨ Abraham; Jueces, Libro de los.

madrasa Nombre de un instituto islámico de enseñanza superior. La asistencia a él normalmente suponía saber el Corán de memoria. Era un lugar de residencia que incluía un patio, una sala de oración y habitaciones para los estudiantes; con frecuencia estaba junto a una mezquita, donde se daba la instrucción. Aunque centrada en la educación religiosa —el Corán, las sentencias y tradiciones de Mahoma, interpretación coránica, teología islámica y ley musulmana—, podía también incluir un currículo más amplio, por ejemplo, las artes liberales, matemáticas, literatura, historia, música, medicina y agronomía. El maestro de la madrasa concedía a sus alumnos certificados que les habilitaban a su vez para enseñar. Las principales madrasas musulmanas ofrecieron una pauta para las universidades occidentales posteriores con la utilización de togas negras, sus nociones de estudios graduados y no graduados, sus cátedras y sus becas. Entre las madrasas famosas se cuentan una del siglo IX en Bagdad fundada por el califa al-Mamun, al-Azhar en el Cairo fundada en el 972, y la Nizamiyya en Bagdad, fundada en 1065, donde Algacel fue profesor. En el último siglo, las madrasas han sido a veces complementadas o reemplazadas por colegios o universidades con un currículo y sistema de enseñanza más de tipo occidental. ⇨ Corán; escuelas islámicas de la ley; Hadith; kalam; mezquita.

Maestro de Justicia Líder religioso y fundador de la comunidad de Qumran, probablemente a mediados del siglo II a. C.; al parecer un sacerdote sadoquita que se opuso a los asmoneos, asumiendo el papel de sumo sacerdote judío, y que condujo a sus seguidores al exilio cerca del mar Muerto. Su identidad es, por otra parte, desconocida, pero este título se le aplica en el Documento de Damasco y en varios comentarios de Qumran, por su papel al guiar a la comunidad en su interpretación de la Torá. ⇨ macabeos; Qumran, comunidad de; sadoquitas; Torá.

magen David o **estrella de David** Hexagrama o estrella de seis puntas, también llamada «estrella de David». Símbolo muy antiguo, ha sido utilizado por muchas culturas

magia

como decoración y signo de buena suerte. Usado también en la magia, como amuleto, se denominaba «sello de Salomón». Sin embargo, el título magen David («escudo de David») prevaleció entre los judíos, y se encontró por vez primera en el siglo XIV, reflejando quizá una creencia de que el escudo del rey David llevaba pintado un hexagrama. Aunque presente ya en libros y cotas de malla judíos (fue utilizado por judíos de la época del Segundo Templo, c. 515 a. C.- 70 d. C.), el magen David llegó a estar especialmente asociado con los judíos en los siglos XVII y XVIII (por ejemplo, señalaba los límites del barrio judío de Viena desde 1656), pero no fue hasta el siglo XIX cuando fue normalizado por los judíos como un signo análogo a la cruz en el cristianismo. Su aceptación general como símbolo judío se muestra en su aparición en la propaganda antisemita desde esa época, que culmina en el distintivo amarillo, con forma de estrella, que el Tercer Reich nazi obligó a llevar a los judíos. No obstante, el sionismo del siglo XIX lo adoptó, y el magen David sigue en la bandera israelí. ⇨ antisemitismo; menorá; simbolismo; sionismo.

magia Actividad ritual orientada a producir efectos en el mundo por medio de lo sobrenatural más que por medios causales. Está presente en toda sociedad, incluyendo Occidente, y va desde la magia de la religión popular hasta complejos sistemas mágicos. Sin embargo, no se han construido elaborados marcos teológicos para explicar sus sistemas, aun cuando coinciden en parte con la religión. Normalmente trata de problemas concretos como la curación, buscar la venganza, encontrar objetos de valor perdidos, evitar la calamidad y encontrar a los malhechores. Implica que existe una conexión entre lo que acontece en un reino de la vida y lo que sucede en otro, de modo que si una acción se realiza simbólicamente en un reino tendrá consecuencias en el otro. Así, en la magia negra un alfiler clavado en la efigie de una persona llega a afectar a la persona que esa efigie representa. A la magia se le ha aplicado una gran cantidad de teoría académica: ¿Precedió a la religión? ¿Actúa de manera automática mientras que la religión no lo hace? ¿Es un sustituto de la ciencia en las sociedades primitivas? ¿Es un método de control social? ¿Requiere la fe para poder actuar? Y así sucesivamente. Es claro que la magia tiene lazos con la religión y que se toma en serio los elementos supralógicos de la mente humana. Sigue siendo un factor entre las religiones primitivas, y desde mediados del siglo XIX ha habido un renacimiento, a pequeña escala, de la magia en Occidente relacionado con la Orden hermética del Amanecer dorado, fundada en 1888, y la obra de personas como Aleister Crowley. ⇨ adivinación; brujería; neopaganismo.

magia egipcia antigua La magia era una parte importante de la vida egipcia. Personificada como Hike, era el misterioso poder poseído por los dioses y el faraón. Era accesible a los magos, que podían manifestarla a través de la palabra y de la acción, usando principios normalmente ligados a la magia «simpática». La palabra hablada y escrita tenía una fuerza creadora, y el conocimiento de los nombres podía ser utilizado para lograr el control sobre los objetos y la gente. También había poder mágico en las imágenes; las estatuas y pinturas en las tumbas egipcias no eran simplemente decorativas sino que se creía que vivían para beneficio de los difuntos. Los amuletos y talismanes eran usados por toda la sociedad egipcia para defenderse de toda suerte de males; la magia desempeñaba un importante papel en la medicina. Se usaba en particular para beneficio de los muertos y dominaba los ritos funerarios. La literatura mortuoria egipcia consistía en encantos, como los que se encuentran en el Libro de los muertos, para guiar a los difuntos al más allá libres de peligro. Dos divinidades, Thoth e Isis, se creía que poseían conocimiento y poder mágico especial. ➪ faraón; más allá, concepto del antiguo Egipto del; prácticas funerarias del antiguo Egipto.

magia en el Próximo Oriente antiguo, la Muchos textos del Próximo Oriente antiguo describen rituales y prácticas mágicas diseñados para defenderse del mal, los demonios o hechizos nocivos, para evitar las consecuencias de los presagios, para infligir mal a los enemigos y traer el éxito a todas las áreas de la vida. En Mesopotamia, a los demonios se les consideraba responsables de la enfermedad y los sacerdotes del encantamiento realizaban exorcismos con regularidad; en algunos casos tenía lugar una sustitución ritual, en la que se ofrecía un animal sacrificial en lugar del hombre enfermo. En el caso de la enfermedad, los ritos mágicos a menudo se combinaban con prácticas médicas o quirúrgicas. Entre los hititas, los magos operaban en todos los niveles de la sociedad, desde las hechiceras de pueblo («brujas») hasta los sacerdotes en los templos de los dioses. La magia no siempre se usó de modo beneficioso, los códigos legales babilonio e hitita reconocen la magia negra como un grave crimen. ➪ mal en el Próximo Oriente antiguo, concepto del.

Magos ➪ Reyes Magos.

Mahabharata (Mahābhārata) Libro sagrado de los hindúes, sus once mil pareados le convierten en el poema épico más largo del mundo. Data del primer milenio antes de Cristo, fue transmitido oralmente y no se imprimió hasta el siglo XIX. El argumento central se refiere al conflicto entre *Kurus* (espíritus del mal) y *Pandus* (espíritus del bien). ➪ hinduismo; Ramayana.

Mahabodhi, Sociedad (Sociedad Mahābodhi) Sociedad budista fundada en 1891 en Ceilán (ahora Sri Lanka) por Anagarika Dharmapala. Su formación tuvo lugar por la visita de Dharmapala a Bodhgaya, en la India, el lugar en el que Buda había experimentado su iluminación *(bodhi)*. Lo encontró abandonado y en manos de un propietario hindú, y el propósito de la Sociedad Mahabodhi fue devolver el lugar de Bodhgaya a algún tipo de orden y supervisión budistas, y reavivar el budismo en la India, la tierra donde nació. El primer objetivo de devolver Bodhgaya a manos budistas se alcanzó finalmente en 1949, y el segundo objetivo también ha tenido éxito, puesto que el budismo sigue creciendo en la India independiente. Ramas de la Sociedad Mahabodhi se establecieron en varios lugares de la India como Sarnath, Delhi, Bombay, Madrás, Lucknow y Ajmer, así como en Ceilán, y los estudios budistas se revitalizaron en gran número de universidades indias. Además de esto, a través del *Maha Bodhi Journal* y en otros medios, la Sociedad ha avivado el interés por el budismo en el mundo occidental. ⇨ Bodhgaya; bodhi; Sarnath.

Maharishi (sánscrito: «gran sabio») Título hindú que se da a un gurú o líder espiritual. En Occidente, la enseñanza de la meditación trascendental del yogui Maharishi Mahesh es bien conocida. ⇨ gurú; meditación trascendental.

Maharishi Mahesh, Yogui (1911-) Yogui hindú y fundador del movimiento de la meditación trascendental. Maharishi Mahesh Yogui era un físico graduado de la Universidad Allahabad que después se puso a estudiar bajo la dirección del maestro espiritual Gurú Dev (1869-1953). El Gurú Dev enseñaba una técnica de meditación que Maharishi trajo a Occidente en 1958. Esta técnica, conocida como meditación trascendental o MT, implica la repetición de un mantra personal que calma la mente y permite al que la practica alcanzar finalmente estados de conciencia refinados y «trascendentales», que son la fuente de la creatividad. Maharishi describe siete niveles de conciencia, de los que el más elevado es el estado iluminado. Se dice también que quien practica la meditación trascendental es capaz de desarrollar habilidades supranormales o *siddhis*. La filosofía subyacente a la meditación trascendental es la Vedanta, aunque Maharishi afirma que la técnica se puede usar al margen de cualquier referencia a las ideas hindúes. La meditación trascendental y las organizaciones asociadas a ella, como la Maharishi Corporate Development International y la Maharishi International University, también se proponen reducir la pobreza del mundo, promover la salud y construir la paz mundial. Durante la década de los sesenta el Maharishi se convirtió en una figura popular debido a la participación del grupo pop, los Beatles, en su técnica de meditación. Sus ideas gozaron de una revitalización en Gran Bretaña con la formación, en 1992, del Partido de la Ley Natural. ⇨ meditación trascendental; Vedanta.

Mahasabha hindú (Mahāsabhā) «Gran asamblea» del hinduismo ortodoxo que se reúne ocasionalmente para discutir temas de doctrina. El hinduismo no tiene una autoridad centralizada y esta asamblea, que abarca a muchas sectas hindúes y órdenes ascéticas, es el equivalente más proximo del hinduismo. La asamblea se reúne, por ejemplo, durante la peregrinación Kumbha Mela, cuando lo hacen muchas órdenes ascéticas y monásticas. En tiempos modernos, el nombre Mahasabha hindú ha sido adoptado por un partido político hindú ultraortodoxo, uno de cuyos miembros asesinó a Mahatma Gandhi en 1948. ⇨ Kumbha Mela.

Mahasanghika (Mahā-sāṅghika)   Rama importante dentro del budismo primitivo que significa literalmente «los de la gran asamblea» *(mahasangha)*. Tenían un enfoque más amplio y democrático que otras ramas, como la theravada, que eran más conservadoras y se mantenían de forma más estricta en las doctrinas y tradiciones de los antiguos. Introdujeron una nueva perspectiva relativa a la persona de Buda, concebían nuevos caminos para llevar a cabo la iluminación, y practicaban lo que equivalía a una especie de devoción a Buda. Los mahasanghikas mismos se dividieron en gran número de escuelas independientes y es muy probable, aunque difícil de probar, que prepararan el terreno a la aparición del budismo mahayana. ⇨ bodhi; Buda; budismo mahayana; budismo theravada; iluminación; sangha.

Mahashivratri (Mahaśivarāti)   Fiesta anual de Siva, celebrada normalmente en la decimotercera noche de la mitad oscura del mes de Magha (enero-febrero). La decimotercera noche de la mitad oscura de cada mes está consagrada a Siva, pero en esta fecha concreta las devociones a la deidad alcanzan su clímax. Mahashivratri significa literalmente «gran noche de Siva». La noche va precedida por un ayuno estricto, seguido de una vigilia que dura toda la noche y que implica el culto linga y otras ceremonias afines. El día siguiente está lleno de fiesta y regocijo, y se celebran ferias en las orillas del río. Se considera especialmente propicio para hacer celebraciones en ese día. ⇨ linga; Siva.

Mahavamsa (Mahāvaṃsa) «Gran crónica» que expone la historia budista de Ceilán. Comienza con el propio Buda y el primitivo budismo indio, y muestra cómo fue introducido el budismo en Ceilán y cómo creció allí hasta los tiempos del rey Mahasena, en el siglo IV d. C. El autor tradicional es Mahanama, que se cree que escribió el *Mahavamsa* a principios del siglo VI d. C. La gran crónica contiene un material similar al del *Dipavamsa,* que es también una narración de la primitiva historia budista de Ceilán. Sin embargo, es más extensa, y toma la forma de un poema épico; como tal está a la altura de las epopeyas importantes de otras tradiciones religiosas. Se completa con el *Culavamsa,* que toma el relato de la historia budista de Ceilán, desde el 302 d. C. al siglo XIX. La existencia de estas crónicas muestra lo importante que ha sido la tradición budista en la historia de Sri Lanka. El *Mahavamsa* es también una importante fuente histórica para la historia del budismo en la India primitiva y Ceilán. ⇨ Buda; Culavamsa; Dipavamsa.

Mahavastu (Mahāvastu) Texto budista, que significa literalmente el «gran relato»; es un relato de la vida de Buda hasta la época en que se convirtieron sus primeros discípulos. Procede de una subsecta de los mahasanghikas, y fue escrito probablemente en una época que se centra en los comienzos de la era cristiana. Introduce abundante información sobre los nacimientos anteriores de Buda. Y también va en una dirección distinta a la visión theravada de Buda en cuanto que acentúa el papel de este como dispensador de maravillas. Ve a Buda como un ser trascendente incluso antes de su budidad, y como un ser omnisciente que accede a vivir en el mundo para que los acontecimientos de la vida se llenen de significación especial. También se extiende sobre el tema del bodhisattva, y describe las diez etapas que tienen lugar en la carrera de un bodhisattva. En algunos aspectos, el Mahavastu prefigura ideas mahayana, pero también incluye pasajes de los textos sagrados mahayana, por lo que parece probable que no hubiera terminado de escribirse cuando surgió la tradición mahayana en el siglo I d. C. ⇨ bodhisattva; Buda; budismo mahayana; budismo theravada; Jataka; Mahasanghika.

Mahavira (Mahāvīra) (c. 540-468 a. C.) Título concedido por la tradición jainita a su verdadero fundador. Significa «gran héroe» y fue añadido a su propio nombre Vardhamana, en el mismo sentido que su contemporáneo, Buda, vio añadido el título Buda a su propio nombre Gautama. Mahavira, como Buda, era de la casta guerrera; también lo mismo que él vivió en la zona de la India del bajo Ganges y abandonó la vida de cabeza de familia para buscar el sentido de la vida. A la edad de 30 años abandonó su casa para vagar por los bosques, conversando con otros filósofos y entregándose a austeridades hasta el punto de quedarse desnudo y arrancarse el pelo. Durante doce años ayunó y se impuso penitencias para liberar su alma del enredo de la actividad mundana, y para la edad de 42 años había logrado la iluminación, había llegado a ser un *jaina* («alguien que ha vencido») y había empezado a enseñar a otros. Se formó un grupo de seguidores en torno a él, y sus dichos, sermones e historias de viajes se conservan en las escrituras jainitas. Es considerado por los jainitas como el vigésimo cuarto y último de una serie de líderes espirituales conocidos como *tirthankaras* («creadores de vados») que han vivido en esa era cósmica. Aparte de él, los demás se han perdido para la historia. No son considerados divinos, sino personas sobresalientes que han alcanzado la liberación en vida y han transmitido su significado y posibilidad a otros. ⇨ Buda; cosmología jainita; iluminación; jiva jainita; jivanmukti; karma jainita; tirthankara.

mahayana, budismo ⇨ **budismo mahayana.**

Mahayana Sutras ⇨ **Sutras de Mahayana.**

Mahdi (al-Mahdī) (árabe: «el guiado por lo divino») Nombre dado por los musulmanes sunnitas a aquellos que periódicamente revitalizan a la comunidad musulmana. Los sunnitas esperan con ansia una época, antes del Último Día, en que aparecerá un Mahdi y establecerá un reino de justicia sobre la Tierra. Los chiítas identifican al Mahdi con la esperada reaparición del imán oculto. Muchos líderes musulmanes se han aplicado el título, como Muhammad Ahmed, que fundó un estado teocrático en el Sudán en 1882. Su biznieto, Sadiq al-Mahdi, llegó a ser primer ministro de Sudán en 1986. ⇨ chiísmo; imán; islam; sunnitas.

Mahoma (Muhammad) o **Mohammed** (c. 570-c. 632) Profeta árabe y fundador del islam, nacido en La Meca. Era hijo de Abdallah, un pobre mercader de la poderosa tribu de los Quraysh, guardianes hereditarios del santuario de La Meca. Huérfano a los seis años, fue criado por su abuelo y tío, Abu Talib, que le preparó para ser mercader. A la edad de 24 años entró al servicio de un viuda rica, Jadiya (c. 595-619), con la que se casó finalmente. Tuvieron seis hijos, incluyendo a sus hijas Fátima y Umm Kulthum, que se casó con Uthman, el tercer califa. Aunque continuó como comerciante, Mahoma se vio atraído

Nacimiento de Mahoma. Miniatura turca del s. XVI. Palacio de Topkapi (Estambul)

cada vez más hacia la contemplación religiosa. Poco antes del 600 (la fecha tradicional es c. 610) comenzó a recibir revelaciones de la palabra de Alá, el único y solo Dios. Este Corán, o «lectura», mandaba que los numerosos ídolos del santuario debían ser destruidos y que los ricos debían dar a los pobres. Este mensaje sencillo consiguió cierto apoyo pero provocó gran hostilidad por parte de aquellos que veían sus intereses amenazados. Cuando su esposa y tío murieron, Mahoma quedó reducido a la pobreza, pero comenzó a hacer unos pocos conversos entre los peregrinos a La Meca de la ciudad de Yatrib, una comunidad agrícola al norte. Para el 622 la posición de Mahoma y su pequeño grupo de

Maimónides

devotos seguidores se había hecho insostenible, pero se salvaron gracias a una invitación de los habitantes de Yatrib, que querían que viniera Mahoma y arbitrara en las disputas familiares que destruían su comunidad. Emigró allí, y esta migración, la hégira, señala el comienzo de la era musulmana. El nombre de la ciudad se cambió por el de Medina, «la ciudad del profeta». El acto más importante en el primer año de la hégira fue el permiso de Mahoma de ir a la guerra contra los enemigos del islam —especialmente los mecanos— en el nombre de Dios. En diciembre del 623, sus musulmanes derrotaron a un ejército mecano, pero fue gravemente herido en la batalla de Ohod (enero del 625). En el 627 repelió un asedio mecano de Medina. Antes del 629 fue capaz de tomar el control de La Meca, que le reconoció como jefe y profeta. Para el 630 controlaba toda Arabia. En marzo del 632 emprendió su última peregrinación a La Meca, y allí, en el monte Arafat, fijó para siempre las ceremonias de la peregrinación. Se sintió mal poco después de su vuelta y murió el 8 de junio en la casa de la favorita de entre sus nueve esposas, Aisa, hija de uno de sus primeros seguidores, Abu-Bakr. Su tumba en la mezquita de Medina es venerada por todo el islam. ⇨ Corán; islam; La Meca; peregrinación.

Maimónides, propiamente **ben Maimón** (1135-1204) Filósofo judío y la figura más notable del judaísmo medieval. Nacido en Córdoba, España (entonces bajo gobierno árabe), estudió medicina y filosofía griega, y se estableció finalmente en El Cairo en torno a 1165 en que se convirtió en médico de Saladino, sultán de Egipto, y cabeza de la comunidad judía. Escribió un comentario hebreo a la Misná (código de leyes judío), pero sus principales escritos están en árabe. Su obra más importante es la *Guía de perplejos* (1190), que intenta armonizar el pensamiento de Aristóteles y el judaísmo. Tuvo una gran influencia en una serie de filósofos y tradiciones, judíos, musulmanes y cristianos. ⇨ Aristóteles; judaísmo; Misná.

Maitreya Nombre del buda que está por venir. Tiene lejanas analogías con la noción del esperado de otras religiones, como el Mesías judío, la segunda venida de Cristo, el Mahdi musulmán, y la encarnación hindú, o avatara, de Visnú que ha de venir. Según la teoría budista de la historia han existido budas anteriores, existió el Buda de la era actual que vivió en la India en el siglo VI a. C., y existe el futuro buda Maitreya. En la actualidad vive en el cielo Tusita, esperando el tiempo de su nacimiento en este mundo. Maitreya significa «el amable», y en el budismo mahayana es venerado como un bodhisattva que ofrece ahora ayuda animando a los fieles, a los difuntos y a los maestros budistas que se sienten desanimados. A través de la meditación profunda, es posible acceder al cielo Tusita y a la presencia de Maitreya. Ha sido conocido entre todos los budistas, en las distintas tradiciones budistas, desde época muy antigua, y ocasionalmente en partes del mundo budista la idea de su futura venida ha sido un centro de atención para movimientos de tipo mesiánico. ⇨ avatara; budismo mahayana; Mahdi; Mesías; mesianismo; Visnú.

maíz verde, fiesta del Gran fiesta agrícola entre los amerindios del noroeste. La ceremonia, que duraba tres o más días, se celebraba normalmente en agosto con la maduración del primer maíz, y tenía lugar en la casa comunal con plegarias de acción de gracias, danza y una fiesta. ⇨ americanas nativas, religiones.

mal Lo que maquina contra el bienestar de la humanidad o el propósito de un Dios benevolente. Los ejemplos más comúnmente reconocidos son el dolor en todas sus formas, así como lo que causa dolor, y la muerte misma como negación y terminación de la vida. La presencia del mal se atribuye en diversas formas a la maldad e ignorancia de los seres humanos, a la actividad de los dioses, espíritus malignos o demonios, o como un correlativo necesario del bien. En las religiones monoteístas, en las que se adora a un Dios personal y omnipotente, existe mucha discusión sobre si el mal es querido por Dios o simplemente permitido por él con algún propósito trascendental. ⇨ Angra Mainyu.

mal, concepto cristiano del La cuestión de cómo un mundo con tanto dolor y lleno de problemas puede ser la creación de un Dios bueno, amoroso y poderoso ha abrumado la imaginación cristiana a lo largo de los siglos. La respuesta más frecuente ha sido culpar a nuestro ejercicio humano del libre albedrío que, desobedeciendo a Dios, causa estragos sobre sus planes para la humanidad y en el medio ambiente. Algunas veces, siguiendo la especulación judía e intertestamental, la causa se atribuye a una caída angélica o satánica, que es responsable de la tentación humana. Antes de que se comprendiera el proceso evolutivo, se asumía a veces que había existido una vez un estado literal de perfección, hasta que la desobediencia de Adán trajo la muerte, la fatiga y el dolor. Las tentativas del siglo XX en teodicea (la justificación de Dios) tienden, bien a exaltar la responsabilidad moral que poseemos como seres libres, pero para centrarla en males reversibles, por ejemplo, la injusticia, indiferencia, avaricia, etc., o a defender que circunstancias tales como la muerte y el sufrimiento biológico son indispensables para el mundo, y, por tanto, no son males en sentido estricto. Algunas consideraciones, por ejemplo de la teología evolutiva, sugieren que el mal presente es un componente provisional aceptable de la situación porque la implicación de Dios con las cosas toma la forma de solidaridad vulnerable más que la de un poder directivo imperioso. Otras se hacen eco del tema medieval de que toda la dinámica de nuestra salvación está causada por el carácter imperfecto de nuestra existencia, y la hace en última instancia digna de consideración. ⇨ Satán; sufrimiento; teodicea; teología evolutiva.

mal, concepto griego del

En la creencia griega tradicional, «todas las cosas le vienen al hombre de los dioses»; se sigue, por tanto, que los dioses son la fuente del mal y del bien. A veces determinados males se dice que son enviados como castigo por una ofensa de un individuo o de uno de sus antepasados; pero en un plano más fundamental, la existencia del mal es simplemente aceptada como parte de la voluntad inescrutable del dios Zeus. Los mitos hablan de una decadencia (aunque no una caída; el hombre no era culpable) de un tiempo mejor: en la Edad de Oro, los hombres habían vivido libres de enfermedad y vejez; o estos males sólo entraron en el mundo cuando escaparon de la famosa caja traída por la primera mujer, Pandora. Un elemento completamente nuevo fue introducido por el movimiento órfico-pitagórico (siglo VI a. C.), que explicaba el sufrimiento de los individuos como un castigo por sus crímenes cometidos en una existencia previa. Esta nueva interpretación fue asumida por Platón en los «mitos» que incluyó en varios diálogos. ⇨ órfico o pitagórico, movimiento; Platón; griega, religión.

mal en el Próximo Oriente antiguo, concepto del

En Mesopotamia los demonios eran tenidos como responsables de la enfermedad y desempeñaban un papel fundamental en la vida diaria. Entre los más temidos estaban los denominados «Siete Males» y la demonia Lamashtu. Los sacerdotes de encantamiento, a los que se acudía con frecuencia para realizar exorcismos, usaban ritos mágicos para expulsarlos. Los demonios no debían ser culpados de todo sufrimiento, que podía estar causado también por la magia negra o ser el resultado del pecado del individuo. No se hacía distinción entre ofensas rituales y morales, y con frecuencia el paciente no era consciente de su pecado y tenía que utilizar la adivinación para determinar a qué dios había ofendido y cómo. Las tentativas mesopotamias en teodicea sugieren que la voluntad de los dioses es inescrutable, y que los humanos deben someterse a ella humildemente, lamentando su pecado y glorificando a su dios para renovar su favor. ⇨ adivinación en el Próximo Oriente antiguo; babilónica, religión; magia en el Próximo Oriente antiguo, la; teodicea.

mala (mālā) Término indio para decir guirnalda o corona, ofrecida con frecuencia a visitantes e invitados de honor como señal de respeto. En términos religiosos a menudo toma la forma de un rosario, que puede ser utilizado como ayuda en la meditación y la plegaria. En este sentido es un collar de cuentas o nudos que difiere en su hechura según la tradición religiosa. Por ejemplo, el rosario usado por los devotos de Visnú está hecho de semillas *tulsi,* mientras que el mala sij usa nudos hechos de lana. Algunos números se considera que son impor-

tantes: por ejemplo, los malas sij tienen 108 o 29 nudos. Entre algunos grupos hindúes se cree que los malas tienen poderes sagrados y son hechizos protectores, pero los verdaderos devotos de todas las tradiciones los consideran no como fines en sí mismos, sino como ayudas para un culto y comunión con Dios más eficaces.
⇨ rosario; Visnú.

malaikah (malā'ikah) Idea de los ángeles en la tradición islámica. Son seres celestiales creados por Dios, que viven en un mundo celestial comúnmente conocido como cielo. Cuatro arcángeles sobresalen en primer lugar: Mikal (Miguel); Jibril (Gabriel), que trajo la revelación del Corán a Mahoma; Israfil, que hará sonar la última trompeta al fin de los tiempos; e Izrail, el ángel de la muerte. Aunque los ángeles, y especialmente los arcángeles, se cree que están más próximos a Dios y más elevados que los seres humanos, no se considera que estén más altos que los profetas de Dios, que fueron enviados como mensajeros a la humanidad, ni que tengan libre albedrío o capacidad real de conocer a Dios como la tienen los seres humanos. Uno de los ángeles, Iblis (o Satán), se rebeló contra Dios rechazando el requerimiento de Dios de que los ángeles debían inclinarse ante Adán, y fue Iblis el que tentó a Adán y Eva en el Jardín del Edén. Se convirtió así en un ángel caído y quedó reducido a la condición de un jinn, un ser sutil.
⇨ Adán y Eva; ángeles; Corán; Edén, Jardín del; Gabriel; Iblis; jinn; profetas en el islam.

Malalasekara, Gunapala Pujasena (1899-1973) Budista, fundador de la Amistad Mundial de los Budistas que ha ejercido una profunda influencia en la vida de su país. Nacido en Punadura, Ceilán, se educó en Colombo y Londres, y desde 1942 a 1959 ocupó la cátedra de pali y estudios budistas de la Universidad de Ceilán, ampliando la Facultad de estudios orientales durante esta época. Desde 1957 a 1967 tuvo responsabilidades de embajador en la Unión Soviética, Canadá, las Naciones Unidas y el Reino Unido, y desde 1967 a 1972 presidió el Consejo Nacional de Educación Superior en Sri Lanka. Escribió numerosos libros sobre pali y budismo, y fue el editor jefe de la monumental *Enciclopedia de budismo* que se comenzó en 1956. Durante veinticinco años fue presidente del Congreso Budista de todo Ceilán y presidente fundador de la Amistad Mundial de los Budistas desde 1950 a 1958. Esto ayudó a unificar a budistas de las escuelas theravada y mahayana de todo el mundo, a organizarlos para trabajar por la paz y el compromiso social a escala mundial, y a concederle voz en los asuntos mundiales. Promovió el 2.500 aniversario de la fundación de la tradición budista (1956) y convirtió el budismo en una religión y una potencia mundialmente reconocidas.
⇨ budismo; budismo cingalés; budismo mahayana; budismo theravada.

Malaquías, Libro de Último de los escritos proféticos denominados «menores» de la Biblia hebrea/Antiguo Testamento; probablemente anónimo, puesto que «Malaquías» en hebreo significa «mi mensajero»; obra posiblemente de un «profeta cultual» teniendo en cuenta la fuerte crítica del abandono sacerdotal de las exigencias del culto. Fechado generalmente hacia el 510-460 a. C., en el período anterior a las reformas de Esdras y Nehemías, subraya la necesidad de la fidelidad en la alianza con Yahvé y en el matrimonio, y la amenaza de un futuro día de juicio. ⇨ Antiguo Testamento; profeta; Yahvé.

Mamacocha Literalmente «madre de las aguas», diosa del mar de la costa quechua de Perú. Naturalmente su buena voluntad era importante para los pescadores y entre las gentes de mar tenía algo de la importancia que Pachacamac representaba para la comunidad agrícola. Otras fuentes de agua estaban relacionadas con ella (los manantiales, por ejemplo, eran sus «hijos»). Bajo el imperio inca su culto fue adoptado por el sistema religioso imperial. ⇨ inca, religión; Pachacamac.

Manasés, Oración de Escrito breve y elocuente de los pseudoepígrafos del Antiguo Testamento (aunque a menudo considerado parte de los Apócrifos, aun cuando no con claridad en los Setenta), aparentemente obra de Manasés, rey de Judá (c. 687-642 a. C.), notoriamente malvado, que expresa su confesión personal del pecado y petición de perdón. La mayoría de los eruditos fechan la obra del siglo II a. C. al siglo I d. C., considerándola una elaboración tardía basada en partes de 2 Crónicas 33. ⇨ Apócrifos del Antiguo Testamento; pseudoepígrafos; los Setenta.

Manasés, tribu de Una de las doce tribus del antiguo Israel, que según se dice descendía del hijo mayor de José, y que, junto con Efraín, fue adoptado por Jacob para compartir su bendición (Génesis 48-49). Quizá originalmente fuera media tribu. Su territorio en la Palestina central se extendía a ambos lados del río Jordán, situado entre las tribus de Efraín e Isacar por el oeste ⇨ Efraín/Isacar/Israel/José, tribu(s) de.

mandala (maṇḍala) (literalmente: «círculo») Representa un dibujo geométrico complejo que es usado en los rituales hindú y budista para representar al universo entero. Aunque los mandalas inicialmente aparecieron en escritos tántricos, se cree generalmente que existían antes que ellos. Quienes habían logrado los niveles necesarios de concentración eran capaces de construir mandalas en su mente. De hecho, se cree que el mandala es un poderoso centro de energía psíquica, que se vuelve distinto del reino profano mediante una serie de mecanismos en su construcción. Para asegurar esto, se celebran ritos determinados durante la elaboración de un mandala, incluyendo el canto de mantras. La visualización de los mandalas, por tanto, se cree que capacita al devoto para introducirse en este poder. Una versión más especializada es un *yantra* («instrumento» o «máquina»), que es también usado en el culto tántrico, con cada dios o diosa representado por su propio yantra. Como los mandalas, los yantras están llenos de poder y simbolismo. ⇨ mantra; tantra; yantra.

Mandamientos, los Diez
⇨ **Diez Mandamientos.**

mandeos Pequeña secta gnóstica de Irán e Irak que creía que el alma espiritual sería liberada de su prisión en el mundo material malo por el redentor, Manda d'Hayye («el conocimiento de la vida»). ⇨ alma; gnosticismo; secta.

Mani (216-c. 277) Profeta y fundador de la religión maniquea, nacido en el norte de Babilonia de padres de ascendencia irania. Su padre, Patteg, se convirtió a una secta ascética, conocida como «los que se lavan» *(almughtasila),* y Mani se educó en medio de esta secta. La tradición dice que recibió su primera revelación siendo niño, posiblemente en el 228, de un espíritu que él describe como «el Gemelo». Alrededor del 240 el Gemelo se le apareció otra vez, animándole a predicar lo que había aprendido. Mani predicó primero su fe a su familia más próxima, y más tarde emprendió un viaje a la parte noroeste del subcontinente indio, donde, según parece, hizo muchos conversos. Regresó pronto a Irán, en el reinado del rey Shahbuhr I (241-272). Allí se convirtió en miembro de la corte del rey, y se le permitió predicar en Persia, Partia y países limítrofes. Escribió un compendio de sus enseñanzas, el *Shahbuhragan,* dedicado al rey Shahbuhr, y convirtió a uno de los hermanos del rey, Mihrshah, rey de Mesene. Durante esta época envió misiones a muchos lugares, incluyendo Egipto y partes noroccidentales de Irán. Por la época de la muerte de Shahbuhr, se creyó que el maniqueísmo era una seria amenaza para el zoroastrismo en Irán. Desde la época de su regreso a Irán, en la década del 240, el gran adversario de Mani había sido el sumo sacerdote zoroástrico Kirder, que finalmente metió a Mani en prisión, donde murió. ⇨ maniqueísmo; zoroastrismo.

maniqueísmo Secta religiosa fundada por el profeta Mani (o Manes) (c. 216-276), que comenzó enseñando en Persia en el 240. Su doctrina se basaba en el conflicto primigenio entre los reinos de la luz y las tinieblas, en el que el mundo material representa una invasión del reino de la luz por parte de los poderes de las tinieblas. El propósito de la religión es liberar las partículas de luz aprisionadas en la materia; Buda, los profetas, Jesús y finalmente Manes han sido enviados para ayudar en esta tarea. La liberación suponía adhesión a un estricto régimen ascético. Los zoroastras condenaron la secta y ejecutaron a Mani, pero se propagó rápidamente por Occidente, sobreviviendo hasta el siglo X. ⇨ Agustín de Hipona, San; ascética; Buda; Jesucristo; profeta; zoroastrismo.

Manitú Palabra usada por el pueblo algonquino de América del Norte como designación genérica del mundo espiritual. Se puede traducir como «lo sobrenatural» o «lo misterioso». Según el contexto, se puede aplicar a los espíritus encontrados en las búsquedas de la visión de los altos poderes de la naturaleza, o ser aplicado al ser supremo. El último es llamado a veces Kitshi Manitú, «el Gran Espíritu», otras sencillamente «Manitú», «el Espíritu». ✧ algonquina, religión; búsqueda de la visión.

Manjusri (Mañjuārī) Importante bodhisattva en el budismo mahayana que simboliza la penetración y la sabiduría *(prajna)*. No aparece de hecho en el *tipitaka* o en las primeras obras mahayana, pero a partir del siglo III d. C. está presente en textos sagrados importantes como el *Sutra del Lankavatara* y el *Sutra del Loto*. Se hizo popular en China, donde una de las cinco grandes montañas, monte Wutai, llegó a asociarse a él (es todavía importante en la actualidad, con más de 30 templos budistas abiertos en sus laderas más altas). Manjusri es representado en el arte budista con una tiara de cinco puntas en su cabeza, una espada de conocimiento en una mano, y un libro que simboliza la sabiduría en la otra. Se preocupa de ayudar a todos los seres a conseguir la liberación de la rueda de renacimientos, se aparece a sus seguidores en visiones y sueños, y vive en distintos países budistas. Gobernantes muy sabios han sido considerados algunas veces encarnaciones suyas. Como bodhisattva de la sabiduría, la pareja de Manjusri es Avalokiteshvara, el bodhisattva de la compasión; las dos cualidades se consideran iguales en el budismo mahayana. ✧ Avalokiteshvara; bodhisattva; budismo mahayana; Sutra del Lankavatara; Sutra del Loto; tipitaka.

manos en la religión, las La importancia de las manos en prácticamente cada acción que realizamos las ha llevado a convertirse en un símbolo universal, con una plétora de asociaciones, en todas las grandes tradiciones religiosas. En los textos sagrados del judaísmo, cristianismo e islam, el símbolo de la mano de Dios es usado para representar el poder de Dios sobre su creación. La mano de Dios se extiende para proporcionar bendición y protección, y para juzgar. En los templos hindúes las imágenes de la deidad tienen muchos brazos y manos simbolizando poder y autoridad. En la enseñanza hindú varias partes de la mano son declaradas sagradas para diferentes formas de Visnú. Las manos figuran también de manera relevante en muchos actos de devoción religiosa. Las manos se usan en la oración y la súplica, bien extendidas o cruzadas. Un sacerdote puede levantar sus manos sobre los fieles para bendecirlos. En las tradiciones hindú y budista los *mudras* son una serie de gestos rituales de las manos que constituyen un lenguaje manual sagrado. Las manos también funcionan como transmisoras del poder divino. Son posadas sobre un individuo para otorgarle una bendición o para curarle. En la tradición cristiana, la imposición de manos es usada para consagrar y ordenar a la gente para el servicio de la Iglesia. Lavarse las manos es un símbolo importante de purificación del pecado en muchas tradiciones, aunque debido a la influencia de la acción de Pilatos, en la cultura cristiana ha venido a significar una abdicación de responsabilidad (Mateo 27, 24). Hasta hoy, levantar la mano con lealtad, o tocar un objeto sagrado, significa fidelidad y verdad. ⇨ mudras; Visnú.

mántica Término griego para referirse a la adivinación, elemento fundamental en la religión griega. Tenía formas muy diferentes. Había oráculos fijos, como el de Apolo en Delfos (incluso en estos, las técnicas empleadas variaban muchísimo), y existían también formas «portátiles» de adivinación, como la consulta de las entrañas de animales sacrificiales. Los griegos usaban la mántica no para indagar en el futuro, sino para buscar el «consejo» de los dioses sobre decisiones concretas que se debían tomar: si casarse, por ejemplo, emprender una expedición comercial o ir a la guerra. En un plano diferente, la adivinación apuntalaba la estructura global de la religión griega: puesto que no existían libros sagrados o inspirados, sólo a través de la adivinación era como podía adquirirse el conocimiento de la voluntad de los dioses. ⇨ adivinación; Delfos; Delfos, Oráculo de; griega, religión, oráculo.

mantra (literalmente: «elocución sagrada») Representa las fórmulas o palabras de poder prescritas que están presentes en todos los rituales hindúes, siendo vital su correcta recitación para la eficacia de tales ritos. Su longitud puede variar desde una sola sílaba, como *om,* a un largo himno completo. La noción del mantra reside en la creencia de que existen propiedades mágicas inherentes al sonido, y como tal no es necesario que los mantras tengan significado real para el fiel. Para los hindúes ortodoxos los mantras válidos provienen sólo de los Vedas —que son los textos *shruti,* considerados como revelación directa— y como tales se cree que ponen al adepto en contacto con la realidad eterna, portando el mantra su esencia. De hecho, las propiedades inherentes a los mantras son tales que a nadie se le permite pronunciarlos si no ha recibido una correcta iniciación *(diksha).* Un mantra sólo consigue su poder cuando pasa del gurú al *sishya* (discípulo) en este proceso de iniciación. Para los hindúes ortodoxos esta es sólo accesible para los miembros de las clases «nacidos dos veces». En el tantrismo hindú, la noción del mantra se desarrolló posteriormente. La idea de la iniciación está aún presente, aunque en el tantra es el gurú, no el mantra mismo, el que tiene el poder. A diferencia del hinduismo ortodoxo o védico, en el tantra la posesión de mantras está abierta a todos. Los mantras son el equivalente sonoro de los mandalas visuales y *yantras*. Los mantras son usados en el ritual por los segui-

Manu

dores de los tantras para deificarse a sí mismos, adscribiéndolos a ciertas partes del cuerpo. Más aún, se cree que cada deidad tiene a la vez una forma visual y una sonora. Los mantras intervienen en la salvación personal ya que se cree que su recitación puede generar la compasión necesaria del Dios supremo para que el adepto escape del ciclo de renacimiento *(samsara)*. ⇨ mandala; Om; samsara; shruti; tantra.

Manu, Leyes de Manu es una figura mítica, diversamente representado como el progenitor del hombre y padre de toda ley moral y social. A él se atribuyen las grandes obras legales del hinduismo, llamadas *Manusmriti,* que constan (tal como se conservan) de 2.685 versículos en doce libros. Estos textos proporcionan la primera sistematización de la ley hindú y se consideran absolutamente de obligado cumplimiento. Generalmente proporcionan sanción divina al sistema de castas y un marco teórico para la interpretación jurídica de los *Brahmanas* y Vedas, así como para dilucidar el dharma de la dignidad real. ⇨ Brahmanas y Aranyakas; dharma; kshatriyas; Veda.

maorí, religión Los maoríes son un pueblo polinesio que, a causa de un prolongado aislamiento, desarrollaron su propia civilización aunque conservando los rasgos generales de una visión del mundo del este del archipiélago polinesio. Esta visión incluye un universo lleno de energía, en el que todos, al menos todos los bien nacidos, participan del *mana*; los jefes y líderes más poderosos participan de él en alto grado. Este mana estaba rodeado por un sistema de *tapu (tabú)* o prohibiciones rituales, que regulaban la vida diaria. Pero el mana se extiende más allá de las relaciones humanas a un universo de seres espirituales que tiene dos esferas: Te Rangi es la esfera celeste, la del cielo, el día y la luz; Te Po la esfera de la noche, la oscuridad, el mundo inferior. Las dos esferas están siempre en tensión, pero son complementarias más que opuestas, y de sus relaciones surgen fuerzas creativas. Es un universo abierto, en evolución constante, una corriente de procesos y acontecimientos. Las fuerzas del universo espiritual son *atua,* una palabra con amplia gama de significados. El conocimiento de los atua en el mito era objeto de una tradición experta, cuidadosamente transmitida a candidatos adecuados, y no asunto de la gente en general. Para la mayoría de la gente, la religión activa consistía esencialmente en la correcta observancia del tapu: no existían templos. Incluso entre los especialistas *(tohunga)* existía una amplia escala de rangos. Los atua de bajo rango necesitaban sólo tohunga de rango bajo. Sólo los atua inferiores tenían médiums que daban el conocimiento en el trance. El conocimiento superior se transmite a los dignos en forma de mito, y los tohunga superiores son profetas que emiten sus oráculos en forma de canción breve *(karakia)*. La mayoría de los maoríes se hicieron cristianos en el siglo XIX, dando origen a modificaciones en el sistema tapu y a una serie de nuevos movimientos religiosos. ⇨ atua; tabú.

mar Muerto, manuscritos del   Rollos de pergamino en hebreo y arameo, muchos representan libros del Antiguo Testamento. Mil años más antiguos que las copias conocidas anteriormente, fueron hallados accidentalmente en 1947 y 1952-1955, ocultos en vasijas de barro en once cuevas cerca de Qumran en el mar Muerto. Se cree que representan la biblioteca de una secta ascética judía, los esenios, escondidos cuando su asentamiento fue invadido por el ejército romano en el 68 d. C. ⇨ Antiguo Testamento; esenios; Qumran, comunidad de.

mar Rojo   Término usado desde la antigüedad para traducir el hebreo *yam suph,* que más probablemente significa «mar de cañas». En la historia bíblica del Éxodo es el nombre de la masa de agua que Yahvé dividió milagrosamente para que los israelitas pudieran cruzarlo mientras estaban huyendo del ejército del faraón. El agua después volvió a correr para ahogar a los egipcios. El paso fue considerado como el momento crucial de las fortunas de Israel y el final de la esclavitud en Egipto. Los intentos de situar esta masa de agua, lo mismo que los intentos de trazar la ruta completa del éxodo, han dado como fruto varios resultados, ninguno de los cuales es plenamente satisfactorio. En el Nuevo Testamento y en la tradición cristiana el paso se considera una prefiguración del bautismo, y ha logrado también relevancia con el énfasis dado a la historia del éxodo por los modernos teólogos de la liberación. ⇨ teología de la liberación.

Mara (Māra) (budista)   Noción de tentador o malo en el pensamiento budista. Aunque vagamente análogo al concepto del diablo de otras partes, Mara no tiene realidad última o significado ontológico. Se apareció a Buda en la época de su búsqueda de la iluminación en una serie de tentaciones que tienen un parecido lejano con las tentaciones de Cristo. Buda fue tentado por Mara para que antepusiera sus comodidades corporales y deseos sensuales, y para que siguiera el sendero de los rituales. Él venció estas tentaciones colocando en primer lugar las prioridades éticas y espirituales, y comprometiéndose con el sendero elegido. Después de su iluminación, fue tentado para que guardara su extraordinaria experiencia para sí mismo y no se la predicara a los demás, y fue también tentado para que volviera a la vida ascética en vez de seguir el camino del servicio y de la penetración espiritual. De nuevo venció las tentaciones de Mara. La creencia en Mara proporcionaba un lazo entre la creencia popular en los demonios y una manera más sofisticada de comprender las posibles dificultades en el camino de lograr una verdadera penetración en la naturaleza de las cosas. Se convirtió, por así decir, en una ayuda psicológica; la victoria espiritual de Buda sobre Mara fue un modelo ejemplar para fortalecer la fe de la primitiva comu-

Mara

nidad budista. ⇨ bodhi; Buda; iluminación; Satán; tentación.

Mara (Mar'a) (islámica) Palabra árabe islámica para decir mujer. El primitivo islam concedía a las mujeres mayores derechos de los que habían tenido antes, y existe algún indicio de que su situación declinó con los califas abasíes (750-1258) antes de empezar a reavivarse en la época moderna. Según el islam clásico, hombres y mujeres eran espiritualmente iguales ante Dios, pero no eran social o legalmente iguales. Debido en parte a la aparición, en diversos lugares del mundo musulmán, del velo para las mujeres, y de la costumbre de vivir en harenes, participaban poco en la vida pública, y ejercían su principal influencia en la vida familiar entre bastidores. El modernismo islámico en tiempos recientes ha reinterpretado la enseñanza coránica sobre los papeles de las mujeres y ha introducido las ideas occidentales de libertad individual, derechos humanos y justicia natural en el debate sobre los derechos de las mujeres. Durante este siglo las leyes seculares en varios estados musulmanes han incrementado las posibilidades abiertas a las mujeres. Incluso en los primeros siglos la situación difería en las distintas partes del mundo islámico, por ejemplo, entre los beréberes del norte de África las mujeres han conocido tradicionalmente una buena medida de libertad social. ⇨ Alá; Corán; harén; modernismo islámico; velo.

marcionismo Enseñanza del gnóstico Marción (muerto c. 160), que sostenía que el cristianismo no guardaba relación con el judaísmo, y que el Dios revelado en el Antiguo Testamento era muy poco parecido al Dios del Nuevo Testamento. Mantenía que el Antiguo Testamento no era un libro cristiano y que el Nuevo Testamento debía ser purificado de los elementos judíos. Sobre esta base Marción compiló el primer canon conocido de la Escritura, que él limitaba a una versión abreviada de San Lucas y diez epístolas atribuidas a San Pablo. El término «marcionismo» se aplica también de modo más general para referirse al olvido deliberado o benévolo del Antiguo Testamento en la Iglesia cristiana. ⇨ canon.

Marcos, Evangelio según Segundo libro del canon del Nuevo Testamento, el más breve de los cuatro evangelios; muchos investigadores sostienen también que es el más antiguo; aunque anónimo, tradicionalmente se ha atribuido a Juan Marcos. Como contiene menos material didáctico que los otros evangelios, pone un énfasis relativamente mayor en la pasión de Jesús, y dirige la atención al misterio de su papel y actividades. Es notable también por su comienzo abrupto (comparado con los otros evangelios) y por las disputas relativas al original final del Evangelio. ⇨ evangelios canónicos; Marcos, San; Nuevo Testamento.

Marcos, San (siglo I) Evangelista del Nuevo Testamento, en forma más completa, «Juan, cuyo apellido era Marcos», tradicionalmente, autor del segundo Evangelio canónico. Marcos acompañó a San Pablo y San Bernabé en su primer viaje misionero, pero les dejó en Perge. Se reconcilió más tarde con San Pablo, y, según la tradición, fue el «discípulo e intérprete» de San Pedro en Roma. También se dice que fue a Alejandría como predicador. En el arte medieval San Marcos es simbolizado por el león. Su fiesta se celebra el 25 de abril. ⇨ evangelista; Nuevo Testamento; Pablo, San; Pedro, San.

Mardoqueo Héroe bíblico, descrito en el Libro de Ester como un judío en el exilio en Persia (c. siglo V a. C.), que cuidaba de su prima huérfana Ester y logró el favor del rey Jerjes tras descubrir un complot contra él. Usó su posterior influencia para proteger a los judíos de un edicto promulgado contra ellos. El acontecimiento es conmemorado por la fiesta judía anual de Purim. ⇨ Antiguo Testamento; Ester, Libro de.

Marduk Antiguo dios nacional babilonio. Originalmente patrón de la ciudad de Babilonia, Marduk se convirtió más tarde en el dios supremo del panteón babilónico, asumiendo muchas de las funciones de Enlil. Al igual que Enli a veces era llamado Bel («señor»). Como dios de la magia asociado a Ea, solía invocársele en los ensalmos para curar a los enfermos. Asume el papel principal en el poema épico babilónico de la creación *Enuma Elish,* que describe su victoria sobre las aguas del caos primordial personificadas por el dragón Tiamat, y su subsiguiente elevación al señorío sobre los dioses. Un aspecto agrícola de su naturaleza está indicado por su símbolo, la azada o laya. Su consorte se llamaba Sarpanitum y su hijo, el dios Nabu de Borsippa, cerca de Babilonia, era patrón de la escritura y de la sabiduría de los escribas. Marduk fue popular incluso cuando Babilonia estuvo en declive y fue honrado en las inscripciones reales asirias y persas. ⇨ Akitu; babilónica, religión; cosmogonía del Próximo Oriente antiguo; Ea; Enlil; Tiamat.

Mari La ciudad más importante del Éufrates medio en el tercer y segundo milenios antes de Cristo hasta su destrucción, hacia el 1759 a. C., por los babilonios. Era el centro de una vasta red de comercio en el noroeste de Mesopotamia. Desde 1933, cerca de 20.000 tablillas cuneiformes, que datan de cerca del siglo XVIII a. C., han sido descubiertas, proporcionando una gran cantidad de información sobre la época. Aunque no se hace mención de ningún personaje o lugar bíblico actual, varias ofrecen interesantes paralelos con las prácticas del período patriarcal de la historia de Israel.

Maria Legio (Legión de la Iglesia de María) Iglesia independiente africana que nace entre los luos de Kenia, del sur de Nyanza, en la diócesis católica de Kisii. Los líderes, receptores de visiones, eran Simeo Ondeto, más tarde llamado «Santo Padre», y una mujer casada de 20 años, Gaudencia Aoko, que había

María

quedado traumatizada por la muerte de sus hijos. El movimiento debe su configuración a las asociaciones devocionales católicas y ha seguido con el uso de crucifijos y rosarios; ha adoptado también un sistema jerárquico con obispos y un cardenal. Después de su aparición pública en 1963, sin embargo, se hizo extraordinariamente anticatólica, adoptó rasgos protestantes en el uso de la Biblia y el ministerio de las mujeres, y los rasgos comunes de las iglesias independientes africanas, con respecto a la profecía y a la curación. El movimiento es probablemente la secesión más numerosa de la Iglesia católica y uno de los pocos movimientos proféticos a gran escala que surgió después de 1960 (se estimó que tenía 90.000 miembros iniciales). ⇨ iglesias independientes africanas.

La visitación, por Dieric Bouts. Museo del Prado (Madrid)

María, también llamada **Nuestra Señora** o **la Bienaventurada Virgen María** (muerta c. 63) Madre de Jesucristo. En el Nuevo Testamento es la figura más eminente en las historias del nacimiento de Jesús (San Mateo y San Lucas), donde se dice que la concepción de Jesús es obra «del Espíritu Santo» (Mateo 1, 18), y se la describe desposada con José. Sólo ocasionalmente aparece en el ministerio de Jesús, pero en Juan 19, 25 está al pie de la cruz y es confiada al cuidado de uno de los discípulos. Según los Hechos de los Apóstoles, permaneció en Jerusalén durante los primeros años de la Iglesia, y una tradición sitúa su tumba en esta ciudad. Se ha convertido en objeto de devoción por derecho propio, especialmente en la doctrina y culto católicos, y se le atribuyeron tradiciones apócrifas en obras como el Evangelio de María y Evangelio del Nacimiento de María. La creencia de que ascendió en cuerpo y alma al cielo se celebra en la fiesta de la Asunción, definida como dogma católico en 1950. Su Inmaculada Concepción ha sido dogma desde 1854. La creencia en las apariciones de la Virgen en Lourdes, Fátima y varios otros lugares, atrae a miles de peregrinos cada año. En el cristianismo católico y ortodoxo ocupa un lugar especial como mediadora entre la humanidad y Dios. ⇨ Asunción; catolicismo; cruz; Iglesia ortodoxa; Inmaculada

Concepción; Jesucristo; Nuevo Testamento.

María Magdalena Personaje del Nuevo Testamento; Magdalena posiblemente significa «de Magdala», en Galilea. Lucas 8, 2 cuenta que Jesús arrojó siete espíritus malignos de ella; de aquí en adelante aparece sólo en las narraciones de la pasión y resurrección de Jesús, donde, aparentemente con otras mujeres, aparece al pie de la cruz y después en la tumba vacía. Juan 20 relata un encuentro personal con Jesús resucitado (Mateo 28, 9). Su identificación con María la hermana de Marta (Juan 11-12) es muy poco sólida. ⇨ cruz; Jesucristo; Nuevo Testamento.

maronita, Iglesia Comunidad cristiana con origen en Siria en el siglo VII, que afirma tener su origen en San Maro (muerto el 407). Condenada por sus creencias monotelitas en el 680, la Iglesia sobrevivió en Siria y en otras partes, y desde 1182 ha estado en comunión con la Iglesia católica.

marrano Nombre dado a los judíos españoles de cuya conversión al cristianismo se dudaba. Animadas por un espíritu de tolerancia, la cultura y la religión judías florecieron en España durante los siglos XIII y XIV; pero cuando, en la década de 1390, los judíos apoyaron a la parte perdedora en una guerra civil, estalló la violencia antijudía. En consecuencia, gran número de judíos, incluyendo muchos de sus líderes, se hicieron cristianos por miedo. A algunos de estos conversos se les dieron importantes cargos, tanto en el Estado como en la Iglesia, incluyendo la participación en debates públicos con aquellos que permanecían fieles a la creencia y práctica judías. Sin embargo, a pesar de la inicial aceptación, muchos cristianos comenzaron a sospechar que los conversos seguían siendo judíos en secreto. De este modo, estalló la violencia anticonversos a mediados de la década de 1400, y los conversos fueron apodados marranos, por la palabra española para decir «cerdos». Cuando se estableció la Inquisición española (1480) para investigar todas las formas de herejía, aquellos marranos acusados de seguir siendo judíos no lo pasaron bien; muchos miles fueron quemados vivos en décadas subsiguientes. El odio siguió dirigiéndose también hacia los que habían permanecido fieles al judaísmo, y en 1492 se emitió un decreto que expulsaba a todos los judíos de España. Ese verano unos cien mil o ciento cincuenta mil judíos abandonaron España para asentarse en otras partes de Europa y del Norte de África. ⇨ diáspora, judaísmo de la; judaísmo en Europa.

Marte Dios romano de la guerra, inferior sólo a Júpiter. El segundo día de la semana (martes) y el mes de marzo reciben su nombre por estar consagrados a él. Es la versión romana de Ares, aunque varias ceremonias anuales de Roma indican que era originalmente una deidad agrícola que guardaba los campos. ⇨ romana, religión.

mártir Literalmente testigo, del griego *martus* que significa «testigo». El sentido cristiano del término se aplicó originalmente a aquellos apóstoles que fueron testigos oculares de la vida y muerte de Cristo. Sin embargo, como la Iglesia sufrió persecución por parte de las autoridades romanas, el término se aplicó a quienes testificaban su fe arrostrando el sufrimiento y la muerte. El uso islámico del término mártir es similar. Mártir es alguien que muere en una guerra santa (jihad) contra los infieles. En muchos credos los mártires son venerados, ocupando un lugar elevado en el cielo y actuando como figuras heroicas que sirven de inspiración a los fieles. ⇨ apóstol; cristianismo, persecución del; jihad.

mártir sij ⇨ **sij, mártir.**

más allá Idea de que la parte humana de la persona sobrevive de alguna manera después de la muerte física. Adopta una amplia variedad de formas en las distintas religiones, pero algo de tal idea es común a casi todas. El más allá puede concebirse como eterno, o más allá del tiempo; perdurable, sin fin, o temporal; sujeto a cese por la liberación o absorción en una realidad más grande, o en la deidad. No necesita implicar supervivencia de toda la persona encarnada, postulándose con frecuencia la supervivencia del alma desencarnada. ⇨ Akhira; Sheol.

más allá, concepto cristiano del Este está contenido en la afirmación del credo «Creo en la resurrección de la carne y en la vida del mundo futuro», que se opone a todas las ideas de la supervivencia del alma sola, reencarnación o extinción. La creencia en la resurrección de los creyentes cristianos, fundada en la reflexión sobre la resurrección de Jesús (como en 1 Corintios 15), va acompañada por la creencia en una segunda venida de Cristo *(parousia),* juicio final y resurrección general de toda la humanidad, en la que el bien es recompensado y el mal castigado (como en Mateo 25 y Apocalipsis 20), y los poderes del mal, ya derrotados por la muerte de Cristo, son definitivamente vencidos. La escatología bíblica y la doctrina sobre el más allá dejan un buen número de preguntas sin responder. Algunas, como la naturaleza del cielo o del infierno (que muchos teólogos definirían simplemente como separación de la presencia de Dios, un final negado por el universalismo), han sido tema del arte cristiano y de la mitología. Otras, como las relacionadas con la pregunta de cómo seres humanos pecadores puedan estar alguna vez en el cielo, en presencia del Dios santo, se han abordado por medio de las doctrinas católicas tradicionales del limbo y del purgatorio. La cuestión más reciente, agudizada a partir del siglo XIX, sobre cuál es el destino eterno de gente que no conoce el mensaje cristiano o ha seguido fielmente otra religión, continúa en pleno debate. La idea de Rahner, por ejemplo, de los «cristianos anónimos» ha sido considerada incompleta. El universalismo satisface a algunos teólogos. Muchos sugieren que este problema, junto con otras cuestiones sin contestar sobre el más allá, deberían dejarse a la justicia y misericordia de Dios. ⇨ angelología bíblica; demonología bíblica; escatología; limbo; parusía; purgatorio; Rahner, Karl; resurrección; santo, visión cristiana de; universalismo.

más allá, concepto del antiguo Egipto del Los antiguos egipcios tenían un vivo interés por el más allá, que ellos consideraban como muy similar a esta vida, aunque mejor. Fundamental para acceder a él era la preservación del cuerpo en un estado reconocible y se tenía sumo cuidado en la momificación de los cadáveres. En el Imperio Antiguo las esperanzas del más allá estaban centradas en el rey, pero estas se fueron democratizando gradualmente. A veces se creyó que los muertos entraban en el cielo como una de las estrellas o como miembros de la tripulación del barco solar de Ra. Por otra parte, tenían que vivir en la tumba, adonde se traían constantes ofrendas para su sustento. Quizá la concepción dominante era la del reinado de Osiris en el mundo inferior. A su muerte los difuntos se presentaban ante Osiris y 42 jueces para declarar su inocencia y para que fueran pesados sus corazones frente a Maat. Si tenían éxito entraban en el mundo inferior, donde vivían una vida terrena idealizada basada en la agricultura y en una tierra que era una réplica mejorada de Egipto. Los egipcios parecen haber tolerado sin dificultad varias concepciones diferentes a la vez casi tanto como la concepción de su propia religión. ⇨ Anubis; Ka; Maat; momificación; mundo inferior; Osiris; prácticas funerarias; Ra; Thoth.

más allá, concepto del Próximo Oriente antiguo del En contraste con Egipto, la concepción del más allá en el resto del Próximo Oriente antiguo parece casi uniformemente pesimista. En Mesopotamia se creía que la inmortalidad era sólo para los dioses, y los mortales estaban condenados a bajar al reino de Nergal y Ereshkigal después de morir. Este era llamado la «tierra del no retorno» y era concebido como una ciudad oscura y polvorienta en la cara inferior del mundo, no distinto del Sheol israelita. Hay alguna evidencia de un juicio final, siendo este responsabilidad del dios solar Shamash; un juicio favorable hacía la muerte un poco más tolerable. Los hititas y cananeos se muestran igualmente pesimistas sobre el futuro de los muertos, aunque los hititas consideraban a sus reyes divinos después de su muerte y existía también un culto funerario real en Ugarit. ⇨ hitita, religión; Nergal; Próximo Oriente antiguo, religiones del; Shamash; Sheol; Ugarit.

más allá, concepto griego del La religión griega tradicional era una religión de este mundo, y esta noción apenas se veía alterada a pesar de la muy extendida expectación de que hubiera, o pudiera haber, un más allá de algún tipo. El alma,

máscaras

que va al Hades tras la muerte, en la descripción de Homero (siglos VIII-VII a. C.), es un tipo de fantasma vano, «sin fuerza»: «Prefiero trabajar como jornalero para un amo pobre en la tierra, que ser rey de todas las almas de los muertos», dice el gran Aquiles. Sólo unos pocos héroes, los excepcionalmente favorecidos, son trasladados a las islas de los bienaventurados; algunos grandes pecadores son castigados. Ya en el siglo V a. C. había cobrado fuerza la idea de que *todas* las almas podrían pasarlo mejor o peor de acuerdo con su conducta en la vida, y existían ritos, los más conocidos los misterios de Eleusis, que daban a sus iniciados «esperanzas» de una suerte mejor en el más allá. De la misma época encontramos también vestigios ocasionales de una creencia en un tipo completamente nuevo de más allá, entre las estrellas. Pero (determinadas sectas y movimientos filosóficos especulativos aparte) la orientación fundamental hacia este mundo de la religión griega permaneció inalterada, y es raro hallar una afirmación sobre el más allá que no esté calificada con una frase como *«si* alguna conciencia queda tras la muerte».
⇨ alma; griega, religión; misterios; órfico o pitagórico, movimiento.

máscaras Tipo de disfraz normalmente puesto sobre la cara para encubrir la personalidad del que la lleva. Las máscaras figuran en muchos rituales religiosos de todo el mundo y poseen una rica variedad de significados. El término máscara puede ser ampliado para incluir cualquier artefacto llevado en la cabeza, o pintura de la cara, con independencia de si cubre la cara o no.

masoretas (hebreo: «transmisores de la tradición») Eruditos judíos considerados los responsables de preservar las tradiciones judías respecto al texto de la Biblia hebrea, y especialmente de crear un sistema de signos vocálicos para reflejar la pronunciación del texto consonántico hebreo de su tiempo. El texto vocalizado resultante (c. siglo IX-X) fue conocido como Texto Masorético, base del texto de la Biblia hebrea que normalmente se utiliza hoy.
⇨ Antiguo Testamento.

Mateo, Evangelio según
Primera obra del canon del Nuevo Testamento; uno de los cuatro evangelios canónicos; hasta este siglo se pensaba generalmente que era el Evangelio escrito más antiguo. Aunque anónimo, tradiciones del siglo II lo asignan al apóstol, y antes recaudador de impuestos, Mateo. Es notable por su historia de los Magos en el nacimiento de Jesús, la riqueza de su instrucción moral (como en el Sermón de la Montaña), y su énfasis en Jesús como cumplimiento de las esperanzas del Antiguo Testamento.
⇨ discípulos (en la Iglesia cristiana primitiva); evangelios canónicos; Mateo, San; Reyes Magos; Sermón de la Montaña.

Mateo, San (siglo I) Uno de los doce apóstoles, recaudador de impuestos antes de convertirse en

discípulo de Jesús, identificado con Leví en Marcos 2, 14 y Lucas 5, 27. Según la tradición, fue el autor del primer Evangelio, un misionero que se dirige a los hebreos y sufrió martirio, pero no se sabe nada con certeza sobre su vida. Su fiesta se celebra el 21 de septiembre (Occidente) o 16 de noviembre (Oriente). ⇨ apóstol; discípulos (en la Iglesia cristiana primitiva); Jesucristo; Leví; Mateo, Evangelio según.

materialismo Punto de vista metafísico para el que todo está compuesto exclusivamente de constituyentes físicos situados en el espacio y el tiempo. Los materialistas, por tanto, niegan la existencia de entidades abstractas como los números y las series, y afirman que los fenómenos mentales se pueden justificar sin postular la existencia de algo que no sea físico. ⇨ idealismo.

Mather, Cotton (1663-1728) Clérigo americano, nacido en Boston, hijo de Increase Mather. Después de graduarse en Harvard se hizo compañero de su padre en la Segunda Iglesia, Boston, y le sucedió en 1723. Publicó 382 libros, y su *Providencias memorables en relación con la brujería y las posesiones* (1685) atizó mucho la cruel furia de los habitantes de Nueva Inglaterra. Durante la caza de brujas de Salem (1692-1693) escribió *Maravillas del mundo invisible* (1692), pero con percepción retrospectiva refutada. Apoyó la inoculación de la viruela y otras ideas progresistas. Su *Magnalia Christi Americana* (1702) contiene un material ingente para la historia de la Iglesia de Nueva Inglaterra. Otras grandes obras son *Curiosa Americana* (1712-1724) y *Filósofo cristiano* (1721). ⇨ brujería; Salem, brujas de.

matres, matrones La diosa era claramente un componente vital de la devoción celta; en los países celtas el simbolismo de los poderes femeninos abunda en esculturas e inscripciones. En la Galia y Bretaña las diosas se representaban a menudo en grupos de tres, acompañadas por símbolos de fertilidad y abundancia (niños, árboles, frutos, el signo de la cornucopia); a veces como guardianas o protectoras locales. Buen número de áreas romanizadas llevan el título latino «matres», o algunas veces «matrones» (las madres, las matronas). No parece casual que en las historias irlandesas que reflejan la religión celta precristiana en diversos grados, las diosas también pertenezcan con frecuencia a tríadas. Morrigan («la gran reina») es una de las tres diosas de la guerra; Brigit, claramente asociada a la fertilidad, es una de las tres hermanas; tres diosas guardan el territorio de Irlanda. En las historias, sin embargo, las diosas triádicas generalmente aparecen de forma individual. ⇨ culto a la diosa.

matrimonio sagrado (o **hieros gamos**) **en el Próximo Oriente antiguo** En la antigua Mesopotamia existen testimonios de la práctica del matrimonio sagrado desde la época sumeria (tercer mile-

matrimonio y divorcio

nio antes de Cristo). Normalmente consistía este en una unión ritual entre el rey y la diosa de la ciudad, que estaba representada por su sacerdotisa y por una de las esposas del rey, y contribuía a establecer el gobierno del rey y asegurar la fertilidad de la tierra. Un prototipo se puede encontrar en el mito sumerio de los amantes divinos Dumuzi e Inanna (los babilonios Tammuz e Istar). El matrimonio sagrado formaba parte de las fiestas del Año Nuevo sumerio y probablemente también de la fiesta Akitu en Babilonia. Los testimonios de la práctica fuera de Mesopotamia son más fragmentarios, aunque existen buenas bases para creer que era parte del ritual cananeo. La relación sexual ritual servía por analogía para fortalecer los poderes de la naturaleza y la fertilidad, y pueden verse también en la extendida práctica de la prostitución cultual que fue tan condenada por los autores de la Biblia hebrea. ⇨ Akitu; Año Nuevo del Próximo Oriente antiguo, fiestas del; Istar; monarquía en el Próximo Oriente antiguo, la.

matrimonio y divorcio La unión de hombres y mujeres en matrimonio es una institución cultural universal, aunque las formas y funciones de la relación matrimonial difieren de una sociedad a otra. Para cada uno de los sexos el matrimonio puede implicar más de una pareja. En muchas culturas un adulto no es considerado completo si no está casado. El divorcio es el acto por el cual el matrimonio se disuelve. El grado en el que el divorcio está prohibido en una sociedad viene determinado por su forma de entender la naturaleza del matrimonio.

matrimonio y divorcio cristianos En la perspectiva cristiana el matrimonio es un estado honorable, ordenado por Dios (Génesis 1 y 2) y bendecido por Jesucristo (Juan 2), que existe en función de la amistad, el compañerismo y la procreación de los hijos. Implica la fidelidad durante toda la vida entre un hombre y una mujer (monogamia) hasta que la muerte les separe. El divorcio —permitido, sólo por razón de infidelidad, por Jesucristo en el Evangelio de Mateo (Mateo 19, 3.9) pero no en el de Marcos (Marcos 10, 2-12; ver Lucas 16, 18)— está permitido, en determinadas circunstancias, por algunas iglesias. El catolicismo, que sostiene que el matrimonio es un sacramento indisoluble, cuenta con procedimientos legales (nulidad) para declarar que matrimonios manifiestos nunca han tenido lugar. Los puntos de vista en las iglesias anglicana y protestantes sobre el nuevo matrimonio de las personas divorciadas están divididos. Algunos lo prohibirían por el interés de mantener una postura firme frente a tendencias seculares; otros adoptarían una aproximación más pastoral y examinarían cada caso en sus propias circunstancias, intentando evitar la crítica de que pareciera que la iglesia hace del divorcio el único pecado imperdonable, y señalando la importancia de los intereses de las personas concretas afectadas. Otros se aproximarían a este tema desde un punto de vista más laico, pero aplicando un rasero más elevado a los clérigos, en cuanto que deben ser modelos de la vida cristiana. En la perspectiva del apóstol San Pablo (1 Corintios 7), a veces se puede renunciar al matrimonio para servir a Dios libre de las responsabilidades de la vida de familia. Este es el caso del monacato y del sacerdocio célibe de la Iglesia católica (donde es obligatorio). Lutero y los reformadores rechazaron la idea de que el estado célibe fuera superior (un punto de vista ligado a actitudes negativas hacia el sexo) o que sacerdotes, monjes y monjas fueran llamados a alcanzar estados más elevados que los demás cristianos. En su opinión, cada cristiano tenía que ser fiel a su llamada o vocación, fuera dentro del estado matrimonial o no. ⇨ sexo y cristianismo; ritos de paso, visión cristiana de los.

matrimonio y divorcio islámicos Los matrimonios son concertados en la mayoría de las partes del mundo islámico. Se efectúan mediante un contrato, y son confirmados por una dote de la novia y el consentimiento del novio dado en presencia de testigos. El lugar de celebración del matrimonio puede a veces no ser una mezquita sino una casa particular o el despacho de un juez. La Fatihah (la parte que abre el Corán) es recitada en la ceremonia, y es a veces seguida de una procesión nupcial, y normalmente por una recepción y una fiesta. El divorcio tiene lugar en el islam por tres caminos: a través del repudio de la esposa por parte del marido, lo que es legal después de tres meses; por acuerdo de marido y mujer, y mediante la disolución judicial del matrimonio por un juzgado a petición de la esposa, debido a apostasía, locura, etc. En tiempos recientes, en varios países las leyes civiles han intentado ofrecer mayor protección que la que les ofrecen las cortes musulmanas de justicia *(shariah)* a las mujeres, de las que el marido se puede divorciar mediante un simple repudio. Otra complicación reciente es que los musulmanes pueden casarse con mujeres no musulmanas, pero no a la inversa, y cuando las musulmanas se casan fuera del islam por la ley civil, la ley musulmana no lo acepta. ⇨ Corán; Fatihah; shariah.

matrimonio y divorcio judíos Tradicionalmente, el matrimonio es tenido en alta estima en el judaísmo y el celibato es raro. Tiene tres objetivos: procreación, amistad y mantenimiento de la vida familiar. En torno a estas metas los rabinos formulaban regulaciones basadas en Levítico 18 y 20. Varias llaman la atención por su peculiar carácter judío, por ejemplo, la ley de la agunah. Prohíbe esta el nuevo matrimonio a la mujer cuyo marido ha desaparecido sin que existan pruebas de su muerte. Por contra, el divorcio siempre ha estado permitido en el judaísmo, aunque no aconsejado. Debe ser emitido un *get* (certificado de divorcio) por un tribunal rabínico, y en la época actual se requiere tan sólo la disolución civil. La tradición sostiene que ambos cónyuges deben

matsuri

ser judíos y ha insistido, desde la Edad Media, en la monogamia. El rito matrimonial judío contiene dos elementos que tenían lugar con un año de diferencia. La ceremonia, que debe evitar ciertas fechas del calendario judío (por ejemplo, el Shabbat o día santo), se celebra bajo una huppah (dosel), bien en la sinagoga o al aire libre. La primera parte del rito, *qiddushin* (consagración), legaliza el matrimonio por la ofrenda de promesas y un anillo, así como la recitación de bendiciones especiales. Después se lee la *ketuvah* (contrato matrimonial), que originalmente pretendía garantizar una suma de dinero para la esposa en caso de divorcio o desgracia. La segunda parte de la ceremonia, *nissuin* (nupcias), implica nuevas bendiciones y alabanza a Dios como creador de la felicidad marital. Finalmente, el novio rompe un vaso en recuerdo de Jerusalén y su destrucción (Salmos 137, 5-6), y a continuación comienza la fiesta. En la época en que nissuin era un rito independiente era este el momento en que tenía lugar la consumación. En la tradición judía la relación sexual se considera un don de Dios, aunque prohibida durante la menstruación (Levítico 18, 19). Sin embargo, estas leyes, incluyendo la de la agunah, han sido mitigadas o descartadas por el movimiento reformista por no ser esenciales al judaísmo; existe también una gran tolerancia de matrimonios mixtos. Además, al afirmar la validez de diferentes modos de vida, el judaísmo reformista ha intentado recientemente integrar a solteros y homosexuales en la comunidad judía. ⇨ judaísmo ortodoxo; menstruación, actitud judía ante la; mujeres en el judaísmo, las.

matsuri Ceremonias y festividades que tienen lugar en la tradición sintoísta japonesa. Hay cinco tipos de matsuri: festividades agrícolas relacionadas con las cosechas y el ciclo de las estaciones; ceremonias nacionales observadas anteriormente por el emperador en público pero celebradas ahora en privado tras el desmoronamiento del estado sintoísta; festividades para preservar de las calamidades, como la fiesta Gion en julio, que se remonta a una plaga del 876; festividades de la fertilidad de un tipo u otro, y ceremonias locales que centran su atención en los *kami* locales. Durante las ceremonias sintoístas se invoca la presencia del kami; los sacerdotes purifican a los participantes en el culto; todos se inclinan ante el kami; la puerta de la sala interior de culto es abierta, y se ofrecen ofrendas, se recitan plegarias y se toca música. Además de las festividades generales, se celebran de manera creciente ceremonias familiares, como el ritual del matrimonio, en los templos sintoístas. ⇨ kami; Kokutai, sintoísmo; sintoístas, santuarios.

Matusalén Octavo y más longevo de los patriarcas hebreos, que vivió antes del Diluvio. Sus supuestos 969 años le convierten en el dechado de la longevidad. ⇨ Diluvio, el; patriarca.

maya (māyā) Concepto importante en el pensamiento indio, que generalmente es traducido, aunque no con total exactitud, por «ilusión». Su significado original se relacionaba con el poder creador y transformador de un dios védico, y este se amplió en algunos Upanishads hindúes y en el *Bhagavad Gita*. El mundo se consideraba que era una emanación de energía divina, o maya, que era a la vez atractiva y misteriosa. En algunas escuelas devocionales hindúes, maya era a veces considerado como una diosa, bien por derecho propio o como consorte femenina de los dioses Siva y Visnú, por medio de los cuales aparece el mundo. La madre de Buda también se llamaba Maya, y fue una mujer extraordinariamente notable, que en el momento de su concepción soñó que era traspasada por un bodhisattva en forma de elefante blanco. Sin embargo, en el sistema Advaita Vedanta, popularizado por el filósofo hindú Shankara, maya es visto de una forma más negativa como una ilusión. Según Shankara, el mundo no es alucinación, no es irreal, y no es imaginario. Pero interpretamos mal la naturaleza del mundo a causa de maya y de nuestra ignorancia. Pensamos que es algo independiente, pero no lo es; es parte de Brahman, la realidad última. Pensamos que es como una serpiente en un sendero, pero en realidad es como una cuerda. Pensadores Vedanta posteriores, como Ramanuja, reaccionaron contra Shankara y dieron una interpretación más positiva a maya. Coinciden en que el mundo es misterioso, que se deriva de Dios y que es efímero; pero también en que es real, histórico y atractivo; en frase de Ramanuja, es el cuerpo de Dios producido por maya de forma dinámica más que ilusoriamente. ⇨ Advaita Vedanta; Bhagavad Gita; bodhisattva; Brahman; Buda; Shankara; Siva; Upanishads; Visnú.

maya, religión El pueblo maya forma un bloque étnico en Guatemala, Honduras occidental y sur de México, incluyendo Yucatán. En un área de bosque lluvioso y una meseta caliza se desarrolló entre c. 300 y 900 d. C. la más notable de todas las civilizaciones americanas. Antes del 900 d. C., probablemente por presión militar y cambio climático, las ciudades-templo fueron volviendo al bosque, y cuando los españoles llegaron a la zona se encontraron una cultura cuya gloria había pasado hacía tiempo. La civilización maya clásica es notable por su

Pirámide maya (Tikal, Guatemala)

orientación religiosa y sacerdotal. Esta comunidad, que cultivaba maíz, construyó grandes templos en la cima de pirámides escalonadas —que representaban, sin duda, como los zigurats sumerios, la montaña cósmica— y desarrollaron las matemáticas, la escritura y un profundo saber. La civilización maya sólo pudo funcionar a través de la cooperación de sacerdotes y campesinos. Hay pocos signos de autoridad central fuerte. Los reyes sacerdotes locales aparecen como los líderes de la comunidad, y el desarrollo local, aliado con la creatividad sacerdotal, puede explicar algunas de las inconsistencias o divergencias sugeridas por las fuentes. La religión maya estaba orientada a asegurar la fertilidad que los cultivadores de maíz necesitaban. El sacerdocio desarrolló una gran habilidad en matemáticas y astronomía, logrando una base para predecir el tiempo y elaborar un calendario más exacto que el gregoriano. (De hecho había dos calendarios, uno para el año solar y otro para el año sagrado; el tiempo se dividía en ciclos de 52 años solares o 73 años sagrados; se había calculado que la historia había comenzado en el 3113 a. C. y se esperaba que acabaría en el 2011 d. C.). El universo tenía trece niveles superiores y nueve inferiores, y el pensamiento religioso estaba centrado en un conflicto entre los poderes superiores dadores de vida (las divinidades responsables de la fertilidad) y los inferiores, portadores de muerte, causantes de la sequía, la guerra y el hambre. La lucha estaba simbolizada en el juego ritual de pelota, jugado en un campo que refleja la supuesta forma del universo. La deidad superior principal, el multifacético Itzamna, está asociada al cielo y al Sol, e infunde su aliento de vida en la humanidad. Otras figuras importantes son el dios de larga nariz de la lluvia, Chac, el dios del maíz, Ah Mun (que parece haber recibido sacrificios humanos al final de las estaciones para asegurar la siguiente cosecha), el dios con cara de mono, Xamen Ek, dios de la estrella Polar y guía de mercaderes, y el siniestro Cizin, dios de la muerte. ✧ azteca, religión; pelota, juego de la; tolteca, religión.

Mbiti, John Samuel (1931-) Teólogo africano, nacido en Kenia. Enseñó teología y religiones comparadas en el Colegio Universitario Makere, Uganda, antes de convertirse en director del Consejo Mundial del Instituto Ecuménico de Iglesias, Bossey, Suiza (1972-1980); actualmente enseña cristianismo y religiones africanas en la Universidad de Berna y es pastor en Burgdorf, Suiza. Sus obras, que incluyen *Religiones africanas y filosofía* (1970), *Conceptos de Dios en África* (1970), *Escatología del Nuevo Testamento en un fondo africano* (1970), *Las oraciones de la religión africana* (1975) y *Biblia y teología en el cristianismo africano* (1987), sostienen que el africano es naturalmente religioso y que el mensaje cristiano debería considerarse como un cumplimiento de las creencias tradicionales africanas más que como un rechazo de ellas.

Peregrinación a La Meca

Meca, La Ciudad santa islámica en la provincia de La Meca, Arabia Saudita. Lugar de nacimiento de Mahoma, es el sitio donde se encuentra la Kaaba, que guarda la Piedra Negra santa. Es el principal santuario de peregrinación musulmana, visitado anualmente por entre millón y medio y dos millones de personas. ⇨ islam; Mahoma.

medicina en la religión

En las religiones primitivas existe una estrecha relación entre enfermedad, la forma en que es tratada y la religión. La mayoría de las enfermedades se consideran causadas por espectros, dioses, espíritus, brujas u otras fuerzas, y necesitan la intervención curativa de un médico tradicional, hechicero o chamán. Las iglesias independientes africanas y los nuevos movimientos religiosos suelen señalar la importancia de la curación y del aspecto psicosomático de la enfermedad, y la contribución que la medicina alternativa puede aportar está siendo cada vez más reconocida en Occidente. Los curanderos también han sido importantes en China, la India y Japón. Sus orígenes se hacían remontar a veces a fundadores divinos, como la diosa solar japonesa Amaterasu, y los tres emperadores-dios en China. Sus artes estaban influidas por factores religiosos como la veneración al antepasado en China, la búsqueda de la inmortalidad en el taoísmo, el concepto de reencarnación en el hinduismo y budismo, y la noción de profanación ritual en varias partes de Oriente. En el Tíbet, la medicina se convirtió en un asunto predominantemente religioso y se ejercía en los monasterios. En el Próximo Oriente antiguo no existían divisiones estrictas entre religión, magia y medicina.

Medina

La medicina moderna occidental remonta su juramento al médico griego Hipócrates; la medicina ha sido una profesión favorecida en las tradiciones cristiana, judía y musulmana, con su visión positiva del mundo creado de materia, del cuerpo, y de la actividad caritativa. Desde la revolución científica del siglo XVII, y especialmente a partir del siglo XIX, la medicina se ha hecho más secular en Occidente y más neutral u opuesta en lo que a la religión se refiere. Hasta hace poco se ha opuesto a terapias alternativas utilizadas por varios grupos religiosos fuera de la órbita de la medicina científica occidental. Más recientemente ha habido una mayor voluntad de ver las interconexiones entre medicina y religión, un mayor énfasis en la salud y medicina global, un diálogo más constructivo sobre temas como la ética de los sistemas de apoyo a la vida, el trasplante de órganos, la ingeniería genética, el aborto y la eutanasia. ⇨ Amaterasu; antepasado, reverencia china al; brujería; iglesias independientes africanas; inmortalidad; reencarnación.

Medina, árabe: **Madinah** Ciudad santa islámica en la provincia de Medina, Arabia Saudita; la segunda ciudad santa más importante del islam (después de La Meca), en la que se encuentra la tumba de Mahoma, quien buscó refugio aquí después de su huida de La Meca. ⇨ islam; Mahoma.

medios adecuados Término budista que se refiere a la habilidad de Buda y de los maestros budistas para adaptar su enseñanza a un contexto determinado en el que ellos mismos se encuentran. Esto supone tener en cuenta el temperamento y el nivel de comprensión de la gente a la que se dirigen, y seleccionar una historia o doctrina diferente del cuerpo general de enseñanza para hablar en las circunstancias concretas. La tradición mahayana posterior profundizó en la noción de los medios adecuados *(upaya-kaushalya)* de una manera sutil, incluso hasta el extremo de tolerar mentiras piadosas si fomentaban el progreso espiritual. Un escritor del siglo VII, Shantideva, escribía que estaba justificado que un bodhisattva llevara a cabo una acción que condujera al infierno si realmente podía ayudar a cualquier otro. Los pensadores mahayana, por tanto, daban una gran flexibilidad a la noción de los medios adecuados a la vez que intentaban evitar el exceso señalando la importancia de la compasión, la meditación y el resultado del proceso del karma (obras). Esta noción puede ser una de las razones por las que la tradición budista fue capaz de adaptarse a culturas muy diferentes cuando se propagó desde la India a través del sudeste de Asia. ⇨ bhavana; bodhisattva; Buda; budismo mahayana; karma; karuna.

meditación Reflexión devota y continua sobre un tema religioso determinado, practicada en muchas religiones y que sirve para una variedad de objetivos, como profundizar en la penetración espiritual o lograr la unión con la voluntad divina. Algunas religiones sostienen que la respiración disciplinada, la postura y la ordenación de pensamientos profundiza la meditación. ⇨ religión.

meditación discursiva Oración mental (en cuanto opuesta a oral) en silencio que implica reflexión sobre los episodios de la vida de Cristo u otros temas bíblicos, con el propósito de hallar y cumplir la voluntad de Dios para la propia vida o sobre algún tema particular. De los muchos métodos propuestos, los mejor conocidos y más influyentes son los de San Ignacio de Loyola, *Ejercicios espirituales* (1548) y San Francisco de Sales (1567-1622) *Introducción a la vida devota* (1608). Algunos sostienen que la meditación discursiva es una forma de oración inferior o preparatoria, preliminar a la contemplación o meditación no discursiva. ⇨ Francisco de Sales, San; Ignacio de Loyola, San; oración.

meditación trascendental Técnica de meditación, basada en parte en la meditación hindú. Redescubierta en este siglo por el Gurú Dev, ganó relevancia a través del yogui Maharishi Mahesh, que había pasado trece años de retiro con el Gurú Dev. A la muerte de Dev (1958) comenzó a viajar por todo el mundo, enseñando la meditación trascendental. Ha sido muy practicada en Occidente desde la década de los sesenta, en que «convirtió», entre otros, a los Beatles y a Jane Fonda. A sus practicantes se les enseña a meditar durante 20 minutos, dos veces al día, como medio para reducir el estrés, lograr la relajación y alcanzar la comprensión de uno mismo. La meta última es la «realización de dios». Conocida oficialmente como Consejo Ejecutivo del Plan Mundial, el movimiento ha fundado una universidad en Iowa, y dirige diversas organizaciones, orientadas a propagar la meditación trascendental en los diversos sectores de la sociedad. ⇨ nuevos movimientos religiosos en Occidente.

megalítica, religión La religión megalítica está asociada principalmente a los megalitos, o grandes piedras, usados en la Europa occidental neolítica para construir templos, tumbas y otras estructuras, entre el quinto y el segundo milenios antes de Cristo. Existen cuatro tipos principales de estructuras megalíticas: edificios de templos construidos con losas (hallados principalmente en Malta), la forma del suelo de estos se parece a una diosa de pie o sentada; cámaras mortuorias, que incluyen tumbas sala, sepulcros galería, sepulcros pasadizo y dólmenes (piedras verticales que soportan una losa horizontal); sencillos menhires, o piedras verticales, que pueden tener hasta seis metros de altura y esculpidos para representar a una divinidad; y piedras de pie, en filas o círculos, como Stonehenge. En total hay aproximadamente 50.000 estructuras megalíticas por Gran Bretaña, Francia, norte de Alemania, Portugal, sur de Suecia y España. Se han utilizado diversas teorías para interpretar estas estructuras, incluyendo las ideas de

Meiji

que estaban relacionadas con rituales de muerte o de iniciación, la creencia en una diosa tierra que era también madre de los muertos, y la creencia en una diosa lunar. Así mismo hay megalitos en la región indopacífica, por ejemplo, en Nias de Sumatra, Bali, Tahití, las islas Gilbert y Oceanía. Parecen haber servido como tumbas para el poder de los jefes, santuarios para espíritus ancestrales o dioses, y piedras de observación para la navegación. Otras teorías que sugieren que los megalitos europeos eran observatorios astronómicos, o que los megalitos indopacíficos eran pasaderas en las migraciones prehistóricas, son más especulativas. ➪ culto a la diosa; neolítica, religión.

Meiji, Restauración (1868) Fecha importante en la historia japonesa, en que el último Shogun fue derrocado tras una breve guerra civil, y a la posición del emperador (Meiji, el título de Mutsuhito, que gobernó hasta 1912) le fue restituida su importancia simbólica. Los poderosos nuevos líderes emprendieron la transformación de Japón en un estado industrial. Las cuatro clases hereditarias del Japón Tokugawa fueron abolidas y se trajo de Occidente nueva tecnología y expertos técnicos. ➪ japonesa, religión.

Meiji, Santuario Importante centro de peregrinación en Tokio. El santuario fue terminado en 1920 y dedicado al emperador Meiji. El actual edificio es una reconstrucción del original que fue destruido en la Segunda Guerra Mundial. ➪ japonesa, religión.

Melanchthon, (traducción griega del original, **Schwarzerd,** «tierra negra») **Felipe** (1497-1560) Reformador protestante alemán, nacido en Bretten, en el Palatinado. Fue nombrado profesor de griego en Wittenberg en 1516 y se convirtió en compañero de trabajo de Lutero. Sus *Loci Communes* (1521) es la primera gran obra protestante de teología dogmática. La Confesión de Augsburgo (1530) fue redactada por él. Tras la muerte de Lutero le sucedió en el liderazgo del movimiento de la Reforma alemana, pero perdió la confianza de algunos protestantes por hacer concesiones a los católicos, mientras que los luteranos celosos se ofendían por su aproximación a la doctrina de Calvino sobre la Eucaristía. Su consentimiento condicional a la introducción del riguroso Íterin de Augsburgo (1549) en Sajonia condujo a dolorosas controversias. ➪ Calvino, Juan; Confesión de Augsburgo; Lutero, Martín; protestantismo; Reforma.

melanesia, religión Melanesia abarca gran cantidad de pueblos diferentes en su origen y lengua, repartidos en grandes y pequeñas islas, y otros muchos que han vivido durante siglos en un universo restringido de pequeños grupos en los valles de las montañas. Existe naturalmente una amplia gama de mitos, rituales y prácticas entre los melanesios, pero hay varios temas recurrentes. Dios es raramente relevante en los relatos de la religión melanesia, aunque el gran poder del universo es a veces identificado con el cielo, y «alimentando el ciclo» es el nombre del único rito sacrificial mayor de un pueblo. Un tema común en la cosmología es el de la liberación del mar, una catástrofe primigenia (con frecuencia provocada por un acto de codicia o locura humana) que ha separado a los hombres para siempre. Otro es la historia de dos hermanos que cooperan al principio y después se enemistan. Uno era más listo que el otro, o uno engañó al otro; finalmente se separaron y un hermano partió para el otro mundo. A veces se concibe que este otro mundo está arriba, otras veces abajo. Si juntamos estos temas, y teniendo presente el frágil mundo de la mayoría de los pueblos melanesios, donde la falta de armonía puede equivaler a destrucción, no es sorprendente encontrar otra serie de temas sobre el tiempo final. Un día los pueblos se unirán, el hermano perdido y sus parientes volverán, y un profundo anhelo humano «de comer juntos en un lugar» se verá cumplido. Estos mitos del tiempo final parecían explicar la llegada de los blancos; las relaciones posteriores con los blancos dieron un nuevo sesgo al mito de los dos hermanos. La predicación cristiana sobre la Caída, el reino de Dios y la vuelta de Cristo hallan eco en estas historias y a veces ayudan a su reinterpretación, manifestada en varios nuevos movimientos religiosos, incluyendo aquellos en los que los cultos de la carga son relevantes. ⇨ carga; creación, mitos de la.

Mencio (Meng Tzu) (c. 371-c. 289 a. C.)

Filósofo confuciano, nacido en lo que es la moderna provincia de Shantung, en China. Es considerado como el segundo confucionista más grande después del propio Confucio, y su carrera fue similar a la de su predecesor. Como Confucio, fue maestro y sirvió también como funcionario en el estado de Chi, desde el 319 al 312, sin éxito notorio. Viajó también mucho intentando persuadir a los gobernantes de que iniciaran reformas y acabaran con el período de los estados en lucha abierta entre sí. Mencio afirmaba que la naturaleza humana era originalmente buena y a este respecto se diferenciaba de su casi contemporáneo Hsun Tzu, que afirmaba lo contrario. Mencio enseñaba que las virtudes básicas confucianas de humanidad *(jen)* y rectitud *(i)* eran innatas, y podían ser descubiertas mediante la contemplación interior y el esfuerzo moral. Los dirigentes debían gobernar de acuerdo con la voluntad de los cielos *(Tien)* de modo que la sociedad y los individuos en ella pudieran realizar su verdadero potencial. Mencio se oponía al acento de Mo Tzu sobre el amor universal diciendo que no era realista, y que lo que se necesitaba era el amor graduado, centrado en la familia, amigos, compañeros de trabajo y vecinos. Sólo entonces se podía extender el amor de uno para incluir al mundo entero. Sus dichos están recogidos en el *Libro de Mencio*, que

mendicantes

se convirtió en uno de los Cuatro Libros designados por Chu Hsi (1130-1200 d. C.) como serie de textos para los exámenes del servicio civil chino. Murió alrededor del 289 a. C. habiendo ejercido una profunda influencia en el pensamiento chino. ➪ canon confuciano; Confucio; jen; Tien.

mendicantes, órdenes (latín: *mendicare*, «mendigar») Órdenes religiosas en las que a los frailes no se les permite tener propiedad, ni personal ni en común. Estas órdenes eran capaces de sobrevivir sólo mediante la caridad de los demás. ➪ agustinos; carmelitas; dominicos; franciscanos; monacato; sagradas órdenes.

menfita, teología La ciudad de Menfis en el Bajo Egipto fue la capital del faraón durante el tercer milenio antes de Cristo. Su dios local Ptah alcanzó una importancia considerable y sus sacerdotes desarrollaron una teología propia, mejor conservada en una copia tardía de la XXV dinastía (c. 700 a. C.). En este documento, conocido como Teología Menfita, Ptah es responsable de la creación del mundo por medio de su palabra, a diferencia de la teología de Heliópolis en que la creación era mediante procreación. Formando un concepto en su corazón y pronunciándolo con su lengua, creó el mundo y los dioses, incluyendo la enéada heliopolitana. La Teología menfita es notable por su grado de abstracción en comparación con otras cosmogonías egipcias antiguas. ➪ Atón; cosmogonía; creación, mitos de la; enéada; Heliópolis, teología de; Ptah.

menonitas Anabaptistas holandeses y suizos que posteriormente se llamaron a sí mismos menonitas por uno de sus líderes, holandés, Menno Simons. Se adhieren a la Confesión de Dordrecht (1632), bautizan en la confesión de fe, son pacifistas, rehúsan desempeñar cargos públicos y siguen las enseñanzas del Nuevo Testamento. La mayoría del millón de adeptos vive en EE. UU. ➪ anabaptistas; Simons, Menno.

menorá Candelabro de siete brazos, con tres que se curvan a cada lado de uno central, antiguo símbolo del judaísmo y símbolo oficial del moderno Estado de Israel. En la Biblia era originalmente parte de los utensilios del Tabernáculo en el desierto, y finalmente del Templo de Jerusalén. El candelabro de la Hanuká tiene ocho brazos, y en muchas sinagogas el número de brazos es distinto de siete, para evitar así la imitación exacta del que había en el Templo (prohibida en el Talmud). ➪ judaísmo; Tabernáculo; Templo de Jerusalén.

menstruación Descarga periódica de sangre desde el útero, considerada en muchas culturas como acto contaminante, inferior sólo en su gravedad al contacto con un muerto. El resultado de tales creencias es que las mujeres en período de menstruación son, a menudo, excluidas de los actos religiosos y, de hecho, en algunos casos, a las mujeres en general se las puede prohibir desempeñar un papel en ritos religiosos. En muchas culturas tribales a la joven se la exige frecuentemente abandonar la casa hasta que la purificación ritual la vuelve limpia. Las mujeres en período de menstruación se cree que plantean grandes peligros a los hombres y se las impone innumerables prohibiciones. En las sociedades islámicas una mujer en período de menstruación es excluida de las oraciones obligatorias diarias y se la exige que se purifique ritualmente antes de volver otra vez al culto diario. Los musulmanes *jariyíes,* sin embargo, enseñan que las mujeres en período de menstruación deben seguir rezando y ayunando. ⇨ jariyíes; menstruación, actitud judía ante la; mujeres en la religión, las.

menstruación, actitud judía ante la Tradicionalmente, la educación de las mujeres judías, aparte de las habilidades elementales de la alfabetización, cubría solamente lo que se consideraba necesario para convertirse en una buena esposa y madre: las leyes del kashrut, observancia de los shabbats y fiestas, y reglamentaciones concernientes a la menstruación. Las últimas, basadas en Levítico 15, 19-24 y 18, 19, se encuentran en el tratado de la Misná llamado Niddah (literalmente: «impureza», pero connotando de manera particular impureza menstrual) y son posteriormente desarrolladas en el Talmud. Resumiendo, una mujer no puede tener contacto con su esposo durante la menstruación, ni durante los siete días siguientes, durante los cuales debe examinarse a sí misma para ver si tiene signos de sangre. Después debe sumergirse en un baño ritual, o miqveh, tras el cual pueden reanudarse las relaciones sexuales. Los ortodoxos aún siguen estas reglas, pero el movimiento reformista no considera esenciales estos temas rituales. ⇨ kashrut; miqveh; mujeres en el judaísmo, las.

mérito Doctrina católica que afirma que la realización de buenas obras merece una recompensa por parte de Dios. Cooperando con la gracia divina, se puede obtener más gracia, vida eterna y bienaventuranza. Los creyentes (especialmente los santos) pueden también hacer más de lo requerido por su propia salvación, realizando «obras de supererogación», que granjean una recompensa extra, que es añadida al «tesoro de méritos» de la Iglesia. Esto puede aprovecharse a través de indulgencias para ayudar a otros que carecen de méritos. Esta doctrina fue rechazada por los reformadores, que insistían en la justificación por la gracia a través de la fe, en los solos méritos de Cristo. En respuesta a la acusación de que rechazar la idea de mérito suponía sugerir que la conducta moral era irrelevante (antinomianismo) y pasar por alto el hecho de que la mayoría de la gente necesita el incentivo de recompensas y castigos (como parecía que se daba en la Biblia), ellos argüían que las buenas obras eran el fruto, más que la causa de la justificación. Decir que nadie tiene mérito ante Dios no es lo mismo que decir que todas las obras humanas son igualmente inútiles. ⇨ justificación; Reforma.

Merkavah, mística Parte de la cábala o mística judía centrada en la *maaseh merkavah* o Carro-trono divino descrito en Ezequiel 1. Este carro-trono quedó asociado a la especulación esotérica sobre la naturaleza de Dios y los reinos celestiales, cuyos secretos serían revelados a personas que consiguieran entrar en esos reinos o *hekhalot* («vestíbulos [celestiales]»). Esto se podía cumplir en un estado extático parecido al trance, logrado por medio de prácticas ascéticas, abluciones y recitando los nombres de Dios. Una vez logrado el acceso, el místico esperaba ser hallado digno de recibir una visión del maaseh merkavah y la penetración en el futuro o el funcionamiento de los cielos. El cuerpo de doctrinas resultante se halla en los principales escritos de mística merkavah, conocida como literatura Hekhalot, a causa de los vestíbulos celestiales de los que se buscaba una revelación del carro-trono. Similar a la naturaleza y objetivos de la mística merkavah es otra parte de la cábala, que centra su atención en el *masseh bereshit* o «acto de creación» que se encuentra en Génesis 1. Sin embargo, en la época talmúdica y alta Edad Media estas tradiciones parecen haber sido reservadas al rango de la elite iniciada; para preservarla de la interpretación errónea y de cualquier tendencia herética resultante. ⇨ cábala; Ezequiel, Libro de; Talmud.

Merlín En las leyendas artúricas, mago bueno o sabio cuya magia se usaba para ayudar al rey Arturo. Era hijo de un íncubo y una mujer mortal, y, por tanto, indestructible; pero fue finalmente cogido en una trampa por Viviana, la Señora del Lago, y atado bajo una roca para siempre. Fue famoso por sus profecías.

Merton, Thomas (1915-1968) Monje cisterciense americano, nacido en Prades, Francia, de familia neozelandesa y americana. Estudió y enseñó inglés en Columbia, pero en 1938 se convirtió al catolicismo y en 1941 ingresó en la orden trapense en la abadía de Nuestra Señora de Getsemaní, Kentucky. Su autobiografía, *La montaña de los siete círculos* (1946), muy vendida, animó a muchos a hacerse monjes, pero el mismo Merton iba a descubrir fuertes tensiones entre sus inclinaciones eremitas y la vida en comunidad. Sin embargo, se hallaron caminos para que pudiera seguir su vocación libre *para* el mundo más que libre *de* él (cf *Contemplación en un mundo de acción*, 1971), manteniendo una voluminosa correspondencia y escribiendo muchos libros, que van desde viajes personales y poesía a la crítica social. Su creciente interés por la espiritualidad oriental le llevó a asistir a una conferencia en Bangkok. Murió allí, electrocutado accidentalmente por un ventilador defectuoso. ⇨ catolicismo; cistercienses; trapenses.

Meru, monte Centro mítico del universo en la cosmología hindú. Algunas fuentes dicen que está hecho de oro puro, que tiene 160.000

leguas de alto y que se eleva por encima de todos los *lokas* celestes. Otros dicen que los lokas están situados en sus laderas. Es el centro de cuatro continentes y océanos, y en sus laderas crece un *jambu* (manzano de color rosa) gigante, dando sombra al menos a uno de estos continentes *(Jambudvipa),* en el que cae su fruta madura, formando el río Jambu en el que fluye el agua de la inmortalidad. Más terrenal, es situado con frecuencia en los Himalayas, en el nacimiento del Ganges, o en Pamir. Esta teoría reforzaría el argumento de que el mito se originó en Irán, como han sugerido algunos eruditos. ⇨ hinduismo.

Mesa, estela de ⇨ **moabita, estela.**

mesianismo Movimientos judíos que expresan la esperanza de una era nueva y perfecta. La ortodoxia judía refleja esto por medio de las creencias tradicionales en la venida de un Mesías personal que restablecería el Templo en Jerusalén y desde allí gobernaría sobre el mundo redimido. El judaísmo reformista anticipa la perfección del mundo por el ejemplo del judaísmo en logros humanos como reformas sociales y justicia, aunque está preocupado todavía por preservar la identidad de la raza judía dentro de los estados existentes. En contraste, el sionismo pone énfasis en la restauración física del Estado judío en Palestina y la vuelta a él de los judíos exiliados. ⇨ judaísmo; Mesías; sionismo; Templo de Jerusalén.

Mesías (hebreo: «ungido») En los escritos judíos, a partir de cerca del siglo II a. C. en adelante, el que ayudaría a liberar a Israel de sus enemigos, colaboraría a su restauración y establecería un reino en todo el mundo. Muchas representaciones diferentes de su figura se pueden descubrir en el antiguo judaísmo y en el cristianismo. En el pensamiento cristiano, se interpreta que el papel se ha cumplido en Jesús de Nazaret: «Cristo» se deriva de la traducción griega de la palabra hebrea «mesías». ⇨ cristianismo; David; Jesucristo; judaísmo; mesianismo.

Metodio, San ⇨ **Cirilo, San.**

metodismo Confesión cristiana fundada en 1739 por John Wesley como movimiento evangélico dentro de la Iglesia de Inglaterra, convirtiéndose en institución independiente en 1795. El movimiento se propagó rápidamente, pues recorrió el país a lomos de un caballo y envió a otros dirigentes evangélicos a las colonias americanas, donde el movimiento floreció. En el siglo XIX las disputas doctrinales causaron divisiones tanto en Gran Bretaña como en EE. UU. Estas se curaron en Gran Bretaña en 1932, y parcialmente también en EE. UU., con la unificación de los tres principales cuerpos metodistas. Las principales doctrinas de la Iglesia están depositadas en los sermones de Wesley, sus notas sobre el Nuevo Testamento y sus artículos de religión. Según él, «metodista es el que vive según el método establecido en la Biblia». Los principios básicos del metodismo suponen un énfasis en la importancia del Espíritu Santo y una relación personal estrecha con Dios en una vida de creyente; una arraigada creencia en las doctrinas históricas del cristianismo, que no obstante ofrece un margen para el inconformismo doctrinal entre los miembros, y sencillez e igualitarismo en el culto, en el que ministros y laicos trabajan juntos. Existe también una devota preocupación por el bienestar de los pobres e infortunados. Hay 25 millones de metodistas en todo el mundo. ⇨ Espíritu Santo; evangelismo; Iglesia de Inglaterra; Wesley, John.

metta (mettā) Noción de tierna amabilidad en la tradición budista. Es una de las cuatro actitudes morales y virtudes universales en las que hace hincapié el budismo; las otras tres son la compasión *(karuna)*, la alegría solidaria *(mudita)* y la ecuanimidad *(upekkha)*. Fueron resumidas de manera creativa sobre todo por el erudito monje theravada Budagosa, y a los budistas se les animaba a desarrollar estas cuatro virtudes de tal modo que pudieran aplicarse a cualquier ser en cualquier lugar. Metta se desarrolla en disciplinas de meditación. Es impasible, no posesiva, inclusiva y preocupada por el bien de los demás. Se puede irradiar a otros, y puede afectar a otros, como en la historia que se cuenta de Buda en la que él desvía la carga de un elefante irradiando metta hacia él. Dentro de la esfera de las cuatro actitudes morales, la virtud fundamental es la ecuanimidad. La tierna amabilidad adquiere un aire sosegado, generoso, equilibrado y, sin embargo, eficaz en razón de su asociación con la ecuanimidad. ⇨ Buda; Budagosa; budismo theravada; karuna; upekkha.

mewlevís Orden islámica sufí que se halla principalmente en Turquía, y que fue fundada por el gran poeta y pensador sufí, Rumi (1207-1273). Los mewlevís han llegado a ser muy conocidos como los «derviches que giran dando vueltas», a causa de su costumbre de girar dando vueltas con la música de flautas, tambores y cantos, para profundizar en su espiritualidad. El giro es elegante y ritual, y consta de cuatro movimientos que duran en torno a una hora. Es profundamente simbólico, representando la danza de la creación que viene de Dios y vuelve a Dios, y el encuentro *(muqabalah)* del alma consigo misma, con otros, y con Dios, que es el Uno. El *pir*, o maestro espiritual, es importante entre los mewlevís, y aparece en medio de los danzantes en el clímax de la danza. El fundador, Rumi, es también importante, y un buen número de mewlevís afirman tener experiencia espiritual de él. Fueron proscritos en Turquía en 1928 junto con otras órdenes sufíes, pero han reaparecido después allí, y están también presentes en Occidente, así como en Siria, Egipto y en otros estados que han sido otomanos. ⇨ Rumi; sufismo.

mezquita Edificio en el que se reúnen los musulmanes para la oración, el culto, la educación y la relación social. La palabra está tomada del término árabe *masjid,* que significa lugar de postración. El área que rodea a la Kaaba, en La Meca, era llamada masjid antes de la época de Mahoma, y Abu-Bakr (el primer califa después de la muerte de Mahoma) construyó un lugar de oración próximo a su casa, en La Meca, durante el primer ministerio de Mahoma. La primera mezquita como tal fue construida por Mahoma en Quba, en Medina. El estilo de las mezquitas varía según la cultura; por ejemplo, las mezquitas chinas con frecuencia tienen características estéticas chinas. Sin embargo, en todas las mezquitas existe normalmente un lugar de culto donde los fieles se congregan en filas detrás de su imán, o director de la oración, cuando dirige las plegarias rituales. Hay un mihrab, o nicho, que señala la dirección de La Meca, un púlpito desde el que se pronuncia el sermón del viernes, y existe con frecuencia un atril en el que descansa el Corán. Hay también un patio que da facilidades para el lavado, puesto que las abluciones son necesarias antes de realizar la oración. Además, hay a menudo un minarete (o minaretes) al que el muecín puede subir para hacer la llamada a la oración. Algunas de las grandes mezquitas del islam, como las de El Cairo, Córdoba, Isfahan y Estambul, son ejemplos soberbios de arquitectura y ornamentación artística. Aunque la mayoría de las oraciones diarias se pueden recitar en cualquier parte, la oración del viernes a mediodía tiene lugar siempre que es posible en una mezquita en presencia de una asamblea. ⇨ La Meca; Medina; mihrab; oración del viernes en el islam; salat.

Mezquita de la Roca Obra maestra de arquitectura islámica terminada en el 691 d. C. en el monte

Mezquita de la Roca

Moria, Jerusalén. El santuario, que está construido sobre planta octogonal y coronado por una cúpula de madera dorada, guarda la sagrada roca desde la que, según la tradición, Mahoma ascendió al cielo, y en la que Abraham se preparó para sacrificar a Isaac. ⇨ Abraham; islam; Mahoma.

mezuzá (plural: **mezuzot**) Caja cilíndrica colocada en las jambas de las casas judías, en la que está escrito Deuteronomio 6, 4-9 y 11, 13-21. El primero de estos pasajes es parte de la Shema, y ambos prescriben la escritura de las palabras de la Torá en las jambas *(mezuzot)* de la casa. La finalidad es recordar a los israelitas su obligación de cumplir los mandamientos de Dios. Tradicionalmente, sin embargo, se coloca una mezuzá en la jamba derecha de la puerta principal y de la puerta de la sala de estar de un hogar judío. En época israelita antigua la práctica puede haber tenido la finalidad de mantener alejados a los malos espíritus, pero no es este el caso del mandato bíblico tal como hoy se conserva. ⇨ mitzvah; Shema; tefillin; Torá.

micénica, religión La información sobre la religión griega micénica procede de tres fuentes fundamentales. En primer lugar, en el primitivo período micénico (1600-1400 a. C.), escenas de culto grabadas en aros de oro, de manufactura local o importados de Creta, son una fuente de información rica sobre acciones rituales en altares y ante la divinidad femenina sentada. Rituales de danza, ofrendas de flores, arrancar o sacudir un árbol y el escudo en forma de ocho son comparables con escenas minoicas. El problema es si estos rituales de procedencia minoica eran entendidos y practicados por los micénicos propietarios de los aros que muestran los rituales, o si los aros eran simplemente decorativos. El número de estas escenas en aros, en el continente, sugiere al menos cierto grado de práctica religiosa real. Igualmente el conocido gran lugar religioso micénico primitivo en el continente, el santuario de la colina del posterior Apolo Maleatas, sobre Epidauro, tiene claros vínculos con los santuarios minoicos de las montañas. El templo contemporáneo en la isla cicládica de Ceos tenía al menos 32 (y quizá más de 80) estatuas femeninas de forma minoica, pero sin paralelo en cuanto al tamaño en Creta, y cuyo rango divino no es seguro. En segundo lugar, una serie de santuarios del período micénico posterior (1400-1200 a. C.), dentro y junto a las murallas de la ciudadela de Micenas y Tirinto, y en Filacope en Melos, son en su mayor parte diferentes de los santuarios minoicos. Su ubicación sugiere que la protección de la ciudadela era su propósito principal. Estatuillas de una o más divinidades femeninas estaban en bancos, de pie en estos santuarios o almacenadas. En Tirinto había cierto número de estatuillas votivas estilizadas; en Micenas se encontraron *in situ* ofrendas de abalorios. Así mismo los modelos de serpientes enroscadas de Micenas probablemente representaran la protección y bienestar deseados de los hogares y edificios. Dentro de los palacios, las pinturas murales de mujeres lujosamente vestidas, en procesión y portando ofrendas, indican acción ritual de nivel palaciego. Finalmente las tablillas grecomicénicas (Lineal B) de Pilos, Tebas, Micenas y del período de control micénico de Cnosos, enumeran más de 20 divinidades por su nombre, un politeísmo claro. Varias, como Zeus, Hera, Poseidón y Hermes, muestran que la religión griega estaba ya bien desarrollada en los siglos XIV y XIII a. C. ⇨ griega, religión; minoica, religión.

Midewiwin ⇨ casa medicinal.

midrash En términos generales, enseñanza ligada a una exposición seguida de textos de la Escritura, que se encuentra especialmente en la literatura rabínica. La interpretación de la Escritura es a menudo una explicación relativamente libre del significado del texto, basada en conceder significado a palabras sueltas, formas gramaticales, o semejanzas con pasajes de cualquier otro sitio, de modo que hagan que el texto sea relevante para una amplia gama de cuestiones de interés rabínico. El término puede también aplicarse al género de escritos rabínicos que consiste en tales interpretaciones. ⇨ judaísmo; rabí.

Miércoles de Ceniza
Primer día de Cuaresma. El nombre deriva del ritual, observado en la Iglesia antigua y continuado en la Iglesia católica y algunas iglesias anglicanas. En él se hace una cruz en la frente de los cristianos con ceniza previamente bendecida, que se obtiene quemando los ramos utilizados en la liturgia del Domingo de Ramos del año anterior. La imposición de la ceniza se hace mientras el sacerdote pronuncia la frase «Acuérdate, hombre, que eres polvo y en polvo has de convertirte.» ⇨ Cuaresma.

mihrab (Miḥrāb) Nicho en la pared de una mezquita que señala la dirección de La Meca, y, de ahí, la dirección hacia la que los musulmanes ofrecen sus oraciones diarias. Fue utilizado por primera vez en una mezquita de Quba, a las afueras de Medina, en el 709, y la más antigua que sobrevive es la de la mezquita de la Roca, en Jerusalén. Los mihrab proporcionaron a los artistas islámicos la oportunidad de dar rienda suelta a su creatividad artística con alabastro, oro, mármol, mosaicos y piedras semipreciosas, especialmente en la mezquita de Córdoba, en España. El mihrab es con frecuencia construido acústicamente de modo que la voz del que dirige el culto resuene en dirección a los fieles. Realza la importancia de La Meca como lugar sagrado y la importancia del *salat*, las cinco oraciones diarias, en la vida de un musulmán. El mihrab es un símbolo de la «cueva», que es un signo de adoración e interioridad; de ahí que sea también un símbolo del corazón donde se ejercita la espiritualidad interior. ⇨ Jerusalén en el islam; La Meca; Medina; mezquita; salat.

miko Término que significa chamanas en la tradición sintoísta japonesa. Eran vírgenes que entraban al servicio de los dioses sintoístas, los *kami*, y ayudaban al culto en los santuarios de la tradición sintoísta. Parte de su deber era participar en danzas sagradas y para realizar este servicio se sometían a una estricta disciplina de entrenamiento, celibato y preparación. Algunas de ellas también desarrollaron dones chamanísticos típicos del médium, por lo que eran capaces de entrar en estado de posesión, contactar con los espíritus y mediar entre ellos y las personas interesadas. Las miko se reclutaban de familias cuidadosamente elegidas; en la antigua tradición sintoísta estaban a veces relacionadas con el emperador de Japón. Durante el último período medieval, las chamanas ejercían de manera creciente sus dones de médiums y la adivinación fuera de los templos sintoístas en la comunidad más amplia. ⇨ adivinación; chamanismo; kami; sintoísmo; sintoístas, santuarios.

milagros Acciones, sucesos o acontecimientos que exceden a los poderes de la naturaleza conocidos, y atribuidos a una causa sobrenatural. Rasgo constante de las tradiciones religiosas del mundo, con frecuencia funcionan como signos que testifican la aprobación divina del mensaje que está siendo proclamado. Sin embargo, muchos credos, incluyendo el cristianismo, islam y sijismo, muestran una actitud ambivalente hacia los milagros al prevenir contra la ambición de signos. El Corán, por ejemplo, no atribuye milagros a Mahoma sino que lo describe como alguien que está contento de anunciar la acción de Dios en la naturaleza. La tradición islámica, sin embargo, atribuye muchos milagros a Mahoma. Dentro del sijismo, en el plano de la religión popular, hay muchos sij que creen en los milagros, y se encuentran milagros en los *janam sakhis*, las historias de la vida del Gurú Nanak. Básicamente, sin embargo, los milagros son rechazados por los gurús sij y por la opinión sij responsable. Existen tres razones principales para ello: se consideran estratagemas para atraer a los crédulos; el verdadero milagro no es la exhibición milagrosa sino Dios mismo, cuyo Nombre, Palabra y Naturaleza Gurú, son verdaderas, y el *Hukam* de Dios, o voluntad, es estable, consistente y constante, de ahí que las intervenciones divinas que cambian esa voluntad sean caprichosas e insensatas. ⇨ Corán; Hukam; Janam Sakhis; Mahoma; Nam; Nanak.

milagros cristianos Los milagros no eran inusuales en tiempos bíblicos, pero, en cuanto que podían ser realizados tanto por verdaderos como por falsos profetas, no eran por sí mismos pruebas de la verdad religiosa. En la sociedad occidental, a partir del siglo XVIII, el racionalismo, deísmo (la creencia de que Dios puso el universo en movimiento pero no interviene en su marcha) y la creencia en un universo cerrado de leyes naturales fijas han excluido la posibilidad de los milagros. En el mejor de los casos, los denominados milagros (si no están mal registrados) podían ser resultado de operaciones fortuitas de leyes de la naturaleza todavía no conocidas. Algunos teólogos, como Bultmann, han rechazado los milagros narrados en el Nuevo Testamento, especialmente aquellos que suponen arrojar malos espíritus, por derivar de una visión del mundo precientífica, anticuada, que necesita ser «desmitificada». Sin embargo, el desarrollo de la física cuántica ha sugerido a algunos que un universo cerrado es igualmente una visión científica desfasada e incompleta de la realidad. Los milagros realizados por Jesús, los discípulos y San Pablo en el Nuevo Testamento no son presentados como «prodigios» (acontecimientos inusuales que romperían las leyes de la naturaleza conocidas), sino como «signos» (acontecimientos, posiblemente, aunque no necesariamente, poco usuales, que consiguen que quienes se ven implicados sean más conscientes de Dios y de su poder o reino). Este factor llevó al filósofo Ian Thomas Ramsey a describirlos como «situaciones de revelación». Supremo entre tales acontecimientos sería la resurrección de Jesús, cuya verdad, según San Pablo (1 Corintios 15), es la base de toda creencia cristiana. La opinión, sostenida por algunos protestantes, de que los milagros acabaron con la muerte de los apóstoles, es rechazada por el catolicismo, que tradicionalmente exige pruebas de intervención milagrosa a las personas candidatas a la canonización como santos, y espera curaciones en lugares santos como Lourdes, y por grupos pentecostales y carismáticos, que creen que el poder del Espíritu Santo en la primitiva Iglesia, narrado en los Hechos de los Apóstoles, se manifiesta todavía hoy. ⇨ Bultmann, Rudolf Karl; carismático, movimiento; deísmo; demonología bíblica; desmitificación; pentecostalismo; reino de Dios; resurrección.

Milarepa (Mi-la-ras-pa) (1052-1135) Yogui tántrico, poeta y lama, en la tradición Kagyupa del budismo tibetano. Es un santo muy popular que compuso canciones de sus experiencias (en la tradición india *doha*) y al que se le atribuye la escritura de una autobiografía. Su padre murió cuando él era joven, y su tío y tía estafaron a la familia la herencia. Guiado por la venganza y animado por su madre, Milarepa destruyó a sus parientes y su familia mediante la magia negra. Sintiendo remordimiento por esto y por otras malas acciones y temiendo las consecuencias kármicas de sus acciones, Milarepa se fue a la búsqueda de la iluminación espiritual. Encontró al lama Marpa, que le reprendió y repetidamente rehusó iniciarle, haciéndole pasar varias pruebas rigurosas diseñadas a la vez como pruebas de fe y como expiación por sus pasadas acciones. Por orden de Marpa, Milarepa construyó y desmanteló repetidamente un gran número de torres, haciendo que cayera enfermo en el proceso y llegando al borde de la desesperación. Con el apoyo y cuidados de la esposa de Marpa, sin embargo, Milarepa finalmente logró

milenarismo

la iniciación de Marpa, de quien recibió los seis yogas de Naropa. Empleó el recuerdo de su vida meditando en cuevas y transmitiendo sus enseñanzas a Gampopa. ⇨ budismo; Kagyupa; karma; lama.

milenarismo Creencia mantenida por algunos cristianos de que habrá un reino de mil años (milenio) de los santos, bien antes o inmediatamente después del retorno de Cristo. La creencia se basa normalmente en una interpretación de Apocalipsis 20, 1-7. El cuerpo principal de los cristianos no ha aprobado el milenarismo, pero tuvo sus defensores desde los primeros años del cristianismo, y en el siglo XIX hubo un renacimiento de ideas apocalípticas y milenaristas, como los Hermanos de Plymouth y los adventistas. En décadas recientes el término ha sido usado con un sentido más amplio por los sociólogos, para referirse a cualquier grupo religioso que espera anhelante una súbita y pronta transformación del mundo. Estos movimientos tienden a surgir en épocas de gran cambio social o durante crisis sociales, y normalmente pretenden promover a un grupo social reprimido, como en los cultos de carga melanesios. ⇨ adventistas; Anabaptistas; apocalipsis; carga; Plymouth, Hermanos de.

Mimamsa (Mīmāṃsā) Una de las seis escuelas de filosofía hindú ortodoxa. Mimamsa o *Purva Mimamsa* se refiere a una tradición fundada por Jaimini (c. 200 a. C.) que escribió los *Mimamsa Sutras*. Mimamsa es una escuela de filosofía que se ocupa de la investigación crítica en los textos sagrados del Veda. Shabara (c. 400 d. C.) escribió un comentario sobre los *sutras* de Maimini y estos son después explicados por dos pensadores, Kumarila y Prabhakara (siglo VII), que crearon dos subdivisiones de la escuela. La escuela Mimamsa afirma que el Veda se ocupa principalmente de la acción y la interpreta como una serie de mandatos. La escuela Purva Mimamsa es distinta de la escuela Vedanta (o *Uttara Mimamsa*) y de la escuela yoga, que acentúan el conocimiento y la contemplación. La escuela Mimamsa analiza el lenguaje y sostiene que existe independientemente del habla humana que lo manifiesta, y que el significado de la palabra es una propiedad intrínseca de ella.

ministerio cristiano Fundamentalmente, servicio humilde por parte de todos los cristianos a sus prójimos, siguiendo el ejemplo y enseñanza de Jesucristo. Los ministerios oficiales en la Iglesia, generalmente reconocidos por el rito de la ordenación, se derivan de este, y están estrechamente relacionados con la forma correspondiente de organización eclesial (episcopado, presbiterianismo o independencia). Siguiendo la organización completamente fluida de la iglesia del Nuevo Testamento, en la que el ministerio era principalmente un asunto relacionado con el ejercicio de diversos dones y funciones, más que de status, surgió un triple ministerio de obispos, sacerdotes y diáconos, y se convirtió en la norma en el catolicismo, en la Iglesia ortodoxa y en el anglicanismo. Los reformadores rechazaron el punto de vista católico de la sucesión apostólica a través de la ordenación, por parte de los obispos, en sucesión ininterrumpida hasta San Pedro. Tampoco podían aceptar la necesidad de un sacerdocio célibe, o la creencia de que únicamente el sacerdote representaba a Cristo al ofrecer el sacrificio de la misa (un aspecto importante del argumento católico contra la ordenación de las mujeres) y de poder absolver los pecados por medio del sacramento de la penitencia. Más bien, entendían la sucesión apostólica en términos de fidelidad a la enseñanza de los apóstoles, concedían a los ministros el papel de predicar, enseñar y cuidar, y buscaban volver a los modelos del Nuevo Testamento de servicio mutuo y el «sacerdocio de todos los fieles». La Iglesia católica ordena sólo a hombres no casados. Los sacerdotes ortodoxos pueden casarse antes de la ordenación, pero si lo hacen no pueden ser obispos. Algunas iglesias protestantes (y unas pocas anglicanas) permiten actualmente a las mujeres ordenarse lo mismo que a los hombres. Muchas iglesias, de todas las tradiciones, ven en la actualidad al clero más como animadores de los laicos, ayudándoles a cumplir sus propios ministerios en el mundo del trabajo diario. La mayoría del clero ejerce el ministerio en asambleas que se reúnen para el culto dominical. Algunos, como los sacerdotes obreros, ejercen el ministerio para la gente en su lugar de trabajo de los días laborables. Las iglesias que tradicionalmente han dependido de un clero asalariado a tiempo completo, con una formación teológica prolongada, han experimentado otros modelos de ministerio laico y ordenado, incluyendo los ministerios ecuménicos y en equipo que hacen un mejor uso de edificios y recursos humanos. ⇨ Iglesia, organización de la; mujeres en el cristianismo, las; penitencia; sagradas órdenes.

ministerio sagrado Oficio o función especial en una Iglesia de una persona (ministro) ordenada o nombrada para ejercer deberes litúrgicos, pastorales y administrativos. La noción básica es la de servicio, generalmente a Dios y a la humanidad, dedicado a la Iglesia en su conjunto o a cualquier parte de ella. ⇨ cristianismo; sacerdote; sagradas órdenes.

minoica, religión La creencia religiosa y la acción ritual en la Creta minoica (3000-1000 a. C.) estaban orientadas a la protección, conservación e incremento de la población humana y animal, y de los productos aprovechables de todo el entorno. Para lograrlo, se buscaba el contacto o comunión con la divinidad en muy diferentes tipos de lugares sagrados. Había santuarios en las cimas o laderas de las montañas, en cuevas con estalactitas, estalagmitas que se veneraban y estanques de agua, y santuarios al aire libre en las cortes de los palacios o edificios menores, mientras que en el interior había salas santuario con banco, altar elevado y mesas bajas para las ofrendas, oscuras criptas con pilares y cámaras subterráneas. Estas criptas y cámaras parecen ser la construcción equivalente a las cuevas sagradas. Dos objetos simbólicos se repiten en los lugares de los santuarios: el hacha doble, hincada en piedra o lámina de bronce, colocada en un poste, y un par de cuernos de piedra (cuernos de toro estilizados). A la divinidad se la llamaba mediante invocación, gestos, sonidos, danzas y ofrendas, y se hacía presente en un santuario, a veces dentro de una piedra redondeada, pilar, árbol o escudo en forma de ocho. Las ofrendas eran de muchos tipos, siendo especialmente comunes las estatuillas votivas de humanos, o de partes de los humanos, curadas o para ser curadas, y de animales. Se hacían ofrendas sacrificiales de animales y, ocasionalmente, de seres humanos. Las habilidades técnicas y sentido artístico más elaborados se empleaban con frecuencia en equipar a los santuarios, especialmente recipientes para las libaciones *(rhytons),* de muchas formas (como cabezas de toros) y materiales (piedras raras importadas, loza fina, cerámica delicada y decorada, metales preciosos). Sobre la cuestión fundamental de quién era adorado, las opiniones de los expertos siguen divididas. Existen indicios de una poderosa divinidad femenina, de al menos una divinidad masculina y probablemente de divinidades femeninas menores. Ciertos nombres de divinidades femeninas utilizados en la época grecorromana es probable que sean supervivencias minoicas, como Dictinna, Ariadne y Eileitia, mientras que Rea, que dio a luz a Zeus en Creta, parece ser en esencia, si no en nombre, el resultado último de una poderosa diosa minoica. ⇨ griega, religión; micénica, religión.

Miqueas, Libro de Uno de los doce libros proféticos denominados «menores» de la Biblia hebrea/Antiguo Testamento, atribuido al profeta Miqueas de Moréset Gat (en la región montañosa de Judá), contemporáneo de Isaías en Judá y activo a finales del siglo VIII a. C. La obra es famosa por su ataque a las injusticias sociales contra las clases más pobres, así como por predecir el castigo de Samaria y Jerusalén a causa de los pecados de su gente. Algunas partes de la obra pueden ser de fecha posterior (siglo VI-V a. C.). ⇨ Antiguo Testamento; Isaías, Libro de; profeta.

miqveh o **mikveh** (plural: **miqvaot**) Baño ritual o estanque de agua usado en el judaísmo para restaurar la pureza ritual a personas u objetos por medio de la inmersión. Su uso en tiempos posbíblicos se basa en las estipulaciones de Levítico 15 y Números 19 y 31, 19-24. La referida impureza puede contraerse a partir de cadáveres, diversos objetos contaminantes y supuraciones corporales; parece que han sido considerados como algún tipo de sustancia gaseosa. Sin embargo, la impureza es espiritual, no higiénica (aunque se hizo habitual lavar el miqveh antes de usarlo) y puede, aunque no necesariamente, entrañar acción pecaminosa. Después de la destrucción del Templo de Jerusalén en el 70 d. C., se eliminaron las exigencias purificatorias de los sacerdotes y de los judíos que deseaban entrar en el Templo. Desde entonces el miqveh ha estado asociado principalmente a la menstruación y conversión. El tratado Miqvaot de la Misná trata de las complejas regulaciones concernientes a la construcción y funcionamiento del miqveh. Esencialmente trata de los materiales que deben emplearse, la mínima cantidad de agua requerida para que un miqveh sea eficaz, y las fuentes apropiadas de agua para llenarlo. Los judíos ortodoxos siguen usando los miqvaot, pero el judaísmo reformista ha tendido a descartar tales prácticas. ⇨ conversión; menstruación, actitud judía ante la; Misná.

Mira Bai (Mīrā Bāī) (c. 1498-1546) Poetisa y mística bhakti, consagrada a Krishna. Era una princesa rajputa de nacimiento, y fue debidamente casada con un príncipe antes de cumplir ella los 20 años. Sin embargo, incluso entonces ella se había entregado ya a Krishna y, en consecuencia, no hizo caso de su marido. Mira Bai tuvo que luchar constantemente contra los papeles tradicionales adscritos a las mujeres en la sociedad, llegando el momento crítico al morir su marido cuando su suegro insistía en que se convirtiera en sati. Ella huyó a una comunidad de devotos bhakti que la ayudaron, convirtiéndose finalmente en una asceta errante ligada a un templo, en la ciudad santa de Dwarka. La poesía de Mira Bai refleja su profundo amor a Krishna, especialmente en el uso del simbolismo romántico del «matrimonio místico» entre ella y su Señor. Al igual que otros místicos, Mira Bai expresa con frecuencia su devoción de dos formas opuestas. En primer lugar, describiendo la belleza de Krishna y la feliz experiencia de estar en su presencia, y en segundo lugar, expresando el dolor profundo de la separación de Krishna. Mira Bai es poco común en cuanto que no puede ser colocada en ninguna categoría particular, su noción de Krishna abarca a la vez su naturaleza mitológica y su naturaleza trascendente. En consecuencia es capaz de identificarse con él en el plano personal y verse a sí misma como un ser absorbido en él. De hecho, es esto lo que contribuye a explicar su gran atractivo. ⇨ bhakti; Krishna; sati.

Miriam o **María** (siglo XV-XIII a. C.) Hermana de Moisés y de Aarón en la Biblia hebrea, normalmente identificada con la hermana anónima que vio poner a Moisés dentro de una cesta en el Nilo y que buscó a su madre como nodriza para él cuando fue rescatado por la hija del faraón (Éxodo 2). Se le da el título de «profetisa» cuando dirige a las mujeres de Israel en el canto y la danza después de cruzar el mar Rojo (Éxodo 15). Más tarde, ella y Aarón desafían el derecho exclusivo de Moisés a hablar en nombre de Yahvé, y por esta arrogancia ella es castigada temporalmente con la lepra (Números 12). La tradición bíblica posterior la recuerda tanto por su lepra como por ser líder del pueblo

misa

junto con Moisés y Aarón. Tradiciones sobre Miriam y su profecía se amplían en la literatura rabínica; se dice que profetizó el nacimiento de Moisés y su futuro como libertador. ⇨ Aarón; Moisés; Yahvé.

misa (latín: *missa,* de *missio* «despedida») Sacramento de la Eucaristía (Sagrada Comunión) en la Iglesia católica y en algunas otras iglesias. El pan y el vino son consagrados por un sacerdote, y los elementos (normalmente sólo el pan) distribuidos entre los fieles. Según la doctrina del Concilio de Trento (contrarrestando la enseñanza de los Reformadores del siglo XVI), el pan y el vino se convierten en el cuerpo y la sangre de Cristo (transubstanciación), y el sacramento se debe entender como sacrificio propiciatorio, divino. Las misas desempeñan diferentes funciones en la vida de la Iglesia, por ejemplo, una misa de Réquiem por los difuntos, una misa Nupcial para el matrimonio. ⇨ catolicismo; Eucaristía; Jesucristo; sacramento; transubstanciación.

misa negra Caricatura blasfema de la misa de la Iglesia católica, en la que el lenguaje y los símbolos se distorsionan, y se adora a Satán en vez de a Dios. ⇨ blasfemia; misa; Satán.

misal Libro litúrgico de la Iglesia católica, que contiene liturgias para la celebración de la misa durante todo el año. Incluye todas las oraciones, lecturas bíblicas, ceremonial y directrices para el canto. ⇨ catolicismo; liturgia; misa.

misión La actividad misionera es principalmente un rasgo del budismo, cristianismo e islam, los tres credos mundiales que con más claridad buscan adeptos para su causa. Otros credos, como judaísmo e hinduismo, pueden de modo ocasional hacer proselitismo, pero no son realmente credos misioneros. Los credos misioneros se caracterizan por la posesión de una revelación única o verdad universal, que trasciende una situación histórica particular y que le impele a propagar su visión a todo el mundo. Por ejemplo, el mensaje cristiano de salvación a través de Cristo y la doctrina budista de la iluminación exigen transmisión a causa de su aplicación universal. La actividad misionera puede adqui-

Misa

rir varias formas. A los monjes budistas les costó muchos siglos propagar su mensaje desde la India por toda Asia hasta China, el Tíbet y Mongolia. Desde el 400 a. C. al siglo XVI d. C. la enseñanza budista fue transmitida por monjes itinerantes que utilizaban las rutas de comercio. La actividad misionera islámica, sin embargo, siguió estrechamente el camino de las conquistas árabes en la alta Edad Media. Tuvo tanto éxito esta actividad que desplazó al budismo de su lugar de nacimiento indio durante muchos siglos. La actividad misionera ha sido un rasgo permanente del cristianismo desde su más antiguo origen. Extendiéndose rápidamente para convertirse en religión oficial del Imperio Romano en el siglo IV d. C., el cristianismo sobrevivió al derrumbe del Imperio y se estableció por toda Europa occidental. La siguiente gran etapa de actividad misionera cristiana tuvo lugar con el despertar de la expansión del poder europeo a Sudamérica y África. En la actualidad, las misiones son conscientes de los peligros de exportar cultura en vez de fe, y el establecimiento de iglesias indígenas orientadas a lo local, que celebran el culto con un lenguaje inspirado en la cultura local, es la norma.

Misión de la Luz Divina Nuevo movimiento religioso centrado en la obra del Gurú Maharaj Ji, que nació en la India en 1958. Se marchó a Londres en 1971 a la edad de trece años, y en la década de los setenta la Misión de la Luz Divina creció muy rápidamente en Occidente. El Gurú Maharaj Ji es el típico gurú de algunos nuevos movimientos religiosos indios que, como Swami Prabhupada de Hare Krishna y Maharishi Mahesh, yogui de la meditación trascendental, han visitado y conscientemente han puesto a Occidente en su punto de mira, en contraposición a otros como Sathya Sai Baba, que no ha estado en Occidente. Se consideró que era una encarnación de Dios, y su movimiento se centra en cuatro métodos «divinos» de meditación que capacitan a uno para entrar en su propio mundo interior y tener una experiencia de la Armonía Divina, la Luz Divina, el Néctar Divino y la Palabra Divina. En sus buenos tiempos la Misión de la Luz Divina tuvo miles de miembros tanto en Occidente como en la India, viviendo vidas monásticas o comunitarias en los ashram donde daban testimonio de su fe, meditaban y servían a la comunidad y al mundo. Otro rasgo del movimiento era la celebración de grandes manifestaciones festivas en diferentes partes del mundo, a las que podían asistir multitudes para tener audiencia con el Gurú Maharaj Ji. En los últimos años, las disensiones entre miembros de su familia han debilitado la influencia del Gurú Maharaj Ji y de la Misión de la Luz Divina. ⇨ Hare Krishna, movimiento; meditación trascendental; nuevos movimientos religiosos en Occidente; Satya Sai Baba.

misiones cristianas Promoción de la fe cristiana entre gente no cristiana. La actividad misionera

Misná

ha sido un rasgo permanente del cristianismo, especialmente en la Iglesia católica y protestante. En el pasado, estuvo con frecuencia asociada a la expansión del poder europeo o americano, pero las misiones modernas reconocen la importancia de establecer iglesias indígenas, con un culto expresado en el lenguaje de la cultura local. ⇨ cristianismo; Pablo, San.

Misná (hebreo: «repetición», refiriéndose a la costumbre de aprender por repetición) Importante colección escrita de leyes rabínicas, adicionales a la legislación de las Escrituras judías. Compilación de leyes orales, consignadas por escrito durante un período de alrededor de 200 años, está clasificada bajo seis epígrafes principales *(sedarim):* Semillas (diezmos agrícolas), Fiestas establecidas, Mujeres, Daños y perjuicios, Santidad (ofrendas), y Purezas. Aunque el plan general de la Misná puede remontarse a Rabí Akiva (c. 120 d. C.), su redacción final se debió a Rabí Judá el Príncipe (c. 200). Estudios críticos de la Misná fueron compilados en una obra conocida como Guemará. Esta fue unida a la Misná, formando el Talmud. ⇨ Guemará; Halaká; judaísmo; Talmud; Torá.

mistéricas, religiones Cultos religiosos del mundo grecorromano, cuya plena admisión quedaba restringida a los que habían pasado por ciertos ritos o misterios de iniciación secreta. Los más famosos eran los de Deméter de Eleusis en Grecia, pero los cultos de Dioniso, Isis y Mitra también exigían la iniciación en los misterios. ⇨ griega, religión; romana, religión.

Misterios El culto de los Misterios de Eleusis era un culto del estado ateniense, pero de modo muy poco usual, estaba abierto, previo pago de una tarifa, a todos los griegos. Los Misterios honraban a Deméter, diosa de los cereales, y a su hija Perséfone, diosa del mundo inferior. El contenido de los ritos era un secreto bien guardado, pero sabemos realmente que a las grandes multitudes que se sometían a la iniciación (un proceso que duraba varios días) se les prometía una suerte mejor en el más allá. Se sabe poco sobre otros cultos mistéricos del período clásico en Grecia. En el posterior período grecorromano, proliferaron «Misterios» de varios tipos; estos, al parecer, prometían con frecuencia mejorar la suerte de los iniciados en esta vida así como en la siguiente. ⇨ griega, religión; mundo inferior.

misterios ortodoxos orientales Ritos del libro litúrgico *Euchologion,* que combina lo que la Iglesia occidental distingue como sacramentos y oficios ocasionales o sacramentales. Los principales misterios son bautismo, crismación (unción con santo óleo parecida a la confirmación, aunque no es acto litúrgico separado del bautismo como en Occidente), confesión, eucaristía, matrimonio, *euchelaion* (oración por los enfermos, que corresponde a la unción de los enfermos), y ordenación. Los otros misterios comprenden la profesión monástica, el funeral y actos litúrgicos conmemorativos, y varios ritos de bendición. ⇨ bautismo; confirmación; Eucaristía; matrimonio y divorcio cristianos; sacramento; sagradas órdenes.

mística Búsqueda espiritual de la experiencia más directa de Dios, o —en términos no religiosos— sabiduría oculta. La necesidad de tal búsqueda se explica, en parte, en la creencia de Tagore de que «el hombre tiene el sentimiento de que él está verdaderamente representado en algo que le excede a él mismo». Características, la mística se concentra en la oración, meditación, contemplación y ayuno, de modo que se produzca la actitud necesaria para lo que se cree que es un encuentro directo con Dios. La mística cristiana tiende a centrar su atención en la persona y sufrimientos de Cristo, intentando trascender la imagen y la palabra hasta la presencia inmediata de Dios. En contraste con otras formas de mística, los místicos cristianos rechazan la idea, común en algunas otras religiones, de la absorción del individuo en lo divino, y mantienen la distinción entre el creyente individual y Dios. La mística ocupa su lugar en la religión junto al aspecto devocional del culto, aunque muchos discuten en lo concerniente a los méritos relativos de cada uno. ⇨ Dios; meditación; oración; religión.

mitología Conjunto de historias tradicionales de un pueblo, con frecuencia transmitidas oralmente. Generalmente narran cosas increíbles de forma deliberada, de modo que «mito» puede significar tanto «historia no verdadera», como «historia que contiene verdad religiosa». El tema de los mitos es o bien los dioses y sus relaciones con los seres humanos u otros seres, o complejas explicaciones de fenómenos físicos. Hasta hace poco mitología quería decir mitología griega, que es inconfundible por concentrarse en historias de héroes y heroínas, y evitar los episodios extraños de los mitos contemporáneos del Oriente Próximo. La mitología griega se derivaba en su mayor parte de Homero, se refería a un período histórico específico (antes de la guerra de Troya), y fue, hasta cierto punto, racionalizada y embellecida por escritores posteriores. El uso de esta mitología por los poetas isabelinos y románticos ingleses muestra un deseo de romper con modelos de conducta estrictamente cristianos. Algunos escritores (como Blake y Yeats) elaboraron sistemas míticos propios sintetizando materiales dispares. La investigación reciente ha sido o folclorista o estructuralista, hallando paralelos inesperados en mitos de fuentes muy diversas, y mostrando su función en la determinación de la conducta social. ⇨ desmitificación; griega, religión.

mitra (griego: *mitra*, «turbante») Toca litúrgica de un obispo de la Iglesia cristiana occidental. Toma la forma de sombrero tipo escudo, alto, rígido, que representa el «yelmo de la salvación». ⇨ liturgia; obispo; vestiduras.

Mitra Dios adorado en el antiguo Imperio Romano, de origen persa, e identificado con el Sol. El culto era predominantemente militar, y restringido a los varones; se practicaba en cuevas, e implicaba el bautismo. Otros parecidos con el cristianismo incluyen el nacimiento milagroso de Mitra y su adoración por pastores. La principal historia era su lucha con el toro, al que vence y sacrifica. ⇨ bautismo; romana, religión.

mitraísmo Culto mistérico que llegó a ser relevante en la sociedad romana durante los primeros siglos de la era cristiana. El culto parece haber sido popular en todo el Imperio Romano, y se han hallado *mithraea,* lugares donde se reunían los miembros, en sitios tan distantes de Roma como Gran Bretaña y Alemania. No se conocen textos sagrados del culto, y sus creencias y dogmas, por tanto, deben ser inferidas de las relativamente pocas referencias de la literatura clásica, y de restos materiales como relieves y estatuas. La escena que se representa con más frecuencia, y que se creía evidentemente que era muy importante, es la del dios Mitra matando un toro. Las creencias astrológicas también desempeñaban un papel importante en la visión del mundo de los adoradores de Mitra, y el culto conoció un modelo jerárquico de grados de iniciación. Puesto que Mitra es un dios iranio, hasta hace pocas décadas los eruditos generalmente asumían que el culto tenía orígenes iranios. Desde entonces, muchos han preferido mirar el mitraísmo como un fenómeno puramente romano, desechando sus primitivos orígenes como irrelevantes, excepto en la medida en que los propios adoradores de Mitra afirmaban orígenes iranios para sus creencias. Las recientes tendencias en el estudio de las religiones iranias antiguas, sin embargo, sugieren un vínculo directo entre mitraísmo y religión prezoroástrica de los iranios occidentales. ⇨ culto 1; Mitra; zoroastrismo.

mitzvah (plural: **mitzvot**) Palabra hebrea que significa «mandamiento». En el judaísmo, un mitzvah es un mandamiento concreto que tiene que ver con la conducta o ritual individual o comunitario. De acuerdo con esto, los rabinos contaban 613 mitzvot en la Torá, de los cuales 248 eran positivos y 365 negativos. Sin embargo, esto no tiene en cuenta aquellos mandamientos que no eran aplicables ya en tiempos posbíblicos, ni la elaboración a la que otros estaban sujetos. Había mitzvot para cada ámbito de la conducta humana. El sistema legal resultante, conocido como la Halaká, puede ser considerado como central para el judaísmo tradicional; a la vez que no está limitado de antemano (permitiendo que se elaboren nuevas reglas en situaciones cambiantes) es obligatorio tanto para el individuo como para la comunidad (puesto que está revelado por Dios). A pesar de ello, el judaísmo no es tan estrictamente legalista como a menudo se ha mantenido, puesto que la Torá es considerada como la huella original de Dios para

el universo. Así, la adhesión a los mitzvot aporta vida y armonía a la persona, a la comunidad y al cosmos. Por esta razón, los mitzvot, aunque obligatorios, pueden observarse con un espíritu de devoción y alegría.
➪ cábala; haggadá; halaká; Torá.

moabita, estela o **estela de Mesa** Piedra de basalto con inscripciones, descubierta en 1868 y posteriormente rota, que describe la rebelión victoriosa de Mesa, rey de Moab, contra los israelitas durante el reinado de Ajab (siglo VII a. C.) o posiblemente de su hijo Jorán (2 Reyes 1,1). Es también importante por la luz lingüística e histórica que arroja sobre las narraciones bíblicas hebreas. ➪ Ajab; Antiguo Testamento.

modelos de religión Los modelos de religión proporcionan un medio de comprender y comparar tradiciones religiosas individuales. Un modelo muy conocido es el de Ninian Smart. Él considera la religión como un organismo con siete dimensiones, que contiene típicamente doctrinas, mitos, enseñanzas éticas, rituales, instituciones sociales y representaciones estéticas, y está animada por experiencias religiosas de varios tipos. Subyaciendo a estas siete dimensiones está la historia de la religión de que se trate, aunque las dimensiones son, de hecho, puntos de apoyo que proporcionan un marco dentro del cual la religión puede ser definida y, posteriormente, comparada con otras. Michael Pye ofrece otro modelo centrado en los cuatro aspectos de acción religiosa, grupos religiosos, estados de mente religiosos y conceptos religiosos, que se subdividen en varios subtemas y comparaciones. Smart usa su modelo para mostrar que las alternativas seculares a la religión, como el marxismo, humanismo y nacionalismo, son equivalentes funcionales de la religión. Colocando una noción de trascendencia y un foco mediador al comienzo del modelo (Dios en Cristo, Alá en el Corán, Yahvé en la *Torá,* Brahman en el atman o un dios hindú, y nirvana en Buda o el Dharma), y una noción de fe o intencionalidad al final del modelo, es posible hacerlo más sustancial y, sin embargo, mantenerlo flexible y relevante para el estudio de la religión. ➪ Alá; alternativas seculares a la religión; atman; Brahman; Buda; Corán; dharma; estudio de la religión; humanismo; Jesucristo; nirvana; Torá; Yahvé.

modernismo islámico Movimiento moderno dentro de la tradición islámica que se desarrolló como respuesta positiva al poder científico y tecnológico de la ciencia occidental, el imperialismo de las naciones occidentales y la visión del mundo intelectual que subyace al poder occidental. Fue también una respuesta a la amenaza del cristianismo, que se consideraba formaba parte de la visión del mundo occidental. Pretendía reinterpretar el islam a la luz del mundo moderno para que la tradición musulmana se pudiera adaptar a la situación contemporánea. Tres de las figuras más influyentes

Modimo

en este movimiento fueron al-Afghani (1838-1897), cuyo activismo y dinamismo extendieron su modernismo radical por todo el mundo musulmán; Muhammad Abduh (1849-1905), que fue un influyente reformador educativo desde su puesto de rector de la Universidad al-Azhar de El Cairo y Gran Mulftí de Egipto, y Sir Muhammad Iqbal (1873-1938), que estaba afincado en la India e intentó integrar las doctrinas del Corán con la noción occidental de Bergson de la evolución creativa. En sus intentos de reinterpretar el Corán en el contexto de las nuevas circunstancias, y de crear una síntesis del pensamiento musulmán con la visión del mundo occidental, tuvieron más éxito a la hora de inspirar una nueva autoconciencia musulmana que en la de crear un sistema intelectual islámico profundamente arraigado y avanzado. La iniciativa ha pasado al fundamentalismo radical islámico, no obstante el modernismo islámico aún está activo, aunque con el tono un tanto apagado. ⇨ Corán.

Modimo o **Morimo, Molimo** o **Mlimo** Palabra usada para decir Dios por los sotho-tswana y varios otros pueblos bantúes del sur de África. A los primeros misioneros del siglo XIX que predicaban el Dios cristiano, los portavoces tswana les aseguraron que su nombre tswana era Modimo. Los mismos misioneros observaron que, aunque la gente usaba el nombre constantemente, estaban poco interesados en la idea de la creación. El significado de la palabra es poco seguro, aunque algunos lo han relacionado con la raíz «penetrar, impregnar». Gramaticalmente, la palabra pertenece a una clase de seres no personales, que supone «ello» más que «él», pero también se utiliza como título de honor para los grandes hombres. Su plural regular *badimo* tiene un significado totalmente distinto, el de los espíritus de los muertos tomados colectivamente, de las divinidades inferiores, de los malos espíritus, no siendo ninguno de ellos categorías a las que Modimo pertenezca. Un moderno erudito tswana deduce de los testimonios tradicionales que Modimo es: uno, supremo, amo y maestro de todo, invisible e intangible, madre, asociado al cielo, la raíz y fuente de todo, el que capacita. Puesto que Modimo es la fuente de todo, todas las cosas y personas están relacionadas en él.

Moisés, en hebreo *Môsheh* (siglo XV-XIII a. C.) Profeta y legislador hebreo del Antiguo Testamento. Según el Pentateuco, sacó al pueblo de Israel de Egipto pasando por el Sinaí, Cadés y Moab (donde murió) camino de la tierra prometida. En el monte Sinaí recibió los Diez Mandamientos de manos de Yahvé (Jehová). Siendo niño en Egipto fue salvado de la matanza de todos los niños judíos varones al ser escondido entre las cañas del Nilo, donde fue hallado y criado por una de las hijas del faraón. ⇨ Diez Mandamientos; Pentateuco; Sinaí, monte; Yahvé.

Moisés ben Maimón ⇨ **Maimónides.**

moksha (mokṣa) Liberación de la transmigración *(samsara)* en el hinduismo. El moksha es la meta última, aunque quizá muy distante, de los hindúes. Realizando obras meritorias y cumpliendo las obligaciones de la propia casta *(svadharma)*, un hindú podría esperar renacer en circunstancias conducentes a alcanzar el *moksha,* quizá convirtiéndose en un renunciante y practicando el yoga. En general el moksha se considera como liberación de toda aflicción, un estado de bienaventuranza *(ananda)* y conciencia elevada que supera el deseo. Sin embargo, las distintas tradiciones hindúes entienden el moksha de modos diferentes: que se alcanza mediante los esfuerzos propios, o por medio de la gracia de un Dios personal, o a través de una mezcla de ambos, el esfuerzo y la gracia. La naturaleza de la liberación es también entendida de distintas maneras. Por ejemplo, el Advaita Vedanta considera el moksha como la inmersión del yo *(atman)* en el absoluto *(Brahman)* como una gota se sumerge en el océano, sin un murmullo, mientras que para el Siddhanta sivaíta consiste en hacerse igual, aunque no idéntica, el alma con Siva. Por el contrario, algunos visnuitas ven el moksha como estar con Krishna en uno de sus cielos de una forma específica. En conjunto, el hinduismo sostiene que existen muchas maneras diferentes de lograr la liberación: por ejemplo, el *Bhagavad Gita* menciona la devoción *(Bhakti Yoga),* el conocimiento *(Jnana Yoga)* y la acción *(Karma Yoga)*. Las distintas prácticas espirituales del hinduismo aspiran a la liberación en vida *(jivanmukti),* aunque algunas tradiciones, como el Siddhanta sivaíta, han mantenido que la liberación tendrá lugar al morir *(videhamukti)* por medio de la iniciación *(diksha)* y siguiendo una serie de obligaciones rituales prescritas. ⇨ Advaita Vedanta; Bhagavad Gita; bhakti; jivanmukti; Karma Yoga; samsara; Siddhanta sivaíta; yoga.

Molina, Luis de (1535-1600) Teólogo jesuita español, nacido en Cuenca. Estudió en Coimbra y fue profesor de teología en Évora durante 20 años. Sus principales escritos son un comentario a la *Summa* de Santo Tomás de Aquino (1593), un tratado, *De Justitia et Jure* (1592), y el famoso tratado sobre la gracia y libre albedrío, *Concordia Liberi Arbitrii cum Gratiae Donis* (1588). Molina afirma que la predestinación a la felicidad o el castigo eterno es consecuencia del conocimiento previo que tiene Dios de la libre determinación de la voluntad del hombre. Esta opinión fue atacada porque se consideró un renacimiento del pelagianismo, y de ahí surgió la disputa entre molinistas y tomistas, pero un decreto papal de 1607 permitió ambas opiniones. El molinismo ha sido enseñado por los jesuitas. ⇨ jesuitas; Pelagio; tomismo.

Moltmann, Jürgen (1926-) Teólogo reformado alemán, nacido en Hamburgo. Profesor en Wuppertal (1958-1963), Bonn (1963-1967) y Tubinga (1967-), es muy conocido por su influyente trilogía, *Teología de la esperanza* (1967), *El Dios crucificado* (1974), *La Iglesia en el poder del Espíritu* (1977), y también por *La Trinidad y el reino de Dios* (1981), las Conferencias Gifford *Dios en la Creación* (1985), *El camino de Jesucristo* (1990). Probablemente el teólogo protestante más significativo del siglo XX desde Karl Barth; la adopción de Moltmann de la teología de la esperanza marcó una reacción contra la aproximación existencial individualista de Rudolf Bultmann, y un renacimiento en la teología protestante de la preocupación por la naturaleza social de la fe cristiana en el mundo moderno. Entre sus otros libros se cuentan *Esperanza y planificación* (1971), *Sobre la dignidad humana* (1984), y *Construyendo un futuro justo* (1989). ⇨ Barth, Karl; Bultmann, Rudolf Karl; protestantismo.

momificación Proceso de embalsamamiento usado en el antiguo Egipto, donde la supervivencia después de la muerte dependía de la preservación del cadáver en una forma reconocible. Los órganos internos blandos y el cerebro se extraían para impedir su descomposición y la carne se deshidrataba utilizando natrón, y después se trataba con aceites y resinas. El cuerpo se rellenaba de paja y se envolvía en vendas de lino, bajo las cuales se insertaban amuletos. La momia era colocaba en su ataúd, que llevaba una máscara con los rasgos del difunto, y todo el proceso estaba muy ritualizado. En época tardía, para las momias más baratas se usaba solamente betún como elemento de conservación. Muchos animales sagrados eran también momificados para su entierro. ⇨ animales, culto a los; Anubis; más allá; prácticas funerarias del antiguo Egipto.

monacato Forma de vida religiosa hallada tanto en el cristianismo (principalmente en círculos católicos y ortodoxos) como en el budismo, que hace hincapié en la perfección del individuo, bien a través de una existencia ascética solitaria o, con más frecuencia, a través de la vida en una comunidad consagrada. En el cristianismo el movimiento se hace remontar con frecuencia a Antonio y Pacomio de Egipto (finales del siglo III). Aunque inicialmente fue un movimiento laico, pronto llegó a ser dominado por el clero, y se señaló a menudo por la pobreza voluntaria y una vida de devoción y culto. La primera legislación monástica significativa fue la regla de San Benito, que se convirtió en modelo en el cristianismo occidental. En la Edad Media los monjes se comprometieron cada vez más en la investigación erudita y en la copia de manuscritos. En el siglo XIII surgieron varias órdenes nuevas, conocidas como frailes u órdenes mendicantes, que combinaban la vida monástica con la predicación misionera en el extranjero. Del siglo XIV al siglo XVI se sucedieron épocas de declive y reforma.

⇨ agustinos; benedictinos; budismo; capuchinos; cistercienses; cristianismo; dominicos; franciscanos; mendicantes, órdenes; pasionistas; Taizé.

monarquía en el Próximo Oriente antiguo, la A diferencia de Egipto, los reyes del Próximo Oriente Antiguo normalmente no se consideraban divinos, pero eran no obstante el principal lazo entre los reinos divino y humano. En la antigua Mesopotamia se decía que la dignidad real provenía del cielo; la posición de rey era concedida por los dioses y su principal deber era servirles. Como mediadores entre los dioses y el pueblo los reyes tenían un importante lugar en el culto y muchas obligaciones religiosas, incluyendo la responsabilidad de la construcción y mantenimiento de los templos; el rey asirio, como sumo sacerdote de Asur, desempeñaba un papel cultual especialmente destacado. Los reyes eran líderes del ejército nacional y como «pastores» de sus pueblos les incumbía también la administración de justicia y la protección de los pobres, viudas y huérfanos. El éxito del rey en la guerra y en la paz se consideraba un reflejo del favor de los dioses. Modelos similares de monarquía pueden verse en muchos de los estados de Siria y Palestina, pero la información precisa es limitada. Los reyes hititas desempeñaban también un importante papel en el culto; aunque un rey no era considerado divino en vida, a su muerte se le describe «transformándose en un dios»; en consecuencia se hacían ofrendas a los espíritus de los reyes pasados. ⇨ Asur; faraón; monarquía sagrada; templos del Próximo Oriente antiguo.

monarquía sagrada En el antiguo Israel el carácter sagrado de la monarquía se manifiesta en el hecho de que los monarcas eran ungidos por Yahvé, normalmente a través de la mediación de un profeta o sacerdote (1 Samuel 10, 1). A diferencia de otros monarcas vecinos, no se creía que el rey de Israel fuera divino o semidivino, sino que gobernaba sólo como servidor de Yahvé. El modelo bíblico de monarquía influyó en el concepto cristiano medieval de monarquía. Aquí se sostenía que el rey gobernaba por «derecho divino», y esto se apoyaba en la naturaleza sacral de su consagración por el Papa. Esta autoridad de nombramiento divino legitimaba la naturaleza jerárquica de la sociedad, en cuanto que se creía que la autoridad del rey reflejaba la autoridad de Dios en los cielos. ⇨ monarquía en el Próximo Oriente antiguo, la.

monja Miembro de una orden religiosa femenina que vive con los votos de pobreza, castidad y obediencia. El término incluye a mujeres que viven en conventos de clausura, así como hermanas dedicadas al servicio de los enfermos o los pobres. ⇨ monacato; sagradas órdenes; Ursulinas.

monofisitas (griego: «una naturaleza») Adeptos a la doctrina de que Cristo no tuvo dos naturalezas

monoteísmo

después de su Encarnación —una humana y otra divina— sino, más bien, una sola naturaleza, que era realmente divina puesto que la divina según parece dominaba a la humana. Este punto de vista surgió de controversias sobre la naturaleza y persona de Cristo, en pleno auge desde el siglo IV al VI, asociado especialmente a Eutiques (c. 378-454, cabeza de un monasterio en Constantinopla), y condenado por el papa León I (449) y el Concilio de Calcedonia (451); sin embargo, continuaron surgiendo variantes en los siglos siguientes, influyendo especialmente en las iglesias copta, siria y armenia. ⇨ cristología; herejía.

monoteísmo Creencia de que existe un solo Dios. Se desarrolló dentro de la fe judía, y sigue siendo un rasgo del judaísmo, cristianismo e islam. Se opone tanto al politeísmo como al panteísmo. Musulmanes y judíos consideran que la creencia cristiana en la Trinidad niega el monoteísmo. ⇨ cristianismo; Dios; judaísmo; islam; panteísmo; politeísmo.

monoteísmo ético Término utilizado para describir el sistema de creencia que se desarrolló en el antiguo Israel, donde el culto exclusivo del dios Yahvé llevó a su reconocimiento como el único dios verdadero. El monoteísmo ético suele definirse por contraposición al monoteísmo filosófico, y su preocupación tiene menos que ver con la unidad numérica de Dios que con un compromiso consciente con el culto a un solo dios. La fe hallada en la Biblia hebrea es más práctica que teórica; la existencia de otros dioses no se niega, pero no pueden compararse con Yahvé que es el único dios que actúa en beneficio de Israel. Únicamente Yahvé merece la lealtad del pueblo puesto que es el único con el que tienen una relación de alianza. Las dimensiones éticas para la naturaleza de Dios se recalcan en la ley y los profetas, tanto su justicia inherente como las exigencias morales que ella obra en sus adoradores. ⇨ monoteísmo; Yahvé.

montanismo Movimiento popular cristiano derivado de Montano de Frigia (c. 170) y de dos mujeres, Prisca y Maximila, cuyas profecías extáticas y expectación literal del fin inminente del mundo ganaron un gran número de seguidores de las iglesias del Asia Menor. A sus austeros ideales éticos y espirituales se oponía la Iglesia católica que defendía la importancia del ministerio institucional y de la tradición apostólica. ⇨ cristianismo; profeta.

montañas sagradas japonesas En el curso de la historia humana, varios fenómenos naturales han sido juzgados como sagrados por diferentes pueblos. En Japón, las montañas has sido investidas de sacralidad por la gente en general y por algunos grupos en particular. Entre otras razones debido al amor japonés a la belleza natural, y a la idea de que las montañas elevan a los seres humanos al cielo y traen a los *kami* hasta la Tierra. Además de la veneración natural por las montañas en general en el Japón, existe una veneración especial por determinadas montañas. La montaña más sagrada es el monte Fuji, que era especialmente reverenciado por un grupo sintoísta que adoraba a la Gran Deidad del monte Fuji *(Sengen Daishin)*. Igualmente, el monte Ontake era venerado por otro grupo sintoísta que adoraba a la Gran Deidad del monte Ontake *(Ontake Okami)*. Otras montañas sagradas tenían también sus propios kami. Un aspecto interesante de la veneración japonesa a la montaña ha sido el escalar montañas por razones religiosas. Los ascetas de la montaña conocidos como *yamabushi* escalaban montañas en la época medieval por recompensa o poder espiritual, y se formó un movimiento religioso en torno a ellos conocido como Shugendo. Los peregrinos todavía escalan montañas como el Fuji por razones religiosas, intentado llegar a la cima a la salida del Sol, cuando celebran el culto en el santuario sintoísta. Algunos todavía visten la tradicional túnica blanca y sandalias de paja, y llevan un bordón en su peregrinación de dos días. ⇨ kami; peregrinación; sintoístas, santuarios; Shugendo.

monte de los Olivos ⇨ Olivos, monte de los.

monte Sinaí ⇨ Sinaí, monte.

Moon, Sun Myung (1920-)
Líder religioso coreano, nacido en Pyungan Buk-do. En su principal libro, *El principio divino* (1952), afirmaba que a la edad de 16 años tuvo una visión de Cristo que le dijo que iba a completar su obra en el mundo. Comenzó a predicar en 1946 y dos años más tarde fue encarcelado por los norcoreanos. Escapó a Corea del Sur en 1950, y en 1954 fundó la Asociación del Espíritu Santo para la Unificación del Cristianismo Mundial, también conocida como la Iglesia de la Unificación. Esta se extendió a Japón pero no tuvo éxito en Occidente hasta el final de la década de los sesenta, en que comenzó a crecer de manera significativa en EE. UU. Moon ha vivido en EE. UU. desde principios de la década de los setenta. Desde el cuartel general de la Iglesia de la Unificación en Tarrytown, Nueva York, y su seminario de Barrytown, Nueva York, ha encabezado la vida de la Iglesia, estableciendo operaciones de negocios por todo el mundo y conferencias educativas. Él y su mujer son venerados por los seguidores de la Iglesia de la Unificación (popularmente conocidos como «moonies») como la familia ideal, y las bodas en masa se han convertido en un ritual importante en la vida de la Iglesia. *El principio divino* es una reinterpretación de la Biblia, que incluye revelaciones adicionales y en la que se traduce que Cristo ha logrado para el mundo la salvación espiritual pero no la física. La era presente se caracteriza por ser de gran significado, incluso el propio Moon es considerado por sus seguidores como una figura mesiánica. El movimiento anticulto le ha acusado de lavar cerebros y romper familias,

moonies

pero ellos, a su vez, acusan a sus oponentes de secuestrar «moonies» ilegalmente y de desprogramarlos a la fuerza. La iglesia de Moon es un ejemplo fascinante de nuevo movimiento religioso de orígenes cristianos, que surge en Asia con aspiraciones mundiales, que ha crecido y cambiado rápidamente. Su número de miembros total se estima en cerca de un cuarto de millón. ⇨ anticulto, movimiento; Iglesia de la Unificación; Jesucristo; Mesías; nuevos movimientos religiosos en Occidente; salvación.

moonies ⇨ **Iglesia de la Unificación.**

moralidad social Leyes, reglas y normas de conducta diseñadas para posibilitar a los miembros de una sociedad a vivir juntos armoniosamente. Sin moralidad social la conducta de los individuos no podría ser regulada y no existiría la sociedad. La violación de la moralidad social se lleva a cabo bien con procedimientos criminales o, en el caso de ofensas no criminales, por desaprobación social. ⇨ ley y religión.

morisco Nombre dado a aquellos musulmanes españoles y sus descendientes que aceptaron el bautismo cristiano. Fueron expulsados de España en 1609. ⇨ cristianismo; islam.

mormones Nombre dado a sectas religiosas que basan sus creencias en *El libro de Mormón*. La más numerosa de ellas, con más de cuatro millones de seguidores (la mayoría de los cuales viven en América), tiene su sede central en Salt Lake City, Utah, «La Iglesia de Jesucristo de los Santos de los Últimos Días». Movimiento religioso basado en las experiencias visionarias de Joseph Smith, que lo fundó en 1830, en Fayette, Nueva York. Smith afirmaba que había sido guiado hasta el *Libro del Mormón,* escrito en planchas de oro y enterrado mil años antes en una colina cerca de Palmyra, Nueva York. Relato de un antiguo pueblo americano al que se apareció Jesucristo después de su Ascensión, enseña el futuro establecimiento de la Nueva Jerusalén en América. Junto con otras obras de Smith, los mormones toman su doctrina de la versión de la Biblia del rey Jaime. El mormonismo diverge mucho de la doctrina cristiana. Cree que la Trinidad son tres seres independientes, Padre Celestial y Jesucristo (que tienen cuerpos físicos) y el Espíritu Santo (que es un ser espiritual). Los humanos son literalmente hijos de Dios, que fue una vez como ellos, que pueden convertirse en dioses, y que muchos otros han alcanzado la condición de dioses. Así mismo sostienen que los humanos existían antes del nacimiento, en forma espiritual, con Dios, y que en este estado de prenacimiento Satán se rebeló contra Dios y fue arrojado del cielo. Algunos mormones creen que la fidelidad en su estado anterior al nacimiento determina la raza y otras características humanas. Después de la muerte la mayoría de la gente será enviada al reino celestial. La Encarnación de Cristo se considera única sólo porque fue la primera. Creen en la llegada de un milenio en el que Cristo regirá el mundo desde Jerusalén y desde Independency, Misuri. Los mormones consideran que la Iglesia cristiana había abandonado sus principios hasta 1830, en que fue restaurada por Joseph Smith, convirtiéndose en la única iglesia verdadera. ➪ Jesucristo; Smith, Joseph.

Moro, Santo Tomás (1478-1535) Hombre de estado y erudito inglés, nacido en Londres, hijo de un juez. Educado en Oxford con John Colet y Thomas Linacre, completó sus estudios de derecho en New Inn y en Lincoln's Inn; fue durante tres años lector en el Furnival's Inn, y pasó los cuatro años siguientes en la Cartuja dedicado a la «devoción y la plegaria». Durante los últimos años de Enrique VII se convirtió en vicegobernador de Londres y miembro del Parlamento. Presentado a Enrique VIII por Wolsey, se convirtió en jefe de demandas (1514), tesorero de Hacienda (1521) y canciller del Ducado de Lancaster (1525). Fue portavoz de la Cámara de los Comunes, y llevó a cabo misiones en Francia para Francisco I y Carlos V. A la caída de Wolsey en 1529, Moro, en contra de sus deseos, fue nombrado presidente de la Cámara de los Lores, cargo en el que desplegó una prístina honestidad y sencillez. El único defecto de su carácter como juez es la severidad de sus sentencias sobre opiniones religiosas. Simpatizó con Colet y Erasmo en su deseo de una teología más racional y de

Santo Tomás Moro, por Rubens (copia de Holbein). Museo del Prado (Madrid)

una reforma radical en las costumbres del clero, pero, al igual que ellos, tampoco instigó a la ruptura con la Iglesia histórica. Contempló con desagrado la evolución de Enrique hacia el cisma final con Roma. En 1532 renunció a la Cancillería. En 1534 Enrique fue declarado cabeza de la Iglesia de Inglaterra, y el firme rechazo de Moro a reconocer cualquier otra cabeza de la Iglesia distinta del Papa acabó en su condena por alta traición, tras un duro encarcelamiento de más de un año. Al rehusar retractarse, fue decapitado. Moro se casó dos veces; su hija Margaret, la esposa de su biógrafo William Roper, se distinguió por su gran carácter, su talento y su ferviente devoción a su padre. Por su obra en

movimiento carismático

latín, *Utopía,* Moro ocupa un lugar entre los más eminentes humanistas del Renacimiento. Su *Historia del rey Ricardo III* (1513) «inicia el moderno estilo histórico inglés distinguido». Erasmo habla de un hombre de personalidad atractiva más que impresionante. Fue canonizado en 1935. Su fiesta se celebra el 22 de junio. ⇨ Erasmo, Desiderio; humanismo; Wolsey, Thomas.

movimiento carismático ⇨ **carismático, movimiento.**

mudras Gestos simbólicos, especialmente de las manos, usados en la danza india clásica, en los rituales hindú y tántrico, y en la iconografía hindú y budista. En el contexto budista la palabra se refiere a los gestos manuales hechos por Buda. Estos son profundamente simbólicos, y cuentan una historia gráfica a los devotos budistas mientras contemplan la imagen de Buda. Hay cinco mudras que tienen una importancia sobresaliente: Buda levanta su mano derecha para calmar el miedo; forma una rueda con sus manos como símbolo de su enseñanza; junta sus manos mirando hacia arriba como símbolo de meditación; apunta con su mano a la tierra para llamarla como testigo, y tiende su mano para ofrecer dones al mundo. La danza india clásica utiliza cientos de mudras en gestos mímicos convencionales pero bellos. Es común en el culto popular indio tocar seis partes del cuerpo con gestos apropiados. Los mudras se utilizan de diversas formas en el culto hindú y pueden utilizarse en la meditación tántrica para evocar y, por tanto, dar forma a la intención de alcanzar un estado de conciencia más alto. ⇨ bhavana; Buda; Buda, imagen de; budismo tántrico; tantra; tántrico, hinduismo.

muecín En el islam, funcionario de la mezquita que emite la llamada a la oración de los fieles. El nombre significa «el que anuncia». ⇨ islam.

«muerte de Dios», teología de la Tipo de teología cuyas raíces estaban en el siglo XIX, pero que se hizo popular, especialmente en EE. UU., a mediados de la década de los sesenta. Intentaba afirmar la racionalidad de la fe y creencia cristianas en la singularidad de Cristo, sin la creencia en un Dios trascendente, afirmando algunos de sus exponentes que, puesto que la gente moderna encontraba imposible creer en Dios, la Iglesia debía arreglárselas sin él también. Una de sus creencias es que Dios se ha retirado por propia iniciativa para permitir la libertad completa a la humanidad contemporánea. Está asociada a teólogos como William Hamilton (1924-), Paul van Buren (1924-), Gabriel Vahanian (1927-) y Thomas J. J. Altizer (1927-), que reivindicaban a Hegel, Nietzsche («Dios ha muerto») y Bonhoeffer como sus precursores intelectuales. ⇨ Bonhoeffer, Dietrich; teología.

Muharram Primer mes del año musulmán; usado también como nombre de una celebración religiosa, especialmente entre musulmanes chiítas, celebrada en esa época en conmemoración de la muerte de Husain, nieto de Mahoma, con procesiones en las que los fieles golpean sus pechos o se azotan. ⇨ chiísmo; islam; Mahoma.

mujeres en el cristianismo, las La teología feminista, especialmente a partir de los movimientos para la liberación de la mujer de mediados del siglo XX, sostiene que los hombres han utilizado la Biblia para subyugar a las mujeres y que existe un inaceptable sesgo masculino en la teología y organización de la Iglesia. Dios es descrito normalmente en términos asociados a la masculinidad, con frecuencia los himnos dan por sentado en su lenguaje que todos los creyentes son hombres, y a las mujeres (si no se les asigna ahora el papel de tentadoras, a semejanza de Eva, o de distracciones para la vida espiritual) se les conceden papeles pasivos o secundarios. Unas pocas, como la Virgen María y algunas santas notables, son muy veneradas; pero a las mujeres no se les da acceso al sacerdocio en el catolicismo o en la Iglesia ortodoxa. La Iglesia de Inglaterra, ante la presión de las iglesias hermanas de la Comunión Anglicana que han ido mucho más lejos, ha ordenado diaconisas desde 1987; pero se han obstaculizado otros progresos por temor a provocar una división en la Iglesia o a poner en peligro las conversaciones para la unión con el catolicismo o la ortodoxia, aunque finalmente se han abierto las puertas al sacerdocio femenino. Incluso aquellas iglesias protestantes que conceden actualmente a las mujeres igualdad oficial con los hombres (aproximadamente una tercera parte), con frecuencia las tienen supeditadas en ministerio y función, a pesar de que han dependido de las mujeres para la mayor parte de la obra de las misiones extranjeras. Los argumentos a favor y en contra de la ordenación de mujeres en gran medida giran en torno a la interpretación de la Escritura. ¿Fueron la práctica de Jesús (eligiendo sólo apóstoles masculinos, aunque contaba con buen número de seguidoras y amigas) y la enseñanza de San Pablo (sobre el gobierno del hombre sobre la mujer) adaptaciones necesarias a la situación cultural de la época o una directriz permanente para la Iglesia, aunque las pautas sociales pudieran cambiar? O, como los partidarios de los derechos de la mujer sostienen, ¿ha llegado ya la hora para la otra enseñanza de San Pablo (Gálatas 3, 28) de que «en Cristo» no existen distintas categorías de «hombre» y «mujer», para darse cuenta, en el mismo grado en el que fue finalmente aceptado tanto en la Iglesia como en la sociedad, de que no hay división permanente de la humanidad entre «esclavo» y «libre»? ⇨ ministerio cristiano; sexo y cristianismo; teología feminista.

mujeres en el islam, las Aunque se pueden hacer generalizaciones sobre las mujeres en el islam, siempre hay excepciones, porque el

mujeres en el islam

islam ha llegado a encarnarse en culturas muy diferentes. Por ejemplo, entre los bereberes del Norte de África las mujeres gozan de una gran libertad comparada con muchos otros ambientes islámicos. El primitivo islam reformó la posición de las mujeres en la sociedad árabe, estableciendo restricciones sobre el divorcio y la poligamia, y otorgando a las mujeres ciertos derechos de herencia y propiedad. Teóricamente el islam considera a hombres y mujeres iguales ante Dios, y como «creados de una sola alma» (Corán 4, 1). Sin embargo, no son consideradas socialmente iguales, y se cree que las mujeres tienen diferentes papeles que los hombres. Para la ley, su testimonio contaba menos que el del hombre, necesitaban que los hombres actuaran por ellas legalmente, y tenían menos derechos de propiedad. En teoría una mujer puede realizar todos los ritos musulmanes pero, excepto en las mezquitas de mujeres, esto raramente sucede en situaciones comunitarias. El Corán llamaba a la modestia en el vestir femenino, lo que, en algunas sociedades musulmanas, se llevó al extremo, imponiendo el velo completo de los pies a la cabeza, e incluso la reclusión estricta en la casa *(purdah)*. Sin embargo, en el islam sufí surgieron ramas y conventos de mujeres, y a las eruditas y místicas como Rabiah les fue posible escribir poesía que llegó a ser proverbial en todo el mundo musulmán. En los estados musulmanes modernos la ley civil ha liberado con frecuencia a las mujeres de regulaciones restrictivas y les ha dado entrada en la vida profesional y pública, como en el caso, por ejemplo, de Benazir Bhutto, en Pakistán. Sin embargo, la ley de la shariah sigue siendo más restrictiva en lo que a las mujeres se

Tres mujeres afganas con el burqa, la prenda que les cubre la cabeza, impuesta por la milicia de los talibán (Kabul)

refiere. ⇨ Corán; matrimonios y divorcios islámicos; mezquita; Rabiah; shariah; sufismo; velo.

mujeres en el judaísmo, las Aunque numerosas mujeres judías del siglo XIX lograron relevancia, no fue hasta las décadas de 1960-1970 cuando el papel de las mujeres dentro del judaísmo llegó a debatirse con seriedad; incluyendo la cuestión de las rabinas. Las respuestas se dividían según las tendencias confesionales. La ortodoxia ha mantenido el papel de las mujeres en el hogar dado por Dios, con una galería aparte para mujeres en la sinagoga. Deben guardar los mandamientos «de prohibición» pero, a diferencia de los hombres, y para aligerar su cargo a doméstica, están exentas de los mandamientos positivos en momentos concretos (por ejemplo, habitar en chozas durante la fiesta de Sukkot). La ordenación de las mujeres tiene poco sentido, por tanto, pero se piensa que esto refleja diferencia y no inferioridad. El judaísmo reformado ha reconocido que la tradición judía discrimina a las mujeres, de forma notable por su exclusión del ritual público. Esto ha llevado, por ejemplo, a la introducción de una ceremonia del bat mitzvah («hija de la ley») al cumplir la niña 12 años, paralela al bar mitzvah («hijo de la ley») del muchacho que cumple 13 años; evoluciones similares son ahora populares incluso dentro de la ortodoxia. La primera rabina reformista fue ordenada en 1972. El judaísmo conservador intentó abrir una vía entre la ortodoxia y la reforma en esta y otras áreas. Por ejemplo, las mujeres no están ya separadas de los hombres en las sinagogas, aunque no podían ser ordenadas. Sin embargo, el judaísmo conservador ordenó su primera rabina en 1985. ⇨ judaísmo ortodoxo; judaísmo reformista; menstruación, actitud judía ante la; mujeres en la religión, las.

mujeres en la religión, las En muchas tradiciones religiosas las mujeres han sido consideradas como inferiores y subordinadas a los hombres. Su papel en tales religiones ha quedado restringido a funciones domésticas y secundarias, y no se les ha permitido en su mayor parte dirigir actos religiosos. En las religiones en las que la fertilidad es central, sin embargo, las mujeres han tendido a desempeñar un papel más relevante y se han visto envueltas en el centro del culto divino. ⇨ harén; menstruación; mujeres en el cristianismo, las; mujeres en el islam, las; mujeres en el judaísmo, las; papeles según el sexo; teología feminista.

mujtahid Hombre que hace interpretación personal de la shariah o ley divina musulmana. El chiísmo permite esas interpretaciones, mientras que la Sunna generalmente las ha rechazado. ⇨ chiísmo; islam; shariah; sunnitas.

Mul Mantra (Mūl Mantra) Importante poema teológico sij compuesto por el primer gurú sij, el Gurú Nanak. Junto con el igualmente

mullah

importante *Japji,* se considera que es su composición más antigua, ambos van juntos al comienzo del texto sagrado sij, el *Gurú Granth Sahib.* El *Mul Mantra* contiene el meollo de la teología sij en su afirmación de que Dios es uno y verdadero; Él es el creador y sustentador de todas las cosas y está en el interior de todo; Él está más allá del tiempo y del renacimiento; Él está por encima de las emociones de miedo y enemistad; pero se automanifiesta, y es conocido a través de la gracia del Gurú. A diferencia de los mantras hindúes, el *Mul Mantra* no es secreto sino que está abierto a todos y es enseñado e interpretado formalmente en conexión con la iniciación sij *(Amritsanskar).* Su importancia se realza colocándolo, en forma abreviada, en la cabecera de cada sección del *Gurú Granth Sahib.* ⇨ amrit; Gurú Granth Sahib; Japji; Khalsa; mantra; Nanak.

mullah (árabe: «maestro») En el islam, erudito, maestro o hombre piadoso y erudito. Es también un título de respeto otorgado a quienes realizan deberes relacionados con la ley islámica. ⇨ islam; shariah.

Mulungu, Murungu, Mlungu, Mluku, Mungu o **Mngu** Uno de los nombres de Dios más extendidos en el África del este y central, hallado desde el bajo Zambeze hasta el lago Victoria. A pesar de que existe en muchas lenguas, su significado es oscuro. En general, se refiere a Dios creador, asociado al cielo, la lluvia y el trueno. En la mayoría de las lenguas no tiene plural, porque Mulungu es uno; todos los demás seres espirituales son de distinta clase. Pero se pueden encontrar ejemplos de lenguas en las que el plural se refiere a espíritus ancestrales, y la palabra se usa, no como nombre sino como un término impersonal, para referirse a lo sobrenatural en su conjunto. Un observador del siglo XIX de los ngoni lo entendió como la representación corporativa de todos los espíritus de los difuntos. Las traducciones de la Biblia, en al menos 25 lenguas, lo usan como el nombre de Dios.

mundo inferior Región situada debajo de la tierra, habitada por las almas de los muertos. En los estratos más antiguos de la tradición religiosa parece haber existido poca diferencia entre cielo e infierno. Todos los difuntos, independientemente del mérito, eran enviados al mundo inferior. En el Israel anterior al exilio los muertos estaban destinados al sheol, una tierra de oscuridad donde a duras penas alcanzaban una existencia sombría separados de la presencia de Yahvé (Salmos 39, 12-13; 88, 9-12; 115, 17-18; Isaías 38, 18-19). Ideas parecidas se pueden encontrar en el pensamiento griego y romano. Según Homero, las almas de los difuntos descienden al hades, una enorme caverna subterránea, donde vagan lentamente de un sitio a otro como sombras o sueños (cf Odisea 11, 207). A medida que el pensamiento religioso evolucionó, sin embargo, el mundo inferior vino cada a ser considerado como un lugar de castigo para los malos. En correlación con esto, se desarrolló el concepto de cielo como morada de los justos y piadosos. La teoría reveló que la conducta de un individuo en esta vida determinaba si sería enviado después de la muerte al cielo o al infierno. Estas ideas vemos que se desarrollan en el judaísmo tardío, especialmente en el postexilio. Así, en el Apocalipsis de Enoc (22, 9-13) etiópico, el sheol está dividido en regiones separadas para los justos y los impíos. En el cristianismo esta evolución se continuó y refinó todavía más. El sheol y el hades fueron asimilados en el concepto de infierno, un lugar de tormento atroz donde los pecadores son castigados por sus maldades terrenas. El cristianismo desarrolló también el concepto de purgatorio para aquellos que no eran tan malos como para ser enviados a la condenación eterna, ni tan virtuosos como para que pudieran ser enviados directamente al cielo. El purgatorio es un castigo temporal y finito del pecado, orientado a purificar al alma para hacerla digna de habitar en la Divina Presencia. En la época moderna no se acepta completamente el concepto de infierno por incompatible con el concepto de un Dios de amor. Así ha surgido una tendencia a interpretar el infierno en términos psicológicos (cf la afirmación de Sartre de que «el infierno son los otros») o afirmar que a los malos les espera el olvido más que el tormento eterno. ⇨ alma; inmortalidad; juicio final o de los muertos; más allá.

Münzer, Thomas (c. 1489-1525) Reformador religioso alemán y anabaptista, nacido en Stolberg. Estudió teología, y en 1520 comenzó a predicar en Zwickau. Sus ideas socializantes y doctrinas místicas pronto le llevaron a enfrentarse con las autoridades. Después de predicar continuamente, en 1525 fue elegido pastor de los anabaptistas de Mülhausen, donde sus ideas pronto removieron al país entero. Se unió a la Revuelta de campesinos de 1524-1525, pero fue derrotado en Frankenhausen, y ejecutado pocos días después. ⇨ anabaptistas.

Murti ⇨ **iconografía hindú.**

musulmán Seguidor de la tradición islámica; literalmente, el que se ha «sometido» a Dios, de la palabra árabe *aslama,* «someterse». La palabra asociada islam, que significa sometimiento o sumisión, se ha convertido en el nombre de la tradición musulmana. Este es uno de los casos raros en que el nombre de una religión ha surgido dentro de la tradición misma, en vez de ser impuesto desde fuera: los cristianos fueron llamados cristianos, *christianoi,* en Antioquía; los hindúes fueron llamados hindúes por los musulmanes, y al sintoísmo de Japón le dieron ese nombre los chinos. La palabra «musulmán» asume que la iniciativa es de Dios. El musulmán se ha rendido y sometido a Dios, y se conforma con hacer la voluntad de Dios, por tanto, es Dios el que actúa y el musulmán el que le sigue. Actualmente entre los musulmanes no hay acuerdo sobre las dos nociones del islam: como tradición religiosa dinámica, histórica y autoconsciente, y como religión que somete a sus creyentes a un Dios soberano. Un gran compilador de los dichos (Hadith) de Mahoma fue llamado también Musulmán (Abu-l-Husayn Musulmán 816-873), y sus dos colecciones de hadith están catalogadas como dos de las más importantes dentro de la tradición islámica. ⇨ Alá; Hadith; islam.

Musulmanes Negros Grupo musulmán entre los afroamericanos de América, especialmente EE. UU., que era también conocido como «la Nación del islam». Los Musulmanes Negros se dedican a mejorar su posición económica, ética, religiosa y social frente a la sociedad blanca y cristiana dominante. Aunque pueden buscarse elementos de su obra a comienzos de siglo, como grupo se remontan a la obra de W. D. Fard Mohamed que llegó de Arabia a EE. UU. en 1930 y trabajó entre los negros de Detroit, hasta que desapareció en 1934. Su sucesor Elías Mohamed (1897-1975) y el lugarteniente de Elías, Malcolm X, levantaron el movimiento que consideraba a W. D. Fard Mohamed como un profeta y como el Mahdi. En su énfasis sobre la raza negra, su exaltación de W. D. Fard Mohamed, y su negación de la vida después de la muerte el movimiento se separa de la principal corriente del islam. Ha ofrecido ayuda y dignidad especialmente a los negros pobres de EE. UU. por medio de programas de bienestar social, un código ético rígido, proyectos educativos y ocupacionales, leyes dietéticas, sus interpretaciones del islam y sus exhortaciones a la oración y al culto. En 1975 Wallace D. Mohamed sucedió a su padre, Elías Mohamed, como líder, y se permitió a los blancos hacerse miembros del movimiento, que cambió su nombre por el de «Comunidad Mundial del islam en Occidente». ⇨ islam; Mahdi.

mutazilíes (Muʻtazilites) Importante escuela de pensamiento dentro del primitivo islam que fue significativa para el desarrollo de la teología musulmana como ciencia *(kalam),* y especialmente importante en los siglos VIII y IX. Estaba influida por corrientes racionalistas procedentes de la cosmovisión griega, e introdujo ideas filosóficas en el islam, que no eran del todo compatibles con el Corán. Hacía hincapié en la razón, el libre albedrío, en el Corán en cuanto creado y en los atributos de Dios en cuanto que eran uno con su esencia. La postura musulmana ortodoxa, más tarde, inspirada por al-Ashari (873-935), viró más hacia la revelación, el determinismo, el Corán como no creado y la idea de que los atributos de Dios estaban *en* su esencia pero *no* eran su esencia. Políticamente, los mutazilíes tomaron una postura media entre los sunnitas y chiítas en virtud de su principio filosófico de la importancia de «una posición entre dos posiciones». En la práctica se convirtieron en una influencia formativa sobre la teología chiíta, especialmente la de los duodecimanos. Aunque eran una fuerza temporal dentro de la historia islámica, fueron importantes por su penetración filosófica, su sutileza teológica y sus tentativas en la meditación intelectual, que alimentaron la evolución de la filosofía y teología islámicas. ⇨ chiísmo; Corán; duodecimanos; kalam; predestinación; racionalismo; sunnitas.

Mwari Nombre de Dios entre los shona de Zimbabwe y uno de los nombres entre los Venda de Transvaal. Entre los shona del norte es reconocido como creador, pero no se cree que intervenga a menudo directamente en la vida humana, excepto para castigar graves violaciones del orden que él estableció, por ejemplo, el incesto. La actividad religiosa normal está dirigida a los *midzimu* o espíritus ancestrales, que realmente pueden ser intercesores apropiados ante Mwari cuando sea necesario (aunque es probable que él se interese menos por los asuntos personales que por los nacionales). Entre los shona del sur, sin embargo, especialmente los kalanga y karanga, Mwari es el centro de un culto mayor, y tiene un oráculo donde habla directamente. Su hogar está en las colinas Matopo, donde se encuentran sus cuevas, y su presencia se muestra a veces allí a través del fuego. El culto es esotérico, con su propio sacerdocio versado en sus secretos; el oráculo es consultado en una amplia área, entre otros por los shona, los Venda y los ndebele. Este tipo de culto del ser supremo, que habla a través de un sacerdocio, es poco frecuente en África. Mwari se usa a menudo como nombre del Dios cristiano, pero algunos grupos, preocupados por distinguir a Dios del oráculo, rechazan esta práctica.

mythos Ningún «mito» resulta tan familiar como los de Grecia; sin embargo, por una vez, los griegos no contaban con una palabra para designarlos. Mythos originalmente significa sencillamente «palabra, discurso, historia». En el siglo V a. C. empieza a aparecer una distinción entre mythos —discurso fantástico o nada fidedigno— y *logos* —discurso racional, bien fundado—, pero, en este sentido, *mythoi* son en general historias exageradas, no «mitos» en nuestro sentido. Los griegos, por tanto, no tenían mitos; tenían «historias sobre dioses y héroes» (como ellos podrían haber dicho) que posteriormente llegaron a ser consideradas como «mitos». ⇨ griega, religión.

N

nabí (nabī) Término islámico (y bíblico) para decir profeta. La tradición musulmana se refiere a dos tipos de profeta: el *rasul,* o mensajero, que trae un nuevo tipo de revelación al mundo, y el nabí, que es un profeta dentro de una tradición ya existente. La línea de rasules o mensajeros se considera más importante que la de los nabís, e incluye a Adán, Seth, Noé, Abraham, Ismael, Moisés, Lot, Jesús y Mahoma. Los nabís son más numerosos —la tradición islámica menciona 124.000— y traen buenas noticias a sus contemporáneos, pero también avisan del juicio venidero si la gente no enmienda sus caminos. El Corán incluye muchos profetas árabes nativos, otros profetas tomados de la Biblia hebrea, y otros, como Juan el Bautista y Jesús, del Nuevo Testamento cristiano. Mahoma es considerado como el cumplimiento de los profetas, y el Corán el de las antiguas Escrituras. Mahoma es el último de los profetas; de ahí que «profetas» posteriores, como Bahaullah (1817-1897) de la tradición bahai, y Mirza Ghulam Ahmad (1835-1908) de la tradición Ahmadiyyah, no sean considerados auténticos profetas dentro del islam tradicional. ⇨ Abraham en el islam; Adán y Eva; bahaísmo; Bahaullah; Corán; Jesucristo en el islam; Juan (Bautista), San; Mahoma; Nuevo Testamento; profeta; revelación en el islam.

Nabucodonosor (c. 630-562 a. C.) Rey de Babilonia (605-562 a. C.), hijo de Nabopolasar, fundador del Imperio Babilonio Nuevo, y el rey de Babilonia más famoso. Bajo su reinado, la civilización babilónica alcanzó su culmen, y su imperio se extendió hasta el Mediterráneo. En Occidente es recordado principalmente por su deportación de los judíos a Babilonia (586 a. C.).

Nacianceno ⇨ **Gregorio Nacianceno, San.**

Nag Hammadi, textos de Biblioteca de textos religiosos escritos en copto y descubiertos en 1945 en Egipto, cerca de la ciudad de Nag Hammadi. Consta de unos doce libros que contienen 52 tratados, las Escrituras del movimiento gnóstico cristiano en Egipto, aunque algunas obras no son abiertamente «gnósticas» ni «cristianas», sino que tienen

Nahún

más bien un carácter filosófico o judío. Es un valioso testimonio de esta forma primitiva de cristianismo «herético», y contiene muchas obras anteriormente desconocidas. ⇨ coptos; cristianismo; gnosticismo.

Nahún, Libro de   Uno de los doce escritos proféticos denominados «menores» de la Biblia hebrea/Antiguo Testamento, atribuido a un profeta llamado Nahún, acerca del cual poco más se sabe. El oráculo anuncia rotundamente la caída de Asiria y la destrucción de Nínive (612 a. C.), lo que se interpreta como el juicio del Señor por su maldad y como buena noticia para Judá. Se intentaba quizá animar a actos de agitación judíos en favor de la independencia de la potencia ocupante. ⇨ Antiguo Testamento; Nínive; profeta.

Nalanda (Nālandā)   Ciudad del estado de Bihar, en la India, que es importante en la historia de la tradición budista. Algunos de los discursos de Buda fueron pronunciados allí; es especialmente famosa como sede de la célebre universidad monástica budista que estuvo en activo durante unos 800 años, desde el siglo V al siglo XII. Al comienzo del siglo V d. C., los reyes Gupta erigieron monasterios allí, y finalmente todo el campus fue cercado con un muro y se convirtió en una universidad monástica. En sus buenos tiempos se matricularon alumnos de todo el mundo budista. Los exámenes de ingreso eran rigurosos, y el currículo incluía estudios generales de gramática, lógica, medicina y otros temas, así como estudios religiosos de filosofía mahayana que se convirtió en su mayor especialidad. Se ha sugerido que una razón del declive del budismo en la India fue la gran reputación de universidades monásticas como la de Nalanda, que sacaban a los monjes de los pueblos donde se necesitaba su ejemplo. Nalanda finalmente declinó también. Su gran biblioteca se quemó en el siglo X, y dos siglos más tarde, las invasiones musulmanas anunciaron su fin. ⇨ Buda; budismo mahayana; suttapitaka.

Nam (Nām)   Término punjabí sij que significa «nombre». Designa el Nombre de Dios, por lo que es un término crucial en la teología sij. Suele utilizarse como sinónimo del ser y naturaleza de Dios, mientras que la expresión «Sat Nam», el Verdadero Nombre, se usa como equivalente de Dios. Aunque Nam está presente en cualquier parte, se le conoce mejor a través de la experiencia que del intelecto. De ahí que sea importante una técnica de meditación conocida como *Nam Simran,* recordando el nombre. Esta puede tomar tres formas: con meditación disciplinada y sistemática del Nam, que profundiza en la espiritualidad de uno y alcanza su clímax en la bienaventuranza, *sahaj*; a través del Nam Japan, la repetición de una frase establecida o mantra que puede ser el propio Sat Nam —se puede usar un rosario como ayuda para ello—; o por medio del canto de himnos como parte de una disciplina espiritual diaria. Meditar, repetir y cantar el Nombre de Dios es común en las religiones, incluyendo la tradición Sant que alimentó el hinduismo, pero los sij le dieron un nuevo sesgo y un nuevo significado como expresión de todo lo que Dios es. ➪ Akal Purukh; Nam Simran; rosario; Sahaj; Sant, tradición.

Nam Simran (Nā Simran) Término importante en la espiritualidad sij. Significa literalmente «recordando el Nombre de Dios», y es equivalente a la oración y meditación. En un plano general, es tener a Dios en la mente e invocar su presencia en todo momento. Más concretamente implica tres cosas: una meditación disciplinada y sistemática sobre el nombre y la naturaleza de Dios, de modo que uno crece en armonía con Dios y logra su bienaventuranza *(sahaj);* una repetición del nombre de Dios, si es necesario con la ayuda de un rosario, de modo que el Nombre de Dios se convierte en parte de la naturaleza de uno, y cantar las alabanzas de Dios en himnos y cantos de la Escritura sij, el *Gurú Granth Sahib.* Aunque el *Nam Simran* es algo que tiene que ver principalmente con la espiritualidad individual, también se puede llevar a cabo en grupos. Se recomiendan la disciplina y tiempos de oración establecidos, pero los gurús se cuidan de señalar el objetivo último de la unión mística con Dios como el centro del *Nam Simran*, más que las técnicas concretas para alcanzarlo. ➪ Gurú Granth Sahib; mala; Nam; Sahaj.

Namdhari (Nāmdhāri) Movimiento reformista sij que surgió en el siglo XIX. Su creador fue Baba Balak Singh (1799-1861) y creció con su sucesor, Baba Ram Singh. Pretendía reformar la apostasía moral de la comunidad sij, especialmente el abuso de drogas y alcohol, el comer carne, las castas, los excesivos gastos nupciales y el trato a las viudas. En 1872 los británicos trasladaron a Baba Ram Singh a Rangún, en Birmania, por fomentar la agresión dirigida a reinstaurar un gobierno sij en el Punjab; sin embargo, los namdharis consideran que está todavía vivo y que volverá para dirigirlos. También creen que el décimo gurú sij, el Gurú Gobind Singh, no murió en 1798 sino que vivió hasta 1812 para conceder la condición de Gurú a Baba Balak Singh. Visten turbantes blancos, característicamente planos por la frente, siguen un código de conducta reformado, asociado a Baba Balak Singh, y en sus oraciones usan un rosario de lana que tiene 108 nudos. ➪ Nirankar; Nirmalas; Udasi.

Nanak (Nānak), conocido como **Gurú Nanak** (1469-1539) Líder religioso indio y fundador del sijismo, nacido cerca de Lahore. Hindú de nacimiento y creencia, viajó mucho a centros hindúes y musulmanes en busca de la verdad espiritual. Se estableció en Kartarpur, en el Punjab, donde atrajo a muchos seguidores. Su doctrina, expuesta más tarde en el *Adi-Granth,* intentaba una fusión de brahmanismo e islam sobre la base de que ambos

Nanto Rokusho

eran monoteístas, aunque sus propias ideas se inclinaban más bien hacia el panteísmo. ⇨ Adi Granth; brahmanismo; islam; panteísmo; sijismo.

Nanto Rokusho Denominación seis escuelas budistas en la capital japonesa de Nara durante la historia primitiva del budismo en Japón. Las seis escuelas eran Jojitsu, Sanron, Kusha, Hosso, Kegon y Ritsu; al principio no eran sectas separadas sino simplemente escuelas filosóficas que coincidían parcialmente. Las dos primeras desaparecieron, y la tercera, Kusha, se unió a la cuarta, la escuela Hosso. Las escuelas Hosso, Kegon y Ritsu evolucionaron hasta convertirse en sectas independientes del budismo japonés, y así continúan en la actualidad, con muchos templos y seguidores. Se originaron en la India, pero llegaron a Japón a través de China, y más tarde consiguieron enraizarse en suelo japonés. Hosso era la versión japonesa de la escuela Yogacara; Kegon se basaba en el Sutra de la Guirnalda *(Avatamsaka),* y Ritsu realzaba las reglas y disciplinas del monacato budista. Aunque estas tres sectas sobrevivieron después de que el emperador Kammu trasladara su capital de Nara, tras su entronización en el 781 d. C., llegaron a ser menos influyentes, y el futuro budista descansa sobre las escuelas Tendai, shingon, zen y Tierra Pura, que fueron introducidas y florecieron más tarde. ⇨ budismo Tierra Pura; budismo zen; shingon; Sutra de la Avatamsaka; Tendai; Yogacara.

naojote Palabra parsi para referirse a la ceremonia de iniciación de un niño. Los zoroastras iranios llaman a la ceremonia *sedra-pushun,* «imponiendo el *sudreh»,* la camisa sagrada. El sudreh y el *kusti,* o cordón sagrado, son los signos externos de adhesión a la fe zoroástrica, y el momento en el que el sacerdote hace que el niño se los ponga es la parte culminante de la ceremonia. Antes del naojote mismo, al niño se le hace tomar un baño ritualmente prescrito, y durante la ceremonia, él o ella recita unas pocas oraciones que ha aprendido de memoria. El naojote debe ser realizado por un sacerdote en un templo del fuego. Después de la ceremonia, se celebra normalmente una comida festiva para una reunión numerosa de parientes y amigos de la familia. ⇨ ritos de paso; zoroastrismo.

Naqshbandiyyah Importante orden musulmana sufí fundada por Naqshband de Bukhara (1317-1389). Esta hace hincapié en el silencio como elemento significativo en la vivencia de la espiritualidad, y subraya las disciplinas espirituales de la concentración y recuerdo como caminos hacia Dios. Como parte de esta aproximación general, los naqshbandís invocan a Dios en su corazón mediante la invocación silenciosa *(dhikr),* más que a través del uso del discurso ritual. Esto sucede en el centro sutil de una persona, en un santuario íntimo, que es el corazón espiritual. Implica una conciencia espiritual existencial más que racional o hablada. Existen paralelos de esta espiritualidad de invocación interior en otras religiones, por ejemplo, en la oración hesicasta judía del corazón y en las prácticas hindúes de yoga. La orden llegó a ser importante en el Cáucaso, Asia Central y la India. ⇨ dhikr; hesicasmo; sufismo; yoga.

Nara Primera capital del Japón (710) y centro del budismo japonés. Tiene el más antiguo complejo de templos de Japón y los edificios de madera más antiguos del mundo. ⇨ budismo.

Nastika ⇨ **budismo; jainismo.**

Natán (siglos XI-X a. C.) - Profeta bíblico, asociado con la corte del rey David, que aparece en tres incidentes. Cuando David piensa erigir un templo a Yahvé en Jerusalén es a Natán a quien consulta, y es Natán el que recibe de Yahvé la profecía de que el rey debe dejar la tarea a su hijo, y quien pasa luego a profetizar el establecimiento y la continuidad de la dinastía davídica (2 Samuel 7). Para los redactores deuteronomistas de los libros de Samuel esta profecía del templo y dinastía es el punto culminante del reinado de David. Más tarde, Natán reprende a David por su conducta inmoral al haber matado a Urías el hitita para tomar a su esposa Betsabé (2 Samuel 11, 12). En la ancianidad de David, el profeta aparece participando en la intriga palaciega que provoca la designación de Salomón como heredero de David y, con Sadoc el sacerdote, es responsable de su unción como rey (1 Reyes 1). ⇨ David; Salomón; Yahvé.

Natanael (hebreo: «Dios ha dado») Personaje del Nuevo Testamento que aparece solamente en Juan 1, 45-51; 21, 2. Se dice que fue presentado a Jesús por Felipe, y es uno de los primeros en confesar a Jesús como «Hijo de Dios, Rey de Israel». No aparece por este nombre, sin embargo, en ninguna lista de discípulos en los evangelios sinópticos; posiblemente no fuera uno de los doce o incluso ni siquiera una persona histórica, a pesar de algunos intentos de identificarle con Bartolomé o Mateo en las listas sinópticas de los doce discípulos. ⇨ apóstol; Felipe, San; Jesucristo; Juan, Evangelio según.

Nataraja (Nātarāja) Uno de los nombres de la deidad hindú, Siva. Como Señor de la Danza, baila la creación del universo. ⇨ hinduismo; Siva.

nath, yoguis (Nāth Yo-guis) Tradición yoga del hinduismo que se origina en la época medieval y remonta sus orígenes al legendario Matsyendranath y su discípulo Gorakhnath (c. 1200 d. C.). A los naths también se les llama *Kanphatas* («oreja hendida»), porque durante su ceremonia de iniciación los lóbulos de las orejas se les hienden para colgarles grandes pendientes. La filosofía yoga nath está influida por el budismo tántrico y el sivaísmo. Busca la liberación en vida *(jivanmukti),* que es la realización

Natividad

de la propia identidad innata *(sahaja)* con el absoluto, lograda en un cuerpo hecho perfecto *(siddha)* o divino *(divya)* en el «fuego» del yoga. Los naths practican el hatha yoga e intentan despertar la fuerza de Kundalini, oculta dentro del cuerpo. Así, aceptan la idea de una anatomía esotérica con varios centros sutiles *(chakras)* a lo largo de los cuales fluye energía *(prana),* que puede aprovecharse para la iluminación espiritual. Los textos más importantes de los naths sánscritos que han llegado hasta nosotros son el *Siddhasiddhanta Paddhati,* que trata de la perfección del cuerpo y la realización del universo dentro de él, y el *Hathayogapradipika* y *Gheranda Samhita*, que son textos sobre yoga. Existen aún muchas órdenes monásticas yoga nath en la India. ⇨ budismo; chakras; Gorakhnath; hatha yoga; jivanmukti; Kundalini; prana; sivaísmo; tántrico; hinduismo.

Natividad, la Historia del milagroso nacimiento de Jesús de Nazaret de María; los acontecimientos que le acompañaron se han descrito de forma muy diversa en los primeros capítulos de los Evangelios de Mateo y Lucas. Aunque el año de nacimiento de Jesús es desconocido, normalmente se fija hacia el 6 a. C., dos años antes de la muerte de Herodes el Grande (Mateo 2, 1.16-20). La observancia del nacimiento, la fiesta de la Navidad, se viene celebrando, en la mayoría de la cristiandad, desde los siglos IV-V, el 25 de diciembre. ⇨ Jesucristo; María; Navidad; Nuevo Testamento.

La Natividad, por el Maestro de Ávila. Museo Lázaro Galdiano (Madrid)

nats Espíritus hostiles dentro de la tradición religiosa birmana. Por un lado se les considera como espíritus guardianes, treinta y siete de los cuales, dirigidos por un rey, han sido tradicionalmente muy importantes; por otro se les tiene por potencialmente malévolos, por lo que deben ser propiciados. No son adorados, sino más bien aplacados con dones y ofrendas. En el plano cultural, son servidos por médiums que danzan para ellos en rituales y celebraciones, y les ofrecen dones representativos. Son similares en muchos aspectos a los *yakkhas* del *tipitaka* budista o canon pali, espíritus semidivinos que pueden ser moralmente neutrales, aunque normalmente son hostiles a los seres humanos. ⇨ tipitaka.

natural, religión Noción de que existe una respuesta religiosa natural al mundo, o una religiosidad que es una cualidad humana natural. Durante la Ilustración, en el siglo XVIII, la religión natural representaba las creencias religiosas que supuestamente tenían todos los seres humanos, y eran accesibles a la razón humana, en cuanto opuestas a las creencias sobrenaturales en conceptos como los milagros, providencia y vida eterna. La religión natural contrasta con las religiones positivas en el sentido de que son tradiciones religiosas independientes. Tienen sus propias comunidades específicas, rituales, ética, compromiso social, textos sagrados, doctrinas, estética y espiritualidad. Aunque las tradiciones religiosas pueden no estar en conflicto unas con otras, ni ser «naturales», siendo productos de fuerzas sociales concretas, históricas y espirituales. Existe incluso un contraste más agudo entre religión natural y religión revelada, que se basa en la idea de que la religión es revelada por alguna autoridad externa, como Dios. Según este punto de vista, la religión natural existe en todas las religiones y, mientras puede haber diálogo en el plano filosófico entre estas, poca discusión es posible en el plano teológico, porque las fuentes de revelación difieren. Desde el punto de vista de la religión revelada, la natural, si se cree en su posibilidad, sólo puede ser vista como algo que ocupa el segundo puesto, o bien como una preparación para la propia religión revelada. ⇨ Dios; iluminación; revelación.

navajo, religión Los navajos son el pueblo nativo americano más numeroso. Pueblo originalmente cazador athapasca subártico, cuya religión era chamanística y orientada a la conservación del sustento animal, emigró hacia el sur, quizás hace siete siglos, y actualmente está asentado en Arizona. El cambio de hábitat le condujo a la agricultura, al pastoreo de ovejas y, desde la década de los sesenta, a la extracción mineral. Estos cambios han afectado a la religión de los navajos, en cuanto que tienen la influencia de sus vecinos Pueblo (que han determinado ya el significado sagrado del paisaje local) y de los blancos (la guerra de Kit Carson, que condujo a un encarcelamiento masivo, a la reducción de la tierra natal, 1864-1868 y al sacrificio de ovejas de la década de 1930). La cosmología de los navajos es compleja. La creación es el resultado de un proceso de emergencia ascendente a través de varios mundos. Supone un Primer Hombre (creador del Primer Niño y de la Primera Niña, cuyos nombres son Vida Plena y Felicidad) y Coyote (un embustero que ocasiona la muerte y asegura el equilibrio de contrarios en el mundo). La Mujer Cambiante, hija de Primer Niño y Primera Niña, representa la Tierra, y los procesos que producen el ciclo de vida en

Navidad

orden y armonía. Con su marido, el Sol, es madre de gemelos héroes que matan a los peores monstruos y hacen la Tierra habitable. Desde la aparición del mundo actual y la partida de estos seres sagrados, la función de la religión es mantener la vida y la felicidad plenas simbolizadas por Primer Niño y Primera Niña. Esto exige rituales que vuelven a representar los grandes mitos, especialmente Blessingway, la ceremonia original desarrollada en la creación, y Holuway, que repara las perturbaciones de la armonía. Su efectividad está relacionada con el hecho de que todos los seres, animados e inanimados, tienen «almas de aliento» *(diyin dine'e)* que no están sujetas a decaimiento. El ritual, debidamente realizado, relaciona esta esencia interior con la forma exterior y la controla para bien. Puesto que los rituales exigen precisión puntual, requieren cantores especializados con gran capacidad de memoria. Para los navajos, la casa del sudor es una institución importante. ⇨ casa del sudor; peyote; Pueblo, religión.

Navidad   Fiesta cristiana que conmemora el nacimiento de Jesús, observada anualmente por la mayoría de las ramas de la iglesia el 25 de diciembre aunque algunas confesiones la celebran en enero. La práctica de celebrar la Navidad el 25 de diciembre comenzó en la Iglesia occidental a principios del siglo IV; fue una sustitución cristiana por la fiesta pagana celebrada en esa fecha para solemnizar el nacimiento del sol invicto. Muchas costumbres navideñas tienen un origen no cristiano; por ejemplo, los árboles de Navidad (introducido en Gran Bretaña desde Alemania) y los adornos de acebo y muérdago tienen un origen pagano del norte de Europa. Las primeras tarjetas de Navidad aparecieron en la década de 1840. ⇨ año cristiano; Jesucristo.

nazireos (hebreo: «separados», «dedicados»)   Hombres santos en el antiguo Israel que hacían voto especial (en época posterior sólo por un período determinado) de separarse de los demás. Como se describe en Números 6, este voto prohíbe cortarse el pelo, el consumo de uvas o de productos derivados de la uva, y el contacto con cadáveres (incluso de parientes cercanos). Las historias bíblicas de Sansón y Samuel pueden reflejar tales prácticas, y votos de este tipo están atestiguados también en la época del Nuevo Testamento (Hechos 21, 23-24) y del judaísmo rabínico, pero no en el judaísmo medieval. ⇨ judaísmo; Números, Libro de los; Samuel; Sansón.

Neftalí, tribu de   Una de las doce tribus del antiguo Israel, que se dice descendía de Neftalí, segundo hijo de Jacob y Bilha (sierva de Raquel). Su territorio tribal estaba en el norte de Palestina, próximo al oeste del mar de Galilea y alto Jordán. La tribu se describe en el Libro de los Jueces como compuesta de intrépidos guerreros. ⇨ Antiguo Testamento; Jacob; Israel, Estado de.

Neftis Antigua diosa egipcia, hija de Geb y Nut, y miembro de la enéada heliopolitana, a veces considerada madre de Anubis. Neftis era la esposa de Seth, pero en la mitología osiríaca normalmente aparece al lado de Osiris. Ayudó a Isis a preparar el cuerpo de Osiris para el enterramiento y ambas acompañaron al féretro como plañideras en forma de milanos reales. A menudo aparecen pintadas como plañideras una en cada extremo de un féretro o ataúd. Neftis es representada como una mujer con el jeroglífico de su nombre como una toca, pero no parece haber sido adorada excepto en conexión con Isis, y no tenía centro de culto en el Antiguo Egipto. ⇨ Anubis; enéada; Isis; Osiris; Seth.

Nehemías, Libro de Libro de la Biblia hebrea/Antiguo Testamento, originalmente unido al Libro de Esdras, y probablemente también a 1 y 2 Crónicas. Este escrito histórico recibió el nombre de un funcionario judío del rey de Persia, Nehemías, que según parece dirigió una vuelta a Judea de judíos exiliados en Persia. Tuvo dos períodos de gobierno en Judea durante el reinado de Artajerjes I (465-424 a. C.) o posiblemente Artajerjes II (404-359 a. C.). Existe cierta confusión cronológica en la obra, a causa de la presencia de algunas secciones que parecen pertenecer al Libro de Esdras. ⇨ Antiguo Testamento; Esdras, Libro de.

nembutsu Práctica hallada en el budismo japonés Tierra Pura de repetir el nombre de Amida Buda. Se originó en China pero recibió el nombre en Japón, y significa: «Pongo mi fe en Amida Buda». Por medio de esta práctica, y la fe en la gracia de Amida Buda que subyace en ella, se puede conseguir el renacimiento en el paraíso, o Tierra Pura, de Amida Buda y desde allí alcanzar el nirvana. El nembutsu se introdujo en Japón de modo significativo por medio de la escuela Tendai a partir del 805 en adelante, pero se hizo popular a través de la escuela Tierra Pura *(Jodo)* fundada por Honen en 1175, y la Verdadera Tierra Pura *(Jodo Shinshu)* fundada por Shinran. Honen puso más énfasis en la repetición constante del nembutsu, mientras que para Shinran la fe que subyace en él era lo importante; una recitación del nembutsu ofrecida con sinceridad y fe absolutas podía proporcionar renacimiento en la Tierra Pura de Amida. La recitación del nembutsu traspasó los confines del budismo Tierra Pura al budismo japonés en general como petición de ayuda espiritual, por lo que suele practicarse cuando se ve con claridad que la muerte no está lejos, con la esperanza de lograr renacimiento en la Tierra Pura de Amida Buda. ⇨ Amida, culto; budismo Tierra Pura; Honen; Jodo; Jodo Shinshu; nirvana; Shinran; Tendai.

Nemrod En la Tabla de los pueblos (Génesis 10), supuestamente hijo de Cus y biznieto de Noé. Fue un guerrero y cazador legendario, y según se afirma uno de los primeros en gobernar un gran imperio después del Diluvio, convirtiéndose en rey de

Babilonia y sur de Mesopotamia, así como de Siria, donde se dice que fundó Nínive. En algunas tradiciones rabínicas era también considerado el constructor de la Torre de Babel (Génesis 11), pero no es seguro que fuera una persona histórica. ⇨ Babel, Torre de; Diluvio, el; Nínive; Noé.

neoconfucianismo Nuevo confucianismo que surgió durante la dinastía Sung en China (960-1126 d. C.). Después del hundimiento de la dinastía Han (206 a. C.–220 d. C.), que había sido un imperio confucianista, las tradiciones taoísta y budista crecieron con mucha más fuerza. El neoconfucianismo era una reinterpretación y reafirmación de los valores confucianistas que asimilaron también algunos elementos del taoísmo y del budismo. Su influencia fue más fuerte en China desde la dinastía Sung hasta el comienzo de este siglo. Aunque algunos eruditos confucianistas del período manchú (1644-1912) deseaban volver al propio Confucio, la síntesis de confucianismo y neoconfucianismo siguió siendo el elemento fundamental en el pensamiento y sociedad chinos. ⇨ canon confuciano; Tai Chi.

neofundamentalismo islámico El reciente movimiento dentro del islam conocido como fundamentalismo está mejor descrito como neofundamentalismo. Los movimientos puritanos de los siglos XVIII y XIX que nacen de la obra de al-Wahhab (1703-1792) en Arabia Saudita son, con toda propiedad, fundamentalistas. El moderno neofundamentalismo islámico es a la vez reacción y extensión del modernismo islámico basado en las reformas de hombres como al-Afghani (1839-1897), Muhammad Abduh (1845-1905) y Sir Muhammad Iqbal (1877-1938). Defiende, en los escritos de pensadores formativos como Mawlana Mawdudi (1903-1979), que el islam es un sistema total que abarca tanto los asuntos públicos como los privados. Existe, por tanto, algo como la política y la economía islámicas, así como el deber de vivir de acuerdo con los cinco pilares del islam. Por otra parte, la ciencia y la tecnología son también importantes para el islam. No obstante, el pensamiento occidental necesita ser islamizado, y la modernización debe hacerse a la manera islámica, no occidental. A pesar de cultivar la ciencia y la tecnología por razones prácticas, el neofundamentalismo islámico es básicamente antioccidental y antimoderno. Reafirma algunas de las normas del islam tradicional tales como el papel de las mujeres, la importancia de la limosna y la prohibición del interés bancario. Está dividido en muchas tendencias: por ejemplo, tomó una orientación teocrática chiíta en el Irán del ayatolá Jomeini, que defendía que la clase sacerdotal debía gobernar dentro del islam, mientras que el coronel Gadafi en Libia señalaba la voluntad del pueblo como un elemento clave del neofundamentalismo islámico. Se ha visto reforzado en el plano popular por el apoyo de muchos ulemas musulmanes que se han sentido preocupados por la creciente secularización de la educación y de la ley en varias partes del mundo musulmán. ⇨ chiísmo; modernismo islámico; ulema.

neohinduismo Término que abarca una variedad de movimientos modernos surgidos dentro del hinduismo desde el «renacimiento hindú» del siglo XIX. El neohinduismo parece ser principalmente un desarrollo urbano, asociado a clases instruidas que ven el hinduismo compatible con la ciencia, o creen, más específicamente, que la ciencia corrobora los Vedas. Movimientos más fundamentalistas asociados a clases menos instruidas podrían también ser asumidos bajo el título general de neohinduismo. Estos grupos, políticamente conservadores, se han convertido en una fuerza importante en la vida religiosa y política de la India, como puede verse en el conflicto hindú-musulmán sobre la mezquita ubicada en el supuesto sitio del nacimiento de Rama en Ayodhya. ⇨ hinduismo, movimientos modernos en el; Rama.

neolítica, religión Se refiere a las ideas y prácticas religiosas relacionadas con las civilizaciones neolíticas que florecieron en el mundo entre el 8000 y 3000 a. C. La revolución neolítica estaba centrada en la aparición de la agricultura, la domesticación de animales y plantas, la invención de la cerámica y el desarrollo de comunidades sedentarias; e incluía un centro de atención en la santidad de la naturaleza, el ciclo de las estaciones y la diosa madre. Entre las nueve civilizaciones neolíticas descubiertas —las del Próximo Oriente, sureste de Europa, noroeste de Europa, Malaya, norte de China, Japón, norte de África, el valle del Nilo y América Central— de las que más se sabe es de las de Asia Menor y sureste de Europa. A causa de las grandes áreas y prolongado espacio de tiempo abarcados es difícil generalizar sobre la religión neolítica. Además de los factores mencionados antes, también eran importantes en determinadas regiones los cultos a los antepasados, los ritos de fertilidad, los centros religiosos (como Lepenski Vir en la región del Danubio: 7000 a 6500 a. C., y Catal Huyuk en Anatolia: 6300 a 5400 a. C.), ceremonias de enterramiento, dioses del hogar, monumentos megalíticos, arte rupestre y arte de la cerámica. Queda por hacer un compendio definitivo de la religión neolítica en su conjunto, y quizá sólo sea posible compendiar las religiones independientes de las nueve regiones. Sin embargo, parece probable que en tiempos neolíticos existiera una relación cada vez más íntima entre los seres humanos, la tierra que estaban aprendiendo a aprovechar y los poderes trascendentes que creían residían en ambos. Este sentimiento ecológico por la naturaleza era similar al de los indios americanos. ⇨ megalítica, religión.

neo-ortodoxia Reacción contra el optimismo del protestantismo liberal anterior a la Primera Guerra Mundial, la neo-ortodoxia reafirmaba los principios de la Reforma

neopaganismo

sobre el pecado, la gracia y la fe, y situaba la teología en la Iglesia más que en la universidad. Movimiento no organizado, los títulos alternativos a la neo-ortodoxia de teología «dialéctica» y teología de la «crisis» se refieren más concretamente a la obra *Romanos* (1919, reescrita para la segunda edición de 1922) de Barth y otros escritos tempranos. Estos, inspirados por Kierkegaard, Lutero y Dostoyevski, negaban el método liberal de argumentar desde la experiencia hasta Dios (aquí Barth discrepaba con Brunner, que veía un lugar determinado para la teología natural), afirmando que el lenguaje humano sólo podía hablar de Dios indirectamente, en claras paradojas. Sin embargo, Dios revela en Cristo un mensaje de juicio o «crisis» (del griego *krisis,* «juicio»). Esta revelación dinámica en Cristo y la predicación sobre él fueron desarrolladas en obras posteriores de Barth, incluyendo la monumental *Dogmática eclesial* (1932-1959), ganándose así la neo-ortodoxia un tercer título alternativo de teología «kerigmática» (del griego kerigma, «evangelio»). Esta descripción podría aplicarse también a la teología de Bultmann y Friedrich Gogarten (1887-1967), que evolucionaron hacia el existencialismo cristiano. La teología de los hermanos Niebuhr es también catalogada como neo-ortodoxa. ⇨ Barth, Karl; Bultmann, Rudolf Karl; existencialismo cristiano; Kierkegaard, Sören Aabye; Lutero, Martín.

neopaganismo Nombre dado con frecuencia a una forma moderna de brujería practicada en el Occidente actual. Se inspiró en las obras de Gerald Gardner (1884-1964) que utilizó su experiencia en Asia como funcionario del Estado británico para investigar la magia y la religión asiáticas, y para combinar elementos de ellas con la nueva brujería que desarrolló. El neopaganismo era una amalgama de magia y religión orientales, magia occidental, francmasonería, culto a la diosa y elementos extraídos de la obra de Aleister Crowley. Comenzó en Gran Bretaña en la década de los cincuenta, se extendió a EE. UU. en la década de los sesenta y desde entonces ha llegado a la Europa continental y África. Es esencialmente una especie de religión de la naturaleza basada en el culto a la Diosa Madre. Se han formado muchos aquelarres de brujas neopaganas y se reúnen semisecretamente. Su objetivo es recuperar y revalorizar el antiguo neopaganismo de Europa anterior a la llegada del cristianismo; existe también un sentido creciente de preocupación ecológica y un «sentimiento» hacia Dios bajo aspecto femenino. Como el neopaganismo se ha extendido a nuevos países y culturas, ha elaborado nuevos rituales y nuevas técnicas mágicas; al mismo tiempo está pasando de un interés por transformar el mundo por amor a uno mismo a un interés en cambiarse uno mismo por amor al mundo. ⇨ brujería; culto a la diosa; francmasonería; magia.

neotomismo Movimiento filosófico de finales del siglo XIX y del siglo XX que intentaba reavivar el interés por el pensamiento de Santo Tomás de Aquino. El «tomismo» fue declarado teología oficial de la Iglesia católica en 1879, y el neotomismo (y la teología fundamental asociada a él) sigue teniendo un papel preponderante tanto en el pensamiento católico como en el anglicano, aunque mucho menos en este último. ⇨ catolicismo; teología; Tomás de Aquino, Santo.

Nergal Dios mesopotámico del mundo inferior, originalmente deidad solar capaz de matar a una gran cantidad de gente por el calor abrasador del sol estival. Aunque algunas inscripciones se refieren a él como benefactor, Nergal era temido y respetado como dios de destrucción masiva y de pestilencia, y absorbió la personalidad de Erra, dios de la plaga. Era más importante en cuanto dios de los muertos, y los mitos describen cómo obligó a Ereshkigal, la diosa original del mundo inferior, a compartir su poder con él. Su ciudad era Cutha, en la Babilonia central, cuyo nombre podía utilizarse para referirse a la morada de los muertos. En Siria y Palestina Nergal fue identificado con el dios Resef. ⇨ más allá, concepto del Próximo Oriente antiguo del; mundo inferior; Reshef.

nestorianos Seguidores de Nestorio, obispo de Constantinopla (m. hacia el 451), que supuestamente enseñó la doctrina, más tarde declarada herética, de dos personas (una humana, otra divina) y dos naturalezas en el Cristo encarnado. Formaron una Iglesia independiente que sobrevivió en algunos lugares de Persia con el nombre de Iglesia asiria y, en la India, como Cristianos de Santo Tomás. ⇨ cristianismo; Cristianos de Santo Tomás; herejía; Nestorio.

Nestorio (m. 451) Eclesiástico sirio, natural de Germanicia, en el norte de Siria. Como sacerdote llegó a ser tan eminente por su celo, vida ascética y elocuencia que fue elegido patriarca de Constantinopla (428). Habiendo negado el presbítero Anastasio que la Virgen María pudiera ser llamada verdaderamente Madre de Dios, Nestorio le defendió calurosamente; subrayó la distinción de las naturalezas divina y humana que los antagonistas le acusaban de sostener, y que había dos personas en Cristo. Se siguió una controversia, y en un concilio general en Éfeso, en el 431, Nestorio fue depuesto, confinado en un monasterio cerca de Constantinopla y desterrado a Petra, Jordania. Murió después del confinamiento en el Gran Oasis del Alto Egipto y en otros lugares. ⇨ herejía; nestorianos.

Newman, John Henry (1801-1890) Prelado y teólogo inglés, nacido en Londres, hermano de Francis William Newman. Su padre era banquero; su madre, una calvinista moderada, influyó profundamente en sus primeras ideas religiosas. Asistió al Trinity College, Oxford, en 1817, y en 1822, a pesar de una licenciatura de segunda clase, fue elegido miembro del consejo de gobierno del Oriel College, y allí creó sus estrechas relaciones con Edward Pusey y Richard Hurrell

Newman

John Henry Newman, grabado de P. A. Rajon, sobre un cuadro de W. W. Ouless

Froude. En 1824 fue ordenado, en 1828 se convirtió en párroco de Saint Mary's, Oxford, y en 1830 rompió definitivamente con el evangelismo. Su primer libro, *Los arrianos del siglo IV* (1833), defendía que el arrianismo era una herejía judaizante que surgió en Antioquía. En 1832-1833 Newman acompañó a Hurrell Froude y a su padre en un viaje por el Mediterráneo, entonces se escribieron muchos de los poemas de la *Lyra Apostolica* (1834) y también «Guía, amable Luz». Estaba presente en el sermón de Keble, en la Oxford Assize, sobre la Apostasía Nacional (julio de 1833), que consideró como el comienzo del movimiento tractariano («Movimiento de Oxford»). Se comprometió con entusiasmo en los *Tractos para los tiempos,* componiendo él mismo buen número de ellos. El Tracto 90 (1841) fue el más famoso. Newman afirmaba que la intención de los Treinta y nueve Artículos era católica de espíritu, y que apuntaban contra la supremacía del Papa y los abusos populares de la práctica, no en la doctrina, católica. Pero el Tracto 90 provocó una explosión que supuso el fin del movimiento tractariano, y produjo la conversión al catolicismo de aquellos tractarianos que eran más lógicos y más sinceros. Newman luchó durante dos años más para hallar su posición sostenible, pero en 1843 renunció a la parroquia de Saint Mary's, que había regentado desde 1828, y se retiró a Littlemore. Su magnífico sermón sobre «Evolución en la doctrina cristiana» fue el último que predicó en el púlpito de la universidad. En octubre de 1845 invitó al padre pasionista Dominic a su casa de Littlemore para que le recibiera en la Iglesia católica. Fue a Roma un año y medio, donde se unió a los Oratorianos y se hizo sacerdote, y a su vuelta en 1847 fundó una rama del Oratorio en Inglaterra, en Edgbaston, Birmingham; aquí realizó un ingente y duro trabajo, dedicándose a los pacientes de cólera en 1849 con el máximo celo. Las conferencias sobre las *Dificultades anglicanas* (1850) llamaron la atención pública por el gran poder de la ironía de Newman y la delicadeza de su estilo literario, y fueron seguidas por sus conferencias sobre el *Catolicismo en Inglaterra* (1851) y *La idea de una universidad* (1852) mientras era rector de la Universidad Católica de Dublín (1851-1858). Su larga serie de sermones de Oxford contine algunos de los más hermosos jamás predicados desde un púlpito anglicano, y sus volúmenes católicos —*Sermones dirigidos a asambleas mixtas* (1849) y *Sermones sobre circunstancias varias* (1857), aunque menos notables por su patetismo, están incluso más llenos de fina retórica. En 1864 un comentario casual de Charles Kingsley en *Macmillan's Magazine* sobre la indiferencia de la Iglesia de Roma ante la virtud de la veracidad, una indiferencia que Charles afirmaba que el doctor Newman aprobaba, condujo a una correspondencia que dio como resultado la publicación aquel año de la extraordinaria *Apologia pro vita sua*. En 1865 escribió un poema de singular belleza, «El sueño de Gerontius», vuelto a publicar en *Versos sobre circunstancias varias* (1874). En 1870 publicó su *Gramática del asentimiento*, sobre la filosofía de la fe. En las controversias que acabaron en el Concilio Vaticano, Newman estaba del lado de los inoportunos. En esta época, estaba en vehemente oposición a los ultramontanos dirigidos por Henry Manning y William George Ward, y la acritud entre los dos partidos alcanzó cotas altas. León XIII, deseoso de mostrar su simpatía hacia los moderados, en 1879 llamó a Newman a Roma para otorgarle el capelo cardenalicio. ⇨ calvinismo; catolicismo; evangelismo; Oratorianos; Oxford, Movimiento de; Pusey, Edward Bouverie; Treinta y nueve Artículos; ultramontanismo; Vaticanos, Concilios.

Nganga Término muy usado entre los pueblos bantúes de África, para designar a alguien que puede curar a la gente y controlar a las fuerzas malignas. Los poderes del Nganga varían considerablemente de un grupo a otro, e incluyen la adivinación, la habilidad contra la brujería y la capacidad de actuar como médium. ⇨ bantú, religión; brujería y hechicería africanas; fetiche.

nibbana ⇨ nirvana.

Nicea, Concilio de **1** (325) Primer concilio ecuménico de la Iglesia, convocado por el emperador Constantino para resolver la disputa doctrinal entre arrianos y ortodoxos sobre la persona de Cristo. ⇨ Arrio; Concilio de la Iglesia; cristología **2** (787) Concilio de la Iglesia convocado para tratar la cuestión de la veneración de imágenes. ⇨ iconoclasmo.

niceno, credo o **credo de Nicea** Afirmación formal ampliada de la fe cristiana, basada en el credo del primer Concilio de Nicea (325). Todavía se recita públicamente como parte de las liturgias eucarísticas de las iglesias ortodoxa y católica, así como por muchas protestantes. ⇨ cristianismo; Eucaristía; liturgia; Nicea, Concilio de.

Nichiren, budismo ⇨ budismo Nichiren.

Nichiren Shoshu (Nichiren Shōshū) La más importante de las sectas budistas nichiren del Japón

nidanas

actual, que surgió de la obra de Nichiren. Junto con los bahai y los mormones, hoy en día tiene una de las feligresías más numerosas del mundo, teniendo en cuenta sólo los nuevos movimientos religiosos, fuera de las grandes religiones mundiales. Nichiren hizo sus votos en 1237, estudió con la escuela Tendai hasta 1242, e inauguró el movimiento nichiren en 1253 en que adoptó el mantra (verso sagrado), que rendía homenaje a la supremacía del *Sutra del Loto*. Pasó el resto de su vida exponiendo con energía su posición, y la secta Nichiren Shoshu y otros movimientos nichiren le han seguido en este atípico exclusivismo budista. La secta Nichiren Shoshu hace hincapié en tres enseñanzas principales: primera, que la verdad oculta del *Sutra del Loto* —que afirma que Buda existe desde toda la eternidad— es superior a la verdad de cualquier otra secta o religión; segunda, que el *Sutra del Loto* es la única escritura relevante en el último período de la historia budista y que la repetición de un mantra que enfatice el *Sutra del Loto* puede traer la salvación, y tercera, que la enseñanza de Nichiren es la verdad definitiva, por lo que se pretende que la secta Nichiren Shoshu sea la religión nacional de Japón y en última instancia del mundo. La secta Nichiren Shoshu pone énfasis en la verdadera sucesión a partir de Nichiren, pasando por Nikko (1246-1333), en que el propio Nichiren es de alguna manera Buda, y que en las verdades mencionadas antes se contienen «tres grandes secretos». ⇨ bahaísmo; Buda; budismo nichiren; mormones; Sutra del Loto; Tendai.

nidanas (nidānas) Doce eslabones de la cadena de la noción budista de origen dependiente. Siendo interdependientes, estos eslabones condicionan y están condicionados por los otros eslabones de la cadena. Los doce eslabones son: ignorancia espiritual, actividades constructivas, conciencia, mente y cuerpo, las seis bases de los sentidos, estimulación sensorial, sentimiento, deseo vehemente, codicia, existencia, nacimiento, envejecimiento y muerte. Así, la raíz última del duodécimo eslabón, envejecimiento y muerte, descansa sobre el primer eslabón, la ignorancia espiritual. Más aún, después de la muerte, los efectos de la ignorancia espiritual y las actividades constructivas se conservan, acabando finalmente en un nacimiento —y muerte— tras otro. Además de la ignorancia espiritual, otro punto débil de la cadena es el octavo eslabón, es decir, el deseo vehemente *(tanha)*. Este se singulariza por ser la causa fundamental del sufrimiento *(duhkha)* en la segunda de las cuatro nobles verdades. De hecho, los doce eslabones están tras el problema básico del sufrimiento; el fin del sufrimiento vendrá cuando finalice la ignorancia espiritual, el deseo vehemente y los demás eslabones de la cadena. Cuando se logre esto, no habrá más renacimientos y se alcanzará el nirvana. ⇨ ariya sacca; duhkha; nirvana; origen dependiente; tanha.

nihangs Grupo de militantes sij, que se distinguen por su uniforme, que consiste en vestimenta azul con fajín amarillo, turbante azul y armas de acero. Sirvieron valientemente en las fuerzas del décimo gurú, el Gurú Bobind Singh, y en el siglo XVIII formaron unidades de caballería para hostigar a las fuerzas mongolas y afganas en el Punjab. Posteriormente, se asociaron al movimiento Akali para liberar los gurdwaras (templos) sij del control hindú. Nihang significa «despreocupado», y los nihangs llevan una vida relativamente despreocupada por lo material en su deseo de servir a la causa sij. Organizados en un «ejército» viven en campamentos, tienen pocas pertenencias y viajan por el Punjab, frecuentemente a caballo. Su vida religiosa incluye períodos ininterrumpidos de canto de himnos y la comida «sacramental» del *bhang,* una especie de cannabis. ⇨ Akali Dal; gurdwara; Punjab.

Nilo La regular crecida anual del río Nilo fue fundamental en el desarrollo de la civilización egipcia, proporcionando el suelo fértil que permite el cultivo en el valle del Nilo. La crecida del río era celebrada todos los años como una gran fiesta, y los antiguos egipcios personificaron el Nilo, y especialmente su inundación, como el dios Hapi. Era representado como un hombre barbado con pechos femeninos y piel azul o verde, portando con frecuencia mesas cargadas de comida como símbolo de fertilidad. ⇨ egipcia antigua, religión.

nilótica, religión ⇨ **africanas, religiones; dinka, religión; nuer, religión; shilluk, religión.**

Nínive Una de las ciudades más importantes de la antigua Asiria, ubicada al este del Tigris, en el sitio de las residencias reales desde aproximadamente el siglo XI a. C. Fue fundada en tiempos prehistóricos, aunque algunas leyendas bíblicas asocian su origen con Nemrod, y el templo de Istar es célebre allí en el Código de Hammurabi. Llegó al culmen de su importancia en los siglos VIII-VII a. C. con Senaquerib, pero cayó en el 612 a. C. ante los medos y los persas. Sus bibliotecas reales, que contienen miles de tablillas de arcilla, son una de las mejores fuentes que se conservan de la antigua historia mesopotamia. ⇨ asiria, religión; Hammurabi; Istar.

Niños de Dios Nuevo movimiento religioso, también conocido como Familia del Amor, que emergió del Movimiento de Jesús dentro del cristianismo evangélico. Era crítico con la iglesia institucional, que creía demasiado comprometida con el mundo. Comenzó en California en 1968 bajo el liderazgo de David Berg, quien, como Moses David, enviaba cartas circulares «Mo» a sus seguidores con minuciosos detalles de la creencia y la práctica. Se oponía al materialismo de los sistemas capitalista y comunista, y creía que, en el milenio que pronto llegaría, esos dos sistemas desaparecerían y el futuro quedaría para los Niños de Dios y para las gentes piadosas animadas por los mismos sentimientos. Provocó un fuerte compromiso principalmente entre los jóvenes, algunos de los cuales se animaron a dejar el colegio o trabajo para vivir en comunas de amistad y ayudar a extender el movimiento. Su marcado perfil proselitista provocó fuertes reacciones por parte del público, y fueron acusados de utilizar el incentivo sexual como medio de ganar nuevos miembros. Aunque lograron mucha publicidad, no es probable que el número de sus miembros comprometidos haya superado los diez mil en algún momento, ya que su número nunca ha sido elevado y las actuaciones del movimiento anticulto prestaron una molesta atención a ciertas facetas de su cristianismo de tipo fundamentalista. ⇨ anticulto, movimiento; Jesús, movimiento de; milenarismo; nuevos movimientos religiosos en Occidente.

Nippur Centro religioso de los sumerios, donde eran coronados sus reyes y quizá también enterrados. Jamás fue capital política, sino sede del dios Enlil, jefe del panteón sumerio. ⇨ Enlil; sumeria, religión.

Nirankar (Niraṅkār) Epíteto sij que se refiere a Dios como «El que es Inmutable y sin Forma». En este concepto, Dios no puede descender a la tierra en forma de avatara como sugiere el hinduismo visnuita, o a través de encarnación como sugiere el cristianismo; ni pueden los diez gurús ser considerados «hombres-Dios», por importantes que sean para la tradición sij. Además, Dios es una realidad espiritual más allá de toda perspectiva de metáforas sexuales o imaginería humana. Sin embargo, la expresión «Nanak Nirankari» es aplicada a veces al Gurú Nanak en el sentido de que él armonizó y participó del Uno que es Inmutable e Informe. Más aún, un movimiento reformista sij inspirado por Dayal Das (m. 1855) se llamaba a sí mismo nirankari en vez de sij. Realzando la naturaleza informe de Dios, quitaron las imágenes de los templos sij, y señalaron el papel central de la Escritura sij, el *Gurú Granth Sahib,* en las ceremonias sij. Su atención se centra en la espiritualidad más que en lo que ellos perciben como institucionalismo agresivo de la *Khalsa.* Tienen su propio gurú y su propia sede central en Chandigarh, y son considerados como una especie de secta fronteriza dentro de la tradición sij. ⇨ avatara; Encarnación; Khalsa; Nanak; sij, gurú.visnuismo;

nirguna Brahman (nirguṇa Brahman) El aspecto de *Brahman* que primero se distingue en los Upanishads, en contraste con *saguna Brahman.* Literalmente significa Brahman «sin cualidades», y a los que siguen esta doctrina se les exhorta a ver a través de la ignorancia *(avidya),* que configura el mundo percibido, a causa del *maya* (ilusión), para darse cuenta de su unión con Brahman, el alma universal. Estas ideas fueron desarrolladas por Shankara. También él distingue los dos aspectos de Brahman. Sin embargo, considera que Ishvara (Dios), el saguna Brahman (Brahman «sin cualidades») es esencialmente nirguna Brahman, y, por tanto, indivisible de la unidad esencial que lo invade todo. Esta noción de Ishvara, de ser «meramente» parte de un todo, era un problema para muchos. Sin embargo, fue interpretado de manera más efectiva por Ramanuja, cuyo «monismo cualificado» consideraba el nivel inferior a Brahman como real, pero suscribiendo al mismo tiempo la noción de nirguna Brahman a otro nivel. Sarvepalli Radhakrishnan intentó reconciliar los puntos de vista de Shankara y Ramanuja, llegando a una posición cercana a la de Shankara, excepto en que consideraba que el mundo empírico era real. Explicaba esto viendo cuatro planos de realidad: Brahman, Ishvara, el «Espíritu del Mundo» y el Mundo. Ninguno de ellos debía verse separado de los demás. ⇨ Brahman; Ishvara; maya; Shankara; Upanishads.

Nirmalas (Nirmalās) Movimiento ascético sij cuyo nombre se deriva de la palabra «nirmal», que significa «sin tacha». Comenzó con cinco hombres que fueron a estudiar, por mandato del décimo gurú sij, el Gurú Bobind Singh, a la ciudad santa hindú de Benarés (Varanasi). Fundaron escuelas de instrucción dentro de la tradición sij, pero mostrando la influencia de su contacto con las ideas hindúes. Visten las túnicas que llevaban los ascetas hindúes, observan las ceremonias hindúes del nacimiento y muerte, y su centro principal está en otra ciudad sagrada hindú, Hardwar. Históricamente han servido como misioneros sij y como sacerdotes en templos sij, y parece que introdujeron la espada de doble filo *(Khanda)*, como emblema significativo, dentro del sijismo. ⇨ Benarés.

nirvana o **nibbana** (nirvāṇa; nibbāṇa) Término usado en la religión india, especialmente en el budismo, para referirse a un estado de profunda libertad interior. Tradicionalmente ha sido interpretado en Occidente como aniquilación y extinción, pero esto no es exacto. Se originó del verbo *nibbati*, «enfriar soplando», y se refiere a alguien como Buda que calmó los fuegos del engaño, la avaricia y el odio y quedó libre para un estado de desapego, pureza y tranquilidad. Este es el logro de Buda, de los santos budistas y la aspiración de la tradición budista. Después de esta iluminación, Buda alcanzó el nirvana provisional, el nirvana en vida. Pero siguió viviendo para predicar y servir durante muchos más años hasta el momento de su muerte, que le otorgó su nirvana definitivo *(parinirvana)*. El primitivo budismo no especuló demasiado sobre el significado del nirvana después de la muerte, y creía que la cuestión era inútil, si no incontestable, aunque no significaba cielo o aniquilación. En las escuelas de filosofía posteriores, nirvana llegó a estar relacionado con conceptos de una realidad incondicionada como el vacío *(shunyata),* y el concepto del cuerpo cósmico de Buda *(dharmakaya)*. El pensamiento mahayana también realzaba el ideal bodhisattva según el cual el bodhisattva alcanza la antesala del nirvana final pero lo pospone por compasión hacia otros y está renaciendo continuamente en el

Nitmen

mundo, de modo que los demás también puedan conocer el nirvana. En todo caso, el nirvana no es la nada, sino que es creativo y positivo. ⇨ bodhisattva; Buda; budismo mahayana; dharma; dharmakaya; parinirvana; vacío.

Nitnem Norma diaria sij de oración que es observada tres veces al día por los sij devotos: por la mañana, a la puesta del Sol y antes de dormir. Por la mañana se leen el *Japji* del Gurú Nanak, el *Jap* y diez poemas del Gurú Bobind Singh y se medita sobre ellos. A la puesta del Sol se aplica el mismo procedimiento al *Rahiras*, que contiene nueve himnos del Gurú Nanak, Gurú Amar Das y Gurú Arjan. Antes de dormir, el *Sohila*, que contiene cinco himnos de estos tres mismos gurús, se convierte en la fuente de lectura y meditación. Todas estas composiciones, y una serie formal de peticiones llamadas Ardas, están reunidas en un libro conocido como el *Nitnem*. Al igual que la Escritura sij, el *Gurú Granth Sahib*, debe tratarse con reverencia, envolviéndolo en un paño blanco cuando no se utiliza y tocándolo solamente con manos recién lavadas. ⇨ Gurú Granth Sahib; Japji; Nanak.

nkisi ⇨ **fetiche.**

no teístas, religiones Religiones en las que la creencia en un ser divino individual personal, activamente relacionado con el mundo de origen divino, pero distinto de él, o bien no forma parte de su estructura de creencias (por ejemplo, el budismo) o se permite aunque no se exija (por ejemplo, el hinduismo). ⇨ religión; teísmo.

Noemí (hebreo: «mi delicia») Personaje bíblico, descrito en las historias del Libro de Rut como madre de Rut y Orfá. Después de que Noemí se quedara viuda, regresó de Moab a Belén con su hija, e intentó arreglar el matrimonio de Rut con Boaz, uno de los familiares lejanos del marido difunto de Noemí. El fruto de esta unión se dice que es el abuelo de David. ⇨ Antiguo Testamento; David; Rut, Libro de.

Noé Personaje bíblico, descrito como hijo de Lamec; un «hombre justo» que recibió la orden divina de

Noé y su familia entran en el arca. Detalle de un capitel del claustro románico. Catedral de Girona

construir un arca en la que él, sus parientes más próximos y una selección de animales se salvaran del diluvio universal sobre la Tierra (Génesis 6-9). En la Tabla de los pueblos (Génesis 10), los hijos de Noé (Sem, Cam y Jafet) son descritos como los antepasados de todos los pueblos de la Tierra. Una leyenda de diluvio parecida se contó de un personaje babilonio, Utanapishtim, en el poema épico de Gilgamés. ⇨ Diluvio, el; Génesis, Libro del; Gilgamés, Epopeya de.

nombres divinos en el islam

El islam ha otorgado tradicionalmente 99 nombres a Dios. Son llamados «los más bellos nombres» según el Corán 7, 179 («a Él pertenecen los más bellos nombres»). Algunos de estos nombres se refieren a la esencia de Dios, como Alá, el nombre supremo, que sobresale como único, y *ar-Rahman,* el misericordioso, que es a veces casi equiparado a Alá. Otros nombres se refieren a cualidades de Dios, como *ar-Rahim,* el compasivo, y *al-Bari,* el productor. Otra división es: por un lado, nombres de Dios que señalan su beneficencia y, por otro, los que señalan su juicio y majestad. La mayoría de los nombres de Dios se hallan en el Corán, otros se derivan de pasajes del Corán; sin embargo, otros son tradicionales y tienen una derivación no coránica. El nombre supremo de Alá era corriente en Arabia antes de la época del Corán, pero su significado fue transformado por el Corán. Ejemplos típicos de nombres de Dios son: *al-Haqq* (la Verdad), *al-Ahad* (el Uno), *al-Hakam* (el Juez), *al-Quddus* (el Santo), *al-Kabir* (el Grande), *al-Karim* (el Generoso), *al-Wali* (el Protector), *al-Wadud* (el Cariñoso). ⇨ Alá; Corán.

nombres islámicos del profeta

Los musulmanes le han dado muchos nombres a Mahoma a lo largo del desarrollo de su tradición. Al-Jazuli menciona 200 nombres del profeta en su *Dalail al-Khayrat,* y otros han dado nuevos nombres a Mahoma. El nombre Mahoma significa «el que es glorificado» y, según la costumbre, cada vez que es mencionado, bien por el nombre o por el título, se añade la frase «la paz sea con él». Muchos de sus nombres son honoríficos, y otros resumen su obra. Ejemplos claros son los siguientes: siervo de Dios, lo más hermoso de la creación de Dios, el que trae buenas noticias, morada de sabiduría, alma de los profetas, el rectamente guiado, el elegido, el mensajero, el espíritu santo, el de la ascensión nocturna, la fuente de bendiciones. Según los musulmanes, es mencionado en Génesis 49, 1-10 bajo el nombre de Shiloh. Los musulmanes consideran que Mahoma es el hombre más grande que jamás haya vivido, pero no divino, y esto se refleja en sus nombres. Aunque le colman de respeto, no le deifican. Esta es una razón por la que el apelativo «mahometano» dado al principio a los musulmanes se considera inapropiado, ya que parece conferir divinidad al nombre de Mahoma. ⇨ Génesis, Libro del; Mahoma; profeta; Siló.

nominalismo Toda teoría metafísica que afirma que sólo existen las cosas individuales; no existen los universales como propiedades. Así, «roja» en «esta rosa es roja», bien no se refiere a nada, simplemente nombra a la rosa de nuevo, o se refiere a la pequeña mancha de rojo sobre esa rosa.

Nostradamus o **Michel de Notredame** (1503-1566) Médico y astrólogo francés, nacido en Saint Rémy, en la Provenza. Se hizo doctor en medicina en 1529, y ejerció en Agen, Lyon y otros lugares. Se presentó como profeta en torno al 1547. Sus *Centurias* de predicciones, en estrofas de cuatro versos rimadas (dos colecciones, 1555-1558), expresadas generalmente en términos oscuros y enigmáticos, granjearon a su autor una gran reputación. Carlos IX, al subir al trono, le nombró médico habitual. ⇨ astrología.

Noventa y cinco tesis Serie de puntos de debate académico con el Papa, colocados por Martín Lutero en la puerta de la iglesia del castillo de Wittenberg en 1517. Atacaban muchas prácticas de la Iglesia, incluyendo las indulgencias y poderes del Papa. Este acto es generalmente considerado como el inicio de la Reforma. ⇨ indulgencias; Lutero, Martín; papado; protestantismo; Reforma.

nuer, religión Los nuer, pueblo nilótico del sur de Sudán dedicado al pastoreo de ganado, reflejan una visión del mundo con semejanzas a las del Antiguo Testamento. El concepto fundamental es *Kwoth,* traducido como espíritu. En muchos contextos esta palabra significa Dios; otras manifestaciones de Kwoth son modos o reflejos localizados de la actividad de Dios. Dios es padre de todos, el creador del mundo a partir de la nada, la fuente de la costumbre, el que determina los destinos. La oración se dirige a él constantemente. Los nuer reconocen «espíritus de arriba» y «espíritus de abajo». Los primeros incluyen espíritus del aire (más importantes para algunas personas, familias y sectores que otros) y *colwic,* ciertas personas ahora transfundidas en espíritu (señaladas, por ejemplo, por ser alcanzadas por un rayo). Los espíritus de abajo incluyen los espíritus totémicos de clanes particulares, espíritus nativos y espíritus de fetiches. Existen algunos testimonios de que los nuer al principio reconocían solamente a Dios y que los espíritus colwic, las otras manifestaciones de Kwoth, fueron adoptados de los pueblos vecinos. Los antepasados tienen un papel limitado, el fetiche uno menor, y la brujería y la magia todavía menos. Las ideas de pureza ritual están casi ausentes. Kwoth castiga el pecado —transgresión deliberada de sus leyes— con un castigo manifiesto. El espíritu puede ser a la vez una fuente de ayuda y de peligro, y el sacrificio, ofrecido sinceramente, aleja a Kwoth. Los nuer dependen de su ganado. En la iniciación a la madurez, el buey sella la nueva relación con Dios, la familia y los antepasados; el buey es también el animal sacrificial primigenio. Existe un «sacerdocio de la tierra» con funciones importantes aunque limitadas. Los profetas comenzaron a aparecer en el período colonial. ⇨ dinka, religión; totemismo.

Nuestra Señora ⇨ **María.**

Nueva, Iglesia ⇨ **Nueva Jerusalén, Iglesia de la.**

Nueva Biblia inglesa Traducción inglesa de la Biblia de las lenguas originales llevada a cabo por un equipo interconfesional de investigadores bajo los auspicios de la University Press de Cambridge y de Oxford desde 1948. La primera edición del Nuevo Testamento se completó en 1961, y la primera Biblia completa salió en 1970. El objetivo era presentar el texto en un buen estilo literario inglés más que en «inglés bíblico», y reflejar los resultados de la reciente investigación bíblica. Fue revisada de manera sustancial en 1989 bajo el título de *Biblia inglesa revisada*. ⇨ Biblia.

«nueva era», religión Aunque recientemente este movimiento se ha ido haciendo cada vez más relevante, sigue siendo difícil de resumir dada su naturaleza individualista, flexible, libre y desorganizada. Como recela de dogmas, instituciones y cosas establecidas no ha desarrollado una organización religiosa fuerte propia. Es una red de movimientos e ideas variados que están débilmente ligados, y tiene una vaga visión del mundo. Se toma en serio el hecho de que el año 2000 llegará pronto, e intenta descubrir y practicar nuevos paradigmas religiosos que sean relevantes para el nuevo milenio. Guarda una afinidad intelectual con nuevas teorías científicas como la visión de Fritjof Capra en *El Tao de la física* de que la física subatómica es afín a la mística oriental, la teoría de David Bohm del orden implicado en el universo, la teoría biológica de Rupert Sheldrake de la causación formativa, la hipótesis Gaia de James Lovelock de que la tierra es un organismo vivo, la visión de Teilhard de Chardin de la evolución creativa, y la teoría de los sistemas en la ciencia que recalca la interrelación entre diferentes áreas de conocimiento. La religión «nueva era» pone énfasis en la ecología, los derechos de la mujer y la necesidad de equilibrar lo racional y lo intuitivo. Realza la curación en el sentido más amplio, y descubre el potencial humano que está latente en cada uno. Proclama el poder de la voz interior para guiar a través de la meditación y experiencia espiritual en relación con un Dios que es inmanente y trascendente. Toma préstamos de otras religiones, por ejemplo, el de la espiritualidad del hinduismo, el budismo, el islam sufí y de los indios americanos, pero no es una rama de ellas, ni es un nuevo movimiento religioso, porque a diferencia de estos no tiene un líder carismático o una organización bien trabada. Algunos de sus partidarios utilizan la astrología, la geometría sagrada, las teorías de la reencarnación y de los cristales, y otros afirman canalizar espíritus (por ejemplo,

Nueva Jerusalén

Alice Bailey encauzó al maestro tibetano D. K., Jane Roberts el espíritu Seth, J. Z. Knight el espíritu Ramatha y Jack Pursel el espíritu Lazaris). La religión «nueva era» ha heredado y adaptado algunas de las intuiciones de la teosofía y antroposofía, pero es más amplia que ellas en pensamiento e influencia, y no se puede circunscribir a las recientes teorías poco comunes de Shirley MacLaine o David Icke. ⇨ antroposofía; espiritualidad; nuevos movimientos religiosos en Occidente; teosofía.

Nueva Jerusalén, Iglesia de la, conocida también como la **Iglesia Nueva** Secta religiosa basada en las enseñanzas del científico y vidente sueco, Emmanuel Swedenborg, que creía tener contacto directo con el mundo espiritual a través de experiencias visionarias. En ellas vio que el primer designio divino de la Iglesia cristiana había terminado y que estaba comenzando uno nuevo, la «Nueva Jerusalén». Su primera iglesia fue organizada en Londres en 1783. ⇨ espiritualismo; Swedenborg, Emmanuel; teosofía.

nuevas religiones japonesas ⇨ japonesas, nuevas religiones.

nuevas religiones japonesas recientes ⇨ japonesas recientes, nuevas religiones.

Nuevo Testamento Junto con el Antiguo Testamento, literatura sagrada del cristianismo. Es llamado «Nuevo Testamento» porque se cree que sus escritos representan una nueva alianza de Dios con su pueblo, centrada en la persona y la obra de Jesucristo, en cuanto distinta de la antigua alianza con Israel que es descrita en el «Antiguo Testamento». Los 27 escritos del Nuevo Testamento fueron originalmente compuestos en griego, principalmente en el siglo I, a diferencia de los escritos del Antiguo Testamento que en general están en hebreo y son de tiempos más antiguos. Los escri-tos del Nuevo Testamento son general-mente agrupados como sigue: cuatro Evangelios (Mateo, Marcos, Lucas, Juan), los Hechos de los Apóstoles, 13 cartas atribuidas a Pablo (Romanos; 1 y 2 Corintios; Gálatas; Efesios; Filipenses; Colosenses; 1 y 2 Tesalonicenses; 1 y 2 Timoteo; Tito; Filemón), la Carta a los Hebreos, siete cartas Generales o «Católicas» (Santiago; 1 y 2 Pedro; 1, 2 y 3 Juan; Judas) y el Libro del Apocalipsis. Este corpus en gran parte logró reconocimiento en la Iglesia cristiana hacia el final del siglo II, pero unas pocas obras siguieron siendo discutidas en siglos posteriores. ⇨ alianza; Apocalipsis, Libro del; Apócrifos del Nuevo Testamento; Biblia; evangelios canónicos; Hebreos, Carta a los; Hechos de los Apóstoles; Jesucristo; Juan/Judas/Pedro/Santiago, Carta(s) de; Paulinas, Cartas.

nuevos movimientos religiosos en Occidente Existen nuevos movimientos religiosos por todo el mundo, pero han recibido la máxima atención en Occidente

por su naturaleza poco usual. Es importante recordar que las grandes religiones, incluyendo el cristianismo, fueron alguna vez movimientos religiosos nuevos y poco usuales. Los nuevos movimientos religiosos llamaron la atención pública en la década de los sesenta, atrayendo publicidad adversa por el suicidio en masa relacionado con el Templo del Pueblo en Jonestown, en 1975, y las reacciones del movimiento anticulto. Recientemente, su amplia diversidad y características individuales han sido reconocidas y ha habido una disponibilidad más grande para comprenderlas en sus propios términos. La mayoría de ellos están compuestos de jóvenes bastante ricos. Su número de miembros está cambiando constantemente, son realmente pocos y hacen una llamada fácil a un tiempo de grandes cambios. Son más frecuentes en el mundo de habla inglesa, y con frecuencia tienen un líder carismático. Algunos son el renacimiento de viejas tradiciones; el movimiento Hare Krishna, por ejemplo, se puede remontar al líder devocional hindú del siglo XVI Cahitanya, y el neopaganismo vuelve a la naturaleza precristiana y al culto a la diosa. Algunos tienen orígenes cristianos, como la Iglesia de la Unificación, los Niños de Dios, el Movimiento Jonestown y Camino Internacional; otros tienen orígenes indios, como Ananda Marga, Brahma Kumaris, Misión de la Luz Divina, Hare Krishna, Meher Baba, meditación Rajneesh, 3HO y la meditación trascendental. Algunos tienen una orientación más secular dirigida a incrementar el potencial humano, como la cienciología, el movimiento Gurdjieff y Synanon; otros coinciden en parte con la religión «nueva era», que no está clasificado necesariamente como movimiento religioso. Algunos de ellos tienen ideas utópicas de perfeccionar el mundo, mientras otros, como el Brahma Kumaris, anuncian el fin de este mundo antes de que pueda aparecer una nueva aurora. Algunos cuentan con un grupo central comprometido además de miembros menos comprometidos, otros exigen un compromiso total de todos sus miembros. En algunos barrios son vistos como ejemplo de la secularización de la religión; más comúnmente son considerados como ejemplos del hecho de que los seres humanos son «animales religiosos» que, si no se sienten satisfechos con las ofertas ortodoxas de la religión, encontrarán otras salidas para satisfacer su sensibilidad religiosa.
⇨ Ananda Marga; Anticulto, movimiento; Brahma Kumaris o Raja Yoga, movimiento; Camino Internacional; Chaitanya, movimiento; cienciología; Hare Krishna, movimiento; Iglesia de la Unificación; meditación trascendental; Misión de la Luz Divina; Niños de Dios; «nueva era», religión; Rajneesh, meditación; Saludable-Feliz-Santa, Organización; Synanon; Templo del Pueblo.

numen Concepto complejo en la religión romana, que no tiene un equivalente apropiado actualmente. Etimológicamente significa inclinación de cabeza, pero para explicar y comprender el término con propie-

numerología

dad es importante conocer la historia de la palabra. Antes de la época del emperador Augusto, *numen* era sólo utilizado con el genitivo del nombre de una deidad, una entidad o una colectividad, y significaba la expresión de una voluntad específica. Desde los escritores de la época de Augusto en adelante, se añadieron otros tres significados: 1 funcionaba como sinónimo de un dios o diosa determinado, en la poesía; 2 constituía la fuerza divina (el poder que controla acontecimientos y actividades) de dioses y diosas, y su naturaleza divina (por ejemplo, el elemento divino de una persona deificada); 3 expresaba una fuerza sobrehumana, lo misterioso en el mundo invisible. Así, es imposible entender numen como una presencia divina antes de la existencia de deidades; tesis desarrollada por la moderna escuela del predeísmo y primitivismo. ⇨ romana, religión.

numerología Noción de que existe un significado místico y religioso en los números. Está a veces ligada a la geometría sagrada, que atribuye significación cósmica a las proporciones numéricas de edificios como el templo de Jerusalén y las pirámides de Egipto. Sin embargo, está ligada con más frecuencia a los mismos números; el número siete, por ejemplo, se cree que tiene un profundo significado esotérico. En Occidente se remonta a Pitágoras, que creía que el número era la clave del universo y que ciertas cualidades eran intrínsecas a determinados números. La numerología era también un rasgo de los primitivos comentaristas de la Biblia, y siguió teniendo interés para los intérpretes bíblicos hasta que la Ilustración y el moderno estudio crítico de la Biblia la racionalizaron, quedando al margen. La mística judía de la cábala, religiones del Próximo Oriente antiguo (especialmente en Babilonia y Egipto), y las tradiciones religiosas hindúes, budistas y chinas han atribuido todas sus propios modelos de sacralidad a los números; la numerología parece haber sido un fenómeno universal entre determinados pueblos. ⇨ Biblia; cábala.

Números, Libro de los Libro de la Biblia hebrea/Antiguo Testamento, el cuarto libro del Pentateuco; titulado en el texto hebreo «En el desierto» o «Y habló», pero llamado «Números» en la tradición griega por el censo de las tribus que describen los primeros capítulos. Narra las andanzas de Israel por el desierto después del Éxodo, empezando con los preparativos para abandonar el Sinaí, e incluyendo los viajes a Cades Barne y a la Transjordania antes de entrar en Canaán. Moisés es el personaje dominante en la narración, pero hay también mucho material ritual y legal (con frecuencia asignado a la fuente sacerdotal). ⇨ Antiguo Testamento; Israel, tribus de; Pentateuco.

Nun o **Nu** En el antiguo Egipto, aguas primordiales de las que surgió el primer dios en el acto de la creación. Como fuente original de todo, Nun es personificado como

«padre de los dioses» y representado como hombre barbado con el agua hasta la cintura, pero es menos importante que los dioses que le siguieron. Nun no es la sustancia de la que fueron hechos el mundo o los dioses, pero sigue existiendo como las aguas que rodean la tierra, de donde sale el Sol cada mañana.
⇨ Atón; creación, mitos de la; Heliópolis, teología de.

Nyaya (nyāya) Una de las seis escuelas ortodoxas *(astika)* de filosofía india que llegó a fundirse con la Vaisheshika. Nyaya-Vaisheshika se convirtió en un sistema teísta: Udayana (1025-1100) elaboró argumentos de la existencia de Dios *(Ishvara),* especialmente el argumento cosmológico de que la naturaleza del mundo es un efecto, y, por tanto, debe tener una primera causa. Udayan defiende también que un agente consciente, es decir, Ishvara, organiza los átomos en varias combinaciones que componen el mundo y dispone a las almas a experimentar el resultado de sus acciones pasadas (karma). En el siglo XIII una nueva escuela de Nyaya *(Navya-Nyaya),* fundada por Gangesha, elaboró un sistema de anotación lingüística para especificar las relaciones entre conceptos. ⇨ Ishvara; karma; Vaisheshika.

Nyingmapa (rNying-ma-pa) «Antigua orden» *(rNying-ma)* del budismo tibetano, que remonta su origen al siddha Padmasambhava (siglo VIII), que era considerado como el «segundo Buda». La tradición Nyingmapa se origina en la primera difusión del budismo al Tíbet durante los siglos VIII y IX desde la India y el Asia Central. Con la segunda difusión del budismo que parte de la India desde el siglo X en adelante, los nyingmapas se convirtieron en una orden distinta subrayando la práctica sobre la búsqueda del saber. Los nyingmapas aceptaban el canon budista, aunque conservando sus propios tantras antiguos, cuya autenticidad ha sido rechazada por Buston. También conservaron la tradición de descubrir textos ocultos o «tesoros» *(gterma)* escondidos por Padmasambhava, previendo una época de persecución del budismo. Las enseñanzas budistas están ordenadas por los nyingmapas en nueve vehículos divididos en tres grupos de tres. El primero, para aquellos de inferior capacidad intelectual y espiritual, comprende el camino hinayana de los discípulos u «oyentes» *(shravaka-yana),* el camino de los budas solitarios *(pratyeka-buddha-yana)* y el camino de los bodhisattvas. El segundo, para aquellos de capacidad media, comprende las enseñanzas de las tres clases inferiores de tantra, a saber, kriya, carya y yoga, mientras que las enseñanzas superiores comprenden las tres clases de tantra conocidos como *mahayoga, anuyoga* y *atiyoga*. Las enseñanzas esotéricas del atiyoga o *Dzogchen (rdzog-chen)* son características de los nyingmapas. Las enseñanzas dzogchen o «Gran Perfección» sostienen que existe una realidad absoluta, existente en sí misma, luminosa, identificada con el buda Samantabhadra, más allá del *samsara* y el nirvana. Ser liberado de la rueda de la reencarnación es disolverse en esta luz. Estas ideas fueron heréticas para las enseñanzas Madhyamika del posterior budismo tibetano. Los nyingmapas tienen muchas cosas en común con los bonpos, como ser sacerdotes casados, tantras más antiguos rechazados por tradiciones posteriores y las enseñanzas dzogchen. ⇨ bodhisat- tva; Buda; budismo; budismo hinayana; Madhyamika; nirvana; Padmasambhava; pratyeka, Buda; samsara; siddhas; tantra.

Nzambi Nombre para designar a Dios muy usado en todo el centro y oeste de África. Nzambi es creador y señor del mundo, pero al parecer abandonó la Tierra por causa de los crímenes humanos. ⇨ africanas, religiones; Dios.

O

obediencia Acto por el que un individuo o grupo cumple la voluntad de una autoridad reconocida. Existen varios grados de obediencia, que van desde la obediencia externa o legal de un mandato hasta la deliberada a una autoridad superior que el individuo consiente en seguir. El ejercicio de la obediencia debida se encuentra en la mayoría de los credos, especialmente en el judaísmo y el islam, donde la obediencia al decálogo y la sumisión a Alá constituyen el corazón de la fe. Generalmente hablando, la obediencia absoluta se debe sólo a Dios, mientras que la obediencia a autoridades e instituciones humanas se deriva de su sanción divina y está limitada por los derechos de conciencia. No obstante, la obediencia es necesaria para el ordenado funcionamiento de la sociedad; instituciones, órdenes monásticas y organizaciones han exigido votos de obediencia de sus adeptos. Esto es cierto tanto en el budismo como en el cristianismo. En el cristianismo la cadena más patente de autoridad es la que ordena el derecho canónico subrayando la obediencia que se exige de un sacerdote al obispo y del obispo al Papa. Las iglesias no episcopales normalmente exigen obediencia a los tribunales y sínodos de una iglesia. Los hindúes también están obligados a obedecer las leyes de Manu y así mismo a su maestro espiritual personal. La práctica de la obediencia es con frecuencia un requisito previo para el progreso espiritual. Sin embargo, pueden surgir problemas cuando la obediencia a un principio elevado entra en conflicto con la instrucción precisa de una fe o institución. El rechazo cristiano del ritualismo judío y el abandono budista de los estrictos códigos de conducta hindúes son ejemplos de tales conflictos. ⇨ autoridad cristiana; Manu, Leyes de.

obi Mezcla de brujería africana y de ciertos elementos del cristianismo, practicada en el Caribe. ⇨ africanas, religiones; brujería; cristianismo.

obispo Ministerio eclesiástico, que equivale probablemente al de pastor o presbítero en el Nuevo Testamento, y después, en general, sacerdote ordenado, consagrado, gobernante espiritual de una diócesis en las iglesias ortodoxa, católica y episcopal. En algunas otras iglesias (por ejemplo, ciertas iglesias metodistas), el término equivale a «supervisor» o ministro supervisor. El ministerio fue abolido por multitud de iglesias protestantes en la Reforma, pero en muchas iglesias que lo conservan, se considera que es esencial para la identidad de la Iglesia y la transmisión de la fe. El tema de si las mujeres, lo mismo que los hombres pueden ser consagradas obispas levantó gran controversia a finales de la década de los ochenta, especialmente después del primer nombramiento de este tipo (Rvda. Bárbara Harris, como obispa de Massachusetts) por la Iglesia Episcopal de los Estados Unidos en 1989. ⇨ arzobispo; cristianismo; episcopado; Reforma; sucesión apostólica.

observancias domésticas hindúes

La nacida dos veces o alta casta hindú observante realizará un ritual diario *(puja)* a la deidad o deidades de la casa, que comprende la circulación de la lámpara *arati* y la ofrenda de comida a la deidad que será consumida por la familia como *prasad* (comida que ha sido bendecida). El santuario familiar, quizá nada más que una sencilla imagen o cuadro, se coloca normalmente en la cocina, el lugar más puro de la casa. Ritos ocasionales del cabeza de familia son los ritos de paso *(samskaras)* que marcan etapas de la vida hindú *(ashramas)*. Estas incluyen ritos de nacimiento, la primera tonsura, iniciación védica de un muchacho de casta superior o investidura del hilo sagrado *(upanaya)*, matrimonio y funerales. En la literatura hindú, las observancias familiares fueron consignadas en los *Sutras de Grihya*, compuestos entre los siglos VIII y IV a. C.

observancias domésticas islámicas

Área en la que las mujeres musulmanas se encuentran en su terreno, ya que los cinco pilares del islam (la profesión de fe, oraciones diarias, limosna, el ayuno de Ramadán y la peregrinación a La Meca) son principalmente prerrogativa del hombre. La atmósfera general del hogar —la crianza de los niños, la salud y bienestar de la familia, evitar el mal de ojo, la pureza ritual, la preparación y comida de alimentos y la hospitalidad— es una parte importante del estilo de vida islámico, que es dirigido por las mujeres. Además de esto, las observancias individuales y de grupo realizadas en casa están abiertas a la participación e incluso a la dirección de las mujeres. Incluyen lecturas del Corán durante el ayuno del Ramadán, sermones especiales, cenas rituales, observancias religiosas asociadas a la salud y a promesas, y ritos de paso realizados en casa. En áreas locales pueden tener lugar observancias domésticas especiales, por ejemplo, en el noreste de África las mujeres pueden ir a casa de una mujer acosada por un espíritu o jinn y participar en ceremonias, incluyendo la danza, para expulsar al jinn. ⇨ cinco pilares islámicos; Corán; jinn; mujeres en el islam, las; Ramadán; ritos de paso.

oculto Palabra que literalmente significa «escondido», usada en un sentido vago para abarcar gran número de grupos que se preocupan por lo sobrenatural pero que no pertenecen a ninguna de las grandes tradiciones religiosas. Así, se consideran ocultos un gran número de nuevos movimientos religiosos y algunos elementos de la religión «nueva era». Existe a menudo una sensación de que lo oculto es para la elite espiritual más que para las masas, y que su conocimiento debería ser guardado, pero resulta difícil ser precisos porque la palabra se utiliza de modo muy confuso, y en consecuencia, se aplica también a grupos tan diversos como la Iglesia Nueva de Swedenborg, el espiritualismo, la teosofía, la magia, la brujería, el satanismo y el budismo tántrico. Es a veces también un término peyorativo que califica a grupos que la religión ortodoxa no recomienda. La expresión «ciencias ocultas» se usa para referirse a la percepción extrasensorial y a fenómenos paranormales como la telepatía, la clarividencia, los espíritus, los poltergeists, la precognición y demás. ⇨ brujería; budismo tántrico; espiritualismo; Iglesia Nueva; magia; «nueva era»; religión; poderes psíquicos; satanismo; Teosófica, Sociedad.

Odín En la mitología nórdica, Padre de todos, dios de la poesía y de los muertos; también conocido por *Woden* (inglés) o *Wotan* (alemán). Dio un ojo al gigante Mimir a cambio de sabiduría. Monta el caballo de ocho patas Sleipnir, y tiene dos cuervos que le traen noticias. A menudo vaga por el mundo como un anciano tuerto con capucha. ⇨ germánica, religión; Valhalla.

Oficio Divino En la Iglesia occidental anterior a la Reforma y en la Iglesia católica, oraciones que deben recitar los sacerdotes y devotos todos los días, originalmente en horas fijas. La práctica data del monacato primitivo, y se deriva de la tradición judía. ⇨ Benito de Nursia, San; breviario; monacato.

Ofir Tierra de ubicación desconocida, mencionada en la Biblia como famosa por sus recursos de oro; 1 Reyes 9-10, 22 sugiere que se llegaba desde Palestina por barco, de modo que se la ha situado de manera diversa en Arabia, la India, o este de África. Se dice que Salomón envió una flota allí desde Esyón Guéber, pero la fama del «oro de Ofir» es conocida también por inscripciones arqueológicas. ⇨ Biblia; Salomón.

Olam haBa Frase hebrea, traducida normalmente como «el mundo futuro». El judaísmo tradicional permite una diversidad considerable en las concepciones del más allá, puesto que las especulaciones sobre él pertenecen a la haggadá y no a la halaká. Así, mientras los rabinos de la literatura talmúdica primitiva equiparaban el Olam haBa a la Era Mesiánica, escritores posteriores veían esta era como un estado intermedio entre este mundo y el que ha de venir. No obstante, todos debían estar de acuerdo con la afirmación de la Misná: «Este mundo es

Olivos

como un vestíbulo antes del mundo futuro: prepárate en el vestíbulo porque debes entrar en la sala del banquete» (Avot 4, 16). La mejor preparación es el estudio y la práctica de los mandamientos de Dios. En la otra vida, los justos contemplarán la Shekinah de Dios y continuarán con el estudio de la Torá, pero la comida, bebida, negocios y procreación serán innecesarios. En cuanto a quién lograría acceder al Olam haBa, el punto de vista prevalente otra vez aparece en la Misná: «Todos los israelitas tomarán parte en el mundo futuro» (Sanedrín 10, 1); sólo relativamente pocos serían excluidos por herejía. Además, muchos aceptaban que los gentiles que eran monoteístas y se adherían a una moralidad básica podían también lograr la entrada. En la época actual algunos han cuestionado estas ideas tradicionales. El judaísmo reformista americano, por ejemplo, aceptaba la creencia en un alma inmortal pero rechazó la antigua creencia en la resurrección de los muertos. Judíos más radicales cuestionarían totalmente la existencia de cualquier más allá personal completamente. ⇨ haggadá; judaísmo reformista; más allá; mesianismo; Shekinah.

Olivos, monte de los o **monte Olivete** Saliente rocoso que mira a la parte antigua de la ciudad de Jerusalén a través del valle Cedrón, un lugar de sepulcros durante los reinados de David y Salomón, y tradicional cementerio judío. En el ministerio de Jesús señala el lugar de su discurso sobre la llegada del fin de los tiempos (Marcos 13). Está también cerca el lugar del Huerto de Getsemaní donde Jesús fue arrestado, y el supuesto punto de la ascensión del Jesús resucitado (Hechos 1, 6-12). ⇨ ascensión; David; Getsemaní; Jesucristo; Salomón.

olmeca, religión Olmeca es el nombre de un pueblo descubierto en tiempos históricos en el sur de México, cerca de la costa del Golfo. Su nombre se da con frecuencia a las civilizaciones mesoamericanas más antiguas que surgieron en esta zona y duraron quizá desde c. 1200 al 400 a. C. Algunos prefieren el nombre de civilización La Venta, por el yacimiento arqueológico más importante, puesto que sus constructores pueden haber tenido su origen en la religión olmeca. La Venta tiene muchos rasgos de civilizaciones americanas posteriores: pirámides, edificios enor-

Máscara humana olmeca en piedra verde

mes, escritura, un calendario numérico, incluso vestigios del juego de la pelota. Su religión sólo se puede deducir de los monumentos, que es natural interpretar a la luz de rasgos similares de las civilizaciones posteriores. Los altares de piedra y una abundancia de ofrendas votivas de jade sugieren un evolucionado sistema de culto, y una cámara de enterramiento con columnas se ha sostenido que sugiere un gobierno de reyes-sacerdotes. Hay muchas representaciones de una figura, en parte humana y en parte animal, generalmente interpretada como un jaguar. Su cara aparece incluso en los altares, que se ha creído representan las mandíbulas de un jaguar. El motivo de la divinidad jaguar, frecuente en civilizaciones posteriores, aquí puede haber representado al dios lluvia. Algunos, sin embargo, han interpretado que la figura humana/animal representa otro rasgo de civilizaciones posteriores, la gran serpiente tierra. No existen pruebas de deidades plenamente personificadas. La descripción de «la cara olmeca» se ha aplicado a figuras con nariz gruesa, labio superior abultado y boca con las comisuras hacia abajo. Las representaciones de otro tipo físico, más alto, más delgado, de nariz reducida, ha hecho surgir la idea de dos grupos étnicos, gobernantes y gobernados, «gente jaguar» y «gente serpiente». ➪ azteca, religión; maya, religión; tolteca, religión.

Om Monosílabo místico y sagrado en la tradición hindú, cuyo sonido se creía que tenía poder divino. Se utilizaba al principio y al final de las plegarias, como mantra para la meditación y como invocación. En los Upanishads se menciona como la sílaba fonética primigenia. ➪ hinduismo; mantra; meditación; Upanishads.

Omar (c. 581-644) Segundo califa musulmán. Era padre de una de las esposas de Mahoma y sucedió a Abu-Bakr en el 634. Con la ayuda de sus generales construyó un imperio que abarcaba Persia, Siria y todo el norte de África. Fue asesinado en Medina por un esclavo persa. ➪ islam; Mahoma.

Ometeotl La divinidad más fácilmente identificable como ser supremo de la religión azteca. El nombre significa «Dios de dualidades». Ometeotl es andrógino, combina características masculinas y femeninas, y contiene de ese modo el potencial de toda creación. Entre los cuatro hijos de Ometeotl (engendrados mediante cópula interna) están Quetzalcóatl y Tezcatlipoca, que desempeñan las funciones creativas más directamente. Habitando en la más alta de las esferas celestes, Ometeotl no recibe culto directo (aunque existen testimonios de invocación en casos de emergencia). Entre las formas de descripción se cuentan «Padre nuestro, madre nuestra», «doble señor-señora» y «el dios antiguo, antiguo» (Huehueteotl), aunque este título también corresponde al dios fuego, Xiuhtecuhtli. ➪ azteca, religión; Quetzalcóatl; Tezcatlipoca.

ontológico

ontológico, argumento Argumento de la existencia de Dios, supuestamente basado en la sola lógica, expuesto por San Anselmo, Descartes y otros. Según Anselmo, Dios es el ser mayor sin el cual no puede concebirse nada. Si Dios no existiera podría concebirse algo más grande que él; por tanto, Dios tiene que existir. ⇨ Anselmo, San; Dios, argumentos de la existencia de.

Opus Dei (latín: «obra de Dios») **1** Nombre de una sociedad católica, fundada en 1928 por Josemaría Escrivá de Balaguer, para promover el ejercicio de las virtudes cristianas por las personas en la sociedad secular. En algunos países y en ciertos momentos (por ejemplo, España a mediados del siglo XX) logró mucho poder político. ⇨ catolicismo. **2** Expresión usada anteriormente por los benedictinos, refiriéndose al oficio divino, para expresar el deber de la oración. ⇨ benedictinos; oración.

oración Como los humanos son las únicas criaturas con lenguaje verbal, es natural que la expresión más profunda de su sentimiento religioso, en todas las tradiciones religiosas, se realice de esta forma, a través de la oración. Esta puede adoptar muchas formas y satisfacer muchas necesidades. Las formas primitivas de oración indican que pueden haber funcionado como conjuros y encantos. La oración puede ser un acto obligatorio, como en la fe islámica, o voluntario. Puede ser espontánea e improvisada, o formal y estilizada como en la litúrgia. Puede ser individual o comunitaria, vocal o silenciosa (aunque esta última es más afín a la meditación). La oración es la respuesta cordial del individuo al objeto de su fe, abarcando todo, desde la veneración y la adoración a la acción de gracias, la confesión o la súplica. ⇨ alquibla; Amidah; avemaría; Kaddish; kiddushin; letanía; liturgia; meditación; Nitnem; oración, llamada a la; Padre Nuestro; salat; Shema.

oración, llamada a la (adhān) Práctica peculiar dentro del mundo musulmán por la cual los creyentes son llamados a orar unos minutos antes de que den comienzo las cinco series de oración diaria. La lleva a cabo el muecín desde el minarete de una mezquita o desde la puerta de un lugar de oración. Toma la forma de canto en voz alta ejecutado por un cantor profesional o por un hombre adulto ritualmente puro, y contrasta con la llamada cristiana a la oración mediante campanas y la llamada judía a la oración por medio de cuernos. El que llama mira en dirección a La Meca y canta mientras sube las manos a sus orejas. Las palabras de llamada a la oración resultan familiares a todos los musulmanes y a quienes viven cerca de las mezquitas: «Dios es el más grande [cuatro veces]. Testifico que no hay más dios que Dios. Testifico que Mahoma es el mensajero de Dios. Venid a la oración. Venid a la salvación. Dios es el más grande [dos veces]. No hay más dios que Dios [una vez].» La frase «La oración es mejor que el sueño» se incluye en la oración del amanecer, y existen ligeras variantes en la versión chiíta. Las palabras de llamada a la oración incluyen la shahadah, breve confesión de fe musulmana, y contienen un breve resumen práctico del credo básico musulmán. ⇨ chiísmo; La Meca; mezquita; muecín; oración; shahadah.

oración, rueda de Ayuda para la piedad especialmente importante en el budismo tibetano, aunque también se encuentra en otros grupos como los mongoles del Asia Central y los seguidores de la religión Bon. Existen diferentes variedades de rueda de oración, pero normalmente toman la forma de un cilindro con un verso importante inscrito en su cara exterior, y dentro un rollo de pergamino en el que hay escritas varias oraciones. A la rueda de oración se la hace girar a mano en el sentido de las manecillas del reloj, esto activa las oraciones y las hace efectivas. Este método de devoción presupone la importancia de textos sagrados escritos y el poder que se va a alcanzar haciéndolos girar en una rueda. Hasta hace poco, los vehículos con ruedas no eran comunes en el Tíbet a causa de la sacralidad asociada a las ruedas de oración. Además de las ruedas de oración más pequeñas, que funcionan a mano, las hay también mucho más grandes, algunas de ellas contienen minibibliotecas cuya rotación confiere gran mérito a las personas o grupos que las ponen en movimiento. El viento y el agua, y en tiempos recientes la electricidad, se han utilizado para hacer girar las ruedas de oración. El verso o mantra más famoso usado en el Tíbet es «Om Manipadme Hum», y hacer girar esta oración en una rueda de oración no sólo evoca la compasión del bodhisattva Avalokiteshvara sino que también lanza la oración al mundo. ⇨ Avalokiteshvara; mantra; tibetana, religión.

Oración Común, Libro de la (Book of Common Prayer) Directorio oficial de culto, o libro litúrgico, de la Iglesia de Inglaterra, ampliamente venerado y seguido en las iglesias de la Comunión Anglicana. Compuesto en su mayor parte por el arzobispo Cranmer, fue presentado por primera vez en 1549, y revisado en 1552, 1604 y finalmente en 1662. Hasta 1975, las revisiones en Inglaterra requerían la aprobación del Parlamento. Es generalmente considerado una referencia obligada de la prosa inglesa. ⇨ Cranmer, Thomas; Iglesia de Inglaterra; liturgia.

oración cristiana La oración cristiana es oración al Dios de la Trinidad: al Padre, a través del Hijo, por el Espíritu Santo. Puede incluir elementos de adoración, confesión, intercesión, petición o acción de gracias, siguiendo el modelo del llamado «Padre Nuestro», que Jesús enseñó a sus discípulos (Mateo 6, 9-15; Lucas 11, 2-4) y otros ejemplos bíblicos de oración, especialmente aquellos que se encuentran en las epístolas del Nuevo Testamento y los Salmos del Antiguo Testamento. También se hace uso de las oraciones de santos y escritores espirituales. La postura en la oración varía. Algunas tradiciones dicen que hay que arrodillarse, otras estar de pie, otras estar sentado. La «Oración de Jesús» en el hesicasmo aboga por una postura sentada que centra la atención en el corazón o yo íntimo, con la respiración controlada. Las formas y tipos de oración también varían. Tanto el culto privado como el público pueden emplear la oración litúrgica o establecida en la que se utilizan oraciones impresas o compuestas previamente, o la no litúrgica o no preparada que es, hasta cierto punto, improvisación. Se puede distinguir entre oración vocal y no vocal (o mental), y entre meditación y contemplación. ⇨ contemplación; espiritualidad cristiana; hesicasmo; meditación discursiva.

oración del viernes en el islam (Ṣalāt al-jum'ah) Participar en la oración *(salat)* cinco veces al día es una responsabilidad fundamental para los musulmanes. Las cinco oraciones diarias tienen lugar al amanecer, a mediodía, entrada la tarde, en el crepúsculo y después de oscurecer. La oración del mediodía del viernes es de un significado especial. Se realiza en una gran mezquita en presencia de una asamblea de cuarenta o más. Durante la oración del viernes un imán u otro predicador competente pronuncia un discurso que dura de unos quince a veinte minutos. La asistencia a la oración del viernes se considera un deber para los creyentes musulmanes si están libres en ese momento, y los negocios durante esta hora están prohibidos, aunque pueden desarrollarse en otros momentos durante el día. El viernes es el día musulmán de asamblea *(jumah),* aunque no es un día de descanso. Sin embargo, en lugares como Arabia Saudí en el que el domingo no es día festivo, el jueves y viernes han reemplazado en la práctica al fin de semana occidental. ⇨ imán; mezquita; salat.

oráculo Declaraciones proféticas divinas sobre acontecimientos desconocidos o futuros, o los lugares (como Delfos) o personas inspiradas (como las sibilas) por medio de los cuales se realizan tales comunicaciones. En las antiguas historias griegas estas revelaciones se concedían generalmente en respuesta a preguntas planteadas a los dioses. En las tradiciones bíblicas, sin embargo, los oráculos se distinguen a veces de las «profecías», en cuanto que las últimas no se solicitan, aunque el Antiguo Testamento también da fe de preguntas al ser divino. Algunas veces los oráculos no eran expresados como mensajes verbales, sino que estaban asociados a la costumbre de echar suertes y otros métodos de adivinación de signos. ⇨ Delfos; Dios; profeta.

oráculo, huesos de Omóplatos de cerdo, buey y oveja inscritos (más tarde conchas de tortuga) usados para la adivinación por los monarcas Shang de Anyang, norte de China, hacia 1850-1030 a. C. Los modelos de incisiones hechas con hierros candentes en los huesos se leían como guía procedente de los antepasados reales, y esta información se conservaba en el margen, por medio de una escritura ideográfica de 3.000 caracteres, la escritura china conocida más antigua. Desde 1928 se han descubierto cerca de 200.000 huesos.

Oratorianos 1 Comunidad de sacerdotes, seguidores de San Felipe Neri, que viven juntos sin votos, y dedicados a la oración, predicación y actos de culto atrayentes. Todavía florecen en muchos países, incluyendo Italia, Francia e Inglaterra, donde fueron introducidos por el cardenal Newman. ➪ Newman, John Henry; oración. 2 Sacerdotes del Oratorio francés u Oratorio de Jesucristo, fundado en 1611 y establecido de nuevo en 1852. Esta comunidad es célebre por su dedicación a la formación de sacerdotes y por fomentar la devoción popular. ➪ sacerdote.

órdenes, sagradas ➪ sagradas órdenes.

órdenes religiosas cristianas Miembros de una religión que están unidos por una regla de vida y por promesas o votos que exigen más de lo que se pide a los creyentes en general. Entre los ejemplos bíblicos están Sansón y otros nazireos, y Juan Bautista. Los esenios o fieles a la alianza de Qumran seguían una norma más estricta que el judaísmo de su época. Los Padres del Desierto adoptaron una postura similar cuando el cristianismo se convirtió en la religión oficial del Imperio Romano. También se encuentran monjes en el budismo y en el hinduismo precristiano y poscristiano. Los monjes (religiosos) y monjas (religiosas) del cristianismo occidental generalmente hacen voto de pobreza, castidad y obediencia que están pensados para liberarlos de las distracciones del mundo y así servir mejor a Dios y al mundo. Pueden vivir solos o en comunidad. Su forma de vestir, originalmente no singular, al permanecer virtualmente inalterada durante siglos, se comporta ahora como un símbolo de diferenciación similar al que representan grupos protestantes radicales como los amish. Además de hacer votos, los monjes y monjas siguen también una regla de vida que está normalmente asociada a un antiguo pionero o reformador monástico y orientada hacia una vida «contemplativa» de oración (como los cistercienses), o hacia una vida «activa» de servicio (franciscanos), predicación (dominicos) o enseñanza y misiones (jesuitas). Algunos grupos, como la Tercera Orden de San Francisco, adoptan votos o promesas y reglas de vida o disciplinas espirituales que se pueden seguir viviendo en la familia y en ambientes seculares. La Reforma rechazó los abusos del monacato medieval y la idea de que existiera un patrón para los cristianos que ingresaban en órdenes religiosas y un modelo inferior para el resto. Lutero lo sustituyó por la doctrina de la vocación por la que todo cristiano es llamado a servir a Dios en sus propias circunstancias personales. Las órdenes religiosas renacieron en la Iglesia anglicana en el siglo XIX. El siglo XX ha visto la fundación de las

Orfeo

comunidades ecuménicas de Taizé, dedicada a promover la unidad entre las iglesias y la reconciliación en la sociedad, y de Iona, cuyos miembros y asociados comparten una regla de oración y trabajo por la justicia y la paz. ⇨ Amish; cistercienses; dominicos; Esenios; franciscanos; jesuitas; monacato; Padres del Desierto; Qumran, comunidad de; Roger de Taizé, Hermano.

Orfeo Poeta legendario griego de Tracia, capaz de encantar a las bestias e incluso a las piedras con la música de su lira. De esta manera, consiguió la liberación de su esposa Eurídice del Hades. Fue muerto por las ménades, y su cabeza, todavía cantando, flotó hasta Lesbos. ⇨ Hades.

órfico o pitagórico, movimiento Pitágoras fue un filósofo de finales del siglo VI y principios del V a. C. que fundó una escuela en Italia; «orfismo» es un término derivado de poemas falsamente adscritos al mítico cantor Orfeo, probablemente compuestos de hecho en el siglo VI a. C. Pitagorismo y orfismo son, por tanto, distintos; pero tienen en común lo suficiente como para que «órfico/pitagórico» sea una descripción útil para una serie de ideas religiosas de tipo absolutamente nada tradicional que aparecieron en Grecia en la segunda mitad del siglo VI a. C. La esencia de esta forma religiosa no ortodoxa tiene una orientación ascética, espiritualista: el yo es considerado como un extraño o exiliado dentro del cuerpo. Pitágoras enseñaba la transmigración de las almas (y consecuentemente la necesidad del vegetarianismo); la poesía órfica parece haber descrito un crimen primigenio gracias al cual toda la humanidad se hizo culpable, y ahora necesita buscar la «purificación» a través del ritual; en ambos casos, el destino del alma después de la muerte se ha convertido en una preocupación esencial. ⇨ alma; griega, religión; mal, concepto griego del; más allá, concepto griego del.

origen de la religión Modo en que aparecieron por primera vez manifestaciones religiosas en el mundo, y de las que evolucionaron las formas religiosas posteriores. Los primeros antropólogos aceptaban la teoría de la evolución y asumían que era posible trazar los orígenes de la religión a partir de formas religiosas posteriores. Los distintos antropólogos tenían teorías diferentes sobre el origen de la religión. Para Frazer era la magia, para Tylor el animismo, para de Brosses era el fetichismo, para Marett el preanimismo, para Schmidt el monoteísmo original, y para otros el politeísmo. Ahora ha quedado claro que la prueba histórica fehaciente del origen de la religión no se puede obtener, y que las teorías no pueden demostrarse. Los testimonios de la prehistoria, como calaveras ritualmente tratadas, enterramientos, pinturas rupestres y piedras megalíticas, no revelan nada sobre el origen de la religión; ni la investigación en los actuales esquimales, bosquimanos, pigmeos o aborígenes, ni tampoco los mitos sobre la creación del mundo. Sin embargo, aunque de poco valor para aclarar el origen de la religión, las teorías antropológicas y mitos de la creación han demostrado ser importantes para los ricos mitos fundacionales como el del Jardín del Edén. ⇨ creación, mitos de la; Edén, Jardín del; megalítica, religión; neolítica, religión; paleolítica, religión.

origen dependiente (paṭticca-samuppāda; sánscrito: pratītyasamutpāda) Concepto central de la tradición budista, que está relacionado con las cuatro nobles verdades *(ariya sacca)*. Era muy importante en la propia enseñanza de Buda, y uno de sus discípulos afirmaba que «todo el que ve origen dependiente ve dharma, y quien ve dharma ve origen dependiente» *(Majjhima Nikaya* 1, 191). La teoría afirma que todo surge y existe en dependencia con otras cosas. Nada (excepto el nirvana) es independiente. Todo está relacionado con todo y está condicionado por todo en una cadena de doce eslabones interdependientes. Los doce eslabones son: ignorancia espiritual, actividades constructivas, conciencia, mente y cuerpo, seis bases sensoriales, estimulación sensorial, sentimiento, deseo vehemente, avaricia, existencia, nacimiento, y envejecimiento y muerte. Así, envejecimiento, muerte y sufrimiento conectados entre sí, surgen en última instancia de la ignorancia espiritual, cesarán y se alcanzará el nirvana. El problema real no es el pecado, sino la ignorancia espiritual, que no es precisamente un defecto intelectual, sino la carencia de comprensión de la realidad, que puede vencerse mediante la introspección meditativa. La teoría del origen dependiente subyace a las cuatro nobles verdades, explica el funcionamiento del renacimiento, muestra cómo no puede haber un yo permanente detrás de los eslabones de la cadena, e ilumina el concepto de fugacidad *(anicca)*. Fue considerado por Buda como elemento clave de su pensamiento. ⇨ anatman; ariya sacca; Buda; dharma; duhkha; nirvana.

Orígenes (c. 185-c. 254) Erudito y maestro cristiano, el más ilustrado y original de los antiguos Padres de la Iglesia, nacido probablemente en Alejandría, hijo de un mártir cristiano. Estudió en la Escuela catequética de Alejandría, donde realizó un estudio completo de Platón, los platónicos posteriores y pitagóricos, y los estoicos, con el neoplatónico Ammonio. Fue director de la Escuela de Alejandría durante veinte años (c. 211-232), compuso allí sus principales tratados dogmáticos y comenzó sus grandes obras de crítica textual y exegética. Durante una visita a Palestina en el 216, los obispos de Jerusalén y Cesarea le emplearon para que enseñara en las iglesias, y en el 230 le consagraron presbítero sin consultar con su obispo. Un sínodo alejandrino le privó de su oficio de presbítero. Las iglesias de Palestina, Fenicia, Arabia y Aquea declinaron coincidir con esta sentencia, y Orígenes, instalado en Cesarea de Palestina, fundó una

ortodoxa griega

escuela de literatura, filosofía y teología. En los últimos 20 años de su vida viajó mucho. En la persecución de Decio en Tiro fue cruelmente torturado y allí murió. Sus escritos exegéticos abarcan casi todo el Antiguo y Nuevo Testamento, e incluían *Escolios, Homilías* y *Comentarios*. De las *Homilías* sólo una pequeña parte se ha conservado en el original, aunque se ha salvado mucho en las traducciones latinas de Rufino y Jerónimo; pero, desgraciadamente, los traductores hicieron interpolaciones en ellas. De los *Comentarios* se conservan muchos libros en griego sobre Mateo y Juan. Su gigantesca *Héxapla,* el fundamento de la crítica textual de las Escrituras, está en su mayor parte perdida. Sus *Ocho libros contra Celso,* conservados enteramente en griego, constituyen la más grande de las primeras apologías cristianas. La teología especulativa del *Peri Arjón* se conserva en su mayor parte en la traducción mutilada de Rufino. Dos libros sobre *La resurrección* y diez libros de *Stromata* se han perdido. La filosofía ecléctica de Orígenes lleva un sello neoplatónico y estoico en el que la idea de procedencia de todos los espíritus de Dios, su caída, redención y retorno a Dios, es la clave de la evolución del mundo; en el centro de ella está la encarnación del Logos. Toda la Escritura admite una interpretación triple: literal, psíquica o ética y espiritual o alegórica ⇨ Alejandría, Escuela catequética de; apologética; Padres de la Iglesia.

ortodoxa griega, Iglesia ⇨ **Iglesia ortodoxa griega.**

ortopraxis y **ortodoxia**
Términos que significan práctica recta y doctrina recta, respectivamente. Ortopraxis no ha sido un término familiar en el discurso religioso occidental durante cierto tiempo debido al énfasis sobre la rectitud de la doctrina en la cultura occidental. Sin embargo, en credos como el hinduismo, el judaísmo y el islam, la práctica recta en la forma de cumplir obligaciones rituales y obedecer mandatos divinos, es tan importante como la rectitud de la creencia. Aquí la fe religiosa es un estilo de vida más que un sistema de creencias. La ortopraxis ha empezado a destacar en la reciente teología política cristiana, que hace hincapié sobre la praxis o el hacer la voluntad de Dios. Se ha afirmado que la verdad cristiana y el conocimiento de Dios se logran siguiendo la praxis de Jesús y no por la contemplación no comprometida de las verdades religiosas. No obstante, la mayoría de los credos han considerado necesario comprobar el asentimiento del individuo a las creencias fundamentales de la fe. Las disputas sobre interpretaciones que difieren exigen llegar a un acuerdo. En el cristianismo se apela a los concilios, a las Escrituras, a los credos y a la autoridad papal como medio de legitimar posiciones. Los católicos y protestantes coinciden en la necesidad de una autoridad absoluta, pero mientras los protestantes asignan a las Escrituras la única autoridad, los católicos conceden el mismo papel a

los pronunciamientos de los papas que a los Concilios de la Iglesia. Los budistas también han recurrido a concilios para solucionar las disputas sobre disciplina monástica y el canon de las Escrituras budistas. Las órdenes monásticas tradicionalmente actúan como guardianes de la enseñanza pura de Buda. En el hinduismo, los brahmanes son los que conservan la sabiduría y el ritual antiguos. De manera creciente, en todas las tradiciones, la ortodoxia se ve desafiada por los contactos interculturales, que generan simultáneamente la pérdida de la fe y el renacimiento de formas fundamentalistas en todos los credos. ⇨ Brahman; Concilio de la Iglesia; cristianos, credos; papado.

Oseas, Libro de El primero de los doce escritos proféticos denominados «menores» de la Biblia hebrea/Antiguo Testamento, atribuido al profeta Oseas, que actuó en el reino del norte, Israel, c. 750-725 a. C., durante un período de invasiones militares asirias. La obra avisa del juicio por la deserción de Israel ante el culto al Baal cananeo, pero afirma el amor de Dios que busca restaurar a Israel. Muchas de estas profecías son presentadas como correspondientes a las propias experiencias de Oseas con su infiel esposa Gomer. ⇨ Antiguo Testamento; Baal; profeta.

Osiris Antiguo dios egipcio de los muertos y de la vegetación. Hijo de Geb y Nut, y miembro de la enéada heliopolitana, era una de las deidades más importantes y populares en el Antiguo Egipto, y tema de una mitología considerable. Cuando recibió la dignidad real de su padre, Geb, su envidioso hermano Seth le engañó y le asesinó. Su cuerpo fue hallado por su esposa hermana Isis, quien, ayudada por Neftis y Anubis, le lloró y se ocupó de su embalsamamiento y entierro. De esta forma, restauró su vida, y Osiris se convirtió en Rey de los Muertos. Como tal fue identificado desde fecha antigua con el faraón muerto, y su hijo Horus con el sucesor reinante. Desde el Reino Medio (c. 2133-1786 a. C.) los plebeyos también se identificaban con Osiris cuando morían, y así se convirtió en la deidad funeraria suprema. También era un dios de la fertilidad, y su muerte y resurrección simbolizaban el crecimiento cíclico, muerte y renacimiento de la vegetación. Era adorado por todo Egipto, con su principal centro de culto en Abydos, que se convirtió en un lugar de peregrinación. Osiris se representa normalmente como un hombre con los envoltorios de momia, sosteniendo sus manos el cayado y mayal reales, y portando la corona *atef,* la corona blanca del alto Egipto, con una pluma roja a cada lado. ⇨ Anubis; enéada; faraón; Heliópolis, teología de; Horus; Isis; más allá, concepto del antiguo Egipto del; Neftis; peregrinación; Seth.

Otto, Rudolf (1869-1937) Teólogo y filósofo protestante alemán, nacido en Peine, Hannover. Profesor en Götingen y Breslau antes de establecerse en Marburgo en 1917, recibió inspiración de Kant, Schleiermacher y varios viajes que hizo a Oriente para estudiar religiones no cristianas, para definir la religión de una manera nueva. En *Lo santo* (1917) describe la experiencia religiosa como un sentido no racional, aunque objetivo, de lo numinoso, un *mysterium tremendum et fascinans* que inspira a la vez temor y una promesa de exaltación y bienaventuranza. Entre sus otros libros están *Religión de la gracia en la India y cristianismo* (1930), *La filosofía de la religión* y *Ensayos religiosos* (1931) y *Mística oriental y occidental* (1932). ⇨ protestantismo; religión; Schleiermacher, Friedrich Ernst Daniel.

Oxford, Movimiento de Movimiento dentro de la Iglesia de Inglaterra, iniciado en 1833 en Oxford, que pretendía reavivar la alta doctrina y ceremonial; también conocido como Tractarianismo. Iniciado mediante «tractos» escritos por Keble, Newman y Pusey, se oponía a las tendencias liberales en la Iglesia y ciertos énfasis de la Reforma. Condujo al anglocatolicismo y el ritualismo, y ha continuado ejerciendo influencia en ciertos ambientes del anglicanismo. ⇨ anglocatolicismo; Iglesia de Inglaterra; Newman, John Henry; Pusey, Edward Bouverie; rearme moral.

P

Pablo, San, también conocido como **Saulo de Tarso** (muerto c. 64-68) Apóstol de los gentiles e importante teólogo de la Iglesia cristiana primitiva, nacido de padres judíos en Tarso, Cilicia. Al parecer fue educado como rabí en Jerusalén, convirtiéndose en un ferviente fariseo y perseguidor de cristianos. En su camino a Damasco (c. 34-35), se convirtió al cristianismo por una visión de Cristo, y después de pasar varios meses en Nabatea comenzó a predicar el mensaje cristiano y a emprender viajes misioneros, primero a Chipre, Antioquía de Pisidia, Iconio, Listra y Derbe. En torno al 48-51 tuvo que acudir a una reunión apostólica en Jerusalén sobre el discutido asunto de cómo iban a ser admitidos gentiles y judíos en la Iglesia (Gálatas 2, 1-10; Hechos 15, 1-21), y se llegó, al parecer, a un tipo de resolución que permitía continuar su misión a los gentiles, aunque surgió una nueva disputa con Pedro en Antioquía. La cronología precisa de sus actividades misioneras es confusa, pero Pablo realizó otros viajes, con Silvano (Silas), al Asia Menor, y por Galacia y Frigia a Macedonia y Acaya, donde tuvo especial éxito en

San Pablo

Pachacamac

Corinto. Emprendió también una extensa misión en Éfeso, en medio de muchas dificultades, que condujo finalmente a una última visita a Macedonia y Corinto. De regreso a Jerusalén, fue al parecer encarcelado durante dos años, y se produjeron tumultos contra él por parte de los judíos. Fue llevado a Cesarea y Roma tras apelar al César. Según la tradición posterior, fue ejecutado por Nerón (aunque algunas tradiciones sugieren que fue liberado y marchó a España). Se le atribuyen tradicionalmente trece cartas del Nuevo Testamento, así como algunas obras extracanónicas. Su fiesta se celebra el 29 de junio. ⇨ cristianismo; discípulos (en la Iglesia cristiana primitiva); gentiles; Hechos de los Apóstoles; Nuevo Testamento; Paulinas, Cartas.

Pachacamac Literalmente «hacedor del mundo», divinidad quechua de las regiones costeras centrales de Perú, que tenía un importante santuario cerca de Lima, era muy solicitada por su oráculo. Antes del año 1000 d. C. era el centro de un complejo de santuarios más pequeños a lo largo de la costa y área montañosa, considerados como «esposas» o «hijos» de Pachacamac. Tan reconocido era el culto que ni siquiera el celo de los emperadores incas Pachacuti y Topa pudo someterlo tan plenamente al sistema religioso inca como a los de otras divinidades reconocidas. Bajo el imperio inca, Pachacamac fue adorada con el dios sol y finalmente identificada con Viracocha. La frecuencia de la violencia y el sacrificio humano se redujo con el tiempo. ⇨ Pachacuti; Taqui Onqoy; Viracocha.

Pachacuti Título de Cusi Inca Yupanqui, creador del imperio inca. Hijo de Inca Viracocha, octavo emperador, que había afirmado tener una visión de la deidad Viracocha, Pachacuti subió al trono en 1438 y abdicó en favor de su hijo Topa Inca Yupanqui en 1471. Entre Pachacuti y Topa levantaron un imperio que se extendía desde el moderno Ecuador hasta Chile central, y establecieron en él un sistema político-religioso peculiar. Este situaba a los incas como nobleza del imperio, y a la religión inca tradicional como religión imperial, aunque incorporando los cultos de los pueblos conquistados con un papel subordinado. Por tradición, a la casa real inca se la hacía descender del dios sol, Inti. Pachacuti tuvo una visión de Inti en un cruce de caminos al principio de su carrera pero, como su padre, declaró el patronazgo de la divinidad creadora Viracocha. Le declaró el ser supremo, exaltado por encima de las divinidades de la naturaleza y todos los centros de culto locales. Cuzco, su capital, no era sólo el centro político del imperio, sino también el religioso, formando el vértice de una pirámide de actividad ritual cuidadosamente levantada en la que cada distrito del imperio desempeñaba un papel. ⇨ inca, religión; Viracocha.

Pachamama Título, que significa madre tierra, dado a una diosa madre subterránea por varios pueblos andinos, e incorporada al sistema religioso del imperio inca. Rasgos sobresalientes del terreno, como las rocas, eran recordatorios de su presencia o actividad. Como cuidaba de las plantas el tiempo que estaban en la tierra, era importante para la vida campesina; parece también haber tenido llamas y otros rebaños de animales a su cuidado (en los pastizales eran enterrados símbolos metálicos de alpacas). Era también madre de los muertos, esperándose que los agricultores (a diferencia de la nobleza) al morir fueran bajo tierra. Cuevas y grietas naturales, entradas a su reino, eran lugares obvios para el reconocimiento reverente de Pachamama. ➪ culto a la diosa.

Padmasambhava (siglo VIII)

Siddha tántrico, contribuyó a introducir el budismo en el Tíbet. Es visto por la orden Nyingmapa como su fundador y considerado como el «segundo Buda». La historia de su vida está imbuida de leyenda. Se dice que Padmasambhava, que significa «nacido loto», surgió en forma de niño, de un loto, en el río Indo, y que su padre espiritual era Buda Amitabha. De joven estudió varios sistemas de filosofía y prácticas, desarrollando poderes mágicos *(siddhi)* y siendo iniciado por diosas tántricas o *dakini's*, incluyendo a Vajravarahi, de la que logró vasto conocimiento espiritual. Habiendo derrotado a los poderes demoníacos se dice que alcanzó la perfección suma *(mahamudra)*. El rey tibetano Trisong Detsen (740-798) había invitado al erudito Shantarakshita al Tíbet, donde propagó el budismo e inspiró la fundación del primer monasterio budista en Samye *(bSamyas)*. El rey entonces invitó a Padmasambhava a exorcizar a los demonios y dioses locales que se oponían a las enseñanzas *(dharma)*. Así lo hizo, convirtiéndoles en protectores del dharma, historia que ilustra cómo el budismo incorporó las tradiciones tibetanas locales. Las dos figuras de Shantarakshita y Padmasambhava ejemplifican dos tendencias del budismo en el Tíbet, una centrada en el celibato y la disciplina monástica, otra centrada en las tradiciones tántricas del poder mágico *(siddhi)* y el exorcismo. ➪ Buda; budismo; dharma; Nyingmapa; siddhas.

Padre Nuestro también Padrenuestro

Popular oración del culto cristiano, derivada de Mateo 6, 9-13 y (en forma distinta) de Lucas 11, 2-4; también conocida como Pater noster («Padre nuestro»). Es un modelo de cómo han de orar los seguidores de Jesús, que consta (en Mateo) de tres peticiones que alaban a Dios y piden su reino, seguidas de cuatro peticiones relativas a necesidades físicas y espirituales de los seguidores. La doxología final («Porque tuyo es el reino») al parecer fue añadida posteriormente por la tradición eclesial. ➪ Jesucristo; Kaddish; oración.

Padres de la Iglesia

Título aplicado normalmente a los líderes de la Iglesia cristiana primitiva, reconocidos como maestros en las verdades de la fe. Se caracterizaron por la ortodoxia doctrinal y por la santidad personal, y eran normalmente beatificados. El estudio de sus escritos y

Padres del Desierto

pensamiento es conocido como patrística. ⇨ beatificación; cristianismo.

Padres del Desierto Cristianos de los siglos III y IV que abandonaron el relativo bienestar de la vida de la ciudad y de los pueblos para buscar a Dios en el desierto, siguiendo la tradición bíblica de las travesías de Israel, la vida de Juan Bautista y el período de prueba de Jesús en el desierto. Con la legalización por parte de Constantino del cristianismo, la separación física del mundo ocupó el lugar que previamente había ocupado la perspectiva del martirio. La supresión de distracciones externas revelaba que la verdadera batalla entre el bien y el mal proseguía dentro del alma del individuo. Uno debía, por tanto, someter las propias experiencias religiosas al discernimiento de un Padre más mayor y más sabio, y evitar juzgar a otros. Nuestro conocimiento de los Padres del Desierto se basa en las vidas de pioneros notables como San Antonio de Egipto (¿251?-355) y San Pacomio (m. 346); colecciones generales de *Apothegmata* o dichos sentenciosos, cuya enseñanza fue sistematizada por Evagrio Póntico (c. 345-399) y transmitida al monacato occidental en los escritos de Juan Casiano, y las historias de Rufino (c. 345-410) y de Paladio (c. 365-425). ⇨ Casiano, San Juan; Constantino I; monacato.

Padres peregrinos Disidentes religiosos ingleses que fundaron la colonia de Plymouth en América en 1620, después de cruzar el Atlántico a bordo del *Mayflower;* embarcaron 102, y uno nació en alta mar. Procedían originalmente de Lincolnshire, pero habían pasado un largo período en los Países Bajos antes de emigrar a América.

pagoda Santuario o edificio conmemorativo budista que normalmente se usa como lugar de reunión

Pagoda del templo de Popju-sa (Chungchong, República de Corea)

para el culto budista. Sus orígenes descansan en los stupas indios, que eran túmulos funerarios cubiertos por una bóveda en los que se colocaban las cenizas del buda. Debido a que los monjes comenzaron a residir en estos lugares santos, y a que estos stupas se propagaron a lo largo de las rutas de comercio hasta China, su estilo evolucionó rápidamente hasta convertirse en pagodas con fachadas de muchos pisos y tejados puntiagudos. La pagoda china, que apareció en el siglo III d. C., quedó probablemente influida por el gran stupa de trece pisos del rey Kanishka, en Peshawar, y por el diseño de las atalayas chinas de madera. A medida que las pagodas proliferaron por Corea, Japón y el sudeste de Asia se adaptaron al estilo del marco cultural en el que eran ubicadas. Una de las más antiguas que todavía sigue en pie es una pagoda de piedra del siglo VI d. C. en Honan, China; la pagoda más grande conocida, en Tingchou, China, tiene 120 m de altura. Suelen construirse de ladrillo, de forma octogonal y tradicionalmente se cree que otorgan felicidad al barrio en el que se encuentran. Algunas veces se construyen como actos de devoción, y pueden interpretarse simbólicamente como miniaturas sagradas del cosmos budista condensado en un edificio. ⇨ Buda; stupa.

pahlevi Término que originalmente significa «parto», y usado ahora generalmente para referirse al persa medio, que está escrito en la denominada escritura pahlevi. Entre los textos escritos en pahlevi están las inscripciones sasánidas y los libros zoroástricos pahlevi. La mayoría de los últimos están basados en antiguas tradiciones orales, pero fueron escritos en su forma definitiva en los siglos IX y X. La mayoría de estas obras son de carácter religioso; algunas se basan en la traducción y exegesis del *Avesta* y *Zand*. ⇨ Avesta.

Pájaro tonante Figura totémica en la religión amerindia noroccidental. Lanza el rayo de su ojo y se alimenta de orcas. El jefe de los Pájaros tonantes era Águila Dorada (Keneun). ⇨ americanas nativas, religiones.

Palamas, Gregorio (1296-1359) Místico ortodoxo y defensor del hesicasmo contra las críticas de Baalaam el Calabrés (c. 1290-1348). Esta controversia sobre la naturaleza de Dios y los métodos de oración surgió a propósito de la cuestión de si Dios podía o no ser directamente experimentado en esta vida. Palamas defendía que Dios era a la vez incognoscible y cognoscible, no podía ser experimentado en su esencia (ser íntimo), pero sí en sus energías (efectos). En este sentido, los creyentes eran capaces de experimentar la misma luz divina que los discípulos en la transfiguración de Jesús. Los puntos de vista de Palamas prevalecieron finalmente (1351). Fue canonizado en 1368. ⇨ hesicasmo; transfiguración.

paleolítica, religión Término referido a la religión de los primeros seres humanos hasta el período neolítico, que comenzó alrededor del 8000 a. C. La civilización paleo-

pali

lítica se centraba en la caza y la recolección, mientras que la revolución neolítica despertó la atención por la agricultura y las comunidades sedentarias. Los testimonios de la religión paleolítica descansan sobre la interpretación de cuatro tipos de objetos: restos de calaveras humanas, descubrimientos de enterramientos, pinturas rupestres y figurillas femeninas. Los primeros restos de calaveras, como la del Hombre de Pekín *(Sinanthropus Pekinensis),* que se remontan en torno al medio millón de años, muestran el tratamiento ritual de las calaveras. Los primeros hallazgos de enterramientos, como los de La Ferrassie y La Chapelle aux Saints en Francia, Teshik-Tash en Uzbekistán y monte Circeo en Italia, que se remontan al 70.000 a. C. en adelante, muestran cuerpos yacentes sobre el costado derecho, con las cabezas mirando hacia oriente, piernas encogidas o acurrucados, y utensilios o huesos de animales que descansan alrededor, posiblemente como regalos de entierro. Esto parece indicar una comprensión de la muerte y cómo tratarla ritualmente. En las pinturas rupestres de lugares como Lascaux en Francia y Altamira en España se ve claramente que no se trata del arte por el arte sino que tienen connotaciones religiosas. Representan principalmente animales, o seres humanos con atributos animales que parecen ser danzantes enmascarados, hechiceros o figuras humano-animales. Han sido interpretadas en términos de magia simpática, chamanismo, rituales de caza e incluso deidades, pero tales interpretaciones no son exactas. Las figurillas femeninas, como la Venus de Willendorf en Austria, centran su atención en áreas del cuerpo, a saber, el estómago y los pechos, que se puede aceptar que representan embarazo, nacimiento y crianza. Parecen estar asociadas a la fertilidad y posiblemente a la noción de la diosa madre. Estamos a merced de las pruebas que tenemos, pero está en litigio en parte la cuestión de si los primeros humanos eran religiosos y en qué sentido. Aunque los testimonios están abiertos a una interpretación variada, es posible afirmar un hecho, que la religión, en un sentido general, ha estado con nosotros más o menos desde el principio, y que los seres humanos son de alguna manera, «animales religiosos». ⇨ chamanismo; neolítica, religión.

pali, canon ⇨ **tipitaka.**

pancasila (pañcasīla) El código moral de la tradición budista es conocido como *sila,* el pancasila son los cinco preceptos morales fundamentales para la práctica ética budista. La moralidad es la primera de tres etapas en el camino budista y, por tanto, seguir los cinco preceptos morales es el comienzo del sendero budista. Estos cinco preceptos son: no herir a otros seres vivos, no robar lo que pertenece a otros, evitar la sensualidad indebida, desistir del discurso malo y dañino, y renunciar a drogas, alcohol y otras sustancias que entorpecen la conciencia. Son recitados por los budistas laicos durante el culto como obligaciones que aceptan para sí mismos. En los días santos, algunos budistas laicos hacen voto de abstenerse del sexo, así como de observar tres preceptos morales más: no comer después de mediodía, no asistir a diversiones o vestir adornos y no dormir en camas lujosas. Los monjes budistas añaden un precepto más en su código moral propio, a saber, no tocar oro o plata. Los pancasila —evitar herir, robar, la sensualidad, la mentira, y drogas nocivas y bebida— son generalmente comunes a la mayoría de las tradiciones religiosas, igual que las adiciones de otros preceptos para laicos entusiastas y para monjes. ⇨ ética en religión; sila.

Panchen Lama Líder y maestro espiritual en el budismo tibetano, segundo en importancia después del Dalai Lama, y que se dice es la reencarnación de Buda Amitabha. El último Panchen Lama (1938-1989), la décima reencarnación, se convirtió en pupilo de los chinos en su niñez y algunos tibetanos se disputan su condición. ⇨ Dalai Lama; tibetana, religión.

panenteísmo Concepto de que Dios y el universo son uno, pero que Dios es, al mismo tiempo, más grande que el universo; en otras palabras, que el mundo está en Dios, pero que él también existe por encima del mundo. Es distinto del panteísmo, que considera a Dios y el universo como absolutamente idénticos. Algunos filósofos han expresado esta idea mediante analogía con el cuerpo humano, es decir, que uno depende de su propio cuerpo para la mayoría de las experiencias, pero puede también trascenderlo. ⇨ panteísmo; teísmo.

Panikkar, Raimundo (1918-) Teólogo ecuménico español y estudioso de la religión, nacido en Barcelona. Hijo de padre hindú y madre española católica, fue educado en un ambiente hindú-católico. Educado en España, Alemania e Italia, se doctoró en filosofía, ciencia y teología, y se hizo sacerdote católico. En la Universidad Hindú de Benarés, Harvard (1967-1971) y Santa Bárbara, California (1971-), ha realizado contribuciones significativas a la teología de la universalización (*El Cristo desconocido del hinduismo*, 1964), teología cristiana (*cristianismo y religiones del mundo*, 1969), espiritualidad comparada (*La Trinidad y las religiones del mundo*, 1970), diálogo interreligioso (*El diálogo intrarreligioso*, 1978), estudios hindúes (*La experiencia védica*, 1979), futurología (*De la alienación a la relación armoniosa*), y mito y hermenéutica (*Mito, fe y hermenéutica*, 1978). Su saber es multidisciplinar, interreligioso y de perspectiva global, y sus antecedentes personales y mente amplia hacen que sus estudios de religión sean apasionantes e importantes para un mundo global emergente. Su pensamiento combina filosofía, teología, hermenéutica, religión comparada y temas globales dentro de un todo integral. También contiene las semillas de una teología cristiana potencialmente nueva y más universal. ⇨ actitudes teológicas; comparada, religión; estudio de la religión; teología de la religión.

panislamismo Idea de que puesto que todos los musulmanes comparten la misma identidad religiosa sería beneficioso para ellos unirse y trabajar juntos políticamente a escala global. En tiempos modernos, al-Afghani y Muhammad Abduh abogaron por el panislamismo como medio para los musulmanes de combatir al imperialismo occidental. La noción de panislamismo parecía especialmente útil para las comunidades musulmanas en las fronteras de los países fundamentalmente islámicos que se sentían amenazadas por Occidente. El Movimiento Khilafat en la India (1918-1924) fue otra faceta del empeño panislámico. Cuando el Califato otomano fue abolido en 1924 y Turquía se convirtió en un estado secular, el islam perdió la fuerza unificadora de un mascarón de proa; cuando los países musulmanes lograron más tarde la independencia, surgieron rivalidades entre ellos. No obstante, el ideal de panislamismo permanece, basado en parte en una añoranza de la edad de oro de Mahoma y los cuatro primeros califas, que se considera que fue una época de unidad, y en parte basado en el deseo de pensar y actuar colectivamente como musulmanes en todo el mundo. ⇨ Mahoma.

Pannenberg, Wolfhart (1928-) Teólogo luterano alemán, nacido en Stettin (hoy Polonia). Profesor de teología sistemática en Wuppertal, Maguncia y Munich (1968-), su obra más conocida es *Jesús, Dios y hombre* (1964), que se opone al programa de desmitificación de Bultmann con la afirmación de que revelación e historia *son* categorías teológicas significativas y que la resurrección de Jesús es el eje sobre el que gira todo. El resto de sus obras, incluyendo *Cuestiones básicas en teología*, I-III (1970-1973), *Teología y filosofía de la ciencia* (1976) y *Antropología en perspectiva teológica* (1985), defienden el lugar de la razón en la teología. También ha escrito sobre ética, espiritualidad, la Iglesia y secularización. ⇨ Bultmann, Rudolf Karl; luteranismo; resurrección.

panteísmo Creencia de que Dios y el universo son en última instancia idénticos. Puede considerar que el mundo es equivalente a Dios o negar la realidad del mundo, sosteniendo que sólo lo divino es real y que la experiencia de los sentidos es ilusoria. Es un rasgo característico del hinduismo y de ciertas escuelas de budismo. ⇨ budismo; Dios; hinduismo.

panteón chino El panteón chino es muy numeroso. Incluye muchas deidades y espíritus de áreas locales que están presentes en casas y templos locales, así como dioses de los panteones budista y taoísta. A causa de la naturaleza difusa de la religión popular china, se ha producido una asimilación y amalgama entre algunas de estas deidades. Tiende, sin embargo, a haber una distinción entre el panteón chino por una parte, y los dioses de la naturaleza, los inmortales taoístas, y budas y bodhisattvas por otra. En el plano familiar existe el culto a los dioses familiares y la veneración a los antepasados; en el nivel de vecindad, en ciudades y zonas rurales, existe el culto a dioses locales responsables de estas áreas; en el ámbito estatal ha existido el culto a los dioses del Estado, que en la primitiva China se centraba en el culto por parte de las clases dirigentes de *Tien* (cielo), *Ti* (tierra) y los antepasados reales. Más tarde, algunos de los dioses de la religión popular llegaron a ser más importantes que otros. Entre ellos está el emperador Jade (Yu-Huang), que se consideró soberano de la corte celeste y, bajo sus órdenes, una serie de dioses era responsable de ministerios concretos en su corte, como epidemias, fuego, curación, montañas sagradas, trueno y viento. A menudo, aunque no siempre, se trataba de seres humanos que habían sido deificados después de un período de tiempo. Entre algunos de los dioses más populares están Tsao Chun, el dios de la cocina que vigila los asuntos domésticos; Chang Huang, el dios responsable de las ciudades; Fu Shen, el dios de la felicidad, y Tsai Shen, el dios de la riqueza. ⇨ bodhisattva; Buda; Tien; Yu-Huang.

panteón homérico Concepto no reconocido como tal por los griegos; es un término moderno para referirse a los dioses que aparecen en la poesía de Homero (siglos VIII-VII a. C.). Los más importantes eran Zeus, «padre de dioses y hombres», que es imparcial en la guerra troyana descrita por Homero; su esposa Hera, hija Atenea y hermano Poseidón, que favorecían todos a los griegos; sus hijos Apolo, Artemisa, Hefesto y Leto también aparecen, como lo hacen poderes menores como Iris, la semidiosa Thetis, «Sueño», y muchos otros. Los dioses del mundo inferior, Hades y Perséfone, se menciona pero no toman parte en la acción, mientras que dos dioses de suma importancia cultural, Deméter y Dioniso, son excluidos. Los dioses en Homero viven en el Olimpo, en la casa de Zeus, donde a menudo se reúnen también en consejo; en el culto por contra se ponía mucho más énfasis en la asociación entre determinados dioses y ciertas ciudades. Por tanto, el panteón homérico es, en aspectos importantes, una ficción poética: el historiador Herodoto (c. 430 a. C.) ciertamente exageraba cuando decía que fueron Homero y Hesíodo (el otro poeta mitológico primitivo) quienes determinaron los nombres, poderes y genealogías de los dioses griegos. ⇨ griega, religión; panteón olímpico.

panteón olímpico En Grecia no existía clasificación oficial de dioses (ningún mortal tenía la autoridad religiosa para disponer tal cosa). No se puede, por tanto, elaborar una lista autorizada de dioses griegos o de miembros del panteón olímpico. Se establecía a menudo una distinción entre dioses «del cielo» *(ouranioi)* y dioses «de la tierra» *(chtho-*

Panth

nioi), y era al primer grupo el que se tendía a llamar «olímpico» (por la asociación con la grandiosa morada de Zeus en el monte Olimpo). Pero incluso esta distinción no era absoluta, puesto que Zeus, por ejemplo, el olímpico por excelencia, era también adorado como Zeus «subterráneo» *(katachthonios).* Desde del siglo VI a. C. encontramos una tendencia, quizá por influencia oriental, a adorar a un grupo de Doce Dioses: pero los miembros menos importantes de la lista varían de una ciudad a otra, e incluso un estado que tuviera un culto a los Doce Dioses adoraba además a muchas figuras divinas menores. Se puede, sin embargo, identificar ciertos dioses mayores que eran honrados en prácticamente cada estado griego: Zeus, Hera, Poseidón, Apolo, Artemisa, Deméter, Dioniso, Perséfone y Hermes. ⇨ ctónica, religión; griega, religión.

Panth Palabra sánscrita que significa «sendero», usada para describir comunidades religiosas en la India que siguen a maestros o creencias particulares. Fue aplicada a grupos como los Kabir-Panthis que seguían el camino de *kabir,* mientras que el primitivo movimiento sij fue llamado el Nanak-Panth porque seguía el camino del Gurú Nanak, el primer gurú sij. Con el tiempo, la palabra «Nanak» cayó y la comunidad sij fue conocida como el Panth. Este es todavía el título preferido. A una comunidad local (en cuanto opuesta a la comunidad global) se la conoce como *Sangat,* funcionando cada Sangat como una rama del Panth sij total. ⇨ Nanak; Sangat.

papa ⇨ **papado.**

papado El título «papa» (latín: *papa*; griego: *papas,* «padre»), concedido originalmente a todo obispo, quedó restringido para el obispo de Roma con el ascenso en importancia de esta sede. Como Cabeza o Supremo Pontífice de la Iglesia católica, es elegido por un cónclave del Colegio de cardenales, derivando su autoridad de la creencia de que representa a Cristo en sucesión apostólica directa desde el apóstol Pedro, que se dice fue el primer obispo de Roma. Tras el declive de las antiguas iglesias del Imperio Romano Oriental, como resultado de la expansión del islam, el papa de Roma se convirtió en el centro de la Iglesia cristiana, y gozó de un poder político considerable como soberano temporal de los extensos estados papales de Europa (que han quedado reducidos en la actualidad a la Ciudad del Vaticano en Roma). La afirmación de la infalibilidad del papa se formalizó en el Concilio Vaticano I, en 1870. La pretensión del papa de ser «vicario de Cristo» en la tierra y cabeza de toda la Iglesia cristiana fue rechazada por las iglesias de Oriente en 1054, y por el anglicanismo y las iglesias protestantes en la Reforma. La autoridad papal sobre la iglesia de Francia fue regularmente cuestionada entre los siglos XIII y XVIII. Las iglesias uniatas de Oriente están en comunión con Roma, pero conservan su propia organización y costumbres. Algunos anglocatólicos, y algunos partidarios del ecumenismo, concederían al papa una autoridad honorífica atenuada, aunque no jurisdicción, como centro de unidad de la iglesia universal, con un rango similar al que goza el arzobispo de Canterbury en la Comunión Anglicana. ⇨ anglocatolicismo; apóstol; catolicismo; Comunión Anglicana; ecumenismo; infalibilidad; sucesión apostólica; uniatas, iglesias; Vaticanos, Concilios.

papeles según el sexo La atención creciente a la importancia del sexo, como medio de comprender el poder y el simbolismo en la sociedad, ha llevado a tomar conciencia sobre los modos en los que las tradiciones religiosas han tratado el tema del sexo. Hablando en términos generales, existen dos maneras en las que el sexo afecta al status de la persona dentro de una tradición religiosa. En primer lugar, están los métodos en que ciertos credos y tradiciones excluyen a personas de un determinado sexo de desempeñar oficios sagrados. En el cristianismo, por ejemplo, las iglesias católica y ortodoxa (y la mayoría de las de la Comunión Anglicana) rechazan la ordenación sacerdotal de las mujeres. Las razones para obrar así están relacionadas específicamente con el tema del sexo, puesto que si el sacerdote es un representante de Cristo, que fue varón, no puede ser representado por una mujer. En segundo lugar, la importancia del reparto de papeles según el sexo en las prácticas religiosas queda patente en los muchos ejemplos de gente que asume una sexualidad cambiada para realizar una función religiosa. *Chamanes*, sanadores, sacerdotes y videntes pueden vestirse, comportarse y actuar como miembros del sexo opuesto. Tales casos de sexualidad alterada pueden producirse durante un tiempo limitado, o ser alteraciones permanentes de la conducta sexual del individuo. El deseo de cambiar la sexualidad es normalmente el resultado de una experiencia mística y la creencia es que tal conducta realzará el poder espiritual del sacerdote o chamán. Estudios sobre estos cambios de roles según el sexo han sugerido que se trata sobre todo de un fenómeno creado socialmente. Ciertamente, es un asunto más complicado que el simple tema del sexo biológico. Los modos en los que las prácticas religiosas han encontrado caminos de subvertir la interpretación social del sexo sugieren que las diferencias en los roles según el sexo pueden producir una percepción de la realidad completamente distinta. ⇨ mujeres en la religión, las; sacerdocio.

parábola Metáfora en forma narrativa (aunque a veces considerada un símil) que pretende no tanto impartir verdades mediante silogismos o lecciones morales generales como desafiar la perspectiva del oyente. En la Biblia, las parábolas son usadas con frecuencia por Jesús en su predicación sobre el reino de Dios, e incluyen historias muy conocidas sobre el Buen Samaritano, el Hijo Pródigo, el Sembrador y muchas otras. Estas parábolas fueron

Paraíso

interpretadas muchas veces de forma alegórica por los Padres de la Iglesia. ⇨ Jesucristo; Nuevo Testamento; reino de Dios.

Paraíso Término, probablemente de origen persa, que se refiere a un jardín cerrado o parque; en la Biblia, se aplica de diversos modos al Jardín del Edén (Génesis 2-3, sólo en los Setenta) y a bosques, pero sólo más tarde a un futuro estado celestial bendito y lugar de bienaventuranza (2 Corintios 12, 4; Apocalipsis 2, 7). En el pensamiento antiguo y moderno, el paraíso ha sido visualizado no sólo en forma de jardines, sino también como montañas e islas. ⇨ Biblia; cielo; Edén, Jardín del; jannah, al-; más allá.

Paralipómenos ⇨ **Crónicas, Libros de las.**

paramita (pāramitā) Noción de perfección en el budismo mahayana, que se refiriere a cualidades mentales desarrolladas en su más alto grado por los santos o bodhisattvas. Existen varias listas de estas cualidades mentales que se desarrollan en vistas a la perfección, pero la lista principal incluye seis: dar, moralidad, aceptación, fuerza, meditación y sabiduría. Por tanto, existe «perfección de dar», «perfección de sabiduría», y así sucesivamente. De especial importancia es la perfección de sabiduría *(prajnaparamita),* y las escrituras de ese nombre, los *Sutras de la Prajnaparamita,* son cruciales en el budismo mahayana. La perfección de sabiduría se singulariza a veces como la paramita esencial, mientras que las otras cinco son más funcionales y están relacionadas con medios de destreza. Se consideran tendencias construidas y perfeccionadas después de muchos nacimientos, no sólo por los santos mahayana *(bodhisattvas),* sino también por los santos theravada *(arahats).* ⇨ arahat; bodhisattva; budismo mahayana; budismo theravada; prajna; sabiduría.

paranormal Más allá de los límites de lo que se puede explicar en términos de lo que actualmente se considera conocimiento científico. Así, para describir un acontecimiento como paranormal se requiere que todas las demás posibles explicaciones del acontecimiento, basadas en principios conocidos, queden excluidas. Sin embargo, el uso del término no implica que la explicación final, ya que la ciencia descubre más sobre acontecimientos supuestamente paranormales, no sea física; tiene en cuenta la posibilidad de que nuevos descubrimientos en física puedan dar razón de acontecimientos que ahora son clasificados como paranormales. Esto contrasta con el término sobrenatural, que implica una explicación no física de acontecimientos que están siempre más allá de las leyes naturales.

parinirvana o **parinibbana** (parinirvāna; parinibbāna) Se refiere al nirvana completo o definitivo alcanzado por un budista. Es posible alcanzar un nirvana viviente mientras uno está aún vivo, en cuyo caso el parinirvana acontece cuando uno finalmente muere. Esto fue lo que le sucedió a Buda, que alcanzó un nirvana provisional en el momento de su iluminación, pero después se embarcó en un largo ministerio; sólo al final de su vida fue cuando le sobrevino su parinirvana y con él el fin de todos los renacimientos. El clímax y fin de la vida de Buda son descritos en el discurso más largo del *tipitaka*, o canon pali, el *Mahaparinibbana sutta*. El lugar donde murió, Kusinara, cerca de Nepal, en la frontera con la India, es uno de los cuatro lugares santos de la tradición budista y lugar de peregrinación para muchos budistas de todo el mundo. Fue aquí donde Buda fue incinerado, guardadas sus cenizas y donde se erigieron stupas para conmemorar su muerte y su consecución del nirvana final. ⇨ bhavana; Buda; Kusinara; nirvana; stupa; tipitaka.

parsis, reformas religiosas Comenzaron estas en el curso del siglo XIX, debiéndose en parte a la mayor prosperidad económica de los parsis y a la expansión de la educación occidental, pero especialmente a la confrontación de la comunidad tradicional parsi con conceptos y valores religiosos occidentales. El ataque a la doctrina zoroástrica realizado por el misionero escocés, John Wilson, afectó profundamente a los parsis. En sus escritos, Wilson afirmaba que la doctrina parsi era de carácter dualista y que, como no alcanzaba el nivel previsto de su ideal de monoteísmo, era «monstruosa y extraordinariamente irracional». Los parsis naturalmente rechazaron estos argumentos. Sin embargo, ellos habían entendido durante mucho tiempo su religión como una religión que predicaba la bondad sencilla, práctica; en la discusión resultante quedó claro que su conocimiento de los aspectos más teóricos de su fe se habían erosionado con el paso de los siglos, de modo que incluso los sacerdotes instruidos no eran ya capaces de rebatir de manera efectiva los ataques realizados por los teólogos occidentales. Como resultado, las clases sacerdotales sufrieron una significativa pérdida de prestigio y autoridad. Esto, junto con la expansión de la educación de estilo occidental, llevó a muchos parsis a buscar una nueva interpretación de su religión, rechazando muchos aspectos del zoroastrismo tradicional. Estas tendencias se vieron fortalecidas gracias a sus contactos con el filólogo alemán Martin Haug, que enseñó en Puna durante un tiempo en la década de 1860. Haug había descubierto que, de todos los textos que componen el Avesta, solamente los *Gathas* representan las palabras reales del profeta Zoroastro, y declaró que una aproximación ritualista a la religión no era parte del mensaje de los Gathas. Como resultado, la comunidad parsi vino a dividirse entre los «tradicionalistas», que se mantenían firmemente en la forma de zoroastrismo a la que se habían adherido sus antepasados, y varios grupos «reformistas», que deseaban volver a lo que creían que era una forma más pura de su fe. El moder-

parsismo

nismo zoroástrico tiene muchas formas, pero la mayoría de los reformistas creen que Zoroastro enseñó un monoteísmo puro, sin rituales. Rechazando el cargo de dualismo, recalcan que el Espíritu Malo mantiene el mismo rango en el zoroastrismo que el diablo en el cristianismo y otras religiones monoteístas. Muchos reformistas intentan redescubrir las verdades y valores espirituales de la fe, más importantes para ellos que los rituales y observancias que caracterizan al zoroastrismo tradicional. ⇨ Avesta; dualismo; monoteísmo; Satán; zoroastrismo.

parsismo Religión de los descendientes de los antiguos zoroastras, que abandonaron Persia tras su conquista y se asentaron en la India en el siglo VIII d. C. Viven principalmente en la región que está en torno a Bombay, y predican una norma de vida acorde con la pureza de Ahura Mazda. Aunque originalmente eran agricultores, volvieron al comercio y la industria con el gobierno colonial británico, adoptando costumbres británicas como la educación de las niñas, y acabando con su costumbre del matrimonio infantil. También se adaptaron al entorno hindú reduciendo la frecuencia de sus sacrificios sangrientos. Los creyentes no están obligados a participar en rituales para demostrar su fe, sino que se espera que la demuestren en su estilo de vida diario. ⇨ Ahura Mazda; zoroastrismo.

parusía (griego: «venida», «llegada», «presencia») En el pensamiento cristiano, normalmente el futuro retorno o «segunda venida» de Cristo, que vendrá señalada por una aparición celeste, el juicio de Dios de toda la humanidad y la resurrección de los muertos. La creencia en el inminente regreso de Cristo es particularmente relevante en las cartas de Pablo. La prolongada demora del acontecimiento condujo finalmente a cierta reformulación de la creencia, aunque algunos movimientos cristianos siguen esperando el literal cumplimiento de este acontecimiento anunciado y las señales asociadas a él. ⇨ cristianismo; escatología; Jesucristo; Pablo, San.

Parvati (Pārvatī) Una de las diosas más importantes de la mitología y tradición literaria hindúes. En cuanto diosa hija de los Himalayas, es asociada a las montañas; de hecho, su nombre significa «montaña». Es conocida principalmente como la amable y benigna consorte del dios Siva y se cuentan muchos relatos populares sobre ellos. Uno de estos nos dice cómo Siva inicialmente rechazó a Parvati por su color oscuro, indicando quizá que Parvati tiene origen no ario, de modo que practicó un riguroso ascetismo *(tapas)* que hizo que su cuerpo brillara. Esto atrajo a Siva, quien, para probar su lealtad, tomó la forma de enano. El enano empezó a vilipendiar a Siva, después de lo cual Parvati le defendió, demostrando así su amor y fidelidad. Siva es una deidad de contrastes que posee aspectos a la vez

Pasión

Parvati en forma de la Gayatri. Bronce del sur de la India, s. XVI. Col. Gedon (Munich)

ascéticos y eróticos. Como esposa suya, Parvati desempeña un papel específico al canalizar la energía espiritual y sexual de Siva, que él acumula mediante su práctica ascética, hacia el mundo en beneficio de todos. En la representación devocional popular, a Siva y Parvati se les muestra abrazándose o como una unidad familiar en los Himalayas con sus dos hijos, el de cabeza de elefante Ganesha y el de seis cabezas Skanda. ⇨ Ganesha; Siva; tapas.

Pascua cristiana Principal festividad de la Iglesia cristiana, que conmemora la resurrección de Cristo después de su crucifixión. Observada en las iglesias occidentales en un domingo entre el 22 de marzo y el 25 de abril inclusive, dependiendo de la fecha de la primera luna llena después del equinoccio de primavera; la Iglesia ortodoxa tiene un método diferente de calcular la fecha. El término inglés para Pascua cristiana, *Easter,* quizá derive de Eostre, el nombre de una diosa anglosajona. Costumbres de Pascua como el huevo enrollado son probablemente de origen pagano. ⇨ año cristiano; cristianismo.

Pascua judía Fiesta judía anual, que tiene lugar en marzo o abril (15-22 de Nisán), que conmemora el éxodo de los israelitas de Egipto. Recibe su nombre por el Dios que pasa de largo por las casas de los israelitas cuando mató a los primogénitos de los egipcios (Éxodo 13); también conocida como Pesach. ⇨ judaísmo.

pasionistas Orden religiosa, fundada en Italia en 1720 por San Pablo de la Cruz; conocida con propiedad como Congregación de los Clérigos Descalzos de la Santísima Cruz y Pasión de Nuestro Señor Jesucristo. Con casas en Europa y EE. UU., su objetivo declarado es mantener la memoria de los sufrimientos y muerte de Cristo. ⇨ Jesucristo; monacato.

Pasión, narración de la Parte de la historia de Jesús en los evangelios canónicos que presenta el relato de sus últimos días en Jerusalén: la última cena con sus discípulos, la traición de Judas, su arresto y comparecencias antes las autoridades y su crucifixión y entierro. Cada

Pastor de Hermas

Evangelio cuenta con una de estas narraciones de la pasión (que significa «sufrimiento») casi al final, pero las diferencias de detalle han sido tema de mucha discusión erudita.
⇨ crucifixión; evangelios canónicos; Getsemaní; Última Cena.

Pastor de Hermas Obra cristiana popular del siglo II, supuestamente de Hermas, un esclavo romano que fue liberado y se hizo mercader. La obra está dividida en visiones, mandatos y similitudes (o parábolas), y es llamada «El Pastor» por el ángel del arrepentimiento que aparece en una de las visiones. Su marcada seriedad moral y énfasis en la necesidad de penitencia después del bautismo interesó a sectores de la Iglesia primitiva, que durante un tiempo la consideraron «inspirada», pero finalmente la diferenciaron del canon del Nuevo Testamento.
⇨ bautismo; canon 1; cristianismo.

Pastorales, Cartas o **Pastorales, Epístolas** Tres escritos del Nuevo Testamento —la Primera y Segunda Cartas a Timoteo, y la Carta a Tito— llamadas así desde aproximadamente el siglo XVIII porque pretenden ofrecer el consejo de Pablo a sus compañeros Timoteo y Tito sobre la dirección de la Iglesia. La autoría directa de Pablo, sin embargo, actualmente es muy discutida basándose en el vocabulario, teología y composición. ⇨ Nuevo Testamento; Pablo, San; Paulinas, Cartas.

Patanjali (Patañjali) (siglo II) Autor de los *Sutras del Yoga* y fundador de la escuela yoga de filosofía. Patanjali probablemente codificó ideas y sistemas de yoga que estaban presentes en el hinduismo, combinando estos sistemas con la filosofía de Samkhya, que proporciona el fundamento metafísico a su texto. Para Patanjali la liberación *(moksha)* es el «aislamiento» *(kaivalya)* o separación del yo *(atman)* de su enmarañamiento en la materia *(prakriti)*. Esto se hace a través de la práctica del yoga. De ahí que, como Samkhya, la filosofía yoga sea dualista, manteniendo una distinción eterna entre el alma y la materia. Este «aislamiento» es la purificación gradual de la conciencia *(citta)* o liberación de la mente de las ataduras y deseos mundanos. De hecho, Patanjali define el yoga como «el cese de las fluctuaciones mentales» *(cittavritti-nirodha)*. Esta pacificación de la mente conduce a estados de concentración de conciencia más elevada o absorciones *(samadhi)*, que finalmente llevan al samadhi más alto en el que la conciencia o el «vidente» *(drashtri)* es purificado de toda entrada sensorial y actividad mental mundana. Una diferencia entre Samkhya y el yoga de Patanjali estriba en que Samkhya es un sistema ateo, mientras que Patanjali introduce la idea de Dios o el Señor *(Ishvara)* como objeto de concentración. El sistema de yoga de Patanjali tiene ocho ramas o miembros *(ashtanga)*, también llamado yoga «real» *(raja,* es decir «el mejor»)*, a saber: control moral *(yama)*, pureza *(niyama)*, postura *(asana)*, control de la respiración *(pranayama)*, renuncia de los sentidos *(pratyahara)* y tres grados de concentración o absorción mental *(dharana, dhyana* y *samadhi)*. ⇨ atman; dhyana; Ishvara; moksha; prakriti; samadhi; Samkhya; yoga; Yoga Darshana.

Pater Noster ⇨ **Padre Nuestro.**

Patimokkha (pāṭimok-kha; sánscrito: prātimokṣa) Código de reglas que guía a monjes y monjas budistas. Forma parte de la primera sección de las escrituras budistas, conocidas como *tipitaka,* o canon pali, que trata de la disciplina monástica *(vinaya-pitaka),* y organiza las reglas en relación a la seriedad de la falta de que se trate. En los días de luna nueva y llena, las asambleas locales de monjes theravada celebran una ceremonia en la que recitan la totalidad del Patimokkha. En el tipitaka están ordenadas 227 reglas para monjes según ocho categorías. Las cuatro ofensas más profundas en relación con el orden monástico son el asesinato, robo, actividad sexual y arrogancia espiritual, y justifican la expulsión del infractor de la orden. Las diferentes escuelas utilizan versiones distintas del código, y en la mayoría de ellas hay menos reglas para los monjes que para las monjas, a las que se considera, en algunos aspectos, subordinadas a los monjes. ⇨ monacato; tipitaka; vinaya-pitaka.

patit Fiel sij que ha pecado gravemente contra el Código de Disciplina sij *(Rahit Maryada)* o ha renegado de la fe. Literalmente, significa «caído», y se refiere especialmente a aquellos que han sido iniciados en la *Khalsa* sij pero han abandonado sus votos, por ejemplo, cortándose el pelo o fumando, y que han sido, por tanto, expulsados. Las ofensas menores se pueden reparar mediante un multa o una penitencia, pero los grandes delitos convierten al culpable en patit o «apóstata». Para ser readmitido después de haberse convertido en patit hay que hacer una confesión y pasar por una segunda iniciación. Algunas veces, la palabra se utiliza también en un sentido general para referirse a descreídos declarados sij, aunque estrictamente hablando se aplica sólo a aquellos que han sido iniciados en la Khalsa y han renegado de ella. ⇨ Khalsa; Rahit Maryada.

patriarca 1 Jefe de una familia o tribu. En la literatura bíblica se aplica normalmente a los diez supuestos antepasados de la raza humana anterior al Diluvio (Génesis 5), o más comúnmente a Abraham, Isaac, Jacob y los doce hijos de Jacob (Génesis 12-50). Las doce tribus de Israel se remontan a los doce hijos de Jacob. ⇨ Biblia; Diluvio, el; Israel, tribus de. 2 Título eclesiástico dado desde aproximadamente el siglo VI a los obispos de los cinco centros eclesiásticos importantes de la Iglesia cristiana primitiva: Alejandría, Antioquía, Constantinopla, Jerusalén y Roma. Estos obispos ejercían influencia y jurisdicción sobre las iglesias de las áreas que rodeaban sus ciudades. ⇨ cristianismo; obispo.

Patricio

Patricio, San (siglo v) Apóstol y santo patrón de Irlanda, nacido quizás en el sur de Gales, menos probablemente en Boulogne-sur-Mer, o en Kilpatrick cerca de Dumbarton. Su padre era un diácono romanobritánico llamado Calpurnio. Su nombre o apodo celta propio era Succat. Según la leyenda fue capturado por los piratas a sus dieciséis años, llevado a Irlanda y vendido a un jefe Antrim llamado Milchu. Transcurridos seis años se escapó, y, probablemente tras una segunda cautividad, fue a Francia, donde se hizo monje, primero en Tours y después en Lérins. Fue consagrado obispo a los 45 años, y en el 432 se cree que fue enviado por el papa Celestino I como misionero a Irlanda. Atracó en Wicklow; de allí embarcó hacia el norte a convertir a su antiguo amo Milchu. En Down convirtió a otro jefe, Dichu. En Tara, capital del reino de Meath, predicó al rey de Tara, Laoghaire. Desde allí siguió a Croagh-Patrick, en el condado de Mayo, al Ulster, y hasta el mismo Cashel, en el sur. Se dirigía primero a los jefes, y se valió del espíritu de clan para propagar su enseñanza. Después de pasar 20 años en tareas misioneras, fijó su sede en Armagh (454). Murió en Saul (Saul-Patrick, de *Sabhal*, «granero»), el sitio que Dichu le había dado a su llegada, y fue probablemente enterrado en Armagh. Los únicos restos literarios ciertamente auténticos del santo (ambos en un latín muy rudo) son su autobiografía espiritual «Confesión», y una carta dirigida a Corotico, un jefe británico que se había llevado algunos cristianos irlandeses como esclavos. Su fiesta se celebra el 17 de marzo. ⇨ apóstol.

patrística ⇨ **Padres de la Iglesia.**

Paulinas, Cartas o **Paulinas, Epístolas** Serie de escritos del Nuevo Testamento adscritos al apóstol San Pablo; normalmente se enumeran trece, excluyendo la Carta a los Hebreos que ciertamente no reclama autoría paulina. Los investigadores modernos están seguros de la autoría de San Pablo sólo en siete casos (Romanos; 1 y 2 Corintios; Gálatas; Filipenses; 1 Tesalonicenses; Filemón), y debaten la autenticidad de 2 Tesalonicenses, Colosenses, Efesios y las Cartas Pastorales. Los escritos aceptados generalmente eran verdaderas cartas dirigidas a iglesias y situaciones concretas en áreas en las que Pablo tenía un interés pastoral o misionero, no eran tratados sistemáticos generales. ⇨ Colosenses / Corintios / Efesios / Filemón / Filipenses / Gálatas / Romanos / Tesalonicenses, Carta(s) a (los); Nuevo Testamento; Pablo, San; Pastorales, Cartas.

paz Ausencia o cese de la guerra; tranquilidad de mente o conciencia. En la creencia religiosa, la fuente última de la paz es Dios; sólo cuando las comunidades y los individuos sostienen una relación adecuada con él pueden alcanzar la paz. En muchas religiones se hace una distinción entre la paz terrena posible en este mundo y una paz final, esca-

tológica. En el Antiguo Testamento el significado básico de paz *(shalom)* es plenitud, abundancia y bienestar, estados que se producen por medio de la verdadera relación con Yahvé (Isaías 18, 18), que es él mismo la paz (Jueces 6, 24). Los intentos de alcanzar la paz sin referencia a Yahvé están condenados al fracaso (cf. Jeremías 6, 24). El Antiguo Testamento también espera con ansia una paz escatológica (Ezequiel 34, 25-30; 37 26-28; Isaías 11, 6-9; 32, 15-20) y la llegada del Príncipe de la Paz (Isaías 9, 5-6). La paz es un rasgo fundamental de la obra redentora de Cristo. Bendice a los que trabajan por la paz (Mateo 5, 9) y urge a los seres humanos a estar en paz unos con otros (Mateo 9, 50). Cristo mismo es «nuestra paz» (Efesios 2, 11) y en él y por él tenemos paz (Juan 16, 33; Romanos 5, 1; Colosenses 1,20; Hechos de los Apóstoles 10, 36). Al partir de este mundo deja su paz a sus discípulos (Juan 11, 27). De modo similar, Pablo anima a los cristianos a perseguir la paz (Romanos 11, 19; 2 Timoteo 2, 22; Hebreos 12, 14) y describe a Dios como el «Dios de la paz» (Romanos 15, 33; 16, 20). La paz está también relacionada con el Espíritu Santo (Gálatas 5, 22; Romanos 8, 6; 11, 17; Efesios 4, 3). La «paz» es actualmente un rasgo común en la mayor parte de la liturgia eclesial, acompañada con frecuencia por el apretón de manos, abrazo o el intercambio de besos. En el islam la paz se entiende como uno de los atributos de Dios (Corán 59, 23) y, desde Mahoma, se ha empleado como saludo musulmán. En la liturgia islámica la confesión de fe está precedida por una oración por la paz sobre los fieles.
▷ Jesucristo; Mahoma; Sahaj; Yahvé.

pecado Rebelión contra Dios y alejamiento de él. Los considerados popularmente «pecados», esto es, la avaricia, el odio, la crueldad, la mentira y especialmente la sensualidad, son consecuencias del pecado primigenio de alejarse de Dios y de sus mandamientos. La distinción entre pecado y crimen consiste en que el primero siempre implica ofensa contra Dios, mientras que el último es simplemente una violación de la ley civil. El pecado es un factor en muchas religiones, aunque es representado en una amplia variedad de formas. La Biblia hebrea, por ejemplo, representa el pecado como un elemento constante en la experiencia de Israel. ▷ Caída, la; mal; pecado original; sexualidad en religión.

pecado, visión cristiana del El cristianismo acepta la creencia judía de que toda la humanidad es imperfecta (pecado original) y no cumple la voluntad de Dios, pero encuentra insatisfactorio el sistema de sacrificio del Antiguo Testamento. Aunque la mayoría de pecados individuales contra Dios y el prójimo son perdonados, el problema básico de la tendencia al pecado permanece. El remedio de una «nueva alianza» escrita «en el corazón», que fue prometida por el profeta Jeremías (Jeremías 31), y el «Siervo sufriente de Yahvé» que hará frente al pecado, prometido por el profeta

pecado

Isaías (Isaías 52-53), los cristianos consideran que se han cumplido en Jesucristo. La manera exacta en que la muerte de Cristo (Juan 3, 14-16) justifica o hace rectos a los creyentes ante Dios ha sido un tema de debate desde los tiempos más antiguos. Los teólogos han discutido también la forma de tratar los pecados cometidos después del bautismo, la relación entre pecado y libre albedrío y los grados de responsabilidad por el pecado. La teología de la liberación habla del pecado estructural e institucional en la Iglesia y en la sociedad además del pecado personal. La conexión entre pecado y sexo en el pensamiento popular tiene cierta base en una línea de pensamiento que se remonta a San Agustín, pero la perspectiva global cristiana es mucho más amplia: todo lo que es causa de que los seres humanos no alcancen la gloria de Dios y las exigencias del amor es pecado. ⇨ Agustín de Hipona, San; expiación; humanidad, visión cristiana de la; indulgencias; justificación; pecado original; Pelagio; penitencia; salvación, visión cristiana de la; sexo y cristianismo; siete pecados capitales; teología de la liberación.

pecado, visión islámica del La noción de pecado original está ausente del islam. La falta por la caída de Adán y Eva en el Jardín del Edén se hace llegar hasta Satán más que hasta Adán, que en todo caso no es considerado como representante del ser humano como lo es en el cristianismo. Los musulmanes distinguen dos tipos de pecados. En primer lugar como un falta o defecto *(dhanb)*, que acontece inadvertidamente más que por malicia premeditada: como, por ejemplo, la caída de Adán y Eva. En un nivel más profundo, el pecado es considerado como una transgresión voluntaria *(ithm)*, algo intencional más que accidental. Así, el pecado voluntario *(ithm)* incluye el pecado inadvertido *(dhanb)*, pero el accidental no implica intención. Los musulmanes comparten la doctrina de impecabilidad de los profetas, y los chiítas incluyen a sus propios imanes en esta doctrina. Así, los profetas del islam y los imanes chiítas pueden pecar inadvertidamente, pero nunca intencionadamente. Incluso el pecado intencional puede vencerse mediante el arrepentimiento y aceptando el perdón de Dios, y aunque la incredulidad *(kufr)* es el pecado más fundamental de todos, incluso este puede ser vencido mediante la conversión a la verdad *(tawbah)*. Como Ibn Ata Allah dice: «No existe pecado leve cuando su justicia [la de Dios] está frente a ti; no existe pecado grave cuando está ante ti su gracia.» En el antiguo islam los jariyíes habían sostenido una visión radical de la enormidad del pecado y fue en relación con esta opinión como la teología ortodoxa islámica desarrolló una visión más tolerante que se convirtió en la norma musulmana. ⇨ Adán y Eva; chiísmo; dhanb; Edén, Jardín del; imán.

pecado original Doctrina cristiana tradicional de que, en virtud de la Caída, todo ser humano hereda una naturaleza «imperfecta» o «viciada» necesitada de regeneración y con tendencia a la conducta pecaminosa. Ha habido varias interpretaciones de la Caída y la condición pecadora de la humanidad, que van desde el relato literal a varios relatos simbólicos. ⇨ Caída, la; cristianismo; gracia; pecado.

Pedro, Cartas de Dos escritos del Nuevo Testamento atribuidos al apóstol Pedro, aunque ambos son generalmente considerados pseudónimos por los eruditos modernos. La primera carta va dirigida desde «Babilonia» (posiblemente una clave para referirse a Roma) a cristianos del Asia Menor, animándoles a mantenerse firmes en medio de la persecución, y recordándoles sus promesas y obligaciones cristianas. Ha sido fechada entre la persecución de Nerón del 64 d. C. y la persecución de Domiciano c. 95 d. C. La segunda, una carta más breve, no ofrece referencias directas de su situación, pero parece oponerse a maestros que niegan la segunda venida de Cristo y se adhieren a doctrinas de tendencia gnóstica. Suele fecharse en la primera mitad del siglo II, y su condición canónica fue a veces discutida en la Iglesia primitiva. ⇨ gnosticismo; Nuevo Testamento; Pedro, San.

Pedro, San (siglo I) Uno de los doce apóstoles de Jesús, originalmente llamado Simeón o Simón bar Jona («hijo de Jonás»), pescador que vivió en Cafarnaún durante el ministerio público de Jesús, pero a quien Jesús puso el nuevo nombre de Cefas o Pedro (que significa «roca», «piedra») por su liderazgo entre los discípulos. En los evangelios es con frecuencia el portavoz de los otros discípulos, y líder de un grupo íntimo que acompañó a Jesús en la transfiguración y Getsemaní. Inmediatamente después de la resurrección y ascensión de Jesús, Pedro aparece también como el líder de la comunidad cristiana de Jerusalén; posteriormente puede haberse implicado en la labor misionera fuera de Palestina, visitando ciertamente Antioquía, pero se sabe poco de forma directa de estas actividades. La tradición dice que fue crucificado con la cabeza hacia abajo en Roma; su presencia en esta ciudad era de hecho dudosa, pero es considerado por la Iglesia católica como el primer obispo de Roma. Dos cartas del Nuevo Testamento llevan su nombre, pero la autenticidad de ambas es a menudo discutida; también existen otros escritos apócrifos con su nombre, como los Hechos de Pedro y el Apocalipsis de Pedro. Su fiesta se celebra el 29 de junio. ⇨ apóstol; discípulos (en la Iglesia cristiana primitiva); Hechos de los Apóstoles; Jesucristo; Pedro, Cartas de.

Pedro Lombardo ⇨ **Lombardo, Pedro.**

peepul (también llamado **pipal** o **árbol bo**) Especie de higuera estranguladora, originaria del sureste de Asia, y considerada sagrada en la India.

pelagianismo ⇨ **Pelagio.**

Pelagio (c. 360-c. 420) Monje y hereje británico, de origen inglés o irlandés, cuyo nombre es una traducción griega del celta *Morgan* («nacido en el mar»). Nunca se ordenó, y se estableció en Roma hacia el 400. Allí escribió *Sobre la Trinidad, Sobre testimonios* y *Sobre las epístolas paulinas*, y convenció a Celestio, un escocés irlandés, de sus opiniones. En torno al 409 los dos se trasladaron a África, y Pelagio hizo una peregrinación a Jerusalén. A Celestio, al intentar ordenarse en Cartago, le examinaron sus doctrinas y las condenaron, y en el 415 Pelagio también fue acusado de herejía ante el sínodo de Jerusalén. La herejía pelagiana rechazaba la doctrina del pecado original y de la predestinación, insistiendo en el libre albedrío y la capacidad innata del hombre para hacer el bien. La acusación fracasó, pero un nuevo sínodo de Cartago condenó a Pelagio y a Celestio; finalmente, el papa Zósimo aprobó los cánones del Concilio africano, y Pelagio fue desterrado de Roma en el 418. La secta pelagiana se extinguió pronto, pero el pelagianismo y semipelagianismo perturbaron con frecuencia a la Iglesia. ⇨ **herejía**.

pelota, juego de la Un rasgo de las civilizaciones mesoamericanas era el juego ritual de pelota en equipo. El campo estaba normalmente ubicado en el área sagrada de la ciudad, cerca del templo. Tenía la forma de «I», con una «meta» tallada a cada lado, y gradas para los

Juego de la pelota. Relieve maya de h. 795. Museo de Tikal (Guatemala)

espectadores. Se utilizaba una pelota de goma, y los equipos empleaban las caderas y los hombros. La clave de su significado se da en el poema épico maya-quiche tardío, *Popoh Vuh*, que habla de los gemelos sagrados, Hunahpu y Zbalanque (¿el Sol y la Luna?) ocupados en un juego de pelota contra los poderes del mundo inferior. Así, el campo representa el universo y los jugadores toman parte en una versión ritualizada de la lucha cósmica de la oscuridad y la luz, gracias a la cual el universo y su fertilidad se mantienen. En épocas posteriores, el juego parece haber perdido algo de su significación religiosa. Existen paralelos entre pueblos norteamericanos, por ejemplo, en los lacrosse se jugaba entre las dos mitades («equipos» naturales) en las que algunas comunidades americanas nativas se dividían. ⇨ **maya, religión; tolteca, religión**.

penates En la religión romana, guardianes de la despensa. «Lares y Penates» eran los dioses de la casa. Los *Penates publici* eran la «fortuna» del estado romano, traídos originalmente por Eneas desde Troya y guardados en Lavinium. ⇨ lares; romana, religión.

penitencia (latín: *poena,* «castigo») Tanto la vuelta interior a Dios con pesar por el pecado como la disciplina exterior de la Iglesia para reforzar el arrepentimiento mediante la oración, confesión, ayuno y buenas obras. En las iglesias católica y ortodoxa, la penitencia es un sacramento. ⇨ ayuno; confesión; Dios; sacramento.

penitencia cristiana Uno de los siete sacramentos de la Iglesia católica (e iglesias orientales), que tiene que ver con la vuelta a Dios o regreso público a la Iglesia después del pecado posbautismal. Implica actos de contrición (pesar por el pecado) y confesión de las circunstancias a un sacerdote, satisfacción (dar cumplida satisfacción y realizar actos de expiación prescritos), y recibir la absolución (perdón de Dios pronunciado por un sacerdote). El poder de un sacerdote para absolver el pecado se derivaba de la autoridad concedida por Jesús a los apóstoles (Mateo 16, 19; 18, 18; Juan 20, 23) y de las instrucciones de Pablo a la iglesia de Corinto (1 Corintios 5, 1-13; 2 Corintios 2, 5-11). Apoyo para la idea de un sacramento de la penitencia, también se recibía en época medieval de la traducción latina del Nuevo Testamento, que lee *poenitentia* (penitencia) donde el griego dice *metanoia* (arrepentimiento). Hasta el siglo III, la disciplina de la penitencia sólo se podía realizar una vez en la vida, de modo que surgió la costumbre del arrepentimiento en el lecho de muerte. Un desarrollo posterior fue la conmutación de penitencias severas y largas, como las peregrinaciones, por pagos monetarios y la compra de indulgencias. Los Reformadores negaron que la penitencia fuera un sacramento instituido por Cristo, y rechazaron la satisfacción junto con las doctrinas del mérito e indulgencias, pero conservaron la confesión y absolución (aunque no limitándolas al sacerdocio). Las iglesias luterana y anglicana practican la confesión pública general y permiten la confesión privada a un ministro o sacerdote. El catolicismo, desde el Concilio Vaticano II, ha adoptado una aproximación más pastoral y orientada a la comunidad con respecto a lo que ahora se llama «Reconciliación del Penitente». ⇨ indulgencias; mérito; peregrinación cristiana; sacramento; Vaticanos, Concilios.

Penn, William (1644-1718) Reformador cuáquero inglés y colonizador, fundador de Pensilvania, nacido en Londres, hijo del almirante sir William Penn (1621-1670). Fue expulsado del Christ Church College, Oxford, por no querer estar de acuerdo con la Iglesia anglicana restaurada, y su padre le envió al continente, con la esperanza de que la alegre diversión de la vida francesa

Pentateuco

cambiara la inclinación de su mente. Volvió como elegante hombre de mundo, habiendo desempeñado un breve servicio naval en la guerra holandesa. Estudió leyes en Lincoln's Inn durante un año, y en 1666 su padre le envió a cuidar de sus propiedades de Cork. Allí asistió a las reuniones cuáqueras y fue encarcelado. En 1668 fue encerrado en la Torre por escribir *Sandy Foundation Shaken,* en el que atacaba las doctrinas ordinarias de la Trinidad. Estando en prisión, escribió el más popular de sus libros, *No Cross, No Crown,* y *Innocency with her Open Face,* una justificación de sí mismo que contribuyó a su liberación, obtenida por intervención del amigo de su padre, el duque de York (el futuro Jorge VII y II). En septiembre de 1670 fue de nuevo encarcelado por predicar, y en 1671 fue enviado durante seis meses a Newgate. Se aprovechó de la Indulgencia para hacer giras predicando, abogando por la tolerancia religiosa, y visitó Holanda y Alemania para la expansión del cuaquerismo. Mientras tanto, al ser uno de los administradores cuáqueros de la provincia americana de Jersey occidental, redactó la celebrada carta «Concesiones y acuerdos» de los colonos. En 1681 obtuvo de la Corona, en lugar de la pretensión de su padre sobre ella, una concesión de territorio en Norteamérica, llamada «Pensilvania» en honor del viejo almirante, con la intención de establecer un hogar para sus correligionarios. Penn con sus emigrantes embarcó hacia Delaware en 1682, y en noviembre mantuvo su famosa entrevista con los indios en el lugar de Filadelfia. Planificó la ciudad de Filadelfia y durante dos años gobernó la colonia sabiamente, con plena tolerancia para todo lo que no fuera considerado malo por el puritanismo (siendo, sin embargo, estrictamente prohibido el jugar a cartas e ir al teatro por ser «deportes y juegos malos»). Regresó a Inglaterra (1684-1699) para preocuparse él mismo de sus hermanos perseguidos en casa. Su influencia con Jorge VII y II, y su fe en sus buenas intenciones eran curiosamente fuertes. Gracias a sus esfuerzos, en 1686 todas las personas encarceladas a causa de sus opiniones religiosas (incluyendo 1.200 cuáqueros) fueron liberadas. Tras la ascensión de Guillermo III, Penn fue repetidamente acusado de adhesión desleal al rey depuesto, pero fue finalmente exculpado en 1693. En 1699 realizó una segunda visita a Pensilvania, donde su constitución se había demostrado impracticable y tenía que ser profundamente enmendada. Hizo algo por mitigar los males de la esclavitud, pero él mismo tenía esclavos negros. Partió para Inglaterra en 1701. Sus últimos años se vieron amargados por disputas sobre fronteras, etc.; fue incluso encerrado en la prisión de deudores de Fleet Street durante nueve meses en 1708. Se casó dos veces, y escribió más de 40 obras y panfletos. ⇨ puritanismo; Sociedad de Amigos; Trinidad.

Pentateuco Cinco libros de Moisés en la Biblia hebrea/Antiguo Testamento, que comprenden Génesis, Éxodo, Levítico, Números y

Deuteronomio; también llamado por los judíos la Torá. Aunque atribuidos a Moisés desde tiempos remotos, creen los modernos investigadores que las obras en su conjunto están compuestas de varias ramas individualmente distintas de tradiciones de diversas épocas (como una antigua fuente judía «J»; una fuente israelita del norte «E»; un fuente sacerdotal «P», quizá de la época del exilio, y una fuente «D» autora de la mayor parte del Deuteronomio). Juntas trazan la historia de Israel desde los tiempos más antiguos, pasando por los patriarcas, hasta los períodos del Éxodo y del Sinaí previos a la entrada en Canaán; también contienen mucha instrucción cultural y legal. ➪ Antiguo Testamento; Moisés; patriarca 1; Torá.

Pentecostales, Iglesias ➪ **pentecostalismo.**

pentecostalismo Moderno movimiento de renovación cristiana inspirado por el descenso del Espíritu Santo sobre los Apóstoles en el primer Pentecostés cristiano (Hechos 2). Se señala por la reaparición del hablar en lenguas, la profecía y la curación. El movimiento comenzó en 1901 en Topeka, Kansas, EE. UU., y quedó organizado en 1905 en Los Ángeles. Rechazados por sus propias iglesias, se fundaron otras nuevas, comúnmente llamadas «pentecostales», y desde entonces su celo misionero ha llegado a todas las partes del mundo. Las iglesias pentecostales se caracterizan por una interpretación literal de la Biblia, el culto informal, durante el cual tiene lugar un canto entusiasta y exclamaciones espontáneas de alabanza y acción de gracias, y el ejercicio de los dones del Espíritu Santo. Hay más de 22 millones de pentecostales en todo el mundo. A partir de la década de los sesenta, el pentecostalismo (generalmente mencionado como «renovación carismática») ha aparecido dentro de las iglesias protestante, católica y ortodoxa griega establecidas. ➪ carismático, movimiento; cristianismo; Espíritu Santo; fe, curación por la; Pentecostés.

Pentecostés 1 Fiesta judía de Shavuot. 2 Día de fiesta en el calendario cristiano, unos 50 días después de la muerte y resurrección de Jesús (siete semanas después del Domingo de Resurrección), que conmemora el acontecimiento de Hechos 2 donde se dice que el Espíritu Santo descendió sobre los apóstoles de Jesús en Jerusalén, capacitándoles para «hablar en lenguas» a los presentes. En Hechos 2, 1 esto tuvo lugar en la fiesta judía de Pentecostés. El término Pentecostés se puede usar también para referirse a todo el período que va desde el Domingo de Resurrección al Domingo de Pentecostés. ➪ cristianismo; Espíritu Santo; glosolalia; pentecostalismo; Shavuot.

peregrinación Viaje a un lugar sagrado hecho por motivos religiosos. Se realiza para lograr una sensación de mayor cercanía a lo sagrado o como medio de afirmar la propia fe. La peregrinación se hace a lugares relacionados con los funda-

peregrinación cristiana

dores de determinadas religiones, como, por ejemplo, Jerusalén o La Meca, o a lugares donde han tenido lugar acontecimientos religiosos importantes. ⇨ santuarios.

peregrinación cristiana

Los viajes a lugares sagrados para obtener ayuda divina, dar gracias, cumplir votos u obtener el perdón haciendo penitencia no se exigen en el cristianismo, pero se han realizado al menos desde que Santa Helena, madre del emperador Constantino, visitara Jerusalén en el 326. Las peregrinaciones a Tierra Santa, Roma y santuarios locales asociados a María o a los santos se organizaron mucho en la Europa medieval. La motivación y la piedad de los participantes variaba, como puede verse en los *Cuentos de Canterbury* (1386) de Chaucer. No todos estarían realizando una peregrinación espiritual de distanciamiento de las preocupaciones mundanas para buscar la presencia de Cristo, como defendía el contemporáneo de Chaucer, Walter Hilton (m. 1396), en *La escala de perfección,* y en otras muchas obras de espiritualidad cristiana desde Gregorio Magno hasta el *Progreso del peregrino* (1678) de John Bunyan y el anónimo ruso *El camino de un peregrino* (1884). La crítica de la Reforma a las indulgencias, reliquias falsas y otros abusos de la peregrinación redujo su práctica, pero sobrevivió, incrementándose en la época victoriana con la llegada de los ferrocarriles y los viajes de turismo con todo incluido. Los siglos XIX y XX han visto un renacimiento de la devoción a María en lugares como Lourdes (Francia), Fátima (Portugal) y Medujigore (Bosnia). Entre los modernos centros protestantes y ecuménicos de peregrinación espiritual si no geográfica, se incluyen la isla de Iona (Escocia), donde una vez descansaron los restos de San Columba y sede ahora de la Comunidad de Iona, y Taizé (Francia), sede de la Comunidad de Taizé. ⇨ Bunyan, John; Columba, San; Constantino I; Gregorio Magno, San; indulgencias; María; penitencia; Roger de Taizé, Hermano; santo, visión cristiana de.

peregrinación sij ⇨ sij, peregrinación.

Pesach ⇨ Pascua judía.

peyote

Droga alucinógena del cacto *Lophophora williamsii*, que actualmente se utiliza con fines religiosos, en muchos pueblos nativos americanos. La planta crece en el valle y al sur de Río Grande, y originalmente formaba parte de un elaborado culto localizado en México. A finales del siglo XIX su uso se extendió hacia el norte; se encuentra en la actualidad en pueblos del suroeste (se estimaba que entre el 25 y 50% de los navajos la utilizaba en la década de los sesenta), entre los de las praderas y entre algunos de los bosques y las cuencas. Su uso iba acompañado por un renacimiento religioso que recalcaba la tradición nativa americana aunque incorporando algunos rasgos cristianos. Se le ha dado forma institucional en la Iglesia Nativa Americana, que en algunos estados de EE. UU. proporciona la única vía legal de tomar peyote. Esta droga proporciona curación y confianza espirituales, ha ayudado a combatir el miedo habitual a la brujería y ha conseguido cierto éxito en la curación del alcoholismo. Reaviva antiguas tradiciones nativas americanas (por ejemplo, la búsqueda de la visión) sin el esfuerzo y los gastos de las ceremonias tradicionales. Realzando la identidad nativa americana, también acoge aspectos de la vida moderna y del cristianismo. Tiende, sin embargo, a fortalecer la identidad panindia más que la tribal, y las visiones que ofrece no exigen la preparación o la abnegación de los viejos ritos, rasgos que se han ganado la oposición de los tradicionalistas. ➪ éxtasis; navajo, religión.

piedra calendario ➪ **calendario mesoamericano.**

Piedra negra El objeto más sagrado de la Kaaba, el santuario más importante para los musulmanes, que está en La Meca, en Arabia Saudí, y se considera como el centro del mundo musulmán. La Piedra negra es el fundamento de la Kaaba y está colocada en la esquina sureste, a metro y medio del suelo. Se remonta a los tiempos preislámicos y es probablemente un meteorito. Principalmente de color negro, tiene forma ovoide, y está metida en una envoltura de plata. Los musulmanes a menudo la besan cuando visitan la Kaaba, pero no es un objeto de adoración; las oraciones y el culto se ofrecen a Alá, no a la piedra. Durante su historia ha sufrido daños y en el 930 los qarmatas invadieron La Meca y la robaron, conservándola durante 21 años. La tradición musulmana dice que bajó del cielo, que Adán la colocó en la Kaaba original, y que Gabriel se la dio a Abraham para ponerla en la Kaaba reconstruida. Originalmente, se creyó que había sido blanca, pero se volvió negra cuando los pecados de la humanidad se multiplicaron. ➪ Abraham en el islam; Adán y Eva; Alá; Gabriel; peregrinación.

pietismo Originalmente, movimiento dentro del luteranismo de los siglos XVII y XVIII que subraya la importancia de las buenas obras, el estudio de la Biblia y la santidad en la vida cristiana. Fue una reacción contra el rígido dogmatismo protestante, e influyó en otros grupos, como moravos, metodistas y evangélicos. ➪ Hermanos Moravos; luteranismo; metodismo.

pilares del islam ➪ **cinco pilares islámicos.**

Pilatos, Poncio, propiamente **Pontius Pilatus** (siglo I) Romano nombrado por Tiberio hacia el año 26 prefecto de Judea, teniendo a su cargo el estado y las fuerzas militares ocupantes, pero subordinado al legado de Siria. Aunque tenía su base en Cesarea, también residía en Jerusalén, y se hizo famoso por su orden de ejecutar a Jesús de Nazaret mediante crucifixión por instigación de las autoridades judías. Provocó malestar por utilizar los fondos del

Pilatos lavándose las manos. Salterio. Biblioteca Nacional (Madrid)

Templo para construir un acueducto, por la colocación temporal de estandartes romanos en Jerusalén y por la matanza de samaritanos en el 36 (por lo que fue destituido). ⇨ Anás; Jesucristo.

Pío IX, originalmente **Giovanni Maria Mastai Ferretti** (1792-1878) Papa desde 1846, nacido en Sinigaglia, Italia. Se ordenó de diácono en 1818, en 1827 fue nombrado arzobispo de Spoleto y en 1832 obispo de Ímola. En 1840 fue hecho cardenal y, a la muerte de Gregorio XVI, fue elegido Papa. Inició inmediatamente una serie de reformas. Concedió una amnistía a todos los prisioneros y exiliados políticos, eliminó la mayoría de las desventajas de los judíos, autorizó los ferrocarriles, proyectó un consejo de estado, y en marzo de 1848 publicó su *Statuto Fondamentale*, un proyecto para el gobierno temporal de los estados pontificios mediante dos cámaras, una nombrada por el Papa y la otra (con poder sobre los impuestos) elegida por el pueblo. Al principio, el nuevo Papa era el ídolo del pueblo, pero la fiebre revolucionaria de 1848 se propagó demasiado deprisa para un Papa reformador, y su rechazo a hacer la guerra a los austríacos finalmente le hizo perder el afecto de los romanos. En 1848 su primer ministro, el conde Pelegrino Rossi, fue asesinado, y dos días más tarde se reunió el populacho en la plaza del Quirinal. El Papa escapó a Gaeta, y se proclamó una república en Roma. En abril de 1849 fue enviada una expedición francesa a Civita Vecchia; en julio el general Oudinot tomó Roma tras un asedio de 30 días, y en adelante se estableció de nuevo el gobierno papal. Pío IX resultó un conservador inflexible y ultramontano, estrechamente aliado con los jesuitas. La guerra de franceses y sardos contra Austria en 1859 y el voto popular de 1860 incorporaron gran parte del territorio papal al reino sardo (italiano); pero Pío siempre rehusó reconocer el hecho. Restableció la jerarquía en Inglaterra, sancionó una Universidad Católica en Irlanda y condenó los Queen's Colleges. Firmó un concordato reaccionario con Austria. Por la bula *Ineffabilis Deus* (1854) decretó el dogma de la Inmaculada Concepción; su famosa encíclica *Quanta Cura* y el *Syllabus de errores*, aparecieron en 1864. El Concilio Vaticano I (1869-1879) proclamó la infalibilidad del Papa. Durante los diez años anteriores el poder temporal del Papa se había mantenido sólo gracias a la guarnición francesa; a su retirada en 1870 los soldados de Víctor Manuel II entraron en Roma. Durante el resto de sus días el Papa vivió como «prisionero» voluntario dentro del Vaticano. ⇨ Inmaculada Concepción; ultramontanismo.

pipa sagrada ⇨ calumet.

pipal ⇨ peepul.

pirámide Estructura arquitectónica con base triangular, cuadrada o poligonal, con lados triangulares que se encuentran en un solo punto. En la arquitectura egipcia, es un monumento sepulcral de piedra con base cuadrada. En la arquitectura precolombina, es una colina artificial con la parte superior plana. La expresión «las Pirámides» se refiere normalmente a las pirámides, de la Cuarta Dinastía, de la meseta de Gizeh, en el suroeste a las afueras de El Cairo moderno. La Gran Pirámide de Keops (c. 2589-2566 a. C.), tiene 146 m de altura, 230 m^2 y 2.352.000 m^3 de volumen, construida con dos millones y medio de bloques de piedra caliza de dos toneladas y media cada uno. ⇨ egipcia antigua, religión.

Platón (Aristóteles, llamado) (c. 428-c. 348) Filósofo griego, indiscutiblemente uno de los más importantes de todos los tiempos y con una influencia tan enorme que Whitehead fue capaz de caracterizar a la posterior historia de la filosofía occidental como una serie de «notas a pie de página a Platón». Fue alumno (o al menos compañero) de Sócrates y maestro de Aristóteles, las otras dos grandes figuras de la filosofía antigua. Platón nació probablemente en Atenas, de una distinguida familia aristocrática, pero se sabe poco de su vida anterior. Todas las ambiciones políticas de juventud debieron marchitarse cuando su amigo y mentor, Sócrates, fue condenado a muerte en el 399 a. C. por la democracia restaurada en Atenas. Platón inmortalizó la historia del juicio de Sócrates y sus últimos días en tres diálogos: *Apología*, *Critón* y *Fedón*, todos ellos reflejan vívida-

Platón

mente su profundo afecto y respeto por Sócrates. Después de la ejecución, él y otros discípulos de Sócrates se refugiaron temporalmente en Megara con el filósofo Euclides, y el propio Platón viajó más tarde mucho por Grecia, Egipto, las ciudades griegas del sur de Italia (donde sin duda se encontró con los pitagorinos) y Sicilia (donde se hizo amigo de Dión, cuñado de Dionisio I, el gobernador de Siracusa). Volvió a Atenas hacia el 387 a. C. para fundar la Academia, que se convirtió en un centro famoso de investigación filosófica, matemática y científica, y que presidió el resto de su vida. Visitó Sicilia otra vez en el 367 a. C., a petición de Dión, para intentar formar a Dionisio II para que se convirtiera en un filósofo y hombre de estado, pero a pesar de una segunda visita en el 361-360, lo que le puso en cierto peligro personal, el intento fracasó completamente. Su cuerpo de escritos consta de unos 30 diálogos filosóficos y una serie de *Cartas*, de las cuales la séptima es la más importante (biográfica y filosóficamente) y es probable que solamente la séptima y la octava sean genuinas. Los *Diálogos* se dividen tradicionalmente en tres grupos —primeros, medios y últimos— aunque la cronología relativa exacta de los diálogos individuales es un enojoso y probablemente insoluble problema de investigación. Los primeros diálogos socráticos tienen a Sócrates como protagonista principal, normalmente se le describe interrogando a sus infelices interlocutores acerca de la definición de diferentes virtudes morales (la piedad en el *Eutifrón*, el valor en el *Laches*, y así sucesivamente); sus aserciones inicialmente llenas de seguridad se demuestra que son confusas y contradictorias, y todas las partes acaban compartiendo la perplejidad profesada de Sócrates. Los diálogos medios muestran al personaje «Sócrates» expresando puntos de vista más postivos y sistemáticos, que se cree que son los del propio Platón. Este grupo incluye los diálogos más apasionantes y literarios, el *Banquete, Gorgias, Fedón* y la *República*, que presenta doctrinas platónicas tan famosas como la teoría del conocimiento como recuerdo, la inmortalidad del alma, la división tripartita del alma, y, sobre todo, la teoría de las formas (o «ideas») que contrapone el mundo pasajero, material, de los «particulares» (objetos meramente de percepción, opinión y creencia) con el mundo intemporal, inmutable, de los universales o formas (los verdaderos objetos de conocimiento). La *República* también describe la célebre utopía política de Platón, gobernada por reyes filósofos que han dominado la disciplina de la «dialéctica» y estudiado la jerarquía de las formas, incluyendo su ápice, la forma del Bien. Los detalles de este estado ideal —la rígida estructura de clases (trabajadores, soldados y gobernantes), la educación de los gobernantes (tanto hombres como mujeres), su comunismo de la propiedad y de la familia, sus poderes totalitarios— han sido idealizados, atacados, malinterpretados e imitados de varias formas en la teoría y la literatura política posterior, pero la *República* sigue siendo una de las obras más convincentes e influyentes en la historia de la filosofía. El tercer grupo de diálogos «últimos» es menos literario en la forma y representa una serie de críticas continuas y muy sofisticadas de los presupuestos metafísicos y lógicos de las doctrinas de Platón del período medio. El *Parménides*, *Teeteto* y el *Sofista* en particular han atraído el interés de filósofos analíticos contemporáneos y contienen algo de la obra más exigente y original de Platón. Tomada en su conjunto, su filosofía ha ejercido una influencia profunda e incalculable en casi cada época y tradición, rivalizada solamente por la de su más grande discípulo, Aristóteles, que fue su principal competidor durante la mayor parte del período helenístico, la Edad Media y el Renacimiento. ⇨ Aristóteles; Sócrates.

platonismo Toda posición filosófica que incluye muchos de los rasgos centrales de la filosofía de Platón. Entre estos se incluyen una creencia en un reino trascendente de entidades abstractas, perfectas; la inferioridad del mundo físico; el poder de la razón para conocer estas entidades perfectas; la separabilidad corporal y la inmortalidad del alma. ⇨ Platón.

pluralismo Toda teoría metafísica que se declara a favor de la existencia última de dos o más tipos de cosas. Por ejemplo, los dualistas de la mente-cuerpo, como Descartes, son pluralistas. ⇨ dualismo.

pluralismo religioso Aceptación de religiones que están fuera de la propia tradición religiosa como verdaderas y válidas. Su significado se comprende mejor comparándolo con dos aproximaciones alternativas a la religión comparada, a saber, el exclusivismo y el inclusivismo. El exclusivismo es la creencia de que una determinada religión está ella sola en posesión de la verdad y de los medios de salvación. Esta era la postura dominante en la Iglesia cristiana hasta finales del siglo XIX y está expresada en la doctrina *extra ecclesiam nulla salus* (fuera de la Iglesia no hay salvación). El inclusivismo es la creencia de que todos los seres humanos, independientemente de su filiación religiosa, participan en los beneficios de la obra salvadora de Cristo. Las otras religiones son consideradas como grados inferiores en la búsqueda de Dios por parte de la humanidad. Esta es la postura adoptada por el catolicismo desde el Concilio Vaticano II (1962-1965) y encuentra su expresión en la sugerencia de Karl Rahner de que los adeptos de otras religiones auténticamente comprometidos son «cristianos anónimos». Aunque el inclusivismo trata a las demás religiones con gran respeto, todavía presume la superioridad de su propia tradición religiosa y es desde la base de esa superioridad desde donde las demás religiones son tratadas. El pluralismo religioso lleva al inclusivismo un paso más adelante. No se entiende ya que las religiones alternativas reciban su validez a través de la relación con una fe determinada como el cristia-

Plymouth

nismo, sino que poseen validez y verdad por derecho propio. Estas religiones son entendidas como reflexiones o expresiones culturales diferentes de la misma realidad divina y como tales constituyen caminos legítimos hacia Dios. Un representante moderno de esta postura y pensador que ha intentado elaborar una filosofía del pluralismo religioso ha sido John Hick. ⇨ comparada, religión; Rahner, Karl.

Plymouth, Hermanos de Secta cristiana fundada por un grupo de cristianos evangélicos, en 1829, en Dublín, Irlanda. Se extendió a Inglaterra, donde en 1832 se estableció una asamblea en Plymouth. De opinión milenarista, la secta se caracteriza por la sencillez de creencia, práctica y estilo de vida basados en el Nuevo Testamento. Antes de 1848 se había dividido en los Hermanos «Abiertos» y los «Exclusivos». ⇨ cristianismo; evangelismo; milenarismo.

poderes psíquicos Talentos psíquicos especiales presentes en determinadas personas dentro de varias tradiciones religiosas, y también, hasta cierto punto, en individuos no religiosos. Incluyen percepción extrasensorial: teniendo una conciencia telepática de los pensamientos de otros, una precognición de futuros acontecimientos, una habilidad clarividente para ver más allá del alcance visual y una capacidad de audición clara para oír más allá del alcance de los oídos. En un plano más visible y espectacular pueden también incluir las capacidades de levitación del cuerpo sobre el suelo y de mover objetos sin tocarlos realmente (psicoquinesis). Las ramas místicas de la mayoría de las tradiciones religiosas afirman que estos poderes psíquicos con frecuencia son accesibles a la gente ejercitada en la meditación. Sin embargo, existe también la tradición corriente entre los adeptos espirituales de que la verdadera espiritualidad no se manifiesta en exhibiciones de poderes extraordinarios, sino viviendo la vida ordinaria de un modo extraordinario. Entre los modernos movimientos que han señalado la importancia de los poderes psíquicos se incluyen la Iglesia Nueva de Emmanuel Swedenborg, la escuela mesmeriana de Franz Anton Mesmer, el Espiritualismo de Andrew Jackson Davis (1826-1920), la Sociedad Teosófica de Madame Blavatsky y el coronel Olcott (1826-1920), y más recientemente algunos elementos de la religión «nueva era». ⇨ espiritualismo; Iglesia Nueva; «nueva era», religión; Swedenborg, Emmanuel; Teosófica, Sociedad.

polémica islámico-cristiana La polémica islámico-cristiana ha sido en parte teológica. Mientras el Corán aceptaba a Jesús como profeta, inferior sólo a Mahoma, la comunidad cristiana no aceptó a Mahoma como profeta. Por otra parte, el islam, aunque acepta el nacimiento virginal, milagros y resurrección de Jesús, no aceptó su divinidad o crucifixión, y consideraba que la doctrina de la Trinidad implicaba la existencia de tres dioses. Además, la tradición musulmana mantenía que los cristianos habían distorsionado su propia Biblia, que necesitaba del Corán para corregirla y cumplirla, mientras que los cristianos consideraban que el Corán era herético y estaba equivocado. La polémica teológica en estas líneas ha estado presente en mayor o menor medida en todos los intercambios islámico-cristianos. Comúnmente, para los musulmanes los cristianos eran como la «gente del Libro», y permitían a los cristianos cuyos territorios conquistaban conservar su religión pagando una tasa de habilitación. Los asuntos empeoraron en la época de las cruzadas, en que la polémica teológica quedó entremezclada con la guerra, y la opinión musulmana se endureció contra los cristianos que vivían en el mundo musulmán, que se vieron sometidos a una gran presión para convertirse al islam. En las circunstancias actuales, como Occidente se hizo más fuerte, y el mundo islámico se debilitó el islam consideró que el mundo occidental era «cristiano», y las potencias occidentales subestimaron la naturaleza «islámica» del mundo político islámico de modo que la polémica islámico-cristiana mezcló temas políticos y religiosos. Sin embargo, también ha habido recientemente un incremento del diálogo islámico-cristiano que pretende aumentar la mutua comprensión y hacer posible que las dos tradiciones trabajen juntas en la construcción de un mundo unificado. ⇨ Biblia; Corán; crucifixión; cruzadas; Inmaculada Concepción; Jesucristo en el islam; Mahoma; polémica islámico-judía; resurrección; Trinidad.

polémica islámico-judía

Aun compartiendo la creencia en un Dios monoteísta y no encarnado, musulmanes y judíos han diferido en otras materias. Los musulmanes preveían la cooperación con los judíos sobre la base de Corán 3, 64 —«¡Oh, pueblo del Libro! Reunámonos en una plataforma que es común a entrambos, que no serviremos a nada excepto a Dios»—, pero, a la inversa, creían que los judíos habían distorsionado sus propias escrituras y la enseñanza de sus propios profetas, de modo que se necesitaba el Corán para corregir y cumplir las intuiciones de la Biblia judía y de los profetas judíos. Los judíos, sin embargo, rehusaron aceptar la visión islámica de su Biblia y sus profetas, y del papel de Mahoma; fueron expulsados de Medina por Mahoma, y de Arabia por el califa Omar. No obstante, como «pueblo del Libro» podía conservar su propia religión y cultura en el resto del mundo musulmán; un gran erudito como Moisés Maimónides pudo escribir sobre temas judíos y aconsejar a judíos desde su posición ventajosa como médico en la corte de un sultán musulmán de Egipto. Las relaciones entre judíos y musulmanes continuaron siendo razonablemente amistosas, comparadas con la polémica islámico-cristiana, hasta la fundación del Estado de Israel en 1948 y la cuestión palestina que nació de ella. Esto ha tenido amplias connotaciones políticas, pero

Policarpo

incluye también la polémica religiosa sobre Jerusalén, ciudad santa tanto para judíos como para musulmanes. El diálogo islámico-judío ha surgido de manera modesta aunque en expansión entre musulmanes liberales y judíos en algunos ámbitos académicos y religiosos, y se puede prever que crezca poco a poco. Se espera un diálogo más profundo y un encuentro real para la resolución de la crisis del Oriente Medio. ⇨ Biblia; Corán; Israel, Estado de; Jerusalén en el islam; Mahoma; Maimónides; Medina; polémica islámico-cristiana; profetas en el islam.

Policarpo, San (c. 69-c. 155) Mártir cristiano griego, y uno de los «Padres Apostólicos». Fue obispo de Esmirna durante la primera mitad del siglo II. Cubre el período poco conocido que va de la época de su maestro, el apóstol Juan, al de su propio discípulo Ireneo. Su familia era probablemente cristiana. Éfeso se había convertido en el nuevo centro de la fe, y allí se dirigió Policarpo, «enseñado por apóstoles», Juan sobre todos, y que «vivió en relación familiar con muchos que habían visto a Cristo». Fue amigo íntimo de Papías e Ignacio. Al final de su vida, Policarpo visitó Roma para discutir la enojosa cuestión de la fecha de celebración de la fiesta de Pascua; después volvió a Esmirna, sólo para ganar la corona de mártir en una persecución que estalló durante una gran fiesta pagana. El fuego, se dijo, formó un arco en torno al mártir, y tuvo que ser muerto con una daga. La gráfica *Carta de los esmirnenses* narra la historia del martirio. El único escrito de Policarpo que se conserva es la *Epístola a los Filipenses*, incompleta en el original griego, pero completa en una traducción latina. Aunque es hasta cierto punto un lugar común en sí misma, tiene gran valor para las cuestiones del canon, el origen de la Iglesia romana y las epístolas de San Ignacio. Su fiesta se celebra el 23 febrero. ⇨ Ignacio (de Antioquía), San; Ireneo, San; Juan, San; mártir; Padres de la Iglesia.

polinesia, religión ⇨ **maorí, religión**.

politeísmo Creencia en muchos dioses o culto a ellos, característica no sólo de religiones primitivas sino también de las religiones de la Grecia y Roma clásicas. Es un intento, en contraste con el monoteísmo, de reconocer la presencia divina en el mundo. ⇨ monoteísmo; panteísmo.

popular, religión Término genérico empleado para describir las creencias, ritos y prácticas no ortodoxos, no institucionales, que acompañan a las religiones en su corriente principal. A pesar de su nombre, no es una religión en el sentido normal del término puesto que carece de los rasgos normales de una religión, como credos, liturgia, sacerdocio, etc. Más bien, es la fusión de una variedad de creencias tradicionales, paganas y supersticiosas con conceptos y creencias derivados de la corriente principal de la religión. La religión popular está estrechamente relacionada con el tipo de estructura de una sociedad. La religión ortodoxa y oficial ha sido en su mayor parte la esfera de elites intelectuales, culturales y de clase, de una sociedad. Sin embargo, la religión oficial ha sido sólo superficialmente asumida por las clases más bajas, y se les ha impuesto con frecuencia desde arriba. Como resultado de ello las creencias paganas tradicionales y supersticiosas se conservan, aunque disfrazadas con un fino barniz de la religión oficial. Es esto lo que constituye la religión popular. En el siglo XIX y principios del XX la religión popular fue tratada de forma negativa, entendida con frecuencia como una forma inferior de religión. En la última parte del siglo XX, sin embargo, la religión popular ha venido a ser interpretada más favorablemente. Actualmente, se entiende que la fusión de las creencias y conceptos religiosos de la corriente principal, con factores culturales y creencias tradicionales derivados de la sociedad en la que la corriente principal de la religión es introducida, es esencial si una religión quiere lograr un sitio en la sociedad.

posesión del espíritu Invasión y control de una persona por un espíritu, demonio o dios. La posesión del espíritu se caracteriza por el cambio de personalidad y de conducta por parte del poseído. Para algunas sociedades, la enfermedad es una forma de posesión del espíritu. El Nuevo Testamento recoge muchos ejemplos de Jesús liberando a personas de la posesión del espíritu. ⇨ diablos; exorcismo.

positivismo Toda postura filosófica que sostiene que todo conocimiento genuino se adquiere mediante la ciencia, y niega la validez de la especulación metafísica. El positivismo floreció en la segunda mitad del siglo XIX; sus elementos se pueden encontrar en pensadores tan distintos como Comte, los utilitaristas ingleses, Herbert Spencer y Ernst Mach. ⇨ utilitarismo.

posturas y gestos Posturas y gestos son universales entre los humanos, y, de hecho, entre los animales, y son especialmente importantes en la religión. Por ejemplo, en las cinco oraciones diarias del islam existe un ciclo establecido de posturas y gestos, que incluyen el estar de pie, inclinarse, postrarse y sentarse, junto con gestos de la cabeza, manos, brazos y pies. Arrodillarse, en religión, con frecuencia significa adoración, humildad y oración; la postración es una postura de profunda sumisión; sentarse (por ejemplo, en la postura de loto) se usa a menudo en la meditación; estar de pie es un gesto de respeto, y la danza es importante en muchos rituales, por ejemplo, la danza india americana de la lluvia y la danza giratoria de los derviches musulmanes mewlevís. Los gestos de las manos son de gran importancia: para saludar, bendecir, orar, bautizar, ordenar (y en los *mudras* [gestos de las manos] en la danza e iconografía indias, por ejemplo, en los cinco mudras de las imá-

Potala

genes de Buda que cuentan una historia de forma inmediata al budista). Es común encontrar que el uso de la mano o pie derechos se considera decoroso y propicio, y el uso de la mano o pie izquierdos como indecoroso y desfavorable. El beso ritual de objetos, como la Piedra Negra de La Meca por los musulmanes o un crucifijo por los católicos, es también común. Mientras que la postura y el gesto a veces unen, como en el islam, también dividen, como es el caso entre cristianos ortodoxos y católicos, que hacen la señal de la cruz de diferente forma. ⇨ Buda, imagen de; cruz; La Meca; meditación; mewlevís; mudras; oración.

Potala, palacio Imponente fortaleza de trece pisos construida en el siglo XVII en un saliente rocoso cerca de Lhasa, Tíbet. Centro religioso y político en otro tiempo del Tíbet, el complejo incluye el palacio Rojo (anterior sede de los Dalai Lamas), así como muchas salas, capillas y prisiones. ⇨ Dalai Lama; Lhasa; tibetana, religión.

potencial humano, movimiento del Amplia gama de movimientos que intentan capacitar a la gente para alcanzar un mayor grado de autoconciencia, autodesarrollo y autodominio, y para desarrollar al máximo el potencial humano que le pertenece por derecho propio. Algunos son puramente humanistas, otros abiertamente religiosos, y algunos son una combinación de ambos. Gurdjieff fue una figura simbólica temprana de este movimiento que brotó a la vida en la década de los sesenta, primero en California y después por todo Occidente. Puede incluir muchas facetas: consejo, psicoterapia, masaje, vegetarianismo, danza, música, artes marciales, medicina alternativa, visualización, yoga, zen, meditación, pensamiento de Jung, etc. Las terapias que recomienda son variadas, incluyendo, por ejemplo, el re-nacimiento por medio de la re-experimentación del propio parto, Erhard Seminar Training (EST) (Seminario Erhard de entrenamiento) se centraba en fines de semana de arenga emocional y liberación, y grupos de encuentro como el de Esalen en California donde tiene lugar el compartir franco y comprometido. En estos y otros caminos se cree que se pueden explotar energías latentes y liberar sentimientos reprimidos. Una variante del movimiento potencial humano se ha mantenido viva en la iglesia en la obra de cristianos como Fulton Sheen, Norman Vincent Peale y Leslie Weatherhead. En un plano religioso mucho menos convencional ha reunido elementos de la mística, lo oculto, las drogas psicodélicas y las religiones orientales, y es parte del reciente desarrollo de la religión «new age». ⇨ budismo zen; drogas psicodélicas; oculto; yoga.

potlatch Fiesta amerindia que celebra un acontecimiento importante, o que sigue a la humillación personal, en la que el anfitrión regala su riqueza (esclavos, mantas, canoas, etc.), o la destruye ante sus invitados. La gente que recibe riqueza de esta manera ofrecería posteriormente sus propios potlatches, asegurando la circulación de parte de la propiedad. Era una práctica habitual entre los indios norteamericanos de la costa noroeste del Pacífico. ⇨ americanas nativas, religiones.

prácticas funerarias Ritual de entierro o colocación de los muertos como rasgo atestiguado de la cultura humana que data de los tiempos paleolíticos. Aunque las prácticas varían, parecen reflejar una creencia en algún tipo de más allá. Los ritos funerarios también funcionan como expresiones de tristeza y pueden ser intentos de proteger a los vivos de los poderes de los muertos. ⇨ cremación budista; dakhma; sij, ceremonias mortuorias.

prácticas funerarias chinas Los chinos tradicionalmente han enterrado a sus muertos y, durante las antiguas dinastías Shang y Chou nobles y gobernantes a menudo enterraban posesiones con ellos. Se tenía gran cuidado con la preparación del cuerpo, el luto, rituales de entierro y posentierro, que están establecidos en su forma tradicional en el confuciano *Clásico de los ritos*. El cuerpo es normalmente preparado y dejado en casa durante varios días antes del entierro, en el que a menudo ofician sacerdotes budistas y taoístas. La elaboración de las ceremonias depende de la posición de la persona de que se trata dentro de la familia y de la posición de la familia dentro de la sociedad. El objetivo es posibilitar al espíritu *(shen)* de la persona que ha partido atravesar el mundo inferior y llegar a la lápida espiritual en el sepulcro ancestral de la familia o, en algunos casos, llegar al cielo. Se cree que el alma *po* reside en la tumba y se le hacen ofrendas de comida y bebida en ceremonias periódicas para tenerla contenta, mientras que el sepulcro ancestral es honrado periódicamente para mantener viva la memoria de la persona muerta.

prácticas funerarias cristianas El entierro de los muertos es tradicional, siguiendo la costumbre judía y bíblica. La influencia cristiana fue la causa de la desaparición de la cremación en el Imperio Romano antes del siglo V. Cuando la práctica reapareció en la Europa urbana y Norteamérica a finales del siglo XIX, fue prohibida a los miembros de la Iglesia católica al ser aprovechada la ocasión por los librepensadores para ridiculizar (como ellos creían) la creencia cristiana en la resurrección del cuerpo. La prohibición se mitigó en 1963, en un momento de creciente preocupación porque los salones funerarios estadounidenses estaban ocultando a un precio muy alto la realidad de la muerte. Muchos cristianos actualmente, entendiendo la doctrina de la resurrección del cuerpo en términos de preservación de la «persona» individual (una unidad de «cuerpo» y «alma»), elegirían entre cremación o entierro más por motivos prácticos que religiosos. Es común celebrar un acto religioso en casa o en la iglesia, y en el cementerio o en el crematorio, recordando a

prácticas funerarias del antiguo Egipto

los participantes las realidades de la muerte y el juicio, expresando la esperanza cristiana de participar en la resurrección de Cristo, y confiando al que ha partido al amor y la misericordia de Dios. ⇨ alma; resurrección.

prácticas funerarias del antiguo Egipto Muchos aspectos de la práctica funeraria egipcia están relacionados con la creencia de que la vida después de la muerte era muy similar a esta vida, y sólo se entraba si el cuerpo era preservado con propiedad. Esto se lograba momificando el cadáver. Después de embalsamarlo, la momia era llevada en procesión a su tumba donde se realizaba el ritual de «Abrir la Boca» para devolver a los difuntos. Se dejaban ofrendas de comida y bebida en las tumbas para el sustento de los muertos, así como ajuar, juegos y otras posesiones que pudieran querer utilizar en el más allá. Estatuas conocidas como figuras *ushabti* se dejaban para realizar tareas agrícolas en el reino de Osiris. En algunos casos a los sacerdotes mortuorios se les pagaba para que hicieran ofrendas diarias que aseguraran la supervivencia de los muertos; los murales en la tumbas servían para el mismo propósito, si las ofrendas regulares cesaban. Las tumbas se diseñaban cuidadosamente para proteger a la momia y los dones funerarios de los ladrones de tumbas. ⇨ Anubis; más allá; momificación; Osiris.

Sarcófago egipcio. Museo Arqueológico (El Cairo)

prajna (prajñā) Término budista sánscrito que significa «sabiduría», muy importante en la visión del mundo propia de los budistas. Tiene un significado más profundo que el mero conocimiento o creencia, y se refiere a una comprensión directa e intuitiva de la verdad. Es una de las tres divisiones en las que pueden colocarse las ocho partes del sendero budista, siendo las otras dos la moralidad y la disciplina mental. Según esta división prajna incluye las intenciones rectas y las ideas rectas. La sabiduría implica ver a través de la superficialidad y artificialidad de la vida para darse cuenta de su fugacidad *(anicca)*, sufrimiento *(duhkha),* y su idea equivocada de que existe algo parecido a un yo permanente *(anatman).* Los budistas mahayana acusaban a los budistas theravada de poner demasiado énfasis en la sabiduría a expensas de la compasión, mientras que ellos equilibraban ambos conceptos. Sin embargo, una serie de escrituras mahayana, los *Sutras de la Prajnaparamita,* señalaban la «perfección de la sabiduría» como de importancia suprema y, mientras los budistas mahayana realzaban el papel de la compasión, ellos exaltaban también la sabiduría. ⇨ anatman; budismo mahayana; budismo theravada; duhkha; karuna; prajnaparamita; sendero óctuple; sila.

prajnaparamita (prajñāpāramitā) Término budista que significa la perfección de la sabiduría. Se usa para referirse a una serie de escrituras budistas mahayana conocidas como los *Sutras de la Prajnaparamita.* Se comenzaron en el siglo I a. C. y siguieron ampliándose durante unos 1000 años en sánscrito, chino y tibetano. Su mensaje básico es que la realidad trasciende todas las formas existentes y conceptos de la mente, y solamente puede ser conocida mediante la sabiduría intuitiva *(prajna).* Algunas de las escrituras sagradas son perfectamente bien conocidas, incluyendo el Sutra de la prajnaparamita, el Sutra del Corazón y el Sutra del Diamante Cortante. Los grandes filósofos budistas mahayana Nagarjuna, Asanga y Vasubandhu, escribieron comentarios sobre algunas de las escrituras, que eran significativas para algunos de los desarrollos del budismo en China y el Tíbet. ⇨ budismo mahayana; paramita; prajna; Vasubandhu.

prakriti (prakṛti) Término del hinduismo que significa «materia» o «naturaleza», usado en la escuela Samkhya. Se encuentra en el Samkhya Karikas (c. 350-550), aunque sus orígenes pueden remontarse a antes, hasta el Veda, especialmente los Upanishads. La escuela Samkhya dividía la existencia en 25 categorías *(tattvas),* de las cuales todas, excepto la conciencia o el «alma», se derivan del prakriti. *Purusha* es muy distinta de prakriti, totalmente impregnada por los tres *gunas* (cualidades) del *sattva* (claridad), que se identifica con pureza y bondad, por los *rajas* (energía o poder), que es el elemento activo que produce karma, y por los *tamas* (oscuridad), que es el elemento entorpecedor. Prakriti a veces se identifica con *maya*. ⇨ guna; maya; purusha; Samkhya; Upanishads; yoga.

Pralaya Período al final del *kaliyuga*, la edad degenerada, de la que se habla en los puranas y en otras obras de literatura india clásica. Se traduce como día del juicio final en el pensamiento escatológico, aunque el proceso dura cientos de miles de años. El Sol prende fuego a los mundos (celestial, terrestre y mundo inferior), cuando se han consumido totalmente, sigue un gran diluvio y el universo se convierte una vez más en el océano de caos del que nació en primer lugar. Es el período en el que Brahma duerme sin sueños hasta su siguiente despertar, que iniciará el siguiente ciclo de cuatro *yugas*, un proceso que continuará interminablemente. ⇨ Brahma; puranas; yugas.

prana (prāṇa) Término del hinduismo, usado especialmente en yoga, traducido de diversas formas como «aliento», «respiración», «vitalidad», «fuerza», «viento» y «energía». Prana se puede entender en un sinnúmero de planos o en varios sentidos. Dos de las formas más importantes de entenderlo son como *Brahman*, el absoluto universal, y como la fuerza de la vida o fuente creadora de energía, que invade y vibra por todo el universo. En el pensamiento indio, el aliento tiene un gran significado, de hecho está personificado en el *Atharva Veda* y tiene un himno dedicado a él. La idea de prana fue especialmente desarrollada en el yoga, donde se refiere a la respiración, la infusión de la fuerza de la vida en el cuerpo, y también a cinco formas de prana que circulan a través del cuerpo sutil y lo mantienen. Existe una íntima conexión entre prana y conciencia en el yoga, los dos apoyándose mutuamente. Calmar el aliento es, por tanto, calmar la mente y viceversa. Esta creencia ha propiciado el desarrollo de prácticas especiales de respiración *(pranayama),* el cuarto «miembro» del yoga de Patanjali, por las que el proceso involuntario de respiración es sometido al control de la voluntad. ⇨ Brahman; Patanjali; yoga.

pratyeka, Buda (pali: buddha pacceka) Término budista sánscrito que se refiere a un buda singular o aislado que alcanza la iluminación solo, después sigue viviendo una vida privada en vez de dirigirse a enseñar a otros. Esta noción budista theravada del buda solitario, junto con la visión de un santo como el *arahat,* preocupado por su propia salvación, fue contrastada por los budistas mahayana con su ideal del bodhisattva que se compadece de los demás y voluntariamente renuncia a la esperanza inmediata del nirvana para renacer con vistas a ayudar a otros. Esta idea más estrecha de la budidad y de la salvación fue una de las razones por las que la escuela mahayana llamaba a otras escuelas, como la theravada, hinayana, el camino menor. ⇨ arahat; bodhisattva; Buda; budismo hinayana; budismo mahayana; budismo theravada; nirvana.

predestinación En la teología cristiana, doctrina de que la salvación o condenación definitiva de cada persona humana ha sido ordenada de antemano. Fuente de interminables disputas, la doctrina ha sido interpretada de diversas maneras. Fue articulada plenamente por primera vez por San Agustín durante su controversia con los pelagianos, que sostenían la doctrina del libre albedrío. Los reformadores protestantes Lutero y Calvino defendieron la doctrina, aunque en grados que variaban. Jacobo Arminio rechazó la visión calvinista de la predestinación, y defendía que la soberanía divina era compatible con el libre albedrío humano. En el islam, el concepto de predestinación, tal como se esboza en el Corán, toma la forma de creer que el resultado de las acciones humanas está predeterminado, y que el momento de la muerte de una persona está ordenado de antemano. Se considera inútil intentar evitar lo que Dios ha decretado ya que suceda. Sin embargo, aunque el resultado de los acontecimientos está predeterminado, los actos individuales mismos no lo están. ⇨ Agustín de Hipona, San; arminianismo; Arminius, Jacobus; calvinismo; Calvino, Juan; luteranismo; Lutero, Martín; Pelagio; predestinación en el islam.

predestinación en el islam Existen testimonios tanto del libre albedrío como de la predestinación en el Corán y en las tradiciones del islam. Aunque la vida humana está predestinada en el sentido de que en última instancia nada puede oponerse a la voluntad de Dios, los seres humanos tienen que hacer elecciones y tomar decisiones que suponen un elemento de libre albedrío. La cuestión se hizo apremiante durante el período omeya (661-750), en que la Qadariyyah presentó una firme defensa del libre albedrío contra la predestinación y los mutizilís defendían que Dios no podía predestinar a la vez el bien y el mal, y al mismo tiempo ser considerado como un Dios justo. Al-Ashari reaccionó a favor de la predestinación en su teoría de que los seres humanos «adquieren» actos que se originan en Dios; su posición ha sido generalmente adoptada por los musulmanes. No obstante, aunque la voluntad divina ordena todas las cosas, los humanos tienen la libertad de aceptar a Dios y someterse a Él, o rechazar a Dios y afrontar las consecuencias. ⇨ kalam; mutazilíes; Qadariyyah.

predicación Proclamación pública de una religión con referencia a los textos sagrados en los que se basa. Es esta adhesión a un texto prescrito lo que la distingue de otras formas de discurso religioso. La predicación tiene dos funciones básicas. En primer lugar, refuerza la aceptación y comprensión de su religión por parte de la asamblea, el predicador muestra cómo los principios y mitologías de la religión arrojan luz sobre las vidas de la comunidad y el mundo en el que viven. La finalidad es profundizar la fe de los oyentes y capacitarles para que

prehistórica

vivan en el mundo de acuerdo con los principios de su religión. En segundo lugar, la predicación tiene una función misionera: proclamar la religión a los no creyentes que están fuera de la comunidad con la esperanza de ganar su lealtad. La idea de que no es tanto el predicador el que habla sino Dios es común a la mayoría de las religiones en las que se practica la predicación. Así, el predicador cristiano, por ejemplo, es sólo un vehículo para expresar la Palabra de Dios. No predica en su propio nombre o propaga sus propias ideas, sino que proclama la salvación que Dios ha efectuado en Cristo. ⇨ culto 2.

prehistórica, religión Por definición, la religión prehistórica es difícil de resumir, ya que los datos para hacerlo no están escritos, más bien son escasos, están dispersos y abiertos a diferentes interpretaciones. Los hallazgos de calaveras de tiempos paleolíticos, por ejemplo, la del *Sinanthropus Pekinensis*, Hombre de Pequín, que data de hace medio millón de años, indican algún tipo de tratamiento ritual de las calaveras por parte de los primeros humanos. Los restos de enterramientos de varios continentes, que son de hace 50.000 años, muestran que el enterramiento, con sus notas religiosas, se practicaba entre los primeros seres humanos. Desde aproximadamente el 35.000 a. C., los objetos estéticos se hacen más frecuentes, por ejemplo, pinturas rupestres religiosas en lugares como Lascaux en Francia y Altamira en España, con sus insinuaciones de rituales de fertilidad entre otras cosas; también son habituales las figurillas femeninas, del estilo de la Venus de Willendorf, que sugieren estima a las diosas madre. En tiempos neolíticos, a partir del 10.000 a. C., los temas de la fertilidad y la diosa se vieron fortalecidos puesto que la aparición de la agricultura incrementó la importancia de una religión adaptada a la naturaleza, al ciclo de las estaciones y a la crianza en general. Finalmente, existen testimonios de la aparición de santuarios en lugares como Malta; de monumentos megalíticos por toda Europa, en lugares como Stonehenge, y del arte rupestre y otros objetos que hacen pensar en el chamanismo. De las pruebas derivadas de cada continente y de las islas del Pacífico se deduce claramente que no existió una única religión prehistórica sino muchas. ⇨ chamanismo; megalítica, religión; neolítica, religión; paleolítica, religión.

presbiterianismo Forma conciliar de gobierno de la Iglesia, propia de las iglesias reformadas que derivan de la Reforma llevada a cabo por Juan Calvino en Ginebra y John Knox en Escocia. El gobierno se efectúa mediante comisiones en el plano de la comunidad local (por ejemplo, sesión eclesial), regional (presbiterio) y nacional (Asamblea General). Los ancianos (laicos ordenados), así como los ministros, desempeñan un papel sobresaliente en todas las comisiones. A través de la emigración y la actividad misionera desde Escocia, Irlanda e Inglaterra, el presbiterianismo se ha extendido a todo el mundo. La Alianza Presbiteriana Mundial se formó en 1878, para ser sucedida en 1970 por la Alianza Mundial de Iglesias Reformadas. ⇨ anciano; Asamblea General; Calvino, Juan; iglesias reformadas; Knox, John; presbiterio 3; Reforma.

presbiterio 1 Parte oriental del antealtar de una iglesia, detrás del coro. 2 En la Iglesia católica, nombre tradicional que se da a la casa donde viven los sacerdotes. ⇨ catolicismo; sacerdote. 3 En el presbiterianismo, comisión eclesial compuesta por igual número de ancianos que de ministros, presidida por un moderador, y que supervisa una agrupación geográfica de comunidades. ⇨ anciano; presbiterianismo.

presbítero ⇨ anciano.

presencia real Creencia de que el cuerpo y la sangre de Cristo están realmente presentes en el pan y el vino en la comunión (Eucaristía/misa). La naturaleza de la presencia de Cristo se convirtió en tema de gran controversia en la Reforma. ⇨ consubstanciación; Eucaristía; Jesucristo; Reforma; transubstanciación.

primado Obispo de rango superior de un área determinada; por ejemplo, en la Iglesia de Inglaterra el arzobispo de Canterbury es primado de toda Inglaterra. Originalmente, el nombre se aplicaba al metropolitano de una provincia, y después al patriarca. ⇨ Iglesia de Inglaterra; obispo; patriarca 2.

prodigios o **prodigia** (plural latín de prodigium) Signos enviados por las divinidades que indican que el tratado de paz *(pax deorum)* entre los dioses y los romanos se había roto o estaba a punto de romperse. Un *prodigium* era fácil de reconocer porque era un «acontecimiento extraordinario», como un meteoro, terremoto, erupción volcánica, una lluvia de sangre, estatua que llora, niño mostruoso o un animal sacrificial sin corazón. El estado romano tenía un método establecido para tratar los prodigios. En primer lugar, el Senado decidía si tratarlo él mismo o confiarlo al colegio de sacerdotes *(pontifices)*. En segundo lugar, la naturaleza exacta del prodigium tenía que ser definida para saber qué divinidad estaba enfadada y por qué. Normalmente, las identificaciones las hacían expertos etruscos *(heruspices)*. En casos difíciles, se consultaban los Libros sibilinos, o incluso el oráculo de Delfos, por el colegio de sacerdotes encargados de ello, los *quindecemviri sacris faciundis*. En tercer lugar, el ritual de expiación *(procuratio)* requerido para conciliar a las divinidades se identificaba y promulgaba en un edicto. Finalmente la expiación se hacía (normalmente por medio de oraciones o sacrificios cruentos) bajo la supervisión de los cónsules. ⇨ Delfos, oráculo de; romana, religión; sibilinos, Libros.

profecía Predicción de acontecimientos futuros a través de la inspiración divina o la proclamación de un mensaje divino para las nuevas circunstancias. Antiguas prácticas como el augurio y la consulta de oráculos eran una forma primitiva de profecía. La fe islámica cuenta con dos palabras para referirse a los profetas, *rasul* que significa mensajero y *nabi,* que significa profeta. El mensajero tiene un rango superior al del profeta, en cuanto que entrega un mensaje a una comunidad especial, con la Escritura que contiene una ley, mientras que un profeta proclama solamente un mensaje. Todo mensajero es profeta pero no a la inversa. La tradición islámica incluye entre los mensajeros a figuras como Abraham, Noé, Moisés y Jesús. Entre los profetas están Enoc, David, Salomón y Elías. ⇨ nabí; oráculo.

profecía judía y cristiana

La profecía del Antiguo Testamento, recogida en libros históricos como Samuel y Reyes o en libros proféticos que reciben el nombre de profetas concretos, puede considerarse a la vez como una predicción y como un anuncio de futuro. Predice lo que Dios hará, basándose no en un capricho arbitrario, sino en su carácter y voluntad ya revelados. Los profetas recordaban a los reyes, autoridades religiosas o a la comunidad judía en su conjunto, la ley de Dios y lo que se seguiría si era desobedecida. Sus profecías de una restauración definitiva por medio de una figura mesiánica o ungida han sido interpretadas por los cristianos como predicciones sobre Jesús; aspecto destacado por las múltiples referencias al cumplimiento de la profecía en el Evangelio de Mateo, y simbolizado por la aparición de Moisés (representante principal de la Torá o ley) y Elías (principal representante de los profetas) con Cristo en el monte de la transfiguración. La iglesia del Nuevo Testamento incluía a los profetas, pero su función exacta no es clara. Parece que ofrecían mensajes de ánimo y consuelo (1 Corintios 14, 3) en situaciones especiales, pero no enseñanza de significado permanente y universal que pudiera llegar a ser aceptada como Escritura, como la de los profetas del Antiguo Testamento. (La única excepción es el Libro del Apocalipsis, aunque normalmente es clasificado como literatura apocalíptica más que como profética, porque trata de escatología, el fin de todas las cosas). Tanto el Antiguo como el Nuevo Testamento reconocen la posibilidad de la falsa profecía, e insisten en que la palabra de un profeta debe ser contrastada con la enseñanza recibida de Moisés o de Jesús. ⇨ apocalipsis; Apocalipsis, Libro del; escatología; transfiguración.

profeta Alguien que está inspirado para revelar un mensaje que procede de un ser divino; figura importante en muchas tradiciones religiosas, a veces con funciones cultuales, pero otras como figura solitaria que se opone al culto u orden social establecidos (por ejemplo, Jeremías, Amós y Oseas, en el Antiguo Testamento). Aunque sus mensajes pueden adquirir una relevancia duradera, generalmente se dirigen a una situación o problema concretos. En el islam, Mahoma es considerado como el más grande y el último de los profetas de Dios, y Jesucristo le sigue en importancia. En el Nuevo Testamento, los profetas se enumeran después de los apóstoles en las listas de San Pablo de los ministerios cristianos (1 Corintios 12, 28s; Efesios 4, 11), pero el problema de los falsos profetas es también motivo de preocupación en algunas obras (Mateo 7, 15; 1 Juan 4, 1). ⇨ Antiguo Testamento; Dios; Jesucristo; Mahoma; Nuevo Testamento; oráculo.

profetas en el islam En la tradición musulmana hay muchos profetas importantes, pero los más significativos son Jesús y sobre todo Mahoma, considerado el profeta de los profetas. Existen dos tipos de profetas en el islam. El *nabí* ejerce una misión dentro del marco de una tradición religiosa existente para renovarla, trayéndola buenas noticias o un aviso de la ira que vendrá si las cosas no mejoran. El *rasul,* por otra parte, es un mensajero cuya obra inaugura un nuevo movimiento religioso o una gran intuición reveladora nueva que trasciende la estrechez de una tradición determinada. En esta segunda categoría se encuentran Adán, Noé, Abraham, Moisés, Jesús y Mahoma. Ni judíos ni cristianos, sin embargo, consideran a Mahoma profeta (excepto por «interpretación» y diálogo). Los musulmanes creen que el mensaje de los profetas judíos y de Jesús llegó a ser desvirtuado por sus seguidores, y que Mahoma vino a renovar y dar cumplimiento a su obra. Puesto que se asume que no existen profetas después de Mahoma, las figuras proféticas posteriores dentro del mundo musulmán, como Bahaullah (1812-1892), fundador efectivo de los bahai, y Mirza Ghulam Ahmad (1835-1908), fundador del Ahmadiyyah, no están bien considerados en la tradición musulmana. ⇨ Abraham en el islam; Adán y Eva; bahaísmo; Bahaullah; Jesucristo en el islam; Mahoma; Moisés; nabí; Noé.

protestantismo Término genérico para referirse a expresiones de la fe cristiana que tienen su origen en la Reforma como protesta contra el catolicismo. La palabra se deriva de *protestari,* que significa no sólo protestar sino también reconocer o confesar. Los protestantes deseaban volver al estilo de fe de la Iglesia primitiva, que, según ellos, se había perdido con las costumbres católicas. Entre las características comunes se cuentan la autoridad de la Escritura, la justificación por la sola fe (es decir, que aquellos que creen en Cristo y el Evangelio son juzgados justos, sin tener en cuenta el mérito personal), y el sacerdocio de todos los fieles, por el que cada creyente puede oír la confesión de los pecados, no siendo esto ya competencia exclusiva del clero. Las agrupaciones originales fueron aquellas que siguieron a Lutero, Calvino y Zuinglio, y el término actualmente abarca a la mayoría de las confesiones católicas no romanas o no

protestantismo liberal

ortodoxas. ⇨ anabaptistas; baptistas; calvinismo; Calvino, Juan; catolicismo; congregacionalismo; Iglesia de Escocia; Iglesia Episcopal Protestante; Iglesia ortodoxa; Iglesia reformada holandesa; luteranismo; Lutero, Martín; presbiterianismo; Reforma; Unitarios; Zuinglio, Ulrico.

protestantismo liberal Tendencia del protestantismo europeo continental de mediados del siglo XIX y principios del XX que buscaba una expresión contemporánea de la esencia del cristianismo, sin las trabas del dogma y de la interpretación bíblica tradicionales. Influido por la filosofía idealista y por teólogos como Schleiermacher, Ritschl y Johann Georg Wilhelm Herrmann (1846-1922), quedó ejemplificado en la obra *¿Qué es el cristianismo?* de Adolf Harnack (1851-1930) y fue defendido por Troeltsch como la religión europea más elevada. Esta escuela de pensamiento ejerció alguna influencia sobre el modernismo anglicano de Inglaterra y sobre el movimiento del Evangelio Social en EE. UU. Declinó cuando su subyacente optimismo evolutivo y su tendencia a identificar cultura con reino de Dios fueron puestos en cuestión por la Primera Guerra Mundial. Fue reemplazado por la neo-ortodoxia y, finalmente, por el existencialismo cristiano. ⇨ Barth, Karl; búsqueda del Jesús histórico; Evangelio social; existencialismo cristiano; neo-ortodoxia; reino de Dios; Schleiermacher, Friedrich Ernst Daniel.

Proverbios, Libro de los Libro de la Biblia hebrea/Antiguo Testamento, atribuido en el título de presentación a Salomón, pero que probablemente se compone de tradiciones sapienciales recogidas durante varios siglos. Contiene varias subcolecciones: los capítulos 1-9 contienen poemas sobre la Sabiduría personificada, y recomendaciones morales de un padre a su hijo; los capítulos 10-29, series de dichos individuales sobre virtudes y vicios, con escasa organización temática, similares a las instrucciones sapienciales egipcias; los capítulos 30-31 son dos apéndices, que terminan con un poema sobre la vida virtuosa. ⇨ Antiguo Testamento; Salomón.

Providence Industrial Mission Iniciativa misionera negra en Nyasaland (actual Malawi), fundada en 1900 por John Chilembwe, el primer converso de un misionero baptista radical, Joseph Booth. Chilembwe fue educado en un colegio negro en EE. UU. y la misión era apoyada y mantenida por americanos negros. El aspecto «industrial», que incluía educación de amplia base y plantaciones agrícolas, pretendía demostrar el potencial de una comunidad cristiana segura de sí misma y autosuficiente. Chilembwe progresivamente entró en conflicto con los europeos, y especialmente con los estados europeos propietarios. En 1914 se opuso al reclutamiento de africanos con fines militares. En 1915 dirigió una sublevación contra los británicos y fue muerto. La colocación secreta de su cuerpo favoreció el desarrollo de un poderoso mito del regreso triunfante final del mártir. Aunque citado con frecuencia como ejemplo de «etiopismo», Chilembwe no realizó innovaciones religiosas; siguió siendo un simple baptista, extrayendo su política y su religión directamente de la Biblia. La Misión Industrial de la Divina Providencia fue reconstituida en 1926 por uno de sus convertidos, Daniel Malikebu (m. 1978); su historia reciente se ha visto complicada por sus relaciones con la Convención Baptista Nacional de EE. UU. ⇨ iglesias independientes; africanas.

providencia Creencia de que todas las cosas están, en última instancia, ordenadas y gobernadas por Dios con un propósito determinado. Figura, de alguna manera, en el judaísmo, islam y cristianismo, y está relacionada con la creencia en la rectitud, la bondad y el poder de Dios. No se trata de la negación del libre albedrío humano, sino más bien de que Dios o lo anula u obra a través de él. ⇨ cristianismo; Dios; islam; judaísmo.

Próximo Oriente antiguo, religiones del Las civilizaciones del Próximo Oriente antiguo cubrían un área que abarcaba desde el Asia Menor y Mesopotamia, pasando por Siria y Palestina hasta Egipto. Hubo siempre un considerable contacto entre los diversos pueblos de esta región que compartían muchas ideas religiosas. Mesopotamia fue el hogar de la sociedad urbana más antigua, la de Sumer (cuarto y tercer milenios a. C.), y la religión sumeria fue adoptada, en gran parte, tanto por los babilonios semitas como por los asirios, a pesar de sus diferentes fondo étnico y lengua. Aunque promovieron sus propios dioses nacionales sobre los del panteón sumerio, estos y otros invasores de la región se introdujeron en una tradición religiosa mesopotámica común que permaneció estable durante muchos siglos. La influencia asiro-babilónica se sintió siempre con fuerza en las fronteras de Mesopotamia. Al norte, los hurritas e hititas, en Asia Menor, adoptaron muchas ideas mesopotámicas aunque conservando fuertes tradiciones autóctonas. En Persia occidental el reino elamita era un centro religioso característico, considerado por los mesopotamios como una tierra de brujas y magia. En Siria y Palestina los pueblos semitas occidentales (arameos, cananeos y fenicios) formaban otra área cultural relativamente unificada, aunque acerca de ella existe mucha menos información. El descubrimiento más importante para el estudio de la religión semita occidental ha sido el yacimiento del antiguo Ugarit en Ras Shamra, en la costa siria. La naturaleza de las pruebas disponibles dificulta la realización de un estudio de conjunto de las religiones del Próximo Oriente antiguo. Las fuentes literarias posteriores no suelen ser fidedignas y los testimonios arqueológicos resultan limitados. Estas pruebas, tal como existen, están relacionadas con la religión estatal, los templos y los reyes, y es extremadamente difícil elaborar un cuadro de la vida religio-

proyectivas de la religión

sa de la gente corriente. ⇨ cananea, religión; elamita, religión; fenicia, religión; hitita, religión; hurrita, religión.

proyectivas de la religión, teorías La creencia de que la religión en general, o una forma particular de ella, no es más que una proyección de los deseos humanos es tan vieja como la religión misma. Hay ejemplos en el budismo, la filosofía griega, el Antiguo Testamento y la primitiva teología cristiana. En el pensamiento occidental moderno, las teorías de la proyección proceden de la obra de Feuerbach, Nietzsche y el psicoanalista Sigmund Freud (1856-1939); las teorías de tipo menos individual y más corporativo se asocian a Marx y al sociólogo Émil Durkheim (1858-1917). Las críticas de las teorías de la proyección sostendrían que sólo son explicaciones parciales. Puede muy bien suceder que la imagen que se tiene de Dios esté relacionada con la primera experiencia de uno mismo, o de los padres de uno, y la necesidad de seguridad (Freud), o que la religión sea un poderoso instrumento de control social (Marx y Durkheim). También se da el caso de que la religión puede transformar la personalidad, cuestionar cualquier sentimiento de seguridad personal y exigir el desafío más que reforzar el *statu quo* social. ⇨ Evangelio Social; teología de la liberación; teología política.

pseudoepígrafos Antiguo cuerpo de literatura judía (y a veces cristiana) que no forma parte de las Escrituras judías, de las principales versiones cristianas del Antiguo Testamento o los Apócrifos, pero que tiene un carácter similar al Antiguo Testamento, en cuanto que sus obras pretenden presentar un mensaje divino, derivado de personajes o ideas del Antiguo Testamento. En sentido estricto el término significa obras «escritas bajo un nombre falso», pero esto no distingue adecuadamente a esta literatura de la del Antiguo Testamento o la de los Apócrifos. Esta larga colección de escritos abarca aproximadamente desde el 200 a. C. hasta el 200 d. C., aunque fue reunida por primera vez por Johannes Fabricius (1668-1736). Incluye apocalipsis (por ejemplo, 1 Enoc, 4 Esdras), testamentos (como los Testamentos de los doce patriarcas), literatura sapiencial, oraciones y salmos (por ejemplo, Oración de Manasés, Salmos de Salomón), y adiciones a las historias del Antiguo Testamento (como la Vida de Adán y Eva). ⇨ Antiguo Testamento; Apócrifos del Antiguo Testamento; Biblia; Jubileos, Libro de los; judaísmo; literatura testamental; Macabeos, Libros de los; Manasés, Oración de; Salomón, Salmos de.

psicología de la religión Una de las tres ciencias sociales de la religión, junto con la antropología y la sociología de la religión. A diferencia de las dos últimas, que centran su atención en la sociedad, la psicología de la religión se centra típicamente en el individuo y su experiencia religiosa. Una de las principales obras clásicas en el campo fue *Varie-*

dades de *la experiencia religiosa* (1902) de William James, en la que describe la religión del alma de la mente saludable y del alma enferma, la religión del nacido una vez y del nacido dos veces, y el fundamento psicológico de la oración, la meditación, la mística, la conversión y el fruto espiritual. En torno a la misma época Freud estaba empezando a desarrollar su psicología profunda basada en la interpretación de los sueños y el consejo intensivo, en la que realzaba la importancia de las experiencias sexuales de la infancia y la idea de que la religión era una ilusión y una proyección. El psiquiatra Carl Jung rompió con Freud y se ocupó de la realidad psicológica de la religión con sus mitos, símbolos y arquetipos, y de su acceso a los tesoros espirituales del inconsciente colectivo. El trabajo más reciente en la psicología de la religión se ha centrado en cuestionarios sobre cómo es la gente o instituciones religiosas diferentes, y sobre el análisis de qué es una fe madura, cuáles son las potencialidades de la naturaleza humana y cuáles las etapas del desarrollo religioso en niños y adultos. Al no ser un elemento importante ni de la religión ni de la psicología, la psicología de la religión se ha visto afectada, unas veces subordinada a fines eclesiásticos y otras, como en la obra de algunos discípulos de Freud, reducida a mera psicología. Sin embargo, por algunos indicios recientes se puede concluir que está comenzando a adquirir relevancia como disciplina autónoma. ⇨ ciencias sociales de la religión; sociología de la religión.

Ptah Antiguo dios egipcio, dios local de Menfis en el bajo Egipto. Su culto creció junto con la importancia política de la ciudad como capital real durante el Reino Antiguo (c. 2686-2181 a. C.). La teología menfita describe la creación del mundo por medio de su corazón y de su lengua, pero el pueblo llano le consideraba de una manera menos sofisticada como dios patrón de artesanos, artífices y artistas. Con su consorte Sekhmet y su hijo Nefertum era adorado como deidad de la «Tríada menfita», y estaba también relacionado con Apis, el toro sagrado de Menfis. En la última época estaba también asociado a los dioses funerarios Osiris y Sokar. Ptah es pintado en forma humana, normalmente con cabeza calva y barba, vestido con las vendas de momia. El nombre Egipto surgió de una equivocación del egipcio *huka-ptah,* que significa «la mansión de Ptah». El historiador Herodoto lo equiparó a Efesto. ⇨ Apis; menfita, teología; Osiris.

pudgala Término budista que significa «persona», y se aplicaba a los pudgalavadinos, una secta budista que surgió en la India en el siglo III a. C. Intentaban responder a cuestiones planteadas por la teoría budista del no-yo *(anatman)* de qué era lo que perduraba de una vida a otra si no existía el yo y de cuál era la justicia de las enormes diferencias en los renacimientos si no existía un yo que hiciera buenas o malas accio-

Pueblo

nes. Su creador, Vatsiputra, defendía que lo que se transmitía a través de los renacimientos era el pudgala o persona y que Buda había utilizado este término. Las otras sectas budistas replicaban que Buda no había utilizado el término en un sentido real, y que hacerlo significaba volver a introducir la noción del yo *(atman)* que era anatema para el pensamiento budista fundamental. No fue hasta el siglo VII d. C. cuando un peregrino chino dejaba constancia de que los pudgalavadinos constituían una cuarta parte del total de los monjes indios, pero más tarde perdieron importancia, y se conservan muy pocos de sus escritos. ⇨ anatman; atman; karma; punna; renacimiento; samsara.

Pueblo, religión Pueblo es un término genérico para referirse a los pueblos agrícolas nativos americanos originarios del suroeste de EE. UU., principalmente Arizona y Nuevo México; incluye a los acoma, sia, hopi y zuñi. Pertenecen a familias lingüísticas bastante diferentes, pero tienen rasgos culturales comunes, como casas de adobe y el próspero cultivo de maíz, a pesar del frágil entorno. Fuera de la insurrección contra los españoles en 1680, que fue aplastada, su estilo de vida ha sido esencialmente pacífico. Sus pautas religiosas son también diversas, y la mayoría son inmensamente complejas. Entre los rasgos que se repiten está la creencia (que han transmitido a advenedizos recién llegados como los navajos) en la aparición del pueblo procedente de otro mundo a su

Viviendas de los indios Pueblo (Mesa Verde, Colorado, EE. UU.)

actual hogar. Las fracturas del terreno son veneradas como posibles lugares a través de los cuales llegaba la gente, o por los cuales las almas pasaban a otro sitio. Los seres supremos tienen un pequeño papel en estos y otros mitos. La creación es competencia de un par de seres y las figuras clave del mundo del espíritu son los pilares del ciclo agrícola: padre Sol, madre Tierra, deidades del maíz. A estas debería añadirse, en el caso de los hopi y los zuñi, figuras ancestrales y de otros poderes espirituales (kachinas, koko). Pero, complejo como es, el mito está subordinado al todavía más complejo ritual, vital para la vida en común de seres espirituales y humanos necesitados de mantener el frágil entorno. Diferentes empleados, sociedades, grupos de danza y sectores de la comunidad desempeñan funciones específicas que engranan el ritual, desde observar el momento exacto del solsticio hasta la puesta en escena de una representación de máscaras de los antepasados. El modelo ritual refleja el calendario, contrastando dramáticamente las danzas de verano con las de invierno; el conjunto de ambas representa el mundo y el ciclo de la vida. ⇨ hopi, religión; kachinas; navajo, religión.

Punjab (Puñjāb) Territorio en el noroeste del subcontinente de la India, que abarca el actual estado indio del Punjab, y que se extiende a lo que ahora es Pakistán. Significa la «tierra de los cinco ríos», a saber: el Beas, Chenab, Jhelum, Ravi y Sutlej. La tradición sij se inició aquí y ha mantenido su patria afectiva en este área. El Gurú Nanak nació en Talwandi, en el Punjab, y finalmente abandonó el área, camino de Kartarpur, donde fundó una comunidad ejemplar. Los demás gurús sij centraron su actividad allí, fundando el Gurú Ram Das la ciudad de Amritsar que, con su Templo Dorado (Harimandir) y Akal Takht, se ha convertido en sede central de la tradición sij. Las textos sagrados sij están escritos en punjabí Gurmukhi, la mayoría de los sij son de origen punjabí, y su lengua preferida en casa y en el culto es normalmente el punjabí. En el actual estado indio del Punjab los sij están en ligera mayoría. Sin embargo, a través de la emigración y la conversión, se han ido extendiendo a otras partes del mundo y el sijismo se está convirtiendo en una religión mundial con raíces sentimentales en el Punjab. ⇨ Amritsar; Harimandir; Nanak; Ram Das, Gurú; sij, gurú.

punna (puñña; sánscrito: puṇya) Importante noción de mérito en la tradición budista. Adquiriendo mérito se puede obtener un renacimiento mejor en la próxima vida. Esto exige vivir de tal forma que las obras de uno (karma) sean fructíferas y productoras de mérito. Existen tres tipos principales de mérito: el ofrecimiento de regalos, vivir una vida moral y la práctica de la meditación. Los dos primeros son generalmente más apropiados para los laicos, el tercero para los monjes. La meta última del budismo consiste en seguir las cuatro nobles verdades y el sendero óctuple de tal modo que se alcance la iluminación, nirvana y el cese de los renacimientos. En el plano popular, la meta inferior de producir mérito para mejorar la suerte terrena de uno, a través de renacimientos mejores, tiende a ser seguida en la práctica. ⇨ ariya sacca; bhavana; karma; meditación; nirvana; renacimiento; sendero óctuple; sila.

puranas (Purāṇnas) En la tradición india, serie de composiciones sagradas que datan del período Gupta (c. siglo IV d. C. en adelante), que tratan de la mitología del hinduismo y que abarcan temas como festividades, obligaciones de la casta y lugares de peregrinación. Existen 18 puranas principales, que exaltan cada

purgatorio

uno a una deidad del trío hindú de dioses, Visnú, Siva y Brahma. Son muy importantes en el hinduismo popular, siendo la más popular el *Bhagavata-Purana*, que relata la primitiva vida de Krishna, y ha tenido un enorme impacto en la creencia religiosa india. ⇨ hinduismo; Krishna.

purgatorio En la enseñanza católica y parte de la ortodoxa, lugar y estado en el que las almas de los muertos sufren por sus pecados antes de ser admitidos en el cielo. Los que están en el purgatorio pueden ser ayudados por las oraciones de los fieles que todavía se encuentran en la Tierra. ⇨ catolicismo; cielo; Iglesia ortodoxa; oración; pecado.

purificación Remoción de elementos contaminantes y profanadores que se cree impiden una relación individual o comunitaria con Dios. La contaminación puede darse por varias razones. En primer lugar, existe la contaminación accidental, que se produce por el contacto involuntario con cosas que se consideran impuras, como los muertos, ciertas comidas, etc., así como con emisiones involuntarias e inevitables del cuerpo humano como sangre, vómito, heces y orina. En segundo lugar, está la contaminación intencionada, deliberada que tiene lugar cuando un individuo viola las normas religiosas o sociales aceptadas por una sociedad. Tales actos amenazan los límites precisos que existen dentro de una sociedad y entre lo sagrado y lo profano. Si no se actúa, socavan la propia estructura de esa sociedad y ponen en peligro su relación con lo Divino. Para salvar la alteración causada por la contaminación, sea deliberada o accidental, y restablecer las adecuadas relaciones entre el individuo, la sociedad y Dios, la comunidad establece una serie de ritos de purificación. Estos varían según la gravedad de la contaminación y el rango de la persona responsable de ella. Así, por ejemplo, se exigen actos de purificación más rigurosos a los sacerdotes porque entran en un contacto más profundo con lo divino. En algunas religiones, estos ritos de purificación pueden tomar la forma de ciertos actos físicos concretos, tales como el baño ritual, automortificación, etc. Esto es especialmente así en aquellas culturas donde la contaminación es entendida principalmente como un fenómeno material, quizá semimágico. En otras religiones, como el cristianismo, se destacan el arrepentimiento, la conversión y el cultivo de la santidad personal. ⇨ rituales.

Purim Fiesta judía de las Suertes, celebrada el 14 de Adar (en torno al 1 de marzo), que conmemora la liberación de los judíos de un complot para masacrarlos, tal como se cuenta en el Libro de Ester. ⇨ antisemitismo; Ester, Libro de; judaísmo.

puritanismo Creencia de que era necesaria una nueva reforma en la Iglesia de Inglaterra en tiempos de Isabel I y los Estuardo. Surgió en la década de 1560 del descontento producido por los «elementos papistas», como las sobrepellices, que el acuerdo religioso isabelino había conservado. No siempre fue un movimiento coherente, organizado, sino más bien, un cuerpo diverso de opiniones y personalidades, que se juntaron de forma ocasional. Incluía al movimiento presbiteriano episcopal de John Field (1545-1588) y Thomas Cartwright (1535-1603) en las décadas de los setenta y los ochenta; las iglesias separatistas que abandonaron Inglaterra camino de Holanda y de América desde 1590 a 1640; los grupos «presbiterianos», «independientes» y más radicales que surgieron durante la Guerra Civil e interregno, y las sectas disidentes perseguidas por el «Código de Clarendon» del Parlamento de los Caballeros, en tiempos de Carlos II. ⇨ disidentes; Iglesia de Inglaterra; Reforma.

purusha (puruṣa) Literalmente «persona», aunque ha tenido varios significados diferentes en el pensamiento hindú. Originalmente representaba el «ser primordial» tal como se describe en el *Rig Veda,* por el que se legitimaba la noción de varna. La noción de purusha fue desarrollada en los Upanishads. Estaba vinculada a los conceptos de *atman* y *Brahman,* con atman tomando la idea del yo individual y Brahman la del yo universal, aunque se consideraba que eran esencialmente uno. En la filosofía Samkhya, purusha se convierte en la experiencia individual o alma enredada en la materia *(prakriti)* de la que debía liberarse ella misma.

⇨ atman; Brahman; prakriti; Samkhya; Veda.

Pusey, Edward Bouverie (1800-1882) Teólogo inglés y líder del «Movimiento de Oxford», nacido en Pusey, Berkshire. Su padre, el hijo menor del primer conde de Folkestone, había asumido el nombre Pusey al heredar las propiedades Pusey. Edward fue educado en Eton y Christ Church, Oxford; en 1823 fue elegido miembro de la junta de gobierno de Oriel College, Oxford, y desde 1825 a 1827 vivió en Alemania y se informó de la enseñanza teológica protestante. En 1828 se ordenó de diácono y sacerdote, y fue nombrado por la Corona profesor de hebreo en Oxford, puesto que conservó hasta su muerte. Su primera obra fue un ensayo sobre las causas del racionalismo en la reciente teología alemana, que fue criticado por ser el propio ensayo racionalista. La meta de su vida era evitar la expansión del racionalismo en Inglaterra. De ahí que cuando en 1833 Newman comenzó la publicación de los *Tractos para los tiempos,* Pusey inmediatamente se uniera a él, y ellos, con Keble, fueron los líderes del movimiento. Se esforzaron para que la Iglesia viviera de nuevo ante los ojos y las mentes de los hombres como había vivido en tiempos pasados. Con este objetivo, Pusey escribió sus contribuciones a los *Tractos*, especialmente los que trataban sobre el bautismo y la Sagrada Eucaristía, y en 1836 inició la *Biblioteca Oxford de los Padres,* a la que sus principales aportaciones fueron traducciones

Pusey

de las *Confesiones* de San Agustín y obras de Tertuliano. En 1843 Pusey fue suspendido durante dos años por predicar en Oxford un sermón universitario sobre la Sagrada Eucaristía; en la primera oportunidad reiteró su enseñanza, y esta vez le dejaron tranquilo. Pero antes de que se levantara su suspensión, Newman, con varios de sus principales discípulos, se había unido a la Iglesia católica. Con Keble, Pusey tranquilizó a los conturbados por esta evolución de los acontecimientos. Pero pronto otro grupo de hombres eminentes, incluyendo al archidiácono (cardenal) Mannig y archidiácono Wilberforce, también se unieron a la Iglesia católica. Pusey siguió trabajando lealmente. Sus numerosos escritos durante este período incluyen una carta sobre la práctica de la confesión (1850) y *Una carta al obispo de Londres* (1851), una defensa general de su postura. *La doctrina de la presencia real* (1856-1857) y la serie de tres *Eirenicons* (1865-1869) despejan el camino para la reunificación entre la Iglesia de Inglaterra y la de Roma. La reforma de la Universidad de Oxford, que destruyó el íntimo vínculo entre la universidad y la Iglesia, interesó muchísimo a Pusey. Sus testimonios ante la comisión, su memorable opúsculo sobre la *Enseñanza colegiada y profesoral* y su asiduo trabajo en el Consejo semanal son pruebas del interés que se tomó por la universidad. Para 1860, la corriente había cambiado, la enseñanza por la que los tractarianos habían trabajado estaba empezando a ser reconocida. Pero los frutos de la intolerancia y persecución de las que Oxford había sido escenario estaban también madurando en forma de indiferencia religiosa y racionalismo. Contra esta enseñanza Pusey luchó el resto de su vida. En su vida privada Pusey era un hombre ascético, profundamente religioso, de cálido afecto, muy conocido por su amabilidad, sinceridad y humildad, y fue buscado constantemente como guía espiritual por personas de toda condición. Empleó grandes sumas de dinero en ayudar a proporcionar iglesias al este de Londres y Leeds, y en fundar hermandades. Se casó en 1828 y su único hijo, Philip Edward (1830-1880), murió antes que él. ⇨ catolicismo; Eucaristía; Iglesia de Inglaterra; Newman, John Henry; Oxford, Movimiento de; racionalismo.

Q

Qadariyyah Escuela de pensadores musulmanes primitivos (también conocidos a veces como qadarís) que, durante el primer siglo musulmán, subrayaban la importancia del concepto del libre albedrío, en contraste con la Jabariyyah, que hacía hincapié en la predestinación. De hecho, la palabra *qadar* significa «poder», «voluntad» o «capacidad». «Capacidad» implica limitación y, por tanto, destino. Así, la palabra usada por la Qadariyyah para enfatizar el libre albedrío podía también utilizarse en el sentido opuesto de destino, y de ahí predestinación. Esta escuela fue seguida por los mutazilíes, a quienes se les daba a veces de manera algo inexacta el nombre de Qadariyyah. No obstante, la Qadariyyah original sigue siendo un poderoso recordatorio de que todavía existe una corriente vibrante de pensamiento partidaria del libre albedrío dentro del islam. ⇨ mutazilíes; predestinación en el islam; sufismo.

Qadiriyyah (Qādiriyyah) Orden musulmana sufí fundada en Bagdad por Abd al-Qadir al-Jilani (1077-1166). Llegó a ser venerado como un santo entre los musulmanes, y la Qadiriyyah siguió venerando su memoria. Se dice que prometió seguir adelante «montado en un corcel» para ayudar a quienes le invocaran en una necesidad espiritual. La Qadiriyyah fue la primera *tariqah* (regla de vida) sufí estructurada en aparecer en la historia islámica; fue seguida por varias otras como la *Suhrawardiyyah*, la *Mawlawiyyah* y la *Sanusiyyah,* todas las cuales conservan la memoria de un fundador particular como su fuente de inspiración. La orden tiene miembros por todo el mundo, desde la India hasta Marruecos. En algunos lugares del mundo árabe ha incorporado elementos del sufismo popular. ⇨ Mahoma; Naqshbandiyyah; Sanusis; sufíes, órdenes; tariqah.

Qiyama Noción de resurrección en el islam, que será seguida por el juicio final. Los cuerpos se levantarán de la tierra y se reunirán con sus almas. Dios les juzgará pesando sus acciones. Sólo Mahoma y (en el islam popular posterior) varios santos locales son capaces de interceder en favor de la persona. Las almas cruzarán el estrecho puente que se extiende sobre el infierno y

Qiyas

caerán en él o lo cruzarán para entrar en la bienaventuranza del paraíso. Algunos musulmanes sugirieron que había también un primer juicio de las almas al morir, tras el cual volvían a la tumba para esperar la resurrección final. Según los musulmanes, la cruz de Cristo fue sólo una apariencia, y pasó inmediatamente a un estado invisible del que volverá antes de la resurrección y juicio final para destruir al Anticristo y anunciar finalmente acontecimientos que señalan el fin de los tiempos. ⇨ Anticristo; infierno; Jesucristo; Mahoma; más allá; Paraíso; resurrección.

Qiyas (Qiyās) Principio de analogía, que constituye el tercer fundamento de autoridad dentro de la ley musulmana *(shariah)*. La primera fuente de autoridad es el Corán. La segunda son las sentencias conscientes de Mahoma, el Hadith. Qiyas es la tercera fuente, usada en circunstancias no previstas por el Corán ni por las sentencias de Mahoma. Mediante un razonamiento analógico intenta determinar cómo actuarían los principios de las dos primeras fuentes en el nuevo contexto. Cuando todavía existe duda, entra en juego una cuarta fuente de autoridad, el consenso popular de la comunidad *(ijma)*. Al-Shafii desempeñó un papel preponderante en subrayar la importancia de la analogía dentro de la ley islámica. ⇨ Alá; Corán; fiqh; Hadith; ijma.

Qohelet ⇨ **Eclesiastés, Libro del.**

querubines (singular: **querubín** o **querube**) En la Biblia hebrea/Antiguo Testamento, criaturas celestiales aladas o bestias de varias clases. Entre sus papeles se incluyen guardar el árbol de la vida en el Jardín del Edén (Génesis 3, 24), estar situados en la tapa del Arca de la Alianza (Éxodo 25, 18-22), adornar el templo de Salomón (1 Reyes 6, 23ss), y acompañar el carrotrono de Dios (Ezequiel 1, 10). ⇨ ángeles; Arca de la Alianza; Edén, Jardín del; Salomón; serafines.

Quetzalcóatl Figura que se repite en la religión mesoamericana, Quetzalcóatl es en algunos contextos una figura histórica, el héroe del cultivo de los toltecas, en otros una deidad del cielo y creador, en otros el sumo sacerdote azteca. Es representado como una serpiente con plumas, como su nombre da a entender (el pájaro quetzal tiene un plumaje azulverde característico). Como héroe del cultivo, originalmente llamado Ce Acatl, es asociado a la edad de oro en la ciudad de Tollan (Tula) donde inventó el calendario, desarrolló todas las artes y estableció las normas para la legislación y religión (la última sin sacrificio humano). El conflicto con su hermano Tezcatlipoca le llevó a marcharse de Tollan y comenzaron las dificultades; pero a su debido tiempo volverá. En cuanto figura divina es uno de los cuatro hijos de Ometeotl, «el dios de dualidades». Figura creadora (activo tanto en la creación original como en las sucesivas nuevas creaciones), sustentador (introdujo la agricultura),

Qumran

Interpretación zapoteca de Quetzalcóatl.
Museo Nacional de México

principio interpretada como el regreso de Quetzalcóatl y sus huestes.
⇨ azteca, religión; maya, religión; Ometeotl; Tezcatlipoca; Tollan; tolteca, religión.

redentor (venció al señor de los muertos), es también guardián de los misterios (y por eso patrón de los sacerdotes). Se le identifica con la estrella de la mañana (Venus). Los toltecas adoptaron su culto para su nuevo centro de Chichen Itza, donde cobró nueva vitalidad entre los mayas posclásicos bajo el nombre traducido de Kukulcan. Los aztecas le adoptaron con gran entusiasmo, aunque con el tiempo mezclaron algunas de las características de Quetzalcóatl con las de su propio dios Huitzilopochtli, y le ofrecieron sacrificios humanos. El tema de la oposición entre Quetzalcoatl y Tezcatlipoca es constante y era, sin duda, representado en el ritual. La llegada de los españoles a México fue al

quietismo En un sentido general, creencia de que Dios actúa solamente en una persona cuyo ser está completamente pasivo o quieto, y que los creyentes religiosos deberían abandonar toda preocupación por el mundo. En el pensamiento cristiano el término se aplica a tendencias de la Edad Media (que fueron condenadas por el místico flamenco Ruysbroeck), y más habitualmente a las controversias del siglo XVII que tienen que ver con el sacerdote español Miguel de Molinos (1628-1696), que fue condenado en 1687 por el papa Inocencio XI, y el «semiquietismo» de la monja francesa Madame de Guyon (1648-1717) y el arzobispo Fénelon, que fue condenado en 1699 por el papa Inocencio XII. ⇨ Ruysbroeck, Jan van.

Qumran, comunidad de (c. siglo II a. C.-siglo I d. C.) Secta judía exclusivista, asentada cerca de la esquina noroeste del mar Muerto, según parece estrechamente relacionada con la secta esenia mencionada por Josefo. Se oponían al sumo sacerdocio asmoneo del siglo II a. C., y se consideraban a sí mismos el único Israel verdadero que esperaba el nuevo reino de Dios, manteniéndose puros mediante sus estrictas prácticas de observancia legal y disciplina comunitaria. Fueron destruidos durante la revuelta judía

Quraysh

del 66-70 d. C., pero muchos de sus escritos fueron descubiertos en 1947 como parte de los manuscritos del mar Muerto. ⇨ Esenios; Josefo, Flavio; judaísmo; Maestro de Justicia; mar Muerto, manuscritos del.

Quraysh Tribu principal en La Meca en la que nació Mahoma y de la que surgió el islam. Había llegado a La Meca en la época preislámica y se había asentado allí por la fuerza bajo la dirección de un antepasado de Mahoma llamado Qusay. La importancia de La Meca como ciudad comercial, y el prestigio cultural de su famosa Piedra negra, en la Kaaba, le confirieron una gran significación; en consecuencia los quraysh se hicieron poderosos y acaudalados. Los clanes que vivían más cerca de la Piedra negra eran conocidos como los quraysh del Hueco, mientras que las tribus menos importantes, que vivían más lejos, eran conocidas como los quraysh de las afueras. Cuando Mahoma comenzó a predicar, el mensaje musulmán parecía poner en cuestión los intereses creados de los quraysh, y fue en parte para escapar de sus saqueos por lo que emprendió la huida (hégira) a Medina. La Meca y los quraysh finalmente se hicieron musulmanes y todos los primeros califas árabes procedían de esta tribu. Aun así, el desarrollo del islam y diversos factores económicos provocaron la desaparición de los quraysh como tribu dedicada al comercio. ⇨ hégira; La Meca; Mahoma; Medina.

R

Ra (también **Re, Phra**) Antiguo dios sol egipcio de Heliópolis. En una primera etapa fue identificado con el dios creador Atón, que surgió de Nun al comienzo de los tiempos. Como al Sol, se le consideraba un joven por la mañana, un hombre maduro a mediodía y un viejo por la tarde. Todos los días Ra cruzaba el cielo en su barco solar, y por la noche, como dios con cabeza de carnero, surcaba el mundo inferior. Iba acompañado en estos viajes por compañeros, incluyendo a Maat y Thoth, que defendían a Ra contra varios adversarios, muy especialmente de la serpiente maligna Apofis. Asociado a Horus como Ra-Harakhte, con frecuencia era representado como un hombre con cabeza de halcón, con el disco solar rodeado por una cobra sobre su cabeza. Se convirtió en la deidad protectora de los faraones del Reino Antiguo y principal deidad estatal; el faraón era «hijo de Ra» e incluso una encarnación del dios sol. Con la aparición del dios tebano Amón en el Reino Medio y Nuevo, el dios sol no fue desplazado, sino que los dos se fundieron en el supremo Amón-Ra. ⇨ Amón; Atón; faraón; Heliópolis, teología de; Horus; Maat; Thoth; uraeus.

rabban ⇨ **rabí** o **rabino**.

rabí o **rabino** (hebreo: «señor mío» o «maestro mío») En el judaísmo posterior al 70 d. C. título dado a maestros o sabios judíos acreditados, que con frecuencia ejercían también funciones judiciales; antes del 70 era utilizado de un modo menos técnico como forma de trato respetuoso, como presumiblemente en los evangelios del Nuevo Testamento. Las enseñanzas de estos primeros sabios se conservan en la Misná, el Talmud y otras muchas formas de literatura rabínica. Rabban es una forma superior del título, usado en la Misná para cuatro eruditos antiguos: Gamaliel el Viejo, Johanan ben Zakkai, Gamaliel II y Simeón ben Gamaliel II. Actualmente, los rabinos desempeñan también funciones pastorales y un papel en el culto, en forma muy parecida a los ministros o clero de otros credos. ⇨ judaísmo; Misná; sinagoga; Talmud.

Rabiah (Rābi'ah al-'Adawiyyah) (713-801) Santa musulmana,

racionalismo

nacida en Basra de una familia pobre. Robada siendo una niña, se convirtió en una esclava, pero fue liberada a causa de su manifiesta santidad. Atrajo a un círculo de seguidores, vivió una vida ascética, escribió dichos místicos sentenciosos (algunos de los cuales se han convertido en proverbiales entre los musulmanes) y realizó milagros. Aunque señalando la importancia de la unidad y grandeza de Dios, sentía que el alma podía unirse a Dios. Tanto la purificación como el amor eran imprescindibles para lograrlo. Creía que Dios debía ser amado por sí mismo, no por temor al castigo o por la esperanza de recompensa. Solamente Dios era real, de modo que aunque las criaturas no eran iguales a él, tampoco eran independientes de él, y su herencia era la intimidad con Dios. Rabiah se reconoce sobre todo entre los sufíes, y entre los musulmanes en general, como mística, ejemplo ascético y santa. ⇨ Alá; amor; purificación; sufismo.

racionalismo Tradición filosófica para la que el conocimiento es independiente de la experiencia de los sentidos; normalmente se opone al empirismo. Descartes, Spinoza y Leibniz desarrollaron diferentes versiones del racionalismo. Mantenían que todo lo de la ciencia es un sistema deductivo, elaborado según el modelo de la geometría euclidiana, y que refleja el hecho de que no existe contingencia en la naturaleza. Los axiomas consisten en que las ideas que están en nosotros de modo innato contienen la verdad objetiva (por ejemplo, que Dios existe), y que una causa debe estar adecuada a su efecto. El racionalismo fue rechazado por los empiristas Locke, Berkeley y Hume. Ya en este siglo, Chomsky retomó la idea del innatismo para explicar la adquisición del lenguaje; no está claro que esto no concuerde con el empirismo.

Radha (Rādhā) Diosa de la mitología hindú, la *gopi* («vaquera») favorita de Krishna. La naturaleza de Radha contrasta con la de otras diosas hindúes en cuanto que no posee los aspectos fiero y amable, como los de Kali o Parvati, ni personifica a la diosa madre. Aunque es a veces objeto de culto, nunca ha logrado el rango de independencia real, sino que más bien es adorada sólo en relación con su amante, el dios Krishna, que fue también su compañero de infancia en Vrindaban. Radha era la hija del padre adoptivo de Krishna y su gopi favorita. Mujer casada, abandonó a su marido, familia y todas las obligaciones sociales, llevada por su intenso deseo de estar con Krishna. El amor de Krishna y Radha, sus separaciones y anhelos, sus agonías y gozosos cumplimientos, son vívidamente descritos por Jayadeva, poeta bengalí del siglo XII, en su poema lírico de amor *Gitagovinda*. La unión de Radha y Krishna puede interpretarse de muchas formas. Aunque las palabras poéticas de amor evocan imágenes de posesión erótica, Radha no sólo se venera como la amada terrenal de Krishna, sino también como su consorte eterna, que tiene una mitad de la realidad divina. La intensidad, la firmeza y la profundidad del amor de Radha representan el culmen de la pasión humana y el ideal religioso de devoción desinteresada a Dios. De modo similar, la devoción de Krishna a Radha se toma como símbolo del amor de Dios al alma. Desde los siglos XV y XVI los místicos visnuitas desarrollaron este tema de amor, especialmente Chaitanya, que incluso algunas veces se vestía como Radha. En la actualidad, los devotos adoran a Radha y Krishna a través de sus imágenes y asisten a representaciones en las que cantores y danzantes profesionales reviven la historia de amor de Radha y Krishna ⇨ Krishna.

Radhasoami (Rāhāsoāmi) Movimiento religioso que comenzó en Agra en el norte de la India, en 1861, y que surgió principalmente de la tradición sij, pero que actualmente está separado de ella. Fue fundado por Shiv Dayal (1818-1878) y el nombre significa la unión entre Radha, que simboliza el alma, y Soami, que simboliza a Dios. Busca unir el alma con Dios mediante la ayuda de los gurús de la tradición Radhsoami. Tras la muerte de Shiv Dayal el movimiento se dividió: un centro siguió en Agra bajo la dirección de una línea de gurús, y otro grupo más activo surgió en Beas, en el Punjab, en 1891 bajo la dirección de Jaimal Singh (1839-1933). Sus ideas incluyen: el compromiso con Dios a través de un gurú vivo (el actual es Charan Singh), vivir la vida matrimonial como cabeza de familia, la disciplina moral renunciando al alcohol, las drogas y la carne, y la disciplina mental/espiritual participando en las corrientes y vibraciones internas de Dios por medio del yoga y la meditación. Los radhasoamis de Beas cuentan ahora con una gran ciudad en el Punjab como cuartel general, y sus seguidores, extendidos por todo el mundo, sobrepasan con amplitud los dos millones, incluyendo miembros de otras religiones. Se han separado de la tradición sij en cuanto que destacan a sus propios gurús frente al *Gurú Granth Sahib,* inician a sus propios miembros y conceptualizan una noción más compleja de Dios, del universo y de la naturaleza de la espiritualidad. ⇨ gurú; Gurú Granth Sahib; Radha; yoga.

Ragnarok En la mitología nórdica, batalla final entre los dioses y las fuerzas monstruosas hostiles a ellos. Aunque dioses y monstruos mueran, surgirá un nuevo mundo. ⇨ germánica, religión.

Rahit Maryada (Rahit Maryādā) Código de Disciplina sij, aceptado en 1945 como una serie de regulaciones globales para la comunidad sij, la *Khalsa,* y que proporciona una fuente unificadora de buenas costumbres. Tradicionalmente, se cree que se originó con el décimo gurú, el Gurú Gobind Singh, cuando fundó la Khalsa en 1699. El primer código registrado apareció medio siglo más tarde, y otros se desarrollaron durante el período 1750-1850,

Rahner

incorporando nuevos rasgos que reflejaban la creciente importancia de la casta Jat en la vida sij y las consecuencias de la oposición al islam. Desde 1931 a 1945 el Consejo Electivo Sij, el Comité Shiromani Gurdwara Parbandhak, trabajó en una versión autorizada que fue aceptada en 1945 y promulgada en 1950. Perfilando normas para los templos sij, no sólo establece los procedimientos rituales sij, sino que traza las líneas maestras de la conducta de los sij como personas individuales, definiendo así valores morales para la tradición sij tanto en el plano institucional como en el personal. Por ejemplo, exige a los sij de la Khalsa llevar las cinco K y abstenerse del adulterio, de fumar, de cortarse el pelo y de comer carne sacrificada por procedimientos musulmanes. ⇨ cinco K; Jat; Khalsa.

Rahner, Karl (1904-1984) Teólogo católico alemán, nacido en Friburgo. Ingresó en la Compañía de Jesús en 1922 y fue ordenado sacerdote en 1932. Se vio muy influido por el tomismo trascendental. Comenzó su carrera de profesor en Innsbruck en 1937. Aquí, y más tarde en Munich y Münster, sus clases y escritos mantuvieron un diálogo entre el dogma tradicional y las cuestiones existenciales contemporáneas, basado en el principio de que la gracia está ya presente en la naturaleza humana. Como prolífico escritor, editor y perito del Concilio Vaticano II, ha sido probablemente el teólogo católico más influyente del siglo XX. La sustancia de su magistral obra *Escritos de teología* (1961-1981) está expuesta en *Fundamentos de la fe cristiana* (1978) y *La práctica de la fe* (1985). Hombre de oración y profundo amor a Dios, sus creencias místicas se pueden vislumbrar en sus *Oraciones para la vida* (1984) y las entrevistas autobiográficas *Recuerdo* (1985). ⇨ catolicismo; existencialismo; mística; tomismo; Vaticanos, Concilios.

Rahula (Rāhula) Nombre del hijo de Gautama Buda. Según la tradición de los textos pali, su madre, Yasodhara, le tuvo en Kapilavatthu cuando Buda oyó la llamada de abandonar el hogar y renunciar al mundo para indagar la respuesta al problema del sufrimiento y buscar la iluminación. De ahí el significado del nombre dado a su hijo: Rahula significa «lazo» o «estorbo». Cuando Rahula era un niño, Buda volvió a Kapilavatthu y le ordenó monje novicio budista. El *tipitaka* o canon pali sugiere que Buda enseñó a Rahula mucho, que algunas de las historias del nacimiento *(Jataka)* y discursos *(sutta)* de Buda fueron contados a su hijo, que Rahula murió antes que su padre, y que fue el autor de algunos de los versos del *Theragatta*. ⇨ Buda; Jataka; sutta-pitaka; tipitaka.

Rajá Ram Mohan Rai ⇨ **Rammohun Roy.**

Rajneesh, meditación Bhagwan Rajneesh es un líder religioso indio que fundó un nuevo movimiento religioso con centros en Poona y por toda la India. Este movimiento ha tenido tanta repercusión en Occidente como en la India, y su feligresía fue en algún momento principalmente occidental. La Fundación Rajneesh era poco corriente en cuanto que vino directamente de la India a Europa sin pasar por EE. UU., y sólo más tarde trasladó sus principales actividades a Nueva Jersey y Oregón. En la década de los setenta, crecieron rápidamente muchos centros de meditación Rajneesh en Occidente para estudiar sus enseñanzas y practicar la «meditación amorosa» enseñada por él. Los seguidores comprometidos vestían túnicas de color naranja, por lo que a veces se les conoce como «la gente naranja». Como otros nuevos movimientos religiosos de origen oriental centrados en maestros elevados como Meher Baba y Mutananda, la meditación Rajneesh exigía una intensa relación devocional entre los devotos y el propio Bhagwan Rajneesh. Las diferencias internas han disminuido recientemente la importancia de Rajneesh y su movimiento de meditación. ⇨ nuevos movimientos religiosos en Occidente.

Raksha Bandan En la luna llena de Shravan (agosto, septiembre) los hindúes nacidos dos veces llevan hilos de seda *(rakshas)* atados a las muñecas en una fiesta llamada Raksha Bandan, actualmente más frecuente en el norte de la India. La costumbre tiene varias interpretaciones. Los hilos son atados por los sacerdotes, o más frecuentemente por amigos o parientes femeninos, especialmente hermanas, por un lado para celebrar los lazos entre amigos y familiares, por otro en recuerdo de la ceremonia del Hilo Sagrado. Que sean las mujeres generalmente quienes aten los rakshas es significativo. La práctica tiene lugar al final del año agrícola, en la recolección, época en que la fecundidad es vital.

Ram Das, Gurú (Rām Dās, Gurū) (1534-1581) Cuarto de los diez gurús, nacido en el Punjab, la India. Era yerno del tercer gurú, el Gurú Amar Das, y se convirtió en gurú en 1574. En cuanto fundador de Amritsar como centro sij animó a los sij a reunirse allí para las festividades de Baisakhi y Divali; la importancia de la ciudad se vio reforzada más tarde por el edificio del Templo Dorado *(Harimandir).* Cuando murió confirió la dignidad de Gurú a su hijo más joven Arjan, y permaneció en sus descendientes hasta 1708 en que pasó del décimo gurú, el Gurú Gobind Singh, al texto sagrado sij, el *Gurú Granth Sahib*. Importante en cuanto autor, el Gurú Ram Das escribió un himno de bodas que se usa en las ceremonias nupciales sij; 679 de sus composiciones están incluidas en el *Gurú Granth Sahib*. ⇨ Amritsar; Baisakhi; Divali o Deepavali; Gurú Granth Sahib; Harimandir; sij, gurú.

Rama (Rāma) Dios hindú, encarnación *(avatara)* de Visnú, y héroe del poema épico *Ramayana*. En él Rama es un héroe que derrota al demonio Ravana y vuelve a conquistar a su raptada esposa Sita.

Ramadán

Rama rodeado de Laksmana, Sita y Visvamitra. Bronce del sur de la India. Col. Gedon (Munich)

Rama llega a ser deificado y es considerado como un rey y defensor del deber ético *(dharma)*. Durante la época medieval, en la India, Rama se hizo especialmente popular en el norte de habla hindi y su esposa, Sita, era adorada junto con él como su poder de ilusión *(maya)*. El nombre Rama no sólo se refería a la deidad hindú y héroe del poema épico, sino que llegó a ser utilizado por los hombres santos de la tradición Sant, como Kabir, para referirse a lo absoluto sin cualidades *(nirguna Brahman)*. En el arte religioso Rama es representado con frecuencia, siguiendo el *Ramayana,* acompañado por Sita y su hermano Balarama mientras vagan por el bosque. Hanuman, el mono, acompaña a Rama como el devoto modelo. ⇨ avatara; dharma; Hanuman; maya; Ramayana; Visnú.

Ramadán (Ramadān) Noveno mes del año musulmán, observado como un mes de ayuno, durante el cual los musulmanes se abstienen de comer y beber entre la salida del Sol y el ocaso; el ayuno del Ramadán es uno de los cinco «pilares», o deberes básicos, del islam. ⇨ cinco pilares islámicos; islam.

Ramakrisna Paramahamsa (Rāmakrishna Paramahamsa), originalmente **Gadadhar Chatterjee** (1836-1886) Místico indio, nacido en el distrito Hooghly de Bengala. Sacerdote en el templo de Kali de Dakshineswar, cerca de Calcuta, recibió instrucción de varios gurús de diferentes escuelas en su búsqueda espiritual, llegando finalmente a creer en la autorrealización y en la realización de Dios, y en que todas las religiones eran distintos senderos hacia la misma meta. Su nueva narración sencilla pero efectiva de las historias tradicionales, y el carisma personal, atrajo el interés de los intelectuales de Calcuta, incluyendo a Swami Vivekananda, que se convirtió en heredero espiritual de Ramakrisna. ⇨ gurú; mística; Vivekananda.

Ramana Maharishi (Rāmana Maharshi) (1879-1950) Sabio indio del sur, nacido en Tirukuli, distrito de Madurai. Atraído por la montaña sagrada de Arunachala (en Tiruvannamalai, unos 185 km al suroeste de Madrás) en 1896, a la edad de 17 años, siguiendo una experiencia religiosa, permaneció allí hasta su muerte. Buena parte del tiempo vivió en cuevas de la montaña y evitó la publicidad, pero más tarde permitió a los devotos que fundaran un ashram en Villupuram, al pie de la montaña. Su filosofía de búsqueda del propio conocimiento por medio de la integración de la personalidad en la «cueva del corazón» llegó a ser conocida por los occidentales a través de los libros de Paul Brunton, así como por sus propias *Obras completas* (1969), *Cuarenta versos sobre la realidad* (1978) y otras antologías. ⇨ ashram.

Ramananda (Rāmānanda) (c. 1360-1470) *Sannyasin* visnuita, nacido en Allahabad, que fue, en cierto momento, quinto sucesor de Ramanuja, el gran reformador y teísta devocional. Sin embargo, su relación con la escuela de Ramanuja no fue en absoluto armoniosa. Como asceta ambulante se había convertido, según la escuela, en ritualmente impuro, y, debido en gran parte a su desacuerdo, fue condenado al ostracismo. Finalmente, la abandonó y fundó su propia orden de bhakti Rama. Escribió y habló en la lengua vernácula hindi, actuando principalmente desde Benarés. Predicó contra el sistema de castas, proclamando que todos los hombres eran iguales a los ojos de Dios. Su orden aún sobrevive (sus discípulos y seguidores son conocidos como ramanandinos), y el espíritu devocional que suscitó todavía inspira a los hindúes. Sus enseñanzas son afines a las de la tradición bhakti sant del norte de la India. Entre sus seguidores estaba Mira Bai, la gran santa poetisa, y Kabir, el pobre tejedor convertido en poeta. Se dice incluso que ha influido en los escritos del Gurú Nanak, el fundador del sijismo. Así, en algunos aspectos, Ramananda proporcionó una fuente de comunicación interreligiosa en el subcontinente indio en el siglo XV. ⇨ Benarés; bhakti; Mira Bai; Nanak; sijismo; visnuismo.

Ramayana (Rāmāyaṇa) Poema épico del hinduismo escrito en sánscrito y atribuido al poeta Valmiki. El poema no puede ser fechado con exactitud, aunque probablemente fue compuesto entre el siglo II a. C. y el siglo II d. C. La historia trata del exilio de Rama, acompañado por su esposa Sita y su hermano Balarama, al bosque; el rapto a Sri Lanka de Sita por obra del demonio Ravana, y la guerra contra Ravana para conquistarla de nuevo. Dashartha, el rey de Ayodhya, padre de Rama, ha prometido un favor a su esposa Kaikeya, madrastra de Rama. Pide que su hijo Bharata sea hecho rey y Rama es exiliado durante 14 años. Aunque con pesar, Dasharatha mantiene su promesa, exilia a Rama, hace a Bharata rey, y poco después muere de pena. Esta leyenda significa que aunque el pueblo de Ayodhya preferiría que Rama fuera rey, la rectitud y buena conducta moral *(dharma)* deben mantenerse a toda costa. Mientras Rama y Balarama están cazando en el bosque, Sita es raptada por el rey demonio Ravana y llevada a Sri Lanka. Rama, con la ayuda de un ejército de monos, especialmente el general mono Hanuman, la rescata y vence a Ravana. Algunos eruditos han pensado que esta derrota representa la gradual dominación aria del sur. Después de su exilio Rama se convierte en rey, pero la gente empieza a poner en duda la castidad de Sita mientras estuvo encarcelada por Ravana. Rama sabe que permaneció casta, pero no obstante la destierra del reino. A los ojos tradicionales hindúes este es un nuevo ejemplo de la conducta desprendida y ejemplar de Rama como rey y defensor del dharma. ⇨ Rama; Valmiki.

Rammohun Roy (Rāmmohun Roy) o **Rajá Ram Mohan Rai** (1774-1833) Reformador religioso indio, nacido en Burdwan, Bengala, de alta ascendencia brahmana. Muy pronto llegó a cuestionar su fe ancestral, y estudió budismo en el Tíbet. Recaudador de impuestos durante algunos años en Rangpur, en 1811, a la muerte de su hermano, heredó y empezó a disfrutar de bienestar económico. Escribió varias obras en persa, árabe y sánscrito, con el objetivo de erradicar la idolatría, y contribuyó a la abolición del sati *(suttee)*. Publicó un compendio en inglés del Vedanta, que ofrecía un resumen del Veda; *Los preceptos de Jesús* (1820), en la que aceptaba la moralidad predicada por Cristo, pero rechazaba su divinidad y milagros. Así mismo escribió otros panfletos hostiles tanto al hinduismo como al trinitarianismo cristiano. En 1828 puso en marcha la asociación Brahmo Samaj, en 1830 el emperador de Delhi le concedió el título de rajá, y en 1831 visitó Inglaterra, donde ofreció un testimonio inestimable sobre el estado de la India. ⇨ Brahman; Brahmo Samaj; sati; Veda.

Ranji Padre-cielo en las historias de la creación de la religión maorí de Nueva Zelanda. Él y la madre tierra Papa son los creadores de dioses y seres humanos. ⇨ creación, mitos de la.

Raquel Personaje bíblico, hija de Labán y esposa de Jacob, madre de José y Benjamín. Según Génesis 29, Jacob pasó 14 años intentando conseguir a Raquel por esposa, después de haber sido engañado una vez al tomar a su hermana mayor Lía. Al principio, se decía que Raquel era estéril, pero después murió al dar a luz a su segundo hijo, Benjamín. ⇨ Antiguo Testamento; Jacob; José.

Ras Shamra, textos de Unos 350 textos, inscritos en tablillas, que se encontraron entre 1928 y 1960 en el sitio del antiguo Ugarit, al noroeste de Siria, muchos de ellos en una escritura cuneiforme que antes se desconocía y que ahora se conoce como «ugarítico», y otros en babilonio. Los textos incluyen varios poemas épicos, con historias sobre los dioses cananeos El, Baal, Astarté y Asherá. Fechados hacia 1400 a. C., son importantes no sólo para las descripciones de prácticas e ideas religiosas cananeas preisraelitas, sino también por la luz que arrojan sobre prácticas recogidas en la Biblia hebrea. ⇨ Antiguo Testamento; Baal; Biblia; cananea, religión; Ugarit.

Rasputín, Grigoriy Efimovich (?1871-1916) Campesino y místico ruso, sedicente «strannik», u hombre santo, nacido en Pokrovskoye, en la provincia de Tobolsk. En 1904 abandonó su pueblo y se dedicó a la religión. En San Petersburgo desde 1905, su aparente habilidad para calmar la angustia del príncipe heredero hemofílico le otorgó una influencia magnética sobre la emperatriz Alejandra y su esposo, Nicolás II. Extendió su maligna influencia sobre la corte y el gobierno, hasta que fue asesinado en el palacio Yusupov por un grupo de nobles encabezados por el gran duque Dimitri Paulovich y el príncipe Yusupov, muy disgustados por su ignorancia e inmoralidad. ⇨ mística.

rastafarianismo Movimiento religioso del Caribe. Se deriva en gran medida del pensamiento del activista político jamaicano Marcus Garvey (1887-1940), que abogaba por un retorno a África como medio de resolver los problemas de la opresión negra. Cuando Haile Selassie (Rastafarian) fue coronado emperador de Etiopía en 1930, se le consideró como el Mesías, y Etiopía la tierra prometida. Los rastafari siguen tabús estrictos que regulan lo que pueden comer (por ejemplo, nada de cerdo, leche, café); la ganja (marihuana) se considera que es un sacramento. Normalmente llevan su pelo en largos tirabuzones, y cultivan una forma de hablar típica.

Ratana, movimiento ⇨ **cristianismo en Australasia.**

Ravidas (Ravidās) (1414-1526) Miembro de la tradición sant que surgió del hinduismo devocional, nacido en Benarés, la ciudad santa hindú. Como sus colegas sant, Namdev y Kabir, Ravidas subrayaba la importancia de la devoción profunda a un Dios monoteísta, rechazaba el ritualismo, el sistema de castas y el hinduismo institucional; fue influido en su espiritualidad mística por corrientes de la tradición nath yoga y del islam sufí, así como por el hinduismo devocional. Se describía a sí mismo como zapatero remendón (un *chaman*) y como un descastado; 41 de sus himnos están incluidos en la Escritura sij, el *Gurú Granth Sahib*. A finales del siglo XIX, un buen número de miembros de la casta de zapateros remendones a la que Ravidas había pertenecido intentaron mejorar alineándose con la tradición sij. Al no conseguirlo, durante este siglo han venido erigiendo sus propios templos en el Punjab y en Benarés; reconocen la Escritura sij, el *Gurú Granth Sahib* y a los diez gurús sij, pero también subrayan la importancia de la enseñanza del «Gurú Ravidas» y celebran el día del nacimiento de Ravidas en febrero/marzo. Hoy en día, constituyen un nuevo movimiento religioso que intenta interpretar la enseñanza de Ravidas en el contexto de la situación actual. ⇨ Benarés; Gurú Granth Sahib; sij, gurú; sufismo.

Rearme moral Movimiento fundado por Frank Buchman en 1938 para profundizar en la espiritualidad y moral cristianas. Sucedió al «Movimiento del grupo de Oxford» (fundado en 1921), y el original énfasis individualista y pietista se amplió para incluir preocupaciones políticas y sociales. En el corazón del movimiento está la creencia de Buchman en la importancia de cuatro cualidades «absolutas» de la vida: pureza absoluta, generosidad absoluta, honestidad absoluta y amor absoluto. ⇨ cristianismo; pietismo.

rector En la Iglesia de Inglaterra, párroco que recibe rentas plenas del diezmo; en otras iglesias anglicanas, generalmente párroco. En el catolicismo, el término se refiere a un sacerdote que dirige una casa religiosa, seminario, colegio o escuela. ⇨ catolicismo; Iglesia de Inglaterra; sacerdote.

redención Creencia de que a través de la obra de Jesucristo, la humanidad puede ser liberada del estado de pecado al estado de gracia con Dios. El término se aplicaba originalmente a la compra de la libertad de un esclavo. ⇨ expiación; gracia; Jesucristo; pecado.

reduccionismo Todo intento de afirmar que los fenómenos de una teoría pueden ser justificados por otra teoría. Algunos filósofos defienden que la psicología y/o la biología se reducen a física. El logicismo es la tesis de que las matemáticas se reducen a lógica. Algunos fenomenólogos mantienen que los objetos físicos se reducen a datos de los sentidos.

reencarnación Creencia de que tras la muerte, algún aspecto del yo o alma puede renacer en un nuevo cuerpo (humano o animal), proceso que se puede repetir muchas veces. Esta creencia es fundamental para muchas religiones orientales, como el hinduismo y el budismo, y se encuentra también en sistemas de creencia occidentales más modernos como la teosofía. Las supuestas regresiones a una vida anterior, en las que la persona hipnotizada parece «recordar» vidas pasadas, han alimentado recientemente el interés occidental por la reencarnación, aunque tales casos puedan representar solamente a la persona que intenta encontrarse con las demandas insinuadas por el hipnotizador. ⇨ budismo; hinduismo; más allá; teosofía.

reencarnación, concepto judío de No existen pruebas de la creencia judía en la reencarnación aparte de las halladas en los místicos judíos de la época medieval. Cuando Josefo (siglo I) menciona los cuerpos santos en los que se introducen los justos, se está refiriendo probablemente a la resurrección. Por contraste, los cabalistas medievales aceptaban la noción de reencarnación o transmigración de las almas ya en el *Sefer Bahir*. Pero incluso en estos círculos existía una apreciable diferencia de opinión. La reencarnación (en hebreo *gilgul*) era considerada por algunos como un severo castigo por transgresión sexual que, no obstante, proporcionaba al pecador una segunda oportunidad. Otra interpretación, basada en Job 33, 29, sostenía que el alma normalmente se introducía en tres cuerpos, además del original suyo, para expiar el pecado. Otros afirmaban que incluso los justos se reencarnaban indefinidamente en beneficio del cosmos. Sin embargo, a estas ideas se opusieron con energía la mayoría de los filósofos judíos medievales. ⇨ cábala; Maimónides; reencarnación; Sefer Bahir.

Reforma Conjunto de movimientos reformistas protestantes en la Iglesia cristiana, inspirados por Martín Lutero, Juan Calvino y otros, y derivados de ellos en la Europa del siglo XVI. Se trata de un complejo fenómeno, varios factores son comunes a todas las reformas: el renacimiento bíblico y la traducción de la Palabra de Dios a las lenguas vernáculas, la mejora de las costumbres intelectuales y morales del clero, el énfasis en la soberanía de Dios y la insistencia en que la fe y las Escrituras son el centro del mensaje cristiano. Entre los factores no religiosos que ayudaron a la expansión de la Reforma estaban la invención de la imprenta, las incertidumbres políticas, sociales y económicas de la época y un sentimiento general de revitalización producido por el Renacimiento. En Alemania, las «noventa y cinco tesis» de Lutero (1517) cuestionaron la autoridad de la Iglesia, lo que provocó su excomunión. La Iglesia luterana entonces se propagó rápidamente, en Suiza con Zuinglio y más tarde con Calvino, ninguno de los cuales permitió otra forma de culto o devoción que no estuviera explícitamente garantizada por la Escritura. La autoridad de la Escritura, piedra angular de la Reforma, exigía un grado de autoridad (y poder) eclesiástica para justificarla y mantenerla. La doctrina del sacerdocio de todos los fieles y la importancia concedida a la predicación de la Palabra de Dios trajeron consigo a un clero formado, y el hecho de que las comunidades eclesiales descentralizadas estuvieran más preparadas para prevenir los abusos de privilegios eclesiásticos. En Inglaterra Enrique VIII declaró que el rey era la cabeza suprema de la Iglesia inglesa, y se adueñó de las propiedades de la Iglesia; en 1549 se publicó el Libro de la Oración ordinaria, que encarnaba la doctrina de la Reforma, y con Isabel I se adoptó una fuerte postura antipapal. En Escocia, bajo la influencia de Calvino y el liderazgo de John Knox, fue establecida al Iglesia Presbiteriana de Escocia en 1560, que sigue siendo la Iglesia nacional. La Reforma también echó raíces en la forma de iglesias luteranas y reformadas en Francia, Escandinavia, Checoslovaquia, Hungría, Rumania y Polonia. ⇨ Calvino, Juan; cristianismo; Iglesia de Escocia; Iglesia de Inglaterra; iglesias reformadas; Knox, John; Lutero, Martín; noventa y cinco tesis; Oración Común, Libro de la; protestantismo; Zuinglio, Ulrico.

regla de oro Nombre dado actualmente a la máxima de Jesús sobre el deber de uno para con los demás: «Todo lo que desearíais que los demás hicieran por vosotros, hacedlo vosotros por ellos» (Mateo 7, 12; Lucas 6, 31). Principios parecidos pueden encontrarse en la enseñanza ética judía y griega más antigua. ⇨ Jesucristo; Sermón de la Montaña.

reino de Dios, también **reino de los cielos** Concepto que deriva del pensamiento apocalíptico judío, que adquiere importancia central en la enseñanza de Jesús, y es usado por seguidores tanto del judaísmo como del cristianismo con diferentes sentidos. En la obra apocalíptica judía, con frecuencia, expresaba la esperanza de la restauración nacional judía y la salvación del pueblo por una intervención directa de Dios. La llegada inminente del reino de Dios es, según el Evangelio de Marcos (1, 15), el tema principal del mensaje de Jesucristo; su venida definitiva es todavía la oración de los cristianos que utilizan la oración que Jesús enseñó a sus discípulos (el denominado Padre Nuestro, Mateo 6, 9-13; Lucas 11, 2-4): «Venga tu reino, hágase tu voluntad, en la tierra como en el cielo.» Los cristianos, por tanto, viven entre la promesa (a la que se hace alusión en la profecía del Antiguo Testamento de un reino mesiánico) y el cumplimiento, y han interpretado la relación entre Iglesia, sociedad y el reino de Dios de varias formas a lo largo de los siglos, como observa el estudio clásico de H. R. Niebuhr, *Cristo y cultura* (1951). Notables ejemplos históricos de posibles opciones incluyen los siguientes. El monacato, los reformadores radicales y algunos grupos modernos, incluyendo el movimiento de la Iglesia doméstica, han identificado el reino con una iglesia purificada (tipo secta); los grupos pentecostales y carismáticos han esperado y buscado curaciones y expulsiones de malos espíritus como señales del reino que figuraban en el ministerio de Jesús; el protestantismo liberal tendía a equiparar el reino con los valores de la civilización europea; el movimiento del Evangelio social creía que podía transformar la sociedad americana. La reciente teología católica ve la Iglesia como un sacramento (signo y símbolo) del reino de Dios y de la unidad de la humanidad, con la teología de la liberación que propone que la Iglesia tome un papel activo en promover el reino. ⇨ Evangelio social; Iglesia doméstica, movimiento de la; monacato; protestantismo liberal; sectas cristianas; teología de la liberación; teología política.

Reiyūkai Kyodan (Reiyūkai Kyodan) Movimiento dentro de la tradición nichiren del budismo japonés, fundado en 1925 por Kubo Kakutaro (1890-1944). Se cuenta como uno de los nuevos movimientos religiosos de Japón, pero es poco usual en cuanto que no estaba obligado por los decretos del gobierno o por el poder del sintoísmo estatal durante la época de 1925 a 1945. Esto se debe a que, habiendo comenzado como movimiento laico enfatizando ritos ancestrales y una vuelta a los valores tradicionales, adoptó las enseñanzas estatales de tipo sintoísta en los períodos de preguerra y guerra. Sin embargo, surgieron divisiones dentro de él, la más notable de las cuales fue la constituida por las deserciones de 1938 que condujeron a la aparición de Rissho Koseikai, lo que provocó un enfrentamiento con el Estado. A Kubo Kakutaro le sucedió su cuñada Kotani Kimi (1901-1971) en 1945 y aunque el movimiento no avanzó con ella, se comprometió con importantes programas de servicio social. Bajo el posterior liderazgo de Kubo Tsuginari, hijo del fundador, ha habido una renovación, una modernización y la aparición de una floreciente rama joven; las innovaciones incluían un periódico titulado *Viaje interior* y un centro de formación. ⇨ budismo Nichiren; Rissho Koseikai; sintoísmo.

relativismo Toda posición filosófica que sostiene que existen verdades y valores, pero niega que sean absolutos. El relativismo epistemológico, defendido por primera vez por Protágoras, afirma que toda verdad es necesariamente relativa; «es verdad» es siempre una elipsis de «es verdad para X», donde X podría ser una persona, una sociedad o un marco conceptual. El relativismo ético, defendido por la antropóloga Ruth Benedict (1887-1948) y otros, comprende tres doctrinas, cuya diferencia no siempre se tiene clara: el relativismo cultural, la hipótesis antropológica de que diferentes sociedades tienen puntos de vista fundamentalmente diferentes sobre los valores; relativismo normativo, la tesis de que no existen valores absolutos válidos para todas las sociedades, y el subjetivismo metaético, la doctrina de que no puede haber procedimientos de decisión objetiva para resolver las disputas sobre los valores.

religión Concepto que se ha utilizado para referirse a: 1 El conjunto de todas las religiones; 2 la esencia o modelo común de todos los fenómenos religiosos supuestamente genuinos; 3 el ideal trascendente o «de este mundo» del que toda religión real es una manifestación imperfecta, y 4 la religiosidad humana como una forma de vida, que puede ser o no expresada en sistemas de creencia y práctica. Estos usos padecen de una tendencia a ser valorativos, de presuponer un compromiso de algún tipo, o son tan generales como para proporcionar una orientación poco específica. Lo cierto es que una única definición no será suficiente para abarcar las variadas series de tradiciones, prácticas e ideas que constituyen las diferentes religiones. Algunas suponen la creencia en un dios o dioses y el culto a ellos, pero esto no es cierto para todas ellas. El cristianismo, el islam y el judaísmo son religiones teístas, mientras que el budismo no exige la creencia en dioses, y allí donde se da, los dioses no son considerados importantes. Hay teorías de la religión que la interpretan como un fenómeno totalmente humano, sin

religión apolínea

ningún origen o punto de referencia sobrenatural o trascendente, mientras que otros defienden que algo de tal referencia sobrenatural o trascendente es la esencia de la cuestión. Existen otros puntos de vista, y se dan disputas colindantes con respecto a la aplicación del concepto. Por ejemplo, sigue el debate sobre si el confucianismo debe ser considerado propiamente una religión, y algunos escritores defienden que el marxismo es, en aspectos importantes, una religión. ⇨ budismo; comparada, religión; confucianismo; cristianismo; Dios; islam; judaísmo; mujeres en la religión, las; origen de la religión; teología; teología de la religión.

religión apolínea ⇨ apolínea, religión.

religión australiana aborigen ⇨ australiana aborigen, religión.

religión china en la China continental ⇨ china en la China continental, religión.

religión china en Taiwan y Hong Kong ⇨ china en Taiwan y Hong Kong, religión.

religión comparada ⇨ comparada, religión.

religión egipcia antigua ⇨ egipcia antigua, religión.

religión elamita ⇨ elamita, religión.

religión folclórica ⇨ folclórica, religión.

religión germánica ⇨ germánica, religión.

religión griega ⇨ griega, religión.

religión japonesa ⇨ japonesa, religión.

religión natural ⇨ natural, religión.

religión popular ⇨ popular, religión.

religión romana ⇨ romana, religión.

religión y ética griegas ⇨ griegas, religión y ética.

religión y filosofía griegas ⇨ griegas, religión y filosofía.

religiones americanas nativas ⇨ americanas nativas, religiones.

religiones amerindias ⇨ americanas nativas, religiones.

religiones del Próximo Oriente antiguo ⇨ Próximo Oriente antiguo, religiones.

religiones no teístas ⇨ **no teístas, religiones.**

Religionswissenschaft

Término alemán referido al estudio de la religión, que significa literalmente «ciencia de la religión». Incluye la historia de la religión, su fenomenología de la religión y estudios comparados sobre ella, pero se la distingue de la teología y filosofía de la religión por una parte, y de las ciencias sociales de la religión por otra. Sin embargo, el término que se ha empleado para Religionswissenschaft en el mundo anglosajón, estudios religiosos, a veces incluye a las ciencias sociales de la religión y en determinadas circunstancias también a la filosofía de la religión e incluso la teología de la religión, según cómo se defina la teología. En el pasado, la historia de la religión ha subrayado la importancia de los estudios de religiones particulares según el método histórico, pero más recientemente ha empezado a considerar en términos más universales la manera de conceptualizar la historia global de la religión. La fenomenología de la religión, por un lado, se ha centrado en las nociones de *epojé* (poner al margen las propias convicciones y presupuestos para comprender otros) y *Einfühlung* (empatía con la visión del mundo de otros) como aproximaciones fundamentales para el estudio de la religión y, por otro, se ha ocupado de comparar la religión a través del método de la tipología, como en la obra de Van der Leeuw y Eliade. Sin embargo, también han surgido otros métodos imparciales de comparar religiones, por ejemplo, a través del uso de modelos y por medio de la confrontación de temas como rituales, textos sagrados, ética, comunidades religiosas, sexo en la religión, brujería, doctrinas, mística, actitudes devocionales y encarnación. El supuesto de la Religionswissenschaft es que el estudio de la religión incluye en principio el estudio de todas las religiones pasadas y presentes, y que ello implica el uso de diferentes métodos y aproximaciones a tal estudio. La discusión actual incluye la reflexión sobre si deberían o no utilizarse la filosofía, la teología y las ciencias sociales (antropología, psicología y sociología) en la Religionswissenschaft, y si es así, hasta qué punto, o si constituye un campo de estudios sin base sistemática o una disciplina con una temática propia incorporada a su estructura. ⇨ ciencias sociales de la religión; comparada, religión; Eliade, Mircea; Leeuw, Gerhardus van der; psicología de la religión; sociología de la religión; teología de la religión; tipología.

reliquias Restos materiales (por ejemplo, huesos, piel) de un santo o persona digna de especial atención religiosa, u objetos que han estado en contacto con ellos. En muchas religiones, y en las iglesias católica y ortodoxa, estos son objeto de veneración y, las iglesias en las que están custodiados, lugares de peregrinación. ⇨ catolicismo; Iglesia ortodoxa.

reliquias budistas Las reliquias de Buda y de santos budistas se han convertido en un rasgo importante en la tradición budista. Los primeros stupas budistas surgieron como edificios en los que eran albergadas las reliquias de Buda, y ocasionalmente de santos budistas. De acuerdo con la tradición budista, hay prestigiosos edificios budistas, que aún existen, que contienen reliquias de Buda, por ejemplo, el Templo del Diente Sagrado de Candy, en Sri Lanka, donde se dice que se conserva el diente de Buda, y la Pagoda Shwe Dagon de Rangún, en Birmania, donde se guardan, según se dice, algunos cabellos de Buda. El relato sobre las limosnas de Buda parece haber estado presente de diversos modos en la India, Sri Lanka, China y Persia. Con respecto a la costumbre de venerar reliquias del cuerpo humano, la tradición budista guarda semejanzas con la reverencia concedida a las reliquias cristianas y musulmanas, pero se ha distanciado de la práctica hindú y jainita de la India. ⇨ Buda; stupa.

renacimiento Noción, especialmente relevante en la religión india, de que se nace no sólo una vez sino muchas veces en una sucesión de vidas de acuerdo con las obras de uno (karma). Si las obras son buenas, el siguiente nacimiento será más favorable; si no son buenas, el siguiente nacimiento será menos favorable. La meta última de la vida dentro de la perspectiva de este mundo es escapar de la rueda de renacimientos hacia el *moksha* o nirvana (liberación y salvación). La noción de renacimiento, ausente en las primeras partes del Veda hindú, apareció en los Upanishads y posteriores textos sagrados hindúes y budistas. Suponía que una vida no era suficiente para desarrollar el destino total de uno, y que debía existir una solución justa al secular problema del sufrimiento: uno renace de acuerdo con lo que ha hecho y cómo ha vivido. Hindúes y budistas difieren en que los primeros creen que existe un yo permanente *(atman)* que renace, mientras que los budistas niegan la noción del yo aunque conservando una creencia en el renacimiento. ⇨ atman; karma; moksha; nirvana; samsara; sufrimiento; Upanishads; Veda.

Renán, (Joseph) Ernest (1823-1892) Filólogo e historiador francés, nacido en Tréguier, en la Bretaña. Formado para la Iglesia, abandonó la fe tradicional después de estudiar crítica bíblica hebrea y griega. En 1850 empezó a trabajar en la Bibliothèque Nationale, y publicó *Averroes y el averroísmo* (1852), *Historia general de las lenguas semíticas* (1854) y *Estudios de historia religiosa* (1956). Su nombramiento como profesor de hebreo en el Collège de France en 1861 no fue confirmado (hasta 1870) por el partido clerical, especialmente después de la aparición de su controvertida obra *La vida de Jesús* (1863), que socavaba los aspectos sobrenaturales de la vida de Cristo y de sus enseñanzas. Fue la primera de una monumental serie de obras sobre la historia de los orígenes del cristianismo, que incluía también libros sobre los Apóstoles

(1866), San Pablo (1869) y Marco Aurelio (1882). Entre sus otras obras había libros sobre Job (1858) y el Eclesiastés (1882), y una *Historia del pueblo de Israel* (1887-1894). ⇨ crítica bíblica; Jesucristo.

renuncia Práctica de negarse uno mismo comida, sueño, relación sexual o bienes materiales por razones religiosas. Es un fenómeno muy extendido y la noción de autocontrol y disciplina que implican tales actos se considera con frecuencia como un requisito esencial previo para el crecimiento espiritual. La práctica de la renuncia suele estar ligada a una baja estima del mundo físico y, en particular, del cuerpo humano. Tanto el budismo como el cristianismo han tenido marcadas tendencias ascéticas, en cuanto que ambos se han inclinado hacia los credos que niegan el mundo. El verdadero discípulo, para progresar, tiene que apartarse de las preocupaciones mundanas. La renuncia en forma de abstinencia durante un período de tiempo establecido ha sido una medida disciplinaria impuesta por la Iglesia. ⇨ ascética; celibato.

renuncia budista La renuncia es un rasgo común en muchas tradiciones religiosas mediante la cual se desprecian cosas inferiores por una ganancia más alta, beneficios materiales por recompensas espirituales y lujos presentes por santidad futura. La Cuaresma cristiana y el ayuno musulmán del Ramadán son ejemplos que se repiten de renuncia práctica periódica. La tradición budista ha ejemplificado este tema con la gran renuncia del mismo Buda. Según los budistas, Buda fue educado en un hogar placentero y rico con acceso a lujos. Más tarde, en rápida sucesión vio ejemplos del sufrimiento del mundo: un hombre muy viejo, una persona enferma, un cuerpo muerto y un asceta con túnica azafrán. Estaba casado y tenía un niño llamado Rahula (la atadura) pero resolvió abandonar hogar, esposa e hijo, y convertirse en asceta para encontrar una respuesta al problema del sufrimiento. Renunció a su familia en favor de todos los seres, aunque volvió más tarde, tras haberse convertido en Buda, el iluminado, y enseñó a su familia, ordenando a su hijo como monje. La renuncia de Buda fue un ejemplo y precedente simbólicos para los posteriores budistas que se convirtieron en monjes y monjas. Actualmente todavía renuncian a la vida mundana y reciben limosnas de los budistas laicos; cuando los monjes son ordenados, afeitan sus cabezas como símbolo de renuncia a la vanidad mundana. Monjes y monjas renuncian a diez cosas en su código moral: hacer daño al prójimo, robar, el sexo, la mentira, las drogas y el alcohol, comer después de mediodía, las diversiones, los ricos vestidos, las camas lujosas y manejar plata u oro. Los budistas laicos renuncian a las cinco primeras prohibiciones morales mencionadas antes como primer paso del sendero budista más profundo. ⇨ Buda; Cuaresma; limosna budista; Rahula; Ramadán; sila; sufrimiento.

réquiem (latín: «descanso») En la Iglesia católica, misa de difuntos. Proviene de las primeras palabras del introito, *Requiem aeternam dona eis Domine* («Dales, Señor, el descanso eterno»). Las misas de réquiem se celebran en funerales, aniversarios de la muerte de una persona y el Día de Todos los Fieles Difuntos (2 de noviembre). Su objetivo es ayudar a los difuntos en su paso por el purgatorio. ⇨ liturgia; misa; purgatorio.

Reshef Antiguo dios semita occidental de la plaga y del mundo inferior, conocido en Ugarit, Fenicia y otras partes del Próximo Oriente antiguo. En Ugarit aparece regularmente en listas de ofrendas, y en uno de los textos épicos se presenta como responsable de la plaga que destruye a varios príncipes. Como dios de destrucción masiva fue identificado con el Nergal mesopotámico y más tarde con Apolo. Resef se hizo popular en Egipto durante la XVIII dinastía (siglos XVI-XIV a. C.). Está representado en la escultura egipcia como un dios guerrero que empuña hacha y escudo, y lleva un tocado puntiagudo alto con cuernos de gacela. ⇨ cananea, religión; fenicia, religión; Nergal; Próximo Oriente antiguo, religiones del; Ugarit.

resurrección Forma de reanimación de una persona después de la muerte; la creencia en ella puede remontarse al judaísmo bíblico tardío y al cristianismo primitivo. La naturaleza de la nueva corporeidad, el proceso de la transformación y el tema de si todos resucitarán de entre los muertos o solamente los «justos» han sido expresados de diversas formas en la literatura judía y cristiana, pero el énfasis en algún tipo de reavivación del cuerpo después de la muerte es distinto partiendo de las muchas opiniones sobre la inmortalidad del alma. La fe cristiana afirma, en particular, la resurrección de Jesucristo, que significa la reivindicación de Jesús por parte de Dios. ⇨ alma; cristianismo; escatología; inmortalidad; Jesucristo; judaísmo; más allá; Qiyama; reencarnación.

revelación En religión, término usado para referirse a manifestaciones ofrecidas por Dios o por iniciativa divina en cuanto distintas de las logradas mediante procesos humanos de observación, experimentación y razón. ⇨ Biblia; Corán; Dios.

Revelación, Libro de la ⇨ **Apocalipsis, Libro del.**

revelación en el islam Según el islam, el Corán es la revelación directa de Dios al mundo a través del canal de Mahoma. Es *wahy*, inspirado por una fuente divina, es decir, Dios, y es *tanzil*, enviado desde los cielos por Dios. Así, se considera que la mente consciente de Mahoma no ha intervenido en la transmisión del Corán, mientras que sus sentencias, el Hadith, son sus propias palabras y, aunque autorizados, no están en la misma categoría de revelación que el Corán. Por contra, los evangelios cristianos, excepto las palabras del mismo Jesús, se consideran narraciones de los evangelistas y, por tanto, no se trata de revelaciones en sentido estricto. Según este punto de vista, la Biblia cristiana equivale más al Hadith de Mahoma. Sin embargo, el Corán para los musulmanes es lo mismo que Cristo para los cristianos (pero no para los musulmanes), es decir, son considerados por sus respectivas tradiciones como la revelación directa de Dios. Según Mahoma, el Corán fue revelado de dos modos: por el ángel Gabriel a Mahoma como de una persona a otra, o como el lastimoso sonido de una campana que atraviesa su corazón. ⇨ Corán; evangelios canónicos; Hadith; Jesucristo en el islam; Mahoma.

Revitalización o «**Revival (-ismo)**» En el siglo XVIII varios brotes, al parecer espontáneos, de una conciencia masiva de necesidad de Dios, como el que se narra que tuvo lugar en Pentecostés (Hechos 2), que revitalizaron a las iglesias de Inglaterra, Gales y América. En el siglo XX ha tenido lugar un despertar religioso, parecido en Gales, Sudamérica, India, África, China y Corea del Sur. Los efectos del Gran Despertar de 1740 fueron estudiados por el teólogo americano Jonathan Edwards. Las condiciones bajo las cuales tienen lugar los despertares fueron analizadas y después impulsadas por animadores de los siglos XIX y XX, como Charles Grandison Finney (1792-1875), Dwight Moody, Billy Sunday (1862-1935) y Billy Graham. Buscar y esperar el despertar religioso es también la base del enfoque del Ejército de Salvación, así como de los grupos pentecostales y de renovación carismática. ⇨ Ejército de Salvación; pentecostalismo.

Reyes, Libros de los Dos libros de la Biblia hebrea/Antiguo Testamento, que consisten en una compilación de historias de los reyes y profetas de Judá e Israel, desde la entronización de Salomón a la caída del reino de Israel en el 721 a. C. y el derrumbe final de Judá y Jerusalén en el 587-586 a. C. Es parte de la historia deuteronomista, probablemente en otro tiempo relacionada con los libros de Samuel, y en algunas versiones católicas titulados 3 y 4 Reyes. Es fuertemente crítica con la idolatría, la apostasía y la fragmentación religiosa del culto del Templo de Jerusalén. ⇨ Ajab; Antiguo Testamento; deuteronomista, historia; Elías; Eliseo; Salomón; Samuel, Libros de; Templo de Jerusalén.

Reyes Magos Grupo, de número no especificado, guiado por una misteriosa estrella (Mateo 2, 1-12), que venía de «Oriente» y que ofreció regalos al niño Jesús en Belén, después de preguntar por su paradero a Herodes. Orígenes sugiere que eran tres por los tres dones de oro, incienso y mirra. Tertuliano dedujo que eran reyes. La tradición

Adoración de los Magos. Breviario del duque de Bedford (1424). Biblioteca Nacional (París)

cristiana posterior —recogida de los textos de Beda el Venerable, s. IX— los llamó Melchor, Gaspar y Baltasar. ⇨ Jesucristo; Mateo, Evangelio según; Orígenes; Tertuliano.

Ricci, Matteo (1552-1610) Misionero italiano, fundador de las misiones jesuitas en China, nacido en Macerata. Estudió en Roma y vivió en Nankín y Pekín. También dominaba el chino como para escribir diálogos que recibieron elogios de los ilustrados chinos; logró un gran éxito como misionero, aunque sus métodos levantaron una gran controversia. ⇨ jesuitas; misiones cristianas.

Ridley, Nicholas (c. 1500-1555) Mártir protestante inglés, nacido en Unthank Hall, cerca de Haltwhistle. Fue elegido en 1524 miembro de la junta de gobierno de Pembroke College, Cambridge; estudió en París y Lovaina (1527-1530), y llegó a ser oficial encargado de la disciplina en Cambridge en 1534; capellán doméstico de Cranmer y Enrique VIII, director de Pembroke en 1540; canónigo, primero de Canterbury, y más tarde de Westminster; rector de Soham y en 1547 obispo de Rochester. Reformador ardiente y franco, en 1550 fue nombrado, tras la suspensión de Edmund Bonner, su sucesor como obispo de Londres. En su alto cargo se distinguió por su moderación, erudición y munificencia, y ayudó a Cranmer en la preparación de los Treinta y nueve Artículos. A la muerte de Eduardo VI denunció a María I e Isabel como ilegítimas, y se adhirió a la causa de lady Jane Grey; con la ascensión de María fue despojado de sus dignidades y enviado a la Torre. En 1554 fue juzgado en Oxford, con Latimer y Cranmer, por un Comité del Sínodo; los tres fueron declarados herejes obstinados y condenados. Ridley permaneció en la cárcel 18 meses, y después de un segundo juicio fue condenado a la hoguera, junto con Latimer, frente a Balliol College, Oxford. ⇨ Cranmer, Thomas; herejía; Latimer, Hugh; Treinta y nueve Artículos.

Ridvan, Jardín (Jardín Riḍvān) Jardín situado a las afueras de Bagdad, lugar de gran significado para los bahai. Su nombre original era jardín Najibiyya, pero se le cambió por el de Jardín de Ridvan, que significa «Paraíso», por la importancia concedida a los 12 días que pasó allí Bahaullah en 1863, cuando él mismo proclamó ser una manifestación de Dios. Fue aquí también donde prohibió la jihad, guerra santa, y anunció que no aparecería ninguna nueva manifestación de Dios durante otros mil años. El Jardín Ridvan, por tanto, es importante para los bahai por ser el lugar en el que Bahaullah proclamó por primera vez que era el prometido de todas las religiones, que su mensaje iba dirigido a todos los seres humanos y que había comenzado una nueva era en la historia humana. ⇨ babis; bahaísmo; Bahaullah.

Rime (ris-med) Movimiento religioso del siglo XIX en el Tíbet, que intentaba subsanar las fisuras entre las distintas órdenes monásticas y presentar una forma de budismo unificado, no sectario. El movimiento consideraba que las diferencias entre las tradiciones tenían menos importancia que los rasgos compartidos de los textos y enseñanzas comunes, que eran reconocidos por todas las escuelas. Aunque se inspiraba en las cuatro principales órdenes monásticas, los promotores principales de este movimiento eran Nyingmapas. ⇨ budismo; Nyingmapa.

Ringatu ⇨ **cristianismo en Australasia.**

Rinzai Una de las dos principales ramas del budismo zen japonés. Se originó en la escuela Lin Chi de budismo chan de China, y fue traído por Eisai desde China a Japón en 1191. Rinzai recibió el apoyo de los shogunes y recurrió principalmente a la aristocracia, estableciendo una alianza con los samurai y los asuntos nacionales japoneses. Señalaba la importancia de la iluminación súbita y abogaba por unos medios poco usuales de lograrla, tales como gritos, bofetadas y el uso de koans. Rinzai usaba colecciones de koans de modo sistemático en sus templos. Restaba importancia a la lectura de las escrituras *(sutras)* y a la veneración de las imágenes de Buda para buscar la naturaleza buda, tarea que debía, según él, realizarse directamente a través del uso de koans y un estilo de vida práctico. Dogen, que introdujo la segunda secta zen, Soto, desde China a Japón en 1227, se centraba en el camino de la iluminación gradual por medio de la lectura de sutras, la veneración de las imágenes de Buda, koans ocasionales y *zazen,* en posición vertical sentada con las piernas cruzadas en meditación sencilla. La rama Soto se hizo más popular que la Rinzai zen, pero la última floreció durante la época medieval Kamakura, y uno de sus maestros, Hakuin (1685-1768), introdujo reformas que prepararon el camino al moderno zen. ⇨ Buda, imagen de; budismo zen; iluminación gradual e iluminación súbita en el budismo, escuelas de; koans; Soto.

Rissho Koseikai (Risshō Kōseikai) Nuevo movimiento religioso dentro de la tradición nichiren del budismo japonés, fundado en 1938 por Nikkyo Niwano. Se separó

rita

del Reiyukai Kyodan (fundado en 1926) que se había acomodado al sintoísmo estatal y a las políticas gubernamentales del período de preguerra, por lo que sufrió hostigamiento en sus primeros años. Después de la Segunda Guerra Mundial se convirtió en el movimiento religioso que más rápido creció de los nuevos surgidos en Japón. Su base descansa en las enseñanzas nichiren y subraya la importancia del *Sutra del Loto*, pero en su historia primitiva se acomodó a la religión popular japonesa, en una época de inseguridad, para que la gente pudiera encontrar soluciones inmediatas a problemas acuciantes, un sentido del significado de la vida y la condición de miembros de una comunidad acogedora. Así, la curación por la fe, la adivinación, el consejo, el chamanismo y el carisma de su fundador fueron factores propiciadores de su rápido éxito. Desde entonces se ha vuelto más claramente budista en su aproximación, con un nuevo énfasis en el ideal de compasión bodhisattva y las cuatro nobles verdades, aunque continúa haciendo hincapié en la posibilidad de obtener felicidad inmediata y beneficios en vida, y en su papel específico como comunidad. Entre los elementos recientes importantes figuran sus grupos de amistad en los que se reúnen unas doce personas, con frecuencia a diario, para aconsejarse mutuamente, la paz mundial y defender e impulsar un diálogo interreligioso profundo. ⇨ ariya sacca; bodhisattva; budismo Nichiren; chamanismo; Kokutai, sintoísmo; Sutra del Loto; Reiyukai Kyodan.

rita (ṛta) (literalmente: «orden cósmico») Representa las leyes y fuerzas cósmicas por las cuales se sostienen todas las cosas. Rita puede ser considerado como una verdad universal que precede incluso a los dioses védicos, y a los que se dice les proporciona su poder. Puede, en algunos aspectos, ser considerado como el antecedente del dharma, especialmente en su aspecto universal y en su relación con el karma. Así, los humanos, e incluso los dioses, obedecen las leyes del rita. Fue el dios Varuna quien se dice que produjo el rita, aunque debería ser considerado más como un guardián que como un creador. El rita, por tanto, proporcionaba explicaciones de la existencia de fenómenos naturales, siendo una fuente impersonal de estos en términos tanto de creación como de conservación del universo. Se creía que los humanos podían lograr el acceso a este poder a través de la correcta realización de rituales perfilados en los Vedas. De hecho, se creía que si estos rituales no se llevaban a cabo, entonces el orden cósmico se desplomaría. ⇨ dharma; karma; Veda.

ritos de paso Actos rituales que rigen y establecen el correcto proceder que debe ser observado en todos los grandes acontecimientos de la vida. Marcan la transición e iniciación del individuo a una nueva posición social y religiosa. Los grandes momentos de transición en la vida —nacimiento, pubertad, matrimonio y muerte— son las áreas principales en las que tienen lugar los ritos de paso. La función del rito es preservar las relaciones armoniosas entre el orden social inculcando unas reglas y valores de la sociedad en aquellos que se van a convertir en miembros suyos de pleno derecho. Las formas de rito que se observan son numerosas, incluyendo el bautismo, la circuncisión, la limadura de diente, los elaborados rituales de boda y las prácticas funerarias. ⇨ bautismo; circuncisión; naojote; prácticas funerarias; rituales; sacramento.

ritos de paso, visión cristiana de los Las iglesias cristianas y comunidades concretas varían de actitud en las demandas a la hora de proporcionar servicios religiosos para los momentos del nacimiento, matrimonio y muerte. Algunas, principalmente con trasfondo de iglesia nacional o estatal, cuentan a todos los ciudadanos al menos como creyentes potenciales y los ritos de paso como oportunidades para la evangelización, y ofrecen el bautismo, matrimonio y entierro cristianos a todos los que lo piden. Otras, incluyendo las iglesias que los sociólogos clasificarían como «sectas», pero también algunas del tipo «iglesia» que sienten necesidad de dar testimonio frente a las presiones y supuestos de la sociedad secular, ofrecen los ritos cristianos a aquellos que quieran someterse a un curso de instrucción y realizar un compromiso de fe, y actos religiosos alternativos de bendición o conmemoración a aquellos que no quieren comprometerse con esto. Los puntos de vista sobre temas controvertidos, como el nuevo matrimonio por la iglesia de las personas divorciadas, están divididos en los campos teológico y pastoral. ⇨ bautismo; iniciación cristiana; matrimonio y divorcio cristianos; prácticas funerarias; sectas cristianas.

ritos griegos El rito más importante de la religión griega, realizado en casi cualquier ocasión, era el sacrificio animal. El acto de matar iba invariablemente acompañado de una oración implorando bendiciones para el que realizaba el sacrificio y para su grupo; la carne era normalmente dividida y comida más tarde. A menudo el sacrificio iba precedido por una procesión, quizá acompañada por el canto, al lugar sagrado. Otra forma básica de culto era la danza en coros, con frecuencia compitiendo entre sí. ⇨ fiestas griegas; griega, religión; sacrificio.

ritos islámicos En el sentido amplio los ritos islámicos comprenden los rituales relacionados con los cinco pilares del islam, es decir, recitar la profesión de fe, la shahadah, «Alá es Alá, y Mahoma es su profeta»; recitar las cinco oraciones diarias; comprometerse en la limosna para ayudar a los pobres; tomar parte en el ayuno del Ramadán, e ir al menos una vez en la vida de peregrinación a La Meca. En un sentido más estricto incluye rituales que tienen lugar en la mezquita, especialmente las oraciones del viernes a mediodía en que se pronuncia un sermón, y también celebraciones de grandes fiestas como Id. En un sen-

rituales

tido más exacto se centran en los diversos ritos de paso: nacimiento, poner el nombre, circuncisión, pubertad, matrimonio, embarazo, paternidad y maternidad, y muerte. Existen considerables variaciones locales en estos ritos de paso. Es significativo que no tengan que realizarse en una mezquita, aunque para algunos de ellos, en determinadas circunstancias, pueda ser este el caso. En última instancia, los ritos musulmanes están relacionados con la sumisión a Dios («islam») y con la observancia religiosa más que con los deberes rituales en sí mismos.
⇨ cinco pilares islámicos; Hajj; Id; islam; Mahoma; Ramadán; ritos de paso; shahadah.

rituales La conducta ritual, en el sentido de acción prescrita repetida periódicamente de una manera sistemática, es una parte común de la vida humana, que ha sido especialmente importante en la religión. Los rituales religiosos varían según las religiones, pero tienden a tomar cuatro formas principales. Los ritos de paso se usan en las etapas de transición fundamentales de la vida: nacimiento, iniciación y/o pubertad, matrimonio y muerte. Los rituales cultuales se celebran en iglesias, mezquitas, sinagogas, templos, pagodas y demás según determinados modelos, y en ciertos días especiales (por ejemplo, el domingo es especialmente importante para los cristianos, el sábado para los judíos y la hora de la comida del viernes para los musulmanes). Los rituales festivos son comunes en la mayoría de las religiones y con frecuencia el día de nacimiento de figuras clave, como Jesús, Mahoma, Krishna, Rama, Buda y Bahaullah, o acontecimientos fundamentales y estaciones. En algunas religiones son importantes los rituales sacramentales, y estos están a veces relacionados con ritos de paso, como el bautismo ortodoxo y católico, iniciación, matrimonio y funerales, pero también con temas de importancia religiosa como la ordenación, confesión y Eucaristía (en la que es recordada y celebrada ritualmente la muerte de Cristo). El término «ritual» es usado con frecuencia junto al término mito, porque el ritual que se efectúa está a menudo relacionado con un determinado mito o historia significativa. ⇨ culto **2**; fiesta; mitología; ritos de paso; sacramento.

rituales romanos La religión romana era una religión ritualista basada no en un texto sagrado que ofrece una revelación sino en la práctica cultual. Los rituales romanos (compuestos de oraciones, cantos, procesiones, sacrificios, fiestas, juegos y festivales) se regían por muchas reglas fijadas por tradición, que era necesario observar para mantener el tratado de paz entre los dioses y los romanos. Los rituales públicos estaban inscritos en los calendarios romanos como días de *nefas* (días reservados a los dioses), que significaba que no se podía llevar a cabo ningún negocio en esos días, puesto que todo ciudadano tenía que participar en los rituales. De hecho, el grado de participación de los romanos en rituales públicos difería de acuerdo con el género (era fundamentalmente una tarea masculina) y condición (el actor real o dirigente de un ritual público era un magistrado o un sacerdote, mientras que la mayoría de los romanos eran observadores pasivos). Por tanto, realizar un ritual como el sacrificio de un animal mostraba la división social de trabajo en un ritual: mientras el magistrado o sacerdote conducía la procesión, leía oraciones y derramaba incienso y vino sobre los altares sacrificiales colocados delante de los templos, la tarea más servil de matar y dispersar la sangre se señalaba como tarea de esclavos. En la religión privada era responsabilidad del cabeza de familia elegir y realizar los rituales a los dioses familiares. ⇨ prodigios; romana, religión.

Robinson, John Arthur Thomas (1919-1983) Prelado y teólogo anglicano inglés, nacido en Canterbury. Se educó en Cambridge donde dio clases antes de ser nombrado obispo de Woolwich (1959-1969). En 1963 publicó *Sincero para con Dios,* que él describía como un intento de explicar la fe cristiana al hombre moderno. Escandalizó a los conservadores, se convirtió en uno de los libros más vendidos y le cerró sus posibilidades de nuevos ascensos eclesiásticos. También hizo importantes contribuciones —y más ortodoxas— a los estudios bíblicos en otros libros, incluyendo *Jesús y su venida* (1957), *El rostro humano de Dios* (1973) y *Poniendo nueva fecha al Nuevo Testamento* (1976).
⇨ Comunión Anglicana.

Roger de Taizé, Hermano, originalmente **Roger Louis Schutz-Marsauche** (1915-) Fundador de la Comunidad de Taizé, nacido en Provenza, hijo de un pastor protestante. En 1940 fue a Taizé, una aldea francesa entre Cluny y Citeaux, para fundar una comunidad dedicada a la reconciliación y la paz en la Iglesia y la sociedad. Desde la Pascua de 1949, en que los siete primeros hermanos hicieron sus votos, este sueño ha atraído a miles de peregrinos, especialmente jóvenes, arrastrados por el culto especial en la Iglesia de la Reconciliación, que fue construida en 1962. Sus publicaciones incluyen *Dinámica de lo provisional* (1965), *La violencia de los pacíficos* (1968) y varios volúmenes de extractos de su revista. ⇨ Taizé.

Roma, Iglesia primitiva en La Epístola de San Pablo a los Romanos, escrita en el 57 d. C., probablemente mientras estaba en Corinto en su tercer viaje misionero, muestra que se estaba dirigiendo a una iglesia numerosa que era en su mayor parte, aunque no enteramente, de origen gentil. Hasta ese momento no había visitado Roma, pero conocía a un buen número de cristianos por su nombre. No se sabe cómo llegó el cristianismo a Roma; pudo haber sucedido a través de la conversión de judíos romanos que estaban presentes en Jerusalén en el primer Pentecostés, en el año 30 d. C. (Hechos 2, 10). Después de que San Pablo ejer-

romana

ciera sus derechos de ciudadano romano apelando al César para que juzgara el caso presentado contra él por las autoridades judías, él estuvo bajo arresto domiciliario en Roma (59-61 o 61-63), antes de su encarcelamiento definitivo y ejecución en el 64 o 68. También del apóstol Pedro se dice que fue martirizado en Roma. Nerón (65) fue el primero de los muchos emperadores romanos en perseguir a la Iglesia, hasta que la conversión de Constantino (312) hizo del cristianismo una religión tolerada y favorecida. Con el ascenso de la influencia eclesiástica de la Iglesia en Roma vino la afirmación de que el apóstol Pedro fue su primer obispo, y la afirmación del catolicismo de que esto demostraba que los siguientes obispos de Roma (papas) tenían autoridad única sobre toda la Iglesia cristiana a través de la sucesión apostólica. ⇨ catolicismo; historia bíblica; Pablo, San; papado; Pedro, San; Romanos, Carta a los; sucesión apostólica.

romana, religión Los primeros romanos eran granjeros y vivían en un mundo lleno de *numen,* una poderosa fuerza espiritual más allá de las apariencias que espera ser revelada, y de *genius,* el espíritu de un antepasado o una localidad. Las deidades etruscas e itálicas fueron absorbidas, y se estableció un colegio sacerdotal, presidido por el *pontifex maximus.* Por la época de Cicerón la diversidad de cultos había sido organizada de una manera uniforme en la mayoría de Italia. Augusto asumió para sí el título de *pontifex*, y reafirmó el antiguo culto. Los romanos creían que todos los pueblos adoraban a los mismos dioses bajo diferentes nombres (por ejemplo, Mercurio = Hermes), y, por tanto, no tuvieron ninguna dificultad en absorber la mitología griega, no teniedo nada comparable ellos mismos. Tras la muerte de Augusto, el culto al emperador se convirtió en una obligación religiosa, pero de manera creciente florecieron cultos extranjeros exóticos. Cuando Constantino aceptó el cristianismo en el 312, la antigua religión romana se transformó en «paganismo», es decir, las prácticas de la gente del campo. ⇨ Constantino I; griega, religión.

Romanos, Carta a los Libro del Nuevo Testamento, considerado a menudo la más importante de las obras del apóstol Pablo. Aunque San Pablo no estableció la Iglesia en Roma, sí le dirigió una carta (quizá c. 55-58) para exponer su forma de entender la salvación tanto para gentiles como para judíos, y para prevenir de las interpretaciones libertinas y legalistas del mensaje cristiano. Los capítulos 1-8 explican su comprensión de la justificación y de la salvación; los capítulos 9-11 abordan el problema de la increencia de Israel; los capítulos 12-16 tratan del estilo de vida cristiano y de las relaciones comunitarias. ⇨ Nuevo Testamento; Pablo, San.

Romero y Galdames, Óscar Arnulfo (1917-1980) Prelado católico salvadoreño, nacido en Ciudad Barrios. Ordenado en 1942, y de tendencia conservadora en líneas generales, fue consagrado obispo en 1970 y (para consternación de los progresistas) arzobispo en 1977. Sin embargo, los actos de violencia política y de represión de los pobres hicieron sus manifestaciones y acciones públicas más abiertas. Después de que murieran miles en una brutal persecución estatal, el propio arzobispo fue asesinado mientras estaba celebrando una misa, un año después de que fuera nominado para el Premio Nobel de la Paz por un gran número de parlamentarios americanos y británicos. Algunos de sus «Pensamientos» aparecieron en la obra *La iglesia somos todos* (1984). ⇨ catolicismo.

Rosacruz Movimiento esotérico que se extendió por Europa a principios del siglo XVII. En 1614-1615 aparecieron dos panfletos en Alemania que fueron atribuidos a Christian Rosenkreutz (1378-1484), que afirmaba poseer poderes ocultos basados en el conocimiento científico y alquímico que había traído de Oriente. Fundó la Orden de la Rosacruz, y los panfletos invitaban a los eruditos a unirse a la orden. No se ha encontrado rastro de la orden, pero muchas organizaciones ocultas afirman tener sus orígenes en la Rosacruz. ⇨ alquimia; mística; oculto.

rosario Forma de meditación religiosa, que se encuentra en varias religiones, en la que se recita una secuencia de oraciones usando una sarta de cuentas o una cuerda con nudos, cada uno de los cuales representa una oración de la secuencia. En el cristianismo casi siempre se refiere al Rosario de la Bienaventurada Virgen María, una de las devociones más populares de la Iglesia católica. Es una secuencia de un Padre Nuestro, diez Avemarías y un Gloria al Padre (una decena), repetida quince veces (en la versión completa) o cinco veces (en la versión reducida que se utiliza más a menudo), estando cada decena asociada a un «misterio» particular o meditación sobre un aspecto de la vida de Cristo o la Virgen María. Data probablemente del siglo XIII. ⇨ catolicismo; Jesucristo; María; meditación.

Rosh Hashanah Año Nuevo judío (1 de Tishri), que cae en septiembre u octubre. Durante el culto del Día de Año Nuevo, se hace sonar un cuerno de carnero como llamada al arrepentimiento y renovación espiritual. ⇨ judaísmo.

Rubén, tribu de Una de las doce tribus del antiguo Israel, descrita como descendiente del primer hijo de Jacob con Lía. También se dice que Rubén animó a sus hermanos a arrojar a José a un pozo, en vez de matarle. El territorio de la tribu comprendía la región este del mar Muerto y el sur de Gad. ⇨ Antiguo Testamento; Israel, tribus de; Jacob.

rueda de la ley budista (rueda del dharma) En su primer sermón, dicen los budistas que Buda «puso en movimiento la rueda del dharma». Después de su iluminación en Bodhgaya, emprendió un viaje que le llevó al parque de ciervos de

rueda de la vida

Sarnath, a las afueras de Benarés, y allí predicó su famoso sermón a cinco ascetas que habían sido anteriormente compañeros suyos cuando él mismo había emprendido el camino del ascetismo. Señala el comienzo efectivo de la tradición budista. Fue uno de los cuatro acontecimientos fundamentales en la vida de Buda, siendo los otros tres su nacimiento en Lumbini, su iluminación en Bodhgaya, y su muerte en Kusinara. La enseñanza o dharma del sermón, cuya rueda puso en movimiento Buda en Sarnath, recomendaba el camino medio entre los extremos de la lujuria y el ascetismo, y realzaba la importancia de las cuatro nobles verdades que están en el corazón del mensaje de Buda: toda vida es sufrimiento, el sufrimiento es resultado del ansia, el sufrimiento se puede acabar mediante la eliminación del ansia y esto puede suceder en la práctica siguiendo el sendero óctuple expuesto por Buda. En el primitivo budismo la rueda se convirtió en el símbolo de la enseñanza de Buda, y uno de los gestos fundamentales hechos por Buda en las imágenes que le representan es formar una rueda con sus manos para simbolizar su enseñanza que, según los budistas, es superior a la de cualquier dirigente terreno. ⇨ ariya sacca; Benarés; Bodhgaya; Buda; Buda, imagen de; Kusinara; Lumbini; mudras; sendero óctuple; Sarnath.

rueda de la vida Símbolo budista tibetano del cosmos y los procesos de karma y renacimiento. La rueda de la vida se representa como un gran círculo en los brazos o mandíbulas de Yama, el Señor de la muerte. Dentro del círculo hay seis, o a veces cinco, reinos *(gati-s)* en los que los seres pueden renacer. Son estos (siguiendo las manecillas del reloj desde arriba): los reinos celestiales de los dioses *(deva-s),* que experimentan la bienaventuranza y el placer; el reino de los dioses envidiosos *(asuras),* que buscan el poder y están constantemente en guerra; el reino animal, caracterizado por lo sombrío; el reino del infierno, donde los seres son atormentados por sus malas acciones; el reino de los fantasmas hambrientos *(preta-s),* movidos por una sed insaciable, y, finalmente, el reino humano, caracterizado por el nacimiento, la vejez y la muerte. Los bodhisattvas son representados enseñando, movidos por la compasión, en todos estos reinos según los niveles de comprensión de los seres. Un ser puede renacer en cualquier parte de esta rueda dependiendo de su karma. El círculo exterior de la rueda pinta en imágenes vívidas los doce eslabones del origen dependiente *(pratityasamutpada)* que son los procesos psicológicos de la producción del karma. En el centro de la rueda, un gallo, una serpiente y un cerdo se persiguen entre sí, representando las causas radicales del sufrimiento humano: engaño o egotismo, odio y avaricia. Existe esperanza, sin embargo, y el sendero blanco de la iluminación permite salir del infierno. La rueda de la vida es un símbolo multifacético, usado como recurso pedagógico y entendido a la vez en términos psicológicos y cosmológicos. ⇨ bodhisattva; karma; origen dependiente; renacimiento.

ruh (rūḥ) Palabra árabe (y hebrea) para decir «espíritu» tal como se concibe en la tradición musulmana. A veces se la ha comparado con *nafs,* que significa «yo» o «alma». La conclusión era que ruh era el espíritu perfecto más elevado dentro de los seres humanos, mientras que nafs era el alma ardiente más baja. Según Suhrawardi el espíritu era la fuente del bien, el alma era la fuente del mal, y estaban en conflicto. Para los musulmanes el espíritu es perdurable; con la muerte va al cielo para un juicio preliminar antes de volver a la tumba a esperar el juicio final. Los espíritus de cierta gente notable, como profetas y mártires, van derechos al cielo al morir, en vez de esperar el juicio final. El ruh en una persona es parte de la esencia de Dios; es esta facultad la que hace a los seres humanos superiores a los animales e incluso superiores a los ángeles. El nombre ruh Alá (Espíritu de Dios) se le da a Jesucristo en el Corán (4, 169). ⇨ Alá; Jesucristo; juicio final o de los muertos, visión islámica del; mártir; profetas en el islam.

Rumi (Jalāl ad-Din ar-Rūmī) (1207-1273) Místico musulmán, nacido en Bulkh, Persia. Él y su familia fueron finalmente invitados por el sultán de Rum a vivir en Iconio (actual Konya) en Turquía (su nombre provenía de esta asociación). Se convirtió en maestro religioso y poeta, y se vio influido místicamente por Tabrizi, que le causó una profunda impresión espiritual. Rumi fundó la orden sufí mewleví en Iconio, que ha llegado a ser famosa por la música y la danza de sus «derviches giratorios». Estuvo en Bagdad en 1258 precisamente antes de que fuera saqueada por los mongoles, y la respuesta espiritual de sus escritos a ese trauma es a veces comparada con la respuesta de San Agustín ante el saqueo de Romo por los hunos en el 410. Su *Mathnawi* en seis volúmenes es la más conocida de sus obras. Contiene historias, excelente poesía y una penetración espiritual excepcional, se ha convertido en un tesoro de literatura persa y mística sufí. Conservó una gran influencia en el sufismo en particular y en el mundo musulmán no árabe en general, y sus seguidores, a veces, afirman tener una experiencia actual de su cercanía. En algunos aspectos era heterodoxo, por ejemplo, en su creencia en el renacimiento y en su universalismo, que abarcaba a religiones distintas del islam. Sin embargo, su énfasis en que el ojo espiritual es más importante que el cuerpo, y en que los modelos celestiales son más importantes que las formas terrestres, sigue influyendo en la conciencia musulmana. Su tumba en Konya es aún un lugar de peregrinación. ⇨ Agustín de Hipona, San; derviche; mewlevís; sufismo.

Rut, Libro de Libro de la Biblia hebrea/Antiguo Testamento, que presenta una historia popular aparentemente situada en la época de los jueces tribales de Israel, pero que

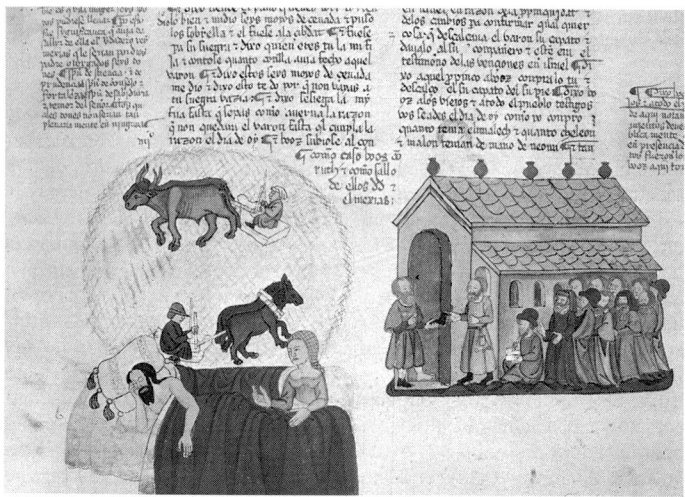
Miniatura del Libro de Rut. Biblia de Alba. Colección Duque de Alba

recibe el título de su personaje principal, Rut. La madre de Rut, Noemí, arregla el matrimonio, según la costumbre del levirato, de Rut con Boaz, el pariente rico del marido muerto de Noemí, a su regreso a Judá desde Moab; Rut se convirtió en la madre de Obed, abuelo de David. Datado el libro generalmente hacia los siglos V-IV a. C., es significativo por sus actitudes liberales hacia los no israelitas y hacia los matrimonios mixtos, puesto que Rut es una moabita. ⇨ Antiguo Testamento; David; Noemí.

Ruysbroeck, Jan van (1293-1381) Místico católico flamenco, nacido en Ruysbroeck, cerca de Bruselas. Ordenado sacerdote a los 24 años, fue párroco de Saint Gudule's, Bruselas. Abandonó el cargo en 1343 para fundar un monasterio en Groenendael, del que más tarde llegó a ser prior. Su espiritualidad, expuesta en *El reino de los amadores de Dios* y otras obras, simplificado en el *Adorno del matrimonio espiritual* (también conocido como *Los esponsales espirituales*), une la escuela de la mística de Renania (Eckhart, Heinrich Suso [c. 1295-1366] y Taulero) y la *Devotio Moderna* de Geert de Groote (1340-1384), los *Hermanos de la vida común* y *La imitación de Cristo* de Tomás de Kempis. ⇨ Eckhart, Johannes; Kempis, Tomás de; Taulero, Johann.

Ryobu, sintoísmo Movimiento sincretista dentro de Japón que reunía elementos sintoístas y budistas en el sintoísmo de «aspecto dual». Se

Ryobu

dice que fue influido por el pensamiento de Gyogi (670-749) y de Kukai (774-835), y en ello el sintoísmo aceptaba la idea budista shingon de que el mundo puede ser visto a través de dos mandalas o pinturas que reúnen, según parece, diferentes cosas sobre el modelo de enseñanza taoísta basado en la existencia de una armonía entre opuestos (yin y yang). Así, los *kami* (poderes sagrados) sintoístas y las deidades budistas podían coordinarse, y en el gran templo Ise, Amaterasu, la diosa solar sintoísta, llegó a ser equiparada a Vairocana, el buda solar, como las deidades representadas en sus santuarios interiores y exteriores. Cuando los templos budistas se extendieron por todo el país llegaron a existir edificios sintoísto-budistas atendidos por sacerdocios conjuntos, y las intuiciones éticas y filosóficas sintoístas adquirieron profundidad en su contacto con el budismo. En 1868 el sintoísmo Ryobu fue proscrito porque su sincretismo se consideraba indigno del verdadero sintoísmo, por lo que las diferencias entre sintoísmo y budismo se acentuaron. Desde la Segunda Guerra Mundial el tema de la cooperación, básico para el sintoísmo Ryobu, ha reaparecido en el sintoísmo, el budismo y en elementos de algunas de las nuevas religiones japonesas. ⇨ Amaterasu; Ise, santuarios; japonesas, nuevas religiones; kami; Kukai; mandala; shingon; sintoísmo; Vairocana; yin y yang.

S

Sábana Santa ⇨ **Turín, Sábana de.**

Sabbath ⇨ **Shabbat.**

sabiduría Conocimiento práctico logrado a través de la experiencia y la observación del universo y de la naturaleza humana. El principio básico de la sabiduría es descubrir las leyes que subyacen a la realidad y, por tanto, proporcionar al ser humano la capacidad de hacer frente con éxito a la vida de cada día. La literatura sapiencial contiene observaciones del cosmos, estudios de la conducta humana y animal, discusiones del significado de la vida, así como consejos prácticos y advertencias referentes al matrimonio, al adulterio, a los peligros del alcohol, a la excesiva locuacidad, etc. En muchas culturas se coleccionaron dichos sabios y se pusieron por escrito. Así, la literatura sapiencial se puede encontrar en el antiguo Egipto, Mesopotamia, Israel, Persia y China. Ejemplos de literatura sapiencial en la Biblia y los Apócrifos son Proverbios, Eclesiastés, Job, Sirácida, Sabiduría, Tobías y 4 Macabeos. La forma básica de esta literatura es el proverbio, pero cuando la literatura sapiencial desarrolló un mayor uso se componía de largos discursos. Aunque la sabiduría se preocupaba originalmente de temas cotidianos, seculares quedó teologizada muy rápidamente. Al aprender acerca de las obras del universo y lo que es bueno para la humanidad, se sostenía que uno estaba también descubriendo la voluntad de Dios para la humanidad. Vivir en armonía con el universo se convirtió así en sinónimo de vivir en armonía con la voluntad de Dios. Incluso llegó a considerarse la sabiduría como un atributo de Dios. Así mismo existió una tendencia creciente a identificar sabiduría con revelación: de esta forma un hombre sabio se convertía en una persona que ordenaba su vida según la revelación divina. En el cristianismo surgió una nueva tendencia basada en el contraste de Pablo entre sabiduría terrena y divina. Desde la perspectiva de la sabiduría terrena, la cruz de Cristo es necedad, pero esta sabiduría terrena se convierte en necia por obra de la cruz (1 Corintios 1, 18-22; 2, 6-8). En todo el Nuevo Testamento el mismo Cristo es identificado con la sabiduría (Lucas 7, 35; 2, 40-52; 12, 42; 11, 31).

Sabiduría

Sabiduría, Libro de la o **Sabiduría de Salomón** Libro de los Apócrifos del Antiguo Testamento u obra deuterocanónica en la Biblia católica, supuestamente de Salomón, pero generalmente atribuida a un judío alejandrino desconocido de en torno al siglo I a. C. Como otras obras de literatura judía sapiencial alaba la figura de la Sabiduría por encima de la impiedad, pero es una mezcla de poesía y prosa filosófica más que de aforismos breves. Las locuras de la idolatría son realzadas y reforzadas mediante ejemplos, tomados del Éxodo, de los destinos opuestos de los fieles israelitas y los idólatras egipcios. ⇨ Apócrifos del Antiguo Testamento; Salomón.

Sabiduría de Jesús, el hijo de Sirá ⇨ **Eclesiástico, Libro del.**

Sabiduría de Salomón ⇨ **Sabiduría, Libro de la.**

sacerdocio El concepto cristiano del sacerdocio se deriva de las Escrituras hebreas en las que los levitas y sadoquitas actúan como una clase sacerdotal profesional, responsable del sacrificio cultual. En la teología cristiana, antes del siglo III d. C., el término sacerdote no se aplicaba a nadie excepto a Cristo, considerado el gran sumo sacerdote. Desde entonces la función del sacerdote ha sido representar al pueblo ante Dios y actuar en su favor. El lenjuaje del sacrificio del templo ha forjado un estrecho vínculo entre sacerdote y Eucaristía, ofreciendo el sacerdote el sacrificio de la misa y dispensando la gracia al pueblo. La tradición protestante rechazó esta visión del sacerdocio y de la misa, y reconoció el sacerdocio de todos los fieles. En las iglesias jerárquicas el sacerdocio forma un segundo grado de ministerio, situado entre los obispos y los diáconos, estando los sacerdotes autorizados para administrar algunos sacramentos. ⇨ culto 1; Eucaristía; levitas; misa; sacramento.

sacerdocio mesoamericano Las grandes civilizaciones mesoamericanas tenían una orientación religiosa, y el sacerdocio era crucial para su dirección. La civilización maya clásica dejó un rico legado matemático, astronómico y literario. Las tradiciones se transmitían en tiempos aztecas a través de la institución de la escuela *calmecac,* y se desarrollaron de hecho sus elementos intelectuales y artísticos (la pintura es un aspecto fundamental de la tradición azteca). Incluso para el azteca militarista el rey era sobre todo portavoz jefe *(tlatoani)* del ser divino *(Huitzilipochtli),* a quien él representaba. Los sacerdotes *(teopixque)* eran normalmente reclutados entre las clases altas (aunque parecen haber existido excepciones) y servían en la guerra. La disciplina personal podía ser intensa, con ascetismo, sangría regular y autotortura. Los españoles no podían entender cómo logros tecnológicos e intelectuales como los que habían conseguido aquellas civilizaciones fueran de la mano del pelo enmarañado, la cara ennegrecida, los rasgos mutila-

dos y el hedor de la sangre humana.
➪ calendario mesoamericano; calmecac.

sacerdote Persona autorizada dentro de una religión a celebrar rituales para otros creyentes. En el cristianismo el término se deriva del sistema sacrificial del Antiguo Testamento, y fue desarrollado en el Nuevo Testamento con Jesucristo como gran Sumo Sacerdote, un mediador entre la humanidad y Dios. En la Iglesia cristiana el sacerdocio formal no surgió hasta c. 200 y más tarde, alcanzando su punto culminante en la Edad Media antes de la Reforma. En la actualidad, principalmente en el uso católico y ortodoxo, se refiere a un dignatario ordenado, autorizado para administrar los sacramentos, especialmente la Eucaristía (el sacrificio de la misa). ➪ Antiguo Testamento; Eucaristía; Jesucristo; misa; Reforma; sagradas órdenes; sacramento.

sacerdotes Sacerdotes romanos. El concepto de sacerdote dentro de la religión romana era diferente del de un sacerdote cristiano: no se requería formación, ni creencia, ni compromiso personal, ni dedicación a tiempo completo. Definir a los sacerdotes de Roma es difícil puesto que su reclutamiento, organización, obligación y duración del servicio diferían. La mayoría de los sacerdotes eran varones, salvo la famosa excepción de las vírgenes vestales. Los sacerdocios públicos podían desempeñarse colectivamente o estar restringidos a un individuo (por ejemplo, los *flamines* que estaban ligados a un dios determinado). Los cuatro grupos principales eran el colegio de *pontifices* (que tenían a su cargo guardar la tradición litúrgica), el colegio de augures (que tomaban y descifraban *auspicia),* el colegio de diez hombres, más tarde de quince (los *quindecemviri sacris faciundis,* que custodiaban y consultaban los Libros sibilinos después de un *prodigium),* y el colegio de siete hombres (los *septemviri epulones,* a cargo de los juegos públicos y los sacrificios asociados a ellos). La función principal de los sacerdotes públicos era actuar, cuando se lo pedían, como consejeros expertos. Los sacerdotes podían ser patricios o plebeyos, pero la mayoría de los sacerdocios famosos eran ocupados por senadores como parte de su carrera política. En la religión privada las funciones y el papel de un sacerdote eran asumidos por el *paterfamilias* (cabeza de la familia). ➪ auspicios; prodigios; romana, religión; vestales, vírgenes.

Sach-Khand Etapa más alta de ascenso espiritual en la mística sij. Traducido como «reino de la verdad», es la quinta y última etapa de perfección espiritual, el reino de la bienaventuranza y de la armonía, en donde un creyente traspasa el renacimiento y alcanza la unión con Dios como culminación de su viaje espiritual. Esta etapa se logra mediante un modelo de meditación y culto disciplinados, y llevando una vida moral en el mundo de cada día. Constituye una experiencia difícilmente expresable con palabras. Esta noción de

sacramento

Sach-Khand era recalcada por el primer gurú sij, el Gurú Nanak, y sigue siendo un concepto sij tradicional. En un plano más popular ha llegado a significar la Morada de Aquel que no tiene Forma, una especie de cielo al que uno va después de la muerte. ⇨ Akal Purukh; Nam; Nanak; Sat Gurú.

sacramento Rito cristiano entendido como un signo exterior y visible de una gracia interna y espiritual. Las iglesias ortodoxa y católica reconocen siete sacramentos: bautismo, confirmación, Eucaristía (misa), penitencia, extrema unción, sagradas órdenes (ordenación) y matrimonio. Las iglesias protestantes reconocen solamente el bautismo y la Eucaristía (Comunión) como sacramentos. ⇨ bautismo; catolicismo; confirmación; Eucaristía; Iglesia ortodoxa; penitencia; protestantismo; unción de los enfermos.

sacrificio Renuncia a algo de valor y su transferencia a un ser o poder sobrenatural. Aunque entendido normalmente como el sacrificio de animales o incluso de seres humanos («ofrendas de sangre»), sacrificio es un término amplio y comprende una variedad de formas de presentar ofrendas a lo Divino. Así, en algunas sociedades, especialmente en sociedades recolectoras y en algunas agrícolas, se ofrecían a la deidad las denominadas «ofrendas sin efusión de sangre», como cosechas, leche, dulces e incluso prendas de vestir, armas, joyas y dinero. En las religiones más elevadas el sacrificio ha llegado a ser entendido cada vez más como el compromiso de autodonación y autoabnegación de los seres humanos a Dios. El ascetismo, ayuno, celibato, renuncia a posesiones, etc., han llegado a ser entendidos como las formas más altas de sacrificio. La finalidad del sacrificio es establecer o mantener buenas relaciones con el mundo sobrenatural. Esto es necesario para que la comunidad siga recibiendo esas bendiciones de las que depende su supervivencia. Para lograrlo existen tres formas de sacrificio. En primer lugar, se pueden hacer sacrificios con el fin de sobornar a la deidad para que otorgue sus bendiciones sobre el que realiza el sacrificio. En segundo

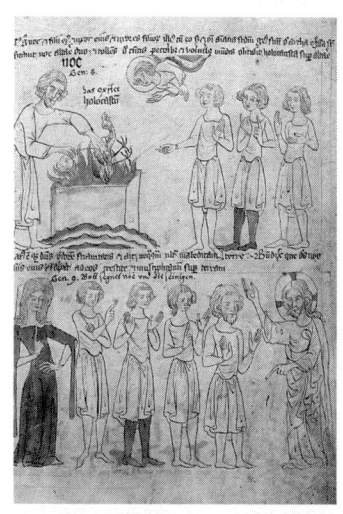

Noé sacrificando animales al Señor en el Arca. Biblia Velisa Nova. Biblioteca Clementina (Praga)

lugar, se pueden realizar sacrificios como acción de gracias por lo que ha recibido quien ofrece el sacrificio. En tercer lugar, pueden llevarse a cabo sacrificios para expiar los fallos que han tenido lugar en la relación de la comunidad con lo Divino. Los desastres naturales como el hambre y las plagas, las derrotas militares y demás, se consideran señales de que la comunidad ha perdido el favor del mundo sobrenatural. En tales casos, el pecado de la comunidad es con frecuencia transferido a una «víctima propiciatoria», que es ofrecida como sacrificio de expiación en lugar de la comunidad. La doctrina cristiana de la expiación puede entenderse como una forma sofisticada de este tipo de sacrificio. Para los cristianos la muerte de Cristo en la cruz constituye el sacrificio último y perfecto que redime a la humanidad de sus pecados y hace superfluas todas las demás formas de sacrificio. ➪ haoma; sacrificio humano israelita; sacrificio humano mesoamericano; sacrificio israelita antiguo; sacrificio ritual.

sacrificio humano israelita   Aunque no era común en el Próximo Oriente antiguo, la polémica bíblica contra el sacrificio humano (normalmente sacrificio de niños) sugiere que ocurrió realmente en cierta medida en el antiguo Israel. Las historias de Abraham, Isaac y de la hija de Jefté pueden reflejar una época en la que era practicado el sacrificio de niños, pero probablemente son mejor entendidas como cuentos populares. No obstante en la Biblia existen muchas denuncias de la quema de niños durante el período monárquico. Estos sacrificios estaban dedicados a veces a un dios llamado Molok, y con frecuencia en Tofet, en el valle de los hijos de Hinnom, en el mismo sur de Jerusalén. Esta práctica normalmente se denuncia por la influencia cananea en Israel; entre las demás prácticas paganas que promovían se ha dicho que los reyes de Judá Ajaz y Manasés quemaron a sus hijos como ofrendas. La influencia puede ser fenicia, ya que sabemos de tales prácticas de sacrificios de niños entre los fenicios. Puede haber una referencia al sacrificio de los cimientos en 1 Reyes 16, donde se nos dice que Jiel, de Betel, construyó Jericó «a costa de» un hijo para los cimientos y otro para las puertas. ➪ Antiguo Testamento.

sacrificio humano mesoamericano   El sacrificio humano es una institución antigua en las civilizaciones centroamericanas. La idea central es la conservación del orden cósmico y del ciclo de la vegetación mediante el suministro de sangre portadora de vida. En la civilización clásica maya, su uso parece haber sido moderado en comparación con épocas posteriores, y el maya clásico no se implicó en el arte de la guerra agresiva. Con el tolteca guerrero se desarrolló mucho, y con una nueva base lógica; Quetzalcóatl probablemente ordenara la religión sin sacrificio humano, pero Tezcatlipoca, al que pertenecía la época presente, lo habría reintroducido. Bajo dominio azteca, se incrementó exponencial-

sacrificio israelita antiguo

mente; los dioses habían instituido el arte de la guerra para que el Sol y otros poderes pudieran ser alimentados ritualmente de la sangre de cautivos. Cuando el gran templo de Huitzilipochtli y Tlaloc en Tenochtitlán fue consagrado en 1487, veinte mil prisioneros fueron sacrificados; se sacrificaban unas cincuenta mil víctimas al año. El método usual era arrancar el corazón después de que el sacerdote lo hubiera apuñalado con un cuchillo de piedra; tras el desmembramiento el cuerpo echaba a rodar por las escalinatas del templo. El canibalismo ritual (en el que participaban sólo las clases altas) venía a acompañar a los sacrificios de este tipo. Ciertos sacrificios requerían la decapitación, el combate o el asaeteamiento. En la época de la plantación, se ofrecía un esclavo a Xipe Totec, el dios de la primavera; el sacerdote se ponía la piel de la víctima desollada. En la estación seca, se sacrificaban niños a Tlaloc, el dios de la lluvia. La diosa de la mazorca de maíz recibía una joven, cuya cabeza se cortaba como la mazorca de la caña. El calor que madura de Huehueotl, el dios del fuego, se solicitaba sacando el corazón de los prisioneros medio asados. Y la renovación del calendario, al final de cada ciclo de cincuenta y dos años *(Toxiuhmolpilia),* implicaba la extracción del corazón de un cautivo distinguido y encender un fuego en su cavidad, a lo que seguía el ritual de romper cacharros y apagar fuegos en todo el reino para señalar la nueva era. La escalada del sacrificio humano en los últimos tiempos aztecas sugiere un clima de miedo e inseguridad agudas. ⇨ azteca, religión; maya, religión; Quetzalcóatl; Tezcatlipoca; tolteca, religión.

sacrificio israelita antiguo

Desde los tiempos más remotos hasta la destrucción del Tercer Templo en

Sacrificio a Huitzilipochtli. Ilustración de un códice Nuttall. Biblioteca Nacional (Florencia)

el 70 d. C., el sacrificio desempeñó un papel esencial en el culto del antiguo Israel. Sólo ciertos animales domésticos ritualmente puros podían ser sacrificados; su sangre, considerada la sede de la vida, era rociada y untada en el altar, después toda o parte de la res muerta era quemada como ofrenda a Yahvé. Las ofrendas de harina o repostería de cereales eran también quemadas en el altar. Predominaban dos tipos de sacrificio animal, la ofrenda quemada u holocausto en la que se quemaba en el altar toda la ofrenda, y la ofrenda de paz en la que sólo se quemaban la sangre y el sebo del animal, siendo repartida la carne entre el sacerdote y el propietario para comer. Se desarrolló un elaborado ritual para el sacrificio, especialmente en la época posterior al exilio, que se encuentra en el libro del Levítico. Aquí existen normas detalladas para todos los tipos de sacrificio, incluyendo los sacrificios diarios del templo, sacrificios públicos y privados, ofrendas de culpabilidad y ofrendas por los pecados. El culto sacrificial estaba centrado en el Templo de Jerusalén desde los tiempos de Josías (finales del siglo VII a. C.) en adelante, y finalizó cuando el Templo fue finalmente destruido; el culto sinagogal de las comunidades judías de Palestina y de la diáspora no implicaba sacrificio. ⇨ sacrificio humano israelita; Yahvé.

sacrificio ritual Matar animales o seres humanos con fines religiosos. Los fundamentos para el sacrificio ritual pueden variar considerablemente de una cultura a otra. Parecen existir, sin embargo, tres diferentes razones para su práctica. En primer lugar, puede realizarse para proporcionar al rey o noble muerto compañeros y siervos en el otro mundo. En segundo lugar, puede llevarse a cabo como ofrenda sacrificial a dioses u otros seres sobrenaturales. Esta práctica nace de la equiparación de la sangre con la vida por parte del hombre primitivo. Al sacrificar una víctima el que realiza el sacrificio está liberando una fuerza dadora de vida, restaurando o renovando, por tanto, la vida de su comunidad y su relación con el mundo sobrenatural. Como principio de vida, la sangre se emplea también para sellar pactos entre el mundo divino y el humano. Esto se puede ver en Éxodo 24, 6-8, donde Moisés arroja la mitad de la sangre de los bueyes sacrificados sobre el pueblo y la otra mitad sobre el altar para ratificar la alianza entre Israel y Yahvé. Las víctimas sacrificiales también pueden expiar los pecados de la comunidad. El pecado es transferido de la comunidad a la víctima sacrificial, generalmente un animal, aunque en algunas culturas se trata de un rey o un jefe sacral, que más tarde se sacrifica en lugar de la comunidad. Esta idea ha sido, desde luego, tomada y purificada por la Iglesia cristiana al interpretar la muerte de Cristo. Se interpreta que Cristo entrega libremente su vida en lugar de la humanidad para expiar por nuestros pecados y restablecer nuestra relación con Dios. En tercer lugar, el sacrificio ritual puede hacerse como parte de la reactualización de un pacto mítico. En algunas culturas se cree que el mundo

sacrificio ritual islámico

ha tenido lugar por medio del sacrificio primigenio de un dios. El sacrificio ritual es un acto de recuerdo o reactualización de este acto primigenio matando a un representante del dios sacrificado. ⇨ sacrificio; sacrificio humano israelita; sacrificio humano mesoamericano.

sacrificio ritual islámico Dentro de la tradición musulmana, los animales deben ser muertos mediante un sacrificio ritual para que sea comida *halal* (aceptable). Las dos únicas excepciones a esto son la muerte de animales de caza por medio de un arma o de un perro (en cuyo caso también es usada la «fórmula sacrificial»), o la extrema necesidad, en cuyo caso pueden comerse animales sacrificados por cristianos o judíos. Sin embargo, normalmente sólo un musulmán puede ocuparse del sacrificio ritual. En su preparación se utiliza la fórmula «En el Nombre de Dios, Dios es el más grande», y en el sacrificio real la garganta se corta de un tajo. El conjunto de la operación va precedido por la preparación del ánimo para participar en el sacrificio ritual, y si el animal en cuestión está destinado a una fiesta sacrificial como Id, este y otros detalles importantes se disponen cuando la intención de matar está originalmente formada. Como la sangre está prohibida como parte de la comida en el islam, el animal muerto debe desangranse antes de ser consumido. ⇨ Id.

sadaqah (ṣadaqah) Palabra musulmana que significa en un sentido dar voluntariamente limosnas a los que pasan necesidad y, en otro, una cierta visión de la verdad (de *sadaqa,* «decir verdad» o «ser verdadero»). En el primero, se refiere en general a obras de amabilidad, y en particular al hecho de dar grano o dinero a los necesitados en la época de la fiesta de Id, que tiene lugar al final del ayuno del Ramadán. Es distinta del *zakah,* que consiste en la donación de limosnas estructurada y obligatoria, y que es uno de los cinco pilares del islam. El segundo se extiende al significado más general de «verdad», en un sentido personal más que filosófico. No significa verdad proposicional por la que ciertas proposiciones afirmadas verbalmente se consideran verdaderas o falsas; sino más bien verdad personal, en el sentido de ser verdadero y vivir rectamente, y es un rasgo de carácter más que simplemente un atributo de la mente o de precisión filosófica. ⇨ cinco pilares islámicos; Id; limosna; Ramadán; verdad.

saddha (saddhā; sánscrito: sraddhā) Noción budista de fe o confianza. Es un concepto importante tanto al comienzo del camino budista, como un tipo de aceptación provisional de la verdad del budismo antes de ser verificada experimentalmente, como en el sendero. Se puede ver formalmente de tres maneras: como devoción, como energía espiritual y como creencia. En la tradición theravada tiende a ser subordinada a la sabiduría, mientras que en la tradición mahayana es igual a la sabiduría. Los objetos de la fe budista son principalmente los tres refugios: Buda, la enseñanza *(dharma)* de Buda y la comunidad budista o sangha. Sin embargo, la fe no está centrada en la creencia o autoridad como tal: no es significativa hasta que no es aprehendida personalmente. ➪ Buda; budismo theravada; dharma; fe; prajna; sabiduría; sangha.

sadhu Asceta errante u hombre santo en el hinduismo. Los sadhus son renunciantes que se han dedicado completamente a un dios del panteón hindú, y son venerados, especialmente aquellos que practican el ascetismo *(tapas)*. Con frecuencia se les inicia de niños, aunque también hay conversiones de adultos al sadhuismo. Tienen pocas posesiones, se visten de azafrán o van desnudos *(naga sadhus)* y se envuelven en cenizas como símbolo de penitencia. Existen algunas sadhus femeninas, y a algunos sadhus se les permite casarse, aunque generalmente son célibes. Se cree que los adeptos sadhu tienen poderes mágicos o *siddhis,* y pueden realizar todo tipo de actos sobrehumanos y psíquicos, por lo que a menudo se ganan la vida con esta actividad. La gran fiesta, Kumbha Mela, contempla la concentración de sadhus de toda la India, que ofrecen una sobrecogedora exhibición de austeridades religiosas. A veces se lleva a cabo el suicidio ritual, ya que se dice que los sadhus conocen la fecha exacta de su muerte, y en términos sociales hindúes están de todos modos muertos ritualmente. Generalmente, los sadhus son pacifistas, aunque algunos son militaristas, siendo considerados como defensores de la fe. Los hechiceros sadhu y los magos de magia negra son muy temidos. ➪ Kumbha Mela; tapas.

sadoquitas Descendientes de Sadoc, sacerdote al parecer de la línea aarónica y de la familia de Eleazar, que se opuso a la conspiración de Abiatar contra Salomón y fue nombrado sumo sacerdote, sirviendo en el Templo de Salomón. Su familia siguió teniendo este oficio hasta la caída de Jerusalén en el 587 a. C., e incluso más tarde en el período del Segundo Templo, hasta que el cargo se convirtió en un nombramiento político del poder ocupante bajo Antíoco IV (c. 171 a. C.). La comunidad de Qumran siguió esperando una renovación del sacerdocio sadoquita, y describía a sus propios miembros sacerdotales en estos términos. A veces se ha derivado el término «saduceos» de sadoquitas. ➪ Aarón; Maestro de Justicia; Qumran, comunidad de; saduceos; Salomón.

saduceos Gran partido dentro del judaísmo (c. siglo II a. C.-70 d. C.), derivando su nombre probablemente del sacerdote Sadoq, cuyos descendientes desempeñaron el oficio sacerdotal desde la época de Salomón. Eran principalmente aristócratas, asociados al sacerdocio de Jerusalén (siendo elegido el sumo sacerdote de entre ellos), e influyentes en la vida política y económica de

Israel. Josefo sugiere que se diferenciaban de los fariseos porque negaban la fuerza legal de las tradiciones orales, la resurrección corporal y el determinismo divino. ⇨ fariseos; Josefo, Flavio; judaísmo; sadoquitas; Salomón.

sagas Cuerpo de literatura islandesa, la mayoría de los siglos XII y XIII d. C.; algunas tratan de las vidas de reyes de Noruega, otras de varias familias islandesas y otras de gente distinguida del mundo nórdico. En contra de lo que se creía al principio, son composiciones literarias —y algunas de las más grandes de la época medieval— y no narraciones orales en forma escrita. Proceden de época cristiana, y deben usarse con cautela, aunque no necesariamente con escepticismo, en lo que se refiere a sus relatos de la religión precristiana en el norte. Las sagas nos cuentan algo sobre las prácticas y actitudes religiosas precristianas, pero no nos dan la penetración en mitos e ideas que encontramos en *Edda* (compuesto también en época cristiana, pero utilizando material antiguo) de Snorri Sturluson y en *Voluspa* y otra poesía nórdica antigua. ⇨ Edda; Sturluson, Snorri; Voluspa.

sagradas órdenes Grados de ministerio en las iglesias ortodoxa, católica y anglicana. Las órdenes mayores se componen de ministros ordenados, obispos, sacerdotes y diáconos (y, en las iglesias occidentales, subdiáconos). Las órdenes menores incluyen, en la Iglesia occidental, a lectores, ostiarios, exorcistas, acólitos; en la Iglesia oriental, subdiáconos. Las órdenes mayores constituyen la jerarquía de la Iglesia, para distinguirla de los laicos. También se establece una distinción entre órdenes primeras (hombres plenamente profesos), órdenes segundas (mujeres plenamente profesas) y órdenes terceras (los afiliados generalmente a una de las mendicantes). Un miembro de una orden tercera (un «terciario») puede vivir en una comunidad religiosa o en el mundo normal. ⇨ catolicismo; diácono; Iglesia de Inglaterra; Iglesia ortodoxa; mendicantes, órdenes; obispo; sacerdote.

sagrado y profano La religión con frecuencia se define en términos de lo sagrado en cuanto distinto de lo profano. Las palabras provienen del latín *sacrum*, «lugar sagrado que pertenece a un dios», y *profanum*, «el lugar que está frente al templo». En este sentido algunos edificios son señalados como sagrados, y lo que está fuera de ellos pertenece al mundo profano. En un sentido más amplio, la noción de lo sagrado se ha identificado, hasta cierto punto, con lo que es religioso, y la de lo profano con lo que no es religioso. Lo sagrado se ha considerado en términos de lo otro, lo que estaba separado, era santo, remoto e inspiraba temor. Rudolf Otto equiparó la idea de lo santo con la idea de lo sagrado en cuanto que numinoso, que inspira temor y es reducible a razón. Sin embargo, como señala Mircea Eliade, lo sagrado se revela en lo profano, y todo lo que los humanos han manipulado alguna vez, aquello con lo que han entrado en contacto, o han amado puede revelar lo sagrado. Si lo sagrado se considera como lo que es adorado y digno de respeto, como lo que revela «ser» y tiene significado real, entonces lo sagrado de la moderna humanidad occidental es lo material; en otras palabras, es lo profano. El problema para los occidentales, según Eliade, es recobrar un sentido de lo sagrado en cuanto separado de lo profano, aunque revelado en lo profano. ⇨ Eliade, Mircea; Otto, Rudolf.

sah o **shah** Palabra persa para decir «rey». Se han hecho afirmaciones de que el concepto de monarquía sacral está enraizado en la doctrina zoroástrica y que es, por tanto, una parte esencial de la cultura iraní, bien implícita o explícitamente, por algunas dinastías iranias desde los aqueménidas (559-323 a. C.) hasta los recientes pahlevis. Es verdad que la noción de que la khvarenah del rey virtuoso es esencial para el bienestar del país hunde sus raíces en el antiguo pensamiento iranio, aunque tales ideas generalmente han sido prominentes especialmente en tiempos en que servían a los intereses de una dinastía poderosa. Las inscripciones de los aqueménidas suponen claramente que ellos afirmaban haber llegado al poder con la ayuda de Dios, para establecer la armonía y el orden. Estas ideas fueron desarrolladas posteriormente en tiempos sasánidas (226-siglo VII), en que se decía que «la monarquía está basada en la religión, y la religión en la monarquía». Ideas muy similares se encuentran de vez en cuando en la literatura islámica persa. ⇨ khvarenah; monarquía sagrada; pahlevi; zoroastrismo.

Sahaj Término usado en muchas religiones indias, que significa bienaventuranza, paz y armonía espiritual. Es especialmente importante en la tradición sij, donde indica un estado de alegría espiritual alcanzado en vida en el clímax de un viaje espiritual. Este viaje, que pasa por cinco etapas, acaba en un sentimiento de unión con Dios. Concepto similar a la noción hindú de *jivanmukti* (es decir, ser «liberado» estando aún vivo), implica estar centrado en Dios de manera total y una vivencia continua de la presencia de Dios. Este estado se alcanza por medio de una meditación disciplinada, culto y vida ética centrada en el Nombre, Voluntad y Palabra de Dios, y se asocia al Reino de la Verdad *(Sach-Khand),* el estado de perfección espiritual más elevado. Aunque trascendiendo el ciclo de nacimiento y renacimiento, quien conoce el sahaj —que significa salvación— está todavía vivo y físicamente presente en la tierra. ⇨ jivanmukti; Sach-Khand.

Sahajayana (Sahajayāna) Una de las cuatro principales formas de budismo tántrico que se desarrolló como escuela nueva e independiente dentro de la tradición budista mahayana. La primera forma tántrica *(Mantrayana)* hacía hincapié en el uso de mantras, dichos místicos que un gurú da a su discípulo en su ini-

Saicho

ciación y que se repiten con regularidad. La segunda forma tántrica *(Vajrayana)* señalaba la importancia de la visualización de budas y bodhisattvas trascendentes por medio de mandalas, mapas circulares del mundo trascendente. La tercera forma tántrica *(Kalachakrayana)* evolucionó como un tipo de astrología espiritual centrada en el buda primigenio llamado Kalacakra. Sahajayana, que surgió en el siglo VIII d. C. en el este de la India, fue la cuarta forma. Afirmaba que era erróneo considerar la existencia terrena y la liberación *(samsara* y *nirvana)* como diferentes. Son gemelas *(sahaja)* y una está dentro de la otra. Reaccionó contra el uso de mantras, observancias externas y pensamiento sistemático, y recalcó el papel de la intuición para lograr la liberación. En su estilo de vida tendía hacia la espontaneidad, reaccionó contra lo establecido por budismo, aceptando a las mujeres y la sexualidad como algo natural y en el plano de lo sagrado, de modo que la unión sexual podía ser incorporada a la esfera de la iluminación. En el siglo VIII d. C. y después, los místicos sahajayana, como Saraha en su *Dohakosa,* propagaron sus ideas en sus poemas místicos, y el budismo sahajayana tardó en desaparecer del este de la India después de que lo hubiera hecho de todos los lugares en los que había surgido el budismo. ⇨ Adibuda; budismo mahayana; budismo tántrico; mandala; mantra; nirvana; samsara; vipassana.

Saicho (767-822) Fundador de la escuela Tendai de budismo japonés. En el 866 se le concedió el título póstumo de Daishi (Gran Maestro), y es habitualmente conocido como Dengyo Daishi. Hizo sus votos en el 786, y en el 804 fue enviado por el emperador Kammu a China, donde estudió las enseñanzas Tien Tai del budismo chino. Trajo estas enseñanzas de nuevo a Japón como Tendai en el 805, y ello se convirtió en un factor unificador en el budismo japonés. Explicó el *Sutra del Loto,* y recalcaba la importancia de todo el que caía en la cuenta de la naturaleza buda que es ya parte de la propia conciencia de cada individuo. Saicho influyó en la corte japonesa; construyó un importante monasterio en el monte Hiei, a las afueras de Kyoto, creó la primera sala de meditación *Sutra del Loto* en el 812 e introdujo elementos del budismo esotérico shingon en el budismo Tendai. Así, el budismo Tendai con Saicho era ya una amplia síntesis, y quizá no es casualidad que tres importantes, aunque diferentes escuelas de budismo japonés —las tradiciones Tierra Pura, zen y nichiren—, surgieran de fuentes Tendai. ⇨ buda, naturaleza; budismo Nichiren; budismo Tierra Pura; budismo zen; Sutra del Loto; shingon; Tendai; Tien Tai.

Sakyapa (Sa-skya-pa) Orden monástica del budismo tibetano, fundada por Drogmi (992-1072). Junto con otros tibetanos, Drogmi viajó a la India en busca de enseñanzas religiosas, pasando ocho años en el monasterio de Vikramashila. Estudió el vinaya, Prajnaparamita y tantra, y tradujo el *Hevajra tantra* al tibetano. Al volver al Tíbet fundó un monasterio en 1043, aunque fue su discípulo Konchog Gyalpo el que fundó el monasterio en Sakya (Saskya) en 1073, de donde la tradición recibe su nombre. Junto con otras órdenes, los Sakyapa comparten las enseñanzas de un sendero gradual, aunque comparten también una raíz común con los Kagyupas en las enseñanzas de los siddhas tántricos errantes. Una rama de los Sakyapa, los Jonangpa, era considerada herética por los Gelugpas. Esta tradición ha realzado la erudición y ha producido obras exegéticas y relatos históricos del budismo. Los famosos *Anales azules,* una historia del budismo tibetano, fueron escritos en el siglo XV por un miembro de la orden. A lo largo de su historia, los Sakyapa habían estado dedicados a luchas por el poder con otras órdenes, especialmente los Gelugpa. En el siglo XIII la orden llegó a ser muy poderosa, cuando los abades Sakyapa eran nombrados regentes del Tíbet por los gobernantes mongoles de China, aunque el poder de la orden declinó con la desaparición de la dinastía mongola. ⇨ budismo; Gelugpa; Jonangpa; Kagyupa; prajnaparamita; siddhas; vinaya-pitaka.

salat (salāt) Oración ritual diaria, uno de los cinco pilares del islam. Consta de una serie de movimientos y recitados que se repiten, y es, por tanto, más un acto de culto que un ejercicio de oración privada espontánea. Se realiza cinco veces al día: por la mañana, a mediodía, entrada la tarde, a la caída del Sol y después de oscurecer. Se puede realizar solo, pero preferiblemente tiene lugar en grupos, y se ofrece en dirección a La Meca. En los países musulmanes, la melodiosa «llamada a la oración» anuncia a la gente los momentos exactos para orar. En el lugar de oración se entra sin zapatos, y una persona debe estar ritualmente pura antes de orar. La oración del viernes a mediodía es especialmente importante, está precedida por un sermón, y tiene lugar en una mezquita en presencia de una asamblea. El salat se recita en árabe sagrado, y es simbólica en sus palabras y en sus postraciones de gozosa sumisión al único Dios. ⇨ Alá; cinco pilares islámicos; La Meca; mezquita.

Salem, brujas de Célebre caso estadounidense del siglo XVII de «brujomanías», que tuvo lugar en Salem, Massachusetts, en 1692. Al principio fueron acusadas cuatro personas, pero con la histeria que se produjo, el número aumentó hasta 30. Diecinueve fueron ahorcadas tras unos juicios que fueron oficialmente condenados por injustos cuatro años más tarde. Los sociólogos consideran que el origen o desencadenante de este incidente fueron las interpretaciones de las tensiones sociales de una iglesia y una sociedad que estaba profundamente dividida acerca del nombramiento de un nuevo ministro y sobre problemas de familia y vecindad. ⇨ brujería.

Sales, San Francisco de ⇨ **Francisco de Sales, San.**

Salmos

Salmos, Libro de los Libro de la Biblia hebrea/Antiguo Testamento, llamado *tehillim* (hebreo: «canciones») —el nombre «Salmos» se deriva de la traducción griega—, también conocido como el Salterio. Consta de 150 himnos o poemas de diverso tipo, incluyendo cantos de acción de gracias, lamentos individuales y comunitarios, poesía sapiencial, canciones reales y de entronización. Muchos de los poemas tienen títulos y atribuciones individuales, y la colección presenta material de varios siglos, reunido en su forma actual probablemente en la época posterior al exilio. El Salterio se utiliza habitualmente en el culto judío y cristiano, y sus himnos son admirados por las intuiciones religiosas de sus compositores. Fue el libro medieval ilustrado más importante.
⇨ Antiguo Testamento; culto 2.

Salmos penitenciales Serie de siete salmos del Antiguo Testamento —Salmos 6, 32, 38, 51 (Miserere), 102, 130 (De profundis), y 43, aunque numerados de distinta manera en la Vulgata y en muchas versiones católicas— que han sido usados en la liturgia cristiana desde al menos la alta Edad Media, en que se recitaban regularmente los viernes durante la Cuaresma. Son principalmente lamentos, aunque no todos están directamente relacionados con el arrepentimiento del pecado.
⇨ Antiguo Testamento; liturgia; Salmos, Libro de los.

Salomé (siglo I) Nombre tradicional de la hija de Herodías. Marcos 6, 17-28 relata que danzó ante su padrastro Herodes Antipas y que se le ofreció una recompensa. Por instigación de su madre, le fue entregada la cabeza de Juan el Bautista. El incidente no está registrado, sin embargo, en el relato histórico de Josefo.
⇨ Josefo, Flavio; Juan (Bautista), San.

Salomón (siglo X a. C.) Rey de Israel, segundo hijo de David y Betsabé. Su reinado, exteriormente espléndido (descrito en 1 Reyes 1-11 y 2 Crónicas 1-10), contempló la expansión del reino y la construcción del gran Templo de Jerusalén. Pero los elevados impuestos y los pactos con cortes paganas alimentaron el descontento que más tarde provocó la ruptura del reino con su hijo Roboán. A Salomón se le atribuyó una sabiduría extraordinaria, y se convirtió en una figura legendaria en el judaísmo, de modo que su nombre quedó ligado a varios escritos bíblicos y extracanónicos. ⇨ Cantar de los Cantares; David; Proverbios, Libro de los; Sabiduría, Libro de la; Salomón, Salmos de.

Salomón, Salmos de Libro de los pseudoepígrafos del Antiguo Testamento, que consta de 18 salmos, escritos probablemente hacia el siglo I a. C. en respuesta a la ocupación romana de Jerusalén. Expresa esperanzas de un Estado judío libre de la dominación extranjera, llevada a cabo por un libertador mesiánico. Tradicionalmente se considera obra de un fariseo (aunque actualmente existen dudas al respecto), y es importante por su expresión de las expectativas mesiánicas judías de su tiempo. ⇨ fariseos; mesianismo; pseudoepígrafos; Salomón.

Salterio ⇨ **Salmos, Libro de los.**

Saludable-Feliz-Santa, Organización Nuevo movimiento religioso, también conocido como 3HO (**H**ealthy-**H**appy-**H**oly **O**rganization), que surgió en Los Ángeles en 1968. Combina doctrinas sij y técnicas rigurosas derivadas del *Yoga Kundalini* que imponen exigencias bastante pesadas a los posibles seguidores occidentales. Aun así, en 1973 ya tenía ashrams en ochenta localidades, aunque incluso en sus buenos tiempos en la década de los setenta, se estima que llegaron a tener sólo unos cinco mil miembros. Es la rama educativa del Dharma sij del hemisferio occidental fundada por el yogui Bhajan con el objetivo de prestar servicio a los sij procedentes de la India y atraer a los seguidores occidentales a la tradición sij. Sus miembros llevan vestiduras blancas, tanto hombres como mujeres llevan turbantes, y es poco común en cuanto que tiene ministerio ordenado. Su actitud es positiva, como el nombre sugiere, y su objetivo es posibilitar a la gente que se agreguen a él para que sean buenos sij, sanos de cuerpo, de mente feliz y vida santa. ⇨ Kundalini; nuevos movimientos religiosos en Occidente.

salutaciones sij ⇨ **sij, salutaciones.**

salvación Liberación de la humanidad del pecado o mal por medios religiosos, restauración de los seres humanos a su verdadera condición, y el logro de la bienaventuranza eterna. En las religiones teístas la salvación acontece por intervención de Dios para sanar a la humanidad deshecha y pecadora y proporcionarle la vida eterna. En el budismo, la salvación significa escapar del ciclo de nacimiento y renacimiento, y alcanzar el nirvana. ⇨ curación; iluminación; nirvana; soteriología.

salvación, visión cristiana de la Existen varias perspectivas en la teología cristiana de lo que constituye nuestro bienestar definitivo, la curación de la condición humana y el establecimiento del plan de Dios para la creación. Para las tradiciones ortodoxas orientales, el centro de la salvación reside en la unión de la vida humana y la divina llevada a cabo de modo irreversible en Cristo. En las tradiciones occidentales, tanto católica como protestante, el énfasis principal se ha puesto en vencer el alejamiento creado entre Dios y la humanidad por el pecado. Se entiende que Cristo, autor de esta reconciliación, ha invertido radicalmente el sentido de este distanciamiento de una vez para siempre mediante su voluntaria identificación con la humanidad pecadora, y mediante la ofrenda de sí mismo en la cruz, en la cual se cree que ha curado para siempre la dislocación y distancia entre Dios y el mundo. Gran parte del debate clásico en este campo se ha centrado en la cuestión

samadhi

de cómo afecta a la relación Dios/mundo la muerte de Cristo en la cruz, como castigo, como ejemplo, como sustitución, etc. Ha habido argumentos que se repiten como el que se pregunta si se salvan todos o sólo algunos, y si la gente contribuye algo a su propia salvación o simplemente la recibe como un don. Las grandes diferencias se producen con respecto a si la salvación tiene que ver principalmente con la transformación de este mundo, restaurado por el impacto de Dios orientado hacia un mundo de justicia, paz y comunidad reponsable, o si se trata principalmente del bienestar del individuo ante Dios en otra vida y otro tipo de existencia después de la muerte. ⇨ expiación; más allá; Pelagio; universalismo.

samadhi (samādhi) Noción de concentración mental profunda que se encuentra en las religiones indias. En el yoga hindú clásico de Patanjali es el último y más alto de los ocho pasos de la disciplina del yoga. Es un intenso estado de perfección meditativa que equivale al trance, en el que se va más allá de la actividad del pensamiento hacia una conciencia de ser. En la tradición budista se usa en dos sentidos: en el plano general, es el elemento de meditación o concentración, que es una de las tres partes del camino budista, siendo las otras dos la vida ética *(sila)* y la sabiduría *(prajna)*. En el sentido más estricto, es similar a tener la mente centrada en un punto, equivalente al trance, que es la culminación del yoga hindú. Sin embargo, es un medio encaminado a un fin más que un fin en sí mismo, y es previo a la meta definitiva de la iluminación y el nirvana. En la tradición jainita samadhi es un término general para referirse a meditación, y en esta tradición está más estrechamente relacionado con ascetismo y no violencia que en cualquier otra. ⇨ ahimsa; bhavana; meditación; nirvana; Patanjali; prajna; sila; yoga.

samaritanos Secta de origen judío, que vive en Samaria, el territorio norte de Israel, que al parecer no fue deportada en la conquista asiria de c. 721 a. C.; estaban en tensión con los judíos de Judea durante la reconstrucción de Jerusalén tras el regreso del exilio y hasta bien entrados los tiempos del Nuevo Testamento. Los judíos les criticaban por su ascendencia mestiza, por construir un templo rival en el monte Garizim, y por su cisma respecto al verdadero judaísmo. En la actualidad sobrevive un pequeño grupo. ⇨ judaísmo; Templo de Jerusalén.

samatha Forma esencial de meditación budista que subraya la consecución de la calma interior. Se logra venciendo cinco «obstáculos»: avaricia, cólera, letargo, culpabilidad y duda. Existen muchas variedades de entrenamiento en la meditación calmada, pero todas señalan la importancia de fomentar la vigilancia y la satisfacción profunda. Las cuatro *jhanas* (meditaciones en un sentido técnico) también se fomentan como forma de despertar la conciencia. Este proceso puede terminar tanto en un estado de conciencia más elevado que incluye calma, satisfacción y alegría, como en un estado de conciencia extrasensorial de uno u otro tipo. Ha habido mucha polémica entre los meditadores budistas sobre la relación entre «meditación de calma» y «meditación de intuición»; mientras algunos sugieren que, en cuanto que los frutos de la meditación de calma no son necesariamente permanentes y se pueden perder, la meditación de intuición es un cumplimiento de la meditación calmada, otros pensarían que son más parecidas y complementarias, que pueden sintetizarse. ➪ bhavana; meditación; vipassana.

sambhogakaya (sambhogakāya) Cuerpo bienaventurado o celeste de Buda, y uno de los tres cuerpos de Buda según el pensamiento budista mahayana. Los otros dos son el cuerpo histórico *(nirmanakaya)* y el cuerpo cósmico *(dharmakaya)*. Estos tres aspectos de la naturaleza buda están relacionados entre sí, y en el nivel de sambhogakaya Buda aparece como una figura celestial con un cuerpo de bienaventuranza. Este es el cuerpo visto por los seres celestiales, y «gozado» por el propio Buda. Es un tipo de cuerpo glorioso manifestado a los no mortales y al propio Buda, que simboliza su poder y gloria en el reino celestial. La clave de la condición de buda reside en el cuerpo cósmico de Buda que no es visible o accesible directamente a los seres celestiales o humanos, de ahí las manifestaciones de su cuerpo en otras formas acordes con su estado. La noción de los tres cuerpos de Buda *(trikaya)*, incluyendo el cuerpo bienaventurado, fue sistematizada por Asanga y sus sucesores en la India a partir del siglo IV d. C. ➪ Buda; budismo mahayana; Dharmakaya; trikaya.

Samhain Una de las fiestas trimestrales celtas. Se celebraba el 1 de noviembre para señalar el comienzo del invierno en que, se creía, se abría el camino al «otro mundo» y los muertos podían volver para comunicarse con los vivos. Hay muchos cuentos de sucesos misteriosos en Samhain.

Samkhya (Sāṃkhya) Una de las seis escuelas ortodoxas de filosofía hindú. Samkhya («enumeración») es un sistema dualista de filosofía que mantiene una distinción eterna entre materia o naturaleza *(prakriti)* y el alma o espíritu individual *(purusha,* literalmente: «persona»). Samkhya es una enumeración de los principios *(tattvas)* que subyacen en el universo. Postula 25 tattvas, el purusha no material y 24 principios materiales. Es una cosmología enumerativa en la que los tattvas inferiores se generan a partir de los superiores. Estos niveles son también estados y funciones psicológicas. Así, de la materia *(prakriti)* evoluciona el «intelecto» o «mente superior» *(buddhi),* que a su vez genera el ego o sentido del «yo» *(ahamkara)*. De este se desarrolla la mente *(manas)* y, subjetivamente, los cinco sentidos (oír, tocar, ver, gustar y oler) y las cinco capacidades de acción (habla, manejo, andar, evacuación y reproducción). Del ahamkara evolucionan también, objetivamente, los cinco elementos sutiles (los objetos de los sentidos, a saber, el sonido, tacto, color, gusto y olfato), de los cuales a su vez se desarrollan los cinco grandes elementos (espacio, aire, fuego, agua y tierra). En el prakriti se generan tres cualidades *(gunas),* a saber, «claridad» *(sattva),* «pasión» *(rajas)* e «inercia» u «oscuridad» *(tamas),* que rigen las evoluciones inferiores. Samkhya es un sistema ateo y mantiene que la liberación *(moksha)* consiste en liberar al alma de su enmarañamiento en la materia. El sistema Samkhya proporciona la metafísica que subyace al yoga y que influye en la filosofía hindú posterior, hallando su camino en el *Bhagavad Gita,* y siendo elaborado en el tantra. Los principios del sistema están expuestos en el *Samkhya Karikas* (siglo V d. C.) de Ishvarakrisna. ⇨ guna; prakriti; purusha.

samnyasa (saṃnyāsa) «Renuncia al mundo», una de las más importantes tendencias en el hinduismo, como camino necesario para lograr el *moksha* (liberación). En el hinduismo, samnyasa representa la cuarta etapa de la vida que los hindúes ortodoxos tendrían que vivir según su dharma, las otras tres son: *brahmacarin* (estudiante célibe), *grhastha* (cabeza de familia) y *vanaprastha* (habitante del bosque). Las principales características de un samnyasin (renunciante) son similares a todos los grupos hindúes, a saber, romper todas las ataduras formales con la sociedad para buscar la liberación del renacimiento *(samsara).* En consecuencia, los samnyasin son gente sin casa ni hogar, que vagan constantemente (excepto durante la estación de las lluvias) y van vestidos con una túnica ocre o bien desnudos. No trabajan, sino que piden lo que necesitan, y también practican el celibato. Solamente los hindúes «nacidos dos veces» pueden llegar a ser técnicamente renunciantes una vez que han pagado las tres deudas en las que han incurrido al nacer, a saber, el estudio de los Vedas, el sacrificio y la procreación, que deben ser pagadas a los sabios, los dioses y los antepasados del individuo. El rito de iniciación a la renuncia es considerado una muerte ritual. Durante el mismo los renunciantes realizan su sacrificio final, queman su hilo sagrado y se liberan de todas sus posesiones. Después interiorizan los fuegos sagrados respirando en el humo. Algunos incluso representan su propio funeral. Entonces están libres para vagar como ascetas sin apego al mundo. ⇨ culto hindú; dharma; moksha; samsara; Veda.

samsara (saṃsāra) Ciclo de nacimiento, muerte y renacimiento mantenido por el karma, en el hinduismo, budismo y jainismo. El samsara puede ser visto en relación con el *moksha*: el último es la liberación del primero. En el hinduismo, el alma está ligada al samsara por medio de una serie de renacimientos, cada uno de ellos es dictado por el karma heredado de vidas anteriores. El tipo de karma en el que se incurre depende de lo fiel que cada individuo es a su dharma. Además del dharma universal existe también el dharma por el que el adepto debe vivir de acuerdo con el *jati* (casta) en el que ha nacido. Esto, por tanto, traza el ritual y las leyes éticas que deben ser obedecidas si se va a derivar un buen karma y lograr un renacimiento favorable. Consiguientemente el adepto espera que tal acción le conduzca finalmente al moksha, es decir, a la liberación del samsara. ⇨ dharma; jati; karma; moksha; renacimiento.

Samuel (siglo XI a. C.) (hebreo: probablemente, «nombre de Dios») En la Biblia hebrea/Antiguo Testamento, el último de los jueces y primero de los profetas, hijo de Elcaná y de su esposa Ana; un efraimita que fue dedicado al sacerdocio siendo niño mediante un voto nazireo. Tras la derrota de Israel y la pérdida del arca de la Alianza a manos de los filisteos, Samuel intentó mantener unida la confederación tribal, moviéndose en un circuito por los santuarios israelitas. Presidió, al parecer de mala gana, la elección de Saúl como primer rey de Israel, pero más tarde le criticó por asumir prerrogativas sacerdotales y desobedecer las instrucciones divinas que se le habían dado. Samuel finalmente ungió a David como sucesor de Saúl, en vez de al propio hijo de Saúl, Jonatán. ⇨ Arca de la Alianza; David; Jonatán; profeta; Samuel, Libros de.

Samuel, Libros de Dos libros del Antiguo Testamento, que eran uno sólo en la Biblia hebrea y probablemente estuvieran también combinados con los Libros de los Reyes; llamados también 1 y 2 Reyes en algunas versiones católicas. Presentan una narración de la historia de Israel desde la época del profeta Samuel y del primer rey de Israel, Saúl (1 Samuel), hasta la historia de la ascensión y reinado de David (2 Samuel). Son probablemente una compilación de varias fuentes, parcialmente coincidentes, con una edición tardía posterior al exilio. ⇨ Antiguo Testamento; David; deuteronomista, historia; Reyes, Libros de los; Samuel; Saúl.

samurai Guerrero japonés. El Japón Tokugawa (1603-1868) tenía cuatro clases hereditarias: samurai, granjeros, artesanos y mercaderes. (Los parias no formaban parte de este sistema.) Sólo a los samurais se les permitía llevar armas, y llevaban dos espadas. Tenían que servir a sus amos daimyo con lealtad y seguir el código del guerrero, bushido; a su vez recibían alojamiento e ingresos. Con frecuencia se les considera figuras heroicas. ⇨ bushido; Meiji, Restauración.

San Chiao (tres caminos chinos) Expresión usada en la religión china para referirse a tres caminos en China: confucionista, taoísta y budista. Aun siendo senderos muy diferentes, son también complementarios, y, así, se pueden seguir al mismo tiempo. El camino confuciano, que comienza con Confucio en el siglo VI a. C., señalaba la importancia de la buena educación, las virtudes sociales, la observancia exterior de los rituales, la conducta ética, la cortesía, el activismo y la caballerosidad. El camino taoísta, expresado en el *Tao Te Ching* y el *Chuang Tzu* desde el siglo IV a. C., hacía hincapié en la espontaneidad, el vivir en armonía con la naturaleza, siguiendo el «curso de las cosas», la mística interior, la inacción creativa y las virtudes femeninas. Aunque los caminos confuciano y taoísta eran opuestos, al igual que el concepto chino del yin y el yang, se complementaban entre sí y trabajaban armónicamente. El budismo mahayana surgió en China a partir del siglo I hasta el VI, y añadió curiosidad filosófica, una comunidad organizada (la *sangha),* la preocupación por el más allá y un sistema monástico que se centraba en la meditación. Desde la época de la dinastía Sung (980-1279) los tres caminos llegaron a relacionarse de manera más estrecha en el plano de la religión popular. Aunque permanecieron separados, la gente normal fue capaz de participar en todos ellos para cubrir las distintas necesidades de sus vidas, y se alimentaron entre sí prestándose y compartiendo ideas. ⇨ budismo mahayana; Confucio; Tao Te Ching.

sanctasanctórum La parte más interior y sagrada del tabernáculo judío, y más tarde del Templo de Jerusalén, de forma cúbica, que contenía el Arca de la Alianza. Sólo al sumo sacerdote le estaba permitido entrar, y sólo una vez al año, el Día de la expiación. ⇨ Arca de la Alianza; día del juicio; Tabernáculo; Templo de Jerusalén.

Sanedrín (griego: «consejo», también llamado por Josefo la *gerousia*, griego: «senado») Consejo judío de ancianos reunido en Jerusalén, que durante la época grecorromana adquirió funciones administrativas y judiciales internas sobre los judíos palestinos, a pesar de la dominación extranjera. Convocado por el sumo sacerdote, su número de miembros era de 71, aunque fuera de Jerusalén las comisiones locales con esta denominación tenían un número menor de miembros (generalmente 23 o sólo tres) y una jurisdicción más limitada. Después de la caída de Jerusalén en el 70 d. C., el Sanedrín de Jerusalén fue reemplazado de manera efectiva por una nueva comisión de sabios en Yabne. ⇨ judaísmo; Yabne.

Sangat (Saṅgat) Concepto sij, derivado del hinduismo, que denota compañerismo o compañía, y que se refiere especialmente a la asamblea de un templo sij o a una comunidad local sij. La importancia que se concede al compañerismo, que a veces se conoce como la «compañía de los santos», es crucial para la tradición sij, que considera extraño pensar en términos de un sij solitario. Los primeros gurús sij fundaron sangats y contaron con ellas como medio de mantenimiento y misión. El término usado para la comunidad sij en general es Sij Panth, mientras que sangat es una rama local de la comunidad más amplia. La espiritualidad individual es importante dentro de la tradición sij, pero se practica dentro del contexto del sangat como asamblea de culto y como compañía socialmente implicada en el bienestar de la sociedad. ⇨ Panth; sij, gurú.

sangha (saṅgha) Comunidad de *bhikkus* (quienes se han comprometido formalmente a seguir el camino de vida budista y a vivir de acuerdo con una serie de reglas conocidas como *Patimokkha*). Se inició con los primeros discípulos de Buda, y en la actualidad sigue siendo influyente y está extendida. ⇨ budismo.

sánscrito Nombre dado a las formas primeras de indoario, hacia el año 1000 a. C., en las que fueron escritos los textos sagrados hindúes conocidos como los Vedas. Su forma gramatical y pronunciación se han conservado escrupulosamente como asunto de observancia religiosa. El sánscrito fue la clave para la reconstrucción del indoeuropeo en el siglo XIX. ⇨ Veda.

Sansón (c. siglo XI a. C.) Héroe legendario de la tribu de Dan, según se afirma el último de los líderes («jueces») tribales de Israel; anterior a Samuel y el establecimiento de la monarquía con Saúl. Las historias de Jueces 13-16 hablan de su extraordinaria fuerza, sus luchas contra los filisteos, su gobierno de 20 años y su fatal enamoramiento de Dalila.

Sansón derriba el templo de los filisteos. Biblioteca del Monasterio de El Escorial

Ella, rompiendo su voto nazireo, le cortó el pelo, en el que residía su fuerza, por lo que pudo ser retenido por los filisteos. Cuando el pelo le creció de nuevo y recuperó la fuerza, derribó el templo de los filisteos con ellos dentro. ⇨ Dalila; Dan, tribu de; Jueces, Libro de los.

Sant, tradición Grupo de maestros religiosos devocionales que ejercieron una influencia importante en el norte de la India desde el siglo XV al XVII. Aunque tradicionalmente ligados a la relevante figura devocional hindú llamada Ramananda, cuyos detalles históricos son oscuros, se vieron de hecho influidos por tres grupos: los hindúes consagrados a Visnú, la tradición yoga nath y el islam sufí. Subrayaban la importancia del monoteísmo y la devoción a Dios, pero no a través de encarnaciones *(avataras)*. Escribieron himnos profundamente expresivos en lenguas vernáculas distintas del sánscrito. Rechazaban el sistema de castas, el ritualismo, las imágenes y el hinduismo institucional, y eran a veces de casta inferior. Algunos de ellos, como Namdev (floreció hacia 1270), Ravidas, Kabir y, por supuesto, el Gurú Nanak, tienen sus himnos dentro de las escrituras sij, el *Adi Granth*. Destacaban la devoción profunda, rica y mística basada en la confianza y la fe en Dios, que estaba abierta a todos, de cualquier rango o condición, como la clave de la salvación *(mukti)*. Aunque no unidos en una escuela formal, de hecho, sin conocerse realmente entre sí, ejercieron una gran influencia en el plano popular así como de una manera más sofisticada en el islam y el hinduismo, y especialmente en la tradición sij, que era una manifestación de su espíritu. ⇨ avatara; Gurú Granth Sahib; Nanak; Ramananda; Ravidas; sufismo; Visnú; yoga.

Santa Sofía o **Hagia Sophia** Obra maestra de la arquitectura bizantina construida (532-537) en Constantinopla (hoy Estambul). La basílica con cúpula, lujosamente decorada, fue encargada por el emperador Justiniano I y diseñada por Antemio de Tralles e Isidoro de Mileto. Los turcos otomanos, que tomaron Constantinopla en 1453, la convirtieron en mezquita. Desde 1935 ha sido museo.

Santiago («hermano de Jesús»), conocido también como **Santiago el Justo** (siglo I) Enumerado con José, Simón y Judas (Mateo 13, 55) como «hermano» de Jesús de Nazaret, e identificado como el principal líder de la comunidad cristiana de Jerusalén (Gálatas 1, 19; 2, 9; Hechos 15, 13). No está incluido en las listas de los discípulos de Jesús, y no debe confundirse con Santiago hijo de Alfeo o Santiago hijo de Zebedeo, pero fue al parecer testigo de la resurrección de Cristo (1 Corintios 15, 7), momento en el que se convirtió. Se mostró partidario de la adhesión de los cristianos a la ley judía. La mayoría de los teólogos le considera el autor de la Epístola de Santiago, aunque ha sido atribuida a otros dos. Primera de las epístolas católicas, fue puesta por Eusebio de Cesarea en la lista de libros controvertidos *(Antilegomena)*, y fue finalmente declarada canónica por el tercer Concilio de Cartago. Según Josefo, fue martirizado por lapidación (c. 62). Su fiesta se celebra el 1 de mayo. ⇨ Jesucristo; Santiago, Carta de.

Santiago (hijo de Alfeo), conocido también como **Santiago el Menor** (siglo I) Uno de los doce apóstoles. Puede ser el Santiago cuya madre María se menciona en la crucifixión de Jesús. ⇨ apóstol; Jesucristo.

Santiago (hijo de Zebedeo), también conocido como **Santiago**

el Mayor (m. c. 44) Uno de los doce discípulos de Jesús, con frecuencia nombrado, con Juan (su hermano) y Pedro, como parte de un grupo íntimo más cercano a Jesús. Se encontraba entre los primeros llamados por Jesús, y entre los que estuvieron con él en su transfiguración y en Getsemaní. Él y su hermano Juan eran también llamados Boanerges («hijos del trueno»). Según Hechos 12, 2 fue martirizado bajo Herodes Agripa I. La leyenda posterior sugiere que sus restos fueron milagrosamente transportados a Santiago de Compostela en España, que se convirtió en un centro de peregrinación medieval. Su fiesta se celebra el 25 de julio. ⇨ apóstol; discípulos (en la Iglesia cristiana primitiva); Getsemaní; Juan (hijo de Zebedeo), San.

Santiago, Carta de Escrito del Nuevo Testamento, atribuido a «Santiago», que en la tradición primitiva se consideró que era Santiago el hermano de Jesús, pero que actualmente se piensa que se trata de un autor desconocido de finales del siglo I, de acuerdo con la distancia de la teología paulina y la polémica en el escrito. Los destinatarios de la carta son descritos sólo como «las doce tribus en la diáspora». Contiene una variedad de enseñanzas éticas, pero fue a veces criticada (de modo muy notable por Lutero) por carecer de un mensaje distintivamente cristiano y por su énfasis no paulino en las «obras» más que en la «fe». ⇨ Lutero, Martín; Nuevo Testamento; Pablo, San; Santiago («hermano de Jesús»).

santidad Estado de bienaventuranza que es fruto de la expresión preeminente en un individuo de los principios de su religión. En el Nuevo Testamento, todos los creyentes cristianos se describen como santos. A partir del siglo II, sin embargo, el término quedó restringido a los mártires y, al finalizar la persecución, a los ascetas. Porque el santo o santa encarnan los principios de su religión, son a la vez modelo y objeto de veneración para los creyentes normales. ⇨ clero; mártir; sacerdocio.

santo En la enseñanza católica y ortodoxa, hombre o mujer que se reconoce que está en el cielo por sus cualidades especiales. En el Nuevo Testamento, todos los creyentes cristianos son llamados santos, pero en el siglo II, comenzó la veneración de santos (a menudo mártires) y finalmente se buscó la intercesión y devoción de santos particulares. La práctica de la veneración fue prohibida por los reformadores del siglo XVI, pero continuó en las iglesias ortodoxa y católica. Se requiere un procedimiento elaborado antes de que se pueda proceder a la canonización. En el budismo, santo es todo el que ha vivido una vida pura y santa, como el bodhisattva o el *arahat*. ⇨ arahat; bodhisattva; canonización; catolicismo; Iglesia ortodoxa; mártir; Reforma; santo, visión islámica de.

santo, idea de lo Santidad, categoría religiosa que significa poner aparte con un propósito sagrado, es un concepto común a las gran-

santo

des religiones del mundo. Una persona, lugar u objeto puede convertirse en santo en este sentido en virtud de alguna relación especial que tenga con los dioses o un dios. La expresión «la idea de lo santo» está sacada del libro *Lo santo: lo racional y lo irracional en la idea de Dios* de Rudolf Otto (1896-1937), publicado en castellano en 1994, en el que analizaba «lo santo» como una dimensión peculiar para la experiencia religiosa que deriva de su contacto con lo «numinoso» o totalmente otro. Para Otto el sentido de lo santo es la experiencia de lo que es en el fondo real, algo misterioso, fascinante y que inspira pavor. Este sentimiento de pavor ante «lo santo» es la reacción humana característica común a toda experiencia religiosa. La cualidad de «totalmente otro» de la santidad da origen a la distinción entre lo sagrado y lo profano. Lo profano es aquello que es de uso común y cotidiano. Lo sagrado es lo que está imbuido de lo santo y que introduce a uno en el reino de lo santo. Por tanto, la gente, los lugares y los objetos pueden denominarse santos en la medida en que recuerdan y recrean la experiencia de lo trascendente. Según Otto, la idea de que la santidad significa lo moralmente perfecto o absolutamente bueno es sólo un rasgo subsidiario del término. Sin embargo, en un credo como el judaísmo la rectitud y santidad de Yahvé están inextricablemente unidas. ⇨ sagrado y profano.

santo, visión cristiana de

En el pensamiento bíblico, la santidad se atribuye principalmente a Dios y secundariamente a la gente que llama a ser como él. Los judíos fueron llamados a ser el pueblo santo de Dios; los primeros cristianos se consideraban a sí mismos como el nuevo Israel, llamados también a ser santos. En consecuencia, el apóstol Pablo se dirige a todos los destinatarios de sus epístolas con el título de santos, aunque hayan fallado pronto a su vocación. A su entender, eran santificados tanto por su llamada como por la obra del Espíritu Santo en ellos, un proceso de transformación que se completaría solamente en el más allá. Sin embargo, antes del siglo II, el respeto por cristianos vivos sobresalientes se había convertido en veneración por los mártires muertos, y antes del siglo IV «confesores y vírgenes» eran honrados con ellos. Las plegarias a los santos para que intercedan en favor de los vivos nacieron de la creencia en que existía una permanente «comunión de los santos» de la tierra y del cielo. Desde los siglos XI y XII la Iglesia católica elaboró un procedimiento formal para canonizar o dar reconocimiento universal a cristianos que se creía que eran merecedores del apelativo «santo». Sus vidas son examinadas buscando pruebas de santidad sobrenatural y virtudes cristianas heroicas como la alegría, y milagros realizados durante su vida o pedidos a través de la oración en su ayuda. Este proceso legal generalmente dura muchas décadas, aunque ha habido excepciones: Santa Teresa del Niño Jesús (1873-1897) fue canonizada en 1925, y el mártir de Auschwitz San

Maximiliano Kolbe (1894-1941) fue beatificado en 1971 y canonizado por el papa Juan Pablo II en octubre de 1982. Los que han sido canonizados pueden ser invocados en la oración pública, se pueden ofrecer actos de culto en su honor (especialmente en su día de fiesta), dedicarles iglesias y honrar sus reliquias. En el arte cristiano se les representa convencionalmente rodeados por una luz celestial. Después de la explosión medieval de veneración de los santos, y los abusos de reliquias falsas, milagros legendarios y la venta de indulgencias, las iglesias de la Reforma rechazaron la idea de los santos individuales distintos de los apóstoles del Nuevo Testamento, y desecharon gran parte de la devoción a la Virgen María. No existe una alternativa protestante a la canonización para reconocer la santidad, pero algunas iglesias de la Comunión Anglicana cuentan con calendarios litúrgicos que incluyen conmemoraciones opcionales de cristianos posteriores a la Reforma dignos de mención. ⇨ beatificación; canonización; más allá, concepto cristiano del.

santo, visión islámica de

El culto de los santos es común en el mundo musulmán aunque es con frecuencia sospechoso en círculos ortodoxos. Existen tres niveles de santos en el islam: popularmente hay una jerarquía invisible de santos que tiene significado cósmico; en segundo lugar los wali, o amigos de Dios, son importantes en línea con el Corán 10, 62: «¡Ved los amigos de Dios!, no existe el temor en ellos, ni se afligen», y en tercer lugar está el «santo», que está purificado o bendecido *(tahir)* y es de rango inferior al «amigo de Dios». Las tumbas de los santos se pueden ver en varias partes del mundo musulmán, especialmente en lugares influidos por el sufismo, y, simbólicamente, los santos y sus tumbas son un puente entre el cielo y la tierra. Movimientos conservadores como los qahhabis de Arabia desaprueban a los santos y los cultos de los santos por razones similares a las utilizadas por los cristianos protestantes con respecto a los santos católicos: a saber, que si hay acceso directo a Dios, no es necesaria la mediación de santos. ⇨ Corán; santo; sufismo; Wahhabis.

Santo Sudario ⇨ Turín, Sábana de.

santuarios Lugar sagrado que se cree está imbuido de poder espiritual y significación religiosa. Los santuarios son considerados con frecuencia como puntos en los que el mundo divino toca el mundo secular. Generalmente son erigidos en lugares estrechamente relacionados con acontecimientos y personas importantes dentro de una religión. Así, La Meca es un santuario importante para los musulmanes porque fue allí donde se centró la misión de Mahoma. De modo parecido, los acontecimientos de la vida de Jesús son conmemorados por numerosos santuarios en todo Israel. En las sociedades primitivas, los santuarios pueden estar ubicados en localidades relacionadas con antepasados de la sociedad o con sus lugares de enterramiento. Algunas veces se ha afirmado que un dios determinado en persona fundó el santuario. Los santuarios desempeñan un papel importante en la vida religiosa. Actúan como centro de atención de los sentimientos religiosos de una comunidad y posibilitan que la gente se inspire y se sumerja en sus propias tradiciones religiosas y sociales. De esta manera los santuarios también contribuyen a congregar a la gente en comunidad. Su importancia ha llevado al desarrollo de la peregrinación. Visitar un santuario, especialmente si le supone un gran esfuerzo al peregrino, es un acto religioso importante. Es una afirmación de la propia fe y puede aportar varias ventajas religiosas al peregrino. Los santuarios pueden también ser lugares de curación. Se cree que muchos de ellos poseen el poder de curar o transformar al ser humano, como el de Lourdes (Francia), donde, a través de su relación con la Virgen María, sus aguas han adquirido poderes milagrosos. ⇨ peregrinación; templos.

santuarios sintoístas ⇨ **sintoístas, santuarios.**

Sanusis (Sanūsīs) Organización político-religiosa musulmana muy extendida en Libia y presente también en Sudán. La primera sede sanusi fue fundada en La Meca por un argelino llamado al-Sanusi (1791-1859), que se llamaba a sí mismo el Gran Sanusi; el movimiento combinaba el fundamentalismo puritano con ideas místicas sufíes. El fundador se trasladó de Arabia a la provincia Cirenaica, en Libia, y después de su muerte sus seguidores se expandieron por medio de sus hijos, especialmente Sayyid Muhammad al-Mahdi, que fundó cientos de sedes sanusi antes de su muerte en 1902. Su hijo llegó a ser el rey Muhammad Idris de Libia, quien en 1969 fue derrocado por un golpe militar encabezado por el coronel Gadafi. Los sanusis coincidían con los wahhabis de Arabia en que ambos constituían movimientos puritanos que aseguraban que sus fuertes ideales religiosos tenían respaldo político. ⇨ La Meca; sufismo; wahhabis.

Saoshyant Palabra avéstica que significa «El que traerá Beneficio» o «Salvador». Algunos pasajes de los Gathas, donde el mismo Zoroastro se refiere a este concepto, sugieren un sentido de inmediatez. Muchos eruditos, por tanto, creen que, inicialmente al menos, Zoroastro usaba la palabra para referirse a una persona o grupo de personas que restaurarían el mundo a su estado prístino de pureza durante su vida o poco después. En el zoroastrismo posgáthico (y posiblemente en el gáthico tardío), sin embargo, las expectativas de la aparición de un Salvador llegaron a ser proyectadas a un futuro más remoto. Saoshyant, que aparecería inmediatamente antes del fin de los tiempos y libraría la última batalla entre el bien y el mal, se creía probablemente que estuviera de alguna manera relacionado con el mismo Zoroastro. Se desarrolló así una leyenda de que nacería de una virgen que se había bañado en el lago Kansaoya, donde se había conservado el semen de Zoroastro. En la tradición zoroástrica posterior las leyendas sobre el Saoshyant se hicieron más complejas, postulando tres figuras así, nacida cada una de ellas de la semilla del profeta, que aparecería al final de cada uno de los tres milenios del período de Mezcla, en un tiempo en el que el mundo estaba completamente dominado por el mal. El último de estos, el Saoshyant propio, anunciaría Frashokereti. ➪ Bundehish; Frashokereti; zoroastrismo; Zoroastro.

sapiencial, literatura En la Biblia hebrea, grupo de escritos, que incluye normalmente Proverbios, Eclesiastés, Cantar de los Cantares y Job, aunque la influencia de la sabiduría se puede encontrar también en otras historias bíblicas (por ejemplo, Ester) y en algunos Salmos. Entre los Apócrifos, también incluye el Eclesiástico y el Libro de la Sabiduría. La literatura se remonta generalmente a una clase especial de sabios de Israel que intentaban sacar lecciones para la vida a partir de la experiencia humana general más que las verdades religiosas reveladas, aunque de hecho sus observaciones humanistas estaban con frecuencia integradas con la creencia en Yahvé y su ley. ➪ Antiguo Testamento; Eclesiastés/Eclesiástico/Job/Proverbios, Libro(s) de(l) (los); Sabiduría, Libro de la; Salomón.

sapiencial del antiguo Egipto, literatura Género de literatura instructiva encontrado en Egipto desde el Reino Antiguo (c. 2686-2181 a. C.) en adelante. Los textos se presentan normalmente como una reflexión de un hombre sabio a su hijo en forma de colección de dichos o preceptos. Contienen consejos prácticos para una conducta recta y una vida de acuerdo con Maat, el orden divino. El género es muy similar a la sabiduría israelita, y puede haber influido en ella. De hecho, un texto egipcio, *La instrucción de Amenemope,* guarda tantas semejanzas con parte del Libro de los Proverbios que probablemente existe una relación literaria entre los dos. ➪ Maat; Proverbios, Libro de los.

Sara o **Sarai** (hebreo: «princesa») Personaje bíblico, esposa y medio hermana de Abraham, que es descrita (Génesis 12-23) acompañándole de Ur a Canaán. A causa de su belleza pasó por hermana de Abraham ante el faraón de Egipto y ante Abimelec en Guerar, ya que el deseo de ellos hacia Sara podría haber puesto en peligro la vida de su esposo. Mucho tiempo estéril, se dice que finalmente dio a luz a Isaac en edad ya avanzada como Dios había prometido. Supuestamente murió a la edad de 127 años en Quiriat Arbá. ➪ Abraham; Agar; Antiguo Testamento; Isaac.

Sarnath (Sārnāth) Parque de ciervos a 10 km a las afueras de la ciudad santa de Benarés en Uttar Pradesh al norte de la India, donde Buda predicó su primer sermón. Después de su iluminación en Bodhgaya fue a Sarnath y se encontró con cinco ascetas a quienes había conocido antes, cuando él mismo había experimentado el camino ascético sin éxito. Les dirigió su primer discurso o «hizo girar la rueda del dharma» como diría la tradición budista. Les predicó sobre el camino medio, las cuatro nobles verdades y el sendero óctuple, rasgos que se convirtieron en los elementos básicos de su enseñanza y la esencia del camino budista. Desde los tiempos de Asoka, en el siglo III a. C., hasta las invasiones musulmanas del siglo XI d. C., Sarnath fue uno de los cuatro principales centros budistas de peregrinación con una universidad monástica y varios stupas y monasterios. Durante este siglo ha revivido y es de nuevo un gran centro de peregrinación. El stupa original de 50 m de altura y el último fragmento del pilar de Asoka se conservan; se ha erigido un templo moderno y un centro budista en el lugar donde Buda predicó su primer sermón. También en Sarnath existe un moderno templo jainita dedicado al undécimo gran maestro jainita *(tirthankara)*, Sri Amsanatha, que según se dice vivió y murió en ese lugar. ⇨ ariya sacca; Benarés; Buda; dharma; sendero óctuple; stupa; tirthankara.

Sarvastivada (Sarvāstivāda) Sistema doctrinal sostenido por una antigua escuela india de budismo llamada los sarvastivadinos. Se diferenciaban de otras escuelas como la theravada en lo referente a si los acontecimientos mentales pasados y futuros (dharmas) eran tan reales como los presentes. Sus oponentes negaban esto y ellos lo afirmaban. Su mismo nombre sugiere este punto de vista de que todo *(sarva)* —pasado, presente y futuro— existe *(asti)*. Su persistencia y crecimiento dio lugar a la convocatoria por parte del rey Asoka del tercer Congreso budista de Pataliputra en el siglo III a. C. para discutir estas opiniones. En contraste con la escuela theravada usaban el sánscrito en vez de la lengua pali. Aunque la tradición mahayana los ponía junto a la escuela theravada como parte del despectivamente denominado hinayana (vehículo menor), se les puede considerar más aventureros que la tradición theravada, así como una especie de puente hacia el propio budismo mahayana. ⇨ budismo hinayana; budismo mahayana; budismo theravada; budistas, congresos; dharma.

Sat Gurú (Sat Gurū) Término sij para referirse a Dios como el «Verdadero Gurú». Otros importantes nombres sij para referirse a Dios son el Eterno *(Akal Purukh)*, que es teológicamente importante, y el Señor Maravilloso *(Wahigurú)*, que goza del favor popular. Sin embargo, Dios es descrito con frecuencia como Sat Gurú por el primer gurú sij, el Gurú Nanak; por las escrituras sij, el *Gurú Granth Sahib*, y sigue siendo una denominación importante de Dios. Para el Gurú Nanak la noción de Sat Gurú indicaba la voz interior o presencia interna de Dios, y debido a que él y los demás gurús sij tan claramente conocían y eran conocidos por este Sat Gurú, ellos mismos recibieron el título de «Gurú». Sin embargo, no se les consideraba divinos ni encarnaciones *(avataras)* de Dios, sino canales humanos del gurú divino. Tras la muerte del décimo gurú, el Gurú Gobind Singh, la función de canalizar al Sat Gurú fue asumida por el texto sagrado sij, el *Adi Granth,* que recibió el nombre de *Gurú Granth Sahib.* ⇨ Adi Granth; Akal Purukh; Gurú Granth Sahib; Nanak; Nirankar; sij, gurú.

Satán o **Satanás** Ángel caído que es la personificación e instigador del mal. El término se deriva del verbo hebreo «satan», que significa «oponerse». La traducción de los Setenta de «satan» por «diabolos» dio origen al término «diablo». Ambos términos se emplean generalmente como sinónimos. Satán es la personificación del mal y las cualidades negativas de la humanidad. Es entendido como tentador, impostor y mentiroso, como la causa de los sentimientos y las acciones inmorales, y que tiene poder de muerte y destrucción sobre los cuerpos y almas de los seres humanos. En la literatura judía, Satán residía junto con otros poderes demoníacos y negativos en la atmósfera inferior. El cristianismo ha considerado el infierno, lugar de atroz tormento debajo de la tierra, como el lugar en que habita Satán. El término Satán aparece por primera vez en el Antiguo Testamento, donde significa inicialmente «adversario» u «oponente» y se puede usar tanto para seres humanos (1 Samuel 24, 4; 2 Samuel 19, 22; 1 Reyes 11, 14.23; Salmos 109, 6) como para ángeles (Zacarías 3, 1-2; Job 1-2). En el último caso, el término describe una función similar a la del fiscal en un tribunal legal. Hacia el final del período del Antiguo Testamento, y especialmente durante el período intercanónico, «Satán» llegó a ser más estrechamente identificado con el mal. Esta tendencia se debió probablemente a la influencia del dualismo persa. En el Nuevo Testamento la identificación de Satán con el mal continúa y se fortalece. A Satán se le entiende como opuesto a Cristo y es visto como una fuente de tentación (Mateo 4, 1-11; Marcos 1, 12-13; Lucas 4, 1-13). Existe también cierta especulación relativa a los orígenes de Satán (2 Pedro 2, 4; Judas 6; Apocalipsis 12, 7-9) y discusión sobre su definitiva derrota escatológica (2 Corintios 2, 11; Apocalipsis 20, 2.7-10), que ha comenzado con la muerte y resurrección de Cristo. Otras muchas religiones cuentan con un concepto similar del mal personificado. Así, en el Corán encontramos los conceptos de «Shaytan» e «Iblis». Estos dos conceptos cubren la mayor parte de los significados contenidos en el concepto judeocristiano de Satán. Las principales diferencias están en que Satán es acusado de oponerse a la revelación divina (22, 52) y que la causa de su caída es su negativa a inclinarse ante Adán (3, 34). Una personificación similar del mal se encuentra también en el budismo en la forma de «Mara». Este ser posee muchas de las cualidades de Satán pero se diferencia en que no es un

satanismo

ángel caído. ⇨ Iblis; infierno; Mara (budista).

satanismo Culto de Satán u otras figuras de la demonología. Puede incluir la perversión de rituales religiosos (por ejemplo, la misa negra), la práctica de la brujería y otras prácticas asociadas a lo oculto. La Iglesia cristiana acusó con frecuencia a quienes no estaban de acuerdo con los dogmas cristianos de ser satánicos. Se creía, por ejemplo, que los albigenses contaban con miembros satánicos entre los suyos, mientras que, desde la baja Edad Media, brujería y satanismo se consideraban sinónimos. Hubo un renacimiento del satanismo en el siglo XIX, y todavía se pueden encontrar ejemplos de ello. ⇨ brujería; Diablo; herejía; misa negra; oculto.

sati (satī) o **suttee** Forma de suicidio en la que una viuda sube a la pira funeraria de su marido. En el hinduismo ortodoxo la mujer no tiene derecho a llevar su propio hilo sagrado y después de la muerte de su marido quedaría, por tanto, marginada por la sociedad. En ese caso parecería preferible para la viuda autoinmolarse para alcanzar la bienaventuranza celestial con su marido. El acto del sati se considera también un acto de purificación tanto para el marido como para la esposa. Aunque supuestamente era un acto voluntario, existen pocas dudas de que en algunas comunidades se esperaba más o menos de la viuda que lo llevara a cabo.

satori Palabra japonesa que significa iluminación y la realización de la naturaleza buda. Su origen reside en la iluminación del mismo Buda en Bodhgaya, en la India, en el siglo VI a. C., pero en el Japón quedó especialmente asociada al budismo zen. Vino a significar la experiencia de despertar a la propia naturaleza real de uno y de ser consciente de la mente buda que está en el interior. Esto se lograba mediante una combinación de meditación en postura sentada *(zazen),* el consejo de maestros zen y el uso de koans (proverbios paradójicos) que conducen a la realización de la propia naturaleza de uno. Esta experiencia inicial de satori puede ir seguida por otras que, aunque similares, acrecientan la profundidad de la madurez en la vida espiritual. La escuela Rinzai, fundada por Eisai en 1191, señalaba la trascendencia del papel de los koans para alcanzar el satori, mientras que la escuela zen Soto, fundada por Dogen en 1227, subrayaba el zazen como elemento clave. La misma experiencia es fundamentalmente mística y no se puede expresar con palabras. Sin embargo, un erudito zen lo resumía en ocho epígrafes: irracionalidad, penetración intuitiva, autoridad, afirmación, trascendencia, impersonalidad, exaltación y momentaneidad. ⇨ bodhi; buda, naturaleza; Dogen; Eisai; koans; peepul; Rinzai; Soto.

satsang Término sij que significa comunidad o asamblea local dentro de la tradición sij. En los himnos de los gurús sij contenidos dentro del texto sagrado sij, el *Gurú Granth Sahib,* se usaba para referirse a la comunidad sij en su conjunto, pero actualmente el término *panth* se usa para referirse a la tradición sij en su conjunto y satsang para una manifestación local de ella. Satsang se refiere también no sólo a la comunidad externa de la asamblea local sino al compañerismo que debe caracterizar a la comunidad. Combina así la noción de compañerismo en el sentido de intimidad y en el sentido de un cuerpo comunitario de gente. ➪ Gurú Granth Sahib; Panth; sij, gurú.

Satya Sai Baba (1926-) Gurú y obrador de prodigios, uno de los hombres santos indios vivo más popular. En contraposición con muchos gurús modernos jamás ha traído sus enseñanzas a Occidente, y sigue con un considerable número de seguidores en la India. Después de una experiencia religiosa parecida al trance, a la edad de 14 años, se proclamó a sí mismo como una reencarnación de Sai Baba de Shirdi y comenzó a predicar. Se dedicó a la propagación de una forma ecléctica de hinduismo, abogando por una devoción de estilo bhakti junto con un cierto nivel de disciplina religiosa, que incluye la abstinencia del alcohol, las drogas y la carne, y el estudio de las Escrituras. La virtud es, así mismo, un tema esencial de sus enseñanzas. Afirma que sus milagros, que han atraído a seguidores de tipo popular, intentan sencillamente facilitar la propagación de sus enseñanzas. ➪ bhakti.

Saulo de Tarso ➪ **Pablo, San.**

Saúl Rey del Antiguo Testamento, el primero elegido por los israelitas. Venció a los filisteos, amonitas y amalequitas; tuvo celos de David, su yerno, y se enemistó al final con la clase sacerdotal. Finalmente, Samuel ungió en secreto a David como rey. Saúl cayó en la batalla contra los filisteos en el monte Gelboé. ➪ Antiguo Testamento; David; Samuel.

Sautrantika (Sautrāntika) Escuela de filosofía budista que data del siglo I d. C. Deseaba volver a los discursos *(sutras)* de Buda por ser la clave de la enseñanza budista, y rechazaba el *abhidharma* posterior por ser un añadido —y en cierto sentido una desviación— a las doctrinas básicas del budismo. Según ellos, los *sutras* de Buda eran el fin *(anta)* de su enseñanza, de ahí su nombre: Sutra-anta-ka. Querían llegar a los discursos originales de Buda por encima de añadidos posteriores. Sin embargo, lo hicieron de una manera sutil y no fundamentalista. También hablaban de que había una existencia duradera de una conciencia sutil que pasa de una vida a otra, y que llega hasta el nirvana. Era un intento, como el de los *Pudgalavadinos,* de explicar cómo, si no existe un yo permanente *(atman),* es posible hablar de forma comprensible sobre el renacimiento. Sus ideas parecen haber ejercido alguna influencia en la posterior escuela «Conciencia» *Yogacara* del budismo mahayana,

Savonarola

aunque no sobrevivió como escuela independiente. ⇨ abhidharma; atman; budismo mahayana; nirvana; renacimiento; Yogacara.

Savonarola, Girolamo (1452-1498) Religioso italiano y reformador político, nacido en una noble familia de Ferrara. En 1474 ingresó en la orden dominica en Bolonia. Parece que predicó en 1482 en Florencia, pero fue un fracaso. En un convento de Brescia su celo consiguió llamar la atención, y en 1489 fue llamado de nuevo a Florencia. Su segunda aparición en el púlpito de San Marcos —predicando sobre la maldad y apostasía de la época— supuso un gran triunfo popular, y fue saludado por algunos como un profeta inspirado. Con Lorenzo de Médicis, *el Magnífico,* el arte y la literatura habían experimentado el renacimiento humanista del siglo XV, cuyo espíritu estaba completamente reñido con la concepción de Savonarola de la espiritualidad y moralidad cristianas. Para los partidarios de los Médicis, por tanto, Savonarola se convirtió pronto en objeto de sospecha, pero hasta la muerte de Lorenzo (1492) sus relaciones con la Iglesia eran al menos no antagonistas, y cuando, en 1493, se propuso una reforma de la orden dominica en la Toscana bajo sus auspicios, fue aprobada por el Papa, y Savonarola fue nombrado primer vicario general. Pero en este momento su predicación empezó a orientarse de modo abierto hacia una revolución política como medio ordenado por Dios para la regeneración de la religión y la moralidad, y predijo la venida de los franceses con Carlos VIII, a quien poco después dio la bienvenida en Florencia. Sin embargo, los franceses fueron pronto obligados a abandonar Florencia, y se estableció una república, de la que Savonarola se convirtió en el guía espiritual, teniendo su partido («las plañideras») una influencia cada vez mayor. En este momento, «el puritano del catolicismo» reveló su extraordinario genio y la extravagancia de sus teorías. La República de Florencia tenía que ser una república cristiana, de la que Dios era el único soberano, y su Evangelio la ley; se promulgaron los decretos más severos para la represión del vicio y la frivolidad; fue prohibido el juego; las vanidades en el vestir fueron reprimidas mediante leyes que controlaban el gasto privado de dinero. Incluso los más vanidosos acudieron en tropel a la plaza pública para arrojar al suelo sus adornos más costosos, y los seguidores de Savonarola hicieron una gran «hoguera de vanidades». Mientras tanto su rigorismo y su pretensión de tener el don de la profecía le llevó a ser citado en 1495 para responder del cargo de herejía en Roma, y ante su negativa a comparecer el papa Alejandro VI le prohibió predicar. Savonarola no hizo caso de la orden, pero sus dificultades en Florencia aumentaron. El nuevo sistema se desmostró inviable y aunque la conspiración para llamar de nuevo a los Médicis fracasó, y cinco de los conspiradores fueron ejecutados, este mismo rigor aceleró la reacción. En 1497 llegó una sentencia de excomunión de

Girolamo Savonarola, por Fra Bartolomeo. Museo de San Marco (Florencia)

Sawm

Roma, y así inhabilitado para administrar los oficios sagrados, Savonarola atendió celosamente a los monjes enfermos durante la plaga. Una segunda «hoguera de vanidades», en 1498, levantó revueltas, y en las nuevas elecciones el partido de los Médicis llegó al poder. A Savonarola se le ordenó de nuevo que desistiera de predicar, y fue vehementemente denunciado por un predicador franciscano, Francesco da Puglia. Dominicos y franciscanos apelaron a la interposición de la divina providencia mediante la ordalía del fuego, entre Da Puglia y un franciscano. Pero en el mes en el que debía haber tenido lugar el juicio (abril de 1498) surgieron dificultades y debates, que destruyeron el prestigio de Savonarola y se produjo un cambio repentino y completo en el sentimiento popular. Fue llevado a juicio por pretender falsamente haber visto visiones y haber hecho profecías, por error religioso y por sedición. Sometido a tortura hizo confesiones de las que más tarde se retractó. Fue declarado culpable y la sentencia fue confirmada por Roma. El 23 de mayo de 1498, este hombre extraordinario y dos discípulos dominicos fueron colgados y quemados, profesando aún su adhesión a la Iglesia católica. En moral y religión, no en teología, Savonarola puede ser considerado como un precursor de la Reforma. Sus obras son principalmente sermones, tratados teológicos, el principal *El triunfo de la Cruz,* una apología del catolicismo ortodoxo, algunos poemas y un discurso sobre el gobierno de Florencia. ⇨ catolicismo; dominicos; herejía; Reforma.

Sawm (Ṣawm) Noción de ayuno dentro del islam, asociado especialmente al ayuno de Ramadán. El ayuno fue promovido por Mahoma como método de disciplina espiritual; sin embargo, los primeros musulmanes en Medina lo tomaron tan en serio que Mahoma tuvo que modificar su severidad. Existen varios días más de ayuno dentro del islam además del ayuno de Ramadán, y se puede uno embarcar en el ayuno como régimen espiritual, o como penitencia o reparación por alguna omisión. El ayuno de Ramadán es uno de los cinco pilares del islam, y tiene lugar durante el noveno mes del calendario musulmán. Está prohibido comer y beber, así como mantener relaciones sexuales y fumar a no ser que existan circunstancias especiales, entre la salida y la puesta de Sol. Es una disciplina formidable, especialmente en lugares donde la temperatura llega a ser muy alta durante el día, y une a los musulmanes de todo el mundo porque saben que todos están compartiendo el ayuno juntos. Representa un sacrificio, una limitación sobre la indulgencia, y una forma de purificación; es también un símbolo moral de la necesidad de participar afectivamente en los sufrimientos de los hambrientos de todo el mundo. ⇨ ayuno; cinco pilares islámicos; Mahoma; Medina; penitencia; purificación; Ramadán.

Schillebeeckx, Edward Cornelius Florentius Alfons (1914-) Teólogo dominico belga, nacido en Amberes. Profesor de Dogmática y de Historia de la teología en Nimega, en los Países Bajos, desde 1958 hasta 1983; sus publicaciones han abarcado ampliamente todo el campo de la teología, desde los sacramentos *(Cristo el sacramento*, 1963), hasta la presentación del evangelio en la sociedad contemporánea *(Jesús en nuestra cultura occidental*, 1987). Como Hans Küng, ha atraído las pesquisas vaticanas por cuestionar las interpretaciones de doctrina recibidas y el orden eclesial, como en *La Iglesia con rostro humano* (1985), resituar el *Ministerio* (1981), y *Jesús* (1979), *Cristo* (1980), e *Iglesia* (1990). Ha publicado también sermones *(Dios entre nosotros*, 1983, *A causa del evangelio*, 1989) y entrevistas autobiográficas, *Dios es nuevo en cada momento* (1983). ⇨ dominicos; Küng, Hans.

Schleiermacher, Friedrich Ernst Daniel (1768-1834) Teólogo y filósofo alemán, nacido en Breslau, en la Baja Silesia. Fue educado en la fe morava pero quedó intelectualmente desilusionado con su dogmatismo, y estudió filosofía y teología en la Universidad de Halle. En 1796 se hizo clérigo de la Charité, un hospital de Berlín, y se unió a los círculos literarios e intelectuales asociados a figuras como Friedrich y August von Schlegel y Karl Wilhelm von Humboldt. Llegó a ser profesor en Halle (1804-1806) y Berlín (1810), y desempeñó un importante papel en la unión de las iglesias luterana y reformada de Prusia en 1817. Sus obras incluyen *Discursos sobre la religión* (Reden über die Religion, 1799), *Monólogos* (Monologen, 1800), una traducción de Platón (iniciada en colaboración con Schlegel, 1804-1810), su principal tratado *La fe cristiana según los principios de la Iglesia Evangélica* (Der Christliche Glaube, nach den Grundsätzen der Evangelische Kirche, 1821-1822), y una influyente vida de Jesús póstuma. Estuvo muy involucrado en el romanticismo alemán y en la crítica de la filosofía religiosa y la moral tradicional y kantiana. Defiende el punto de vista del liberalismo religioso y una comprensión del cristianismo enraizado en la tradición histórica; actualmente es considerado por muchos como el fundador de la teología protestante moderna. ⇨ protestantismo; teología.

Scholem, Gershon (1897-1982) Historiador judío alemán, nacido en Berlín. Scholem se hizo sionista y emigró a Palestina en 1923. Habiendo estudiado ya la cábala, enseñó mística judía en la Universidad Hebrea de Jerusalén desde su apertura, en 1925, y permaneció allí hasta su retiro en 1965. Sus obras incluyen *Grandes tendencias en la mística judía* (1961) y *La idea mesiánica en el judaísmo y otros ensayos de espiritualidad judía* (1971). Un efecto permanente de su obra es que la cábala ocupa ahora un lugar central en la disciplina académica de estudios judíos. Anteriormente había sido ignorada durante mucho tiempo por marginal y secundaria al compararla con las tradiciones legales y racionalistas dentro del judaísmo. Por el contrario, Scholem sostenía que los elementos místicos pertenecen a las últimas etapas del desarrollo de cualquier religión. Así, puesto que la tarea de la mística es la de la revitalización, su importancia para la supervivencia del judaísmo a lo largo de los siglos no debería ser subestimada. Sin embargo, Scholem también argumentaba que, puesto que la cábala dependía del gnosticismo, era una fuente no sólo de renovación sino también de peligro, como quedaba de manifiesto en el movimiento que rodeó a Shabbatai Tsvi. Aunque él mismo no era místico, Scholem creía que la cábala había seguido ejerciendo su influencia en la historia judía en los tiempos modernos, incluso en el movimiento sionista. ⇨ cábala; gnosticismo; sionismo.

Schweitzer, Albert (1875-1965) Misionero médico alsaciano, teólogo, músico y filósofo, nacido en Kaysersberg, en Alsacia, y una de las figuras más nobles del siglo XX. Fue educado en Günsbach, en el valle de Münster, donde asistió al *realgymnasium* local; aprendió órgano finalmente con Widor en París, estudió teología y filosofía en Estrasburgo, París y Berlín, y en 1896 tomó su famosa decisión de que viviría para la ciencia y el arte hasta los treinta años y después dedicaría su vida a servir a la humanidad. En 1899 obtuvo su doctorado sobre la filosofía de la religión de Kant, se convirtió en cura de la Iglesia de San Nicolás, Estrasburgo, en 1902 *privat-dozent* en la universidad, y en 1903 director del colegio teológico. En 1905 publicó su autorizado estudio, *J. S. Bach, el músico-poeta* (J. S. Bach, le musicien-poète), seguido en 1906 por un notable ensayo sobre el diseño del órgano. Schweitzer se entregó de lleno a la conservación de órganos antiguos, muchos de los cuales consideraba que tenían mejor tonalidad que los modernos construidos en fábricas. El mismo año apareció la ampliación de su tesis teológica (1901), *Von Reimarus zu Wrede*, reeditada en 1913 como *El secreto histórico de la vida de Jesús* (Geschichte der Leben-Jesu Forschung), demolición a fondo de la teología liberal que marcó una revolución en la crítica del Nuevo Testamento. Sus estudios paulinos *El secreto histórico de los paulinistas* (Geschichte der Paulinischen Forschung, 1911) y *La mística del apóstol Pablo* (Die Mystik des Apostels Paulus, 1930) fueron pensados como volúmenes compañeros de estos. Fiel a su promesa, a pesar de su reputación internacional como musicólogo, teólogo y organista, empezó a estudiar medicina (1905), renunció como director del colegio teológico (1906) y, debidamente cualificado (1913), recién casado, partió con su esposa a levantar un hospital para combatir la lepra y la enfermedad del sueño en Lambarene, una misión abandonada, en el río Ogowe, en el corazón del África Ecuatorial Francesa. Excepto durante su detención por los franceses (1917-1918) por ser alemán, y sus visitas periódicas a Europa para recaudar fondos para su misión, dando recitales de órgano, hizo del hospital construido por él mismo el centro de su servicio paternal a los africanos, con un espíritu «no de benevolencia sino de expiación». Su principio ético recién descubierto de «reverencia por la vida» fue plenamente desarrollado en relación con los defectos de la civilización europea en *La decadencia y restauración de la civilización* (Verfall und Wiederaufbau der Kultur, 1923), y filosóficamente en *Cultura y ética* (Kultur und Ethik, 1923). Fue conferenciante Hibbert en Oxford y Londres (1934) y conferenciante Gifford en Edimburgo (1934-1935). Galardonado con el Premio Nobel de la Paz (1952). Sus otras obras incluyen *Al borde del bosque primitivo*, *Más sobre el bosque primitivo*, *Fuera de mi vida y pensamiento* (1931; posdata 1949) y *Desde mi libro de notas africano* (1938). ⇨ búsqueda del Jesús histórico.

secta Grupo organizado al margen, generalmente religioso, que rechaza las autoridades religiosas o políticas establecidas, y afirma adherirse a los elementos auténticos de una tradición más amplia, de la que ella misma se ha separado. Es distintiva y exclusiva, asegura poseer la verdadera creencia, el ritual auténtico y pautas de conducta garantizadas. El ingreso como miembro es voluntario, pero la secta acepta o rechaza a las personas basándose en algún tipo de prueba de merecimiento; la condición de miembro prevalece ante cualquier otro tipo de lealtades. ⇨ religión.

sectas cristianas El término «secta» se puede aplicar de modo teológico o sociológico. En el primer sentido se refiere a grupos cristianos que han roto en parte con la creencia ortodoxa (o con el orden y la práctica eclesial, como el «cisma»), en cuanto opuestos a «cultos», que se considera que han roto completamente. En el segundo sentido, se hace una distinción entre «secta», «iglesia» y «culto» o «mística» (como en Troeltsch), o entre «secta», «iglesia» y «confesión» (como en H. R. Niebuhr). En ambos usos sociológicos se busca un contraste entre la calidad de miembro de la Iglesia de manera más o menos automática por parte de todos (como en el catolicismo medieval), o la condición de miembro, por parte de la mayoría de una clase social determinada, de la misma confesión (como en el anglicanismo y otras iglesias establecidas), y el ingreso voluntario como miembro de una secta (generalmente más pequeña) basándose en una visión peculiar de la religión y de la sociedad que se juzga que es la «verdad». Las sectas pueden surgir sobre la base de nuevas interpretaciones de la Biblia (Testigos de Jehová), revelaciones escritas o psíquicas adicionales (mormones, Ciencia Cristiana, Adventistas del Séptimo Día, Iglesia de la Unificación), o pueden considerar la Biblia como de un valor totalmente secundario. La diversidad de sus metas y actitudes hace difícil una clasificación. El uso teológico y popular de los términos «secta» y «culto», con tonos negativos o despectivos, ha fomentado la adopción del término

sectas sij

más neutro «nuevos movimientos religiosos». ⇨ Adventistas del Séptimo Día; Ciencia Cristiana; cisma; mormones; Testigos de Jehová; Troeltsch, Ernst Peter Wilhelm.

sectas sij ⇨ sij, sectas.

secularismo En la teoría occidental, el secularismo es considerado como una ideología que apoya la autoridad absoluta de las sociedades seculares para regular la vida de la sociedad, y que se opone a la creencia religiosa. Es una visión alternativa del mundo que funciona como un equivalente de la religión, con su propia ortodoxia secular. Como tal es diferente de la secularización, proceso neutral por el que la sociedad y la cultura están liberadas de la tutela y el control religiosos, pero sin tener una intención antirreligiosa. Sin embargo, en el ambiente multirreligioso de la India, el secularismo tiene un significado distinto. Se refiere no a la ausencia de la religión, sino al orden político y social en el que ninguna religión es preferida a las demás, todas gozan del mismo respeto por parte del Estado. El secularismo en Occidente, por el contrario, cuenta con sus propios equivalentes funcionales a las instituciones religiosas, las rituales, la ética, las Escrituras, las doctrinas, e incluso la espiritualidad: la diferencia de la religión consiste en que el secularismo en Occidente tiene su último punto de referencia en el mundo y no más allá de él, en categorías sobrenaturales. Puede tomar formas diferentes y a veces opuestas, como el marxismo, el freudianismo, el nacionalismo, el utilitarismo, el humanismo secular y el positivismo científico. ⇨ alternativas seculares a la religión; cientificismo; humanismo; secularización.

secularización Proceso de cambio por el que la autoridad pasa de una fuente religiosa a una secular, y por el que áreas de la vida anteriormente bajo control religioso, como la educación y la medicina, caen bajo el dominio secular. Es un proceso que no se opone necesariamente a los mejores intereses de la religión, de hecho, teólogos seculares como Van Leeuwe lo han saludado como un agente del Evangelio cristiano para liberar a los seres humanos de la injusticia y la discriminación. Es distinto del secularismo, que es una ideología que fomenta la increencia. Algunos científicos sociales han defendido que el proceso de secularización es irreversible. Sin embargo, la revolución islámica, la aparición de nuevos movimientos religiosos, la religión «nueva era» y el desmoronamiento del comunismo en muchas partes del mundo no apoyan este punto de vista. Más aún, en varias culturas parece haber un resurgimiento del interés por la espiritualidad que sugiere un crecimiento de la espiritualización tanto como de la secularización. Otra cuestión es —en el caso de existir una tendencia hacia la secularización— si acontece de una manera uniforme o varía según la cultura. Si realmente varía, no es necesario considerarla como equivalente de occidentalización, pero pueden existir tendencias tales como secularización islámica, budista e hindú, con sus propias características únicas. ⇨ actitudes teológicas; alternativas seculares a la religión; espiritualidad; «nueva era», religión; nuevos movimientos religiosos en Occidente; secularismo.

sefarditas Descendientes de los judíos que vivían en España y Portugal *(Sefarad)* antes de 1492, pero que fueron expulsados en esa fecha por no aceptar el cristianismo, y se convirtieron en refugiados del norte de África, Turquía e Italia. Posteriormente emigraron al norte de Europa y a las Américas, donde durante los siglos XVI y XVII se mantuvieron separados de otros judíos (especialmente los de Europa Central), considerándose a sí mismos innata y culturalmente superiores. Preservaron sus propios rituales, sus costumbres, su dialecto (ladino) y su pronunciación del hebreo. ⇨ diáspora; judaísmo.

Sefer Bahir Pequeña obra cabalística encontrada en el sur de Francia hacia el final del siglo XII. Su título parece basarse en Job 37, 21: «Y ahora los hombres no pueden ver la luz cuando está resplandeciente [*bahir*] en los cielos.» Escrita en hebreo y arameo, y probablemente basada en material más antiguo, pretende ser una colección de antiguos proverbios rabínicos, pero desgraciadamente no es posible asegurar su autoría exacta. El Sefer Bahir contiene una discusión general, así como un comentario midrásico, sobre material bíblico. Está organizado fortuitamente pero tiene no obstante interés, puesto que es la primera pieza conocida de literatura cabalística en tratar la Biblia como una guía sistemática para asuntos tanto celestiales como terrenos; la cuestión de los atributos divinos es también central. En consecuencia, el Sefer Bahir llegó a ser influyente entre los místicos judíos españoles hasta la aparición del Zohar, al comienzo del siglo XIV. ⇨ cábala; sefirá; Zohar.

sefirá (plural: **sefirot**) Término usado en la cábala o mística judía para referirse a diez de los 32 principios o senderos mediante los cuales Dios creó el universo. Están descritos en el *sefer yetzirah* («Libro de la creación»), obra de los tiempos talmúdicos que se ocupa del origen y naturaleza del universo. Los 32 senderos son las letras del alefato hebreo, combinadas con diez sefirot, todos inmateriales. Puesto que Dios creó el mundo mediante su palabra (por ejemplo, Génesis 1, 3; Salmos 33, 6), su articulación de las letras dio origen a la materia. Los sefirot son: aire, agua, fuego, norte, sur, este, oeste, altura, profundidad y el Espíritu de Dios, activo en el cosmos, vuelto a nombrar del modo siguiente: Corona, Sabiduría, Conocimiento; Amor, Fuerza, Belleza; Victoria, Esplendor, Fundamento y Reino. El primero representa la voluntad inicial de Dios de crear y el último su presencia armonizadora en toda la creación; los demás representan la centralidad cognitiva y moral de Dios en el universo. Sin embargo, cada sefirá está unida al resto y se relaciona íntimamente con cada faceta del cosmos. En particular, los sefirot se relacionan con aspectos del alma y del cuerpo humanos, de modo que las oraciones y las obras afectan a todo el orden creado. Por esta razón, a Israel se le dio la Torá, para que a través de la obediencia a sus *mitzvot,* la armonía original perdida por medio del pecado de Adán pudiera ser restaurada. ⇨ cábala; cosmogonía judía; mitzvah; Torá; Zohar.

Segundo, Juan Luis (1925-1996) Teólogo de la liberación jesuita uruguayo, nacido en Montevideo. Después de estudiar en Argentina y Europa llegó a ser director del Instituto Pedro Fabbro de investigación sociorreligiosa de Montevideo. A través de la crítica de la metodología de algunos teólogos de la liberación en *La liberación de la teología* (1976), les defendió de las críticas vaticanas en *Teología e Iglesia* (1986). Abogaba por emplear un «círculo hermenéutico», en el que la reflexión sobre la realidad inspira un cuestionamiento de los supuestos ideológicos y teológicos prevalentes que rigen el modo convencional de interpretar las Escrituras y que conduce a una nueva comprensión. Su propia exposición en varios volúmenes de la teología de la liberación se titula *Jesús de Nazaret ayer y hoy* (1984-1988, 5 vols.). ⇨ hermenéutica; jesuitas; teología de la liberación.

Sem Personaje bíblico, hijo mayor de Noé, hermano de Cam y Jafet. Se dice que se salvó del Diluvio con su padre y sus hermanos, y que vivió 600 años. Sus descendientes están enumerados en Génesis 10, donde es descrito como el padre legendario de los pueblos «semitas», que se propone incluir a los hebreos. ⇨ Diluvio, el; Génesis, Libro del; Noé.

sendero óctuple La cuarta de las cuatro nobles verdades de Buda, que prescribe el camino de la iluminación. También es conocido como sendero medio, puesto que sus prescripciones señalan una dirección que se sitúa entre la sensualidad y el ascetismo estricto. El sendero implica comprensión recta, aspiración recta, expresión recta, conducta recta, medios de vida rectos, esfuerzo recto, atención recta y contemplación recta. ⇨ ariya sacca; Buda.

señales corporales En muchas culturas las señales corporales, como manchas de nacimiento, deformidades o rasgos poco comunes, han sido consideradas como signos exteriores con significado religioso o mágico, relacionadas con la reencarnación, la elección para misiones especiales, la brujería, etc. La religión también ha sido utilizada para configurar las señales corporales como signos de identidad. En algunas culturas, esto incluye la práctica de la circuncisión y ablación del clítoris a niños y niñas respectivamente. Tatuar es también común en algunas tribus primitivas, y la escarificación es una forma más rápida y más dolorosa de marcar con cicatrices el cuerpo, que a veces se realiza en ritos de iniciación. Pintar el cuerpo con tiza, pintura, carbón y otras sustancias que se pueden lavar es también común en algunas tradiciones religiosas. Por ejemplo, en la ciudad santa hindú de

Benarés, las sectas hindúes tienen sus propias combinaciones particulares de marcas en la frente con pinturas de diferentes colores (tres líneas amarillas es un signo usual de Siva, y una combinación de blanco y rojo es un signo habitual de Visnú) y se pueden encontrar hasta cien variedades de marcas hindúes en la frente. Las señales corporales de profundo significado religioso incluyen las 32 «señales propicias» asociadas a Buda, las señales asociadas al Mahdi musulmán que ha de venir (que estaban presentes en el Mahdi sudanés del siglo XIX), y los estigmas que han aparecido en los cuerpos de cristianos como San Francisco de Asís, considerados como signos de identificación profunda con la pasión de Cristo. ⇨ Benarés; brujería; Buda; Francisco de Asís, San; Mahdi; reencarnación; Siva; Visnú.

separatistas Grupo cristiano fundado en Inglaterra por Robert Browne en 1580 y exiliado a Holanda. Eran críticos con la Iglesia nacional «impura» e intentaban modelar su Iglesia conforme al Nuevo Testamento. Su influencia se dejó sentir en el congregacionalismo. ⇨ Browne, Robert; congregacionalismo; Nuevo Testamento.

Septuaginta o **los setenta** Traducción al griego de la Biblia hebrea, que recibe su nombre (que significa «traducción de los 70») de una leyenda de la *Carta de Aristeas* (siglo II a. C.) sobre su composición como la obra de 72 eruditos, seis por cada una de las doce tribus de Israel. La traducción se inició hacia el siglo III a. C. para salir al paso de la necesidad de los judíos de habla griega de la diáspora, pero la obra se desarrolló en varias etapas durante un siglo más o menos. Tiene un orden de libros distinto del que existe en el canon hebreo, y contiene algunos libros que no están en ese canon. Cuando fue adoptada por los cristianos como su versión preferida del Antiguo Testamento perdió estima entre los judíos. ⇨ Antiguo Testamento; Apócrifos del Antiguo Testamento; Biblia; diáspora.

serafines Seres celestiales mencionados en las Escrituras judías solamente en la visión de Isaías 6, donde son descritos como seres que tienen seis alas y están situados encima del trono de Dios, cantando estribillos que proclaman la santidad de Dios. El origen del término es incierto. Son similares a los querubines de Ezequiel 1. ⇨ Dios; querubines.

Serapis Deidad compuesta, que combina los nombres y aspectos de dos dioses egipcios, Osiris y Apis, a los que se les añadieron más tarde rasgos de grandes dioses griegos, como Zeus y Dioniosos. El dios fue introducido en Alejandría por Ptolomeo I en un intento de unir a griegos y egipcios en un culto común. ⇨ Apis; griega, religión; Osiris; romana, religión.

seres supremos Dioses trascendentes, omnipotentes, omnipresentes, omniscientes, creadores primordiales. Su actividad queda con frecuencia restringida a la creación, siendo delegada la marcha del mundo a deidades inferiores. Por consiguiente, los seres supremos están distantes del mundo y de sus asuntos, un hecho que halla expresión en ser descritos como «dioses del cielo» y en la creencia de que habitan en el cielo o más allá de él. A causa de su lejanía ocupan generalmente un lugar insignificante en el culto religioso, donde son reemplazados por deidades menores pero más activas. ⇨ cosmogonía; creación, mitos de la.

sermón
Discurso u homilía, parte del culto cristiano, generalmente sobre un texto o tema bíblico. Como «predicación de la Palabra de Dios» tiene especial significación en el culto de la Reforma. ⇨ cristianismo; iglesias reformadas.

Sermón de la Montaña (o del Monte o del Llano)
Colección de enseñanzas éticas de Jesús, que Mateo 5-7 describe como predicadas en una montaña, al principio del ministerio de Jesús, aunque en Lucas 6, 20-49 se dice que fue en un «llano». La versión de Mateo es más larga, y contiene las Bienaventuranzas, la enseñanza sobre la verdadera adhesión a la ley de Dios, la instrucción sobre el amor a los enemigos, el Padre Nuestro, advertencias sobre las excesivas preocupaciones materiales, la Regla de Oro y exhortaciones a observar lo enseñado. ⇨ Bienaventuranzas; ética en religión; Jesucristo; Padre Nuestro; Regla de Oro.

Servet, Miguel (1511-1553)
Teólogo y médico español, nacido en Tudela. Trabajó mucho tiempo en Francia y Suiza. En *De Trinitatis Erroribus* (1531) y *Christianismi Restitutio* (1553) negó la Trinidad y la divinidad de Jesús; escapó de la Inquisición pero fue quemado por Calvino en Ginebra por herejía. Dio clases de geografía y astronomía, practicó la medicina en Charlien y Viena (1538-1553), y descubrió la circulación pulmonar de la sangre. ⇨ Calvino, Juan; herejía; Inquisición; Trinidad.

Setenta, los ⇨ Septuaginta.

Seth (también Set, Sutekh)
Antiguo dios egipcio del mal, de la oscuridad, del desierto. Hijo de Geb y Nut, hermano de Osiris y esposo de Neftis, adquirió su mal carácter a partir de su papel en las leyendas osiríacas. Celoso del gobierno de su hermano sobre la tierra, Seth engañó y asesinó a Osiris, después persiguió a su viuda Isis y a su hijo pequeño Horus. Más tarde se vio envuelto en una gran lucha con Horus, que intentaba vengar el asesinato de su padre. Seth suele aparecer representado como un hombre con la cabeza de su animal de culto, una criatura imposible de identificar, con orejas aguzadas y cuadradas en lo más alto y una cola en forma de flecha. No siempre considerado malo, era adorado en tiempos prehistóricos, y de nuevo por los faraones de la dinastía Ramsés (1320-1085 a. C.). Su centro de culto estaba en Ombos, en el alto

Egipto; Seth era llamado «Señor del Alto Egipto». Algunas veces se pensó que era el hijo de Ra y su defensor en el barco solar. Considerado el dios de los extranjeros, fue adorado, como Sutekh, por los invasores hicsos (siglo XVII-XVI a. C.), que lo identificaban con Baal. ⇨ Baal; enéada; Horus; Isis; Neftis; Osiris.

Setimanos (Isma'īlis) Secta del islam chiíta que se escindió de la corriente principal a finales del siglo VIII. Defendían la designación de Ismail, el hijo mayor del sexto imán chiíta, como séptimo imán, de ahí el nombre de setimanos. Esta postura se complicó por el hecho de que Ismail murió en el 762, antes que su padre, y según la principal rama chiíta, los duodecimanos, la verdadera sucesión se transmitió a través del hermano de Ismail. Los setimanos desarrollaron una interpretación distintiva del Corán y del islam que intentaba extraer significados internos, verdades ocultas y penetraciones esotéricas. Por ejemplo, subrayaron la naturaleza mística del número siete, trazaron una cosmología peculiar, elaboraron una teología especulativa y desarrollaron la noción de la naturaleza sobrenatural de los imanes chiítas. Adquirieron importancia política con el establecimiento de la dinastía fatimí en Egipto y Siria (909-1171). En los siglos XII y XIII un grupo de ellos —los Asesinos— logró notoriedad. Los setimanos sobreviven en la actualidad, sus dos ramas más conocidas son la centrada en el Aga Khan y la de los drusos del Líbano y de Siria ⇨ Asesinos; chiísmo; Corán; drusos; duodecimanos; imán.

Seton, Santa Elizabeth Ann, de nacimiento **Bayley** (1774-1821) Católica americana, la primera santa nativa nacida en EE. UU. Nacida en la alta sociedad de Nueva York, se casó a los 19 años con un hombre perteneciente a una rica familia de comerciantes, y en 1797 fundó la Sociedad para el Socorro de Viudas Pobres con Niños Pequeños. En 1803 ella misma se quedó viuda y madre de cinco hijos. Se convirtió al catolicismo del Episcopalismo, profesó votos, fundó una escuela católica elemental en Baltimore, y en 1809 fundó la primera orden religiosa de EE. UU., las Hermanas de la Caridad. Fue beatificada por el papa Juan XXIII en 1963, y canonizada en 1975. Su fiesta se celebra el 4 de enero. ⇨ canonización; catolicismo.

sexo y cristianismo En la enseñanza cristiana, el matrimonio es el lugar del sexo, como una expresión de amor única entre un hombre y una mujer comprometidos para toda la vida. Pero el matrimonio no es el mayor bien humano; puede renunciarse a él (como en el voto de celibato en el monacato) para cumplir la voluntad de Dios. Existe también una corriente de pensamiento más negativa en el cristianismo, que se remonta a la visión de San Agustín de que el pecado original se transmitía a través del acto sexual, que desconfía del sexo (aunque el rechazo completo por parte del montanismo y maniqueísmo

sexualidad en religión

fue considerado herejía). Asociado a esto, está la actitud ambivalente hacia las mujeres, relacionada con la imagen de Eva, la tentadora. Unas pocas mujeres, como la Virgen María y algunas santas notables, son muy veneradas, pero no hay sitio para la mujer en el sacerdocio o ministerio oficial en la mayoría de las iglesias. Muchos cristianos practican la contracepción artificial, incluyendo los católicos, por lo que su prohibición fue reafirmada en 1968 en la encíclica *Humanae vitae*. Algunos aceptan el aborto en determinadas circunstancias, y hay quienes cuestionan el rechazo bíblico y tradicional de la homosexualidad. Otros, que desean conservar la enseñanza tradicional en las iglesias, apoyarían no obstante a los movimientos por los derechos civiles que se opusieron a la discriminación social o legal de las mujeres, los homosexuales y otros grupos minoritarios. ⇨ Agustín de Hipona, San; maniqueísmo; matrimonio y divorcio cristianos; monacato; montanismo; mujeres en el cristianismo, las; pecado original.

sexualidad en religión Se ha dicho con frecuencia que la sexualidad tiene un significado religioso, y se han adoptado tres principales actitudes hacia ella. Una primera, positiva, se aprecia en los rituales de fertilidad y orgías rituales en las que el sexo se considera natural y útil para la sociedad y el bienestar humano. Una segunda, más negativa, se encuentra en muchas tradiciones ascéticas, que suelen hacer hincapié en los métodos de autocontrol sexual y desaprobar la relación sexual. La tercera actitud considera la sexualidad como un medio para progresar y aproximarse a la perfección espiritual. Un ejemplo de esta última actitud aparece en el budismo y el hinduismo tántricos, donde la relación sexual ritual *(maithuna)* es la culminación de una serie de prácticas de yoga por las que el sexo queda sacralizado y se considera una ayuda para el crecimiento espiritual. En la mayoría de las tradiciones religiosas se permite el sexo dentro del matrimonio, pero fuera de él se cuestiona. En algunas de ellas, como el gnosticismo, la sexualidad se consideraba de dos maneras opuestas. Para los que creían que el mundo material era malo y el espiritual bueno, la sexualidad debía evitarse como parte del mundo material caído; pero para otros podía satisfacerse desenfrenadamente por no tener ninguna consecuencia en un mundo pecador. ⇨ budismo tántrico; gnosticismo; hinduismo tántrico; sexo y cristianismo.

Shabad (Śabad) Término sij que significa «Palabra»; se refiere tanto a la revelación divina de la Palabra de Dios como a las palabras del texto sagrado sij, el *Gurú Granth Sahib*. El primer gurú sij, el Gurú Nanak, consideraba la Palabra como un medio a través del cual el mensaje de Dios era comunicado al mundo. Las comunicaciones e interpretaciones del Gurú Nanak del shabad se consideraba que tenían fuerza especial, y sus himnos llegaron a ser contemplados como shabad por derecho propio. El mismo honor se dio a los himnos de los gurús siguientes, aunque a los himnos incluidos en el *Gurú Granth Sahib*, obra de escritores distintos de los gurús sij, se les dio también la misma consideración. De este modo, al final, shabad se convirtió en designación general para todos los himnos del *Gurú Granth Sahib*. ⇨ Adi Granth; Gurú Granth Sahib; Nanak.

Shabbat o **Sabbath** (hebreo: «cesación», «descanso») Séptimo día de la semana, que en la creencia judía está designado como día de descanso y suspensión del trabajo; comienza los viernes a la caída del Sol y dura hasta la caída de la noche del sábado, en que se encienden las velas para señalar el fin de un tiempo santo. Las leyes de la observancia del Sabbath se derivan de una breve prohibición que se halla en el Pentateuco (Éxodo 20, 8-11; 31, 12-17) y del propio descanso de Dios en el relato de la creación del Génesis. Las normas rabínicas especifican 39 actividades prohibidas, que son más tarde elaboradas de nuevo, pero en el judaísmo reformista, más liberal, el Sabbath es principalmente un día de culto. ⇨ judaísmo; judaísmo reformista; Pentateuco; rabí.

Shabuot(h) ⇨ Shavuot.

shahadah (shahādah) Testimonio y credo básico del islam: «Yo percibo (y doy testimonio de) que no hay más Dios que Alá y percibo (y doy testimonio de) que Mahoma es el mensajero de Dios.» Esta afirmación es esencial para el islam y es el primero y más importante de sus cinco pilares. Actúa como confesión de fe, porque, cuando es afirmada con sinceridad en árabe, se convierte en señal de que se es musulmán. Repetida diariamente por los musulmanes en las cinco oraciones diarias y también en otras varias ocasiones, combina dos significados derivados del verbo *shahida,* a saber, percibir la verdad y testificar la verdad que uno ha percibido. Esto puede suponer no solamente vivir hasta el fin la verdad sino también morir por la verdad; el término *shahid* significa mártir. Simboliza el papel central de Alá en el pensamiento y la vida musulmanas y, para los musulmanes, el papel central de Mahoma como principal profeta de Dios. ⇨ Alá; cinco pilares islámicos; credos; Mahoma; mártir.

Shakti (Śakti) Energía o poder femenino del dios hindú Siva. Mientras Siva es considerado como conciencia pasiva, su consorte, Shakti, es el poder por el que él realiza los cinco actos de la creación, mantenimiento y destrucción del universo, concediendo la gracia a los devotos y ocultándose él mismo de ellos. El shakti está personificado en las esposas de Siva, como Parvati, en los textos ortodoxos, pero es especialmente importante en los textos heterodoxos llamados tantras. En la tradición sivaíta Siddhanta, Shakti sigue siendo un poder puramente abstracto de Siva, pero en el sivaísmo cachemir y otras tradiciones tántricas está personificada en varias formas amables o feroces. De hecho, Shakti llega a ser

Shamash

más importante en la práctica religiosa que Siva en muchas tradiciones tántricas. Por ejemplo, una forma de la feroz Kali que está demacrada, con los ojos dándole vueltas por la embriaguez, adornada con guirnaldas de cabezas masculinas cortadas, es el centro de atención de un culto esotérico en las tradiciones sivaítas cachemires, que trasciende a la deidad masculina Sadasiva sobre cuyo cadáver danza. En la tradición Shri Vidya, Shakti toma la forma amable de la hermosa Tripurasundari como centro de atención del culto. En el tantra hindú, Shakti no sólo es un poder cósmico, sino también un poder dentro del cuerpo en la forma de Kundalini que, una vez despertado por medio del yoga, produce liberación *(moksha)*. ⇨ Kundalini; moksha; Siddhanta sivaíta; sivaísmo cachemir.

Shamash Dios sol asiro-babilónico, conocido por los sumerios con el nombre de Utu. Viajaba atravesando el cielo en un carro por el día y por el mundo inferior de noche. Mientras cruzaba los cielos disipaba toda oscuridad, dando luz y vida *(shamash* es la palabra semítica común para decir «sol»), y por ello es alabado en numerosos himnos. Era el dios de justicia, de ahí su enorme importancia, ya que en su viaje diario veía todas las acciones de los hombres. Era responsable del juicio y el castigo del pecado, por lo que suele representársele llevando una vara y un aro, símbolos de la rectitud y la completitud. Shamash tenía centros de culto en Larsa, al sur de Mesopotamia, y en Sippar al norte. ⇨ babilónica, religión; más allá, concepto del Próximo Oriente antiguo del; sumeria, religión.

Shambala En el budismo tibetano, mítico reino al norte del Tíbet. El canon tibetano describe el país como rodeado de montañas. En el centro hay una ciudad que alberga el palacio del rey y un jardín que contiene la rueda del tiempo *(kalachackra)* mandala. El primer rey de Shambala fue Sucandra, una encarnación del bodhisattva Vajrapani, que tenía que ser sucedido por 25 reyes, cada uno de los cuales reinaría 100 años. El último rey cabalgaría fuera de Shambala, destruiría a los musulmanes y anunciaría el comienzo de una nueva edad de oro del budismo. Esta figura mesiánica a veces es identificada con el legendario rey Gesar. La leyenda de Shambala está asociada a la tradición kalachakra y puede estar modelada a partir de un lugar real al norte de la India donde el budismo chocó con el islam. ⇨ bodhisattva; budismo; Gesar; islam; mandala.

Shammai (c. siglo I a. C.-siglo I d. C.) Erudito judío y líder fariseo, al parecer natural de Jerusalén, director de una famosa escuela de estudiosos de la Torá, cuya interpretación de la Ley estaba a menudo en conflicto con la igualmente famosa escuela dirigida por Hillel. Se sabe relativamente poco del propio Shammai, excepto que sus juicios legales a menudo se tenían por severos y literalistas, comparados con los de Hillel. Ambos son mencionados con frecuencia en la Misná. ⇨ fariseos; Hillel I; judaísmo; Misná; Torá.

Shang Ti Término chino que significa el «Señor de lo Alto»; es una de las aproximaciones más cercanas en chino a un sinónimo de la palabra «Dios». Shang Ti era la principal deidad durante la dinastía Shang (1523-1027 a. C.). Era concebido en términos personales y antropormórficos pero no era considerado como un Dios creador. Su papel consistía en controlar el ciclo cósmico de las estaciones; era responsable de defender y proteger al pueblo Shang, y era el objeto del culto en la religión estatal, centrado en los sacrificios ofrecidos a él por el emperador. Desde la época de la dinastía Chou (de 1027 en adelante), Shang Ti llegó a ser asimilado en una noción más impersonal de cielo *(Tien)*. Cuando los cristianos quisieron traducir la palabra «Dios» al chino, los protestantes usaron el término Shang Ti y los católicos el de *Tien Chu* (Señor del Cielo). ⇨ Dios; Tai Chi; Tien.

Shankara (Śaṅkara) (788-820) Brahmán del sur de la India, considerado a menudo como el filósofo indio más grande, que expuso la doctrina del Advaita Vedanta. Shankara nació en Kerala de una familia brahmana Nambuthiri. Su padre murió cuando él era un niño y fue educado por su madre. Siendo todavía un niño, Shankara quiso convertirse en un renunciante al mundo *(sannyasin)* pero su madre se lo prohibió. Un día, sin embargo, según sus biografías, un caimán cogió a Shankara en el río. Él pidió a su madre permiso para hacer la renuncia y, pensando que estaba a punto de morir, se lo concedió. El caimán, desde luego, le soltó y Shankara se convirtió en un renunciante. Encontró a un gurú, de quien Shankara aprendió la tradición del Vedanta y por consejo de su gurú fue a Varanasi. Allí, o quizá en el Himalaya, compuso comentarios sobre varios Upanishads, sobre el *Bhagavad Gita*, sobre el *Sutra de Brahma* y una obra independiente el *Upadeshasahasri*. En estos textos exponía su filosofía del no dualismo *(advaita),* que el yo *(atman)* es idéntico al absoluto *(Brahman)*. Esto se sabe a partir de afirmaciones de las escrituras sagradas, como «yo soy Brahman» *(aham brahmasmi),* y a partir de la experiencia de liberación en vida *(jivanmukti)*. Shankara fundó una orden monástica, los Dashanamis, y se dice que viajó a las cuatro esquinas de la India, la «conquista de las direcciones» *(digvijaya),* fundando cuatro monasterios. Estas tradiciones monásticas han continuado ininterrumpidas hasta el día de hoy. A Shankara se le atribuyen también varias obras devocionales como el *Saundaryalahari* a la Diosa. ⇨ Advaita Vedanta; Bhagavad Gita; gurú; Upanishads.

Shantideva (Śāntideva) (finales del siglo VII/principios del siglo VIII) Uno de los escritores más populares de la tradición budista mahayana. Parece que sucedió a su padre como rey de Saurastra, en la India. Sin embargo, renunció a su trono y se convirtió en un monje como resultado de un sueño en el que se le apareció el bodhisattva Manjusri. Sus dos obras más importantes son el *Siksa Samuccaya* y el *Bodhicaryavatara*. La primera es un compendio de las doctrinas del budismo mahayana, especialmente las doctrinas Madhyamika, que contiene citas de los principales Sutras de Mahayana, la mayoría de los cuales se han perdido en su forma original, y la segunda contiene un excelente resumen de la metafísica del importante sistema Madhyamika, revela una profunda penetración espiritual y poder filosófico, y se ha comparado con la *Imitación de Cristo* de Tomás de Kempis. Acentúa la devoción a los budas y bodhisattvas y recomienda la confesión de los propios defectos ante ellos como elemento importante para una espiritualidad madura. En ambos terrenos, espiritual e intelectual, Shantideva es un muy significativo pensador budista. ⇨ bodhisattva; Buda; Kempis, Tomás de; Madhyamika; Manjusri; Sutras de Mahayana.

shariah (shari'ah) Término musulmán para referirse al camino ordenado por Dios para los seres humanos, la mayor parte del cual se puede encontrar en términos prácticos en la ley canónica del islam. Es similar al término hindú dharma. El uso musulmán mucho más reciente ha centrado la atención en la shariah como ley musulmana tradicional en cuanto opuesta a la ley secular occidental. Esta ley se encuentra en el Corán y en la sunnah (las sentencias y acciones de Mahoma), y ha sido elaborada por las cuatro escuelas ortodoxas de la ley, la shafií, hanbalí, hanifí y malikí, y también por las escuelas chiítas de la ley. Las cuatro fuentes de la ley ortodoxa son: el Corán, las sentencias y acciones de Mahoma, el principio de analogía *(qiyas)* y el consenso de la comunidad musulmana *(ijma)*. Otra fuente, la *ijtihad* o interpretación significativa, ha perdido importancia en los tiempos modernos para las escuelas ortodoxas pero ha sido realzada por los chiítas. Según la shariah, los actos se dividen en cinco categorías: obligatorios, recomendados, neutros, desaprobados y prohibidos. En teoría, la shariah cubre el conjunto de la vida, pero en la práctica ha quedado limitada recientemente a asuntos que tienen que ver con la familia y la práctica religiosa. Fuera de Arabia Saudita y algunos países del Golfo, la ley de la shariah no es ya dominante, y ha sido sustituida o equilibrada por códigos más occidentalizantes. El reciente resurgir del radicalismo islámico y el deseo de formas menos seculares de política han provocado que en algunos países musulmanes se vuelva a la ley de la shariah; apoyada además por la influencia de líderes religiosos locales, los *ulemas*. Sin embargo, existe también la sensación de que la shariah en esencia es más que jurisprudencia justa *(fiqh)*; es el ideal de Dios como estilo de vida total para los seres humanos, que trasciende a la vez que incluye la ley. ⇨ Alá; dharma; escuelas islámicas de la ley; fiqh; hanafita; ijma; ijtihad; Qiyas; ulema.

shastras (literalmente: preceptos o reglas)   Los shastras son cuerpos de literatura, a menudo en verso, que forman tratados o comentarios sobre *sutras*. Dentro del hinduismo, los shastras más importantes son los que pertenecen a los tres tipos de obligación que incumben a los hindúes: *dharma, artha* y *kama*. Los *dharmashastras* (c. 200 a. C.-100 d. C.), algunos de los cuales son atribuidos a Manu, tratan de los deberes que han de cumplirse en varios *ashramas*, o etapas de la vida, deberes importantes para determinadas castas, y penitencias prescritas para transgresiones concretas. Los *arthashastras* (c. 400 a. C.-400 d. C.), no descubiertos hasta este siglo, tienen que ver con la política y el bienestar de la nación (siendo el objetivo de *artha*, para el individuo hindú, la provisión práctica para uno mismo, y la casa y familia propias). Los *kamashastras*, que se corresponden en algún detalle con los *arthashastras*, proporcionan instrucciones para vivir la vida en su máxima plenitud dentro de los límites de la propia casta. Se preocupan particularmente del placer sexual *(kama),* como testimonia el sutra del kama o *Kama Sutra*. ⇨ cuatro propósitos hindúes; dharma.

Shavuot o Shabuot(h)

Fiesta judía de las Semanas, observada en mayo o junio (el 6 de Sivan) en conmemoración de la entrega de la Ley por parte de Dios a Moisés en el monte Sinaí (Éxodo 19); es también conocida como Pentecostés. ⇨ Moisés; Pentecostés.

Shay   Concepto de hado o destino en el antiguo Egipto, término que significa «lo que está decretado», y personificado como una deidad. A cada hombre se le confería su hado desde el momento de su nacimiento, determinando la duración de su vida y la forma de muerte, y apareciendo después de la muerte en la sala del juicio. El shay podía también determinar la buena o mala fortuna durante su vida, pero no era absolutamente inalterable; el destino de un hombre podía ser cambiado por sus propias acciones o la influencia de una deidad. ⇨ más allá, concepto del antiguo Egipto del.

shaykh   Título musulmán que significa literalmente anciano, un hombre de más de 50 años de edad. Se puede usar generalmente como título para referirse al jefe de un pueblo o ciudad, para el jefe de toda una tribu o para una persona cualificada y con autoridad en asuntos políticos o espirituales, y especialmente para una persona versada en temas de saber profundo. En un sentido particular, se refiere al maestro espiritual de una orden sufí, y en la India e Irán se utiliza el título equivalente de *Pir*. Dentro del sufismo, los distintos shaykh tienen diferentes funciones: iniciar en la orden sufí; proporcionar enseñanza efectiva relativa al sendero espiritual, y dirigir la realización espiritual por medio del carisma y ejemplo espirituales. Dentro de las órdenes sufíes, el shaykh es normalmente el jefe de la comunidad, y con frecuencia será capaz de remontar su ascendencia espiritual, hasta el fundador de la orden. En su papel de director espiritual, el shaykh espera ser obedecido; en este aspecto su papel es similar al de un gurú en el hinduismo. ⇨ gurú; sufismo.

shaykhismo Movimiento dentro del islam chiíta que llegó a ser importante en Irán al comienzo del siglo XIX y preparó el camino a las tradiciones Babi y Bahai. Su inspiración inicial fue el shaykh Ahmad al-Ahsai (1753-1826), activo en Irán desde 1806 a 1822. Durante la época de su sucesor, Sayyid Kazim Rashti, el movimiento evolucionó, se convirtió en secta independiente y consiguió muchos adeptos. Los dos líderes subrayaban su íntima relación con el imán chiíta oculto, y sus seguidores afirmaban que eran un «Cuarto apoyo» para los fundamentos del verdadero islam, porque eran agentes de gracia entre el imán oculto y sus seguidores. Las observancias externas estaban ahora subordinadas a la «verdad interior», y estos creyentes proclamaban esta nueva era de realidades interiores. También tenían ideas poco corrientes sobre escatología, haciendo al movimiento todavía más sospechoso a los ojos ortodoxos. Cuando Sayyid Kazim Rashti murió sin nombrar sucesor (1844), se creó un vacío en la marcha del movimiento, y de esta situación surgió la tradición Babi a través de la obra del Bab (1819-1850). Posteriormente, la tradición Bahai nació de la comunidad Babi. ⇨ Bab, el; Babis; bahaísmo; chiísmo; escatología; imán.

Sheen, Fulton John (1895-1979) Prelado y locutor de radio católico americano, nacido en El Paso, Illinois, hijo de un granjero. Se graduó por la Universidad Católica de América, más tarde se doctoró en Filosofía en Lovaina, Bélgica. Ordenado en 1919, volvió a la Universidad Católica para enseñar filosofía (1926-1959) antes de convertirse en director nacional de la Sociedad para la Propagación de la Fe. Mientras tanto, se había granjeado una reputación como locutor de radio en el programa la «Hora católica» que era oído en todo el mundo (1930-1952), y su audiencia aumentó todavía más con el programa de televisión *La vida merece la pena vivirse* (1952-1965). Fue obispo auxiliar de Nueva York (1951-1965) y obispo de Rochester (1966-1969), después se retiró como arzobispo titular. Sus numerosos escritos incluyen *Paz del alma* (1949), *Esos sacerdotes misteriosos* (1974) y *El cristiano electrónico* (1979). ⇨ catolicismo.

Shekinah (hebreo: «morada», «residencia») Presencia especial de Dios con su pueblo, Israel; en las obras rabínicas, su inmanencia; con frecuencia, asociada a sitios concretos donde consagraba un lugar u objeto, como sucedió con la zarza ardiente en el Sinaí o el Tabernáculo en el desierto. Los motivos de la luz y la gloria están frecuentemente ligados con ella. Algunos filósofos judíos tardíos la consideraban una entidad creada o figura intermediaria distinta de Dios. ⇨ Dios; rabí; Tabernáculo.

Shema (hebreo: «oye») Antigua oración judía muy conocida, que se remonta al menos al siglo II a. C.,

que incorpora las palabras de Deuteronomio 6, 4-9; 11 ,13-21 y Números 15, 37-41, y que comienza: «Escucha, oh Israel: el Señor nuestro Dios, el Señor es uno.» Introduce la oración judía de la mañana y de la tarde, que precede a la Amidah y precedida ella misma a su vez por dos bendiciones. Se puede recitar en cualquier lengua y afirma la creencia en la unicidad de Dios.
➪ Amidah; judaísmo; mezuzá; tefillin.

Sheol La palabra más común en la Biblia hebrea para referirse a la morada de los muertos. Igual que en la mayoría de las concepciones del Próximo Oriente antiguo sobre el más allá, el Sheol es considerado como un lugar subterráneo donde los muertos se reúnen en una existencia sombría. Al aparecer principalmente en poesía, la palabra no está cuidadosamente definida, pero podemos pintar un cuadro general del Sheol como un lugar sombrío de oscuridad, polvo y silencio, del que no se puede volver; sus características parecen definidas por contraste con la actividad humana del mundo de los vivos, y sus habitantes están lejos de Dios, si no absolutamente más allá de su alcance. Para la mayor parte del período del Antiguo Testamento, todos los muertos, buenos y malos, bajan al Sheol, mientras que en el judaísmo posterior, el Sheol es reemplazado por la Gehenna, un infierno terrible donde los malos son castigados por sus pecados. En la poesía bíblica, el Sheol se usa con frecuencia de modo figurado para describir una situación de peligro o sufrimiento extremo.
➪ infierno; más allá.

shilluk, religión Los shilluk son un pueblo nilótico del sur de Sudán, que vive en la orilla oeste del Nilo. Su sistema religioso difiere del de sus vecinos los dinka y los nuer, y se usa a veces como uno de los modelos de religión africana. Tiene dos polos. Uno es Juok, que puede en muchos contextos ser traducido como «Dios», pero se puede manifestar de varias otras formas de espíritu. Juok es creador, y aquel de quien todo depende en última instancia. Su preferencia da razón del variado dominio ejercido por extranjeros —turcos, europeos, árabes— en la zona. Pero Juok no es adorado directamente. La actividad religiosa se centra en el héroe del cultivo Nyikang, que deriva su ascendencia del cielo, río y tierra, los tres componentes del entorno local. Los mitos nacionales describen su viaje a la patria actual, su separación de los fundadores de los otros pueblos nilóticos y su establecimiento del reino mediante beligerancia astuta e implacable. De su clan viene cada nuevo rey shilluk *(reth),* que en su entronización es identificado con Nyikang. En este sentido, la monarquía es sacral, aunque esto nunca ha impedido la crítica o el rechazo de un rey. Juok se aproxima a través de Nyikang (y reyes subsiguientes); de hecho, el lenguaje usado a veces identifica a Nyikang con Dios.
➪ dinka, religión; nuer, religión.

shingon Escuela japonesa de budismo esotérico y místico, introducida desde China en Japón por Kukai en el 806. Su *Llave preciosa para el almacén de los misterios*

Shinran

(Hizoboyaku) en tres volúmenes es un texto fundamental, en el que describe la espiritualidad de la escuela shingon como el culmen de logro espiritual que llena otros nueve senderos espirituales que se encuentran en el budismo y en todas partes. Los mandalas (pinturas simbólicas del mundo) y otras formas de escultura y pintura adquirieron importancia en la escuela shingon, así como la importancia que le dan al buda Vairocana, el buda de luz infinita, la fuente de todo lo que existe y aquel a través de quien la budidad y la naturaleza buda pueden encontrarse en este mundo. Se asume en la escuela que la verdad esotérica de shingon es más profunda que las enseñanzas externas del Buda histórico y que el cumplimiento de ellas. Rituales como el del fuego y el de la ordenación que utilizan agua, dichos sagrados *(mantras)* y gestos *(mudras)* se convirtieron en parte de la práctica shingon. Actualmente, existen más de 40 escuelas shingon en el Japón, y muchos elementos suyos han pasado a diversas escuelas de budismo japonés.
⇨ buda, naturaleza; Kukai; mandala; mantra; mudras; Vairocana.

Shinran (1173-1263) Fundador de la escuela budista japonesa Tierra Pura conocida como Jodo Shinshu (Verdadera Tierra Pura). Desarrolló con una tendencia más radical la obra de su maestro Honen (1133-1212), que fundó la secta original Jodo (Tierra Pura) en el Japón. Shinran comenzó por estudiar el budismo Tendai en el monte Hiei, a las afueras de Kyoto, pero lo abandonó para estar con Honen, y a través de él consiguió poner de relieve el *nembutsu,* invocando la misericordia y la gracia de Amida Buda usando la frase: «Pongo mi fe en Amida Buda.» En contraposición a Honen, recalcaba la importancia de la fe que subyace en el nembutsu más que su mera repetición, hasta el punto de que si se pudiera decir solamente una vez con absoluta sinceridad, el que lo dice lograría el renacimiento en el paraíso o Tierra Pura de Amida Buda. Shinran introdujo novedades como suprimir el celibato de los sacerdotes y subrayar el hecho de que la gracia de Amida era accesible a todos, aunque fueran pecadores, basándose en la premisa de que si un hombre bueno podía recibirla, con mucha más razón podía hacerlo uno malo. Señalaba el «poder de otro», o gracia libre de Amida, más que el esfuerzo propio, como medio apropiado de salvación en la tercera fase degenerada de la historia budista a la que pertenecía su época. Simplificó la Tierra Pura y la relacionó más estrechamente con las vidas de la gente ordinaria, de modo que su escuela de la Verdadera Tierra Pura finalmente se convirtió en el grupo Tierra Pura más numeroso del Japón. ⇨ Amida, culto; budismo Tierra Pura; Honen; jiriki y tariki; Jodo; Jodo Shinshu; nembutsu; Tendai.

shirk Término musulmán que significa «asociación», en el sentido de asociar algo a Dios. Es el pecado fundamental en el islam. En cuanto a que Dios es uno, absoluto, perfecto y completo, nada se le puede añadir o poner junto a él. Asociar algo a Dios, cometer *shirk,* es el único pecado que no se puede perdonar: «Dios no perdona que se le asocie algo» (Corán 4, 116). Shirk es lo opuesto de *tawhid,* la noción de la unidad de Dios. También se opone a «islam», que significa literalmente «sumisión a Dios», y la piedra angular de la fe musulmana se encuentra en la afirmación de la *shahadah*: «Alá es Alá y Mahoma es su profeta.» Este concepto unas veces se utiliza relacionándolo con el paganismo en el sentido de idolatría —a los paganos se les denomina «los asociadores»—, otras veces en relación con el politeísmo, otras referido al ateísmo —no reconocer para nada a Dios—, y en algunas ocasiones se refiere a la condición de estar en oposición a Dios (más que asociar algo a Dios). En cualquier caso, es considerado como el error más elemental y el pecado esencial que los seres humanos pueden cometer. Tiene analogías con la noción cristiana de herejía. ⇨ ateísmo; Corán; herejía; idolatría; islam; politeísmo; shahadah; tawhid.

shofar o **shophar** Término hebreo que significa cuerno de carnero, tocado como instrumento musical; es mencionado en la Biblia como instrumento para ser tocado particularmente en el Año Nuevo judío (Rosh Hashanah) y al final del Día de la Expiación (Yom Kippur), pero también se utiliza en la guerra o para anunciar acontecimientos importantes. En los tiempos modernos, en Israel, se ha tocado también en los mediodías del viernes para anunciar el Shabbat. ⇨ judaísmo; Rosh Hashanah; Shabbat; Yom Kippur.

Shri, visnuitas (visnuitas Śrī) Tradición que probablemente se originara alrededor de los siglos IX o X d. C., en lo que ahora es el estado indio de Tamil Nadu; aunque sus raíces pueden remontarse incluso al siglo VI d. C. Como sugiere su nombre, la escuela venera a Visnú, además de a su consorte Shri (Lakshmi), y es una de las principales escuelas visnuitas. Al filósofo tamil, poeta y teólogo, Yamuna, se le atribuye generalmente la fundación de la tradición, pero fue Ramanuja quien, más que cualquier otro, dio al movimiento credibilidad filosófica. Esenciales para la tradición visnuita Shri son las ceremonias del templo, así como abundante culto en el hogar, en el que se recitan himnos tamiles. Estos eran atribuidos a los 12 *Alvars,* a muchos de los cuales se les habían añadido historias mitológicas. A la inversa, a los maestros *(acaryas)* de la tradición se les atribuyen biografías mucho más precisas, y es a través de estas como se puede seguir la tradición. La liberación se logra mediante la devoción *(bhakti)* y sometimiento a Shri y Visnú que finalmente rescatan a sus devotos por la gracia divina y les conducen a la unión con *Brahman.* La literatura de la tradición, a causa de la fusión de ideas védicas y del bhakti, se compone de una mayoría de textos sánscritos y una insignificante minoría de textos tamiles. Esto, en parte, contribuyó al cisma gradual en el moviento entre los *Vatakalai* («cultura del norte») y los *Tenkalai* («cultura del sur»). ⇨ bhakti; Brahman; Lakshmi; prakriti; Visnú; visnuismo.

shruti (śruti) (literalmente: «lo que es oído») Abarca la literatura hindú que se cree ha sido revelada, lo que incluye toda la escritura védica y los Upanishads. Se dice que estas escrituras han existido siempre, y se cree que han sido «oídas» por sabios *(rishis)* que las pusieron por escrito sin alterarlas en lo más mínimo. Esto es porque las palabras de los textos shruti no sólo se dice que son eternas en cuanto al significado, sino también en su forma. En consecuencia, se dice que su transmisión es infalible. ⇨ smriti; Veda; Upanishads.

Shudras (Śūdras) Clase *(varna)* inferior en el hinduismo, compuesta en su mayoría de pueblos no arios que habitaban el norte de la India antes de la invasión aria. Estaban generalmente clasificados como siervos o esclavos. Aunque no directamente identificados con ninguna deidad, son mencionados en el *Rig Veda* (10, 90: 11-12), que afirma que emanaron de los pies del ser primordial, *purusha*. Como los shudras no pertenecen a uno de los varnas «nacidos dos veces», ellos —según el hinduismo ortodoxo— no pueden recibir la iniciación *(diksha)* y, por tanto, tampoco pueden recibir mantras ni leer los Vedas. ⇨ purusha; varna; Veda.

Shugendo Movimiento religioso japonés conocido como «religión de la montaña», que se desarrolló durante el período Hei (794-1185). Surgió de las actividades de los ascetas de la montaña conocidos como *yamabushi,* el primero de los cuales se dice que se remonta al siglo VI. Subían a las montañas para conseguir poder espiritual, relacionarse con el exorcismo y entrenarse para administrar la voluntad de las deidades *(kami)* a la gente del lugar. Combinaban las características de diferentes elementos de la religión japonesa: kamis sintoístas, localizados en montañas sagradas, budas y bodhisattvas locales, y los hechizos y prácticas del taoísmo religioso. Un sacerdote del siglo IX llamado Shobu contribuyó a propagar el Shugendo, cuyo legendario fundador combinaba el ascetismo budista en una montaña sagrada sintoísta con algunas prácticas taoístas chinas. Los grupos Shugendo llegaron a quedar asociados al budismo shingon esotérico y, cuando comenzó a declinar, fueron los practicantes del Shugendo quienes transmitieron algunos de sus hechizos y prácticas a la gente, ayudando así a extender el budismo al norte del Japón. El Shugendo fue proscrito en 1873 por ser enemigo del verdadero sintoísmo. Sin embargo, los ministros yamabushi Shugendo aún actúan en el mundo contemporáneo. ⇨ bodhisattva; Buda; exorcismo; kami; montañas sagradas japonesas; Shingon; taoísmo.

Shulhan Arukh o **Shulchan Aruch** Código legal judío, publicado por primera vez en Venecia en 1565 y compilado por el místico

José Caro (1488-1575). Tras los desplazamientos judíos durante el siglo XV, el más conocido de los cuales fue la expulsión de los judíos de España en 1492, provocó un ambiente de confusión que necesitaba de un compendio de la ley judía. Caro, que era uno de los que había abandonado España, vivido en Turquía, estableciéndose después en Safed, Palestina, cubrió esta necesidad con una obra llamada *Beit Yosef* («Casa de José») y con la más breve, y más útil, *Shulhan Arukh* («Mesa puesta»). En esta afirmaba estar instruido por un guía *(Maggid)* celestial. Él sistematizó la ley judía, tomando como base obras de tres importantes predecesores y siguiendo la opinión mayoritaria en temas halákicos. Sin embargo, como se ocupó principalmente de la ley y costumbre españolas, el *Shulhan Arukh* fue revisado por Moisés Isserles (c. 1520-1572), que tuvo en cuenta las tradiciones de los judíos europeos del Este; esto le hizo útil para los judíos de todas partes en los años siguientes. ➪ askenazis; halaká; sefarditas.

shunyatavada (sūnyatāvāda) Forma de filosofía budista mahayana que centra la atención en la noción de vacío, *shunyata*. La inspiración para la escuela surgió de los *Sutras de Mahayana* originales, pero la enseñanza sobre el vacío de una forma sistemática se originó en los escritos del gran filósofo monje Nagarjuna, en el siglo II d. C. Fundó la escuela Madhyamika y quedó estrechamente ligada a shunyatavada. Esencialmente, este punto de vista repetía y ponía gran énfasis en el rechazo de Buda de todas las ideas especulativas. La realidad no podía resumirse en un paquete de conceptos. Las creencias rígidas o ideas conceptuales están vacías, y lo que se necesita es una penetración experimental en el vacío. Esto se obtendría mediante la «meditación penetrativa», que puede proporcionar la posibilidad de penetrar en una conciencia trascendente de la realidad del vacío «dejando ir» y yendo más allá de los objetos mentales o sensoriales. Es necesario pasar del plano de verdad diario convencional al nivel de verdad más alto para conseguir verdadera penetración en el vacío. El vacío es, de este modo, no nihilismo o irrealidad, sino que implica una renovación profunda de la comprensión y de la conciencia. El shunyatavada se desarrolló en la India a través de la obra de pensadores como Chandrakirti, se convirtió en una secta en China y Japón, y en una fuerza central en el budismo tibetano. ➪ Buda; budismo mahayana; vacío; vipassana.

sibilinos, Libros En la Roma imperial, colección de palabras proféticas guardada en el Templo de Apolo Palatino, y consultada en tiempos de calamidad pública para saber cómo desviar la indignación de los dioses. Fue adquirida, según la leyenda, por Tarquinio el Soberbio de la Sibila de Cumas. ➪ adivinación romana; romana, religión.

Siddhanta sivaíta (Siddhānta śivaíta) Tradición del sivaísmo que

Siddhas

se desarrolló inicialmente en Cachemira a partir del siglo IX, y que ya en el siglo XI se había trasladado al sur de la India. En cuanto opuesta al sivaísmo cachemir, la tradición Siddhanta sivaíta es una tradición teísta o dualista en la que Siva, el Señor supremo *(pati)*, es eternamente distinto del alma individual, la «bestia» *(pashu)*, y del universo o «lazo» *(pasha)*. La liberación *(moksha)* es liberación del alma de la transmigración *(samsara)*, en la cual se da cuenta de su igualdad, aunque no su identidad, con Siva. La tradición cachemir de la Siddhanta sivaíta se basa en los textos revelatorios «dualistas» llamados tantras y agamas, que abogan por el culto de Siva en la forma de Sadasiva, aunque también aceptaban el Veda como revelación. En el sur la tradición Siddhanta sivaíta se mezcló con lo devocional *(bhakti)* de los místicos poetas tamiles, los Nayanars, y las escrituras sagradas de la tradición ahí incluidas, junto con los tantras y agamas dualistas, y con la poesía tamil como los *Dichos sagrados (Tiruvacagar)* del famoso poeta Manikkavacagar (siglo IX). Un texto que resume la teología sivaíta Siddhanta es el *Shivajnanabodha* (c. 1200) de Meykandadeva, en el que expone la doctrina de las tres realidades (Dios, almas y universo) y la dependencia del alma de Dios o Siva. Para la tradición Siddhanta sivaíta la liberación se logra, con la gracia de Siva, mediante la iniciación *(diksha)* y la realización de los rituales diarios por la mañana, a mediodía y por la noche. Estos erradican la sustancia de polución *(mala)* que cubre al alma y, si se realiza regularmente, el fiel sivaíta Siddhanta será liberado al morir. La devoción ardiente *(bhakti)* a Siva puede acabar también en liberación. ⇨ bhakti; moksha; samsara; sivaísmo cachemir.

siddhas Nombre dado a los santos, o perfectos, en la tradición budista tántrica. Ejemplificaban importantes rasgos del budismo tántrico por su énfasis en la meditación, la realización personal, la espiritualidad laica, la relación gurú-discípulo y la importancia de los ascetas, tanto cabezas de familia como errantes. Adquirieron relevancia desde el siglo VIII al siglo XII d. C. en la India, y procedían de ambientes de castas bajas y altas. Sus historias tienden a seguir una estructura establecida: son ordinariamente humanos que sienten una llamada que no está resuelta; esta se resuelve cuando encuentran a un maestro tántrico y hallan el despertar individual; empiezan un estudio intensivo con su gurú, y finalmente descubren la iluminación en esta vida. Como equivalente de los bodhisattvas budistas mahayana, ofrecen gran compasión a todos los seres y son también capaces de implicarse en prácticas milagrosas, como el caminar de Saraha sobre el agua. Después de la muerte siguen siendo accesibles en el reino celestial, y en el Tíbet algunos de ellos aparecen como *tulkus* encarnados o lamas. Existe una lista de 84 de los más grandes siddhas agrupados en siete linajes por el escritor tibetano Taranatha. Escribieron muchas obras tántricas, y fueron importantes propagadores del budismo tántrico desde la India al Tíbet, sudeste de Asia y China (de donde el budismo tántrico fue a Japón). Las mismas cuatro grandes escuelas tibetanas se remontan a siddhas indios. Los siddhas tenían como características, la importancia que daban a la meditación informe, el culto tántrico, el compromiso en el mundo y la espiritualidad no convencional. Constituyen una forma única de santidad budista. ⇨ bodhisattva; budismo mahayana; budismo tántrico; gurú; lama; tibetana, religión; tulku.

siddur (plural: **siddurim**) Libro(s) de oración judío(s) usado(s) los días de la semana y los Shabbats. Solamente a partir del siglo IX d. C. tomó realmente forma un texto semioficial, cuando las autoridades babilónicas intentaron armonizar la práctica judía en todo el mundo. El *seder* («orden») del sabio del siglo IX Rav Amram fue especialmente influyente; incluso cuando Europa se convirtió en el centro de los asuntos judíos a partir del siglo X, la obra de Amram configuró la forma de los siddurim tanto askenazis como sefarditas. En esta etapa, el siddur incluía los órdenes para todos los servicios religiosos; a medida que los servicios se hicieron cada vez más largos y complicados se hizo necesario introducir un *mahzor* aparte para las fiestas mayores y una Haggadá especial para la Pascua. Así, desde el siglo XIII, el siddur cubría solamente los días de la semana y los shabbats. El texto del siddur nunca quedó del todo uniformado, aunque la llegada de la imprenta fomentó la armonización. Sin embargo, el movimiento de reforma trajo cambios. Desde finales del siglo XVIII algunos judíos intentaron reconciliar el judaísmo y la modernidad tanto en términos de práctica como de creencia. Esto afectó al siddur. Por ejemplo, el judaísmo reformista suprimió de sus actos de culto las referencias a la elección de Israel, esperanza de la restauración del Templo y la vuelta a Palestina. Aunque muchas de tales alteraciones han sido después anuladas, cada una de las varias confesiones dentro del judaísmo moderno normalmente tiene su propio siddur. ⇨ culto judío; judaísmo reformista.

siete pecados capitales Vicios fundamentales que la tradición cristiana cree que subyacen a todas las acciones pecaminosas. Son soberbia, avaricia, lujuria, envidia, gula, ira y pereza. ⇨ cristianismo; pecado.

sigalovada (sigālovāda) Nombre de una famosa pieza de enseñanza impartida por Buda que se encuentra en el *Sigalavada sutta* en el *tipitaka* o canon pali. Sigala era un joven cabeza de familia de Rajabaha que adoraba las cuatro direcciones de la brújula. Buda le instruyó en una forma de culto mejor señalándole que tenía obligaciones sociales y éticas hacia seis grupos sociales: padres, maestros, familia, amigos, compañeros de trabajo y maestros religiosos. En el proceso de enseñar a Sigala, Buda ofreció un resumen global de los deberes sociales de los laicos budistas con respecto a las seis rela-

sij

ciones humanas básicas: entre padres e hijos, maestros y alumnos, marido y mujer, series de amigos, jefe y empleado, y monje y laico. Según la tradición pali, Sigala, que era brahmán, se hizo discípulo de Buda. El discurso que lleva su nombre ofrece un relato completo de las obligaciones de un cabeza de familia, y guarda semejanzas con las cinco relaciones que son esenciales para la tradición confuciana china. ⇨ Buda; cinco relaciones confucianas; ética en religión; sila; tipitaka.

sij, calendario El calendario sij está centrado en el Día de Año Nuevo sij, cuando se celebra la importante fiesta de Baisakhi que tiene lugar en el día de abril en el que el Sol pasa de un signo del zodíaco a otro. Este momento es conocido como *samgrand,* y algunos sij se reúnen cada mes para el culto en el día samgrand. La situación se complica por el hecho de que otras fiestas sij, por ejemplo, Divali y las fiestas relacionadas con las vidas de gurús sij, se celebran de acuerdo con el calendario lunar. Varían, por tanto, de fecha cada año, mientras el Día de Año Nuevo/Baisakhi se fija por los movimientos del Sol. Los sij no tienen un día sagrado a la semana, y las visitas a los templos sij tienen lugar todos los días, aunque con frecuencia se fijan acontecimientos importantes en días apropiados, por ejemplo, el viernes en los países musulmanes, y el domingo en todas partes cuando es día festivo. Los sij siguen generalmente el calendario gregoriano o de la era común, aunque tradicionalmente han utilizado también el calendario Samvat, atribuido al rey Vikramaditya que comienza en el 58 a. C. Según esto el Gurú Nanak, verdadero fundador de la tradición sij, nació en 1469 d. C. o en 1526 de Samvat. ⇨ Baisakhi; Divali o Deepavali; gurdwara; Nanak; sij, gurú.

sij, ceremonias mortuorias Cuando un sij se está muriendo, se lee una famosa oración del Gurú Arjan, llamada *Sukhmani Sahib*, que contiene el pareado de paz: «El nombre de Dios es dulce ambrosía, fuente de paz y gozo interior. El nombre de Dios trae la paz bienaventurada a los corazones de los verdaderos devotos.» De acuerdo con la costumbre india, el cuerpo normalmente se incinera el día de la muerte, o al día siguiente cuando la muerte tiene lugar hacia el final del día. El cuerpo es preparado por miembros de la familia, se viste, y lleva las cinco K (pantalones, peine, ajorca, pelo sin cortar y espada), y un turbante cuando se trata de un hombre. Durante el funeral se lee el importante himno *Sohila* de las escrituras sij, el *Gurú Granth Sahib*, y se quema el cuerpo, cuyas cenizas se esparcen en un río cercano, preferiblemente en el río Sutlej en el Punjab. Después se lee, a intervalos, el *Gurú Granth Sahib* entero, y al final de esta lectura, nueve días después del funeral, se celebra con toda la familia una ceremonia *(bhog)* que termina con el reparto de comida especial. Fuera de la India las ceremonias mortuorias pueden adaptarse a los condicionamientos locales, por ejemplo, en Gran Bretaña el cuerpo puede ser conducido para el funeral al templo local sij, el gurdwara. ⇨ bhog; cinco K; gurdwara; Gurú Granth Sahib; turbante.

sij, cielo e infierno Aunque la tradición sij acepta la teoría del renacimiento de acuerdo con las acciones de cada uno, y esta teoría es a menudo mencionada por el Gurú Nanak y el texto sagrado sij, el *Gurú Granth Sahib*, el máximo hincapié se hace en la vida y en el conocimiento de Dios en ella. El cielo está allí donde Dios está presente, donde son cantadas sus alabanzas, donde viven sus santos y donde se bendice la vida diaria; el infierno está allí donde se mueve lo opuesto. La liberación es posible en esta vida *(jivanmukti)*. Depende de si se conoce a Dios y su Nombre, y si se vive su vida en el mundo. Las obras forman así parte de la vida espiritual pero no aseguran la vida eterna. Por tanto, aunque existe infierno en esta vida en la separación de Dios y la vida injusta, y existe renacimiento según las propias obras, el énfasis sij no se pone en el renacimiento como tal o sobre el cielo o infierno en el más allá, sino en llegar a ser uno con Dios en esta vida, y escapar del infierno aquí. ⇨ Gurú Granth Sahib; jivanmukti; karma; samsara.

sij, comida y bebida Excepto en el caso del alcohol, que está prohibido para los sij, no existen prohibiciones absolutas con respecto a la comida y la bebida, siguiendo los instintos del Gurú Nanak de quien se cuenta que dijo: «Sólo los locos riñen a causa de comer o no comer carne» *(Adi Granth,* 1289). Para él, las regulaciones externas eran secundarias y la espiritualidad interior primaria. En la práctica es inusual que los sij coman carne halal musulmana, y es también poco usual que coman carne de vaca, por deferencia con la repugnacia hindú a comer carne de vaca, que forma parte del entorno del norte de la India en el que viven la mayoría de los sij. No hay, sin embargo, obligación de ser vegetariano, aunque muchos sij observan esta práctica, y en los gurdwaras sij sólo se sirve comida de este tipo, para posibilitar que todos los visitantes participen. ⇨ Adi Granth; gurdwara; Nanak.

sij, emblemas Dos emblemas son especialmente populares y significativos entre los sij. El primero es un símbolo de Dios, Ik Oankar, que combina el número 1 con la letra «O» de la palabra «Oankar». Se encuentra en la estrella del *Mul Mantra,* uno de los más importantes poemas sij, y que significa la unidad de Dios. El segundo es un emblema de la comunidad sij, la *Khalsa*, y es de hecho un símbolo del sijismo mismo. En el centro de este emblema hay una espada de doble filo que está colocada en medio de un círculo en forma de aro de acero, a cada uno de cuyos lados hay una daga ceremonial sij *(kirpan)*. La espada de doble filo simboliza el ideal sij del santo guerrero, el círculo representa la unidad de Dios y la humanidad, y las dos dagas ceremoniales se refieren al

sij

equilibrio del poder temporal y espiritual. Este emblema, llamado *Khanda,* se lleva en los vestidos, en las banderas de los templos sij, y en el palanquín en el que se guarda la Escritura sij, el *Gurú Granth Sahib.* ⇨ cinco K; Gurú Granth Sahib; Khalsa; Mul Mantra.

sij, gurú (gurū) La noción de gurú ha sido importante para los sij en dos sentidos, representa la voz interior que guía y la presencia de Dios. El Gurú Nanak enseñaba esta verdad básica que se consideraba un canal humano para la naturaleza gurú, por ello se le concedió el título de gurú. El espíritu y título de gurú fueron heredados a partir del Gurú Nanak por nueve gurús sucesivos: Angad, Amar Das, Ram Das, Arjan, Hargobind, Hari Rai, Hari Krishna, Tegh Bahadur y Gobind Singh. Con la muerte del décimo gurú, Gurú Gobind Singh, la sucesión de gurús humanos terminó y el gurú viviente se hizo presente en las escrituras sij, el *Adi Granth,* que llegó a ser conocido como el *Gurú Granth Sahib,* y en segundo lugar en la comunidad sij, el *Gurú Panth.* El *Gurú Granth Sahib* se trata como si fuera un gurú humano. ⇨ Adi Granth; Gurú Granth Sahib.

sij, historia La tradición sij comenzó con la obra del Gurú Nanak, que escribió bellos himnos devocionales, expuso las primeras doctrinas sij, y reunió a su alrededor discípulos. Le sucedieron otros nueve gurús humanos, el último de los cuales fue el Gurú Gobind Singh. Durante su liderazgo se formó la comunidad, se compiló la escritura sagrada, el *Adi Granth,* tuvieron lugar escaramuzas con el imperio mongol que comenzó a perseguir a los sij. El último gurú, el Gurú Gobind Singh, fundó la orden sij, la *Khalsa,* que dio a la comunidad sij su identidad exterior distintiva incluyendo las cinco K (ajorca, peine, pantalones cortos, espada y cabello sin cortar) y el nombre *Singh.* Después de la muerte del décimo gurú en 1708, las Escrituras sij, que entonces llegaron a ser conocidas como el *Gurú Granth Sahib,* le sucedieron como autoridad suprema de la tradición sij. Su muerte también coincidió con la rebelión abierta contra los mongoles, y la guerra de guerrillas continuó hasta el derrumbamiento de la autoridad mongola a mediados del siglo XVIII. A finales de ese siglo, Ranjit Singh unió a los sij y se convirtió en maharajá del Punjab, gobernando hasta su muerte en 1839. Sin embargo, cuando los británicos se anexionaron el Punjab en 1849, la tradición sij, atravesaba por un período de debilidad interna, se vio aliviada por la aparición en 1873 del Singh Sabha, quien se opuso al cristianismo militante y al hinduismo. Estableció escuelas, colegios y un programa de literatura, y dio una orientación en la posterior fundación del movimiento Akali Dal para conseguir de nuevo el control de los gurdwaras sij de manos hindúes. Desde finales del siglo XIX, y especialmente desde la Segunda Guerra Mundial, la tradición sij se ha convertido en una religión mundial a través de la emigración a Europa, Norteamérica, el este de África, Australasia y otros países de Asia. En la India ha habido una lucha por la influencia creciente sij en su Punjab natal. ⇨ Adi Granth; Akali Dal; Amritsar; cinco K; gurdwara; Gurú Granth Sahib; Khalsa; Nanak; Punjab; sij, religión mundial; Singh.

sij, lenguas En tanto que la patria sij es el Punjab de la India, la lengua punjabí y su escritura Gurmukhi son de gran importancia para los sij. Las historias de la vida del Gurú Nanak, conocidas como las *janam sakhis,* se escribieron en punjabí. El texto sagrado sij, el *Adi Granth,* tenía un trasfondo lingüístico algo más complejo. En la época en que fue escrito, las lenguas indias vernáculas empezaban a surgir y reemplazar al sánscrito en el afecto popular. Sin embargo, ellas mismas se estaban desarrollando y cambiando, como las lenguas europeas de la época. Así, en el *Adi Granth,* se usa algo de punjabí, y algo del hindi popular, que era la lengua devocional de los escritores del movimiento Sant, algunas de cuyas obras están incluidas en el *Adi Granth*. En el posterior y secundario texto sagrado sij, el *Dasam Granth,* se usó la lengua Braj de Mathura (relacionado con las historias de Krishna), además de la escritura punjabí Gurmukhi. A pesar del empleo de otras lenguas en las dos escrituras sagradas sij, a finales del siglo XVIII, y de nuevo en la década de los ochenta, hubo una vuelta a la lengua y cultura punjabís, que los sij toman como algo que define al sijismo. Sin embargo, debido a que la tradición sij se ha convertido en la actualidad en una religión mundial, esta cuestión puede plantear problemas a los sij nacidos fuera de la India que tienen poco acceso a la lengua punjabí. ⇨ Adi Granth; Dasam Granth; Janam Sakhis; Krishna; Nanak; Punjab; Sant, tradición.

sij, mártir La tradición sij se inició con la predicación del Gurú Nanak (1469-1539) en el Punjab, India, y su objetivo era propagar la armonía religiosa, el trabajo por la paz y ofrecer liberación espiritual a todo el mundo. Debido a la situación cambiante dentro del Imperio Mongol, los sij se vieron sometidos a severa persecución, y en estas circunstancias el martirio se hizo inevitable y significativo. El primer mártir ejemplar fue el quinto gurú, el Gurú Arjan (1563-1606), que había vivido en paz con Akbar. Cuando Jehangir sucedió a Akbar en 1605, el Gurú Arjan fue arrestado y murió a manos mongolas. El noveno gurú, el Gurú Tegh Bahadur (1621-1675), fue también muerto por los mongoles. Muchos otros sij murieron en tiempo de los mongoles, y posteriormente, antes de abjurar de su fe. Son conocidos como *shaheeds* y se les honra dentro de la tradición sij. Como dice el *Gurú Granth Sahib,* 698: «Alcanzan la gloria aquí y en la otra vida.» ⇨ Gurú Granth Sahib.

sij, modernos movimientos reformistas (Singh Sabhas) A lo largo de la historia sij, ha habido una variedad de movimientos reformistas. En la época moderna, el movimiento Singh Sabha ha sido especialmente importante. Surgió como respuesta a la clara disminución de la comunidad sij en 1849 bajo el Imperio Británico, y se desarrolló en Amritsar en 1873, en Lahore en 1879, y más tarde en otras zonas sij. Su objetivo era restaurar los principios y prácticas fundamentales sij por medio de libros y folletos, reuniones públicas, reformas educativas y asambleas religiosas renovadas. Tras las divisiones entre los dos principales Singh Sabhas, y su reunificación en la Khalsa Diwan de 1902, surgió un movimiento más radical, dirigido a recuperar el control de los templos sij, los gurdwaras, de manos de los sacerdotes hindúes que oficiaban en ellos. Esto condujo a la formación del movimiento Akali, que comenzó un vigoroso programa de difusión de su opinión en 1920, llegando a conseguir la transferencia con éxito del control de los gurdwaras sij al Comité Shiromani Gurdwara Parbandhak, que era una organización sij. El Akali Dal se convirtió en partido político y como tal sigue actuando en el Punjab de la India. ⇨ Akali Dal; Amritsar; gurdwara; Punjab.

sij, peregrinación Los sij tienen una actitud un tanto ambivalente hacia la peregrinación. El Gurú Nanak y los otros gurús sij reaccionaron contra lo que ellos creían una influencia poco saludable de sus contemporáneos hindúes en las ciudades sagradas, ríos sagrados y peregrinación a lugares sagrados. Como típicamente dijo el Gurú Nanak en el *Adi Granth* (687): «No existe lugar de peregrinación como el gurú, él es el único remanso de compasión y contento.» Sin embargo, la ciudad de Amritsar, y su Templo Dorado, se han convertido de facto en lugares de peregrinación para los sij de todo el mundo. Como contrapartida, el tercer gurú, el Gurú Amar Das, estableció un lugar de baño en Goindeval para evitar que los sij visitaran el centro de peregrinación hindú de Hardwar. ⇨ Adi Granth; Amritsar; gurú; Nanak.

sij, religión mundial La «patria» de los sij es el Punjab de la India y, aunque la tradición sij se ha convertido recientemente en una religión mundial, la mayoría de ellos todavía tienen familia o contactos en el Punjab, donde viven actualmente unos 15 millones de sij. Así continúa habiendo un apego emocional a la cultura, la lengua y el suelo del Punjab, aun cuando algunos sij del mundo actual jamás hayan visitado su césped sagrado. El primer éxodo importante del Punjab tuvo lugar después de que fuera anexionado por los británicos en 1849. Los sij se establecieron como comerciantes en partes limítrofes de la India, y —como miembros del ejército británico— iniciaron los pequeños asentamientos en Hong Kong y Singapur, desde donde fueron a Fidji, Australia y Nueva Zelanda. Otros marcharon al este de África a trabajar en los ferrocarriles, y unos pocos a Norteamérica. La gran dispersión sij se inició después de la Segunda Guerra Mundial. Cuando los países africanos empezaron a independizarse, muchos sij emigraron al Reino Unido, otros a países de la Mancomunidad británica o América del Norte, países donde se hablaba el inglés. El motivo principal era el deseo de encontrar trabajo y enviar dinero a sus parientes. Hay unos 300.000 sij viviendo en Gran Bretaña, la mayor concentración fuera de la India, y pequeños grupos de sij han ido también en otras direcciones, especialmente a países europeos, aun sin ser de habla inglesa. Aunque no existe un afán misionero fuerte dentro de la comunidad sij, algunos se convirtieron a través de la obra de organizaciones como el Dharma Sij del Hemisferio Occidental, fundado por el yogui Bhajan en 1971, y su rama educativa más famosa 3HO (**H**ealthy, **H**appy, **H**oly **O**rganization = Organización Feliz, Saludable, Santa). ⇨ Punjab; Saludable-Feliz-Santa, Organización.

sij, salutaciones Los sij se saludan generalmente juntando las manos, inclinándose ligeramente y diciendo las palabras *Sat Sri Akal*, «la Verdad es eterna». Dentro de la camaradería del templo sij, el gurdwara, existe con frecuencia una salutación formal al principio y al final de un discurso que proclama: «¡La Khalsa son los elegidos de Dios! ¡La Victoria pertenece a Dios!» Dentro de la camaradería de la asamblea sij, otra salutación común la ofrece el líder que grita: *Jo bole so nihal*, «Bienaventurado el que grita», y la comunidad responde con el saludo personal mencionado antes, utilizado ahora como aclamación: *Sat Sri Akal*, «la Verdad es eterna». Estas salutaciones sij son actualmente más formales y demostrativas que el saludo normal del norte de la India de juntar las manos y decir *Namaste* o *Namaskar*. ⇨ gurdwara; Khalsa.

sij, sectas Aunque en la tradición sij no aparecen sectas equiparables a las iglesias de la tradición cristiana, existen distintos grupos sij que difieren unos de otros. La principal división en la tradición sij se da entre los que han recibido la iniciación formal dentro de la *Khalsa* sij, fundada por el Gurú Gobind Singh en 1699, y siguen su código de disciplina, que incluye llevar las cinco K (ajorca, peine, pantalones cortos, espada, pelo sin cortar), y aquellos que no la han recibido. Los últimos no constituyen una secta pero son, por así decir, sij independientes más que organizados. En tiempos recientes, esta diferencia ha cristalizado en la separación entre los que aceptan el Código de conducta revisado, el *Rahit Maryada*, aceptado en 1945 después de un trabajo preparatorio de 14 años del Comité Shroman Gurdwara Parbandhak, y los que no lo aceptan. Entre los primeros existe una nueva división, los sij que se han implicado activamente en movimientos sij comprometidos, como el Sij Sabha, fundado en 1873, o el Partido Akal Dal, y aquellos que no lo aceptan. Se pueden distinguir cuatro

sij

grupos heterodoxos de los sij mencionados antes. La orden ascética Udasi fue fundada por el hijo del Gurú Nanak, Babra Sri Chand (c. 1494-1612), pero en la actualidad es básicamente hindú más que sij. Otra orden ascética, los Nirmalas, nacida de cinco hombres enviados por el Gurú Gobind Singh a estudiar a Benarés, pero su movimiento también se aproximó al hinduismo. En tiempos más recientes, los Nirankaris, fundados por Baba Dayal (1783-1855), intentaron volver a la espiritualidad del Gurú Nanak y se distanciaron de los aires marciales de los últimos tiempos pero, como cuentan con su propia línea de gurús vivientes, no son bien vistos por muchos sij. Lo mismo se puede decir de los Namdharis, que siguieron a Balak Singh (1797-1862), Ram Singh (1816-1885) y actualmente a Satgurú Jagjit Singh, y a pesar de su rigor se consideran algo heterodoxos. ⇨ Akali Dal; cinco K; Khalsa; Namdhari; Nanak; Nirankar; Nirmalas; Udasi.

sij, vicios La tradición sij señala cinco vicios como especialmente nocivos; *lujuria,* que se define como deseo sexual indebido; *ira,* o cólera incontrolada; *avaricia,* o persecución de bienes mundanos por sí mismos; *apego,* o adhesión a una persona o cosa de tal modo que uno no puede llegar a unirse con Dios, y *egoísmo,* dependencia del yo en vez de fe en Dios. Estos cinco vicios conducen a una falta de autocontrol y a una espiritualidad imperfecta, mientras que lo que es preciso conseguir es la capacidad de vivir en el mundo donde se encuentran estos cinco vicios como un loto en un estanque fangoso que florece sin verse afectado por lo que le rodea. En la medida en que Dios es realidad absoluta y el creador del mundo, es él quien da la potencialidad para el bien o para el vicio, ambos están presentes en los seres humanos. La meta de la vida es vencer el vicio y conocer a Dios. Esto implica llevar una buena vida, pero significa sobre todo estar unido a Dios por la confianza en su gracia. ⇨ gracia; mal.

sijismo Religión fundada por el Gurú Nanak (1469-1539) en el área del Punjab del norte de la India, y que combina elementos del hinduismo e islam. Nanak creía que en estas dos religiones la verdad sobre Dios estaba oscurecida por el ritual. Él creía que uno podía aproximarse a Dios más por medio de la meditación y devoción que mediante ceremonias y ritual religioso. Bajo su liderazgo y el de sus nueve sucesores, prosperó el sijismo. Se denomina religión de los gurús, y busca la unión con Dios a través del culto y el servicio. Dios es el verdadero gurú, y su palabra divina ha venido a la humanidad por medio de los diez gurús históricos. La línea finalizó en 1708, desde el momento en que la comunidad sij es llamada gurú. El *Adi Granth,* su escritura sagrada, también es llamado gurú. La forma sij de entender la vida está íntimamente relacionada con la identidad del Punjab. ⇨ Adi Granth; cinco K; gurú; Khalistán; Khalsa; Nanak;

nihangs; Punjab; Rahit Maryada; Ram Das, Gurú; religión; sij, historia.

sila (sīla)   Término budista para referirse a ética y moralidad. Un elemento de la moralidad budista es la observación de cinco preceptos éticos negativos *(panca-sila)*, a saber, no herir a ningún ser vivo, no robar, no dedicarse a la sexualidad indebida, no hablar indignamente y no consumir bebidas fuertes o drogas. Una visión ligeramente más positiva se da en los tres artículos éticos incorporados al sendero óctuple: ocuparse en el recto hablar, comprometerse en la acción recta y dedicarse a medios rectos de ganarse la vida. En el sendero óctuple los tres artículos sobre moralidad están precedidos por dos artículos sobre la fe, y seguidos de tres artículos relacionados con la meditación; fe, moralidad y meditación se considera que son partes integrales de la vida budista plena. Diez preceptos éticos obligan a los monjes por contraposición a los laicos, aunque estos, si quieren ser éticamente celosos, pueden asumir tres preceptos morales más, además de los cinco mencionados antes. En la práctica, la generosidad en el dar de los laicos es valorada éticamente, incluyendo la donación a los monjes. ⇨ bhavana; ética en religión; saddha; sendero óctuple.

Siló   Lugar de una antigua ciudad en la Palestina central a unos 14 km al norte de Betel; fue célebre por el santuario central de las tribus de Israel durante la conquista y asentamiento de Palestina con los jueces tribales. También cobijó el Arca de la Alianza, y fue por ello una fuerza unificadora entre las tribus. Fue destruida hacia el 1050 a. C., y los sacerdotes entonces se trasladaron a Nob. ⇨ Arca de la Alianza; filistea, religión; judaísmo.

simbolismo   Utilización de símbolos. Un símbolo es un signo que manifiesta o hace transparentes penetraciones y verdades que estaban previamente ocultas. El simbolismo desempeña un importante papel en la religión. Los símbolos religiosos permiten al creyente el encuentro con lo sagrado. El éxito y la supervivencia de una religión se puede decir que depende de la capacidad de sus símbolos para revelar nuevas dimensiones de la experiencia religiosa a sus adeptos. ⇨ cinco K; sij, emblemas; uraeus.

Simeón, tribu de   Una de las doce tribus del antiguo Israel, que supuestamente descendía del segundo hijo de Jacob y Lía. Su territorio estaba en el extremo sur de Palestina, sur de Judá, en el que parece haber sido casi absorbida. ⇨ Antiguo Testamento; Israel, tribus de; Jacob.

Simeón el Nuevo Teólogo (949-1022)   Teólogo ortodoxo, inferior en rango sólo a San Gregorio Nacianceno. Destinado a la carrera política, Simeón se hizo monje a los 27 años, unos años después de una visión de la luz divina. Su mística, basada en esta experiencia, se hace

Simeón Estilita

eco de la de los hesicastas, y su espiritualidad de conciencia personal de Cristo y del Espíritu, expresada de modo conmovedor en sus «Himnos de amor divino», recuerda la de las «Homilías espirituales» atribuidas a Macario. Simeón fue abad del monasterio de San Mamas, Constantinopla, durante unos 25 años, y pasó su retiro como ermitaño. ⇨ Gregorio Nacianceno, San; hesicasmo.

Simeón Estilita, San (387-459) El más antiguo de los santos ascetas cristianos «de columna». Después de vivir nueve años en un monasterio sirio sin abandonar su celda, llegó a ser venerado como taumaturgo. Para apartarse él mismo de la gente, hacia el 420 se subió en lo alto de una columna de unos 20 m de altura en Telanesa, cerca de Antioquía, donde pasó el resto de su vida predicando a las multitudes. Tuvo muchos imitadores, conocidos como estilitas. Su fiesta se celebra el 5 de enero (Occidente) o el 1 septiembre (Oriente). ⇨ ascética; cristianismo.

Simkhat (o **Simchat**) **Torá** Día del año judío en el que el ciclo de lecturas sinagogales de la Torá llega a su fin e inmediatamente comienza de nuevo. La Torá es dividida en porciones semanales de modo que se lea toda en el espacio de un año, junto con las lecturas proféticas establecidas o Haftarot (singular Haftarat). Simkhat Torá (literalmente: «regocijo en la Torá») cae el 23 de Tishri, inmediatamente después de la fiesta de Sukkot (Tabernáculos), para los judíos de la diáspora; los judíos de Israel lo celebran el 22 de Tishri. Como el nombre indica, es un día de fiesta, y los pergaminos de la Torá son paseados en procesión por la sinagoga en medio de cantos y danzas. ⇨ calendario judío; culto judío; hagim.

Simón Pedro ⇨ **Pedro, San.**

Simons, Menno (1496-1561) Líder anabaptista holandés, fundador de los menonitas. Nació en Witmarsum, Frisia, y ejerció como sacerdote católico en Pingjum y Witmarsum hasta que, habiendo leído a Lutero, renunció al catolicismo por el anabaptismo no militante en 1536. Siguió un ministerio itinerante de 25 años, en el que organizó grupos anabaptistas en los Países Bajos, Renania y el Holstein danés. Fue perseguido tanto por católicos como por protestantes. ⇨ menonitas.

sinagoga (griego: «congregación» o «reunión») Institución judía local para la instrucción en la Torá y el culto, pero que no invade los papeles rituales o sacrificiales del sacerdocio de Jerusalén. Era el centro religioso local de las comunidades judías individuales, tanto en Palestina como en las ciudades de la diáspora. Las comunidades eran generalmente gobernadas por un cuerpo de ancianos, que ejercía ciertas funciones disciplinarias. Aunque el término sinagoga inicialmente se aplicaba a la comunidad, acabó utilizándose también para referirse a los

Sinagoga de Santa María la Blanca (s. XIII) (Toledo)

edificios en los que se reunía la gente, que en grandes ciudades como Alejandría, podían ser bellísimos. Después de la destrucción de Jerusalén y del Templo en el 70 d. C., la sinagoga logró incluso una importancia mayor llegando a considerarse como la institución religiosa más importante en la vida judía. Los rabinos se convirtieron en dirigentes de las sinagogas en este último período. En las sinagogas ortodoxas, los hombres y las mujeres estaban tradicionalmente separados; pero en las no ortodoxas, ahora se sientan juntos. ⇨ anciano 1; diáspora; judaísmo; rabí; Torá.

Sinaí, monte Montaña de ubicación incierta, situada generalmente entre las montañas graníticas del sur de la península del Sinaí, aunque a veces también se ha ubicado en Arabia, al este del golfo de Áqaba. En la Biblia hebrea se llama Horeb. Según el Libro del Éxodo es el lugar donde Dios se reveló a Moisés, e hizo una alianza con Israel dando a Moisés los Diez Mandamientos en tablas de piedra. ⇨ alianza; Diez Mandamientos; Moisés.

sincretismo Mezcla de diferentes religiones o tradiciones religiosas, o absorción de elementos foráneos en una religión determinada. El término se emplea con frecuencia de forma negativa para referirse a la contaminación de una religión por otra. La adopción por parte de Israel de ciertos elementos de la religión cananea y la fusión del primitivo cristianismo con formas de pensamiento helenísticas pueden considerarse como ejemplos de sincretismo. ⇨ pluralismo religioso; tolerancia.

sincretismo romano Palabra griega que define el fenómeno de fusión en la religión antigua. Los romanos no eran conscientes de este concepto, puesto que está relacionado con el contraste de actitudes entre la antigua religión romana (tolerancia hacia los dioses extranjeros) y el monoteísmo (intolerancia), que apareció más tarde. En vez de buscar las diferencias entre las deidades romanas y las extranjeras, los romanos buscaban las semejanzas. Cuando César escribió sobre las deidades de la Galia, solía darles los nombres de dioses romanos. En la religión romana, la fusión aparecía tanto en rituales como en la naturaleza de las divinidades. Los rituales y cultos extranjeros eran asimilados con los ya existentes en la religión romana, y la naturaleza y función de las divinidades se incrementaba con la suma de nuevos aspectos (por ejemplo, la asimilación de divinidades griegas dio a las deidades romanas una mitología). La naturaleza y función de las dos deidades sincretizadas no tenía que ser necesariamente similar. En consecuencia, la religión romana jamás fue estática. Una segunda fase de sincretismo tuvo lugar con el aumento de poder de las divinidades extranjeras invitadas a Roma con sus nombres originales, tales como Isis y Mitra. ⇨ Isis; Mitra; romana, religión.

Singh (Singh) Nombre sij que significa «león», usado por todos los miembros varones de la comunidad sij, la *Khalsa,* y por muchos otros sijs independientes, en lugar de sus propios nombres o además de ellos. Se les dio a todos los sijs cuando el Gurú Gobind Singh fundó la Khalsa en la fiesta Baisakhi de 1699, en un intento de unir a la comunidad sij ante el peligro del Imperio Mongol. También se otorgaba para sustituir a otros nombres que indicaban determinadas castas o grupos de parentesco que los sijs deseaban abandonar para convertirse en una comunidad más universal. El nombre Singh Sabha se dio a una nueva asociación sij fundada en Amritsar en otra época de crisis (1873) como reacción contra los intentos cristianos de convertir a los sijs. En 1877, el Arya Samaj intentó convertir a los sijs al hinduismo lo que dio un nuevo ímpetu al Singh Sabha. Desarrolló escuelas, colegios y literatura, y posteriormente ofreció una excusa para la fundación del partido político y el movimiento Akali para conseguir de nuevo el control de los gurdwaras sij de manos hindúes. En el plano individual o de grupo el nombre Singh denota valor y firmeza. ⇨ Akali Dal; Arya Samaj; Baisakhi; Khalsa.

sinópticos, evangelios ⇨ **evangelios sinópticos.**

sintoísmo Religión indígena del Japón, llamada así en el siglo VIII para distinguirla del budismo, del que posteriormente incorporó muchos rasgos. Surgió del culto a la naturaleza de las religiones populares, y esto se refleja en ceremonias que invocan a los poderes misteriosos de la naturaleza *(kami)* buscando trato benevolente y protección. Para el siglo VIII se habían adscrito a la familia imperial orígenes divinos, se creía que el emperador descendía del dios sol, y con el tiempo se convirtió en la base del sintoísmo estatal, de la lealtad y obediencia al emperador. En el siglo XIX se dividió en sintoísmo de santuario *(jinga)* y sintoísmo sectario *(kyoho),* considerado el primero como un «culto estatal» y reconocido el último oficialmente como religión, pero descartada del apoyo estatal. En 1945 el sintoísmo estatal perdió su rango oficial y ahora el culto es un asunto privado, aunque sigue siendo una parte importante de la vida japonesa. ⇨ budismo; japonesa, religión; jinja; Kokutai, sintoísmo.

sintoísta, mitología Los mitos fundamentales del sintoísmo japonés están contenidos en el *Kojiki,* escrito en el 712, y en el *Nihongi* escrito en el 720. Describen la creación original del cosmos a partir del caos, en forma oval que después se separó. Durante la época mitológica de los dioses que sobrevino se formaron el mundo y sus *kamis* o divinidades. Una sucesión de siete generaciones de divinidades fue el resultado del matrimonio de un *kami Izanagi* masculino y un *kami Izanami* femenino, que juntos crearon el mundo terrestre con su agua, montañas y otros elementos naturales. También crearon las islas japonesas como rasgo especial. De Izanagi e Izanami descendía la diosa solar Amaterasu que, a su vez, dio origen al linaje imperial de Japón. Los mitos sintoístas fundamentales resumen así el origen divino del Japón, de sus emperadores y su gente, y realzan el significado de las divinidades o *kamis* que son la base de la tierra japonesa y de su gente. ⇨ Amaterasu; creación, mitos de la; kami.

sintoístas, santuarios Los santuarios sintoístas japoneses son de diferentes tamaños y figuras. En el nivel más pequeño están los santuarios de los hogares, que con frecuencia son «estanterías de dios» *(kamidana),* en cuyas estanterías contienen *kamis.* Se encuentran en las habitaciones de muchas casas y en otros lugares como tiendas. En esta misma línea existen santuarios portátiles llamados *mikoshi* que se guardan en los templos y se sacan cuando hay procesiones. En su sentido más corriente, los santuarios sintoístas fueron probablemente en su origen áreas sagradas delimitadas en torno a objetos sagrados, como árboles, y finalmente se construyeron edificios fijos en el paisaje japonés, a menudo en bosquecillos de árboles. Los santuarios sintoístas más grandes generalmente cuentan con un recinto, un arco de entrada o *torii* donde se lavan las manos y se enjuaga la boca, una sala de culto en la que los sacerdotes dirigen el culto, y una sala kami hacia la que se dirige el culto y en la que están colocados los símbolos del

Sión

kami, tales como una espada o un espejo. Los grandes santuarios, como el dedicado a la diosa solar Amaterasu en Ise, lograron importancia nacional. A medida que el sintoísmo se aproximaba al budismo, los santuarios sintoístas se vieron influidos por elementos budistas pero, después de la restauración Meiji de 1868, el sintoísmo de los santuarios llegó a estar bajo el control del gobierno japonés al tratar a los santuarios como instituciones estatales. Tras el derrumbamiento del sintoísmo estatal en 1945, estos santuarios volvieron al control religioso no gubernamental e independiente. ⇨ Amaterasu; Ise, santuarios; kami; Kokutai, sintoísmo; miko.

Sión (hebreo: pobablemente «fortaleza» o «roca») Término usado en el Antiguo Testamento y en la literatura judía de diversas formas: para referirse a una de las colinas de Jerusalén, al monte en el que fue construido el Templo, al Templo mismo y, simbólicamente, a Jerusalén e incluso a Israel en su conjunto. Actualmente el «monte Sión» generalmente se refiere a la colina del suroeste de Jerusalén, en la parte sur de la muralla de la ciudad. ⇨ sionismo; Templo de Jerusalén.

sionismo Movimiento que intentaba recuperar para el pueblo judío su histórica patria palestina (el *eretz Yisrael*) tras siglos de dispersión. El moderno movimiento surgió a finales del siglo XIX con los planes para la colonización judía de Palestina, y con Theodor Herzl desarrolló también un programa político para obtener los derechos de un Estado soberano sobre el territorio. Ganando apoyo después de la Primera Guerra Mundial, sus objetivos fueron apoyados por la Declaración Balfour británica de 1917, con tal de que no se perjudicaran los derechos de los no judíos de Palestina. Después de la Segunda Guerrra Mundial, el establecimiento del Estado judío, el 15 de mayo de 1948, recibió el apoyo de las Naciones Unidas. El sionismo todavía está activo en cuanto movimiento que anima a los judíos de la diáspora a inmigrar y a interesarse por el Estado judío. ⇨ diáspora, judaísmo de la; eretz Yisrael; Herzl, Theodor; mesianismo; Sión.

sionistas, iglesias ⇨ **iglesias sionistas.**

sioux, religión El término «sioux» tiene dos aplicaciones. La estricta se aplica a la alianza de «los Siete lugares de fuego», conocidos por los franceses como los sioux teton y oglala, y ambos juntos como los dakota (traducido actualmente cada vez más como lakota). La definición más amplia incluye a los omaha, osage, ponca, crow, winnebago y otros miembros de la familia lingüística de los sioux. La competencia blanca obligó a los sioux, que habitaban en el bosque y cultivaban maíz, a cazar en las praderas y más tarde a ir a las reservas, procesos que indujeron el cambio religioso. Entre los sioux del sur la palabra *Wakonda* representa tanto al ser supremo como de una manera más general, las manifestaciones de poder sobrenatural. Para los dakota, *wakan* significa poder sobrenatural; *Wakan Tanka* es el Gran Espíritu (finalmente identificado con el Dios cristiano). El Sol y otros grandes poderes de la naturaleza son igualmente *wakan;* también lo son espíritus más localizados. El relato aceptado (aunque no necesariamente original) del origen de la religión lakota habla de la traída de la Pipa sagrada por la Mujer búfalo blanca, y el acto devocional de fumar conserva funciones religiosas y sociales importantes. El desplazamiento forzado a las praderas trajo la Danza del Sol, con sus desesperantes disciplinas y representación ritual de muerte y renacimiento. La disciplina dolorosa aparece en otras instituciones: la casa del sudor, la búsqueda de la visión, la extenuante iniciación del hechicero *(wakan wicasa).* El movimiento de la Danza del Espíritu afectó a los sioux especialmente, culminando en la tragedia de Rodilla Herida en 1890, en que fueron masacrados por las tropas de Estados Unidos. ⇨ búsqueda de la visión; calumet; casa medicinal; casa del sudor; Danza del Espíritu; Danza del Sol.

Siquén Ciudad israelita a unos 64 km al norte de Jerusalén, en el paso entre el monte Ebal y el monte Garizim. Los restos arqueológicos y los antiguos textos egipcios sugieren que Siquén fue una ciudad importante durante el período de los patriarcas hebreos, y las tradiciones del libro del Génesis cuentan que tanto Abraham como Jacob erigieron allí altares. Siquén figura también de manera importante en las tradiciones sobre la entrada de Israel en Canaán, como el lugar en el que, después de la conquista, Josué estableció una alianza que unió a las tribus de Israel a Yahvé, su Dios, y entre sí como confederación tribal (Josué 24). No fue un lugar religioso relevante durante el período de la monarquía, aunque el hijo de Salomón, Rehoboam, acudió allí para ser confirmado como rey por una asamblea de las tribus del norte. Al ser rechazado, el usurpador Jeroboam I fue proclamado rey por la asamblea e hizo de Siquén su capital durante un tiempo. La ciudad fue destruida por la invasión asiria del 724-721 a. C. y reconstruida hacia el 350 a. C. como principal centro religioso de los samaritanos, que tenían un templo en el monte Garizim para rivalizar con el de Jerusalén; pero fue destruida de nuevo a finales del siglo II a. C. ⇨ Abraham; alianza; Jacob; Josué; samaritanos.

sirio, cristianismo El cristianismo llegó a Siria antes de la conversión de Pablo, y Antioquía se convirtió en un centro importante de misión y estudio cristianos, especialmente después de la caída de Jerusalén en el 70 d. C. El cristianismo sirio es responsable de gran parte de la importante literatura cristiana primitiva que sobrevive, incluyendo la *Peshitta* o Biblia siríaca (sólo inferior en valor a las versiones griega y latina), un comentario sobre la armonía más antigua de los Evangelios, las gnósticas *Odas de Salomón* y *Hechos de Tomás*. Las controversias

Sitra Ahra

sobre la naturaleza de Cristo condujeron a la formación, en los siglos V y VI, de la Iglesia Nestoriana Siria Oriental (Asiria o Caldea) y de la Iglesia Monofisita (Jacobita). Una nueva fragmentación tuvo lugar con la aparición de varias Iglesias Uniatas Católicas en los siglos XII y XVI hasta el XVIII. La influencia jacobita también se extendió fuera de Siria, al sur de la India en el siglo XVII, donde existe todavía una Iglesia ortodoxa Siria y la Iglesia Mar Thoma reformada asociada. La población cristiana de la Siria moderna creció entre la Primera y la Segunda Guerra Mundial con la inmigración de armenios procedentes de Turquía e Irak, pero ha descendido posteriormente por la emigración. ⇨ cristianismo en Armenia; Uniatas, iglesias.

Sitra Ahra o Sitra Achra

Dominio en el que actúa el mal, según las tradiciones de la cábala o mística judía. Como conciben que el mundo es esencialmente bueno, los místicos judíos han intentado explicar la existencia del mal. Así, la alteración de una armonía universal, bien por alguna degeneración cósmica y/o el pecado de Adán, acabó en corrupción. Pero el detalle de esta descripción varía. El Sefer Bahir, por ejemplo, sostiene que el mal se originó con los diez sefirot o atributos de Dios activos en la creación. Uno de ellos, el atributo de poder y juicio, cuando se salió de su debida integración con su equivalente, el atributo del amor o compasión, se desbordó hasta formar el Sitra Ahra (literalmente: «la otra cara»), la fuente del mal y los demonios. Aunque el Sitra Ahra no es parte del reino divino, su conexión con uno de los atributos divinos debe significar que incluso la muerte y el mal tienen un origen positivo. Otra perspectiva, que se encuentra en el Zohar, postula que el mal tiene su origen en los restos de mundos anteriores que fueron destruidos. ⇨ cábala; Sefer Bahir; sefirá; Zohar.

Siva (Śiva)

Una de las tres deidades principales de la tríada hindú *(Trimurti)*, un dios de rasgos opuestos: creación y destrucción, bien y mal, fertilidad y ascetismo. Es el original Señor de la Danza *(Nataraja)* y su principal representación simbólica es un emblema fálico que significa procreación. Es representado con

Siva danzando. Museo de Arte Oriental (Roma)

frecuencia portando armas y con tres ojos, el tercero de los cuales no sólo le permite la visión interior, sino que puede destruir a cualquiera al que dirija su mirada. ⇨ Durga; hinduismo; Kali; linga; Nataraja; Parvati; Trimurti.

sivaísmo Gran tradición en el hinduismo, que centra su atención en la deidad Siva. El sivaísmo abarca variedad de teologías y prácticas, aunque ha tendido a ser más ascético que la otra gran tradición hindú, el visnuismo, realzando el yoga, ascetismo *(tapas)* y renuncia *(sannyasa)*. La tradición es muy antigua en la India: himnos a Siva o Rudra se encuentran en los Vedas, y el culto a Siva posiblemente se remonta tan lejos como a la civilización del valle del Indo, donde se ha encontrado un sello con una figura que recuerda a Siva. Dentro de la categoría general del sivaísmo pueden ser subsumidas muchas tradiciones, algunas de las cuales se desarrollaron en el contexto del estilo de vida del cabeza de familia, otras fueron desarrolladas por ascetas que vivían en los campos de cremación. Estos ascetas, como los Pashupatas y los más extremos Kapalikas, o sus modernos equivalentes los Aghoris, buscaban la liberación *(moksha)* a través del yoga, rociándose con cenizas e imitando a Siva en su aspecto feroz, ascético. La tradición Siddhanta sivaíta y el sivaísmo cachemir adaptaron algunos de los aspectos sectarios del sivaísmo al estilo de vida del cabeza de familia, aunque estas dos tradiciones eran muy diferentes, la tradición Siddhanta sivaíta conserva un estricto dualismo entre el alma y Siva, que es el absoluto, y el sivaísmo cachemir mantiene que el alma y Siva son idénticos. El énfasis sobre el conocimiento *(jnana)* de Siva en el sivaísmo cachemir contrasta con el énfasis en la acción ritual de la tradición Siddhanta sivaíta y con la devoción *(bhakti)* de los lingayats. Los sivaítas brahmánicos ortodoxos venerarán el Veda y mantendrán las reglas de la pureza ritual védica, mientras que otros reverenciarán los tantras heterodoxos sivaítas e irán contra las prohibiciones de pureza como parte de sus prácticas religiosas. Siva es adorado en la mayoría de los templos hindúes, especialmente como el linga, la forma «fálica» de Siva que representa la fuerza creadora de Siva en unión con su energía femenina o shakti. Los sivaítas se pueden distinguir de los visnuitas por tres marcas horizontales pintadas en la frente. ⇨ bhakti; Indo, civilización del valle del; lingayats; Siva; sivaísmo cachemir; tapas.

sivaísmo cachemir (Śivaísmo cachemir) Tradición monista del hinduismo que se desarrolló del siglo IX al XII, con centro en Cachemira, aunque no confinada a ella. El sivaísmo cachemir sostiene que existe sólo una realidad, Siva, que es pura conciencia y que manifiesta las formas múltiples del universo y de los seres humanos dentro de él. Esta conciencia es una unión del Siva masculino y su energía femenina o Shakti. Los seres parecen estar obligados a la transmigración *(samsara)*, pero pueden ser liberados de esta ilusión reconociendo su identidad con Siva. Había gran número de tradiciones sivaítas en Cachemira, especialmente los sistemas rituales de la Trika («Triple») y Krama («Graduado») con sus propios panteones de deidades basados en los tantras sivaítas, y la articulación teológica del monismo sivaíta en las escuelas Pratyabhijna («Reconocimiento») y Spanda («Vibración»), expuestas en las obras de Abhinavagupta (c. 950-1000). Hubo también una floreciente tradición dualista de Siddhanta sivaíta, pero mientras esta tradición aceptó la ortopraxis védica hindú, la tradición monista no lo hizo. De hecho, los rituales esotéricos de la Trika implicaban la relación sexual, con independencia de casta, para comprender la identidad de los participantes en el rito con Siva y Shakti. Otros métodos de concienciación eran el descenso de la gracia de Siva *(shaktipata),* el quebranto del pensamiento mediante un gran aumento de fuerte emoción, fijar la mente en un pensamiento puro como «Yo soy Siva» hasta darse cuenta de su verdad y la repetición de mantras y ritual. Un sivaísmo menos esotérico, el culto de Svacchandabhairava, una forma de Siva, todavía puede encontrarse en Cachemira. ↪ samsara; Shakti; Siddhanta sivaíta.

skandhas Término budista que se refiere a los cinco elementos básicos que constituyen a una persona. No existe un «yo» subyaciendo a los elementos constituyentes como un motor que les dé vida. La noción del «yo» es una etiqueta convencional sin sentido que no se refiere a nada que exista realmente. Todo lo que existe son los cinco skandhas, a saber: forma física, sentimientos, percepciones, voliciones y conciencia. Estos son los cinco factores que constituyen lo que en apariencia se llama persona, y la meta definitiva del camino budista es ir más allá de la noción superficial y falsa de que existe un yo permanente que mantiene unidos a los skandhas. Son pasajeros *(anicca),* insatisfactorios *(duhkha)* y vacíos de yo *(anatman).* No obstante, los cinco skandhas se relacionan entre sí como una colección de compuestos que funcionan para formar una «persona», como las partes de un carro que se relacionan funcionalmente para formar un carro, pero no existe «yo» o «carro» trascendente. ↪ anatman; duhkha; origen dependiente.

Smith, Joseph (1805-1844) Líder religioso americano, considerado como el fundador de los mormones, nacido en Sharon, Vermont. Recibió su primera «llamada» como profeta en Manchester, Nueva York, en 1820. En 1823 un ángel le habló de un evangelio escondido en planchas de oro, con dos piedras que le ayudarían a traducirlo del «egipcio reformado», y en la noche del 22 de septiembre de 1827, los relatos sagrados fueron puestos en sus manos por un ángel. El *Libro de Mormón* (1830) contiene una supuesta historia de América desde su colonización en la época de la confusión de lenguas hasta el siglo V de la era cristiana, y se dice que ha sido escrita por un profeta llamado Mormón. En 1830 la nueva «Iglesia de Jesucristo de los Santos de los Últimos Días» fue fundada en Fayette, Nueva York, y a pesar del ridículo y la hostilidad, y a veces violencia abierta, logró rápidamente conversos. En 1831 estableció su cuartel general en Kirtland, Ohio, y edificó Sión en Misuri. Los acontecimientos culminaron en 1838 con un levantamiento general en Misuri contra los mormones, y Smith fue de nuevo arrestado. En 1840 la Iglesia se trasladó a Illinois, cerca de Commerce, donde fundaron la comunidad de Nauvoo, y en tres años los mormones eran veinte mil. Se está muy de acuerdo en que en esta época Joseph Smith comenzó a practicar la poligamia («esposas espirituales»). Sin embargo, la esposa de Smith y otros mormones que no habían emigrado hacia el oeste, niegan que estuviera implicado en la poligamia y probaron su caso en los tribunales. Joseph Smith fue encarcelado, con su hermano Hyrum, que esperaba juicio, pero el 27 de junio de 1844, de 150 a 200 hombres disfrazados irrumpieron en la cárcel de Carthage y les mataron a tiros. A partir de entonces la mayoría de los mormones continuaron su emigración hacia el oeste, a Utah, dirigidos por Brigham Young. ⇨ mormones; Young, Brigham.

smriti (sm$_r̥$ti) (literalmente: «lo que es recordado») Se refiere al grueso de la literatura hindú que no entra en la categoría de *shruti* («lo que es oído») o revelación védica. La literatura smriti es considerada como histórica y obra humana, mientras que shruti es revelación eterna. De hecho, la primera afirmaría con frecuencia la autoridad de la última. Los textos smriti eran a menudo los resultados tangibles de la tradición oral en el hinduismo, así como las concepciones mitológicas que los respaldan. En consecuencia, esta literatura es capaz de contar con algo de la autoridad atribuida a los textos shruti, aunque nunca pueda pretender ser completamente intachable dada la naturaleza de su transmisión. ⇨ shruti; Veda.

sobrenatural ⇨ **paranormal.**

Sociedad Bíblica Agencia para la traducción y difusión de la Biblia. La primera fue la Sociedad Bíblica Van Canstein, fundada en Alemania en 1710, pero el moderno movimiento comenzó realmente con la Sociedad Bíblica Británica y Extranjera, fundada en Londres en 1904. La Sociedad Bíblica Unida proporciona actualmente una red, de alcance mundial, de sociedades autónomas, protestantes y evangélicas en su mayoría, que tienen a su cargo la traducción de la Biblia a bastante más de mil quinientas lenguas, y distribuye ejemplares a precios subvencionados. ⇨ Biblia.

Sociedad de Amigos Secta cristiana con raíces en el puritanismo radical, fundada por George Fox y otros en la Inglaterra de mediados del siglo XVII, y organizada formalmente en 1667; sus miembros son conocidos popularmente como cuáqueros, posiblemente por el mandato de Fox de «temblar ante la palabra del Señor». La persecución llevó a William Penn a fundar una colonia cuáquera (Pensilvania) en 1682. La creencia en la «luz interior», un contacto vivo con el Espíritu divino, es la base de sus reuniones de culto, en las que los Amigos se reúnen en silencio hasta que son movidos por el Espíritu a hablar. Actualmente, la mayoría de las reuniones tienen normas de culto programadas, aunque las reuniones basadas en el silencio (no programadas) todavía prevalecen en el Reino Unido y en partes de EE. UU. Dan mucha importancia a la sencillez en todas las cosas, y son reformadores activos, promoviendo la tolerancia, la justicia y la paz como, por ejemplo, a principios del siglo XVIII, en que desempeñaron un significativo papel en la abolición de la esclavitud. Aunque son pacifistas han realizado una tarea valiente en guerras y batallas. ⇨ cristianismo; Espíritu Santo; Fox, George; Penn, William.

socinianismo Movimiento racionalista protestante del siglo XVI cofundado por Laelius Socinus y su sobrino Faustus. Cuestionaba la enseñanza tradicional cristiana sobre el pecado y la salvación, y sobre la persona y la obra de Jesucristo, haciendo hincapié en su vida ejemplar y fuente de inspiración. Jesús era humano, no divino. Reveló a Dios pero se le concedió participar en su poder solamente en la Resurrección y Ascensión. Esta opinión antitrinitaria (contenida en el Catecismo Racoviano de 1605) influyó en el Latitudinarianismo anglicano, en los platónicos de Cambridge y en los primeros unitarios. ⇨ Socinus, Faustus; Socinus, Laelius; Trinidad; unitarios.

Socinus, Faustus o **Fausto Paulo Sozini** (1539-1604) Reformador protestante italiano, sobrino de Laelius Socinus, nacido en Siena. Cofundador con su tío del socinianismo, estudió teología en Basilea, donde desarrolló las doctrinas antitrinitarias de su tío, defendiendo que Lutero y Calvino no habían ido suficientemente lejos, y que la razón humana sola era la única base sólida del protestantismo. Más tarde, se convirtió en secretario del duque Orsini en Florencia (1563-1575). En 1578, con la publicación de su *De Jesu Christo Servatore*, escapó por poco de ser asesinado, y se marchó a Polonia, donde se convirtió en líder de una rama antitrinitaria de la Iglesia Reformada de Cracovia. En el sínodo de Bresz, en 1588, habló en contra de todos los principales dogmas cristianos: la divinidad de Cristo, el sacrificio propiciatorio, el pecado original, la depravación humana, la doctrina de la necesidad y la justificación por la fe. Denunciado por la Inquisición en 1590, sus posesiones fueron confiscadas. Destituido, buscó refugio en la aldea de Luclawice, donde murió. ⇨ Calvino, Juan; iglesias reformadas; Inquisición; Lutero, Martín; protestantismo; socinianismo; Socinus, Laelius.

Socinus, Laelius o Lelio Francesco Maria Sozini

(1525-1562) Reformador protestante italiano y cofundador de la doctrina del socinianismo, nacido en Siena. Abogado por formación, volvió su atención a la investigación bíblica y se estableció en Zurich en 1548. Viajó mucho, encontrándose con importantes reformadores protestantes como Calvino y Melachthon, y desarrolló una doctrina antitrinitaria que intentaba reconciliar al cristianismo con el humanismo, lo que influyó profundamente en su sobrino Faustus Socinus. ⇨ protestantismo; socinianismo; Socinus, Faustus.

sociología de la religión

Una de las tres ciencias sociales de la religión, junto con la antropología y la psicología de la religión. En contraste con esta última centra su atención en la sociedad más que en el individuo y, por contraste con la antropología de la religión, analiza sociedades occidentales modernas más que sociedades primitivas a pequeña escala. Los dos grandes nombres en la primitiva sociología de la religión fueron Émile Durkheim (1858-1917) y Max Weber (1864-1920). La aproximación funcional de Durkheim señalaba la importancia de la religión como un factor fundamental en la salud y la estabilidad de la sociedad. Hay también indicios de lo que Berger iba a llamar más tarde ateísmo metodológico; Dios era irrelevante para la sociología de la religión, que estaba interesada en las instituciones religiosas y no en el Dios que tendría que subyacer a ellas. Weber era más dinámico y positivo con respecto a la religión, consideraba su aspecto profético como un instrumento para el cambio en su clásico estudio sobre la religión y la aparición del capitalismo. Joachim Wach (1898-1955) analizó en detalle los diversos tipos de instituciones religiosas: grupos religiosos basados en la familia, el parentesco, el sexo y la edad que son parte natural de la sociedad; grupos de base religiosa como las religiones secretas y mistéricas, religiones carismáticas, iglesias, confesiones y sectas; grupos religiosos que nacen del rango, ocupación o posición social, como la religión del guerrero, el mercader y el campesino; grupos religiosos influidos por individuos (fundadores, profetas, videntes, reformadores, santos, contemplativos), y grupos religiosos en su relación con el Estado, que van desde los virtualmente idénticos, como el sintoísmo japonés, a aquellos que se oponen radicalmente, como las religiones mistéricas. La reciente sociología de la religión se ha centrado en el análisis del proceso de secularización y si este implica un declive real o aparente de la religión, y en el análisis de diferentes grupos religiosos, sean iglesias, confesiones, sectas y cultos dentro del cristianismo, o la clasificación más amplia de grupos en la religión en general. ⇨ ciencias sociales de la religión; mistéricas, religiones; psicología de la religión; secularización; sintoísmo.

Sócrates (469-399) Filósofo griego, nacido en Atenas, donde pasó toda su vida. No sabía escribir, no fundó ninguna escuela y no contaba con un grupo de discípulos, pero junto con Platón y Aristóteles es una de las tres grandes figuras de la filosofía antigua. Su influencia capital fue tal que toda la filosofía griega anterior se clasifica como «presocrática», y fue el responsable del cambio decisivo del interés filosófico por especulaciones sobre el mundo natural y la cosmología al interés por la ética y el análisis conceptual. Lo poco que sabemos de su vida y personalidad hay que recogerlo, e interpretarlo, de tres fuentes muy distintas y cada una de ellas bastante sesgada. Aristófanes, el dramaturgo cómico, le caricaturizó en su obra *Las nubes* como un sofista profesional del tipo al que el filósofo parece haberse opuesto y haber expuesto. Jenofonte era un admirador, aunque soldado y no un filósofo, y le presenta como la especie de figura práctica corriente que era él mismo. Platón fue con mucho su más brillante colega y alumno, y es la mejor y principal fuente. Ofrece un retrato inolvidable, dramatizado en diálogos como la *Apología, Critón* y *Fedón*, que describen el juicio de Sócrates, últimos días y muerte; en diálogos posteriores convierte a Sócrates en el portavoz de lo que indudablemente eran las propias opiniones de Platón. Sócrates era al parecer feo, de nariz respingona, con una mujer barriguda y de mal genio, Jantipa. Tomó parte como buen ciudadano en tres campañas militares en Potidea (432-429 a. C.), Delium (424 a. C.) y Anfípolis (422 a. C.), y se distinguió por su bravura, notable resistencia física e indiferencia a la fatiga, el clima y el alcohol. Por otra parte, se mantuvo distante de la política, guiado por su «voz» que le empujaba a la filosofía y al examen de las actitudes y supuestos morales convencionales con sus compañeros ciudadanos y con los políticos notables, poetas y gurús de la época. Él se presentaba como la matrona de las opiniones de los demás, y lo daba como la razón del pronunciamiento del Oráculo délfico de que era el hombre vivo más sabio. El «método socrático» consistía en preguntar por definiciones de conceptos familiares como la justicia, el valor y la piedad, para provocar contradicciones en las respuestas de sus infortunados interlocutores, y demostrar así su ignorancia, que él afirmaba irónicamente compartir, y la necesidad de un análisis más profundo y más sincero. Esta actividad impopular contribuyó sin duda a las demandas de condena por «impiedad» y «corrupción de la juventud», y fue juzgado a la edad de 70 años; rechazó la opción de pagar sencillamente una multa, declinó una nueva oportunidad de escapar de la prisión y fue sentenciado a morir bebiendo la cicuta.
⇨ Aristóteles; Platón.

Söderblom, Nathan (1866-1931) Clérigo sueco, nacido en Trönö, cerca de Söderhamm. Educado en Upsala, se ordenó en 1893 y fue ministro luterano de la Iglesia sueca en París, y más tarde profesor de Historia de la religión en Upsala (1901) y Leipzig (1912). En 1914 fue nombrado arzobispo de Upsala y primado de la Iglesia luterana sueca. Líder del movimiento ecuménico, escribió varias obras sobre religión comparada y fue el principal promotor del movimiento Vida y Obra, cuyos objetivos eran llevar los principios cristianos a introducirse en la sociedad en su conjunto. Fue galardonado con el Premio Nobel de la Paz de 1930. ⇨ comparada, religión; ecumenismo; luteranismo.

Sodoma y Gomorra Dos de las cinco «ciudades de la vega» en la antigua Palestina, quizá sumergidas ahora en el extremo sur del mar Muerto o ubicadas en el sureste del mar Muerto. En Génesis 18-19 eran legendarias por su maldad, especialmente por su perversidad sexual. Las historias narran cómo Lot y su familia fueron avisados para que huyeran de su casa, en Sodoma, inmediatamente antes de que la ciudad fuera destruida por «azufre y fuego» como castigo divino. ⇨ Génesis, Libro del; Lot.

soferim ⇨ **escriba.**

Sofonías, Libro de Uno de los doce escritos proféticos denominados «menores» de la Biblia hebrea/Antiguo Testamento, atribuido a Sofonías, hijo de Cusí y descendiente de Ezequías, activo en el reinado de Josías (siglo VII a. C.) pero desconocido fuera de esta obra. Denuncia con energía las influencias de los cultos paganos en la religión judía, que preparan presumiblemente para las reformas de Josías, y proclama el juicio de Dios sobre los enemigos de Israel, pero la consolación para el resto de Jerusalén que espera fielmente el «Día del Señor». El himno latino medieval, *Dies irae*, se inspiró en el relato de Sofonías del día de ira venidero. ⇨ Antiguo Testamento; Josías; profeta.

Soka Gakkai Nuevo movimiento religioso del budismo japonés que ha crecido rápidamente desde su fundación en 1937 por Tsunesaburo Makiguchi. Es parte de la tradición budista nichiren, asociada con la enseñanza exclusivista y nacionalista de Nichiren (1222-1282), basada en el *Sutra del Loto*. Ha puesto gran énfasis en la participación de los laicos, que ha tenido consecuencias políticas, siguiendo la entrada del movimiento en política a través de Komeito o Partido del Gobierno Limpio. Al principio Soka Gakkai fue hostigado por rehusar estar de acuerdo con el gobierno sintoísta de tiempos de guerra, y Makiguchi murió en prisión. Desde 1945 a 1960 hubo un crecimiento tremendo bajo el liderazgo de Josei Toda, especialmente en las grandes ciudades. El mensaje del movimiento de que la budidad está al alcance de todos, que la felicidad es una posibilidad humana fundamental, que la salvación es accesible a través de la recitación del mantra conocido como el *daimoku*, y que esta era es la era de la salvación, lo hizo atractivo en el Japón de posguerra. Su fuerte organización, basada en «unidades familiares» y el logro de metas terrenas como el provecho, la belleza y la bondad, fueron también importantes para su popularidad. Desde 1960, con Daisaku Ikeda, se hizo menos frenético, más político y más internacional en su deseo de propagar el mensaje de Nichiren al mundo. ⇨ budismo Nichiren; japonesas, nuevas religiones; mantra; Sutra del Loto.

Sol Estrella más próxima a la Tierra y fuente de luz, calor y, en última instancia, de la vida misma. El culto al Sol se practicaba en el antiguo Egipto, Grecia, Roma y Mesoamérica. Un rasgo común a tales religiones es el retrato del Sol como el conquistador heroico de las tinieblas. Incluso en aquellas religiones y culturas en las que el culto al Sol no se practica, el Sol es con frecuencia un símbolo religioso importante. Así, en muchas culturas el ocaso representa la muerte, mientras que el amanecer representa nacimiento y vida.

Sol invictus Culto que apareció en el mundo romano en torno a la mitad del siglo II d. C. Literalmente, el Sol inconquistado e inconquistable. El adjetivo *invictus* permitió la identificación con un dios sirio, distinguiéndole así del dios romano nativo, llamado *Sol Indiges*. La introducción de su culto en la religión romana se vio ayudada por el sincretismo (por asociación con Apolo que había integrado él mismo aspectos de Helios, el sol griego) y por los intentos imperiales de desarrollar su culto. El emperador Heliogábalo (gobernó 218-222 d. C.), como sacerdote y encarnación del dios sol de Emesa, intentó introducir el culto en Roma, concediéndole el mismo rango que el de Júpiter, pero no lo pudo conseguir porque le asesinaron. Un segundo intento fue llevado a cabo por el emperador romano Aureliano (gobernó 270-275 d. C.), cuya madre era sacerdotisa de un culto solar oriental similar. ⇨ romana, religión; sincretismo.

Soma Deidad del hinduismo védico, recogida en el *Rig Veda;* también, como nombre común, cierta planta o la sustancia derivada de ella. Esta planta, probablemente de propiedades alucinógenas, quizá fuera la seta agárica mosca *(amanita muscaria)* que se usa en el chamanismo, aunque existe debate en torno a este punto. Cuando los arios entraron en la India, trajeron consigo rituales que implicaban el sacrificio y el consumo de *soma,* que aseguraban al consumidor la inmortalidad, dándole una percepción de poder personal inmenso. El soma es alabado en el *Rig Veda* como un dios asociado a Agni en el plano de la tierra *(bhu,* en cuanto opuesto a ser una deidad de la atmósfera o cielo) y como una bebida embriagante. El *Rig Veda* describe el elaborado proceso de preparación de la bebida soma, que era prensada con piedras en recipientes de madera y filtrada a través de un tamiz de madera para producir el líquido de color rojizo. Los sabios védicos o *rishis* están inspirados por el soma, aunque cada vez más está siendo reemplazado por otras sustancias durante los rituales, lo que indica quizá que los arios se distanciaron de la fuente de la planta soma. ⇨ arios; chamanismo; Veda.

sombreros rojos y sombreros amarillos Término que se refiere a los monjes de la orden Nyingmapa del budismo tibetano, que llevan sombreros rojos, y a los de la orden Gelugpa, que llevan sombreros amarillos. En el monacato tibetano los sombreros indican grados de rango o función. Por ejemplo, en la tradición Nyingmapa o del «sombrero rojo», cubrir la cabeza al estilo de Padmasambhava está reservado a los más altos lamas. Los monjes que han emprendido determinado tipo de estudios, o en ocasiones específicas, por ejemplo, durante un discurso o cuando explican un texto llevan sombreros de otros tipos. Los rojos no son exclusivos de los Nyingmapas, sino que también los llevan los Kagyupas, aunque la línea Karmapa de esta orden es famosa por los sombreros negros de sus lamas. ⇨ budismo; Gelugpa; Kagyupa; Nyingmapa; Padmasambhava.

soteriología Doctrina de la salvación. El principio básico que subyace a todas las soteriologías es que los seres humanos se encuentran en una situación anormal de la que necesitan ser rescatados. La soteriología es el examen de esta situación y la provisión de los medios para vencerla y restaurar a los seres humanos a la plenitud. La forma que adopta una soteriología dependerá de dos factores. En primer lugar, estará determinada por la comprensión de la condición humana. Si, por ejemplo, la condición humana es entendida como pecado, se desarrollará una soteriología que se concentra en los métodos de eliminar ese pecado. Si, por otra parte, se entiende que la condición humana es de ignorancia, se desarrollará una soteriología que concibe la salvación en términos de conocimiento e iluminación. En segundo lugar, la forma que tome una soteriología vendrá determinada por lo que se entiende como el principio más alto o valor último en una religión, como Dios, Brahman, nirvana, etc. En las religiones teístas la salvación tiende a ser concebida en términos de una relación con un Dios personal. Esta relación, que es entendida como comunión o unión con Dios, se produce por la actividad gratuita de la deidad, que con frecuencia es emprendida por una figura salvadora. Este énfasis en la iniciativa de Dios posibilita el desarrollo de las doctrinas de expiación, redención, mediación, etc. En las religiones no teístas, sin embargo, la salvación no se entiende en términos de una intervención por parte de Dios para curar la condición pecadora del ser humano, sino como una huida de la condición humana en general y de las limitaciones que esto impone a los seres humanos. Lo relevante aquí, por tanto, consiste en adquirir el conocimiento y desarrollar las técnicas por las que el individuo puede

Soto

conseguirlo. ⇨ curación; iluminación; salvación.

Soto (Sōtō) Escuela de budismo zen japonés. Fue introducida en Japón por Dogen en 1227 después de un viaje a China donde Soto se conocía como Tsao-tung. Dogen vivió en Kyoto y escribió para la nueva escuela Soto su *Enseñanza general para la meditación sentada*. La meditación sentada, o *zazen,* se convirtió en un ingrediente fundamental de la escuela Soto, y consistía en estar sentado en forma vertical con las piernas cruzadas meditando profundamente. En otra obra, el *Shobo Genzo,* Dogen señalaba que una combinación de zazen, trabajo diario, disciplina y koans, era imprescindible como medio de descubrir la naturaleza buda interior, y llegar a un verdadero conocimiento del propio yo y del mundo que le rodea. Como método de autocontrol, Soto se convirtió en una ayuda útil para el samurai inferior y los granjeros del campo. Se diferenciaba de otra importante escuela japonesa zen, la Rinzai, introducida desde China por Eisai en 1191, en que esta subrayaba la importancia de la iluminación súbita y del uso de koans, preguntas paradójicas para sacar repentinamente a la mente de sus hábitos normales hacia una conciencia inmediata de la verdad. Mientras que la escuela Soto se centraba también en la iluminación gradual y en una combinación de métodos, incluyendo los koans, pero descansando principalmente en la iluminación silenciosa a través de la meditación sentada, zazen, que pasa por cinco etapas, y acaba en la conciencia de la unidad del individuo con la realidad. La escuela Soto es un grupo importante del budismo japonés, es más popular que el Rinzai zen y su influencia ha aumentado al incorporar a su enfoque prácticas funerarias de la escuela Tierra Pura. ⇨ buda, naturaleza; budismo japonés; Dogen; Eisai; iluminación gradual e iluminación súbita en el budismo, escuelas de; koans; Rinzai; zazen.

Strauss, David Friedrich (1808-1874) Teólogo alemán, nacido en Ludwigsburg, en Württemberg. Estudió para la Iglesia en Tubinga, donde en 1832 se hizo *repetent* en el seminario teológico, siguiendo un curso de filosofía en la universidad como discípulo de Hegel. En su *Vida de Jesús* (Leben Jesu, 1835) intentaba demostrar que la historia evangélica era una colección de mitos, y mediante una disección analítica de cada narración aislada detectar un núcleo de verdad histórica libre de cualquier rastro de sobrenaturalismo. El libro marca una época en la crítica del Nuevo Testamento y levantó una tormenta de controversia. Strauss, destituido de su puesto en Tubinga, fue llamado en 1839 para ser profesor de Dogmática e Historia de la Iglesia en Zurich; pero el nombramiento provocó tal oposición que tuvo que ser revocado. Siguió su segunda gran obra, *La teología cristiana* (Die Christliche Glaubenslehre), una revisión del dogma cristiano (1840-1841). Una nueva *Vida de Jesús* (Leben Jesu, 1864) intenta reconstruir una vida positiva de Jesús. En *La fe antigua y la nueva* (Der alte und der neue Glaube, 1872) Strauss intentaba por todos los medios demostrar que el cristianismo como sistema de creencia religiosa está muerto, y que se debe levantar una nueva fe a partir del arte y del conocimiento científico de la naturaleza. También escribió varias biografías, especialmente la de Ulrich von Hutten, y conferencias sobre Voltaire (1870). Se separó de su mujer, la cantante de ópera Agnese Schebest (1813-1870). ⇨ cristianismo; crítica bíblica.

stupa (stūpa) En la India, hito o montón de piedras apiladas, construido originalmente sobre las cenizas de un emperador o algún otro personaje importante, como Buda. Posteriormente, se usaron para albergar las cenizas de monjes budistas y reliquias santas. ⇨ budismo; pagoda; reliquias.

Stupa n.º 1 de Sanchi (150-50 a. C.). Bhopal. Madhya Pradesh.

Sturluson, Snorri (1179-1241) Historiador islandés, poeta y jefe, el hombre de letras sobresaliente de la Escandinavia medieval. Nació en Hvammur, en la Islandia occidental, y se crió en Oddi, hogar del poderoso jefe Jón Loptsson. Amasó riqueza y posesiones, incluyendo el estado de Borg (anterior hogar de su antepasado, el héroe de saga Egill Skallagrimsson) y Reykholt, donde vivió la mayor parte de su vida, convirtiéndose en portavoz de la ley (presidente) del Althing (Parlamento) por primera vez en 1215. Era un tiempo de gran desasosiego civil en Islandia (la denominada Edad Sturlung), con facciones guerreras en la república islandesa compitiendo por el poder, ayudadas e instigadas por el rey Haakon IV Haakonsson *(el Viejo)* de Noruega. Finalmente, Snorri fue asesinado por mandato del rey en su casa de Reykholt. Como autor, sobresale por encima de sus contemporáneos. Escribió *Heimskringla*, historia monumental en prosa de los reyes de Noruega hasta el año 1177, y compiló un relato en prosa de mitología nórdica en su *Prosa* (o *Más joven) Edda,* que es también un manual de poesía ilustrada con su propia poesía. También se cree que escribió *Saga de Egils,* una historia biográfica, en prosa, de su antepasado Egill Skallagrimsson.

Subud Nuevo movimiento religioso fundado por Muhammad

Subuh, que nació en Java, Indonesia, en 1901. En 1925 tuvo una experiencia espiritual intensa, que incluía la sensación de que una luz descendía sobre él y en 1933 estaba enseñando las doctrinas del nuevo movimiento Subud en Java. La palabra Subud se deriva de tres términos sánscritos: *sujisa* (conducta ética), *bodhi* (iluminación) y *dharma* (el camino cósmico). Subud señala la importancia de la experiencia ritual psíquica llamada *latihan*, que implica varias sensaciones externas como danzar, gemir, reír y sollozar. El objetivo de latihan es adorar a Dios y obtener la purificación sometiendo la propia voluntad a Dios. Existe la participación en grupo en esta experiencia en las reuniones Subud. En 1956, Subuh fue al Centro Gurdjieff de Coombe Springs, en Gran Bretaña, para completar la obra de su maestro. Durante su visita de un mes, más de 400 personas experimentaron el latihan. Tras un período de tranquilidad durante la década de los sesenta, el movimiento se hizo más activo a finales de la década de los setenta y se formaron grupos en diferentes partes del mundo. Aunque de origen islámico, el movimiento Subud es independiente del islam. ⇨ bodhi; dharma.

sucesión apostólica Teoría de que se puede seguir una línea directa de descendencia desde los apóstoles originales de Cristo, a través de la sucesión episcopal, hasta los obispos de la actual Iglesia que la sostienen, garantizando la salvaguarda de la enseñanza original de los apóstoles. Esta es ahora cuestionada por gran parte de los estudiosos del Nuevo Testamento y rechazada por muchas iglesias. ⇨ episcopado.

sueños y visiones Experiencias subjetivas que tienen lugar durante el sueño (sueños), al despertar o en estado parecido al trance (visiones). En muchas religiones, pueden interpretarse como mensajes de Dios o de los dioses, o como profecías inspiradas relativas al futuro. Típico en la tradición judeocristiana sería el ejemplo de José (Génesis 37, 5ss), Isaías (Isaías 6) y Pedro (Hechos 10, 9ss).

sueños y visiones en el cristianismo Son más raros en la literatura bíblica que en la de las culturas circundantes, y menos relevantes en el Antiguo y el Nuevo Testamento que en los Apócrifos y otra literatura intertestamental. Los sueños y visiones en el Antiguo Testamento generalmente tienen lugar en determinados períodos como los de José y el faraón, Daniel y Nabucodonosor; o están ligados a la vocación de los profetas como Isaías, Jeremías y Ezequiel. Los sueños y visiones «vistos» iban a menudo acompañados por una «palabra del Señor» que era «oída», aunque en la literatura apocalíptica en particular no es plenamente interpretada o está abierta a más de una interpretación. Esto es cierto por lo que se refiere al Apocalipsis de Juan en el Nuevo Testamento. Otros sueños o visiones del Nuevo Testamento están asociados al nacimiento de Cristo y a etapas significativas del ministerio de San Pedro y San Pablo en la Iglesia primitiva. San Pablo, sin embargo, consideraba las visiones de poca importancia y no un asunto de jactancia (2 Corintios 12). Los peligros espirituales de aceptar visiones de demonios o ángeles, por su valor aparente, son señalados por San Antonio de Egipto y los Padres del Desierto, y «visionarios» tan conocidos como Julián de Norwich y Santa Teresa de Jesús sometían sus experiencias de Cristo y la Trinidad a sus superiores espirituales, creyendo (con la enseñanza de San Pablo y las Epístolas de San Juan) que toda experiencia religiosa debe ser juzgada por su coincidencia con la doctrina cristiana y su contribución a la caridad o amor cristianos. Algunas sectas o cultos cristianos como la Iglesia de la Unificación interpretan la Biblia sobre la base de visiones recibidas por sus fundadores. ⇨ Iglesia de la Unificación; Padres del Desierto; profecía judía y cristiana; Teresa de Jesús, Santa.

sufíes, instituciones El sufismo es una rama mística del islam, y comenzó a ser institucionalizado en fecha temprana, cuando los sufíes formaron comunidades con centros residenciales donde podían vivir juntos y participar en una tarea educativa. Los centros sufíes se fundaban a menudo por medio de fondos caritativos *(waqf)*, y desarrollaban su propio estilo de vida. Subrayaban la importancia de una búsqueda interior de Dios como complementaria de la ordenanza exterior de la shariah o ley. En la práctica, realzaban el ritual litúrgico del *dhikr*, que implicaba el recuerdo de Dios, el canto de los nombres de Dios y la consciencia de la presencia de Dios, a menudo utilizando ayudas como la música, un rosario, la danza y los ejercicios sistemáticos de respiración. Las instituciones sufíes también hacían hincapié en virtudes exteriores como la humildad y el cuidado del prójimo. Más tarde, quedó formalizado en las órdenes sufíes conocidas como *tariqahs*. Aunque tenían una preocupación por la misión, veían la jihad principalmente como una lucha interior para vencer la irrealidad de uno mismo, más que como una lucha exterior contra enemigos humanos. ⇨ dhikr; jihad; mística; shariah; sufíes, órdenes; tariqah; waqf.

sufíes, órdenes Las instituciones sufíes de los primeros días del islam evolucionaron para el siglo XII hacia órdenes formales sufíes conocidas como *tariqahs*. Eran dirigidas por un líder espiritualmente dotado, conocido como *shaykh*, e incluían miembros plenos (que podían estar o no casados) y adeptos laicos. Las principales órdenes se subdividieron hasta llegar a haber cientos de ellas. Aunque su finalidad principal era incrementar la conciencia mística de Dios, también desempeñaban una importante función misionera, especialmente en los límites del mundo musulmán, en lugares como Asia Central, la India, Sudán y África occidental. Por un extremo, su doctrina era elevada, esotérica y contemplativa; por el otro, más popular,

sufismo

a veces producían *faquires* (magos populares que podían tener poderes psíquicos y permitirse fenómenos poco usuales, como la danza en trance y comer cristales). En su apogeo, en la época medieval, las órdenes sufíes fortalecieron el sentido de comunidad entre los musulmanes sunnitas y satisficieron sus necesidades emocionales y devocionales centrándose en ser conscientes de la presencia de Dios y en tener un conocimiento interior de Él. Entre las órdenes importantes se cuentan las siguientes: la Qadiriyyah, que se deriva de al-Qadir (1077-1166) y está presente desde la India a Marruecos; los mewlevís, que proceden de Mevlana Rumi (1207-1273) y que están presentes en el mundo turco; la Naqshbandiyyah, que se deriva de Naqshband (1317-1389) y está presente en el Cáucaso y Asia Central, y los bektashi, presentes en las regiones del Imperio otomano. ⇨ bektashi; mewlevís; mística; Naqshbandiyyah; Qadariyyah; Rumi; shaykh; sufíes, instituciones; tariqah.

sufismo Movimiento místico islámico que representaba un distanciamiento de la aproximación legalista en el islam, con tendencia a una relación más personal con Dios. La palabra procede de *suf* (lana), porque los antiguos narradores de historias, a partir de los cuales evolucionó el sufismo, llevaban vestidos de lana. Los sufíes persiguen perderse en la realidad última de la divinidad mediante la constante repetición del *dhikr* o «mención (de Dios)». ⇨ dhikr; islam.

sufrimiento Experiencia de dolor físico o mental, de pérdida o aflicción. El sufrimiento ocupa un lugar importante, aunque ambiguo, en el pensamiento religioso. Es a la vez el factor que empuja a los seres humanos a reflexionar sobre las cuestiones religiosas, el significado y finalidad de la vida y una de las razones más importantes del desencanto y rechazo de la religión. En las religiones no teístas, el sufrimiento es aceptado como un hecho bruto, por lo que hacen hincapié no tanto en buscar una explicación al sufrimiento, sino en desarrollar técnicas y métodos prácticos para eliminarlo. Así, en el budismo e hinduismo el sufrimiento queda adscrito al fracaso de un individuo de cumplir la ley moral *(dharma)* en una reencarnación previa. Para evitar el sufrimiento, el individuo debe intentar conseguir dos objetivos. Por una parte, esforzarse en cumplir la ley moral para asegurarse una posición superior en su próxima reencarnación. Por otra, intentar liberarse del ciclo completo de nacimiento y renacimiento, y escapar, por tanto, del sufrimiento que es un rasgo intrínseco de la existencia. El problema del sufrimiento se hace más agudo en las religiones teístas, donde la cuestión central consiste en relacionar el sufrimiento con la creencia en la bondad de Dios. Esto significa que las religiones teístas deben afrontar no sólo el problema de idear medios prácticos para abordar el sufrimiento, sino

también el de buscarle una explicación que salvaguarde la justicia y bondad de Dios. Se han propuesto muchas teorías. Un argumento común, especialmente en el primitivo judaísmo, es interpretar el sufrimiento como castigo por el pecado (Proverbios 22, 8; Isaías 3, 10ss). Esto, sin embargo, como deja claro el Libro de Job, fracasa al dar cuenta del sufrimiento inocente. Otra teoría frecuente es interpretarlo en términos educativos. El sufrimiento se entiende como un proceso educativo por el cual el alma se transforma y refina (Proverbios 3, 12; Jeremías 11, 4; Isaías 48, 10; Romanos 5, 3s; Hebreos 12, 3-13; Santiago 1, 2-4; cf Corán 2, 150ss). En el judaísmo posterior (cf Isaías 53), y especialmente en el cristianismo, se desarrolló la doctrina del sufrimiento vicario, es decir, se entendía que un individuo sufría en favor de otros, tomando sobre sí y expiando los pecados de sus compañeros, los seres humanos. Así, los cristianos sacan fuerza para afrontar el sufrimiento por su creencia en que Dios, en la persona de Jesucristo, ha entrado a participar en el sufrimiento humano. Otra tendencia importante en el intento de abordar el fenómeno del sufrimiento, en particular el fenómeno del sufrimiento inocente, fue la introducción del concepto de un más allá en el que los virtuosos son recompensados y los malos castigados. El problema del sufrimiento nos lleva así a conceptos como la inmortalidad y el juicio final.
⇨ expiación; mal; más allá; samsara.

Sukkot, Sukkoth o **Succoth** Fiesta judía de los Tabernáculos o Chozas celebrada en septiembre u octubre (15-22 de Tishri) como fiesta de acción de gracias. Las «Chozas» o refugios temporales ligeros se construyen en las casas o jardines, y en las sinagogas, en memoria de las chozas o tiendas usadas por los israelitas en el desierto después de abandonar Egipto (Éxodo 13).
⇨ judaísmo.

sumeria, religión Cada una de las ciudades-estado sumerias tenía sus propias deidades locales; estaban organizadas en un panteón de muchos cientos de dioses que representaban las fuerzas cósmicas y naturales. Los dioses más importantes eran las cuatro deidades creadoras y cósmicas: An, el dios-cielo; Enlil, dios de la atmósfera; Enki, dios de las aguas, y la diosa de la Tierra Ninhursag. Las tres deidades astrales, Nanna, el dios luna; Utu, el dios sol, e Inanna, diosa del planeta Venus, eran también muy veneradas. El panteón era concebido como una asamblea, con An, y más tarde Enlil, a la cabeza. La mitología sumeria muestra que los dioses eran concebidos como muy humanos en su forma y conducta, siendo sus principales ventajas la inmortalidad y el poder sobrenatural. El centro de las ciudades sumerias lo constituían amplios complejos de templos, lugares de morada donde las necesidades de los dioses de comida, vestido y cobijo eran cubiertas por un nutrido número de sacerdotes. Los reyes desempeñaban un papel sacral y

sumo sacerdote

ocupaban un puesto relevante en el culto y las fiestas. Los seres humanos fueron creados sólo para servir a los dioses, y aunque una persona podía tener una deidad personal que le ayudara en las dificultades de la vida, los sumerios eran pesimistas acerca de la perspectiva de cualquier mejora de la condición humana después de la muerte. La religión sumeria proporcionó el modelo básico para la increíblemente continua tradición religiosa mesopotámica, y fue en gran parte adoptada y desarrollada por los babilonios, asirios y otros que más tarde fueron las potencias dominantes en la región. ⇨ asiria, religión; babilónica, religión; cosmogonía del Próximo Oriente antiguo; cosmología del Próximo Oriente antiguo; Ea; Enlil; fiestas del Próximo Oriente antiguo; Istar; más allá, concepto del Próximo Oriente antiguo del; Próximo Oriente antiguo, religiones del; Shamash.

sumo sacerdote Jefe de los sacerdotes normalmente vinculado a un gran templo o lugar religioso; oficio en Israel que data probablemente de tiempos anteriores al exilio, pero que cambia más tarde cuando el sumo sacerdote adquirió poder civil y religioso. Normalmente era un cargo hereditario de por vida en Israel, y según parece siguió la línea de Aarón, Eleazar (su hijo) y Fineés, pero cuando Salomón nombró a Sadoc sumo sacerdote comenzó una dinastía que continuó hasta la época macabea. El deber cultual más importante del sumo sacerdote era entrar en lo más santo del Templo y hacer una ofrenda el Día de la Expiación. ⇨ Aarón; exilio; levitas; sacerdocio; sadoquitas; Salomón; Urim y Thummim; Yom Kippur.

sunnah Importante término musulmán que significa «costumbre» o «uso»; se aplica especialmente a las costumbres y usos del mismo Mahoma tal como se hallan en sus sentencias *(Hadith)* y hechos. Así, la sunnah era un complemento importante al Corán como fuente de autoridad dentro del islam. Según los musulmanes, el Corán fue revelado directamente por Dios a través de Mahoma que actuó de canal, pero fue completado, confirmado e interpretado por las sentencias y hechos llevados a cabo conscientemente por Mahoma y recogidos en la sunnah. El Corán y la sunnah se convirtieron en las fuentes principales de la ley islámica *(shariah),* y cuando fueron necesarias nuevas fuentes entraron en juego la analogía y el consenso de la comunidad. En algunas materias, la sunnah ampliaba de modo significativo el Corán, por ejemplo, al recomendar cinco oraciones al día en vez de tres, y al sugerir cómo deberían realizarse. Del mismo modo, en algunos aspectos, el ejemplo de Mahoma no se podía seguir literalmente, por ejemplo, en cuanto a tener 11 esposas en vez de cuatro. La principal corriente del islam llegó a ser conocida como islam sunnita, u ortodoxo, en cuanto que reconocía el importante papel de los cuatro primeros califas que sucedieron a Mahoma y ayudaron a formular la sunnah, en vez de conceder precedencia al yerno de Mahoma, Alí, y a sus sucesores chiítas, y en cuanto que reconocía la autoridad de las cuatro escuelas legales sunnitas. Más del 80% de los musulmanes son sunnitas, y el resto principalmente chiítas que reverencian de modo especial a Alí, su familia y los imanes chiítas que les siguieron. ➪ Alí; chiísmo; escuelas islámicas de la ley; Hadith; ijma; imán; Mahoma; Qiyas; sunnitas.

sunnitas (sunnītas) Miembros de un movimiento religioso islámico que representa la «ortodoxia» en el islam; comprende cerca del 80% de todos los musulmanes. Reconocen que los cuatro primeros califas siguen el curso recto *(rashidun)* y basan su sunnah («sendero» del profeta Mahoma) en el Corán y el Hadith o «tradiciones» del profeta. Están organizados en cuatro escuelas legales, todas de igual rango. El otro gran grupo islámico está compuesto por los chiítas. ➪ chiísmo; Corán; Hadith; islam.

superstición Creencias que la gente razonable e instruida considera irracionales e infundadas. El término se emplea generalmente de forma peyorativa para rechazar creencias rivales como ilegítimas y no válidas. A menudo lo utilizan los partidarios de una religión para describir a otras religiones. La propia religión de uno es considerada como verdadera, mientras que las rivales se rechazan como falsas, irracionales e incluso demoníacas. Así, los romanos tachaban el cristianismo como supersticioso, y viceversa, y más tarde a otras religiones con las que entraron en contacto. Así mismo, el término puede ser empleado para referirse a la adhesión excesiva a determinados aspectos de la religión propia de uno. Esta opinión fue adelantada por Santo Tomás de Aquino, que escribió que la «superstición es un vicio que se opone a la virtud de la religión por exceso» *(Summa Theologica* 2a, 2ae, 92, I). Este cargo fue imputado por los humanistas y reformadores protestantes del siglo XVI a lo que ellos consideraban como adhesión desmedida del catolicismo a las formas ceremoniales externas. Por otro lado, el término se puede aplicar a determinadas creencias y tradiciones populares como la de el evitar pasar por debajo de escaleras, la creencia en hechizos y talismanes, el miedo al número 13, etc. Por último, en la era moderna la «superstición» ha venido a ser definida en relación no con la religión sino con la ciencia. Es decir, las creencias son consideradas supersticiosas si los argumentos y las pruebas sobre las que se basan no son válidos o verificables según los criterios científicos. ➪ folclórica, religión; popular, religión.

sura o **azora** (sūrah) Término musulmán que se refiere a un capítulo del Corán. Hay 114 capítulos en el Corán, y en cada sura hay un número de versículos llamados *ayat* o *aleyas,* que significa «signos». El Corán está organizado de acuerdo con la longitud de las suras, de modo que las más largas preceden a las más cortas. Así, aunque algunas suras fueron reveladas a Mahoma en La Meca y otras fueron reveladas más tarde en Medina, están puestas por escrito conforme a la longitud y no con respecto al orden de revelación. Para fines de lectura y recitación, las 114 suras del Corán están divididas en 30 secciones de una longitud más o menos igual. A los capítulos se les da diferentes nombres de acuerdo con la palabra que destaca en ellos, por ejemplo la «sura vaca»; o según las letras árabes colocadas al comienzo de cada capítulo. Los musulmanes creen que las suras del Corán fueron una revelación divina de Dios a Mahoma. La lengua árabe en que fueron reveladas es sagrada para el islam, y la prosa poética del Corán no es fácil de traducir. Existe un contraste aquí con los versículos de la Biblia que no son, lingüísticamente hablando, sagrados y han sido traducidos a todas las lenguas conocidas. ⇨ Biblia; Corán; La Meca; Mahoma; Medina.

Surya (Sūrya) Dios sol en la mitología hindú. Era hijo de Indra, el dios más importante del *Rig Veda*. ⇨ hinduismo; Veda.

Susana, Historia de Libro de los Apócrifos del Antiguo Testamento, o capítulo 13 del Libro de Daniel en las versiones católicas de la Biblia. Adición al Libro de Daniel de fecha o procedencia incierta, cuenta cómo la hermosa judía Susana es injustamente acusada en Babilonia de adulterio y condenada a muerte, pero es rescatada por Daniel. La ingeniosa narración recomienda lecciones de moralidad judía y de fe en Dios. ⇨ Apócrifos del Antiguo Testamento; Daniel, Libro de.

Sutra de la Avatamsaka (Avataṃsaka Sūtra) Uno de los Sutras de Mahayana, textos sagrados del budismo mahayana. Era especialmente importante en la escuela Hua Yen del budismo chino fundada por Tushun (557-640), que concedió al Sutra de la Avatamsaka el papel principal en su síntesis de la enseñanza budista. El sutra ofrecía una descripción completa de las diez etapas del sendero que deben seguir los grandes santos mahayana conocidos como bodhisattvas. *Sutra,* que literalmente significa el «Ornato florido», revela un bello conjunto de flores espirituales para el creyente budista. En un aspecto describe el viaje espiritual de un joven llamado Sudhana que está intentando descubrir cómo convertirse en bodhisattva. Hacia el final del viaje ve una gran torre donde viven todos los bodhisattvas, y en ella encuentra un mundo de belleza sin par, cuya descripción intenta penetrar, por medio de imágenes, en el inconcebible mundo de la realidad. Es como una red de piedras preciosas en la que cada joya refleja a todas las demás en un mar de belleza interdependiente, y es como la idea de un holograma en que todo es significativo, en cuanto que cada cosa individual contiene el significado del conjunto. La escuela Hua Yen interpretaba el Sutra de la Avatamsaka en términos de los tres cuerpos de Buda, la noción de vacío, y la importancia de la mente y la conciencia, pero esencialmente señalaba que todo ser que existe es importante y debe ser respetado, porque todos los seres son interdependientes en la resplandeciente torre de Buda, que es, él mismo, el «resplandeciente». ➪ bodhisattva; Buda; budismo mahayana; Hua Yen; trikaya; vacío; Vairocana.

Sutra del Corazón (Sūtra) El más breve de los textos sagrados de la tradición budista mahayana conocidos como los *Sutras de la Prajnaparamita*, la Perfección de las Escrituras Sapienciales. Aparecieron desde el siglo I a. C. en adelante, y enseñaban las ideas clave del budismo mahayana, como el camino del bodhisattva y la doctrina del vacío. El más antiguo de estos textos sagrados tiene ocho mil líneas, y hay otros con veinticinco mil y cien mil líneas. El *Sutra del Diamante Cortante* tiene sólo trescientas líneas, y el *Sutra del Corazón* es aún más corto. Ofrece el corazón o meollo de las enseñanzas mahayana. Es leído por los budistas en sánscrito o en chino, es recitado en el culto y en la meditación, y algunas veces aprendido de memoria. Al comienzo del *Sutra Corazón* la sabiduría se presenta como una hermosa mujer: «homenaje a la perfección de la sabiduría, la bella, la santa», y al final la enseñanza se resume en un mantra o dicho críptico en el que la sabiduría e iluminación son descritas produciendo una felicidad que se «va, va, va más allá, va enteramente más allá, ¡oh, qué despertar, todo aclama!». ➪ bodhi; bodhisattva; budismo mahayana; iluminación; mantra; prajnaparamita; Sutra del Diamante Cortante; vacío.

Sutra del Diamante Cortante
Uno de los textos sagrados de la tradición budista mahayana. Es probablemente el mejor conocido y el más significativo de la sección de los *Sutras de Mahayana* conocida como la *prajnaparamita* (perfección de la sabiduría). Señala cómo la perfección de la sabiduría «corta como un diamante», y probablemente se origina a partir del siglo IV d. C. en la India. Toma la forma de un sermón, predicado por Buda a su discípulo Subhuti, que describe la carrera de un bodhisattva. Llegó a ser muy influyente y popular en China. El gran patriarca Chan Hui Neng encontró la iluminación súbita al oírlo mientras estaba siendo recitado por un monje. Se imprimió poco después de la invención de la imprenta en China, se conserva una copia de 868 considerada el libro impreso existente más antiguo del mundo. ➪ bodhisattva; chan; Hui Neng; prajnaparamita; Sutras de Mahayana.

Sutra del Lankavatara (Lankāvatāra Sūtra) Uno de los nueve principales *Sutras de Mahayana* que son los textos sagrados clave del budismo mahayana. Es algo inconexo en su organización, pero ofrece un sumario importante, aunque no sistemático, del pensamiento budista mahayana. Lankavatara significa literalmente el «descenso a Ceilán»,

Sutra del Loto

y la obra contiene conversaciones entre Buda y Ravanna, el supuesto señor de Ceilán, y entre Buda y el gran bodhisattva Manjusri. Contiene una crítica del pensamiento hindú, pero también reconoce que existen importantes similitudes entre el hinduismo y el budismo mahayana. Data de alrededor del 300 d. C. y fue traducido al chino en el 420 d. C., tras lo cual cobró importancia en China y Japón. Según la tradición, Bodhidharma legó una traducción china de ella sobre el 520 d. C. y la consideró como la escritura sagrada más importante del budismo chan; Hui Neng, posteriormente, ensalzó más el *Sutra del Corazón* y le situó en un lugar preeminente en su escuela chan de iluminación súbita. El *Sutra del Lankavatara* siguió siendo importante para China y Japón, especialmente por su interpretación de la noción de la «conciencia almacén» *(alaya-vijnana)* y como fuente de algunas de las doctrinas del budismo yogacara y chan. ⇨ alaya-vijnana; Bodhidharma; bodhisattva; Buda; budismo mahayana; chan; Hui Neng; Manjusri; Sutra del Diamante Cortante; Yogacara.

Sutra del Loto Uno de los textos sagrados más populares en el budismo mahayana, que llegó a ser especialmente importante en China y Japón. Es uno de los *Sutras de Mahayana;* fue escrito en la India en torno al 200 d. C. y traducido al chino por Kumarajiva al comienzo del siglo V. Hace hincapié en el cuerpo cósmico de Buda, que equivale a un tipo de buda eterno y real del que los budas históricos son meras manifestaciones. Por medio del *Sutra del Loto* y el Buda eterno el camino hacia la naturaleza buda está abierto a todos. Usando la noción de medios hábiles, quedan accesibles muchos caminos por los que puede transcurrir este progreso hacia la naturaleza buda. La escuela Tien Tai, fundada en China por Hui Ssu (515-577), lo organizó en una teoría de la salvación de cinco niveles. Según Tien Tai, el *Sutra del Loto* era el texto sagrado fundamental e hizo accesible el más alto nivel de comprensión y salvación budistas, aunque las otras tradiciones y sutras budistas fueran auténticas también. La escuela Tien Tai fue importante en China en los siglos VI y VII d. C., pero su influencia se fue desvaneciendo después de la gran persecución de los budistas en el 845. Se propagó a Corea y Japón como Tendai, y en el siglo XIII, en Japón, el budismo Nichiren elevó el *Sutra del Loto* sobre todos los demás textos sagrados y recalcó la eficacia de la oración de alabanza sincera y fiel al *Sutra del Loto*. ⇨ buda, naturaleza; budismo Nichiren; dharmakaya; medios adecuados; Sutras de Mahayana; Tendai; Tien Tai.

Sutras de Mahayana (Mahāyāna Sūtras) Textos sagrados de la tradición budista mahayana. La tradición mahayana surgió en torno al siglo I d. C.; subraya la importancia del Buda supramundano en cuanto opuesto al Buda histórico; el bodhisattva compasivo deseoso de renacer una y otra vez por causa del sufrimiento de la humanidad en cuanto opuesto al santo theravada *(arahat)*, más preocupado por su propio progreso espiritual, y la filosofía del vacío y la salvación universal que quedaba abierta a todos. Estos principios quedaron conservados en los *Sutras de Mahayana*, una serie de textos sagrados elaborados por los nuevos grupos mahayana de la India, desde sus comienzos hasta el siglo VI d. C., considerados como el cumplimiento de los primitivos sutras del *tipitaka* o canon pali, que, a su vez, eran vistos como preparación para la enseñanza más profunda de los *Sutras de Mahayana*. Así mismo, estos sutras se tenían por enseñanzas del Buda aún existente, surgidas de la sabiduría e inspiradas por la meditación, que se habían conservado ocultas hasta que el mundo estuviera preparado para recibirlas. Estaban escritos en sánscrito, y algunos, como el *Sutra del Loto,* el *Sutra del Diamante Cortante,* el *Sutra del Corazón,* el *Sutra del Lankavatara* y el *Sutra de la Tierra Pura,* son muy conocidos. Cuando se tradujeron al chino y al tibetano ejercieron una profunda influencia en aquellos países. ⇨ arahat; bodhisattva; Buda; budismo Tierra Pura; Sutra del Diamante Cortante; Sutra del Lankavatara; Sutra del Loto; tipitaka; vacío.

suttanta (suttānta; sánscrito: sautrāntika) Término pali que se refiere a los discursos sustanciales sobre el *sutta-pitaka,* que se encuentran en la segunda parte de las escrituras sagradas budistas conocidas como el *tipitaka* o canon pali. El monje que memorizaba estos discursos era llamado *suttantika,* y su papel era diferente del que desempeñaba el monje que memorizaba la disciplina monástica en la primera parte del tipitaka (el *vinaya-pitaka*), y distinto también del de un monje que enseñaba el sistema analítico de doctrina hallado en el *abhidharma,* que era la tercera parte del tipitaka. Los *suttanta* eran discursos de Buda relevantes para determinados contextos y para necesidades específicas de gente concreta, a los que se podían hacer adiciones y podían ser interpretados, mientras que el abhidharma era más pleno, más objetivo y más universal. Operaba partiendo de categorías de pensamiento generales hacia acontecimientos concretos, mientras que el suttanta lo hacía a partir de situaciones específicas y secuencias históricas hacia principios más amplios. Gracias a la posibilidad de aplicarlo de modo más general y más científico, la aproximación abhidharma adquirió una buena reputación en contraste con la del suttanta. Sin embargo, la aproximación suttanta conservó su atractivo, especialmente en el budismo theravada. La versión sánscrita de este término, *Sautrantika,* era el nombre dado a una antigua escuela de budismo que reaccionó contra la enseñanza abhidharma en favor de una vuelta a los discursos de Buda como clave de la enseñanza budista. ⇨ abhidharma; Sautrantika; sutta-pitaka; tipitaka; vinaya-pitaka.

sutta-pitaka (sutta pitaka; sánscrito: sūtra-pitaka) Segunda de las tres partes del *tipitaka* o canon pali, que contiene los discursos de Buda.

suttee

La primera parte del tipitaka centra su atención en la disciplina monástica y la tercera, en una disposición sistemática de la doctrina budista. Cada discurso incluido en el *sutta-pitaka* tiene un marco particular, relacionado con un tema o serie de temas concretos, y sigue un hilo determinado (el significado de la palabra *sutra)*. Además de los discursos, el *sutta-pitaka* contiene también cierto material ligeramente distinto, aunque importante, como las historias del nacimiento de Buda *(Jataka)* y la pieza popular breve conocida como el *Dharmapada*. Su estilo es popular, incluyendo alegorías, ilustraciones, parábolas y repeticiones; es fundamentalmente un vehículo para la apologética y la enseñanza en favor del camino budista. Hay cinco secciones principales *(nikayas)* de los discursos de Buda en el tipitaka. Es probable que fueran originalmente piezas y tradiciones independientes que fueron conservadas y transmitidas en áreas o monasterios separados antes de ser reunidas. El comentario más conocido al *sutta-pitaka* fue escrito por el gran erudito theravada Budagosa en el siglo V d. C. La tradición mahayana aceptó el tipitaka, incluyendo el *sutta-pitaka* como una especie de texto sagrado preliminar que se completaba, por así decir, con sus propios *Sutras de Mahayana*; en su versión del *sutta-pitaka* había cuatro secciones llamadas *agamas*, que eran más o menos paralelas a las cuatro primeras secciones del *sutta-pitaka* en el tipitaka. ⇨ abhidharma; Budagosa; budismo mahayana; Dharmapada; Jataka; tipitaka; vinaya-pitaka.

suttee ⇨ **sati.**

Swaminarayan, movimiento Misión revitalizadora hindú, fundada por Shri Sahajanand Swami o Swami Narayan, en el siglo XIX. Se propagó por toda la India, especialmente en Gujerat, e incluso llegó a las comunidades indias del este de África. Desde la expulsión de los asiáticos de Uganda, se han erigido templos Swami Narayan en Gran Bretaña y EE. UU. Swami Narayan viajó por toda la India, abogando por una vida de pureza, no violencia *(ahimsa)* y enseñando una forma del no dualismo cualificado *(vishisthtadvaita)* de Ramanuja. ⇨ ahimsa.

Swedenborg, Emmanuel, originalmente **Swedberg** (1688-1772) Místico y científico sueco, nacido en Estocolmo. Educado en Upsala, viajó por Europa, y a su regreso fue nombrado asesor del colegio de minas. Escribió obras de álgebra, navegación, astronomía y química, y en 1734 publicó su monumental *Opera Philosophica et Mineralia* (Obras filosóficas y lógicas), una mezcla de metalurgia y especulación metafísica sobre la creación del mundo. Unos curiosos sueños le convencieron de que tenía acceso directo al mundo espiritual. Comunicó sus exploraciones espirituales en *Arcanos celestiales* (1749-1756), y pasó el resto de su vida en Amsterdam, Estocolmo y Londres, exponiendo sus doctrinas en obras como *La Nueva Jerusalén* (1758). Sus seguidores (conocidos como swedenborgianos) formaron la Iglesia de la Nueva Jerusalén. ⇨ mística; Nueva Jerusalén, Iglesia de la.

swedenborgiana, Iglesia ⇨ **Iglesia Nueva.**

Synanon Especie de nuevo movimiento religioso fundado en California en 1958 por Charles Dederich. Su objetivo era curar a los adictos castigados por el alcohol y las drogas, pero evolucionó hacia un movimiento de grupos de encuentro que intentaba incrementar el potencial humano de sus miembros. Fomentaba las sesiones de psico-drama en grupos en los que sus miembros podían expresar una gran emoción entre ellos y criticarse unos a otros. Sin embargo, el propósito final era que en la vida ordinaria fueran capaces de actuar de modo feliz y satisfecho. De la obra del grupo surgió la Synanon S. A., que llegó a ser y sigue siendo muy rica. ⇨ nuevos movimientos religiosos en Occidente; potencial humano, movimiento del.

T

Tabernáculo Santuario o tienda móvil; en la antigua religión israelita, refugio para el Arca de la Alianza durante su vagar por el desierto y la conquista de Canaán, reemplazado finalmente por el Templo de Salomón. En el Libro del Éxodo se dan minuciosas instrucciones para su construcción y adorno, pero muchos consideran que estas proceden de una fuente sacerdotal posterior. ⇨ Arca de la Alianza; sanctasanctórum; Templo de Jerusalén.

tabú, tapu o **taboo** Palabra polinesia para referirse a una prohibición o restricción relacionada con lo sagrado. Puesto que muchos otros sistemas religiosos tienen prohibiciones de algún tipo, la palabra ha pasado a tener un significado general de prohibición ritual, que después se ha modificado por el uso en contextos en los que no existe referencia a lo sagrado. El tabú se puede considerar similar a los avisos de las centrales eléctricas: «peligro, alto voltaje», y pretende restringir las aproximaciones fortuitas o por descuido a lo santo. Era especialmente importante en el sistema religioso polinesio. En un universo que está lleno de poder *(mana)*, el tabú (en Nueva Zelanda, tapu) indicaba las áreas de seguridad en la conducta. Jefes y especialistas del ritual *(tohunga)* estaban especialmente protegidos. Lo más sagrado era la cabeza (tocar la cabeza de un jefe era extraordinariamente peligroso). Cuando estaba en su estado ritual, un tohunga no podía ni siquiera alimentarse él mismo; tenían que asistirle jóvenes vírgenes. Las prohibiciones rituales también ayudaban a prevenir la disminución de mana, o que las comunidades fueran destruidas por descuido o por la aplicación indiscriminada de poder. Los árboles tapu, o los días de pesca tapu, pueden actuar como un mecanismo de conservación. En Melanesia, donde existen conceptos similares, se encuentra la palabra *tambu*. ⇨ maorí, religión.

Taciano (siglo II) Pensador cristiano sirio. Se hizo discípulo del mártir Justino en Roma y fue convertido al cristianismo por él. Tras la muerte de Justino, hacia el 165, se apartó de la Iglesia católica y regresó a Siria hacia el 172 donde estableció una comunidad religiosa ascética de encratitas, o al menos estuvo estrechamente asociado con ella, que fomentaba una combinación herética de cristianismo y estoicismo. Sólo dos de sus muchos escritos sobreviven: la *Oratio ad Graecos* («Discurso a los griegos») es una denuncia del intelectualismo de la cultura griega y de la corrupción de su moral y valores religiosos, que compara en el sentido negativo con la «filosofía bárbara» del cristianismo; el *Diatessaron* (literalmente: «De los cuatro») es una versión de retazos de los cuatro evangelios dispuestos en forma de narración continua, que en su versión siríaca fue usada como texto en la Iglesia siria durante siglos. ⇨ catolicismo; cristianismo; estoicismo; Justino, San.

tafsir (tafsīr) Término musulmán que significa explicación, o elucidación, pero refiriéndose especialmente a un comentario sobre el Corán. Intenta proporcionar información de fondo y comentarios sobre el Corán más que un análisis de la esencia o la interpretación interior del texto. Este tipo de explicación más mística se alcanza mediante otro tipo de comentario conocido como *tawil*. La aproximación simbólica y alegórica del tawil es complementaria de la aproximación más hacia afuera y externa del *tafsir,* aunque a los ojos de algunos musulmanes más ortodoxos, el tawil levanta más sospecha. El comentarista tafsir más antiguo del Corán fue Abd Allah ibn al-Abbas, el sobrino de Mahoma. Estaba influido por la aproximación de los escritores judíos de *haggadá* en los que fue introducido por conversos judíos al islam. Su «Océano de conocimiento» *(Bahr al-Ilm)* fue importante para posteriores comentaristas como al-Tabari (839-923) y al-Baydawi (m. 1291). ⇨ Corán; Mahoma.

Taharah (Ṭaharāh) Término musulmán que literalmente significa purificación. Se refiere al estado de pureza ritual que es un requisito previo para que los musulmanes puedan tocar el Corán, ocuparse de las oraciones diarias y de otros actos rituales. Existen dos formas de purificación. La mayor *(ghusl)* tiene lugar después de la relación sexual y la menstruación, mientras que la menor *(wudu)* tiene lugar antes de las oraciones diarias y actividades rituales de otros tipos. La purificación se obtiene normalmente mediante abluciones que requieren agua, pero si no hay agua se pueden usar otros materiales como la arena. Existen también implicaciones espirituales para la purificación y las abluciones externas son símbolo de pureza espiritual en el interior de la persona. ⇨ Corán; salat.

Tai Chi (T'ai Chi) Noción china del Gran Final que es la causa que subyace a todo. En el tercer apéndice al *I Ching* está el Uno, a través del cual el Tao se manifiesta a sí mismo y después engendra al yin y el yang, que se combinan para producir el mundo fenoménico. Para la tradición taoísta de China, el *Tai Chi* era la unidad que subyace a todas las cosas. Es inactiva pero mediante su inacción hace posible que todo se realice. La tradición neoconfuciana profundizó en este término. Chou Tun I (1017-1077) escribió una obra importante, *Explicación del diagrama del Gran Final (Tai Chi Tu)*, y en él afirmaba que todo en el mundo, incluyendo las características humanas, es generado a partir del Gran Final. Es la primera causa trascendente de la que se sigue todo lo demás. Contiene el principio subyacente *(li)* que se deriva del Gran Final y es análogo al Tao. Junto con *Shang Ti* y *Tien*, Tai Chi es lo más próximo a un equivalente de Dios en el pensamiento chino. ⇨ I Ching; li; Shang Ti; taoísmo; Tien; yin y yang.

Tai Shan (T'ai Shan) Montaña sagrada en la provincia de Shantung, China, que ha sido un lugar santo para la religión popular china desde la época de la dinastía Shang (1523-1027 a. C.). Desde el 110 a. C. hasta el 1000 d. C. fue uno de los lugares donde se podían ofrecer sacrificios imperiales. Tai Shan es la morada de un dios chino popular, el «Gran Soberano Divino del Pico Oriental». Como guardián del emperador Jade (Yu-Huang), el dios supremo en la jerarquía de la religión popular china, el Gran Soberano Divino del Pico Oriental puede determinar cuánto vivirá una persona y qué le sucederá a esa persona al morir. Es, por tanto, un dios importante en el plano popular, y su propio prestigio y el del monte Tai Shan obran recíprocamente en beneficio mutuo. ⇨ panteón chino.

Taizé Comunidad ecuménica fundada cerca de Lyon, Francia, por miembros de la Iglesia Reformada Francesa en 1940. Los miembros observan una regla similar a la mayoría de las órdenes monásticas, pero visten como laicos. Su meta es promover la unidad cristiana, especialmente entre protestantes y católicos. Proporcionan hospedaje popular y misión a los jóvenes. ⇨ catolicismo; ecumenismo; iglesias reformadas; monacato.

Taj Mahal Literalmente «palacio coronado»; este monumento islámico es reconocido como uno de los edificios más bellos jamás levantado (Patrimonio de la Humanidad, según la clasificación de la UNESCO.) Fue construido en Agra, India, entre 1632 y 1647 por el emperador mongol Shah Jahan (1592-1666) como mausoleo para su esposa Mumtaz Mahal.

Taj Majal

Es un monumento armonioso de gran belleza, construido en mármol blanco y piedras semipreciosas, centrado en una impresionante pieza central de 80 m de altura que contiene el mausoleo propiamente dicho. Aunque tiene un propósito funcional obvio, está lleno de simbolismo religioso. Los cuatro accesos y los cuatro jardines en él encerrados, simbolizan los jardines del paraíso y los cuatro ríos divinos. Su estructura general y su atmósfera espiritual deben mucho a ideas desarrolladas dentro del pensamiento islámico sufí, y el edificio central y edificios adosados a tono simbolizan la propia morada de Dios dentro del reino del paraíso. ➪ paraíso; sufismo.

takht Término sij que significa «trono», referido al asiento de una autoridad temporal dentro de la tradición sij. De los cinco takht, el primero y más importante, el Akal Takht, fue establecido en 1609 por el Gurú Hargobind frente al Templo Dorado (Harimandir), en Amritsar. Los otros takht asociados al Gurú Gobind Singh fueron designados después para Anandpur en el Punjab, Patna en Bihar y Namded en Maharashtra, y en 1966 se declaró un quinto para Bahinda en el Punjab. En la época del Gurú Hargobind, el líder religioso sij había logrado un papel temporal a la vez que espiritual, y el takht se convirtió en un símbolo de su función temporal. Los líderes de los takht, llamados jathedars, son nombrados para toda la vida por la Junta electoral sij, el Comité Shiromani Gurdwara Parbandhak. Su función es administrativa y potencialmente política más que espiritual. La tarea del takht ha sido debatir y proclamar decisiones importantes que afectan a la comunidad sij, para salvaguardar su práctica, y, de forma ocasional, para pronunciarse sobre asuntos doctrinales y políticos. En coyunturas cruciales se considera deseable que el líder del Akal Takht de Amritsar reúna una *Khalsa* representativa, contando con los puntos de vista de toda la comunidad sij antes de tomar una decisión. ➪ Amritsar; Harimandir; Khalsa.

Talmud (hebreo: «estudio») Compilación autorizada, influyente, de tradiciones y discusiones rabínicas sobre la vida y la ley judía. Después de que la Misná de rabí Judah fuera compilada (c. 200 d. C.) se convirtió ella misma en objeto de estudio por parte de los eruditos judíos de Palestina y de Babilonia; su comentario sobre ella (la Guemará), junto con la Misná, constituye el Talmud, del que había dos versiones: el Talmud de Jerusalén o Palestino (c. siglo IV) y el Talmud Babilónico, más largo (c. 500). Trazando un sistema judicial preciso y dictando preceptos sobre áreas como el culto, el bienestar social, la dieta y la higiene, abarca también temas como la magia, el análisis de los sueños y la teología. ➪ Guemará; judaísmo; Misná; rabí; Torá.

tamil, hinduismo Aunque el hinduismo se asocia con frecuencia al norte de la India, especialmente a la «patria de los arios» *(Aryavarta)* en la llanura del Ganges, ha habido tradiciones florecientes del hinduismo en el sur de habla tamil, especialmente en la cuenca del Kaveri. La cultura hindú floreció con los reinos hindúes que existieron en el sur de la India; por ejemplo, las dinastías Chola (siglos IX-XIII d. C.), que produjeron hermosos bronces de deidades hindúes. El medio por excelencia de la cultura tamil ha sido tanto la poesía guerrera *(puram)* como amorosa *(akam)*. De hecho, esta última convirtió en el medio de expresión del mundo devocional tamil o bhakti, cuyas formas más emotivas y extáticas tuvieron su origen en el sur, en torno al siglo VI d. C. Los poetas tamiles bhakti tendían a quitar importancia al sistema de castas, a rechazar el monopolio brahmánico sobre la religión y hacían hincapié en la liberación *(moksha)* por medio de la devoción desinteresada más que por el conocimiento *(jnana)*: el Dios de los poetas tamiles era personal y no una fuerza abstracta, por lo que resaltaban una relación personal intensa entre el devoto y Dios. Este movimiento bhakti tendía a ser sivaíta o visnuita, adorando los devotos formas locales de Siva o de Visnú y sus familias. Murukan era la deidad identificada con Siva y con el hijo de Siva, Skanda, mientras que Visnú era adorado como Tirumal. Las tradiciones sivaíta y visnuita tamiles se expresaban en la poesía de los Nayanmars y Alvars, respectivamente. Sus obras quedaron santificadas e incluidas en los cánones de los textos religiosos de esas tradiciones. Por ejemplo, el *Tiruvaymoli* de Nammalvar se considera como el «Veda tamil» y es cantado por los devotos junto al Veda sánscrito ortodoxo. La poesía de los Nayanmars sivaítas fue incorporada de modo parecido al canon sánscrito del Sıddhanta sivaíta. Aunque de carácter devocional, el hinduismo tamil produjo teólogos de gran altura, especialmente Ramanuja, teólogo y líder de la comunidad visnuita Shri. Su discípulo Pillan escribió un comentario, en su mayor parte en tamil, sobre el *Tiruvaymoli*. Los *Cittars* (sánscrito: «Siddhas») tamiles de inspiración tántrica desarrollaron la práctica de hatha yoga y escribieron poesía que expresa su deseo de un cuerpo perfeccionado por medio del yoga. La devoción a Siva y Visnú se expresa en el culto del templo, especialmente en los centros sivaíta y visnuita de Cidambaram y Shri Rangam. ⇨ Alvar; Ganges; moksha; Shri, visnuitas; siddhas; Siddhanta sivaíta; Siva; sivaísmo; Veda; Visnú; visnuismo.

Tangeroa ⇨ atua.

tanha (tanhā; sánscrito: trishna: tṛṣṇa) Noción de ansia en el pensamiento budista. El ansia o deseo es un elemento primario en la conducta humana, pero es también una de las principales razones por las que los humanos están ligados a este mundo de sufrimiento, y destinados a renacer dentro de él, hasta lograr la liberación de la rueda de renacimientos y la paz del nirvana. El ansia es esencial para la segunda y tercera de las nobles verdades predicadas por Buda, en las que la causa del sufrimiento *(duhkha)* es el deseo vehe-

tanka

mente, que debe ser eliminado para que el sufrimiento pueda acabar. El ansia es el octavo de los doce eslabones de la cadena del origen dependiente, y, junto con el primero, la ignorancia espiritual, es uno de los dos eslabones débiles de la cadena. Ambos deben ser desgastados mediante la disciplina ética y la meditación, y destruidos por medio del desarrollo de la sabiduría. Tanha suele estar ligado a la codicia y a la pasión, pero se asocia de manera más amplia con la avidez por la gratificación psicológica de los seis sentidos de la vista, oído, olfato, gusto, sentimiento y pensamiento. En su primer sermón Buda distinguía entre tres tipos de ansia: el ansia de deseos sensuales, el ansia de una existencia permanente del yo y el ansia de evitar las circunstancias desagradables. Tanha literalmente significa «sed» (de satisfacción en el momento presente sin pensar en las prioridades y consecuencias a largo plazo). ⇨ ariya sacca; Buda; duhkha; nirvana; origen dependiente; renacimiento.

tanka (thang ka) Rollo de pergamino pintado o estandarte del templo del budismo tibetano. Estos rollos que cuelgan en los templos y monasterios representan Budas, lamas, diversas deidades y mandalas, pintados sobre una base de algodón o a veces de seda. Las propias imágenes son tomadas frecuentemente de escrituras religiosas como el *Sutra del Loto*, o representan mandalas descritas en diferentes tantras. Los tankas se veneran como sagrados, y existen instrucciones precisas con respecto a su pintura. Desempeñan un papel importante en la meditación, en cuanto que las formas que representan son interiorizadas en prácticas de visualización. De hecho, algunos tankas se revelan sólo a aquellos que tienen la iniciación necesaria. ⇨ Buda; lama; mandala; Sutra del Loto.

Tannaim (arameo: «maestros», «transmisores de la tradición oral») Antiguos sabios y maestros del judaísmo (principalmente 10-220 d. C.) que fueron esenciales para la aparición del movimiento rabínico por su estudio de la Ley judía (Torá) y la formulación del núcleo de la Misná y los Midrasim. Los seguidores de Hillel y Shammai son a menudo considerados los primeros tannaim. ⇨ Hillel I; judaísmo; midrash; Misná; rabí; Shammai; Torá.

tantra (literalmente: «telares») Tipo de texto ritual hindú o budista, y la práctica de su instrucción. Similar en algunos aspectos a los Puranas, los tantras son textos sánscritos, que datan de en torno al siglo VII d. C. Pueden incluir tratados que describen hechizos, fórmulas mágicas, mantras, prácticas de meditación y rituales a realizar. La práctica del tantra requiere la instrucción de un gurú. ⇨ budismo; budismo tántrico; gurú; hinduismo; mantra; puranas.

tántrico, budismo ⇨ **budismo tántrico**.

tántrico, hinduismo ⇨ **hinduismo tántrico.**

Tao Te Ching Importante texto filosófico chino que junto con el *Chuang Tzu* es la clave del taoísmo filosófico. Se le adscribe tradicionalmente a Lao-tsé, que se dice que fue contemporáneo de Confucio en el siglo VI a. C. Sin embargo, su autoría es dudosa, y probablemente data del siglo IV a. C. Las sentencias del *Tao Te Ching*, encerradas en 5.250 palabras, son crípticas y, por tanto, abiertas a diferentes interpretaciones. Fue escrito en la época de los estados guerreros de China, para ayudar a los dirigentes a gobernar mejor, de acuerdo con el principio de que la inacción creativa *(wu-wei)* es mejor que la actividad frenética. Aboga por la naturalidad, la espontaneidad y la idea de la razón flexible para avanzar. Esencial para ello es la noción del Tao, que no puede ser nombrado pero que es la fuente de todo lo que existe y el principio inmutable que subyace al universo. El secreto de la vida es vivir de acuerdo con el Tao, que «jamás actúa, y sin embargo nada queda sin hacer» (37). El Tao es el «Camino» cómodo y espontáneo que deben seguir los gobernantes y toda la gente, de modo que puedan regir a otros, regirse a sí mismos y vivir en armonía unos con otros y con la naturaleza. Esta enseñanza era complementaria del activismo, el esfuerzo moral, la participación ritual, disciplina educativa y las cinco relaciones señaladas por los confucianos. Aunque en oposición aparente, eran capaces de convivir en China según el principio de la armonía de opuestos *(yin y yang).* ⇨ cinco relaciones confucianas; taoísmo.

taoísmo Traducción de los términos chinos que se refieren a «la escuela del tao» y la «religión taoísta», ambos han ejercido una enorme influencia en el pensamiento y la historia china. El primero se refiere a la filosofía de los textos taoístas clásicos no anteriores al siglo IV-III a. C.: el *Lao Tzu* o *Tao Te Ching* (que se cree han sido escritos por el sabio Lao-tsé), *El Chuang Tzu* y *El Lieh Tzu Tao,* o «el camino», son esenciales tanto en el confucianismo como en el taoísmo, el primero hace hincapié en el tao de la humanidad, y el segundo en el tao de la naturaleza, armonía con la que se asegura la conducta apropiada. Como expresiones de pensamiento místico, estos textos se ocupan del orden político y de la vida práctica del individuo. La religión taoísta se desarrolló más tarde, en torno al siglo II d. C., incorporando la alquimia, la adivinación, la magia y, especialmente, la importancia de los poderes equilibrantes de yin y yang. Con el budismo y el confucianismo es una de las principales religiones de China. ⇨ confucianismo; Lao-tsé; mística; yin y yang.

tapas Ascetismo o «calor» creado por el ascetismo en el hinduismo. Muchos hombres santos *(sadhus)* hindúes o renunciantes practican el tapas para generar poder espiritual *(diddhi)* y finalmente lograr la liberación *(moksha).* La idea de tapas está en el *Rig Veda,* donde

Taqui Onqoy

se identifica con el sacrificio y se asocia a Agni, el dios del fuego. Con los Upanishads, el tapas llega a interiorizarse como un poder interior, que se puede crear a través del yoga y las prácticas ascéticas, y que conduce a la liberación. El tapas está prescrito en los libros de la ley hindú, como las *Leyes de Manu*, como parte de la cuarta etapa o etapa de la vida de renunciante *(ashrama)*. Durante ella, el asceta debe mendigar la comida, vagar sin casa y ser célibe. Un ascetismo más extremo se puede encontrar: prometiendo silencio, haciendo voto de no acostarse durante doce años (el cuerpo del asceta descansa apoyándose en una «hamaca»); manteniendo uno o ambos brazos por encima de la cabeza hasta estrecharse en esa posición o sentarse con el calor del día entre fuegos ardientes. ➪ Agni; ashrama; Manu, Leyes de; moksha; sadhu; Upanishads; Veda.

Taqui Onqoy Movimiento religioso quechua que se desarrolló en el sur del Perú central, en la década de 1560 y principio de la de 1570. Movilizó la resistencia frente a los españoles una generación después de la conquista. «Taqui» significa canción o danza tradicional, asociada a las fiestas precristianas. «Onqoy» sugiere la fiesta de junio asociada tanto al grupo estelar de las Pléyades como a la expulsión de enfermedades. El movimiento rechazaba el cristianismo (aunque sus líderes tomaban los nombres de Juan el Bautista y de otros santos) y llamaban a una vuelta a los caminos ancestrales. Reivindicaba unos sesenta o más *huacas*, incluyendo Pachamacac y antiguas deidades que llevaban los nombres locales de Tiahuanaco y Titicaca. Estas deidades, que cabalgaban en el viento, poseían a sus seguidores en el trance, exigían pureza moral y la observancia de días, fiestas y ceremonias, y ofrecían la victoria final. Aunque considerada, entonces y más tarde, como una revuelta incaica, Taqui Onqoy desconocía a las deidades incaicas Viracocha y el dios sol; tampoco era la posesión una parte normal de la religión incaica. El movimiento era más bien una reafirmación de la antigua religión primitiva en una forma revitalizada tras el contacto con el cristianismo; un movimiento en el que las deidades locales panandinas vuelven, no a los santuarios destruidos, sino a los cuerpos de sus seguidores. ➪ inca, religión; Pachacamac; Viracocha.

Tara (Tārā) Deidad femenina dentro de la tradición budista tántrica. Se conoce como la Salvadora, y es especialmente popular en el Tíbet, donde aparece en diferentes formas, una de las cuales es la diosa patrona de ese país. Es muy compasiva, y dos de sus formas se dice que han nacido de dos lágrimas derramadas por el bodhisattva de la compasión, Avalokiteshvara, cuando contempló los horrores del infierno. Tiene su propio mantra, o frase sagrada, que se dice resume su esencia. En el plano popular, Tara es considerada como una diosa externa, pero en un nivel más profundo es una especie de fuerza o conciencia latente dentro de la propia mente del creyente, que se puede visualizar y desarrollar para el progreso espiritual. Se la representa en forma de imagen en varios templos, especialmente en el Nepal y el Tíbet. ⇨ Avalokiteshvara; bodhisattva; budismo tántrico; mantra; tibetana, religión.

targum (hebreo: «traducción») Traducción aramea de las Escrituras hebreas o pasajes de ella, probablemente compuesta originalmente en forma oral (c. siglo I a. C.) cuando la Torá era leída en voz alta en las sinagogas, puesto que la mayoría de los judíos de la época entendían mejor el arameo que el hebreo, pero escrita posteriormente en el período rabínico. Las traducciones a veces traicionan la primitiva ideología rabínica. El más conocido es el *Targum Onkelos*. ⇨ Antiguo Testamento; Biblia; judaísmo; rabí; Torá.

tariqah (ṭarīqah) Término musulmán, que significa «sendero» o «camino», usado en tres sentidos diferentes: para referirse al verdadero sendero musulmán, para referirse al sufismo en general y para referirse a varios senderos sufíes específicos o hermandades. El primer sentido de religión como un camino o sendero recto es común a varias tradiciones religiosas: por ejemplo, los primeros cristianos eran llamados seguidores del camino, y el Tao de la tradición taoísta significa «el Camino». El primer capítulo del Corán se refiere al verdadero musulmán como aquel que sigue el recto sendero o tariqah, en oposición a los infieles que se desvían de él. En segundo lugar, tariqah es un término genérico que se refiere al sufismo como el sendero que conduce de la verdad exterior de la ley a la verdad interior de la realización mística. Como tal, recoge las doctrinas y métodos de la tradición sufí en general en cuanto que representan un medio de ir del mundo a Dios, y de Dios de nuevo al mundo. En tercer lugar, a partir de los siglos XII y XIII, nacieron fraternidades sufíes independientes, que con frecuencia se desarrollaban a partir de la obra de un renombrado *shaykh*. En total, nacieron cientos de tariqahs, aunque todas ellas remontan su autoridad a través de una cadena que incluye a un shaykh y a compañeros de Mahoma, que llegan hasta el propio profeta. La primera tariqah sufí específica en aparecer fue la Qadiriyyah, por medio de la obra de Abd al-Qadir al-Jilani (1077-1166), y desde entonces han surgido muchas otras, incluyendo los bektashi, mewlevís y la Naqshbandiyyah. ⇨ bektashi; Corán; mewlevís; Naqshbandiyyah; Qadiriyyah; shaykh; sufíes, instituciones; sufíes, órdenes; Tao Te Ching.

Tarot Serie de cartas que se usan como medio de adivinación. Aparecieron en torno a 1440, en Italia, como cartas de juego, pero Gebelin les dio una interpretación hermética en 1781 y desde entonces se usaron de modo más habitual para la adivinación. A. L. Constant (1810-1875), conocido también como Eliphus Levi, dio a las cartas del Tarot una interpretación cabalística, derivada de la cábala judía, y este méto-

tathagata

Dos cartas del tarot del cardenal Sforza (s. XV). Museo de Carrara y Bérgamo

do de interpretación se usa ahora en la mayoría de las sesiones de adivinación. La baraja del Tarot tiene 78 cartas, incluyendo 56 cartas agrupadas en cuatro palos (bastos, oros, copas y espadas) de 14 cada uno, más otros 22 triunfos independientes (cartas de los arcanos mayores), figuras con rasgos profundamente simbólicos. La adivinación se basa en la secuencia de las cartas, la interpretación de las cartas de los arcanos mayores, y la clarividencia acaba en una penetración en el carácter y el destino la persona de que se trate. Aparentemente existen cuatro razones principales para consultar las cartas del Tarot: dinero, crisis vital, amor y asuntos familiares. Sin embargo, en un plano más profundo contienen un elemento arcano o misterioso que es a menudo importante para quienes lo practican y constituye para ellos una serie de misterios ocultos entrelazados. ↪ adivinación; cábala; oculto.

tathagata (tathāgata) Término budista que significa «el que así se ha ido», es decir, alguien que ha partido y ha completado el camino de la iluminación. Fue usado con frecuencia por Buda en relación a sí mismo e indicaba que había aprehendido la realidad o «calidad de tal» *(tathata),* y que había alcanzado la sabiduría. Tathagata es también usado a veces como un tipo de equivalente del nirvana, y se refiere a una condición que trasciende a la muerte. En un comentario famoso, Buda decía que el estado de tathagata después de la muerte no era «es» ni «no es», ni «es y no es a la vez», ni «ni es ni no es». En otras palabras, no puede ser descrito en lenguaje ordinario, aunque la verdad de la realidad a la que se refiere no se puede ignorar, y se ve en la experiencia y enseñanza de Buda. Budagosa, el gran comentarista theravada, dio ocho interpretaciones independientes de él en su famoso comentario sobre el «gran discurso», en el *tipitaka* o canon pali, señalando así tanto su dificultad como su importancia. La tradición mahayana usaba la noción del *tathagata-garbha* para referirse a una especie de buda potencial dentro de todos los seres y quedó asociado a la idea de la naturaleza buda que está presente en todos los humanos. ⇨ Buda; Budagosa; budismo mahayana; budismo theravada; nirvana; tathata; tipitaka.

tathata (tathatā) Noción de «calidad de tal» o realidad en el pensamiento budista mahayana. Implica ver las cosas como son y experimentar lo absoluto en lo relativo. Buda era un ejemplo de alguien que había alcanzado la condición de tal, y está relacionado con términos equivalentes tales como vacío y nirvana. Trasciende el análisis lógico, está más allá de la dualidad, y se logra por medio de la sabiduría *(prajna)*. Es importante en el budismo zen tanto en el sentido de descubrir y experimentar la iluminación en las situaciones cotidianas de la vida ordinaria, como en el de despertar a la naturaleza buda interior a través de las cosas prácticas de la vida, tales como cortar leña y sacar agua. Es un término menos común en el pensamiento budista mahayana que el de vacío *(shunyata)*, aunque tiene un significado ligeramente más positivo. Como sucede con otros intentos de expresar la realidad en el pensamiento budista, se resiste a la expresión conceptual, lo importante es llevarlo a la práctica y no sólo sobre él. ⇨ Buda; budismo mahayana; budismo zen; nirvana; tathagata; vacío.

Taulero, Johann (c. 1300-1361) Místico y predicador alemán, nacido en Estrasburgo. Se hizo dominico hacia 1318. Expulsado de Estrasburgo por una disputa entre la ciudad y su orden, a los 24 años se estableció en Basilea y se asoció a los devotos «Amigos de Dios», habiendo sido antes discípulo del Maestro Eckhart. Su fama de predicador se extendió por todas partes, y se convirtió en el centro de la acelerada vida religiosa del valle del Rin medio. ⇨ dominicos; Eckhart, Johannes; mística.

tawhid (tawḥīd) Noción de la unidad de Dios en el islam. Es fundamental para la tradición islámica; la aceptación de la absoluta unidad de Dios es la piedra angular de la fe musulmana. Se encierra en la afirmación de fe, la *shahadah*: «No existe más dios que Dios, y Mahoma es su profeta.» Sin embargo, se puede interpretar de diferentes formas. En un nivel, denota oposición a la idolatría y al politeísmo, y a toda visión de Dios que parezca comprometer su incondicional unidad (como la idea cristiana de la Trinidad desde el punto de vista musulmán). A otro nivel, puede entenderse de manera exclusiva o inclusiva. La visión exclusiva, ejemplificada en los wahhabis, recalca que Dios es Dios, y no se refleja en el mundo creado (excepto en el Corán), que, por tanto, carece de sacralidad. El mundo es solamente realidad material y carece de calidad divina. La visión inclusiva afirma que no existe nada, incluido el mundo, fuera de Dios («no hay Dios *excepto* Alá»); esta ha sido la opinión dominante. Los sufíes se han movido en una dirección más espiritual. Para ellos, el tawhid debe interiorizarse de modo que cualquier sentimiento o imaginación que se aparte de Dios debe ser abandonado. En el nivel más profundo de todos, como se ve en el *Tratado sobre la Unidad* de Ibn Arabí, existe la aniquilación *(fana)* de todo, excepto Dios, de la conciencia humana inconsciente y consciente. ⇨ Alá; Corán; fana; Mahoma; shahadah; sufismo; Wahhabis.

tefillin Dos cajas de cuero negro que llevan los judíos varones adultos cuando asisten a los actos litúrgicos semanales de la mañana. Las cajas, también llamadas filacterias, están atadas al brazo izquierdo y a la frente; contienen los cuatro pasajes de la Biblia hebrea que ordenan a los judíos «atar las palabras de Dios entre tus ojos y en tu brazo», para que les recuerde a Dios y los mandamientos de la ley. No las llevan los judíos reformistas, que interpretan los pasajes bíblicos metafóricamente. ⇨ Amidah; judaísmo; judaísmo reformista; Shema.

Teilhard de Chardin, Pierre (1881-1955) Teólogo, paleontólogo y filósofo jesuita francés, hijo de un hacendado de la Auvernia. Se educó en un colegio de jesuitas, dio clase de ciencia pura en el Colegio Jesuita de El Cairo, fue ordenado sacerdote en 1911, y en 1918 se convirtió en profesor de geología en el Instituto Católico de París. Entre 1923 y 1946 realizó expediciones paleontológicas a China (donde colaboró en el descubrimiento del Hombre de Pekín en 1929) y más tarde al Asia Central, pero sus investigaciones cada vez concordaban menos con la ortodoxia jesuita y sus superiores religiosos le prohibieron enseñar y publicar; en 1948 no se le permitió presentarse como candidato al puesto de profesor, en la Sorbona, para suceder a L'Abbé Breuil. No obstante, su obra sobre geología cenozoica y paleontología llegó a ser conocida y fue galardonado con distinciones académicas, incluyendo la Legión de Honor (1946). Desde 1951 vivió en EE. UU. y trabajó en la Fundación Wenner-Gren para la Investigación Antropológica, de Nueva York. Publicadas póstumamente, sus especulaciones filosóficas, basadas en su obra científica, señalan la evolución de la materia animada hacia dos principios básicos: indeterminación y progresiva complejidad. Mediante el concepto de *involución* explica por qué el *Homo sapiens* es la única especie que, al extenderse por el globo, ha resistido a la intensa división en nuevas especies. Esto conduce a especulaciones trascendentales, que le aportan pruebas originales, aunque teológicamente heterodoxas, de la existencia de Dios. Su obra *El fenómeno humano* (1955) es complementaria de *El medio divino* (1957). ⇨ jesuitas.

teísmo Creencia en un ser divino único, trascendente y personal, que creó el mundo y que, aunque implicado y relacionado en la creación, es distinto de ella. Este creador es inteligente, poderoso y moral, y puede actuar a través de su creación para el bien de la humanidad. Como ser personal puede también revelarse a los humanos. El teísmo es un rasgo de la fe judía, islámica, cristiana, y se contrapone tanto al deísmo como al panteísmo. En cuanto tradición filosófica comenzó con Platón, y la han desarrollado desde entonces filósofos como Santo Tomás de Aquino y Kant. ⇨ agnosticismo; ateísmo; deísmo; Dios; panteísmo; Tomás de Aquino, Santo.

teísmo judío Como en otros credos monoteístas, en el judaísmo Dios posee ciertos atributos: no está limitado por el espacio y el tiempo, es omnisciente, omnipotente, inmaterial, a la vez trascendente e inmanente, justo y santo. Sin embargo, el judaísmo tradicional centra su atención en la ortopraxis más que en la ortodoxia, buscando orientar la conducta más que la creencia. Toda especulación teológica, incluyendo la que concierne a la naturaleza de la Deidad, pertenece a la haggadá, mientras que la halaká implica autoridad; excepciones a esta idea son la afirmación de la existencia de Dios y su unidad, ambas constituyen dos de los 613 mitzvot. No obstante, el lugar de Dios en la vida espiritual del judío es más central que lo que esto pudiera sugerir. Así, una descripción habitual de Dios —tomada de Éxodo 34, 6-7— subraya la gracia y la misericordia divinas. Las características de la Deidad en este pasaje, con la cuidadosa exclusión de la segunda mitad del versículo 7, llegaron a ser conocidas como los Trece Atributos de Dios. En una lista diferente, el filósofo medieval Maimónides establecía trece principios de fe que, aunque no constituyen un credo vinculante, se usan todavía en la actualidad. Tanto como el monoteísmo, recalcan el carácter fidedigno de la Torá, de Moisés y los más grandes profetas, la certeza de la venida del Mesías y la resurrección de los muertos. Actualmente, el judaísmo reconstruccionista se ha alejado de cualquier teísmo sobrenatural, mientras que muchos judíos seculares, con una fuerte identidad judía, no aceptarían, sin embargo, la creencia teísta. ⇨ haggadá; halaká; judaísmo reconstruccionista; Maimónides; mitzvah; Torá.

teleológica, ética ⇨ ética teleológica.

teleológico, argumento Conocido como el «argumento de la finalidad», sostiene que la existencia de Dios se puede deducir a partir de los testimonios del plan de la creación y funcionamiento del mundo. David Hume afirmaba que, en el mejor de los casos, los testimonios serían indicios de un diseñador o diseñadores finitos, y no necesariamente de Dios. ⇨ Dios, argumentos de la existencia de.

temenos Término griego que etimológicamente se refiere a un área aislada *(temno,* que significa «yo corto») del uso ordinario. En Homero encontramos temenē regia, pero para el período clásico los únicos propietarios de temenē eran los dioses. En su forma más simple, un temenos podía ser una pequeña área de tierra con un altar en el medio; un temenos más grandioso podía contener un templo, frente al cual se alzaba el altar, y quizá un bosquecillo sagrado. En la escala más grande, toda el área de santuarios tan primorosos como el de Zeus en Olimpia era temenos. ⇨ griega, religión.

templa (plural latino de templum, «templo») Aunque un *templum* podía haber incluido lo que nosotros llamamos templo, técnicamente tenía otro significado: indicaba un espacio sagrado que era «inaugurado» (definido por un augur) bien en el cielo o sobre la tierra. Un templum en el cielo se señalaba con líneas imaginarias que lo dividían en cuatro regiones, de acuerdo con los puntos cardinales, y se utilizaba para tomar auspicios (por ejemplo, observación de los vuelos de los pájaros). Sobre la tierra, el espacio podía marcarse bien con líneas imaginarias o con delimitaciones físicas como muros. Un templum sobre la tierra se podía usar también para el augurio, pero los templa terrestres podían también referirse a edificios, y tener así otras funciones. Por ejemplo, como las decisiones políticas y legislativas sólo se podían tomar dentro de un templum, el mismo edificio del senado era un templum, pero esto también significaba que tales decisiones podían tener lugar en el templo de una divinidad. Un templum, en el sentido restringido del territorio de una divinidad, incluía un templo *(aedes)* y, frente a él, un altar en torno al cual se realizaban los cultos y rituales. ⇨ auspicios.

Templo de Jerusalén Santuario central de culto judío y de su sacerdocio desde su construcción en tiempos de Salomón (siglo X a. C.). Fue destruido primero por Nabucodonosor hacia el 587 a. C., pero fue reconstruido hacia el 536 a. C., después de la vuelta del Exilio. Herodes el Grande comenzó a ampliarlo en detalle hacia el año 20 a. C., pero apenas fue renovado antes de su destrucción por Tito durante la revuelta judía del 70 d. C. Sin restaurar todavía, su sitio está ahora en parte ocupado por la mezquita musulmana, el Domo de la Roca, construida a finales del siglo VII. ⇨ judaísmo; Salomón; sanctasanctórum; Tabernáculo.

Templo del Pueblo Nuevo movimiento religioso muy conocido, fundado por una figura carismática, el reverendo Jim Jones, en 1953. Era poco habitual entre los nuevos movimientos religiosos en cuanto a que la mayoría de sus miembros eran negros y de condición humilde. Se trasladó a California en 1965 y creció en número, atrayendo la atención de algunos blancos liberales y de personas relevantes por su compromiso social y política radical. Sin embargo, trasladó su campo de operaciones a Guyana, donde se estableció el Templo del Pueblo en una colonia llamada Jonestown. Debido al liderazgo autocrático de Jones surgieron problemas en la colonia de los que llegaron noticias a América. Un miembro del Congreso de Estados Unidos llamado Lee Ryan fue enviado a investigar las alegaciones de mal trato y prácticas extrañas en Jonestown. Fue asesinado y poco después, en noviembre de 1978, más de 900 miembros del Templo del Pueblo, hombres, mujeres y niños, llevaron a cabo un suicidio colectivo en Jonestown. Esta tragedia atrajo la atención del mundo hacia los nuevos movimientos religiosos de una manera desafortunada, y durante un tiempo hubo cierta tendencia a analizarlos a la luz del Templo del Pueblo. En nuestros días, debido en parte a una mayor comprensión de las diferencias y realidades de los nuevos movimientos religiosos y, en parte, por la denigración que de ellos hace el movimiento anticulto, existe una perspectiva más equilibrada. ⇨ anticulto, movimiento; nuevos movimientos religiosos en Occidente.

Templo dorado ⇨ **Harimandir**.

Templo Mayor Literalmente «el gran templo», se refiere al templo azteca de Tenochtitlán, dedicado al dios de la guerra Huitzilopochtli y al dios de la lluvia Tlaloc. Su santuario doble se eleva sobre una base piramidal con dos tramos de escaleras. Era el escenario del sacrificio humano a escala masiva. ⇨ azteca, religión; sacrificio humano mesoamericano.

templos Edificios consagrados a un dios o donde se cree que reside un dios. Los templos generalmente contienen un sanctum interior, el recinto más sagrado, en el que se guarda una imagen del dios. En la mayoría de los templos sólo pueden entrar los sacerdotes, aunque también ellos pueden tener prohibido entrar

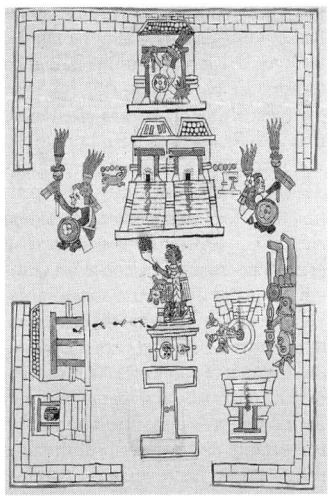

Recinto sagrado de Tenochtitlán, de la *Historia de la Nueva España,* de Bernardo de Sahagún. Biblioteca del Palacio Real (Madrid)

en el sanctum interior. ⇨ culto 2; peregrinación; santuarios.

templos del Próximo Oriente antiguo Concebidos en primer término como lugar de morada del dios más que lugar para que se congregaran los fieles, los templos del Próximo Oriente antiguo tomaron diferentes formas en distintos lugares y épocas. En la primitiva Mesopotamia cada ciudad tenía un templo para su propio dios o dioses, cuya presencia aseguraba la prosperidad a la ciudad. Rey y templo eran las dos principales instituciones estatales, y los grandes complejos de templos constituían importantes unidades económicas, que tenían sus propios campos y trabajadores que proporcionaban comida al dios y al personal del templo. El propio templo estaba dominado por su zigurat, la gran torre escalonada que era el edificio más alto de la ciudad. En la base del zigurat estaba la cella, donde se guardaba la imagen del dios, generalmente en forma de estatua de madera ricamente adornada. Un numeroso cuerpo de sacerdotes especializados cuidaban del dios con respecto al lavado, vestido y alimento diarios. Fuera del santuario había un gran patio donde se reunía el público los días de fiesta. La construcción y mantenimiento de los templos constituía una parte importante de las responsabilidades religiosas de los reyes mesopotámicos. Entre los hititas y los pueblos semitas occidentales los dioses eran adorados no sólo en templos de primorosa construcción, sino también en santuarios al aire libre y lugares sagrados que debían tener cierto paralelismo con los «lugares altos» de la Biblia hebrea. ⇨ fiestas del Próximo Oriente antiguo; monarquía en el Próximo Oriente antiguo, la; zigurat.

templos en el antiguo Egipto Los templos en el antiguo Egipto, llamados «la casa de dios», eran lugares donde se guardaban las estatuas de los dioses y donde se creía que habitaban. Los templos más antiguos eran simples cercados de cañas, pero evolucionaron hacia los magníficos edificios de piedra del Reino Nuevo (c. 1567-1085 a. C.) que siguieron siendo el modelo hasta el período grecorromano. El recinto del templo vallado estaba trazado a lo largo de un eje, con un patio abierto que subía hacia el santuario interior donde se guardaba la estatua. El nivel del suelo del santurio se elevaba para simbolizar la colina primigenia, y la habitación se mantenía oscura para aumentar la sensación de misterio. Aquí tenía lugar el ritual diario, donde el sacerdote limpiaría, vestiría, decoraría y alimentaría a la imagen, cubriendo las necesidades divinas vistas en términos muy humanos. Los sacerdotes servían en nombre del rey, que era representado en los muros haciendo ofrendas. En los días de fiesta, la estatua era llevada al patio para que la gente la viera. Los templos de los dioses se distinguirían de los templos mortuorios donde se hacían ofrendas a los muertos para cuidar de ellos en el más allá. ⇨ colina primigenia; más allá.

Tendai Escuela budista japonesa que recibe el nombre de la montaña Tien Tai, de China, así como la escuela Tien Tai de budismo chino que surgió allí. La escuela Tendai fue introducida en Japón por Saicho en el 805. La llevó a su templo Enryakuji, en el monte Hiei, cerca de Kyoto, que había reemplazado a Nara como capital de Japón, y después de esta fecha, la escuela Tendai se convirtió en elemento clave en las nuevas tendencias del budismo japonés. El fundamento de la enseñanza de Saicho se debe buscar en el *Sutra del Loto* y su perspectiva de que todas las formas de vida tienen igual rango para lograr la budidad, pero él estableció la escuela Tendai sobre una base amplia que incluía elementos del budismo místico shingon enseñados por su contemporáneo Kukai. La construcción por su parte de una sala de Sutra del Loto en el 812 fue un paso importante en el desarrollo de la veneración a Amida Buda y la aparición de las sectas Tierra Pura, mientras que él también puso en marcha la tendencia a introducir elementos del sintoísmo en el budismo, y una generación después de su muerte la meditación tipo zen estaba también presente en la escuela Tendai. Durante el período Kamakura (1185-1333) surgieron otras ramas populares de budismo dentro de la escuela Tendai, basada en sólidos principios éticos, disciplinas meditativas sistemáticas y un sentido de que la naturaleza buda está presente en todas las personas. Se hizo quizá demasiado amplia, llegando a sectas más particulares, como las importantes tradiciones Tierra Pura, zen y nichiren, con sus orígenes en la escuela Tendai. Aunque todavía presente en Japón es menos importante que las tres sectas mencionadas antes y que las nuevas religiones japonesas. ⇨ Amida, culto; buda, naturaleza; budismo Nichiren; budismo Tierra Pura; budismo zen; Kamakura; Kukai; Saicho; Shingon; Sutra del Loto; Tien Tai.

Tenri-kyo (Tenri-kyō) Nueva religión japonesa con reminiscencias sintoístas, fundada en 1838. Su prehistoria descansa en la obra de una campesina, Kino (1756-1826), que se sintió inspirada por Dios para predicar su amor y salvación universal para toda la gente, basándose en su propia experiencia. Su obra la continuaron la fundadora real de Tenri-kyo, Nakayama Miki (1798-1887), que en 1838 tuvo una experiencia de trance y poderes de curación por la fe a través del Señor del Cielo (Tenri-O-no-mikoto), que la llevó a vender sus propiedades y servir al Señor del Cielo. En 1863 Tenri-kyo ya había nacido y la obra de Miki fue secundada por el Maestro Iburi, considerado el cofundador del movimiento. Antes de la Segunda Guerra Mundial Tenri-kyo estaba registrada como secta sintoísta, pero desde 1945 se ha distanciado del sintoísmo y ha crecido rápidamente. Su impresionante sede central está en Tenri, donde se dice que tuvo lugar la creación, y sus líderes son todos descendientes de la fundadora. Dios es contemplado como el creador y sustentador de todas las cosas, siéndoles otorgada la vida a los seres humanos para que ejerzan una especie de administración para Dios. Existe una creencia en la reencarnación, pero el énfasis principal se pone en vencer los males o «polvos» hechos en vida, para lograr la felicidad y la prosperidad en este mundo y trabajar por la humanidad por medio de la educación, la curación, los orfanatos, los centros para pobres y otras formas de compromiso social, de modo que toda vida pueda mejorarse y el mundo entero ser convertido a Dios. ⇨ japonesas, nuevas religiones; sintoísmo.

tentación Atracción hacia un objeto o actividad considerada como perjudicial para el estado moral o relación con Dios del ser humano. El término «tentación» puede referirse al objeto o actividad misma, al estado de

teodicea

ser tentado, o al acto de tentar. La tentación en sí misma no es mala, sino que es un acontecimiento que surge de la naturaleza y estructura de la existencia humanas y del don de la libertad. La tentación se convierte en pecado, sin embargo, cuando en vez de resistirse a ella y elegir el bien, el ser humano elige libremente lo que está mal (cf Génesis 3). En la Biblia el término «tentación» se emplea de varias formas distintas. En algunos pasajes la desobediencia, falta de confianza y hostilidad hacia la voluntad divina son entendidas todas como tentar a Dios (Éxodo 17, 2.7; Deuteronomio 6, 16; Salmos 95, 9; 1 Corintios 10, 9; Hebreos 3, 8ss; Mateo 4, 7; Hechos 5, 9; 15, 10). Más generalmente, sin embargo, el término se emplea para describir los poderes que pueden poner en peligro su relación con Dios, su bienestar espiritual y asegurar la salvación. Este es el motivo que está tras las advertencias y oraciones de Cristo de que no deberíamos caer en tales tentaciones (Mateo 6, 13; Lucas 11, 4; Marcos 14, 38). La tentación también desempeña un papel importante en la misión de Cristo. Sus tentaciones, obra de Satán, iban encaminadas a socavar la comprensión de sí mismo como Mesías sufriente (Mateo 4, 11; cf. Marcos 1, 12ss; Mateo16, 23). Similares pruebas de vocación fueron experimentadas por Buda y Zoroastro.

teodicea Defensa y vindicación de Dios, definido a la vez como omnipotente y bueno a la luz del mal en el mundo. El término fue usado por primera vez por Gottfried Leibniz en 1710. ⇨ Dios.

Teodoro de Mopsuestia o **Mopsuesto** (c. 350-428) Teólogo griego, nacido en Antioquía. Estudió con San Juan Crisóstomo bajo la dirección del sofista griego Libarines, más tarde se hizo, primero monje, después diácono allí y, en el 392, obispo de Mopsuestia, en Cilicia. Maestro de Nestorio, fue, quizá, el fundador real del nestorianismo. Escribió comentarios sobre casi todos los libros de la Escritura, de los cuales se conservan, en griego, solamente los relativos a los profetas menores; en traducciones latinas, los escritos sobre las epístolas de San Pablo además de muchos fragmentos. Como exégeta, evita el método alegórico, adopta el significado literal, considera las circunstancias históricas y literarias, y asume diversos grados de inspiración. Sospechoso como era ya de inclinarse hacia los «pelagianos», cuando estalló la controversia nestoriana, fue atacado por sus escritos polémicos, que fueron condenados por Justiniano (544). El quinto concilio ecuménico (553) confirmó la condena. ⇨ Concilio de la Iglesia; Crisóstomo, San Juan; nestorianos; Pelagio.

teogonías griegas Los relatos griegos más antiguos de los orígenes del universo tomaban la forma de teogonías, o «nacimientos de dioses». La teogonía más famosa e influyente fue la de Hesíodo (siglo VIII o VII a. C.), que describía, quizá en parte bajo influencia oriental, cómo el primer dios Uranos, Cielo, fue castrado y derrocado por su hijo Cronos, que fue derribado a su vez por el definitivo regidor del universo, Zeus; también se cuentan los numerosos matrimonios y nacimientos divinos de cada una de estas etapas. Puesto que algunos dioses (como «Océano» o «Tierra») eran también partes del mundo, una teogonía era también, en parte, un relato de la historia del universo: la castración de Uranos, esposo de Tierra, por ejemplo, es una forma mítica de describir la separación de las dos esferas. ⇨ creación, mitos de la; griega, religión.

teología (griego: *theologia*) Literalmente, ciencia de lo divino o del discurso acerca de Dios. Antes del siglo II d. C. era un término usado en su mayor parte para referirse a la enseñanza cristiana sobre Dios. Sin embargo, no es necesario restringirlo a la fe cristiana y abarca generalmente los temas de Dios y la humanidad, la salvación y el fin del mundo/más allá (escatología). En el cristianismo se entiende como clarificación sistemática crítica de las creencias históricas de la Iglesia. Ha sido dividida en teología fundamental, es decir, lo que se puede conocer sobre Dios a partir de la naturaleza o por la sola razón, y teología revelada, lo que sólo se puede conocer a través de la propia manifestación de Dios. ⇨ cristianismo; Dios; escatología; Heliópolis, teología de; ideología tripartita; menfita, teología; revelación; teología fundamental.

teología bíblica Teología cristiana que intenta exponer la unidad e integridad de la interpretación bíblica. A lo largo de los siglos, ha habido muchos intentos de elaborar teologías del Antiguo y del Nuevo Testamento. La obra de Gerhard Kittel *Vocabulario teológico del Nuevo Testamento* (Alemania, 1935), es un notable ejemplo. ⇨ Biblia; teología.

teología de la liberación Estilo de teología que se originó en América Latina en la década de los sesenta, y que se ha hecho posteriormente popular en muchos países en vías de desarrollo. Aceptando un análisis marxista de la sociedad, subraya el papel y la misión de la Iglesia para los pobres y oprimidos de la sociedad, para los que Cristo se considera su liberador. La opresión se define de diversas maneras: pobreza y dependencia económica, como en la de los países en vías de desarrollo; persecución y discriminación, sea racial o política, y prejuicio sexual contra las mujeres. Su simpatía hacia los movimientos revolucionarios provocó enfrentamientos con las autoridades seculares y religiosas establecidas. A partir de la década de los setenta el interés por la teología de la liberación se ha extendido a muchas áreas, como a Irlanda del Norte y África del Sur. ⇨ Boff, Leonardo; Jesucristo; teología.

teología de la religión En algún sentido se puede considerar que consiste en las actitudes teológicas adoptadas entre las religiones, que pueden ir desde el exclusivismo al relativismo. En un sentido más amplio y más apropiado es el nombre de una nueva empresa que inten-

teología evolutiva

ta hacer surgir una teología global de la religión, y conceptualizar categorías teológicas que sean aplicables a todas la religiones del mundo y no sólo a una. Parte de lo global y va hacia lo particular, en lugar de partir de teologías particulares, que tienden a dividir, para más tarde intentar superar su individualidad. Se pueden encontrar ejemplos en la obra de Wilfred Cantwell Smith, John Hick y Raimundo Panikkar. Smith y Hick tienen como punto de partida las nociones de «Dios» y los «seres humanos» como dadas. Según ellos las tradiciones religiosas (como, por ejemplo, la «fe»), al proporcionar un medio por el cual los seres humanos pueden pasar de estar centrados en sí mismos a estar centrados en Dios, constituyen en sí mismas otro elemento de la teología de la religión. Hick defiende que Dios puede ser considerado como un absoluto personal o impersonal. Sin embargo, la asunción es que Dios, que es inefable, es en algún sentido Uno, y también que los seres humanos son esencialmente uno en todo el mundo. El hecho de que algunas tradiciones religiosas no acepten este argumento, se debe, según Hick, a que no han experimentado la «revolución copernicana» que va de pensar en términos de la teología particular de una religión a una teología general que incorpora a todas las religiones. ⇨ actitudes teológicas; estudio de la religión; Panikkar, Raimundo.

teología evolutiva Sistema teológico basado en la visión dinámica de Dios y de la realidad, en la filosofía de A. N. Whitehead y Charles Hartshorne (1897-). Ser real es cambiar: Dios es visto como un ser «en proceso», directamente relacionado con la creación y afectado por su evolución. Sufre y comprende, y está intentando permanentemente llevar el potencial de sus criaturas a su cumplimiento (una visión evolutiva compartida con el filósofo Henri Bergson [1859-1941] y Teilhard de Chardin). Este panenteísmo (todo está «en» Dios, pero Dios es más que el universo) contrasta con conceptos tradicionales del teísmo (Dios está separado de su creación) y del panteísmo (Dios y el universo son idénticos). ⇨ panenteísmo; panteísmo; Teilhard de Chardin, Pierre; teísmo.

teología feminista Rama de la teología, cada vez más relevante, iniciada dentro del cristianismo, que pretende reconstruir la teología tradicional en términos menos masculinos. Para ello se interesa por símbolos, modelos e imágenes que expresan la experiencia religiosa, social y psicológica de las mujeres. Aunque surgió en un principio en EE. UU., la crítica feminista de las ideologías centradas en lo masculino se está extendiendo actualmente más allá del cristianismo a otros credos. A pesar de su denominación, no se trata de un concepto divisivo. No pretende excluir a los hombres, o centrarse sólo en temas «femeninos» de la Biblia u otras fuentes. Más bien, está preocupada por restablecer la igualdad para todos los grupos minoritarios. ➪ mujeres en la religión, las; teología.

teología fundamental, también **teología natural** o **apologética** En el catolicismo medieval cristalizó una distinción entre teología natural (que se creía trataba de aquellos aspectos de la fe que se pueden descubrir mediante la razón común) y teología revelada (que necesitaba la autorrevelación divina especial). Se afirmaba que verdades como la existencia de Dios, la inmortalidad del alma y los grandes dictados de la ética fueron grabados en el corazón y la mente humanos en la creación, mientras que doctrinas como la Trinidad, el carácter de la expiación o la ética de autosacrificio requerían la revelación específica en Cristo. El debate continúa en cuanto a la posibilidad y límites de la teología natural. En general, las tradiciones católica y anglicana, que le dan cierto margen de confianza a la razón humana, todavía recomiendan una defensa razonada de la fe. A partir de la Reforma, las tradiciones protestantes, que suelen afirmar la corrupción de nuestra razón natural en la Caída, tienden a sospechar de cualquier analogía no fundamentada en la revelación de la Escritura. Los nuevos desafíos vienen, por ejemplo, del diálogo interreligioso, del feminismo y de activistas radicales que defienden que la tradición de la teología natural refleja tan sólo un estilo anticuado, masculino, cerebral, occidental, totalmente antinatural para otras culturas, y de miras estrechas. La cuestión básica subyacente es si todos tienen acceso natural a la realidad de Dios, en pensamiento, instinto religioso o intuición ética, o si algunos tienen acceso privilegiado. ➪ apologética; Caída, la; teísmo; teología feminista.

teología moral, también **Moral** Disciplina teológica que se ocupa de la cuestión ética considerada desde una perspectiva específicamente cristiana. Sus fuentes incluyen la Escritura, la tradición y la filosofía. En la enseñanza católica, trata tradicionalmente de Dios en cuanto meta de la vida humana, y proporciona instrucción sobre la espiritualidad y los medios de la gracia. Se divide con frecuencia en teología moral fundamental y teología moral especial. La primera trata de temas como la ética bíblica, la antropología cristiana, la libertad, la responsabilidad y el pecado; la segunda trata de áreas concretas de moralidad social y política. A partir del Concilio Vaticano II se ha vuelto más ecuménica, y se ocupa de asuntos como la paz, la justicia y la bioética. ➪ catolicismo; cristianismo; ecumenismo; ética en religión; teología; Vaticanos, Concilios.

teología política Movimiento protestante alemán que surgió en la década de los sesenta, popularizado por Johann Baptist Metz (1936-), Dorethee Soelle (1929-) y Moltmann. Se distanciaba de la teología confesional, apolítica o individualista para centrarse en las implicaciones sociales y políticas de la fe cristiana. Muchas preocupaciones de

teopixque

la teología política europea (la relación entre fe y acción, paz y justicia, sufrimiento, solidaridad, socialismo democrático) se recogen más ampliamente en la teología feminista, la teología de la liberación y en otras teologías que surgen del Tercer Mundo. ⇨ Moltmann, Jürgen; protestantismo; teología de la liberación teología feminista.

teopixque ⇨ **calmecac; sacerdocio mesoamericano.**

teosis Traducido a veces como «deificación», es el término con el que la teología ortodoxa griega se refiere al punto final del proceso de santificación, en el que el creyente participa en la comunión de la Santa Trinidad. Aunque había ciertas señales de santidad preeminente en las tradiciones ascéticas del monacato griego (por ejemplo, indiferencia al calor, al frío o al hambre, resplandor del rostro), la teosis se consideraba como el destino de toda la comunidad cristiana, la consecuencia última de la Encarnación para la Iglesia. El protestantismo, el judaísmo y el islam se han mostrado vacilantes sobre este relato de bienaventuranza final, temiendo que empañe la distinción entre Dios y la creación, y se preste ella misma a interpretaciones panteístas. Aparte de las tradiciones místicas, el lenguaje de la visión beatífica ha implicado con más frecuencia una distancia entre el creyente devoto y Dios. La visión ortodoxa oriental, sin embargo, discutiblemente no es una visión que nivele la distinción entre Dios y el hombre, como si el hombre progresara hacia ser Dios. Más bien es el corolario de una comprensión de la gracia, en la que la generosidad de Dios, compartiendo su propia alegría, es tan liberal que invita al creyente no sólo a contemplarla sino a saborearla, por así decirlo, desde dentro. ⇨ beatificación; Encarnación; Iglesia ortodoxa griega; panteísmo.

teosofía Cualquier sistema de pensamiento filosófico o teológico basado en la experiencia directa e inmediata de lo divino. Se ha utilizado para describir cualquier sistema desarrollado de pensamiento y práctica místicos, y especialmente los principios de la Sociedad Teosófica fundada en 1875 por Madame Blavatsky y H. S. Olcott (1832-1907) en Nueva York.

Teosófica, Sociedad Institución fundada en 1875, en Nueva York, por Madame Helena Blavatsky y el coronel Henry Steel Olcott (1832-1907). Su objetivo era promover la causa de la armonía mundial, estudiar la religión comparada y especialmente las religiones de la India, e investigar el elemento espiritual en los seres humanos y en el mundo. En 1877 se trasladó a la India, donde todavía sigue estando su cuartel general en Adyar, Madrás. Cuando Madame Blavatsky murió, el liderazgo efectivo del movimiento pasó a Annie Besant; en sus primeros cincuenta años adquirió una importancia superior a la esperada con respecto al número de sus miembros al propagar las ideas de la religión oriental a Occidente, y reavivar el interés por el hinduismo y budismo en la India. La teoría teosófica se basa principalmente en la obra de Madame Blavatsky tal como se propagó gracias a escritores posteriores y se deriva en parte de fuentes budistas e hindúes. Afirma que existe una unidad esotérica de todas las religiones enraizada en la teosofía. La meditación desempeña un papel fundamental, y el desarrollo espiritual de los individuos es (o puede ser) guiado por una serie secreta de Maestros que viven en el Tíbet. La teosofía afirma que todos nos reencarnamos muchas veces, de acuerdo con nuestras obras, y la meta de la vida consiste en que podamos alcanzar nuestro yo real y nuestro pleno potencial alineándonos con la voluntad divina del Espíritu universal. El universo tiene siete planos y nosotros tenemos siete cuerpos, y tanto el universo como nosotros estamos evolucionando hacia un destino espiritual. Aunque presente aún en muchos países, la teosofía no es tan fuerte como lo fue, debido en parte a la defección de Jiddu Krishnamurti, que estaba siendo preparado por Annie Besant para ser el «Maestro mundial». Sin embargo, ha influido en otros movimientos, incluyendo elementos en la religión «nueva era». ⇨ «nueva era», religión.

Teresa de Calcuta, Madre (Agnes Gonxha Bojaxhiu)

(1910-) Monja y misionera católica en la India, nacida en Macedonia de padres albanos. Vivió en Skopje de niña. Fue a la India en 1928, donde se unió a las Hermanas de Loreto (orden irlandesa en la India) y enseñó en un colegio del convento en Calcuta, haciendo sus votos perpetuos en 1937. Llegó a ser directora del colegio, pero en 1948 dejó el convento para trabajar sola en los suburbios. Fue a París para recibir alguna formación médica antes de abrir la primera escuela para niños abandonados de Calcuta. Se le fueron uniendo poco a poco otras monjas y su Casa para los moribundos se abrió en 1952. Su fraternidad, la Orden de las Misioneras de la Caridad (iniciada en 1950), se convirtió en congregación de derecho pontificio en 1956. En 1957 empezó a trabajar con leprosos. La congregación tiene actualmente unas 2.000 hermanas en 200 casas en diversos países. En 1971 fue galardonada con el premio de la Paz Juan XXIII y en 1979 con el premio Nobel de la Paz. ⇨ catolicismo.

Teresa de Jesús o de Ávila, Santa

(1515-1582) Mística y santa española, nacida en el seno de una noble familia de Ávila. En 1533 ingresó en el convento carmelita de la ciudad. En torno a 1555 sus ejercicios religiosos alcanzaron en la ascética una altura extraordinaria; fue favorecida con éxtasis y la fama de su santidad se extendió por todas partes. Obtuvo permiso de la Santa Sede en 1562 para trasladarse a una humilde casa de Ávila, donde fundó el Convento de San José para restaurar la antigua regla carmelita, con observancias adicionales. En 1567, el general de la orden carmelita la

Tertuliano

instó al deber de propagar sus reformas; en 1579 las carmelitas de la más estricta observancia se unieron en una asociación distinta y, durante su vida 17 conventos de mujeres y 16 de hombres aceptaron sus reformas. Fue canonizada en 1622. De sus muchas obras las más famosas son su autobiografía, *El camino de perfección, El libro de las fundaciones* (1565) —descripción de los viajes que hizo y los conventos que fundó o reformó— y *El castillo interior*. Su fiesta se celebra el 15 de octubre. ⇨ carmelitas; éxtasis; mística; monacato.

Tertuliano, propiamente **Quintus Septimius Florens Tertullianus** (c. 160-c. 220) Teólogo de Cartago, nacido en dicha ciudad; uno de los Padres de la Iglesia latina, conocido como el «Padre de la teología latina». Se educó en Cartago, después vivió durante un tiempo en Roma, donde se convirtió al cristianismo (c. 196) y más tarde volvió a su ciudad de origen. En sus dos libros *Ad Uxorem,* se pronuncia contra las segundas nupcias, lo que permite suponer que se casó. Su oposición a la mundanidad en la Iglesia culminó al convertirse en líder de la secta montanista, alrededor del 207. Tenía el corazón de un cristiano con la cabeza de un abogado. Su estilo es vívido, vigoroso y conciso, abundando en expresiones ásperas y oscuras, giros bruscos y cambios impetuosos, con estallidos aquí y allá de elocuencia brillante. Fue el creador de la latinidad eclesiástica, y muchas de sus sentencias han llegado a ser proverbiales, por ejemplo: «La sangre de los mártires es semilla de cristianos» y «La unidad de los herejes es cisma». Sus obras se dividen en tres clases: **1** escritos de controversia contra «paganos» y judíos, como en *Apologeticum, Ad Nationes* y *Adversus Judaeos;* **2** obras contra herejes, como en *De Praescriptione Haereticorum, Adversus Valentinianos, De Anima, De Carne Christi* (contra el docetismo), *De Resurrectione Carnis, Adversus Marcionem* y *Adversus Praxeam*; **3** tratados prácticos y ascéticos, en los que se puede rastrear su creciente hostilidad a la Iglesia y su adopción de los puntos de vista montanistas. De ahí la división de estos tratados en premontanistas y montanistas, de los cuales *De Virginibus Velandis* marca la etapa de transición. Tertuliano ejerció una gran influencia en la Iglesia latina, más que cualquier otro teólogo, en el período que va de Pablo a Agustín. Su montanismo, de hecho, le impidió ejercerla directamente, pero Cipriano, su intérprete, puso en circulación sus puntos de vista. ⇨ Agustín de Hipona, San; Cipriano, San; montanismo; Pablo, San; Padres de la Iglesia.

Tesalonicenses, Cartas a los Escritos neotestamentarios de San Pablo a la Iglesia que él fundó en la capital de la provincia romana de Macedonia, aunque la autoría de la segunda carta es discutida. En la primera (quizá c. 50 d. C.), defiende su ministerio más antiguo en Tesalónica contra la propaganda judía, se muestra satisfecho por su perseverancia a pesar de la persecución, y les instruye acerca de temas éticos y de la segunda venida de Cristo. La segunda carta es similar, pero hace hincapié en la persecución de la comunidad e intenta moderar el fanatismo que conduce a la ociosidad, basándose en la creencia de que el Día del Señor ha llegado ya. ⇨ Paulinas, Cartas; Nuevo Testamento; Pablo, San; parusía.

Testigos de Jehová Movimiento milenarista organizado en EE. UU. en 1884 por Charles Taze Russell (1852-1916) y propagado bajo la dirección de Joseph Franklin Rutherford (1869-1942). Adoptaron el nombre de Testigos de Jehová en 1931; previamente se llamaron «Dawnistas milenaristas» y «Estudiantes internacionales de la Biblia». Tienen su propia versión de la Biblia, que interpretan literalmente, y se consideran enteramente distintos del cristianismo ortodoxo, proclamando que su propósito es «sobresaltar, confundir y degradar» a la Iglesia tradicional. Recelosos de las afirmaciones de las iglesias protestantes y católica, cuya ideología consideran falsa y engañosa, creen en la inminente segunda venida de Cristo. Eluden el compromiso con el mundo, y rehúsan obedecer toda ley que consideran una contradicción con la ley de Dios, rechazando, por ejemplo, prestar juramentos, entrar en el servicio militar o recibir transfusiones de sangre. Este pacifismo provocó que sufrieran severas sentencias de prisión durante la Primera Guerra Mundial, aunque se revocaban con cierta celeridad, y que se hallaran entre los primeros colectivos en Alemania en ser internados en campos de concentración nazis. Publican las revistas *La atalaya* y *¡Despertad!*, se reúnen en lo que denominan Salones del Reino y todos «dan testimonio» por medio de la predicación regular casa por casa. ⇨ milenarismo.

Tetoinnan ⇨ **azteca, religión.**

tetragrammaton ⇨ **Yahvé.**

Tetzel, Johann (c. 1465-1519) Monje alemán, nacido en Pirna, Sajonia. Se hizo dominico en 1489, y fue nombrado en 1516 para predicar una indulgencia en favor de los que contribuyeran al fondo para la construcción de la basílica de San Pedro, en Roma. Él lo llevó a cabo con gran ostentación, dando lugar con ello a las tesis de Wittenberg de Lutero, y a su propia réplica, 122 tesis (escritas para él por Conrad Wimpina), que le granjearon la crítica del delegado del Papa por su extravagancia literaria. ⇨ dominicos; indulgencias; Lutero, Martín; Reforma.

Tezcatlipoca Literalmente «el espejo humeante»; era originalmente el dios de la ciudad de Texcoco, una de las deidades aztecas más relevantes. Adoptado de los toltecas que, según su relato, la deidad, utilizando un espejo de obsidiana, expulsó a Quetzalcóatl de Tolla (y restauró el sacrificio humano), Tezcatlipoca es presentado habitualmente como el adversario y polo opuesto de Quetzalcóatl. Representa la energía creadora divina, pero la cara «oscura» de la

theravada

divinidad, los poderes de la noche y del mundo inferior. El principio dualista que tan frecuentemente opera en la religión azteca, sin embargo, dio lugar a una combinación de opuestos; los dioses gemelos eran necesarios para el culto y el año ritual. En cada caso, el lenguaje apropiado para el ser supremo se usa en determinados contextos. A causa del espejo humeante, Tezcatlipoca fue asociado con la adivinación, y un espejo de obsidiana, que se decía que era suyo se conservaba cuidadosamente en cinco mantas. En otros contextos, Tezcatlipoca era el dios sol reinante. ⇨ azteca, religión; Quetzalcóatl; sacrificio humano mesoamericano; tolteca, religión.

theravada, budismo ⇨ **budismo theravada.**

Thor En la mitología nórdica, dios del trueno, hijo de Odín y Frigga; también conocido como el Lanzador. Su martillo se llama Miolnir. En las historias, se fabula mucho sobre su apetito de comida y bebida. Es el más fuerte de los dioses, y les protege. En Ragnarok luchará con la Serpiente Midgard, la matará y después morirá. ⇨ germánica, religión; Odín; Ragnarok.

Thoth Antiguo dios egipcio de la Luna y la sabiduría. Como dios lunar, Thoth era el señor del día del juicio final y responsable del cálculo del tiempo. Inventó la escritura y era el patrón de los escribas. Por su poder sobre las palabras y el tiempo, Thoth era también asociado a la magia y la medicina. Era uno de los compañeros de Ra en el barco solar y responsable de su protección. En las leyendas de Osiris, Thoth cuidaba de Isis y del joven Horus, y medió en la lucha entre Horus y Seth. En la sala osiríaca del juicio, Thoth registra el resultado del peso del corazón de los muertos ante Maat. Es representado normalmente como un hom-

Thor. Placa del vaso de Gundestrup. Museo Nacional de Copenhague

bre con cabeza de ibis o como un mandril, siendo estos sus animales sagrados. Se han encontrado muchos ibis y mandriles momificados en los cementerios de Tebas y en Hermópolis, el mayor centro de culto de Thoth. ➪ Horus; Isis; más allá, concepto del antiguo Egipto del; momificación; Ra; Seth.

Thummim ➪ **Urim y Thummim.**

Tiamat Personificación de las aguas saladas primordiales en la épica babilónica antigua de la creación. Como primer acto de creación, Tiamat y su consorte Apsu, que representa las aguas dulces, se mezclan y dan a luz a las generaciones de dioses. Cuando el dios Ea mata a Apsu, Tiamat planea la venganza, creando un ejército de monstruos terribles para luchar con ella y destruir su descendencia. De entre todos los dioses sólo Marduk le hace frente y la derrota, después parte su cuerpo por la mitad y lo utiliza para techar el cielo y construir los diversos elementos del universo. ➪ cosmogonía del Próximo Oriente antiguo; creación, mitos de la; Ea; Marduk.

tibetana, religión Ha habido dos principales religiones en el Tíbet, a saber, el budismo y Bon, aunque la última se puede considerar también como una forma de budismo. El budismo mahayana entró en el Tíbet desde la India y China durante el siglo VII d. C., cuando surgió el Tíbet como poder político expansivo con el rey Srongtsan Gampo. La transmisión del budismo al Tíbet, en sus formas ortodoxas mahayana y vajrayana o formas tántricas se llevó a cabo principalmente a través de misioneros invitados desde la India durante el siglo VIII. Entre ellos está Shantarakshita, el fundador del primer monasterio budista en Samye, que enseñó la disciplina monástica *(vinaya)* y doctrinas basadas en los *Sutras de Mahayana* Padmasambhava, considerado como un siddha e instructor en los tantras, y Atisha, el gran erudito budista que fundó la orden monástica Kadampa. El budismo popular del Tíbet ha subrayado la importancia del apaciguamiento de las deidades malévolas, de las peregrinaciones y de la acumulación de mérito. Aparte de esta religión folclórica, existen cuatro órdenes budistas, la Nyingmapa, la Kagyupa, la Sakyapa y la Gelugpa, que representan diferentes líneas de maestros y enseñanzas, con frecuencia basadas en textos sagrados diferentes. Los textos que comprenden el canon budista fueron traducidos al tibetano del sánscrito principalmente en el siglo VIII, cuando se elaboró un diccionario técnico estandarizado de términos sánscritotibetanos. El canon está dividido en el Kanjur, que incluye la palabra de Buda, y el Tanjur, que comprende comentarios sobre el Kanjur, así como obras independientes. Doctrinalmente, el budismo tibetano acepta las enseñanzas generales mahayana concernientes al sendero gradual del bodhisattva hacia la budidad o vacío, que consiste en darse cuenta

Tien

de la no distinción del mundo fenoménico del renacimiento *(samsara)* con la verdad absoluta del nirvana. El énfasis monástico se pone en el desarrollo de las virtudes *(shila)* budistas, meditación que implica visualizaciones, ritual y el desarrollo de la sabiduría. Después de la invasión china, durante la revolución cultural, el budismo fue severamente reprimido y quedan pocos monasterios, aunque en la década de los ochenta hubo una revitalización del budismo en el Tíbet. Tras la huida del Dalai Lama a la India en 1959, el budismo tibetano se ha establecido y consolidado en Occidente. ➪ bodhisattva; Bon, Bon po; Buda; budismo mahayana; budismo tántrico; Dalai Lama; Gelugpa; Kadampa; Kagyupa; Kanjur; mérito; nirvana; Nyingmapa; Padmasambhava; renacimiento; Sakyapa; siddhas; tantra; vacío; vinayapitaka.

Tien (T'ien) Término chino traducido generalmente como «cielo», que corresponde a la noción de providencia o Dios en un sentido impersonal. Se refiere al ser o principio supremo que controla el universo. En la China Shang (1523-1027 a. C.), *Shang Ti* se usaba para referirse al Señor de lo Alto y, sólo con la llegada de la dinastía Chou en 1027, *Tien* surgió y se hizo importante. Tenía un sentido más abstracto que Shang Ti, y gradualmente asimiló Shang Ti dentro de sí como un término global para referirse a «Dios». Confucio tenía un gran respeto al cielo y a la voluntad del cielo. La noción del mandato del cielo también se hizo significativa como autoridad moral suprema, que exige moralidad de un emperador para que su dinastía sobreviva y florezca. Tien fue adorado por los gobernantes chinos desde la dinastía Chou en adelante, y el culto se reactualizaba en un altar a cielo abierto. Tien se usa a veces en el sentido de hado o destino. En el plano de la religión popular Tien es adorado como el emperador Jade, que es la deidad suprema en el panteón popular chino. ➪ Confucio; panteón chino; Shang Ti.

Tien Tai (T'ien T'ai) Escuela de budismo chino que subraya el papel del *Sutra del Loto*, una de las principales escrituras sagradas de la tradición budista mahayana. Fue fundada por Hui Ssu (515-577) y Chih I (538-597), y se vio influida por sus interpretaciones del *Sutra del Loto*. Recibió el nombre por el monte Tien Tai de China, al que Chih I fue al final de su vida y donde, sobre la base de sus lecturas, fueron escritas las «tres grandes obras» de la escuela: *Significado profundo del Sutra del Loto, Comentario sobre el Sutra del Loto* y *Gran concentración y penetración*. Fundamental para el pensamiento Tien Tai es la noción de la triple verdad (vacía, pasajera y media): todas las cosas están vacías de un yo porque dependen de otras causas, todas las cosas son pasajeras porque son producidas por otras causas, y todas las cosas son medias, a la vez que pasajeras y vacías, porque son pasajeras pero al mismo tiempo existen. Esta teoría implica que las cosas son a la vez distintas y parte de un todo. Todos los seres, aunque distintos, comparten la misma naturaleza buda y alcanzarán finalmente la budidad. Tien Tai reconocía con tolerancia a todas las escuelas de budismo, pero dividía el budismo en cinco períodos que conducían al *Sutra del Loto* como corona del budismo. Tras la gran persecución de los budistas en el 845 Tien Tai declinó en China, pero se hizo importante en Corea y Japón como Tendai. ⇨ buda, naturaleza; budismo mahayana; Sutra del Loto; Tendai.

tienda de la agitación o **casa del espíritu** Forma de sesión de espiritismo celebrada por chamanes en algunas culturas árticas, entre los algonquinos y algunos de sus vecinos de las praderas. En la forma algonquina tiene lugar de noche, en un aposento oscuro, o en torno a una estructura hecha de gruesos postes clavados en el suelo y cubiertos con madera de abedul, del que se prenden campanillas y pezuñas de animales. El trance del chamán va acompañado de la agitación violenta de su sólida estructura, repicando y sonando campanillas y pezuñas, lluvias de destellos y extraños ruidos animales. Habiendo mostrado así los espíritus su presencia, el chamán anuncia las respuestas de los espíritus a las cuestiones previamente planteadas por aquellos que asisten y proclama la ayuda del espíritu en la curación. Esta práctica, que en un determinado momento parecía estar declinando entre los pueblos nativos americanos, ha mostrado signos de revitalización en los tiempos modernos. ⇨ algonquina, religión; chamanismo.

Tierra de la juventud (Tir na ñOc) Nombre del Otro mundo, morada de seres sobrenaturales en muchas historias irlandesas. Otros nombres son Tir Tairngiri, la Tierra de la promesa, y Mag Mell, la Deliciosa pradera. Los seres que se encuentran allí ni envejecen ni enferman; el escenario, aunque ligeramente descrito, es invariablemente placentero, y jamás hay invierno. En contadas ocasiones algún humano es invitado o llevado allí, lo que implica un viaje por mar, o a un túmulo. Quizá la Tierra de la juventud nos haga vislumbrar las ideas celtas precristianas de la esperanza en el más allá; pero es significativo que, en estas historias, los humanos que van siempre vuelven a la Tierra.

Tierra Pura, budismo ⇨ budismo Tierra Pura.

Tillich, Paul Johannes (1886-1965) Teólogo y filósofo protestante americano de origen alemán, nacido en Starzeddel, Brandeburgo. Se hizo pastor luterano (1912) y sirvió como capellán militar en el ejército alemán en la Primera Guerra Mundial, una experiencia traumática que le llevó a tomar un interés político activo en la reconstrucción social. Enseñó en Berlín (1919-1924) y ocupó cátedras de teología en Marburgo (1924-1925), Dresde (1925-1928), Leipzig (1928-1929) y de filosofía en Frankfurt (1929-1933). Fue un crítico temprano de

Hitler y de los nazis, y en 1933 fue excluido de las universidades alemanas, el primer académico no judío «en ser tan honrado», como dijo él. Emigró a EE. UU., y enseñó en el Seminario Teológico de la Unión en Nueva York (1933-1955), Escuela de Teología de Harvard (1955-1962) y Escuela de Teología de Chicago (1962-1965), convirtiéndose en ciudadano estadounidense en 1940. Su influencia en el desarrollo de la teología en este siglo ha sido sustancial y se caracteriza por el intento de mediar entre la cultura, las creencias cristianas tradicionales y la orientación secular de la sociedad moderna. Su principal obra es *Teología sistemática* (3 vols., 1951-1963), que combina elementos del existencialismo y la psicología profunda, así como de la tradición ontológica del pensamiento cristiano. Explica la fe como un asunto de «preocupación última» por la realidad que trasciende la existencia finita más que una creencia en un Dios personal, y esto ha conducido a las acusaciones excesivamente simplistas de ateísmo o criptoateísmo. Sus obras populares como *El coraje de ser* (1952) y *Dinámica de la fe* (1957) han conseguido un gran número de lectores no especializados. ⇨ luteranismo; protestantismo; teología.

Tilopa (siglo X) Siddha indio, el gurú de Naropa, venerado por la línea Kagyupa de budismo tibetano. Tilopa es considerado como un maestro iluminado o siddha, alguien que ha alcanzado la budidad a través del sendero del tantra. Transmitió a Naropa la enseñanza de los seis yogas y las enseñanzas Mahamudra o «Gran Perfección» relativas a la naturaleza no dual de la realidad. ⇨ budismo; Kagyupa; siddhas.

Timoteo, Cartas a Dos de las Cartas Pastorales del Nuevo Testamento, de las que con frecuencia se discute, en la actualidad, la autoría paulina. Ambas están supuestamente dirigidas al íntimo compañero de Pablo, Timoteo (Hechos 16, 1; 1 Tesalonicenses 3, 2), pero principalmente reflejan la preocupación por cuestiones de orden y disciplina de la Iglesia, y problemas con los falsos maestros que al parecer estaban difundiendo especulaciones gnósticas y judías. La segunda carta, sin embargo, hace varias referencias a experiencias y circunstancias personales de Pablo. ⇨ gnosticismo; Nuevo Testamento; Pastorales, Cartas; Paulinas, Cartas.

Tindale, William ⇨ **Tyndale, William.**

tipitaka o **canon pali** (tipitaka; sánscrito: tripitaka) Significa literalmente las tres partes o «cestas» y constituye la colección más completa y antigua de las escrituras sagradas de la tradición budista. Su autoridad es reconocida por los budistas theravada en Sri Lanka, Tailandia, Birmania, Camboya y Laos. Sus tres cestas son: la disciplina monástica de la tradición budista en el *vinaya-pitaka;* los discursos de Buda en el *sutta-pitaka* y el análisis sistemático de las doctrinas del budismo en el *abhidharma-pitaka*. Según la tradición budista, la compilación del tipitaka comenzó ya en el congreso de Rajagaha, convocado después de la muerte de Buda. La tradición dice que las dos primeras cestas —la disciplina monástica y las enseñanzas de Buda— se reunieron y recitaron en el primer concilio budista. Para cuando se celebró el tercer congreso, convocado por el rey Asoka en Pataliputra, alrededor del 252 a. C., el canon verbal del tipitaka estaba completo, incluyendo la sección abhidharma. Sin embargo, no fue hasta el siglo I a. C. cuando se puso por escrito en pali, en Ceilán. Otros tipitakas también fueron escritos en sánscrito por otras escuelas, y contienen las mismas tres cestas aunque con una serie de contenidos algo distintos. Actualmente se conservan principalmente en traducciones chinas y tibetanas. La tradición mahayana acepta el tipitaka, pero lo considera como una preparación para sus propios Sutras de Mahayana que, por así decir, completan las tres cestas del canon pali. ➪ abhidharma; Buda; budismo theravada; budistas, congresos; Sutras de Mahayana; sutta-pitaka; vinaya-pitaka.

tipología Hay tres modelos de tipología en el campo de la religión. En el estudio de la Biblia cristiana es una forma de interpretar la escritura sagrada que consiste en trazar un tipo de una parte de la Escritura con respecto a otra, por ejemplo, el Mesías en relación con Jesucristo. En el estudio de la religión, la tipología es un modo de clasificar las religiones según el tipo. Por ejemplo, algunas religiones son fundadas (budismo), otras no (hinduismo); unas religiones están vivas, otras muertas (religión egipcia); algunas religiones son primitivas (religiones tribales), otras son religiones mundiales; unas son grandes religiones vivas (cristianismo, judaísmo, islam, budismo, hinduismo), otras son religiones vivas menores (los sij, bahai, taoístas, sintoístas); algunos son nuevos movimientos religiosos, otros están establecidos desde hace tiempo; algunas son proféticas (las tradiciones zoroástrica, judía, cristiana y musulmana), otras son místicas (budismo, hinduismo, taoísmo). Un tercer tipo de tipología es la que se encuentra en la fenomenología de la religión, donde se clasifican juntos los tipos de fenómenos religiosos. Por ejemplo, Eliade reúne varias tipologías que él denomina hierofanías (estructuras que manifiestan lo sagrado). Estudia hierofanías del cielo, el Sol, la Luna, el agua, las piedras, la tierra, la vegetación y la agricultura, así como del tiempo sagrado, lugares sagrados, mitos y símbolos. Clasificar las religiones según el tipo es una forma de mostrar las *diferencias* entre las religiones; clasificar los fenómenos religiosos según la tipología es una forma de mostrar las *semejanzas* entre estructuras religiosas. ➪ Eliade, Mircea; estudio de la religión; Jesucristo; Mesías; Religionswissenschaft.

Tir na nÓc ➪ **Tierra de la juventud.**

tirthankara (Tírthankara) (sánscrito: «constructor de vados») Título dado por los jainitas a los 24 grandes héroes de su tradición, quienes, mediante su enseñanza y ejemplo, les mostraron el camino para cruzar la corriente desde la esclavitud de la existencia física a la libertad del renacimiento. También se les llama *Jina*, «conquistador», de donde los jainitas toman su nombre. ⇨ jainismo.

Tishah beAv Día del año judío en el que supuestamente tuvo lugar la destrucción del Templo de Jerusalén por obra de Nabucodonosor (586 a. C.) y de nuevo por los romanos (70 d. C.). El día más solemne del calendario, Tishah beAv (literalmente: «[día] nueve de [el mes de] Av»), recuerda estos acontecimientos y es la culminación de tres semanas de austeridad. Durante 24 horas, desde la salida hasta la puesta del Sol, no se puede tomar nada de comida, y se lee el libro de las Lamentaciones en la sinagoga. Teniendo en cuenta lo que conmemora, posteriormente el 9 de Av se ha asociado a otras calamidades de la historia judía, sobre todo a la expulsión de los judíos de España en 1492. ⇨ ayunos judíos; calendario judío; hagim.

Tito, Carta a Una de las Cartas Pastorales del Nuevo Testamento, de la que se discute generalmente la autoría paulina en la actualidad. La carta aborda problemas de orden y de falsos (¿gnósticos?) maestros en la Iglesia, con instrucciones específicas sobre la importancia de la sana doctrina, la selección de ancianos y obispos, familia y relaciones sociales, y la obediencia a gobernantes y autoridades. ⇨ Gnosticismo; Nuevo Testamento; Pastorales, Cartas; Paulinas, Cartas.

Tito, San (siglo I) En el Nuevo Testamento, compañero Gentil del apóstol Pablo, no mencionado en Hechos, pero nombrado en Gálatas 2 y en 2 Corintios 8, 6. La tradición eclesiástica le convierte en el primer obispo de Creta. La supuesta Carta de Pablo a Tito aconseja sobre la forma en que deberían organizarse las iglesias. Su fiesta se celebra el día 26 de enero (Occidente) o el 23 de agosto (Oriente). ⇨ gentiles; Nuevo Testamento; Pablo, San; Tito, Carta a.

Tlaloc Dios azteca de la lluvia, en honor del cual se sacrificaban niños en tiempos de sequía. Los rasgos de su cara están formados por serpientes, que representan el rayo. ⇨ azteca, religión; sacrificio.

tlamatinime ⇨ **calmecac.**

Tlatoani ⇨ **azteca, religión; sacerdocio mesoamericano.**

Tobías, Libro de o **Tobit** Libro de los Apócrifos del Antiguo Testamento, o libro deuterocanónico en las Biblias católicas; recibe el nombre por su héroe, Tobit; escrito quizá hacia los siglos III-II a. C. por un autor desconocido. Esta leyenda popular está ambientada en la Nínive del siglo VIII a. C., desde donde el hijo de Tobit (Tobías) es enviado a Media, acompañado por el ángel Rafael, para reclamar dinero depositado allí por su padre. Aprende también fórmulas mágicas para curar la ceguera de su padre y exorcizar un demonio de su futura esposa, Sara. Los personajes ejemplifican aspectos de la piedad judía. ⇨ Apócrifos del Antiguo Testamento; judaísmo.

Tohunga ⇨ **maorí, religión.**

tolerancia Licencia para profesar creencias que la clase dirigente o la mayoría de una sociedad desaprueba. Con respecto a la religión, significa tolerar creencias religiosas no ortodoxas y permitir la libertad de culto. La tolerancia ha estado con frecuencia ausente en las grandes religiones monoteístas, que han tendido a considerar las creencias no ortodoxas como idolatría, herejía o apostasía. Las religiones panteístas son más tolerantes en virtud de su capacidad de ampliar el panteón para incorporar nuevas deidades. En muchas sociedades religiosas la libertad es actualmente considerada como un derecho humano fundamental. ⇨ pluralismo religioso.

tolerancia cristiana Las estrechas relaciones entre Iglesia y Estado que han existido durante gran parte de la historia del cristianismo han hecho con frecuencia que el disidente de la creencia religiosa aparezca como antipatriota y traidor, y su persecución un bien moral. El crecimiento en tolerancia religiosa desde el siglo XVII en adelante se puede atribuir a varios factores. La Reforma había fragmentado religiosa y socialmente a Europa, preparando el camino a la conciencia de que ya no existía una visión del mundo o un concepto de verdad. El racionalismo del siglo XVIII halló supersticiosos e irrelevantes los puntos de vista religiosos en conflicto, comparándolos con las verdades universales de la razón: las artes de gobierno, la política y la economía se podían desarrollar independientes de las creencias religiosas. Si el siglo XIX era la época en la que las diferentes variedades de la creencia cristiana eran aceptadas en buena parte de Europa, el siglo XX ha sido el período de reconocimiento de los valores religiosos y culturales de las religiones no europeas. La persistencia del antisemitismo en Alemania, Rusia y en otras partes ha mostrado cuán profundamente arraigada puede estar la intolerancia religiosa, pero una buena medida de aceptación internacional de la libertad religiosa ha quedado plasmada en la Declaración de los Derechos Humanos de 1948 (artículo 18) de las Naciones Unidas, y en la Declaración sobre la Intolerancia de 1981. ⇨ antisemitismo; cristianismo, persecución del; Iglesia y Estado; Holocausto.

Tollan Nombre de la ciudad tolteca original de la que Quetzalcóatl era dios. Es probable que se identifique con Tula, en el valle de México, donde se puede encontrar la imagen de serpiente emplumada del

tolteca

dios. Tollan probablemente floreció en los siglos IX al XI d. C. Su importancia principal, sin embargo, es mitológica. Los aztecas asumieron la idea del reino de Quetzalcóatl (de quien tanto aztecas como toltecas creían que descendían sus gobernantes) en Tollan, como una edad de oro, un paraíso perdido que un día volvería. Tollan, por tanto, representa no sólo un lugar histórico sino también la metrópoli ideal. Esto puede explicar por qué el nombre quedó asociado a varias localidades, incluyendo Chololan (Tolan Cholollan Tlachihualteptel) que, cuando llegaron los españoles, era el gran centro de peregrinación religiosa de México.
⇨ azteca, religión; Quetzalcóatl; tolteca, religión.

Los atlantes de Tlahuizcalpantecuhtli (s. X-XII). Tula, estado de Hidalgo (México)

tolteca, religión Los toltecas eran un pueblo de habla nahuatl, de origen incierto, que gobernaron sobre partes de Yucatán en la época en que la cultura maya clásica estaba decayendo. Su héroe del cultivo, Ce Acatl, pertenecía a la ciudad de Tollan (Tula), en el valle de México; el principal centro tolteca de Yucatán está en Chichen Itza. Según los relatos aztecas, los diez reyes de los toltecas gobernaron desde el 980 hasta el 1168 d. C. Son, por tanto, la transición entre los mayas del período clásico y el dominio azteca. Parece que han conservado los grandes rasgos del sistema religioso maya y, probablemente en gran parte, el sacerdocio maya, pero de forma modificada y burda. El gobierno sacerdotal fue reemplazado por el de la casta guerrera, los dioses guerreros primaron sobre los dioses de la fertilidad en la orientación que tomó el culto, y el sacrificio humano creció muy considerablemente. Además del sacrificio regular de víctimas humanas, la sequía o cualquier otra emergencia exigía ritos en el cenote (un gigantesco pozo natural) donde eran arrojados al abismo jade, metales preciosos y seres humanos vivos. Se dice que Ce Acatl tomó el nombre de Kukulcan, que es simplemente la traducción maya de Quetzalcóatl, la serpiente emplumada. ⇨ azteca, religión; maya, religión; Quetzalcóatl; sacrificio humano mesoamericano; Tollan.

Tomás, Santo (siglo I) Apóstol de Jesús, enumerado en los evangelios como uno de los doce discípulos, pero de manera más relevante en el Evangelio de San Juan donde también se le llama Dídimo («el Mellizo»), y donde se le presenta dudando de la resurrección hasta que toca las heridas de Cristo resucitado (Juan 20). Las tradiciones de la Iglesia primitiva le describen posteriormente como misionero entre los partos o mártir en la India. Muchas obras apócrifas posteriores llevan su nombre, como el Evangelio de Tomás, Hechos de Tomás y Apocalipsis de Tomás. Es el santo patrón de Portugal. Su fiesta se celebra el 3 de julio. ⇨ apóstol; discípulos (en la Iglesia cristiana primitiva); Jesucristo.

Tomás Becket, Santo
⇨ **Becket, Santo Tomás.**

Tomás de Aquino, Santo
(1225-1274) Filósofo y teólogo escolástico italiano, de la familia de los condes de Aquino, nacido en el castillo de Roccasecca, cerca de Aquino. Fue educado por los benedictinos de monte Casino, y en la Universidad de Nápoles, y, contra la fuerte oposición de su familia, en 1244 ingresó en la orden dominicana de frailes mendicantes. Sus hermanos le secuestraron y le tuvieron prisionero en el castillo paterno durante más de un año; finalmente se encaminó a Colonia para convertirse en discípulo de la gran luminaria dominica, Alberto Magno. En 1248, el hasta entonces «Buey Mudo», fue nombrado para enseñar bajo la dirección de Alberto, y comenzó a publicar comentarios sobre Aristóteles. En 1252 marchó a París, y enseñó allí, con reputación creciente, hasta que en 1258, ya doctor, fue convocado por el Papa para enseñar sucesivamente en Anagni, Orvieto, Roma y Viterbo. Murió en Fossanuova, adonde se dirigía para defender la causa papal en el Concilio de Lyon, y fue canonizado en 1323. Como la mayoría de los teólogos escolásticos, Santo Tomás de Aquino no sabía griego ni hebreo, y desconocía casi en el mismo grado la historia; pero sus prolíficos escritos muestran un poder intelectual de primer orden y llegó a ejercer una autoridad intelectual enorme en toda la Iglesia. Fue el primero de los metafísicos del siglo XIII en subrayar la importancia de la percepción sensorial y del fundamento experimen-

Portada de la tercera parte de la *Summa Theologiae* de Santo Tomás de Aquino.

Tomás Kempis

tal del conocimiento humano. A través de sus comentarios hizo el pensamiento de Aristóteles accesible y aceptable en el occidente cristiano, y en sus escritos filosóficos intentó combinar y reconciliar el racionalismo científico de Aristóteles con las doctrinas cristianas de la fe y la revelación. Sus obras más conocidas son dos vastas síntesis enciclopédicas. La *Summa contra gentiles* (1259-1264) fue supuestamente escrita como manual para los misioneros dominicos; trata principalmente de los principios de la religión natural. Su *Summa Theologiae* (1266-1273) estaba aún incompleta a su muerte, pero contiene su pensamiento maduro de forma sistemática, e incluye las famosas «cinco vías» o pruebas de la existencia de Dios. Su influencia en el pensamiento teológico de épocas posteriores fue inmensa. Tomás de Aquino era conocido como el *Doctor Angelicus*, y el único teólogo escolástico que rivalizó con él fue el *Doctor Subtilis*, Duns Escoto. Los franciscanos seguían a Escoto, y los dominicos a Tomás, y a partir de entonces los teólogos medievales se dividieron en dos escuelas, escotistas y tomistas, cuyas divergencias penetraron más o menos en cada rama de la doctrina. El tomismo ahora representa, con pocas excepciones, la enseñanza general de la Iglesia católica. Su fiesta se celebra el 28 de enero. ⇨ Alberto Magno, San; Aristóteles; catolicismo; dominicos; Duns Escoto, Juan; escolástica; franciscanos.

Tomás Kempis ⇨ **Kempis, Tomás de.**

Tomás Moro, Santo ⇨ **Moro, Santo Tomás.**

tomismo En la teología filosófica cristiana, nombre dado a las doctrinas de Santo Tomás de Aquino, y a escuelas posteriores que afirman descender de él. ⇨ cristianismo; Tomás de Aquino, Santo.

tonalpohualli ⇨ **calendario mesoamericano.**

Torá (hebreo: «instrucción») Ley judía, considerada más estrictamente el Código sacerdotal que se encuentra en el Pentateuco y que se dice que Dios entregó a Moisés. El término se aplicaba también a menudo al Pentateuco en su conjunto, y como la importancia de los Profetas y Escritos creció, se usó a veces para describirlos a todos como instrucciones y tradiciones reveladas por Dios. Esta Torá escrita fue finalmente complementada en la tradición farisaica y rabínica por la Torá Oral, no una forma de revelación fija sino una aclaración y aplicación de la Torá Escrita, obra de sabios de varias épocas. ⇨ Antiguo Testamento; fariseos; judaísmo; Misná; Pentateuco; rabí.

Torquemada, Tomás de (1420-1498) Monje dominico español, y primer inquisidor general de España, nacido en Valladolid, sobrino de un cardenal. Ingresó en la orden dominica y fue prior de Segovia. Capellán de Isabel y Fernando desde 1474, les persuadió para que pidieran al Papa que sancionara la institución del «Santo Oficio» de la Inquisición, con él mismo como inquisidor general desde 1483. En este cargo desplegó una crueldad despiadada. Fue responsable de la expulsión de los judíos de España en 1492. ⇨ dominicos; Inquisición.

Torre de Babel ⇨ **Babel, Torre de.**

Tosefta o **Tosephta** (arameo: «suplemento») Amplia colección de tradiciones y discusiones rabínicas extramisnaicas que amplían y sirven de suplemento a las enseñanzas de la Misná, pero que se consideran generalmente de menor autoridad. El material está ordenado por temas, con epígrafes parecidos a los de la Misná. En su forma actual, fue quizá, compilada hacia los siglos IV-V d. C., pero algunas de las tradiciones son mucho más antiguas. ⇨ Misná; rabí; Talmud.

Toshogu, santuario Lugar sagrado de Japón donde eran enterrados los antiguos generales Tokogawa. El período Tokogawa desde 1600 a 1867 dio al Japón ley y orden después de anteriores períodos de inestabilidad; el santuario Toshogu se comenzó en 1634, en Nikko, en honor de Tokugawa Ieyasu (1542-1616). Es un paraje de belleza natural cerca del monte Nantai y del lago Chuzenji. Incluye un santuario sintoísta, que conmemora a los primitivos Tokugawas en una especie de veneración al antepasado, pero tiene también un enorme templo budista Tendai. Este quedó asociado al culto a la montaña, la escalada religiosa de montañas, y varios rituales y actividades de mérito religioso. Después de la restauración Meiji, el santuario Toshogu perdió importancia debido a que el estado empezó a conceder más importancia al sintoísmo que al budismo, pero todavía sigue siendo una empresa viable. ⇨ montañas sagradas japonesas; sintoístas, santuarios; Tendai.

totemismo Prácticas y conceptos que rodean la creencia en una relación mística o de parentesco entre los humanos y la naturaleza. Derivado de la palabra ototeman de la tribu algonquina, que denota un lazo de sangre hermano-hermana, el totemismo es un rasgo común en las sociedades tribales, donde los objetos y criaturas naturales están imbuidos de un alma y de poderes sobrenaturales. Un totem es un objeto que sirve para representar una sociedad o persona particular, y de él se cree que descienden todos los miembros de esa sociedad, lo que une al grupo a la vez que le proporciona un «espíritu guardián». Este espíritu podría ser considerado también como un protector o ayudante, y a quien, al mismo tiempo, se tiene temor y se venera. Generalmente existe una regla que prohíbe matar, comer o tocar el totem, y hay una variedad de rituales, que refuerzan su significado y poderes. Los postes totem son una forma de representar el espíritu guardián de un grupo.

Toxiuhmolpilia ⇨ **calendario mesoamericano; sacrificio humano mesoamericano.**

tractarianos ⇨ **Oxford, Movimiento de.**

tradición mágica occidental Con el triunfo del cristianismo en Occidente, las tradiciones mágicas occidentales, más viejas, o bien desaparecieron o se mezclaron de modo apenas perceptible en el cristianismo rural popular. Hubo, sin embargo, un renacimiento del interés en una versión más sofisticada de la magia, en la época del Renacimiento, por medio de la obra de Pico della Mirandola (1463-1494) y de Marsilio Ficino (1433-1499). Descubrieron algunas de las penetraciones ocultas del hermetismo, la cábala y el neoplatonismo, y usaron esta noción revisada de magia con fines espirituales en vez de meramente funcionales. Aunque se usaban técnicas rituales por las que uno podía estar en armonía con el universo, el objetivo no era tanto el cambio del mundo cuanto el cambio de uno mismo, de modo que uno se convirtiera en una persona más espiritual y en un mejor receptáculo para los propósitos de Dios. De esta tradición se alimentaron importantes pensadores, especialmente Paracelso, como se refleja en la importancia que concede a la curación y su teosofía mística basada en el neoplatonismo. El apogeo de la revolución científica del siglo XVII conllevó el declive en el interés por la magia, pero desde mediados del siglo XIX ha habido una nueva preocupación por la magia como parte de lo oculto. La Orden hermética del Amanecer Dorado, fundada en 1888 por S. Liddell MacGregor Mathers (1854-1918), supuso una importante influencia en este minirrenacimiento de la magia en Occidente, como lo fue la obra de A. L. Constant (1810-1875) con las cartas del Tarot, y las actividades de más alto nivel de individuos como Aleister Crowley. La práctica de la magia continúa en Occidente por medio del grupo de organizaciones producidas por la Orden del Amanecer Dorado, y por caminos más informales. ⇨ cábala; hermética o hermetismo; Tarot.

tradición oral Transmisión verbal de mitos, leyendas, sagas e historias dentro de una tradición religiosa, que mantiene unida a una comunidad creando una manera de entender la naturaleza de la realidad. Con frecuencia estas tradiciones describirán el orden cósmico, la venida a la existencia de un pueblo determinado, y contienen alguna referencia a una meta futura. Tales tradiciones generalmente son anteriores a la formalización de la tradición en forma escrita, pero sería falso sugerir que los relatos orales son necesariamente menos fidedignos que sus equivalentes escritos. Estudios recientes sugieren que una división profunda entre el valor relativo de las dos formas de tradición es insostenible. En algún momento se creyó que los documentos escritos eran necesarios para el desarrollo de complejos cuerpos de doctrina. Sin embargo, estudios recientes han sugerido que son posibles sistemas sofisticados de creencia en sociedades sin escritura. La crítica de las formas de los relatos bíblicos de la creación y también de los Evangelios fue originalmente concebida como un intento de averiguar el contenido y situación del material antes de ser puesto por escrito. La existencia de varios relatos del mismo incidente, y la repetición de pasajes-fórmula que introducen ciertas historias, ayudó a identificar el contenido y la forma oral original de un determinado pasaje. En el pensamiento islámico la existencia de tradición oral es explícitamente reconocida en la legitimación del cuerpo de enseñanza, complementaria del Corán, que fue puesta por escrito tras la muerte de Mahoma. El criterio de autenticidad era la existencia de una cadena de tradición oral que comprende a personas contemporáneas unas de otras y en directa comunicación entre sí. ⇨ Corán.

tradiciones religiosas hindúes

El hinduismo comprende buen número de grandes tradiciones religiosas. Estas se pueden categorizar en cuanto que se centran en una de las grandes deidades hindúes como Visnú, Siva y la diosa (Devi). Estas deidades pueden ser adoradas de una manera ortodoxa (védica) o de una manera heterodoxa (tántrica) que supone la transgresión de las normas ortodoxas. En las tradiciones ortodoxas, estas deidades podían ser adoradas junto a otras como manifestaciones de un absoluto supremo *(Brahman)* o ser ellas mismas identificadas con la realidad teísta absoluta. Los adoradores ortodoxos de Visnú o visnuitas adoran a Visnú bien como él mismo o en una de sus formas como Narayana. Podía también ser adorado en una de sus encarnaciones *(avataras)* como Krishna, Rama o Narasimha. Krishna es una deidad especialmente popular y, aun siendo para muchos como una encarnación de Visnú, en general se le considera la deidad suprema en sí mismo. En el sur de la India, la tradición visnuita Shri, una de las más importantes, venera los Vedas pero también los Agamas tántricos del Pancaratra. Los seguidores de Siva o sivaítas podían aceptar la autoridad de los Vedas, pero se adherirán también a los tantras sivaítas como sus fuentes textuales de autoridad. Por ejemplo, el Siddhanta sivaíta, aunque alineándose con la ortodoxia al aceptar el *varnashramadharma* y los Vedas, aceptan también los Agamas y tantras sivaítas. Otros grupos sivaítas, como los Kapalikas, han rechazado la ortodoxia védica y han aceptado solamente la autoridad de los tantras. Estos grupos podían adorar a Siva en su forma feroz como Bhairava e incluso adorar a la diosa Kali. Los seguidores de la diosa pueden adorarla como una joven virgen (Kumari), en su aspecto maternal y benigno como esposa de Siva y Visnú, en su aspecto feroz como Durga y Kali, e incluso como una vieja (Kubjika). Una de las tradiciones más importantes que adoran a la diosa en el sur, especialmente en la forma de *yantra*, es la Shri Vidya. ⇨ avatara; Bhagavad Gita; Brahman; culto hindú a la diosa; Durga; Kali; Krishna; Mahabharata; puranas; Rama; Shri; visnuítas; Siddhanta sivaíta; Siva; sivaísmo; smriti; tántrico, hinduismo; visnuismo; Veda; Visnú; yantra.

transfiguración Episodio del cristianismo en el que cambió la apariencia de Jesucristo frente a los apóstoles Pedro, Santiago y Juan. «Su rostro brillaba como el Sol, y sus vestidos se hicieron tan blancos como la luz» (Mateo 17, 2; Marcos 9, 3; Lucas 9, 30; 2 Pedro 1, 16-18). Con Jesús en el monte aparecieron Moisés y Elías, los principales representantes de la ley y la profecía del Antiguo Testamento. Les acompañó una voz procedente de una nube que repitió el mensaje de aprobación divina dado en el bautismo de Jesús (Mateo 3, 17). El incidente fue entendido como una revelación de la gloria del Hijo de Dios y como una confirmación de que la misión de Jesús pasaba por el sufrimiento y la muerte sobre lo cual había estado enseñando hacía poco a los discípulos (Mateo 16). En la teología ortodoxa posterior, especialmente la de San Gregorio Palamas y la de los hesicastas, se establecía un paralelo entre la transfiguración de Cristo y la transformación de la naturaleza humana. La luz en el monte era entendida como la energía divina de Dios, que los discípulos eran capaces de «ver» espiritual y físicamente. En el año litúrgico, la fiesta de la transfiguración se celebra el 6 de agosto. ⇨ año cristiano; hesicasmo; Jesucristo; Palamas, Gregorio.

transmigración Proceso por el que el alma, el espíritu o cualquier otra sede de la personalidad, sale del cuerpo que ha estado ocupando y entra en otro cuerpo u objeto. La transmigración también es conocida como renacimiento o reencarnación (especialmente en las religiones orientales), metempsícosis, metensomatosis y palingenesia. En el mundo occidental, el concepto aparece por primera vez en la secta religiosa griega conocida como orfismo (siglo VII a. C.). Fue asumida más tarde por Pitágoras y sus seguidores (siglo VI a. C.), antes de pasar a Platón, a través de quien el concepto de transmigración llegó a influir en el neoplatonismo, en el gnosticismo y, finalmente, en el pensamiento medieval. En las religiones occidentales en general, sin embargo, el concepto ha sido rechazado. En el cristianismo la idea se ha considerado incompatible con la creencia en la resurrección del cuerpo y con la doctrina de que el alma empieza a existir en el momento de la concepción. En las religiones orientales la transmigración constituye uno de los fundamentos de la creencia religiosa. Las religiones indias suscriben la doctrina del samsara, la rueda de nacimiento y muerte, según la cual la vida es un eterno ciclo de nacimiento, sufrimiento y muerte. La posición que el alma ocupa en una existencia dada está determinada por su conducta en una existencia previa. Los que han vivido vidas malvadas, irreligiosas, se reencarnarán en una posición inferior en la jerarquía del ser, en algunas creencias incluso como insectos, gusanos o vegetales. Aquellos que han vivido vidas buenas nacerán en familias ricas o de casta más alta. La meta tanto del budismo como del hinduismo es escapar del interminable ciclo de la reencarnación. Para el hindú esto sucede cuando el yo descubre su fundamento común en *Brahman*, el principio de la verdadera realidad. Para el budista la meta es el nirvana, el cese del deseo y la extinción de la conciencia. ⇨ inmortalidad; nirvana.

transubstanciación Doctrina católica de la Eucaristía (misa), que establece la creencia en que el pan y el vino usados en el sacramento se convierten en el cuerpo y la sangre de Cristo, que está, por tanto, verdaderamente presente. La doctrina, rechazada por los reformadores del siglo XVI, fue reafirmada por el Concilio de Trento. ⇨ catolicismo; consubstanciación; Contrarreforma; Eucaristía; misa; Trento, Concilio de.

trapenses Nombre popular de los cistercienses de la más Estricta Observancia, centrados en el monasterio de La Trapa, Francia, hasta 1892. La Orden sigue activa en todo el mundo, dedicada al oficio divino, y es conocida por su austeridad (silencio perpetuo y abstención de comer carne, pescado y huevos). ⇨ cistercienses; monacato.

trascendencia e inmanencia Términos que describen la manera en que Dios se relaciona con el mundo. La trascendencia indica que Dios no puede ser identificado con el mundo sino que está infinitamente por encima y más allá de él. Esto se expresa a menudo diciendo que Dios es «totalmente otro». Esta definición básica se puede matizar distinguiendo entre diferentes formas de trascendencia. En primer lugar, Dios es ontológicamente trascendente. Esto significa que Dios es una realidad autocontenida que no depende de ninguna otra cosa para su existencia. La trascendencia ontológica también describe la naturaleza del ser de Dios, que, a diferencia de su creación, es eterno e infinito. En segundo lugar, Dios es epistemológicamente trascendente. Es decir, la naturaleza esencial de Dios permanece incomprensible para la humanidad. Nuestras mentes son sencillamente incapaces de captar la Esencia Divina. La trascendencia epistemológica se expresa teológicamente en términos de santidad, misterio e incomprensibilidad. La inmanencia denota la inhabitación y omnipresencia de Dios en el mundo. Puesto que el mundo es completamente dependiente de Dios, su constante presencia es una necesidad para su existencia continua. Tanto la trascendencia como la inmanencia deben mantenerse unidas si no se quiere que surjan problemas teológicos. Si se dedica más atención a la trascendencia que a la inmanencia, Dios está en peligro de convertirse en algo tan distante de su creación que deja de tener cualquier relevancia para la humanidad. Del mismo modo, si la inmanencia se recalca demasiado, existe el peligro de degenerar en panteísmo. Una teología viable debe establecer un equilibrio entre los dos polos de trascendencia e inmanencia.

Treinta y nueve Artículos

Serie de formulaciones doctrinales de la Iglesia de Inglaterra, promulgados, después de varios esfuerzos anteriores, bajo el reinado de Isabel I, en 1563 (pero sin el Artículo 29 sobre «comer el cuerpo», para apaciguar a los proclives a Roma), y adoptados finalmente en su conjunto por la Asamblea de 1571. No componen un credo, sino más bien una visión anglicana general sobre una serie de asuntos contenciosos para mantener la unidad de las iglesias anglicanas y la Comunión Anglicana. Algunos artículos son ambiguos en su redacción, pero generalmente se oponen tanto a los puntos de vista extremos de los partidarios de Roma como a los puntos de vista extremos de los anabaptistas. Se ocupan de temas como la presencia de Cristo en la Eucaristía, la autoridad de las Escrituras y de los Concilios y la doctrina de la predestinación. El clero de la Iglesia de Inglaterra se le ha exigido desde 1865 afirmar estos principios en términos generales. ➪ anabaptistas; catolicismo; Comunión Anglicana; Eucaristía; Iglesia de Inglaterra; predestinación.

Trento, Concilio de (1545-1563)

Concilio de la Iglesia católica, celebrado en Trento, Italia. Fue convocado para combatir el protestantismo y para reformar la disciplina de la Iglesia, y como tal fue la punta de lanza de la Contrarreforma clarificando muchos puntos de doctrina y de prácticas. ➪ catolicismo; Concilio de la Iglesia; Contrarreforma; protestantismo.

tres fuegos budistas

Los Tres Fuegos —avaricia, odio y engaño— son los tres males radicales dentro de la tradición budista. Son las razones fundamentales por las que la gente está atada a la rueda de renacimientos y es incapaz de ver las cosas como realmente son. La avaricia está ligada al ansia *(tanha)*, que se menciona en la segunda noble verdad de Buda como la primera causa del sufrimiento. El odio es lo opuesto a las cuatro cualidades budistas de ecuanimidad, tierna bondad, compasión y alegría solidarias. Impide que surja la verdadera penetración ética (el inicio del camino budista). El engaño es afín a la ignorancia, pero ignorancia tanto de las cuatro nobles verdades como de un nivel más profundo, encadenando así a una persona al renacimiento continuo, al karma (obras) inútil y a los puntos de vista equivocados. Para avanzar por el sendero budista hacia el nirvana, es esencial que estos tres fuegos sean «apagados»; «apagado» es un significado de la palabra nirvana. ➪ ariya sacca; duhkha; karma; nirvana; renacimiento; tanha.

tres joyas (tri-ratna)

Término budista que se refiere a los tres principales rasgos de la tradición budista, a saber: Buda, la enseñanza de Buda *(dharma)* y la comunidad budista *(sangha)*. La fórmula budista básica y un canto fundamental en la devoción budista implican dar el reconocimiento al papel central de estas Tres Joyas en el estilo de vida budista. Son también conocidas como los tres refugios, de acuerdo con el compromiso hecho por un budista cuando dice: «Voy a buscar refugio en Buda… en el dharma… y en la sangha». Las tres están entrelazadas y son interdependientes, y se consideran las piedras angulares del ser budista, es decir, ofrecer lealtad a Buda y a su enseñanza tal como la ha seguido y expuesto la sangha budista. Según Buda, aquellos que confían en las Tres Joyas han puesto ya su mano en el arado, han «entrado en la corriente» y han emprendido el sendero de la iluminación. Existen cinco niveles de interpretación de las Tres Joyas, según la tradición y la predilección personal, pero se reconoce que todas son esenciales. ⇨ Buda; dharma; sangha.

tres marcas Término de crucial importancia para la tradición budista, que se refiere a las «Tres Marcas» que están impresas en toda existencia. Según el budismo, todas las cosas y seres son pasajeros (*anicca*), se caracterizan por el sufrimiento (*duhkha*) y no tienen condición de yo o sustancia (*anatman*). Con la excepción del nirvana, la fugacidad y el cambio están dentro de todo; porque esto es así, todo es insatisfactorio y, en la medida en que es este el caso, es vano pensar que existe un yo permanente y no sujeto a cambio en el corazón de lo que es efímero y está en flujo. Aunque la noción de sufrimiento está en el centro de las cuatro nobles verdades enseñadas por Buda, las tres marcas de la fugacidad, el sufrimiento y la no existencia del yo, se pertenecen entre sí e interactúan para penetrarlo todo. La meta de la vida es alcanzar la iluminación, conseguir el nirvana y lograr la liberación de este mundo cambiante de renacimiento, insatisfacción y falso egoísmo. Esto no puede suceder si no se consigue la penetración en la fugacidad y la carencia de sustancia que constituye el interior del mundo cambiante, los fluctuantes placeres del mundo y el sentido del yo que nos ata al mundo. Así, una comprensión penetrante de las Tres Marcas es condición previa para el progreso y la liberación espiritual. ⇨ anatman; ariya sacca; duhkha; nirvana.

tres refugios Noción budista que se resume en la importante fórmula: «Voy a buscar refugio en Buda… en el dharma… y en la sangha.» Realza la importancia de estos tres elementos dentro de la tradición budista: el propio Buda; la enseñanza, o dharma, que él desveló cuando vivió en la India en el siglo VI a. C., y la comunidad budista, la *sangha,* que él fundó. Los tres refugios son también conocidos como las tres joyas (*tri-ratna*). El canto efectivo de la anterior fórmula es un importante acto de devoción budista. Lograr una comprensión madura del significado de los tres refugios es, sin embargo, un asunto más complejo, ya que Buda, el dharma y la sangha, se pueden entender en unos planos muy diferentes según las distintas tradi-

tribus de Israel

ciones budistas y la propia profundidad de comprensión de uno. Hay también diferentes maneras de ver su interrelación: por ejemplo, Buda puede ser considerado como el maestro y la encarnación del dharma, que es después continuado en la vida de la comunidad budista. En última instancia, no consiste simplemente en refugiarse en tres cosas externas, sino refugiarse en ellas en lo profundo de uno mismo. ⇨ Buda; dharma; sangha; tres joyas.

tribus de Israel ⇨ Israel, tribus de.

trikaya (trikāya) Noción de los tres *(tri)* cuerpos *(kaya)* de Buda, desarrollada en el budismo mahayana para expresar la plenitud de la naturaleza buda. El primitivo budismo había dado más importancia al Buda histórico. La tradición mahayana tenía una visión más amplia de Buda, que vio que su cuerpo o naturaleza tenía tres niveles: el *nirmanakaya,* o cuerpo asumido, en el plano terreno e histórico, relevante para los seres humanos; el *sambhogakaya,* o cuerpo bienaventurado, en el plano celestial, relevante para los seres celestiales, y el *dharmakaya,* o cuerpo cósmico, en el plano más alto, que representaba, tal como era, la esencia de la naturaleza buda. Según este punto de vista, han existido y existirán muchas manifestaciones de Buda en la historia cósmica. Existen también muchos budas y bodhisattvas celestiales, como Amitabha, que residen en Tierras Puras en el plano celestial a los que se les puede ofrecer devoción. Aunque en el plano convencional de la verdad, los cuerpos terreno y celestial de Buda son reales, en el plano definitivo de la verdad son simbólicos y no verdaderamente reales. La naturaleza real de Buda reside en el dharmakaya, en su cuerpo cósmico, que es existente en sí mismo. El pensamiento mahayana, por tanto, desplazó la atención del Gautama Buda histórico a los tres cuerpos, especialmente el cuerpo cósmico, de Buda. Esta teoría del trikaya llegó a quedar sistematizada en el siglo IV d. C. por obra de la escuela *Yogacara* dentro del budismo mahayana. ⇨ bodhisattva; Buda; buda, naturaleza; budismo mahayana; budismo Tierra Pura; dharmakaya; sambhogakaya; Yogacara.

Trimurti (Trimūrti) (sánscrito: «que tiene tres formas») Tríada

Trimurti de Siva. Santuario rupestre de Siva. Isla de Elephanta. Bombay.

hindú, que manifiesta las funciones cósmicas del Ser Supremo, tal como son representadas por Brahma, Visnú y Siva. Brahma es el equilibrio entre los principios opuestos de preservación y destrucción, simbolizados por Visnú y Siva, respectivamente. ⇨ Brahma; hinduismo; Siva; Visnú.

Trinidad Doctrina típicamente cristiana de que Dios existe en tres personas, Padre, Hijo y Espíritu Santo. La unidad de Dios se mantiene insistiendo en que las tres personas o modos de existencia de Dios son de una sustancia. La doctrina surgió en la Iglesia primitiva porque judíos estrictamente monoteístas afirmaban no obstante la divinidad de Cristo (el Hijo) y la presencia de Dios en la Iglesia a través del Espíritu Santo. Las funciones de las personas de la Trinidad, y la relación entre ellas, ha sido el tema de mucha controversia (por ejemplo, la división entre las Iglesias de Oriente y de Occidente por la cláusula del *Filioque*), pero el concepto trinitario se refleja en la mayor parte del culto cristiano. ⇨ cristianismo; Dios; Espíritu Santo; Filioque; Jesucristo.

Troeltsch, Ernst Peter Wilhelm (1865-1923) Teólogo protestante alemán de la escuela de la historia de las religiones, nacido en Haunstetten, cerca de Augsburgo. Estudió en Erlangen, Berlín y Gotinga, y enseñó en Bonn, Heildelberg y Berlín. Filósofo de la historia preocupado por el relativismo histórico y los efectos de la cultura, es muy conocido por su obra *Lo absoluto del cristianismo y la Historia de la religión* (1902), que defendía el cristianismo en términos relativos como la religión suprema de la cultura europea. Su otra gran obra, *La enseñanza social de las Iglesias cristianas* (1912), una exploración de las relaciones Iglesia-Estado y ética social, influyó en el desarrollo de la sociología de la religión. ⇨ Iglesia y Estado; sectas cristianas.

Tsongkapa (Tsong-kha-pa) (1357-1419) Reformador del budismo tibetano y fundador de la orden Gelugpa, erudito y comentarista madhyamika. Nació en el Tíbet oriental, hizo los votos de novicio a los siete años de edad y se convirtió en un monje plenamente ordenado a

La Trinidad. Códice francés de 1450. Biblioteca Nacional (París)

Tuatha Dé Danann

los 25 años. Estudió filosofía mahayana, tantra y medicina en varios monasterios, entre los que se encuentran Sakya, Jonang y Lhasa. Al hacerse famoso por su erudición, atrajo a un grupo de discípulos que formaron una nueva secta, los Gelugpas, que eran una forma revitalizada de los Kadampas y que se iban a convertir en la orden monástica más poderosa del Tíbet. Tsongkapa se adhirió estrictamente a la disciplina monástica *(vinaya)* y señaló la exigencia del celibato y la abstinencia, oponiéndose, por tanto, al yoga sexual tántrico practicado por algunas órdenes. El primer monasterio fue fundado en Ganden, en 1409; Drepung y Sera fueron fundados (1416 y 1419) por discípulos de Tsongkapa. También instituyó una fiesta de año nuevo en el templo de Jokhang, en Lhasa. Filosóficamente era madhyamika, cuyas enseñanzas se formulaban a través del estudio de Atisha, Nagarjuna, Dharmakirti y Dinnaga. Su obra más famosa, el *Lam rim chen mo* o «Gran exposición del sendero gradual», es un comentario sobre la obra *Bodhipathapradipa* de Atisha. Tsongkapa consecuentemente sostenía una postura madhyamika, concediendo gran importancia a la lógica y a la penetración en el vacío a través del análisis. ⇨ budismo; budismo mahayana; Gelugpa; Lhasa; Madhyamika; vacío; vinaya-pitaka.

Tuatha Dé Danann Raza de sabios que llegaron a Irlanda hacia 1500 a. C. y se convirtieron en los antiguos dioses de los irlandeses; el nombre significa «el pueblo de la diosa Danu». Fueron conquistados por los milesios, y se retiraron a los túmulos cerca del río Boyne. ⇨ Dagda; Lug.

Tula ⇨ **Tolla.**

tulku (sprul sku) En el budismo tibetano, Lama encarnado. Es generalmente el abad de un monasterio, que cuando muere se reencarna en el mundo para asumir de nuevo su oficio monástico. Tras la muerte de un tulku se busca a un niño, que más tarde es sometido a varias pruebas. Si reconoce posesiones que pertenecían al lama anterior, el niño será educado como el nuevo tulku. La idea del tulku como encarnación en una cadena ininterrumpida se originó en la rama Karmapa de la tradición Kagyupa, cuando el lama Dusum Khyenpa (Dusgrum mkhyen-pa, 1110-1193) predijo su futura reencarnación. La tradición Kagyupa creó varios linajes famosos de tulkus, aunque la idea fue adoptada por otras órdenes también. El linaje más famoso es el de los dalai lamas, siendo cada uno de ellos una reencarnación del lama anterior, así como una manifestación del bodhisattva Avalokiteshvara. Más que una sucesión ininterrumpida, los Nyingmapas tienen la idea ligeramente diferente de que los discípulos de Padmasambhava se reencarnan en los momentos que ellos consideran apropiados. Los tulkus, mencionados con el respetuoso título «Rimpoche», son tratados con gran reverencia. Siguiendo la diáspora tibetana, la tradición tulku ha continuado y actualmente existen tulkus nacidos en Occidente, como el caso de Osel, un niño de las Alpujarras (Granada, España). ⇨ Avalokiteshvara; bodhisattva; budismo; Dalai Lama; Kagyupa; lama; Nyingmapa; Padmasambhava.

Tulsidas (Tulsīdās) (1532-1623) Poeta devocional hindú indio, nacido en la India oriental. Tradicionalmente se cree que vivió 120 años, el tiempo asignado a un ser humano sin pecado, escribió más de una docena de obras. La más conocida es *Rāmacaritamānas* («El lago santo de los hechos de Rama»), una versión hindi oriental inmensamente popular de la epopeya *Rāmāyana*, que comenzó en 1574. Su aproximación bhakti o devocional, su preocupación por la conducta moral y la idea de la salvación a través de Rama, encarnado como conocimiento y amor absolutos, sugieren una influencia cristiana nestoriana en su obra. ⇨ bhakti; hinduismo; nestorianos.

Tung Chung Shu (176-104 a. C.) Escritor confuciano chino que vivió durante la dinastía Han. Fue uno de los principales arquitectos del confucianismo Han que dio estructura intelectual al Imperio Han. Fue una amalgama de elementos diferentes sacados de los clásicos confucianos, del taoísmo, de la doctrina de los Cinco Elementos y de la teoría del yin y el yang. Tung Chung Shu fundó una nueva escuela de exégesis basándose en estos elementos, que inauguraron una renovación de la tradición confuciana en una síntesis más amplia. Esto fortaleció la autoridad de los emperadores Han, que ya tenían el mando del cielo *(Tien)* y que eran responsables del orden global en su imperio reforzado por el confucianismo. La renovación de Tung Chung Shu por la tradición confuciana fue una de las muchas renovaciones, la más importante de las cuales fue el posterior movimiento neoconfuciano que surgió durante la dinastía Sung (960-1126). ⇨ canon confuciano; neoconfucianismo; Tien; yin y yang.

turbante Símbolo de identidad sij muy conocido. Aunque no es una de las cinco K prescritas para los sij que pertenecen a la *Khalsa,* en la práctica, la mayoría de los sij varones lo llevan, y esta costumbre está recomendada en el Código de Disciplina sij. Aunque los primeros gurús sij se representan con turbantes, sólo se usaron de modo generalizado por la comunidad sij durante la época del décimo gurú sij, el Gurú Gobind Singh, para quien representaban señales de identidad y signos de valor distintivos. Los miembros del partido Akali Dal a veces llevan turbantes azules; los Namdharis llevan turbantes blancos sujetos de forma plana sobre la frente, y los que simpatizan con la idea de un estado de Khalistán sij independiente llevan, a veces, turbantes naranja. Sin embargo, en la India los turbantes no los llevan solamente los sij, de ahí que la identificación por el color nunca pueda ser absolutamen-

Turín

Imagen de la Sábana Santa de Turín

te segura. ⇨ Akali Dal; cinco K; Khalsa; Namdhari; Rahit Maryada.

Turín, Sábana de o **Sábana Santa** Reliquia, que se supone es la sábana con la que enterraron a Jesús, conocida desde el siglo XIV, y conservada en la catedral de Turín desde 1578. Representa una imagen (más clara cuando se muestra utilizando un negativo fotográfico) del cuerpo de un hombre visto por delante y por detrás, con señales que parecen corresponder a los estigmas de Jesús. La controversia sobre su autenticidad acabó en el uso de pruebas de datación de radiocarbono independientes, llevadas a cabo por tres centros de investigación en 1988, utilizando un trocito muy pequeño del tejido. Los resultados indicaban que la sábana fue hecha mucho tiempo después de la época de Cristo. La cuestión de cómo se grabó la imagen del cuerpo sigue sin respuesta. ⇨ estigmas; Jesucristo; reliquias.

Tutankamón (c. 1370-1352 a. C.) Faraón egipcio de la XVIII dinastía (1361-1352), yerno mediocre del faraón hereje, Akenatón. Subió al trono a la edad de 12 años y murió a los 18; es famoso sólo por su magnífica tumba de Tebas, que fue descubierta intacta en 1922 por lord Carnarvon y Howard Carter. ⇨ Akenatón; faraón.

Tutú, Desmond Mpilo (1931-) Prelado anglicano negro sudafricano, nacido en Klerksdorp, hijo de un director de escuela primaria. Estudió teología en la Universidad de Sudáfrica y en la Universidad de Londres. Después de trabajar durante un corto espacio de tiempo como maestro de escuela se hizo párroco anglicano (1960) y rápidamente ascendió hasta convertirse en obispo de Lesotho (1977), secretario general del Consejo Sudafricano de las Iglesias (1979), primer obispo negro de Johannesburgo (1984) y arzobispo de la Ciudad de El Cabo (1986). Crítico acérrimo del sistema del apartheid, se ha arriesgado repetidamente a ir a la cárcel por defender la imposición de sanciones de castigo contra Sudáfrica por parte de la comunidad internacional. También ha condenado, sin embargo, el uso de la violencia por parte de los que se oponen al apartheid, buscando más bien una reconciliación pacífica y negociada entre la comunidad negra y la blanca. Fue galardonado con el Premio Nobel de la Paz de 1984. ⇨ Comunión Anglicana.

Tyndale, Tindale o Hutchins, William (c. 1494-1536) Traductor inglés de la Biblia, nacido probablemente en Slymbridge, en Gloucestershire. Se educó en Magdalen Hall, Oxford (1510-1515). Después de una temporada en Cambridge se convirtió en capellán y tutor en una familia de Little Sodbury. Su simpatía hacia el Nuevo Saber levantó sospechas, sin embargo, llegó a adquirir fama como profesor de griego, en 1523 fue a Londres, pero el obispo Tunstall rehusó apoyar su traducción de la Biblia, por lo que en 1524 se dirigió a Hamburgo, a Wittemberg, donde visitó a Lutero, y en 1525 a Colonia, donde comenzó ese año la impresión de su Nuevo Testamento inglés. No había pasado esta de los evangelios de Mateo y Marcos cuando las intrigas de Cochlaeus forzaron a Tyndale a huir a Worms, donde Peter Schoeffer le imprimió 3.000 Nuevos Testamentos en octavo menor. La traducción debía mucho a Lutero y a Erasmo, y mucho a la propia erudición y habilidad literaria de Tyndale. Tunstall y William Warham denunciaron el libro; cientos de copias fueron quemadas; pero siguió adelante. En 1527 Tyndale se trasladó a Marburgo para ser protegido por Felipe el Magnánimo; en 1529 naufragó de camino a Hamburgo, donde se encontró con Coverdale; en 1531 marchó a Amberes. Fue allí, probablemente (aparentemente en Marburgo), donde se publicó su *Pentateuco* (1530-1531): una obra en la que las glosas marginales, casi todas originales, contienen violentos ataques contra el Papa y los obispos. En esta obra se apoya mucho en Lutero. En 1531 apareció su traducción de *Jonás*, con un prólogo. Se editó una versión autorizada del Nuevo Testamento de Tyndale, en Amberes, en agosto de 1534 y, en noviembre, el propio Tyndale publicó allí una traducción revisada. Tiró un ejemplar de sus obras en vitela para presentárselo a Ana Bolena, bajo cuyos auspicios, al parecer, T. Godfray imprimió una nueva tirada del Nuevo Testamento revisado de Tyndale en 1536, el primer volumen de la Sagrada Escritura impreso en Inglaterra. Tyndale revisó su Nuevo Testamento en 1535, esta vez sin las notas marginales. Los emisarios de Enrique VIII habían intentado con frecuencia detenerle; por fin en 1535 fue arrestado en Amberes, traicionado por Henry Philips, fanático católico, y encarcelado en el castillo de Vilvorde, juzgado allí (1536), y el 6 de octubre estrangulado y quemado. El resto de sus obras originales son *La parábola del malvado Mammón* (1528), *La obediencia de un cristiano,* su libro más elaborado (1528), y *Práctica de prelados* (1530), una polémica mordaz. Sus *Obras* fueron publicadas en 1573. ⇨ Biblia; Erasmo, Desiderio; Lutero, Martín; Nuevo Testamento.

Tyr, Tiwaz, Tu Nombres de una deidad muy adorada en la religión germánica y, en algún momento, considerada claramente como una de las deidades principales. Los romanos la consideraban el equivalente germano de su propio dios de la guerra, Marte. El martes inglés (Tuesday = Tiwaz-day) lleva su nombre; al igual que las palabras española, francesa e italiana (*martes, mardi, martedì*) recuerdan que eran el día de Marte. También el mes de marzo está dedicado a su nombre. Otras fuentes vinculan a Tyr con la justicia, el orden, el valor y las runas mágicas. Los posteriores escandinavos parecen haberle concedido menos importancia que los germanos. La historia nórdica más conocida sobre Tyr cuenta cómo sacrificó una mano para atar al malvado lobo Fenris. ⇨ Fenris; Marte.

tzitzit Según Números 15, 37-41, el israelita debe poner una borla («tzitzit») a cada esquina de su vestido como recordatorio de los mandamientos de Dios. En época posbíblica los judíos cumplían esta obligación literalmente, pero cuando el vestido rectangular tradicional de Oriente dejó de usarse, el mandato se cumplía llevando un chal de oración o *tallit*. Este, con sus flecos y esquinas borlados, todavía lo llevan los hombres en la oración de la mañana y en algunos días de ayuno, incluyendo el Yom Kippur. Sin embargo, para obedecer el mandato de modo permanente, algunos judíos ortodoxos llevan un pequeño tallit como prenda interior con sus borlas hacia afuera. ⇨ ayunos judíos; calendario judío; hagim; mezuzá; tefillin.

U

Uchimura Kanzo (1861-1930) Cristiano japonés, fundador del movimiento no confesional Mukyokai («iglesia sin iglesia»). Convertido en 1876 siendo estudiante de la escuela agrícola de Sapporo, bajo la influencia del ingeniero agrónomo americano William Smith Clark (1826-1886), Uchimura se convirtió en líder de una iglesia japonesa independiente, la primera de muchas que rechazaban las diferencias y divisiones confesionales importadas por los misioneros protestantes. Después de ejercer un tiempo como maestro de escuela, Uchimura dedicó su vida a dar conferencias y a escribir sobre temas bíblicos. La importancia concedida al estudio de la Biblia sigue siendo un rasgo distintivo del movimiento Mukyokai (que actualmente consta de unos 600 grupos); no tiene clero, edificios, ni organización.

Udasi (Udāsī) Término sij con dos connotaciones diferentes. Se refiere, en primer lugar, a los viajes del primer gurú sij, el Gurú Nanak, durante su ministerio itinerante, en que predicó por toda la India, y posiblemente en otras partes del mundo. También se refiere a una orden de ascetas fundada por el hijo mayor del Gurú Nanak, Baba Sri Chand. Los Udasi han levantado centros, conocidos como akharas, en varios lugares de la India, especialmente en el norte, pero son más reconocibles como hindúes que como sij, al usar el sánscrito en vez de la lengua punjabí, e instalar imágenes hindúes en sus templos. ⇨ Nanak; Nirankar; Nirmalas; Punjab; sánscrito.

Uganda, mártires de Grupo de 22 jóvenes africanos, convertidos al catolicismo, que fueron asesinados en Uganda por su fe entre 1885 y 1887. Fueron martirizados con otros muchos cristianos en ese período de persecución, canonizados en 1964. ⇨ canonización; catolicismo.

Ugarit Floreciente ciudad cananea en la costa del norte de Siria, frente a Chipre, que en la Edad del Bronce tardío (c. 1450-1200 a. C.) gozó de amplios contactos con los egipcios, hititas y micénicos. Fue destruida por los Pueblos del Mar hacia 1200 a. C. ⇨ hitita, religión; micénica, religión.

ulema (ulemā) Término referido a eruditos y autoridades religiosas dentro del mundo islámico. Durante el primer desarrollo de la tradición musulmana, los líderes buscaron dirección en eruditos expertos en árabe, el Corán, la ley islámica y la sentencias de Mahoma. Los dirigentes buscaban orientación en el *ulema,* pero poco a poco llegaron a quedar institucionalizados de modo que evolucionaron hacia una especie de clase profesional, aunque sin ordenación formal, como en el caso de los ministros cristianos. Se convirtieron en árbitros de la ley y en un baluarte de la sociedad islámica a medida que el califato fue perdiendo poder y, como empezaron a recibir una mejor formación en los colegios musulmanes desarrollados, la confianza en sí mismos creció. Dinastías posteriores, como la de los mongoles y otomanos, intentaron controlarlos y regularlos, pero se convirtieron en una fuerza intermedia entre los gobernantes y el pueblo. En el mundo musulmán chiíta, especialmente entre los duodecimanos y en Irán, los ulemas se hicieron poderosos, atrajeron un séquito personal fuerte, tenían autoridad para adoptar decisiones legales y eran capaces de actuar con más independencia política que en el mundo ortodoxo sunnita. Está ejemplificado en el papel del ulema en la reciente historia iraní, y en las personas de poderosos ayatolás como Jomeini. ⇨ ayatolá; chiísmo; Corán; duodecimanos; escuelas islámicas de la ley; Hadith; madrasa; Mahoma; sunnitas.

Ulfilas o **Wulfila** (c. 311-383) Traductor godo de la Biblia. Consagrado obispo misionero para sus compatriotas por Eusebio de Nicomedia en el 341, después de un trabajo de siete años fue obligado a emigrar con sus conversos a través del Danubio. Inventó el alfabeto gótico, y llevó a cabo la primera traducción de la Biblia a la lengua germánica. ⇨ Biblia.

Última Cena En los Evangelios del Nuevo Testamento, última cena de Jesús con sus discípulos en la víspera de su arresto y crucifixión. En los tres evangelios sinópticos, se considera una comida de Pascua, y es significativa por las palabras de Jesús sobre el pan y la copa de vino, en que declara: «Este es mi cuerpo», «Esta es mi sangre, sangre de la alianza que es derramada por todos» (Marcos 14, 22-24). El evangelio de Juan sitúa la cena antes del día de Pascua, y no registra estas palabras. El acontecimiento es conmemorado en la celebración de la Cena del Señor de la Iglesia primitiva (1 Corintios 11), y posteriormente en el sacramento de la Eucaristía. ⇨ Eucaristía; evangelios canónicos; Jesucristo; Pascua judía.

ultramontanismo (literalmente: «más allá de las montañas») Movimiento, procedente de Francia, que afirma la centralización de la autoridad y el poder de la Iglesia católica en Roma y el Papa. Cobró ímpetu después de la Revolución francesa (1789), y alcanzó su punto más alto con el Concilio Vaticano I

(1870) y con la declaración de la infalibilidad pontificia. ⇨ catolicismo; infalibilidad; papado; Vaticanos, Concilios.

Umbanda ⇨ **afro-brasileñas, religiones.**

ummah Término usado por los musulmanes para referirse a la comunidad, pueblo o «nación» islámica. Se refiere idealmente a la totalidad del islam, trascendiendo consideraciones étnicas y políticas, e incluye a las ramas sunnita y chiíta. La formación de dirigentes regionales durante el declive del califato abasí, el nacimiento de dinastías medievales, como los mongoles y los otomanos, y la reciente aparición de los estados nacionales islámicos parece haber hecho disminuir el atractivo y la validez de la ummah como categoría universal. No obstante persiste como ideal. Originalmente, los árabes tenían prioridad dentro de la ummah ya que Mahoma se consideraba el profeta para la «nación» árabe, y el califa Omar (634-644) confirmó la prioridad árabe en el registro de la ummah que él estableció. Sin embargo, a medida que el islam se propagó se hizo menos árabe, y en la actualidad viven muchísimos más musulmanes fuera del mundo árabe que dentro de él. Aunque existen rivalidades entre los actuales estados islámicos, sigue existiendo un sentido de la ummah como solidaridad religiosa que une a los musulmanes frente a los desafíos que proceden de Occidente, el secularismo, el materialismo y otras amenazas para el islam tradicional. ⇨ chiísmo; Mahoma; secularismo; sunnitas.

unción de los enfermos Aplicación ritual de aceite realizada en casos de enfermedad (normalmente) grave o como preparación para la muerte. En las iglesias católica y ortodoxa, que afirman la autoridad de la Escritura para esta práctica, es reconocida como un sacramento que debe ser administrado por un sacerdote. Anteriormente se le llamó, a veces, extrema unción. ⇨ catolicismo; Iglesia ortodoxa; sacramento.

Uniatas, iglesias Más propiamente iglesias católicas orientales o griegas en comunión con Roma, que conservan su propia lengua, ritos y ley canónica, que permite, por ejemplo, el matrimonio a los clérigos y la comunión (Eucaristía) en ambas especies (es decir, pan y vino a la vez). Existen cinco ritos mayores: bizantino (que incluye a los ucranianos, que son la mitad de todos los cristianos uniatas), antioqueno, alejandrino, caldeo y armenio. Las iglesias Uniatas surgieron durante los intentos de sanar la división entre la Iglesia oriental y occidental, y han estado generalmente en minoría, oprimidas a menudo en sus propios territorios por iglesias ortodoxas más numerosas y, más recientemente, por los estados islámicos y laicos o aconfesionales. ⇨ Eucaristía.

Unificación, Iglesia de la ⇨ **Iglesia de la Unificación.**

unitarios Grupo religioso que, aunque afín en muchos aspectos al cristianismo, rechaza las doctrinas de la Trinidad y la divinidad de Cristo. Como grupo organizado se remonta a los anabaptistas de la época de la Reforma. ⇨ anabaptistas; Jesucristo; Reforma; Trinidad.

universalismo Creencia religiosa de que se salvarán todos. Supone el rechazo de la creencia cristiana tradicional en el infierno. Rasgo de gran parte de la teología protestante contemporánea, está motivado por las dudas morales relativas al castigo eterno, y por un reconocimiento de la validez de otros credos no cristianos del mundo. ⇨ cristianismo; infierno; predestinación; protestantismo.

Upanishads (Upaniṣads) Literalmente «sentarse debajo» (que se refiere a un grupo de estudiantes sentados a los pies de un maestro). Son escritos sánscritos que consolidan gran parte de la filosofía hindú. Aunque el número de escritos que llevan el nombre de Upanishads es superior a cien, clásicamente son trece los principales, escritos entre los siglos VIII y IV a. C. A menudo son mencionados también como los Vedanta («fin de los Vedas») y se les define, por tanto, como *shruti,* siendo el resto *smriti.* Aunque su enseñanza no es homogénea, hay, no obstante, buen número de especulaciones que son comunes a muchos de ellos. Posiblemente, la más importante de estas sea la idea de una esencia eterna y subyacente común a todo el universo, que los Upanishads más antiguos llaman *atman* o *Brahman*. Por contra, existen ciertos Upanishads teístas que atribuyen estos términos a una deidad, a menudo asociada a uno de los dioses o diosas del panteón hindú. A pesar de tales diferencias, sin embargo, se podría decir que los Upanishads representan realmente una importante evolución de los Vedas en cuanto que contienen mucho de esotérico y místico. Muestran un cambio significativo hacia la interiorización y espiritualización de muchos conceptos, y, como consecuencia, se desmitifica gran parte de la tradición védica, y muchos dioses se reducen a un único concepto, sea monista o teísta. Así mismo el ritual védico es reinterpretado radicalmente. El *moksha* no se puede alcanzar ya sólo mediante la acción. En su lugar el devoto debe vencer la ignorancia *(avidya)* adquiriendo conocimiento *(jnana)* de la verdadera naturaleza del universo, que está velada al individuo por el engaño *(maya)*. ⇨ atman; Brahman; maya; moksha; shruti; smriti; Veda.

upekkha Término budista para referirse a ecuanimidad, es una de las cuatro virtudes universales del pensamiento budista, las otras tres son la tierna amabilidad *(metta),* la compasión *(karuna)* y la alegría solidaria *(mudita)*. Se sostiene que son universales porque se pueden construir de tal manera que abarquen a todos los seres del mundo. La virtud fundamental de las cuatro es la ecuanimidad. Las otras tres, si se las considera aisladamente, pueden llegar a ser demasiado emotivas o subjetivas, y necesitan del poder estabilizador de la ecuanimidad para llegar a ser verdaderamente universales y altruistas. Así, la tierna amabilidad budista tiene una cierta calma y naturaleza impasible comparada con el amor de algunas otras tradiciones religiosas. Los budistas dirían que es la cualidad subyacente de la ecuanimidad la que otorga a la tierna amabilidad, a la compasión y a la alegría solidaria su verdadero poder e impacto, y que la ecuanimidad es la postura básica de la vida que mejor encaja con las cuatro nobles verdades enseñadas por Buda. ⇨ amor; ariya sacca; Buda; karuna.

uposatha Término budista que se refiere a los días santos budistas que tienen lugar cuatro veces al mes, acordes con las cuatro fases de la Luna. Existe, por tanto, una semejanza entre el uposatha y la noción occidental del Shabbat. En dos de estos días santos tiene lugar la recitación del Patimokkha, el código de la ley monástica, por parte de las asambleas locales de monjes. Estas recitaciones se han convertido en centro de unidad de los monjes budistas de todo el mundo. Los días uposatha son también importantes para los budistas laicos. Los devotos laicos entusiastas, conocidos como *upasakas,* observan ocho preceptos morales en estos días santos en vez de los cinco habituales. Son también momentos de celebración laica en que los budistas laicos visitan el monasterio local para participar en las devociones ante la imagen de Buda, para escuchar las recitaciones de las escrituras sagradas y para oír el sermón pronunciado por un monje. Se observan con especial regularidad en Sri Lanka, donde son días de fiesta pública, y también en algunas otras partes del sureste de Asia; en algunos países se hacen programas religiosos especiales de radio en los días uposatha. Existen también días santos budistas anuales, como Vaisakha, que conmemora tres de los grandes acontecimientos de la vida de Buda, aunque el término uposatha es usado especialmente para referirse a los días santos mensuales. ⇨ Buda; Buda, imagen de; Patimokkha; Shabbat; Vaisakha.

Ur Antigua ciudad-estado sumeria que está en el sureste de Babilonia. Primera patria del patriarca judío Abraham; estuvo en su cenit en el tercer milenio antes de Cristo, en que llegó a ser dos veces capital de Sumer. Destruida por Elam hacia el 2000 a. C., la ciudad se recobró pero jamás alcanzó su grandeza anterior. Finalmente fue abandonada en el siglo IV a. C. ⇨ Abraham; elamita, religión.

uraeus En el arte y la mitología egipcia antigua, la cobra. Considerada símbolo de realeza y poder, generalmente era representada alzándose, con la cabeza inflada. Fue usada para simbolizar el ojo izquierdo y separable de Ra, el dios sol, que él colocaba en su frente como señal de su dominio sobre el mundo. En esta forma apareció por vez primera en la frente de Ra, más tarde en las coronas del alto y bajo Egipto y en

Urim y Thummim

las tiaras de los faraones; un signo de su majestad y descendencia del dios sol. El símbolo uraeus también aparece en la frente de otras deidades y especialmente enroscada alrededor del disco solar de Ra. ⇨ faraón; Ra.

Urim y Thummim Objetos de descripción incierta, guardados en el peto y vestiduras del sumo sacerdote israelita. Eran al parecer usados para discernir la respuesta de Dios a las preguntas de «sí»-o-«no» que se le planteaban, y servían bien como gemas que captaban la luz (si *urim* significa «luces») o como marcas horizontales usadas para echar suertes (si *urim* significa «maldición» y *thummim* significa «perfecto»). ⇨ judaísmo; oráculo.

urna (ūrnā) Palabra, traducida normalmente como «mancha bella», que designa a una mancha en medio de la frente considerada como una de las 32 señales de un gran hombre como Buda. Como señala el *tipitaka* o canon pali, «en el espacio entre sus cejas tiene pelo que crece y es blanco con el brillo de blando algodón». En la práctica, en varios tipos de imágenes de Buda la urna es generalmente una pequeña marca circular entre las cejas de Buda. Está ligada a la noción del «tercer ojo» u «ojo de la sabiduría», por medio del cual Buda era capaz de tener una percepción profunda del corazón de las cosas. La urna no está presente en todas las imágenes de Buda, estando ausente, por ejemplo, en los Budas de Sri Lanka, pero es muy común en todas partes en cuanto que simboliza su atributo de la sabiduría. ⇨ Buda; Buda, imagen de; budismo cingalés; sabiduría; tipitaka.

Úrsula, Santa (siglo IV) Santa y mártir legendaria, especialmente venerada en Colonia, donde se dice que fue asesinada con once mil vírgenes, por una horda de hunos, en su viaje de vuelta a casa de una peregrinación a Roma. Se convirtió en santa patrona de muchos institutos educativos, especialmente de la orden de enseñanza de las Ursulinas. Su fiesta se celebra el 21 de octubre. ⇨ cristianismo; mártir; ursulinas.

ursulinas Orden católica, fundada con la entonces única finalidad de educar exclusivamente a las niñas. La congregación principal y más antigua fue fundada en 1535 por Santa Ángela de Merici como la Compañía de Santa Úrsula, por la legendaria santa y mártir del siglo IV Santa Úrsula. Más tarde fue reconocida como orden monástica. Se extendió rápidamente por todo el mundo. En 1900, los diversos conventos de ursulinas fueron unidos por el Papa a través de la Unión Romana de la Orden de Santa Úrsula. Sus principales objetivos siguen siendo las obras de caridad y la enseñanza de la doctrina cristiana. ⇨ catolicismo; monja.

utilitarismo Teoría ética teleológica que mantiene que se debe actuar siempre de modo que se llegue al máximo el bienestar. Los utilitaristas funcionales como Jeremy Bentham ordenan elegir siempre aquella acción, de las alternativas posibles, que produzca el mayor bienestar de manera equilibrada para toda la gente afectada. Los utilitaristas normativos (David Hume, a veces) nos ordenan seguir aquellas reglas que, de acuerdo con la conformidad general, produzcan más bienestar que las reglas contrarias. Un utilitarista funcional afirmaría que no se debe mantener una promesa si ello fuera perjudicial, mientras que un utilitarista normativo afirmaría que la promesa se debe mantener porque ello se ajusta a la norma, y la conformidad general a ella es valorada al máximo. ⇨ ética teleológica.

Utopía (griego: «en ninguna parte») Nombre de una república ficticia, inventada por Tomás Moro en *Utopia* (1516); de ahí, cualquier estado ideal imaginario (y por implicación, inalcanzable). Entre las obras posteriores se incluyen *Erewhon* (= Nowhere = En ninguna parte) (1872), de Samuel Butler; *Noticias de ninguna parte* (1891), de William Morris, e *Isla* (1962), de Aldous Huxley. Lo opuesto es un estado-pesadilla como el pintado por George Orwell en *Mil novecientos ochenta y cuatro* (1948). ⇨ Moro, Santo Tomás.

V

vaca en el hinduismo, la
Animal sagrado en el hinduismo, la vaca es tratada con reverencia y no es matada. El respeto por la vaca puede ser considerado como una expresión del ideal de no violencia *(ahimsa)* y veneración por la «madre», que representa tanto la madre ideal como la Diosa Madre. Los cinco productos de la vaca —leche, mantequilla clarificada, cuajadas, orina y excremento— se consideran purificadores, y podrían ingerirse en pequeñas cantidades en un contexto ritual. Estos productos tienen un aspecto práctico también: la leche, la mantequilla clarificada y las cuajadas forman una parte importante de la dieta del hindú, mientras que la orina de la vaca se usa como agente limpiador y el excremento seco como combustible.

vacío Concepto muy importante en el budismo, especialmente en la tradición mahayana. No es lo mismo que nihilismo o la nada, y en la historia de la tradición budista ha adquirido muchos significados a veces interrelacionados. En el pensamiento budista primitivo, se refería principalmente al vacío o naturaleza fugaz de la existencia mundana, en la que todo, incluyendo el placer, es efímero y carece de valor en sí mismo. En un sentido más positivo podía referirse a la calma creativa que conlleva la meditación disciplinada cuando está vacía de distracciones, la claridad de técnicas de introspección en donde se ve que las cosas están vacías de un yo y pueden, por tanto, apreciarse «como ellas son», y el altruismo de la mente iluminada cuando está vacía del engaño, la avaricia y el odio. Los budistas mahayana distinguían sutilmente el significado de vacío. La escuela Madhyamika, fundada por Nagarjuna a finales del siglo II d. C., defendía que todo está vacío de existencia sustancial, incluyendo el mismo lenguaje, y cuando caemos en la cuenta del vacío, o apertura, del conjunto de la vida puede hacer que vivamos verdaderamente libres. La escuela Yogacara, que surgió en los siglos IV y V, expresaba esta idea de una manera más positiva. Hablaba en términos de naturaleza buda o mente buda, que es la mente original verdadera que está dentro de nosotros, y definía el vacío como el vaciarse uno mismo de todo excepto de la naturaleza buda y de la mente buda interior. Finalmente, surgió el sentido dentro del budismo mahayana de que el vacío implicaba una aplicación de la sabiduría y la compasión a la vida, que, aunque vacía, no era irreal, de modo que uno podía vivir una vida libre y relajada en la que la comprensión de uno había sido transformada. ⇨ buda, naturaleza; budismo mahayana; Madhyamika; sabiduría; Yogacara.

Vaibhashika (Vaibhaṣika) Antigua escuela de budismo que surgió dentro de una secta más amplia llamada los *Sarvastivadinos,* que hacía hincapié en el análisis lógico de las doctrinas budistas conocidas como el *abhidharma*. En un congreso budista convocado por el rey Kanishka alrededor del 100 d. C., en lo que ahora es Cachemira, se discutió la autenticidad de sus puntos de vista. Por esta época se escribió un Gran Comentario *(vibhasa)* sobre una parte del abhidharma; los Vaibhashikas tomaron su nombre de este comentario, y fueron considerados como los intérpretes ortodoxos de la postura Sarvastivada. Ellos defendían que los elementos constituyentes de la realidad, conocidos como dharmas, tienen una continuidad, de ahí que se muevan de un estado futuro a un estado presente activo hacia un estado pasado, y en todo este proceso no alteran su naturaleza interna. Fueron criticados por otro grupo llamado los *Sautrantikas*, que se centraban en la autoridad de los discursos de Buda en cuanto que tenían prioridad sobre el abhidharma, que vino después. El filósofo indio Vasubandhu (hacia el siglo v d. C.) resumió la posición Vaibhashika en esta controversia en su gran *abhidharmakosa*, que llegó a ser importante para China y para el Tíbet. Los Vaibhashikas fueron también criticados por la tradición mahayana posterior por conceder demasiada sustancia a los elementos constituyentes de la realidad, mientras que la escuela mahayana defendía que también ellos estaban «vacíos». No obstante, su punto de vista general estaba en la base de algunos de los elementos de la postura mahayana. ⇨ abhidharma; budismo mahayana; dharma; Sarvastivada; Sautrantika; Vasubandhu.

Vairocana Nombre del buda solar que es omnipresente e irradia gran luz; es importante en el budismo tibetano y japonés. En Japón llegó a asociarse con la diosa solar sintoísta Amaterasu, y era conjuntamente adorado con ella en el gran santuario Ise. Vairocana era una figura clave en el budismo japonés shingon, y sus orígenes eran más indios que chinos. Conocido en Japón como Dainichi, está en el centro del *Sutra de Mahavairocana* indio, donde se considera la fuente de todo el cosmos, incluyendo los seres humanos. En el cosmos existen seis elementos básicos que están emparejados en dualidades, y estas están formadas artísticamente en mandalas, o cuadros simbólicos del mundo, en los que Vairocana ocupa una parte central. Así, Vairocana se convirtió en importante objeto de meditación en el budismo shingon y tibetano. También quedó asociado en algunos ámbitos al cuerpo cósmico del buda, el *dharmakaya,* que es considerado como la realidad última. Él es así la fuente de una verdad esotérica más alta en el budismo, y todavía reúne otras realidades también en la unidad arquitectónica de Vairocana. ➪ Adibuda; Amaterasu; dharmakaya; Ise, santuarios; mandala; shingon; tibetana, religión.

Vaisakha (Vaísākha; pali: Vesākha) Nombre de un mes del calendario indio, que corresponde al período de mediados de abril a mediados de mayo; es la ocasión de la fiesta budista más grande, que es también conocida como Vesak. Conmemora tres de los acontecimientos fundamentales de la vida de Buda: su nacimiento en Lumbini, su iluminación en Bodhgaya y su muerte en Kusinara. Es la más ampliamente celebrada de todas las fiestas budistas. Aunque los monasterios budistas están en el centro de las celebraciones, es también importante para los laicos y para todos los lugares limítrofes de todo el mundo budista. Las casas se iluminan, se montan ferias, se comparte comida, se celebran procesiones, se camina alrededor de los santuarios budistas, se leen lecciones y se predican sermones sobre los tres acontecimientos en el itinerario de la vida de Buda que se conmemoran en este tiempo. Desde el rey de Tailandia, en el palacio real de Bangkok, hasta el abad local de un monasterio de una diminuta aldea de Sri Lanka, hay regocijo, puesto que los principales acontecimientos de la vida de Buda se conmemoran con gratitud y alabanza. ➪ Bodhgaya; Buda; Kusinara; Lumbini.

Vaisheshika (Vaiśeṣika) Una de las seis escuelas ortodoxas *(astika)* de filosofía india que llegó a fundirse con la escuela Nyaya. Mientras que la escuela Nyaya se preocupaba por el razonamiento lógico y válido, la escuela Vaisheshika estaba preocupada por la física, y proporcionó gran parte del contenido a las escuelas fundidas. El texto fundacional de la escuela es la obra de Kanada *Sutra de la Vaisheshika* (siglo I d. C.) que presenta una teoría atómica de la naturaleza. Es decir, la naturaleza está hecha de átomos que se combinan para formar «moléculas» de los cinco elementos: tierra, agua, aire, fuego y éter *(akasha).* Estos elementos son particulares *(vishesha),* poseyendo características específicas que distinguen a unos de otros y de las sustancias no materiales, tales como las almas y el tiempo. Hubo algún debate sobre si el Señor *(Ishvara),* que organiza los átomos, era una categoría distinta. El *Sutra de la Vaisheshika* clasifica la totalidad de las apariencias en seis categorías *(padarthas),* a saber: sustancia, cualidad, acción, universalidad, particularidad e inherencia. El conocimiento de estas categorías acabará en la emancipación o liberación *(moksha).* Aun pareciéndose a ciertos rasgos de la ciencia moderna occidental, era este un sistema de filosofía especulativa y no una teoría científica establecida mediante experimentos. Estaba, sin embargo, preocupada por fundamentar sus ideas a través de la

Vaishyas

razón y el argumento lógico. ⇨ Ishvara; moksha; Nyaya.

vaishyas (Vaiīyas) La más baja de las tres clases arias, o nacidas dos veces, que llegaron a la sociedad india. Eran la «masa del pueblo ordinario», los mercaderes y artesanos, y se les equiparaba con los «dioses todos», la correspondiente masa de seres divinos. En el *Rig Veda* (10, 90: 11-12) se dice que emanaban de los muslos del ser primordial, *purusha*. ⇨ purusha; varna.

Valhalla En la mitología nórdica, gran salón construido por Odín para albergar a los guerreros que morían bravamente en la batalla. Todas las noches se emborrachaban, y por el día luchaban hasta la muerte y resurgían de nuevo. Después de este entrenamiento intensivo formarían un ejército para ayudar a los dioses en la Batalla Final. ⇨ germánica, religión; Odín; Ragnarok.

Vallabha (1479-1531) Teólogo hindú visnuita, fundador de la escuela Vedanta Shuddhadvaita («no dualista Pura»). Devoto de Krishna, intentaba combinar devoción *(bhakti)* con no dualismo y escribió comentarios sobre el *Sutra de Brahma* y el *Bhagavata Purana*, que consideraba como la revelación o autoridad definitiva de Krishna. Vallabha rechazaba la idea de Shankara de que el mundo es una ilusión *(maya),* creyendo más bien que es real y que se identifica con Brahman o Krishna: en otras palabras, que Dios y el mundo son uno. Aboga por un sendero de devoción personal y sometimiento a la deidad, el *pushtimarga* o «camino de nutrición», que culmina en el gran anhelo por Krishna, semejante al anhelo sentido por las vaqueras *(gopis)*. En este camino, el devoto, como las gopis, participa en el «juego» *(lila)* de Krishna. ⇨ Bhagavata Purana; bhakti; Brahman; Krishna; lila; maya; Shankara.

Valmiki (Vālmīki) Supuesto autor del *Ramayana*. Las leyendas dicen que era un vagabundo descubierto por Rishi Narada, que le animó a estudiar. Fue visitado en su ermita de Chitrakuta en numerosas ocasiones por Rama y Sita, e hizo de anfitrión para Sita cuando fue desterrada por su receloso marido. Inspirado para la poesía después de ver a una garza real llorando por su macho, que había sido muerto por un cazador, Valmiki, con el consejo de Brahma mediado a través de Narada, escribió las aventuras de Rama y Sita en forma métrica. ⇨ Brahma; Rama; Ramayana.

Valquirias En la mitología nórdica y germánica, Doncellas de Odín, también llamadas Electoras de los muertos. Cabalgaban con la Caza Salvaje o aparecían como cisnes, para recoger a los guerreros muertos en el campo de batalla y llevarlos al Valhalla. ⇨ germánica, religión; Odín; Valhalla.

Vanes ⇨ Ases y Vanes.

varna (varṇa) (literalmente: «color») Palabra que indica las cuatro divisiones o clases de la sociedad hindú. Este sistema jerárquico de rango social ha sido considerado sagrado en el hinduismo. Mitológicamente, la idea de varna está expresada en el «Himno a la Divina Persona» *(Purusha Sukta),* en el *Rig Veda* (10, 90), según el cual el primer hombre fue sacrificado y, de su cuerpo, surgió el orden natural y social. La clase sacerdotal *(brahmanes)* provenía de su boca, la clase guerrera *(kshatriyas)* de sus brazos, la gente ordinaria o mercaderes y artesanos *(vaishyas)* de sus muslos y los siervos *(shudras)* de sus pies. El gigante primigenio es así un modelo de rango social. A las tres primeras clases se les llama los nacidos dos veces *(dvija),* porque todos los varones pasan por una ceremonia de iniciación que les capacita para participar en los ritos védicos. Esta ceremonia se pasa teóricamente cuando se es un joven adolescente, aunque con frecuencia se realiza en la boda de un joven. Debajo de las cuatro varnas, o como subserie de las cuatro series, están los intocables, la «quinta» clase de «descastados» llamados *dalit* (los oprimidos). Gandhi les llamaba *harijans,* hijos de Dios. El artículo 17 de la Constitución india de 1949 abolía la intocabilidad y prohibía su práctica en cualquier forma. Por ley, todos tienen ahora el mismo derecho a sacar agua de cualquier pozo, a adorar en cualquier templo y a ejercer cualquier profesión. Sin embargo, en términos reales, su posición no se ha alterado sustancialmente. Clase *(varna)* y casta *(jati)* han llegado a entrelazarse en la sociedad hindú. Mientras las castas siguen siendo distintas entre sí, separadas por poderosas nociones de pureza y contaminación, los miembros de una clase, en las comunidades hindúes contemporáneas, no siempre siguen sus papeles tradicionalmente asignados. Por ejemplo, los brahmanes, tradicionalmente sacerdotes, pueden poseer tierra, dirigir negocios o trabajar en la industria alimentaria (estando ritualmente puros). Igualmente los kshatriyas, tradicionalmente asociados con el ejército y el gobierno, se encuentran hoy en la mayoría de las ocupaciones. Los vaishyas tienden a seguir siendo mercaderes y artesanos, mientras los shudras conservan su puesto original sirviendo a las otras tres clases. ⇨ brahmanes; casta; Gandhi, Mohandas Karamchand; Harijan; jati; kshatriyas; Veda.

vassa Palabra budista que significa «monzón», usada para referirse a la fiesta *vassa* que se celebra durante la estación del monzón, que dura de julio a octubre. A veces es mencionada como la Cuaresma budista. Parece que al comienzo de la tradición budista, quizá incluso durante la vida del propio Buda, pequeños grupos de budistas se reunían en comunidad para utilizar el período del monzón con el máximo provecho, y este puede haber sido el origen de la idea de un monasterio establecido. La fiesta vassa es usada actualmente por los monjes como un tiempo de retiro durante el cual permanecen en su propio monasterio

Vasubandhu

para estudiar, meditar y enseñar a los laicos. Algunos budistas se ordenan de monjes durante este período, aunque no son monjes durante el resto del año; el servicio de un monje se computa por las vassas, no por los años, que ha pasado en la *sangha*. Así, hay más gente viviendo como monjes durante el período vassa, y son más los laicos que acuden a los monasterios para escuchar sermones y adquirir instrucción de los monjes. ▷ Buda; Cuaresma; sangha.

Vasubandhu Tradicionalmente se dice que Vasubandhu nació en lo que es ahora Peshawar, en Gandhara, a finales del siglo IV d. C. Se hizo sarvastivadino y escribió una influyente obra, el *abhidharmakosa,* que siguió siendo la afirmación clásica del pensamiento *abhidharma* en el norte de la India. Según la tradición, su medio hermano Asanga le convirtió más tarde a la postura mahayana, y él ayudó a Asanga a establecer la escuela *Yogacara* de budismo mahayana. Propagó sus puntos de vista en varios tratados, incluyendo el *Vimsatika, tratado en veinte estancias sobre la sola conciencia*. Su escuela defendía que la mente es básicamente la única realidad, y que los objetos exteriores son proyecciones de la mente. Al igual que la conciencia de los objetos del sueño, la conciencia de los objetos externos es viva pero carente de realidad objetiva. En una variedad de formas, Vasubandhu y sus compañeros Yogacara fomentaron su punto de vista, de lo que actualmente se llamaría idealismo subjetivo, frente al materialismo de su época. Su escuela fue más tarde muy importante fuera de la India, especialmente en el Tíbet. El estudio ha planteado la cuestión, no resuelta, de si existieron dos Vasubandhus (uno *Sarvastivadino* y otro *Yogacara)* en vez de uno sólo. ▷ Sarvastivada; Yogacara.

Vaticanos, Concilios Dos concilios de la Iglesia católica. El primero (1869-1870) fue convocado por el papa Pío IX para tratar de doctrina, disciplina y derecho canónico, misiones extranjeras y la relación entre la Iglesia y el Estado. Es recordado sobre todo por el decreto sobre la infalibilidad del Papa y el triunfo de los ultramontanos. El segundo (1962-1965) fue convocado por el papa Juan XXIII, con la tarea de renovar la vida religiosa y poner al día la creencia, estructura y disciplina de la Iglesia (*aggiornamento*). Sus reformas en liturgia y sus tendencias ecuménicas han tenido efectos de largo alcance en todo el mundo cristiano. ▷ aggiornamento; catolicismo; Concilio de la Iglesia; derecho canónico; ecumenismo; Juan XXIII; liturgia; Pío IX; ultramontanismo.

Veda «Conocimiento sagrado» de los hindúes que data de c. 1500 a. C., contenido en las cuatro colecciones llamadas los Vedas; los *Brahmanas* se añadieron a ellas, y los Aranyakas y Upanishads que sirven como epílogo o conclusión. Originalmente el Veda constaba del *Rig Veda* (canciones o himnos sagrados de alabanza), *Sama Veda* (melodías y cantos usados por los sacerdotes durante los

Vista de la basílica de San Pedro en la clausura del Concilio Vaticano II (21-XI-1964)

Vedanta

sacrificios) y *Yajur Veda* (fórmulas sacrificiales), a los que más tarde se añadió el *Athara Veda* (encantos, hechizos y cantos de exorcismo). Los Aranyakas y Upanishads niegan que el sacrificio ritual sea el único medio de liberación, e introducen la doctrina monista. Finalmente fueron entendidos como el cumplimiento de las aspiraciones védicas y son llamados los Vedanta («el final del Veda»).
⇨ Brahmanas y Aranyakas; hinduismo; Upanishads; Vedanta.

Vedanta (Vedānta) La más influyente de las seis escuelas ortodoxas *(astika)* de filosofía hindú. El término significa «el final del Veda», y en un nivel se refiere a las enseñanzas de la última sección del Veda, los Upanishads, aunque implica así mismo la «esencia del conocimiento o sabiduría». El Vedanta es también llamado el Último *(Uttara)* Mimamsa en cuanto opuesto al Primer (Purva) Mimamsa: el Vedanta destaca la renuncia y la búsqueda de la salvación o liberación *(moksha),* el Mimamsa hace hincapié en el dharma, el cumplimiento de las obligaciones morales y rituales en la sociedad. Aparte de los Upanishads, el *Bhagavad Gita* es un texto influyente, junto con el Brahma de Badarayana o *Sutra del Vedanta*. Los filósofos Vedanta de diferentes sectas escribieron comentarios sobre los Upanishads, el Gita y, especialmente, el Sutra del Vedanta. Cuatro afirmaciones halladas en los Upanishads son de particular importancia en el Vedanta, a saber: «Yo soy el Absoluto» *(aham brahmasmi)*; «Este yo es el Absoluto» *(ayam atma brahma)*; «Todo esto es ciertamente el Absoluto» *(sarvam khalu idam brahma),* y «Tú eres eso» *(tat-tvam-asi)*. Estas afirmaciones eran interpretadas por escuelas opuestas de Vedanta. El No dual o Advaita Vedanta de Shankara (788-820) entendía estas afirmaciones de un modo monista: que existe una única realidad con la que el yo es idéntico, siendo todas las distinciones mundanas una ilusión *(maya)*. El «no dualismo cualificado» o Vishishtadvaita de Ramanuja (siglo XII) mantenía que tales afirmaciones suponían que el ser del alma estaba unido al Absoluto, pero no era idéntico, mientras que el Dualista o Dvaita Vedanta de Madhva (siglo XIII) interpretaba que estas afirmaciones significaban que el yo es distinto del absoluto. El Vedanta ha influido mucho en el hinduismo contemporáneo a través del renacimiento hindú del siglo XIX, especialmente la obra de Vivekananda. ⇨ Advaita Vedanta; Bhagavad Gita; dharma; Mimamsa; moksha; Shankara; Upanishads; Veda; Vedanta.

velo En el islam, costumbre de cubrir la cara practicada por las mujeres. Es descrita con el término *hijab* en los países árabes, y con el término *purdah* en tierras indopersas. El Corán 33, 59 aconsejaba a las mujeres de Mahoma que llevaran velo, y el Corán 24, 31 aconsejaba velar los adornos femeninos de modo que los extraños no pudieran verlos. Sin embargo, la tradición de velar la cara no se hizo común antes de la época de los califas abasíes (750-

1258). El velo no lo llevaban las niñas, sino que se tomaba en el momento de la transición a la pubertad. Las escuelas legales musulmanas no prescriben la vestidura del velo, aunque sí cubrir el cuerpo para preservar la modestia un lugares públicos. En la práctica, las mujeres musulmanas que trabajan fuera de casa o en comunidades rurales, en lugares como el sudeste de Asia y las tierras beduinas, rara vez lo han usado; llevar el velo ha sido una tradición cultural tanto o más que puramente religiosa. Mientras el modernismo islámico ha sugerido que el velo es un símbolo de subyugación de las mujeres y debe ser retirado, el fundamentalismo islámico está ejerciendo presión sobre las mujeres musulmanas para introducirlo o reintroducirlo. ⇨ Corán; escuelas islámicas de la ley; Mara (islámica); modernismo islámico; mujeres en el islam, las.

Venus Originalmente, oscura deidad itálica del jardín vegetal, fue identificada con Afrodita, y, como diosa romana, asumió la mitología y atributos de la última. ⇨ romana, religión.

verdad Debería hacerse una distinción entre la verdad epistemológica, ontológica/metafísica y existencial. La verdad epistemológica es la correspondencia entre una proposición, juicio o concepto, y la realidad que estos pretenden describir. Si una afirmación refleja o expresa con exactitud esta realidad constituye una afirmación verdadera. Como señala Kant, la verdad es «la conformidad de nuestros conceptos con el objeto». La verdad ontológica/metafísica es el conocimiento de la realidad subyacente de las cosas. Esta forma de verdad está con frecuencia ligada a los conceptos de bondad o ser, y es considerada eterna, absoluta e inmutable. La verdad existencial es una cualidad de la existencia. Si la existencia de un ser humano corresponde a lo que verdaderamente es o debería ser, entonces está en la verdad. El pensamiento religioso se ha preocupado en primer lugar de la verdad ontológica y existencial, aunque la verdad epistemológica de ningún modo ha estado ausente. El individuo está en la verdad cuando mantiene una relación con Dios y la expresa en su existencia personal. Así, en el Antiguo Testamento, las expresiones «caminar en la verdad» y «practicar la verdad» significan vivir en adhesión fiel a la voluntad de Dios. En el Nuevo Testamento, aunque la «verdad» conserva muchos de sus significados tradicionales, viene ahora a referirse en primer lugar y antes de nada a Cristo, la salvación que trae y lo que revela acerca de Dios. Cristo es el camino, la verdad y la vida (Juan 14, 6). ⇨ fe.

Versión Autorizada de la Biblia Traducción inglesa de la Biblia encargada por el rey Jorge VI y I, y llevada a cabo por un panel de eminentes eruditos de la época; generalmente llamada la Biblia del rey Jorge. Utilizaron los textos griego y hebreo, pero fueron también deudores a traducciones inglesas anterio-

Versos Satánicos

res. Célebre por su excelencia literaria, la «Versión Autorizada» alcanzó amplio interés popular tras su primera publicación en 1611, pero jamás fue formalmente «autorizada» por el rey o el Parlamento. ⇨ Biblia.

Versos Satánicos Se refieren a dos o tres versículos que fueron introducidos en la sura 53 del Corán pero que más tarde fueron suprimidos, basándose en que eran satánicos y, por tanto, no eran propiamente parte del Corán. El pasaje clave afirma: «¿Habéis tenido en cuenta a al-Lat, al-Uzza y Manat, la tercera, la otra? Estas son las sublimes intermediarias cuya intercesión se espera.» Esta referencia a tres diosas locales como intermediarias era claramente contraria al espíritu y la letra del monoteísmo musulmán. En septiembre de 1988 una novela titulada *Los versos satánicos,* escrita por Salman Rushdie, fue publicada en Gran Bretaña, ganando el Premio Whitbread. Interpretada literalmente por muchos musulmanes, causó furor en la comunidad islámica que consideró que contenía insultos gratuitos al islam, por ejemplo, en el uso de la palabra *Mahound*, que había sido una demonización medieval de Mahoma. Esto planteó muchas preguntas, como ¿qué es la blasfemia?; las leyes contra la blasfemia ¿deben aplicarse a todas las religiones en Gran Bretaña, no sólo al cristianismo?; ¿tienen los novelistas derecho a la libertad de expresión sin trabas?; ¿está abierto el Corán a algún tipo de crítica?, y ¿pueden los musulmanes renegar de su fe? Al final fue emitido un fatwa por el ayatolá Jomeini condenando a Rushdie a muerte por blasfemia, y el autor fue obligado a esconderse; todavía sigue escondido. ⇨ ayatolá; blasfemia; Corán; fatwa; Mahoma; monoteísmo; sura.

vestales, vírgenes En la antigua Roma, sacerdotisas vírgenes aristocráticas de Vesta, la diosa del hogar. Cuidaban de la llama sagrada que ardía permanentemente en el Templo de Vesta, cerca del foro. ⇨ romana, religión.

vestiduras Vestidos especiales y distintivos que lleva el clero en el culto y la liturgia de la Iglesia cristiana. ⇨ liturgia.

vía media Nombre dado, a veces, a la tradición budista que se deriva de la enseñanza de Buda. Él adoptó una vía media entre los extremos prácticos de una vida de lujo en su palacio y una vida de ascetismo, intentó ambos y los abandonó, y tomó una vía media entre los extremos filosóficos de eternalismo y nihilismo. Enseñaba que la vía media aportaba visión y conocimiento, y producía sosiego, iluminación y nirvana. El sendero óctuple —comprensión recta, pensamiento recto, discurso recto, acción recta, vida recta, esfuerzo recto, consciencia recta y concentración recta— es la vía media de la práctica budista. Filosóficamente, la vía media estaba relacionada con el concepto de origen dependiente, y está también relacionada con la escuela Madhyamika de filosofía budista mahayana.

Madhyamika significa «vía media», y los versos formativos de Nagarjuna, los *Madhyamika-karika,* son los «Versos de la vía media». ⇨ budismo mahayana; dharma; Madhyamika; nirvana; origen dependiente; sendero óctuple.

víacrucis Forma popular de devoción en la Iglesia católica y algunas iglesias anglicanas. Consiste en meditar sobre una serie de 14 cuadros o relieves que rememoran la pasión de Cristo desde su condena hasta su entierro. ⇨ catolicismo; Jesucristo.

viaje nocturno de Mahoma Famoso acontecimiento en la vida de Mahoma, que se dice tuvo lugar en fecha desconocida antes de la huida de La Meca a Medina, en el 622. Se insinúa en el Corán 17, 1, y fue embellecido por tradiciones posteriores. Incluía un viaje con el ángel Gabriel en un caballo alado desde La Meca a Jerusalén donde, con Abraham, Moisés, Jesús y otros, el profeta rezó en el templo de Salomón. Mahoma entonces ascendió con Gabriel desde Jerusalén a través de los siete cielos hasta la presencia de Dios, encontrando por el camino a varios profetas en su forma espiritual. Dios le mandó que dijera a los musulmanes que rezaran 50 veces al día, aunque esto quedó reducido más tarde a cinco veces diarias. Cuando Mahoma relató elementos de su viaje nocturno a otros en La Meca fue ridiculizado, pero Abu Bakr y los compañeros musulmanes le creyeron, y se convencieron de la autenticidad de su misión. Ha existi-

Mahoma durante su viaje nocturno, conducido por un ángel del Paraíso. Miniatura turca, Biblioteca Nacional (París)

do cierta polémica poco concluyente sobre si el viaje nocturno debía interpretarse como una visión o un acontecimiento real. Llegó a ser extremadamente importante para el pensamiento y la devoción musulmanas, para las miniaturas persas, una especie de anticipación para los posteriores musulmanes de su propia subida a los cielos, como símbolo para los sufíes de su propio viaje espiritual, y para Dante en su cosmología del cielo. ⇨ Abraham; Corán; Gabriel; hégira; Jesucristo en el islam; La Meca; Mahoma; Medina; salat; sufismo; sunnah.

vicario (latín: *vicarius,* «sustituto») Literalmente el que ocupa el lugar de otro; por ejemplo, se dice que el Papa es el Vicario de Cristo. En las iglesias anglicanas, el término se aplica técnicamente al pastor que actúa de rector, pero se usa en general para cualquier párroco o ministro. ⇨ Iglesia de Inglaterra.

vicios sij ⇨ sij, vicios.

víctima propiciatoria
En el antiguo ritual judío (Levítico 16), en el Día de la Expiación y después de los sacrificios de un toro y un macho cabrío como ofrendas por los pecados, un segundo macho cabrío («víctima propiciatoria») era soltado en el desierto «para Azazel», posiblemente el demonio del desierto, que simbolizaba cómo se borraban los pecados del pueblo. El sumo sacerdote echaba suertes para determinar los destinos respectivos de los dos machos cabríos. En la actualidad, el término se aplica más habitualmente a alguien que asume la culpa de otro. ⇨ Yom Kippur.

vida
Una preocupación por la finalidad y sentido de la vida es un rasgo de casi todas las tradiciones religiosas del mundo. El origen preciso de la vida se entiende de formas diversas, pero con frecuencia se considera que es el fruto de un acto divino y, por consiguiente, se le ha infundido un propósito y un valor. Atributos físicos como el aliento y la sangre figuran en muchos credos como la base de la vida, diferenciando la animada de la inanimada. Más recientemente, la vida ha sido definida en términos de autoconciencia, la capacidad de movimiento, actividad con sentido, etc. En el judaísmo, la vida es un don de Yahvé y es, por tanto, sagrada. La vida, para su consumación más plena, debe ser vivida en obediencia a Dios. La desobediencia es pecado y una negación del propósito de Dios al crear al hombre. En el judaísmo rabínico, la preservación de la vida es el bien más alto ante el hombre. El cristianismo heredó este doble aspecto de la vida con y sin Dios. La vida sin Dios es una vida de pecado y rebelión, y es autonegarse. La vida con Dios es la nueva vida en Cristo, que es un don gratuito de Dios. La vida existe, no para sí misma, sino en apertura a Dios y al servicio de su prójimo. La plenitud de la vida en Cristo se alcanza más allá de este mundo, en el mundo que ha de venir y que Dios traerá. El pensamiento hindú sobre el propósito de la vida se caracteriza por el ciclo de nacimiento y renacimiento. La meta de la vida es lograr la iluminación y finalizar el ciclo de la vida mediante la comprensión de la identidad última entre el yo humano y el yo universal, *Brahman*. La enseñanza budista es similar excepto en que la vida está marcada por la temporalidad, el sufrimiento y la no individualidad. No existe yo universal y el objeto de la vida es suprimir el deseo y alcanzar el estado de tranquilidad inmutable *(nirvana)*. La filosofía occidental reciente ha desafiado la idea de que la vida tenga un propósito o valor en un sentido absoluto, afirmando que la vida es absurda y que está desprovista de cual-

quier sentido último. ⇨ Brahman; escatología; nirvana.

vihara (vihāra) Palabra budista que significa «lugar de morada», que es el nombre usado para referirse a un monasterio budista. Al principio, los primeros budistas vagaban por la India, pero desde época temprana vivían durante la estación lluviosa en pequeños grupos en comunidades establecidas, que evolucionaron hacia monasterios permanentes. El vihara finalmente llegó a tener una serie de rasgos, incluyendo un muro circundante, jardines, un stupa, un árbol bodhi, casas para los monjes y una sala de culto que contenía una o más imágenes de Buda. El vihara es el foco comunal para los monjes y la comunidad budista local, tanto para el culto general como para el culto en días santos especiales. A veces, como, por ejemplo, en Tailandia y Sri Lanka, el vihara tiene un significado más restringido para designar una gran sala o santuario, que contiene la imagen de Buda, que está dentro de un complejo más amplio de edificios. En la primitiva historia de la tradición budista los viharas llegaron a estar separados de los monasterios-cueva *(guhas)* porque eran edificios verticales independientes. Los viharas, en sentido general, evolucionaron hacia tamaños, formas y estilos estéticos diferentes, yendo desde el edificio de una diminuta aldea de Ceilán a una gigantesca serie de edificios en un lugar como Lhasa, en el Tíbet, y a los clásicos monasterios zen de Japón. ⇨ Buda, imagen de; budismo zen; uposatha.

vinaya-pitaka (vinaya-piṭa-ka) Primera sección o cesta *(pitaka)* de las escrituras sagradas budistas conocidas como el *tipitaka* o canon pali. Trata de la disciplina monástica; las otras dos secciones centran su atención en los discursos de Buda *(sutta-pitaka)* y en el análisis lógico de las doctrinas budistas *(abhidharma-pitaka)*. El *vinaya-pitaka* trata de la primitiva fundación de la comunidad budista por Buda, de las reglas generales que rigen la vida de la comunidad y el código particular de conducta para los monjes y monjas como individuos. Se centra en tres asuntos concretos: reglas para monjes, reglas para monjas y temas especiales como la ordenación, los días santos, el vestido, la comida, la medicina y las viviendas de monjes y monjas. Probablemente el fondo original de esta sección fuera el código de preceptos éticos para monjes, conocido como el *Patimokkha,* que todavía se recita por las asambleas locales en dos días santos de cada mes. El lugar central de los monjes, y en un menor grado de las monjas, es un hecho sorprendente que distingue al budismo de otras tradiciones religiosas. En ningún otro sitio se ha dedicado una tercera parte de las escrituras sagradas a monjes y monjas. Aunque existen otras versiones del *vinaya-pitaka* en sánscrito, chino y tibetano, no difieren mucho de las del *tipitaka,* y todas las escuelas de budismo aceptan que los monjes son figuras ejemplares. ⇨ abhidharma; Patimokkha; sangha; sutta-pitaka; tipitaka.

vino Bebida alcohólica hecha del jugo de uva fermentado. En muchas culturas, el vino, debido a su parecido con la sangre, era ofrecido como libación sacrificial o como ofrenda a los dioses o a los difuntos ancestrales. Al mismo tiempo, muchas tradiciones religiosas han prohibido la excesiva indulgencia en el vino y han condenado la embriaguez. ⇨ comida y bebida; Eucaristía.

vino en el islam Estrictamente hablando, alcohol, drogas y todas las demás bebidas alcohólicas que afectan a la conciencia están prohibidas en el islam. Sin embargo, la situación se complica por el hecho de que en el islam sufí (místico) el vino es un símbolo de conocimiento divino, de hecho, una famosa mística «oda al vino» fue escrita por Ibn al-Farid (1181-1235), un célebre poeta árabe sufí. Además, el Corán afirma que en el paraíso habrá ríos de vino. El vino se ha permitido en el islam con fines medicinales, y en los modernos códigos civiles se ha autorizado la venta de alcohol en algunos países islámicos. Sin embargo, cualesquiera que sean las excepciones que pueda haber habido, la práctica islámica general es la prohibición del alcohol, y esto se ha reforzado con el reciente resurgir del fundamentalismo islámico. ⇨ Corán; paraíso; sufismo.

vipassana (vipassanā; sánscrito: vipaśyanā) Forma de meditación budista conocida como «meditación intuitiva». Vipassana es una conciencia directa de la realidad, y puede surgir espontáneamente sin la práctica de la meditación, pero se logra más habitualmente como resultado de una larga concentración y disciplina meditativa. Se basa esta en la cuidadosa práctica de la atención, especialmente a cada objeto que pasa. Está orientada a desarrollar la conciencia de cuatro cosas: el cuerpo cuando uno se sienta, camina o realiza funciones corporales; los sentimientos tal como vienen y van; los estados de la mente tal como surgen y desaparecen, y los procesos mentales o dharmas. La meta última y resultado de la meditación intuitiva consiste en penetrar en la fugacidad *(anicca)*, naturaleza insatisfactoria *(duhkha)* y carencia de yo o sustancia *(anatman)* de todas las cosas. Está precedida con frecuencia por la práctica de tranquilizar la mente por medio de la «meditación calmada» *(samatha)*, aunque las escuelas budistas difieren en su visión de la relación entre estas dos formas de meditación. El consejo de un practicante o maestro es considerado generalmente necesario para una vipassana fructuosa, y se pueden obtener varios niveles de penetración. De hecho, en «El sendero de purificación» de Budagosa se describen siete etapas de purificación, de las cuales las cinco últimas se refieren a la penetración. En los niveles más altos, existe un avance hacia un nivel «trascendente» de penetración, aunque incluso esto todavía no equivale al nirvana. ⇨ anatman; bhavana; Budagosa; dharma; duhkha; nirvana; samatha.

Viracocha o Huirococha

Ser supremo en la religión estatal del imperio inca. El significado de la palabra, y hasta la lengua de origen, es desconocida, puede ser un título en vez de un nombre (incluso en los tiempos modernos se puede usar como trato honorífico). Los incas y, sin duda, otros pueblos andinos, reconocían a la deidad creadora bajo este nombre, que quizá fuera usada en la cultura Tiahuanaco. Hatun Tupac Inca, octavo emperador, tuvo una visión de Viracocha, tomó su nombre como título para sí y le levantó templos en Cuzco y Cacha. El noveno emperador, Pachacuti, un gran imperialista y reformador religioso, estableció el culto de Viracocha como ser supremo por todo el imperio. La estatua de Viracocha, en forma humana, de oro macizo, dominaba la escena en el Templo del Sol de Cuzco, centro ideológico del imperio. Las divinidades de las naciones conquistadas debían ocupar un lugar subordinado, excepto Pachacamac, cuyo prestigio estaba demasiado extendido, y que fue declarado a Viracocha bajo otro nombre. En algunos mitos incas, Viracocha es visto haciendo salir el Sol y la Luna del lago Titicaca, destruyendo el primer mundo desobediente mediante un diluvio y repartiendo a las naciones sus respectivos sitios, las bases de su sustento y los lugares de culto del universo recreado. Otras historias sugieren que Viracocha era un héroe agrícola de la edad de oro y que un día regresaría. De hecho, los incas al principio creyeron que los españoles eran fuerzas de Viracocha que volvía, lo mismo que los aztecas les consideraron como las fuerzas de Quetzalcóatl. La conquista española, el derrumbamiento del Imperio inca y los años de desastre y despoblación parece que habían roto el dominio de Viracocha en los Andes. En los años siguientes, los pueblos andinos combinaron el Dios cristiano y los sistemas de creencias locales de diversas formas. ⇨ inca, religión; Pachacamac; Pachacuti; Quetzalcóatl.

Virgen, Nacimiento de la ⇨ Inmaculada Concepción.

visiones ⇨ sueños y visiones.

Visnú

(Viṣṇu) Gran deidad hindú, segunda de la tríada (Trimurti) de dioses que manifiesta las funciones cósmicas del Ser Supremo (las otras dos son Brahma y Siva). Conservador del universo y encarnación de la bondad y la misericordia, se cree que ha asumido forma visible en nueve descendientes *(avataras):* tres en forma no humana, una en forma híbrida y cinco en forma humana, de las cuales sus manifestaciones como Rama y Krishna son las más importantes. Los visnuitas, sus seguidores, le consideran el Dios definitivo y repiten sus «mil nombres» como acto de devoción. Es representado generalmente bien de pie, portando armas o reclinado en una serpiente. Normalmente tiene la piel oscura, tal como han sido sus encarnaciones. ⇨ avatara; Brahma; hinduismo; Krishna; Siva; Trimurti.

visnuismo Gran tradición en el hinduismo, centrada en la deidad Visnú y en sus encarnaciones *(avataras),* especialmente Krishna y Rama. El visnuismo ha tendido a ser menos ascético que el sivaísmo, poniendo el énfasis en el culto *(puja)* a un Dios personal (Visnú, Rama o Krishna), devoción desinteresada *(bhakti)* y salvación o liberación *(moksha)* a través de la gracia de Dios. Himnos a Visnú se encuentran en el Veda, aunque el culto teísta de Visnú no se desarrolla hasta mucho más tarde, en el siglo V o IV a. C. El visnuismo es una fusión del culto de Narayana, que llegó a identificarse con Visnú, y el culto Bhagavata de Krishna, que es una encarnación de Visnú. El culto Narayana está expresado en el *Mahanarayana Upanishad* (siglos V-IV a. C.), así como en secciones de la epopeya, el *Mahabharata,* mientras que los Bhagavatas produjeron el algo más nuevo *Bhagavad Gita.* El culto de Krishna evolucionó hacia una tradición que se centra en Krishna Gopala, un joven vaquero de Vrindaban, que juega y tiene amores con las vaqueras *(gopis),* especialmente Radha. El *Harivamsha* (siglos I-III d. C.) presenta un relato mitológico completo de la vida de Krishna, cuyo aspecto «erótico» se desarrolla en el *Bhagavata Purana* (siglo XI) y la poesía visnuita posterior como el *Gitagovinda* de Jayadeva. Esta tradición de Krishna Gopala llegó a ser importante en Bengala con Chaitanya y existe actualmente en el movimiento Hare Krishna. Mientras los Bhagavatas formularon la idea de Dios que nace en el mundo en tiempos de tribulación, como se expresa en el *Bhagavad Gita,* otra secta visnuita, la Pancharatra, desarrolló la idea de que Dios (es decir, Visnú) se manifiesta en una serie de etapas o emanaciones *(vyuhas).* La secta Pancharatra es mencionada en el *Mahabharata,* pero llega a ser relevante en los siglos IV al VII d. C. con la producción de un vasto cuerpo de textos tántricos visnuitas. Estos se preocupan del ritual, los mantras y el culto en el templo. Algunos de estos textos, de manera más notable el *Lakshmi tantra,* se centran en la consorte de Visnú, Lakshmi, como el poder que está detrás del universo. La tradición visnuita Shri que se desarrolló en el sur de la India, es una fusión del culto Bhagavata de Krishna, la tradición Pancharatra y la tradición tamil devocional o bhakti de los Alvars. El visnuismo ha producido algunos teólogos notables como Ramanuja (siglos XI-XII), Madhva (siglo XIII), Vallabha (1479-1531) y Nimbarka (siglo XII). Los visnuitas se pueden distinguir a veces por una figura en forma de «v» pintada en sus frentes. ⇨ Alvar; avatara; Bhagavad Gita; Bhagavata Purana; bhakti; Chaitanya, movimiento; Krishna; Lakshmi; Mahabharata; moksha; Radha; Rama; sivaísmo; tamil, hinduismo; Upanishads; Vallabha; Veda; Visnú.

vísperas Hora vespertina del oficio divino de la Iglesia occidental. En las iglesias monásticas, catedralicias y colegiatas de la Iglesia católica se cantan diariamente entre las tres y las seis de la tarde. ⇨ catolicismo; liturgia.

Visser 'T Hooft, Willem Adolf (1900-1985) Ecumenista holandés, nacido en Haarlem. Se graduó en teología en Leiden y colaboró en organizaciones juveniles hasta su nombramiento, en 1938, como secretario general de lo que se iba a convertir en el Consejo Mundial de las Iglesias, puesto que mantuvo hasta su retiro en 1966. En ese papel se mostró como el principal estadista ecuménico de su generación. Insistió en que las jóvenes iglesias fueran consideradas como miembros iguales en la común tarea cristiana. Erudito polifacético, que hablaba con fluidez varias lenguas, escribió muchos libros, entre los que están *Ningún otro Dios* (1937), *La lucha de la Iglesia holandesa* (1946), y sus *Memorias* (1973). ⇨ Consejo Mundial de las Iglesias; ecumenismo.

Vivekananda (Vivekā-nanda), originalmente **Narendranath Datta** (1863-1902) Pensador y reformador hindú, nacido en una familia *kshatriya* bengalí. Fue educado en el Mission College de Calcuta, donde estudió filosofía europea con gran éxito. Su trasfondo era de creciente occidentalización y durante muchos años se mantuvo en los límites del Brahmo Samaj. Finalmente, sin embargo, se vio forzado a abandonar, ya que no podía aceptar la oposición del movimiento al sendero de renuncia *(samnyasa)*. En 1881 se encontró con Ramakrisna, un devoto inculto de la diosa Kali, a quien Narendranath aceptó como gurú suyo. Ramakrisna le condujo a la experiencia personal de Kali y a su debido tiempo le nombró su sucesor. En 1886 Ramakrisna murió y Narendranath pasó los años siguientes vagando por el campo. Durante esta etapa llegó paulatinamente a una posición que combinaba las ideas no dualistas de Sankara con la penetración devocional de Ramakrisna. En 1893 Narendranath obtuvo el mecenazgo del rajá de Khatri para visitar el Parlamento Mundial de la Religión, en Chicago. El rajá sugirió también que adoptara el nombre espiritual de Vivekananda. Durante la época del Parlamento, Vivekananda fue un orador muy popular. Aunque también asistieron otros hindúes, fue el único que logró reconocimiento. Habló de modo convincente sobre el tema del hinduismo como la verdad universal, aunque recalcando al mismo tiempo la necesidad de tolerancia. Como consecuencia de este éxito se embarcó en un amplio periplo de conferencias por EE. UU. y Europa. En ellas señalaba la importancia de la confianza en uno mismo, defendiendo que la gente debía mirar hacia sí misma y no a fuentes externas con respecto a sus objetivos religiosos. Atacaba al cristianismo por su formalismo y espiritualidad perdida. Creía que la espiritualidad de Oriente y la ciencia y racionalidad de Occidente podían unirse, encontrando su significado último en el Vedanta. Podía, así, ser descrito como asumiendo algo de una visión «inclusivista hindú» de la religión. Al volver a la

vocación

India fundó la Misión Ramakrisna, que no tuvo el impacto esperado, pero cuya importancia como pionera en temas sociales no debe obviarse. ⇨ Advaita Vedanta; Brahmo Samaj; Kali; Ramakrisna Paramahamsa; samnyasa; Shankara.

vocación Llamada a un estilo determinado de vida, servicio o profesión. El significado original del término es religioso. Se refiere a la elección de Dios de un individuo para realizar sus propósitos. Ejemplos de tales vocaciones religiosas se pueden encontrar en las llamadas de Samuel (1 Samuel 3), Isaías (Isaías 6, 18), Ezequiel (Ezequiel 2, 1-10; 3, 11), Pablo (Hechos 9; 13, 2; Gálatas 1, 15) y Bernabé (Hechos 13, 2). En muchas ocasiones la llamada no es aceptada de buena gana por el receptor. Así, Jeremías se resiste a su llamada basándose en que es «sólo un joven» (Jeremías 1, 6), y Jonás «se levantó para huir a Tarsis lejos de la presencia del Señor» (Jonás 1, 3). Pero la vocación no es un fenómeno restringido exclusivamente a las personas religiosas sobresalientes. Todos los seres humanos están llamados al servicio de Dios y existe diversidad de ministerios en los que pueden responder a esta llamada. Esta universalidad de la vocación fue especialmente acentuada por Lutero y Calvino, que realzaron el sacerdocio de todos los fieles y aplicaban el concepto de vocación a ocupaciones seculares. Aunque todavía conserva su dimensión religiosa, en el uso corriente el término «vocación» se aplica a una serie de profesiones como la medicina, la enseñanza, la ingeniería, las leyes, etc., para las que se requiere un grado más alto de compromiso que para ocupaciones no vocacionales. En este sentido, «vocación» es sencillamente un sinónimo de «profesión».

Voluspa (Voluspà) Literalmente significa «profecía del volva», es el más grande de los poemas nórdicos. Se presenta como una alocución, a veces a una audiencia mundial de dioses y humanos, otras veces a Odín, por parte de una profetisa presente cuando se formó el mundo y que prevé su final. Habla de la creación, de conflictos trágicos y traición, la muerte de Balder, la venganza de los dioses en Loki, y el día de Ragnarok, cuando dioses, monstruos y universo sean destruidos y el árbol del mundo, Yggdrasil, se parta. Nace un mundo nuevo, renovado, al que regresa Balder, reconciliado con su asesino involuntario, y un poderoso guía de todo lo hereda por derecho propio. Se ha discutido el alcance de la influencia cristiana en el *Voluspa;* el poema probablemente procede del período en el que el cristianismo se introdujo en Islandia. Quizá su autor, él mismo perteneciente a la fe antigua, haya usado algunas de las imágenes de la nueva. ⇨ Balder; Loki; Odín; Ragnarok; volva; Yggdrasil.

volva (volva) Vidente femenina o chamana en la religión nórdica antigua que ofrecía adivinación y la buenaventura. El arte se consideraba que pertenecía a los Vanes; de Freya se dice que se lo enseñó a los Ases. La volva se sentaría en un estrado alto sobre la audiencia que hacía las preguntas. Un cantor —a veces, todo un coro— cantaba invocaciones a los espíritus. La volva entraba en trance, oía las voces de los espíritus y después anunciaba los acontecimientos futuros. Hay una descripción gráfica en la saga de Erik el Rojo (s. X) de una volva que apareció en Groenlandia durante una época de hambre. La historia sugiere que la consulta a las volvas continuó, aunque de forma cada vez más rara, en tiempos cristianos. ⇨ adivinación; Ases y Vanes; chamanismo; Freya; sagas; Voluspa.

votos y juramentos Voto es una promesa voluntaria y compromiso personal hecho a algo que se considera sagrado, como Dios, o algún otro principio elevado, como la corona, el pueblo, un santo o incluso uno mismo. Los votos están orientados hacia el futuro. Comprometen al que lo hace a una línea de acción o modo de conducta. Aunque son autoimpuestos, se considera que los votos obligan y se asocia el estigma a cualquier ruptura o fracaso en su cumplimiento. Se pueden hacer votos con respecto a la mayoría de las actividades humanas. Los más comunes están asociados con el matrimonio o con la decisión de entrar en una comunidad religiosa, pero pueden ser también de naturaleza temporal, como es el caso, por ejemplo, de los votos de ayuno. Todas las grandes religiones advierten de la inconveniencia de hacer votos excesivos y prescriben reglas para su uso. Como los votos, los juramentos son compromisos voluntarios que obligan. Existen tres distinciones entre votos y juramentos. En primer lugar, el juramento no es un acto meramente personal, sino que implica a la sociedad de la que es miembro el que hace el juramento. Consiguientemente, mientras se aplica sólo el estigma al que rompe el voto, el fracaso en el cumplimiento del juramento es una ofensa punible. En segundo lugar, al prestar un juramento uno compromete la propia vida, el honor, una propiedad o algún otro objeto de valor en prenda, que se pierde si el juramento se rompe. En tercer lugar, un juramento es un medio de garantizar o confirmar la verdad de una afirmación, y al mismo tiempo vincula al que presta el juramento a su propia afirmación. Esto explica la importancia del juramento en los procedimientos legales. La Biblia advierte del uso demasiado liberal de los juramentos y de tomar el nombre de Yahvé en vano (Levítico 19, 12; Números 30, 2; Deuteronomio 23, 21; Mateo 5, 34-37; 23, 16-22; Santiago 5, 12).

Vratyas (Vrātyas) Fraternidad sagrada en la antigua India. Las Vratyas eran originalmente una fuerza militar, probablemente los primeros arios que entraron en la India, aunque desdeñados por los arios que llegaron después. Pueden haberse asimilado ideas no arias en el hinduismo brahmánico ortodoxo a través de las *Vratyas,* y haberse desarrollado con ellas técnicas de éxtasis del yoga, como el control de la res-

vudú

piración. Algunas Vratyas practicaban el celibato y durante los rituales del solsticio de verano se volvía a actualizar la relación sexual entre una «prostituta» *(pumshcali)* y un «bardo», un rito —conocido como el «gran voto» *(maha-vrata)*— que puede ser el precursor de posteriores rituales tántricos y de la idea de lo divino como mezcla de aspectos masculinos y femeninos complementarios. ⇨ arios; budismo tántrico; yoga.

vudú Religión popular de Haití, que se encuentra también en el resto de las Antillas y en partes de Sudamérica. Los seguidores de esta mezcla de catolicismo y religión africana occidental asisten tanto a la iglesia como al templo vudú, donde un sacerdote o sacerdotisa vudú dirige un ritual que invoca a los espíritus del mundo vudú por medio de diagramas mágicos, canciones y oración. El espíritu posee a los miembros en trance. ⇨ catolicismo; magia.

Vulgata Traducción latina de la Biblia cristiana que tiene su origen en San Jerónimo (c. 405), que intentó proporcionar una alternativa autorizada a la confusa serie de versiones en latín antiguo de su época. Desde aproximadamente el siglo VII se reveló como la versión latina favorita *(vulgate,* que significa la edición «divulgada»), pero fue revisada y alterada a través de los siglos. En 1546 el Concilio de Trento la reconoció como el texto oficial latino de la Iglesia católica. ⇨ Biblia; catolicismo; Jerónimo, San; Trento, Concilio de.

Ritual vudú (Haití)

W

Wahhabis (Wahhābis) Movimiento islámico que se deriva de Muhammad ibn Abd al-Wahhab, reformador religioso de Uyaina, cerca de Riyadh, y de Muhammad ibn Saud, antepasado de los actuales dirigentes de Arabia Saudita. La alianza iba a conducir en el siglo XVIII, a la unificación, de la mayor parte de la península bajo bandera saudita. La moderna reunificación del reino se llevó a cabo, entre 1902 y 1932, por el rey Abd al-Aziz, también conocido como «Ibn Saud». Los árabes llaman a los seguidores de Abd al-Wahhab *muwahhidun* o «unitarios» en vez de Wahhabis, que es un anglicismo. El movimiento mantiene que las decisiones legales deben basarse exclusivamente en el Corán y la sunnah. Los primeros wahhabis prohibían la música, la danza, la poesía, la seda, el oro y las joyas, y en el siglo XX, la *ikhwan* («fraternidad») se ha pronunciado contra el teléfono, la radio y la televisión como innovaciones no sancionadas por Dios. ⇨ Corán; islam; sunnah.

wali (walī) Noción de santo u hombre santo en la tradición musulmana, derivada de la expresión *wali Allah,* «amigo de Dios», del Corán 10,63. El islam popular reconoce diferentes grados de santidad o diferentes categorías de santos. En un nivel está la persona que es considerada pura; en otro está la que realiza actos extraordinarios y proporciona carisma; en un nivel más alto se cree que existe una jerarquía invisible de santos que tienen significación cósmica. En el plano del islam folclórico, los santos son muy importantes como figuras que sanan, ayudan y rezan. Sus tumbas son con frecuencia lugares de peregrinación, con sus características cúpulas apoyadas sobre tímpanos que, a su vez, descansan sobre estructuras cúbicas, que simbolizan el papel del santo mediador entre la tierra y el cielo. El culto de los santos ha sido especialmente importante en la India y el Norte de África. Los líderes sufíes, con frecuencia se han considerado santos por lo que las órdenes sufíes se han formado en torno a ellos, atrayendo la devoción hacia sus personas y las peregrinaciones a sus tumbas. Sin embargo, algunos grupos islámicos tradicionales como los wahhabis han cuestionado el culto de los santos basándose en que es incompatible con la unidad absoluta de Dios, *tawhid*. ⇨ Alá; Corán; islam folclórico; santo, visión islámica de; sufismo; tawhid; Wahhabis.

waqf Término musulmán para referirse a la donación de propiedades o dinero, mediante fundación pía, con fines caritativos. La ofrenda se podía utilizar para mantener o levantar una empresa educativa, un hospital, una mezquita o un establecimiento sufí. Normalmente se donaba para siempre y no podía ser recuperado por el donante original. Sin embargo, llegó a ser posible fundar un waqf para la propia familia, por lo que el derecho a dirigir la sociedad seguía dentro de la familia. La costumbre ha resultado muy provechosa para las empresas islámicas, pero en tiempos recientes ha provocado dos problemas concurrentes debido a la naturaleza expansiva de las tierras waqf. Por una parte, los gobiernos islámicos han intentado reducir la importancia de los waqfs familiares y situarlos bajo un mayor control gubernamental; por otra, en los lugares donde la tierra waqf administrada por el estado ha llegado a ser muy extensa dando lugar a dilemas económicos, se ha intentado a veces orientarla hacia una propiedad más eficaz y quizá privada. ⇨ mezquita; sufismo.

Wellhausen, Julius (1844-1918) Investigador bíblico alemán, nacido en Hameln. Fue profesor en Greifswald (1872), Halle (1882), Marburgo (1885) y Gotinga (1892); es muy conocido por sus investigaciones sobre la historia del Antiguo Testamento y la crítica de las fuentes del Pentateuco. Publicó varias obras, entre las que destaca *Prolegómenos sobre la Historia de Israel* (*Prolegomena zur Geschichte Israels,* 1883). ⇨ Antiguo Testamento; Pentateuco.

Wesley, John (1703-1791) Evangelizador inglés y fundador del metodismo, hermano de Charles Wesley e hijo del rector de Epworth, Lincolnshire. En 1720 pasó de Charterhouse al Christ Church College, Oxford. Se ordenó de diácono en 1725, y en 1726 ingresó en la junta de gobierno de Lincoln y obtuvo la cátedra de griego. En 1727 abandonó Oxford para asistir a su padre. En 1728 fue ordenado sacerdote y al año siguiente volvió a Oxford como profesor de un pequeño grupo de estudiantes. En esta época quedó muy influido por los escritos espirituales de William Law. Se convirtió en líder de un grupito comprometido que se había reunido en torno a su hermano Charles, apodado el «Club Santo» o los «Metodistas de Oxford», nombre adoptado más tarde por John para los partidarios del gran movimiento evangélico que se estaba desarrollando. Los miembros del club, al que en 1730 se unieron James Hervey y George Whitefield, practicaban su propia religión, con un grado de devoción entonces extraordinario, con estricto arreglo a las rúbricas. A la muerte de su padre (1735), acompañado por Charles, se fue como misionero a Georgia donde, por su falta de experiencia, cometió muchos errores y suscitó la hostilidad de los colonos. Tras un desafortunado asunto amoroso volvió a Inglaterra (1738). Los moravos le habían influido en el viaje de ida, y en este se encontró con Peter Böhler, y asistió a las reuniones de la sociedad. En una de ellas, celebrada en Aldersgate Street, durante la lectura del prefacio de Lutero a la epístola a los Romanos, experimentó una certeza de salvación que le convenció de que debía compartirla con los demás. Pero su inusitado celo alarmó y encolerizó a la mayor parte del clero parroquial, que le cerró sus púlpitos; esta intolerancia, el ejemplo de Whitefield y las necesidades de las masas le llevaron a predicar al aire libre en Bristol (1739). Allí fundó la primera capilla metodista. Predicó en la ruinosa Fundición de Moorfields, Londres, y la compró —a veces los aniversarios metodistas se han calculado a partir de este acontecimiento—, convirtiéndose durante mucho tiempo en el cuartel general del metodismo en la capital. Durante su itinerario de medio siglo, de diez mil a treinta mil personas esperarían pacientemente durante horas para escucharle. Transmitió su fuerza a los barrios obreros; de ahí que el grueso de sus convertidos fueran trabajadores del carbón, mineros, fundidores, tejedores y jornaleros de las ciudades. Su vida estuvo muchas veces en peligro, pero sobrevivió a las persecuciones, y los itinerarios de su edad de oro fueron procesiones triunfales de un extremo al otro del país. Durante su apostolado sin parangón viajó algo más de cuatrocientos mil kilómetros y predicó cuarenta mil sermones. Todavía se las arregló para producir una prodigiosa cantidad de obras literarias, gramáticas, extractos de los clásicos, historias, biografías abreviadas, colecciones de salmos, himnos y melodías, sus propios sermones y diarios, y fundó la *Revista metodista* (1778). Sus obras eran tan populares que ganó treinta mil libras, que distribuyó en obras caritativas durante su vida. Fundó instituciones caritativas en Newcastle, Londres y Kingswood School, en Bristol. Wesley rompió con los moravos en 1745, y su aceptación de lo que entonces era conocido como una teología arminiana le llevó a divergencias con Whitefield en 1741, una organización independiente de metodistas calvinistas dirigidos por la condesa de Huntingdon, y a una aguda controversia (1769-1778) con Augustus Toplady. Wesley estaba determinado a permanecer fiel a la Iglesia de Inglaterra y animaba a sus seguidores a hacer lo mismo; pero ejercieron crecientes presiones sobre él y en 1784 él mismo confirió las órdenes a uno de sus asistentes (Francis Asbury) para trabajar en EE. UU. (con gran dolor de su hermano), práctica que extendió posteriormente. Sin embargo, siempre consideró el metodismo como un movimiento dentro de la Iglesia y así siguió siendo durante su vida. En 1751 se casó con la viuda Mary Vazeille, que le abandonó en 1776. Sus viajes y odisea espiritual fueron recogidos en su *Diario* (1735-1790). ➪ evangelismo; Hermanos Moravos; jesuitas; Lutero, Martín; Whitefield, George.

Whitefield, George (1714-1770) Evangelizador inglés, uno de los fundadores del metodismo, nacido en Bell Inn, Gloucester. A los 18 años ingresó en Pembroke College, Oxford, como estudiante no graduado en tareas de servicio. Los hermanos Wesley habían puesto ya los fundamentos del metodismo en Oxford, y Whitefield se convirtió en un evangelizador entusiasta. Se ordenó de diácono en 1736, y predicó su primer sermón en Crypt Church, Gloucester. En 1738 siguió a John Wesley a Georgia y fue nombrado ministro en Savannah. Volvió a Inglaterra en 1739 con el fin de ser admitido en el sacerdocio y recolectar fondos para un orfanato. El interés religioso era bajo, y sus compañeros clérigos se opusieron activamente a Whitefield, pero cuando se le negaron los púlpitos parroquiales predicó al aire libre, la primera vez con gran éxito, en Kingswood Hill, cerca de Bristol. Rápidamente volvió a Georgia y recorrió grandes circuitos de predicación. En torno a 1741, las diferencias sobre la predestinación le condujeron a su separación, como rígido calvinista, de John Wesley, de tendencia arminiana. Sus partidarios le construyeron entonces una capilla en Bristol y el «Tabernáculo» de Moorfields, en Londres. Logró audiencias multitudinarias, pero no fundó una secta distinta; muchos de sus adeptos siguieron a la condesa de Huntingdon en Gales y finalmente colaboraron en la fundación de los metodistas calvinistas. La condesa le nombró su capellán, y le edificó y entregó numerosas capillas. Hizo siete visitas evangelizadoras a América, y pasó el resto de su vida en los circuitos de predicación por Inglaterra, Escocia (1741) y Gales. Compiló un himnario en 1753. Partió para América por última vez en 1769, y murió cerca de Boston. ⇨ Arminius, Jacobus; calvinismo; metodismo; predestinación; Wesley, John.

Williams, Roger (c. 1604-1683) Clérigo americano de origen inglés, fundador de Rhode Island. Nacido en Londres, educado en Charterhouse y Pembroke College, Cambridge, tomó las órdenes anglicanas, se convirtió en un puritano radical y emigró a Nueva Inglaterra en 1630. Rehusó unirse a la comunidad de Boston porque no se arrepentía públicamente de haber estado en comunión con la Iglesia de Inglaterra, por tanto, se fue a Salem, pero pronto tuvo dificultades por negar el derecho de los magistrados a castigar la transgresión del Shabbat. Por su oposición a la teocracia de Nueva Inglaterra fue obligado a abandonar Salem, y se refugió en Plymouth. Dos años después volvió a Salem, sólo para encontrar una persecución renovada y el destierro (1635). Escapó a las costas de Narragansett Bay, en Rhode Island, donde compró unas tierras que pertenecían a los indios, fundó la ciudad de Providence (1636) y estableció una democracia pura. Habiendo adoptado el dogma del bautismo de adultos, fundó (1639) la primera iglesia baptista de América. En 1643 y 1651 fue a Inglaterra para conseguir una carta para su colonia y publicó

Clave del lenguaje de América (1643), *The Bloudy Tenent of Persecution for Cause of Conscience* (1644), *The Bloudy Tenent yet more bloudy by Mr Cotton's Endeavour to wash it White in the Blood of the Lamb* (1652), y otras obras. Volvió a Rhode Island en 1654, y fue presidente de la colonia hasta 1658. Famoso como apóstol de la tolerancia religiosa, rehusó perseguir a los cuáqueros, pero tuvo una famosa controversia con ellos, recogida en *George Fox digged out of his Burrowes* (1676).
⇨ Comunión Anglicana; Fox, George; puritanismo; Sociedad de Amigos.

windigo Término ojibwa para referirse a un monstruo conocido de los pueblos algonquinos. El windigo era originalmente un cazador al que el hambre obligaba a comer carne humana. Actualmente vive en el bosque y en lugares peligrosos, siguiendo la pista y devorando a los seres humanos confiados. Todo el que come carne humana (el hambre era un riesgo permanente para muchos grupos algonquinos) se convertirá en windigo. ⇨ algonquina, religión.

Wojtyla, Karol Jozef ⇨ **Juan Pablo II.**

Wolsey, Thomas (c. 1475-1530) Prelado inglés y hombre de estado, nacido en Ipswich, hijo de un próspero carnicero y criador de ganado. Estudió en Magdalen College, Oxford, heredó la dignidad de miembro de la junta de gobierno y obtuvo un puesto como director del seminario dependiente de la fundación. Después de 19 años en Oxford, el beneficio de Lymington, en Somerset, se le concedió a él, y gracias a esta influencia consiguió el cargo de secretario y capellán doméstico del arzobispo de Canterbury. Con la muerte del primado, en 1502, Wolsey se vio investido con la capellanía de Calais, donde su habilidad llegó a oídos de Enrique VII. Nombrado capellán del rey (1505), cultivó el favor del obispo Fox, lord del Sello Privado, y el del tesorero de la corte, sir Thomas Lovel. Encargado de la transacción de muchos de los negocios privados del soberano, la habilidad en la negociación que mostró en sus embajadas a Escocia y a los Países Bajos le valió el lucrativo

Thomas Wolsey, anónimo. Magdalen College (Oxford)

deanato de Lincoln. Con la ascensión de Enrique VIII, Wolsey luchó por hacerse indispensable. De limosnero a consejero real, de secretario de la Orden de Garter a la canonjía de Windsor, su avance hacia el deanato de York era firme y fomentado por un acaparador de cargos cuya creciente necesidad de dinero sólo se veía igualada por su creciente arrogancia. En 1513 Wolsey acompañó al rey de Francia y, con el monarca inglés dispuesto a llegar a un acuerdo con Francisco I, la dirección de las negociaciones por parte de Wolsey le proporcionó el obispado de Lincoln, el arzobispado de York (1514), un cardenalato (1515) y la promesa del apoyo galo a nuevas pretensiones de ascenso. El mismo año fue nombrado lord Canciller y sus muy considerables propiedades se vieron aumentadas por la concesión de Enrique de la administración de la sede de Bath y Wells, y las posesiones seculares de la rica abadía de Saint Alban's. Wolsey se arriesgó incluso a infringir el Estatuto de Praemunire al aceptar el nombramiento de legado papal de León X. Con la más profunda confianza del rey, el cardenal había logrado una posición más poderosa que la que había gozado cualquier ministro de la Corona desde Tomás Becket. Como director de la política exterior de Inglaterra prestó apoyo a Francia y Alemania alternativamente, entrando en una alianza secreta con el emperador Carlos V en contra de Francisco I, buscando siempre mejorar la posición de Inglaterra. Su objetivo en Inglaterra era la monarquía absoluta con él mismo detrás del trono. Fundó Cardinal's College (más tarde Christ Church College) y un instituto en Ipswich. La caída de Wolsey tuvo su origen en su prevaricación y evasiva sobre la cuestión del divorcio de Enrique de Catalina de Aragón. Esto no sólo provocó la impaciencia airada del rey, sino que levantó la amarga enemistad de la facción de Ana Bolena y de otros muchos enemigos, ultrajados por la arrogancia del cardenal, su exhibición arribista y sus voraces exacciones fiscales. En efecto, la anticuada afirmación de Wolsey del derecho eclesiástico a dominar la política secular se había demostrado completamente inaceptable para la advenediza pero poderosa aristocracia de despacho generada por el nuevo espíritu del mercantilismo. Procesado bajo el Estatuto de Praemunire en 1529, el cardenal tuvo que entregar el Gran Sello y retirarse a Winchester. A la acusación de alta traición por parte de la Cámara de los Lores siguió la pérdida de todas sus propiedades en favor de la Corona. Arrestado de nuevo por alta traición, murió mientras iba de viaje de su diócesis de York a Londres. ⇨ Becket, Santo Tomás.

wondjina o **sandjina** Nombre usado por los worora, ngarinyin y otros pueblos aborígenes del área Kimberley, de Australia occidental, para designar a los seres ancestrales de la Edad soñada o altjiranga (la época fundamental, creativa, eterna, del mundo). Ellos crearon todo lo que puebla el entorno local, y siguen proporcionando la lluvia que sustenta la vida. Están representados con profusión en las pinturas rupestres de la zona, mostrando generalmente cabeza y hombros, aunque ocasionalmente la figura completa; sus caras tienen ojos y nariz, pero no boca y una forma parecida a un gran halo detrás de su cabeza. Las figuras aparecen solas o en grupos, con frecuencia acompañadas por representaciones de animales, pájaros, plantas, reptiles y cuerpos celestes. La gente del lugar cree que las imágenes fueron impresas por los propios wondjina, y que todavía transmiten su presencia activa. Otras partes de Australia muestran diferentes figuras de la Edad soñada. En Arnhem Land predomina la serpiente arcoiris, y hay ciertas figuras humanas en las pinturas rupestres de Australia oriental. Australia central parece que no cuenta con un equivalente; aquí los antepasados totémicos son más importantes que tales figuras de la Edad soñada. ⇨ altjiranga; australiana aborigen, religión.

Wulfila ⇨ **Ulfilas**.

Wyclif, Wycliffe o **Wiclef, John** (c. 1329-1384) Reformador religioso inglés, nacido cerca de Richmond y Yorkshire, probablemente de una familia que poseía el feudo de Wyclif, en Tees. Destacó en Oxford, donde era un profesor popular. En 1360 fue director de Balliol College, pero renunció poco después al aceptar el beneficio del colegio de Fillingham, que cambió en 1368 por Ludgershall, Buckinghamshire. Fue posiblemente director de Canterbury Hall durante un tiempo. También ocupó algún cargo en la corte, donde era consultado por el gobierno y empleado como folletista. En 1374 se convirtió en párroco de Lutterworth, y el mismo año fue enviado (sin duda como oponente reconocido de la intrusión papal) a Brujas para tratar con los embajadores del Papa en relación a los abusos eclesiásticos. Su vigorosa actividad le granjeó el apoyo entre los nobles y la ciudadanía de Londres. En 1376 escribió *De Dominio Divino,* exponiendo la doctrina de que toda autoridad está fundada en la gracia, y que los malos gobernantes (sean seculares o eclesiásticos), por tanto, perdían su derecho a gobernar. Su defensa de un derecho del poder secular para controlar al clero ofendió a los obispos que le convocaron ante el arzobispo de Saint Paul's en 1377; pero el concilio se disolvió por la indecorosa lucha entre el obispo de Londres y el defensor de Wyclif, John de Gaunt (duque de Lancaster). El papa Gregorio XI entonces le proscribió, y envió bulas al rey, a los obispos y a la Universidad de Oxford, ordenándoles que encarcelaran a Wyclif y le hicieran responder ante el arzobispo y ante el Papa. Cuando por fin se iniciaron los procedimientos en Lambeth, en 1378, la persecución tuvo poco efecto sobre la postura de Wyclif. Toda la estructura de la Iglesia estaba en ese momento (1378) sacudida por el Gran Cisma y la elección de un antipapa. Hasta entonces Wyclif había atacado los abusos manifiestos en la Iglesia, pero a partir de este momento comenzó a atacar su constitución, y declaró que sería mejor no tener Papa o prelados. Negó el poder sacerdotal de dar la absolución, y todo el sistema de confesión obligada, de penitencias e indulgencias, y afirmaba el derecho de todo hombre a examinar la Biblia por sí mismo. Hasta este momento sus obras habían sido escritas en latín; ahora se dirigía al pueblo en su propia lengua, y al publicar tractos populares se convirtió en un destacado escritor de prosa inglesa. Organizó un cuerpo de predicadores itinerantes, sus «sacerdotes pobres», que propagaron sus doctrinas ampliamente por todo el país, y comenzó una traducción de la Biblia, de la que todavía no existía una versión inglesa completa. La obra se terminó rápidamente y tuvo una gran difusión. Se introdujo en un terreno más peligroso cuando en 1380 atacó el dogma central de la transubstanciación. Una asamblea de doctores de Oxford condenó sus tesis; apeló sin éxito al rey. En 1382 el arzobispo Courtenay convocó un concilio y condenó las opiniones de Wyclif. Los seguidores de Wyclif fueron arrestados y obligados a retractarse, pero, por alguna razón desconocida, él mismo no fue juzgado. Se retiró de Oxford a Lutterworth, donde continuó su incesante actividad literaria. Su obra en los dos años siguientes, intransigente en el tono, es asombrosa por la cantidad y poderosa en su lógica. La característica de su enseñanza era su insistencia en la religión interior en oposición al formalismo de la época; por norma atacaba las prácticas establecidas de la Iglesia sólo en la medida que él creía que habían degenerado en meras costumbres mecánicas. La influencia de su enseñanza se extendió por Inglaterra, y, aunque la persecución la suprimió, se siguió ejerciendo hasta la Reforma. Sus partidarios llegaron a ser conocidos irónicamente como «lolardos» (de una palabra holandesa que significa «refunfuñadores»); Huss fue claro discípulo suyo, y hubo lolardos o wyclefitas en Ayrshire hasta la Reforma. Treinta años después de la muerte de Wyclif, 45 artículos extraídos de sus escritos fueron condenados como heréticos por el Concilio de Constanza, que ordenó que sus huesos fueran exhumados, quemados y arrojados al Swift (sentencia ejecutada en 1428). ⇨ antipapa; Cisma, el Gran; Concilio de la Iglesia; Huss, Juan; lolardos; Reforma; transubstanciación.

Wyszynski, Stefan (1901-1981) Prelado y cardenal polaco, nacido en Zuzela, cerca de Varsovia. Se educó en el seminario de Wloclawek y en la Universidad Católica de Lublin. Fue profesor en el Seminario Mayor, Woclawek (1930-1939), y fundó allí la Universidad de Trabajadores Católicos (1935). Durante la Segunda Guerra Mundial se asoció al movimiento de resistencia durante la ocupación alemana de Polonia. En 1945 se convirtió en rector del Seminario Mayor de Wloclawek, en 1946 en obispo de Lublin y en 1949 en arzobispo de Varsovia, Gniezno y Primado de Polonia. Fue nombrado cardenal en 1952. En 1953, después

de su denuncia de la campaña comunista contra la Iglesia, fue suspendido de sus funciones eclesiásticas y encarcelado. Fue liberado tras la «revolución incruenta» de 1956 y convino en una reconciliación entre Iglesia y Estado bajo el régimen «liberalizador» de Gomulka, pero las relaciones se hicieron cada vez más tirantes, culminando en las ásperas celebraciones en 1966 de los mil años de cristianismo en Polonia. Tras las huelgas generalizadas de 1970 se llevó a cabo un nuevo intento de coexistencia, pero la tensión continuó.
⇨ catolicismo.

Y

Yabne o **Yamnia** Antigua ciudad en la llanura costera este de Jerusalén y al sur de la moderna Tel Aviv, mencionada de manera ocasional en los escritos de la época bíblica y macabea. Logró especial relevancia en el primitivo judaísmo después de la caída de Jerusalén (70 d. C.), cuando Rabban Johanan ben Zakkai pidió al emperador romano la ciudad y restableció el consejo del Sanedrín en ella durante un tiempo. Famosos eruditos judíos se reunieron allí para sentar las bases de la Misná y dedicarse al estudio de la Torá. ⇨ Johanan ben Zakkai, Rabban; judaísmo; Misná; Torá.

Yahvé o **YHWH** Nombre del Dios de Israel, que quizá se deriva de las experiencias de Israel en el Sinaí, aunque también se encuentra en las historias bíblicas de los patriarcas. Generalmente se asume que el nombre significa «él es/será», «él llega a ser/crea» o «él hace caer». El consonántico YHWH (conocido como el Tetragrámmaton) es considerado por los judíos demasiado sagrado para ser pronunciado en voz alta, excepto por el sumo sacerdote en el sanctasanctórum el Día de la Expiación, y normalmente se reemplaza oralmente por Adonai («Señor») cuando se lee de la Biblia. Algunos cristianos lo vocalizaron erróneamente como Jehová. ⇨ Biblia; Dios; Elohim; Jehová; sanctasanctórum.

Yamnia ⇨ **Yabne**.

Yanamashtami Fiesta hindú que conmemora el nacimiento de Krishna; se celebra el octavo día de la quincena oscura del mes de Shravan (agosto). La fiesta es observada por la mayoría de los hindúes, no sólo visnuitas, y muchos ayunan durante las 24 horas anteriores a la fiesta. La historia del nacimiento de Krishna cuenta cómo el malvado rey Kansa mató a todos los niños que tuvo su hermana Devaki, ya que una profecía anunciaba que uno de ellos le depondría. Cuando estaba embarazada de Krishna, ella y su marido Vasudeva fueron encarcelados. En el nacimiento de Krishna, Vasudeva escapó de modo mágico de la prisión con el niño, llevándole, a través del río Yamuna, a Yashoda que acababa de tener una niña. Cambió a Krishna por la niña de Yashoda y volvió a la

yantra

prisión. Kansa, al descubrir a la niña, la mató, pero una voz desde el cielo le dijo que la niña era la deidad Yogamaya, nacida sólo para proteger a Krishna. Al final Krishna mata a Kansa. ⇨ Krishna.

yantra Forma de diagrama místico usado en el budismo e hinduismo tántricos como centro de atención para la meditación y el culto. En contraste con los mandalas, que también representan planos del mundo trascendente en forma de diagramas circulares, los yantras adoptan con frecuencia símbolos de campo sexual para indicar la danza y actividad permanente de la creación. El yantra más complejo en color, diseño e imágenes es conocido como el Shri Yantra, el más poderoso de los yantras. Es un dibujo complejo de nueve triángulos entrecruzados dentro de un cuadrado rodeado por seis círculos concéntricos. Este diagrama es un modelo del cosmos hindú, con un punto *(bindu)* en el centro que representa el absoluto inefable a partir del cual se manifiesta todo. Los triángulos muestran la interpenetración de Siva y Shakti, los triángulos con el vértice hacia arriba representan a Siva, el aspecto masculino del cosmos, los triángulos que apuntan hacia abajo a Shakti, la fuerza femenina. El yantra se dibuja en el suelo, en la ropa o en una piedra, y es objeto de culto *(puja)* y meditación *(dhyana)* como una deidad *(devata)* en sí mismo. La práctica tántrica de la visualización se usa a veces con respecto a los yantras, por lo que el adepto aprovecha las energías y cua-

Yantra (s. XVIII). Tinta sobre papel

lidades del diagrama visualizado pensando él o ella misma psicológicamente en el significado interior del yantra. ⇨ budismo tántrico; dhyana; mandala; tántrico, hinduismo.

yasna Palabra avéstica que significa «acto de culto». Es el más importante y central de todos los rituales zoroástricos, y como ideal debería celebrarse todos los días. El rito sólo puede llevarse a cabo en un lugar consagrado *(Dar-eMehr)*, y debe ser realizado por sacerdotes que se encuentren en estado de pureza ritual. Aunque en la actualidad la ceremonia suele realizarse por dos sacerdotes, textos más antiguos mencionan por lo menos ocho celebrantes, cada uno con su función característica. La parte inicial de la ceremonia, el

Paragna, consiste en preparativos elaborados y ritualizados, como la purificación y consagración de los instrumentos y sustancias que se van a usar en la ceremonia. A esto le sigue el yasna propiamente dicho, que se introduce a través de la dedicación formal del rito a una o más divinidades, y consiste esencialmente en el consumo ritual de un tipo especial de pan *(darun)* con un poco de mantequilla, y el jugo de la planta haoma; también se hacen ofrendas al fuego y al agua. Estos actos rituales están acompañados por una larga liturgia, llamada también yasna, en cuyo centro están los propios *Gathas* de Zoroastro, y que incluye himnos de alabanza a las divinidades Haoma y Sraosha. Es importante que los siete elementos de que está compuesta la creación buena *(Amesha Spentas)* de Ahura Mazda se encuentren presentes simbólicamente en el ritual. ⇨ Ahura Mazda; Amesha Spentas; Avesta; haoma; zoroastrismo.

yazata Término avéstico que significa «el que recibe culto». En fuentes zoroástricas el término yazata y su equivalente persa medio *yazad* puede referirse a todos los seres divinos que son adorados en el ritual. La tradición zoroástrica posterior prefiere la palabra *fereshteh,* «ángel», para referirse a los seres divinos distintos de Ahura Mazda, presumiblemente para evitar acusaciones de politeísmo por parte de los musulmanes. En los posteriores textos en persa medio y nuevo, el plural de la palabra, *yazdan,* se podía utilizar para referirse a Dios (es decir, Ahura Mazda), una evolución similar a la del hebreo *Elohim*.
⇨ Ahura Mazda; Avesta; Elohim; zoroastrismo.

Yggdrasil En la mitología nórdica, fresno gigante, el Árbol del Mundo, que sostiene el cielo, contiene en sus ramas los diferentes reinos de dioses y hombres, y hunde sus raíces en el mundo inferior. ⇨ germánica, religión; mundo inferior.

yin y yang Dos fuerzas básicas contrarias en el antiguo pensamiento chino, elaborado en el confucianismo de la dinastía Han. Yang es asociado a lo masculino, el calor, la luz, el cielo, la creación, el dominio; yin a lo femenino, lo frío, lo oscuro, la tierra, el sustento, la pasividad. Las fuerzas yin y yang se supone que existen en la mayoría de las cosas y actúan cíclicamente para producir el cambio.
⇨ confucianismo.

yoga En la tradición religiosa india, cualquiera de las distintas técnicas físicas y contemplativas diseñadas para liberar el elemento superior, consciente, de una persona del enredo en el mundo material inferior. Más estrictamente, el yoga es una escuela de filosofía hindú que intenta explicar y justificar las prácticas de la disciplina yoga. ⇨ Bhakti Yoga; dhyana; hinduismo; Karma Yoga.

Yoga Darshana (Yoga Darśana) De la raíz *«drs»,* ver, generalmente se traduce como «punto de vista». Ha habido seis *darshanas* ortodoxas hindúes o sistemas de

Yogacara

filosofía, todos con un papel clave en la configuración del hinduismo. Tradicionalmente, el fundador del Yoga Darshana fue Patanjali, el supuesto autor del *Sutra del Yoga* (200 a. C.-500 d. C.). El Samkhya, una descripción abstracta no teísta del universo, que trata de la relación entre el alma y la materia *(purusha* y *prakriti)* y la evolución de la materia en multiplicidad, proporciona la metafísica del yoga. El Yoga Darshana define el sendero religioso engendrado por esta descripción. Algunos eruditos realzan la naturaleza tenue del lazo entre las dos escuelas, puesto que el Yoga Darshana, a diferencia de la Samkhya, es provisionalmente teísta, pero esta diferencia se puede mezclar en el plano filosófico. La palabra «yoga» es afín tanto a «yugo» como a «unión», implicando que, a través de la disciplina, se puede alcanzar una meta religiosa *(moksha,* que es a veces definida como la unión del alma con Dios). La disciplina del yoga incluye la práctica de la virtud, el control del cuerpo y de los sentidos por medio del ejercicio del control de la respiración *(pranayama),* la concentración y la renuncia al mundo, para acelerar la transformación de la conciencia. Dios *(Ishvara)* es utilizado como objeto de meditación. La palabra yoga se usa también en relación con otros senderos, no expuestos por Patanjali en el Sutra del Yoga, como Bhakti, Karma y Jnana Yoga, de modo que su significado se ha ampliado para abarcar a todos los senderos religiosos que conducen al moksha.
⇨ bhakti; dhyana; Ishvara; Karma Yoga; moksha; prakriti; purusha; yoga.

Yogacara (Yogācāra) Importante escuela de filosofía budista mahayana que sostiene que, en última instancia, sólo la conciencia es real, mientras que los objetos de la conciencia que parecen reales no lo son. Guarda semejanzas con algunas teorías occidentales de idealismo subjetivo, en cuanto que se opone al materialismo y niega la existencia independiente de la materia. Empezó como escuela de pensamiento en la India, en los siglos IV y V a. C., debido a la obra de Asanga, Vasubandhu y sus sucesores, y posteriormente llegó a ser muy importante en el Tíbet. Subyaciendo a la obra de la escuela, estaba el presupuesto de que la meditación era importante como camino para desarrollar la sabiduría, que procuraría verdadera penetración en la naturaleza de la realidad. La escuela *Yogacara* tenía una preocupación espiritual más profunda que su escuela rival *Madhyamika,* más interesada en las críticas filosóficas. Los yogacarinos dieron forma sistemática a una serie de nociones mahayana más antiguas, incluyendo la teoría de los tres cuerpos de Buda: su cuerpo terreno, su cuerpo bienaventurado y su cuerpo cósmico. Relacionaron esta teoría con la noción de que existen tres niveles de verdad: la verdad convencional, la examinada y la verdad última. Prepararon el camino a dos tendencias posteriores muy diferentes: una, dirigida por Dinnaga y Dharmkirti (siglo VII d. C.), tomó el Yogacara indio en un sentido más lógico, y la otra, que daba importancia al ritual, la práctica, la mística y la meditación, se nutrió del budismo tántrico que con tanto éxito se desarrolló en el Tíbet. ⇨ bhavana; budismo mahayana; budismo tántrico; Madhyamika; prajna; trikaya; Vasubandhu.

Yohanan o **Yochanan ben Zakkai** (siglo I) Rabí, cuyos datos biográficos se mezclan con los legendarios. Según la literatura rabínica escapó de Jerusalén, cuando era asediada por los romanos antes de su destrucción en el 70 d. C., dentro de un ataúd como si estuviera muerto. Acto seguido recibió permiso del general romano Vespasiano —al que predijo con toda exactitud que llegaría a ser el próximo emperador— para trasladarse a Yabne (o Yamnia), cerca de la costa judía, acompañado de otros colegas. Allí fundó una academia, lo que constituyó el comienzo de la reconstrucción del judaísmo a partir del 70 d. C., con la Torá como base ideológica; el Templo y el sacerdocio seguían siendo importantes teológicamente pero su restauración debía dejarse en manos de Dios. Geográficamente, el centro del judaísmo se desplazó de Jerusalén a Yabne hasta el traslado a Galilea en el siglo II. ⇨ rabí; Talmud; Templo de Jerusalén; Torá.

Yom Kippur Día de la Expiación, día santo judío (10 de Tishri) que se celebra tras diez días de penitencia que comienzan en Rosh Hashanah. Es una jornada dedicada al ayuno, la oración y el arrepentimiento de los pecados pasados. ⇨ ayunos judíos; calendario judío.

yoni ⇨ **linga.**

Young, Brigham (1801-1877) Líder mormón americano, nacido en Whitingham, Vermont. Fue carpintero, pintor y vidriero en Mendon, Nueva York. Fue el primero que vio el «Libro de Mormón» en 1830, y en 1832, convertido por un hermano de Joseph Smith, fue bautizado y comenzó a predicar cerca de Mendon. Después fue a Kirtland, Ohio, fue nombrado «anciano», y predicó en Canadá (1832-1833). En 1835 fue elegido para el Quórum de los Doce Apóstoles de la Iglesia y dirigió el asentamiento mormón de Nauvoo, Illinois. En 1844 sucedió a Joseph Smith como presidente y, cuando los mormones fueron expulsados de Nauvoo, organizó y dirigió el largo viaje hacia Utah en 1847. Desde 1839 a 1842 visitó Inglaterra e hizo 2.000 prosélitos. En 1847 el grueso principal de mormones llegó a Utah, donde fundó Salt Lake City, y en 1850 el presidente Fillmore le nombró gobernador del Territorio de Utah. La práctica mormona de la poligamia empezó a preocupar a las autoridades, por lo que en 1857 fue enviado un nuevo gobernador con un destacamento de las tropas estadounidenses, al mando de Albert Sidney Johnston, para reprimirla; el nombramiento en 1869 de otro gobernador «Gentil», de nuevo recortó la autoridad de Young. Práctico y previsor como administrador, fomentó la agricultura y las manufacturas, construyó carreteras y puentes, y realizó un contrato para cien millas de la Unión de Ferrocarriles del Pacífico. Murió dejando dos millones y medio de dólares a 17 esposas y 56 hijos. ⇨ mormones; Smith, Joseph.

Yuan Tan (Yüan Tan) Fiesta china de Año Nuevo, la más importante del calendario chino, que se celebra al caer el primer día del primer mes lunar. Con una semana de antelación, el dios de la cocina, cuyo cuadro está presente encima de la chimenea en los hogares chinos, va a dar cuenta al Emperador Jade (Yu-Huang), en el cielo, de la conducta de la familia durante el año que ha pasado. Su cuadro se quema para simbolizar su partida, y a menudo también se arrojan al fuego dulces para asegurar que da un informe favorable. Así mismo se da gracias y se adora a otros dioses, y en la víspera de Año Nuevo el dios de la cocina regresa para ser recibido con fuegos artificiales y ser colocado de nuevo encima de la chimenea. Se hace el balance de los libros para el Nuevo Año, y se celebra una fiesta con vacación de tres días, en que se cierran las tiendas y las calles están vacías. Se reúnen las familias; se hacen ofrendas a los antepasados, los dioses del hogar y a la tierra y al cielo, y todos disfrutan de la fiesta, aunque no se come carne ni pescado y se trabaja en torno a la casa para prevenir accidentes. Se intercambian postales de Año Nuevo y las oraciones envueltas en papel rojo, de buen augurio, se fijan en las jambas de las puertas. El tercer día se visitan las familias entre sí ofreciéndose presentes, comida y postales, y a los niños se les regala dinero envuelto en papel rojo. Poco después se ofrece a los principales dioses las velas de la fiesta de Año Nuevo, bebida, comida e incienso para lograr la protección de los espíritus durante el nuevo año. ⇨ antepasado, reverencia china al; Chung Yuan; fiestas chinas; Yu-Huang.

yugas En la cosmología hindú el universo no tiene principio ni fin, siendo más bien un constante ciclo de creación, conservación y degeneración. Este ciclo es descrito de forma variada y las diferentes fuentes de las escrituras sagradas varían muchísimo en las escalas temporales que postulan. Generalmente, un día de Brahma abarca uno de estos ciclos, y una noche de Brahma indica un período de cientos de miles de años en el que el mundo es reducido al caos, y en el que las almas no transmigran. Cada día de Brahma, o *kalpa,* se divide en cuatro *yugas* o edades cualitativamente diferentes. Estos yugas se nombran por tiradas de los dados, siendo el primero y más largo el *kritayuga,* seguido en longitud menguante por el *tretayuga,* el *dvaparayuga,* y la edad presente, el *kaliyuga*. Durante cada edad hay un declive en la calidad y duración de la vida, y al final del kaliyuga viene el *pralaya,* o período del día del juicio final, durante el que Brahma cae en un sueño sin ilusiones y los tres mundos se sumen en el caos.

El kaliyuga se dice que comenzó al final de la gran guerra documentada en el *Mahabharata,* que en sí misma tiene temas apocalípticos abrumadores. Esta edad puede durar hasta 432.000 años, y después del consiguiente eón de caos, Brahma despertará y el ciclo comenzará de nuevo. Esta descripción es sólo una permutación de la teoría yuga; otras se pueden encontrar en los puranas y en otra literatura india. El propósito didáctico de tales teorías es aclarar la fugacidad de lo mundano. ⇨ Brahma; Mahabharata; pralaya; puranas.

Yu-Huang (Yü-Huang) (Emperador Jade)   Principal deidad en la religión popular china. La noción del gobierno de un emperador en la esfera civil era un elemento cardinal de la vida y el pensamiento chinos, por lo que también se aplicaba al reino celestial. El Emperador Jade acabó siendo único en el panteón popular chino de dioses alrededor del siglo X d. C., el culto y doctrina del Emperador Jade surgieron durante el apogeo de la poderosa dinastía Tang (618-906). En la corte del Emperador Jade había varios rangos de deidades, y en 1017 se estableció un culto estatal al «Gran Emperador Celestial, Majestad de la Pureza Jade». Su función era supervisar el panteón divino y la investidura de los gobernantes. Aun así se consideraba que cumplía las órdenes de los Tres taoístas puros, que, a diferencia de él, estaban demasiado lejanos para la aclamación popular. La fiesta del Emperador Jade tiene lugar en el noveno día del primer mes lunar, y se le representa como un emperador vestido de dragón en un trono, servido por sus cortesanos. Un texto sagrado dedicado a él es importante en el culto ritual taoísta. ⇨ china en la China continental, religión (siglo XX); china en Taiwan y Hong Kong, religión (siglo XX); panteón chino.

Z

Zabulón, tribu de Una de las doce tribus del antiguo Israel, que supuestamente descendía del sexto hijo de Jacob y Lía. Su territorio estaba en el norte de Israel, una parte fértil de lo que más tarde sería «Galilea», entre el mar de Galilea y la costa mediterránea, pero rodeada por todos lados por otras tribus; al sur lindaba con las tribus de Isacar y Manasés. ⇨ Antiguo Testamento; Israel, tribus de; Jacob.

Zacarías, Libro de Uno de los doce escritos proféticos denominados «menores» de la Biblia hebrea/Antiguo Testamento, atribuido a Zacarías, escrito hacia el 520-518 a. C. después de volver a Jerusalén del exilio. Presenta visiones de la construcción del Templo de Jerusalén y de una nueva era mesiánica. Los capítulos 9-14, sin embargo, se consideran posteriores (c. siglo V-III a. C.), cuando la reconstrucción del Templo no estaba ya a la vista y cuando la desilusión creciente hizo surgir unas esperanzas más fuertes de la futura vindicación de Israel. ⇨ Ageo, Libro de; Antiguo Testamento; mesianismo; Templo de Jerusalén.

Zaehner, Robert Charles (1913-1974) Erudito inglés en religión comparada, educado en Tonbridge School y en las universidades de Oxford y Cambridge. A la edad de 20 años tuvo una experiencia mística de la naturaleza que le transmitió un gran interés por la mística, y su conversión al catolicismo en 1946 influyó en sus estudios académicos. El servicio en Teherán durante la Segunda Guerra Mundial le permitió realizar importantes investigaciones en el zoroastrismo, y ocupó la Doble Cátedra de Religiones Orientales y Ética en Oxford desde 1953 a 1974. Sus obras, escritas en un estilo fluido y accesible, contribuyeron a popularizar el estudio de la religión en un momento en que se estaba desarrollando en el mundo occidental. Sus libros sobre zoroastrismo, hinduismo y (hasta cierto punto) mística, pretendían ser estudios objetivos de estas tradiciones. En otras obras, sus convicciones católicas e intereses teológicos eran más patentes, y actuó como teólogo de la teología del cumplimiento, para la que las demás religiones se cumplían en el cristianismo católico. Su comparación de las religiones, centrada en la India e Israel, y de diferentes tipos de mística, era interesante por las diferencias significativas que observó entre las religiones, así como por sus semejanzas. ⇨ actitudes teológicas; comparada, religión; mística.

zakat (zakāt) Tasa obligatoria de limosnas para todos los musulmanes, y tercero de los cinco «pilares» del islam. Tradicionalmente, consistía en el 2,5% anual de los ingresos y del capital. ⇨ islam.

Zaratustra ⇨ Zoroastro.

zazen Práctica budista zen popularizada por la escuela Soto zen, fundada en Japón en 1227 por Dogen. Consiste en sentarse con la espalda recta en posición vertical, las piernas cruzadas, en meditación profunda, lo que incluye la regulación de la respiración, la postura correcta del cuerpo (normalmente en la posición loto) y profunda concentración de la mente. Mediante este método la mente se libera de todos los apegos y deseos, y se alcanza el satori o iluminación. La escuela Rinzai de zen difería de la escuela Soto en su interpretación del zazen. Según la escuela Rinzai, era un canal para el uso sistemático de koans, máximas paradójicas y ejercicios orientados a liberar la mente de sus canales habituales hacia una iluminación súbita. La escuela Soto zen de Dogen utilizaba menos los koans y realzaba la importancia del zazen en acciones sencillas —como sentarse en meditación tranquila— que podían ser la iluminación en sí mismas más que un medio para conseguirla. Como tal, seguía un sistema de meditación en cinco etapas, que iban desde el «yo-aparente» a una conciencia de unidad con la realidad última. ⇨ Dogen; koans; Rinzai; satori; Soto.

zen, budismo ⇨ budismo zen.

zigurat Torre templo, en forma de montaña, que se encuentra por toda la antigua Sumeria y la región adyacente de Elam. Consistía en una elevación piramidal, alta, construida en fases y coronada por un santuario. El acceso al santuario se realizaba a través de una serie de escalinatas o rampas exteriores. Los mejores ejemplares provienen de Eridu, Ur, Uruk y Choga Zanbil, cerca de Susa.

Zinzendorf, Nicolaus Ludwig, Graf von (1700-1760)

Líder religioso alemán, refundador de los Hermanos Moravos, nacido en Dresde. Estudió en Wittenburg, y desempeñó un puesto en el gobierno en Dresde. Invitó a los refugiados husitas, perseguidos en Moravia, a sus fincas de Lusacia, en Sajonia, y allí fundó para ellos la colonia de Herrnhut («el cuidado del Señor»). Su celo le ocasionó problemas con el gobierno que le llevaron al exilio desde 1736 a 1748. Visitó Inglaterra y en 1741 fue a América. Durante su exilio de Sajonia fue ordenado en Tubinga, y se convirtió en obispo de los Hermanos Moravos. Murió en Herrnhut, habiendo escrito más de cien libros. La importancia que concedía al sentimiento en lo que se refiere a la reli-

gión influyó en la teología alemana.
⇨ Hermanos Moravos; husitas.

Zohar Principal texto de la cábala judía. Descubierto en España a finales del siglo XIII, se decía que eran las enseñanzas místicas de Rabí Simeón bar Yochai, que vivió en Palestina en los siglos II-III, y sus seguidores. Siempre han existido dudas acerca de su autenticidad, pero la tradición cabalística lo acepta como genuino. ⇨ cábala; judaísmo.

zoroastrismo Religión fundada por Zoroastro, o desarrollada a partir de sus enseñanzas. Zoroastro era un sacerdote muy bien formado, instruido en la tradición religiosa de su pueblo. En una primera fase, la religión antigua (indo-) irania adoraba de manera prominente divinidades que guardaban y mantenían el «Recto Orden» y la estabilidad del universo y de la sociedad, como Mitra, Señor de la Alianza o el Contrato. Probablemente durante el período de sus migraciones hacia el sur desde las estepas del Asia Central, algunas de estas tribus se convirtieron en ardientes devotas de divinidades cuyas cualidades reflejaban mejor su propia edad heroica y aventurera, especialmente el belicoso y amoral Indra. Zoroastro rechazó con vehemencia el culto de tales «dioses» *(daevas)*, a los que consideraba totalmente malos, y restringía el culto a los morales *ahuras,* como Ahura Mazda, Mitra y los Amesha Spentas. El zoroastrismo entiende el mundo como un escenario de guerra, limitado en el espacio y el tiempo, en el que los poderes del bien y del mal pueden luchar hasta el fin. Al final de los tiempos *(Frashokereti),* Angra Mainyu será derrotado, y el universo será perfecto, sin que exista ni siquiera la amenaza latente del mal que existía durante la creación original *(Bundehish)* de Ahura Mazda. Todas las criaturas y fenómenos del mundo, con excepción de los humanos, fueron creados bien por Ahura Mazda o por su maligno oponente y, por tanto, no se les puede ayudar a ser buenos o malos. Los elementos de la creación buena (como el fuego, el agua, la tierra, las plantas útiles, los animales benéficos y la gente justa) merecen reverencia. Los humanos son las únicas criaturas capaces de elección moral, y a cada individuo se le exige hacer su elección en favor de Ahura Mazda, colaborando así a llevar a cabo la derrota definitiva de Angra Mainyu. Después de la muerte, el alma será juzgada en el Puente Chinvat, y enviada al cielo (temporalmente), al infierno o al purgatorio, dependiendo del equilibrio entre sus buenos y malos pensamientos, sus palabras y las obras que haya realizado en la tierra. El zoroastrismo se desarrolló primero en el Irán oriental, llegando a tener peso en zonas occidentales de ese país, según parece, con la ascensión del poder de la dinastía aqueménida (559-323 a. C.). En este período se convirtió en la gran religión de un gran imperio, desarrollada como respuesta a las demandas hechas a una fe imperial, y también bajo la influencia de grandes culturas como la de Mesopotamia, a la que el ascenso del Zurva-

Zoroastro

nismo puede en parte deber su origen. La victoria de Alejandro Magno (conocido por la tradición zoroástrica como «el Maldito») provocó el fin de la era aqueménida, y situó a Irán en estrecho contacto con el pensamiento y la cultura helenística. Sin embargo, el zoroastrismo, con sus profundas raíces en la cultura irania y sus enseñanzas coherentes, parece haber recibido la influencia del helenismo sólo superficialmente. Más tarde, la dinastía sasánida (226-mitad del siglo VII d. C.), que se consideraba a sí misma como la defensora de la ortodoxia zoroástrica, intentó borrar de la fe todo rastro de influencia griega. Cuando los sasánidas fueron derrotados a su vez por los ejércitos musulmanes, el zoroastrismo se fue convirtiendo en una religión marginal en Irán. Sus comunidades, en disminución creciente, no podían sostener la formación sacerdotal en interés propio, y el saber zoroástrico naturalmente lo acusó. Enfrentados a esta amenaza, los sacerdotes pusieron por escrito todo lo que pudieron de sus tradiciones durante los siglos IX y X. El siglo X contempló la partida de un grupo de zoroastras desde el noreste de Irán a la India, donde llegaron a ser conocidos como parsis («persas»). Posteriormente, bajo el gobierno británico, los parsis se convirtieron en una comunidad muy próspera; estaban en estrecho contacto con la cultura occidental, y se vieron obligados a responder a sus desafíos. Los parsis ayudaron y defendieron a sus correligionarios iranios que sufrieron grandes dificultades en el siglo XIX. Bajo la dinastía pahlevi (1926-1979) la posición social de los zoroastras iraníes mejoró considerablemente. En la actualidad el número de miembros de la comunidad parsi está disminuyendo de manera alarmante, debido en gran parte a las emigraciones y a los matrimonios mixtos, mientras que el de los zoroastras iraníes se dice que ha crecido de modo espectacular desde la revolución islámica, hasta incluso haber llegado a tener representación en la Asamblea (Parlamento) de Irán. ⇨ ahura; Ahura Mazda; Amesha Spentas; Angra Mainyu; Bundehish; Chinvat, Puente de; cielo; daevas; Frashokereti; fuego; Indra; infierno; khvarenah; Mitra; pahlevi; parsis, reformas religiosas; zoroastrismo; Zoroastro; Zurvan.

Zoroastro, forma helenizada de **Zaratustra** (c. 1000 a. C.) Líder religioso y profeta iranio, fundador o reformador de la antigua religión parsi conocida como zoroastrismo. El *Gathas* (la porción más antigua del *Avesta,* el libro sagrado del zoroastrismo), escrito en dialecto más antiguo, se interpreta como sus propias palabras. Se cree que Zoroastro convirtió al rey Vîshtâspa, bajo cuya protección vivió y predicó. Creía que el mundo y la historia muestran la lucha entre Ahura Mazda y Angra Mainyu (el creador o espíritu bueno, y el principio malo, el diablo), en la que finalmente el mal será desterrado y el bien reinará sobre todo. ⇨ Ahura Mazda; Angra Mainyu.

Zuinglio, Ulrico, en latín **Ulricus Zuinglius** (1464-1531) Reformador suizo, nacido en Wild-

Zuinglio

haus, en Saint Gall. Estudió en Berna, Viena y Basilea, y se hizo sacerdote en Glarus, en 1506. Aquí aprendió por sí mismo griego, y fue dos veces a la guerra a Italia como capellán militar con los mercenarios de Glarus, tomando parte en las batallas de Novara (1513) y Marignano (1515). Trasladado en 1516 a Einsiedeln, cuya Virgen Negra era un gran centro de peregrinos, no ocultó su desprecio hacia tal superstición. En 1518 fue elegido predicador del Grossmünster, en Zurich, e hizo que el consejo cerrara las puertas de la ciudad a Bernhardin Samson, un vendedor de indulgencias. Predicó el evangelio enérgicamente, y en 1521 consiguió que Zurich no se uniera a los demás cantones en su alianza con Francia. El obispo de Constanza envió a su vicario general, que fue rápidamente silenciado en un debate con Zuinglio (1523), en presencia del consejo y de seiscientas personas; por lo que la ciudad adoptó las doctrinas de la Reforma tal como se exponía en las 67 tesis de Zuinglio. La segunda disputa (1523) se zanjó con la supresión de las imágenes y la misa. El domingo de Pascua de 1525 dio el sacramento bajo ambas especies, y la Reforma se extendió ampliamente por toda Suiza. Zuinglio hizo públicos sus puntos de vista por primera vez en la misa del Jueves Santo de 1524. En Marburgo, en 1529, conferenció con otros líderes protestantes, y discrepó de Lutero sobre la Eucaristía, una disputa destinada a dividir a la Iglesia protestante. Rechazaba cualquier forma de presencia local o corporal, fuera por transubstanciación o por consusbstanciación. Mientras tanto, el progreso de la Reforma había despertado un odio amargo en los Cantones del bosque. Cinco de ellos formaron una alianza en 1528, a la que fue admitido el archiduque Fernando de Austria. Zurich declaró la guerra en 1529 por la quema de un pastor protestante vivo capturado en territorio neutral, pero la violencia se aplacó durante un tiempo gracias al primer tratado de Cappel (1529). Más tarde, en octubre de 1531, los Cantones del bosque llevaron a cabo un ataque repentino sobre Zurich con ocho mil hombres, en Cappel les hicieron frente dos mil, incluyendo a Zuinglio, quien murió en esta defensa. Zuinglio predicaba sustancialmente las doctrinas de la Reforma ya en 1516, el año antes de la aparición de las tesis de Lutero. Consideraba el pecado original como una enfermedad moral más que como un pecado o culpa punible. Creía en la salvación de los niños no bautizados y en la salvación de paganos virtuosos como Sócrates, Platón, Píndaro, Escipión y Séneca. Acerca de la predestinación era tan calvinista como Calvino o Agustín. Menos fogoso y poderoso que Lutero, fue la mente más abierta y liberal de los Reformadores. Su obra fundamental es el *Commentarius de vera et falsa religione* (1525); las demás se ocupan principalmente de la exposición de la Escritura y de controversias sobre la Eucaristía y otros temas. ➪ Eucaristía; Lutero, Martín; protestantismo; Reforma.

Zurvan

Zurvan Dios del Tiempo, venerado por una rama del zoroastrismo, probablemente desde tiempos aqueménidas (529-323 a. C.) hasta después de la conquista islámica de Irán, a mediados del siglo VII d. C. Los zoroastras no zurvanitas se opusieron sin ambages y con energía a los principios de la secta, y los sacerdotes antizurvanitas debieron de suprimir la mayoría de los vestigios de ella de los libros pahlevi. La mayor parte de nuestra información sobre las creencias zurvanitas, por tanto, se deriva de fuentes no zoroástricas (principalmente armenias y siriacas). Estas nos informan de que los zurvanitas creían que Zurvan, el Dios del Tiempo, existía antes de todas las cosas. Anhelaba tener un hijo y ofreció sacrificios durante mil años para ver su deseo cumplido. En el curso de ese tiempo, sin embargo, tuvo dudas acerca de la eficacia de este sacrificio. Se nos dice que fue esta duda la que propició el nacimiento del Espíritu Malo, Angra Mainyu o Ahrimán, mientras que el sacrificio mismo propició el nacimiento de Ahura Mazda. Ahrimán nació primero, y como Zurvan había hecho voto de convertir en rey del mundo a su primogénito, a su pesar tuvo que entregar la autoridad a Ahrimán para un largo período de tiempo (algunas fuentes hablan de 9.000 años). Después el poder pasará a Ahura Mazda. Ambos espíritus comenzaron a alumbrar sus creaciones. Los relatos que se conservan parecen sugerir que Zurvan se convirtió entonces en un *deus otiosus*, una divinidad que puso el mundo en movimiento pero que no interviene en sus asuntos. Sin embargo, existen indicios de que algunos zurvanitas pensaban en él como un dios activo y poderoso. La creencia en el destino y la astrología parece haber sido un elemento relevante en el pensamiento zurvanita, que indica que el rasgo religioso distintivo promovido por el zurvanismo era muy diferente del de otras formas de zoroastrismo que hacen hincapié en la responsabilidad completa del individuo sobre sus propias acciones. Tales diferencias pueden explicar la escisión radical de todo el saber zurvanita de la posterior tradición zoroástrica. El culto a un dios del Tiempo puede haber tenido su origen en el Irán occidental, bajo influencia babilónica. ⇨ Ahrimán; Ahura Mazda; Angra Mainyu; Bundehish; pahlevi; zoroastrismo.

ÍNDICE TEMÁTICO

alternativas seculares a la religión
  agnosticismo
  alternativas seculares a la religión
  ateísmo
  ciencias sociales de la religión
  cientificismo
  ideología
  potencial humano, movimiento del
  secularismo
  secularización
  teísmo
  teología de la liberación

Antiguo Testamento
  Aarón
  Abdías, Libro de
  Abraham
  absolución
  Adán y Eva
  agama
  Agar
  Ageo, Libro de
  Alejandría, cristianismo en
  alianza
  Amós
  Amós, Libro de
  Anat
  Anticristo
  Antiguo Testamento
  apocalipsis
  Apócrifos del Antiguo Testamento
  Apócrifos del Nuevo Testamento
  Arca de la Alianza
  Aserá
  Azarías, oración de
  Babel, Torre de
  Baruc
  Bel y el Dragón
  Benjamín, tribu de
  Biblia
  Caín
  calendario judío
  Cam
  Camino Internacional
  cananea, religión
  canon
  Cantar de los Cantares, Cantar de Salomón
  Cántico de los tres jóvenes
  cristianismo
  Crónicas o Paralipómenos, Libros de las/los
  Dalila
  Dan, tribu de
  Daniel, Libro de
  David
  desmitificación
  Deuteronomio, Libro del
  deuteronomista, historia
  diablos
  Diez Mandamientos
  Dios
  Eclesiastés, Libro del
  Eclesiástico, Libro del

ÍNDICE TEMÁTICO

Edén, Jardín del
edomitas
Efraín, tribu de
El
Elías
Eliseo
Emmanuel
Enoc
Esaú
escrituras sagradas
Esdras
Esdras, Libro de
Esdras, Libros
Ester, Libro de
ética en religión
Éxodo, Libro del
Ezequías
Ezequiel, Libro de
fenicia, religión
Filón Judío
Gabriel
Génesis, Libro del
Gog y Magog
Goliat
guerra santa judía
Habacuc, Libro de
haggadá
hasidismo
Isaac
Isaías
Isaías, Libro de
islam
Ismael
Israel, tribus de
Jacob
Jafet
Jeremías, Carta de
Jeremías, Libro de
Jericó
Jerónimo, San
Jerusalén primitiva
Job, Libro de
Joel, Libro de

Jonás, Libro de
Jonatán
José
José, tribus de
Josías
Josué
Josué, Libro de
Jubileos, Libro de los
Judá, reino de
Judá, tribu de
judaísmo
judaísmo conservador
judaísmo ortodoxo
judaísmo reconstruccionista
Judit, Libro de
Jueces, Libro de los
Lamentaciones de Jeremías
lenguas judías
Leviatán
Levitas
Levítico, Libro del
ley mosaica
literatura testamental
lolardos
Lot
Macabeos, Libros de los
madianitas
Maestro de Justicia
Malaquías, Libro de
Manasés, Oración de
Manasés, tribu de
mar Muerto, manuscritos del
Mardoqueo
masoretas
Miqueas, Libro de
moabita, estela
Moisés
Nahún, Libro de
nazireos
Neftalí, tribu de
Nehemías, Libro de
Noemí
Noé

ÍNDICE TEMÁTICO

Nuevo Testamento
Números, Libro de los
Ofir
Oratorianos
Oseas, Libro de
Pentateuco
profeta
Proverbios, Libro de los
pseudoepígrafos
Raquel
Ras Shamra, textos de
Reyes, Libros de los
Rubén, tribu de
Rut, Libro de
Sabiduría, Libro de la
sacerdote
sacrificio humano israelita
sacrificio israelita antiguo
Salmos penitenciales
Salmos, Libro de los
Salomón
Salomón, Salmos de
Samuel
Samuel, Libros de
Sansón
sapiencial, literatura
Sara
Saúl
Sem
Septuaginta
Setenta, los
Shabbat
Simeón, tribu de
Sodoma y Gomorra
Sofonías, Libro de
Susana, Historia de
targum
teísmo judío
teología bíblica
Tobías, Libro de
Torá
Versión Autorizada de la Biblia
Wellhausen, Julius
Yabne
Yahvé
Zabulón, tribu de
Zacarías, Libro de

astrología, magia y lo oculto
adivinación
adivinación en el Próximo Oriente antiguo
adivinación romana
Águila Blanca, Casa del
alquimia
alquimia china
astrología
astrología en el Próximo Oriente antiguo
auspicios
culto a las estrellas
esoterismo
geometría sagrada
Goeteia, Mageia
hermética
magia
magia en el Próximo Oriente antiguo, la
neopaganismo
Nostradamus
oculto
potencial humano, movimiento del
Rosacruz
Salem, brujas de
satanismo
señales corporales
Tarot
tradición mágica occidental
vudú

bahaísmo
Abraham
Abraham en el islam
Bab, el
Babis
bahaísmo

ÍNDICE TEMÁTICO

bahaísmo, textos sagrados del
bahaísmo en el Tercer Mundo
bahaísmo en Irán
bahaísmo en Occidente
Bahaullah
Buda
calendario
Jesucristo
Mahoma
malaikah
Moisés
Ridvan, Jardín
shaykhismo
Zoroastro

budismo

abadía
Abelardo, Pedro
actitudes teológicas
Adibuda
agama
ahimsa
Ajanta
Amida, culto
anagamin
anagarika
Ananda
anatman
anukampa
apsaras
arahat
ariya sacca
arte floral en Japón
arupa-loka
asura
Avalokiteshvara
avidya
bahaísmo
Bahaullah
Beda el Venerable, San
Benarés
Benito de Nursia, San
Bernardo de Claraval, San

bhavana
bhikku
Bodhgaya
bodhi
Bodhidharma
bodhisattva
Borobudur
Bruno, Giordano
Buda
Buda, imagen de
buda, naturaleza
Buda Sasana
Budagosa
budismo
budismo chino
budismo cingalés
budismo en el Asia Central
budismo en el sudeste de Asia
budismo en Occidente
budismo hinayana
budismo japonés
budismo japonés, culto de budas y
   bodhisattvas
budismo mahayana
budismo Nichiren
budismo tántrico
budismo theravada
budismo Tierra Pura
budismo zen
budistas, congresos
chan
Ching Tu Tsung
cuatro signos budistas
Dalai Lama
Dalai Lama (Tenzin Gyatso)
dharma
dharmakaya
Dharmapada
dhyana
Digha Nikaya
Dipankara
duhkha
espíritus guardianes

hinduismo en el sudeste de Asia
Jataka
jhana
Josafat y Barlaam
karma
karuna
Kusinara
Lumbini
luz y tinieblas
Madhyamika
Mahasanghika
Mahavamsa
Mahavastu
Mahavira
Maitreya
Malalasekara, Gunapala Pujasena
mandala
mantra
Mara (budista)
maya
medios adecuados
metta
mudras
Nalanda
Nichiren Shoshu
nirvana
Nyingmapa
Padmasambhava
panteísmo
paramita
parinirvana
Patimokkha
prajna
prajnaparamita
pratyeka, Buda
Rahula
reencarnación
religión
reliquias budistas
renuncia budista
resurrección
Rime
rueda de la ley budista

rueda de la vida
saddha
Sahajayana
Sakyapa
samadhi
sambhogakaya
sangha
sánscrito
Sarnath
Sarvastivada
Sautrantika
Shambala
Shantideva
shunyatavada
siddhas
sigalovada
sila
sintoísmo
Soka Gakkai
sombreros rojos y sombreros amarillos
stupa
sutta-pitaka
tanha
tantra
tathagata
tathata
Tendai
Tilopa
tipitaka
tres joyas
tres refugios
trikaya
Tsongkapa
tulku
upekkha
uposatha
Vaibhashika
Vaisakha
vassa
vihara
vinaya-pitaka
Yogacara

ÍNDICE TEMÁTICO

budismo chino
 Bodhidharma
 budismo chino
 budismo mahayana
 budismo Tierra Pura
 chan
 Chen Yen
 Ching Tu Tsung
 Fa Hsiang Tsung
 Hua Yen
 Kanjur
 Kuan Yin
 Manjusri
 Sutra de la Avatamsaka
 Sutra del Corazón
 Sutra del Diamante Cortante
 Sutra de la Lankavatara
 Sutra del Loto
 Sutras de Mahayana
 Tara
 Tien Tai

budismo japonés
 Amida, culto
 budismo japonés
 budismo japonés, culto de budas y bodhisattvas
 budismo Nichiren
 budismo theravada
 budismo Tierra Pura
 budismo zen
 Dogen
 Eisai
 Honen
 iluminación gradual e iluminación súbita en el budismo, escuelas de
 jiriki y tariki
 Jodo
 Jodo Shinshu
 Kukai
 Nanto Rokusho
 Nara
 nembutsu
 Nichiren Shoshu
 Rinzai
 Ryobu, sintoísmo
 Saicho
 satori
 shingon
 Shinran
 Soka Gakkai
 Soto
 Tendai
 zazen

cristianismo
 «muerte de Dios», teología de la
 abadía
 Abdías, Libro de
 Abelardo, Pedro
 Abraham
 absolución
 actitudes teológicas
 Adán y Eva
 adopcionismo
 adventistas
 Adviento
 Agar
 Ageo, Libro de
 Agustín de Canterbury, San
 agustinos
 Alberto Magno, San
 albigenses
 Alejandría, cristianismo en
 Alejandría, Escuela Catequética de
 alianza
 Alianza Evangélica
 alma, visión cristiana del
 alquimia
 anabaptistas
 Anás
 anglocatolicismo
 anticulto, movimiento
 Antiguo Testamento
 Antonio, San
 antroposofía

ÍNDICE TEMÁTICO

Anunciación
año cristiano
apocalipsis
apologética
apóstol
Apóstoles, Credo de los
Arca de la Alianza
Armagedón
Arminius, Jacobus
Arrio
arzobispo
Asambleas de Dios
ascensión
Ascensión, fiesta de la
atanasiano, credo
autoridad cristiana
bahaísmo
Bahaullah
Balthasar, Hans Urs von
baptistas
Barmen, Declaración de
Barrabás
Barth, Karl
Basilio, San
bautismo
Beda el Venerable, San
Benito de Nursia, San
Bernardo de Claraval, San
Biblia
Bienaventuranzas
Booth, William
Browne, Robert
Bultmann, Rudolf Karl
Bunyan, John
Cabrini, Santa Francisca Javiera
Caída, la
Caín
Calvario
calvinismo
Calvino, Juan
canon
capuchinos
carmelitas
cartujos
Casiano, San Juan
cátaros
catecismo
catedral
catolicismo
celibato
celta, Iglesia
Cerulario, Miguel
cielo
Ciencia Cristiana
Cipriano, San
Cirilo de Alejandría, San
cistercienses
Clemente de Alejandría, San
clero
Columba, San
Columbano, San
Comunión, Sagrada
Concilio de la Iglesia
congregacionalismo
Consejo Mundial de las Iglesias
Consejo Nacional de las Iglesias de Cristo en EE. UU.
Constantino I, llamado el Grande
consubstanciación
Contrarreforma
coptos
Corinto, cristianismo primitivo en
Credo de los Apóstoles
Creyentes Viejos
cristadelfos
cristianismo
cristianismo en el Oriente Medio
cristianismo secular
cristianos, credos
Cristianos de Santo Tomás
Cristo
cristología
crítica bíblica
crucifijo
crucifixión
cuáqueros

ÍNDICE TEMÁTICO

Cuaresma
Culdeos
culto
culto cristiano
Damián, Padre José
deán
desmitificación
Deuteronomio, Libro del
deuteronomista, historia
diablos
Didajé
diezmos
Dionisio Areopagita
Dios
Dios, visión cristiana de
dioses de muerte y resurrección
discípulos
Discípulos de Cristo
disidentes
docetismo
Dodd, Charles Harold
domingo
Domingo de Guzmán, Santo
dominicos
Duns Escoto, Juan
ebionitas
Eclesiastés, Libro del
ecumenismo
Edad de Oro
edomitas
Efesios, Carta a los
Éfeso, cristianismo primitivo en
Ejército de Salvación
Encarnación
Epifanía
episcopado
Erasmo, Desiderio
Eríugena, Juan Escoto
Esaú
escarabajo
escatología
escrituras sagradas
esperanza
espíritu
Espíritu Santo
espiritualidad cristiana
estigmas
Estilita, Simeón
Estrella de Belén
ética cristiana
Eucaristía
Eusebio de Cesarea
Evangelio Social
evangelios canónicos
evangelismo
evangelista
existencialismo cristiano
Ezequías
fariseos
fe, curación por la
Felipe, San
fideísmo
fiestas cristianas
Filemón, Carta a
Filioque
Focio
Foucauld, Charles Eugène de
Fox, George
franciscanos
Francisco de Asís, San
Francisco Javier, San
fundamentalismo
Gabriel
Gálatas, Carta de Pablo a los
Gedeones, Internacional de
Génesis, Libro del
Getsemaní
Ginebra, Biblia de
glosolalia
gnosticismo
gracia
Gran Despertar
Gregorio de Nisa, San
Grial, santo
hagim
Hechos de los Apóstoles

ÍNDICE TEMÁTICO

helenistas
henoteísmo
herejía
Hermanos
Hermanos Moravos
Hijo del Hombre
husitas
iconoclasmo
iconografía y simbolismo cristianos
Iglesia católica
Iglesia confesante
Iglesia cristiana
Iglesia de Escocia
Iglesia de la Amistad Cristiana
Iglesia de la Unificación
Iglesia del Norte de la India
Iglesia del Sur de la India
Iglesia Episcopal Metodista Africana
Iglesia Episcopal Protestante
Iglesia Evangélica de los Hermanos Unidos
Iglesia ortodoxa
Iglesia ortodoxa griega
Iglesia ortodoxa rusa
Iglesia reformada holandesa
Iglesia Unida de Cristo
Iglesias de Cristo
iglesias reformadas
Ignacio de Loyola, San
Iluminados
incienso
indulgencias
infalibilidad
infierno
iniciación cristiana
inmortalidad
INRI
Ireneo, San
Jerusalén primitiva
Jesucristo
Jesucristo en el islam
jesuitas
Jesús, movimiento de
Joaquín de Fiore
José, San
Juan, Evangelio según
Juan, San
judaísmo
Judas, Carta de
Judas, San
Judas Iscariote
juicio final o de los muertos
justificación
Justino, San
Kempis, Tomás de
Kyrie eleison
Latimer, Hugh
Lázaro
limbo
litúrgico, movimiento
Lombardo, Pedro
Lucas, San
luteranismo
Lutero, Martín
mandeos
maniqueísmo
mar Muerto, manuscritos del
Marcos, San
María
María Magdalena
más allá, concepto cristiano del
Mateo, San
Matusalén
meditación
mendicantes, órdenes
mérito
Mesías
metodismo
milagros cristianos
milenarismo
ministerio sagrado
misa
misiones cristianas
misterios ortodoxos orientales

ÍNDICE TEMÁTICO

mística
mitra
Molina, Luis de
monacato
monofisitas
montanismo
Moon, Sun Myung
morisco
mormones
Nag Hammadi, textos de
Natanael
Natividad, la
Navidad
neotomismo
nestorianos
Nestorio
Nicea, Concilio de
niceno, credo
no teístas, religiones
Noventa y cinco tesis
Nueva Biblia Inglesa
Nuevo Testamento
Oficio Divino
Olivos, monte de los
órdenes religiosas cristianas
Orígenes
Oxford, Movimiento de
Pablo, San
Padre Nuestro
Padres de la Iglesia
Pannenberg, Wolfhart
parábola
Paraíso
parusía
Pascua cristiana
pasionistas
Pastorales, Cartas
patriarca
pecado
pecado, visión cristiana del
pecado original
Pedro, Cartas de
Pedro, San

Penn, William
pentecostalismo
Pentecostés
Pilatos, Poncio
Plymouth, Hermanos de
polémica islámico-cristiana
Policarpo, San
prácticas funerarias cristianas
presbiterianismo
presencia real
primado
profecía judía y cristiana
profeta
protestantismo
protestantismo liberal
proyectivas de la religión, teorías
pseudoepígrafos
puritanismo
Pusey, Edward Bouverie
Qiyama
Rahner, Karl
Rearme moral
redención
Reforma
regla de oro
reino de Dios
resurrección
revelación
Revitalización
Reyes Magos
Ricci, Matteo
Roma, Iglesia primitiva en
Romanos, Carta a los
rosario
sacerdocio
sacerdote
sacramento
sagradas órdenes
salvación
salvación, visión cristiana de la
Santiago («hermano de Jesús»)
Santiago (hijo de Alfeo)
santo

sapiencial, literatura
Savonarola, Girolamo
Schleiermacher, Friedrich Ernst Daniel
secta
sectas cristianas
separatistas
sermón
Sermón de la Montaña
Servet, Miguel
sexo y cristianismo
sexualidad en religión
siete pecados capitales
Simeón Estilita, San
Sociedad Bíblica
Sociedad de Amigos
socinianismo
Strauss, David Friedrich
Taciano
Taizé
Teodoro de Mopsuestia
teología bíblica
teología de la liberación
teología feminista
teología moral
teosis
Teresa de Jesús
Tertuliano
Tesalonicenses, Cartas a los
Tetzel, Johann
Tillich, Paul Johannes
Timoteo, Cartas a
tipología
Tito, Carta a
Tito, San
Tomás, Santo
tomismo
Torá
transfiguración
transubstanciación
trapenses
Treinta y nueve Artículos
Trinidad
Turín, Sábana de
Tyndale, Tindale o Hutchins, William
Ulfilas
Última Cena
Uniatas, iglesias
unitarios
Ur
Úrsula, Santa
Versión Autorizada de la Biblia
Versos Satánicos
vía crucis
Vulgata
Wellhausen, Julius
Williams, Roger
Wyclif, Wycliffe o Wiclef, John
Yahvé
Zuinglio, Ulrico

estudio de la religión

actitudes teológicas
Brandon, Samuel George Frederick
ciencias sociales de la religión
comparada, religión
culto
din
Dumézil, Georges
estudio de la religión
ética en religión
historia de la religión
Kristensen, William Brede
modelos de religión
origen de la religión
Otto, Rudolf
Panikkar, Raimundo
prajna
psicología de la religión
Religionswissenschaft
sociología de la religión
teología de la religión
tipología
Zaehner, Robert Charles

ÍNDICE TEMÁTICO

hinduismo
- Advaita Vedanta
- agama
- Agni
- ahimsa
- alma, visión hindú del
- Alvar
- anatman
- año religioso hindú
- apsaras
- arios
- Arya Samaj
- ashram
- ashrama
- asura
- Atharva Veda
- atman
- avatara
- Ayur Veda
- Badarayana
- Balthasar, Hans Urs von
- Benarés
- Bhagavad Gita
- Bhagavata Purana
- bhakti
- Bhakti Yoga
- Brahma
- Brahman
- Brahmanas y Aranyakas
- brahmanes
- brahmanismo
- Brahmo Samaj
- canto hindú
- casta
- Chaitanya, movimiento
- cosmología hindú
- culto hindú a la diosa
- daevas
- darshan
- dharma
- Dharmapada
- Diez Mandamientos
- ditthi
- Divali
- Dusserah
- Gandhi, Mohandas Karamchand
- Ganesha
- Ganges
- gurú
- Hanuman
- Hare Krishna, movimiento
- Hari
- Harijan
- hinduismo
- hinduismo, actitudes devocionales y metas en el
- hinduismo, movimientos modernos en el
- hinduismo en el sudeste de Asia
- hinduismo tántrico
- Holi
- iconografía hindú
- Indo, civilización del valle del
- Indra
- Ishvara
- Jat
- Juggernaut
- Kagyupa
- Kali
- Kama
- karma
- karma yoga
- Krishna
- Kshatriyas
- Kundalini
- Lakshmi
- lila
- linga
- lingayats
- lokapala
- Madhyamika
- Mahabharata
- Mahashivratri
- Maitreya
- mandala
- mantra

Manu, Leyes de
Meru, Monte
Mira Bai
moksha
mudras
Nanak
Nataraja
nirguna Brahman
Om
Parvati
Patanjali
prakriti
Pralaya
prana
puranas
purusha
Radha
Rama
Ramananda
Ramayana
Rammohun Roy
reencarnación
rita
samadhi
samnyasa
samsara
sánscrito
Satya Sai Baba
Shankara
Shri, visnuitas
shruti
Shudras
Siddhanta sivaíta
Siva
sivaísmo
smriti
Soma
Surya
Swaminarayan, movimiento
tamil, hinduismo
tantra
tántrico, hinduismo
tapas

tradiciones religiosas hindúes
Trimurti
Trinidad
Tulsidas
Upanishads
Vallabha
Valmiki
varna
Veda
Vedanta
visnuismo
Visnú
Vivekananda
Vratyas
yoga
Yoga Darshana
yugas

islam
abluciones islámicas
Abraham en el islam
Akhira
akhlaq
Alá
alianza
Alí
alma, visión islámica del
alquibla
ángeles islámicos
Asesinos
Ashura
atributos islámicos de Dios
ayatolá
Badr, batalla de
Bektashi
bidah
blasfemia, visión islámica de la
calendario islámico
chiísmo
cinco divinas presencias islámicas
cinco pilares islámicos
comentarios al Corán
Corán

ÍNDICE TEMÁTICO

cruzadas, punto de vista islámico
culto islámico
dhanb
dhikr
dhimmis
día del juicio
diablos
din
dinastías islámicas
drusos
duodecimanos
escatología islámica
escuelas islámicas de la ley
esposas del Profeta
fana
fatalismo islámico
Fatihah
fiqh
firqa
Fraternidad musulmana
Hadith
Hajj
Haramain
harén
hégira
Husayn
Iblis
Id
ídolos, visión islámica de los
ijma
ijtihad
imán
infierno
insan
islam
islam, esclavitud en el
islam en África, el
islam en el sur de Asia, el
islam en Occidente, el
islam folclórico
islámicos, credos
ismailíes
Jadiya

Jahiliyyah
jannah, al-
Japji
jariyíes
Jerusalén en el islam
Jesucristo en el islam
jihad
kalam
khalq
kurdos
madrasa
Mahdi
Mahoma
Mara (islámica)
matrimonio y divorcio islámicos
Meca, La
Medina
mewlevís
mezquita
Mezquita de la Roca
Mihrab
modernismo islámico
morisco
muecín
Muharram
mujeres en el islam, las
mujtahid
mullah
Musulmanes Negros
musulmán
mutazilíes
nabí
Nanak
Naqshbandiyyah
nombres divinos en el islam
nombres islámicos del profeta
observancias domésticas islámicas
Omar
oración, llamada a la
panislamismo
Paraíso
polémica islámico-cristiana
polémica islámico-judía

ÍNDICE TEMÁTICO

profeta
profetas en el islam
Qadariyyah
Qadiriyyah
Qiyama
Qiyas
Quraysh
Rabiah
Ramadán
revelación en el islam
ritos islámicos
Rumi
sadaqah
salat
Sant, tradición
santo, visión islámica de
Sanusis
Sawm
Setimanos
shahadah
shaykh
shirk
sufíes, instituciones
sufismo
sunnah
sunnitas
sura
tafsir
Taharah
Taj Mahal
tariqah
tawhid
ulema
ummah
Versos Satánicos
viaje nocturno de Mahoma
vino en el islam
Wahhabis
wali
waqf
zakat

jainismo
  ahimsa
  cosmología jainita
  dhyana
  Gosala
  jainismo
  jiva jainita
  karma
  karma jainita
  Kusinara
  Lumbini
  Mahavira
  Nastika
  samadhi
  Sarnath
  Swaminarayan, movimiento
  tirthankara

judaísmo
  Amidah
  ángeles judíos
  animales, sacrificio judío de
  Antiguo Testamento
  antisemitismo
  apocalipsis
  Apócrifos del Antiguo Testamento
  askenazis
  ayunos judíos
  Bar Kokhbah
  Bar Mitzvah
  Buber, Martin
  calendario judío
  circuncisión
  Consejo Nacional de las Iglesias
    de Cristo en EE. UU.
  conversión
  conversión judía
  cosmogonía judía
  culto judío
  Diáspora
  Diáspora, judaísmo de la
  eretz Yisrael
  esenios
  éxodo, tema del
  Guemará

ÍNDICE TEMÁTICO

guerra santa judía
haggadá
Haggadá de la Pascua judía
hagim
halaká
Hanuká
Hasidim
hasidismo
henoteísmo
Hijo del Hombre
Hillel I
Holocausto
Jabne
Jonatán
Josefo, Flavio
Judá, reino de
Judá, tribu de
judaísmo
judaísmo conservador
judaísmo en Europa
judaísmo en Norteamérica
judaísmo helenístico
judaísmo liberal
judaísmo ortodoxo
judaísmo reconstruccionista
judaísmo reformista
Kaddish
kashrut
kehillah
kiddushin
kosher
lenguas judías
Macabeos, Libros de los
magen David
Maimónides
mar Muerto, manuscritos del
masoretas
menorá
Merkavah, mística
mesianismo
Mesías
mezuzá

midrash
ministerio sagrado
miqveh
Misná
mitzvah
moabita, estela
mujeres en el judaísmo, las
Nag Hammadi, textos de
nazireos
Pascua judía
polémica islámico-cristiana
polémica islámico-judía
pseudoepígrafos
Purim
Qumran, comunidad de
rabí
reencarnación, concepto judío de
resurrección
Rosh Hashanah
sacrificio humano israelita
Saduceos
samaritanos
Sanedrín
Scholem, Gershon
sefarditas
Sefer Bahir
sefirá
Shabbat
Shammai
Shekinah
Shema
shofar
Shulhan Arukh
siddur
Siló
sinagoga
sionismo
Sión
Sitra Ahra
Sukkot
Tabernáculo

Talmud
Tannaim
targum
tefillin
teísmo judío
Templo de Jerusalén
Torá
Tosefta
tzitzit
Urim y Thummim
Yahvé
Yohanan
Yom Kippur
Zohar

nuevos movimientos religiosos en Occidente
Águila Blanca, Casa del
Ananda Marga
anticulto, movimiento
Brahma Kumaris o Raja Yoga, movimiento
Camino Internacional
Chaitanya, movimiento
cienciología
drogas psicodélicas
Hare Krishna, movimiento
Iglesia de la Unificación
Jesús, movimiento de
Meditación Trascendental
Misión de la Luz Divina
Moon, Sun Myung
Niños de Dios
«nueva era», religión
nuevos movimientos religiosos en Occidente
potencial humano, movimiento del
Rajneesh, meditación
Saludable-Feliz-Santa, Organización
Synanon
Templo del Pueblo
Unificación, Iglesia de la

nuevos movimientos religiosos en las sociedades primitivas
aladura
Babalola, Joseph
cristianismo en África
cristianismo en Australasia
Iglesia de la Amistad Cristiana
Iglesia Nativa Americana
iglesias etíopes
iglesias independientes africanas
iglesias sionistas
Maria Legio
potencial humano, movimiento del
Providence Industrial Mission

religión china
alquimia
alquimia china
antepasado, reverencia china al
barco dragón, fiesta del
Chan, patriarcas
china en la China continental, religión
china en Taiwan y Hong Kong, religión
Ching Ming
Ching Tu Tsung
Chung Yuan
cinco relaciones confucianas
confucianismo
Confucio, K'ung Fu-tzu
feng shui
fiestas chinas
hsuan hsueh
I Ching
Lao-tsé
Mencio
neoconfucianismo
no teístas, religiones
prácticas funerarias chinas
San Chiao
Shang Ti
Tai Chi

ÍNDICE TEMÁTICO

Tao Te Ching
taoísmo
Tien
Tung Chung Shu
vihara
yin y yang
Yuan Tan
Yu-Huang

religión en América del Sur

afro-brasileñas, religiones
apu
cristianismo en América Latina
huaca
Huirococha
Illapa
inca, religión
Inti
Mamacocha
Pachacamac
Pachacuti
Taqui Onqoy
Umbanda
Viracocha

religión egipcia antigua

Aarón
Akenatón
Akitu
Amón
animales, culto a los
ankh
Anubis
Apis
Asur
atonismo
Atón
babilónica, religión
egipcia antigua, religión
enéada
faraón
Hathor
Heliópolis, teología de
Horus
Imhotep
Isis
jeroglífico, sistema
Maat
magia egipcia antigua
más allá, concepto del antiguo Egipto del
menfita, teología
momificación
Neftis
Nilo
Nun
Osiris
pirámide
prácticas funerarias del antiguo Egipto
Ptah
Ra
religión egipcia antigua
sadoquitas
sapiencial del antiguo Egipto, literatura
Serapis
Seth
templos del Próximo Oriente antiguo
Thoth
Tutankamón
uraeus

religión en la Europa antigua

Ases y Vanes
Balder, Baldur o Baldr
barco funerario
Edda
eslava, religión
Fenris
Frey
Freya
Frigg
germánica, religión
gigantes de la helada

Hel
Loki
Odín
Ragnarok
sagas
Thor
Tyr, Tiwaz, Tu
Valhalla
Valquirias
Voluspa
volva
Yggdrasil

religión griega
apolínea, religión
creación, mitos griegos de la
ctónica, religión
ctónicos, dioses
Daimon, Daimones
Delfos
dionisíaca, religión
fiestas griegas
Goeteia, Mageia
griega, religión
griegas, religión y ética
griegas, religión y filosofía
Hades
héroes griegos
instituciones religiosas griegas
mal, concepto griego del
mántica
más allá, concepto griego del
mistéricas, religiones
Misterios
mitología
mythos
oráculo
órfico o pitagórico, movimiento
panteón homérico
panteón olímpico
ritos griegos
romana, religión
Serapis

sociología de la religión
temenos
teogonías griegas

religión japonesa
Ainu
Amaterasu
budismo Nichiren
budismo Tierra Pura
budismo zen
bushido
Fujiyama
Hachiman
harae
Inari
Ise, santuarios
japonesa, religión
japonesas recientes, nuevas religiones
japonesas, nuevas religiones
Jingi-kan
kami
Kokutai, sintoísmo
Konko-kyo
matsuri
Meiji, Restauración
Meiji, Santuario
miko
montañas sagradas japonesas
neoconfucianismo
Reiyukai Kyodan
Rissho Koseikai
samurai
shingon
Shugendo
taoísmo
Tendai
Tenri-kyo
Toshogu, Santuario

religión mesoamericana
azteca, religión
calendario mesoamericano

ÍNDICE TEMÁTICO

calmecac
Cholollan
Fuego nuevo, ceremonia del
Huehueteotl
huehuetlatolli
Huitzilopochtli
maya, religión
olmeca, religión
Ometeotl
pelota, juego de la
piedra calendario
Quetzalcóatl
sacerdocio mesoamericano
sacrificio
sacrificio humano mesoamericano
sacrificio ritual
Templo Mayor
teopixque
Tetoinnan
Tezcatlipoca
Tlaloc
tlamatinime
Tlatoani
Tollan
tolteca, religión
tonalpohualli
Toxiuhmolpilia
Tula
Viracocha

religión romana
adivinación romana
auspicios
culto al emperador
Di Daeque
Júpiter
lares
Ludi
Marte
mistéricas, religiones
Mitra
Numen
penates
prodigios
rituales romanos
romana, religión
sacerdotes
sibilinos, Libros
sincretismo romano
Sol invictus
Venus
vestales, vírgenes

religión tibetana
astrología tibetana
bardo
Bon, Bon po
Chen Yen
chod
Dalai Lama
Dalai Lama (Tenzin Gyatso)
Gelugpa
Gesar
Jonangpa
Kadampa
Kagyupa
Kanjur
lama
lha y dre
Lhasa
nirvana
Nyingmapa
Padmasambhava
Panchen Lama
Potala, palacio
Sakyapa
sombreros rojos y sombreros amarillos
tantra
tibetana, religión
Tilopa
Tsongkapa
tulku

religiones africanas
adivinación africana
africanas, religiones

afro-brasileñas, religiones
antepasados africanos
bantú, religión
brujería y hechicería africanas
Candomblé
dinka, religión
espiritismo
Modimo
Mulungu
Mwari
Nganga
nilótica, religión
nuer, religión
Nzambi
obi
seres supremos
shilluk, religión
Umbanda

religiones americanas nativas
algonquina, religión
americanas nativas, religiones
bolsa medicinal
búsqueda de la visión
calumet
casa del sudor
casa medicinal
chamanismo
cheyene, religión
Danza del Espíritu
Danza del Sol
espíritus guardianes
hopi, religión
Iglesia Nativa Americana
kachinas
Kwakiutl
maíz verde, fiesta del
Manitú
navajo, religión
Pájaro tonante
peyote
potlatch
Pueblo, religión

seres supremos
windigo

religiones del Próximo Oriente antiguo
adivinación en el Próximo Oriente antiguo
Ajab
Akitu
Anat
aramea, religión
Aserá
asiria, religión
Astarté
astrología en el Próximo Oriente antiguo
Asur
Baal
babilónica, religión
cananea, religión
cosmogonía del Próximo Oriente antiguo
Dagón
El
elamita, religión
Enlil
fenicia, religión
fiestas del Próximo Oriente antiguo
filistea, religión
Gilgamés, Epopeya de
Hammurabi
hitita, religión
hurrita, religión
Istar
magia en el Próximo Oriente antiguo, la
mal en el Próximo Oriente antiguo, concepto del
Marduk
más allá, concepto del Próximo Oriente antiguo del
monarquía en el Próximo Oriente antiguo, la

ÍNDICE TEMÁTICO

Nergal
Nínive
Nippur
Próximo Oriente antiguo, religiones del
Ras Shamra, textos de
Reshef
Shamash
sumeria, religión
Tiamat
Ugarit
Ur

sijismo
Adi Granth
Akal Purukh
Akali Dal
akhand, sendero
amrit
Amritsar
Baisakhi
bhog
cinco K
Dasam Granth
gurdwara
Gurmat
Gurpurab
gurú
Gurú Granth Sahib
Harimandir
Haumai
Janam Sakhis
Japji
Karah Prasad
Khalistán
Khalsa
Langar
Mul Mantra
Nam
Nam Simran
Namdhari
Nanak
nihangs
Nirankar
Nitnem
Panth
Punjab
Radhasoami
Rahit Maryada
Ram Das, Gurú
Ramananda
Ravidas
Sach-Khand
Sahaj
Sangat
Sant, tradición
Sat Gurú
satsang
Shabad
sij, calendario
sij, ceremonias mortuorias
sij, cielo e infierno
sij, comida y bebida
sij, emblemas
sij, gurú
sij, historia
sij, lenguas
sij, mártir
sij, modernos movimientos reformistas
sij, peregrinación
sij, religión mundial
sij, salutaciones
sij, sectas
sijismo
Singh
Takht
Templo dorado
Udasi
yoga

zoroastrismo
ahura
Ahura Mazda
Airyanam Vaejah
Amesha Spentas
Anahita

- Angra Mainyu
- Ateshgah
- Avesta
- Bundehish
- Chinvat, Puente de
- daevas
- dakhma
- Frashokereti
- fravashi
- Gahambars
- haoma
- khvarenah
- Mani
- maniqueísmo
- Mitra
- mitraísmo
- naojote
- pahlevi
- parsis, reformas religiosas
- parsismo
- Saoshyant
- yasna
- yazata
- zoroastrismo
- Zoroastro
- Zurvan